CÓDIGO PENAL
MILITAR COMENTADO

O GEN | Grupo Editorial Nacional – maior plataforma editorial brasileira no segmento científico, técnico e profissional – publica conteúdos nas áreas de concursos, ciências jurídicas, humanas, exatas, da saúde e sociais aplicadas, além de prover serviços direcionados à educação continuada.

As editoras que integram o GEN, das mais respeitadas no mercado editorial, construíram catálogos inigualáveis, com obras decisivas para a formação acadêmica e o aperfeiçoamento de várias gerações de profissionais e estudantes, tendo se tornado sinônimo de qualidade e seriedade.

A missão do GEN e dos núcleos de conteúdo que o compõem é prover a melhor informação científica e distribuí-la de maneira flexível e conveniente, a preços justos, gerando benefícios e servindo a autores, docentes, livreiros, funcionários, colaboradores e acionistas.

Nosso comportamento ético incondicional e nossa responsabilidade social e ambiental são reforçados pela natureza educacional de nossa atividade e dão sustentabilidade ao crescimento contínuo e à rentabilidade do grupo.

GUILHERME DE SOUZA NUCCI

CÓDIGO PENAL MILITAR COMENTADO

5ª edição revista e atualizada

■ O autor deste livro e a editora empenharam seus melhores esforços para assegurar que as informações e os procedimentos apresentados no texto estejam em acordo com os padrões aceitos à época da publicação, e todos os dados foram atualizados pelo autor até a data de fechamento do livro. Entretanto, tendo em conta a evolução das ciências, as atualizações legislativas, as mudanças regulamentares governamentais e o constante fluxo de novas informações sobre os temas que constam do livro, recomendamos enfaticamente que os leitores consultem sempre outras fontes fidedignas, de modo a se certificarem de que as informações contidas no texto estão corretas e de que não houve alterações nas recomendações ou na legislação regulamentadora.

■ Fechamento desta edição: 07.03.2024

■ O Autor e a editora se empenharam para citar adequadamente e dar o devido crédito a todos os detentores de direitos autorais de qualquer material utilizado neste livro, dispondo-se a possíveis acertos posteriores caso, inadvertida e involuntariamente, a identificação de algum deles tenha sido omitida.

■ **Atendimento ao cliente: (11) 5080-0751 | faleconosco@grupogen.com.br**

■ Direitos exclusivos para a língua portuguesa
Copyright © 2024 by
Editora Forense Ltda.
Uma editora integrante do GEN | Grupo Editorial Nacional
Travessa do Ouvidor, 11 – Térreo e 6º andar
Rio de Janeiro – RJ – 20040-040
www.grupogen.com.br

■ Reservados todos os direitos. É proibida a duplicação ou reprodução deste volume, no todo ou em parte, em quaisquer formas ou por quaisquer meios (eletrônico, mecânico, gravação, fotocópia, distribuição pela Internet ou outros), sem permissão, por escrito, da Editora Forense Ltda.

■ Capa: Fabricio Vale

**CIP-BRASIL. CATALOGAÇÃO NA PUBLICAÇÃO
SINDICATO NACIONAL DOS EDITORES DE LIVROS, RJ**

N876c
5. ed.

    Nucci, Guilherme de Souza, 1963
        Código penal militar comentado / Guilherme de Souza Nucci. - 5. ed., rev., atual. e reform. - Rio de Janeiro : Forense, 2024.
        592 p. ; 24 cm.

    Inclui bibliografia
    Índice alfabético-remissivo
    ISBN 978-85-3099-470-9

    1. Brasil. [Código de processo penal militar (1969)]. 2. Justiça militar - Brasil. I. Título.

24-88561   CDU: 344.1(81)

Meri Gleice Rodrigues de Souza - Bibliotecária - CRB-7/6439

Sobre o Autor

Livre-docente em Direito Penal, Doutor e Mestre em Direito Processual Penal pela PUC-SP. Professor Associado da PUC-SP, atuando nos cursos de Graduação e Pós-graduação (Mestrado e Doutorado). Desembargador na Seção Criminal do Tribunal de Justiça de São Paulo.

www.guilhermenucci.com.br

Índice Geral

Índice Sistemático do Código Penal Militar IX

Tábua de Abreviaturas XIII

Código Penal Militar – Decreto-lei 1.001, de 21 de outubro de 1969 1

Referências Bibliográficas 537

Índice Alfabético-Remissivo 559

Obras do Autor 575

Índice Sistemático
do Código Penal Militar

DECRETO-LEI 1.001, DE 21 DE OUTUBRO DE 1969

PARTE GERAL
LIVRO ÚNICO

TÍTULO I – DA APLICAÇÃO DA LEI PENAL MILITAR	11
Arts. 1.º a 28	11
TÍTULO II – DO CRIME	51
Arts. 29 a 47	51
TÍTULO III – DA IMPUTABILIDADE PENAL	97
Arts. 48 a 52	97
TÍTULO IV – DO CONCURSO DE AGENTES	105
Arts. 53 e 54	105
TÍTULO V – DAS PENAS	113
Arts. 55 a 109	113
Capítulo I – Das penas principais (arts. 55 a 68)	113
Capítulo II – Da aplicação da pena (arts. 69 a 83)	126
Capítulo III – Da suspensão condicional da pena (arts. 84 a 88)	156
Capítulo IV – Do livramento condicional (arts. 89 a 97)	164
Capítulo V – Das penas acessórias (arts. 98 a 108)	171
Capítulo VI – Dos efeitos da condenação (art. 109)	178
TÍTULO VI – DAS MEDIDAS DE SEGURANÇA	181
Arts. 110 a 120	181
TÍTULO VII – DA AÇÃO PENAL	193
Arts. 121 e 122	193

Código Penal Militar Comentado • Nucci

TÍTULO VIII – DA EXTINÇÃO DA PUNIBILIDADE 195

Arts. 123 a 135 195

Parte Especial
Livro I
Dos Crimes Militares em Tempo de Paz

TÍTULO I – DOS CRIMES CONTRA A SEGURANÇA EXTERNA DO PAÍS 223

Arts. 136 a 148 223

TÍTULO II – DOS CRIMES CONTRA A AUTORIDADE OU DISCIPLINA MILITAR 233

Arts. 149 a 182 233

Capítulo I	– Do motim e da revolta (arts. 149 a 153)	233
Capítulo II	– Da aliciação e do incitamento (arts. 154 a 156)	236
Capítulo III	– Da violência contra superior ou militar de serviço (arts. 157 a 159)	238
Capítulo IV	– Do desrespeito a superior e a símbolo nacional ou a farda (arts. 160 a 162)	241
Capítulo V	– Da insubordinação (arts. 163 a 166)	244
Capítulo VI	– Da usurpação e do excesso ou abuso de autoridade (arts. 167 a 176)	247
Capítulo VII	– Da resistência (art. 177)	255
Capítulo VIII	– Da fuga, evasão, arrebatamento e amotinamento de presos (arts. 178 a 182)	258

TÍTULO III – DOS CRIMES CONTRA O SERVIÇO MILITAR E O DEVER MILITAR 265

Arts. 183 a 204 265

Capítulo I	– Da insubmissão (arts. 183 a 186)	265
Capítulo II	– Da deserção (arts. 187 a 194)	268
Capítulo III	– Do abandono de posto e de outros crimes em serviço (arts. 195 a 203)	276
Capítulo IV	– Do exercício de comércio (art. 204)	283

TÍTULO IV – DOS CRIMES CONTRA A PESSOA 285

Arts. 205 a 239 285

Capítulo I	– Do homicídio (arts. 205 a 207)	285
Capítulo II	– Do genocídio (art. 208)	303
Capítulo III	– Da lesão corporal e da rixa (arts. 209 a 211)	305
Capítulo IV	– Da periclitação da vida ou da saúde (arts. 212 e 213)	314
Capítulo V	– Dos crimes contra a honra (arts. 214 a 221)	317
Capítulo VI	– Dos crimes contra a liberdade (arts. 222 a 231)	330
Seção I	– Dos crimes contra a liberdade individual (arts. 222 a 225)	330
Seção II	– Do crime contra a inviolabilidade do domicílio (art. 226)	336
Seção III	– Dos crimes contra a inviolabilidade de correspondência ou comunicação (art. 227)	341

Seção IV	– Dos crimes contra a inviolabilidade dos segredos de caráter particular (arts. 228 a 231)	343
Capítulo VII	– Dos crimes sexuais (arts. 232 a 237)	346
Capítulo VIII	– Do ultraje público ao pudor (arts. 238 e 239)	350

TÍTULO V – DOS CRIMES CONTRA O PATRIMÔNIO 353

Arts. 240 a 267 353

Capítulo I	– Do furto (arts. 240 e 241)	353
Capítulo II	– Do roubo e da extorsão (arts. 242 a 247)	363
Capítulo III	– Da apropriação indébita (arts. 248 a 250)	375
Capítulo IV	– Do estelionato e outras fraudes (arts. 251 a 253)	379
Capítulo V	– Da receptação (arts. 254 a 256)	389
Capítulo VI	– Da usurpação (arts. 257 e 258)	395
Capítulo VII	– Do dano (arts. 259 a 266)	397
Capítulo VIII	– Da usura (art. 267)	403

TÍTULO VI – DOS CRIMES CONTRA A INCOLUMIDADE PÚBLICA 405

Arts. 268 a 297 405

Capítulo I	– Dos crimes de perigo comum (arts. 268 a 281)	405
Capítulo II	– Dos crimes contra os meios de transporte e de comunicação (arts. 282 a 289)	416
Capítulo III	– Dos crimes contra a saúde (arts. 290 a 297)	422

TÍTULO VII – DOS CRIMES CONTRA A ADMINISTRAÇÃO MILITAR 435

Arts. 298 a 339 435

Capítulo I	– Do desacato e da desobediência (arts. 298 a 302)	435
Capítulo II	– Do peculato (arts. 303 e 304)	443
Capítulo III	– Da concussão, excesso de exação e desvio (arts. 305 a 307)	448
Capítulo IV	– Da corrupção (arts. 308 a 310)	451
Capítulo V	– Da falsidade (arts. 311 a 318)	456
Capítulo VI	– Dos crimes contra o dever funcional (arts. 319 a 334)	470
Capítulo VII	– Dos crimes praticados por particular contra a administração militar (arts. 335 a 339)	487

TÍTULO VIII – DOS CRIMES CONTRA A ADMINISTRAÇÃO DA JUSTIÇA MILITAR 493

Arts. 340 a 354 493

Livro II

Dos Crimes Militares em Tempo de Guerra

TÍTULO I – DO FAVORECIMENTO AO INIMIGO 517

Arts. 355 a 397 517

Capítulo I – Da traição (arts. 355 a 361) 517

Capítulo II – Da traição imprópria (art. 362) 518

Capítulo III – Da covardia (arts. 363 a 365) 518

Capítulo IV – Da espionagem (arts. 366 e 367) 519

Capítulo V – Do motim e da revolta (arts. 368 e 369) 519

Capítulo VI – Do incitamento (arts. 370 e 371) 520

Capítulo VII – Da inobservância do dever militar (arts. 372 a 382) 520

Capítulo VIII – Do dano (arts. 383 a 385) 523

Capítulo IX – Dos crimes contra a incolumidade pública (art. 386) 523

Capítulo X – Da insubordinação e da violência (arts. 387 a 389) 524

Capítulo XI – Do abandono de posto (art. 390) 524

Capítulo XII – Da deserção e da falta de apresentação (arts. 391 a 393) 525

Capítulo XIII – Da libertação, da evasão e do amotinamento de prisioneiros (arts. 394 a 396) 525

Capítulo XIV – Do favorecimento culposo ao inimigo (art. 397) 526

TÍTULO II – DA HOSTILIDADE E DA ORDEM ARBITRÁRIA 527

Arts. 398 e 399 527

TÍTULO III – DOS CRIMES CONTRA A PESSOA 529

Arts. 400 a 403 529

Capítulo I – Do homicídio (art. 400) 529

Capítulo II – Do genocídio (arts. 401 e 402) 529

Capítulo III – Da lesão corporal (art. 403) 530

TÍTULO IV – DOS CRIMES CONTRA O PATRIMÔNIO 531

Arts. 404 a 406 531

TÍTULO V – DO RAPTO E DA VIOLÊNCIA CARNAL 533

Arts. 407 e 408 533

DISPOSIÇÕES FINAIS 535

Arts. 409 e 410 535

Tábua de Abreviaturas

AC – Apelação Criminal

ADIn – Ação Direta de Inconstitucionalidade

ADPF – Arguição de Descumprimento de Preceito Fundamental

Ag – Agravo

AgExec. – Agravo em Execução

AgRg – Agravo Regimental

AI – Agravo de Instrumento

Ajuris – *Revista da Associação dos Juízes do Rio Grande do Sul*

Ap. – Apelação

Ap. Cív. – Apelação Cível

Ap. Crim. – Apelação Criminal

BACEN – Banco Central do Brasil

BMJ – Boletim Mensal de Jurisprudência do Tribunal de Alçada Criminal de São Paulo

Bol. AASP – Boletim da Associação dos Advogados de São Paulo

Bol. IBCCrim – Boletim do Instituto Brasileiro de Ciências Criminais

Bol. TJSP – Boletim de Jurisprudência da Biblioteca do Tribunal de Justiça de São Paulo

C. – Câmara

CC – Código Civil

cit. – citado(a)

CJ – Conflito de Jurisdição

CLT – Consolidação das Leis do Trabalho

Cor. Parc. – Correição Parcial

CP – Código Penal

CPC – Código de Processo Civil

CPP – Código de Processo Penal

Crim. – Criminal

CT – Carta Testemunhável

CTN – Código Tributário Nacional

Den. – Denúncia

Des. – Desembargador

DJ – *Diário da Justiça*

DJe – *Diário da Justiça eletrônico*

DJU – *Diário da Justiça da União*

ECA – Estatuto da Criança e do Adolescente

ED – Embargos Declaratórios

EI – Embargos Infringentes

Emb. Div. – Embargos de Divergência

EV – Exceção da Verdade

Extr. – Extradição

HC – *Habeas corpus*

Inq. – Inquérito Policial

IUF – Incidente de Uniformização de Jurisprudência

j. – Julgado em

JC – Jurisprudência Catarinense

JM – Jurisprudência Mineira

JSTF-Lex – Jurisprudência do Supremo Tribunal Federal

JSTJ – Jurisprudência do Superior Tribunal de Justiça

JTJ-Lex – Julgados do Tribunal de Justiça (antiga *Revista de Jurisprudência do Tribunal de Justiça de São Paulo – RJTJESP*)

JUBI – Departamento Técnico de Jurisprudência e Biblioteca do Tribunal de Justiça de São Paulo (boletim)

JUTACRIM-SP – Julgados do Tribunal de Alçada Criminal de São Paulo

JUTARS – Julgados do Tribunal de Alçada do Rio Grande do Sul

LCP – Lei das Contravenções Penais

LEP – Lei de Execução Penal

LRF – Lei de Responsabilidade Fiscal

MI – Mandado de Injunção

Min. – Ministro

MS – Mandado de Segurança

m.v. – maioria de votos

ob. – obra

p. – página

PE – Pedido de Extradição

PT – Petição

QC – Queixa-crime

RA – Recurso de Agravo

RBCCrim. – Revista Brasileira de Ciências Criminais

RC – Reclamação

RDA – *Revista de Direito Administrativo*

RDP – *Revista de Direito Público*

RDTJRJ – *Revista de Direito do Tribunal de Justiça do Rio de Janeiro*

RE – Recurso Extraordinário

Rec. – Recurso Criminal

Rec. Adm. – Recurso Administrativo

rel. – relator

REsp – Recurso Especial

Rev. – Revisão Criminal

RF – *Revista Forense*

RHC – Recurso de *Habeas Corpus*

RISTF – Regimento Interno do Supremo Tribunal Federal

RJDTACRIM – *Revista de Jurisprudência e Doutrina do Tribunal de Alçada Criminal de São Paulo*

RJTAMG – *Revista de Julgados do Tribunal de Alçada de Minas Gerais*

RJTJ – *Revista de Jurisprudência do Tribunal de Justiça* (ex.: RJTJSP, RJTJRS)

RJTJRJ – *Revista de Jurisprudência do Tribunal de Justiça do Rio de Janeiro*

RJTJRS – *Revista de Jurisprudência do Tribunal de Justiça do Rio Grande do Sul*

RJTJSP – *Revista de Jurisprudência do Tribunal de Justiça de São Paulo*

RMS – Recurso em Mandado de Segurança

RO – Recurso de Ofício

RSE – Recurso em Sentido Estrito

RSTJ – *Revista do Superior Tribunal de Justiça*

RT – *Revista dos Tribunais*

RTFR – *Revista do Tribunal Federal de Recursos*

RTJ – *Revista Trimestral de Jurisprudência* (STF)

RTJE – *Revista Trimestral de Jurisprudência dos Estados*

STF – Supremo Tribunal Federal

STJ – Superior Tribunal de Justiça

t. – tomo

T. – Turma

TA – Tribunal de Alçada

TAPR – Tribunal de Alçada do Paraná

TACRIM/RJ – Tribunal de Alçada Criminal do Rio de Janeiro

TACRIM/SP – Tribunal de Alçada Criminal de São Paulo

TFR – Tribunal Federal de Recursos

TJ – Tribunal de Justiça

TJM – Tribunal de Justiça Militar

TJMG – Tribunal de Justiça de Minas Gerais

TJSP – Tribunal de Justiça de São Paulo

TP – Tribunal Pleno

TRF – Tribunal Regional Federal

VCP – Verificação de Cessação de Periculosidade

v.u. – votação unânime

CÓDIGO PENAL MILITAR

DECRETO-LEI 1.001, DE 21 DE OUTUBRO DE 1969

Os Ministros da Marinha de Guerra, do Exército e da Aeronáutica Militar, usando das atribuições que lhes confere o art. 3.º do Ato Institucional 16, de 14 de outubro de 1969, combinado com o § 1.º do art. 2.º, do Ato Institucional 5, de 13 de dezembro de 1968, decretam:

PARTE GERAL[1-5]

1. Conceitos de direito penal e direito penal militar: o direito penal é o corpo de normas jurídicas voltado à fixação dos limites do poder punitivo do Estado, instituindo infrações penais e as sanções correspondentes, bem como regras atinentes à sua aplicação. O direito penal militar é um ramo especializado, cujo corpo de normas se volta à instituição de infrações penais militares, com as sanções pertinentes, voltadas a garantir os princípios basilares das Forças Armadas, constituídos pela hierarquia e pela disciplina.

2. Bem jurídico: o Código Penal (Decreto-lei 2.848/40) tutela inúmeros bens jurídicos, dentre os quais a vida, o patrimônio, a dignidade sexual, a fé pública, a administração da justiça etc. O Código Penal Militar tutela, igualmente, variados bens jurídicos, porém, sempre mantendo escalas: num primeiro plano, por se tratar de ramo específico do direito penal, tem por bem jurídico constante, presente em todas as figuras típicas, de modo principal ou secundário, o binômio *hierarquia* e *disciplina*, bases organizacionais das Forças Armadas (art. 142, *caput*, CF; art. 14, Lei 6.880/1980); num segundo plano, não menos relevante, os demais, como vida, integridade física, honra, patrimônio etc. A constatação dos valores de hierarquia e disciplina, como regentes da carreira militar, confere legitimidade à existência do direito penal militar e da Justiça Militar (arts. 122 a 124, CF).

3. Dignidade da pessoa humana e devido processo legal: são princípios regentes do Direito Penal e, consequentemente, do Direito Penal Militar. A dignidade da pessoa humana deve ser conceituada sob dois prismas: a) *objetivo,* significando o direito do indivíduo às condições mínimas de sobrevivência e necessidades vitais próprias e de sua família, com moradia, alimentação, educação, saúde, lazer, vestuário, higiene, transporte e previdência social (nos moldes apregoados para o salário mínimo, art. 7.º, IV, CF); b) *subjetivo*, significando o direito do indivíduo ao respeito à sua autoestima e honorabilidade pelo Estado. O devido processual legal é o princípio agregador de todos os demais, nos âmbitos penal e processual penal, vez que possui sentido material, vinculado, em sua origem, à legalidade, bem como sentido processual, espraiando-se pelas várias garantias de defesa do acusado. Unidos, a dignidade humana e o devido processo legal, coordenam os demais princípios penais e processuais penais, inclusive no direito penal militar.

4. Princípios de direito penal: etimologicamente, princípio tem vários significados, dentre os quais o momento em que algo tem origem; causa primária, elemento predominante na constituição de um corpo orgânico; preceito, regra ou lei; fonte ou causa de uma ação. No sentido jurídico, não se poderia fugir de tais noções, de modo que o conceito de princípio indica uma ordenação, que se irradia e imanta os sistemas de normas, servindo de base para a interpretação, integração, conhecimento e aplicação do direito positivo. Há princípios expressamente previstos em lei, enquanto outros estão implícitos no sistema normativo. Existem, ainda, os que estão enumerados na Constituição Federal, denominados de *princípios constitucionais*, servindo de orientação para a produção legislativa ordinária, atuando como garantias diretas e imediatas aos cidadãos, bem como funcionando como critérios de interpretação e integração do texto constitucional. Dentre estes encontramos, igualmente, os explícitos e os implícitos. Regem o direito penal brasileiro, inclusive o militar, os seguintes princípios: I – *constitucionais explícitos*: a) *princípio da legalidade ou da reserva legal*: trata-se do fixador do conteúdo das normas penais incriminadoras, ou seja, os tipos penais incriminadores, que somente podem ser criados por meio de lei em sentido estrito, emanada do Poder Legislativo, respeitado o processo previsto na Constituição. Encontra-se previsto no art. 5.º, XXXIX, da CF, bem como no art. 1.º do Código Penal Militar; b) *princípio da anterioridade*: significa que uma lei penal incriminadora somente pode ser aplicada a um fato concreto, caso tenha tido origem *antes* da prática da conduta para a qual se destina. Como estipulam o texto constitucional e o art. 1.º do Código Penal Militar, "não há crime sem lei *anterior* que o defina", nem tampouco pena "sem *prévia* cominação legal" (destacamos). De nada adiantaria o princípio da legalidade sem a correspondente anterioridade, pois criar uma lei após o cometimento do fato, pretendendo aplicá-la a este, seria totalmente inútil para a segurança que a norma penal deve representar a todos os seus destinatários. O indivíduo somente está protegido contra os abusos do Estado caso possa ter certeza de que as leis penais são aplicáveis para o futuro, a partir de sua criação, não retroagindo para abranger condutas já realizadas; c) *princípio da retroatividade da lei penal benéfica* (ou *princípio da irretroatividade da lei penal*): significa que a lei penal não retroagirá para abranger situações já consolidadas, sob o império de legislação diferenciada. Logo, quando novas leis entram em vigor, devem envolver somente fatos concretizados sob a sua égide. Abre-se exceção à irretroatividade quando se ingressa no campo das leis penais benéficas. Estas podem voltar no tempo para favorecer o agente, ainda que o fato tenha sido decidido por sentença condenatória, com trânsito em julgado (art. 5.º, XL, CF; art. 2.º, § 1.º, CPM); d) *princípio da personalidade ou da responsabilidade pessoal*: significa que a punição, em matéria penal, não deve ultrapassar a pessoa do delinquente. Trata-se de outra conquista do direito penal moderno, impedindo que terceiros inocentes e totalmente alheios ao crime possam pagar pelo que não fizeram, nem contribuíram para que fosse realizado. A família do condenado, por exemplo, não deve ser afetada pelo crime cometido. Por isso, prevê a Constituição, no art. 5.º, XLV, que "nenhuma pena passará da pessoa do condenado". Entretanto, pode-se garantir à vítima do delito a indenização civil, mesmo responsabilizando-

-se terceiros, bem como é viável que o Estado possa confiscar o produto ou proveito do crime – aliás, o que o próprio art. 5.º, XLV, prevê; e) *princípio da individualização da pena*: quer dizer que a pena não deve ser padronizada, cabendo a cada delinquente a exata medida punitiva pelo que fez. Não teria sentido igualar os desiguais, sabendo-se, por certo, que a prática de idêntica figura típica não é suficiente para nivelar dois seres humanos. Assim, o justo é fixar a pena de maneira individualizada, seguindo-se os parâmetros legais, mas estabelecendo a cada um o que lhe é devido. É o que prevê o art. 5.º, XLVI, da Constituição. Sobre o tema, em maiores detalhes, consultar o nosso trabalho *Individualização da pena*; f) *princípio da humanidade*: significa que o direito penal deve pautar-se pela benevolência, garantindo o bem-estar da coletividade, incluindo-se o dos condenados. Estes não devem ser excluídos da sociedade somente porque infringiram a norma penal, tratados como se não fossem seres humanos, mas animais ou coisas. Por isso, estipula a Constituição que não haverá penas: 1) de morte (exceção feita à época de guerra declarada, conforme previsão do Código Penal Militar); 2) de caráter perpétuo; 3) de trabalhos forçados; 4) de banimento; 5) cruéis (art. 5.º, XLVII), bem como que deverá ser assegurado o respeito à integridade física e moral do preso (art. 5.º, XLIX). Na realidade, houve, em nosso entendimento, um desvio na redação desse inciso. O que a Constituição proíbe são as penas cruéis (gênero), do qual são espécies as demais (morte, perpétua, trabalhados forçados, banimento). E faltou, dentre as específicas, descrever as penas de castigos corporais. Logo, a alínea *e* do inc. XLVII do art. 5.º da Constituição Federal é o gênero (penas cruéis); as demais representam as espécies; II – *constitucionais implícitos*: a) *princípio da intervenção mínima (subsidiariedade ou fragmentariedade)*: o direito penal não deve interferir em demasia na vida do indivíduo, retirando-lhe autonomia e liberdade. Afinal, a lei penal não deve ser vista como a primeira opção (*prima ratio*) do legislador para compor os conflitos existentes em sociedade e que, pelo atual estágio de desenvolvimento moral e ético da humanidade, sempre estarão presentes. Há outros ramos do direito preparados a solucionar as desavenças e lides surgidas na comunidade, compondo-as sem maiores consequências. O direito penal é considerado a *ultima ratio*, isto é, a última cartada do sistema legislativo, quando se entende que outra solução não pode haver senão a criação de lei penal incriminadora, impondo sanção penal ao infrator. Nesse mesmo sentido, o princípio da fragmentariedade demonstra ser o Direito Penal apenas um *fragmento* do ordenamento jurídico, não devendo regular e punir todos os ilícitos. Tratando-se do direito penal militar, poder-se-ia argumentar ser incabível a intervenção mínima, justamente em prol da disciplina rígida existente na caserna. Na realidade, em qualquer ramo do ordenamento jurídico deve-se ponderar não constituir a sanção penal a mais indicada para a aplicação aos ilícitos em geral, como primeira opção. O mesmo se dá no âmbito militar, havendo infrações e sanções puramente disciplinares, que são suficientes para garantir a ordem e a hierarquia. Enfim, o direito penal, mesmo o militar, deve ser visto como *subsidiário* aos demais ramos do direito. Fracassando outras formas de punição e de composição de conflitos, lança-se mão da lei penal para coibir comportamentos desregrados, que possam lesionar bens jurídicos tutelados. Luiz Luisi sustenta que o Estado deve evitar a criação de infrações penais insignificantes, impondo penas ofensivas à dignidade humana. Tal postulado encontra-se implícito na Constituição Federal, que assegura direitos invioláveis, como a vida, a liberdade, a igualdade, a segurança e a propriedade, bem como colocando como fundamento do Estado democrático de direito a dignidade da pessoa humana. Daí ser natural que a restrição ou privação desses direitos invioláveis somente se torne possível caso seja estritamente necessária a imposição da sanção penal, para garantir bens essenciais ao homem (cf. *Os princípios constitucionais penais*, p. 26); b) *princípio da culpabilidade*: ninguém deve ser penalmente punido se não houver agido com dolo ou culpa, dando mostras de que a responsabilização não deve ser objetiva, mas subjetiva (*nullum crimen sine culpa*). Trata-se de uma conquista do direito penal moderno, voltado à ideia de que a liberdade é a regra, sendo exceção a prisão ou a restrição de direitos. Além disso, o próprio Código Penal Militar estabelece que somente há crime quando estiver presente o dolo ou a culpa (art. 33). O princípio é expresso no Código Penal Militar, mas implícito na Constituição Federal, onde encontra respaldo na busca por um direito penal de intervenção mínima, com fulcro na meta estatal geral de preservação da dignidade da pessoa humana. Na ótica de Jescheck, o princípio da culpabilidade serve, de um lado, para conferir a necessária proteção do indivíduo em face de eventual excesso repressivo do Estado, fazendo com que a pena, por outro, circunscreva-se às condutas merecedoras de um juízo de desvalor ético-social (cf. *Tratado de derecho penal – Parte general*, p. 25-26); c) *princípio da taxatividade*: significa que as condutas típicas, merecedoras de punição, devem ser suficientemente claras e bem elaboradas, de modo a não deixar dúvida, em relação ao seu cumprimento, por parte do destinatário da norma. A construção de tipos penais incriminadores dúbios e repletos de termos valorativos vagos pode dar ensejo ao abuso do Estado na invasão da intimidade e da esfera de liberdade dos indivíduos. Aliás, não fossem os tipos taxativos – limitativos, restritivos, precisos –, de nada adiantaria adotar o princípio da legalidade ou da reserva legal. Este é um princípio decorrente, nitidamente, da legalidade, logo, é constitucional implícito. Ensina Luiz Luisi que "o postulado em causa expressa a exigência de que as leis penais, especialmente as de natureza incriminadora, sejam claras e o mais possível certas e precisas. Trata-se de um postulado dirigido ao legislador vetando ao mesmo a elaboração de tipos penais com a utilização de expressões ambíguas, equívocas e vagas de modo a ensejar diferentes e mesmo contrastantes entendimentos. O princípio da determinação taxativa preside, portanto, a formulação da lei penal, a exigir qualificação e competência do legislador, e o uso por este de técnica correta e de uma linguagem rigorosa e uniforme" (*Os princípios constitucionais penais*, p. 18); d) *princípio da proporcionalidade*: as penas devem ser harmônicas com a gravidade da infração penal cometida, não tendo cabimento o exagero, nem tampouco a extrema liberalidade na cominação das sanções nos tipos penais incriminadores. Não teria sentido punir um furto simples com elevada pena privativa de liberdade, como também não seria admissível punir um homicídio com pena de multa. A Constituição, ao estabelecer as modalidades de penas que a lei ordinária deve adotar, consagra a proporcionalidade de maneira implícita, corolário natural da aplicação da justiça, que é dar a cada um o que é seu, por merecimento. Fixa o art. 5.º, XLVI, da CF as seguintes penas: 1) privação ou restrição da liberdade; 2) perda de bens; 3) multa; 4) prestação social alternativa; 5) suspensão ou interdição de direitos; e) *princípio da vedação da dupla punição pelo mesmo fato*: significa que ninguém deve ser processado e punido duas vezes pela prática da mesma infração penal (*ne bis in idem*). Tal garantia está prevista implicitamente na Convenção Americana sobre Direitos Humanos (art. 8.º, 4). Se não há possibilidade de processar novamente quem já foi absolvido, ainda que surjam novas provas, é lógico não ser admissível punir o agente outra vez pelo mesmo delito.

5. Lesividade (ou ofensividade) como princípio de direito penal: trata-se de corolário natural do princípio da intervenção mínima, pois assegura somente haver legítimo tipo penal incriminador, quando tutelar bem jurídico relevante, demonstrando, assim, o caráter subsidiário do Direito Penal. Diante disso, ilustrando, reconhecendo-se o *crime de bagatela*, com base no princípio da insignificância, está-se afirmando a existência do princípio da ofensividade, vale dizer, somente a conduta autenticamente ofensiva a bem jurídico relevante pode ser objeto do Direito Penal; do contrário, o que é inofensivo e ínfimo, constitui bagatela, não punível. A ofensividade ou lesividade deve estar presente no contexto do tipo penal incriminador, para validá-lo, legitimá-lo, sob pena de se esgotar o direito penal em situações inócuas e sem propósito, especialmente quando se contrasta a conduta praticada com o tipo de sanção a ela prevista, ou seja, a pena privativa de liberdade, evidenciando-se enorme desproporção. Porém, a ofensividade é um nítido apêndice da intervenção mínima ou subsidiariedade do Direito Penal Democrático. Não necessita ser considerado à parte, como princípio autônomo, pois lhe falece força e intensidade para desvincular-se do principal, nem existem requisitos próprios que o afastem da ideia fundamental de utilizar a norma penal incriminadora como última cartada para solucionar ou compor conflitos emergentes em sociedade. Em suma, a ofensividade é uma consequência do respeito à intervenção mínima. Mesmo no contexto dos crimes militares, deve-se exigir ofensividade razoável ao bem jurídico tutelado, pois se está inserido no Estado Democrático de Direito.

LIVRO ÚNICO

Título I
Da aplicação da Lei Penal Militar

Princípio de legalidade[6-6-A]

> **Art. 1.º** Não há crime sem lei anterior[7] que o defina, nem pena sem prévia cominação legal.[8]

6. Conceito de legalidade: há três significados: a) político (garantia constitucional dos direitos humanos fundamentais; b) jurídico em sentido lato (ninguém está obrigado a fazer ou deixar de fazer alguma coisa senão em virtude de lei, conforme art. 5.º, II, CF); c) jurídico em sentido estrito ou penal (fixador do conteúdo das normas penais incriminadoras). Neste último prisma, é também conhecido como princípio da reserva legal, ou seja, os tipos penais incriminadores somente podem ser criados por lei em sentido estrito, emanada do Legislativo, de acordo com o processo previsto na Constituição Federal. A raiz histórica do princípio da legalidade está na Magna Carta de 1215 ("Nenhum homem pode ser preso ou privado de sua propriedade a não ser pelo julgamento de seus pares ou pela lei da terra"). A expressão original – *by the law of the land* – foi modificada em edição posterior da Magna Carta para *due process of law* (devido processo legal). A garantia tinha por finalidade evitar que alguém fosse preso ou privado de seus bens pela vontade singular do soberano, obrigando que os magistrados aplicassem, efetivamente, as leis consuetudinárias à época consagradas pela comunidade. A formulação propriamente dita do princípio da legalidade coube a Beccaria, na obra *Dos delitos e das penas*, com influência de Montesquieu e Rousseau. Por outro lado, a construção do preceito latino *nullum crimen, nulla poena sine previa lege* deveu-se a Feuerbach (Cerezo Mir, *Curso de derecho penal español – Parte general*, v. 1, p. 163; Jiménez de Asúa, *Lecciones de derecho penal*, p. 14 e 57). É a consagração da *tipicidade* (adequação dos fatos concretos ao modelo legal previsto na norma penal), que é a elaboração científica do princípio no contexto do direito penal.

6-A. Alcance do princípio da legalidade no cenário dos denominados crimes contra a humanidade: seja qual for o delito contra a humanidade, previsto em tratado internacional, para que haja punição, no Brasil, é indispensável haver o tipo penal incriminador na legislação, respeitando-se o princípio da legalidade, constitucionalmente previsto. O STF reconhece a relevância dos tratados de direitos humanos, mas nunca acima da Constituição Federal. Pode-se, no máximo, equiparar alguma norma, prevista em convenção ou tratado internacional, subscrito pelo Brasil e aprovado por decreto, a uma norma constitucional, quando concernente a um direito ou garantia humana fundamental. Sob outro aspecto, normas internacionais de imprescritibilidade não se aplicam ao direito brasileiro, a não ser que incorporadas pela legislação nacional. Como se frisou, a tipificação de crimes depende de lei que os defina, pelo Parlamento brasileiro. E normas de imprescritibilidade dependem, igualmente, de aprovação pelo Legislativo. É a aplicação da legalidade, tal como posta no texto constitucional. Na jurisprudência: STJ: "1. Considerações preliminares: A matéria trazida nos presentes autos é de extrema relevância, haja vista ter, de fato, havido graves violações a direitos humanos durante as décadas de 60, 70 e 80. Contudo, não há uma única forma de reconstrução após crises como a ocorrida no Brasil. Na verdade, as experiências de reconciliação nacional, em vários países do mundo, foram diversas, respeitando-se sempre a cultura e a soberania de cada país. Emblemática é, por exemplo, a experiência de justiça restaurativa na África do Sul sob a direção do estadista Nelson Mandela e coordenação do arcebispo Desmond Tutu. O processo transicional, do regime racista do *apartheid* para a democracia multirracial, ocorreu de forma negociada e pacífica. A criação de uma Comissão de Verdade e Reconciliação promoveu o encontro de vítimas, familiares, ofensores e representantes das comunidades locais para discutirem sobre as violações dos direitos humanos praticadas durante o sistema segregacionista. Nesses encontros, os violadores reconheciam os seus erros, pediam perdão às famílias ou aos seus familiares e se responsabilizavam pelas consequências materiais dos seus atos lesivos. Essas foram as condições necessárias para a declaração de anistia aos ofensores naquele país. 2. Admissibilidade: O exame do recurso especial deve se ater à matéria efetivamente submetida ao conhecimento do Superior Tribunal de Justiça, uma vez que 'o recurso especial possui fundamentação vinculada, de modo que não cabe ao STJ imiscuir-se em questões que não lhe tenham sido devolvidas especificamente' (AgInt no AREsp 1.325.685/RJ, Rel. Ministro Luis Felipe Salomão, Quarta Turma, julgado em 20.08.2019, *DJe* 23/08/2019). O recorrente aponta violação ao art. 107, IV, do CP, por considerar que 'os delitos imputados aos ora recorridos devem ser tomados como crimes de lesa-humanidade na linha dos diplomas internacionais, e, por conseguinte, imprescritíveis'. Contudo, a norma infraconstitucional apontada como violada não tem o alcance pretendido. Não se aborda, na referida norma, a imprescritibilidade (tema previsto na Lei maior e em tratado não internalizado). Constata-se, portanto, a falta de correlação entre a norma apontada como violada e a discussão efetivamente trazida nos autos, o que inviabiliza o conhecimento do recurso especial. 'A indicação de preceito legal federal que não consigna em seu texto comando normativo apto a sustentar a tese recursal e a reformar o acórdão impugnado padece de fundamentação adequada, a ensejar o impeditivo da Súmula 284/STF' (REsp n. 1.715.869/SP, Ministro Mauro Campbell Marques, Segunda Turma, *DJe* 07.03.2018). 3. A ordem foi concedida pelo Tribunal de origem, por maioria, reconhecendo a ocorrência da prescrição, 'em virtude de os fatos não se enquadrarem nos crimes contra a humanidade'. Dessa forma, ainda que o recorrente tivesse indicado o dispositivo correto, que trata da imprescritibilidade dos crimes contra a humanidade, seu exame não teria o condão de desconstituir o acórdão proferido pela Corte local, porquanto fundamentado na não configuração de crime de lesa-humanidade. Inviável, outrossim, aferir se os fatos narrados se inserem na categoria de crime contra humanidade, uma vez que o recorrente não apontou igualmente violação a dispositivo legal, ou mesmo supralegal, que albergue referida discussão. Ademais, desconstituir a conclusão do Tribunal Regional Federal da 2ª Região, que possui amplo espectro de cognição dos fatos e provas juntadas aos autos, demandaria o revolvimento fático-probatório, o qual é vedado na via eleita, nos termos do enunciado n. 7/STJ. 4. Preliminares de mérito: O STM, por mais de uma vez, 'inadmitiu o prosseguimento de inquérito instaurado para apurar o atentado do Riocentro, e fez mais, decretou a extinção de punibilidade de todos os envolvidos, face a anistia deferida pela Emenda Constitucional 26/1985'. Como é cediço, 'a decisão que declar[a] extinta a punibilidade em favor do Paciente, ainda que prolatada com suposto vício de incompetência de juízo, é susceptível de trânsito em julgado e produz efeitos. A adoção do princípio do *ne bis in idem* pelo ordenamento jurídico penal complementa os direitos e as garantias individuais previstos pela Constituição da República, cuja interpretação sistemática leva à conclusão de que o direito à liberdade, com apoio em coisa julgada material, prevalece sobre o dever estatal de acusar' (HC 86.606, rel. Cármen Lúcia, Primeira Turma, julgado em 22.05.2007, *DJe* 02.0802007). Precedentes outros do STF na mesma direção. Assim, caso fosse acolhida a tese recursal do MPF, deveria este Colegiado examinar, previamente e de ofício, o tema da coisa julgada material (matéria de ordem pública, que foi expressamente analisada pela Corte de Origem). Recorde-se: em favor do acusado, sempre é possível a concessão da ordem de *habeas corpus* até mesmo de ofício. 5. Os fatos, ocorridos em 30.04.1981, estão albergados pela anistia trazida no art. 4.º, § 1.º, da EC n. 26/1985, promulgada pela própria Assembleia Nacional Constituinte, a qual reafirmou a Anistia de 1979. Não se pode descurar, ademais, que a Lei n. 6.683/1979 foi considerada constitucional pelo STF, no julgamento da ADPF n. 153/DF, embora estejam pendentes de julgamento embargos de declaração. Nada obstante, conforme explicitado pelo Ministro Alexandre de Moraes, Relator da Rcl n. 18.686/RJ, 'essa decisão, proferida no âmbito de Arguição de Descumprimento de Preceito Fundamental – ADPF, é dotada de eficácia *erga omnes* e efeito vinculante (art. 10, § 3.º da Lei 9.882/99)'. Nessa linha de entendimento, cabe ao STF verificar os efeitos da decisão proferida pela Corte Interamericana de Direitos Humanos no Caso Gomes Lund e outros ('Guerrilha do Araguaia') vs. Brasil, bem como no Caso Herzog e outros vs. Brasil, com a consequente harmonização da jurisprudência relativa à Lei de Anistia, o que é objeto também da ADPF n. 320/DF, da relatoria do eminente Luiz Fux. 6. Conclusão que não revela resistência ao cumprimento das decisões proferidas pela CIDH, ou reticência em exercer o controle de convencionalidade, porquanto a submissão à jurisdição da CIDH não prescinde da devida harmonização com o ordenamento pátrio, sob pena de se comprometer a própria soberania nacional. A soberania é fundamento da República Federativa do Brasil e justifica a Supremacia da CF na ordem interna. Dessa forma, o cumprimento das decisões proferidas pela CIDH não pode afrontar a CF, motivo pelo qual se faz mister sua harmonização, sob pena de se subverter nosso próprio ordenamento, negando validade às decisões do Supremo Tribunal Federal, em observância a decisões internacionais. 7. Mérito: O conceito de crime contra a humanidade se encontra positivado no art. 7.º do Estatuto de Roma do Tribunal Penal Internacional, o qual foi adotado em 17.07.1998, porém apenas passou a vigorar em 1º.07.2002, sendo internalizado por meio do Decreto n. 4.388, de 25.09.2002. No Brasil, no entanto, ainda não há lei que tipifique os crimes contra a humanidade, embora esteja em tramitação o Projeto de Lei n. 4.038/2008. Diante da ausência de lei interna tipificando os crimes contra a humanidade, rememoro que o STF já teve a oportunidade de se manifestar no sentido de que não é possível utilizar tipo penal descrito em tratado internacional para tipificar condutas internamente, sob pena de se violar o princípio da legalidade – art. 5.º, XXXIX, da CF (exemplo: tipo penal de organização criminosa trazido na Convenção de Palermo). Dessa maneira, não se mostra possível internalizar a tipificação do crime contra a humanidade trazida pelo Estatuto de Roma, mesmo se cuidando de Tratado internalizado por meio do Decreto n. 4.388, porquanto não há lei em sentido formal tipificando referida conduta. Ademais, cuidando-se de tratado que apenas passou a vigorar no Brasil em 25.09.2002, tem-se igualmente, na hipótese, o óbice à aplicação retroativa de lei penal em prejuízo do réu, haja vista o princípio constitucional da irretroatividade, previsto no art. 5.º, XL, da CF. 8. A Convenção sobre a Imprescritibilidade dos Crimes de Guerra e dos Crimes contra a Humanidade é anterior aos fatos narrados. Contudo, não foi ratificada pelo Brasil, não foi internalizada nem como norma supralegal. Nada obstante, no presente julgamento se pretende demonstrar que sua observância independe de ratificação, por se tratar de norma *jus cogens* que, nas palavras do Ministro Luís Roberto Barroso, no julgamento da Ext. n. 1.362/DF, 'é um costume internacional, respeitado e praticado' e, segundo o Ministro Luiz Fux, no mesmo julgamento, 'talvez a melhor Corte para dizer se o *jus cogens* se aplica ou não é o Supremo Tribunal Federal'. No referido julgamento, se considerou inaplicável o *jus cogens*, prevalecendo o entendimento no sentido de que a qualificação do crime como de lesa-humanidade não afasta a sua prescrição, uma vez que, conforme voto vencedor do saudoso Ministro Teori Zavascki, 'somente lei interna (e não convenção internacional, muito menos aquela sequer subscrita pelo Brasil) pode qualificar-se, constitucionalmente, como a única fonte formal direta, legitimadora da regulação normativa concernente à prescritibilidade ou à imprescritibilidade da pretensão estatal de punir, ressalvadas, por óbvio, cláusulas constitucionais em sentido diverso, como aquelas inscritas nos incisos XLII e XLIV do art. 5.º de nossa Lei Fundamental'. 9. Ainda que se admita o *jus cogens*, na contramão do que decidido pelo Supremo Tribunal Federal na Extradição n. 1.362/DF, o controle de convencionalidade exercido pelo STJ, com a finalidade de aferir se a legislação infraconstitucional está em dissonância com o disposto no tratado internacional sobre direitos humanos, deve se harmonizar com os princípios e garantias constitucionais. Com efeito, não se pode perder de vista que o tratado possui *status* supralegal, porém infraconstitucional, porquanto não internalizado nos termos do art. 5.º, § 3.º, da CF. Conclusão em sentido contrário violaria não apenas o disposto no referido dispositivo da Constituição da República, mas também a jurisprudência consolidada do STF sobre o *status* dos tratados sobre direitos humanos, bem como inviabilizaria o exame dos temas pelo STJ. 10. Considerando se estar diante de controle sobre Convenção admitida como *jus cogens*, entendo que sua observância na ordem jurídica interna, se legitima a partir do disposto no art. 5.º, § 2.º, da CF, o qual dispõe que 'os direitos e garantias expressos nesta Constituição não excluem outros decorrentes do regime e dos princípios por ela adotados, ou dos tratados internacionais em que a República Federativa do Brasil seja parte'. Nesse contexto, diante do princípio da unidade da constituição – o qual impõe a necessidade de harmonização de eventuais contradições existentes entre as normas constitucionais –, bem como do princípio da máxima efetividade – que visa conferir a maior efetividade possível aos direitos fundamentais –, entendo que a observância aos tratados e convenções internacionais sobre direitos humanos deve ser compatibilizada com os princípios constitucionais da legalidade e da irretroatividade. Assim, a aplicação da Convenção não poderia tipificar crimes nem alcançar fatos anteriores à Constituição de 1988, que legitimou sua aplicação, sob pena de revelar verdadeira afronta à própria soberania estatal e à supremacia da Constituição da República, subvertendo por completo o ordenamento jurídico pátrio e com malferimento de inúmeros outros direitos fundamentais, a pretexto de protegê-los. 11. Não se coaduna, igualmente, com a ordem constitucional vigente, admitir a paralisação da eficácia da norma que disciplina a prescrição, com o objetivo de tornar imprescritíveis crimes contra a humanidade, por se tratar de norma de direito penal que demanda, da mesma forma, a existência de lei em sentido formal. Ademais, se deve igual observância ao princípio da irretroatividade. 'A chamada 'Constituição Cidadã' busca a construção de uma sociedade livre e justa, conferindo amparo a um vasto rol de direitos e garantias fundamentais dos indivíduos. Em um Estado de Direito, deve ser equilibrada pela lei a relação entre o Estado e os cidadãos, como forma de garantir que estes não serão vítimas do arbítrio do poder coercitivo estatal. Nesse sentido, a imprescritibilidade ameaça as garantias fundamentais de segurança jurídica e até mesmo da ampla defesa, pois submete o cidadão à eterna ameaça da repressão estatal, sem preocupar-se com os efeitos do tempo sobre os elementos probatórios que envolvem os fatos criminosos, sobre o acusado e sobre a repercussão social do crime' (CALIXTO, Clarice Costa). Portanto, não é possível tornar inaplicável o disposto no art. 107, IV, do CP (norma violadora e não violada), em face do disposto na Convenção sobre a Imprescritibilidade dos Crimes de Guerra e dos Crimes contra a Humanidade, sob pena de se vulnerar o princípio constitucional da legalidade e da irretroatividade, bem como a própria segurança jurídica, com consequências igualmente graves, em virtude da mitigação de princípios relevantes à própria consolidação do Estado Democrático de Direito. 12. Conclusão: A admissão da Convenção sobre a Imprescritibilidade dos Crimes de Guerra e dos Crimes contra a Humanidade como *jus cogens* não pode violar princípios constitucionais, devendo, portanto, se harmonizar com o regramento pátrio. Referida conclusão não revela desatenção aos Direitos Humanos, mas antes observância às normas máximas do nosso ordenamento jurídico, consagradas como princípios constitucionais, que visam igualmente resguardar a dignidade da pessoa humana, finalidade principal dos Direitos Humanos. Nesse contexto, em observância aos princípios constitucionais penais, não é possível tipificar uma conduta praticada no Brasil como crime contra humanidade, sem prévia lei que o defina, nem é possível retirar a eficácia das normas que disciplinam a prescrição, sob pena de se violar os princípios da legalidade e da irretroatividade, tão caros ao direito penal. 13. O não reconhecimento da imprescritibilidade dos crimes narrados na denúncia não diminui o compromisso do Brasil com os Direitos Humanos. Com efeito, a punição dos denunciados, quase 40 anos após os fatos, não restabelece os direitos humanos supostamente violados, além de violar outros direitos fundamentais, de igual magnitude: segurança jurídica, coisa julgada material, legalidade, irretroatividade, etc. (...) 15. Dispositivo: Recurso especial conhecido em parte e, nessa extensão, improvido" (REsp 1.798.903/RJ, 3ª Seção, rel. Reynaldo Soares da Fonseca, 25.09.2019, v.u.).

7. Conceito de anterioridade: significa ser obrigatória a *prévia* existência de lei penal incriminadora para que alguém possa ser processado e condenado, exigindo, também, *prévia* cominação de sanção para que alguém possa sofrê-la. Por outro lado, cumpre esclarecer que, apesar de a rubrica do art. 1.º do CPM mencionar apenas a *anterioridade* da lei penal, espelha, ainda, o princípio da legalidade ou da reserva legal.

8. Utilização da interpretação extensiva, interpretação analógica e analogia em direito penal: a interpretação é um processo de descoberta do conteúdo da lei e não de criação de normas. Por isso, é admitida em direito penal, tanto a extensiva, quanto a analógica. A extensiva é o processo de extração do autêntico significado da norma, ampliando-se o alcance das palavras legais, a fim de se atender à real finalidade do texto. A analógica é o processo de averiguação do sentido da norma jurídica, valendo-se de elementos fornecidos pela própria lei, por meio do método de semelhança. Confira-se o disposto no art. 205, § 2.º, III: qualifica-se o homicídio quando o agente cometer o crime "com emprego de veneno, asfixia, tortura, fogo, explosivo *ou qualquer outro meio dissimulado ou cruel, ou de que possa resultar perigo comum*" (grifamos), verificando-se, pois, que, dadas as amostras pelo tipo, permite-se a busca pelo intérprete de outros meios similares aos primeiros, igualmente configuradores de insídia, crueldade ou perigo comum. A adoção das interpretações extensiva e analógica é amplamente aceita pela doutrina e pela jurisprudência. Por todos, pode-se citar a lição de Jiménez de Asúa, afirmando que o meio literal e o teleológico podem levar a um resultado harmônico e conclusivo na interpretação das leis penais, seja ele *restritivo* ou *extensivo*, posto que, assim fazendo, consegue-se captar a vontade da lei. Somente quando houver dúvida na interpretação prevalece o critério restritivo para não prejudicar o réu e extensivo quando lhe for favorável (cf. *Lecciones de derecho penal*, p. 73). A analogia, por sua vez, é um processo de autointegração, criando-se uma norma penal onde, originalmente, não existe. Nesse caso, não se admite a analogia *in malam partem*, isto é, para prejudicar o réu. Nem todas as vozes são contrárias ao emprego em geral da analogia no direito penal. Confira-se a lição de Carnelutti: "Considero que a proibição da analogia na aplicação das leis penais é outra superstição da qual devemos nos livrar. Nisso não se deve enxergar uma consequência do princípio da certeza jurídica, senão uma desconfiança com relação ao juiz, a qual, se tem razões históricas bastante conhecidas, carece de todo fundamento prático" (*El problema de la pena*, p. 74, traduzi). Por outro lado, somente em caráter excepcional a analogia *in bonam partem* (para beneficiar) deve ser utilizada em favor do réu, uma vez que o princípio da legalidade é a regra, não a exceção. Não deve o magistrado disseminar o uso da analogia para absolver o réu, pois isso colocaria em risco a segurança idealizada pelo direito penal. Não é demais citar a lição de Hungria a esse respeito: "Os preceitos sobre causas descriminantes, excludentes ou atenuantes de culpabilidade ou de pena, ou extintivas de punibilidade, constituem *jus singulare* em relação aos preceitos incriminadores ou sancionadores, e, assim, não admitem extensão além dos casos taxativamente enumerados" (*Comentários ao Código Penal*, v. 1, t. I, p. 92).

Art. 2.º

Lei supressiva de incriminação[9]

> **Art. 2.º** Ninguém pode ser punido por fato que lei posterior deixa de considerar crime, cessando em virtude dela a execução e os efeitos penais da sentença condenatória.[10]

Retroatividade de lei mais benigna[11]

> § 1.º A lei posterior que, de qualquer outro modo, favorece o agente, aplica-se retroativamente,[12] ainda quando já tenha sobrevindo sentença condenatória irrecorrível.[13-14]
>
> § 2.º Para se reconhecer qual a mais favorável, a lei posterior e a anterior devem ser consideradas separadamente, cada qual no conjunto de suas normas aplicáveis ao fato.[15-17]

9. *Abolitio criminis* **(abolição do crime):** trata-se da descriminalização de determinada conduta por lei posterior, provocando a extinção da punibilidade do agente. O art. 2.º, *caput*, do Código Penal Militar confere um título apropriado para a norma: *lei supressiva de incriminação*. Ao contrário do Código Penal, que optou pelo título aberto e mais abrangente: *lei penal no tempo*. A disposição normativa, após o advento da Lei 14.688/2023, tornou-se idêntica à previsão feita pelo Código Penal, que é tecnicamente correta. Portanto, havendo *abolitio criminis*, cessa a *execução* (cumprimento da pena) e os *efeitos* penais da sentença condenatória (reincidência, maus antecedentes, prejuízo para obter benefícios penais em outros processos, entre outros). Na realidade, ambos os Diplomas Penais tratam a questão de maneira oblíqua, pois a abolição do delito acarreta a eliminação da tipicidade. Diante disso, o fato praticado pelo agente torna-se penalmente irrelevante. Assim ocorrendo, em qualquer fase do processo ou após a condenação, a abolição do delito afasta a pretensão punitiva e executória do Estado. A *abolitio criminis*, assim como a anistia, é capaz de *apagar* a tipicidade, *limpando* completamente a folha de antecedentes do acusado (se já existir qualquer registro: indiciamento, processo em andamento, condenação).

10. Ressalva do efeito civil: a responsabilidade penal é diversa da civil, afinal, um ato ilícito pode ser passível de indenização, mesmo que não seja crime. Entretanto, se alguém é definitivamente condenado pela prática de um delito, torna-se certa a obrigação de reparar o dano. Havendo a descriminalização da conduta pode haver duas situações: a) a sentença condenatória já foi usada como título executivo no cível, obtendo a vítima a devida reparação, motivo pelo qual não há o que restituir ou refazer; b) a sentença condenatória ainda não foi a utilizada como título executivo no cível, de forma que, embora não impeça a discussão da indenização, não mais presta como tal; a vítima deve ajuizar demanda reparatória, fundada em processo de conhecimento.

11. Título correto: o Código Penal Militar oferece vários dispositivos mais aperfeiçoados do que o Código Penal comum, inclusive titulando artigos de forma cientificamente acertada. Este é um dos exemplos. Trata-se do princípio da retroatividade da lei penal benéfica, expressamente reconhecido no § 1.º do art. 2.º do CPM.

12. Extratividade da lei penal militar: a regra geral em direito é a aplicação da lei vigente à época da ocorrência dos fatos (*tempus regit actum*). A exceção é a extratividade, significando a possibilidade de aplicação de uma lei a fatos ocorridos fora do âmbito de sua vigência. O fenômeno da extratividade, no campo penal, realiza-se em dois ângulos: a) *retroatividade*: é a aplicação de uma nova lei penal benéfica a um fato (infração penal) acontecido antes do período da sua vigência (art. 5.º, XL, CF); b) *ultratividade*: é a aplicação de uma lei penal benéfica, já revogada, a um fato (sentença) ocorrido depois do período da sua vigência. O Código Penal Militar, no art. 2.º, § 1.º, faz referência somente à retroatividade, porque está analisando a aplicação da lei penal sob o ponto de vista da data do fato criminoso. Assim, ou se aplica o princípio-regra (*tempus regit actum*), quando for o mais benéfico, ou se aplica a lei penal posterior, quando a mais benigna. Não se pode olvidar, no entanto, que, quando um juiz vai aplicar uma lei já revogada, no instante da sentença, por ser a mais benéfica e por ser a vigente à época do crime, está materializando o fenômeno da ultratividade. Melhor teria sido o Código mencionar, também, a ultratividade, como fez o Código Penal argentino: "Se a lei vigente ao tempo de se cometer o delito for distinta da que exista ao pronunciar-se a sentença ou em período intermediário, aplicar-se-á a mais benéfica". Em síntese: a retroatividade volta-se ao passado, enquanto a ultratividade projeta-se ao futuro. O surgimento de uma lei benéfica ao réu denomina-se *novatio legis in mellius*; o aparecimento de uma lei prejudicial ao acusado chama-se *novatio legis in pejus*. Na jurisprudência, *sobre a retroatividade benéfica*: STM: "O cheque, emitido pelo proprietário da arma irregularmente apostilada no Sistema SIGMA, foi depositado na conta do ex-militar em 03.05./2010. Ainda que assim não fosse, *ad argumentandum tantum*, os autos dão conta de que em 23.04.2010 (registro no sistema SIGMA) a corrupção ativa/passiva já estava consumada. A jurisprudência deste Tribunal consolidou-se no sentido de que, aos fatos ocorridos em data anterior à vigência da Lei n.º 12.234/2010, aplica-se o art. 110, § 2.º, do CP comum, na sua redação anterior, para declarar a prescrição da pretensão punitiva na modalidade retroativa entre a data dos fatos e o recebimento da denúncia. Os julgados desta Corte apenas referendam o entendimento segundo o qual admite-se a analogia em matéria penal em benefício do réu: analogia *in bonam partem*. A regra impeditiva estabelecida pela referida Lei não retroage para alcançar os delitos consumados em data anterior a sua publicação (06.05.2010), sob pena de violação ao princípio constitucional que veda a irretroatividade da lei penal mais gravosa ao réu (CF/1988, art. 5.º, XL). O *decisum* recorrido não obstou a pretensão punitiva do MPM, tampouco o seu poder-dever de promover a ação penal militar, pois, inobstante a função ministerial de *dominus litis*, o papel de julgar a ação penal militar proposta pertence ao órgão jurisdicional, que deve, inclusive, declarar de ofício a prescrição da pretensão punitiva, nos termos do art. 131 do CPM. Não se verifica ofensa ao princípio da separação de poderes no acórdão guerreado, na medida em que a declaração da prescrição retroativa, na espécie, decorre de aplicação analógica *in bonam partem* de dispositivo da legislação penal comum, integrando o sistema penal militar pela aplicação de norma jurídica já existente no sistema jurídico pátrio. O entendimento estampado no julgado recorrido está referendado por firme jurisprudência deste Tribunal que considera perfeitamente cabível, à luz do direito pátrio, a aplicação da analogia *in bonam partem* para reconhecer a prescrição pela pena *in concreto*, considerando o transcurso do lapso prescricional entre a data do fato (anterior à edição da Lei n.º 12.234/10) e o recebimento da denúncia. Embargos de Declaração conhecidos e parcialmente acolhidos, tão somente para aclarar os fundamentos da decisão recorrida e declarar não terem sido violados os arts. 2.º, 93, IX, e 129, I, todos da Constituição Federal de 1988, sem, contudo, emprestar-lhes efeito modificativo. Decisão unânime" (Embargos de Declaração n.º 7000564-66.2020.7.00.0000, rel. Lúcio Mário de Barros Góes, 08.10.2020, v.u.). *Sobre a irretroatividade de lei penal prejudicial*: "1. Aos fatos ocorridos antes da vigência da Lei n.º 12.234/2010, consoante o revogado § 2.º do art. 110 do CP comum, a prescrição retroativa pode ser declarada se, entre a consumação do delito e o recebimento da denúncia, os prazos previstos no art. 125 do CPM tiverem expirado. 2. Trata-se da eficácia imediata do Princípio da Irretroatividade da Lei Penal mais gravosa ao agente,

Art. 2.º

estabelecido no art. 5.º, XL, da Constituição Federal/1988 e inserto no art. 2.º, § 1.º, do CPM. 3. Agravo Interno rejeitado por unanimidade" (Agravo Interno n.º 7000539-53.2020.7.00.0000, rel. Marco Antônio de Farias, 08.10.2020, v.u.).

13. Lei intermediária: a lei *posterior* pode ser uma lei intermediária, ou seja, aquela que surgiu depois da prática do fato criminoso, mas foi revogada antes de o juiz proferir a sentença condenatória. Se for a lei mais benigna, deverá ser a utilizada. Dá-se, então, concomitantemente, os dois fenômenos de extratividade da lei penal: *retroatividade* em relação ao fato criminoso; *ultratividade* no tocante à sentença.

14. Lei penal em *vacatio legis*: durante a *vacatio legis* (período de tempo estabelecido pelo legislador para que a sociedade tome conhecimento de uma determinada norma, após a sua publicação, antes de sua entrada em vigor), a lei penal já tem força suficiente para ser considerada lei mais favorável, aplicando-se retroativamente a fatos pretéritos. Sob o ponto de vista formalista, *todos são iguais perante a lei* e o período de *vacatio* deveria ser respeitado fielmente em qualquer situação, mesmo em se cuidando de lei benéfica. Sob a ótica axiológica, os valores ligados à dignidade da pessoa humana devem prevalecer sob os aspectos formais do sistema legislativo, voltados, primordialmente, a conferir segurança à sociedade. Constituindo o período de *vacatio legis* um tempo de preparação de todos para o conhecimento do conteúdo da norma dormente, por certo, volta-se à preservação e proteção dos direitos individuais, vale dizer, não se instituiria uma sanção mais grave ou uma nova figura delitiva sem dar espaço à comunidade para tomar ciência disso. No entanto, tratando-se de lei penal ou processual penal benéfica, inexiste prejuízo algum para a sociedade se imediatamente posta em prática. Outro fator diz respeito à aplicação estrita do princípio constitucional da retroatividade benéfica, que simplesmente se refere a lei penal, sem qualquer restrição ou condição. Ademais, a *vacatio legis* é instituída por lei infraconstitucional, não podendo afastar a aplicação do referido princípio constitucional da retroatividade benéfica. Note-se, por derradeiro, que o art. 59, parágrafo único, da Constituição Federal, preceitua que lei complementar disporá sobre a elaboração, redação, alteração e consolidação das leis, mas não menciona, expressamente, a sua vigência. Pode-se, então, deduzir, *em favor do réu*, a possibilidade de se aplicar, em plenitude, a retroatividade benéfica durante o período de vacância. Afora os casos de *abolitio criminis*, vários outros benefícios podem ser editados por lei penal ou processual penal e merecem imediata aplicação, enquanto a sociedade toma conhecimento do novo ordenamento. Assim o determina a dignidade da pessoa humana, que paira acima de qualquer formalismo legal.

15. Escolha da lei mais favorável e combinação de leis penais: o Código Penal Militar trata com esmero esse assunto, optando pela linha correta em nosso entendimento. No confronto entre duas leis, não se deve combiná-las, mas extrair, pelo seu conjunto individual, qual é a mais favorável ao réu. Houve expressa opção por este caminho pela lei militar, diversamente do que ocorreu no tocante ao Código Penal comum. Neste cenário, trata-se de tema polêmico, advindo a possibilidade de combinação de leis penais. *Defendendo* esta possibilidade, pois seria apenas um processo de integração da lei penal, visando à aplicação do preceito "que de *qualquer modo* favorecer", estão Frederico Marques, Basileu Garcia, Magalhães Noronha, Julio Fabbrini Mirabete, Damásio de Jesus, Celso Delmanto, Nereu José Giacomolli, entre outros. *Contrários à tese*, pois significaria permitir ao juiz legislar, criando uma outra lei, não prevista pelo legislador, encontram-se Nélson Hungria, Aníbal Bruno, Heleno Fragoso, Jair Leonardo Lopes, Paulo José da Costa Júnior, José Henrique Pierangeli, dentre outros. Ao se adotar a segunda posição, o que faz o Código Penal Militar, surge nova indagação: quem escolhe a lei mais favorável, o réu ou o juiz? Mais duas posições emergem: o réu, porque é quem vai cumprir a sanção penal; o juiz, porque é o órgão encarregado pelo Estado para aplicar a lei, sem ter de consultar a parte. De nossa parte, preferimos atualmente a posição intermediária, apontada por Jiménez de Asúa, baseando-se em Von Liszt, ao lecionar que a fórmula mais exata leva o juiz a fazer uma aplicação mental das duas leis conflitantes – a nova e a antiga –, verificando, *no caso concreto*, qual terá o resultado mais favorável ao acusado, mas sem combiná-las, evitando-se a criação de uma terceira lei (cf. *Lecciones de derecho penal*, p. 98-99). É também a posição adotada por Claus Roxin (*Derecho penal – Parte general*, t. I, p. 167-168). E, na impossibilidade de combinar as leis, cremos ser da competência do juiz a escolha de qual norma é a mais favorável, pois cabe ao Estado e não ao particular aplicar a lei ao caso concreto. Se o réu não concordar, pode recorrer da decisão. Afinal, o direito em jogo é indisponível, de modo que não cabe ao indivíduo optar por algo considerado, a seu modo de ver, o mais favorável. Na jurisprudência: STF: "O Código Penal Militar, que serve de norte interpretativo para o aplicador do ordenamento penal como um todo, dispõe, em seu art. 2.º, § 1.º, que, *verbis*: "Para se reconhecer qual a mais favorável, a lei posterior e a anterior devem ser consideradas separadamente, cada qual no conjunto de suas normas aplicáveis ao fato" (HC 95.495-MG, 1.ª T., rel. Luiz Fux, 21.05.2013, v.u.).

16. Competência para aplicação da lei penal benéfica: a competência para a aplicação da lei nova favorável divide-se da seguinte forma: a) *com o processo em andamento* até a sentença, cabe ao juiz de 1.º grau; b) *em grau de recurso*, aplica a norma favorável o Tribunal; c) *havendo o trânsito em julgado da decisão*, cabe ao juiz da execução penal, conforme dispõe a Súmula 611 do STF ("Transitada em julgado a sentença condenatória, compete ao juízo das execuções a aplicação de lei mais benigna") e o art. 66, I, da Lei de Execução Penal ("Compete ao juiz da execução: aplicar aos casos julgados lei posterior que de qualquer modo favorecer o condenado").

17. Crime permanente, crime continuado e lei penal benéfica: aplica-se a lei nova durante a atividade executória do crime permanente (aquele cuja consumação se estende no tempo, ainda que seja prejudicial ao réu. Convém mencionar a lição de Hungria: "O *crime permanente* (em que a atividade antijurídica, positiva ou negativa, se protrai no tempo) incide sob a lei nova, ainda que mais severa, desde que prossiga na vigência dela a *conduta* necessária à *permanência* do resultado. É que a cada momento de tal *permanência* está presente e militando, por ação ou omissão, a vontade do agente (ao contrário do que ocorre nos *crimes instantâneos com efeitos permanentes*), nada importando assim que o 'estado de permanência' se haja iniciado no regime da lei antiga, ou que esta incriminasse, ou não, o fato" (*Comentários ao Código Penal*, v. 1, t. 1, p. 128). O mesmo raciocínio deve ser utilizado para o crime continuado (ficção jurídica, considerando a prática de dois ou mais crimes, conforme os requisitos fixados pelo art. 80 do CPM, como uma só unidade delitiva). Surgindo lei nova durante o *estado de continuidade*, deve-se aplicá-la, mesmo que desfavorável ao acusado. Atualmente, é o teor da Súmula 711 do STF: "A lei penal mais grave aplica-se ao crime continuado ou ao crime permanente, se a sua vigência é anterior à cessação da continuidade ou da permanência".

Medidas de segurança

> **Art. 3.º** As medidas de segurança regem-se pela lei vigente ao tempo da sentença, prevalecendo, entretanto, se diversa, a lei vigente ao tempo da execução.[18]

18. Aplicação da anterioridade para a medida de segurança: a medida de segurança não é pena, mas não deixa de ser uma espécie de sanção penal, aplicável aos inimputáveis ou semi-imputáveis, que praticam fatos típicos e ilícitos (*injustos*) e precisam ser internados ou submetidos a tratamento. Trata-se, pois, de medida de defesa social, embora se possa ver nesse

Art. 4.º

instrumento uma medida terapêutica ou pedagógica destinada a quem é doente. Entretanto, ontologicamente, nas palavras de Magalhães Noronha, não há distinção alguma entre pena e medida de segurança (*Direito penal*, p. 312). E, portanto, quando se trata de privar a liberdade de alguém, é preciso respeitar os princípios da legalidade e da anterioridade. Torna-se importante, ainda, mencionar a lição de Pierangeli e Zaffaroni: "*salvo o caso dos inimputáveis, sempre que se tira a liberdade do homem por um fato por ele praticado, o que existe é uma pena*, porque toda privação da liberdade tem um conteúdo penoso para quem a sofre. O nome que se lhe dê não tem significação, porque não é possível destruir todo o sistema de garantias trabalhado pelo Direito, na sua longa história de lutas pela liberdade humana, só com uma e outra denominação dada a uma categoria de penas. Não é possível fazer-se aqui uma crítica geral à categoria das medidas de segurança, mas o que acabamos de afirmar constitui uma crítica sintetizada a respeito" (*Da tentativa*, p. 29). O antigo art. 75 do Código Penal dispunha que "as medidas de segurança regem-se pela lei vigente ao tempo da sentença, prevalecendo, entretanto, se diversa, a lei vigente ao tempo da execução". É exatamente o conteúdo do atual art. 3.º do Código Penal Militar, datado de 1969, portanto, editado sob a égide de Constituição Federal diversa da de 1988. Reputamos não ter sido o referido art. 3.º recepcionado pela Carta Magna. Portanto, além das opiniões já mencionadas de Noronha, Pierangeli e Zaffaroni, com as quais concordamos, posiciona-se pela sua submissão à reserva legal e ao princípio da anterioridade ampla parcela da doutrina nacional: Julio Fabbrini Mirabete, Alberto Silva Franco, Paulo José da Costa Júnior, Celso Delmanto e Heleno Cláudio Fragoso. Em sentido contrário, admitindo a aplicação imediata da medida de segurança: Francisco de Assis Toledo, Luiz Vicente Cernicchiaro e Feu Rosa. E também a posição de Lycurgo de Castro Santos: "A aplicação retroativa das medidas de segurança não importa um menoscabo do princípio de legalidade por dois motivos: 1.º) a aplicação de uma nova medida pressupõe que ela é mais eficaz que a anterior a fim de diminuir ou eliminar a probabilidade de que o indivíduo cometerá no futuro outros delitos (retroatividade em benefício do réu); 2.º) aplica-se, conforme os juízos sucessivos, uma consequência legal – a nova medida de segurança – existente no momento em que se comprova a periculosidade do agente: o que permite a aplicação da medida não é o fato criminoso, que opera como simples garantia, senão o estado perigoso do agente (aspecto subjetivo)" (*O princípio de legalidade no moderno direito penal*, p. 197).

Lei excepcional ou temporária[19]

> **Art. 4.º** A lei excepcional[20] ou temporária,[21] embora decorrido o período de sua duração ou cessadas as circunstâncias que a determinaram, aplica-se ao fato praticado durante sua vigência.[22-23]

19. Conceito de leis intermitentes: as leis excepcionais e temporárias são espécies do gênero *leis intermitentes*, feitas para durar por um período determinado. Isto porque, como regra, as normas penais têm prazo de vigência indeterminado, até que sejam por outras revogadas.

20. Conceito de leis excepcionais: são feitas para durar enquanto um estado anormal ocorrer. Cessam a sua vigência ao mesmo tempo em que a situação *excepcional* também terminar. Exemplo: durante o estado de calamidade pública, decretado em uma localidade devastada por alguma catástrofe, pode-se aumentar as penas dos crimes contra o patrimônio para buscar evitar os saques.

21. Conceito de leis temporárias: são as editadas com período determinado de duração, portanto, dotadas de autorrevogação. Assim, por exemplo, os crimes previstos na Lei 12.663/2012 (Lei Geral da Copa), com duração prevista até o dia 31 de dezembro de 2014.

22. Extensão e eficácia: as leis excepcionais ou temporárias são leis que, em tese, não respeitam a regra prevista no artigo anterior, ou seja, o princípio da retroatividade benéfica. Se o fizessem seriam inócuas, pois, cessado o prazo de sua vigência, todos os criminosos punidos pela prática de infrações penais nesse período excepcional ou temporário teriam benefícios. No exemplo mencionado da calamidade pública, caso os agentes pudessem ser beneficiados pela retroatividade benigna, tão logo as penas dos crimes contra o patrimônio voltassem aos patamares originais, suas penas seriam alteradas. De nada teria adiantado a edição da lei intermitente. Essas leis (temporárias ou excepcionais), por conta disso, seriam sempre ultrativas, a fim de manter o seu poder intimidativo.

23. Questão constitucional: estar-se-ia ferindo o disposto no art. 5.º, XL, da Constituição Federal ("a lei penal não retroagirá, salvo para beneficiar o réu")? Há duas posições. Para a primeira, a resposta é negativa. Tal não ocorre pela razão de o fator "tempo" integrar a tipicidade da norma temporária ou excepcional, significando que, ao deixar de existir, não traz, em seu lugar, nenhuma outra norma aplicável à mesma hipótese. Exemplificando: uma lei penal é editada dobrando as penas dos delitos contra o patrimônio enquanto durar o estado de calamidade pública. Deve-se ler o tipo penal excepcional do furto: "Subtrair, para si ou para outrem, coisa alheia móvel, *durante estado de calamidade pública*". Uma vez encerrado esse período, torna a viger a anterior punição, que não se pode considerar nova norma penal, sujeita à retroatividade prevista na Constituição. Volta-se ao tipo penal anterior, de diferente redação: "Subtrair, para si ou para outrem, coisa alheia móvel". São normas diferenciadas, não incidindo a regra constitucional da retroatividade benéfica. Não basta simplesmente dizer que a temporária ou excepcional é ultrativa, fenômeno diverso do previsto na Constituição Federal, que menciona apenas a retroatividade, uma vez que, se fosse possível aplicar a retroatividade benéfica, certamente ela anularia qualquer efeito de lei considerada ultrativa por lei ordinária. Não poderia o Código Penal fixar a ultratividade de normas que confrontassem diretamente com futuras leis mais benéficas, a pretexto de se considerar diferente o efeito, isto é, ultratividade e retroatividade. Em verdade, somente não se aplica o princípio constitucional previsto no art. 5.º, XL, quando a lei temporária ou excepcional cessa seu efeito, voltando a vigorar norma que estava com eficácia suspensa ou mesmo outra lei editada especialmente para regular determinado caso, por se tratar de diferentes normas: uma inclui na sua redação o fator *tempo*, enquanto a outra não o faz. Sobre as leis excepcionais, em visão diferenciada, leciona Luiz Luisi que as leis excepcionais são as que existem, em caráter permanente, embora só adquiram eficácia quando ocorrem fatos e situações especiais. Cita como exemplo o Código Militar. Há normas que somente se aplicam em época de guerra. Cessada esta, perdem a eficácia, mas continuam vigendo. Aplicam-se para o passado, levando-se em conta que a lei ainda existe, mas sem eficácia (*Os princípios constitucionais penais*, p. 22). Quanto às temporárias, que desaparecem após determinado período, crê ser inconstitucional o disposto no art. 3.º do CP, mandando que sejam aplicadas retroativamente (*Os princípios constitucionais penais*, p. 23). Essa é a segunda posição. Sustentávamos que tais leis estavam imunes ao princípio da retroatividade benéfica, pois o tempo integraria a sua tipicidade incriminadora, razão pela qual produziria o efeito de eternizá-las. Noutros termos, se determinada lei alterasse a pena do crime para maior, durante um certo período, quando perdesse a vigência, segundo o disposto no art. 3.º do Código Penal, continuaria aplicável aos casos ocorridos sob a sua égide. Previu-se tal dispositivo para conferir *efetividade* e *força* a tais normas intermitentes, do contrário, ninguém as respeitaria, pois já se saberia que, quando perdessem a vigência, a nova lei, prevendo pena menor, retrocederia e de nada teria adiantado a existência da lei temporária. O estudo sistematizado dos princípios constitucionais, após a publicação da nossa obra *Princípios constitucionais penais e processuais penais*, convenceu-nos do equívoco dessa postura. Em primeiro lugar, o princípio da retroati-

Art. 5.º

vidade penal benéfica é expresso na Constituição Federal (art. 5.º, XL), sem qualquer tipo de restrição ou condição. Logo, necessita *aplicação integral*, sem que se possa invocar lei ordinária para barrá-lo. Além disso, a argumentação de que o tempo integra o tipo penal incriminador, eternizando a norma, em verdade, é puramente formal. Tem por finalidade fazer valer o art. 3.º do Código Penal. Analisando-se a situação em prisma axiológico, é impossível não considerar vazio tal fundamento. O referido art. 3.º do CP não especifica ser o período de tempo integrante do tipo penal; cuida-se de criação doutrinária. E mesmo que se pudesse deduzir tal incorporação, quando a lei intermitente perde a vigência, em seu lugar, por certo, surge norma mais favorável ao réu, merecendo sobreposição no tocante à anterior. Ainda mais, inserindo--se o tema sob o prisma da dignidade humana, não há como sustentar que o Estado tenha direito de editar leis de curta duração, buscando punir mais severamente alguns indivíduos, por exíguo tempo, para depois retroceder, abolindo o crime ou amenizando a pena. Não se deve tratar o Direito Penal como joguete político para a correção de casos concretos temporários ou passageiros. A intervenção mínima demanda a instituição de lei penal incriminadora somente em *ultima ratio*, quando nada mais resta ao Estado senão criminalizar determinada conduta. Por isso, leis intermitentes não se coadunam com o texto constitucional de 1988, reputando-se não recepcionado o art. 3.º do Código Penal. Como exemplo de lei temporária, pode-se citar a Lei 12.663/2012 (Lei Geral da Copa), que, pela primeira vez, após a edição do Código Penal, traz a previsão de tipos penais incriminadores (arts. 30 a 33) com validade determinado, até o dia 31 de dezembro de 2014 (art. 36). b) para a segunda, não basta simplesmente sustentar ser a tempo-rária ou excepcional ultrativa, fenômeno que seria diverso do previsto na Constituição Federal, mencionando apenas a retroatividade; afinal, aplicando a retroatividade benéfica, certamente ela anula qualquer efeito de lei considerada ultrativa por lei ordinária. E, em face disso, não pode o Código Penal fixar a ultratividade de normas que confrontam diretamente com futuras leis mais benéficas, a pretexto de se considerar diferente o efeito, isto é, ultratividade. Em primeiro lugar, o princípio da retroatividade penal benéfica é expresso na Constituição Federal (art. 5.º, XL), sem qualquer tipo de restrição ou condição. Logo, necessita *aplicação integral*, sem que se possa invocar lei ordinária para barrá-lo. Além disso, a argumentação de que o tempo integra o tipo penal incriminador, eternizando a norma, em verdade, é puramente formal. Tem por finalidade fazer valer o art. 4.º do Código Penal Militar. Analisando-se a situação em prisma axiológico, é impossível não considerar vazio tal fundamento. O referido art. 4.º não especifica ser o período de tempo integrante do tipo penal; cuida-se de criação doutrinária. E mesmo que se pudesse deduzir tal incorporação, quando a lei intermitente perde a vigência, em seu lugar, por certo, surge norma mais favorável ao réu, merecendo sobreposição no tocante à anterior. Ainda mais, inserindo-se o tema sob o prisma da dignidade humana, não há como sustentar que o Estado tenha direito de editar leis de curta duração, buscando punir mais severamente alguns indivíduos, por exíguo tempo, para depois retroceder, abolindo o crime ou amenizando a pena. Não se deve tratar o Direito Penal como joguete político para a correção de casos concretos temporários ou passageiros. A intervenção mínima demanda a instituição de lei penal incriminadora somente em *ultima ratio*, quando nada mais resta ao Estado senão criminalizar determinada conduta. Por isso, leis intermitentes não se coadunam com o texto constitucional de 1988, reputando-se não recepcionado o art. 4.º do Código Penal Militar.

Tempo do crime[24]

> **Art. 5.º** Considera-se praticado o crime no momento da ação ou omissão, ainda que outro seja o do resultado.[25-26]

24. Teorias sobre o tempo do crime: a) teoria da atividade: reputa-se praticado o de-lito no momento da conduta, não importando o instante do resultado; b) teoria do resultado:

considera-se cometido o crime no momento do resultado; c) teoria mista ou da ubiquidade: o momento do crime pode ser tanto o da conduta, quanto o do resultado. Adota-se, segundo demonstra o art. 5.º do CPM, a teoria da atividade. Na jurisprudência: STF: "1. De acordo com o art. 124 da Constituição da República, compete à Justiça Militar processar e julgar os crimes militares definidos em lei. A norma constitucional autorizou o legislador ordinário, dentro dos preceitos referentes à Justiça Militar, dispor sobre sua organização, funcionamento e competência. 2. O art. 9.º, III, do Código Penal Militar, por sua vez, estabelece que haverá delito militar praticado por civil quando o fato ofender as instituições militares, considerando-se como tal, entre outros, o seguinte caso: 'a) contra o patrimônio sob a administração militar, ou contra a ordem administrativa militar'. Precedentes. 3. A condenação proferida pelo Conselho Permanente de Justiça não apresenta ilegalidade, já que realizada à luz da legislação vigente à época, forte no princípio *tempus regit actum* (CPPM, art. 5.º). 4. Agravo Regimental a que se nega provimento" (HC 170.305 AgR, 1ª T., rel. Alexandre de Moraes, 16.08.2019, maioria).

25. Alcance da teoria da atividade: serve para, dentre outros efeitos: a) determinar a imputabilidade do agente; b) fixar as circunstâncias do tipo penal para o fim de aplicação da pena; c) possibilitar eventual aplicação da anistia; d) dar oportunidade à prescrição. Adotando-se essa teoria, se houver, por exemplo, um homicídio (crime material), o mais importante é detectar o instante da ação (desfecho dos tiros), e não o momento do resultado (ocorrência da morte). Assim fazendo, se o autor dos tiros for menor de 18 anos à época dos tiros, ainda que a vítima morra depois de ter ele completado a maioridade penal, não poderá responder pelo delito. Na jurisprudência: STM: "A perda da condição de militar da ativa, decorrente de licenciamento ocorrido após o recebimento da Denúncia, não impede o prosseguimento da Ação Penal Militar, em observância à Teoria da Atividade, adotada pelo Código Penal Militar. Ordem conhecida e denegada. Decisão por maioria" (HC 7000846-75.2018.7.00.0000, rel. Artur Vidigal de Oliveira, *DJ* 28.11.2018).

26. Crimes permanentes e continuados: aplica-se a eles regra especial. No caso do crime permanente, a consumação se prolonga no tempo. É considerado *tempo do crime* todo o período em que se desenvolver a atividade delituosa. Assim, durante um sequestro, pode ocorrer de um menor de 18 anos completar a maioridade, sendo considerado imputável para todos os fins penais. A mesma regra deve ser aplicada ao crime continuado, uma ficção jurídica idealizada para beneficiar o réu, mas que é considerada uma *unidade delitiva*. Segundo Jair Leonardo Lopes, "é aplicável a lei do momento em que cessou a continuação (...), pois é uma unidade jurídica incindível" (*Curso de direito penal*, p. 104). No tocante à imputabilidade penal, é preciso ressalvar, no caso de crime continuado, que as condutas praticadas pelo menor de 18 anos devem ficar fora da unidade delitiva estabelecida pelo crime continuado. Sendo este mera ficção para beneficiar o acusado, não deve se sobrepor à norma constitucional – afinal, o art. 228 da Constituição preceitua serem "penalmente inimputáveis os menores de dezoito anos". Assim, caso o agente de quatro furtos, por exemplo, possua 17 anos, quando do cometimento dos dois primeiros, e 18, por ocasião da prática dos dois últimos, apenas estes dois é que servirão para formar o crime continuado. Despreza-se o que foi cometido em estado de inimputabilidade. Fora dessa hipótese excepcional, ao crime continuado devem ser aplicadas as mesmas regras regentes do crime permanente, quanto ao tempo do delito.

Lugar do crime[27]

> **Art. 6.º** Considera-se praticado o fato, no lugar em que se desenvolveu a atividade criminosa, no todo ou em parte, e ainda que sob forma de participação,[28] bem como onde se produziu ou deveria produzir-se o resultado.[29] Nos crimes omissivos, o fato considera-se praticado no lugar em que deveria realizar-se a ação omitida.[30-31]

Art. 7.º

27. Teorias sobre o lugar do crime: existem três teorias: a) *atividade*: considera-se local do delito aquele onde foi praticada a conduta (atos executórios); b) *resultado*: o lugar do crime é aquele onde ocorreu o resultado (consumação); c) *mista ou da ubiquidade*: é lugar do crime tanto onde houve a conduta, quanto o local onde se deu o resultado.

28. Destaque para a participação: o concurso de agentes desdobra-se em autores (ou coautores) e partícipes, todos envolvidos, de qualquer modo, no crime, respondendo pelas penas a ele cominadas (art. 53, CPM). Logo, desnecessário destacar que a *atividade criminosa* pode dar-se na forma de *participação*. Possivelmente, a cautela legislativa concentrou-se no título dado ao mencionado art. 53 (coautoria), evitando que se possa dizer algo para excluir a *participação* no cenário do lugar do crime.

29. Teoria mista para crimes militares: adota-se essa teoria para os crimes comissivos e omissivos, embora o texto legal mencione a expressão *atividade criminosa*, que pode abranger, em tese, tanto a ação quanto a omissão.

30. Especialidade para crimes omissivos militares: no Código Penal comum (art. 6.º), inexiste tal previsão, por ser desnecessária. Os crimes omissivos voltados à vida civil, como regra, são unissubsistentes (praticados num único ato) e, tão logo se dê a omissão, consuma-se, afetando o bem jurídico tutelado, tudo no mesmo local. No entanto, na seara militar, há delitos omissivos peculiares, que exigem, por exemplo, a apresentação de militar em determinado posto; desse modo, se ele estiver fora do Brasil, a conduta omissiva (deixar de comparecer) realizou-se no exterior, mas o que realmente importa, levando-se em conta o bem jurídico (hierarquia, disciplina e interesse das Forças Armadas), é a repercussão no território brasileiro. Por isso, considera-se cometido o delito omissivo no lugar onde a conduta comissiva (apresentar-se) deveria ter ocorrido. O destaque da parte final do art. 6.º do CPM impede que se argua a incompetência da Justiça Militar brasileira, afirmando que a conduta omissiva e, ato contínuo, o resultado, deram-se no exterior.

31. Confronto com a norma processual: o objetivo do art. 6.º do Código Penal Militar (tanto quanto o do art. 6.º do Código Penal) é assegurar o interesse punitivo (e a competência) da Justiça brasileira no tocante a delitos que passem pelo território nacional (ação/omissão ou resultado). Logo, tem conteúdo nitidamente material. A norma de processo penal, estampada no art. 88 do CPPM, diz respeito à fixação da competência interna às fronteiras brasileiras. No caso do referido art. 88, menciona-se que a competência será determinada pelo *lugar da infração*. Ora, essa expressão ("lugar da infração") não é específica, podendo significar tanto o lugar onde a infração se realiza (ação/omissão), quanto o local onde ela se consuma (resultado). Assim sendo, inexiste conflito entre o art. 6.º do CPM e o art. 88 do CPPM. No tocante ao art. 70 do CPP, que é *diferente* do Código de Processo Penal Militar, menciona-se, claramente, o *lugar em que se consumar a infração*. Portanto, na área do direito penal para civis, o art. 6.º do CP conflita com o art. 70 do CPP, resolvendo-se da seguinte forma: reserva-se a norma material somente para garantir a soberania brasileira para apurar os crimes à distância (começam no Brasil e terminam no exterior ou vice-versa); a norma processual penal é usada para o direito interno (competente é o juízo do lugar da consumação).

Territorialidade.[32] Extraterritorialidade[33]

> **Art. 7.º** Aplica-se a lei penal militar, sem prejuízo[34] de convenções, tratados[35] e regras de direito internacional,[36-38] ao crime cometido, no todo ou em parte, no território nacional,[39-41] ou fora dele,[42] ainda que, neste caso, o agente esteja sendo processado ou tenha sido julgado pela justiça estrangeira.[43]

Território nacional por extensão

> § 1.º Para os efeitos da lei penal militar consideram-se como extensão do território nacional as aeronaves e os navios brasileiros, onde quer que se encontrem, sob comando militar ou militarmente utilizados ou ocupados por ordem legal de autoridade competente, ainda que de propriedade privada.[44]

Ampliação a aeronaves ou navios estrangeiros

> § 2.º É também aplicável a lei penal militar ao crime praticado a bordo de aeronaves ou navios estrangeiros, desde que em lugar sujeito à administração militar, e o crime atente contra as instituições militares.[45]

Conceito de navio

> § 3.º Para efeito da aplicação deste Código, considera-se navio toda embarcação sob comando militar.[46]

32. Conceito de territorialidade: é a aplicação das leis penais militares brasileiras aos delitos cometidos dentro do território nacional. Esta é a regra geral, advinda do conceito de soberania, ou seja, a cada Estado cabe decidir e aplicar as leis pertinentes aos acontecimentos dentro do seu território.

33. Conceito de extraterritorialidade: é a aplicação das leis penais militares brasileiras aos crimes cometidos fora do território nacional.

34. Exceção ao princípio da territorialidade: as convenções, tratados e regras de direito internacional representam a primeira exceção ao princípio-regra da territorialidade. Assim, se o Brasil subscrever um tratado internacional, abrindo mão da aplicação do princípio da territorialidade, é possível afastar a incidência do art. 7.º do Código Penal Militar. Exemplo disso é a Convenção de Viena, que trata das imunidades diplomáticas. O diplomata que cometer um crime militar no Brasil não será preso, nem processado no território nacional, por força da exceção criada. Aliás, justamente por conta dessas exceções, chama-se o princípio de *territorialidade temperada*.

35. Conceito de tratado e convenção: "tratado significa um acordo internacional concluído entre Estados em forma escrita e regulado pelo Direito Internacional, consubstanciado em um único instrumento ou em dois ou mais instrumentos conexos, qualquer que seja a sua designação específica" (Celso D. de Albuquerque Mello, *Curso de direito internacional público*, v. 1, p. 133). Para Francisco Rezek, trata-se de "todo acordo formal concluído entre sujeitos de direito internacional público, e destinado a produzir efeitos jurídicos" (*Direito internacional público*, p. 14). Debate-se, outrossim, se tratado e convenção são termos correlatos ou diferenciados, até porque os textos legais, no Brasil, utilizam ambos, como é o caso do art. 7.º, *caput*, do Código Penal Militar. Para Rezek são termos correlatos, indevidamente utilizados no mesmo contexto, dando a ideia de que cuidam de coisas diversas (ob. cit., p. 15). Em igual posicionamento: Luis Ivani de Amorim Araújo, *Curso de direito internacional público*, p. 33; G. E. do Nascimento e Silva e Hildebrando Accioly, *Manual de direito internacional público*, p. 23; Luiz P. F. de Faro Júnior, *Direito internacional público*, p. 402. Para Albuquerque Mello,

Art. 7.º

Código Penal Militar Comentado • Nucci

no entanto, pode-se fazer a seguinte diferença entre ambos: "tratado é utilizado para os acordos solenes, por exemplo, tratados de paz; convenção é o tratado que cria normas gerais, por exemplo, convenção sobre mar territorial" (ob. cit., p. 133). A tradição dos textos legislativos brasileiros tem, realmente, utilizado os dois termos, razão pela qual nada impede que possamos nos valer do sentido exposto por Albuquerque Mello, embora cientes de que tratado é a essência do conceito. Em idêntico sentido, fazendo diferença entre tratado e convenção, confira-se a lição de Elio Monnerat Sólon de Pontes: tratados "são, sempre, solenes, formais e geralmente destinados a pôr termo ou a evitar uma grave situação atritiva entre dois ou mais países, os quais podem estar agrupados em duas partes antagônicas: ou litigantes ou conflitantes"; e convenções "são atos solenes e formais, cujos trabalhos de elaboração são abertos à participação de todos os países e cujo conteúdo se destina a todos os povos, tendo por finalidade a codificação das normas concernentes a um certo e determinado campo considerável de relações jurídicas que demande tal iniciativa" (*A propósito dos atos internacionais e da prevalência das normas de direito interno dos mesmos decorrentes*, p. 77). E, também, a posição de Oliveiros Litrento, *Curso de direito internacional público*, p. 108.

36. Regras de direito internacional: regem, ainda, o direito internacional, e, consequentemente, podem ser consideradas para a aplicação excepcional em território brasileiro as demais regras de direito internacional, não abrangidas pelos tratados, como os costumes – vigentes em muitos aspectos referentes ao domínio do mar, relativos à guerra e a outros conflitos –, os princípios gerais de direito internacional, aceitos pela maioria das nações, na aplicação do seu direito interno, além de se poderem incluir, ainda, as decisões tomadas pelas organizações internacionais. A respeito, ver Francisco Rezek, *Direito internacional público*, p. 122-146.

37. Imunidades diplomáticas e consulares como exceções à territorialidade: as fontes das imunidades diplomáticas e consulares são as *Convenções de Viena* (1961, sobre relações diplomáticas, e 1963, sobre relações consulares), aprovadas pelos Decretos 56.435/65 e 61.078/67. A sua natureza jurídica é causa de exclusão da jurisdição militar. A imunidade abrange os diplomatas de carreira (de embaixador a terceiro-secretário) e os membros do quadro administrativo e técnico (tradutores, contabilistas etc.) da sede diplomática, desde que recrutados no Estado de origem (extensiva à família – art. 37, 2, Convenção de Viena). Estende-se aos familiares dos diplomatas de carreira, que são todos os parentes que habitam com ele e vivem sob sua dependência econômica. Normalmente, os familiares são apresentados ao governo estrangeiro pela inclusão de seus nomes na lista diplomática, como preceitua a Convenção de Viena. Envolve, ainda, os familiares dos membros do quadro administrativo e técnico, os funcionários das organizações mundiais, quando estejam a serviço, os chefes de Estado estrangeiro e membros de sua comitiva, quando em visita a Estado estrangeiro (no tocante aos membros da comitiva, trata-se de um costume internacional a concessão de imunidade, como uma mostra de amizade) e os diplomatas *ad hoc* (os nomeados pelo Estado acreditante para determinada função no Estado acreditado, tal como acompanhar a posse de algum Presidente da República). Excluem-se do contexto das imunidades os empregados particulares dos diplomatas (ex.: cozinheiro, faxineira, jardineiro etc.), mesmo que tenham a mesma nacionalidade. Imunidade não quer dizer impunidade. A Convenção de Viena é expressa a esse respeito, demonstrando que os diplomatas devem ser processados, pelos crimes cometidos, nos seus Estados de origem. As imunidades diplomáticas geram: a) *inviolabilidade pessoal*: os diplomatas não podem ser presos ou detidos, nem obrigados a depor como testemunhas, mas podem ser investigados pela autoridade competente. O mesmo ocorre com o diplomata em trânsito, significando que desde o momento da saída do seu país de origem, para assumir sua função no exterior, até a sua volta, não pode ser preso, detido ou violado de qualquer modo; b) *independência*: são independentes em tudo o que se refere à sua qualidade de representantes de um Estado estrangeiro; c) *isenção da jurisdição criminal, civil e tributária (com exceções nos dois últimos casos)*: quanto à imunidade penal, tem-se sustentado que ela não deve ser absoluta. Há países que prendem em flagrante o diplomata envolvido em tráfico de drogas e em infrações aduaneiras, sem qualquer autorização do Estado de origem. Sustenta-se que esse tipo de atividade criminosa foge completamente à função de representação inerente à diplomacia; d) *inviolabilidade de habitação*: há muito não mais se considera a sede diplomática como extensão do território alienígena. Portanto, a área de uma embaixada é território nacional, embora seja inviolável. A Convenção de Viena, no entanto, estabelece que a inviolabilidade da residência diplomática não deve estender-se além dos limites necessários ao fim a que se destina. Isso significa que utilizar as suas dependências para a prática de crimes ou dar abrigo a criminosos comuns faz cessar a inviolabilidade. Além disso, podem as autoridades locais invadir a sede diplomática em casos de urgência, como a ocorrência de algum acidente grave; e) *dever de cumprimento das leis do Estado onde estão servindo*: a atividade diplomática não confere o direito de descumprir as regras do país estrangeiro. Ex.: os diplomatas pagam multas de trânsito. A imunidade tem início no momento em que o diplomata ingressa no país onde vai exercer suas funções e termina no instante em que o deixa (mesmo havendo rompimento de relações diplomáticas). Se morrer, sua família continua gozando da imunidade, até que deixe o país, ressalvada a hipótese da *imunidade em trânsito*. No tocante às imunidades consulares, não estão sujeitos à jurisdição brasileira os funcionários consulares de carreira, envolvidos os chefes da repartição consular, que são o *cônsul-geral*, o *cônsul*, o *vice-cônsul* e o *agente consular*, quando no exercício de suas funções. Não envolve a imunidade qualquer tipo de funcionário consular honorário, inclusive o *cônsul honorário*. Os funcionários do consulado devem ter a nacionalidade do Estado que os envia, salvo autorização expressa em outro sentido do Estado receptor. Assim, poderá haver a contratação de brasileiros para trabalhar em consulado estrangeiro, embora o Brasil possa retirar essa autorização a qualquer momento. Idêntica imunidade é garantida aos empregados consulares, que fazem parte do corpo técnico e administrativo do consulado. Não possuem imunidade penal os membros da família, nem os empregados pessoais, tendo em vista que não podem atuar, como prevê a Convenção, *no exercício da função*. Lembremos que os funcionários e empregados consulares somente estão isentos da jurisdição brasileira, mormente a penal, quando estiverem atuando em nome do Estado que os enviou. A imunidade destina-se a proteger os funcionários consulares no exercício das suas funções, nos limites geográficos do distrito consular. Como regra, eles não podem ser detidos ou presos preventivamente, salvo em caso de crimes graves, por ordem de autoridade judiciária. Podem ser convocados para prestar depoimento, salvo no que diz respeito a fatos relacionados ao exercício de suas funções e não estão obrigados a exibir documentos e correspondências sigilosas do consulado. Preferencialmente serão ouvidos no local do seu domicílio ou na repartição consular, podendo, inclusive, prestar depoimento por escrito. As sedes consulares são invioláveis somente na medida de sua utilização funcional, assim como seus arquivos e documentos. O adido consular é pessoa sem delegação de representatividade e, portanto, não tem imunidade. Quanto à possibilidade de renúncia à imunidade, somente o Estado acreditante (ao qual o diplomata ou cônsul representa) pode fazê-lo, necessitando ser expressa.

38. Imunidades parlamentares como exceções à territorialidade: constituem outras exceções à regra da aplicação da lei penal militar a todo crime ocorrido em território nacional. Essas, no entanto, estão previstas na Constituição Federal. As imunidades parlamentares são essenciais ao correto desempenho do mandato, pois asseguram ao congressista absoluta liberdade de ação, por meio da exposição livre do seu pensamento, das suas ideias e, sobretudo, do seu voto. Livrando-se de determinados procedimentos legais, o parlamentar pode defender melhor o povo, que o elegeu e é por ele representado. Preceitua o art. 53, *caput*, da Constituição Federal: "Os Deputados e Senadores são invioláveis, civil e penalmente, por quaisquer de

Art. 7.º

Código Penal Militar Comentado • Nucci

suas opiniões, palavras e votos". Não respondem pelos crimes de palavra, ou seja, aqueles que envolvem a opinião (crimes contra a honra, desacato, dentre outros). Parte da doutrina entende que a imunidade substantiva é absoluta, sem qualquer tipo de restrição. Nesse sentido ensina Mirabete: "ao contrário do preceito constitucional anterior, não é necessário que, por ocasião do fato, o congressista se encontre no exercício de suas funções legislativas ou que a manifestação que constitui ilícito penal verse sobre matéria parlamentar" (*Manual de direito penal*, v. 1, p. 80). Em *sentido oposto*, no entanto, estão outros doutrinadores, sustentando que a imunidade substantiva se restringe à atividade parlamentar, portanto, é restrita. Nas palavras de Fragoso, temos: "A inviolabilidade, por óbvio, não abriga manifestações do parlamentar estranhas à sua atividade como membro do Legislativo, significando a atividade do congressista, na Casa do Congresso a que pertence, ou em missão oficial, por determinação dela. A reprodução do discurso em outro lugar ou sua divulgação em impresso não está coberta pela inviolabilidade" (*Lições de direito penal*, parte geral, p. 130). É, para nós, a melhor posição, a fim de não se permitir que o parlamentar exceda os limites do seu mandato, visto constituir a imunidade um resguardo à democracia em última análise e não um manto protetor de ofensas pessoais sem qualquer vínculo com a atividade política. O Supremo Tribunal Federal tem se inclinado por esta última posição. É preciso, pois, que a manifestação do parlamentar, ainda que produzida fora do recinto do Congresso, guarde relação com o exercício do mandato. Outra questão controversa é saber se o parlamentar afastado de suas funções em virtude do exercício de outro cargo público, tal como Secretário ou Ministro de Estado, permanece com sua imunidade. Vem entendendo o Supremo Tribunal Federal que sim, desde que a manifestação guarde relação com o exercício do mandato, embora não seja a posição majoritária na doutrina. Por todos, com o que concordamos, cite-se Alexandre de Moraes: "Afastando-se, voluntariamente, do exercício do mandato, para ocupar cargo no Poder Executivo, o parlamentar não leva a prerrogativa conferida ao Poder Legislativo e, por via reflexa, a seus membros, no desempenho das funções específicas. Nem seria possível entender que, na condição de Ministro de Estado, Governador de Território, Secretário de Estado, continuasse inviolável, por suas opiniões, palavras e votos, ou com a isenção de ser preso ou processado criminalmente, sem prévia licença de sua Câmara, de modo diverso, assim, do que sucede com os altos dignitários do Poder Executivo, que veio integrar, deixando de exercer a função legislativa" (*Direito constitucional*, 7. ed., p. 400). A imunidade substantiva abrange apenas as matérias penal e civil, de modo que o parlamentar não pode ser, de qualquer forma, processado, conforme vem entendendo o Supremo Tribunal Federal. A atual redação dada ao *caput* do art. 53 da Constituição Federal (Emenda Constitucional 35, de 20.12.2001), deixou clara a intenção de circunscrever a imunidade substantiva aos aspectos civil e penal. Não envolve, pois, o caráter disciplinar, podendo o parlamentar perder o mandato caso se exceda em ofensas, por exemplo, a outros colegas ou instituições. Aplica-se o art. 55, II, da CF (quebra de decoro parlamentar). A imunidade pertence ao Parlamento e não ao congressista, de modo que é irrenunciável. Diz Celso de Mello que a imunidade é "prerrogativa de caráter institucional, inerente ao Poder Legislativo, que só é conferida ao parlamentar *ratione muneris*, em função do cargo e do mandato que exerce. É por essa razão que não se reconhece ao congressista, em tema de imunidade parlamentar, a faculdade de a ela renunciar. Trata-se de garantia institucional deferida ao Congresso Nacional. O congressista, isoladamente considerado, não tem, sobre ela, qualquer poder de disposição" (STF, Inquérito 510-DF, Pleno, *RTJ* 135/509). Acrescente-se a isso não poder o Congresso renunciar à imunidade substantiva, salvo alterando a Constituição Federal. Por outro lado, de acordo com a Súmula 245 do STF, a imunidade parlamentar não se estende a corréu sem essa prerrogativa. Inicia-se a imunidade a partir da expedição do diploma e segue até o término do mandato. Se um indivíduo estiver sendo processado em 1.ª instância pela prática de um crime militar, investido na função de parlamentar federal, o processo deve ser imediatamente remetido ao Supremo Tribunal Federal, que comunicará à Casa Legislativa pertinente (Câmara dos Deputados ou Senado Federal), para os fins previstos no art. 53, §§ 3.º e 4.º, da CF. Findo o mandato, os autos retornam à Auditoria de origem para seguimento, caso ainda não tenha sido julgado pelo STF. Entretanto, se o crime for cometido durante o exercício do mandato, não se tratando de imunidade absoluta ou substantiva, e o processo ficar paralisado no STF, por falta de autorização da Casa Legislativa, quando houver o término do mandato, o ex-parlamentar será processado por Auditoria ou Conselho, pois foi revogada a Súmula 394 do STF, que previa a perpetuação do foro privilegiado. A natureza jurídica da imunidade substantiva, em nosso entendimento, é causa de exclusão da tipicidade. Diz a Constituição ser o parlamentar inviolável por suas opiniões, palavras e votos, de forma que suas manifestações são sempre penalmente irrelevantes. Quanto à imunidade processual, estabelece o art. 53, § 2.º, da CF: "Desde a expedição do diploma, os membros do Congresso Nacional não poderão ser presos, salvo em flagrante de crime inafiançável. Nesse caso, os autos serão remetidos dentro de vinte e quatro horas à Casa respectiva, para que, pelo voto da maioria de seus membros, resolva sobre a prisão" (nova redação dada pela Emenda Constitucional 35, de 20 de dezembro de 2001). Caso o parlamentar seja preso, a autoridade deve enviar os autos de prisão em flagrante para sua respectiva Casa, em 24 horas, a fim de que esta delibere a respeito de sua prisão, por maioria absoluta, autorizando ou não a formação de culpa. Retirou-se do texto constitucional que a votação seria secreta. Logo, o correto é que seja aberta. A partir de agora, apresentada denúncia ou queixa contra parlamentar, o Tribunal competente pode recebê-la e, em se tratando de crime cometido *após* a diplomação, será dada ciência à Casa Legislativa respectiva. Esta, por sua vez, pelo voto da maioria dos seus membros, havendo a provocação de partido político nela representado, pode sustar o andamento do processo, desde que não tenha havido decisão com trânsito em julgado (art. 53, § 3.º, CF). Tem a Casa o prazo improrrogável de 45 dias para deliberar sobre a eventual sustação do feito (art. 53, § 4.º, CF). Havendo a sustação, a prescrição será suspensa (art. 53, § 5.º, CF). O início da suspensão da prescrição ocorre a partir da decisão proferida pela Câmara ou pelo Senado. O foro competente para julgar os parlamentares federais é o Supremo Tribunal Federal (art. 53, § 1.º, CF). Se o congressista que estiver respondendo a processo criminal for definitivamente condenado, poderá perder o mandato (art. 55, VI, CF). Prevalece, ainda, no contexto das imunidades o sigilo parlamentar, que é a impossibilidade de obrigar o congressista "a testemunhar sobre informações recebidas ou prestadas em razão do exercício do mandato, nem sobre as pessoas que lhes confiaram ou deles receberam informações" (art. 53, § 6.º, CF). Há, ainda, a garantia de ser o parlamentar ouvido em lugar previamente agendado com o juiz, quando for testemunha, não cabendo qualquer tipo de condução coercitiva. A imunidade subsiste no estado de sítio e somente pode ser suspensa pelo voto de dois terços dos membros da Casa respectiva (art. 53, § 8.º, CF). A imunidade processual não impossibilita a investigação, de forma que o Parlamento não pode sustar o curso de inquérito de qualquer espécie contra qualquer de seus membros. Entretanto, a investigação contará com a supervisão de Ministro do STF, cuidando-se de parlamentar federal.

39. Conceito de território e seus elementos: é todo espaço onde o Brasil exerce a sua soberania, seja ele terrestre, aéreo, marítimo ou fluvial. São elementos do território nacional: a) o solo ocupado pela nação; b) os rios, os lagos e os mares interiores; c) os golfos, as baías e os portos; d) a faixa de mar exterior, que corre ao largo da costa e que constitui o mar territorial; e) a parte que o direito atribui a cada Estado sobre os rios, lagos e mares contíguos; f) os navios nacionais; g) o espaço aéreo correspondente ao território; h) as aeronaves nacionais. Os rios, lagos e mares fronteiriços e sucessivos são os situados na fronteira entre dois países, separando--os (chamados de simultâneos ou limítrofes). Cabe aos tratados ou às convenções internacionais

Art. 7.º

fixarem a quem pertencem. Se não houver acordo internacional, entende-se que a fronteira fica estabelecida na metade do leito. Ex.: rio Solimões, situado entre o Peru e a Colômbia. Os rios sucessivos ou interiores são os que passam pelo território de vários países. Ex.: rio Danúbio, que corta a Alemanha, a Áustria, a Eslováquia, a Hungria, a Romênia, a Bulgária e a Ucrânia.

40. Espaço aéreo: quanto ao espaço aéreo, compreende todo o espaço acima do território, inclusive do mar territorial, até o limite da atmosfera. Não existe, nesse caso, o direito de *passagem inocente* e tudo é devidamente regulado por tratado. Na realidade, as aeronaves privadas podem passar, desde que informem previamente a sua rota. Quanto às aeronaves militares ou a serviço de governo estrangeiro, a passagem pelo espaço aéreo nacional somente pode ser realizada se houver *prévia* autorização (art. 14, § 1.º, do mesmo Código). Para tanto, é imprescindível que toda aeronave tenha uma bandeira, seja ela pública ou privada, pois, do contrário, há possibilidade de ser derrubada pelo governo, caso penetre no seu espaço aéreo. Quanto ao espaço cósmico, existe o Tratado sobre Exploração e Uso do Espaço Cósmico – inclusive a Lua e outros corpos celestes –, aprovado pelo Decreto 64.362/69. Diz o acordo internacional que a exploração e o uso do espaço cósmico deve ter em mira o interesse de todos os países, além do que pode ser explorado e utilizado livremente por todos os Estados sem qualquer discriminação, em condições de igualdade e em conformidade com o direito internacional, devendo haver liberdade de acesso a todas as regiões dos corpos celestes (art. 1.º). O espaço cósmico não pode ser objeto de apropriação nacional por proclamação de soberania, por uso ou ocupação, nem por qualquer outro meio (art. 2.º).

41. Mar territorial brasileiro: quanto ao mar territorial, antigamente vigorava a regra do alcance do tiro de canhão, pois a soberania terminava onde o Estado se tornava impotente para fazer-se respeitar pela força das armas. Dizia Grotius que o mar territorial deveria ir "até onde o Estado marginal pudesse tornar efetiva e eficaz a sua autoridade e posse pelos canhões colocados à praia" (menção de Pinto Ferreira, *Teoria geral do estado*, p. 123). Até a década de 50, o Brasil possuía 3 milhas. Pelo Decreto-lei 44/66, ampliou-se o mar territorial para seis milhas e, posteriormente, pelo Decreto-lei 1.098/70, estendeu-se para duzentas milhas. Nessa época, o mesmo critério de ampliação foi utilizado pelos seguintes países: Argentina, Chile, Peru, Equador, Uruguai, Costa Rica, São Salvador e Panamá. Atualmente, a Lei 8.617/93 fixa as regras para o mar territorial brasileiro. Essa norma é fruto do disposto na *Convenção das Nações Unidas sobre o Direito do Mar* (aberta a assinatura em Montego Bay, Jamaica, a partir de 10 de dezembro de 1982), que foi ratificada pelo Brasil. O mar territorial do Brasil, onde o Estado exerce soberania absoluta, possui 12 milhas. Nesse espaço, aplica-se a lei penal pátria. Além disso, na referida lei de 1993, há também a *Zona Contígua*, que vai das 12 às 24 milhas, servindo para fiscalização sobre assuntos aduaneiros, fiscais, sanitários ou sobre matéria referente à imigração. Por fim, prevê-se, também, a *Zona Econômica Exclusiva*, que abrange o espaço compreendido das 12 às 200 milhas. Nessa área, o Brasil pode explorar, sozinho, todos os recursos naturais possíveis. O art. 8.º da Lei 8.617/93 faz referência a "exercício de sua jurisdição" nesse espaço de 188 milhas, embora o direito de soberania seja exclusivamente para fins de exploração e aproveitamento, conservação e gestão dos recursos naturais, vivos ou não vivos, das águas sobrejacentes ao leito do mar, do leito do mar e seu subsolo, e no que se refere a outras atividades visando à exploração e ao aproveitamento da zona para finalidade econômica. Dentro das 12 milhas, onde o Brasil tem soberania absoluta, existe a possibilidade da *passagem inocente*, significando a rápida e contínua travessia de barcos estrangeiros por águas nacionais, sem necessidade de pedir autorização ao governo. Ressaltemos que as ilhas brasileiras (ex.: Fernando de Noronha) também possuem o mar territorial de 12 milhas.

42. Alcance da extraterritorialidade: diversamente do disposto pelo art. 7.º do Código Penal, que especifica todas as hipóteses de aplicação da lei penal brasileira a crimes ocorridos em território estrangeiro, o art. 7.º do Código Penal Militar é lacônico nesse sentido. Menciona, apenas, ser aplicável a lei penal militar aos crimes ocorridos *fora do território* brasileiro. A amplitude impulsiona ao acolhimento dos princípios da nacionalidade (ou personalidade) e da defesa (ou proteção), basicamente. Portanto, o brasileiro ou estrangeiro que cometa crime militar pode ser alcançado pela lei penal militar nacional.

43. Extraterritorialidade incondicionada: adota o Código Penal Militar a incondicionalidade da extraterritorialidade, significando não haver qualquer obstáculo para a aplicação da lei penal militar nacional ao crime cometido fora do território brasileiro. Deixa claro, inclusive, haver interesse punitivo mesmo quando o agente esteja sendo processado no estrangeiro ou já tenha aí sido julgado. No entanto, há alguns pontos importantes a observar: a) entrada do agente no território nacional: é fundamental que tal situação ocorra, a fim de se garantir a ampla defesa ao acusado, bem como permitindo-se a real aplicação da pena; b) dupla tipicidade: é preciso ser o fato punível tanto no Brasil quanto no exterior; c) o delito precisa ser passível de extradição; d) a punibilidade não pode estar extinta, conforme a lei brasileira ou estrangeira. Na parcela referente ao duplo processo ou à dupla punição, defendemos a não recepção da parte final do *caput* do art. 7.º do CPM pela Constituição Federal (ver nota ao art. 8.º).

44. Território brasileiro por equiparação: são as embarcações e aeronaves brasileiras de natureza pública militar *onde estiverem*. Ex.: o interior de um navio militar brasileiro ancorado num porto estrangeiro é considerado território nacional por equiparação. Nesse sentido, reiterando o preceituado no Código Penal Militar está o disposto no Código Brasileiro de Aeronáutica, que menciona, no art. 107, § 3.º, o seguinte: "As aeronaves públicas são as destinadas ao serviço do Poder Público, inclusive as requisitadas na forma da lei; todas as demais são aeronaves privadas".

45. Aplicabilidade da lei penal militar brasileira: quer-se crer sejam os dois requisitos estabelecidos voltados ao Brasil, ou seja, *administração militar brasileira + instituições militares brasileiras*. Ainda assim, a norma é peculiar. Se a aeronave ou navio estrangeiro estiver em território nacional, por certo, aplica-se a lei brasileira, conforme estipula o princípio da territorialidade. Seria despicienda esta previsão, a não ser para frisar, no tocante ao direito interno, tratar-se de crime militar, apurável na Justiça Especializada. Por outro lado, se a aeronave ou navio estrangeiro estiver no exterior, mas em lugar administrado por órgão militar brasileiro, como numa zona da Antártida, o cometimento de delito contra instituição militar brasileira leva o caso a julgamento para a Justiça Militar do Brasil.

46. Conceito de navio: a preocupação em definir *navio* advém do fato de existirem embarcações de diversos tamanhos e finalidades. No Código Penal comum, onde se menciona o termo *embarcação*, a questão é polêmica na jurisprudência, prevalecendo o entendimento de se tratar de navio de grande cabotagem. Descartam-se as embarcações de pequeno porte, como lanchas, canoas, iates etc. No contexto da lei penal militar, define-se expressamente o que vem a ser *navio*, para fins penais. E, nesse caso, estão envolvidas todas as embarcações – pequenas ou grandes – desde que sob comando militar. Da mesma forma que no Código Penal comum, o CPM não define aeronave, pois a lei abrange todo aparelho navegável no ar.

Pena cumprida no estrangeiro

Art. 8.º A pena cumprida no estrangeiro atenua a pena imposta no Brasil pelo mesmo crime, quando diversas, ou nela é computada, quando idênticas.[47]

Art. 9.º

47. Inconstitucionalidade: o disposto pelo art. 8.º deste Código (há idêntico dispositivo no Código Penal) não foi recepcionado pela Constituição Federal de 1988, pois fere dois relevantes princípios constitucionais, um penal e outro processual penal. Ninguém será processado duas vezes pelo mesmo fato (processo penal); ninguém será punido duas vezes pelo mesmo fato (penal). Ambos advêm da Convenção Americana dos Direitos Humanos, ingressando pela porta do art. 5.º, § 2.º, da CF. Pouco importa que a pena cumprida no estrangeiro possa *atenuar* a imposta no Brasil; não é viável nem mesmo o duplo processo, quanto mais a dupla condenação.

Crimes militares em tempo de paz[48]

> **Art. 9.º** Consideram-se crimes militares,[49-50] em tempo de paz:
>
> I – os crimes de que trata este Código, quando definidos de modo diverso na lei penal comum, ou nela não previstos, qualquer que seja o agente, salvo disposição especial;[51]
>
> II – os crimes previstos neste Código e os previstos na legislação penal,[52-52-A] quando praticados:
>
> *a)* por militar da ativa contra militar na mesma situação;[53]
>
> *b)* por militar da ativa, em lugar sujeito à administração militar, contra militar da reserva ou reformado ou contra civil;[54]
>
> *c)* por militar em serviço ou atuando em razão da função, em comissão de natureza militar, ou em formatura, ainda que fora do lugar sujeito à administração militar, contra militar da reserva, ou reformado, ou civil;[55]
>
> *d)* por militar durante o período de manobras ou exercício, contra militar da reserva, ou reformado, ou assemelhado, ou civil;[56]
>
> *e)* por militar em situação de atividade, ou assemelhado, contra o patrimônio sob a administração militar, ou a ordem administrativa militar;[57]
>
> *f)* (revogada pela Lei 9.299/1996.);
>
> III – os crimes praticados por militar da reserva, ou reformado, ou por civil, contra as instituições militares, considerando-se como tais não só os compreendidos no inciso I, como os do inciso II, nos seguintes casos:[58-58-A]
>
> *a)* contra o patrimônio sob a administração militar, ou contra a ordem administrativa militar;[59-59-A]
>
> *b)* em lugar sujeito à administração militar, contra militar da ativa ou contra servidor público das instituições militares ou da Justiça Militar, no exercício de função inerente ao seu cargo;[60]
>
> *c)* contra militar em formatura, ou durante o período de prontidão, vigilância, observação, exploração, exercício, acampamento, acantonamento ou manobras;[61]
>
> *d)* ainda que fora do lugar sujeito à administração militar, contra militar em função de natureza militar, ou no desempenho de serviço de vigilância, garantia e preservação da ordem pública, administrativa ou judiciária, quando legalmente requisitado para aquele fim, ou em obediência a determinação legal superior.[62]

§ 1.º Os crimes de que trata este artigo, quando dolosos contra a vida e cometidos por militares contra civil, serão da competência do Tribunal do Júri.[63] (*Redação dada pela Lei 13.491, de 2017*)

§ 2.º Os crimes militares de que trata este artigo, incluídos os previstos na legislação penal, nos termos do inciso II do *caput* deste artigo, quando dolosos contra a vida e cometidos por militares das Forças Armadas contra civil, serão da competência da Justiça Militar da União, se praticados no contexto:[63-A]

I – do cumprimento de atribuições que lhes forem estabelecidas pelo Presidente da República ou pelo Ministro de Estado da Defesa; (*Incluído pela Lei 13.491, de 2017*)

II – de ação que envolva a segurança de instituição militar ou de missão militar, mesmo que não beligerante; ou (Incluído pela Lei 13.491, de 2017)

III – de atividade de natureza militar, de operação de paz, de garantia da lei e da ordem ou de atribuição subsidiária, realizadas em conformidade com o disposto no art. 142 da Constituição Federal e na forma dos seguintes diplomas legais: (Incluído pela Lei 13.491, de 2017)

a) Lei nº 7.565, de 19 de dezembro de 1986 – Código Brasileiro de Aeronáutica; (*Incluída pela Lei 13.491, de 2017*)[64]

b) Lei Complementar nº 97, de 9 de junho de 1999; (*Incluída pela Lei 13.491, de 2017*)

c) Decreto-Lei nº 1.002, de 21 de outubro de 1969 – Código de Processo Penal Militar; e (*Incluída pela Lei 13.491, de 2017*)

d) Lei nº 4.737, de 15 de julho de 1965 – Código Eleitoral. (*Incluída pela Lei 13.491, de 2017*)

§ 3.º (*Vetado*). (*Incluído pela Lei 14.688, de 2023*).

48. Crimes militares próprios e impróprios: consideram-se delitos militares próprios (autenticamente militares) os que possuem previsão única e tão somente no Código Penal Militar, sem correspondência em qualquer outra lei, particularmente no Código Penal, destinado à sociedade civil. Além disso, somente podem ser cometidos por militares – jamais por civis. Denominam-se crimes militares impróprios os que possuem dupla previsão, vale dizer, tanto no Código Penal Militar quanto no Código Penal comum, ou legislação similar, com ou sem divergência de definição. Ou também o delito previsto somente na legislação militar, que pode ter o civil por sujeito ativo. Exemplos: a) o crime de deserção somente encontra previsão no CPM (art. 187), pois somente o militar pode cometê-lo, considerado *crime militar próprio*; b) o delito de homicídio é previsto tanto no CPM (art. 205) quanto no CP (art. 121), pois militares e civis podem praticá-lo, considerado *crime militar impróprio*; c) o delito de uso indevido de uniforme militar (art. 172) possui definição particular no CPM, diversa da legislação comum (art. 46, Lei de Contravenções Penais), podendo ser cometido por militar e por civil, considerado *crime militar impróprio*; d) o delito de criação de incapacidade física é previsto somente no CPM (art. 184), mas praticado apenas pelo civil, considerado *crime militar impróprio*. Sobre o conceito, na jurisprudência: STJ: "Os crimes de tentativa de homicídio qualificado, resistência qualificada e roubo caracterizam-se como impropriamente militares, já que constituem infrações penais que podem ser praticadas por qualquer pessoa, seja ela civil ou militar, estando previstas no Código Penal Militar porque lesionam bens ou interesses militares, motivo pelo qual se deve verificar a presença de alguma das situações elencadas nas alíneas do inciso II do artigo 9.º do citado diploma legal" (RHC 41.251-GO, 5.ª T., rel. Jorge Mussi, 22.10.2013, v.u.); "O peculato é previsto tanto do Código Penal quanto do Código Penal

Art. 9.º

Militar, caracterizando-se, por isso, como crime militar impróprio" (HC 166.673-PR, 6.ª T., rel. Maia Thereza de Assis Moura, 05.09.2013, v.u.).

49. Crimes militares: para os fins deste artigo, são os próprios e impróprios.

50. Polícia militar e bombeiros: são abrangidos pelo disposto neste artigo, independentemente do disposto pelo art. 22 deste Código, conforme expressa previsão feita pelo art. 125, § 4.º, da CF.

51. Crimes previstos somente no CPM: o inciso I cuida de hipótese específica dos delitos tipificados pelo Código Penal Militar em dois enfoques: a) de modo exclusivo, sem qualquer correspondente em legislação penal comum, podendo ser *próprio* ou *impróprio*; b) de modo peculiar, pois a redação difere da legislação penal comum, sendo *impróprio*. Como já ilustrado anteriormente, o crime de deserção (art. 187) é exclusivo do CPM; o delito de uso de uniforme privativo (art. 172) possui redação peculiar no CPM. Dependendo da hipótese, pode-se encaixar o tipo penal no rol dos crimes militares próprios (como o caso da deserção) ou como militares impróprios (como a situação do uso indevido de uniforme). De outra parte, o inciso I insere a expressão *qualquer que seja o agente*. Nesse ponto, vislumbra-se a possibilidade de cometimento do crime tanto por militar quanto por civil. Mas a expressão subsequente – *salvo disposição especial* – pretende apontar quando o delito pode ser cometido apenas por militar ou somente por civil. E tal disposição encontra-se bem delineada na redação do tipo penal, que indica, nitidamente, quando o crime é típico do militar (exemplifica-se com o desafio para duelo – art. 224) ou peculiar ao civil (ilustra-se com a substituição de convocado – art. 185). Discordamos da ótica adotada por Célio Lobão, no sentido de que "a expressão 'qualquer que seja o agente' sofre limitação da parte final do inciso ('salvo disposição especial') de natureza constitucional (art. 5.º, LXI, da CF), na medida em que exclui o civil (e militar na inatividade) da condição de agente do crime propriamente militar" (*Comentários ao Código Penal Militar*, v. 1, p. 93). A referida norma constitucional diz respeito a processo penal – e não à caracterização do crime militar –, evidenciando que somente o juiz pode determinar a prisão de alguém (ou flagrante delito), nos delitos em geral, exceto nas transgressões militares (infrações disciplinares) ou nos crimes militares próprios (típicos do militar), que também admitem a prisão cautelar decretada por autoridade diversa, como o oficial superior.

52. Crimes de dupla tipicidade: são os delitos previstos, com igual redação, no Código Penal e no Código Penal Militar, tal como ocorre com o homicídio. Porém, quando a previsão típica incriminadora ocorre somente no Código Penal, a simples condição de militar do agente não transforma o delito em militar. Na jurisprudência: STJ: "Delito de inserção de dados falsos em sistema de informação (art. 313-A do Código Penal) não encontra figura correlata no Código Penal Militar não se enquadrando nas hipóteses previstas no art. 9.º do Código Penal Militar. A competência militar não é firmada pela condição pessoal de militar do infrator, mas decorre da natureza militar da infração, havendo, pois, no caso, que se falar em crime militar. Assim, a competência é do Juízo Comum estadual" (CC 109.842-SP, 3.ª S., rel. Alderita Ramos de Oliveira, 13.03.2013, v.u.). Por outro lado, a partir da edição da Lei 13.491/2017, inseriu-se a competência para julgar os crimes previstos no Código Penal Militar e os previstos na *legislação penal* (como um todo: Código Penal comum e leis penais especiais).

52-A. Justiça Militar e crimes previstos em legislação penal especial: o juízo militar não tinha competência para julgar crimes de abuso de autoridade, cometidos por militar, levando-se em conta a Lei 4.898/1965 [hoje, Lei 13.869/2019], pois inexistia previsão abrangendo a legislação especial. Antes da reforma introduzida pela Lei 13.491/2017, era pacífico o entendimento de que o policial militar, se cometesse abuso de autoridade, mormente contra civil, responderia na Justiça Comum (não havia ressalva quanto à legislação especial no CPM). A partir da edição daquela lei, incluindo-se no inciso II a expressão "previstos na legislação penal", deu-se abrangência suficiente para envolver todos os delitos tipificados em leis especiais, como o abuso de autoridade. Essa situação encaixa-se no art. 9.º, II, *c* (por militar em serviço). Na jurisprudência atual: TJSC: "Apelação criminal – imputação de prática de abuso de autoridade por policiais militares em concurso com lesão corporal – decisão que reconhece a absorção do abuso de autoridade pela lesão corporal prevista no código penal militar (art. 209), declinando a competência à justiça militar – recurso do Ministério Público visando o processamento do crime de abuso de autoridade na justiça comum – superveniente alteração legislativa quanto à competência fixada no código penal militar (Lei n.º 13.491/2017, de 13/10/2017) – eventual crime de abuso de autoridade é enquadrado como crime militar quando praticado por policial" (Ap. 0016233-20.2014.8.24.0008, 2.ª T. Rec. Crim., rel. Jeferson Isidoro Mafra, j. 28.08.2018). A Súmula 172 do STJ ("Compete à Justiça Comum processar e julgar militar por crime de abuso de autoridade, ainda que praticado em serviço") não mais se aplica em face da nova leitura do art. 9.º.

53. Militar contra militar: a expressão *em situação de atividade* foi substituída, corretamente, por *da ativa*, significando não se encontrar na reserva, nem reformado. Consolidou-se o entendimento adotado pelos tribunais, pois o militar da ativa deve atender aos critérios da hierarquia e da disciplina, fundamentais para a avaliação dos crimes militares (art. 142, *caput*, CF; art. 14, Lei 6.880/1980). Assim como o magistrado, que deve ter reputação ilibada e comportamento digno, mesmo fora da atividade jurisdicional, vale dizer, em sua vida privada, o militar deve demonstrar zelo disciplinar e respeito aos valores das Forças Armadas em todos os momentos de sua vida. Diante disso, o militar da ativa envolve quem está ativo no serviço militar, ainda que em gozo de férias, folga ou licença para qualquer finalidade. *Ser militar* envolve inúmeras responsabilidades distintas da vida civil, justamente o motivo de existência da Justiça Especializada para julgar os delitos militares. Em qualquer cenário, o militar que agride o militar, ambos na ativa, deve ser julgado na Justiça castrense. Não vemos diferença para tal finalidade se o militar-marido lesiona a militar-esposa dentro do quartel ou dentro da residência comum do casal. Trata-se de crime militar, embora reconheçamos a tendência de se deixar fora do âmbito militar as agressões existentes do cenário doméstico. Outro ponto a se destacar é a configuração desta alínea (militar contra militar) quando integrante das Forças Armadas pratica crime contra militar estadual ou vice-versa. Define-se a competência para julgamento pelo sujeito ativo: União ou Estado. Na jurisprudência (antes da reforma da Lei 14.688/2023): STF: "No caso sob exame, os fatos investigados teriam ocorrido na residência do ofendido, ou seja, fora de área militar ou de situação de serviço. II – O suposto crime é de competência da Justiça estadual comum, uma vez que a natureza militar do fato delituoso deve levar em conta a índole militar do ilícito e se o agente se encontra em situação de atividade, o que não se evidencia no presente caso" (HC 120.166-BA, 2.ª T., rel. Ricardo Lewandowski, 03.12.2013, v.u.); "Estelionato praticado por militar contra militar do Exército, ambos da ativa. Delito praticado fora de situação de atividade e de local sujeito à administração militar e por motivos alheios às funções militares. 3. Crime militar descaracterizado. Competência da Justiça comum" (HC 114.523-SP, 2.ª T., rel. Gilmar Mendes, 21.05.2013, v.u.); STJ: "1. Não há incompetência da Justiça Militar, uma vez que tanto o recorrente quanto as vítimas eram policiais militares da ativa, embora o acusado estivesse de folga durante a prática delitiva. 2. Agravo regimental não provido" (AgRg no RHC 91.473 – RJ, 6.ª T., rel. Rogerio Schietti Cruz, j. 15.03.2018, *DJe* 27.03.2018); STM: "3. A definição e o alcance da expressão 'militares em situação de atividade' estão delineados no Estatuto dos Militares (E1), em seu art. 6º, o qual equipara as expressões 'na ativa', 'da ativa', 'em serviço ativo', 'em serviço na ativa', 'em serviço', 'em atividade' ou 'em atividade militar'. Em outras palavras, contrapõe-se à situação de militar em inatividade, quais sejam, os da reserva e os reformados" (HC 7000159-98.2018.7.00.0000, rel. Marco Antônio de Farias, j. 26.04.2018); "Furto praticado por militar em desfavor de outro militar em local não sujeito à Administração Militar ou o fato de a subtração da *res furtiva* não guardar qualquer correlação direta com a condição de militar dos envolvidos ou com a atividade inerente à função militar não são o bastante para afastar a competência da Justiça Militar da União para apreciar o fato. Nessas situações, exige-se apenas a condição de militar da ativa dos militares, agente e vítima, para desafiar a competência desta Justiça Especializada para processar e julgar o feito, em face do critério de competência *ratione personae*. Inteligência do artigo 9º, inciso II, alínea 'a', da Lei Substantiva Penal Castrense. Recurso conhecido e dado provimento. Decisão unânime" (RSE 0000114-64.2016.7.04.0004, rel. Francisco Joseli Parente Camelo, j. 24.08.2017).

54. Militar contra reformado ou civil: utiliza-se, nesta alínea, o mesmo critério da anterior, cuidando do militar da ativa, tendo por vítima o militar *não ativo* (reformado ou da reserva), ou civil, desde que estejam em lugar sujeito à administração militar. Há um binômio a observar: militar da ativa, como autor + lugar do delito administrado por órgão militar. Imaginando-se a agressão do marido-militar contra a esposa-civil, quando o casal reside em conjunto habitacional gerido por órgão militar, não se aplica a presente alínea pelo fato de não ser a residência do militar administrada por estranhos ao casal. Logo, é crime comum. O conjunto de habitações é diverso de cada uma das residências ali existentes. Por outro lado, se o marido-militar agredir a esposa-civil dentro do quartel, trata-se de delito militar, em nossa visão, pouco importando o motivo. Na jurisprudência (anterior à Lei 14.688/2023): STJ: "Nos termos do art. 9.º, II, 'b', do Código Penal Militar, considera-se crime militar, em tempo de paz, os delitos previstos no Código Penal Militar que, embora tenham igual definição da lei penal comum, são praticados por militar em situação de atividade ou assemelhado, em local sujeito à administração militar, contra civil. Neste caso, o crime foi supostamente praticado por militar em atividade, ocupante do cargo de Capitão Médico da Aeronáutica, contra sua paciente, civil, em lugar sujeito à administração militar" (CC 129.705-RJ, 3.ª S., rel. Rogerio Schietti Cruz, 27.11.2013, v.u.); STM: "1. Tratando-se de imputação de crime de estelionato em que o réu é militar em atividade, basta que uma das vítimas esteja identificada na mesma condição para que a competência da JMU impere. 2. Havendo prováveis ofendidos civis, o reconhecimento da competência desta Justiça Especializada requer identificá-los, bem como esclarecer se os fatos ocorreram, ou não, em área sob Administração Militar, nos termos do art. 9º, inciso II, alínea 'b', do CPM. Decisão Unânime" (RSE 7000591-20.2018.7.00.0000, rel. Marco Antônio de Farias, j. 08.11.2018).

55. Militar em serviço: nesta alínea sublima-se a *atividade ou atuação* do militar, motivo pelo qual utiliza-se a expressão *em serviço* ou *atuando em razão da função* e não *em situação de atividade*, que simboliza apenas o militar da ativa. Assim sendo, independente do lugar onde a infração ocorra, caracteriza-se o delito militar, podendo a vítima ser militar reformado ou da reserva, ou civil. Policiais militares dos Estados incluem-se nesta alínea, quando no exercício do policiamento ostensivo, constitucionalmente previsto. Não mais se aplica a Súmula 297 do STF, que dizia não serem caracterizados como militares os integrantes das milícias estaduais quando em atividade da polícia civil. Ora, a polícia ostensiva é peculiar à milícia estadual (art. 144, § 5.º, CF). Outro destaque é a atuação do militar, especialmente o policial, quando em folga, férias ou licença, pois o faz *em razão da função*, encaixando-se nesta alínea a sua prática. Aliás, como bem lembra Enio Luiz Rosseto, mesmo o policial militar atuando em *bico*, considerado ilegal, pode e deve agir para combater o crime; havendo o cometimento de algum abuso ou agressão, trata-se de delito militar (*Código Penal comentado*, p. 119). Afinal, o *bico* não lhe retira a condição de militar. Finalmente, a atuação em comissão ou formatura é consequência natural do *serviço*, logo, já envolvida pela primeira situação. Na jurisprudência: STJ: "1. A competência da Justiça Militar para julgamento de delitos praticados por militares contra civis tem por fundamento tanto o art. 125, § 4º, da CF quanto o art. 9º, II, 'c' e 'd', do Código Penal Militar (Decreto-Lei n. 1001/1969). Essa situação não se alterou substancialmente com o advento da Lei 13.491, de 13/10/2017, que deu nova redação ao inciso II do artigo 9º do Código Penal Militar. Embora a Lei 13.491/2017 tenha ampliado a competência da Justiça Militar, passando a deslocar para a Justiça Castrense qualquer crime previsto na Legislação Penal Comum (Código Penal e Leis Esparsas) desde que praticado por militar em serviço, ou no exercício da função, a alínea 'c' do inciso II do art. 9º do CPM continua a exigir que a função desempenhada pelo agente militar tenha natureza militar. 2. A função de controle, fiscalização e cobrança de multas impostas em decorrência de infração de trânsito não é afeta nem às atividades típicas dos militares que compõem os quadros das Forças Armadas, tampouco às atividades típicas dos Policiais Militares. O poder de fiscalização de trânsito urbano atribuído à Polícia Militar deriva de delegação efetuada pelo Departamento Nacional de Trânsito – DETRAN, com fundamento em autorização contida nos arts. 23, III, e 25 do Código de Trânsito Brasileiro, que permitem a órgãos e entidades executivos do Sistema Nacional de Trânsito a faculdade de celebrar convênios delegando atividades a si atribuídas pelo CTB. 3. Ao lavrar autos de infração de trânsito contendo informações inverídicas, o Policial Militar, estando ou não de folga, atua em razão da função, mas desempenha atividade que não possui natureza militar, não se podendo, portanto, caracterizar a conduta como delito de competência da Justiça Castrense, mas, sim, da Justiça Comum Estadual. 4. A conduta também não se amolda ao delito descrito no art. 312 do CPM, já que o tipo penal em questão exige que o fato atente contra a administração ou o serviço militar, no entanto o ente prejudicado pela inserção de dados falsos em multa de trânsito, no caso concreto, foi o GDF. 5. Recurso ordinário provido, para reconhecer a competência da Justiça Comum para processar e julgar a ação penal" (RHC 93.425 – DF, 5.ª T., rel. Reynaldo Soares da Fonseca, j. 15.05.2018, *DJe* 25.05.2018).

56. Militar em manobra ou exercício: é o militar atuando *em serviço*, portanto, hipótese já abrangida pela alínea anterior.

57. Militar da ativa contra patrimônio ou administração militar: exige-se o militar da ativa (em contraposição ao da reserva ou reformado), praticando crime patrimonial de interesse de órgão militar. O patrimônio das Forças Armadas e da Polícia Militar, como regra, é do Estado, motivo pelo qual a lei faz referência apenas à administração do mesmo pelo órgão militar competente. Nada impede, no entanto, cuide-se de bem público civil ou privado, colocados expressamente sob administração militar. Por outro lado, a expressão *ordem administrativa militar* equivale à administração militar em geral. Na jurisprudência: STJ: "1. O ingresso de filhos de militares estaduais em Colégio Militar, que constitui entidade educacional vinculada ao Exército, sem prévio processo seletivo público, constitui afronta tanto à moralidade quanto à ordem administrativa da entidade militar mantida pela União. 2. Ainda que a lista de candidatos pré-escolhidos tenha sido encaminhada por Oficial da Brigada Militar Estadual, não há como desconsiderar que a ordem administrativa ao final violada foi a do Colégio Militar de Santa Maria/RS, entidade vinculada ao Exército. Isso sem contar que existe grande probabilidade de que o processo seletivo ilegal tenha ocorrido com a anuência dos gestores do Colégio, não havendo, assim, como se afastar o interesse da União e da Justiça Militar da União no desfecho das investigações e de eventual ação penal, tanto mais quando o art. 9º, II, 'e', do Código Penal Militar considera crimes militares, em tempos de paz, aqueles praticados 'por militar em situação de atividade, ou assemelhado, contra o patrimônio sob a

Art. 9.º

administração militar, ou a ordem administrativa militar". 3. Conflito conhecido, para declarar a competência do Juízo da 3ª Auditoria da 3ª Circunscrição da Justiça Militar da União para dar continuidade às investigações e, eventualmente, julgar ação penal decorrente do Inquérito" (CC 158.171 – RS, 3.ª S., rel. Reynaldo Soares da Fonseca, j. 27.06.2018, *DJe* 01.08.2018); "2. A jurisprudência atual desta Corte estabelece que, em se tratando de crimes militares impróprios, isto é, delitos previstos tanto no Código Penal Militar quanto no Código Penal Comum ou em legislação extravagante, que podem ser praticados por militar ou por civil, a competência para processar e julgar o feito depende do bem jurídico lesado. Assim, se a conduta foi perpetrada em detrimento da Administração Militar, como na hipótese em exame, a competência é da Justiça Castrense, forte no disposto no art. 9º, inciso II, alínea 'e', do CPM. 3. Recurso ordinário não conhecido. Ordem de *habeas corpus* concedida, de ofício, para declarar a competência da Justiça Militar para processar e julgar os fatos descritos na ação penal em trâmite perante a 9ª Vara Criminal Federal de Campinas, São Paulo, anulando-se eventuais atos decisórios praticados pela Justiça Comum" (RMS 57.118 – SP, 6.ª T., rel. Maria Thereza de Assis Moura, j. 12.06.2018, *DJe* 22.06.2018).

58. Militares inativos e civis: há uma tendência de se restringir a competência da Justiça Militar Federal (a Estadual jamais julga civil), circunscrevendo-se os crimes militares no âmbito daqueles que, efetivamente, lesam interesses essenciais das Forças Armadas, envolvendo a segurança das fronteiras, o funcionamento e a organização das instituições militares (abrange a Polícia Militar e o Corpo de Bombeiros militar), a hierarquia e a disciplina das tropas, dentre outros. É a atual inclinação do STF. Parece-nos correta, afinal, o civil e o militar inativo devem ser submetidos à Justiça comum, como regra, somente encaminhados à Justiça castrense em situações excepcionais, pois se vive em Estado Democrático de Direito, sem qualquer participação direta das Forças Armadas na vida política e no cotidiano da comunidade. O Código Penal Militar foi editado em época diversa, quando politicamente os militares governavam o país, motivo pelo qual se ampliava sobremaneira a competência da Justiça Especial para envolver os civis. Na jurisprudência: STF: "2. O STF, atento às peculiaridades de cada processo, tem adotado interpretação restritiva na definição da competência da Justiça Militar para o julgamento de civis em tempo de paz. Hipótese em que ficou demonstrada excepcionalidade apta a justificar a competência da Justiça Militar da União, tendo em vista que a paciente praticou crime de desacato contra militar em atividade tipicamente militar. Precedentes. 3. Ausência de teratologia, ilegalidade flagrante ou abuso de poder, notadamente porque a Segunda Turma do STF, em julgamento recente, entendeu que a criminalização do desacato é compatível com o Estado Democrático de Direito (HC 141.949, Rel. Min. Gilmar Mendes). 4. Agravo regimental desprovido" (HC 145882 AgR, 1.ª T., rel. Roberto Barroso, j. 31.08.2018, *DJe*-194 divulg. 14.09.2018, public. 17.09.2018); "A competência da Justiça Militar, embora não se limite aos integrantes das Forças Armadas, deve ser interpretada restritivamente quanto ao julgamento de civil em tempos de paz por seu caráter anômalo. Precedentes" (HC 118.780-CE, 1.ª T., rel. Rosa Weber, 22.10.2013, v.u.); "A competência penal da Justiça Militar da União não se limita, apenas, aos integrantes das Forças Armadas, nem se define, por isso mesmo, 'ratione personae'. É aferível, objetivamente, a partir da subsunção do comportamento do agente – de qualquer agente, mesmo o civil, ainda que em tempo de paz – ao preceito primário incriminador consubstanciado nos tipos penais definidos em lei (o Código Penal Militar). – O foro especial da Justiça Militar da União não existe para os crimes dos militares, mas, sim, para os delitos militares, 'tout court'. E o crime militar, comissível por agente militar ou, até mesmo, por civil, só existe quando o autor procede e atua nas circunstâncias taxativamente referidas pelo art. 9.º do Código Penal Militar, que prevê a possibilidade jurídica de configuração de delito castrense eventualmente praticado por civil, mesmo em tempo de paz" (HC 110.237-PA, 2.ª T., rel. Celso de Mello, 19.02.2013, v.u.).

58-A. Falsificação de documento expedido por agente da Marinha: a competência é da Justiça Federal, pois não afeta diretamente as instituições militares (ex.: arrais, que é a licença para pilotar barcos, concedida a civis). Na jurisprudência: STF: "Em diversas oportunidades, esta Corte firmou o entendimento de que é da Justiça Federal a competência para processar e julgar civil denunciado pelos crimes de falsificação de documento ou uso de documento falso (arts. 311 e 315, respectivamente, do CPM), junto à Marinha do Brasil, por aplicação dos arts. 21, XXII, 109, IV, e 144, § 1.º, III, todos da Constituição da República" (HC 114.335-PE, 2.ª T., rel. Ricardo Lewandowski, 26.02.2013, v.u.).

59. Crimes patrimoniais e contra a administração militar: como já mencionado em nota anterior, todos os bens colocados sob a *administração* de órgão militar são tutelados por esta alínea. Geralmente, o patrimônio das Forças Armadas pertence ao Estado, no caso, à União, razão pela qual são destinados à Marinha, ao Exército e à Aeronáutica. Excepcionalmente, bens particulares, colocados sob administração militar, também se encaixam nesta previsão. A segunda tutela volta-se à ordem administrativa militar, num paralelo que se pode fazer com os crimes contra a administração pública, previstos no Código Penal comum. A proteção penal destina-se aos interesses moral e organizacional da administração militar. Na jurisprudência: *pela competência militar:* STF: "1. A conduta do paciente de apropriar pecúnia havida por erro (CPM, art. 249), amolda-se, em tese, à regra prevista no art. 9.º, III, 'a', do CPM, na medida em que a proteção penal destina-se aos interesses moral e organizacional da administração militar, valores esses compreendidos no conceito amplo de hierarquia e disciplina militares, que, à luz do art. 142 da Constituição da República, constituem a base institucional das Forças Armadas. Precedentes. 2. Agravo interno a que se nega provimento" (ARE 857.952 AgR, 1ª T., rel. Alexandre de Moraes, 22.06.2018, v.u.). STM: "Compete à Justiça Militar da União processar e julgar suposto delito de estelionato praticado por civis contra bens jurídicos caros à Administração Militar, com supedâneo no art. 124 da Constituição Federal, c/c o art. 9º, inciso III, alínea 'a', do CPM. Recurso conhecido e não provido. Decisão unânime" (RSE 7000030-93.2018.7.00.0000 – CE, rel. Artur Vidigal de Oliveira, j. 04.04.2018); STJ: "2. No que atine à suposta incompetência da Justiça Militar para o julgamento de parte das condutas imputadas ao agravante, porquanto ele já haveria se desligado do serviço militar (arts. 9º e 22 do CPM), foi considerada válida a argumentação adotada pelo Tribunal *a quo*, que realçou o fato de o réu estar na reserva no momento da prática de alguns dos atos a ele atribuídos, circunstância que ainda configura crime militar, consoante o disposto no art. 9º, III, 'a', do Código Penal Militar. (...)" (AgRg no REsp 1648439 – SP, 6.ª T., rel. Rogerio Schietti Cruz, j. 07.08.2018, *DJe* 21.08.2018); "1. Nos termos do art. 9º, inciso III, alínea 'a', do Código Penal Militar, configura crime militar o furto praticado por civil, ocorrido nas dependências do Parque de Material Aeronáutico, envolvendo *res furtiva* na posse de soldado da Aeronáutica em serviço e sob administração das Forças Armadas. 2. Conflito de competência conhecido para declarar competente o Juízo Auditor da 2ª Auditoria da 2ª Circunscrição Judiciária Militar da União – São Paulo/SP" (CC 145.721 – SP, 3.ª S., rel. Joel Ilan Paciornik, j. 22.02.2018, *DJe* 02.03.2018).

59-A. Estelionato previdenciário: é competência da Justiça Militar, quando o valor recebido pelo agente estiver sob responsabilidade da Administração Militar. Na jurisprudência: STF: "Competência da Justiça Militar para julgar o crime de estelionato praticado contra patrimônio sob a administração militar, consistente na continuidade do recebimento pela

Art. 9.º

Paciente/Impetrante de valores da pensão de sua genitora falecida" (HC 117.428-RJ, 2.ª T., rel. Cármen Lúcia, 27.08.2013, v.u.).

60. Lugar militarmente administrado e militar da ativa: o agente (civil ou militar inativo) se volta contra militar da ativa ou servidor público de instituições militares (mesmo quando a vítima seja civil) ou da Justiça Militar (igualmente, pode ser o ofendido civil). Os funcionários devem estar no exercício da função inerente ao seu cargo. Além disso, é preciso que o delito seja praticado em lugar sujeito à administração militar. Unem-se os seguintes fatores: lugar militarmente administrado + vítima militar da ativa ou servidores de instituições militares (envolve tanto as Forças Armadas quanto a Polícia Militar e o Corpo de Bombeiros) ou Justiça Militar, no exercício funcional. Tem-se excluído desse contexto os crimes culposos, mormente os de trânsito.

61. Militares em serviço: os militares, quando atuam em formatura (ocasião de agrupamento da tropa para desfiles e outros eventos), em período de prontidão, vigilância, observação, exploração, exercício, acampamento, acantonamento ou manobras encontram-se *em serviço*. Por isso, pretende-se tutelar, considerando crimes da caserna, as condutas lesivas a esses militares. O STF tem limitado a competência da Justiça castrense, excluindo os crimes culposos.

62. Militares em atividade funcional e designadas: também esses militares se encontram *em serviço*, desenvolvendo qualquer atividade inerente à sua função. Ampliou-se, nesta alínea, a atividade militar, que, na anterior alínea *c*, foi especificada. Dispensa-se o *lugar militarmente administrado*, pois se confere particular relevo à atividade funcional do militar, o que é dispensável no tocante ao militar da ativa, na alínea *b*. Abrange, ainda, a atuação dos militares requisitados para desempenhar serviços de vigilância, garantia e preservação da ordem pública, em cenário administrativo ou judiciário, em atividade anômala, como, por exemplo, quando cuidam da segurança pública nas vias de grande cidade ou nos fóruns da Justiça Militar. Na jurisprudência: STF: "1. A orientação jurisprudencial do Supremo Tribunal Federal (STF) é no sentido de que o trancamento de ação penal só é possível quando estiverem comprovadas, de logo, a atipicidade da conduta, a extinção da punibilidade ou a evidente ausência de justa causa. Precedentes. 2. O STF, atento às peculiaridades de cada processo, tem adotado interpretação restritiva na definição da competência da Justiça Militar para o julgamento de civis em tempo de paz. Hipótese em que ficou demonstrada excepcionalidade apta a justificar a competência da Justiça Militar da União, tendo em vista que a paciente praticou crime de desacato contra militar em atividade tipicamente militar. Precedentes. 3. Ausência de teratologia, ilegalidade flagrante ou abuso de poder, notadamente porque a Segunda Turma do STF, em julgamento recente, entendeu que a criminalização do desacato é compatível com o Estado Democrático de Direito. HC 141.949, Rel. Min. Gilmar Mendes. 4. Agravo regimental desprovido" (HC 145.882 AgR, 1ª T., rel. Roberto Barroso, 31.08.2018, maioria).

63. Crimes dolosos contra a vida de civil: a partir de 1996, alterou-se o conteúdo do art. 9.º do CPM, para excluir da competência da Justiça Militar o delito doloso contra a vida de civil, mesmo quando cometido no exercício da função militar. O enfoque voltou-se, basicamente, ao policial militar, quando integrava grupo de extermínio ou agia como justiceiro. Diante disso, os crimes previstos no Código Penal Militar – dolosos contra a vida – são: homicídio (art. 205), participação em suicídio (art. 207) e genocídio (art. 208), embora o forte dos fatos reais concentre-se no homicídio. Atualmente, são julgados pelo Tribunal do Júri, órgão da Justiça comum. Na jurisprudência: STJ: "1. Nos termos do art. 125, § 4º, da CF/88, do art. 9º, parágrafo único, do Código Penal Militar (Decreto-Lei n. 1001/1969) e do art. 82, 'caput' e §

2º, do Código de Processo Penal Militar, é competente a justiça comum para apurar o crime de homicídio praticado por policial militar em serviço contra civil. Essa situação não se alterou com o advento da Lei 13.491, de 13/10/2017, que se limitou a dar nova redação ao antigo parágrafo único do art. 9º do CPM, para nele incluir dois parágrafos, prevendo o § 1º que 'Os crimes de que trata este artigo, quando dolosos contra a vida e cometidos por militares contra civil, serão da competência do Tribunal do Júri'. 2. De se entender, portanto, que permanece válido o entendimento jurisprudencial até então prevalente nesta Corte no sentido de reconhecer a competência da Justiça Comum Estadual e do Tribunal do Júri para o julgamento de homicídio doloso praticado por militar em serviço contra civil. Precedentes: CC 144.919/SP, Rel. Ministro Felix Fischer, Terceira Seção, julgado em 22/06/2016, *DJe* 01/07/2016; CC 145.660/SP, Rel. Ministro Rogerio Schietti Cruz, Terceira Seção, julgado em 11/05/2016, *REPDJe* 19/05/2016, *DJe* 17/05/2016; CC 129.497/MG, Rel. Ministro Ericson Maranho (Desembargador convocado do TJ/SP), Terceira Seção, julgado em 08/10/2014, *DJe* 16/10/2014; HC 173.873/PE, Rel. Ministra Laurita Vaz, Quinta Turma, julgado em 20/09/2012, *DJe* 26/09/2012; CC 113.020/RS, Rel. Ministro Og Fernandes, Terceira Seção, julgado em 23/03/2011, *DJe* 01/04/2011. 3. Situação em que, muito embora os investigados alegassem ter agido em legítima defesa, as imagens de vídeo coletadas pela Polícia Civil demonstram a deliberada intenção do policial de derrubar o civil da motocicleta, de chutá-lo quando deitado no solo e de desferir um tiro mortal, sem que o civil esboce qualquer reação nesse ínterim. Reforçam essa conclusão a necropsia que detectou tiro 'de diante para trás e de cima para baixo' e a constatação, pela perícia, de que não havia arma diversa da dos policiais no local dos fatos. 4. Havendo nítidos indícios de que o homicídio foi cometido com dolo, é de se reconhecer a competência da Justiça Comum estadual para o processamento e julgamento tanto do Inquérito Policial quanto da eventual ação penal dele originada. 5. Conflito conhecido, para declarar a competência do Juízo de Direito da 1ª Vara Criminal da Comarca de Viamão/RS, o Suscitado, para dar continuidade à condução do Inquérito Policial" (CC 158.084 – RS, 3.ª S., rel. Reynaldo Soares da Fonseca, j. 23.05.2018, *DJe* 05.06.2018); TJMSP: "A modificação de competência para o Tribunal do Júri não alterou a natureza jurídica do homicídio doloso praticado por policial militar contra civil, que continua sendo crime militar (artigo 205, do CPM). Recurso ministerial provido" (RESE 001318/2018, 2.ª Câm., rel. Clovis Santinon, j. 26.07.2018).

63-A. Efeito da intervenção federal no Rio de Janeiro: o governo do Estado solicitou e a União atendeu, no ano de 2018 (Decreto n. 9.288/2018), enviando forças militares para dar apoio à polícia local no contexto da segurança pública, em situação excepcional. Mas esse episódio já se avizinhava em 2017, motivo pelo qual, para assegurar um certo conforto aos militares das Forças Armadas, editou-se a Lei 13.491/2017, com modificações no art. 9.º do Código Penal. Essa alteração legislativa teve por finalidade garantir foro militar a eventuais crimes cometidos pelos militares enviados ao Rio de Janeiro. Eis o cerne da referida lei: "os crimes de que trata este artigo, quando dolosos contra a vida e cometidos por militares das Forças Armadas contra civil, serão da competência da Justiça Militar da União...". Diante disso, o Tribunal do Júri está afastado da competência julgadora dos integrantes da força de intervenção. Observa-se, claramente, esse objetivo nos incisos I, II e III do § 2.º desse artigo. Atualmente, com a edição da Lei 14.688/2023, houve pouca modificação: "os crimes militares de que trata este artigo, incluídos os previstos na legislação penal, nos termos do inciso II do *caput* deste artigo, quando dolosos contra a vida e cometidos por militares das Forças Armadas contra civil, serão da competência da Justiça Militar da União, se praticados no contexto (...)".

64. Exceção no contexto da aeronáutica: após a edição da Lei 9.614/1998, alterou-se o conteúdo do art. 303 do Código Brasileiro de Aeronáutica (Lei 7.565/1986), autorizando o abatimento de aeronave considerada hostil, por ordem do Presidente da República ou auto-

Art. 10

ridade por ele delegada. Trata-se de crime de homicídio doloso, embora realizado em estrito cumprimento do dever legal. Porém, havendo qualquer dúvida a respeito, cabe à Justiça Militar apurar o caso, ainda que praticado contra civil. Está correta essa exceção, pois o eventual delito se insere, com perfeição, à atividade da Aeronáutica, que é resguardar a segurança aérea, decorrência da soberania nacional. A Lei 13.491/2017 manteve a exceção supracitada, fazendo menção a todo o Código Brasileiro de Aeronáutica.

Crimes militares em tempo de guerra

> **Art. 10.** Consideram-se crimes militares, em tempo de guerra:[65]
>
> I – os especialmente previstos neste Código para o tempo de guerra;
>
> II – os crimes militares previstos para o tempo de paz;
>
> III – os crimes previstos neste Código, embora também o sejam com igual definição na lei penal comum ou especial, quando praticados, qualquer que seja o agente:
>
> *a)* em território nacional, ou estrangeiro, militarmente ocupado;
>
> *b)* em qualquer lugar, se comprometem ou podem comprometer a preparação, a eficiência ou as operações militares ou, de qualquer outra forma, atentam contra a segurança externa do País ou podem expô-la a perigo;
>
> IV – os crimes definidos na lei penal comum ou especial, embora não previstos neste Código, quando praticados em zona de efetivas operações militares ou em território estrangeiro, militarmente ocupado.

65. Crimes militares em tempo de guerra: há quem sustente serem tais delitos os componentes de autênticas leis penais excepcionais, conforme previsão do art. 4.º, do CPM, porque seriam crimes ocorridos em época excepcional, cujos processos e/ou punições continuariam vigorando, mesmo quando cessado o conflito armado. Assim não pensamos. As leis excepcionais são intermitentes, vale dizer, feitas para ter curta duração e acompanhar um momento extraordinário da vida em sociedade. Os delitos militares em tempo de guerra, previstos *lato sensu*, neste artigo, são permanentes, estampados que estão no Livro II da Parte Especial. Portanto, desde o início de uma guerra até o seu final eles são aplicáveis. E, por óbvio, aos fatos ocorridos durante o conflito, também, pois os tipos penais continuam em vigor, ou seja, não são dotados de autorrevogação, como as verdadeiras normas intermitentes (temporárias ou excepcionais). Se, porventura, houver uma guerra, podem ser editadas *outras normas*, estas sim de caráter *excepcional*, logo, transitórias, para durar apenas enquanto se desenvolver o conflito. Situação similar se dá no cenário dos crimes eleitorais, que somente encontram aplicação em época eleitoral, mas nem por isso constituem normas excepcionais.

Militares estrangeiros

> **Art. 11.** Os militares estrangeiros, quando em comissão ou em estágio em instituições militares, ficam sujeitos à lei penal militar brasileira, ressalvado o disposto em tratados ou em convenções internacionais.[66]

66. Militares estrangeiros: se estiverem em território nacional, aplica-se a regra geral da territorialidade, de modo que o preceito deste artigo seria inócuo. Além disso, deve o militar estrangeiro cometer delito preceituado neste Código Penal. sua utilidade se circunscreve à demonstração de interesse brasileiro, no âmbito punitivo, quando o militar estrangeiro estiver comissionado ou estagiando em qualquer instituição militar (envolve tanto as Forças Armadas quanto a Polícia Militar e o Corpo de Bombeiros), embora em lugar alheio ao território nacional. Além disso, evidencia-se o critério estabelecido pela exceção (ressalva quanto ao disposto em tratados ou convenções internacionais), que serve para a aplicação aos militares do corpo diplomático, gozando de isenção da jurisdição brasileira.

Equiparação a militar da ativa

> **Art. 12.** O militar da reserva ou reformado, quando empregado na administração militar, equipara-se ao militar da ativa, para o efeito da aplicação da lei penal militar.[67]

67. Militar por equiparação: a norma busca estender o conceito de militar da ativa para o da reserva ou reformado, desde que esteja empregado em qualquer órgão da administração militar. Não vemos óbice. As figuras de equiparação estão presentes em várias leis penais, inclusive no Código Penal comum, no tocante ao funcionário público (art. 327, § 1.º, CP). Note-se que não se cuida de, singelamente, equiparar o civil ao militar, pois este último, mesmo na reserva ou reformado conserva as responsabilidades e prerrogativas do posto ou graduação (art. 13, CPM), motivo pelo qual é razoável a referida equiparação. Além do mais, ele se encontra em plena atividade, exercendo atividade na administração militar, o que compromete a instituição em caso de qualquer desvio. Em oposição, Célio Lobão sustenta a inaplicabilidade deste artigo, pois não se pode equiparar o civil ao militar (*Comentários ao Código Penal Militar*, p. 139).

Militar da reserva ou reformado

> **Art. 13.** O militar da reserva, ou reformado, conserva as responsabilidades e prerrogativas do posto ou graduação, para o efeito da aplicação da lei penal militar, quando pratica ou contra ele é praticado crime militar.[68]

68. Militar da reserva ou reformado: o disposto neste artigo, segundo cremos, deve compatibilizar-se com o disposto pelo art. 9.º, deste Código, sob pena de gerar antinomia indesejável. O militar da reserva ou reformado somente deve encaixar-se na lei penal militar, como sujeito ativo ou passivo, nos termos esboçados pelo referido art. 9.º do CPM. Portanto, o art. 13 nada mais faz que deixa isso claro, sem qualquer inovação. Na jurisprudência: STM: "I – Esta Corte Castrense já firmou o entendimento de que os militares dos Estados, do Distrito Federal e dos Municípios não podem ser considerados como civis, para fins de aplicação da Lei Penal Militar. II – As condutas supostamente praticadas pelos policiais militares do Espírito Santo, durante operação de Garantia da Lei e da Ordem, contra os militares do Exército Brasileiro enquadram-se como crimes militares cujo processamento e julgamento são de competência da Justiça Militar da União, por terem atingido diretamente a ordem administrativa militar federal. III – O Conselho de Justiça é o órgão competente para processar e julgar casos que envolvam atos que causem ofensas a militares no exercício de sua função. IV – A prerrogativa de posto garantida aos oficiais estende-se àqueles em situação de inatividade, conforme previsto no art. 13 do Código Penal Militar, devendo ser convocado o Conselho Especial de Justiça para o processamento e o julgamento do feito. V – Garante-se, por simetria, a prerrogativa de posto aos militares estaduais nesta Justiça

Art. 14

Código Penal Militar Comentado • Nucci

Especializada, exceto nos crimes em que houver concurso com civis, ocasião em que será realizado o julgamento monocrático pelo Juiz Federal da JMU, em obediência à novel Lei n.º 13.774/2018. VI – Recurso provido. Decisão unânime" (Recurso em Sentido Estrito n.º 7001347-92.2019.7.00.0000, rel. José Coêlho Ferreira, 27.02.2020, v.u.).

Defeito de incorporação ou de matrícula

> **Art. 14.** O defeito do ato de incorporação ou de matrícula não exclui a aplicação da lei penal militar, salvo se alegado ou conhecido antes da prática do crime.[69]

69. Defeito de incorporação ou matrícula: pretende-se evitar alegação de atipicidade da conduta ou mesmo de nulidade processual, quando um convocado – que não deveria sê-lo – cometer algum delito militar, como, por exemplo, a deserção. Para escapar à responsabilidade penal, o agente do delito afirmaria *defeito de incorporação* (ou matrícula), indicando algum motivo para que ele não fosse integrado à vida militar. Ora, tal afirmativa somente teria sentido se já conhecida do órgão militar competente, que a ignorou indevidamente, *antes da prática do crime*. No mais, ninguém pode se beneficiar da própria torpeza, como preceito geral de direito, motivo pelo qual o incorporado, mesmo com defeito no âmbito administrativo, deve responder pela infração penal militar. Na jurisprudência: STM: "O embargante, em seu interrogatório, demonstrou claramente a plena consciência de sua 'condição de militar' à época dos fatos e o conhecimento de que o descumprimento da ordem superior que lhe foi dada trariam consequências. A doutrina é uníssona ao afirmar que o defeito apresentado, mesmo antes da incorporação do qual, não se tem conhecimento não afasta a aplicação da lei penal, o que é o caso dos autos. A mera declaração de nulidade do ato de incorporação pela Organização Militar não tem o condão de impedir a configuração do delito. Embargos rejeitados. Decisão por maioria" (Embargos Infringentes e de Nulidade n.º 0000030-66.2016.7.03.0303, rel. Odilson Sampaio Benzi, 01.03.2018, maioria); "A exclusão do Serviço Ativo de praça sem estabilidade não impede o prosseguimento do processo – ainda que se trate de crime de deserção –, segundo a tese prevalente nesta Corte de que a condição de militar deve estar presente no momento do recebimento da denúncia, não sendo imprescindível para o transcurso do processo. Preliminar rejeitada. Decisão por maioria. A anulação da incorporação, em razão de qualquer 'defeito', incluída a condição de 'arrimo de família', somente acarreta a impossibilidade de aplicação da lei penal militar e a consequente extinção do processo, sem o respectivo julgamento do mérito perante a Justiça Militar da União, quando conhecido, antes da prática do delito, pela Administração Militar. Inteligência do art. 14 do CPM, em sua parte final. Preliminar rejeitada. Decisão por maioria. Absolvição que se faz necessária e justa por ser adequada às circunstâncias apuradas nos autos. Decisão por maioria" (Ap. 0000103-16.2015.7.09.0009, rel. Marco Antônio de Farias, j. 11.10.2016).

Tempo de guerra

> **Art. 15.** O tempo de guerra, para os efeitos da aplicação da lei penal militar, começa com a declaração ou o reconhecimento do estado de guerra, ou com o decreto de mobilização se nele estiver compreendido aquele reconhecimento; e termina quando ordenada a cessação das hostilidades.[70]

70. Limite constitucional: o disposto neste artigo deve adaptar-se aos termos da Constituição Federal. Dispõe o art. 84, XIX, caber ao Presidente da República "declarar guerra, no caso de agressão estrangeira, autorizado pelo Congresso Nacional ou referendado por ele, quando ocorrida no intervalo das sessões legislativas, e, nas mesmas condições, decretar, total ou parcialmente, a mobilização nacional".

Contagem de prazo

> **Art. 16.** No cômputo dos prazos inclui-se o dia do começo. Contam-se os dias, os meses e os anos pelo calendário comum.[71]

71. Especialidade do prazo penal: o prazo penal conta-se de maneira diversa do prazo processual penal. Enquanto neste não se inclui o dia do começo, mas sim o do vencimento, naquele é incluído o primeiro dia, desprezando-se o último. Exemplos: se uma pessoa é recolhida ao cárcere para cumprir dois meses de pena privativa de liberdade, tendo início o cumprimento no dia 10 de março, que é incluído no cômputo, a pena findará no dia 9 de maio. Se alguém for preso às 22 horas de um dia, este dia é integralmente computado, ainda que faltem somente duas horas para findar. Entretanto, se o réu é intimado de uma sentença condenatória no dia 18 de março, cujo prazo de recurso é de 5 dias, vencerá no dia 23 de março. A contagem pelo calendário comum (o utilizado é o gregoriano) facilita o cômputo das penas, sem divergência, pelo Judiciário. Portanto, a condenação do réu ao cumprimento de um mês de reclusão não pode ser convertida em 30 dias; afinal, pelo calendário, um mês não possui, necessariamente, 30 dias, mas pode ter 28, 29, 30 ou 31 dias. Segue-se, então, a contagem do calendário: do dia 1.º do mês ao seu último dia (28, 29, 30 ou 31).

Legislação especial. Salário mínimo

> **Art. 17.** As regras gerais deste Código aplicam-se aos fatos incriminados por lei penal militar especial, se esta não dispõe de modo diverso. Para os efeitos penais, salário mínimo é o maior mensal vigente no país, ao tempo da sentença.[72]

72. Princípio da especialidade e salário mínimo: o disposto pelo art. 17 segue o critério da especialidade, também adotado pelo art. 12 do CP. Significa que as regras gerais da Parte Geral aplicam-se não somente aos delitos previstos na Parte Especial, mas a toda a legislação penal especial, salvo se esta dispuser em sentido diverso. No campo do direito penal comum há muitos exemplos, pois há uma verdadeira *inflação* de leis penais especiais, cada qual com preceitos próprios, modos particulares de aplicação da pena, cálculos diversos para a multa etc. Quanto ao salário mínimo, a norma tornou-se desnecessária, pois ele é nacionalmente unificado e utilizado hoje. Existem alguns Estados que concedem salários regionais, mas, por óbvio, não interessam ao Direito Penal, cujo âmbito de aplicação é nacional. Por outro lado, o debate acerca da utilização do salário mínimo para compor o cenário da aplicação da pena pecuniária já se encontra ultrapassado. Houve época em que se discutiu se não seria isso inconstitucional, pois o art. 7.º, IV, parte final, da CF, veda a sua vinculação *para qualquer fim*. O debate era válido tanto neste cenário quanto no Direito Penal comum. Os tribunais ignoraram o disposto no referido art. 7.º, IV, da CF, para fins penais, com toda razão. A finalidade daquela norma era e continua sendo desvincular o salário mínimo como índice indexador da economia, gerando inflação e problemas correlacionados. No mais, o seu uso no contexto penal é recomendado, pois há um paralelo justo entre a pena de multa e o esforço do réu para quitá-la baseado no seu trabalho, que tem base no salário mínimo. Além disso, inúmeras leis penais, desde a edição da Constituição Federal de 1988, continuam estabelecendo o salário mínimo

Art. 18

Código Penal Militar Comentado • Nucci

como parâmetro para a pena pecuniária. E o STF sempre o consagrou como tal, aliás, como se pôde observar no julgamento do caso denominado "mensalão", onde as penas de multa foram fixadas com fundamento no salário mínimo.

Crimes praticados em prejuízo de país aliado

> **Art. 18.** Ficam sujeitos às disposições deste Código os crimes praticados em prejuízo de país em guerra contra país inimigo do Brasil:[73]
>
> I – se o crime é praticado por brasileiro;
>
> II – se o crime é praticado no território nacional, ou em território estrangeiro, militarmente ocupado por força brasileira, qualquer que seja o agente.

73. Norma de extensão para tutela de interesse de país aliado: em caso de eventual conflito armado, do qual participe o Brasil, o país aliado, sofrendo delito previsto neste Código, cometido por brasileiro ou quando a infração for praticada em território nacional (ou território estrangeiro ocupado por forças brasileiras), tem seus interesses – como vítima – tutelados pela norma de extensão do art. 18.

Infrações disciplinares

> **Art. 19.** Este Código não compreende as infrações dos regulamentos disciplinares.[74]

74. Afastamento da infração disciplinar do âmbito penal: de modo correto, a norma deixa claro que as infrações penais diferem, na aplicação da sanção, das infrações puramente disciplinares ou administrativas. O mesmo se dá no tocante à lei penal comum e às infrações administrativas em geral. Portanto, o disposto pelo Código Penal Militar não diz respeito às infrações previstas em Regulamentos – o que, de certa forma, é óbvio. Eventualmente, quando o magistrado reconhecer que a infração penal, na verdade, constitui mera infração disciplinar (ex.: art. 209, § 6.º, CPM), deve absolver o acusado por atipicidade. Nesse prisma, acertada a ponderação de Enio Luiz Rosseto (*Código Penal comentado*, p. 671). Não concordamos com a ideia proposta por Célio Lobão de que se trata de perdão judicial, cuja natureza jurídica é absolutória (*Comentários ao Código Penal Militar*, p. 145). Em primeiro lugar, a sentença de extinção da punibilidade, advinda do perdão judicial, é puramente declaratória, não havendo conteúdo de mérito. Em segundo, o perdão judicial deve *sempre* estar previsto expressamente em lei, pois se trata de obstáculo à punição do agente, por razões de política criminal, não podendo, em hipótese alguma, ser implícito.

Crimes praticados em tempo de guerra

> **Art. 20.** Aos crimes praticados em tempo de guerra, salvo disposição especial, aplicam-se as penas cominadas para o tempo de paz, com o aumento de 1/3 (um terço).[75]

75. Causa de aumento genérica: estabelece esta norma uma causa de aumento geral, de um terço, para os delitos militares, previstos neste Código, para os tempos de paz, quando cometidos em tempos de guerra. É razoável o enunciado, pois em época de conflito armado todo e qualquer crime militar torna-se mais grave. Por outro lado, excepciona-se regra específica, que significa já existir previsão para a figura criminosa, quando cometida em tempo de guerra. Evita-se o *bis in idem*, ou seja, a dupla punição para o mesmo fato, afinal, quando previsto para tempo de guerra, o crime já apresenta sanção mais severa, sendo inaplicável o aumento de um terço. Porém, se o tipo penal existir somente para o tempo de paz, na excepcionalidade de ser praticado em tempo de guerra, recebe o aumento de um terço.

Assemelhado

> **Art. 21.** (*Revogado pela Lei 14.688/2023.*)[76]

76. Eliminada a nota em decorrência da revogação do art. 21.

Pessoa considerada militar

> **Art. 22.** É militar, para o efeito da aplicação deste Código, qualquer pessoa que, em tempo de paz ou de guerra, seja incorporada a instituições militares ou nelas matriculada, para servir em posto ou em graduação ou em regime de sujeição à disciplina militar.[77]

77. Norma explicativa: define-se *militar*, para o fim de aplicação do Código Penal Militar, quem estiver incorporado (ou matriculado) a *instituições militares* (redação dada pela Lei 14.688/2023). Na jurisprudência: STM: "1. Conforme o art. 22 do CPM, qualquer pessoa sujeita à disciplina castrense é considerada militar para efeitos de aplicação do aludido *Codex*. Logo, sendo o réu, ao tempo do crime, Praça Especial em formação na Escola Naval, instituição de ensino da Marinha do Brasil, submetido à disciplina militar, ser-lhe-á aplicado o regramento penal militar, nos moldes do artigo referido. Ademais, considerando a indistinção do sujeito ativo do delito previsto no *caput* do artigo 290, uma vez que se trata de crime impropriamente militar, não se vislumbra violação ao Princípio da Isonomia, uma vez que não há distinção no que tange ao processamento e julgamento deste tipo incriminador ao militar ou ao civil" (...) (Apelação n.º 0000198-74.2015.7.01.0201, rel. Carlos Augusto de Sousa, 22.06.2017 v.u.).

Equiparação a comandante

> **Art. 23.** Equipara-se ao comandante, para o efeito da aplicação da lei penal militar, toda autoridade com função de direção.[78]

78. Norma de equiparação: embora entendamos desnecessária, pois toda autoridade com função de direção, no âmbito militar, é um comandante natural, o propósito desta norma é tornar clara tal situação.

Conceito de superior

> **Art. 24.** Considera-se superior para fins de aplicação da lei penal militar:[79]
>
> I – o militar que ocupa nível hierárquico, posto ou graduação superiores, conforme a antiguidade, nos termos da Lei n.º 6.880, de 9 de dezembro de 1980

> (Estatuto dos Militares), e de leis das unidades da Federação que regulam o regime jurídico de seus militares;
>
> II – o militar que, em virtude da função, exerce autoridade sobre outro de igual posto ou graduação.
>
> **Parágrafo único.** O militar sobre o qual se exerce autoridade nas condições descritas nos incisos I e II do *caput* deste artigo é considerado inferior hierárquico para fins de aplicação da lei penal militar.

79. Superior hierárquico para fins penais: com a redação conferida pela Lei 14.688/2023, tornou-se mais detalhado o conceito de *superior hierárquico*. O disposto anteriormente foi deslocado para o inciso II do art. 24. No inciso I, ampliou-se a abrangência para constar expressamente o posto ou a graduação militar, situações que transcendem o mero exercício de função, fazendo-se referência à Lei 6.880/1980, que, no seu art. 14, § 1.º, dispõe: "A hierarquia militar é a ordenação da autoridade, em níveis diferentes, dentro da estrutura das Forças Armadas. A ordenação se faz por postos ou graduações; *dentro de um mesmo posto ou graduação se faz pela antiguidade* no posto ou na graduação. O respeito à hierarquia é consubstanciado no espírito de acatamento à sequência de autoridade" (grifamos). Inseriu-se, ainda, as leis estaduais, que podem regular, de maneira diferenciada, a carreira dos policiais militares e do corpo de bombeiros militar. No inciso II, ingressa a *função* exercida, que não depende da ocupação de um cargo, conforme a autoridade que se possua, na prática, em relação a outro militar de igual posto ou graduação. Essa distinção torna-se relevante para certos delitos, como, por exemplo, o desrespeito ao superior. Para efeito concreto, no caso de dois militares de igual posto ou graduação, extrai-se o superior pela antiguidade. No entanto, parece-nos deva prevalecer o disposto no inciso II se, por conveniência do serviço, atribui-se a um dos dois, com igualdade de posto ou graduação, a *função de comando* para o desenvolvimento de uma missão qualquer. O efetivo exercício de função de mando prevalece sobre a antiguidade. Aliás, a confirmação desse entendimento encontra-se no parágrafo único deste artigo.

Crime praticado em presença do inimigo

> **Art. 25.** Diz-se crime praticado em presença do inimigo, quando o fato ocorre em zona de efetivas operações militares, ou na iminência ou em situação de hostilidade.[80]

80. Norma explicativa: como outras constantes deste Código, o art. 25 busca explicitar o que se entende por *crime praticado em presença do inimigo*. Em primeiro lugar, tal norma somente é aplicável em tempo de guerra, cenário em relação ao qual não pretendemos ingressar. Em segundo, parece-nos desnecessária a previsão, pois os tipos penais são suficientes para definir a conduta em tempo de guerra, pouco importando onde se concretiza a infração penal.

Referência a "brasileiro" ou "nacional"

> **Art. 26.** Quando a lei penal militar se refere a "brasileiro" ou "nacional", compreende as pessoas enumeradas como brasileiros na Constituição do Brasil.[81]

Estrangeiros

> **Parágrafo único.** Para os efeitos da lei penal militar, são considerados estrangeiros os apátridas e os brasileiros que perderam a nacionalidade.

81. Norma de referência: totalmente dispensável o preceituado pelo art. 26 deste Código. Cabe à Constituição Federal estabelecer quem é brasileiro e quem não é (estrangeiro ou apátrida). Basta uma leitura ao art. 12 da CF.

Servidores da Justiça Militar

> **Art. 27.** Para o efeito da aplicação deste Código, consideram-se servidores da Justiça Militar os juízes, os servidores públicos e os auxiliares da Justiça Militar.[82]

82. Norma de referência: este dispositivo foi alterado pela Lei 14.688/2023 e teve parcial aperfeiçoamento. Retirou-se do quadro de servidores da Justiça Militar os membros do Ministério Público, que, realmente, integram instituição permanente, com função constitucional específica, nem mesmo compõem o Poder Judiciário. Por outro lado, o magistrado é integrante do Poder Judiciário, ainda que especializado (Justiça Militar) e não nos parece deva constar nesse rol. O ideal teria sido construir um artigo nos moldes utilizados pelo art. 327 do Código Penal, mencionando-se, de modo amplo, exercício de cargo, emprego ou função pública.

Casos de prevalência do Código Penal Militar

> **Art. 28.** Os crimes contra a segurança externa do país ou contra as instituições militares, definidos neste Código, excluem os da mesma natureza definidos em outras leis.[83]

83. Princípio da especialidade: outra norma a consagrar a especialidade, determinando que os delitos previstos neste Código prevaleçam sobre outros, eventualmente dispostos noutras leis, ao menos no tocante à segurança externa e contra as instituições militares. Houve época em que crimes políticos eram julgados pela Justiça Militar, situação alterada pela edição da Constituição Federal de 1988. Atualmente, os crimes políticos, previstos na Lei de Segurança Nacional, são civis, julgados pela Justiça Federal.

Título II
Do crime[84-86]

84. Conceito de crime: na visão material (essência da infração, sob o ponto de vista da sociedade), constitui toda a conduta lesiva a bem juridicamente tutelado, merecedora de pena; na ótica formal (captada a essência pelo legislador, transformar-se em lei), é a conduta lesiva a bem juridicamente tutelado, merecedora de pena, devidamente prevista em lei. O conceito formal desdobra-se no analítico (visão científica do crime, para fins de estudo), para o qual o crime é um fato típico, antijurídico (ou ilícito) e culpável. A punibilidade não é elemento do delito, mas somente um dado fundamental para assegurar a aplicação efetiva da sanção penal. Por isso, as causas extintivas da punibilidade não afetam o crime em si, porem a sua punição. A corrente tripartida (fato típico, antijurídico e culpável) é amplamente majoritária na doutrina brasileira, abrangendo causalistas, finalistas e funcionalistas. A ótica bipartida (fato típico e antijurídico, sendo culpabilidade pressuposto de aplicação da pena), de fundo finalista, teve o seu apogeu nos anos 80, experimentando um declínio acentuado de lá para a atualidade. Constitui teoria nascida em trabalho acadêmico apresentando na PUC-SP, não ultrapassando as fronteiras nacionais. Ademais, a culpabilidade é elemento essencial ao conceito de delito, pois constitui o liame entre o *crime* e a *pena*, como fundamento e limite da pena. Figura como relevante fator ético para a concretização da figura delituosa, visto representar o juízo de censura atribuível ao autor do fato típico e ilícito (injusto penal); sem a reprovação social, pouco importa haver o injusto, pois crime não é. Sob outro aspecto, a autêntica ótica bipartida é o crime como fato típico e culpável, nos termos da teoria total do injusto ou teoria dos elementos negativos do tipo. Não é este o palco ideal para debater, em detalhes, tais conceitos. Portanto, fixo somente a minha posição pela teoria tripartida (fato típico, ilícito e culpável), sob o ângulo finalista.

85. Sujeitos e objetos do crime: a) *sujeito ativo* é a pessoa que pratica a conduta descrita pelo tipo penal. Objeto de debate acirrado na doutrina sempre foi a possibilidade de ser a *pessoa jurídica autora de uma infração penal,* o que muitos negam sistematicamente, por razões variadas. Entretanto, atualmente, a discussão cinge-se ao universo dos crimes ambientais, onde há expressa previsão para essa responsabilização (art. 3.º, Lei 9.605/98), distante, pois, do cenário militar; b) *sujeito passivo* é o titular do bem jurídico protegido pelo tipo penal incriminador, que foi violado. Divide-se em: b.1) *sujeito passivo formal* (ou constante): é o titular do interesse jurídico de punir, que surge com a prática da infração penal. É sempre o Estado; b.2) *sujeito passivo material* (ou eventual): é o titular do bem jurídico diretamente lesado pela conduta do agente. Podem repetir-se na mesma pessoa o sujeito passivo formal e o material. Inexistem as seguintes possibilidades: animais, coisas e mortos como sujeitos passivos; confusão, na mesma pessoa, do sujeito ativo e passivo, levando-se em consideração uma única conduta. Assim, não há caso em que, por meio de determinada conduta, o agente possa ferir-se exclusivamente, provocando a ocorrência de um crime. Para isso, seria necessário punir a autolesão, o que não ocorre no Brasil. Entretanto, é possível haver, no mesmo crime, uma pessoa que seja tanto sujeito ativo quanto passivo, como ocorre na rixa (art. 209, § 5.º, CPM). A situação viabiliza-se porque o delito é constituído de condutas variadas, cada qual tendo por destinatário outra pessoa. Não se deve confundir, ainda, o que foi afirmado – inexistência de delito punindo a autolesão – com situações similares, contendo certamente agressões que o agente faz contra si mesmo, mas cujo bem jurídico protegido é de pessoa diversa. É o que ocorre, por exemplo, no caso do crime de criação de incapacidade física (art. 184, CPM). O agente pode lesar o próprio corpo ou a saúde, com a finalidade de se subtrair do serviço militar, de modo que o sujeito passivo é o Estado. *Objeto do crime* é o bem ou interesse jurídico que sofre as consequências da conduta criminosa. Pode ser: a) *objeto material*: é o bem jurídico, de natureza corpórea ou incorpórea, sobre o qual recai a conduta criminosa. Como explica Frederico Marques, "*bem* é vocábulo que designa tudo quanto é apto a satisfazer uma necessidade humana. Ele pode consistir em um objeto do mundo exterior, ou em uma qualidade do sujeito. Pode ainda ter natureza incorpórea, pelo que, ao lado dos bens materiais, existem os bens imateriais ou ideais, que têm particular importância para o Direito Penal" (*Tratado de direito penal*, v. II, p. 39). Por isso, sustentamos que todo delito possui objeto material, mesmo que se trate de bem incorpóreo, como a reputação da pessoa, no crime contra a honra; b) *objeto jurídico*: é o interesse protegido pela norma penal, como a segurança externa do país, a autoridade ou disciplina militar, a vida, o patrimônio, entre outros.

86. Classificação dos crimes: a) *crimes comuns e próprios*: são considerados *comuns* os delitos que podem ser cometidos por qualquer pessoa; no caso dos crimes militares impróprios, como o homicídio (art. 205, CPM), a regra é serem delitos *comuns*, pois podem ser cometidos tanto pelo militar quanto pelo civil, logo, qualquer um; inserir-se o crime no cenário do CPM advém de circunstâncias ligadas ao local da infração, à qualidade do sujeito passivo ou outros fatores; são *próprios* os crimes que exigem sujeito ativo especial ou qualificado, isto é, somente podem ser praticados por determinadas pessoas. É exatamente o caso da maior parte dos crimes militares, que exigem a qualidade de *militar* (da ativa, da reserva ou reformado, dependendo do caso) para figurar como agente. Exemplo: desrespeito a superior (art. 160, CPM). No contexto dos crimes próprios encontram-se, ainda, os crimes *de mão própria*, que exigem sujeito ativo qualificado, devendo este cometer direta e pessoalmente a conduta típica. Assim, neste último caso, não admitem coautoria, mas somente participação. É o caso da deserção (art. 187, CPM): somente o militar pode ausentar-se da unidade em que serve, não podendo valer-se de interposta pessoa para tanto; b) *crimes instantâneos e permanentes*: os delitos instantâneos são aqueles cuja consumação se dá com uma única conduta, não produzindo um resultado prolongado no tempo. Assim, ainda que a ação possa ser arrastada no tempo, o resultado é instantâneo (ex.: homicídio, art. 205, CPM). Os delitos permanentes são os que se consumam com uma única conduta, embora a situação antijurídica gerada se prolongue no tempo até quando queira o agente. Exemplo disso é o sequestro ou cárcere privado (art. 225, CPM). Com a ação de tirar a liberdade da vítima, o delito está consumado, embora, enquanto esteja esta em cativeiro, por vontade do agente, continue o delito em franca realização; c) *crimes comissivos, omissivos, comissivos por omissão e omissivos por comissão*: os delitos comissivos são os cometidos por intermédio de uma ação (ex.: genocídio, art. 208, CPM); os omissivos são praticados através de uma abstenção (ex.: omissão de lealdade militar, art. 151, CPM); os comissivos por omissão são os delitos de ação, excepcionalmente praticados por omissão, restrita aos casos de quem tem o dever de impedir o resultado (art. 29, § 2.º, do CPM); os omissivos por comissão são os cometidos, normalmente, através de uma abstenção, mas que podem ser, excepcionalmente, praticados pela ação de alguém (ex.: é o caso do agente que impede outrem, pelo emprego da força física, de levar ao conhecimento do superior o motim); d) *crimes de atividade e de resultado*: chamam-se delitos de atividade os que se contentam com a ação humana esgotando a descrição típica, havendo ou não resultado naturalístico. São chamados de formais ou de mera conduta. É o caso da aliciação para motim ou revolta (art. 154, CPM). Contenta-se o tipo penal em prever punição para o agente que incitar o militar para a prática de crime de motim, não se exigindo qualquer resultado naturalístico, consistente na prática efetiva da revolta. Embora controversa, há quem estabeleça diferença entre os crimes de atividade, vislumbrando situações diversas quanto aos formais e aos de mera conduta. Os formais seriam os crimes de atividade que comportariam a ocorrência de um resultado naturalístico, embora não exista essa exigência (reportamo-nos ao exemplo da aliciação). Os de mera conduta seriam os delitos de atividade que não comportariam a ocorrência de um resultado naturalístico, contentando-se unicamente em punir a conduta do agente (ex.: violação de correspondência, art. 227, CPM). Na categoria dos crimes de atividade, especificamente nos delitos formais, insere-se o crime *exaurido*, que é o delito que continua a produzir resultado danoso depois de estar consumado. Ilustrando, no delito formal de aliciação para motim: se o agente incitador, que consumou o crime somente por aliciar, ainda conseguir gerar a revolta, terá provocado o exaurimento do delito. Os crimes de resultado (materiais ou causais) são aqueles que somente se concretizam se atingirem um resultado naturalístico, isto é, uma efetiva modificação do mundo exterior. Nas palavras de Manoel Pedro Pimentel, delito material "é aquele em que a descrição feita no preceito primário da norma inclui, como elemento essencial do fato típico, a produção de um determinado resultado. É o crime de dano por excelência. O efeito lesivo deve se concretizar em uma exteriorização destacada da ação" (ob. cit., p. 76). Exemplo: organização de grupo para a prática de violência, art. 150, CPM; e) *crimes de dano e de perigo*: os delitos de dano são os que se consumam com a efetiva lesão a um bem jurídico tutelado. Trata-se da ocorrência de um prejuízo efetivo e perceptível pelos sentidos humanos. Os crimes de perigo são os que se contentam, para a consumação, com a mera probabilidade de haver um dano. Os delitos de perigo, como regra, são editados para evitar a prática dos crimes de dano. Logo, espera-se que tenham penas mais brandas que as infrações de dano, com as quais apresentem ligação. Afinal, a probabilidade de dano é menos lesiva do que o dano em si. Exemplo: maus-tratos (art. 213, CPM). Outro diferencial que merece anotação é em relação ao elemento subjetivo. O dolo de dano é a vontade de causar lesão a um bem jurídico tutelado. O dolo de perigo, no entanto, significa a vontade de vivenciar uma situação de risco intolerável e juridicamente vedada; f) *crimes unissubjetivos e plurissubjetivos*: são unissubjetivos os crimes que podem ser praticados por uma só pessoa (ex.: recusa de obediência, art. 163, CPM), enquanto denominam-se plurissubjetivos aqueles que somente podem ser cometidos por mais de uma pessoa (ex.: motim, art. 149, CPM). Os delitos plurissubjetivos são, ainda, conhecidos pelas seguintes denominações: crimes convergentes, delitos de encontro, crimes de concurso necessário, delitos coletivos, crimes multitudinários e crimes de autoria múltipla; g) *crimes progressivos e crimes complexos*: ambos fazem parte do fenômeno denominado continência, que se dá quando um tipo engloba outro. A continência pode ser: a) *explícita*, quando um tipo penal expressamente envolve outro, como ocorre no caso do crime complexo (ex.: o roubo envolve o furto, a ameaça e a ofensa à integridade física); b) *implícita*, quando um tipo penal tacitamente envolve outro, que é o crime progressivo. Para cometer um homicídio, necessariamente passa o agente pelo crime de lesão corporal, que no outro está contido. Há uma *divisão*, no contexto dos crimes complexos, em: a) *complexos em sentido estrito*, que é a autêntica forma de delito complexo, pois um tipo penal é formado pela junção de dois ou mais tipos, como no exemplo supracitado do roubo; b) *complexos em sentido amplo*, constituindo a forma anômala de delito complexo, pois o tipo penal engloba um outro tipo associado a uma conduta lícita qualquer. Como exemplo, pode-se mencionar o

Art. 29

estupro (art. 232, CPM), formado de um constrangimento ilegal (crime previsto no art. 222 do CPM) associado à relação sexual (por si só, conduta lícita). Parte da doutrina, no entanto, critica a denominação de *crime complexo em sentido amplo*. Alega-se que o verdadeiro crime complexo significa um tipo penal formado de outros *crimes* e não englobando apenas um. Entretanto, preferimos considerar existentes as duas formas de crime complexo. Sobre a natureza jurídica do crime complexo, ensina Nuria Castelló Nicás que não deixa de ser um concurso de delitos, pois, de acordo com sua configuração técnico-legislativa, em lugar de se castigarem separadamente as lesões a variados bens jurídicos, opta-se pela figura complexa, mais específica, estabelecendo uma valoração conjunta dos fatos concorrentes (*El concurso de normas penales*, p. 52); h) *progressão criminosa*: trata-se da evolução na vontade do agente, fazendo-o passar, embora num mesmo contexto, de um crime a outro, normalmente voltado contra o mesmo bem jurídico protegido. Denomina-se progressão criminosa propriamente dita ou progressão em sentido estrito, como ensina Frederico Marques (*Tratado de direito penal*, v. II, p. 474), a ocorrência de um crime progressivo cujos atos se apresentam, por exceção, desgarrados, temporariamente afastados. Quer o agente lesionar a vítima; após um período, delibera matá-la. Será punido unicamente pelo fato mais grave. Difere esta situação (progressão criminosa) do crime progressivo, em função do elemento subjetivo. Na progressão, a intenção inicial era a lesão, que evoluiu para o homicídio, enquanto no progressivo, o agente delibera matar, passando, por necessidade, pela lesão. O mesmo exemplo é utilizado por Antolisei, que denomina essa modalidade de progressão de *progressão criminosa em sentido estrito* (*Manuale di diritto penale – Parte generale*, p. 538); i) *crime habitual*: é aquele que somente se consuma através da prática reiterada e contínua de várias ações, traduzindo um estilo de vida indesejado pela lei penal. Logo, pune-se o conjunto de condutas habitualmente desenvolvidas, e não somente uma delas, que é atípica. Exemplo: desobediência a decisão sobre perda ou suspensão de atividade ou direito (art. 354, CPM); j) *crimes unissubsistentes e plurissubsistentes*: os delitos unissubsistentes são os que admitem a sua prática por meio de um único *ato*, enquanto os plurissubsistentes exigem vários atos, componentes de uma ação. Há figuras delitivas que admitem ambas as hipóteses. É exemplo de crime unissubsistente a injúria verbal. Não se admite tentativa nesse caso. Como exemplo de crime plurissubsistente pode-se mencionar o homicídio; l) *crimes de forma livre e de forma vinculada*: são delitos de forma livre os que podem ser praticados de qualquer modo pelo agente, não havendo, no tipo penal, qualquer vínculo com o método. Ex.: apropriação indébita, infanticídio, lesão corporal, entre outros. São delitos de forma vinculada aqueles que somente podem ser cometidos por meio de fórmulas expressamente previstas no tipo penal, como demonstra o caso do motim (art. 149, CPM); m) *crimes vagos* (multivitimários ou de vítimas difusas): são aqueles que não possuem sujeito passivo determinado, sendo este a coletividade, sem personalidade jurídica; n) *crimes remetidos*: são os tipos penais que fazem expressa remissão a outros. Ex.: motim, revolta ou conspiração (art. 368, CPM); o) *crimes condicionados*: são os que dependem do advento de uma condição qualquer, prevista no tipo (interna) ou não (externa), para se configurar. Ex.: provocação direta ou auxílio a suicídio (art. 207, CPM). Não admitem tentativa; p) *crimes de atentado (ou de empreendimento)*: são os delitos que preveem, no tipo penal, a forma tentada equiparada à modalidade consumada. Ex.: art. 180, CPM ("Evadir-se ou tentar evadir-se o preso ou internado, usando de violência contra a pessoa").

Relação de causalidade[87]

> **Art. 29.** O resultado[88] de que depende a existência do crime somente é imputável a quem lhe deu causa. Considera-se causa a ação[89] ou omissão sem a qual o resultado não teria ocorrido.[90]

Superveniência de causa independente[91]

> § 1.º A superveniência de causa relativamente independente[92] exclui a imputação quando, por si só, produziu o resultado. Os fatos anteriores imputam-se, entretanto, a quem os praticou.[93]

Relevância de omissão[94]

> § 2.º A omissão é relevante[95] como causa quando o omitente devia e podia[96] agir para evitar o resultado. O dever de agir incumbe a quem tenha por lei obrigação de cuidado, proteção ou vigilância;[97] a quem, de outra forma, assumiu a responsabilidade de impedir o resultado;[98] e a quem, com seu comportamento anterior, criou o risco de sua superveniência.[99]

87. Conceito de relação de causalidade: é o vínculo estabelecido entre a conduta do agente e o resultado por ele gerado, com relevância suficiente para formar o fato típico. Portanto, a relação de causalidade tem reflexos diretos na tipicidade.

88. Conceito de resultado: há dois critérios para analisar o *resultado*: a) *naturalístico*: é a modificação sensível do mundo exterior. O evento está situado no mundo físico, de modo que somente se pode falar em resultado quando existe alguma modificação passível de captação pelos sentidos. Exemplo: a morte de uma pessoa é um *resultado* naturalisticamente comprovável. Apoiam essa teoria do resultado: Antolisei, Grispigni, Florian, Bettiol, Petrocelli, Haus, Soler, Frederico Marques, Magalhães Noronha (cf. Manoel Pedro Pimentel, *Crimes de mera conduta*, p. 90); b) *jurídico ou normativo*: é a modificação gerada no mundo jurídico, seja na forma de dano efetivo ou na de dano potencial, ferindo interesse protegido pela norma penal. Sob esse ponto de vista, toda conduta que fere um interesse juridicamente protegido causa um resultado. Ex.: a invasão de um domicílio, embora possa nada causar sob o ponto de vista naturalístico, certamente provoca um resultado jurídico, que é ferir o direito à inviolabilidade de domicílio do dono da casa. Apoiam a teoria do resultado jurídico: Pannain, Delitala, Vannini, Pergola, Ranieri, Jiménez de Asúa, Nélson Hungria, Basileu Garcia e Aníbal Bruno (cf. Pimentel, ob. cit., p. 90). Prevalece, na doutrina pátria, no entanto, o conceito naturalístico de resultado. Justamente por isso, faz-se diferença entre crimes de atividade (formais e de mera conduta) e de resultado (materiais). Em verdade, a relação de causalidade somente tem real importância no cenário dos crimes materiais, isto é, aqueles que necessariamente relacionam a conduta a um resultado concreto, previsto no tipo. Não ocorrendo o resultado, não há consumação do crime. Os delitos de atividade (formais ou de mera conduta), que se configuram na mera realização da conduta, pouco importando se há ou não resultado naturalístico, pouco se valem da teoria do nexo causal.

89. Conceito de conduta e seus principais elementos: no prisma jurídico, o conceito de conduta adquire diferentes pontos de vista. Na visão *finalista*, que adotamos, conduta é a ação ou omissão, voluntária e consciente, implicando um comando de movimentação ou inércia do corpo humano, voltado a uma finalidade (tomando o conceito de conduta como gênero, do qual são espécies a ação e a omissão, ver ainda Zaffaroni e Pierangeli, *Manual de direito penal – Parte geral*, p. 413; Pierangeli, *Escritos jurídico-penais*, p. 441; Welzel, *Derecho penal alemán*, p. 238, este último dizendo que "ação e omissão de uma ação são duas subclasses independentes dentro da 'conduta' susceptível de ser regida pela vontade final"). Além da visão finalista, no entanto, há outras correntes conceituando conduta: a) *teoria causalista*: conduta é a ação ou omissão voluntária e consciente que determina movimentos corpóreos. Note-se que, para essa visão, não se inclui a finalidade na sua conceituação, pois é objeto de estudo no contexto da culpabilidade, em que se situa o elemento subjetivo do crime (dolo e culpa). Assim é a lição de Noronha: "A ação positiva é sempre constituída pelo movimento do corpo, quer por meio dos membros locomotores, quer por meio de músculos, como se dá com a palavra ou o olhar. Quanto à ação negativa ou omissão, ingressa no conceito de ação (*genus*), de que é espécie. É também um comportamento ou conduta e, consequentemente, manifestação externa, que, embora não se concretize na materialidade de um movimento corpóreo – antes é abstenção desse movimento –, por nós é percebida como *realidade*, como *sucedido ou realizado*" (*Direito penal*, v. 1, p. 98); b) *teoria social*: conduta é o comportamento voluntário e consciente socialmente relevante. Tem por finalidade servir de ponte entre o causalismo e o finalismo, pois, em verdade, prega que o mais importante para a consideração da conduta como penalmente relevante é o seu *significado ou relevo social*. Tendo em vista que se trata de conceito vago e abstrato o que vem a ser *socialmente importante*, sofreu inúmeras críticas, sem encontrar muitos adeptos no Brasil; c) *teoria funcional*: é a ação ou omissão voluntária e consciente capaz de evidenciar uma autêntica *manifestação da personalidade*, ou seja, explicitar a esfera anímico-espiritual do ser humano (cf. Roxin, *Derecho penal – Parte general*, t. I, p. 265). Ou ainda: é a ação voluntária e consciente capaz de evitar um resultado, desde que lhe seja juridicamente exigível que assim faça (Jakobs, citações de Luiz Regis Prado, *Curso de direito penal brasileiro*, v. 1, p. 255; Luís Greco, In: Roxin, *Funcionalismo e imputação objetiva no direito penal*, p. 125). Para a caracterização da conduta, sob qualquer dos prismas acima expostos, é indispensável a existência do binômio *vontade* e *consciência*. *Vontade* é o querer ativo, apto a levar o ser humano a praticar um ato, livremente. Portanto, *não há voluntariedade* nos seguintes atos: a) movimentos obtidos por *coação física irresistível* (ex.: *A* é empurrado violentamente por *B*, caindo em cima de *C*, que se lesiona. Não se pode dizer ter *A* praticado uma "ação", pois lhe faltou vontade); b) *movimentos reflexos*, que são as reações motoras, secretórias ou fisiológicas, produzidas pela excitação de órgãos do corpo humano (ex.: tosse, espirro etc.); c) movimentos resultantes da *hipnose*, que é um estado mental semelhante ao sono, provocado artificialmente por alguém, levando o hipnotizado a agir como se fosse um autômato, obedecendo ordens e comandos. É um "sonambulismo provocado". *Consciência*, a outra parte do binômio, é a possibilidade que o ser humano possui de separar o mundo que o cerca dos próprios atos, realizando um julgamento moral das suas atitudes. Significa ter noção clara da diferença existente entre realidade e ficção; d) na *narcolepsia*, outra doença que provoca acessos repentinos de sono, transportando o enfermo a um estado de irrealidade, permitindo-lhe, no entanto, continuar a ter movimentos e relações com o meio ambiente. É evidente que, se o sujeito for informado a respeito de seu problema sonambúlico, provocador de resultados danosos a terceiros (há sonâmbulos inofensivos), sem tomar providências para se tratar, poderá responder criminalmente pela lesão eventualmente causada, aplicando-se a teoria da *actio libera in causa* (ação livre na origem), que será mais bem analisada ao tratarmos da embriaguez, no contexto das excludentes de culpabilidade.

90. Teorias do nexo de causalidade: há, basicamente, *três posições* doutrinárias predominantes acerca do nexo causal: a) *teoria da equivalência das condições* (teoria da equivalência dos antecedentes ou teoria da condição simples ou generalizadora): qualquer das condições que compõem a totalidade dos antecedentes é causa do resultado, pois a sua inocorrência impediria a produção do evento. É a teoria adotada pelo Código Penal Militar (*conditio sine qua non*), sustentando que a "causa da causa também é causa do que foi causado" (*causa causae est causa causati*). Ex.: a fabricação da arma de fogo e a sua venda são consideradas *causas* do resultado *morte*, porque, sem elas, o tiro não teria sido disparado pelo agente; b) *teoria da* *causalidade adequada* (teoria das condições qualificadas): um determinado evento somente será produto da ação humana quando esta tiver sido apta e idônea a gerar o resultado. No exemplo supra, o fornecimento da arma, desde que em atividade lícita de comércio, jamais seria considerado *causa do crime*, pois não se trata de ação idônea à produção desse tipo de resultado, vale dizer, armas não são vendidas em lojas para gerar crimes de homicídio. O corte do nexo causal em ambas as teorias é feito de maneira diversa, embora se chegue ao mesmo resultado, ou seja, não haverá punição ao vendedor que, sem tomar parte ativa e consciente na atividade criminosa, entregou a arma ao comprador. Ambas sofrem críticas. Na primeira, adotada pelo Código, a venda é considerada causa do delito, mas o vendedor não é punido, uma vez que não agiu com dolo ou culpa. Realizou a venda sem ter noção da finalidade do uso da arma. Sofre a crítica de ser uma teoria *cega* – geradora de uma regressão ao infinito –, colocando no nexo causal condutas que, dentro da lógica, são despropositadas, como a venda lícita de uma arma (poder-se-ia considerar causa do crime de homicídio até mesmo o momento de fabricação da arma e assim por diante). Na segunda teoria, como já exposto, a ação do vendedor não é razoável, nem idônea, para produzir o resultado *morte*, até mesmo porque foi lícito o negócio. Sofre, no entanto, a crítica de vincular, em demasia, causalidade e culpabilidade, colocando o juiz numa posição especial de análise do nexo causal (o que foi e o que não foi idôneo). Sobre o tema, analisando as críticas e defendendo a teoria da causalidade adequada, ver Paulo José da Costa Júnior, *Nexo causal*, p. 90-91; c) *teoria da imputação objetiva*: imputa-se ao agente a prática de um resultado delituoso apenas quando o seu comportamento tiver criado, realmente, um risco não tolerado, nem permitido, ao bem jurídico. Por isso, a venda da arma, independentemente de qualquer outra análise, não pode ser considerada *causa* do resultado, uma vez que o vendedor não agiu de modo a produzir um risco não permitido e intolerável ao bem jurídico, já que a venda da arma foi feita de modo lícito e o comerciante não tem a obrigação de checar o uso das mercadorias vendidas por quem quer que seja.

91. Causas independentes e relativamente independentes: as causas independentes (aquelas que surgem e, por si mesmas, são aptas a produzir o resultado) cortam, naturalmente, o nexo causal. Ex.: um raio que atinja a vítima, matando-a, pouco antes de ela ser alvejada a tiros pelo agente, é suficiente para cortar o nexo de causalidade (é a chamada "causalidade antecipadora"). Por outro lado, existem causas *relativamente* independentes, que surgem de alguma forma ligadas às causas geradas pelo agente (por isso, são *relativamente* independentes), mas possuindo força suficiente para gerar o resultado por si mesmas. Exemplo tradicional da doutrina: se, por conta de um tiro, a vítima vai ao hospital e, lá estando internada, termina morrendo queimada num incêndio que toma conta do nosocômio, é preciso considerar que o fogo foi uma causa relativamente independente a produzir o resultado *morte*. É causa do evento porque não fosse o tiro dado e o ofendido não estaria no hospital, embora o incêndio seja algo imprevisível. Daí por que o legislador resolveu criar uma válvula de escape ao agente, a fim de não responder por algo imponderável.

92. Efeito da causa relativamente independente: ela tem força para cortar o nexo causal, fazendo com que o agente responda somente pelo que já praticou. No exemplo supramencionado do fogo no hospital, trata-se de evento imprevisível pelo agente, de modo que, mesmo tendo produzido o motivo que levou a vítima ao nosocômio (dando-lhe um tiro), não deve responder pelo resultado mais grave, fora do seu alcance e da sua previsibilidade. O incêndio não se encontra, nas palavras de De Marsico, na "linha evolutiva do perigo", razão por que serve para cortar o nexo. O agente do tiro responderá somente pelo já praticado antes do desastre ocorrido: tentativa de homicídio ou lesão corporal consumada, conforme a sua intenção.

Art. 29

93. Conceito de concausa e sua extensão no nexo causal: concausa é a confluência de uma causa exterior à vontade do agente na produção de um mesmo resultado, estando lado a lado com a ação principal. Nas palavras de Enrique Esbec Rodríguez, concausa é fator estranho ao comportamento do agente, que se insere no processo dinâmico, de modo que o resultado é diferente do que seria esperado em face do referido comportamento (*Psicología forense y tratamiento jurídico-legal de la discapacidad*, p. 164). Exemplificando: o incêndio produzido no hospital não deixa de ser uma concausa, pois, juntamente com a ação do atirador, que levou a vítima à internação, causaram os ferimentos geradores da morte. A lei penal cuidou somente da ocorrência da concausa superveniente relativamente independente. Nada falou sobre as concausas preexistentes (também denominadas de "estado anterior") e concomitantes à ação do agente, levando a crer que há punição, sem qualquer corte do nexo causal. Assim, se a vítima é hemofílica (outro exemplo tradicional de concausa preexistente) e sofre um tiro, que produz hemorragia incontrolável, causando-lhe a morte, o agente do disparo responde por homicídio consumado. Na jurisprudência: STM: "1. Militar que, por imprudência e negligência, deixa de observar os procedimentos atinentes à segurança de armamento quando de sua entrega e efetua disparo acidental que, por ricochete do projétil, atinge colega de farda, comete o crime de lesão corporal culposa previsto no art. 210 do CPM. 2. Nos termos do § 1º do art. 29 do CPM, a superveniência de causa relativamente independente somente exclui a imputação quando, por si só, tenha produzido o resultado. Não há que falar em concausa superveniente relativamente independente quando a conduta do Acusado tenha sido determinante para a ocorrência do resultado lesivo. 3. A previsibilidade do crime culposo se manifesta no risco que representa à integridade física o manuseio de armamento sem a observância dos procedimentos de segurança adequados. 4. O Laudo pericial contido nos autos afasta quaisquer dúvidas atinentes à eventual falha nos mecanismos de disparo do armamento. 5. A alegação de ausência de caixa de areia para a realização dos procedimentos de desmuniciamento de arma de fogo não tem o condão de afastar a culpa, sendo exigível do militar conduta preventiva a fim de evitar o evento danoso. 6. Não merece acolhimento a alegação de ignorância acerca do carregamento quando o responsável pela alimentação do armamento é o próprio Acusado. 7. Apelo provido parcialmente. Unanimidade" (Ap. 0000042-51.2014.7.03.0303, rel. Carlos Augusto de Sousa, j. 19.10.2016).

94. Crimes omissivos próprios e omissivos impróprios (comissivos por omissão): são delitos omissivos próprios aqueles cuja conduta envolve um *não fazer* típico, que pode – ou não – dar causa a um resultado naturalístico. Na lição de João Bernardino Gonzaga, "o sujeito se abstém de praticar um movimento tendente a obter determinado efeito útil ou deixa de impedir a atuação de forças modificadoras da realidade, possibilitando o surgimento do mal" (*Crimes comissivos por omissão*, p. 250). Exemplo: deixar o comandante de socorrer, sem justa causa, navio de guerra ou mercante, nacional ou estrangeiro, ou aeronave, em perigo, ou náufragos que hajam pedido socorro (art. 201, CPM). São crimes omissivos impróprios os que envolvem um *não fazer*, implicando a falta do dever legal de agir, contribuindo, pois, para causar o resultado. Não têm tipos específicos, gerando uma tipicidade por extensão. Para que alguém responda por um delito omissivo impróprio é preciso que tenha o dever de agir, imposto por lei, deixando de atuar, dolosa ou culposamente, auxiliando na produção do resultado. Exemplo: um policial acompanha a prática de um roubo, deixando de interferir na atividade criminosa, propositadamente, porque a vítima é seu inimigo. Responderá por roubo, na modalidade comissiva por omissão.

95. Significado do termo *relevante*: a omissão que não é típica, vale dizer, quando o *não fazer* deixa de constar expressamente num tipo penal, somente se torna *relevante* para o direito penal caso o agente tenha o *dever de agir*. Do contrário, não se lhe pode exigir qualquer conduta. Ex.: qualquer do povo que acompanhe a ocorrência de um crime *pode* agir para impedir o resultado, mas não é *obrigado*. Daí por que, mesmo que aja dolosamente, não pode ser punido, pois não tinha o dever jurídico de impedir o resultado. A situação é diferente se a pessoa que acompanha o delito sem propositadamente agir é o vigilante contratado para zelar pela coisa subtraída: responderá pelo crime.

96. Alcance da expressão *podia agir*: significa estar o agente fisicamente impossibilitado de atuar, não respondendo pelo delito, ainda que tivesse o dever de agir. Assim, se o policial presencia um crime, mas não tem tempo de impedir o resultado porque sofre um desmaio, não será responsabilizado pelo evento. Por outro lado, é possível ocorrer causa impeditiva decorrente de lei, contrato, medida judicial ou outra situação fática, afastando o garante de seu natural posto. Por essa razão, inexiste, igualmente, possibilidade de atuação.

97. Dever de agir imposto por lei: a legislação impõe o dever de cuidar, proteger e vigiar, tal como faz com os pais em relação aos filhos, com os tutores em relação aos tutelados, com os curadores em relação aos curatelados e até mesmo com o administrador de um presídio em relação aos presos. Assim, se um detento está gravemente enfermo e o administrador da cadeia, dolosa ou culposamente, deixa de lhe conferir tratamento adequado, pode responder por homicídio. Convém mencionar a explicação de Luiz Luisi: "Neste dispositivo o nosso legislador se referiu não apenas à lei, mas especificou os deveres de cuidado, proteção e de vigilância, e adotando essa redação não se limitou à chamada teoria formal, mas acolheu a teoria das fontes. Trata-se de deveres que são impostos pela ordem jurídica *lato sensu*. Não são apenas obrigações decorrentes de lei em sentido estrito, mas de qualquer disposição que tenha eficácia de forma a poder constituir um vínculo jurídico. É o caso dos decretos, dos regulamentos, das portarias, e mesmo das sentenças judiciais e provimentos judiciários em geral, e até de ordem legítima de autoridade hierarquicamente superior. Podem tais deveres, outrossim, derivar de norma penal, como de norma extrapenal, tanto de direito público como de direito privado" (*Os princípios constitucionais penais*, p. 108). Na jurisprudência: STM: "1. Não há qualquer referência, seja na denúncia, seja nos depoimentos carreados aos autos, de participação dos recorridos nos atos preparatórios ou de execução do crime em questão, ou qualquer indício de conluio com os autores do roubo. 2. Não é razoável uma interpretação ampla da norma penal, de modo a colocar qualquer pessoa na condição de garante. A norma penal não permite tal amplitude, e a interpretação restritiva, taxativa e estritamente legal é única possível no direito penal. 3. O § 2.º do art. 29 do Código Penal Militar, diz respeito apenas à causalidade do crime, que, depois de demonstrada, deve-se perquirir se os indiciados teriam agido com dolo ou culpa. 4. Não há prova ou indícios mínimos nos autos de que os indiciados teriam se omitido com dolo para o crime de roubo, ou com finalidade de que os bens fossem subtraídos. 5. O processamento penal dos indiciados, baseado única e exclusivamente na causalidade legal, seria, na prática, uma imputação objetiva. 6. Ausência dos elementos mínimos exigidos pela legislação processual penal militar, não havendo justa causa para o início da persecução penal. 7. Recurso desprovido" (Recurso em Sentido Estrito n.º 0000073-14.2016.7.10.0010, rel. Lúcio Mário de Barros Góes, 29.11.2016, v.u.).

98. Dever de agir de quem assumiu a responsabilidade de evitar o resultado: é o dever decorrente de negócios jurídicos ou de relações concretas da vida. No primeiro caso, o vigia contratado para tomar conta das casas de um determinado condomínio não pode ficar inerte ao acompanhar a ocorrência de um furto. Se agir dolosamente, responderá pelo crime contra o patrimônio tal como os agentes da subtração. No segundo, se alguém assume a posição de *garante* (ou garantidor) da segurança alheia, fica obrigado a interferir caso essa segurança fique comprometida. No tradicional exemplo da doutrina do exímio nadador que convida o amigo para uma travessia, prometendo-lhe ajuda, em caso de emergência, fica obrigado a intervir se o inexperiente nadador começar a se afogar.

Art. 30

Código Penal Militar Comentado • Nucci

99. Dever de agir por ter gerado o risco: é o dever surgido de ação precedente do agente, que deu causa ao aparecimento do risco. Exemplo: alguém joga outro na piscina, por ocasião de um trote acadêmico, sabendo que a vítima não sabe nadar. Fica obrigado a intervir, impedindo o resultado trágico, sob pena de responder por homicídio.

> **Art. 30.** Diz-se o crime:

Crime consumado[100]

> I – consumado, quando nele se reúnem todos os elementos de sua definição legal;[101-103]

Tentativa[104-105]

> II – tentado, quando, iniciada a execução, não se consuma por circunstâncias alheias à vontade do agente.[106-109]

Pena de tentativa

> **Parágrafo único.** Pune-se a tentativa com a pena correspondente ao crime, diminuída de 1 (um) a 2/3 (dois terços),[110] podendo o juiz, no caso de excepcional gravidade, aplicar a pena do crime consumado.[111-113]

100. Conceito de crime consumado: é o tipo penal integralmente realizado, ou seja, quando o fato concreto se enquadra no tipo abstrato, com perfeição.

101. Conceito de tipo penal e sua estrutura: *tipo* é a descrição abstrata de uma conduta, tratando-se de uma conceituação puramente funcional, que permite concretizar o princípio da reserva legal (não há crime sem lei anterior que o defina). A existência dos tipos penais incriminadores (modelos de condutas vedadas pelo direito penal, sob ameaça de pena) tem a função de *delimitar* o penalmente ilícito e o penalmente irrelevante; tem, ainda, o objetivo de dar *garantia* aos destinatários da norma, pois ninguém será punido senão pelo que o legislador considerou delito, bem como tem a finalidade de conferir *fundamento* à ilicitude penal. Note-se que o tipo não *cria* a conduta, mas apenas a valora, transformando-a em *crime*. O tipo penal vem estruturado da seguinte forma: a) *título ou "nomen juris"*: é a rubrica dada pelo legislador ao delito (ao lado do tipo penal incriminador, o legislador confere à conduta e ao evento produzido um *nome*, como *genocídio* é a rubrica do modelo de comportamento "matar membros de um grupo nacional, étnico, religioso ou pertencente a determinada raça, com o fim de destruição total ou parcial desse grupo"); b) *preceito primário*: é a descrição da conduta proibida, quando se refere ao tipo incriminador. Ilustrando, o preceito primário do tipo incriminador do art. 208 do Código Penal Militar é "matar membros de um grupo nacional, étnico, religioso ou pertencente a determinada raça, com o fim de destruição total ou parcial desse grupo"; c) *preceito secundário*: é a parte sancionadora, que ocorre somente nos tipos incriminadores, estabelecendo a pena. Ex.: no crime de genocídio, o preceito secundário é "reclusão, de 15 (quinze) a 30 (trinta) anos".

102. Elementos do tipo penal incriminador: o tipo incriminador forma-se com os seguintes elementos: 1.º) *objetivos*: são todos aqueles que não dizem respeito à vontade do agente, embora por ela devam estar envolvidos. Subdividem-se em: a.1) *descritivos*: são os componentes do tipo passíveis de reconhecimento por juízos de realidade, isto é, captáveis pela verificação sensorial (sentidos humanos). Assim, quando se estuda o tipo penal do homicídio, verifica-se que é composto integralmente por elementos descritivos. *Matar alguém* não exige nenhum tipo de valoração ou interpretação, mas apenas constatação. *Matar* é eliminar a vida; *alguém* é pessoa humana; a.2) *normativos*: são os componentes do tipo desvendáveis por juízos de valoração, ou seja, captáveis pela verificação espiritual (sentimentos e opiniões). São os elementos mais difíceis de alcançar qualquer tipo de consenso, embora sua existência tenha justamente essa finalidade. Quando se discute, no crime de ato obsceno (art. 238, do CPM), o conceito de *obscenidade*, sabe-se que este último termo não tem outra análise senão valorativa. A *obscenidade* encontra variadas formas de visualização, motivadas por opiniões e por condições de lugar e tempo. Enfim, o elemento normativo produz um juízo de valor distante da mera descrição de algo. Há os juízos de valoração cultural (como a referida *obscenidade* no delito de *ato obsceno*) e os juízos de valoração jurídica (como o conceito de *militar*, em várias figuras típicas); 2.º) *subjetivos*: são todos os elementos relacionados à vontade e à intenção do agente. Denominam-se *elementos subjetivos do tipo específicos*, uma vez que há tipos que os possuem e outros que deles não necessitam. Determinadas figuras típicas, como o homicídio ("matar alguém"), prescindem de qualquer finalidade especial para se concretizarem. Logo, no exemplo citado, pouco importa a razão pela qual A mata B e o tipo penal pode integralizar-se por completo. Entretanto, há tipos penais que demandam, expressamente, finalidades específicas por parte do agente; do contrário, não se realizam. Só se pode falar em prevaricação (art. 319, do CPM) caso o militar deixe de praticar ou retarde o ato de ofício *para satisfazer interesse ou sentimento pessoal*. Aí está o elemento subjetivo do tipo específico da prevaricação. Se não estiver presente, pode-se falar de mera falta funcional. Pode ocorrer, ainda, a existência de elemento subjetivo específico implícito, vale dizer, que não consta expressamente no tipo penal, mas deduz-se sua presença oculta. É o que se dá no contexto dos crimes contra a honra. Quando o tipo penal possui finalidade específica expressa, chama-se *delito de intenção* (ou de resultado cortado); quando a finalidade específica é implícita, denomina-se *delito de tendência*.

103. Conceito de tipicidade: é a adequação do fato ao tipo penal, representando o fenômeno da confluência dos tipos concreto (fato do mundo real) e abstrato (fato do mundo abstrato). Há, ainda, a denominada *tipicidade por extensão*, que é a aplicação conjunta do tipo penal incriminador, previsto na Parte Especial do Código Penal Militar, com uma norma de extensão, prevista na Parte Geral, tendo por finalidade construir a tipicidade de determinado delito. É o que se dá com a tentativa. Não há, na Parte Especial, como regra, a descrição de crime tentado. Para a construção da tipicidade da tentativa é imprescindível a união entre o tipo incriminador e a norma prevista no art. 14, II, do Código Penal. Assim, a tentativa de homicídio tem a seguinte tipicidade: art. 205, *caput*, c/c art. 30, II, do CPM.

104. Conceito de crime tentado: é a realização incompleta da conduta típica, que não é punida como crime autônomo. Como diz Aníbal Bruno, é a tipicidade não concluída. O Código Penal não faz previsão, para cada delito, da figura da tentativa, embora a maioria comporte a figura tentada. Preferiu-se usar uma *fórmula de extensão*, ou seja, para caracterizar, por exemplo, a tentativa de homicídio, não se encontra previsão expressa no art. 205, da Parte Especial. Nesse caso, aplica-se a figura do crime consumado em associação com o disposto no art. 30, II, da Parte Geral. Portanto, o crime tentado de homicídio é a união do "matar alguém" com o início de execução, que não se consumou por circunstâncias alheias à vontade do agente. Pode-se ler: quem, pretendendo eliminar a vida de alguém e dando início à execução, não conseguiu atingir o resultado *morte*, praticou uma tentativa de homicídio.

Art. 30

105. Natureza jurídica da tentativa: trata-se de uma "ampliação da tipicidade proibida, em razão de uma fórmula geral ampliatória dos tipos dolosos, para abranger a parte da conduta imediatamente anterior à consumação" (cf. Eugenio Raúl Zaffaroni e José Henrique Pierangeli, *Da tentativa*, p. 27). De fato, tendo em vista que o legislador não criou "tipos tentados", mas permite a aplicação da tentativa à maioria dos delitos, é preciso utilizar o tipo do crime consumado, unindo-o, como já explicado em nota anterior, à previsão legal da tentativa (art. 30, II, CPM), conseguindo-se atingir e punir a parte anterior à consumação.

106. Conceito e divisão do *iter criminis*: trata-se do percurso para a realização do crime, que vai da cogitação à consumação. Divide-se em duas fases principais – interna e externa –, assim subdivididas: a) *fase interna*: ocorre na mente do agente, percorrendo, como regra, as seguintes etapas: a.1) *cogitação*: é o momento de ideação do delito, ou seja, quando o agente tem a ideia de praticar o crime; a.2) *deliberação*: trata-se do momento em que o agente pondera os prós e os contras da atividade criminosa idealizada; a.3) *resolução*: cuida do instante em que o agente decide, efetivamente, praticar o delito. Tendo em vista que a *fase interna* não é exteriorizada, logicamente não é punida, pois *cogitationis poenam nemo patitur* (ninguém pode ser punido por seus pensamentos), conforme já proclamava Ulpiano (Digesto, lib. XLVIII, título 19, lei 18); b) *fase externa*, que ocorre no momento em que o agente exterioriza, através de atos, seu objetivo criminoso, subdividindo-se em: b.1) *manifestação*: é o momento em que o agente proclama a quem queira e possa ouvir a sua resolução. Embora não possa ser punida esta fase como tentativa do crime almejado, é possível tornar-se figura típica autônoma, como acontece com a concretização do delito de ameaça (art. 223, CPM); b.2) *preparação*: é a fase de exteriorização da ideia do crime, através de atos que começam a materializar a perseguição ao alvo idealizado, configurando uma verdadeira ponte entre a fase interna e a execução. O agente ainda não ingressou nos atos executórios, daí por que não é punida a preparação no direito brasileiro. Exemplo de Hungria, em relação aos atos preparatórios, não puníveis: "Tício, tendo recebido uma bofetada de Caio, corre a um armeiro, adquire um revólver, carrega-o com seis balas e volta, ato seguido, à procura do seu adversário, que, entretanto, por cautela ou casualmente, já não se acha no local da contenda; Tício, porém, não desistindo de encontrar Caio, vai postar-se, dissimulado, atrás de uma moita, junto ao caminho onde ele habitualmente passa, rumo de casa, e ali espera em vão pelo seu inimigo, que, desconfiado, tomou direção diversa. Não se pode conceber uma série de atos mais inequivocamente reveladores da intenção de matar, embora todos eles sejam meramente *preparatórios*" (*Comentários ao Código Penal*, v. I, t. II, p. 79). Excepcionalmente, diante da relevância da conduta, o legislador pode criar um tipo especial, prevendo punição para a preparação de certos delitos, embora, nesses casos, exista autonomia do crime consumado; b.3) *execução*: é a fase de realização da conduta designada pelo núcleo da figura típica, constituída, como regra, de atos idôneos e unívocos para chegar ao resultado, mas também daqueles que representarem atos imediatamente anteriores a estes, desde que se tenha certeza do plano concreto do autor. Exemplo: comprar um revólver para matar a vítima é apenas a preparação do crime de homicídio, embora dar tiros na direção do ofendido signifique atos idôneos para chegar ao núcleo da figura típica "matar"; b.4) *consumação*: é o momento de conclusão do delito, reunindo todos os elementos do tipo penal.

107. Passagem da preparação para a execução: há, basicamente, *duas teorias* acerca do assunto: a) *subjetiva*: não existe tal passagem, pois o importante é a vontade criminosa, que está presente, de maneira nítida, tanto na preparação quanto na execução do crime. Ambas trazem punição ao agente; b) *objetiva*: o início da execução é, invariavelmente, constituído de atos que principiem a concretização do tipo penal. Trata-se da teoria adotada pelo Código

Penal Militar. Há maior segurança para o agente, de que não será punido simplesmente pelo seu "querer", salvo quando exteriorizado por atos que sejam próprios e adequados a provocar o evento típico, causando um perigo real ao bem jurídico protegido pela norma penal. Ainda assim, dentro da teoria objetiva, a doutrina se divide em várias correntes, embora haja o predomínio das seguintes: a) *teoria objetivo-formal*: ato executório é aquele que "constitui uma parte real do fato incriminado pela lei" (Von Liszt, Birkmeyer), ou, nas palavras de Beling, atos executórios são os que fazem parte do núcleo do tipo (verbo) (cf. Hungria, *Comentários ao Código Penal*, v. I, t. II, p. 83-84). Ainda no contexto da teoria objetivo-formal, pode-se destacar a *teoria da hostilidade ao bem jurídico*, sustentando ser ato executório aquele que *ataca* o bem jurídico, retirando-o do "estado de paz". É a teoria adotada por Mayer e seguida por Hungria (*Comentários ao Código Penal*, v. I, t. II, p. 84). É a teoria que sustenta serem atos executórios apenas os idôneos e unívocos para atingir o resultado típico. Em seu apoio, além de Hungria, estão Frederico Marques (*Tratado de direito penal*, v. II, p. 373-374) e Paulo José da Costa Junior (*Comentários ao Código Penal*, 7. ed., p. 50); b) *teoria objetivo-material*, afirmando que atos executórios não são apenas os que realizam o núcleo do tipo ou atacam o bem jurídico, mas também aqueles imediatamente anteriores ao início da ação típica, valendo-se o juiz do critério do terceiro observador, para ter certeza da punição (cf. exposição de Zaffaroni e Pierangeli, *Da tentativa*, p. 56). É a teoria adotada pelo Código Penal português: art. 22.2 "São atos de execução: a) os que preencherem um elemento constitutivo de um tipo de crime; b) os que forem idôneos a produzir o resultado típico; ou c) *os que, segundo a experiência comum e salvo circunstâncias imprevisíveis, forem de natureza a fazer esperar que se lhes sigam atos das espécies indicadas nas alíneas anteriores*" (grifo nosso); c) *teoria objetivo-individual*, defendendo que os atos executórios não são apenas os que dão início à ação típica, atacando o bem jurídico, mas também os praticados imediatamente antes, desde que se tenha prova do plano concreto do autor (Zaffaroni e Pierangeli, ob. cit., p. 56). Logo, a diferença entre esta última teoria e a objetivo-material é que não se necessita do terceiro observador; ao contrário, deve-se buscar prova do plano concreto do agente, sem avaliação exterior. A primeira teoria – objetivo-formal, abrangendo a da hostilidade ao bem jurídico – predominava no Brasil, por ser, em tese, mais segura na averiguação da tentativa. Entretanto, as duas últimas vêm crescendo na prática dos tribunais, especialmente porque, com o aumento da criminalidade, têm servido melhor à análise dos casos concretos, garantindo punição a quem está em vias de atacar o bem jurídico, sendo desnecessário aguardar que tal se realize, desde que se tenha prova efetiva disso. Exemplo sob a ótica das teorias: se alguém saca seu revólver, faz pontaria, pretendendo apertar o gatilho para matar outrem, somente seria ato executório o momento em que o primeiro tiro fosse disparado (sob o critério das teorias objetivo-formal e da hostilidade ao bem jurídico), tendo em vista que unicamente o disparo poderia *atacar* o bem jurídico (vida), retirando-o do seu *estado de paz*, ainda que errasse o alvo. Para as duas últimas teorias (objetivo-material e objetivo-individual), poderia ser o agente detido no momento em que apontasse a arma, com nítida intenção de matar, antes de apertar o gatilho, pois seria o momento imediatamente anterior ao disparo, que poderia ser fatal, consumando o delito. Não se trata de punir a mera *intenção* do agente, pois esta estaria consubstanciada em atos claros e evidentes de seu propósito, consistindo o instante de *apontar a arma* um autêntico momento executório, pois coloca em risco o bem jurídico (vida). Parece-nos a teoria objetivo-individual a mais acertada. Ademais, a teoria objetivo-formal é extremamente restritiva, pretendendo punir somente atos idôneos e unívocos para atingir o resultado, desprezando os imediatamente anteriores, igualmente perigosos ao bem jurídico, o que, de certo modo, significa aguardar em demasia o percurso criminoso do agente. De todo o exposto, no entanto, deve-se ressaltar que qualquer teoria, à luz do caso concreto, pode ganhar contornos diferenciados, pois tudo depende das provas produzidas nos autos do inquérito (antes do oferecimento da denúncia ou queixa, voltando-se à formação da

Art. 30

Código Penal Militar Comentado • Nucci

convicção do órgão acusatório) ou do processo (antes da sentença, tendo por fim a formação da convicção do julgador). Por isso, encontrar, precisamente, a passagem da preparação para a execução não é tarefa fácil, somente sendo passível de solução à vista da situação real.

108. Distinção entre tentativa perfeita e tentativa imperfeita: a) *perfeita* (acabada, frustrada ou crime falho) é a hipótese que se configura quando o agente faz tudo o que pode para chegar à consumação do crime, mas não sobrevém o resultado típico. Exemplo: o agente desfere inúmeros tiros certeiros na vítima e, acreditando que morreu, afasta-se do local. Ocorre que, socorrido por terceiros, o ofendido se salva. Trata-se de tentativa merecedora de menor diminuição da pena; b) *imperfeita* (inacabada) é a situação gerada quando o agente, não conseguindo praticar tudo o que almejava para alcançar a consumação, é interrompido, de maneira inequívoca e indesejada, por causas estranhas à sua vontade. Exemplo: pretendendo dar fim à vida da vítima a tiros, começa a descarregar sua arma, quando, antes de findar os atos executórios, pois crente que o ofendido ainda está vivo, é barrado pela ação de terceiros. Pode merecer diminuição maior da sua pena, pois a fase executória do *iter criminis*, nesse caso, pode ter apenas começado.

109. Tentativa e dolo eventual: é perfeitamente admissível a coexistência da tentativa com o dolo eventual, embora seja de difícil comprovação no caso concreto. É a precisa lição de Nélson Hungria: "Se o agente *aquiesce* no advento do resultado específico do crime, previsto como possível, é claro que este entra na órbita de sua volição: logo, se, por circunstâncias fortuitas, tal resultado não ocorre, é inegável que o agente deve responder por tentativa". E arremata, quanto à dificuldade probatória: "A dificuldade de prova não pode influir na conceituação da tentativa" (*Comentários ao Código Penal*, v. I, t. II, p. 90).

110. Critério para a diminuição: concentra-se, exclusivamente, na análise do *iter criminis*. Quanto mais o agente se aproximar da consumação, menor deve ser a diminuição; quanto mais distante da consumação, maior a diminuição, dentro do prudente critério do juiz.

111. Fundamentos de punição da tentativa: são basicamente quatro teorias: a) *subjetiva* (voluntarística ou monista): leva em consideração, para justificar a punição da tentativa, fundamentalmente, a vontade criminosa, desde que nítida, podendo ela estar presente e identificada tanto na preparação quanto na execução. Leva-se em conta apenas o *desvalor da ação*, não importando, para a punição, o *desvalor do resultado*. Nesse caso, inicia-se a possibilidade de punir a partir do momento em que o agente ingressa na fase da preparação. Como o objetivo é punir aquele que manifesta vontade contrária ao direito, nem sempre deve o juiz atenuar a pena; b) *objetiva* (realística ou dualista): a finalidade da punição da tentativa volta-se ao perigo efetivo que o bem jurídico corre, o que somente se configura quando os atos executórios, de caráter unívoco, têm início, com idoneidade, para atingi-lo. É a teoria adotada pelo art. 14, II, do CP. Leva-se em consideração tanto o *desvalor da ação* quanto o *desvalor do resultado*. A redução da pena torna-se, então, obrigatória, uma vez que somente se poderia aplicar a pena igual à que seria cabível ao delito consumado se o bem jurídico se perdesse por completo – o que não ocorre na figura da tentativa; c) *subjetivo-objetiva* (teoria da impressão): o fundamento da punição é representado pela junção da avaliação da vontade criminosa com um princípio de risco ao bem jurídico protegido. Nas palavras de Roxin, "a tentativa é punível, quando e na medida em que é apropriada para produzir na generalidade das pessoas uma impressão juridicamente 'abaladora'; ela põe, então, em perigo a paz jurídica e necessita, por isso, de uma sanção correspondente a esta medida" (Resolução do fato e começo da execução na tentativa, *Problemas fundamentais de direito penal*, p. 296). Como se leva em consideração a vontade criminosa e o abalo que a sua manifestação pode causar à sociedade, é faculdade do juiz reduzir a pena. Esta é a tese esposada pelo art. 30, parágrafo único, do CPM; d) *teoria sintomática*: preconizada pela Escola Positiva, entende que o fundamento de punição da tentativa concentra-se na análise da periculosidade do agente. Poder-se-ia punir os atos preparatórios, não se necessitando reduzir a pena, de caráter eminentemente preventivo.

112. Faculdade de diminuição da pena: a teoria objetivo-subjetiva possibilita que, mesmo não tendo o agente atingido o resultado pretendido, possa ser aplicada a pena na integralidade. Em nosso entendimento, é a tese ideal. Por vezes, o autor realiza tudo o que pode para chegar à consumação, prejudicando sobremaneira o bem jurídico, mas logra obter uma redução na pena. Parece-nos injusta essa diminuição, motivo pelo qual o disposto pelo CPM é adequado. A *excepcional gravidade* do delito permite a aplicação da pena do crime consumado, não significando a padronização desse procedimento. Ilustrando, na tentativa de homicídio, o agente desfere vários tiros na vítima, deixando-a inválida, quase atingindo o resultado; pode o julgador aplicar a pena do homicídio consumado.

113. Infrações penais que não admitem a tentativa: a) *delitos culposos*, pois o resultado é sempre involuntário. Há quem a admita no caso de culpa imprópria (decorrente do erro – art. 36, § 1.º, CPM). Hungria menciona o seguinte exemplo: "Supondo que o 'vigilante noturno' é um ladrão que me invade o quintal de casa, tomo de um revólver e, sem maior indagação, inconsideravelmente, faço repetidos disparos contra o policial, que, entretanto, escapa ileso ou fica apenas ferido. É inquestionável, em face do Código, que se apresenta uma *tentativa de homicídio culposo*" (*Comentários ao Código Penal*, v. I, t. II, p. 86); Frederico Marques (*Tratado de direito penal*, v. II, p. 376 e 383); Noronha (*Direito penal*, v. 1, p. 129). Pensamos, no entanto, que tal solução não é a ideal. Se, no contexto do erro, prefere a lei a configuração do tipo culposo – e, neste, não há resultado desejado –, torna-se incompatível a figura da tentativa, devendo haver punição apenas pelo resultado efetivamente atingido. No exemplo de Hungria, o agente que ferir, por erro inescusável, o policial deve responder por lesão corporal culposa; b) *crimes preterdolosos* (havendo dolo na conduta antecedente e culpa na consequente, possuindo o mesmo bem jurídico protegido nas duas fases), pois se necessita do resultado mais grave para a constituição do tipo (ex.: lesão corporal seguida de morte); c) *crimes unissubsistentes*, pois são constituídos de ato único (ex.: ameaça verbal), não admitindo *iter criminis*; d) *crimes omissivos próprios*, pois o não fazer, descrito no tipo, também não admite fracionamento: ou o agente não faz a conduta devida, configurando o tipo, ou faz, constituindo conduta atípica; e) *delitos habituais próprios*, os que se configuram somente quando determinada conduta é reiterada, com habitualidade, pelo agente. Não pode admitir a figura tentada, uma vez que atos isolados são penalmente irrelevantes. Como defendemos: Noronha (*Direito penal*, v. 1, p. 128); Frederico Marques (*Tratado de direito penal*, v. II, p. 377). Em sentido contrário, admitindo a tentativa: Mario Petrone, *Reato abituale*, p. 67; f) *contravenções penais*, pois a Lei das Contravenções Penais diz ser não punível a tentativa (art. 4.º); g) *delitos condicionados*, pois submetidos, para a sua concretização, à superveniência de uma condição. Exemplo: o crime de provocação direta ou auxílio a suicídio (art. 207, CPM) somente se configura se houver lesão grave ou morte da vítima, de modo que não há possibilidade de haver tentativa; h) *crimes de atentado* (delitos de empreendimento), cuja tentativa é punida com pena autônoma ou igual à do crime consumado (vide exemplo já mencionado do art. 180 do Código Penal Militar: "Evadir-se ou tentar evadir-se..."); i) *crimes permanentes na forma omissiva*, pois não há *iter criminis* possível de diferenciar a preparação da execução. Exemplo: quando um carcereiro recebe um alvará de soltura e decide não dar cumprimento, deixando preso o beneficiado, comete o delito de cárcere privado na modalidade omissiva, sem possibilidade de fracionamento; j) *crimes que punem somente os atos preparatórios*: quando o tipo penal é constituído de atos formadores da fase preparatória de outro delito, é natural que não admita tentativa, pois seria

Art. 31

Código Penal Militar Comentado • Nucci

ilógico punir a "tentativa de dar início à preparação de outro delito". Como já exposto, os atos preparatórios normalmente não são punidos, a menos que estejam expressamente previstos como tipos autônomos. E, quando isso ocorre, é a exceção idealizada pelo legislador, que, por sua vez, não admite tentativa, ou seja, deixa-se fora do contexto penal a "exceção da exceção"; l) *crimes cujo tipo penal é formado por condutas extremamente abrangentes*, impossibilitando, na prática, a existência de atos executórios dissociados da consumação. Exemplo disso é o crime de loteamento clandestino ou desautorizado: "Dar início, *de qualquer modo*, ou efetuar loteamento ou desmembramento do solo para fins urbanos sem autorização do órgão público competente" (art. 50, I, Lei 6.766/79, grifo nosso).

Desistência voluntária[114] e arrependimento eficaz[115]

> **Art. 31.** O agente que, voluntariamente,[116] desiste de prosseguir na execução ou impede que o resultado se produza, só responde pelos atos já praticados.[117-118]

114. Conceito de desistência voluntária: trata-se da desistência no prosseguimento dos atos executórios do crime, feita de modo voluntário, respondendo o agente somente pelo que já praticou. "O abandono é voluntário quando ocorre independentemente de impedimentos obrigatórios; é voluntário quando o autor diz a si mesmo: não quero mas posso; não voluntário, quando diz a si mesmo: não posso mas quero" (cf. Frank, citado por Welzel, *Derecho penal alemán*, p. 235). Na jurisprudência: STM: "Não há falar em desistência voluntária se o Apelante agiu com vontade livre e consciente para a prática do crime de tentativa de roubo, só não conseguindo seu intento por ter sido impedido pela pronta atuação da Sentinela. Conduta perfeitamente subsumida ao que preconiza o art. 242, § 2º, inciso IV, na sua forma tentada" (Ap. 0000269-09.2011.7.01.0301, rel. Marcus Vinicius Oliveira dos Santos, j. 19.02.2015).

115. Conceito de arrependimento eficaz: trata-se da desistência que ocorre entre o término dos atos executórios e a consumação. O agente, nesse caso, já fez tudo o que podia para atingir o resultado, mas resolve interferir para evitar a sua concretização. Exemplo: o autor ministra veneno a B; os atos executórios estão concluídos; se nada fizer para impedir o resultado, a vítima morrerá. Por isso, o autor deve agir, aplicando o antídoto para fazer cessar os efeitos do que ele mesmo causou. Na jurisprudência: STM: "Para a caracterização do arrependimento eficaz, a Lei Penal Militar exige que o agente impeça a produção do resultado, portanto, se consumado o delito, responde por todos os atos praticados" (Apelação n.º 7000141-43.2019.7.00.0000, rel. Marco Antônio de Farias, 18.09.2019, maioria).

116. Voluntariedade e espontaneidade: no contexto do direito penal, há diferença entre *voluntário* e *espontâneo*. Agir voluntariamente significa atuar *livremente*, sem qualquer coação. Agir *espontaneamente* quer dizer uma vontade *sincera*, fruto do mais íntimo desejo do agente. No caso da desistência e do arrependimento eficaz, exige-se apenas *voluntariedade*, mas não *espontaneidade*. Se o agente deixar de prosseguir na trajetória criminosa porque se *arrependeu* do que vinha fazendo, terá agido de modo voluntário e espontâneo, embora não seja necessário este último requisito para configurar a excludente.

117. Natureza jurídica da desistência voluntária e do arrependimento eficaz: há pelo menos três correntes debatendo o tema: a) *causa de exclusão da tipicidade* (Frederico Marques, Heleno Fragoso, Basileu Garcia): o tipo penal da tentativa é formado com a utilização do art. 30, II, do CPM, que prevê o início da execução e a não consumação por circunstâncias *alheias* à vontade do agente. Daí por que, se a desistência for voluntária, não há que se falar em causa *alheia* à vontade, afastando-se a tipicidade da conduta. O agente, segundo a regra do art. 31, responde somente pelo que já praticou. Exemplo: se estava tentando matar A e desiste, já tendo alvejado a vítima, responderá unicamente pelas lesões corporais causadas; b) *causa de exclusão da culpabilidade* (Welzel, Roxin): tendo em vista que o agente desistiu de prosseguir no crime idealizado, não deve mais sofrer juízo de reprovação social, resultando no afastamento da sua culpabilidade quanto ao delito principal, porém respondendo pelo que já concretizou; c) *causa pessoal de exclusão da punibilidade* (Zaffaroni, Pierangeli, Roberto Reynoso D'Avila, Aníbal Bruno, Paulo José da Costa Jr., Magalhães Noronha, Hungria): afasta-se, no caso, a punibilidade do agente, mas não a tipicidade ou a culpabilidade. Se o agente, exemplificando, estava atirando contra A para matá-lo, cada tiro que desferia e errava, por si só, configurava uma tentativa de homicídio, de modo que, ao cessar os atos executórios, afasta a possibilidade de ser punido, embora não se possa apagar uma tipicidade já existente. Trata-se de um *prêmio* pela desistência do agente. Não se pode suprimir retroativamente a tipicidade. Esta última corrente é, em nosso entender, a mais adequada. Aliás, a opção pela excludente pessoal de punibilidade produz reflexos concretos, como ocorre no contexto do concurso de pessoas. Imagine-se a hipótese de um homicídio encomendado. O mandante efetua o pagamento, embora, no momento da execução, o agente-executor desiste voluntariamente de prosseguir. Assim, não responderia este por tentativa de homicídio, mas somente pelo que já praticou, enquanto o mandante, que não desistiu de prosseguir, seria punido por tentativa de homicídio. Em idêntica visão: Welzel (*Derecho penal alemán*, p. 235).

118. Eficácia do arrependimento: exige a norma do art. 31 que o arrependimento do agente seja realmente *eficaz*, ou seja, capaz de impedir o resultado. Não se aplica o benefício previsto neste artigo caso o autor dos atos executórios, embora arrependido, não consiga evitar que o resultado se produza, por qualquer causa. Exemplificando: se o agente dá veneno, pretendendo matar a vítima, mas, antes que esta morra, arrepende-se e resolve ministrar o antídoto; caso o ofendido não se salve (seja porque o antídoto falhou ou mesmo porque a vítima não quis ingeri-lo), responderá por homicídio consumado. Confira-se a lição de Magalhães Noronha: "A responsabilidade perdura, a nosso ver, mesmo que outra causa concorra. Ainda na hipótese em questão, se, apresentado o antídoto, a vítima recusar-se a tomá-lo, por achar-se desgostosa da vida e querer consumar seus dias, não há isenção de pena ao agente, pois seu arrependimento *não teve eficácia*. A recusa da vítima não rompe o nexo causal entre a ministração do tóxico e a morte (por mais miraculosa fosse essa vontade, não teria o condão de fazer *aparecer veneno* nas vísceras do sujeito passivo). Por outro lado, é patente ser essa vontade uma *concausa* (não ter observado o regime médico-higiênico reclamado por seu estado)" (*Direito penal*, v. 1, p. 131).

Crime impossível[119-120]

> **Art. 32.** Quando, por ineficácia absoluta do meio[121] empregado ou por absoluta impropriedade do objeto,[122] é impossível consumar-se o crime, nenhuma pena é aplicável.[123]

119. Conceito de crime impossível: também denominado tentativa inidônea, impossível, inútil, inadequada ou quase crime, é a tentativa não punível, porque o agente se vale de meios absolutamente ineficazes ou volta-se contra objetos absolutamente impróprios, tornando impossível a consumação do crime. Trata-se de uma autêntica "carência de tipo", nas palavras de Aníbal Bruno (*Sobre o tipo no direito penal*, p. 56). Exemplos: atirar, para matar, contra um cadáver (objeto absolutamente impróprio) ou atirar, para matar, com uma arma descarregada (meio absolutamente ineficaz). Trata-se de uma causa excludente da tipicidade. Na jurisprudência: STM: "2. O crime de posse de entorpecente consubstancia delito de perigo abstrato, sendo prescindível a efetiva lesão ao bem jurídico tutelado para tipificação, bastando tão somente a probabilidade do dano presumido pelo legislador na construção do tipo. 3. A tipificação dos delitos de perigo abstrato tem por objetivo reprimir preventivamente eventual lesão ao bem jurídico tutelado pela norma, razão pela qual não se contrapõe à ordem constitucional em vigor. 4. Tese de crime impossível incabível. O fato de a quantidade de substância apreendida ser mínima, possuir ou não capacidade de causar dependência, bem como possuir potencial lesivo baixo é irrelevante ao caso, especialmente se considerarmos que o Princípio da Insignificância não se aplica ao delito em questão. O crime do art. 290 do CPM viola de forma intensa os princípios da hierarquia e da disciplina" (Apelação n.º 7000454-67.2020.7.00.0000, rel. Lúcio Mário de Barros Góes, 05.11.2020, v.u.).

120. Fundamento da não punição do crime impossível: adota-se, no Brasil, a teoria objetiva, vale dizer, leva-se em conta o risco objetivo que o bem jurídico corre. No caso da tentativa inidônea, o bem jurídico não sofre risco algum, seja porque o meio é totalmente ineficaz, seja porque o objeto é inteiramente impróprio. Daí por que não há punição.

121. Ineficácia absoluta do meio: a lei penal exige que o meio utilizado seja *totalmente* ineficaz, devendo-se avaliar a eficácia no caso concreto, jamais teoricamente. Em tese, uma arma descarregada não é meio idôneo para matar, porém, se a vítima for cardíaca, poderá morrer pelo susto dos pretensos disparos feitos contra sua pessoa. Nesse caso, não houve crime impossível, pois o agente atingiu o resultado desejado.

122. Absoluta impropriedade do objeto: o mesmo comentário feito em nota anterior, quanto ao termo *absoluta*, vale para este caso. Deve-se avaliar a impropriedade total do objeto no caso concreto. Nesse contexto, é preciso cautela quando se tratar de impropriedade *relativa*. Exemplo: se o agente, pretendendo matar a vítima, ingressa no quarto onde julga que se encontra, desferindo vários tiros contra o leito vazio, mas o ofendido se acha no quarto ao lado, conseguindo fugir, não se trata de crime impossível, mas de tentativa incruenta de homicídio, ou seja, sem lesões à vítima. O objeto almejado existia e podia ter sido atingido.

123. Momento de avaliação da idoneidade: deve-se fazê-lo após a ocorrência do fato. Trata-se do único método seguro para analisar se o objeto era, realmente, *absoluta ou relativamente* impróprio e se o meio era *absoluta ou relativamente* ineficaz.

Art. 33. Diz-se o crime:

Culpabilidade[124]

I – doloso,[125-126] quando o agente quis o resultado[127-128] ou assumiu o risco de produzi-lo;[129-130]

II – culposo,[131] quando o agente, deixando de empregar a cautela, atenção, ou diligência ordinária, ou especial,[132] a que estava obrigado em face das circunstâncias, não prevê o resultado que podia prever ou, prevendo-o, supõe levianamente que não se realizaria ou que poderia evitá-lo.[133-136]

Excepcionalidade do crime culposo

Parágrafo único. Salvo os casos expressos em lei, ninguém pode ser punido por fato previsto como crime, senão quando o pratica dolosamente.[137]

124. Título de natureza causalista: a inserção da rubrica *culpabilidade* no art. 33 deste Código espelha a adoção da teoria causalista, que cuida do elemento subjetivo do crime justamente no cenário da culpabilidade.

125. Conceito de dolo: a) é a vontade consciente de praticar a conduta típica (*visão finalista* – é o denominado *dolo natural*); b) é a vontade consciente de praticar a conduta típica, acompanhada da consciência de que se realiza um ato ilícito (*visão causalista* – é o denominado *dolo normativo*). Nas palavras de Hungria: "O nosso direito penal positivo concebe o dolo como *intenção criminosa*. É o mesmo conceito do *dolus malus* do direito romano, do *böser Vorsatz* do Código Penal austríaco, ou da *malice* da lei inglesa" (*A legítima defesa putativa*, p. 27).

126. Características do dolo: a) *abrangência*: o dolo deve envolver todos os elementos objetivos do tipo, aquilo que Mezger chama de "valoração paralela na esfera do leigo"; b) *atualidade*: o dolo deve estar presente no momento da ação, não existindo *dolo subsequente*, nem *dolo antecedente*; c) *possibilidade de influenciar o resultado*: é indispensável que a vontade do agente seja capaz de produzir o evento típico. Na lição de Welzel, "a vontade impotente não é um dolo relevante de um ponto de vista jurídico penal" (*Derecho penal alemán*, p. 221-222).

127. Conceito de dolo direto: é a vontade do agente dirigida especificamente à produção do resultado típico, abrangendo os meios utilizados para tanto. Exemplo: o agente quer subtrair bens da vítima, valendo-se de grave ameaça. Dirigindo-se ao ofendido, aponta-lhe um revólver, anuncia o assalto e carrega consigo os bens encontrados em seu poder. A vontade se encaixa com perfeição ao resultado. É, também, denominado *dolo de primeiro grau*.

128. Dolo direto de primeiro grau e dolo direto de segundo grau: explica Claus Roxin que o primeiro é a intenção do agente, voltada a determinado resultado, efetivamente perseguido, abrangendo os meios empregados para tanto (ex.: o atirador, almejando a morte da vítima, desfere-lhe certeiro e fatal tiro); o segundo, também denominado de *dolo de consequências necessárias* ou *dolo necessário*, é a intenção do agente, voltada a determinado resultado, efetivamente desejado, embora, na utilização dos meios para alcançá-lo, termine por incluir efeitos colaterais, praticamente certos. O agente não persegue os efeitos colaterais, mas tem por certa a sua ocorrência, caso se concretize o resultado almejado. O exemplo é do matador que, pretendendo atingir determinada pessoa, situada em lugar público, planta uma bomba, que, ao detonar, certamente matará outras pessoas ao redor. Ainda que não queira atingir essas outras vítimas, tem por certo o resultado, caso a bomba estoure, como planejado. Diferencia-se do dolo eventual, porque neste caso o agente não persegue o resultado típico atingido, e a sua vontade, portanto, está configurada mais debilmente. Não quer o autor determinado objetivo, mas somente *assume o risco* que ocorra (*Derecho penal – Parte general*, t. I, p. 415-416 e 423-424). Para a doutrina italiana, o dolo divide-se em *dolo intencional*, que é o dolo direto de 1.º grau, *dolo direto*, que é o dolo direto de 2.º grau, e, finalmente, *dolo eventual ou indireto*, exatamente como nós o denominamos (cf. Paolo Veneziani, *Motivi e colpevolezza*, p. 122).

129. Conceito de dolo indireto ou eventual: é a vontade do agente dirigida a um resultado determinado, porém vislumbrando a possibilidade de ocorrência de um segundo resultado, não desejado, mas admitido, unido ao primeiro. Por isso, a lei utiliza o termo "assumir o risco de produzi-lo". Nesse caso, de situação mais complexa, o agente não quer o segundo resultado diretamente, embora sinta que ele pode se materializar juntamente com aquilo que pretende, o que lhe é indiferente. Exemplo: A está desferindo tiros contra um muro, no quintal da sua residência (resultado pretendido: dar disparos contra o muro), vislumbrando, no entanto, a possibilidade de os tiros vararem o obstáculo, atingindo terceiros que passam por detrás. Ainda assim, desprezando o segundo resultado (ferimento ou morte de alguém), continua a sua conduta. Caso atinja, mortalmente, um passante, responderá por homicídio doloso (dolo eventual). É o denominado *dolo de segundo grau*. Sobre o dolo eventual, ensina José de Faria Costa que "o não querer aqui avençado nada tem de afirmação positiva da vontade, pretendendo antes expressar a atitude psíquica da passividade com que o agente encara o resultado. Certo é também, cumpre dizê-lo, que o agente sempre poderia dizer não. Sucede que não o faz porque a vontade de praticar a ação principal como que arrasta no seu halo a sujeição à passividade psíquica no que toca ao resultado possível. O que vale por afirmar: o agente *quer* a ação principal e como que é conivente, diríamos por omissão, com as ações acessórias tão só eventualmente representadas" (*Tentativa e dolo eventual*, p. 46). Extrai-se o dolo eventual, na grande maioria dos casos, da situação fática desenhada e não da mente do agente, como seria de se supor. Na jurisprudência: STM: "O dolo é o elemento subjetivo do tipo que consubstancia a intenção de praticar o crime. Pode ser direto ou indireto. Dolo direto é consciência e vontade. Dolo eventual é uma forma de dolo indireto, no qual há consciência e aceitação do possível resultado, e, mesmo assim, se pratica a conduta. À luz da teoria finalista da ação, o dolo, seja direto ou eventual, é sempre natural, o que implica afirmar que consubstancia unicamente a vontade de praticar a conduta proibida descrita no tipo. O militar que aventura-se, de forma consciente, a brincar com armamento municiado, dentro do aquartelamento, a qual veio a provocar o óbito de colega de farda, age com dolo eventual, inexistindo culpa. Recurso defensivo não provido" (Apelação n.º 7000105-98.2019.7.00.0000, rel. Odilson Sampaio Benzi, 01.08.2019, maioria); "Não se afigura minimamente razoável que seja entendido como mera 'brincadeira' o ato de imobilizar a vítima, contra a sua vontade, a fim de aplicar-lhe tapas e surras de cinta e vara. Caracteriza o dolo de praticar violência contra inferior, bem como, pelo menos, o dolo eventual de causar-lhe lesão" (Apelação n.º 7001316-72.2019.7.00.0000, rel. Artur Vidigal de Oliveira, 18.06.2020, v.u.).

130. Exigibilidade do dolo direto e do dolo eventual: a lei não faz distinção entre o dolo direto e o eventual para fins de aplicação da pena. Assim, o juiz poderá fixar a mesma pena para quem agiu com dolo direto e para quem atuou com dolo eventual. Como regra, já que os tipos penais que nada falam a respeito do elemento subjetivo do delito são dolosos (ex.: "matar alguém" – art. 205, CPM, onde nada se diz acerca do dolo), pode-se aplicar tanto o direto, quanto o indireto. Excepcionalmente, quando a lei exigir unicamente o dolo direto, tal circunstância vem claramente definida no tipo penal, como se pode observar no tipo da ofensa às forças armadas ("propalar fatos, que *sabe* inverídicos..."), do art. 219 do CPM.

131. Conceito de culpa: é o comportamento voluntário desatencioso, voltado a um determinado objetivo, lícito ou ilícito, embora produza resultado ilícito, não desejado, mas previsível, que podia ter sido evitado. O dolo é a regra; a culpa, exceção. Para se punir alguém por delito culposo, é indispensável que a culpa venha expressamente delineada no tipo penal. Trata-se de um dos elementos subjetivos do crime, embora se possa definir a natureza jurídica da culpa como sendo um elemento psicológico-normativo. Psicológico, porque é elemento subjetivo do delito, implicando ligação do resultado lesivo ao querer interno do agente por meio da previsibilidade. Normativo, porque é formulado um juízo de valor acerca da relação estabelecida entre o *querer* do agente e o resultado produzido, verificando o magistrado se houve uma norma a cumprir, que deixou de ser seguida. A definição estabelecida pelo art. 33, II, deste Código, é bem superior à constante do art. 18, II, do Código Penal comum. Na jurisprudência: STM: "A prova pericial atribuiu a responsabilidade do acidente a outrem, o que afasta o nexo de causalidade entre a conduta do réu e o resultado. Motorista civil, em veículo civil, não caracteriza subordinação hierárquica entre esse e os militares transportados na condição de passageiros. Para que se caracterize um crime culposo, existem requisitos a serem cabalmente demonstrados. O crime culposo ocorre quando o agente deixa de empregar a cautela, atenção ou diligência ordinária, ou especial, a que estava obrigado em face das circunstâncias; e não prevê o resultado que podia prever ou, prevendo-o, supõe levianamente que não se realizaria ou que poderia evitá-lo, na forma do art. 33, inciso II, do CPM. Inexistência de tais elementares nos autos. O injusto culposo apresenta como elementos constitutivos: inobservância do cuidado objetivo devido, produção de um resultado e nexo causal, previsibilidade objetiva do resultado e conexão interna entre desvalor da ação e desvalor do resultado. Ausência de caracterização dos elementos constitutivos do delito culposo. Apelo desprovido" (Apelação n.º 0000104-33.2011.7.06.0006, rel. José Barroso Filho, 07.12.2017, v.u.).

132. Diligência ordinária ou especial: coaduna-se essa previsão com o indicativo de que na *culpa* opera-se com o critério do *homem médio*, de quem se exige a *cautela vulgar*, comum a vários outros na mesma situação, bem como com o critério particular do *agente*, quando dotado de *específicas habilidades*.

133. Distinção entre culpa inconsciente e culpa consciente: a primeira modalidade é a culpa por excelência, ou seja, a culpa sem previsão do resultado. O agente não tem previsão (ato de prever) do resultado, mas mera previsibilidade (possibilidade de prever). A segunda é a chamada *culpa com previsão*, ocorrendo quando o agente prevê que sua conduta pode levar a um certo resultado lesivo, embora acredite, firmemente, que tal evento não se realizará, confiando na sua atuação (vontade) para impedir o resultado. O conceito deste inciso consagra exatamente essa ideia: "não prevê o resultado que poderia prever" (culpa inconsciente); "prevendo-o, supõe levianamente que não se realizaria ou que poderia evitá-lo" (culpa consciente).

134. Elementos da culpa: a) *concentração na análise da conduta voluntária do agente*: o mais importante na culpa é a análise do comportamento, e não do resultado; b) *ausência do dever de cuidado objetivo*, significando que o agente deixou de seguir as regras básicas de atenção e cautela, exigíveis de todos que vivem em sociedade. Essas regras gerais de cuidado derivam da proibição de ações de risco que vão além daquilo que a comunidade juridicamente organizada está disposta a tolerar (cf. Marco Antonio Terragni, *El delito culposo*, p. 29); c) *resultado danoso involuntário*: é imprescindível que o evento lesivo jamais tenha sido desejado ou acolhido pelo agente; d) *previsibilidade*: é a possibilidade de prever o resultado lesivo, inerente a qualquer ser humano normal. Ausente a previsibilidade, afastada estará a culpa, pois não se exige da pessoa uma atenção extraordinária e fora do razoável. O melhor critério para verificar a *previsibilidade* é o critério objetivo-subjetivo, ou seja, verifica-se, no caso concreto, se a média da sociedade teria condições de prever o resultado, por intermédio da diligência e da perspicácia comum, passando-se em seguida à análise do grau de visão do agente do delito, vale dizer, verifica-se a capacidade pessoal que o autor tinha para evitar o resultado. É o que sustenta Magalhães Noronha (*Do crime culposo*, p. 91-92). E como esclarece Marco Antonio Terragni: "Em primeiro lugar, lembrar que essa palavra expressa a possibilidade de prever não se refere à previsão concreta. Em segundo, a previsibilidade se relaciona àquilo que um homem ideal, em igualdade de condições, poderia prever. Esse conceito, *homem ideal*, não se refere ao ser comum, como o modelo das qualidades de que está dotado o cidadão médio. O homem modelo é aquele que deveria estar realizando a mesma atividade do sujeito cuja conduta se julga. O contrário implicaria desconhecer que alguém, por mais atento, diligente ou cauteloso que fosse, não poderia realizar atividades para as quais não está especialmente treinado (como pilotar uma aeronave, por exemplo)" (*El delito culposo*, p. 24); e) *ausência de previsão* (na culpa inconsciente): o agente não vislumbra qualquer resultado danoso; *previsão do resultado* (culpa consciente), esperando sinceramente que não ocorra; f) *tipicidade*: há especial atenção para esse ponto, pois, como já foi mencionado, o crime culposo precisa estar *expressamente* previsto no tipo penal; g) *nexo causal*: somente a ligação, por meio da previsibilidade, entre a conduta do

Art. 33

Código Penal Militar Comentado • Nucci

agente e o resultado danoso pode constituir o nexo de causalidade no crime culposo, já que o agente não deseja a produção do evento lesivo.

135. Situações peculiares no campo da culpa: a) não existe *culpa presumida*: a culpa há de ser sempre demonstrada e provada pela acusação; b) *graus de culpa*: não existem, no contexto do direito penal, pouco importando se a culpa é levíssima, leve ou grave. Desde que seja suficiente para caracterizar a imprudência, a negligência ou a imperícia do agente, há punição. Os graus só interessam para a individualização da pena e para excluir do campo da culpa os casos em que a imprudência ou negligência sejam insignificantes e não possam ser considerados requisitos para a concretização do tipo penal (cf. Marco Antonio Terragni, *El delito culposo*, p. 33); c) *compensação de culpas*: não se admite no direito penal, pois infrações penais não são débitos que se compensem, sob pena de retornarmos ao regime do talião; d) *concorrência de culpas*: é possível. É o que se chama de "coautoria sem ligação psicológica".

136. Diferença entre culpa consciente e dolo eventual: trata-se de distinção teoricamente plausível, embora, na prática, seja muito complexa e difícil. Em ambas as situações o agente tem a previsão do resultado que sua conduta pode causar, embora na culpa consciente não o admita como possível e, no dolo eventual, admita a possibilidade de se concretizar, sendo-lhe indiferente. Na realidade, a distinção se faz com base nas circunstâncias do delito. Visualizando as provas, o julgador forma a sua convicção no sentido de ter havido dolo eventual ou culpa consciente conforme o cenário e seus detalhes. Em verdade, é impossível extrair-se da mente do agente a real situação pertinente ao dolo eventual ou à culpa consciente. Conferir: STF: "A diferença entre o dolo eventual e a culpa consciente encontra-se no elemento volitivo que, ante a impossibilidade de penetrar-se na psique do agente, exige a observação de todas as circunstâncias objetivas do caso concreto, sendo certo que, em ambas as situações, ocorre a representação do resultado pelo agente" (HC 101.698/RJ, 1.ª T., j. 18.10.2011, m.v., rel. Luiz Fux, *DJ* 30.11.2011). STM: "Como é cediço, age com dolo eventual aquele que, embora não desejando diretamente praticar a infração penal, não se abstém de agir e, com esse proceder, assume o risco de produzir o resultado que por ele já havia sido previsto e aceito. Por outro lado, a culpa consciente refere- se à conduta daquele que age, com previsão do resultado, mas acreditando que este não venha a ocorrer. Ressai do contingente probatório existente nos autos que o Embargante estava em pleno gozo da sua capacidade cognitiva quando sacou a arma que portava no coldre, carregou-a e apontou-a para a vítima. A perícia realizada na arma utilizada pelo embargante atestou que esta não apresentava qualquer tipo de defeito, sendo confirmada a sua perfeita condição de uso. Sabe-se à saciedade que os militares passam por rigorosos treinamentos para, enfim, estarem aptos a manusear armas. Despiciendo dizer que o embargante detinha total conhecimento de como realizar o correto manuseio da arma, como também da seriedade com que deveria conduzir-se ao portar armamento. Rejeição dos Embargos. Maioria (Embargos Infringentes e de Nulidade n.º 7000118-63.2020.7.00.0000, rel. Luis Carlos Gomes Mattos, 22.10.2020, maioria); "O embargante, de forma livre e consciente, mesmo após quase 3 (três) anos de serviço militar e conhecedor dos perigos decorrentes da utilização de uma arma de fogo municiada, veio a manuseá-la, direcionando-a no rumo da região toráxica da vítima, desferindo o tiro fatal. O embargante não se importou com o possível resultado. O elemento subjetivo do delito encontra-se indiscutivelmente comprovado; ou seja, o militar atuou com livre consciência e plena vontade, mesmo sendo conhecedor da ilegalidade e da ameaça de suas ações, bem como ao não conter seus impulsos, a partir do momento em que apontou e apertou o gatilho de uma arma abastecida, vindo a efetivar o disparo mortal. Os atos praticados pelo embargante configuram claramente o dolo eventual, já que mesmo sem querer efetivamente o resultado, por não serem desafetos, assumiu o risco de produzi-lo, atuando com total desprezo à vida de um companheiro de farda, aviltando um dos maiores bem juridicamente tutelados, qual seja, a vida de outro ser humano, uma vez que atirou no rumo do peito da vítima, impossibilitando qualquer tentativa de salvamento. Nos cursos ou nas instruções envolvendo manuseio de armas de fogo, a regra principal, que nunca deve ser descumprida, consiste em tratar todas as armas como se estivessem sempre municiadas, e, mesmo estando descarregadas, as armas devem ser apontadas para uma direção segura, jamais no sentido de outra pessoa, a qual não se queira atingir. A culpa consciente acontece quando o agente, apesar de prever o resultado, acredita francamente na sua não ocorrência, dando seguimento à sua conduta. No presente caso não existe espaço para a aplicação da culpa consciente, já que é impossível que o embargante não pudesse acreditar, em função de seus conhecimentos, que suas ações poderiam culminar em ferimento ou a morte de um colega de farda, tendo, claramente, assumido o risco de produzir o resultado. A conduta perpetrada revelou-se dolosa, constituindo, assim, o dolo eventual. Embargos rejeitados" (Embargos Infringentes e de Nulidade n.º 7000952-03.2019.7.00.0000, rel. Alvaro Luiz Pinto, 04.12.2019, maioria).

137. Princípio da culpabilidade: não há crime sem dolo ou culpa, o que vem consagrado neste parágrafo único. Para os tipos penais incriminadores, em geral, o dolo é a regra; a culpa, exceção. Por isso, quando não se especifica o elemento subjetivo do crime, cuida-se de dolo – direto ou eventual. No mais, os tipos culposos são expressos. Ex.: "no caso de culpa, se a explosão é causada por dinamite ou substância de efeitos análogos, a pena é de detenção, de seis meses a dois anos..." (art. 269, § 4.º, do CPM).

Nenhuma pena sem culpabilidade[138]

> **Art. 34.** Pelos resultados que agravam especialmente as penas só responde o agente quando os houver causado, pelo menos, culposamente.[139-140]

138. Análise do título: compreende-se a ideia exposta nesta rubrica, pois o termo *culpabilidade* é utilizado, na ótica causalista, como o fator que congrega o elemento subjetivo do delito – dolo e culpa. Diante disso, nos crimes qualificados pelo resultado, ninguém deve ser punido se não houver atuado, no tocante ao resultado mais grave, pelo menos, com culpa.

139. Conceito de crime qualificado pelo resultado: é o delito que possui um fato-base, definido e sancionado como crime, embora tenha, ainda, um evento qualificador, aumentando-lhe a pena, em razão da sua gravidade objetiva, bem como existindo entre eles um nexo de ordem física e subjetiva. Quando, de um roubo (fato-base), ocorre o resultado *morte da vítima em face da violência empregada* (evento qualificador), está-se diante de um crime qualificado pelo resultado, cuja pena é bem maior que a prevista para o delito-base (art. 242, CPM). A pena para o roubo é de 4 a 15 anos de reclusão, enquanto para o latrocínio varia de 15 a 30 anos.

140. Distinção entre crime qualificado pelo resultado e delito preterdoloso: o crime qualificado pelo resultado é o gênero no qual há a espécie preterdolosa. Esta última é, particularmente, caracterizada por admitir somente *dolo* na conduta antecedente (fato-base) e *culpa* na conduta consequente (produtora do evento qualificador), além de exigir que o interesse jurídico protegido seja o mesmo, tanto na conduta antecedente, como na consequente – ou pelo menos do mesmo gênero. Tal situação pode ocorrer, com exatidão, na lesão corporal seguida de morte, mas não no roubo seguido de morte, por exemplo. Os crimes qualificados pelo resultado, nos quais está incluído o delito preterdoloso, podem ser caracterizados por uma infração penal que se desenvolve em duas fases, havendo as seguintes modalidades, conforme o caso concreto: a) dolo na antecedente e dolo na subsequente (ex.: latrocínio); b)

Art. 35

dolo na antecedente e culpa na consequente (ex.: lesão corporal seguida de morte); c) culpa na antecedente e culpa na consequente (ex.: incêndio culposo com resultado lesão grave ou morte). Não se admite, por impropriedade lógica, a modalidade culpa na conduta antecedente e dolo na consequente. Torna-se impossível agir sem desejar o resultado quanto ao fato-base e almejar, ao mesmo tempo, o resultado qualificador. É um autêntico contrassenso. Não se acolhe, ainda, a possibilidade de existência de dolo de perigo na conduta antecedente e dolo de dano em relação ao resultado qualificador. São incompatíveis, por lógica. Se o agente quer apenas expor a perigo a incolumidade alheia, não pode pretender que o resultado mais grave aconteça como fruto do seu desejo, seja na modalidade de dolo direto, seja na de dolo eventual.

Erro de direito[141]

> **Art. 35.** A pena pode ser atenuada ou substituída por outra menos grave quando o agente,[142] salvo em se tratando de crime que atente contra o dever militar,[143] supõe lícito o fato, por ignorância ou erro de interpretação da lei, se escusáveis.[144]

141. Erro de direito e de proibição: o Código Penal Militar cuida do tema como *erro de direito* – antiga nomenclatura do Código Penal comum – enquanto este trata do assunto sob o título de *erro de proibição*. Entretanto, basicamente, ambos se concentram no mesmo foco: o erro quanto à ilicitude do fato. Além disso, o CPM considera a ocorrência mera causa de atenuação da pena ou substituição por outra menos grave, enquanto o CP comum, conforme a situação, permite até mesmo a absolvição.

142. Erro quanto à ilicitude do fato: o direito impõe o dever de conhecimento da lei, a partir do momento em que ela é publicada no Diário Oficial, tornando-se presumidamente conhecida de toda a sociedade. Entretanto, essa presunção guarda correspondência com o dever de informação, de modo que a parcela mais importante, nesse contexto, é o conhecimento do *certo* e do *errado*, ou seja, do *lícito* e do *ilícito*. Diante disso, é possível que alguém, considerando lícita determinada conduta, embora não seja, termine por praticá-la, sem imaginar que comete uma infração penal. Nessa hipótese, inexiste juízo de reprovação, pois não se deve punir quem se conduz para a prática do correto, acreditando assim ter agido. Não havendo culpabilidade, o caminho ideal seria a absolvição, tal como hoje delineado pelo Código Penal comum. Entretanto, o Código Penal Militar assim não acolhe, indicando somente a aplicação de atenuante ou mesmo de pena menos grave (multa, por exemplo), mesmo assim se escusável. Sob outro aspecto, embora desnecessário, aponta-se, como fator desencadeante do desconhecimento do ilícito, a *ignorância* (não ter noção alguma de que algo é ilegal) ou o *erro de interpretação da lei* (imaginar que o conteúdo de uma norma tem determinado sentido *lícito*, quando, em verdade, é *ilícito*). Pouco importa o elemento causador do erro quanto à ilicitude do fato; na realidade, o mais relevante é a consideração acerca da escusabilidade ou inescusabilidade do referido erro. Afinal, se escusável, proporciona a atenuação da pena ou sua substituição por outra menos grave. Se inescusável, nenhum benefício é obtido. Na jurisprudência: STM: "Não se configura erro de proibição ou outro de qualquer natureza quando a consciência do fato típico era possível de ser alcançada pelo agente, com base na sua experiência de vida, seja pessoal, seja profissional. *In casu*, o apelante, ao tempo do crime, não era exatamente novato na Marinha, uma vez que, como adiantou no seu interrogatório, já havia ultrapassado o seu período de formação de soldado, formação essa que, como é notório, inclui a instrução sobre crimes militares e as suas consequências. Ademais, não passa *in albis* que, então, já possuía curso superior, ainda que incompleto, na área de técnicas contábeis, o que, à evidência, constitui um significativo sinal da sua capacidade de bem avaliar o caráter ilícito da sua conduta e o seu significado em face do direito penal militar. Delito de abandono de posto delineado e provado em todas as suas elementares objetivas e subjetivas. No mérito, denegação do apelo defensivo, por unanimidade" (Apelação n.º 7000402-08.2019.7.00.0000, rel. Luis Carlos Gomes Mattos, 18.09.2019, v.u.).

143. Exceção relativa ao dever militar: a ressalva constante da norma penal é pertinente, pois os deveres militares constituem parte inerente da vida militar, em qualquer nível. Assim sendo, não se pode admitir a alegação de erro quanto à ilicitude, no cenário de crime atentatório a *dever militar*. Seria uma contradição exigir do militar o fiel conhecimento de seus deveres funcionais e permitir a alegação de desconhecimento do ilícito nesse campo.

144. Escusabilidade do erro: a consciência do ilícito situa-se na culpabilidade; para os causalistas, encontra-se no dolo, que está na culpabilidade; para os finalistas, insere-se na culpabilidade, sem o dolo, que está no tipo. De toda forma, deve-se enfocar a *consciência da ilicitude* sob dois ângulos: potencial e atual. Quando ausente a consciência *potencial* da ilicitude, o erro quanto à ilicitude é escusável, significando que o agente, ao desenvolver a conduta criminosa, não sabia que era ilícita (atualidade), nem tinha condições de saber (potencialidade). Noutros termos, o autor não sabia ser ilegal, por qualquer motivo, mas também lhe seria impossível tomar conhecimento, por razão relevante. A informação do caráter ilícito do fato jamais lhe chegaria. Por isso é escusável. No entanto, quando ausente a consciência *atual* da ilicitude, mas presente a *potencial* consciência da ilicitude, o erro quanto à ilicitude é inescusável, significando que o agente, executando a conduta criminosa, não sabia ser ilícita, mas tinha plena possibilidade de saber.

Erro de fato[145]

> **Art. 36.** É isento de pena quem, ao praticar o crime,[146] supõe, por erro plenamente escusável, a inexistência de circunstância de fato que o constitui[147] ou a existência de situação de fato que tornaria a ação legítima.[148]

Erro culposo

> § 1.º Se o erro deriva de culpa, a este título responde o agente, se o fato é punível como crime culposo.[149]

Erro provocado

> § 2.º Se o erro é provocado por terceiro, responderá este pelo crime, a título de dolo ou culpa, conforme o caso.[150]

145. Erro de fato e de tipo: o Código Penal Militar cuida, como *erro de fato*, de duas situações diversas: uma delas concerne ao erro de fato propriamente dito – ou erro de tipo, como prefere a nomenclatura do Código Penal comum – e outra pertine a circunstância de fato, apta a legitimar determinada conduta, no cenário da descriminante putativa.

146. Requisitos do erro de fato: há dois enfoques: a) o agente que pratica o crime, supondo a inexistência de elemento fático constitutivo do tipo, quando escusável, afasta o dolo, que termina por *não abranger* todos os elementos do tipo penal. Pode remanescer a forma culposa, conforme indicado pelo art. 36, § 1.º do CPM. Entretanto, sendo *integralmente* escusável o erro do agente, afasta-se também a culpa, *absolvendo-se* o réu. Lembremos que o Código Penal Militar adota a teoria causalista, que cuida do dolo e da culpa na culpabilidade. Portanto, para esta teoria, não havendo dolo e culpa, inexiste culpabilidade, logo, inexiste crime. E, para a ótica finalista, não havendo dolo e culpa, inexiste tipicidade, logo, não há crime igualmente; b) quanto ao segundo caso, o agente pratica o crime, supondo a existência de uma situação fática, que, se realmente existisse, constituiria excludente de ilicitude (tornar a ação legítima). Está-se no contexto da descriminante putativa. O Código Penal comum trata dessa hipótese no cenário do erro de tipo (art. 20, § 1.º), embora a doutrina majoritária o considere um autêntico erro de proibição indireto. De qualquer maneira, para o Código Penal Militar, quem atua em legítima defesa putativa (ou outra excludente de ilicitude putativa), por exemplo, deve ser absolvido, quando escusável seu erro. Se inescusável, pode responder por culpa. Na jurisprudência: STM: "Os registros de imagens e de vídeos confirmam que o local em que os recorrentes foram flagrados se encontrava devidamente identificado por placa informando tratar-se de 'área militar – proibida a entrada', circunstância que evidencia ser inconcebível o desconhecimento do caráter ilícito da conduta por eles praticada. Quando a instrução processual demonstrar ser indene de dúvidas que os sujeitos ativos, de forma consciente e voluntária, adentraram em 'solo castrense', evidenciando o agir por eles perpetrado doloso, restará violado o preceito penal 'sub judice'. A resposta penal foi justa, adequada e compatível com o ilícito apurado. De valia destacar, outrossim, o importante preceito da prevenção geral da pena, sobretudo no âmbito castrense. A finalidade sancionatória não se resume à punição do sujeito que a pratica, visa igualmente desestimular outros a cometerem idêntico ilícito. Apelo desprovido. Decisão majoritária" (Apelação n.º 7001299-36.2019.7.00.0000, rel. Maria Elizabeth Guimarães Teixeira Rocha, 25.06.2020, maioria).

147. Circunstância de fato constitutiva do tipo: trata-se do elemento objetivo do tipo, vale dizer, das elementares do tipo penal incriminador.

148. Situação de fato legitimadora de ação: é o pressuposto fático de qualquer excludente de ilicitude, que, quando real, torna lícita (legítima) a conduta típica. Ex.: havendo agressão atual e injusta, pode o agente se defender.

149. Erro culposo: a inescusabilidade do erro indica haver o predomínio da falta de zelo ou atenção, para seguir o dever de cuidado objetivo. Por isso, serve para caracterizar a culpa.

150. Erro provocado por terceiro: quem induz, instiga ou impulsiona o agente à prática da conduta, mantendo-o em erro, deve responder pelo delito, conforme o elemento subjetivo determinante: dolo ou culpa. Nesse ponto, o Código Penal Militar é mais completo que a previsão formulada no art. 20, § 2.º, do CP comum, que não indica se a punição deriva de dolo ou culpa.

Erro sobre a pessoa[151]

> **Art. 37.** Quando o agente, por erro de percepção[152] ou no uso dos meios de execução, ou outro acidente,[153] atinge uma pessoa em vez de outra, responde como se tivesse praticado o crime contra aquela que realmente pretendia atingir. Devem ter-se em conta não as condições e qualidades da vítima,[154] mas as da outra pessoa, para configuração, qualificação ou exclusão do crime,[155] e agravação ou atenuação da pena.[156]

Erro quanto ao bem jurídico[157]

> § 1.º Se, por erro ou outro acidente na execução, é atingido bem jurídico diverso do visado pelo agente, responde este por culpa, se o fato é previsto como crime culposo.[158]

Duplicidade do resultado[159]

> § 2.º Se, no caso do artigo, é também atingida a pessoa visada, ou, no caso do parágrafo anterior, ocorre ainda o resultado pretendido, aplica-se a regra do art. 79.[160]

151. Erro sobre a pessoa: divide-se, no Código Penal Militar, em dois enfoques: a) erro quanto à pessoa propriamente dito, decorrente de falha de percepção; b) erro de execução. No Código Penal comum, a primeira hipótese encontra-se no contexto do erro de tipo (art. 20, § 3.º); a segunda hipótese encaixa-se no erro na execução (art. 73). Na jurisprudência: STM: "I – A ocorrência de aberratio ictus (art. 37 do CPM) não tem o condão de afastar a competência da Justiça Militar, tendo em vista que o erro sobre a pessoa constitui regra circunscrita à matéria penal, e não processual. II – Nessas situações, as condições da vítima pretendida, bem como as circunstâncias que qualificam o crime, adequadas a ela e à situação fática, serão consideradas unicamente para a aplicação da pena. III – A existência de erro sobre a pessoa não é capaz de alterar a competência (regra processual), mas somente de interferir na aplicação da reprimenda penal, por se considerar as características da vítima almejada. Recurso em Sentido Estrito não provido" (Recurso em Sentido Estrito n.º 7001422-34.2019.7.00.0000, rel. José Coêlho Ferreira, 12.03.2020, v.u.).

152. Erro de percepção: significa que o agente elege o alvo pretendido de maneira errônea, por se encontrar envolto pela falsa percepção da realidade. Exemplificando, *A* aponta sua arma em direção de *B*, achando que este é a sua vítima, embora o tenha confundido com *C*. Atirando, termina por acertar *C*. Deve responder como se tivesse acertado a pessoa de *B*.

153. Erro na execução: significa que o agente escolhe o alvo e não se engana quanto a este, mas, ao empreender a execução, seja por falha ou por qualquer outro acidente, termina por atingir vítima diversa. Ilustrando, *A* aponta sua arma em direção de *B*, atira e erra o alvo, atingindo *C*, que estava por perto, por inúmeras razões (má pontaria, vítima se move rapidamente, alguém entra na frente do alvo etc.). De qualquer modo, deve responder como se tivesse acertado a pessoa de B. Note-se que, nos mesmos moldes do Código Penal comum, admite-se a incidência, no contexto do erro, de mero acidente, vale dizer, um infortúnio qualquer, não necessariamente advindo de imprudência, desatenção ou imperícia do agente. Trata-se de um resquício de responsabilidade penal objetiva (sem dolo ou culpa).

154. Condições e qualidades da vítima: as *condições* pessoais constituem o modo de ser inerente ao ser humano, que figura na lei penal como circunstância do crime, tal como *menoridade* (menos de 21 anos) para atenuar a pena ou a situação de *mãe*, para efeito de evidenciar o estado puerperal. *Qualidades* significam os atributos inerentes ao indivíduo – negativos ou positivos –, compondo, igualmente, as circunstâncias do delito. Exemplo: comete-se uma agressão contra um indivíduo, porque ele é sacerdote – qualidade pessoal. Nesse caso, a qualidade pode demonstrar uma motivação torpe.

155. Configuração, qualificação e exclusão do crime: *configura-se* o delito pelo preenchimento dos elementos componentes do tipo básico; *qualifica-se* o crime pela presença de circunstâncias inerentes ao tipo derivado, que servem para alterar a faixa de cominação da pena; *exclui-se* o crime de acordo com circunstâncias próprias, descritas em lei, que configurem causas excludentes de ilicitude ou culpabilidade.

156. Atenuação e agravação da pena: atenua-se ou agrava-se a pena, conforme as circunstâncias descritas em lei, como regra, na Parte Geral do Código, evidenciando fatores diversos. Ex.: reincidência como agravante.

157. Erro quanto ao bem jurídico: é a figura correspondente ao *resultado diverso do pretendido*, prevista no art. 74 do Código Penal comum.

158. Forma punitiva culposa: em virtude do erro ou outro acidente na execução, atinge-se bem jurídico diverso do desejado, sem possibilidade de se *trocar a vítima por outra*, na medida em que o resultado é completamente diverso. Se *A* pretende matar *B* e contra ele desfere um tiro, havendo qualquer desvio na execução, termina por atingir uma coisa ou animal. Nesse caso, não se pode *aproveitar* o dolo de matar pessoa para tipificar um crime doloso contra bem jurídico totalmente diferente. Por isso, a lei determina que o resultado atingido, diverso do desejado, deve ser punido a título de culpa, se houver previsão como crime culposo. Afinal, em face do erro, e da necessidade de punição, firma-se a modalidade mais branda do delito, no contexto da culpa.

159. Título próprio: somente no Código Penal Militar insere-se esta titulação, o que não se dá no seio do Código Penal comum. Porém, a rubrica do artigo é correta, indicando a possibilidade de aplicação do concurso formal.

160. Concurso de crimes: a duplicidade de resultado, em face do erro, conduz à somatória das penas, nos termos do art. 79 deste Código.

> **Art. 38.** Não é culpado[161] quem comete o crime:

> **Coação irresistível**[162]
>
> *a)* sob coação irresistível ou que lhe suprima a faculdade de agir segundo a própria vontade;[163]

> **Obediência hierárquica**
>
> *b)* em estrita obediência a ordem direta de superior hierárquico, em matéria de serviços.[164]
> § 1.º Responde pelo crime o autor da coação ou da ordem.[165]
> § 2.º Se a ordem do superior tem por objeto a prática de ato manifestamente criminoso, ou há excesso nos atos ou na forma da execução, é punível também o inferior hierárquico. (*Redação dada pela Lei 14.688, de 2023*)[166]

161. Conceito de culpabilidade: trata-se de um juízo de reprovação social, incidente sobre o fato e seu autor, devendo o agente ser imputável, atuar com consciência potencial de ilicitude, bem como ter a possibilidade e a exigibilidade de atuar de outro modo, seguindo as regras impostas pelo direito (teoria normativa pura, proveniente do finalismo). Como explica Assis Toledo, "se indagarmos aos inúmeros seguidores da corrente finalista o que é a culpabilidade e onde pode ela ser encontrada, receberemos esta resposta: 1.ª) culpabilidade é, sem dúvida, um juízo valorativo, um juízo de censura que se faz ao autor de um fato criminoso; 2.ª) esse juízo só pode estar na cabeça de quem julga, mas tem por objeto o agente do crime e sua ação criminosa" (*Princípios básicos de direito penal*, p. 229-230). O conceito de culpabilidade apresentou significativa evolução, podendo-se mencionar as seguintes principais teorias: 1.ª) *psicológica* (causalista): culpabilidade é importante elemento do crime, na medida em que representa o seu enfoque subjetivo, isto é, dolo e culpa. Para esta corrente, ao praticar o fato típico e antijurídico (aspectos objetivos do crime), somente se completaria a noção de infração penal se estivesse presente o dolo ou a culpa, que vincularia, subjetivamente, o agente ao fato por ele praticado (aspecto subjetivo do crime). Em suma, para essa teoria, culpabilidade é dolo ou culpa. A imputabilidade penal é, apenas, pressuposto de culpabilidade, portanto, somente se analisa se alguém age com dolo ou culpa, caso se constate ser essa pessoa imputável (mentalmente sã e maior de 18 anos). A teoria psicológica apresenta falhas variadas, embora a principal, em nosso entendimento, seja a inviabilidade de se demonstrar a inexigibilidade de conduta diversa, uma vez que não se faz nenhum juízo de valor sobre a conduta típica e antijurídica. Assim, aquele que é imputável e atua com dolo, por exemplo, ainda que esteja sob coação moral irresistível, poderia ser considerado culpável, o que se afigura ilógico; 2.ª) *normativa ou psicológico-normativa* (causalista): dando ênfase ao conteúdo normativo da culpabilidade e não simplesmente ao aspecto psicológico (dolo e culpa), acrescentou-se o juízo de reprovação social ou de censura que se deve fazer em relação ao autor de fato típico e antijurídico, quando considerado imputável (a imputabilidade passa a ser elemento da culpabilidade e não mero pressuposto), bem como se tiver agido com dolo (que contém a consciência da ilicitude) ou culpa, além de haver prova da exigibilidade e da possibilidade de atuação conforme as regras do direito. A teoria continua ideal para quem siga os passos do causalismo. No entanto, deslocando-se o enfoque para a corrente finalista, deve-se migrar para a teoria que se segue; 3.ª) *normativa pura* (finalista): a conduta é uma movimentação corpórea, voluntária e consciente, com uma finalidade. Logo, ao agir, o ser humano possui uma finalidade, que é analisada, desde logo, sob o prisma doloso ou culposo. Portanto, para tipificar uma conduta – conhecendo-se de antemão a finalidade da ação ou da omissão –, já se ingressa na análise do dolo ou da culpa, que se situam, pois, na tipicidade – e não na culpabilidade. Nessa ótica, culpabilidade é um juízo de reprovação social, incidente sobre o fato típico e antijurídico e seu autor, agente esse que precisa ser imputável, ter agido com consciência potencial da ilicitude (esta não mais está inserida no dolo) e com exigibilidade e possibilidade de um comportamento conforme o direito. Há quem sustente, em prisma finalista, a incidência do juízo de reprovação social somente sobre o autor – e não igualmente sobre o fato –, devendo o agente ser imputável, ter consciência potencial da ilicitude e por não ter agido de acordo com o direito, quando lhe era possível e exigível tal conduta (por todos, cf. Cezar Roberto Bitencourt, *Tratado de direito penal*, v. 1, p. 304). Preferimos crer que a censura recai não somente sobre o autor do fato típico e antijurídico, mas igualmente sobre o fato. A reprovação é inerente ao que foi feito e a quem fez. Este, por sua vez, deverá ser censurado somente se for imputável, tiver atuado com consciência potencial da ilicitude e com exigibilidade e possibilidade de atuação conforme as regras impostas pelo direito. Em outras palavras, há roubos (fatos) mais reprováveis que outros, bem como autores (agentes) mais censuráveis que outros. Sob outro prisma, para a prática do mesmo roubo (idêntica reprovabilidade), como fato, podem-se censurar diversamente os coautores, autores do fato, na *medida da sua culpabilidade* (art. 29, parte final, CP). Aliás, a posição que sustentamos, quanto ao conceito de culpabilidade no cenário da teoria do crime, incidindo a reprovação sobre o fato e seu autor, fortalece,

Art. 38

quando tornamos ao tema *culpabilidade*, na teoria da pena, a restrição da gradação da censura, para efeito de aplicação de maior ou menor punição, à culpabilidade de fato – e não simplesmente à culpabilidade de autor (cf. Assis Toledo, *Princípios básicos de direito penal*, p. 235); 4.ª) funcionalista: embora sem consenso, autores denominados pós-finalistas passaram a sustentar um conceito de culpabilidade que se vinculasse às finalidades preventivo-gerais da pena, bem como à política criminal do Estado. Por isso, não poderia fundamentar-se exclusivamente numa concepção naturalística e improvável do livre-arbítrio (poder atuar, ou não, conforme as regras impostas pelo direito). Nas palavras de Günther Jakobs, a culpabilidade representa uma falta de fidelidade do agente com relação ao direito (*Derecho penal – Parte general*, p. 566-567). Essa falta de motivação para seguir as normas jurídicas é um conceito determinado normativamente, e por tal fundamento realiza-se o juízo de culpabilidade. Portanto, analisar se há ou não déficit motivacional por parte do agente, para seguir as normas jurídicas, é tarefa que independe de prova da exigibilidade ou inexigibilidade de poder agir conforme o direito. Deduz-se a infidelidade ao direito sem análise individualizada do agente, mas sob o prisma social, considerando-se os fins da pena. Exemplo: um doente mental, inimputável portanto, não tem condições de se motivar a agir conforme o direito, pois encontra limitação física. Logo, não é culpável, pois incapaz de contestar a validez da norma. Esse afastamento da atuação do livre-arbítrio do ser humano, voltando-se à mera verificação, sob critérios contestáveis, de ter sido o agente *fiel* ou *infiel* às regras jurídicas, de estar *motivado* ou *imotivado*, dentro de uma estrutura socialmente voltada às finalidades preventivas gerais da pena, torna-se incontrolável. Da mesma forma que a infidelidade ao direito pode ser vista com complacência, garantindo-se, até, por medida de política criminal, a não aplicação da pena, pode também servir a uma análise rigorosa, buscando a aplicação de sanções penais desmedidas, que possam servir de exemplo à sociedade. A culpabilidade não mais seria analisada sob o prisma individual, deixaria de servir de fundamento *real* para a pena e nem mais poderia ser útil ao *limite* da pena, pois tudo não passaria de critérios ligados à política criminal. Outros autores, como Roxin, criticando a posição de Jakobs, mas sem refutá-la por completo, também não aceitam a concentração da análise da culpabilidade no livre-arbítrio humano (poder ou não agir conforme as regras do direito), pois seria requisito não sujeito à demonstração empírica. Logo, a capacidade humana de culpabilidade, em sua visão, deve ser uma verificação científico-empírica, valendo-se de critérios fornecidos pela psicologia e pela psiquiatria, medindo-se o autocontrole do agente através de dados técnicos e menos abstratos. Sustenta que sua posição prescinde da disputa filosófica e das ciências naturais acerca do livre-arbítrio (*Derecho penal – Parte general*, p. 808). Permanece vinculado ao conceito funcional de culpabilidade como resultado da política criminal do Estado e de uma justificação social para a fixação da pena. Portanto, separa-se do funcionalismo de Jakobs na medida em que defende a culpabilidade como fundamento e limite para a aplicação da pena, a fim de coibir abusos do Estado, que não pode valer-se do indivíduo, ao destinar-lhe uma sanção penal, como mero instrumento de reafirmação dos valores do direito penal (ob. cit., p. 813-814). Permanecemos fiéis à teoria normativa pura, que não nos parece defeituosa; ao contrário, é a única que congrega fatores de valoração com a concreta situação do ser humano e de sua capacidade inegável de agir de acordo com seu livre-arbítrio. Não concordamos com as posições que criticam essa utilização. Por todos, Jakobs diz que colocar o livre-arbítrio como pressuposto geral da culpabilidade, já que ele não comporta prova no caso concreto, fomenta um conceito carecedor de dimensão social. A culpabilidade não teria um efeito social, mas somente seria a desvalorização do indivíduo (ob. cit., p. 584-586). Não nos parece seja assim. A possibilidade e a exigibilidade de alguém agir conforme as regras impostas pelo ordenamento jurídico, em nosso entendimento, são perfeitamente comprováveis. Como Schünemann afirma, o livre-arbítrio é uma parte da reconstrução social da realidade, vale dizer, é real (citação de Roxin, ob. cit., p. 809). O julgador tem condições de analisar, pelas provas dos autos, se o agente tinha condições de atuar conforme o direito. E, com certeza, não fará juízo de censura se verificar, dentro dos critérios de razoabilidade, que o autor do injusto optou por interesses e valores mais importantes, no caso concreto, que não poderiam ser desprezados. Exemplificando: se o gerente de um banco tem a família sequestrada, sob ameaça de morte, ordenando-lhe o sequestrador que vá ao estabelecimento onde trabalha e de lá retire o dinheiro do cofre, pertencente ao banqueiro. O que poderá fazer? Coagido irresistivelmente, cede e subtrai o dinheiro do patrão para entregar a terceiro. Seu livre-arbítrio poderia tê-lo conduzido a outro caminho? Sem dúvida. Poderia ter-se negado a agir assim, mesmo que sua família corresse o risco de morrer. Seria, no entanto, razoável e justo? Que sociedade teria condições de censurar o pai que salva a vida dos seus filhos, embora tenha optado pelo caminho do juridicamente injusto (furto)? Em suma, é natural supor que o gerente tivesse dois caminhos – aceitar ou não a ordem recebida –, optando pelo respeito às regras jurídicas, que coíbem a subtração de coisa alheia, ou pelo desrespeito das mesmas, justamente por estar em situação de inexigibilidade de conduta diversa. O livre-arbítrio pode levar o agente a subtrair coisa pertencente a terceiro, porém em situação excepcional. A análise dessa anormalidade pode ser feita por qualquer magistrado, de modo que não há necessidade de se recorrer a critérios normativos ou funcionais, nem ao menos à política criminal. Independe de análise do denominado "déficit motivacional", pois é patente que o livre-arbítrio encaminhou-se daquela maneira por ausência de outras alternativas razoáveis e justas. A culpabilidade, pois, deve ser um juízo de censura voltado ao imputável, que tem consciência potencial da ilicitude, e, dentro do seu livre-arbítrio (critério da realidade), perfeitamente verificável, opte pelo caminho do injusto sem qualquer razão plausível a tanto. Note-se, pois, que culpabilidade é *fundamento* e *limite* da pena, integrativa do conceito de *crime*, e não mero *pressuposto* da pena, como se estivesse fora da conceituação. *Pressuposto* é fato ou circunstância considerado antecedente necessário de outro, mas não, obrigatoriamente, elemento integrante. Considerar a culpabilidade como pressuposto da pena é retirar o seu caráter de *fundamento* da pena, pois *fundamento* é base, razão sobre a qual se ergue uma concepção, ou seja, é verdadeiro motivo de existência de algo. Logo, culpabilidade, se presente, fornece a razão de aplicação da pena, e o crime nada mais é do que o fato típico e antijurídico, merecedor de punição, tendo em vista que o tipo incriminador é formado – e isto é inegável – pela descrição de uma conduta, seguida de uma pena (ex.: "Matar alguém: Pena – reclusão, de seis a vinte anos", constituindo o homicídio). Portanto, torna-se incabível, em nosso ver, desmembrar a pena da conduta, acreditando que uma subsista sem a outra, no universo dos tipos penais incriminadores, ou seja, no contexto do crime. Um fato típico e antijurídico, ausente a culpabilidade, não é uma infração penal, podendo constituir-se em um ilícito de outra natureza. Sem a reprovação da conduta, deixa de nascer o crime. Pensar de modo diverso é esvaziar o conceito de delito.

162. Coação irresistível: há duas formas de coação (constrangimento): a) física, que tende a afetar qualquer movimento corpóreo do indivíduo, mormente quando invencível; elimina a própria conduta humana, para fins penais, consequentemente, gera atipicidade; b) moral, que afeta o querer do indivíduo, levando-o a tomar decisões involuntárias; afeta o seu livre-arbítrio e a sua capacidade de se comportar conforme determina o direito, consequentemente, gera ausência de culpabilidade.

163. Requisitos da coação: em primeiro lugar, deve-se frisar tratar-se de coação moral, pois afeta a culpabilidade. O texto menciona a *faculdade de agir*, logo, não é a coação física. Em segundo, desnecessário mencionar que *lhe suprima a faculdade de agir segundo a própria vontade*, pois é exatamente esse o cenário da *coação moral irresistível*, tanto assim que o Código Penal comum não menciona tal expressão (art. 22, CP). São

Art. 38

requisitos para o seu reconhecimento: a) *existência de uma ameaça* de dano grave, injusto e atual, extraordinariamente difícil de ser suportado pelo coato; b) *inevitabilidade do perigo* na situação concreta do coato; c) *ameaça voltada diretamente contra a pessoa do coato ou contra pessoas queridas a ele ligadas*. Se não se tratar de pessoas intimamente ligadas ao coato, mas estranhos que sofram a grave ameaça, caso a pessoa atue, para proteger quem não conhece, pode-se falar em inexigibilidade de conduta diversa, conforme os valores que estiverem em disputa; d) *existência de, pelo menos, três partes* envolvidas, como regra: o coator, o coato e a vítima; e) *irresistibilidade da ameaça* avaliada segundo o critério do homem médio e do próprio coato, concretamente. Portanto, é fundamental buscar, para a configuração dessa excludente, uma intimidação forte o suficiente para vencer a resistência do homem normal, fazendo-o temer a ocorrência de um mal tão grave que lhe seria extraordinariamente difícil suportar, obrigando-o a praticar o crime idealizado pelo coator. Por isso, costuma-se exigir a existência de três partes envolvidas: o coator, que faz a ameaça; o coato, que pratica a conduta injusta; a vítima, que sofre o dano.

164. Requisitos da obediência hierárquica: a) *existência de uma ordem não manifestamente ilegal*, ou seja, de duvidosa legalidade (essa excludente não deixa de ser um misto de inexigibilidade de outra conduta com erro de direito); b) *ordem direta emanada de autoridade competente em matéria de serviço* (excepcionalmente, quando se cumpre ordem de autoridade incompetente, pode se configurar um "erro de direito escusável"); c) *existência, como regra, de três partes* envolvidas: superior, subordinado e vítima; d) *relação de subordinação* hierárquica entre o mandante e o executor, em direito público. Não há possibilidade de se sustentar a excludente na esfera do direito privado, tendo em vista que somente a hierarquia no setor público pode trazer graves consequências para o subordinado que desrespeita seu superior (no campo militar, até a prisão disciplinar pode ser utilizada pelo superior, quando não configurar crime: CPM, art. 163: "Recusar obedecer a ordem do superior sobre assunto ou matéria de serviço, ou relativamente a dever imposto em lei, regulamento ou instrução: Pena – detenção, de um a dois anos, se o fato não constitui crime mais grave"); e) *estrito cumprimento da ordem*. Neste último caso, cremos que, em se tratando de ordem de duvidosa legalidade, é preciso, para valer-se da excludente, que o subordinado fixe os exatos limites da determinação que lhe foi passada. O exagero descaracteriza a excludente, pois se vislumbra ter sido exigível do agente outra conduta, tanto que extrapolou o contexto daquilo que lhe foi determinado por sua própria conta – e risco. É exatamente o que preceitua o § 2.º: "Se a ordem do superior tem por objeto a prática de ato manifestamente criminoso, ou há *excesso nos atos ou na forma da execução*, é punível também o inferior" (grifo nosso).

165. Responsável pelo crime: o agente (coator ou superior) que determina o cometimento do crime, pelas mãos do coato ou do subordinado, é o autêntico autor, devendo responder pela infração penal. Trata-se da hipótese denominada *autoria mediata*. O autor mediato (coator/superior) vale-se do autor imediato (coato/subordinado) para lesionar a vítima.

166. Ato manifestamente ilegal ou excesso: as duas situações constituem parcelas dos requisitos da obediência hierárquica para esta valer como excludente de culpabilidade. Cumprir ordem legal constitui dever do militar, logo, se algum dano advier, quem a segue está no estrito cumprimento do dever legal. Por outro lado, o cumprimento de ordem de duvidosa legalidade é justamente o que gera desequilíbrio no espírito do subordinado, levando-o a uma situação de inexigibilidade de conduta diversa, propiciando a exclusão da culpabilidade. Finalmente, o militar não está autorizado a cumprir ordem manifestamente ilegal em hipótese alguma. Na lei penal comum, o cumprimento de ordem ilegal, no cenário da obediência hierárquica, proporciona, ao menos, a aplicação de atenuante (art. 65, III, *c*, CP). Sob outro prisma, o cumprimento da ordem de duvidosa legalidade exige fiel seguimento ao que foi determinado, sob pena de, havendo excesso, descaracterizar a excludente de culpabilidade.

Estado de necessidade, como excludente de culpabilidade[167]

> **Art. 39.** Não é igualmente culpado quem, para proteger direito próprio ou de pessoa a quem está ligado por estreitas relações de parentesco ou afeição, contra perigo certo e atual, que não provocou, nem podia de outro modo evitar, sacrifica direito alheio, ainda quando superior ao direito protegido, desde que não lhe era razoavelmente exigível conduta diversa.[168]

167. Estado de necessidade exculpante: esta hipótese, descrita no art. 39 do Código Penal Militar, não possui similar no Código Penal comum. Entretanto, a doutrina apregoa, como causa supralegal de exclusão da culpabilidade, o estado de necessidade exculpante, constituído dos elementos constantes deste artigo. Nesse ponto, o Código Militar encontra-se mais avançado do que o comum. Estipula, expressamente, a ausência de culpabilidade nesse caso, permitindo a absolvição do agente.

168. Requisitos do estado de necessidade exculpante: a) existência de uma situação de perigo certo e atual (risco de dano determinado e presente); b) perigo gerado involuntariamente (nem dolo, nem culpa) pelo agente do fato necessário; c) perigo inevitável (há o dever de fuga no estado de necessidade, de modo a não prejudicar, gratuitamente, bem alheio); d) proteção a bem próprio ou de terceiro, a quem se liga por relação de afeto ou parentesco (cuidando-se de situação exculpante, demanda-se ligação afetiva entre o agente do fato necessário e a pessoa em perigo); e) sacrifício de direito alheio de valor superior ao bem protegido (se o sacrifício fosse de bem de igual valor ou de valor inferior, estaria figurado o autêntico estado de necessidade, como excludente de ilicitude); f) existência de situação de inexigibilidade de conduta diversa (a situação é dramática o suficiente para não permitir que o agente do fato necessário tenha condições de discernir, com clareza, qual bem merece ser salvo, optando, então, pelo que lhe parece mais importante). Ex.: num naufrágio, havendo possibilidade de salvar uma pessoa estranha ou um cão-guia, o deficiente visual, provavelmente, concentra-se neste último, pois não lhe seria exigível comportamento diverso em momento trágico e gerador de intensa emoção. Na jurisprudência: STM: "1. O crime previsto no art. 195 do CPM é classificado como de mera conduta, sendo suficiente para a sua caracterização o mero ingresso em lugar sujeito à Administração Militar por passagem irregular, não exigindo o dolo específico. 2. Durante a instrução criminal, todas as elementares do crime em questão, quer objetivas, quer subjetivas, foram comprovadas. 3. Restou demonstrado nos autos que os acusados, para manter o sustento de suas famílias, sendo eles os únicos provedores do lar, decidiram colher açaí e, com esse objetivo, resolveram entrar na Organização Militar por um buraco que havia no muro. 4. Apesar da gravidade das condutas, os apelantes agiram amparados pelo manto do estado de necessidade" (Apelação n.º 7000115-11.2020.7.00.0000, rel. Lúcio Mário de Barros Góes, 13.08.2020, maioria); "Tese defensiva amparada no estado de necessidade exculpante, previsto no art. 39 do CPM, em face de problemas financeiros enfrentados pela família do apelante, à época do crime de deserção. No caso, não há evidência de perigo certo e atual, elementos informativos do estado de necessidade exculpante, a ameaçar o apelante, muito menos seus familiares. Não há se falar que meras dificuldades financeiras possam ser consideradas situação de perigo, a ponto de autorizar o cometimento de uma conduta delituosa" (Apelação n.º 7000019-93.2020.7.00.0000, rel. William de Oliveira Barros, 04.06.2020, v.u.).

Art. 40

Coação física ou material

> **Art. 40.** Nos crimes em que há violação do dever militar, o agente não pode invocar coação irresistível senão quando física ou material.[169]

169. Exclusão da coação moral: o disposto no art. 40 do CPM é de duvidosa constitucionalidade, pois estabelece um critério rigoroso e excessivo em relação ao militar, exigindo uma atuação sobre-humana do agente, incompatível com os preceitos basilares da dignidade humana. A coação moral irresistível, quando presente, afeta a conduta do agente, impedindo-o de agir com discernimento, optando pelo caminho recomendado pelo Direito. Quem está sob coação moral *insuportável* não pode sofrer juízo de censura. Compreende-se, por certo, o interesse do Estado em manter o militar jungido ao seu dever, custe o que custar; entretanto, ignorar a imensa pressão que se forma contra o coato para que lesione a vítima, significa desprezar a própria falibilidade humana, exigindo que atuasse como autêntico herói e não simplesmente como militar. Por isso, cremos viável a alegação de coação moral irresistível em qualquer infração penal militar; no entanto, quando se tratar de delito com violação de dever militar, faz-se uma verificação mais rigorosa dos requisitos da coação moral irresistível, mas não se pode simplesmente vedá-la como escusa. Por outro lado, a coação física irresistível não poderia mesmo deixar de ser considerada, pois afeta a voluntariedade da conduta, tornando atípica a situação. Na jurisprudência: STM: "1. Comete o delito de deserção o militar que se ausenta, sem licença superior, da unidade na qual serve ou do lugar onde deva permanecer, por mais de oito dias. A lei pune o agente para que, em uma prevenção geral, não haja a proliferação do delito, o qual pode comprometer o desempenho das missões constitucionais atribuídas às Forças Armadas. 2. A coação moral irresistível encontra obstáculo legal à sua configuração no crime de deserção, nos termos do art. 40 do CPM, visto que o agente viola diretamente o dever militar. (...)" (Apelação n.º 7000929-57.2019.7.00.0000, rel. Marco Antônio de Farias, 04.03.2020, v.u.).

Atenuação de pena

> **Art. 41.** Nos casos do art. 38, letras *a* e *b*, se era possível resistir à coação,[170] ou se a ordem não era manifestamente ilegal;[171] ou, no caso do art. 39, se era razoavelmente exigível o sacrifício do direito ameaçado,[172] o juiz, tendo em vista as condições pessoais do réu, pode atenuar a pena.

170. Atenuante da coação resistível: como já mencionado, a coação se divide em *física* e *moral*; em ambos os casos, quando irresistíveis, afastam o crime, cada qual por um fundamento. Porém, quando a coação for resistível, permanece o delito, embora se possa conceder uma atenuante. Afinal, há um constrangimento, que pode impulsionar o réu ao crime.

171. Atenuante da ordem: há três tipos de ordens: a) legal; b) ilegal; c) duvidosa legalidade. Se o agente cumpre ordem legal, há estrito cumprimento do dever legal. Se cumpre ordem ilegal, responde pelo crime (art. 38, § 2.º, CPM). Se cumpre ordem de duvidosa legalidade, encaixa-se no perfil da obediência hierárquica, sendo absolvido. Portanto, a previsão feita neste art. 41 é estranha, na medida em que prevê como atenuante o cumprimento de ordem *não manifestamente ilegal*. Ora, assim ocorrendo, é exatamente a hipótese de obediência hierárquica. Logo, não deveria constar como atenuante. Cremos ter havido nítido equívoco neste dispositivo. A atenuante somente pode ser utilizada quando o agente cumprir *ordem ilegal*.

172. Atenuante residual da conduta inexigível: quem salva bem de maior valor, deixando perecer o de menor valor, em estado de necessidade, não comete crime, por exclusão da ilicitude. Quem salva bem de menor valor, deixando perecer outro de maior valor, desde que, na situação, não lhe seja exigível outra conduta, será absolvido por estado de necessidade exculpante. Porém, salvar um bem de menor valor, deixando sucumbir o de maior valor, observando-se uma situação anômala, cujo sacrifício do bem era exigível, permite a atenuação da pena.

Exclusão de crime[173]

> **Art. 42.** Não há crime[174-175] quando o agente pratica o fato:[176-178]
>
> I – em estado de necessidade;
>
> II – em legítima defesa;
>
> III – em estrito cumprimento do dever legal;[179]
>
> IV – em exercício regular de direito.[180]
>
> **Parágrafo único.** Não há igualmente crime quando o comandante de navio, aeronave ou praça de guerra, na iminência de perigo ou grave calamidade, compele os subalternos, por meios violentos, a executar serviços e manobras urgentes, para salvar a unidade ou vidas, ou evitar o desânimo, o terror, a desordem, a rendição, a revolta ou o saque.[181]

173. Conceito de ilicitude (antijuridicidade): é a contrariedade de uma conduta com o direito, causando lesão a um bem jurídico protegido. Trata-se de um prisma que leva em consideração o aspecto formal da antijuridicidade (contrariedade da conduta com o direito), bem como o seu lado material (causando lesão a um bem jurídico tutelado). Nas palavras de Zaffaroni e Pierangeli, "a antijuridicidade é uma, material porque invariavelmente implica a afirmação de que um bem jurídico foi afetado, formal, porque seu fundamento não pode ser encontrado fora da ordem jurídica" (*Manual de direito penal brasileiro – Parte geral*, p. 573). No mesmo prisma encontra-se a lição de Muñoz Conde, mencionando como exemplos a falsificação da assinatura de uma personalidade famosa por puro passatempo ou a confecção de um título de crédito com finalidade didática. Tais situações não constituem, *materialmente*, uma ação antijurídica, pois não colocam em risco o bem jurídico protegido (*Derecho penal – Parte general*, p. 337). Pensamos que, nessa hipótese, não se pode utilizar a teoria da atipicidade material, tendo em vista que a conduta não é socialmente adequada (aceita por consenso pela sociedade). Mas reconhece-se a licitude das condutas exemplificadas por ausência de lesão concreta a qualquer bem jurídico tutelado.

174. Excludentes de ilicitude: se presente qualquer das causas relacionadas no art. 42 do Código Penal Militar, está-se afastando um dos elementos do crime, que é a contrariedade da conduta ao direito. Ensina Maggiore que o conceito de justificação não é particular e exclusivo do direito penal, pertencendo ao ordenamento jurídico em geral, tanto na esfera pública como na privada, pois é faculdade da legislação decidir se uma relação determinada é contrária ao direito ou está de acordo com ele. A excludente de antijuridicidade torna lícito o que é ilícito (*Derecho penal*, v. 1, p. 387-388).

175. Classificação das excludentes de ilicitude: as excludentes de ilicitude podem ser divididas da seguinte forma: a) previstas na Parte Geral do Código Penal Militar e válidas, portanto, para todas as condutas típicas estabelecidas na Parte Especial ou em leis penais

Art. 42

especiais: a.1) estado de necessidade (arts. 42, I, e 43); a.2) legítima defesa (arts. 42, II, e 44); a.3) estrito cumprimento do dever legal (art. 42, III); a.4) exercício regular de direito (art. 42, IV); b) previstas na Parte Especial do Código Penal e válidas, apenas, para alguns delitos; c) previstas em legislação extrapenal; d) consentimento do ofendido, que é excludente supralegal (não prevista expressamente em lei), consistente no desinteresse da vítima em fazer valer a proteção legal ao bem jurídico que lhe pertence.

176. Consentimento do ofendido: trata-se de uma causa supralegal e limitada de exclusão da antijuridicidade, permitindo que o titular de um bem ou interesse protegido, considerado disponível, concorde, livremente, com a sua perda. Não se trata de matéria de aceitação pacífica, tanto na doutrina quanto na jurisprudência. Entretanto, pode-se observar ter a maioria perfilhado o entendimento de se tratar de excludente de ilicitude aceitável, embora não prevista expressamente em lei. Acolhendo a tese, escreve Frederico Marques que, "quando surge o consenso, em relação a determinados bens deixa de subsistir a situação de fato em relação à qual deve entrar em vigor a norma penal, o que acontece naqueles casos em que o interesse do Estado não seja tal que prescinda da vontade do particular. É que, em ocorrendo tais situações, o interesse público do Estado não pode exigir mais do que isto: que os bens individuais não sejam atingidos contra a vontade dos respectivos sujeitos. O interesse estatal se identifica com a conservação de bens individuais enquanto esta corresponda à vontade do titular; consequentemente, esses bens não podem ser tidos como lesados quando o respectivo sujeito manifestou sua vontade em sentido favorável à lesão" (*Tratado de direito penal*, v. 2, p. 189). E, ratificando esse entendimento, Salgado Martins leciona que "as causas ilidentes da antijuridicidade não podem limitar-se às estritas prescrições da lei positiva, mas devem ser examinadas dentro de quadro mais amplo, isto é, à luz de critérios sociológicos, éticos, políticos, em suma, critérios que se situam antes do Direito ou, de certo modo, fora do âmbito estrito do Direito positivo" (*Direito penal – Introdução e parte geral*, p. 179). Há vários penalistas que, embora acolhendo o consentimento do ofendido como causa de exclusão da ilicitude, ressalvam que tal somente pode ocorrer quando os bens forem considerados *disponíveis*, enumerando-os. Nessa ótica, diz Fragoso que "o consentimento jamais terá efeito quando se tratar de bem jurídico *indisponível*, ou seja, aquele bem em cuja conservação haja interesse coletivo. A honra, a liberdade, a inviolabilidade dos segredos, o patrimônio são bens disponíveis. A vida e a Administração Pública, por exemplo, são bens irrenunciáveis ou indisponíveis. A nosso ver a integridade corporal também é bem jurídico disponível, mas não é esse o entendimento que prevalece em nossa doutrina" (*Lições de direito penal*, p. 193). No mesmo prisma: Paulo José da Costa Jr. (*Direito penal – curso completo*, p. 109). Cremos, igualmente, que o consentimento somente pode ser acolhido quando se tratar de bens disponíveis, embora prefiramos não elaborar uma relação daqueles que o são, pois somente a evolução dos costumes e dos valores na sociedade poderá mais adequadamente acertar e indicar qual bem ou interesse ingressa na esfera de disponibilidade do lesado. Em ampla abordagem do consentimento do ofendido, Aníbal Bruno não deixa de mencionar a importância dos costumes na avaliação da ilicitude do fato. Como regra, diz o autor, a integridade física e a saúde são bens jurídicos indisponíveis, mas, em determinadas situações, o consentimento do ofendido pode ter poder descriminante, desde que a lesão não ponha em perigo a vida ou não afronte a capacidade do indivíduo como valor social (*Direito penal – Parte geral*, t. 2, p. 22). Em sentido contrário, posiciona-se minoria da doutrina, entre os quais destacam-se Soler (*Derecho penal argentino*, t. I, p. 303-307) e Nélson Hungria, professando que "só se pode falar, do ponto de vista penal, em bem ou interesse jurídico *renunciável* ou *disponível*, a exclusivo arbítrio do seu titular, nos estritos casos em que a própria lei penal, explícita ou implicitamente, o reconheça. Não há investigar alhures as hipóteses de *livre disponibilidade* de direitos (bens, interesses) penalmente tutelados. É este o ponto intransponível para os que, seduzidos pelas chamadas *questões elegantes* de interpretação do *jus positum* em matéria penal, defendem o critério aceito pelo ilustre projetista" (*Comentários ao Código Penal*, v. I, t. II, p. 269). Nesse contexto, Hungria está criticando o projeto redigido por Alcântara Machado, que havia previsto expressamente o consentimento do ofendido como excludente de ilicitude. Os exemplos dados pelo autor do referido projeto, justificadores da excludente, foram da lesão havida na prática desportiva e do crime de dano. E, para tanto, Nélson Hungria diz que a lesão no esporte não passa de *exercício regular de direito*, pois regulado pela própria lei do Estado, além do que, se houver morte ou lesão grave, o fato somente poderia deixar de ser punido pela ausência de culpabilidade. No tocante ao delito de dano, menciona que o consentimento está ínsito ao tipo penal, visto ser crime patrimonial; logo, se houvesse consentimento, seria conduta atípica. Quanto a este, não há dúvida que podemos resolver no campo da tipicidade. Mas, no outro caso, pensamos que Hungria olvidou a possibilidade de haver esporte violento não autorizado pelo Estado, do qual tomassem parte pessoas adultas que consentissem nas lesões recíprocas. Imagine-se que tivessem ocorrido apenas lesões leves. Teria havido conduta criminosa? Note-se que não está ínsito ao tipo da lesão corporal o dissentimento da vítima, pois a tradição, no direito penal, é considerar indisponível a integridade física. Aliás, até o advento da Lei 9.099/95 o delito de lesões leves era de ação pública incondicionada. Atualmente, apesar de ser de ação pública condicionada à representação da vítima, pode-se continuar a debater o tema. Afinal, havendo consentimento do ofendido, segundo entendemos, não há crime, logo, nem mesmo cabe falar em direito à representação. Não se trata, pois, de uma mera *questão elegante* de interpretação do direito posto, como afirmado, mas sim de uma evolução da análise da esfera de proteção obrigatória dada pelo direito penal, colocando inúmeros bens e interesses em patamares intocáveis (indisponíveis), não mais condizentes com a realidade. No exemplo dos esportes violentos não regulamentados pelo Estado, é possível que a parte lesada consinta nos danos sofridos sem que isso se transforme em drama criminal, somente sanável pela intervenção do direito penal. Embora possamos falar em fato típico, certamente o consentimento afasta a ilicitude, dentro da esfera razoável de disponibilidade do ofendido. É preciso salientar, por derradeiro, que o consentimento do ofendido vem ingressando no ordenamento jurídico, como fator excludente de responsabilidade penal, já há algum tempo. Exemplo disso é a edição da Lei 9.434/97, que dispõe sobre a possibilidade de pessoa viva doar órgãos, tecidos e outras substâncias, desde que não haja o fito de comercialização. Trata-se de autêntico consentimento para a realização de uma lesão grave ou gravíssima, embora admitida expressamente em lei.

177. Requisitos da excludente do consentimento do ofendido: para que se possa reconhecer presente a excludente, absolvendo o réu por ausência de ilicitude da conduta, é indispensável que determinados requisitos estejam presentes: a) *concordância do ofendido* (pessoa física ou jurídica), obtida *livre de qualquer tipo de vício, coação, fraude ou artifício*. Quanto ao consentimento dado por pessoa embriagada, depende do caso concreto. Se a embriaguez, apesar de voluntária, não se voltava a inserir o agente em situação de risco, o seu consentimento não é válido; porém, se a embriaguez ocorrer em situação arriscada, pode-se aceitar o consentimento; b) *consentimento* dado de maneira *explícita ou implícita*, desde que seja possível reconhecê-lo. Não se admite o consentimento presumido. Se alguém, por exemplo, concorda com uma determinada agressão física uma vez, não quer isto significar que aquiesça sempre. Logo, a presunção não tem lugar nesse contexto; c) *capacidade para consentir*. Não havendo a excludente em nosso sistema jurídico, naturalmente inexiste uma idade legal para que o consentimento seja dado. Parece-nos razoável partir da idade penal, ou seja, 18 anos para estabelecer um limite. Afinal, aquele que tem capacidade para responder por seus atos, na esfera criminal, sem dúvida pode dispor, validamente, de bens ou interesses seus. Por outro

Art. 42

Código Penal Militar Comentado • NUCCI

lado, deve haver flexibilidade na análise da capacidade de consentimento, pois um menor, com 17 anos, por exemplo, certamente tem condições de discernir sobre a perda de algum bem; d) *disponibilidade do bem ou interesse*. Verifica-se a disponibilidade do bem ou interesse quando a sua manutenção interessa, sobremaneira, ao particular, mas não é preponderante à sociedade. E mais: quando a conduta não ferir os bons costumes e a ética social. Logicamente que tal análise somente se faz, com maior precisão, no caso concreto, analisando-se os costumes e valores sociais do momento, o que é passível de evolução. Registre-se o conteúdo do art. 13 do Código Civil: "Salvo por exigência médica, é defeso o ato de disposição do próprio corpo, quando importar diminuição permanente da integridade física, ou *contrariar os bons costumes*. Parágrafo único. O ato previsto neste artigo será admitido para fins de transplante, na forma estabelecida em lei especial" (grifamos); e) *consentimento* dado *antes ou durante* a prática da conduta do agente. Não se deve admitir que o consentimento seja dado após a realização do ato, pois o crime já se consumou, não devendo ter a vítima controle sobre isso. Aceitar o consentimento após a prática da infração penal equivale ao acolhimento do perdão, que difere substancialmente da concordância na perda do bem ou do interesse; f) *consentimento revogável a qualquer tempo*. Embora aceita a prática da conduta inicialmente, pode o titular do bem jurídico afetado voltar atrás a qualquer momento, desde que o ato não se tenha encerrado; g) *conhecimento do agente* acerca do consentimento do ofendido. É fundamental que o autor da conduta saiba que a vítima aquiesceu na perda do bem ou interesse, como se dá, aliás, nas demais excludentes de ilicitude.

178. Elemento subjetivo nas excludentes: discute-se se o agente, ao invocar qualquer das excludentes de ilicitude, precisa atuar consciente de que está se defendendo ou se valendo de um direito ou de um dever. Seria a excludente de natureza meramente objetiva ou exigiria, também, o aspecto subjetivo? É possível que alguém, sem saber que está em estado de necessidade (por exemplo, está em vias de ser atacado por um animal descontrolado), invada um domicílio. Responde pela invasão, em razão de não ter ingressado na casa alheia com conhecimento de que fugia de um perigo ou deve ser reconhecido o estado de necessidade, que era situação real, em seu favor? Ou, ainda, seria possível aplicar a legítima defesa a quem, pretendendo matar o inimigo, mas sem saber que este também deseja a sua morte, encontra-o, desferindo-lhe um tiro fatal, estando a vítima igualmente à procura do agente do disparo, para o mesmo fim? Estava ele na iminência de ser agredido, mas disso não tinha ciência. Há *duas teorias* para solucionar a questão: objetiva e subjetiva. Sustentando a *teoria objetiva*, confira-se a lição de Magalhães Noronha: "É causa objetiva de excludente da antijuridicidade. 'Objetiva' porque se reduz à apreciação 'do fato', qualquer que seja o estado subjetivo do agente, qualquer que seja sua convicção. Ainda que pense estar praticando um crime, se a 'situação de fato' for de legítima defesa, esta não desaparecerá. O que está no psiquismo do agente não pode mudar o que se encontra na realidade do acontecido. A convicção errônea de praticar um delito não impede, fatal e necessariamente, a tutela de fato de um direito" (*Direito penal*, v. 1, p. 196). E prossegue, em relação à excludente de ilicitude: "Situa-se no terreno físico ou material do fato, prescindindo de *elementos subjetivos. O que conta é o fim objetivo da ação, e não o fim subjetivo do autor*". Ilustrando, alega que "se, *v.g.*, um criminoso se dirige à noite para sua casa, divisando entre arbustos um vulto que julga ser um policial que o veio prender e, para escapar à prisão, atira contra ele, abatendo-o, mas verifica-se a seguir que se tratava de um assaltante que, naquele momento, de revólver em punho, ia atacá-lo, age em legítima defesa, porque de legítima defesa era a situação. *O que se passa na mente da pessoa não pode ter o dom de alterar o que se acha na realidade do fato externo*" (*Direito penal*, v. 1, p. 201). Sobre o tema, pronuncia-se Hungria: "O preconizado critério *subjetivo*, em matéria de legítima defesa, só é compreensível para o efeito do *relativismo* com que, ocorrendo *efetivamente* uma agressão ou perigo de agressão, se deve apreciar o 'erro de cálculo' do agente, no tocante à gravidade da *real* agressão ou do *real* perigo, e consequente *excessus* no *modus* da reação. Somente para se saber se o *excessus defensionis* é *doloso, culposo* ou *isento de qualquer culpabilidade* é que se pode e deve indagar da *subjetividade* da ação" (*A legítima defesa putativa*, p. 141). Pensamos, entretanto, que, adotada a posição finalista em relação ao crime, não há como deixarmos de apoiar, também neste ponto, a *teoria subjetiva*. Afinal, se a finalidade do agente era invadir casa alheia, no exemplo supracitado, sem saber que corria perigo, não é merecedor da excludente, certamente não idealizada para privilegiar a má-fé e o ato injusto. Em idêntico sentido, não sabendo que seria atacado, não pode invocar a excludente da legítima defesa, quando, em verdade, queria matar o seu oponente. Nesse sentido, Bustos Ramírez e Valenzuela Bejas ensinam que o que interessa ao ordenamento jurídico é que exista a motivação de preservar um bem jurídico, que seja considerado valioso e cuja preservação seja analisada no caso concreto (*Derecho penal latinoamericano comparado*, p. 228). Melhor teria agido o legislador se tivesse feito constar, expressamente, na lei penal, como o fez o Código Penal italiano, a *consciência da necessidade* de valer-se da excludente (arts. 52, 53 e 54). Aliás, a importância do ânimo de se defender ou de realizar a defesa de terceiros é tão intensa que algumas legislações expressamente exigem, em situações peculiares, como a defesa de pessoas estranhas, que o agente defensor não atue impulsionado pelo desejo de vingança, ressentimento ou outro motivo ilegítimo (nessa linha está o art. 10, § 6.º, do Código Penal chileno). E complementa Del Rio: "Como temos mencionado, o legislador quis deixar aberto o caminho ao indivíduo que, movido por sentimentos generosos de humanidade e justiça, acode em defesa de um semelhante em perigo; mas, ao mesmo tempo, quis evitar que este defensor possa aproveitar a ocasião que se lhe apresenta para causar um mal ao agressor, movido por vingança, ressentimento ou outro motivo ilegítimo" (*Derecho penal – Parte general*, t. II, p. 171). Cremos exagerada tal disciplina, o que não ocorre na nossa lei. Se o agente efetivamente defender terceira pessoa, ainda que esteja aproveitando a ocasião para se vingar de inimigo, que é o agressor, configura-se a legítima defesa, pois deve prevalecer o intuito de defesa. Logicamente, sabendo-se da relação de inimizade entre defensor e agressor, releva observar, com maior cautela, os elementos referentes à necessariedade dos meios empregados e à moderação. Se houver excesso, naturalmente, deve o defensor ser punido. Não é preciso qualquer sentido ético à conduta defensiva, bastando o ânimo de se defender – ou defender terceira pessoa. Assim, também, a lição de Maurach (*Derecho penal – Parte general*, v. 1, p. 449). Devemos destacar, ainda, que a consciência exigida não é da situação de *injustiça* (ilicitude) da agressão, pois, se assim fosse, inimputáveis (loucos e menores de idade) e ébrios não poderiam utilizar a legítima defesa, já que não teriam noção do que é certo e do que é errado (aliás, justamente por isso, não respondem por crime). As pessoas privadas da consciência do ilícito podem, sem dúvida, defender sua própria pessoa e seus bens e interesses, desde que tenham a *consciência* de estarem sendo vítimas de uma agressão. O instinto de preservação, mormente nas situações do estado de necessidade e da legítima defesa, está acima da capacidade de ciência do lícito ou do ilícito, conforme as leis vigentes. Um doente mental, inserido em um contexto de incêndio, vai procurar escapar de todo modo, ainda que tenha de machucar outras pessoas para atingir o seu objetivo. Os exageros cometidos pelo inimputável ou embriagado, ao buscar valer-se das excludentes de ilicitude, serão analisados e julgados como se fossem fatos criminosos comuns. A eles podem ser aplicadas as medidas alternativas de segurança ou socioeducativas, conforme o caso. Quanto ao ébrio, tudo vai depender da origem da embriaguez: se fortuita ou voluntária ou culposa. Em suma, é mais difícil que inimputáveis em geral atuem em exercício regular de direito ou estrito cumprimento do dever legal, mas é bem provável que ajam em estado de necessidade ou legítima defesa, com plena consciência da situação perigosa da qual buscam escapar. Nos exemplos supramencionados, em relação àqueles que querem fazer o mal (invadir domicílio

Art. 43

Código Penal Militar Comentado • Nucci

ou matar alguém), de maneira consciente, não há a menor noção de estado de necessidade ou legítima defesa. Pensam em delinquir e não se salvar de algo.

179. Conceito de estrito cumprimento do dever legal: trata-se da ação praticada em cumprimento de um dever imposto por lei, penal ou extrapenal, mesmo que cause lesão a bem jurídico de terceiro. Pode-se vislumbrar, em diversos pontos do ordenamento pátrio, a existência de deveres atribuídos a certos agentes que, em tese, podem configurar fatos típicos. Para realizar uma prisão, por exemplo, agentes da autoridade podem usar a violência necessária para o ato. O *dever legal* precisa advir de lei, ou seja, preceito de caráter geral, originário de poder público competente, embora no sentido lato (leis ordinárias, regulamentos, decretos etc.).

180. Conceito de exercício regular de direito: é o desempenho de uma atividade ou a prática de uma conduta autorizada por lei, que torna lícito um fato típico. Se alguém exercita um *direito*, previsto e autorizado de algum modo pelo ordenamento jurídico, não pode ser punido, como se praticasse um delito. O que é lícito em qualquer ramo do direito, há de ser também no direito penal. Exemplo: a Constituição Federal considera o domicílio asilo inviolável do indivíduo, sendo vedado o ingresso nele sem consentimento do morador, salvo em caso de flagrante delito ou desastre, bem como para prestar socorro (art. 5.º, XI, CF). Portanto, se um fugitivo da justiça esconde-se na casa de um amigo, a polícia somente pode penetrar nesse local durante o dia, constituindo exercício regular de direito impedir a entrada dos policiais durante a noite, mesmo possuindo um mandado. Acrescente-se, ainda, que o termo *direito* deve ser interpretado de modo amplo e não estrito – afinal, cuida-se de excludente de ilicitude e não de norma incriminadora. Logo, compreende "todos os direitos subjetivos pertencentes a toda categoria ou ramo do ordenamento jurídico, direta ou indiretamente reconhecido, como afinal são os costumes" (cf. Marcello Jardim Linhares, *Estrito cumprimento de dever legal. Exercício regular de direito*, p. 111).

181. Estado de necessidade militar: a figura retratada no parágrafo único do art. 42 evidencia uma modalidade específica de estado de necessidade, típica de militares. Havendo uma situação de perigo iminente (futuro próximo) ou grave calamidade, para salvar a unidade ou vidas, bem como evitar o desânimo, o terror, a desordem, a rendição, a revolta ou o saque, pode o comandante de navio, aeronave ou praça de guerra compelir (constranger) os subalternos, inclusive por meios violentos, a executar qualquer serviço ou manobra urgente. Envoltos por situação perigosa, chocam-se dois bens jurídicos: a integridade física dos subalternos *versus* interesses militares relevantes, além da própria vida do militar. Na verdade, nem seria necessário o disposto neste parágrafo único, pois é hipótese abrangida pelo art. 43 do CPM. Mas a figura descriminante, por conta de suas peculiaridades, confere maior ênfase à situação.

Estado de necessidade, como excludente do crime[182]

> **Art. 43.** Considera-se em estado de necessidade[183] quem pratica o fato para preservar direito seu ou alheio,[184] de perigo certo e atual,[185] que não provocou,[186] nem podia de outro modo evitar,[187] desde que o mal causado, por sua natureza e importância, é consideravelmente inferior ao mal evitado, e o agente não era legalmente obrigado a arrostar o perigo.[188]

182. Espécies de estado de necessidade: a) *quanto à origem do perigo*: a.1) *estado de necessidade defensivo*: ocorre quando o agente pratica o ato necessário contra a coisa da qual promana o perigo para o bem jurídico. Ex.: A, atacado por um cão bravo, vê-se obrigado a matar o animal. Agiu contra a coisa da qual veio o perigo; a.2) *estado de necessidade agressi-*

vo: ocorre quando o agente se volta contra pessoa ou coisa diversa da qual provém o perigo para o bem jurídico. Ex.: para prestar socorro a alguém, o agente toma o veículo alheio, sem autorização do proprietário. Não se inclui no estado defensivo a *pessoa*, pois, quando o perigo emana de ser humano e contra este se volta o agente, estar-se-á diante de uma hipótese de legítima defesa; b) *quanto ao bem sacrificado*: b.1) *estado de necessidade justificante*: trata-se do sacrifício de um bem de menor valor para salvar outro de maior valor ou o sacrifício de bem de igual valor ao preservado. Ex.: o agente mata um animal agressivo, patrimônio de outrem, para salvar alguém sujeito ao seu ataque (patrimônio *x* integridade física). Se um ser humano mata outro para salvar-se de um incêndio, buscando fugir por uma passagem na qual somente uma pessoa consegue atravessar, é natural que estejamos diante de um estado de necessidade justificante, pois o direito jamais poderá optar entre a vida de um ou de outro. Assim, é perfeitamente razoável, conforme preceitua o art. 43 do Código Penal Militar, exigir-se o sacrifício ocorrido. E, no prisma que defendemos, confira-se a lição de Aníbal Bruno (*Direito penal*, t. I, p. 397) e Ivair Nogueira Itagiba (*Do homicídio*, p. 274); b.2) *estado de necessidade exculpante*: ocorre quando o agente sacrifica bem de valor maior para salvar outro de menor valor, não lhe sendo possível exigir, nas circunstâncias, outro comportamento. Trata-se, pois, da aplicação da teoria da inexigibilidade de conduta diversa, razão pela qual, uma vez reconhecida, não se exclui a ilicitude, e sim a culpabilidade. É a previsão feita pelo art. 39 deste Código.

183. Requisitos do estado de necessidade: a) existência de perigo certo e atual; b) perigo não provocado pelo agente; c) inevitabilidade do perigo; d) proteção a direito próprio ou de terceiro; e) perecimento do bem de menor valor para salvar o de maior valor; f) inexistência do dever legal do agente de enfrentar o perigo.

184. Proteção a direito próprio ou de terceiro: não pode alegar estado de necessidade quem visa à proteção de bem ou interesse juridicamente desprotegido. Assim, exemplificando, impossível invocar a excludente quem pretenda, a pretexto de preservar carregamento de substância entorpecente de porte não autorizado, sacrificar direito alheio.

185. Conceito e extensão de *atualidade*: atual é o que está acontecendo, portanto uma situação *presente*. Na ótica de Hungria, é o perigo concreto, imediato, reconhecido objetivamente, não se podendo usar a excludente quando se trata de perigo incerto, remoto ou passado (*Comentários ao Código Penal*, v. I, t. II, p. 273). Igualmente: Aníbal Bruno (*Direito penal*, t. I, p. 395). Não se inclui, propositadamente, na lei o perigo *iminente*, visto ser uma situação futura, nem sempre fácil de ser verificada. Um perigo que está por acontecer é algo imponderável, não autorizando o uso da excludente. Como leciona Enrico Contieri, "o perigo, em sentido próprio, é sempre efetivo; o perigo de um perigo ou perigo futuro não é perigo" (*O estado de necessidade*, p. 55). Ex.: vislumbrando o princípio de um naufrágio e, consequentemente, um perigo *iminente*, não pode o passageiro do navio agredir ou ferir outra pessoa a pretexto de estar em estado de necessidade. Por outro lado, quando se fala de perigo atual, está-se tratando de um dano *iminente*, daí por que se autoriza a utilização do estado de necessidade. Além disso, a inclusão do termo *certo*, juntamente com *atual*, demonstra a efetividade do risco, distanciando-se da iminência.

186. Voluntariedade na causação do perigo: é certo que a pessoa que deu origem ao perigo não pode invocar a excludente para sua própria proteção, pois seria injusto e despropositado. Em se tratando de bens juridicamente protegidos e lícitos que entram em conflito por conta de um perigo, torna-se indispensável que a situação de risco advenha do infortúnio. Não fosse assim, exemplificando, aquele que causasse um incêndio poderia sacrificar a vida alheia para escapar, valendo-se da excludente, sem qualquer análise da origem do perigo concretizado. O Código Penal Militar menciona somente a expressão *que não provocou*, enquanto o CP comum especifica *que não provocou por sua vontade*. Nesta última hipótese, debate-se

Art. 44

Código Penal Militar Comentado • Nucci

se a voluntariedade do agente envolve dolo e culpa ou somente dolo. Segundo pensamos, o perigo não pode ser causado nem por dolo nem por culpa. Em todo caso, no Código Penal Militar não se cuida da expressão *por sua vontade*, evidenciando, com maior ênfase, deva o perigo ser produzido fortuitamente.

187. Inevitabilidade do perigo e inevitabilidade da lesão: característica fundamental do estado de necessidade é que o perigo seja inevitável, bem como seja imprescindível, para escapar da situação perigosa, a lesão a bem jurídico de outrem. Podendo afastar-se do perigo ou podendo evitar a lesão, deve o autor do fato necessário fazê-lo. No campo do estado de necessidade, impõe-se a fuga, sendo ela possível. Exemplo: alguém se vê atacado por um cachorro feroz, embora possa, fechando um portão, esquivar-se da investida; não pode matar o cão, a pretexto de estar em estado de necessidade. O perigo era evitável, assim como a lesão causada. Concordamos com o alerta feito por Aníbal Bruno no sentido de que o agente do fato necessário deve atuar de modo a causar o menor estrago possível. Assim, entre o dano à propriedade e a lesão a alguém, o correto é a primeira opção; entre a lesão a várias pessoas e a uma só, melhor esta última (*Direito penal*, t. I, p. 395).

188. Dever legal de enfrentar o perigo: o dever legal é o resultante de lei, considerada esta em seu sentido lato. Entretanto, deve-se ampliar o sentido da expressão para abranger também o dever *jurídico*, aquele que advém de outras relações previstas no ordenamento jurídico, como o contrato de trabalho ou mesmo a promessa feita pelo garantidor de uma situação qualquer. Identicamente: Bento de Faria (*Código Penal brasileiro comentado*, v. 2, p. 197). Por isso, tem o dever de enfrentar o perigo tanto o policial (dever advindo de lei), quanto o segurança particular contratado para a proteção do seu empregador (dever jurídico advindo do contrato de trabalho). Nas duas situações, não se exige da pessoa encarregada de enfrentar o perigo qualquer ato de heroísmo ou abdicação de direitos fundamentais, de forma que o bombeiro não está obrigado a se matar, em um incêndio, para salvar terceiros, nem o policial a enfrentar perigo irracional. A finalidade do dispositivo é evitar que pessoas obrigadas a vivenciar situações de perigo, ao menor sinal de risco, se furtem ao seu compromisso. Em contrário, posiciona-se Hungria, ressalvando que somente o dever advindo de *lei* é capaz de impedir o estado de necessidade (*Comentários ao Código Penal*, v. I, t. II, p. 279-280).

Legítima defesa[189]

> **Art. 44.** Entende-se em legítima defesa quem, usando moderadamente[190] dos meios necessários,[191] repele injusta[192] agressão,[193] atual ou iminente,[194] a direito seu ou de outrem.[195]

189. Elementos da legítima defesa: a) *relativos à agressão*: a.1) injustiça; a.2) atualidade ou iminência; a.3) contra direito próprio ou de terceiro; b) *relativos à repulsa*: b.1) utilização de meios necessários (*mezzi*); b.2) moderação (*grado*); c) *relativo ao ânimo do agente*: elemento subjetivo, consistente na vontade de se defender.

190. Moderação: é a razoável proporção entre a defesa empreendida e o ataque sofrido, que merece ser apreciada no caso concreto, de modo relativo, consistindo na "medida dos meios necessários". Se o meio se fundamentar, por exemplo, no emprego de arma de fogo, a moderação basear-se-á no número de tiros necessários para deter a agressão. Não se trata de conceito rígido, admitindo-se ampla possibilidade de aceitação, uma vez que a reação de uma pessoa normal não se mede por critérios matemáticos ou científicos. Daí por que a liberdade de apreciação é grande, restando ao magistrado valer-se de todo o bom senso peculiar à espécie a fim de não cometer injustiça. A escolha do meio defensivo e o seu uso importarão na eleição daquilo que constitua a menor carga ofensiva possível, pois a legítima defesa foi criada para legalizar a defesa de um direito e não para a punição do agressor (cf. Jardim Linhares, *Legítima defesa*, p. 368). Convém analisar, em conjunto com o requisito *moderação*, a parte relativa aos meios necessários. Na jurisprudência: STM: "Para configuração da legítima defesa, mister que o agredido aja de forma moderada para repelir a agressão atual. Não é o que se viu dos autos, na medida em que os apelados continuaram a agredir seu opositor mesmo depois de cessada a possível violência praticada por parte do agressor, somado ao fato de que o segundo apelado, filho do primeiro, passou a investir contra o ofendido quando esse já vinha sendo agredido e dominado pelo seu pai, ou seja, não presenciou sequer o início do entrevero, o que afasta qualquer tentativa de construir um liame entre o ataque atual e o intuito de repeli-lo, tudo isso a descaracterizar a legítima defesa. (...)" (Apelação n.º 7000055-38.2020.7.00.0000, rel. Francisco Joseli Parente Camelo, 18.06.2020, maioria).

191. Meios necessários: são os eficazes e suficientes para repelir a agressão ao direito, causando o menor dano possível ao atacante. Quanto à utilização do meio *menos gravoso* ao agressor, subsume-se essa situação no próprio conceito de *necessariedade* (indispensável, essencial, inevitável) (cf. Américo de Carvalho, *A legítima defesa*, p. 317). Não se exige, no contexto da legítima defesa, tal como se faz no estado de necessidade, a fuga do agredido, já que a agressão é injusta. Pode ele enfrentar a investida, usando, para isso, os meios que possuir ao seu alcance, sejam eles quais forem. A exigência de fuga, como lembra Bettiol, degrada a personalidade moral, mas isso não significa que, de propósito, o sujeito procure passar próximo do local onde está o agressor, que já o ameaçou, para gerar uma situação de legítima defesa (*Diritto penale – Parte generale*, p. 260). Em igual linha: Manzini, Carrara, Ranieri, Sabatini, Santoro, Vannini, Welzel, Antolisei, Maggiore, Venditti (citações de Jardim Linhares, que com a tese concorda, *Legítima defesa*, p. 353). É curial, no entanto, mencionar a correta ressalva feita por Bento de Faria no sentido de que, "em casos excepcionais, a fuga se impõe sem acarretar vergonha, mas, ao contrário, elevando os sentimentos de quem a pratica. Assim, o filho que, embora possa reagir, prefere fugir à agressão injusta de seu pai, para não matá-lo ou molestá-lo" (*Código Penal brasileiro comentado*, v. 2, p. 205). É o que se chama de *commodus discessus*, ou seja, o cômodo afastamento do local, evitando-se a situação de perigo ou agressão, em nome da prudência, sem qualquer ofensa à imagem do ofendido. Não há cálculo preciso no uso dos meios necessários, sendo indiscutivelmente fora de propósito pretender construir uma relação perfeita entre ataque e defesa. Como lembra Marcello Jardim Linhares, "a escolha dos meios deve obedecer aos reclamos da situação concreta de perigo, não se podendo exigir uma proporção mecânica entre os bens em conflito", nem tampouco a paridade absoluta de armas. Utilizam-se as armas da razão (ob. cit., p. 343-344).

192. Injustiça da agressão: *injustiça* é o mesmo que *ilicitude*, vale dizer, contrário ao direito. Valer-se da legítima defesa estaria a demandar a existência de uma agressão ilícita (não necessitando que se constitua em infração penal). Confira-se em: Aníbal Bruno (*Direito penal*, t. I, p. 376); Assis Toledo (*Princípios básicos de direito penal*, p. 195), Marcello Jardim Linhares (*Legítima defesa*, p. 300-301). Na jurisprudência: STM: "A ré, com o objetivo de confrontar seu companheiro sobre suposta relação extraconjugal, por imperícia, colidiu veículo de propriedade do ofendido contra o muro da guarnição militar, na qual a vítima encontrava-se de serviço, e o golpeou com uma faca, causando laceração em sua mão esquerda. Comprovadas a autoria e a materialidade delitivas. Inaplicabilidade da exclusão de ilicitude por legítima defesa, *ex vi* do art. 44 do CPM. A agente, dolosamente, com *animus laedendi*, não se utilizou de meios

Art. 44

necessários para repelir qualquer injusta agressão, atual ou iminente, do companheiro militar, conforme instrução probatória (...)" (Apelação n.º 7001470-90.2019.7.00.0000. rel. Maria Elizabeth Guimarães Teixeira Rocha, 18.06.2020, maioria).

193. Conceito de agressão: é a "conduta humana que põe em perigo ou lesa um interesse juridicamente protegido" (cf. Frederico Marques, *Tratado de direito penal*, v. 2, p. 149). Eis porque não se admite legítima defesa contra animal ou coisa, que não são capazes de *agredir* alguém (inexiste ação, como ato voluntário e consciente), mas apenas atacar, no sentido de *investir contra*. Animais que atacam e coisas que colocam pessoas em risco podem ser danificados ou eliminados, mas se está diante do estado de necessidade defensivo. Nesse prisma, a lição de Bustos Ramírez e Valenzuela Bejas: "O perigo deve provir de uma *conduta humana* – também compreendido o inimputável –, pois, do contrário, surge o estado de necessidade. Isso porque somente se pode falar do justo e do injusto em relação ao homem" (*Derecho penal latinoamericano comparado*, p. 213). Em sentido contrário, porém minoritário, o ensinamento de Mezger: "O ataque deve partir de um ser dotado de vida. Os objetos inanimados, ainda quando deles possa emanar um perigo, não podem atacar. Por outro lado, podem realizar uma agressão os animais vivos" (*Tratado de derecho penal*, t. I, p. 454). Animais que atacam podem ser utilizados como *instrumentos* de uma pessoa para ferir alguém, de modo que, nesse caso, a sua eliminação não constituirá estado de necessidade, mas legítima defesa, tendo em vista que eles serviram apenas de *arma* para a agressão, advinda do ser humano.

194. Atualidade ou iminência: *atual* é o que está acontecendo (presente), enquanto *iminente* é o que está em vias de acontecer (futuro imediato). Diferentemente do estado de necessidade, na legítima defesa admitem-se as duas formas de agressão: atual ou iminente. Tal postura legislativa está correta, uma vez que a agressão iminente é um perigo atual, portanto passível de proteção pela defesa necessária do art. 44. Não é possível haver legítima defesa contra agressão *futura* ou *passada*, que configura autêntica vingança, nem tampouco contra meras provocações, pois justificaria o retorno ao tempo do famigerado *duelo* (aliás, figura criminosa prevista no art. 224 do CPM). Em idêntico prisma: Bento de Faria (*Código Penal brasileiro comentado*, v. 2, p. 204). Cabe destacar que o estado de *atualidade* da agressão necessita ser interpretado com a indispensável flexibilidade, pois é possível que uma atitude hostil cesse momentaneamente, mas o ofendido pressinta que vai ter prosseguimento em seguida. Continua ele legitimado a agir, sob o manto da atualidade da agressão. É o que ocorre, *v.g.*, com o atirador que, errando os disparos, deixa a vítima, em busca de projéteis para recarregar a arma e novamente atacar. Pode o ofendido investir contra ele, ainda que o colha pelas costas, desde que fique demonstrada a sua intenção de prosseguir no ataque. Igualmente, não se descaracteriza a atualidade ou iminência de uma agressão simplesmente pelo fato de existir inimizade capital entre agressor e ofendido. Lembra Marcello Jardim Linhares que ambos, pelas regras da prudência, devem se evitar, mas, se houver um encontro casual, é possível a utilização da legítima defesa se um deles iniciar agressão injusta (*Legítima defesa*, p. 323-324). Quanto à agressão futura, quando certa e inevitável, o caminho não deve ser invocar a legítima defesa, que não abre mão da *atualidade* ou *iminência*, mas, eventualmente, a inexigibilidade de conduta diversa. No contexto da iminência, deve-se levar em conta a situação de perigo gerada no espírito de quem se defende. Seria demais exigir que alguém, visualizando agressão impendente, tenha de aguardar algum ato de hostilidade manifesto, pois essa espera lhe poderia ser fatal. Exemplo: o avanço do inimigo na direção do outro, carregando revólver na cintura, proferindo ameaças de morte, autoriza a reação. Aguardar que o agressor saque da arma e dê o primeiro disparo é contar com a sorte, já que o único tiro dado pode ser certeiro e mortal.

195. Direito próprio ou de terceiro: tal como no estado de necessidade, somente pode invocar a legítima defesa quem estiver defendendo bem ou interesse juridicamente protegido. Não há possibilidade de defesa contra agressão a bem sem proteção jurídica (exemplo: não pode invocar a excludente quem está defendendo, contra subtração alheia, a substância entorpecente, não autorizada, que mantém em seu poder). Permitir que o agente defenda terceiros desconhecidos é uma das hipóteses em que o direito admite e incentiva a solidariedade. Como explica La Medica, "o princípio humanitário de poder defender-se qualquer pessoa estranha, que estivesse em perigo extremo, não era reconhecido pelas leis de Roma. O triunfo desse princípio estava reservado para outros legisladores, e essa honra coube, essencialmente, ao cristianismo" (*O direito de defesa*, p. 17). Admite-se a defesa, como está expresso em lei, de direito próprio ou de terceiro, podendo o terceiro ser pessoa física ou jurídica, inclusive porque esta última não tem condições de agir sozinha.

Excesso culposo

> **Art. 45.** O agente que, em qualquer dos casos de exclusão de crime, excede culposamente os limites da necessidade, responde pelo fato, se este é punível, a título de culpa.[196]

Excesso escusável

> **Parágrafo único.** Não é punível o excesso quando resulta de escusável surpresa ou perturbação de ânimo, em face da situação.[197-198]

196. Excesso culposo: todas as excludentes de ilicitude possuem requisitos para a sua aplicação e, nesse contexto, deve-se observar as que forem ligadas à moderação, pois o abuso de direito é criminoso. O exercício *regular* de direito demanda possa o agente atuar, valendo-se de direito seu, sem exagero. O estrito cumprimento do dever *legal* fornece um cenário particular, devendo-se conhecer a previsão feita na lei para o desenvolvimento moderado do dever. O estado de necessidade concentra a moderação na expressão *nem podia de outro modo evitar*. A legítima defesa tem dois ângulos: *meios necessários* e *moderação*. Diante disso, o excesso configura ilícito e, como tal, deve ser punido, conforme o elemento subjetivo que o inspira. O culposo deriva da falta de atenção ou cautela no emprego dos mecanismos de exclusão da ilicitude.

197. Excesso escusável: ingressa no contexto da culpabilidade, mais precisamente na inexigibilidade de conduta diversa. O agente exagera impulsionado pela surpresa ou pela perturbação de ânimo, onde se pode incluir também o medo, próprio de qualquer ser humano. Neste Código, cuida-se de excesso previsto em lei, com o fim de afastar a culpabilidade, absolvendo-se o réu. Porém, no Código Penal comum, essa modalidade de excesso não é prevista, funcionando como excludente supralegal da culpabilidade.

198. Excesso acidental: embora não previsto expressamente em lei – nem neste Código nem no Código Penal comum – o excesso acidental origina-se, igualmente, da inexigibilidade de conduta diversa, calcando-se no infortúnio. Ilustrando, quando alguém se defende de agressão injusta pode exceder-se *minimamente*, o que permite configurar o exagero ilícito, mas não se justifica uma punição. Portanto, é caso de absolvição, constituindo causa supralegal de exclusão da culpabilidade.

Art. 46

Excesso doloso

> **Art. 46.** O juiz pode atenuar a pena ainda quando punível o fato por excesso doloso.[199]

199. Excesso doloso: o exagero do agente é intencional, vale dizer, ele sabe estar se excedendo, mas o faz mesmo assim. Em nosso entendimento, a permissão legal para atenuar a pena é incompreensível, tendo em vista a clara intenção do agente de praticar o ilícito. Pouco importa ter ele iniciado a conduta sob o manto da licitude, pois ultrapassou-a deliberadamente. Conceder uma atenuante é o mesmo que privilegiar o ilícito doloso.

Elementos não constitutivos do crime[200]

> **Art. 47.** Deixam de ser elementos constitutivos do crime:
>
> I – a qualidade de superior ou a de inferior hierárquico, quando não conhecida do agente; (*Redação dada pela Lei 14.688, de 2023*)[201]
>
> II – a qualidade de superior ou a de inferior hierárquico, a de oficial de dia, de serviço ou de quarto, ou a de sentinela, vigia, ou plantão, quando a ação é praticada em repulsa a agressão. (*Redação dada pela Lei 14.688, de 2023*)[202]

200. Elementos constitutivos do crime: são os elementos objetivos do tipo básico, que representa a figura essencial do delito. O artigo em questão é desnecessário e mal redigido.

201. Não abrangência do dolo: como em qualquer tipo penal incriminador, exige-se, para a configuração do crime, a abrangência do dolo, ou seja, deve haver, por parte do autor, vontade consciente de praticar todos os elementos típicos. Havendo falta de abrangência, inexiste dolo, logo, não há delito. Portanto, se o tipo penal é constituído, na sua essência, pela qualidade de superior ou inferior de qualquer das partes envolvidas (sujeito ativo ou passivo), é natural deva o agente *conhecer* tal condição, sob pena de não existir vontade dolosa. Ilustrando, "praticar violência contra inferior" (art. 175, CPM) é a figura do tipo básico, a demandar do agente a vontade consciente de agredir militar em posição hierarquicamente subalterna. Por isso, inútil a previsão normativa deste artigo.

202. Legítima defesa: seja qual for o autor de agressão injusta, atual ou iminente, permite repulsa necessária e moderada, preenchendo o disposto pelo art. 44 deste Código. Por outro lado, repelir agressão justa, vale dizer, lícita, constitui ação criminosa, não havendo relevo algum se o autor desta agressão é oficial superior ocupa outro posto qualquer. Diante disso, não vemos utilidade para o artigo. Entretanto, justificando tal norma, Célio Lobão cita exemplos jurisprudenciais, dentre os quais encontra-se o fato de subalterno agredir, com um tapa (note-se: reação moderada) o superior que lhe dirigia palavras de baixo calão. Foi absolvido em relação ao delito de violência contra superior, constante do art. 157 do CPM (*Comentários ao Código Penal Militar*, p. 177). Ora, em nosso entendimento, o subalterno agiu em legítima defesa, pois não é direito do superior agredir moralmente o subalterno. E o fez moderadamente. Possivelmente, a previsão do art. 47, II, do CPM quis explicitar a ideia de que a qualidade do militar agressor não é levada em conta para caracterizar qualquer delito contra as *instituições militares*. Porém, tal situação nos parece óbvia; quem agride injustamente não pode escudar-se em qualquer espécie de posto ou patente.

Título III
Da imputabilidade penal[203]

203. Conceito de imputabilidade: "imputabilidade é o conjunto de condições pessoais que dão ao agente capacidade para lhe ser juridicamente imputada a prática de um fato punível. Constitui, como sabemos, um dos elementos da culpabilidade" (Aníbal Bruno, *Direito penal – Parte geral*, t. II, p. 39). Ou, como ensina Odin Americano: "É a roda mestra do mecanismo da culpabilidade, pois toda a força animada ou inanimada, alheia ao bem ou ao mal, não poderá responder pelo evento que 'causou' por não ser causa consciente e livre" (*Da culpabilidade normativa*, p. 330). As condições pessoais consistem em sanidade mental e maturidade. A primeira delas é presumida: nasce-se sadio, salvo prova em contrário. A segunda é adquirida com a idade, passando a ser presumida aos dezoito anos, não se admitindo prova em contrário.

Inimputáveis

> **Art. 48.** Não é imputável quem, no momento da ação ou da omissão, não possui a capacidade de entender[204] o caráter ilícito do fato ou de determinar-se de acordo com esse entendimento, em virtude de doença mental,[205] de desenvolvimento mental incompleto ou retardado.[206]

Redução facultativa da pena[207]

> **Parágrafo único.** Se a doença ou a deficiência mental não suprime,[208] mas diminui consideravelmente a capacidade de entendimento da ilicitude do fato ou a de autodeterminação, não fica excluída a imputabilidade, mas a pena pode ser reduzida de 1/3 (um terço) a 2/3 (dois terços), sem prejuízo do disposto no art. 113 deste Código. (*Redação dada pela Lei 14.688, de 2023*)

204. Elementos e critérios para apurar a imputabilidade penal: para compreender o que fez, o agente necessita de *dois elementos*: I) *higidez biopsíquica* (saúde mental + capacidade de apreciar a criminalidade do fato); II) *maturidade* (desenvolvimento físico-mental que permite ao ser humano estabelecer relações sociais bem adaptadas, ter capacidade para realizar-se distante da figura dos pais, conseguir estruturar as próprias ideias e possuir segurança emotiva, além de equilíbrio no campo sexual). No Brasil, em vez de se permitir a verificação da maturidade, caso a caso, optou-se pelo critério cronológico, isto é, ter *mais de 18 anos*. Os *critérios* para averiguar a inimputabilidade, quanto à higidez mental, são os seguintes: a) *biológico*: leva-se em conta exclusivamente a saúde mental do agente, isto é, se o agente é ou não doente mental ou possui ou não um desenvolvimento mental incompleto

Art. 48

Código Penal Militar Comentado • Nucci   98

ou retardado. A adoção restrita desse critério faz com que o juiz fique absolutamente dependente do laudo pericial; b) *psicológico*: leva-se em consideração unicamente a capacidade que o agente possui para apreciar o caráter ilícito do fato ou de comportar-se de acordo com esse entendimento. Acolhido esse critério de maneira exclusiva, torna-se o juiz a figura de destaque nesse contexto, podendo apreciar a imputabilidade penal com imenso arbítrio; c) *biopsicológico*: leva-se em conta os dois critérios anteriores unidos, ou seja, verifica-se se o agente é mentalmente são e se possui capacidade de entender a ilicitude do fato ou de determinar-se de acordo com esse entendimento. É o princípio adotado pelo Código Penal, como se pode vislumbrar no art. 48.

205. Conceito de doença mental: trata-se de um quadro de alterações psíquicas qualitativas, como a esquizofrenia, as doenças afetivas (antes chamadas de psicose maníaco-depressiva ou acessos alternados de excitação e depressão psíquica) e outras psicoses (cf. Wagner F. Gattaz, Violência e doença mental: fato ou ficção?). O conceito deve ser analisado em sentido lato, abrangendo as doenças de origem patológica e de origem toxicológica. São exemplos de doenças mentais, que podem gerar inimputabilidade penal: epilepsia (acessos convulsivos ou fenômenos puramente cerebrais, com diminuição da consciência, quando o enfermo realiza ações criminosas automáticas; a diminuição da consciência chama-se 'estado crepuscular'); histeria (desagregação da consciência, com impedimento ao desenvolvimento de concepções próprias, terminando por falsear a verdade, mentindo, caluniando e agindo por impulso); neurastenia (fadiga de caráter psíquico, com manifesta irritabilidade e alteração de humor); psicose maníaco-depressiva (vida desregrada, mudando humor e caráter alternativamente, tornando-se capaz de ações cruéis, com detrimento patente das emoções); melancolia (doença dos sentimentos, que faz o enfermo olvidar a própria personalidade, os negócios, a família e as amizades); paranoia (doença de manifestações multiformes, normalmente composta por um delírio de perseguição, sendo primordialmente intelectual; pode matar acreditando estar em legítima defesa); alcoolismo (doença que termina por rebaixar a personalidade, com frequentes ilusões e delírios de perseguição); esquizofrenia (perda do senso de realidade, havendo nítida apatia, com constante isolamento; perde-se o elemento afetivo, existindo introspecção; não diferencia realidade e fantasia); demência (estado de enfraquecimento mental, impossível de remediar, que desagrega a personalidade); psicose carcerária (a mudança de ambiente faz surgir uma espécie de psicose); senilidade (modalidade de psicose, surgida na velhice, com progressivo empobrecimento intelectual, ideias delirantes e alucinações).

206. Conceito de desenvolvimento mental incompleto ou retardado: trata-se de uma limitada capacidade de compreensão do ilícito ou da falta de condições de se autodeterminar, conforme o precário entendimento, tendo em vista ainda não ter o agente atingido a sua maturidade intelectual e física, seja por conta da idade, seja porque apresenta alguma característica particular, como o silvícola não civilizado ou o surdo sem capacidade de comunicação.

207. Redução facultativa da pena: a Lei 14.688/2023 substituiu a anterior previsão de mera atenuação da pena para uma redução de 1/3 a 2/3, que se cuida de uma diminuição obrigatória, embora a parte discricionária deva ser o *quantum* do abrandamento. Cuidando-se de semi-imputabilidade, há menor culpabilidade, de forma que o grau de redução deve acompanhar a verificação pericial, apontando mais ou menos capacidade de entendimento ou autodeterminação. Mesmo quando era atenuante – nessa hipótese, a pena deveria circunscrever-se entre o mínimo e o máximo previsto em abstrato. Quando se trata de causa de diminuição da pena, a redução pode ser aplicada sobre o mínimo constante do preceito secundário (ex.: se a faixa de aplicação da pena é de reclusão, de dois a cinco anos, havendo causa de diminuição, ela pode situar-se abaixo de dois anos). É relevante ressaltar que, mesmo antes da alteração legislativa, a jurisprudência entendia aplicável a redução, nos termos do art. 26, parágrafo único, do Código Penal. Na jurisprudência (antes da Lei 14.688/2023): STM: "3. O Laudo Pericial decorrente do Exame de Sanidade Mental concluiu que o Acusado, ao tempo da ação delitiva, tinha diminuídas, consideravelmente, suas capacidades de entendimento da ilicitude do fato e de autodeterminação de acordo com esse entendimento, o que o coloca na condição de semi-imputabilidade, a teor do art. 48, parágrafo único, do CPM, sendo cabível a condenação e a substituição da pena privativa de liberdade por medida de segurança de tratamento ambulatorial, nos termos dos arts. 113 e 120 do CPM, c/c os art. 96, II, e 98, do CP comum" (Ap. 0000116-90.2013.7.02.0102, rel. Lúcio Mário de Barros Góes, *DJ* 02.05.2017); "Não obstante a impropriedade do legislador em rotular a semi-imputabilidade, prevista no parágrafo único do art. 48 do CPM, de redução facultativa da pena e, paradoxalmente, afirmar no texto do dispositivo que a pena pode ser 'atenuada', a jurisprudência desta Corte, seguindo a regra da legislação penal comum (CP, art. 26, parágrafo único), consolidou o entendimento no sentido de considerar o presente instituto como causa de diminuição de pena, podendo a sanção ser reduzida aquém do mínimo legal" (Emb. Infr. 0000010-45.2006.7.03.0103 – DF, Plenário, rel. William de Oliveira Barros, 12.04.2012, m.v.).

208. Doenças da vontade e personalidades antissociais: são anomalias de personalidade que *não excluem a culpabilidade*, pois não afetam a inteligência, a razão, nem alteram a vontade. Ex.: o desejo de aparecer; os defeitos ético-sexuais; a resistência à dor; os intrometidos, entre outros. Denominam-se *personalidades instáveis*. No mesmo contexto estão as chamadas personalidades antissociais: "São as predisponentes para atos contra a sociedade, tais como indiferença pelos sentimentos alheios; desrespeito por normas sociais; incapacidade de manter relacionamentos, embora não haja dificuldades em estabelecê-los; baixo limiar para descarga de agressão e violência; incapacidade de experimentar culpa e aprender com a experiência, particularmente punição; propensão marcante para culpar os outros ou para oferecer racionalizações plausíveis para o comportamento que levou ao conflito com a sociedade" (Wagner G. Gattaz, Violência e doença mental: fato ou ficção?). Como bem diz Roberto Lyra, "a especificação psicológica ou psiquiátrica detém-se nas fronteiras. Loucura, anormalidade, normalidade? Em relação a quê? Notas caracterológicas, por exemplo, não são sintomas mórbidos. Neuroses, simples colorações psicofísicas da conduta, não afetam os processos mentais" (*Criminologia*, p. 86). Na mesma ótica, ensina Mario Fedeli o seguinte: "Pode-se dizer que 'em todos os homens encontramos traços' de mecanismos neuróticos, 'ainda que de maneira menos vistosa e menos persistente, ao passo que uma perfeita compensação e equilíbrio entre o Eu racional e as forças inconscientes é um fenômeno muito raro e dificilmente realizável'. Essas palavras do psiquiatra inglês Storr fixam um conceito fundamental: que a obtenção da perfeita e completa integração psíquica é muito rara no homem e que, consequentemente, os limites entre o 'normal' e o 'patológico' são indefinidos e incertos em psicologia" (*Temperamento, caráter, personalidade – Ponto de vista médico e psicológico*, p. 253). Por isso, é preciso muita cautela, tanto do perito, quanto do juiz, para averiguar as situações consideradas limítrofes, que não chegam a constituir normalidade, pois que personalidade antissocial, mas também não caracterizam a anormalidade a que faz referência o art. 48. Pessoas que se valem, durante muito tempo, de substâncias entorpecentes de toda ordem ou são naturalmente agressivas podem desenvolver processos explosivos que as conduzem ao crime – ainda que violento e perverso –, sem que isso implique na constatação de doença mental ou mesmo perturbação da saúde mental. Devem responder pelo que fizeram, sofrendo o juízo pertinente à culpabilidade, sem qualquer benefício – e por vezes até com a pena agravada pela presença de alguma circunstância legal.

Art. 49

Código Penal Militar Comentado • Nucci

Embriaguez[209]

> **Art. 49.** Não é igualmente imputável o agente que, por embriaguez completa[210] proveniente de caso fortuito ou força maior,[211] era, ao tempo da ação ou da omissão, inteiramente incapaz de entender o caráter criminoso do fato ou de determinar-se de acordo com esse entendimento.[212-213]
>
> **Parágrafo único.** A pena pode ser reduzida de 1/3 (um terço) a 2/3 (dois terços), se o agente por embriaguez proveniente de caso fortuito ou força maior, não possuía, ao tempo da ação ou da omissão, a plena capacidade de entender o caráter criminoso do fato ou de determinar-se de acordo com esse entendimento.[214]

209. Conceito de embriaguez: é uma intoxicação aguda provocada no organismo pelo álcool ou por substância de efeitos análogos. Na lição de Di Tullio, a respeito de embriaguez: "A consciência está fortemente obnubilada, produzem-se estados crepusculares com fenômenos de desorientação, perturbações humorais profundas, desordens psicossensoriais sob a forma de fenômenos ilusórios e alucinatórios, alterações da forma e especialmente do conteúdo ideativo até ao delírio" (apud Enrico Altavilla, *Psicologia judiciária*, v. 1, p. 283).

210. Diagnóstico da embriaguez: pode-se constatar esse estado de três maneiras diferentes: a) *exame clínico*: contato direto com a pessoa, analisando-se o hálito, o equilíbrio físico, o controle neurológico, as percepções sensoriais, o modo de falar, a cadência da voz, entre outros; b) *exame de laboratório*: dosagem etílica (quantidade de álcool no sangue); c) *prova testemunhal*: pode atestar as modificações de comportamento do agente. Naturalmente, o critério mais adequado e seguro é a união dos três, embora somente um deles possa, no caso concreto, demonstrar a embriaguez.

211. Caso fortuito ou força maior: é *fortuita* a embriaguez decorrente do acaso ou meramente acidental, quando o agente não tinha a menor ideia de que estava ingerindo substância entorpecente (porque foi ludibriado por terceiro, por exemplo) ou quando mistura o álcool com remédios que provocam reações indesejadas, potencializando o efeito da droga, sem estar devidamente alertado para isso. Exemplo típico dado por Antolisei é o do operário de destilaria que se embriaga inalando os vapores do álcool, presentes na área de trabalho. Embriaguez decorrente de *força maior* é a que se origina de eventos não controláveis pelo agente, tal como a pessoa que, submetida a um trote acadêmico violento, é amarrada e obrigada a ingerir, à força, substância entorpecente. Ambas, no fundo, são hipóteses fortuitas ou acidentais. Essa causa dá margem a uma excludente de culpabilidade se, por conta dessa ingestão forçada ou fortuita, o agente acaba praticando um injusto. É preciso, no entanto, que esteja totalmente incapacitado de entender o caráter ilícito do fato ou de determinar-se de acordo com esse entendimento por conta da embriaguez completa.

212. Embriaguez voluntária ou culposa: *voluntária* é a embriaguez desejada livremente pelo agente e *culposa,* aquela que ocorre por conta da imprudência do bebedor. Preceitua o Código Penal comum (art. 28, II) que, nesses casos, não se pode excluir a imputabilidade do agente, vale dizer, não se pode afastar a sua culpabilidade. É preciso destacar que o sujeito embriagado completamente, no exato momento da ação ou da omissão, está com sua consciência fortemente obnubilada, retirando-lhe a possibilidade de ter agido com dolo ou culpa. Portanto, ainda que se diga o contrário, buscando sustentar teorias opostas à realidade, trata-se de uma nítida *presunção* de dolo e culpa estabelecida pelo legislador, isto é, a adoção da responsabilidade penal objetiva, já que não havia outra forma de contornar o problema. Correta a análise de Paulo José da Costa Júnior: "Não se pode estender o princípio [falando da *actio libera in causa*] à embriaguez voluntária, em que o agente ingere a bebida alcoólica somente para ficar bêbado, ou à embriaguez culposa, em que se embriaga por imprudência ou negligência. Em nenhuma dessas hipóteses, porém, pretendia o agente praticar ulteriormente o crime. O legislador penal, ao considerar imputável aquele que em realidade não o era, fez uso de uma ficção jurídica. Ou melhor, adotou nesse ponto a responsabilidade objetiva, que se antagoniza com o *nullum crimen sine culpa*, apresentado como ideia central do novo estatuto. É forçoso convir: no capítulo da embriaguez, excetuada aquela preordenada, o Código fez reviver a velha fórmula medieval do *versari in re illicita*. (...) Entendemos que, com base em medidas de política criminal, pudesse ser adotada a solução perfilhada pelo Código. Seria, entretanto, mister que o legislador afirmasse corajosamente, em alto e bom som, que foi compelido a aceitar a responsabilidade objetiva, nesse ponto, para evitar as escusas absolutórias que passariam os criminosos a buscar, com o uso abusivo do álcool e substâncias similares" (*Comentários ao Código Penal*, p. 126). O Código Penal Militar silencia sobre a embriaguez voluntária ou culposa, podendo-se deduzir que não afasta a responsabilidade penal, por ausência de previsão legal, como se fez no tocante à embriaguez fortuita (art. 49). Na jurisprudência: STM: "O art. 49 do CPM prevê a inimputabilidade do agente apenas nas circunstâncias em que estiver comprovada a embriaguez completa proveniente de caso fortuito ou de força maior, condicionada à inteira incapacidade de compreensão do caráter ilícito do fato ou de determinação de acordo com esse entendimento. 9. A alegada situação de ebriedade completa do agente, pela qual se conjectura a justificação da prática ilícita, pelo viés da inimputabilidade, deve, outrossim, ajustar-se ao enredo fático e às provas circundantes. Fora desse contexto, a ponderação defensiva restará esmaecida por se confrontar com os elementos probatórios. Sob a pertinente contextualização, o mencionado argumento mostra-se fragilizado quando a existência de imagens do episódio, mormente brutal, revela que o agressor, em momento imediatamente anterior e no curso da prática ilícita, exibe condição física íntegra, sem qualquer oscilação no equilíbrio, inexistindo sinais de desorientação, mantendo gestual firme, objetivo e sempre focado na violenta consumação do crime" (Apelação n.º 7001371-23.2019.7.00.0000, rel. Marco Antônio de Farias, 28.10.2020, v.u.).

213. A teoria da *actio libera in causa*: com base no princípio de que a "causa da causa também é causa do que foi causado", leva-se em consideração que, no momento de se embriagar, o agente pode ter agido dolosa ou culposamente, projetando-se esse elemento subjetivo para o instante da conduta criminosa. Assim, quando o indivíduo, resolvendo encorajar-se para cometer um delito qualquer, ingere substância entorpecente para colocar-se, propositadamente, em situação de inimputabilidade, deve responder pelo que fez *dolosamente* – afinal, o elemento subjetivo estava presente no ato de ingerir a bebida ou a droga. Por outro lado, quando o agente, sabendo que irá dirigir um veículo, por exemplo, bebe antes de fazê-lo, precipita a sua imprudência para o momento em que atropelar e matar um passante. Responderá por homicídio culposo, pois o elemento subjetivo do crime projeta-se do momento de ingestão da bebida para o instante do delito. Desenvolve a Exposição de Motivos da Parte Geral do Código Penal de 1940 a seguinte concepção: "Ao resolver o problema da embriaguez (pelo álcool ou substância de efeitos análogos), do ponto de vista da responsabilidade penal, o projeto aceitou em toda a sua plenitude a teoria da *actio libera in causa ad libertatem* relata, que, modernamente, não se limita ao estado de inconsciência preordenado, mas se estende a todos os casos em que o agente se deixou arrastar ao estado de inconsciência" (nessa parte não alterada pela atual Exposição de Motivos). Tal assertiva não é compatível com a realidade, pois nem todos os casos em que o agente "deixou-se arrastar" ao estado de inconsciência podem configurar uma hipótese de "dolo ou culpa" a ser projetada para o momento da conduta delituosa. Há pessoas que bebem por beber, sem a menor previsibilidade de que cometeriam crimes no estado de embriaguez completa, de forma que não é cabível a aplicação da teoria da *actio libera in causa* nesses casos. Conferindo: "Suponha-se, porém, que o mesmo motorista, com a sua jornada de trabalho já encerrada, depois de recolher normalmente o veículo à garagem, saia a se divertir com amigos. Horas após, inteiramente bêbado, recebe aviso inédito para fazer um serviço extra. Em estado sóbrio, jamais poderia supor fosse chamado para aquela tarefa. Era praxe rigorosa da empresa onde trabalhava não utilizar os empregados fora do expediente normal. Mas ele dirige-se à garagem e ali, ao pôr o carro em movimento, atropela o vigia. (...) Evidentemente, (...) não se situa nos domínios da *actio libera in causa*" (Walter Vieira do Nascimento, *A embriaguez e outras questões penais (doutrina – legislação – jurisprudência)*, p. 23). De outra parte, se suprimirmos a responsabilidade penal dos agentes que, embriagados totalmente, matam, roubam ou estupram alguém, estaremos alargando, indevidamente, a impunidade, privilegiando o injusto diante do justo. No prisma de que a teoria da *actio libera in causa* ("ação livre na sua origem") somente é cabível nos delitos preordenados (em se tratando de dolo) ou com flagrante imprudência no momento de beber estão os magistérios de Frederico Marques, Magalhães Noronha, Jair Leonardo Lopes, Paulo José da Costa Júnior, Jürgen Baumann, Munhoz Neto, entre outros, com os quais concordamos plenamente. No restante dos casos, aplica-se, para punir o embriagado que comete o injusto penal, a responsabilidade penal objetiva. Convém mencionar, ainda, a posição de Narcélio de Queiroz, que busca sustentar a existência de dolo direto ou eventual no tocante ao *ato de beber*: "São os casos em que alguém, no estado de não imputabilidade, é causador, por ação ou omissão, de algum resultado punível, tendo se colocado naquele estado, ou propositadamente, com a intenção de produzir o evento lesivo, ou sem essa intenção, mas tendo previsto a possibilidade do resultado, ou, ainda, quando a podia ou devia prever" (*Teoria da* actio libera in causa, p. 40). Porém, há contrariedade. Cite-se Walter Vieira do Nascimento: "Como se nota, a *actio libera in causa* (...) sofreu a mais ampla flexibilidade, mas sem qualquer fundamento plausível. O que se fez foi forçar soluções que extrapolavam os limites desta teoria. Nem se diga que a definição de Narcélio de Queiroz autorizava tamanha e extravagante liberalidade. Como seria possível, em determinados estados de embriaguez fora da preordenada e da não acidental, estabelecer a relação de causalidade que liga a ação volitiva à atividade não livre?" (*A embriaguez e outras questões penais (doutrina – legislação – jurisprudência)*, p. 22). Conferir, ainda, a posição de Nelson da Silva: "Não se admite a aplicação da teoria da *actio libera in causa*, nos crimes cometidos em estado de embriaguez voluntária ou culposa. (...) Aplicar a teoria da *actio libera in causa*, nos delitos cometidos em estado de embriaguez voluntária ou culposa, é negar a realidade de que o ébrio, quando ingeriu a substância tóxica, não tinha a intenção de cometer crime" (*A embriaguez e o crime*, p. 35-36). Historicamente, o direito canônico foi o primeiro ordenamento a fixar que era inimputável o agente embriagado, considerando, no entanto, que a embriaguez era altamente censurável. Posteriormente, os práticos italianos fixaram as raízes da teoria da *actio libera in causa*, ao preceituarem que o agente que cometeu o crime em estado de embriaguez deveria ser punido pelo fato antecedente ao crime, pois durante o delito não tinha consciência do que fazia. Exceção era feita quando a embriaguez era deliberada para a prática do crime. Na Idade Média, passou-se a punir tanto o crime cometido quanto a embriaguez. No Código Criminal do Império de 1830 (art. 18, § 9.º) e no Código Penal de 1890 (art. 42, § 10), tratava-se de uma atenuante. Nessa ocasião, ainda não se tinha uma clara noção a respeito da *actio libera in causa*, não se absolvendo o réu que estava, ao tempo do crime, totalmente embriagado. A partir de 1890, em face do disposto no art. 27, § 4.º, do Código Penal da República ("Os que se acharem em estado de completa privação de sentidos e de inteligência no ato de cometer o crime" não são considerados criminosos), começou-se a equiparar a embriaguez completa à privação dos sentidos, provocando, então, decisões absolutórias. Assim, ainda que válida a teoria no campo dos crimes preordenados, implicando até no reconhecimento de uma agravante (art. 61, II, *l*, CP), não se pode ampliá-la para abranger outras situações de embriaguez. O problema é, igualmente, sentido em outras legislações. No direito penal alemão, pretendendo contornar o aspecto de quem bebe, voluntariamente, mas sem a intenção de cometer crimes, nem assumindo o risco de fazê-lo, criou-se figura típica específica: "quem se coloque em um estado de embriaguez premeditada ou negligentemente por meio de bebidas alcoólicas ou de outras substâncias estimulantes, será punido com pena privativa de liberdade de até cinco anos ou com multa quando cometa neste estado um fato ilícito e por esta causa não possa ser punido, porque como consequência da embriaguez seja inimputável" (art. 323a, CP alemão). A pena não poderá ser superior àquela que seria imposta pelo fato cometido no estado de embriaguez (art. 323a, II, CP alemão). Em suma, a *actio libera in causa* tem aplicação para a embriaguez preordenada (o agente bebe, já com o intuito de praticar infração penal, ou bebe, devendo imaginar que, na sua situação, pode cometer infração penal). Noutros casos, envolvendo a embriaguez voluntária ou culposa, quando o agente bebe por beber, sem a menor noção de que pode vir a cometer algum ilícito, aplica-se, quando for preciso, a responsabilidade penal objetiva. É medida de exceção, sem dúvida, mas necessária. Na jurisprudência: STM: "2. O art. 49 do CPM reconhece a inimputabilidade apenas quando estiver comprovada a embriaguez completa proveniente de caso fortuito ou de força maior. Inclusive, exige mais do que a simples verificação dessa espécie de embriaguez, apenas admitindo o efeito de afastar a culpabilidade se o agente estiver inteiramente incapaz de entender o caráter criminoso do fato ou de determinar-se de acordo com esse entendimento" (Ap. 7000206-72.2018.7.00.0000, rel. Marco Antônio de Farias, j. 12.11.2018).

214. Semi-imputabilidade: a embriaguez incompleta, quando fortuita, não retira a plena capacidade de entendimento do agente, razão pela qual afeta a culpabilidade, mas não afasta totalmente o juízo de censura. Por isso, o autor deve ser condenado, embora com pena diminuída.

Menores[215]

> **Art. 50.** O menor de 18 (dezoito) anos é penalmente inimputável, ficando sujeito às normas estabelecidas na legislação especial. (*Redação dada pela Lei 14.688, de 2023*)

215. Menoridade penal: preceitua o art. 228 da Constituição Federal: "são penalmente inimputáveis os menores de dezoito anos, sujeitos às normas da legislação especial". Estas leis dizem respeito ao Estatuto da Criança e do Adolescente. Portanto, a redação dada a este artigo pela Lei 14.688/2023 encontra-se em harmonia com a norma constitucional.

Equiparação a maiores[216]

> **Art. 51.** (*Revogado pela Lei 14.688/2023.*)

216. Eliminada a nota em decorrência da revogação do art. 51.

> **Art. 52.** (*Revogado pela Lei 14.688/2023.*)[217]

217. Eliminada a nota em decorrência da revogação do art. 52.

Título IV
Do concurso de agentes[218-219]

218. Concurso de pessoas: trata-se da cooperação desenvolvida por várias pessoas para o cometimento de uma infração penal. Chama-se, ainda, em sentido lato: coautoria, participação, concurso de delinquentes, concurso de agentes, cumplicidade.

219. Teorias do concurso de pessoas: há, primordialmente, *três teorias* que cuidam do assunto: a) *teoria unitária* (monista): havendo pluralidade de agentes, com diversidade de condutas, mas provocando apenas um resultado, há somente um delito. Nesse caso, portanto, todos os que tomam parte na infração penal cometem idêntico crime. É a teoria adotada, como regra, pelo Código Penal Militar; b) *teoria pluralista* (cumplicidade do delito distinto, autonomia da cumplicidade): havendo pluralidade de agentes, com diversidade de condutas, ainda que provocando somente um resultado, cada agente responde por um delito. Trata-se do chamado "delito de concurso" (vários delitos ligados por uma relação de causalidade). Como exceção, o Código Penal Militar adota essa teoria ao disciplinar a corrupção (arts. 308 e 309); c) *teoria dualista*: havendo pluralidade de agentes, com diversidade de condutas, causando um só resultado, deve-se separar os coautores, que praticam um delito, e os partícipes, que cometem outro.

Coautoria[220]

> **Art. 53.** Quem, de qualquer modo, concorre para o crime incide nas penas a este cominadas.[221-223]

Condições ou circunstâncias pessoais

> § 1.º A punibilidade de qualquer dos concorrentes é independente da dos outros, determinando-se segundo a sua própria culpabilidade.[224] Não se comunicam, outrossim, as condições ou circunstâncias de caráter pessoal, salvo quando elementares do crime.[225]

Agravação de pena

> § 2.º A pena é agravada em relação ao agente que:
>
> I – promove ou organiza a cooperação no crime ou dirige a atividade dos demais agentes;[226]
>
> II – coage outrem à execução material do crime;[227]
>
> III – instiga ou determina a cometer o crime alguém sujeito à sua autoridade, ou não punível em virtude de condição ou qualidade pessoal;[228]

Art. 53

Código Penal Militar Comentado • Nucci

> IV – executa o crime, ou nele participa, mediante paga ou promessa de recompensa.[229]

Atenuação de pena

> § 3.º A pena é atenuada com relação ao agente, cuja participação no crime é de somenos importância.[230]

Cabeças

> § 4.º Na prática de crime de autoria coletiva necessária, reputam-se cabeças os que dirigem, provocam, instigam ou excitam a ação.[231]
>
> § 5.º Quando o crime é cometido por inferiores hierárquicos e um ou mais oficiais, são estes considerados cabeças, assim como os inferiores hierárquicos que exercem função de oficial. (*Redação dada pela Lei 14.688, de 2023*)[232]

220. Título do artigo: nomeá-lo como *coautoria* significa adotar a teoria subjetiva do conceito de autor, vale dizer, inexiste distinção entre autor, coautor, partícipe, copartícipe etc. Afinal, intitulá-lo dessa forma abrange todas as modalidades de agentes. Porém, a previsão formulada no § 3.º, permitindo atenuação da pena ao participe de menor importância, indica a divisão entre autor e partícipe, o que apontaria a adoção da teoria objetiva (conceito restrito de autor). Na verdade, o CPM não acolhe, expressamente, nenhuma das teorias.

221. Coautoria e participação: debatia-se se haveria distinção entre autor e partícipe para caracterizar o concurso de pessoas. A teoria subjetiva sustentava inexistir qualquer diferença: quem concorre para o crime pode ser classificado como autor, coautor, partícipe, codelinquente, colaborador, concorrente etc. Porém, após a reforma da parte geral do Código Penal comum, em 1984, indicou-se a preferência pela teoria objetiva (conceito restrito de autor) para que se considere autor (quando existir apenas um) ou coautor (quando tomar parte no crime mais de um autor) quem realiza, de algum modo, a figura típica incriminadora, reservando-se o conceito de partícipe para quem auxilia o autor (material ou moralmente) sem ingressar no tipo penal. Desse modo, o partícipe é incluído no cenário do crime pela regra prevista no art. 53, *caput*, deste Código. A teoria objetiva é, majoritariamente, adotada (Aníbal Bruno, Salgado Martins, Frederico Marques, Mirabete, René Ariel Dotti, Beatriz Vargas Ramos, Fragoso, citados por Nilo Batista, *Concurso de agentes*, p. 61). Exemplo: aquele que aponta o revólver, exercendo a grave ameaça, e o outro que subtrai os bens da vítima são coautores de roubo, enquanto o motorista do carro que aguarda para dar fuga aos agentes é o partícipe (os dois primeiros praticaram o tipo do art. 242; o último apenas auxiliou). No contexto da teoria objetiva, pode-se lançar a ideia do *domínio do fato* para caracterizar o autor – e diferenciá-lo de um mero partícipe. Quem possui o pleno domínio da situação fática, controlando os atos de terceiro, não pode ser classificado como partícipe, mas, sim, como autor. É o que se pode denominar de autor mediato ou indireto (consultar a nota 223, 1, abaixo). Além disso, há os que entendem que, além da utilização de pessoa incapaz, coagida ou iludida como autor imediato, pode-se visualizar no chefe de uma organização criminosa, cuja hierarquia é rígida e os atos praticados são violentos, uma forma de *domínio do fato*. O líder dessa organização, ao proferir uma ordem a um integrante do grupo, atua como um autêntico autor mediato, visto que o subalterno não tem opção a não ser cumprir o comando, agindo como autor imediato, direto ou executor. Exemplo: o chefe manda o integrante do seu grupo criminoso matar alguém. Essa ordem é recebida pelo subordinado praticamente como uma coação, visto que, não cumprida, pode o sujeito perder a sua própria vida. Porém, essas situações são específicas e podem ser visualizadas em casos de crime organizado. Parece-nos mais acertada a teoria objetiva, para que fique bem nítida a separação do autor, ingressando nas condutas típicas, e do partícipe, que fornece apoio moral (induz ou instiga) ou material (proporciona auxílio instrumental para o crime ser realizado). O juiz pode aplicar a mesma pena ao autor e ao partícipe, mas sempre levando em consideração a medida da culpabilidade de cada um (grau de censura merecido pelo que fez).

222. Punição do partícipe: para que seja o partícipe punido, impera, no Brasil, a teoria da acessoriedade limitada, ou seja, é preciso apurar que o autor praticou um fato típico e antijurídico, pelo menos. Se faltar tipicidade ou ilicitude, não há cabimento em punir o partícipe. Outras teorias existem: acessoriedade extrema, que exige, para a punição do partícipe, tenha o autor praticado um fato típico, antijurídico e culpável, bem como a acessoriedade mínima, exigindo que o autor tenha praticado apenas um fato típico. A primeira posição nos parece a mais justa. O cometimento de um fato típico e antijurídico configura a prática do injusto penal, vale dizer, da conduta penalmente proibida. Por isso, o partícipe somente ingressa no contexto do ilícito, caso sejam preenchidos esses dois requisitos. Não se inclui a culpabilidade, pois esta traz questionamentos de ordem pessoal, muito próprios à análise da situação de cada um dos autores e partícipes, vista individualmente. Logo, independentemente de culpabilidade, o partícipe pode ser punido. Exemplo: "A", com dezessete anos, desfere tiros em "B", matan-do-o. "C" emprestou o revólver a "A". Deve "C" responder como partícipe em homicídio? Sem dúvida, pois "A" praticou um fato típico e antijurídico, previsto no art. 205 do Código Penal Militar, embora não seja culpável, logo, não tenha praticado um crime. Porém, "C" tomou parte no injusto cometido e, sendo culpável, merecendo reprovação, praticou um delito. Não se pode, também, exigir somente o fato típico, pois seria insuficiente. Exemplo: "A" mata "B" para defender sua própria vida. Age, portanto, em legítima defesa, situação lícita. "C" havia emprestado o revólver para "A". Não há sentido em responder como partícipe, pois a conduta de "A", sob o prisma do ordenamento jurídico, é correta, lícita. Inexiste injusto penal, portanto, inexiste participação criminosa.

223. Outras questões: 1.ª) *autoria mediata*: trata-se de uma modalidade de autoria, ocorrendo quando o agente se vale de pessoa não culpável, ou que atua sem dolo ou culpa, para executar o delito. São situações que admitem a autoria mediata: *a)* valer-se de inimputável (doente mental, criança ou embriagado). Exemplo interessante de autoria mediata é de Aníbal Bruno, fazendo referência ao agente que, em situação de imputabilidade, delibera cometer um crime, fazendo de si mesmo um instrumento para tal fim, praticando-o no estado de embriaguez, segundo o comando anterior (*Das penas*, p. 110); *b)* coação moral irresistível; *c)* obediência hierárquica; *d)* erro de tipo escusável, provocado por terceiro; *e)* erro de proibição escusável, provocado por terceiro. Exemplo: o agente utiliza um doente mental, ludibriando-o, para matar um desafeto; 2.ª) *concurso entre maior e menor*: nem todas as vezes que um menor de 18 anos toma parte no cometimento do injusto penal é ele instrumento do maior (configurando a autoria mediata). Podem ser coautores, vale dizer, ambos desejam e trabalham para atingir o mesmo resultado, de modo que não é o menor mero joguete do maior. Chama-se a essa modalidade de colaboração – tendo em vista que um é penalmente responsável e o outro não –, de "concurso impropriamente dito", "pseudo concurso" ou "concurso aparente"; 3.ª) *autoria colateral*: ocorre tal modalidade de colaboração, que não chega a se constituir em concurso de pessoas, quando dois agentes, desconhecendo a conduta um do outro, agem convergindo para o mesmo resultado, que, no entanto, ocorre por conta de um só dos comportamentos ou por conta dos dois comportamentos, embora sem que haja a adesão de um ao outro. Exemplo: "A" e "B", matadores profissionais, colocam-se em um desfiladeiro, cada qual de um lado, sem que se vejam, esperando a vítima "C" passar para eliminá-la. Quando "C" aproxima-se, os dois disparam, matando-o. Responderão por homicídio em autoria colateral. Não podem ser considerados coautores, já que um não tinha a menor ideia da ação do outro (falta vínculo psicológico entre eles). Se porventura um deles atinge "C" e o outro erra, sendo possível detectar que o tiro fatal proveio da arma de "A", este responde por homicídio consumado, enquanto "B", somente por tentativa. Caso não se saiba de qual arma teve origem o tiro fatal, ambos respondem por tentativa (aplica-se o princípio geral do *in dubio pro reo*). Se "A" acertar "C", matando-o instantaneamente, para depois "B" alvejá-lo igualmente, haverá homicídio consumado para "A" e crime impossível para "B". Finalmente, caso um deles atinja "C", matando-o instantaneamente e o outro, em seguida, acertar o cadáver, não se sabendo quem deu o tiro fatal, ambos serão absolvidos por crime impossível (aplica-se novamente o princípio do *in dubio pro reo*); 4.ª) *autoria incerta*: é a hipótese ocorrida no contexto da autoria colateral, quando não se sabe qual dos autores conseguiu chegar ao resultado; 5.ª) *participação por omissão*: pode ocorrer, desde que a pessoa que se omitiu tivesse o dever de evitar o resultado. Portanto, o bombeiro que, tendo o dever jurídico de agir para combater o fogo, omite-se deliberadamente, pode responder como partícipe do crime de incêndio; 6.ª) *conivência*: trata-se da participação por omissão, quando o agente não tem o dever de evitar o resultado, nem tampouco aderiu à vontade criminosa do autor. Não é punível pela lei brasileira. É o chamado *concurso absolutamente negativo*; 7.ª) *participação posterior à consumação*: trata-se de hipótese impossível. Uma vez que o crime se consuma, já não se pode falar em participação. De fato, somente pode o sujeito tomar parte daquilo que está em andamento, e não findo. O indivíduo que esconde, em sua casa, um criminoso fugitivo, logo após a consumação do crime, responde pelo delito de favorecimento pessoal (art. 350, CPM). Entretanto, se ele prometeu, *antes da consumação* do crime, esconder o autor, torna-se partícipe, pois incentivou a sua prática; 8.ª) *participação e cumplicidade*: há quem estabeleça diferença entre ambos, em *três visões* distintas: *a)* cúmplice é a pessoa que presta auxílio à atividade criminosa de outrem, sem ter consciência disso. Ex.: dar carona para o bandido não sabendo que este está fugindo; *b)* cúmplice é a pessoa que presta auxílio material ao agente (partícipe material), como se encontra a lição de Nilo Batista (*Concurso de agentes*, p. 186); *c)* "é o sujeito que dolosamente *favorece* a prática de uma infração dolosa, mesmo sem o conhecimento do autor, vale dizer, dispensando um prévio ou concomitante acordo de vontades" (Dotti, *O incesto*, p. 156). Parece-nos, no entanto, melhor equiparar o conceito de cúmplice a coautor ou partícipe, indiferentemente. Assim, quem colabora para a prática do delito é cúmplice, na modalidade de coautoria ou de participação; 9.ª) *executor de reserva*: é o colaborador destacado para certificar-se do sucesso na concretização do crime, porém sem que consiga realizar ato executório efetivamente importante para a consumação. Discute-se se ele seria coautor ou partícipe. Pensamos que esta última opção é a mais adequada, uma vez que sua colaboração termina no campo moral (incentivo, instigação, apoio) sem que tenha conseguido, pelas circunstâncias, ingressar no tipo penal. Em contrário, consulte-se Nilo Batista: "Suponha-se que *A*, munido de revólver, e *B*, munido de faca, previamente resolvidos, ataquem *C*, ao deparar com ele numa estrada; ainda a uns trinta metros, *A* dispara um tiro letal, que atinge *C* na cabeça, de tal modo que, quando *B* lhe desfecha facadas, está na verdade esfaqueando um defunto. Os partidários de um critério formal-objetivo teriam que deslocar a conduta de *B* para a área de participação, porque não realizou ele qualquer ato típico do art. 121 CP, e recorreriam a fórmulas como 'força moral cooperativa', 'acoroçoar e encorajar pela certeza de sua solidariedade' etc. Aquele que comparece ao local da realização na qualidade de 'executor de reserva' é coautor: sua desistência interferiria no *Se*, tanto quanto sua assistência determina o *Como* do fato" (*Concurso de agentes*, p. 109).

224. A medida da culpabilidade: é o vetor para a fixação da pena, pois a culpabilidade constitui fundamento e limite da pena, como já esclarecido em nota anterior. É bem possível que um coautor mereça uma pena mais severa do que um partícipe, pois agiu de modo direto contra a vítima, embora se possa ter o contrário, como já referido acima, aplicando-se ao partícipe pena superior, justamente por conta da sua maior *culpabilidade*.

225. Circunstâncias incomunicáveis: são aquelas que não se transmitem aos coautores ou partícipes, pois devem ser consideradas individualmente no contexto do concurso de agentes. Condição de caráter pessoal é o modo de ser ou a qualidade inerente à pessoa humana. Ex.: menoridade ou reincidência. O coautor menor de 21 anos não transmite essa condição, que funciona como redutor, aos demais, do mesmo modo que o partícipe, reincidente, não transfere essa condição, que é agravante, aos outros. Circunstância de caráter pessoal é a situação ou particularidade que envolve o agente, sem constituir elemento inerente à sua pessoa. Ex.: a confissão espontânea proferida por um coautor não faz parte da sua pessoa, nem tampouco se transmite, como atenuante que é, aos demais concorrentes do delito. Preceitua o texto legal que as situações ou qualidades envolvendo o agente precisam ser *pessoais*, nada mencionando quanto às objetivas, também passíveis de existir. Resta, pois, a dúvida: comunicam-se aos coautores e partícipes? Entende a doutrina predominante, com a qual concordamos, que, afastada a aplicação da responsabilidade objetiva, deve o coautor atuar, ao menos com previsibilidade, quanto à circunstância material que não causou diretamente. Ex.: "A" manda "B" matar "C", entregando-lhe, inclusive, um revólver para a tarefa. "B", no entanto, resolve cumprir o mandato criminoso empregando "tortura" e, lentamente, dá fim à vida da vítima. Não responderá "A" por homicídio qualificado pela tortura, caso não tenha noção de que "B" poderia assim agir. Por todos, a lição de Basileu Garcia: "O texto penal não esclareceu se a comunicabilidade dessas circunstâncias se dá em todos os casos. Cumpre resolver a questão invocando-se, mais uma vez, as normas da causalidade material e psíquica. É preciso saber se a circunstância pode ser havida como materialmente causada pelo participante e se é abrangida pelo seu dolo, mesmo eventual, isto é, se, pelo menos, o participante assumiu o risco da produção daquela circunstância, cooperando para ela..." (*Instituições de direito penal*, t. I, p. 424). As elementares do crime são elementos integrantes do tipo penal incriminador. Ex.: "matar" e "alguém" são elementares do delito de homicídio. Por vezes, uma condição pessoal integra o tipo, como ser *oficial da ativa*, no delito do art. 204 do CPM. Na jurisprudência: STJ: "1. A inserção de informações falsas, por militar, em sistema de informação da Aeronáutica, com vistas à obtenção de vantagem indevida de militares que almejavam a contratação de empréstimos em condições mais vantajosas, configura crime militar, pois perpetrada por militar, em situação de atividade, contra a ordem administrativa militar (art. 9.º, II, e, do CPM). 2. A participação de civil, que supostamente teria concorrido para o delito praticado por militar contra a ordem administrativa militar, implica na prática de crime militar (art. 9.º, III, a, c/c o art. 53, ambos do CPM). 3. Conflito conhecido para declarar a competência do Juízo Auditor da 8.ª Circunscrição Judiciária Militar, o suscitante" (CC 168.814/PA, 3ª Seção, rel. Sebastião Reis Júnior, 13.05.2020, v.u.).

226. Mentor ou dirigente da atividade criminosa: esta é a hipótese que abrange a pessoa que comanda, organiza ou favorece a prática de um delito. Naturalmente, o *mentor intelectual* do fato é mais perigoso que o mero executor. Este, sozinho, pode não ter condições ou coragem para o cometimento da infração penal; daí por que se pune mais gravemente quem dá força à organização da atividade delituosa.

Art. 54

227. Coação ao crime: coagir é obrigar. O coator é mais perigoso do que o mero executor. No caso da coação, é possível até que, em se tratando de coação moral irresistível, somente responda o coator (autoria mediata).

228. Instigação ou determinação para o delito: *instigar* é fomentar ideia já existente, enquanto determinar é dar a ordem para que o crime seja cometido. A referida ordem pode ser de superior para subordinado, podendo até mesmo configurar para o executor uma hipótese de exclusão da culpabilidade (obediência hierárquica), ou ainda ser dada a um inimputável, o que configura, outra vez, a autoria mediata, punindo mais gravemente o autor mediato.

229. Criminoso mercenário: trata-se de uma hipótese de torpeza específica, ou seja, o agente que comete o crime ou dele toma parte pensando em receber algum tipo de recompensa.

230. Participação de somenos importância: o Código Penal Militar, mais avançado que o Código Penal comum de 1940, prevê a viabilidade de conceder uma atenuante a quem tivesse uma *participação* de menor importância. Somente a reforma da parte geral do CP comum, em 1984, seguiu esse caminho e introduziu o § 1.º ao art. 29, buscando conceder uma causa de diminuição da pena ao partícipe de menor relevo. Como já afirmado anteriormente, é possível aplicar idêntica pena ao autor e ao partícipe, mas sempre na medida da culpabilidade de cada um. Por vezes, o partícipe (atuando como mandante do crime, por exemplo) pode merecer pena mais severa que o executor. Entretanto, nada impede que se visualize a mínima participação de alguém e lhe seja concedida uma atenuante (ilustrando, pode ser a pessoa que forneça o endereço da vítima, algo que o autor poderia encontrar facilmente; seria uma participação de somenos importância).

231. Cabeça: é o líder de um grupo, que, naturalmente, dirige, provoca, instiga ou excita a conduta de outros. Refere-se o artigo em comento a delito de *autoria coletiva*, ou seja, plurissubjetivo, que somente pode ser cometido por duas ou mais pessoas. Na realidade, portanto, o disposto no § 4º é dispensável, pois óbvio.

232. Equiparação artificial: o disposto neste parágrafo é inadequado, pois simplesmente *presume* quem seja o *cabeça* de um crime, pela condição de oficial na prática delituosa. O dirigente deve ser extraído da realidade e não de mera presunção.

Casos de impunibilidade

> **Art. 54.** O ajuste, a determinação ou instigação e o auxílio, salvo disposição em contrário, não são puníveis se o crime não chega, pelo menos, a ser tentado.[233-234]

233. Alcance do termo "impunibilidade": pretende a lei atribuir o termo *impunibilidade* ao fato, e não ao agente, pois, no caso apresentado, trata-se de causa de atipicidade. Impuníveis são o ajuste, a determinação, a instigação e o auxílio, logo, condutas atípicas. Vimos, anteriormente, que a tentativa somente se torna fato típico, portanto, passível de punição do seu autor, se há o ingresso na fase executória. Portanto, é natural que condutas anteriores, ainda que relevantes, sejam atípicas (meramente preparatórias), caso não se dê início à execução do delito. O disposto neste artigo, diante do art. 30, II, do Código Penal Militar, é supérfluo. Ademais, se houver disposição expressa em contrário (leia-se: existência de um tipo incriminador autônomo), é evidente que o ajuste, a determinação, a instigação e o auxílio podem ser punidos.

234. Conceitos: a) *ajuste*: é o acordo ou o pacto celebrado entre pessoas; b) *determinação*: é a ordem dada para alguma finalidade; c) *instigação*: é a sugestão ou estímulo à realização de algo; d) *auxílio*: é a ajuda ou a assistência dada a alguém.

Título V
Das penas[235-236]

235. Conceito de pena: é a sanção imposta pelo Estado, por meio de ação penal, ao criminoso como *retribuição* ao delito perpetrado e *prevenção* a novos crimes. O caráter *preventivo* da pena desdobra-se em dois aspectos (geral e especial), que se subdividem (positivo e negativo): a) *geral negativo*: significando o poder intimidativo que ela representa a toda a sociedade, destinatária da norma penal; b) *geral positivo*: demonstrando e reafirmando a existência e eficiência do direito penal; c) *especial negativo*: significando a intimidação ao autor do delito para que não torne a agir do mesmo modo, recolhendo-o ao cárcere, quando necessário; d) *especial positivo*: que é a proposta de ressocialização do condenado, para que volte ao convívio social, quando finalizada a pena ou quando, por benefícios, a liberdade seja antecipada. Conforme o atual sistema normativo brasileiro, a pena não deixa de possuir todas as características expostas em sentido amplo (castigo + intimidação e reafirmação do direito penal + ressocialização).

236. Princípios da pena: *a)* princípio da *personalidade* ou da *responsabilidade pessoal*: a pena é *personalíssima*, não podendo passar da pessoa do delinquente (art. 5.º, XLV, da CF); *b)* princípios da *legalidade e anterioridade*: a pena não pode ser aplicada sem *prévia* cominação legal – *nulla poena sine praevia lege* (art. 5.º, XXXIX, da CF); *c)* princípio da *inderrogabilidade*: a pena, uma vez constatada a prática da infração penal, é *inderrogável*, ou seja, não pode deixar de ser aplicada (consequência da *legalidade*); *d)* princípio da *proporcionalidade*: a pena deve ser *proporcional* ao crime, devendo guardar equilíbrio entre a infração praticada e a sanção imposta (art. 5.º, XLVI, da CF); *e)* princípio da *individualização* da pena: para cada delinquente o Estado-juiz deve estabelecer a pena exata e merecida, evitando-se a *pena-padrão*, nos termos estabelecidos pela Constituição (art. 5.º, XLVI, da CF). Individualizar a pena é *fazer justiça*, o que, nas palavras de Goffredo Telles Júnior, significa "dar a cada um o que é seu" (*Preleção sobre o justo*, p. 137); *f)* princípio da *humanidade*: o Brasil veda a aplicação de penas insensíveis e dolorosas (art. 5.º, XLVII, da CF), devendo-se respeitar a integridade física e moral do condenado (art. 5.º, XLIX, da CF).

Capítulo I
Das penas principais

Penas principais[237]

> **Art. 55.** As penas principais são:
> *a)* morte;

> *b)* reclusão;
>
> *c)* detenção;
>
> *d)* prisão;
>
> *e)* impedimento;
>
> *f)* *(revogada pela Lei 14.688/2023)*;
>
> *g)* *(revogada pela Lei 14.688/2023)*.

237. Espécies de penas e proporcionalidade: embora o art. 5.º, XLVI, da Constituição Federal, tenha estabelecido parâmetros para a devida proporção das penas aplicadas aos crimes comuns, em face da gravidade das infrações cometidas, não deixa de espelhar a preocupação legislativa com o princípio da proporcionalidade em todos os âmbitos, o que certamente abrange o militar. Por isso, o art. 55 do CPM expõe todas as penas aplicáveis aos delitos militares, em ordem proporcionalmente fixada da mais grave à mais branda. Desde a morte, cabível aos crimes cometidos em tempo de guerra declarada, devidamente tipificados neste Código, passando pelas privativas de liberdade – reclusão, detenção e prisão, atingindo penalidades mais amenas, que envolvem aspectos funcionais da vida militar. No tocante às penas privativas de liberdade, a meta de especificá-las em três deve-se, basicamente, ao intento de não misturar condenados de personalidades diversas, autores de crimes cuja gravidade é variável. O mesmo desiderato ocorre na legislação penal comum, dividindo-se a pena privativa de liberdade em três espécies: reclusão, detenção e prisão simples. Entretanto, no campo fático, nunca se conseguiu efetivamente separar os reclusos, os detentos e os presos, por absoluta carência de vagas em estabelecimentos penais. Diante disso, a tendência, hoje, é uniformizar a pena privativa de liberdade para um só padrão: prisão. E, neste contexto, tornar cada vez mais importante o regime de cumprimento (fechado, semiaberto e aberto), inserindo-se subdivisões, quando necessário.

Pena de morte

> **Art. 56.** A pena de morte é executada por fuzilamento.[238]

238. Fuzilamento: é um método de execução tipicamente militar, há muito tempo, geralmente praticado em tempo de guerra. Foi o escolhido pelo direito militar brasileiro. Geralmente, o fuzilamento é também considerado o método de execução menos desonroso do que outros, nitidamente mais sangrentos, como a decapitação, ou cruéis, como cadeira elétrica e enforcamento. Além disso, alguns sistemas militares, que adotam o fuzilamento, entregam um projétil falso a um dos soldados do pelotão, de modo que não se sabe qual deles, efetivamente, matou o condenado. A dúvida, nesse cenário, poderia aliviar a consciência de alguns. Ademais, quando vários soldados atiram, ao mesmo tempo, contra o sentenciado, nunca se sabe, com precisão, quais foram os ferimentos que, realmente, o levaram à morte. Dissipa-se a responsabilidade de quem age, em suma, como *carrasco*. Espera-se que, no Brasil, jamais se utilize a pena de morte, pois a possibilidade de nosso país ingressar em guerra é remotíssima.

Comunicação

> **Art. 57.** A sentença definitiva de condenação à morte é comunicada, logo que passe em julgado, ao Presidente da República, e não pode ser executada senão depois de 7 (sete) dias após a comunicação.[239]

> **Parágrafo único.** Se a pena é imposta em zona de operações de guerra, pode ser imediatamente executada, quando o exigir o interesse da ordem e da disciplina militares.[240]

239. Comunicação obrigatória: o objetivo da comunicação ao Presidente da República da sentença fixando a pena de morte concentra-se na possibilidade de ser aplicada a medida constitucional de clemência, referente à graça (indulto individual), que pode ser total ou parcial. Na realidade, o perdão completo é injustificável, pois houve condenação, após o devido processo legal, embora o Presidente seja senhor absoluto dessa decisão (art. 84, XII, da CF). Por outro lado, o mais provável é a concessão de comutação (indulto parcial), convolando a pena de morte em outra modalidade, tal como a privativa de liberdade.

240. Situação excepcional: embora não se possa crer nessa possibilidade, que somente existiria, no plano real, se o Brasil entrasse em conflito armado declarado contra outra nação, não há obrigação de comunicar previamente ao Presidente da República a pena de morte, quando a situação se der em zona de operações de guerra. Pode haver execução imediata, quando o exigir o interesse da ordem e da disciplina militares. Há quem sustente que tal norma não foi recepcionada pela Constituição Federal de 1988. Argumenta-se, inclusive, a possibilidade de impetração de *habeas corpus* preventivo para sustar a execução. Assim não vemos. Se houver situação excepcional, demandando imediato julgamento de militar, cujos atos foram tão graves, a ponto de se aplicar a pena de morte, em plena zona de guerra, parece-nos cabível a pronta execução. A extravagância do momento justifica o disposto neste parágrafo.

Mínimos e máximos genéricos

> **Art. 58.** O mínimo da pena de reclusão é de 1 (um) ano e o máximo de 30 (trinta) anos; o mínimo da pena de detenção é de 30 (trinta) dias e o máximo de 10 (dez) anos.[241]

241. Limites genéricos: num sistema ordenado de normas penais, como se espera encontrar em Códigos comuns ou militares, torna-se incoerente especificar o mínimo e o máximo em abstrato, previstos genericamente para os delitos, como se fez no art. 58. Afinal, se a Parte Especial, onde constam os tipos incriminadores, é constituída por preceitos secundários construídos com limites expressos (mínimo e máximo), não há necessidade de se apontar qualquer limite genérico. Por outro lado, se a opção é estabelecer o mínimo genérico, por exemplo, todos os tipos incriminadores passam a prever somente a pena máxima. A mescla de sistemas é inadequada e injustificável. É o que se nota pela redação do tipo penal do furto simples (art. 240 do CPM), cuja pena é de reclusão de até seis anos. Porém, no mesmo tipo, tratando-se da forma qualificada, especifica-se a pena de reclusão, de 2 a 8 anos. O ideal, nesse contexto, é seguir o método do Código Penal comum, onde todos os tipos incriminadores possuem os limites mínimo e máximo de penas cominadas em abstrato.

Pena até dois anos aplicada a militar

> **Art. 59.** A pena de reclusão ou de detenção até 2 (dois) anos, aplicada a militar, é convertida em pena de prisão[242-243] e cumprida, quando não cabível a suspensão condicional:

Art. 60

Código Penal Militar Comentado • Nucci

> I – pelo oficial, em recinto de estabelecimento militar;
>
> II – pela praça, em estabelecimento penal militar, onde ficará separada de presos que estejam cumprindo pena disciplinar ou pena privativa de liberdade por tempo superior a 2 (dois) anos.

Separação de praças especiais e graduadas

> **Parágrafo único.** Para efeito de separação, no cumprimento da pena de prisão, atender-se-á, também, à condição das praças especiais e à das graduadas, ou não; e, dentre as graduadas, à das que tenham graduação especial.

242. Política criminal de separação de condenados: em todos os âmbitos – legislação comum e especial – sempre houve e haverá a preocupação do Estado em providenciar a divisão e a separação entre sentenciados, como medida de política criminal para alcançar, com efetividade, as finalidades da pena, dentre as quais a ressocialização. Por óbvio, misturar condenados de diferentes personalidades (violentos e não violentos), com práticas delituosas totalmente distintas (crimes graves e leves) e vida pregressa diversa (reincidentes e primários) expõe a grave risco a fiel execução penal. A própria ideia de estabelecer diferentes espécies de penas privativas de liberdade tem igual objetivo: a reclusão para crimes mais graves; a detenção para delitos mais leves; a prisão para infrações penais mais brandas ainda. O mesmo se dá na legislação penal comum. O ponto fulcral sempre foi a inviabilidade de se encontrar, na prática, estabelecimentos penais com vagas suficientes para separar reclusos, detentos e presos. No campo militar, observa-se outro fator relevante: a divisão entre oficiais e praças. O propósito é evitar conflitos e indisciplina. Vários elementos de distinção entre condenados lastreiam-se em critérios objetivos, sem que se possa sustentar a existência de mera discriminação ou enaltecimento de privilégios.

243. Conversão em prisão: penas não superiores a dois anos, consideradas brandas, quando não suspensas, devem ser convertidas de reclusão e detenção para prisão, proporcionando outro local para o cumprimento. Aplica-se tanto a oficiais quanto a praças. Na jurisprudência: STM: "A Jurisprudência desta Corte, alinhada ao entendimento do STF, considera que a suspensão condicional da pena não se aplica ao crime de deserção, por força do art. 88, inciso II, alínea a, do CPM (*Habeas Corpus* 85-47.2010.7.00.000/RJ. 01.07.2010). Cabível, de ofício, a conversão da pena de detenção em prisão quando o condenado for militar e a condenação imposta não ultrapassar 2 (dois) anos, nos termos do art. 59 do CPM" (Ap. 0000300-54.2010.7.01.0401 – RJ, Plenário, rel. Raymundo Nonato de Cerqueira Filho, 16.04.2012, m.v.). "No tocante à conversão da pena de reclusão ou de detenção em prisão, conforme prevê o art. 59 do CPM, esta Corte vem entendendo pela incompatibilidade deste dispositivo com o instituto do sursis, razão pela qual a aludida conversão há de ser repelida da fundamentação da Sentença, preservando-se o benefício da suspensão da pena e o direito de apelar em liberdade" (Ap. 0000052-22.2009.7.02.0102 – SP, Plenário, rel. William de Oliveira Barros, 01.03.2012, v.u.).

Pena do assemelhado[244]

> **Art. 60.** (*Revogado pela Lei 14.688/2023.*)

244. Eliminada a nota em decorrência da revogação do art. 60.

Pena superior a dois anos, aplicada a militar

> **Art. 61.** A pena privativa de liberdade por mais de 2 (dois) anos, aplicada a militar, é cumprida em penitenciária militar e, na falta dessa, em estabelecimento prisional civil, ficando o recluso ou detento sujeito ao regime conforme a legislação penal comum,[245-247] de cujos benefícios e concessões, também, poderá gozar.[248-254]

245. Regime de cumprimento da pena: há três regimes: fechado (segurança máxima); semiaberto (segurança media) e aberto (fiscalização). Conforme preceitua o art. 33, § 2.º, do Código Penal comum, para penas superiores a 8 anos, deve-se fixar o regime inicial fechado; para penas superiores a 4 até 8, pode-se fixar o fechado ou o semiaberto; para penas até 4 anos, fechado, semiaberto ou aberto. A escolha do regime inicial deve ser fundamentada, valendo-se o julgador dos elementos constantes do art. 59 do Código Penal.

246. Gravidade do crime e regime fechado: a gravidade do crime, por si só, não é motivo para estabelecer o regime fechado. A eleição do regime inicial de cumprimento da pena obedece aos mesmos critérios do art. 59, conforme determinação expressa do § 3.º do art. 33. Registre-se a edição da Súmula 718 do STF: "A opinião do julgador sobre a gravidade em abstrato do crime não constitui motivação idônea para a imposição de regime mais severo do que o permitido segundo a pena aplicada".

247. Pena fixada no mínimo e regime prisional mais severo: há *duas posições* a esse respeito: *a)* quando a pena for fixada no mínimo legal, porque todas as circunstâncias do art. 59 do Código Penal são favoráveis, não há razão para estabelecer regime mais severo. Nesse sentido: STF: "A jurisprudência pacífica desta Corte é no sentido da impossibilidade da fixação de regime prisional mais gravoso quando a sentença condenatória é desprovida de fundamentação. 2. Revela-se um contrassenso ter sido a pena da paciente fixada no patamar mínimo legal, por inexistência de motivos hábeis à sua majoração, e, ao mesmo tempo, assentar-se o regime mais gravoso em torno de proposições não cogitadas na primeira fase da dosimetria. 3. Se foram favoráveis à paciente as diretrizes do art. 59 do Código Penal para a fixação da pena no mínimo legal, não há razão para não favorecê-la também na fixação do regime" (HC 99996/SP, 1.ª T, rel. Dias Toffoli, 28.09.2010, v.u.). STJ: "A jurisprudência do STJ é assente no sentido de que, fixada a pena-base no mínimo legal e sendo o acusado primário e detentor de bons antecedentes, não se justifica a fixação do sistema prisional mais gravoso, em observância ao disposto no art. 33, §§ 2.º e 3.º do Código Penal" (HC 121562/SC, 5.ª T, rel. Jorge Mussi, 15.06.2009, v.u.); *b)* a fixação de pena no mínimo legal não leva, necessariamente, ao estabelecimento do regime mais brando, pois os requisitos do art. 59 devem ser analisados em duas fases: primeiramente, para a fixação do montante da pena e, em segundo plano, para a escolha do regime de cumprimento. Assim: STJ: "A imposição da pena no mínimo legal não é determinante do estabelecimento de regime prisional mais grave, que, ao contrário, deve também ser informado pelas circunstâncias judiciais, sem vinculação necessária, contudo. O modo de execução do crime, principalmente se caracterizado pelo emprego efetivo de arma de fogo, é bastante para justificar o regime inicial fechado, à luz da concreta gravidade do crime" (HC 9.043/RJ, 6.ª T., 30.06.1999, v.u., rel. Hamilton Carvalhido, *DJ* 13.09.1999, p. 116). Cremos ser muito difícil para o magistrado separar completamente os requisitos do art. 59 em duas fases distintas, conseguindo argumentos suficientes para dar pena mínima, ao mesmo tempo em que extrai outros para estabelecer regime mais severo. Afinal, se o crime é grave – não pela simples descrição típica, mas pelos aspectos fáticos que envolve –, a pena não deveria situar-se

Art. 61

Código Penal Militar Comentado • Nucci

no mínimo, atendendo-se ao disposto nos elementos "circunstâncias e consequências do crime", previstos no art. 59. Muitas vezes, ocorre a predominância da indevida *política da pena mínima*, isto é, a praxe de muitos magistrados tendente a estabelecer sempre a pena mínima, embora, em seguida, resolvam fixar regime mais severo, porque o crime, abstratamente considerado, é grave. Com isso não concordamos. Exemplificamos com o caso do roubo: se for a mão armada, a pena padrão é de 5 anos e 4 meses de reclusão. Depois, no momento de fixar o regime de cumprimento, porque se trata de "crime grave" – não porque foi cometido em peculiares circunstâncias fáticas, mas pelo simples fato de ser um "roubo", delito que assola as grandes metrópoles –, estabelece-se o regime fechado. Ora, nada justifica tal postura, uma vez que o regime de cumprimento da pena deve obedecer, fielmente, os critérios do art. 33, especialmente o disposto no § 3.º, que remete ao art. 59 do CP. Logo, se o réu recebeu pena mínima, porque todas as circunstâncias judiciais eram favoráveis, o fato de ter cometido um delito considerado abstratamente *grave* não é motivo para colocá-lo em regime mais severo. Pode-se utilizar o regime inicial fechado para o crime de roubo, quando o modo de praticá-lo foi excepcional, tal como utilizar violência desnecessária contra a vítima já rendida, demonstrando sadismo. Entretanto, nessa hipótese, merece a pena ser estabelecida acima do mínimo legal. Portanto, embora não seja teoricamente impossível a fixação da pena no mínimo e regime mais severo, cremos ser inviável padronizar o entendimento seja num sentido, seja noutro. Direito penal não é ciência exata, e cada caso merece avaliação de *per si*, fazendo-se justiça no caso concreto, e não em abstrato. Em síntese: recebendo pena no mínimo, a regra é que o regime seja, também, o mais favorável. Elevando-se a pena acima do piso, é lógico possa o magistrado estabelecer regime mais rigoroso. Em situações excepcionais, pode-se admitir a pena no mínimo e regime mais severo. Concluindo, o mais importante nesse cenário é a fundamentação da decisão, seja no tocante à fixação do *quantum* da pena privativa de liberdade, seja no que concerne à escolha do regime. Consulte-se o disposto na Súmula 719 do STF: "A imposição do regime de cumprimento mais severo do que a pena aplicada permitir exige motivação idônea".

248. Regime progressivo de cumprimento da pena: como parte da individualização executória da pena, deve haver progressão de regime, forma de incentivo à proposta estatal de reeducação e ressocialização do sentenciado. Nos termos do art. 112 da Lei de Execução Penal, "a pena privativa de liberdade será executada em forma progressiva com a transferência para regime menos rigoroso, a ser determinada pelo juiz, quando o preso tiver cumprido ao menos: I – 16% (dezesseis por cento) da pena, se o apenado for primário e o crime tiver sido cometido sem violência à pessoa ou grave ameaça; II – 20% (vinte por cento) da pena, se o apenado for reincidente em crime cometido sem violência à pessoa ou grave ameaça; III – 25% (vinte e cinco por cento) da pena, se o apenado for primário e o crime tiver sido cometido com violência à pessoa ou grave ameaça; IV – 30% (trinta por cento) da pena, se o apenado for reincidente em crime cometido com violência à pessoa ou grave ameaça; V – 40% (quarenta por cento) da pena, se o apenado for condenado pela prática de crime hediondo ou equiparado, se for primário; VI – 50% (cinquenta por cento) da pena, se o apenado for: a) condenado pela prática de crime hediondo ou equiparado, com resultado morte, se for primário, vedado o livramento condicional; b) condenado por exercer o comando, individual ou coletivo, de organização criminosa estruturada para a prática de crime hediondo ou equiparado; ou c) condenado pela prática do crime de constituição de milícia privada; VII – 60% (sessenta por cento) da pena, se o apenado for reincidente na prática de crime hediondo ou equiparado; VIII – 70% (setenta por cento) da pena, se o apenado for reincidente em crime hediondo ou equiparado com resultado morte, vedado o livramento condicional. § 1.º Em todos os casos, o apenado só terá direito à progressão de regime se ostentar boa conduta carcerária, comprovada pelo diretor do estabelecimento, respeitadas as normas que vedam a progressão. § 2.º A decisão do juiz que determinar a progressão de regime será sempre motivada e precedida de manifestação do Ministério Público e do defensor, procedimento que também será adotado na concessão de livramento condicional, indulto e comutação de penas, respeitados os prazos previstos nas normas vigentes. § 3.º No caso de mulher gestante ou que for mãe ou responsável por crianças ou pessoas com deficiência, os requisitos para progressão de regime são, cumulativamente: I – não ter cometido crime com violência ou grave ameaça a pessoa; II – não ter cometido o crime contra seu filho ou dependente; III – ter cumprido ao menos 1/8 (um oitavo) da pena no regime anterior; IV – ser primária e ter bom comportamento carcerário, comprovado pelo diretor do estabelecimento; V – não ter integrado organização criminosa. § 4.º O cometimento de novo crime doloso ou falta grave implicará a revogação do benefício previsto no § 3.º deste artigo. § 5.º Não se considera hediondo ou equiparado, para os fins deste artigo, o crime de tráfico de drogas previsto no § 4.º do art. 33 da Lei n.º 11.343, de 23 de agosto de 2006. § 6.º O cometimento de falta grave durante a execução da pena privativa de liberdade interrompe o prazo para a obtenção da progressão no regime de cumprimento da pena, caso em que o reinício da contagem do requisito objetivo terá como base a pena remanescente. § 7.º O bom comportamento é readquirido após 1 (um) ano da ocorrência do fato, ou antes, após o cumprimento do requisito temporal exigível para a obtenção do direito.

249. Conceito e análise do mérito do condenado: o mérito do condenado é um juízo de valor incidente sobre a sua conduta carcerária passada e futura (diagnóstico e prognóstico), dando conta de que cumpriu, a contento, sem o registro de faltas graves no seu prontuário, a sua pena no regime mais rigoroso, além de estar preparado a enfrentar regime mais brando, demonstrando disciplina, senso crítico sobre si mesmo, perspectiva quanto ao seu futuro e ausência de periculosidade. O mérito não deve, jamais, ser avaliado segundo o crime praticado e o montante da pena aplicada, pois não é essa a disposição legal. Por seu crime, o sentenciado já foi sancionado e cumpre pena, não podendo carregar, durante toda a execução, o estigma de ter cometido grave infração penal. O objetivo da pena, fundamentalmente, é reeducar a pessoa humana que, cedo ou tarde, voltará ao convívio social, de modo que a progressão é indicada para essa recuperação, dando ao preso perspectiva e esperança. Em vigor desde o dia 02.12.2003, a Lei 10.792, de 1.º de dezembro do mesmo ano, trouxe alterações substanciais à Lei de Execução Penal (Lei 7.210/1984). O objetivo principal da reforma foi o aprimoramento da legislação para o combate ao crime organizado e à atuação de grupos e quadrilhas dentro dos presídios. Houve a criação do Regime Disciplinar Diferenciado (RDD), bem como se buscou diminuir a atuação da Comissão Técnica de Classificação no cenário da progressão de regime. Antes da Lei 10.792/2003, essa Comissão, composta pelo diretor do presídio, por dois chefes de serviço, um psiquiatra, um psicólogo e um assistente social (art. 7.º da LEP), obrigatoriamente participava do processo de individualização da execução, opinando nos pedidos de progressão do regime fechado para o semiaberto e deste para o aberto. Cabia a ela, inclusive, propor as progressões e regressões de regime, bem como as conversões. Destarte, dispunha o art. 112, parágrafo único (hoje substituído pelos §§ 1.º a 7.º), cuidando da progressão de regime: "A decisão será motivada e precedida de parecer da Comissão Técnica de Classificação e do exame criminológico, quando necessário". A nova redação estipula que o direito à progressão fica condicionado à boa conduta carcerária, comprovada pelo diretor do estabelecimento. Haverá decisão motivada do juiz, com oportunidade de manifestação do MP e da defesa. As mesmas regras valem para o livramento condicional, indulto e comutação de penas. Porém, os Tribunais Superiores (STF e STJ) têm permitido que o magistrado determine a realização de exame criminológico, caso haja necessidade e o delito tenha sido cometido com violência ou grave ameaça à pessoa. Nessa ótica: Súmula Vinculante 26 do STF: "Para efeito de progressão de regime no cumprimento de pena por crime hediondo, ou equiparado, o juízo da execução

Art. 61

Código Penal Militar Comentado • Nucci

observará a inconstitucionalidade do art. 2.º da Lei 8.072, de 25 de julho de 1990, sem prejuízo de avaliar se o condenado preenche, ou não, os requisitos objetivos e subjetivos do benefício, *podendo determinar, para tal fim, de modo fundamentado, a realização de exame criminológico*" (grifamos).

250. Critérios para a transferência a regime mais rigoroso: há, basicamente, *duas situações* que desencadeiam essa transferência: a) *adaptação do regime*: nos termos do art. 111 da Lei de Execução Penal, "quando houver condenação por mais de um crime, no mesmo processo ou em processos distintos, a determinação do regime de cumprimento será feita pelo resultado da soma ou unificação das penas, observada, quando for o caso, a detração ou a remição". E mais: "Sobrevindo condenação no curso da execução, somar-se-á a pena ao restante da que está sendo cumprida, para determinação do regime". Portanto, se o sujeito foi condenado a uma pena de 6 anos, em regime semiaberto, por um processo, e a 4 anos, em regime aberto, por outro, é curial que o juiz da execução penal estabeleça um regime único para o cumprimento de 10 anos de reclusão, que, aliás, demanda o regime fechado; b) *regressão*: nos termos do art. 118 da mesma lei, o condenado pode ser regredido a regime mais rigoroso quando "praticar fato definido como crime doloso ou falta grave" ou "sofrer condenação, por crime anterior, cuja pena, somada ao restante da pena em execução, torne incabível o regime". No caso de cometimento de crime doloso, é preciso, num primeiro momento, *sustar* os benefícios do regime em que se encontra (se está no aberto, será transferido, cautelarmente, para o fechado), aguardando-se a condenação com trânsito em julgado. Caso seja absolvido, restabelece-se o regime sustado; se for condenado, regride-se a regime mais severo.

251. Sustação cautelar de regime semiaberto ou aberto: trata-se de uma providência correta e fruto do poder geral de cautela do juiz. Mais adequado que promover a regressão sem uma devida apuração do ocorrido (cometimento de crime doloso ou descumprimento de condições, por exemplo), mas também assegurando-se disciplina no cumprimento da pena e proteção à sociedade, pois se trata de um condenado acusado de ter cometido outro delito no curso da execução da pena, é fundamental que o magistrado utilize seu poder de cautela, sustando o regime até solução definitiva para a imputação.

252. Reincidência e regime fechado: a regra estabelecida pelo Código Penal é de que o condenado reincidente deve iniciar o cumprimento da sua pena sempre no regime fechado, pouco importando o montante da sua pena (ver alíneas *b* e *c* do § 2.º do art. 33). Entretanto, há corrente noutro prisma: Súmula 269 do STJ: "É admissível a adoção do regime prisional semiaberto aos reincidentes condenados à pena igual ou inferior a 4 (quatro) anos se favoráveis as circunstâncias judiciais". Essa posição harmoniza-se com o entendimento de que penas curtas, quando cumpridas em regime fechado, somente deterioram ainda mais o caráter e a personalidade do sentenciado, produzindo mais efeitos negativos do que positivos. Por isso, o entendimento do STJ permite que o magistrado, no caso concreto, emita juízo de valor acerca das condições pessoais do réu, valendo-se das circunstâncias previstas no art. 59 do Código Penal, para inseri-lo, a despeito de reincidente, no regime semiaberto, mais condizente com penas não superiores a quatro anos.

253. Regime disciplinar diferenciado: introduzido pela Lei 10.792/2003, com a modificação da Lei 13.964/2019, o regime disciplinar diferenciado é, em síntese, caracterizado pelo seguinte: *a)* duração máxima de 2 anos, sem prejuízo de repetição da sanção por nova falta grave de mesma espécie; *b)* recolhimento em cela individual; *c)* visitas quinzenais, de duas pessoas por vez, a serem realizadas em instalações equipadas para impedir o contato físico e a passagem de objetos, por pessoa da família ou, quando terceiro, autorizado pelo juízo, com duração de duas horas; *d*) direito de saída da cela para banho de sol por duas horas diárias podendo conviver com até quatro presos, desde que não sejam do mesmo grupo criminoso; *e*) entrevistas monitoradas, exceto com o defensor, em instalações equipadas para impedir o contato físico e a passagem de coisas, salvo expressa autorização judicial em contrário; *f*) fiscalização de conteúdo da correspondência; *g*) participação em audiências judiciais em videoconferência, de preferência, assegurando a presença do defensor no mesmo local que o preso. O regime é válido para condenados ou presos provisórios. Podem ser incluídos no mesmo regime os presos, nacionais ou estrangeiros, provisórios ou condenados, que apresentem alto risco para a ordem e a segurança do estabelecimento penal ou aqueles que (provisórios ou condenados) estiverem envolvidos ou participarem – com fundadas suspeitas –, a qualquer título, de organizações criminosas, quadrilha ou bando [associação criminosa, com a redação dada pela Lei 12.850/2013] (art. 52, § 1.º). Enfim, três são as hipóteses para a inclusão no RDD: *a*) quando o preso provisório ou condenado praticar fato previsto como crime doloso, conturbando a ordem e a disciplina interna do presídio onde se encontre; *b*) quando o preso provisório ou condenado representar alto risco para a ordem e à segurança do estabelecimento penal ou da sociedade; *c*) quando o preso provisório ou condenado estiver envolvido com organização criminosa, associação criminosa ou milícia, bastando fundada suspeita. O regime disciplinar diferenciado somente poderá ser decretado pelo juiz da execução penal, desde que proposto, em requerimento pormenorizado, pelo diretor do estabelecimento penal ou por outra autoridade administrativa (por exemplo, o Secretário da Administração Penitenciária, quando houver), ouvido previamente o membro do Ministério Público e a defesa (art. 54 e parágrafos). Embora o juiz tenha o prazo máximo de 15 dias para decidir a respeito, a autoridade administrativa, em caso de urgência, pode isolar o preso preventivamente, por até dez dias, aguardando a decisão judicial (art. 60). Os prazos, no entanto, deveriam coincidir, ou seja, se o juiz tem até 15 dias para deliberar sobre o regime disciplinar diferenciado, o ideal seria que a autoridade administrativa tivesse igualmente 15 dias para isolar o preso, quando fosse necessário. Nada impede, aliás, tudo recomenda, no entanto, que o juiz, alertado de que o preso já foi isolado, decida em dez dias, evitando-se alegação de constrangimento ilegal. O tempo de isolamento provisório será computado no período total de regime disciplinar diferenciado, como uma autêntica detração. Observa-se a severidade incontestе do mencionado regime, infelizmente criado para atender às necessidades prementes de combate ao crime organizado e aos líderes de facções que, de dentro dos presídios brasileiros, continuam a atuar na condução dos negócios criminosos fora do cárcere, além de incitarem seus comparsas soltos à prática de atos delituosos graves de todos os tipos. Por isso, é preciso que o magistrado encarregado da execução penal tenha a sensibilidade que o cargo lhe exige para avaliar a real e efetiva necessidade de inclusão do preso no RDD, especialmente do provisório, cuja inocência pode ser constatada posteriormente. A Lei 10.792/2003 prevê, ainda, a utilização de detectores de metais, nos estabelecimentos penais, aos quais devem submeter-se "todos que queiram ter acesso ao referido estabelecimento, ainda que exerçam qualquer cargo ou função pública" (art. 3.º). A segurança nos presídios, portanto, torna-se expressamente mais severa, devendo todos, de modo igualitário, às suas normas se sujeitar (magistrados, promotores, advogados, delegados, Secretários de Estado, Governadores etc.). O art. 4.º da mencionada Lei dispõe que os estabelecimentos penais, especialmente os que possuírem o regime disciplinar diferenciado, deverão possuir equipamento bloqueador de telecomunicação para celulares, radiotransmissores e outros meios. Espera-se que haja a devida e suficiente destinação de verba pelo Poder Executivo para tanto, a fim de que a norma não seja considerada ineficaz. Novamente, estipula-se a missão da União Federal para a construção de presídios em local distante da condenação para recolher os condenados, no interesse da segurança pública ou do próprio sentenciado

Art. 62

(art. 86, § 1.º, LEP). Fica claro que cabe ao juiz da execução penal definir o estabelecimento prisional adequado para o cumprimento da pena ou para abrigar o preso provisório (art. 86, § 3.º, LEP). Na jurisprudência: STJ: "3. Existem elementos concretos que justificam a manutenção do preso em Regime Disciplinar Diferenciado, pois se trata de criminoso de alta periculosidade, líder de organização criminosa responsável pela ocorrência de rebeliões no sistema prisional do Estado do Amazonas, ocorridas no princípio do ano de 2017, persistindo os fundamentos que justificaram a transferência para o Presídio Federal com objetivo de assegurar segurança pública" (HC 473.642/AM, 6.ª T., rel. Laurita Vaz, j. 13.12.2018, v.u.).

254. Direito do preso à execução provisória da pena: tem sido posição predominante, atualmente, tanto na doutrina, quanto na jurisprudência, poder o condenado a pena privativa de liberdade executá-la provisoriamente, em especial quando pretende a progressão de regime, pleiteando a passagem do fechado para o semiaberto. A viabilidade, segundo entendíamos, somente estaria presente quando a decisão, no tocante à pena, tivesse transitado em julgado para o Ministério Público, pois, assim, haveria um teto máximo para a sanção penal. Ou se a decisão do magistrado estivesse baseada no máximo em abstrato previsto para o delito. Não mais comungamos dessa posição, pois, a qualquer momento, se o recurso do Ministério Público tiver sucesso, pode-se rever o montante da pena na execução, readequando-se o regime ou o benefício, conforme a situação. Injusto seria esperar todo esse lento trâmite para, então, promover a progressão do sentenciado. Sob outro aspecto, a pretexto de se tratar de *prisão provisória*, cautelarmente decretada durante a instrução, não se pode obstar esse direito, uma vez que, existindo eventual triunfo da defesa, por ocasião do julgamento de seu recurso, o máximo que poderá ocorrer será a sua imediata liberação – quando houver absolvição ou diminuição da pena. Lembremos que o tempo de prisão provisória será computado como se pena cumprida fosse, em virtude da detração (art. 42 do CP), o que fortalece, ainda mais, a possibilidade de se conceder ao sentenciado algum benefício, caso tenha preenchido o requisito objetivo, concernente ao tempo de prisão. Aliás, o art. 2.º, parágrafo único, da Lei 7.210/1984 prevê a possibilidade de se aplicar ao preso provisório o disposto nesta Lei, o que permite supor estar incluída a progressão. Logicamente, esta não será automática, respeitando-se os demais requisitos para a concessão, como o merecimento. Como argumento contrário à execução provisória da pena, invoca-se o princípio constitucional da presunção de inocência. Se o réu é inocente até que a decisão condenatória se torne definitiva, não seria possível fazê-lo cumprir antecipadamente a pena. Ocorre que os direitos e garantias fundamentais, previstos na Constituição, servem para proteção do indivíduo, e não para prejudicá-lo, o que aconteceria caso fosse levado como causa impeditiva da execução provisória. A viabilidade, no entanto, de existir execução provisória da pena está consolidada, conforme se pode verificar pela edição da Súmula 716 do STF: "Admite-se a progressão de regime de cumprimento da pena ou a aplicação imediata de regime menos severo nela determinada, antes do trânsito em julgado da sentença condenatória".

Pena privativa de liberdade aplicada a civil

> **Art. 62.** O civil cumpre a pena aplicada pela Justiça Militar, em estabelecimento prisional civil, ficando ele sujeito ao regime conforme a legislação penal comum, de cujos benefícios e concessões, também, poderá gozar.[255]
>
> **Parágrafo único.** Por crime militar praticado em tempo de guerra poderá o civil ficar sujeito a cumprir a pena, no todo ou em parte, em penitenciária militar, se, em benefício da segurança nacional, assim o determinar a sentença.

255. Pena cumprida por civil: destina-se a ele um estabelecimento penal civil – e não militar – embora tenha cometido delito militar. A medida é correta, pois o critério básico de política criminal diz respeito à separação ideal entre condenados (reclusos, detentos e presos; militares e não militares; oficiais e praças; reincidentes e primários etc.). Além disso, o condenado civil submete-se à legislação penal comum para fins de fixação do regime e execução da pena.

Pena de impedimento

> **Art. 63.** A pena de impedimento sujeita o condenado a permanecer no recinto da unidade, sem prejuízo da instrução militar.[256]

256. Impedimento: destina-se essa espécie de pena ao insubmisso civil, que não atende à convocação para participar do serviço militar obrigatório. Em lugar de pena privativa de liberdade, que seria muito drástica, optou-se pela permanência nas cercanias da unidade onde deve servir.

Pena de suspensão do exercício do posto, graduação, cargo ou função

> **Art. 64.** (*Revogado pela Lei 14.688/2023.*)[257]

257. Eliminada a nota em decorrência da revogação do art. 64.

Pena de reforma

> **Art. 65.** (*Revogado pela Lei 14.688/2023.*)[258]

258. Eliminada a nota em decorrência da revogação do art. 65.

Superveniência de doença mental

> **Art. 66.** O condenado a que sobrevenha doença mental deve ser recolhido a manicômio judiciário ou, na falta deste, a outro estabelecimento adequado, onde lhe seja assegurada custódia e tratamento.[259]

259. Doença mental do condenado e do agente do fato criminoso: é preciso distinguir a doença mental que acomete o sentenciado, durante a execução da sua pena, da enfermidade que possui o agente no momento da conduta delituosa. A este último, aplica-se o disposto no art. 48 do Código Penal Militar, vale dizer, não se aplica pena, mas medida de segurança. A superveniência de doença mental ao condenado, no entanto, apesar de poder levar à conversão da pena em medida de segurança, nos termos do disposto no art. 66 do Código Penal Militar, em combinação com o art. 183 da Lei de Execução Penal, não pode ser por tempo indeterminado, respeitando-se o final da sua pena. Além disso, se a doença mental

Art. 67

Código Penal Militar Comentado • Nucci

for curável e passageira, não há necessidade de conversão da pena em medida de segurança, mas tão somente a transferência do preso para tratamento em hospital adequado, por curto período.

Tempo computável[260]

> **Art. 67.** Computam-se na pena privativa de liberdade o tempo de prisão provisória, no Brasil ou no estrangeiro, e o de internação em hospital ou manicômio, bem como o excesso de tempo, reconhecido em decisão judicial irrecorrível, no cumprimento da pena, por outro crime, desde que a decisão seja posterior ao crime de que se trata.[261-264]

260. Conceito de detração: é a contagem no tempo da pena privativa de liberdade e da medida de segurança do período em que ficou detido o condenado em prisão provisória, no Brasil ou no exterior, e de internação em hospital de custódia e tratamento. Ex.: se o sentenciado foi preso provisoriamente e ficou detido por um ano até a condenação transitar em julgado, sendo apenado a seis anos de reclusão, cumprirá somente mais cinco. A detração é matéria da competência do juízo da execução penal, como regra. Portanto, o desconto será efetivado após o trânsito em julgado e início do cumprimento da pena. Nesse sentido: STJ: "Nenhum reparo merece o acórdão proferido pelo egrégio TJMG, que, com acerto, determinou o cumprimento da pena de prestação de serviços à comunidade, pelo prazo de 3 meses – tal como fixado na sentença condenatória –, competindo ao Juízo da Execução Penal eventual detração, relativamente ao período relativo à prisão preventiva" (HC 90.285/MG, 5.ª T., rel. Napoleão Nunes Maia Filho, 11.12.2008, v.u.). No Código Penal Militar, acrescenta-se, ainda, a possibilidade de desconto, no cumprimento da pena, do excesso de pena cumprida noutro processo. Atualmente, essa situação é muito rara, pois a informatização do sistema não mais permite o cumprimento da pena além do prazo fixado em sentença.

261. Cômputo da prisão provisória na medida de segurança: o desconto deve ser feito no prazo mínimo de internação ou tratamento ambulatorial (1 a 3 anos), e não no tempo total de aplicação da medida de segurança. Assim, se o juiz fixa 2 anos de internação mínima, mas o apenado já ficou preso por um ano, preventivamente, deve ser realizado o exame de cessação de periculosidade dentro de um ano (e não em dois, como originalmente determinado).

262. Ligação entre a prisão provisória e a pena aplicada para aplicar a detração: há basicamente *duas correntes*: a) *deve haver ligação entre o fato criminoso, a prisão provisória decretada e a pena aplicada.* Essa é a posição majoritária; b) *não precisa haver ligação entre o fato criminoso praticado, a prisão provisória e a pena*, desde que haja absolvição, extinção da punibilidade ou redução da pena em outro processo por crime anteriormente cometido, mas prisão decretada depois. Ex.: se o réu comete um roubo, no dia 20.03.1990, e depois pratica um furto, pelo qual tem a prisão preventiva decretada, no dia 13.05.1990, caso seja absolvido pelo furto e condenado pelo roubo, poderá computar o tempo de prisão provisória na pena do crime pelo qual foi apenado. O que não se pode aceitar, de modo algum, é a aplicação da detração quando o fato criminoso pelo qual houve condenação tenha sido praticado posteriormente ao delito que trouxe a prisão provisória e a absolvição. Seria o indevido "crédito em conta corrente". Ex.: o sujeito pratica um roubo, pelo qual é preso em flagrante, mas é absolvido; depois comete um furto, pelo qual vem a ser condenado. Se pudesse descontar o tempo do flagrante do roubo na pena do furto, estaria criando um "crédito" contra o Estado para ser utilizado no futuro, o que é ilógico.

263. Detração e pena de multa: aplica-se, por analogia, no desconto da pena de multa o tempo de prisão provisória. Assim, quem foi preso preventivamente para, ao final, ser condenado apenas à pena pecuniária não terá nada a cumprir. Conferir: TJSP: "(...) Veja-se que a posição dominante neste E. Tribunal é no sentido de que, se a detração é permitida em caso de pena privativa de liberdade, ainda com mais razão deve ser aplicada em casos de pena de multa, considerada pena mais branda, como se verifica a partir do v. Acórdão de lavra do Eminente Des. Canellas de Godoy: 'Em se tratando de pena de multa, mostra-se aplicável a detração, pois consistiria em verdadeiro paradoxo e, desta feita, flagrante injustiça, admitir-se a incidência deste instituto para o mais, isto é, para a pena privativa, e negá-la para o menos, cabendo, *in casu*, aplicação analógica *in bonam partem* (ApCrim 1.002.215/6 – j. 17.12.1996)" (AG 990.09.167210-6, 16.ª C., rel. Alberto Mariz de Oliveira, 22.03.2011, v.u.).

264. Detração e regime inicial de cumprimento da pena: a partir do advento da Lei 12.736/2012, cabe ao juiz da sentença computar o período relativo à detração para o fim de calcular o regime inicial do cumprimento da pena. Ilustrando, se a pena fixada atingir o montante de 10 anos de reclusão, mas o sentenciado já estiver preso cautelarmente há 2 anos e 6 meses, em lugar de fixar o regime inicial fechado (pena superior a 8 anos), pode o julgador estabelecer o semiaberto, visto que restam apenas 7 anos e 6 meses a cumprir, logo, admite o regime semiaberto.

Transferência de condenados

> **Art. 68.** O condenado pela Justiça Militar de uma região, distrito ou zona pode cumprir pena em estabelecimento de outra região, distrito ou zona.[265]

265. Cumprimento de pena no local do domicílio: não se trata de direito do preso a escolha do presídio onde vai cumprir a pena. Aliás, geralmente, o sentenciado cumpre pena no lugar do cometimento do delito. Quando viável, deve-se proporcionar maior proximidade do condenado com seus familiares. Na jurisprudência: "Trata-se de *habeas corpus* em favor de paciente condenado a 25 anos e 10 meses por infração dos arts. 12, 13, 14 e 18, I e III, todos da Lei 6.368/1976 [substituída pela Lei 11.343/2006]; arts. 289, § 1.º, e 334, ambos do CP; e art. 10 da Lei 9.437/1997 [substituída pela Lei 10.826/2003], no qual pleiteia a transferência de presídio para ficar próximo à companheira e parentes, alegando o princípio da humanidade. Tal pretensão foi-lhe negada pelo Tribunal de Justiça. Anotou o juiz que os sentenciados em geral não têm direito de escolher o local onde cumprirão a pena restritiva de liberdade, pois se respeita o local onde os crimes foram cometidos, além de subordinar-se aos interesses da segurança pública. Também constou do aresto combatido que nem em termos de ideal penitenciário poderia ser atendida a pretensão, pois parecer do Ministério Público estadual noticia que o paciente não conseguiu demonstrar a residência nem o vínculo com familiares. No mesmo sentido foi o parecer do Ministério Público Federal. Diante do exposto, a Turma, ao prosseguir o julgamento, denegou a ordem de *habeas corpus*" (HC 116.610/SP, 5.ª T., j. 06.10.2009, v.u., rel. Napoleão Nunes Maia Filho, 06.10.2009, v.u.); "A Turma reiterou o entendimento de que a Res. CJF 502/2006 [revogada pela Res. 557/2007] é constitucional, ao permitir o cumprimento de pena imposta por decisão da Justiça estadual em estabelecimento federal sob competência do juízo de Execução Criminal da Justiça Federal. A alegação de que o cumprimento da pena deve

Art. 68

dar-se próximo à origem do condenado, de seus familiares e afins, para que seja facilitado o processo de ressocialização e de modo a contribuir para a saúde do preso não deve sobrepor-se ao interesse coletivo de segurança e ordem pública, além da própria ordem no estabelecimento de cumprimento da pena. Assim, demonstrada inquietude no presídio de origem, em razão da presença do ora paciente, de notória periculosidade, impõe-se sua transferência para local que possa recebê-lo e garantir não só a segurança pública mas também a segurança do condenado. A manutenção do apenado no sistema penitenciário federal é medida excepcional e provisória, devendo, cumprido o tempo determinado, voltar à execução da sanção para o juízo de origem. Contudo, na espécie, diante da periculosidade do paciente, que chefia uma das maiores organizações criminosas do país, justifica-se permanência naquele sistema prisional, desde que o ato seja devidamente fundamentado pelo juízo estadual. Quanto ao período de permanência no sistema, não há qualquer óbice em permanecer na prisão federal por mais de dois anos, desde que haja motivação. A lei não diz que a inclusão só pode ocorrer uma vez; sempre que a ordem pública reclamar, deverá haver reinclusão, desde que por motivos diversos dos anteriores" (HC 116.301/RJ, 6.ª T., rel. Jorge Mussi, 10.11.2009, v.u.).

Capítulo II
Da aplicação da pena[266]

266. Conceito de aplicação da pena: trata-se de um processo judicial de discricionariedade juridicamente vinculada visando à suficiência para prevenção e reprovação da infração penal. O juiz, dentro dos limites estabelecidos pelo legislador (mínimo e máximo, abstratamente fixados para a pena), deve eleger o *quantum* ideal, valendo-se do seu livre convencimento (discricionariedade), embora com fundamentada exposição do seu raciocínio (juridicamente vinculada). Na visão de Luiz Luisi, "é de entender-se que na individualização judiciária da sanção penal estamos frente a uma 'discricionariedade juridicamente vinculada'. O Juiz está preso aos parâmetros que a lei estabelece. Dentre deles o Juiz pode fazer as suas opções, para chegar a uma aplicação justa da lei penal, atendendo as exigências da espécie concreta, isto é, as suas singularidades, as suas nuanças objetivas e principalmente a pessoa a que a sanção se destina. Todavia, é forçoso reconhecer estar habitualmente presente nesta atividade do julgador um coeficiente criador, e mesmo irracional, em que, inclusive inconscientemente, se projetam a personalidade e as concepções de vida e do mundo do Juiz. Mas, como acentua Emílio Dolcini, não existe uma irremediável e insuperável antinomia entre o 'caráter criativo e o caráter vinculado da discricionariedade', pois este componente emocional e imponderável pode atuar na opção do Juiz determinando-lhe apenas uma escolha dentre as alternativas explícitas ou implícitas contidas na lei" (*Os princípios constitucionais penais*, p. 38). Nas palavras de Roberto Lyra, "é preciso que o juiz, habituado ao angustioso formalismo do sistema anterior, se compenetre desse arbítrio para enfrentá-lo desassombradamente e exercê-lo desembaraçadamente, a bem da efetividade da individualização, dentro da indeterminação relativa da pena" (*Comentários ao Código Penal*, v. 2, p. 180-181). Nessa tarefa, o magistrado transcende as vestes de juiz e deve averiguar quem é o ser humano em julgamento, valendo-se de sua habilidade de captação dos informes trazidos pelo processo, além de seu natural bom senso. A aplicação da pena é uma atividade significativa do julgador e não merece ser atrelada a critérios estreitos, nem tampouco se deve desmerecer o juiz, alegando não possuir ele capacidade para conhecer e aplicar elementos extraídos da psicologia, da sociologia e das demais ciências humanas. Nessa ótica, confira-se a lição de Ivair Nogueira Itagiba: "No exame do crime, afora a causalidade material, tem o julgador, que não é mecânico aplicador da lei, mas, à verdade, moralista, sociólogo e jurisperito, de proceder à cautela, prudentemente, ao pesquisar a causalidade psíquica. O macrocosmo do crime abre margem a modalidades complexas e infinitiformes. Um caso concreto pode semelhar-se a outro. Não são, todavia, iguais. Aqui reponta uma particularidade, ali surge uma minudência, acolá aparece uma circunstância diversa. Critérios aprioristicos, objetivos e dosimétricos, moldes e tarifas, nada existe capaz de servir com precisão matemática de roteiro infalível a todos os casos. Há elementos indicativos na lei, na doutrina e na jurisprudência que orientam a inteligência em busca da verdade. Subjetivar e individualizar, concretizar o espiritual, e espiritualizar o concreto, coisas que o juiz é forçado a fazer na fixação da pena, imposta de conformidade com o característico quantitativo e qualificativo do dolo, é, sem mínima dúvida, tarefa ingente" (*Do homicídio*, p. 132). Desenvolvemos detalhadamente o tema da aplicação da pena em nosso trabalho *Individualização da pena*. Porém, para reflexão, evidenciando o quão complexo e exigente, além de polêmico, é o procedimento para o estabelecimento da pena concreta e justa, consulte-se: STF: "A concretização da sanção penal, pelo Estado-Juiz, impõe que este, sempre, respeite o itinerário lógico-racional, necessariamente fundado em base empírica idônea, indicado pelos arts. 59 e 68 do Código Penal, sob pena de o magistrado – que não observar os parâmetros estipulados em tais preceitos legais – incidir em comportamento manifestamente arbitrário, e, por se colocar à margem da lei, apresentar-se totalmente desautorizado pelo modelo jurídico que rege, em nosso sistema de direito positivo, a aplicação legítima da resposta penal do Estado. A condenação penal há de refletir a absoluta coerência lógico-jurídica que deve existir entre a motivação e a parte dispositiva da decisão, eis que a análise desses elementos – que necessariamente compõem a estrutura formal da sentença – permitirá concluir, em cada caso ocorrente, se a sua fundamentação ajusta-se, ou não, de maneira harmoniosa, à base empírica que lhe deu suporte. A aplicação da pena, em face do sistema normativo brasileiro, não pode converter-se em instrumento de opressão judicial nem traduzir exercício arbitrário de poder, eis que o magistrado sentenciante, em seu processo decisório, está necessariamente vinculado aos fatores e aos critérios, que, em matéria de dosimetria penal, limitam-lhe a prerrogativa de definir a pena aplicável ao condenado. Não se revela legítima, por isso mesmo, a operação judicial de dosimetria penal, quando o magistrado, na sentença, sem nela revelar a necessária base empírica eventualmente justificadora de suas conclusões, vem a definir, mediante fixação puramente arbitrária, a pena-base, exasperando-a de modo evidentemente excessivo, sem quaisquer outras considerações" (HC 101118/MS, 2.ª T, rel. para o acórdão Celso de Mello, 08.06.2010, empate); "Por ausência de fundamentação, a Turma, em votação majoritária, deferiu, em parte, *habeas corpus* para anular acórdão do TJRS, no capítulo referente à fixação da pena-base, de modo a restabelecer, no ponto, a sentença condenatória, determinando o cumprimento da pena de 5 anos e 8 meses em regime inicial fechado. No caso, o tribunal de origem acolhera o recurso de apelação do Ministério Público local e majorara para 8 anos, com fundamento em circunstâncias judiciais desfavoráveis e nos princípios da necessidade e suficiência à reprovação e prevenção do delito, a pena-base imposta pela sentença que condenara o paciente por tentativa de homicídio simples. Entendeu-se que, na espécie, a mera alegação de 'bondade' do juiz de primeiro grau, que fixara a pena-base em patamar pouco acima do mínimo legal (4 anos de reclusão em regime inicial aberto), não poderia servir de motivo para o aumento da reprimenda básica, haja vista a sua discricionariedade e distanciamento das circunstâncias enumeradas no art. 59 do CP. Asseverou-se, ademais, que o argumento de necessidade e suficiência da pena para justificar tal acréscimo divergiria, na hipótese, do ordenamento jurídico e não encontraria respaldo no exame das circunstâncias que definem a pena-base no caso concreto. Rejeitaram-se, ainda, as demais questões suscitadas, porquanto a reincidência estaria reconhecida pelo juiz natural da causa, bem como justificada a redução da pena decorrente da tentativa. Vencidos os Ministros Marco Aurélio e Sepúlveda Pertence que indeferiam o *writ* por não vislumbrar ilicitude na aludida majoração,

Art. 69

Código Penal Militar Comentado • Nucci

fundamentada a partir das circunstâncias judiciais retratadas na sentença" (HC 88.422/RS, 1.ª T, rel. Carlos Britto, 20.03.2007).

Fixação da pena privativa de liberdade[267-269]

> **Art. 69.** Para fixação da pena privativa de liberdade, o juiz aprecia[270] a gravidade do crime[271] praticado e a personalidade[272] do réu, devendo ter em conta a intensidade do dolo ou grau da culpa,[273] a maior ou menor extensão do dano ou perigo de dano,[274] os meios empregados,[275] o modo de execução, os motivos[276] determinantes, as circunstâncias[277] de tempo e lugar, os antecedentes[278] do réu e sua atitude de insensibilidade, indiferença ou arrependimento[279] após o crime.

Determinação da pena

> § 1.º Se são cominadas penas alternativas, o juiz deve determinar qual delas é aplicável.[280]

Limites legais da pena

> § 2.º Salvo o disposto no art. 76, é fixada dentro dos limites legais a quantidade da pena aplicável.[281]

267. Conceito de circunstâncias judiciais: são as circunstâncias que envolvem o crime, nos aspectos objetivo e subjetivo, extraídas da livre apreciação do juiz, desde que respeitados os parâmetros fixados pelo legislador no art. 69 do Código Penal Militar, constituindo efeito *residual* das circunstâncias legais. Em outras palavras, encontrado o tipo básico, isto é, havendo prova da ocorrência do crime (ex.: homicídio = matar alguém), passa o magistrado a aplicar a pena. Para tanto, serve-se de todas as circunstâncias (elementos que envolvem a infração penal), devendo ter a cautela de identificar, logo de início, as que são legais – previstas expressamente em lei (qualificadoras/privilégios; causas de aumento/diminuição; agravantes/atenuantes) – das que são judiciais – extraídas da construção do juiz, conforme dados fáticos encontrados nos autos. Por isso, embora o magistrado inicie a fixação da pena pela análise das denominadas circunstâncias judiciais do art. 59 do CP, não é demais ressaltar que elas são residuais, ou seja, se não constituírem qualificadoras/privilégios, causas de aumento/diminuição ou agravantes/atenuantes, podem ser levadas em conta na eleição do *quantum* da pena-base. Exemplo: no homicídio, o motivo fútil materializa uma qualificadora (art. 205, § 2.º, I, do CPM), logo, não pode ser considerado no item *motivos*, previsto igualmente no art. 59 do CP. E também não pode ser levado em conta na análise das agravantes, que envolvem o *motivo fútil* (art. 70, II, *a*, do CPM). Em suma, a circunstância que não estiver expressamente prevista em lei como qualificadora/privilégio, causa de aumento/diminuição ou agravante/atenuante pode servir ao magistrado para compor, livremente, mas com fundamento nas provas dos autos, o contexto das circunstâncias judiciais do art. 69 do CPM. Na jurisprudência: STM: "O art. 69 do CPM não prevê 10 (dez) circunstâncias judiciais, mas apenas 8 (oito). Isso porque, no âmbito do Direito Penal Militar, a gravidade do crime praticado e a personalidade do réu são gêneros, dos quais são espécies as demais circunstâncias" (Apelação n.º 7000608-56.2018.7.00.0000, rel.

Maria Elizabeth Guimarães Teixeira Rocha, 12.03.2019, v.u.); "Ao deixar de fixar um limite para o aumento da pena-base, o legislador atribuiu ao julgador a discricionariedade para definir o *quantum* com base na valoração de cada circunstância judicial (positiva ou negativa) prevista no art. 69 do Código Penal Militar, atentando-se aos princípios da individualização da pena, da proporcionalidade e da razoabilidade. Cabe a ele observar o contexto fático dos autos, as características subjetivas do agente e os aspectos do crime para fixar a pena em patamar justo. (...)" (Apelação n.º 7000197-42.2020.7.00.0000, rel. William de Oliveira Barros, 24.09.2020, v.u.).

268. Política da pena mínima: tem sido hábito de vários juízes brasileiros, de qualquer grau de jurisdição, optar, quase sempre, pela aplicação da pena mínima aos acusados em julgamento. Desprezam-se, em verdade, os riquíssimos elementos e critérios dados pela lei penal para escolher, dentre o mínimo e o máximo cominados para cada infração penal, a pena ideal e concreta para cada réu. Não se compreende o que leva o Judiciário, majoritariamente, a eleger a pena mínima como base para a aplicação das demais circunstâncias legais. Afinal, o art. 69 do Código Penal Militar (e o art. 59 do Código Penal comum), mencionando vários elementos, almeja a aplicação da pena em parâmetros diferenciados para os réus submetidos a julgamento. A padronização da pena é contrária à individualização, de modo que é preciso alterar essa conduta ainda predominante. Sobre o tema, inclusive com pesquisa feita na Vara das Execuções Criminais de São Paulo, o leitor poderá encontrar mais dados em nosso livro *Individualização da pena*.

269. Fixação acima do mínimo legal: é defeso ao magistrado deixar de levar em consideração as circunstâncias judiciais existentes no art. 59, *caput*, do CP para a fixação da pena-base. Apenas se todas forem favoráveis, tem cabimento a aplicação da pena no mínimo. Não sendo, deve ela situar-se acima da previsão mínima feita pelo legislador. Nesse sentido, confiram-se decisões do STF: "No caso, o magistrado, ao fixar a pena-base do paciente, observou fundamentadamente todas as circunstâncias judiciais constantes do art. 59 do Código Penal, o que justifica o *quantum* acima do mínimo legal" (HC 95.738/MS, 1.ª T., rel. Ricardo Lewandowski, 03.03.2009, v.u.); "Transcrevo trecho da sentença no qual o juiz fixa a pena do ora paciente: 'No que tange às circunstâncias judiciais do art. 59 do CP, tem-se que a culpabilidade do acusado, no sentido da reprovabilidade de sua conduta, deve ser considerada grave, tendo em vista que é pessoa com instrução e de recursos, de modo que lhe ainda mais exigível conduta diversa. Com efeito, é pessoa de quase 40 anos de vida, tem carro próprio, família, segundo grau completo e curso de turismo e hotelaria, e, além disso, é sócio de uma cooperativa da qual aufere cerca de R$ 30.000,00 por temporada (conforme consta de seu interrogatório às f. dos autos); não possui antecedentes aptos a lhe gerar uma dosagem adversa da pena; sua conduta social não pode ser tida como desfavorável, pois além dos poucos elementos a respeito, consta que é integrante e fundador da Associação dos Barqueiros de Transporte da praia do Campeche, em Florianópolis, na qual exerce a função de Conselheiro Fiscal; sua personalidade é desvirtuada para o crime, já que mesmo com sua favorável condição pessoal, vinha praticando o comércio de cocaína em larga escala, consciente dos perversos efeitos que o consumo de droga acarreta na sociedade; quanto aos motivos do crime, verifica-se que foi a vontade de obter vantagem ilícita com a venda de drogas, o que também é reprovável; no que tange às circunstâncias do crime, são altamente desfavoráveis ao acusado, haja vista que se trata da apreensão, num total de 55 quilos de cocaína, a qual seria repassada a outros traficantes (mais de um), havendo indícios, conforme dito, que a droga seria inclusive remetida ao exterior. Além disso, a ação criminosa envolveu arremesso da droga através de aeronave, e aliciamento de pessoas com parcos recursos da região para o recolhimento da droga, atingindo graves proporções, tanto é que, ao final, acabaram sendo acusadas nove pessoas envolvidas com os fatos; em relação às consequências do crime, foram também graves, na medida em que

Art. 69

Código Penal Militar Comentado • Nucci

seriam distribuídos a consumo (e foram em outras ocasiões, já que o próprio acusado admitiu que já comprou cocaína para vender por inúmeras vezes) grande quantidade de entorpecente; sendo vítima a saúde pública, não há que se falar no seu comportamento para efeito da ocorrência do delito. Em atenção a tais considerações, considerando que foram desfavoráveis cinco circunstâncias judiciais (dentre elas as preponderantes – art. 67 do CP), com base nos arts. 59 e 60 do Código Penal, fixo a pena base em 6 (seis) anos e 6 (seis) meses de reclusão (salientando que na cominação estipulada pelo legislador apenas nesta primeira fase a pena poderia ir até 15 anos!), e multa no valor de 120 dias-multa. Na segunda fase da dosimetria constato que há em favor do acusado a atenuante da confissão espontânea (art. 65, III, *d*, do CP). Assim, diminuo a pena em 6 meses, tornando-a provisória em 6 (seis) anos de reclusão, mantendo o valor e a quantidade da multa. Na terceira fase da pena há a causa de aumento descrita no art. 18, III, da Lei 6.368/1976 [substituída pela Lei 11.343/2006]. Por tal razão, considerando que, dentre as duas causas de aumento descritas em tal inciso, só se verificou a ocorrência de uma, aumento a pena em um terço, de modo a ficar estabelecida em 8 (oito) anos de reclusão, e 160 dias-multa. Contudo, também na terceira fase reconheço a causa de diminuição descrita no art. 14 da Lei 9.807/1999, afinal, conforme reconhecido anteriormente, o acusado colaborou na identificação dos demais coautores ao prestar seus depoimentos. Como se retratou em Juízo em relação àquilo que disse na fase policial, diminuo a pena em um terço, de modo a torná-la definitiva em 5 (cinco) anos 4 (quatro) meses de reclusão, e 107 dias-multa, já que não há outras causas de aumento ou diminuição (...). Vê-se, pois, que (i) a majoração da pena-base está lastreada em circunstâncias judiciais claramente desfavoráveis ao ora paciente, e (ii) a fixação da pena aparece devidamente fundamentada, nos exatos termos dos arts. 59 e 68 do Código Penal" (HC 88.284/SC, 2.ª T., rel. Cezar Peluso, 24.04.2007, v.u.); "O Juiz tem poder discricionário para fixar a pena-base dentro dos limites legais, mas este poder não é arbitrário, porque o *caput* do art. 59 do Código Penal estabelece um rol de oito circunstâncias judiciais que devem orientar a individualização da pena-base, de sorte que, quando *todos os critérios são favoráveis ao réu*, a pena deve ser aplicada *no mínimo* cominado; entretanto, *basta que um deles não seja favorável* para que a pena *não mais possa ficar no patamar mínimo*" (HC 76.196/GO, 2.ª T, rel. Maurício Correa, 29.09.1998, m.v., embora sem dizer respeito a divergência a esta afirmação, *RTJ* 176/743, grifos nossos). Igualmente: TJBA: "A sentença vergastada encontra amparo também na doutrina do festejado doutrinador Guilherme de Souza Nucci: "(...) é defeso ao magistrado deixar de levar em consideração as oito circunstâncias judiciais existentes no art. 59, *caput*, para fixação da pena-base. Apenas se todas forem favoráveis, tem cabimento a aplicação da pena no mínimo. Não sendo, deve ela situar-se acima da previsão mínima feita pelo legislador" (*Código Penal comentado*, 8. ed., Ed. RT, 2008, p. 384)" (Ap. 12388-5/2008-BA, 1.ª C.C., rel. Cássio José Barbosa Miranda, 16.11.2009). TRF-3.ª Reg.: "Por infração ao art. 297 do Código Penal, não se mostra exagerada a fixação da pena em 3 (três) anos de reclusão se o agente possui múltiplos envolvimentos criminais e, inclusive, ostenta condenação por furto qualificado e formação de quadrilha" (ACR 2003.03.99.017326-3-SP, 2.ª T., rel. Nelton dos Santos, 19.01.2010, v.u.). TJRS: "Não sendo todas as circunstâncias judiciais do art. 59 do CP favoráveis ao réu, não pode a pena-base ser fixada no mínimo legal" (AC 70003924743, Santa Cruz do Sul, 1.ª C., rel. Silvestre Jasson Ayres Torres, 22.05.2002, v.u., *RJTJRGS* 216/162); "A pena, para atender a necessidade de reprovação e prevenção, finalidade inseparável da individualização da sanção, será fixada acima do mínimo legal, sempre que existirem circunstâncias judiciais desfavoráveis, atendendo o que dispõe o art. 67 do Código Penal" (Ap. 70028805802, 3.ª C., rel. Elba Aparecida Nicolli Bastos, 02.04.2009, v.u.). TJMS: "Ora, se para a fixação da pena-base, 8 são as circunstâncias judiciais avaliadas, é evidente que a incidência em uma delas já é suficiente para dosá-la acima do mínimo e, no caso em tela, várias foram as ofendidas pelo apelante, injustificando, em corolário, a pretensão. Sabe-se que a fixação da pena-base, embora juridicamente vinculada à variante mínima e máxima, a avaliação do suficiente para a prevenção e reprovação da infração penal está a cargo do juiz dentro dos parâmetros abstratamente fixados pelo legislador para a pena. A eleição quantitativa [que foi acima do mínimo] está dentro do poder discricionário do qual o julgador é detentor" (Ap. 2004.007135-3, Sindrolândia, 1.ª T., rel. Nildo de Carvalho, 14.09.2004, v.u.).

270. Conceito de culpabilidade para fins de aplicação da pena: o termo *culpabilidade* consta somente do art. 59 do Código Penal comum, mas pode ser perfeitamente aplicado no contexto da individualização da pena no Código Penal Militar. Trata-se da culpabilidade em sentido lato, ou seja, a reprovação social que o crime e o autor do fato merecem. A culpabilidade em sentido estrito deve ser analisada para compor a existência do delito (onde, além da reprovação social, analisaram-se a imputabilidade, a potencial consciência de ilicitude e a exigibilidade e possibilidade de agir conforme o direito). Na reforma penal de 1984, realizada na Parte Geral do Código Penal comum, a culpabilidade, acertadamente, substituiu as antigas expressões "intensidade do dolo" e "graus da culpa". Para compor o fato típico, verifica o magistrado se houve dolo ou culpa, pouco interessando se o dolo foi "intenso" ou não, se a culpa foi "grave" ou não. O elemento subjetivo, portanto, não deve servir para guiar o juiz na fixação da pena, pois, nesse contexto, o importante é a reprovabilidade gerada pelo fato delituoso. Pode-se sustentar que a culpabilidade é o conjunto de todos os demais fatores do art. 69 do CPM unidos: gravidade do crime + personalidade do réu + extensão do dano ou perigo de dano + meios empregados + modo de execução + motivos + circunstâncias de tempo e lugar + antecedentes do acusado. Nessa ótica: STF: "Ademais, ressaltou-se orientação da Turma no sentido de que as circunstâncias e consequências do crime permitem mensurar o grau de culpabilidade da conduta" (HC 97.677/PR, 1.ª T., rel. Cármen Lúcia, 29.09.2009, m.v., embora o voto vencido diga respeito a outro tema).

271. Gravidade do crime: a intensidade do delito em suas mais diversas circunstâncias, provocando comoção na sociedade, deve ser analisada sob o ponto de vista concreto – e não abstrato. Exemplificando, o crime de homicídio é grave, teoricamente falando, o que se pode deduzir pela própria pena cominada – reclusão de seis a vinte anos. Porém, para a fixação da pena, em concreto, deve-se levar em consideração o que o homicídio efetivamente provocou na vida da comunidade; quem era a vítima; como o delito repercutiu etc. Em suma, essa circunstância judicial lastreia-se na *gravidade concreta* do crime.

272. Conceito de personalidade: trata-se do conjunto de caracteres exclusivos de uma pessoa, parte herdada, parte adquirida. "A personalidade tem uma estrutura muito complexa. Na verdade é um conjunto somatopsíquico (ou psicossomático) no qual se integra um componente morfológico, estático, que é a conformação física; um componente dinâmico--humoral ou fisiológico, que é o temperamento; e o caráter, que é a expressão psicológica do temperamento (...) Na configuração da personalidade congregam-se elementos hereditários e socioambientais, o que vale dizer que as experiências da vida contribuem para a sua evolução. Esta se faz em cinco fases bem caracterizadas: infância, juventude, estado adulto, maturidade e velhice" (Guilherme Oswaldo Arbenz, *Compêndio de medicina legal*). É imprescindível, no entanto, haver uma análise do meio e das condições onde o agente se formou e vive, pois o bem-nascido, sem ter experimentado privações de ordem econômica ou abandono familiar, quando tende ao crime, deve ser mais severamente apenado do que o miserável que tenha praticado uma infração penal para garantir a sua sobrevivência. Por outro lado, personalidade não é algo estático, mas encontra-se em constante mutação. Já dizia Tobias Barreto: "Se por força da seleção natural ou artística, até as aves mudam a cor das plumas, e as flores a cor das pétalas, por que razão, em virtude do mesmo processo, não poderia o homem mudar a direção

Art. 69

Código Penal Militar Comentado • Nucci

da sua índole?" (*Menores e loucos em direito criminal*, p. 43). Estímulos e traumas de toda ordem agem sobre ela. Não é demais supor que alguém, após ter cumprido vários anos de pena privativa de liberdade em regime fechado, tenha alterado sobremaneira sua personalidade. O cuidado do magistrado, nesse prisma, é indispensável para realizar justiça. São exemplos de fatores positivos da personalidade: bondade, calma, paciência, amabilidade, maturidade, responsabilidade, bom-humor, coragem, sensibilidade, tolerância, honestidade, simplicidade, desprendimento material, solidariedade. São fatores negativos: maldade, agressividade (hostil ou destrutiva), impaciência, rispidez, hostilidade, imaturidade, irresponsabilidade, mau-humor, covardia, frieza, insensibilidade, intolerância (racismo, homofobia, xenofobia), desonestidade, soberba, inveja, cobiça, egoísmo.

273. Intensidade do dolo e grau da culpa: o elemento subjetivo do crime – dolo ou culpa – não comporta mensuração: ou está presente, caracterizando o delito, ou não, desconfigurando-o. Como expusemos na nota relativa ao conceito de culpabilidade, na reforma penal de 1984, alterando a Parte Geral do Código Penal comum, a expressão *intensidade do dolo e grau da culpa* foi substituída por *culpabilidade*, significando *juízo de censura*. Em nosso entendimento, essa modificação foi tecnicamente correta. Na realidade, o que se pretende apontar como *intensidade do dolo* relaciona-se à personalidade do agente, que pode atuar com maior sadismo, premeditação ou crueldade; o que se indica como *grau da culpa* concerne à maior leviandade do agente ao descumprir seu dever de cuidado objetivo. Portanto, embora o Código Penal Militar mantenha tais elementos, parece-nos ideal correlacioná-los ao fator *personalidade*.

274. Maior ou menor extensão do dano ou perigo de dano: são as consequências do delito, que, em verdade, transcendem o resultado típico, atingindo outros bens jurídicos relevantes. No crime de homicídio, por exemplo, o resultado *morte* é óbvio, constituindo o objeto jurídico protegido pela figura do art. 205 do CPM. Em virtude disso, pessoas podem sentir a falta da vítima, o que também não pode ser considerado como *extensão do dano* para fins de aplicação da pena. Entretanto, se o homicídio é cometido na presença de criança, deixando-a traumatizada, pode-se constatar a maior extensão do resultado, permitindo maior peso para a pena-base.

275. Meios empregados: a forma de execução do delito integra o contexto das *circunstâncias* da infração penal, podendo ser valorada conforme apresente maior ou menor peculiaridade para a sua prática.

276. Motivos do crime: são os precedentes que levam à ação criminosa. "O motivo, cuja forma dinâmica é o móvel, varia de indivíduo a indivíduo, de caso a caso, segundo o interesse ou o sentimento. Tanto o dolo como a culpa se ligam à figura do crime em abstrato, ao passo que o móvel muda incessantemente dentro de cada figura concreta de crime, sem afetar a existência legal da infração. Assim, o homicídio pode ser praticado por motivos opostos, como a perversidade e a piedade (eutanásia), porém a todo homicídio corresponde o mesmo dolo (a consciência e a vontade de produzir morte)" (Roberto Lyra, *Comentários ao Código Penal*, v. 2, p. 218). Todo crime tem um motivo, que pode ser mais ou menos nobre, mais ou menos repugnante. A avaliação disso faz com que o juiz exaspere ou diminua a pena-base. Lembremos, ainda, que o motivo pode ser consciente (vingança) ou inconsciente (sadismo), além do que pode figurar como causa ou razão de ser da conduta (agir por paga para matar alguém) ou como objetivo da conduta (atuar por promessa de recompensa para matar alguém), indiferentemente.

277. Circunstâncias do crime: são os elementos acidentais não participantes da estrutura do tipo, embora envolvendo o delito. Quando expressamente gravadas na lei, as circunstâncias são chamadas de *legais* (agravantes e atenuantes, por exemplo). Quando genericamente previstas, devendo ser formadas pela análise e pelo discernimento do juiz, são chamadas de *judiciais*. O Código Penal Militar, no art. 69, especifica quais circunstâncias são relevantes: *tempo* e *lugar*. O momento em que o delito é cometido pode ser particularmente importante, como o período noturno, onde há menor vigilância da sociedade e mesmo da vítima. O lugar também é elemento ponderável: um crime pode ser praticado em local ermo, com premeditação, para dificultar a sua descoberta e a apuração do culpado, constituindo circunstância gravosa.

278. Antecedentes: trata-se de tudo o que existiu ou aconteceu, no campo penal, ao agente antes da prática do fato criminoso, ou seja, sua vida pregressa em matéria criminal. Entretanto, levando-se em consideração o princípio constitucional da presunção de inocência, somente se pode levar em conta as condenações com trânsito em julgado. Outras anotações, como inquéritos em andamento ou arquivados, processos em trâmite ou finalizados com absolvição, decisões de extinção da punibilidade, não são consideradas. Nesse prisma, encontra-se a Súmula 444 do STJ. Na jurisprudência: STJ: "1. No caso de crime penal militar, deve o sentenciante guiar-se pelos dez fatores indicativos relacionados no *caput* do art. 69 do Código Penal Militar, e indicar, especificamente, dentro destes parâmetros, os motivos concretos pelos quais considera favoráveis ou desfavoráveis as circunstâncias judiciais ali dispostas, fixando a reprimenda básica conforme seja suficiente para a reprovação e prevenção do delito denunciado. 2. Nos termos da jurisprudência deste Sodalício, a utilização de anotações sem trânsito em julgado para majorar a sanção inicial do acusado a título de maus antecedentes não é fundamento idôneo, de acordo com o que preleciona a Súmula n.º 444/STJ. 3. De rigor a redução da pena-base estabelecida para o agravante, tendo em vista que utilizadas anotações disciplinares para negativar os antecedentes, elementos que se mostram inidôneos para a referida vetorial, nos termos da jurisprudência deste Sodalício" (AgRg no AREsp 840.022/SP, 5.ª T., rel. Jorge Mussi, 09.10.2018, v.u.).

279. Insensibilidade, indiferença e arrependimento: tais sentimentos, que podem ser manifestados pelo agente, após o cometimento do crime, em verdade, são expressões da personalidade. Não deixam de ser relevantes para avaliar o montante da pena-base, pois a apatia diante do resultado criminoso (insensibilidade ou indiferença) ou o pesar pelo ocorrido (arrependimento) podem demonstrar elemento negativo ou positivo.

280. Penas alternativas: constitui parte integrante do processo de individualização da pena o estabelecimento de benefícios, quando possíveis e previstos em lei, tais como as penas alternativas de que espécies forem.

281. Limites das penas: as circunstâncias judiciais não integram o tipo penal, de modo que o julgador, ao estabelecer a pena-base, deve cingir-se aos limites abstratos cominados em lei. Por outro lado, as circunstâncias legais, quanto integram o tipo penal, como as causas de aumento e diminuição, permitem o rompimento dos limites cominados. O Código Penal Militar, diversamente do comum, estabelece a necessidade de respeitar ao menos o piso e o teto estampados no art. 58 (mínimo de um ano para reclusão e trinta dias para detenção; máximo de trinta anos para reclusão e dez anos para detenção).

Circunstâncias agravantes[282-284]

> **Art. 70.** São circunstâncias que sempre agravam a pena, quando não integrantes ou qualificativas do crime:

Art. 70

I – a reincidência;[285]

II – ter o agente cometido o crime:[286]

a) por motivo fútil[287] ou torpe;[288]

b) para facilitar ou assegurar a execução, a ocultação, a impunidade ou vantagem de outro crime;[289]

c) depois de embriagar-se, salvo se a embriaguez decorre de caso fortuito, engano ou força maior;[290]

d) à traição,[291] de emboscada,[292] com surpresa,[293] ou mediante outro recurso insidioso[294] que dificultou ou tornou impossível a defesa da vítima;[295]

e) com o emprego de veneno,[296] asfixia, tortura, fogo, explosivo, ou qualquer outro meio dissimulado ou cruel, ou de que podia resultar perigo comum;

f) contra ascendente, descendente, irmão ou cônjuge;[297]

g) com abuso de poder ou violação de dever inerente a cargo, ofício, ministério ou profissão;[298]

h) contra criança,[299] pessoa maior de 60 (sessenta) anos,[300] pessoa enferma,[301] mulher grávida[301-A] ou pessoa com deficiência;[301-B] (*Redação dada pela Lei 14.688, de 2023.*)

i) quando o ofendido estava sob a imediata proteção da autoridade;[302]

j) em ocasião de incêndio, naufrágio, encalhe, alagamento, inundação, ou qualquer calamidade pública, ou de desgraça particular do ofendido;[303]

l) estando de serviço;[304]

m) com emprego de arma, material ou instrumento de serviço, para esse fim procurado;[305]

n) em auditório da Justiça Militar ou local onde tenha sede a sua administração;[306]

o) em país estrangeiro.[307]

Parágrafo único. As circunstâncias das letras *c*, salvo no caso de embriaguez preordenada, *l, m* e *o*, só agravam o crime quando praticado por militar.[308]

282. Conceito de agravantes: são circunstâncias objetivas ou subjetivas que aderem ao delito sem modificar ou integrar a sua estrutura típica, influindo apenas na quantificação da pena em face da particular culpabilidade do agente, devendo o juiz elevar a pena dentro do mínimo e do máximo, em abstrato, previstos pela lei. Portanto, por maior que seja o número de agravantes presentes, não há possibilidade de se romper o teto estabelecido no tipo penal.

283. Rol taxativo: o elenco de agravantes previsto no art. 70 do CPM é estrito e não pode ser ampliado. Por isso, não há possibilidade de utilização de qualquer mecanismo, inclusive analogia, para aumentar as suas hipóteses de incidência.

284. Necessidade de evitar o *bis in idem*: quando a circunstância fizer parte do tipo derivado, como qualificadora ou causa de aumento, não será utilizada como agravante, ou seja, o juiz não a levará em conta como circunstância legal. A providência é necessária para evitar a dupla punição pelo mesmo fato (*bis in idem*).

285. Incidência do inc. I: a reincidência, que será melhor analisada nos comentários ao art. 71, é igualmente aplicável aos delitos dolosos e culposos.

286. Rol do inc. II para crimes dolosos: as circunstâncias agravantes previstas no inc. II somente são aplicáveis aos crimes dolosos, por absoluta incompatibilidade com o delito culposo, cujo resultado é involuntário. Como se poderia chamar de fútil o crime culposo, se o agente não trabalhou diretamente pelo resultado? Como se poderia dizer ter havido homicídio culposo cruel, se o autor nada fez para torná-lo mais sofrido à vítima? Enfim, estamos com a doutrina que sustenta haver incompatibilidade entre o rol do inc. II e o delito culposo. Nessa ótica: Sérgio Salomão Shecaira e Alceu Corrêa Junior, *Teoria da pena*, p. 265. Ainda assim, encontra-se, embora raramente, aplicação desse inciso ao universo da culpa. Cite-se, como exemplo, o STF: "Não obstante a corrente afirmação apodíctica em contrário, além da reincidência, outras circunstâncias agravantes podem incidir na hipótese de crime culposo: assim, as atinentes ao motivo, quando referidas à valoração da conduta, a qual, também nos delitos culposos, é voluntária, independentemente da não voluntariedade do resultado: admissibilidade, no caso, da afirmação do motivo torpe – a obtenção do lucro fácil –, que, segundo o acórdão condenatório, teria induzido os agentes ao comportamento imprudente e negligente de que resultou o sinistro" (sobre o acidente do barco *Bateau Mouche*; HC 70.362-3, j. 05.10.1993, 1.ª T., rel. Sepúlveda Pertence; maioria no tocante à substituição da pena para restritiva de direitos e quanto ao regime, mas não com relação à agravante, *RT* 730/407).

287. Motivo fútil: é o motivo de mínima importância, manifestamente desproporcional à gravidade do fato e à intensidade do motivo. Ex.: matar alguém porque perdeu uma partida de sinuca ou praticar um furto simplesmente para adquirir uma roupa elegante. O fundamento da maior punição da futilidade consiste no egoísmo intolerante, na mesquinhez com que age o autor da infração penal. *Não se deve confundir motivo fútil com motivo injusto*: afinal, o delito é sempre injusto. De outro lado, é bastante polêmica a possibilidade de equiparar a *ausência de motivo* ao motivo fútil. Sustentam alguns que praticar o delito sem qualquer motivo evidencia futilidade, com o que não podemos concordar. O crime sempre tem uma motivação, de modo que desconhecer a razão que levou o agente a cometê-lo jamais deveria ser considerado *motivo fútil*. É possível que o Estado-acusação não descubra qual foi o fator determinante da ação criminosa, o que não significa *ausência de motivo*. Uma pessoa somente é capaz de cometer um delito sem qualquer fundamento se não for normal, merecendo, nesse caso, uma avaliação psicológica, com possível inimputabilidade ou semi-imputabilidade. Por outro lado, quem comete o delito pelo mero prazer de praticá-lo está agindo com sadismo, o que não deixa de ser um motivo torpe. Ressalte-se que considerar a ausência de motivo como futilidade pode trazer sérios inconvenientes. Imagine-se o agente que tenha matado o estuprador de sua filha – circunstância que a doutrina considera *relevante valor moral* –, embora tenha fugido sem deixar rastro. Testemunhas presenciais do fato o reconhecem nas fases policial e judicial por fotografia ou porque já o conheciam de vista, mas não sabem indicar a razão do delito. Caso tenha sido denunciado por homicídio cometido por motivo fútil (pela ausência de motivo), estar-se-ia cometendo uma flagrante injustiça. Corretíssima, nesse sentido, a lição de Nélson Hungria: "Não há crime *gratuito* ou sem motivo e é no motivo que reside a significação mesma do crime. O motivo é o 'adjetivo' do elemento moral do crime. É em razão do 'porquê' do crime, principalmente, que se pode rastrear a personalidade do criminoso e identificar a sua maior ou menor antissociabilidade" (*Comentários ao Código Penal*, v. 5, p. 122-123). Esclarece Ricardo Levene que o homicídio cometido *sem motivo* equivale a um homicídio praticado por impulso de perversidade brutal (*El delito de homicidio*, p. 155). Nessa ótica: STJ: "Sempre haverá um motivo para o cometimento do delito, embora não se consiga, em todos os casos, descobrir a razão que levou o agente a praticá-lo. Não se pode confundir motivo fútil com falta – ou desconhecimento – do motivo, sob pena de configurado ilegal" (HC 91.747/SP, 6.ª Trel. Og Fernandes, 12.05.2009, v.u.). Outra questão que merece destaque é o *ciúme*. Não se trata, para a maioria dos autores, de motivo fútil, pois esse sentimento doloroso de um amor inquieto, egoísta e possessivo, apesar de injusto, não pode ser considerado ínfimo ou desprezível.

Art. 70

Código Penal Militar Comentado • Nucci

Desde os primórdios da humanidade o ciúme corrói o homem e por vezes chega a configurar uma causa de diminuição da pena ou uma atenuante, quando em decorrência de "violenta emoção, provocada por ato injusto da vítima". A *embriaguez* é, em regra, incompatível com a futilidade. O sujeito embriagado não tem noção exata do que faz, de forma que suas razões para o cometimento de uma infração penal não devem ser classificadas como fúteis. Entretanto, vigendo ainda no Brasil a responsabilidade objetiva no campo da ebriedade, como comentamos na primeira parte desta obra, não é demais supor que os atos do embriagado possam ser considerados desproporcionais ao crime praticado e, portanto, fúteis.

288. Motivo torpe: é o motivo repugnante, abjeto, vil, que demonstra sinal de depravação do espírito do agente. O fundamento da maior punição ao criminoso repousa na moral média, no sentimento ético social comum. Ex.: cometer um crime impulsionado pela ganância ou pela ambição desmedida. Costumeiramente, sustenta-se ser torpe a *vingança*, o que não corresponde sempre à realidade. Nem toda vingança pode ser tachada de torpe. Note-se o exemplo já mencionado do pai que, por vingança, mata o estuprador de sua filha, ou mesmo do professor que agride, por vingança, o traficante que perturba as crianças de sua escola. São motivos de *relevante valor* – moral ou social –, mas nunca repugnantes. Por outro lado, é imperioso destacar a hipocrisia que ainda cerca a questão no contexto social. A moral média – espelhada em livros, revistas, contos, novelas, filmes etc. – nem sempre elege a vingança como motivo a causar asco à sociedade. Fosse assim e não existiriam tantas histórias contendo a vingança como pano de fundo, justamente praticada por aquele que foi agredido injustamente e resolve "fazer justiça pelas próprias mãos". Não se quer com isso dizer que a vingança é motivo justo ou mesmo ideal de agir, embora não se deva desconhecer que a torpeza é a motivação vil, denotativa de repulsa social ao ato praticado; daí por que nem sempre a sociedade irá considerar torpe uma vingança. Sem falso moralismo, é preciso que o juiz tenha muita cautela antes de acolher a agravante do motivo torpe fundada na vingança. Do mesmo modo, o ciúme não deve ser considerado motivo torpe, pelas razões já expostas no item anterior.

289. Motivação torpe específica: essa agravante cuida de um motivo torpe com formulação particular. O agente que comete um delito para facilitar ou assegurar a execução, a ocultação, a impunidade ou a vantagem de outro delito demonstra especial torpeza. Quando, eventualmente, consiga o autor atingir dois resultados (ex.: um homicídio para esconder um estelionato), pune-se utilizando a regra do concurso material.

290. Embriaguez voluntária, culposa ou preordenada: não bastasse ser punido o crime cometido no estado de ebriedade, atingido pelo agente de forma voluntária, há maior rigor na fixação da pena quando essa embriaguez foi alcançada de maneira preordenada ou planejada. Há pessoas que não teriam coragem de cometer um crime em estado normal – para atingirem seu desiderato, embriagam-se e, com isso, chegam ao resultado almejado. A finalidade da maior punição é abranger pessoas que, em estado de sobriedade, não teriam agido criminosamente, bem como evitar que o agente se coloque, de propósito, em estado de inimputabilidade, podendo dele valer-se mais tarde para buscar uma exclusão de culpabilidade. Essa é a típica situação de aplicação de teoria da *actio libera in causa*, conforme expusemos no capítulo pertinente à imputabilidade penal. Por outro lado, a agravante do Código Penal Militar, diversamente do que ocorre no Código Penal comum, abrange também a embriaguez voluntária ou culposa. Noutros termos, basta que o agente esteja alcoolizado e torna-se viável aplicar a agravante. Entretanto, a embriaguez voluntária ou culposa somente eleva a pena para o militar.

291. Traição: trata-se da consagração da deslealdade, da perfídia, da hipocrisia no cometimento de um crime. Essas referências do legislador são modos específicos de agir, que merecem maior censura no momento de aplicação da pena. A traição divide-se em material (ou objetiva), que é a atitude de golpear alguém pelas costas, e moral (ou subjetiva), que significa ocultar a intenção criminosa, enganando a vítima. Logicamente, a traição engloba a surpresa. Como exemplo, mencionamos um caso concreto que nos foi recentemente narrado: o empregado, despedido da empresa onde trabalhava, retornou ao local do antigo serviço e pediu ao chefe do seu setor – a quem imputava o motivo de sua demissão – para ler um determinado documento que carregava consigo. A vítima não desejava fazê-lo, mas o agente insistiu bastante. Quando tomou o referido papel para ler, foi violentamente golpeada pelas costas.

292. Emboscada: é o ato de esperar alguém passar para atacá-lo, vulgarmente conhecida por tocaia ou cilada.

293. Surpresa: é o acontecimento imprevisto, que, nos moldes da traição ou emboscada, prejudica a defesa da vítima.

294. Meio insidioso: é o mecanismo traiçoeiro, similar às circunstâncias anteriores, embora mais amplo e genérico. É interessante observar que, no Código Penal comum, essa circunstância liga-se ao veneno – método pérfido para o cometimento de homicídio.

295. Interpretação analógica de *outro recurso*: o legislador se vale da fórmula genérica de "outro recurso que dificulte ou torne impossível a defesa" do ofendido. É natural supor que todas as ações supradescritas são recursos que prejudicam ou impossibilitam a defesa, embora neste caso haja possibilidade de amoldar qualquer outra situação não descrita expressamente na norma penal. Trata-se de uma fórmula casuística. Há necessidade de ser uma situação análoga às que foram descritas anteriormente.

296. Dissimulação, crueldade e perigo comum: são meios de cometer o crime. Há três gêneros nessa agravante, com quatro espécies. O meio dissimulado – que denota astúcia, fingimento –, a crueldade – significando a imposição à vítima de sofrimento além do necessário para alcançar o resultado típico pretendido –, bem como o perigo comum – situação que coloca em risco mais pessoas do que a visada pelo agente – são os gêneros, dos quais o legislador destacou exemplos específicos: a) *emprego de veneno*: podendo significar o uso de um meio camuflado para agir, o que acontece especialmente no homicídio, mas também pode espelhar crueldade, quando a substância provocar morte lenta e dolorosa; b) *o uso de fogo*: algo que tanto pode causar sofrimento exagerado à vítima, como produzir perigo a outras pessoas; c) *explosivo*: que, na definição de Sarrau, é "qualquer corpo capaz de se transformar rapidamente em gás à temperatura elevada" (citação de Hungria, *Comentários ao Código Penal*, p. 166), e, assim ocorrendo, apto a provocar a violenta deslocação e destruição de matérias ao seu redor, tratando-se, evidentemente, de perigo comum; d) *tortura*: que é o suplício imposto a alguém, constituindo evidente forma de crueldade.

297. Relações familiares: aumenta-se a punição no caso de crime cometido contra ascendente, descendente, irmão ou cônjuge, tendo em vista a maior insensibilidade moral do agente, que viola o dever de apoio mútuo existente entre parentes e pessoas ligadas pelo matrimônio. Nesse caso, trata-se do parentesco natural ou civil. Descartam-se, apenas, as relações de afinidade, como as figuras do *pai ou da mãe de criação* e outras correlatas. Não se aceita, também, pelo princípio da legalidade estrita que vige em direito penal, qualquer inclusão de concubinos ou companheiros.

298. Abuso de poder e violações de dever: o abuso de poder é o excesso cometido no exercício de uma função pública, por isso muito fácil de ser confundido com o abuso de autoridade, previsto na Lei 13.869/2019. É preciso, aliás, cautela para não haver *bis in idem*. Se

Art. 70

Código Penal Militar Comentado • NUCCI

138

o agente for punido com base na lei mencionada, não se pode aplicar esta agravante. Entretanto, quando não for o caso de aplicar o *abuso de autoridade*, é possível reconhecer o *abuso de poder*. *Cargo* somente pode ser o público, criado por lei, com denominação própria, número certo e remunerado pelo Estado, vinculando o servidor à Administração estatutariamente. Por uma questão de coerência, usando-se a interpretação extensiva, deve-se acrescer a função pública (atribuição que o Estado impõe aos seus servidores para a realização de tarefas nos três Poderes, sem ocupar cargo ou emprego), em lugar do ofício, e o emprego público (posto criado por lei na estrutura hierárquica da Administração Pública, com denominação e padrão de vencimentos próprios, ocupado por servidor contratado pelo regime da CLT). Como já mencionado, onde se lê *ofício,* deve-se ler *função pública*. Não fosse assim, conferindo-se ao termo *ofício* o seu sentido vulgar, trata-se de uma ocupação manual, pressupondo habilidade. Evidentemente, para quem exerce um ofício (ex.: pintor ou dona de casa), não há nem *poder*, nem *dever*, ao menos expressos em lei. Logo, inexistiria parâmetro algum para o magistrado considerar que um pintor, em ilustração, praticou o crime violando seu *dever*. *Ministério*, por seu turno, é o exercício de atividade religiosa; *profissão* quer dizer uma atividade especializada, pressupondo preparo. Quanto ao exercício de ministério, torna-se indispensável seja uma religião reconhecida pelo Estado, com um mínimo de tradição e com um *código próprio de deveres*, como há no caso da Igreja Católica. No tocante à profissão, devemos considerar apenas as que são reguladas pelo Estado, logo, possuem deveres fixados em lei ou em estatutos reconhecidos por lei (ex.: advogados, médicos, engenheiros etc.). Na jurisprudência: STM: "V – A agravante genérica do abuso de poder ou violação de dever inerente a cargo, ofício, ministério ou profissão, prevista na alínea 'g' do inciso II do art. 70 do Código Penal Militar é incompatível com o crime de concussão, por caracterizar indevido *bis in idem* com relação às elementares do tipo penal. (...)" (Apelação n.º 0000040-78.2013.7.11.0211, rel. Péricles Aurélio Lima de Queiroz, 20.02.2018, v.u.).

299. Criança: para efeito de aplicação dessa agravante, existem, basicamente, *três correntes:* a) a fase da criança vai até os sete anos completos, considerada a *primeira infância*; b) segue até os onze anos completos (doze anos incompletos), buscando conciliar a lei penal com o Estatuto da Criança e do Adolescente; c) vai até os treze anos completos (quatorze anos incompletos), para aqueles que veem nas referências feitas no Código Penal uma maior proteção a quem possui essa faixa etária (ex.: art. 236, I, CPM). Entendemos correta a segunda posição, que hoje já se pode considerar predominante, pois não tem sentido considerar criança, para efeito de aplicar a legislação especial (Estatuto da Criança e do Adolescente), o menor de até onze anos completos, enquanto para o fim de agravamento da pena somente levar-se em conta o indivíduo que tenha até sete anos completos.

300. Pessoa maior de 60 anos: a Lei 14.688/2023 substituiu o termo *velho* por *pessoa maior de 60 anos*, ingressando no critério cronológico, conforme o Estatuto da Pessoa Idosa (Lei 10.741/2003). O objetivo da maior tutela penal, com punição mais severa, no quadro de agressão contra pessoas idosas deve-se à maior vulnerabilidade da vítima e, também, por conta da maior covardia do agente.

301. Pessoa enferma: é a pessoa que se encontra doente, portadora de alguma moléstia ou perturbação da saúde, que a torne mais vulnerável a agressões, diminuindo sobremaneira a sua capacidade de resistência ou autoproteção. Ademais, conta, ainda, com a maior reprovabilidade ao agente por sua covardia ao lesar pessoa idosa. É preciso, no entanto, checar, no caso concreto, qual é a moléstia ou a perturbação que acomete a vítima, a fim de não haver injustiça. O sujeito gripado pode ser considerado enfermo, embora não o possa ser para finalidade de aplicar a agravante. Assim, quem cometer um roubo contra o indivíduo nesse estado não merece pena mais grave, visto não ser enfermidade capaz de, como regra, diminuir a sua capacidade de resistência. Diferente do outro, acometido de pneumonia, preso ao leito, contra quem se pratica um furto. Estando impossibilitado de se defender a contento, configura-se a agravante

301-A. Mulher grávida: deve ser vista no mesmo prisma da maior dificuldade em se defender. Não é a simples existência da gravidez que torna o crime mais grave, sendo indispensável existir uma relação entre o estado gravídico e o delito perpetrado. Além disso, não basta a gravidez de alguns dias, sendo necessário um estágio mais adiantado, que torne a mulher alvo fácil de agentes criminosos. Abre-se exceção a tal regra se a gestação, mesmo que em estágio inicial, for conhecida do agente e o crime tiver relação com a maior exposição física e emocional que a mulher sofre, como quando é vítima do delito de tortura. De todo modo, o agente deve ter conhecimento da gestação para que incida a agravante, a fim de que fique evidenciada a sua covardia – justamente o elemento-chave que norteia esta agravante.

301-B. Pessoa com deficiência: nos termos do art. 2º do Estatuto da Pessoa com Deficiência (Lei 13.146/2015), "Considera-se pessoa com deficiência aquela que tem impedimento de longo prazo de natureza física, mental, intelectual ou sensorial, o qual, em interação com uma ou mais barreiras, pode obstruir sua participação plena e efetiva na sociedade em igualdade de condições com as demais pessoas". O enfoque desta agravante é o mesmo das anteriores, ou seja, a maior vulnerabilidade da vítima, quando agredida pelo agente.

302. Proteção da autoridade: quem está sob proteção do Estado não deve ser atacado, agredido ou perturbado. O agente que comete o delito contra vítima em tal situação demonstra ousadia ímpar, desafiando a autoridade estatal. Por isso, merece maior reprimenda. É o caso do linchamento, quando pessoas invadem uma delegacia para de lá retirar o preso, matando-o.

303. Situação de desgraça particular ou calamidade pública: mais uma vez o legislador pretende punir quem demonstra particular desprezo pela solidariedade e fraternidade, num autêntico sadismo moral, aproveitando-se de situações calamitosas para cometer o delito. Vale-se da fórmula genérica e depois dos exemplos específicos. Constituem os gêneros da agravante: a) *calamidade pública*: que é a tragédia envolvendo muitas pessoas; b) *desgraça particular do ofendido*: que é a tragédia envolvendo uma pessoa ou um grupo determinado de pessoas. Como espécies desses gêneros há o incêndio, o naufrágio, o encalhe, o alagamento e a inundação, que podem ser ora calamidades públicas, ora desgraças particulares de alguém. Ex.: durante a inundação de um bairro, o agente resolve ingressar nas casas para furtar, enquanto os moradores buscam socorro.

304. Em serviço: não há dúvida que representa situação mais grave o militar, quando em serviço, em lugar de seguir fielmente o seu dever, praticar um crime. Porém, é preciso ter cautela para aplicar esta agravante, pois várias figuras típicas são constituídas justamente para punir quem se torna relapso na sua função. Portanto, evitando-se o *bis in idem* (dupla punição pelo mesmo fato), quando o *status* de serviço compuser o tipo incriminador, deixa-se de aplicar o agravamento da pena. Na jurisprudência: STJ: "2. 'A 3.ª Seção desta Corte Superior, em 08.05.2019, por ocasião do exame do AgRg nos EDv nos EAREsp 868.628/RJ, decidiu que a agravante genérica do art. 70, II, 'l', do CPM pode ser aplicada aos militares que, em serviço, cometem o delito de concussão, já que a circunstância de 'estar em serviço' não é elementar do tipo do art. 305 do CPM' (AgRg no AgRg na PET no AREsp 87.668/RJ, Rel. Ministro Ribeiro Dantas, Quinta Turma, *DJe* 24.09.2019). 3. Agravo regimental desprovido" (AgRg no REsp 1.853.686/SC, 5.ª T., rel. Joel Ilan Paciornik, 19.05.2020, v.u.).

305. Uso de equipamento de serviço: seguindo a mesma linha da anterior agravante, utilizar arma, material ou instrumento ligado ao serviço militar, torna mais severa a pena. Há

Art. 71

uma quebra de confiança evidente, pois o agente se vale do seu material de trabalho para o cometimento do delito.

306. Respeito à imagem da Justiça Militar: a prática criminosa em recinto da Justiça Militar constitui maior ousadia do delinquente, além de evidenciar flagrante desrespeito, o que, para o militar, é particularmente relevante.

307. País estrangeiro: a ocorrência de crime militar, no exterior, compromete a imagem do Brasil, motivo pelo qual torna-se particularmente mais grave.

308. Agravantes exclusivas do militar: as indicadas no parágrafo único ligam-se, basicamente, à situação funcional do militar: a) embriaguez voluntária ou culposa; b) em serviço; c) emprego de equipamento militar; d) em recinto da Justiça Militar; e) em país estrangeiro.

Reincidência[309]

> **Art. 71.** Verifica-se a reincidência[310-311] quando o agente comete novo crime, depois de transitar em julgado a sentença que, no país ou no estrangeiro, o tenha condenado por crime anterior.[312]

Temporariedade da reincidência

> § 1.º Não se toma em conta, para efeito da reincidência, a condenação anterior, se, entre a data do cumprimento ou extinção da pena e o crime posterior, decorreu período de tempo superior a 5 (cinco) anos.[313]

Crimes não considerados para efeito da reincidência

> § 2.º Para efeito da reincidência, não se consideram os crimes anistiados.[314]

309. Espécies de reincidência: a) *reincidência real*: quando o agente comete novo delito depois de já ter efetivamente cumprido pena por crime anterior; b) *reincidência ficta*: quando o autor comete novo crime depois de ter sido condenado, mas ainda sem cumprir pena. A ideia é que o condenado, quando cumpre pena efetiva, ressocializou-se, razão pela qual, cometendo novo delito, mostra autêntica reincidência. Sob outro prisma, tendo sido condenado, mas não ressocializado, tornando a cometer crime é apenas uma reincidência por força de lei.

310. Primariedade e reincidência: é nítida a distinção feita pela lei penal, no sentido de que é primário quem não é reincidente; este, por sua vez, é aquele que comete novo delito nos cinco anos depois da extinção da sua última pena. Logo, não há cabimento algum em se criar uma situação intermediária, como o chamado *tecnicamente primário*, legalmente inexistente. Deixando de ser reincidente, após os 5 anos previstos no § 1.º deste artigo, torna a ser primário, embora possa ter maus antecedentes.

311. Prova da reincidência: é preciso juntar aos autos a certidão cartorária comprovando a condenação anterior. Não se deve reconhecer a reincidência por meio a análise da folha de antecedentes, que pode conter muitos erros, pois não é expedida diretamente pelo juízo da condenação.

312. Cuidado especial para evitar o *bis in idem*: o juiz, ao aplicar a agravante da reincidência, necessita verificar, com atenção, qual é o antecedente criminal que está levando em consideração para tanto, a fim de não se valer do mesmo como circunstância judicial, prevista no art. 69 (maus antecedentes). Nessa ótica: Súmula 241 do STJ: "A reincidência penal não pode ser considerada como circunstância agravante e, simultaneamente, como circunstância judicial". Note-se, entretanto, que o réu possuidor de mais de um antecedente criminal pode ter reconhecidas contra si tanto a reincidência quanto a circunstância judicial de mau antecedente: STF: "O STF tem entendimento pacificado quanto à possibilidade de a condenação criminal que não pôde ser considerada para o efeito da reincidência – em face do decurso do prazo previsto no art. 64, I, do CP – ser considerada a título de maus antecedentes quando da análise das circunstâncias judiciais na dosimetria da pena. Precedentes" (RO em HC 83.547, 1.ª T., rel. Carlos Britto, 21.10.2003, v.u.).

313. Caducidade da condenação anterior: para efeito de gerar reincidência, a condenação definitiva, anteriormente aplicada, cuja pena foi extinta ou cumprida, tem o prazo de 5 anos para perder força. Portanto, decorrido o quinquídio, não é mais possível, caso haja o cometimento de um novo delito, surgir a reincidência. Não se trata de decair a reincidência, mas sim a condenação: afinal, quem é condenado apenas uma vez na vida não é reincidente, mas sim primário.

314. Crimes anistiados: a anistia tem o efeito de gerar atipicidade, pois apaga os fatos ocorridos; portanto, é natural que não possa gerar reincidência.

Circunstâncias atenuantes[315-316]

> **Art. 72.** São circunstâncias que sempre atenuam a pena:
>
> I – ser o agente menor de 21 (vinte e um)[317] ou maior de 70 (setenta) anos;[318]
>
> II – ser meritório seu comportamento anterior;[319]
>
> III – ter o agente:
>
> *a)* cometido o crime por motivo de relevante valor social ou moral;[320]
>
> *b)* procurado, por sua espontânea vontade e com eficiência, logo após o crime, evitar-lhe ou minorar-lhe as consequências, ou ter, antes do julgamento, reparado o dano;[321]
>
> *c)* cometido o crime sob a influência de violenta emoção, provocada por ato injusto da vítima;[322]
>
> *d)* confessado espontaneamente, perante a autoridade, a autoria do crime, ignorada ou imputada a outrem;[323]
>
> *e)* sofrido tratamento com rigor não permitido em lei.[324]

Não atendimento de atenuantes

> **Parágrafo único.** Nos crimes em que a pena máxima cominada é de morte, ao juiz é facultado atender, ou não, às circunstâncias atenuantes enumeradas no artigo.[325]

315. Conceito de atenuantes: são circunstâncias de caráter objetivo ou subjetivo, que servem para expressar uma menor culpabilidade, sem qualquer ligação com a tipicidade,

Art. 72

Código Penal Militar Comentado • NUCCI

devendo o juiz diminuir a pena dentro do mínimo e do máximo, em abstrato, previstos pela lei. Portanto, por maior que seja o número de atenuantes presentes, não há possibilidade de se romper o piso estabelecido no tipo penal.

316. Fixação da pena abaixo do mínimo legal: utilizando o raciocínio de que as atenuantes, segundo preceito legal, devem *sempre* servir para reduzir a pena (art. 72 do CPM; art. 65 do CP), alguns penalistas têm defendido que seria possível romper o mínimo legal quando se tratar de aplicar alguma atenuante a que faça jus o réu. Imagine-se que o condenado tenha recebido a pena-base no mínimo; quando passar para a segunda fase, reconhecendo a existência de alguma atenuante, o magistrado *deveria* reduzir, de algum modo, a pena, mesmo que seja levado a fixá-la abaixo do mínimo. Essa posição é minoritária. Aliás, parece-nos incorreta, pois as atenuantes não fazem parte do tipo penal, de modo que não têm o condão de promover a redução da pena abaixo do mínimo legal. Quando o legislador fixou, em abstrato, o mínimo e o máximo para o crime, obrigou o juiz a movimentar-se dentro desses parâmetros, sem possibilidade de ultrapassá-los, salvo quando a própria lei estabelecer causas de aumento ou de diminuição. Estas, por sua vez, fazem parte da estrutura típica do delito, de modo que o juiz nada mais faz do que seguir orientação do próprio legislador. Atualmente, está em vigor a *Súmula 231* do STJ: "A incidência da circunstância atenuante não pode conduzir a redução da pena abaixo do mínimo legal".

317. Menoridade relativa: trata-se de atenuante aplicável aos indivíduos entre 18 e 21 anos na data do fato (embora o inciso I não mencione expressamente a época, extrai-se essa circunstância do Código Penal comum, valendo-se de interpretação sistemática). Foi introduzida como atenuante no sistema penal a partir do Código Criminal do Império, de 1830, fixando-se, desde então, como preponderante no confronto com eventuais agravantes. Atualmente, embora não se possa mais considerar como a principal das atenuantes, ela deve continuar a ser aplicada, como preponderante, pois é um fruto da personalidade em desenvolvimento do agente (note-se que, psicologicamente, pode-se considerar adolescente a pessoa até 20 anos de idade). A entrada em vigor do novo Código Civil (Lei 10.406/2002), considerando plenamente capaz o maior de 18 anos *para os atos da vida civil,* em nada altera a aplicação desta atenuante, que deve continuar a ser considerada pelo magistrado na aplicação da pena. Note-se que o texto do Código Penal Militar não faz referência a *menor,* sem especificar qualquer idade, quando então poder-se-ia supor ser o civilmente incapaz. Ao contrário, a referência é nítida quanto à idade da pessoa que possui *menos* de 21 e, obviamente, mais de 18. Outra interpretação, afastando a aplicação da atenuante da menoridade relativa penal, comprometeria irremediavelmente o princípio da legalidade, que deve ser estreitamente respeitado, mormente quando atue em favor do réu. Na jurisprudência: STM: "Em função de ser o autor agente menor de 21 (vinte e um) anos na data dos fatos, deve ser aplicada a circunstância atenuante prevista no art. 72, inciso I, do CPM, resultando em uma pena de 18 (dezoito) anos e 9 (nove) meses de reclusão, mantendo-se os demais termos da sentença" (Apelação n.º 7001037-23.2018.7.00.0000, rel. Alvaro Luiz Pinto, 21.05.2019, v.u.).

318. Senilidade: quanto ao maior de 70 anos, trata-se de pessoa que, diante da idade cronologicamente avançada, pode sofrer alterações somáticas repercutindo no seu estado psíquico, de forma que o indivíduo deixa de ser mentalmente o que sempre foi, podendo agir irracionalmente. Nas palavras de Flavio Fortes D'Andrea, a velhice "é o período que se inicia na década dos 50 anos, após o indivíduo ter atingido e vivenciado aquele platô de realizações pessoais que chamamos maturidade. (...) Se a considerarmos como um conjunto de ocorrências que representam o declínio global das funções físicas, intelectuais e emocionais, ela tende a ocorrer após os setenta anos. Em geral, só uma pessoa de mais de 70 anos possui uma série de características que a podem definir globalmente como um velho. Entre essas características podemos citar: o aspecto apergaminhado da pele, a atrofia muscular difusa, a fragilidade óssea, a canície, o desgaste e a queda dos dentes, a atrofia geral dos tecidos e órgãos, as alterações da memória, a limitação dos interesses intelectuais, a equanimidade, os sentimentos de saciedade dos impulsos etc." (*Desenvolvimento da personalidade*, p. 143). Da mesma forma que o menor de 21 anos comete o delito colhido pela imaturidade, merecendo a atenuação da pena, o ser humano acima de 70 anos pode fazê-lo premido pelo abalo psíquico que a velhice pode trazer. Ambos merecem maior condescendência do juiz ao aplicar-lhes a sanção penal, justamente para que tenham melhores condições de reeducação. A lei militar não menciona, mas se deve fazer uma interpretação sistemática com o Código Penal comum, determinando (até em favor do próprio réu), que a idade seja computada na época da sentença (e não na ocasião dos fatos). Alguns julgados têm admitido o acolhimento da atenuante por ocasião do reexame do julgado pelo Tribunal, o que não nos parece correto, pois tem-se indicado o momento da sentença de primeiro grau. Ora, se o magistrado não pode aplicar a atenuante na ocasião da sentença, porque o réu possuía, por exemplo, 69 anos, é ilógico que no julgamento de eventual recurso, ao completar 70 anos, o tribunal possa fazê-lo: afinal, o juiz não se equivocou na fixação da pena. Entretanto, se o magistrado de 1.º grau absolver o réu e o tribunal o condenar, pode-se considerar o acórdão como "sentença", pois foi a primeira decisão condenatória havida nos autos.

319. Mérito anterior: tratando-se de crime ligado ao dever militar, pode-se constatar o comportamento meritório anterior pela vida pregressa funcional do servidor. Mas não só. Essa expressão equivale à conduta social, prevista no art. 59 do Código Penal comum, significando o papel do acusado na comunidade, antes do cometimento do crime. Por isso, sejam militares ou civis, deve-se verificar *quem* era o agente até a data dos fatos, apurando-se elementos positivos ou negativos. Na jurisprudência: STM: "Para se beneficiar da atenuante de comportamento meritório na dosimetria da pena, é necessário que o acusado tenha realizado condutas excepcionais não obrigatórias ou com risco de vida, não sendo suficientes, para a sua caracterização, as meras referências elogiosas por participação em atividades rotineiras da caserna" (Emb. Decl. 0000008-61.2009.7.03.0203 – DF, Plenário, rel. Artur Vidigal de Oliveira, 28.06.2012, v.u.).

320. Relevante valor social ou moral: *relevante valor* é um valor importante para a vida em sociedade, tais como patriotismo, lealdade, fidelidade, inviolabilidade de intimidade e de domicílio, entre outros. Quando se tratar de relevante valor *social*, levam-se em consideração interesses não exclusivamente individuais, mas de ordem geral, coletiva. Exemplos tradicionais: quem aprisiona um bandido, na zona rural, por alguns dias, até que a polícia seja avisada; quem invade o domicílio do traidor da pátria para destruir objetos empregados na traição. No caso do relevante valor *moral*, o valor em questão leva em conta interesse de ordem pessoal. Ex.: agressão ou morte contra amante do cônjuge; apressar a morte de quem está desenganado (quando não se constituir privilégio).

321. Arrependimento: o arrependimento do agente, ao executar o crime, pode conduzi-lo ao arrependimento eficaz (art. 15 do CP) ou à atenuante do arrependimento. Neste último caso, consumado o delito, pode o agente tentar por sua espontânea vontade amenizar ou até mesmo evitar as consequências do crime. Deve reparar o dano antes do julgamento ou agir para minorar os efeitos da infração penal logo depois de sua prática. É indispensável haver *sinceridade*, pois o legislador tratou de *espontânea vontade*, e voluntariedade não se confunde com espontaneidade no contexto do direito penal. Exemplo disso: o agente repara o dano causado pelo furto antes do julgamento ou busca sustentar a família desamparada da pessoa que matou.

322. Violenta emoção: é sabido que a violenta emoção pode provocar o cometimento de crimes. Quando se trata de homicídio, pode servir de causa de diminuição da pena (art. 205, §

Art. 73

Código Penal Militar Comentado • Nucci

1.º, do CPM), embora nesses casos exija-se "domínio" de violenta emoção "logo em seguida" injusta provocação da vítima. Tratando-se da atenuante, o legislador foi mais complacente: basta a "influência" de violenta emoção, vale dizer, um estágio mais ameno, mais brando, capaz de conduzir à perturbação do ânimo, bem como não se exige seja cometido o delito logo em seguida à provocação, cabendo um maior lapso de tempo entre a ação e a reação.

323. Confissão espontânea: confessar, no âmbito do processo penal, é admitir contra si por quem seja suspeito ou acusado de um crime, tendo pleno discernimento, voluntária, expressa e pessoalmente, diante da autoridade competente, em ato solene e público, reduzido a termo, a prática de algum fato criminoso. A confissão, para valer como meio de prova, precisa ser voluntária, ou seja, livremente praticada, sem qualquer coação. Entretanto, para servir de atenuante, deve ser ainda espontânea, vale dizer, sinceramente desejada, de acordo com o íntimo do agente. Não é possível que o réu se beneficie de uma circunstância legal para amenizar sua pena se houver agido sem qualquer espontaneidade, apenas para locupletar-se de algum benefício legal. Além disso, diversamente do que ocorre no Código Penal comum, demanda-se seja a autoria do crime ignorada ou imputada a terceiro. Dessa forma, o réu estaria colaborando, efetivamente, com o Estado para a apuração do delito. Na jurisprudência: STM: "A atenuação da pena prevista na alínea 'd' do inciso III do artigo 72 do Código Penal Militar pressupõe que, além de a confissão ser livremente praticada, ou seja, sem qualquer coação, deve ser espontânea, vale dizer, sinceramente desejada, de acordo com o íntimo do agente e, além disso, diferentemente do que ocorre no Código Penal comum, demanda-se seja a autoria do crime ignorada ou imputada a terceiro, sendo certo que, segundo a legislação penal militar, somente nessas condições é que o sujeito do crime estaria efetivamente contribuindo para a apuração do delito" (Apelação n.º 7000276-21.2020.7.00.0000, rel. Carlos Vuyk de Aquino, 15.10.2020, v.u.); "A atenuante da confissão espontânea somente é aplicada nos casos de autoria ignorada ou imputada a outrem, conforme dispõe o artigo 72, inciso III, alínea 'd', do Código Penal Militar, hipótese que não se coaduna com o delito tipificado no art. 187 do referido Códex Castrense" (Ap. 0000013-19.2014.7.03.0103, rel. Cleonilson Nicácio Silva, j. 01.12.2017).

324. Tratamento ilegal: sofrer o agente do crime um tratamento rigoroso ilegal não é justificativa para o crime, por óbvio. Entretanto, equivale à atenuante inominada, prevista no art. 66 do Código Penal comum, no sentido de ser importante para a fixação da pena circunstância relevante anterior ao crime, embora não prevista expressamente em lei. Desse modo, o referido tratamento rigoroso fora dos padrões legais pode acarretar uma violenta emoção, que se descortinará mais tarde, levando o agente a um revide qualquer.

325. Não aplicação das atenuantes: quando o crime prever a pena de morte – casos de delitos em tempo de guerra – está o julgador autorizado a não aplicar qualquer das atenuantes previstas neste artigo. Quer-se sinalizar para a gravidade inconteste do crime militar, punido com a morte, justificando, em tese, desprezar o abrandamento da sanção.

Quantum da agravação ou atenuação

> **Art. 73.** Quando a lei determina a agravação ou atenuação da pena sem mencionar o *quantum*, deve o juiz fixá-lo entre 1/5 (um quinto) e 1/3 (um terço), guardados os limites da pena cominada ao crime.[326]

326. Montante das agravantes e atenuantes: o Código Penal Militar, diversamente do comum, andou bem ao estabelecer os valores para essas causas legais, permitindo ao juiz optar entre o mínimo de um quinto e o máximo de um terço. Na esfera comum, fixou-se o entendimento de que cada agravante ou atenuante vale um sexto. Por outro lado, também o fez acertadamente o Código Penal Militar ao mencionar deverem os aumentos e diminuições, nesse contexto, respeitar os limites previstos no preceito secundário do tipo penal (mínimo e máximo cominados para a pena), pois as agravantes e atenuantes não integram a tipicidade, razão pela qual devem respeitar os parâmetros de individualização legislativa. Na jurisprudência: STM: "V – O furto foi cometido em serviço e foi aplicada a agravante do art. 70, inciso II, do CPM. Entretanto, a reprimenda foi aumentada em 9 meses, sem que houvesse justificativa para o acréscimo nesse patamar e acima do *quantum* previsto no art. 73 do CPM. VI – Diante disso, considera-se necessária e justa a fixação da reprimenda na menor fração mencionada no dispositivo em referência, ou seja, um quinto, razão pela qual a pena final perfaz 1 ano, 2 meses e 12 dias de reclusão. VII – Provimento parcial" (Apelação n.º 7000322-10.2020.7.00.0000, rel. Péricles Aurélio Lima de Queiroz, 22.10.2020, v.u.).

Mais de uma agravante ou atenuante

> **Art. 74.** Quando ocorre mais de uma agravante ou mais de uma atenuante, o juiz poderá limitar-se a uma só agravação ou a uma só atenuação.[327]

327. Coexistência de agravantes ou atenuantes: o disposto neste artigo não nos parece compatível com o princípio constitucional da individualização da pena. É inadequado supor a existência de mais de uma agravante, devidamente comprovadas nos autos, utilizando o julgador somente uma delas, desprezando a outra. O mesmo se diga em relação à atenuante, o que, aliás, afigura-se ainda mais grave, pois prejudica direito do réu. Entretanto, pode-se (e deve-se) interpretar esta norma da seguinte forma: quando houver mais de uma agravante, o juiz pode aumentar uma só vez a pena, *porém em intensidade maior*. Assim, em lugar de 1/5, eleva 1/3, por exemplo. O mesmo se diga no tocante à presença de mais de uma atenuante.

Concurso de agravantes e atenuantes.

> **Art. 75.** No concurso de agravantes e atenuantes, a pena deve aproximar-se do limite indicado pelas circunstâncias preponderantes, entendendo-se como tais as que resultam dos motivos determinantes do crime, da personalidade do agente, e da reincidência. Se há equivalência entre umas e outras, é como se não tivessem ocorrido.[328]

328. Confronto entre agravantes e atenuantes: quando houver o embate entre uma agravante e uma atenuante, deve haver singela compensação, como indica a parte final do art. 75. Entretanto, deve-se respeitar a valoração formulada pelo legislador, ao estabelecer as circunstâncias consideradas preponderantes, isto é, aquelas que possuem peso maior que as comuns. São preponderantes: reincidência, motivos e personalidade, nos mesmos moldes adotados pelo Código Penal comum. Observa-se ser objetiva a reincidência; subjetiva, a motivação; objetivo-subjetiva, a personalidade. Para comprovar a reincidência, basta certidão cartorária, seguindo-se a situação descrita pelo art. 71 deste Código. O motivo (ou motivos) advém do ânimo do agente, devendo estar expresso pelas provas colhidas ao longo da instrução. A personalidade é um espelho das características individuais do acusado, apresentando um juízo misto de constatação e de valoração. Das três circunstâncias prepon-

Art. 76

Código Penal Militar Comentado • Nucci

derantes, a personalidade é a única que se adapta à maior gama de outras circunstâncias, imantando-as de preponderância. Exemplificando: a confissão espontânea, justamente por ser sincera (espontaneidade), tende a ser manifestação lógica de personalidade positiva. Por isso, merece ser aquilatada como preponderante. De outra sorte, quando o agente comete o crime em situação de desgraça particular do ofendido, pode estar circunstância advir – ou não – da sua personalidade (sadismo, por exemplo). Constatando-se a ligação, torna-se a agravante preponderante. Em suma, o confronto de agravante preponderante com atenuante preponderante provoca a desconsideração de sua ocorrência. Compensam-se. Entretanto, a agravante preponderante, quando confrontada com atenuante não preponderante, determina ao julgador que eleve a pena. Na jurisprudência: STM: "Não há como considerar preponderante a atenuante da menoridade relativa sobre a agravante de 'estar de serviço', considerada a entrada em vigor do Código Civil de 2002, que estabeleceu o término da menoridade aos 18 (dezoito) anos completos. A agravante de 'estar de serviço' não encontra paralelo no direito penal comum e merece especial atenção, pois cada membro da equipe de serviço é responsável pela segurança da Organização Militar e de cada colega de farda. A análise do caso concreto impõe-se a compensação, pois estar de serviço foi circunstância preponderante para o crime e, dessa forma, possibilitou a posse do armamento, de acordo com o art. 75 do CPM" (Apelação n.º 7000197-42.2020.7.00.0000, rel. William de Oliveira Barros, 24.09.2020, v.u.).

Majorantes e minorantes

> **Art. 76.** Quando a lei prevê causas especiais de aumento ou diminuição da pena, não fica o juiz adstrito aos limites da pena cominada ao crime, senão apenas aos da espécie de pena aplicável (art. 58).[329]
>
> **Parágrafo único.** No concurso dessas causas especiais, pode o juiz limitar-se a um só aumento ou a uma só diminuição, prevalecendo, todavia, a causa que mais aumente ou diminua.[330]

329. Causas de aumento e de diminuição da pena: são circunstâncias legais, que integram a tipicidade derivada, motivo pelo qual permitem a fixação da pena, quando for o caso, acima do máximo previsto no preceito secundário do tipo incriminador, ou abaixo do mínimo previsto no tipo. Exemplo disso é a tentativa. Se a pena estabelecida pelo magistrado é a mínima, mas incide a figura da tentativa, pode o julgador determinar a redução abaixo desse limite. A primeira parte do art. 76 é tecnicamente correta. Entretanto, a parte final não nos parece ideal. Mesmo havendo aumentos e diminuições, impõe-se um teto (30 anos para reclusão e 10 para detenção) e um piso (1 ano para reclusão e 30 dias para detenção), que não podem ser rompidos. Diante disso, somente para exemplificar, se o juiz chega à terceira fase da fixação da pena do homicídio qualificado no patamar de 30 anos, ainda que constate a existência de uma causa de aumento, não poderá aplicá-la, pois ultrapassaria o teto do art. 58. Nesse ponto, parece-nos mais adequada a previsão do Código Penal comum: todos os aumentos e diminuições são aplicáveis, sem limites. Para efeito de *cumprimento*, o sentenciado não ficará mais que 40 anos preso (art. 75, *caput*, do CP).

330. Coexistência de aumentos e diminuições: havendo mais de um aumento ou mais de uma diminuição, previstas na Parte Especial (a lei menciona o termo *especiais*), o julgador *pode* (faculdade) aplicar um só aumento ou uma só diminuição, optando pela causa que mais aumente ou mais diminua. No entanto, pode também aplicar todos os aumentos ou todas as diminuições. Essa regra é similar à prevista no art. 68, parágrafo único, do Código Penal comum. De qualquer forma, seguindo-se estritamente a individualização da pena, nenhuma circunstância deveria ser desconsiderada, seja para elevar a pena, seja para reduzi-la.

Cálculo da pena[331]

> **Art. 77.** A pena-base[332] será fixada de acordo com o critério definido no art. 69 deste Código e, em seguida, serão consideradas as circunstâncias atenuantes e agravantes e, por último, as causas de diminuição e de aumento de pena.
>
> **Parágrafo único.** Salvo na aplicação das causas de diminuição e de aumento, a pena não poderá ser fixada aquém do mínimo nem acima do máximo previsto em abstrato para o crime.[333]

331. Cálculo da pena: a Lei 14.688/2023 introduziu um método para a fixação da pena, no Código Penal Militar, seguindo o critério trifásico existente no Código Penal (art. 68). Primeiramente, o julgador deve escolher a pena, entre o mínimo e o máximo cominados em lei, tornando-a a base sobre a qual serão inseridas as circunstâncias agravantes e atenuantes e, finalmente, as causas de aumento e diminuição da pena.

332. Pena-base: cuida-se da primeira escolha concreta da pena, tendo por parâmetros o mínimo e o máximo abstratamente estabelecidos em cada tipo penal incriminador (ex.: reclusão, de 6 a 20 anos). O paradigma utilizado está contido no art. 69, avaliando-se um conjunto de circunstâncias (gravidade do crime, personalidade do réu, intensidade do dolo ou grau da culpa, maior ou menor extensão do dano ou perigo de dano, meios empregados, modo de execução, motivos do delito, circunstâncias de tempo e lugar, antecedentes do réu, atitude de insensibilidade, indiferença ou arrependimento após o crime). São as denominadas *circunstâncias judiciais*, porque advêm da interpretação do magistrado, não havendo uma definição específica em lei.

333. Fronteiras para a fixação da pena: o disposto neste parágrafo está correto e acompanha a jurisprudência amplamente majoritária dos tribunais brasileiros, havendo, inclusive, a Súmula 231 do Superior Tribunal de Justiça: "A incidência da circunstância atenuante não pode conduzir à redução da pena abaixo do mínimo legal". Defendemos a correção dessa norma porque as circunstâncias agravantes e atenuantes não fazem parte do tipo penal incriminador, constituindo recomendações para o julgador tornar mais severa ou abrandar a punição, embora sem nenhum montante prescrito em lei. Portanto, cabe ao magistrado mover-se na sua esfera de atuação: entre o mínimo e o máximo previstos no preceito sancionador do tipo. As causas de diminuição e aumento integram o tipo (ex.: tentativa, como causa de diminuição da pena) e possuem comandos determinados em lei (reduzir ou aumentar em 1/3, 1/2, 2/3 etc.), permitindo que o julgador situe a pena acima do máximo ou abaixo do mínimo previsto, em abstrato, no tipo.

Criminoso habitual ou por tendência[334-335]

> **Art. 78.** (*Revogado pela Lei 14.688/2023.*)

334. Criminoso habitual ou por tendência e pena indeterminada: reputávamos esse artigo incompatível com os princípios penais da Constituição Federal de 1988, de modo que inaplicável. Foi revogado pela Lei 14.688/2023.

335. Eliminada a nota em decorrência da revogação do art. 78.

Art. 79

Código Penal Militar Comentado • Nucci

Concurso de crimes[336]

> **Art. 79.** Quando o agente, mediante mais de uma ação ou omissão, pratica dois ou mais crimes, idênticos ou não, aplicam-se-lhe cumulativamente as penas privativas de liberdade em que haja incorrido.[337]
>
> **Parágrafo único.** No caso de aplicação cumulativa de penas de reclusão e de detenção, executa-se primeiro aquela.[338]

336. Concurso de crimes: quando o agente comete duas ou mais ações, causando dois ou mais resultados, para se saber se houve *unidade* ou *pluralidade* delitiva é preciso consultar a norma penal, tendo em vista que se adota, no Brasil, a concepção normativa de concurso de crimes. Para tanto, cuida o Código Penal Militar do concurso material, do concurso formal e do crime continuado.

337. Critérios para a aplicação da pena: o concurso material vale-se do sistema da acumulação material para a fixação da pena ao agente que, tendo praticado mais de uma ação ou omissão, cometeu dois ou mais crimes. O sistema que impõe a acumulação (soma) de penas também pode estar presente em outras hipóteses, quando expressamente recomendada a sua utilização pela lei. É o que ocorre nos casos dos tipos penais prevendo a aplicação de determinada pena, *além* de outra, advinda da violência praticada em conjunto. É imprescindível que o juiz, para proceder à soma das penas, individualize, antes, cada uma. Ex.: três tentativas de homicídio em concurso material. O magistrado deve, em primeiro lugar, aplicar a pena para cada uma delas e, no final, efetuar a adição, pois cada uma pode ter um *iter criminis* diferenciado, conduzindo a diminuições em montantes diversos. Denomina-se concurso material homogêneo, quando as condutas subsumem-se ao mesmo tipo penal (roubo + roubo + roubo); torna-se concurso material heterogêneo, quando as condutas se adequam a tipos diversos (roubo + furto + estupro).

338. Aplicação cumulativa de reclusão e detenção: determina o art. 79, parágrafo único, que a reclusão seja cumprida em primeiro lugar. A inutilidade dessa disposição é evidente, na medida em que não existe diferença, na prática, entre reclusão e detenção. Deveria haver um estabelecimento penal para reclusos e outro para detentos; ou, pelo menos, uma clara divisão entre alas para reclusos e detentos em certo presídio, mas nada disso ocorre. Na mesma ótica, confira-se a lição de Paulo José da Costa Júnior: "Em realidade, todavia, a disposição é inútil, pois as diferenças outrora existentes, entre reclusão e detenção, foram praticamente abolidas" (*Comentários ao Código Penal*, p. 238).

Concurso formal

> **Art. 79-A.** Quando o agente, mediante uma só ação ou omissão, pratica dois ou mais crimes, idênticos ou não, aplica-se-lhe a mais grave das penas cabíveis ou, se iguais, somente uma delas, mas aumentada, em qualquer caso, de 1/6 (um sexto) até metade.[338-A-338-B]
>
> § 1.º As penas aplicam-se, entretanto, cumulativamente, se a ação ou omissão é dolosa e os crimes concorrentes resultam de desígnios autônomos, consoante o disposto no art. 79 deste Código.[338-C]
>
> § 2.º Não poderá a pena exceder a que seria cabível pela regra do art. 79 deste Código.[338-D]

338-A. Critérios para a aplicação da pena: quando o agente, mediante uma única ação ou omissão, provoca dois ou mais resultados típicos, deve ser punido pela pena mais grave, ou uma delas, se idênticas, aumentada de um sexto até a metade, por meio do sistema da exasperação. Dá-se o concurso formal *homogêneo*, quando os crimes forem idênticos, e o *heterogêneo*, quando os delitos forem não idênticos. Por vezes é preciso distinguir exatamente o que ocorre no plano fático. Uma conduta que atente contra dois bens jurídicos distintos gera o concurso formal; mas se a conduta, embora envolva mais de uma pessoa, levando-se em conta um único bem jurídico tutelado, pode referir-se a delito único.

338-B. Grau de aumento da pena: a elevação é limitada pelo mínimo de um sexto e o máximo de metade. Deve o julgador utilizar o mesmo critério do crime continuado, ou seja, o número de resultados provocados pela conduta do agente. Se houver dois resultados, o aumento é de um sexto. Quando vários resultados, aumenta-se a metade.

338-C. Concurso formal perfeito e imperfeito: o art. 79-A divide-se em duas partes. Na primeira (*caput*), prevê-se o concurso formal perfeito, vale dizer, o agente pratica duas ou mais infrações penais por mei de uma única conduta. Ex.: desferir um tiro para matar alguém, mas o projétil alcança, também, outra vítima, que sofre lesão corporal. O agente tem em mente uma só conduta, pouco importando quantos delitos vai praticar; por isso, recebe a pena do mais grave com o aumento determinado pelo legislador. Entretanto, na segunda parte (§ 1.º), está previsto o concurso formal imperfeito: as penas devem ser aplicadas cumulativamente se a conduta única é dolosa e os delitos concorrentes resultam de desígnios autônomos. A intenção do legislador, nessa hipótese, é retirar o benefício daquele que, tendo por fim deliberado e direto atingir dois ou mais bens jurídicos, cometer os crimes com uma só ação ou omissão. Tradicional exemplo nos fornece Basileu Garcia: se o agente enfileira várias pessoas e com um único tiro, de arma potente, consegue matá-las ao mesmo tempo, não merece o concurso formal, pois agiu com desígnios autônomos. Por isso, são somadas as penas. Nesse contexto, é polêmica a conceituação do requisito *desígnios autônomos*, previsto para a aplicação do concurso formal imperfeito. *Duas posições* se formaram: 1.ª) a expressão "desígnios autônomos" significa ter agido o agente com *dolo direto* no tocante aos vários crimes praticados com uma única ação. Nesse sentido: "Entendeu o legislador que, havendo desígnios autônomos, ou seja, vontade deliberadamente dirigida aos diversos fins, não se justifica a diminuição da pena, porque subsiste íntegra a culpabilidade pelos fatos diversos. A expressão *desígnio* exclui o dolo eventual" (Heleno Fragoso, *Lições de direito penal*, 4. ed., p. 349). E mais: "Para a existência do concurso formal, não é exigida, em princípio, a *unidade de desígnio* ou de *intenção* (como no Código de 1890, art. 66, § 3.º), podendo ser reconhecido até mesmo no caso de ação ou omissão culposa com pluralidade de eventos lesivos. É suficiente a unidade de ação ou omissão" (Hungria, *Concurso de infrações penais*, p. 17). Esclarece Nuria Castelló Nicás que havendo dolo direto, voltado a lesões de diversos bens jurídicos, deve-se concluir, tanto do ponto de vista da antijuridicidade quanto do prisma da culpabilidade, que estamos diante de vários fatos puníveis em concurso real. Porém, quando a vontade do sujeito envolve a conduta, mas não o resultado, que não é diretamente perseguido (dolo eventual), há o verdadeiro concurso formal (*El concurso de normas penales*, p. 41); 2.ª) a colocação "desígnios autônomos" quer dizer qualquer forma de *dolo*, seja direto ou eventual. Por isso, quando o agente atua com dolo no que se refere aos delitos concorrentes, deve ser punido com base no concurso formal imperfeito, ou seja, a soma das penas. Esclarecedora, em nosso entender, a posição equilibrada de Basileu Garcia. O juiz deve, no caso concreto, deliberar qual a melhor forma de concurso a aplicar. A cozinheira que, pretendendo assassinar todos os membros de uma família para a qual trabalha, coloca veneno na refeição a ser servida, está praticando vários delitos com uma só ação. Merece, pois, ser punida pela *unidade de resolução* ("desígnios autônomos") com que agiu, recebendo a pena que seria cabível pela aplicação do

Art. 80

concurso material (art. 79-A, § 1.º, CPM). Entretanto, continua Basileu, se alguém vai à sacada de um prédio, chamado por populares, e brada-lhes "Patifes!", estaria ofendendo a honra de um ou de todos? Qual teria sido sua intenção? Pelo plural utilizado, pode-se crer estar ofendendo mais de uma pessoa. Teria, no entanto, cabimento aplicar-lhe o concurso material, somando-se as penas, num total de 30 ou 40 injúrias? Obviamente que não. Não teve o agente "vários desígnios", almejando atingir várias pessoas determinadas, mas apenas um grupo de pessoas, de modo indefinido. Sugere então, finalizando o raciocínio, dever o magistrado, valendo-se da equidade, decidir à luz do caso concreto, tendo em vista a clara insuficiência de critérios legais, sem fechar questão em torno de o dolo dever ser *direto* ou *indireto* (*Instituições de direito penal*, t. II, p. 576). Logicamente, altera-se totalmente o contexto se o agente colocar uma bomba num carro, desejando matar um dos ocupantes, mas tendo certeza de que, pela potência do artefato, os outros ocupantes do veículo não sobreviverão. É caso típico de ter agido com dolo direto no tocante à vítima visada e, também, quanto aos demais passageiros. Merece ser punido pela regra do art. 79-A, § 1.º, do Código Penal Militar. Assim, em síntese, no concurso formal, pode-se sustentar: a) havendo dolo quanto ao crime desejado e culpa quanto ao(s) outro(s) resultado(s) da mesma ação, trata-se de concurso formal perfeito; b) havendo dolo quanto ao delito desejado e dolo eventual no tocante ao(s) outro(s) resultado(s) da mesma ação, há concurso formal perfeito; c) havendo dolo quanto ao delito desejado e, também, em relação aos efeitos colaterais, deve haver concurso formal imperfeito.

338-D. Concurso material favorável ou benéfico: determina o § 2.º do art. 79-A ser imperiosa a aplicação do concurso material, caso seja mais favorável do que o formal. Ex.: se o réu está respondendo por homicídio doloso e lesões culposas, em concurso formal, valendo-se da regra do art. 79-A, *caput*, a pena mínima seria de 6 anos – pelo homicídio simples (art. 205, CPM) – acrescida de um sexto, diante da exasperação prevista, resultando em 7 anos de reclusão. Se fosse aplicada a pena seguindo a regra do concurso material, a pena ficaria em 6 anos de reclusão e 2 meses de detenção (art. 210, CPM). Portanto, já que o concurso formal é um benefício ao réu, deve ser aplicada a pena como se fosse concurso material. Observe-se que o concurso é formal, embora a aplicação da pena siga a regra do concurso material.

Crime continuado[339-340]

> **Art. 80.** Quando o agente,[341] mediante mais de uma ação ou omissão, pratica dois ou mais crimes da mesma espécie[342] e, pelas condições de tempo,[343] lugar,[344] maneira de execução[345] e outras semelhantes,[346-347] devem os subsequentes ser havidos como continuação do primeiro, aplica-se-lhe a pena de um só dos crimes, se idênticas, ou a mais grave, se diversas, aumentada, em qualquer caso, de 1/6 (um sexto) a 2/3 (dois terços).[348]
>
> **Parágrafo único.** Nos crimes dolosos contra vítimas diferentes cometidos com violência ou grave ameaça à pessoa,[349] poderá o juízo, considerando a culpabilidade, os antecedentes, a conduta social e a personalidade do agente, bem como os motivos e as circunstâncias, aumentar a pena de um só dos crimes, se idênticas, ou a mais grave, se diversas, até o triplo, observadas as regras dos §§ 1º e 2º do art. 79-A e do art. 81 deste Código.[349-A-351]

339. Definição e aspectos históricos do crime continuado: quando o agente, mediante mais de uma ação ou omissão, pratica dois ou mais crimes da mesma espécie, com condições de tempo, lugar e maneira de execução semelhantes, cria-se a suposição de que os subsequentes são uma continuação do primeiro, formando o crime continuado. É a forma mais polêmica de concurso de crimes, proporcionando inúmeras divergências, desde a natureza jurídica até a conceituação de cada um dos requisitos que o compõem. O crime continuado teve sua origem entre os anos de 1500 e 1600, em teoria elaborada pelos práticos italianos, dos quais se ressaltam os trabalhos de Prospero Farinacio e Julio Claro. Naquela época, a lei era por demais severa, impondo a aplicação da pena de morte quando houvesse a prática do terceiro furto pelo agente (*Potest pro tribus furtis quamvis minimis poena mortis imponi*). O tratamento era, sem dúvida, cruel, mormente em época de tanta fome e desolação na Europa. Por isso, escreveu Claro: "Diz-se que o furto é único, ainda que se cometam vários em um dia ou em uma noite, em uma casa ou em várias. Do mesmo modo se o ladrão confessou ter cometido vários furtos no mesmo lugar e em momentos distintos, interpretando-se tal confissão favoravelmente ao agente, isto é, que suas ações, em momentos distintos, continuadamente, são um só furto e não vários..." (Carlos Fontán Balestra, *Tratado de derecho penal*, t. III, p. 60). E, ainda, Farinacio: "Tampouco existem vários furtos senão um só, quando alguém roubar de um só lugar e em momentos diversos, mas continuada e sucessivamente, uma ou mais coisas: (...) não se pode dizer 'várias vezes' se os roubos não se derem em espécie e tempo distintos. O mesmo se pode dizer daquele que, em uma só noite e continuadamente, comete diversos roubos, em lugares distintos, ainda que de diversos objetos... a esse ladrão não se lhe pode enforcar, como se lhe enforcaria se tivesse cometido três furtos em momentos distintos e não continuados" (Balestra, ob. cit., p. 61). Na Itália, conforme lição de Pisapia, a primeira disposição legislativa a respeito do crime continuado é encontrada na Toscana pela Lei de 30 de agosto de 1795 e pela Circular de 29 de fevereiro de 1821. Diziam essas normas que se reconhece o furto continuado, mesmo em se tratando de furtos cometidos em tempo e lugar diversos, com vítimas diferentes, desde que compreendidos no prazo de 20 horas. O melhor tratamento normativo para o instituto, no entanto, foi obtido no Código Toscano de 1853, no qual se vê, no art. 80, o seguinte: "Várias violações da mesma norma penal cometidas num mesmo contexto de ações ou, mesmo que em momentos diversos, com atos executórios frutos da mesma resolução criminosa, consideram-se um só delito continuado; mas a continuidade do delito acresce a pena dentro dos seus limites legais" (*Reato continuato*, p. 35).

340. Natureza jurídica: há, basicamente, *duas teorias* a respeito da natureza jurídica do crime continuado: 1.ª) trata-se de uma *ficção jurídica*. O delito continuado é uma pluralidade de crimes apenas porque a lei resolveu conferir ao concurso material um tratamento especial, dando ênfase à *unidade de desígnio*. Adotam essa teoria, dentre outros, Heleno Fragoso, Manoel Pedro Pimentel, Jair Leonardo Lopes, Carrara e Manzini; 2.ª) trata-se de uma *realidade*. O crime continuado existe, porque a ação pode compor-se de vários atos, sem que isso tenha qualquer correspondência necessária com um ou mais resultados. Assim, vários atos podem dar causa a um único resultado e vice-versa. São partidários dessa corrente: Balestra, Delitala, Alimena e Zaffaroni. O Código Penal adotou a teoria da ficção, que, de fato, parece ser a melhor.

341. Regra do crime continuado: a vantagem do reconhecimento dessa modalidade de delito proporciona uma pena menor do que a cabível se fosse um concurso material, embora tenha sido lesado mais de um bem jurídico. No crime continuado, aplica-se a maior pena dos vários delitos, acrescida de 1/6 a 2/3. O critério a ser levado em conta para dosar esse aumento é o número de infrações praticadas. É o teor da Súmula 659 do Superior Tribunal de Justiça: "A fração de aumento em razão da prática de crime continuado deve ser fixada de acordo com o número de delitos cometidos, aplicando-se 1/6 pela prática de duas infrações, 1/5 para três, 1/4 para quatro, 1/3 para cinco, 1/2 para seis e 2/3 para sete ou mais infrações".

342. Crimes da mesma espécie: há *duas posições* a esse respeito: a) *são delitos da mesma espécie os que estiverem previstos no mesmo tipo penal*. Nesse prisma, tanto faz sejam

Art. 80

Código Penal Militar Comentado • Nucci

figuras simples ou qualificadas, dolosas ou culposas, tentadas ou consumadas. Assim: Hungria, Frederico Marques – com a ressalva de que não precisam estar no mesmo artigo (ex.: furto e furto de coisa comum, arts. 155 e 156, CP) –, Damásio, Jair Leonardo Lopes – embora admita, excepcionalmente, casos não previstos no mesmo tipo penal; b) *são crimes da mesma espécie os que protegem o mesmo bem jurídico, embora previstos em tipos diferentes*. É a lição de Basileu, Fragoso, Delmanto, Paulo José da Costa Jr, Walter Vieira do Nascimento. Assim, seriam delitos da mesma espécie o roubo e o furto, pois ambos protegem o patrimônio. Apesar de ser amplamente majoritária na jurisprudência a primeira, Jair Leonardo Lopes traz um importante ponto para reflexão. Imagine-se um balconista que, para fazer o lanche, durante vários dias, deixa de colocar diariamente na gaveta R$ 2,00, de parte das vendas realizadas. Depois disso, durante vários outros dias, aproveitando-se da ausência do patrão, tire da mesma gaveta R$ 2,00, para o mesmo fim. A primeira ação, que seria "apropriar-se", está prevista no art. 168, § 1.º, III, do CP, enquanto a segunda está prevista no art. 155, § 4.º, II, do CP. É justo que lhe seja considerada a existência do crime continuado, pois a aplicação do concurso material seria extremamente severa (*Curso de direito penal*, p. 226).

343. Condições de tempo: afirma Nélson Hungria, com inteira razão, ser necessária para a configuração do requisito temporal "uma certa continuidade no tempo", ou seja, uma determinada "periodicidade", impondo "um certo ritmo" entre as ações sucessivas. Não há como fixar, a esse respeito, indicações precisas. Apesar disso, firma a jurisprudência majoritária o entendimento de que, entre as infrações, deve mediar no máximo um mês. O juiz, por seu turno, não deve ficar limitado a esse posicionamento, embora possa tomá-lo como parâmetro. Imagine-se o agente que cometa vários delitos com intervalos regulares de dois meses entre eles. Merece o benefício do crime continuado, mesmo havendo mais de um mês entre os delitos, pois foi observado um ritmo preciso entre todos.

344. Condições de espaço: no mesmo prisma, defende-se como critério básico a observância de um certo ritmo nas ações do agente, vale dizer, que ele cometa seus delitos em localidades próximas, demonstrando uma certa *repetição* entre todas. Apregoa a jurisprudência majoritária ser mais indicado, como critério de lugar, as cidades próximas, ficando a critério do magistrado definir o que venha a ser tal proximidade.

345. Formas de execução: apesar de complexa a tarefa de definir o que venham a ser formas de execução semelhantes, deve o juiz levar em conta, fundamentalmente, os métodos e instrumentos utilizados pelo agente para o cometimento de seus crimes, algo que pode levá-lo a estabelecer um padrão. Esse modelo seria a semelhança apontada pela lei. Ex.: um indivíduo que sempre aplique o mesmo golpe do *bilhete premiado*, na mesma região da cidade, seria um típico exemplo de execução semelhante do crime de estelionato. É lógico que muitas dúvidas vão surgir. O agente que pratique um furto por arrombamento e depois seja obrigado a escalar a morada para concretizar a subtração merece a aplicação do crime continuado? Apesar de serem, aparentemente, formas de execução diferenciadas, cremos indicado aplicar a continuidade, desde que o magistrado consiga perceber que ele ora age por escalada, ora por arrombamento, demonstrando até mesmo nesse ponto certo padrão.

346. Outras circunstâncias semelhantes: trata-se de circunstâncias *objetivas* semelhantes, pois o critério de similitude somente pode estar conectado aos primeiros requisitos enumerados pelo legislador, todos objetivos. No mais, qualquer tipo de componente do delito que permita demonstrar a parecença entre eles é suficiente. Ex.: obter o agente sempre do mesmo informante os dados necessários para praticar seus delitos.

347. Delinquência habitual ou profissional: não se aplica o crime continuado ao criminoso habitual ou profissional, pois não merece o benefício; afinal, busca valer-se de instituto fundamentalmente voltado ao criminoso eventual. Note-se que, se fosse aplicável, mais conveniente seria ao delinquente cometer vários crimes, em sequência, tornando-se sua "profissão", do que fazê-lo vez ou outra. Não se pode pensar em diminuir o excesso punitivo de quem faz do delito um autêntico meio de ganhar a vida.

348. A unidade de desígnio no crime continuado: uma das principais polêmicas no contexto do crime continuado refere-se à *unidade de desígnio*. Seria imprescindível, para o reconhecimento do crime continuado, a prova de ter o agente agido com *unidade de propósito*, vale dizer, uma meta única para o cometimento das várias condutas que o levaram a vários resultados típicos? Para solucionar tal questão, há fundamentalmente *três teorias*: 1.ª) *subjetiva*: exige apenas unidade de desígnio para demonstrar a existência do delito continuado. É a menos utilizada pela doutrina, e, segundo Schultz, trata-se de uma tese isolada seguida pela jurisprudência suíça. Por tal teoria, o delito continuado somente existiria caso o agente conseguisse demonstrar que agiu com *unidade de desígnio*, ou seja, que desde o início de sua atividade criminosa tinha um único propósito. Como isso é, praticamente, impossível de se fazer sem o auxílio dos elementos objetivos, que compõem a continuidade delituosa, não se acolhe tal posicionamento; 2.ª) *objetiva*: não exige a prova da *unidade de desígnio*, mas única e tão somente a demonstração de requisitos objetivos, tais como a prática de crimes da mesma espécie, cometidos em semelhantes condições de lugar, tempo, modo de execução, entre outras. Sustentam-na: Feuerbach, Mezger, Liszt-Schmidt, Von Hippel, Jiménez de Asúa, Antón Oneca, Eduardo Corrêa. Na doutrina nacional: Fragoso, Frederico Marques, Hungria, Delmanto, Paulo José da Costa Jr., Costa e Silva, Manoel Pedro Pimentel, dentre outros. Sobre a desnecessidade de se exigir a prova da unidade de desígnio, destaca Aníbal Bruno que "o nosso Direito positivo vigente adota uma posição objetiva, dispensando, assim, a participação de qualquer elemento subjetivo unitário, na conceituação do crime continuado, abrangedor dos vários fatos que se sucedem". O autor ressalta, no entanto, a possibilidade *excepcional* de se usar a unidade de desígnio, quando houver dificuldade de estabelecer o vínculo de continuidade entre os fatos (*Das penas*, p. 168); 3.ª) *objetivo-subjetiva*: exige-se, para a prova do crime continuado, não somente a demonstração dos requisitos objetivos, mas ainda a prova da *unidade de desígnio*. Aliás, facilita-se a evidência desta última a partir dos dados objetivos. Defendem-na: Welzel, Sauer, Weber, Maurach, Bettiol, Antolisei, Alimena, Pisapia, Manzini, Florian, Balestra, Schönke-Schröder, Impallomeni, Camargo Hernández, Ricardo Nuñez, Zaffaroni. Na doutrina nacional: Roberto Lyra, Basileu Garcia, Noronha, Silva Franco, Damásio. Na Itália, por expressa previsão legal (art. 81, CP), exige-se unidade de desígnio para a caracterização do crime continuado. Por isso, conforme explica Roberta Ristori, é fundamental que o agente, ao dar início às infrações penais, tenha o objetivo de atingir todas elas. Da primeira à última, tudo é parte de um só programa orgânico (*Il reato continuato*, p. 6-7). Recentemente, afirmou a jurisprudência italiana que, para verificar a unidade de desígnio, basta a *representação* preventiva da série de crimes programados como um conjunto. A realização concreta de cada um significa uma eventualidade e não um comportamento futuro certo da parte do agente, o que amenizou a exigência da unidade de desígnio (ob. cit., p. 10). A corrente ideal, sem dúvida, deveria ser a terceira, tendo em vista possibilitar uma autêntica diferença entre o singelo concurso material e o crime continuado – afinal, este último exigiria a *unidade de desígnio*. Somente deveria ter direito ao reconhecimento desse benefício legal o agente criminoso que demonstrasse ao juiz o seu intuito único, o seu propósito global, vale dizer, evidenciasse que, desde o princípio, ou pelo menos durante o *iter criminis*, tinha o propósito de cometer um crime único, embora por partes. Assim, o balconista de uma loja que, pretendendo subtrair R$ 1.000,00 do seu patrão, comete vários e contínuos pequenos furtos até atingir a almejada quantia. Completamente diferente seria a situação daquele ladrão que comete furtos variados, sem qualquer rumo ou planejamento, nem tampouco objetivo único. Entretanto, apesar disso, a lei penal, comum e militar, adotou claramente a segunda posição, ou seja, a teoria objetiva pura. Cremos deva-se seguir literalmente o

Art. 81

Código Penal Militar Comentado • Nucci

disposto no art. 80 do CPM, pois não cabe ao juiz questionar os critérios dolegislador. Entretanto, predomina na jurisprudência a corrente objetivo-subjetiva, exigindo-se a prova da *unidade de desígnio* para o reconhecimento de crime continuado.

349. Crimes praticados contra vítimas diferentes, bens personalíssimos e cálculo específico: houve época em que a jurisprudência era praticamente pacífica ao estipular não ser cabível crime continuado para crimes violentos cometidos contra vítimas diferentes e ofendendo bens personalíssimos, tais como vida ou integridade física. Havia a Súmula 605 do Supremo Tribunal Federal: "Não se admite continuidade delitiva nos crimes contra a vida", que não mais se aplica. Atualmente, os acórdãos seguem tendência em sentido contrário, acolhendo o delito continuado mesmo contra vítimas diferentes e bens personalíssimos. Aliás, outra não poderia ser a solução, pois é a clara previsão legal.

349-A. Sobre *violência*: toda vez que a lei penal mencionar em tipos criminais o termo *violência*, refere-se à real, autêntica, vale dizer, agressão física contra a pessoa. Isso porque separou da violência moral, colocando em destaque a terminologia *grave ameaça*. Em suma, violência é agressão; grave ameaça, intimidação.

349-B. Ações concomitantes, contemporâneas ou simultâneas: não podem ser havidas como continuidade delitiva, pois a lei é bastante clara ao exigir que as ações sejam subsequentes. Por isso, quando houver ações simultâneas, deve-se optar ou pelo delito único ou pelo concurso material, mas jamais pelo crime continuado. Ex.: alguém atira com uma das mãos em uma pessoa e coloca fogo em um prédio com a outra mão. Trata-se de concurso material. Por outro lado, caso atire com dois revólveres, um em cada mão, contra a mesma pessoa, está praticando crime único.

349-C. Elementos do crime continuado qualificado: a *culpabilidade*, que, no Código Penal, encontra-se no art. 59, para dar fundamento à pena-base, neste Código Penal Militar ingressou no cenário do crime continuado, significando o grau de censura merecido pelo delito e seu autor. Por outro lado, incluiu-se, também, a *conduta social*, representativa do papel do acusado em sociedade (trabalho, família, vizinhança etc.).

350. Espécies de crime continuado: há duas espécies: a) *crime continuado simples*, previsto no art. 80, *caput*, do Código Penal Militar; b) *crime continuado qualificado ou específico*, previsto no art. 80, parágrafo único, do Código Penal Militar. Entende parte da doutrina que o art. 80, parágrafo único, ao prever a possibilidade de o juiz poder até triplicar a pena, quando sentir necessidade, desde que preenchidos os requisitos de terem sido delitos dolosos, praticados com violência ou grave ameaça contra vítimas diferentes, além da culpabilidade, antecedentes, conduta social, personalidade do réu, motivos e circunstâncias do crime o indicarem, descaracterizou a continuidade delitiva. O aumento, por ser aplicado no triplo, poderia levar o crime a pena semelhante àquela aplicada no caso de concurso material. A crítica não é razoável porque o juiz jamais poderá ultrapassar o critério do art. 79 (concurso material), sendo certo ainda que, em crimes violentos, atingindo bens personalíssimos, a pena precisa ser aplicada com maior rigor.

351. Referências ao art. 79-A, §§ 1.º e 2.º: a aplicação da sanção penal do crime continuado, em qualquer hipótese, não pode ultrapassar a pena que poderia ser aplicável se fosse um concurso material.

Limite da pena unificada

Art. 81. A pena unificada não pode ultrapassar de 30 (trinta) anos, se é de reclusão, ou de 15 (quinze) anos, se é de detenção.[352-353]

Redução facultativa da pena

> § 1.º A pena unificada pode ser diminuída de 1/6 (um sexto) a 1/4 (um quarto), no caso de unidade de ação ou omissão, ou de crime continuado.[354]

Graduação no caso de pena de morte

> § 2.º Quando cominada a pena de morte como grau máximo e a de reclusão como grau mínimo, aquela corresponde, para o efeito de graduação, à de reclusão por 30 (trinta) anos.

Cálculo da pena aplicável à tentativa

> § 3.º Nos crimes punidos com a pena de morte, esta corresponde à de reclusão por 30 (trinta) anos, para cálculo da pena aplicável à tentativa, salvo disposição especial.

352. Unificação das penas e limites: o disposto no art. 81, *caput*, do CPM, apresenta o teto para o cumprimento da pena de reclusão (30 anos) e da pena de detenção (15 anos). Apresenta, entretanto, redação lacunosa. Deveria ter se referido, claramente, ao *tempo de cumprimento da pena*, como o fez o art. 75 do CP. Afinal, quando se cuida do limite de unificação, para outros fins, rege a situação o art. 58 do CPM, indicado, inclusive, pelo art. 79, que cuida do concurso de crimes. Diante disso, deve-se complementá-lo pela leitura e aplicação do disposto pelo mencionado art. 75 do CP. Ninguém cumpre mais que 30 anos de prisão (reclusão) ou 15 (detenção). Além disso, em fase de execução, sempre que o montante de penas ultrapassar esse teto, o juiz fará a unificação, *para fins de cumprimento*. Todos os benefícios de execução (progressão, livramento condicional etc.) continuam a ser calculados pelo total, nos termos da Súmula 715 do STF ("A pena unificada para atender ao limite de 30 (trinta) anos de cumprimento, determinado pelo art. 75 do Código Penal, [hoje, 40 anos no CP] não é considerada para a concessão de outros benefícios, como o livramento condicional ou regime mais favorável de execução"). E quando, realizada a unificação, tornar o condenado a praticar crime, depois do início do cumprimento da pena, faz-se a necessária adaptação, conforme disposto pelo art. 75, § 2.º, do CP. Lembremos que a redação do art. 75, *caput*, do Código Penal foi alterada pela Lei 13.964/2019, prevendo, agora, o limite de 40 anos, mas isso não altera a lei especial, que é o Código Penal Militar. Logo, continuam valendo os limites deste art. 81, *caput*.

353. Unificação e cometimento de crime durante o cumprimento da pena: para que o limite de 30 anos (este prazo continua vigorando no CPM) não tornasse o sentenciado imune a qualquer outra condenação advinda durante a execução de sua pena, o legislador estabeleceu, no art. 75, § 2.º, do CP, que, "sobrevindo condenação por fato posterior ao início do cumprimento da pena, far-se-á nova unificação, desprezando-se, para esse fim, o período de pena já cumprido". Cremos ser viável aplicar o disposto nesse parágrafo no cenário das condenações militares. Assim, temos o seguinte: a) nova condenação por fato anterior ao início do cumprimento da pena deve ser lançada no montante total já unificado, sem qualquer alteração; b) nova condenação por fato posterior ao início do cumprimento da pena deve ser lançada na pena unificada, desprezando-se o tempo já cumprido. Se for o caso (ultrapassar 30 anos), far-se-á nova unificação. Além disso, lança-se, também, no montante total, para efeito de cálculo dos benefícios.

Art. 82

354. Concurso formal, crime continuado e redução da pena: de forma mais rigorosa que a prevista no Código Penal comum, quando houver concurso formal (prática de uma conduta, gerando mais de um resultado) ou crime continuado (várias condutas, causando mais de um resultado, em continuidade delitiva), o juiz *pode* diminuir a pena de um sexto a um quarto. Em primeiro lugar, o CPM estabeleceu, expressamente, tratar-se de redução *facultativa* (vide o título dado ao § 1.º). Em segundo, a diminuição é de pouca monta. Quanto à faculdade do juiz, cremos deva ser interpretada como direito subjetivo do réu, desde que preenchidos os requisitos legais. Logo, não pode ser obstada a redução por simples capricho do julgador.

Ressalva do art. 78, § 2.º, letra *b*

> **Art. 82.** (*Revogado pela Lei 14.688/2023.*)[355]

355. Eliminada a nota em decorrência da revogação do art. 82.

Penas não privativas de liberdade

> **Art. 83.** As penas não privativas de liberdade são aplicadas distinta e integralmente, ainda que previstas para um só dos crimes concorrentes.[356]

356. Controvérsia: há duas posições nesse contexto: a) em caso de concurso material, concurso formal ou crime continuado, o juiz deve aplicar todas as multas cabíveis somadas (conforme Fragoso, ob. cit., p. 353). Ex.: quatro furtos foram praticados em continuidade delitiva. Pode o juiz estabelecer a pena de 1 ano aumentada da metade (privativa de liberdade), mas terá de somar quatro multas de, pelo menos, 10 dias-multa cada uma; b) ensina Paulo José da Costa Júnior que tal previsão é inaplicável ao crime continuado, pois nessa hipótese "não há concurso de crimes mas crime único, e, desta forma, em paralelismo com a pena privativa de liberdade, a unificação deve atingir também a pena de multa" (*Comentários ao Código Penal*, p. 248). Segundo nos parece, a razão está com Paulo José da Costa Júnior, uma vez que, valendo-se da teoria da ficção, criou o legislador um verdadeiro crime único no caso do delito continuado. Assim, não há concurso de *crimes*, mas um só delito em continuação, motivo pelo qual a pena de multa também será única com o acréscimo legal.

Capítulo III
Da suspensão condicional da pena[357-358]

357. Conceito e aspectos históricos: trata-se de um instituto de política criminal, tendo por fim a suspensão da execução da pena privativa de liberdade, evitando o recolhimento ao cárcere do condenado não reincidente, cuja pena não é superior a dois anos, sob determinadas condições, fixadas pelo juiz, bem como dentro de um período de prova predefinido. Historicamente, como ensina Frederico Marques, o *sursis* nasceu no Brasil por meio do Decreto 4.577, de 5 de setembro de 1922, que autorizou o Poder Executivo a instituir o benefício. "Valendo-se dessa autorização legislativa, submeteu João Luiz Alves à aprovação do Presidente da República o projeto de lei que se transformou no Decreto 16.588, de 6 de setembro de 1924, o qual, segundo seus próprios dizeres, se destinava a estabelecer 'a condenação condicional em matéria penal', e isto porque, adotando o sistema belga, dentro das diretrizes gerais do continente europeu, o citado decreto declarava no art. 1.º, § 2.º, que, após o prazo da suspensão da condenação, esta seria considerada inexistente" (*Tratado de direito penal*, v. 3, p. 338).

358. Natureza jurídica: pode-se mencionar a existência das seguintes *posições:* a) *medida de política criminal* para evitar a aplicação da pena privativa de liberdade, consubstanciada numa outra forma de cumprimento de pena; b) *pena*; c) *benefício penal ao réu*, com o caráter de direito subjetivo ("Não se diga, como costumeiramente se faz, que a suspensão é tão só um benefício. O argumento não influi em nada na conceituação do *sursis*, pois o benefício é também um direito. Segundo Henri Capitant, o benefício é o direito atribuído a uma pessoa em caráter excepcional", na lição de Frederico Marques, *Tratado de direito penal*, v. 3, p. 341). A mais adequada, em nosso entender, para configurar o instituto da suspensão condicional da pena é a primeira. Incabível dizer que o *sursis* seja pena, pois estas estão claramente enumeradas no art. 55 do CPM e a suspensão é medida destinada justamente a evitar a aplicação de uma delas, a privativa de liberdade. Por outro lado, não se deve sustentar ser *apenas* um benefício, pois o *sursis* traz, sempre, condições obrigatórias, consistentes em medidas restritivas da liberdade do réu. Daí por que é mais indicado tratar o *sursis* como medida alternativa de cumprimento da pena privativa de liberdade, não deixando de ser um benefício, nem tampouco uma reprimenda. Conferir, ainda, a Súmula 16 do STM que dispõe: "A suspensão condicional da pena (*sursis*) não é espécie de pena; portanto, o transcurso do período de prova, estabelecido em audiência admonitória, não atende ao requisito objetivo exigível para a declaração de extinção da punibilidade pelo indulto".

Pressupostos da suspensão

Art. 84. A execução da pena privativa de liberdade não superior a 2 (dois) anos pode[359] ser suspensa por 3 (três) a 5 (cinco) anos,[360] no caso de pena de reclusão, e por 2 (dois) a 4 (quatro) anos, no caso de pena de detenção, desde que:[361-363]

I – o sentenciado não haja sofrido no País ou no estrangeiro, condenação irrecorrível por outro crime a pena privativa da liberdade, salvo o disposto no § 1º do art. 71;[364]

II – a culpabilidade, os antecedentes, a conduta social e a personalidade do agente, bem como os motivos e as circunstâncias do crime, autorizem a concessão do benefício.[365]

Restrições

§ 1.º A suspensão não se estende à pena acessória nem exclui a aplicação de medida de segurança não detentiva.[366]

§ 2.º A execução da pena privativa de liberdade não superior a 4 (quatro) anos poderá ser suspensa por 4 (quatro) a 6 (seis) anos, desde que o condenado seja maior de 70 (setenta) anos de idade ou existam razões de saúde que justifiquem a suspensão.[367]

Art. 84

Código Penal Militar Comentado • Nucci

359. Faculdade do juiz ou direito do réu: essa questão deve ser resolvida com bom senso. Na análise dos requisitos subjetivos da suspensão condicional da pena, é natural que o magistrado tenha liberdade para avaliar se cabe ou não o benefício. Não pode ser obrigado, por exemplo, a considerar escorreita a personalidade do réu ou mesmo bons os seus motivos. Por outro lado, estando todos os requisitos preenchidos e dessa forma declarados na sentença condenatória, é direito do réu obter o *sursis*. A suspensão condicional da pena não é mero incidente da execução da pena, mas parte do processo de conhecimento, devendo sempre ser motivada. Assim, conceda ou não o benefício ao réu, deve o juiz fundamentar sua decisão.

360. Momento de imposição: trata-se de benefício, cuja finalidade é evitar o encarceramento do sentenciado, devendo ser efetivamente exigido quando a sentença condenatória transitar em julgado. Antes disso, seria ofensivo ao princípio constitucional da presunção de inocência.

361. *Sursis* **e espécies de pena:** a Lei 14.688/2023 estabeleceu uma diferença entre reclusão e detenção, considerando-se a primeira a forma mais grave, para efeito de período de prova. Para ambas, a pena privativa de liberdade não deve ser superior a 2 anos; porém, cuidando-se de reclusão, a suspensão condicional deve perdurar de 3 a 5 anos; tratando-se de detenção, a suspensão condicional deve durar de 2 a 4 anos.

362. Compatibilidade com a fixação do regime penitenciário: impõe-se ao juiz, segundo o disposto no art. 61 do CPM, c/c art. 59, III, do CP comum, fixar o regime de cumprimento da pena privativa de liberdade, independentemente da concessão ou não do *sursis*. Não é correto o argumento de alguns magistrados sustentando que, uma vez concedida a suspensão condicional da pena, não haveria mais necessidade de estabelecer o regime prisional, pois o condenado está em gozo de regime de pena alternativo. Em primeiro lugar, o *sursis* não é regime de cumprimento – só existem o fechado, o semiaberto e o aberto –, mas *forma* alternativa de execução da pena, obrigando o magistrado a seguir o que exige o legislador no referido art. 59. Em segundo plano, a suspensão condicional da pena é facultativa, podendo ser recusada pelo sentenciado. Tratando-se de benefício *condicionado*, é justo que o sentenciado não aceite as condições impostas, passando então a cumprir a pena no regime imposto pelo juiz. Por outro lado, há argumentos no sentido de que a fixação do regime inicial de cumprimento da pena é irrelevante, pois, uma vez concedido o *sursis*, seria óbvia a concessão do regime aberto. Daí por que, mesmo que o magistrado omita o regime, tendo em vista que as regras para o estabelecimento do aberto são praticamente as mesmas da suspensão condicional, concedida esta, aquele seria consequência natural. Assim não pensamos. Tal como posto atualmente, o regime aberto é basicamente descumprido, pois, inexistindo Casa do Albergado, impõe-se, em substituição o regime de *prisão albergue domiciliar*, ou seja, o sentenciado cumpre sua pena em casa, sem qualquer vigilância. Eis a razão de o juiz poder fixar o *sursis*, com a obrigação de prestar serviços à comunidade, tendo em mente o réu vadio, sem desejo de trabalho lícito e autor de crime contra o patrimônio, bem como, alternativamente, impor o regime semiaberto, que permite a inserção em colônia penal agrícola. Assim, sujeitando-se à prestação de serviços à comunidade e sob período de prova durante dois anos, no mínimo, poderá o condenado ficar em liberdade. Não desejando permanecer nesse esquema, o melhor regime poderá ser o semiaberto. Em que pese, na maioria dos casos, ser razoável aplicar *sursis* e regime aberto, tal situação não deve constituir uma regra, pois o direito penal não é mecânico e muito menos uma ciência exata.

363. *Sursis* **e suspensão dos direitos políticos:** preceitua o art. 15, III, da CF: "É vedada a cassação de direitos políticos, cuja perda ou suspensão só se dará nos casos de: (...) III

– condenação criminal transitada em julgado, enquanto durarem seus efeitos". Logo, sendo o *sursis* uma forma alternativa de cumprimento da pena, enquanto estiver no prazo estipulado pelo magistrado para o período de prova, o beneficiário da suspensão condicional da pena está com seus direitos políticos suspensos.

364. Reincidência: é fator impeditivo da concessão da suspensão condicional da pena, cuidando-se de requisito objetivo, a ser demonstrado por certidão cartorária, onde conste a condenação anterior, com trânsito em julgado. O Código Penal Militar não exige a reincidência em crime doloso – como ocorre com o Código Penal comum – razão pela qual se pode afastar o *sursis*, quando o sentenciado reincidir em delito culposo. O ponto fundamental para a condenação anterior é a existência de pena privativa de liberdade. Por outro lado, excepciona-se o período depurador, ou seja, a condenação pretérita perde seu valor para gerar reincidência se decorridos cinco anos entre a extinção da pena e a nova prática criminosa.

365. Requisitos subjetivos: repetem-se alguns dos fatores constantes do art. 69 deste Código, tais como *antecedentes, personalidade, motivos* e *circunstâncias* do crime. A Lei 14.688/2023 acrescentou *culpabilidade* (juízo de censura a ser realizado em relação ao crime e seu autor) e *conduta social* (papel do acusado na sociedade). Remetemos o leitor à análise dos demais elementos realizada nos comentários ao referido art. 69.

366. Inaplicabilidade do *sursis*: respeitada a lógica das penas acessórias é incabível a suspensão condicional, pois se trata de benefício voltado à pena principal. O *sursis* é fruto da política criminal contra a prisão – e não serve para outras espécies de sanções. Nesse contexto, inclui-se a medida de segurança, mormente quando não detentiva, que nem mesmo se cuida de pena, mas tão somente de espécie de sanção penal.

367. *Sursis* etário e humanitário: a Lei 14.688/2023 estabeleceu a suspensão condicional da pena, já existente no Código Penal comum, para maiores de 70 anos, bem como a quem possuir condições graves de saúde, quando houver condenação a pena de até 4 anos de reclusão ou detenção, estipulando um prazo maior para o período de prova (4 a 6 anos).

Condições

> **Art. 85.** A sentença deve especificar as condições a que fica subordinada a suspensão.[368-369]

368. Condições obrigatórias: são as mesmas impostas ao livramento condicional, conforme previsão do art. 608, § 2.º, c/c art. 626 do CPPM: "a) tomar ocupação, dentro de prazo razoável, se for apto para o trabalho; b) não se ausentar do território da jurisdição do juiz, sem prévia autorização; c) não portar armas ofensivas ou instrumentos capazes de ofender; d) não frequentar casas de bebidas alcoólicas ou de tavolagem; e) não mudar de habitação, sem aviso prévio à autoridade competente". Dentre elas, consta a proibição de frequentar bares – condição existente também na legislação penal comum –, representando situação de mínima produtividade, até porque é praticamente impossível fiscalizar. Outro ponto a ser observado é que todas as condições deveriam estar previstas no Código Penal Militar e não no Processo Penal, pois se cuida de cenário integrante do instituto do *sursis*, de direito material.

369. Condições facultativas: nos termos do art. 608, § 2.º, do CPPM, são as seguintes: "I – frequentar curso de habilitação profissional ou de instrução escolar; II – prestar serviços em favor da comunidade; III – atender aos encargos de família; IV – submeter-se a tratamento médico".

Art. 86

Revogação obrigatória da suspensão

> **Art. 86.** A suspensão é revogada se, no curso do prazo, o beneficiário:
>
> I – é condenado por crime doloso, na Justiça Militar ou na Justiça Comum, por sentença irrecorrível;[370-371]
>
> II – não efetua, sem motivo justificado, a reparação do dano;[372]
>
> III – (*revogado pela Lei 14.688/2023*).[373]

Revogação facultativa

> § 1.º A suspensão também pode ser revogada se o condenado deixar de cumprir qualquer das obrigações constantes da sentença ou, se militar, for punido por infração disciplinar considerada grave.[374]

Prorrogação de prazo

> § 2.º Quando facultativa a revogação, o juiz pode, ao invés de decretá-la, prorrogar o período de prova até o máximo, se este não foi o fixado.[375]
>
> § 3.º Se o beneficiário está respondendo a processo que, no caso de condenação, pode acarretar a revogação, considera-se prorrogado o prazo da suspensão até o julgamento definitivo.[376-378]

370. Condenação por crime: a primeira causa de revogação obrigatória do *sursis* é a condenação irrecorrível, na Justiça Militar primeira causa de revogação obrigatória do *sursis* é a condenação irrecorrível, na Justiça Militar ou comum, em virtude de *crime*, pouco importando a pena aplicada, se doloso ou culposo, podendo tratar-se de delito cometido antes de vigorar o *sursis*. Não deixa de ser hipótese injusta em certos casos, o mesmo ocorrendo na legislação penal comum. Imagine-se tenha o réu sido condenado por um crime militar, sujeito à pena de um ano de reclusão, recebendo o *sursis*. Enquanto o cumpre, recebe outra condenação, também à pena de um ano. Ora, somadas as duas, seria atingido o montante de dois anos, ainda dentro do teto imposto pelo art. 84, *caput*, do CPM, para a concessão do benefício. Por isso, o ideal seria verificar, no caso concreto, se a condenação advinda inviabiliza a suspensão condicional da pena. Na jurisprudência (antes da Lei 14.688/2023): STM: "I. Decisão proferida pelo Juízo de Execução de unificação das penas, diante da condenação do réu em 2 (dois) processos distintos, de furto de celular e de porte de substância entorpecente. II. O trânsito em julgado operou em épocas diferentes, ensejando a revogação obrigatória do *sursis* pelo Juízo, na forma do art. 86, inciso I, do CPM. Expedição de mandado de prisão, com regime prisional inicial aberto" (Recurso em Sentido Estrito n.º 7000038-36.2019.7.00.0000, rel. José Barroso Filho, 23.04.2019, v.u.).

371. Condenação por contravenção penal reveladora de má índole ou com pena privativa de liberdade: parte revogada pela Lei 14.688/2023.

372. Ausência de reparação do dano: essa preocupação concernente à indenização da vítima em face do cometimento do crime é correta e também prevista na legislação penal comum. Entretanto, há fatores a ponderar: a) o condenado precisa ser solvente, podendo arcar com a reparação, não o fazendo de modo injustificado; b) é preciso existir vítima e esta ter pleiteado a indenização; c) torna-se essencial haver um *quantum* judicialmente estabelecido para ser reparado, pois o condenado não pode indenizar valor indefinido.

373. Punição por infração disciplinar grave: passou para a esfera da revogação facultativa, prevista no § 1.º, conforme dispôs a Lei 14.688/2023.

374. Descumprimento das condições: é justo considerar causa para a revogação do *sursis* tal situação, pois o período de prova sujeita o condenado ao obrigatório cumprimento de condições, lembrando que ele as aceitou voluntariamente. Por outro lado, constituir causa facultativa de revogação também é acertado, visto que o juiz pode encontrar motivação plausível para o não cumprimento; pode ainda notar ter havido descumprimento parcial. Enfim, o magistrado, em lugar de revogar o benefício, pode reiterar as condições, em outra audiência admonitória, conferindo outra oportunidade ao sentenciado. Ademais, nos termos do § 2.º deste artigo, pode ainda prorrogar o período de prova até o máximo. Transferiu-se para o campo da revogação facultativa, pois antes era obrigatória, a hipótese de ser o militar punido por ter cometido infração disciplinar considerada grave. Cuida-se de previsão exclusiva da esfera militar, mas justificável em face da disciplina que dele se espera. Na jurisprudência: STM: "I – O período de prova do *sursis* deve ser supervisionado pelo Ministério Público Militar durante sua realização. II – Eventual prorrogação ou revogação do benefício deve ocorrer antes do término de seu prazo de cumprimento. III – Caso ultrapassado o período de prova sem a revogação ou a prorrogação do *sursis*, opera-se a extinção da pena privativa de liberdade, por não ser possível prorrogar um prazo que já se encontra extinto" (Embargos Infringentes e de Nulidade n.º 7001144-33.2019.7.00.0000, rel. José Coêlho Ferreira, 21.05.2020, maioria); "1. Constatado o descumprimento das condições impostas durante o período de prova do *sursis*, é cabível a revogação do benefício pelo Juízo da Execução quando não localizado o sursitário e não demonstradas quaisquer justificativas ou impedimentos para o não cumprimento. 2. *In casu*, o Paciente deixou de comparecer trimestralmente ao Juízo, bem como não informou acerca de sua mudança de endereço. Após diversas diligências não foi encontrado, o que motivou a revogação do benefício da suspensão condicional de pena concedido e aceito em Audiência Admonitória. *Habeas Corpus* conhecido. Ordem denegada. Decisão por unanimidade" (HC 7000717-70.2018.7.00.0000, rel. Alvaro Luiz Pinto, j. 23.10.2018).

375. Prorrogação facultativa do período de prova: cuida-se de medida acertada, quando se tratar de revogação facultativa e o magistrado optar pela concessão de nova chance ao sentenciado. Ver a nota anterior.

376. Prorrogação automática do período de prova: ocorre a *automática* dilação do período de prova do *sursis* quando o beneficiário esteja sendo processado por outro crime ou contravenção. Note-se que a lei menciona o termo *processo*, de modo que é preciso o recebimento da denúncia ou da queixa, sendo irrelevante o andamento de inquérito policial, mesmo que haja indiciamento. A prorrogação vai até o julgamento final da infração penal, independendo de decisão judicial, o que se justifica diante da causa de revogação obrigatória prevista no art. 86, I (condenação irrecorrível) do Código Penal Militar. Na jurisprudência: STM: "Consoante a dicção do § 3º do artigo 86 do Código Penal Militar, considera-se prorrogado o prazo da suspensão condicional do processo se não houver comprovação do trânsito em julgado de eventual condenação em processo criminal que possa acarretar na revogação do benefício. Negado provimento ao Recurso em Sentido Estrito. Unanimidade" (RSE 7000469-07.2018.7.00.0000, rel. Cleonilson Nicácio Silva, j. 02.08.2018).

Art. 87

Código Penal Militar Comentado • Nucci

377. Cumprimento de *sursis* simultâneo: é possível ao condenado cumprir simultaneamente duas suspensões condicionais de penas. Isso é plausível quando o condenado recebe o benefício em dois processos distintos, de modo que as duas audiências admonitórias acontecem quase ao mesmo tempo. Ora, a única hipótese obrigatória de revogação é a condenação irrecorrível por crime *durante* o prazo do *sursis*, o que significa receber a condenação depois de realizada a audiência admonitória. Assim, se o sentenciado for condenado duas vezes e as audiências ocorrerem depois, nada impede que cumpra simultaneamente duas suspensões, desde que compatíveis as condições estabelecidas. Há quem sustente, no entanto, que o gozo concomitante de *sursis* somente pode acontecer até que as duas condenações se tornem definitivas. Assim acontecendo, eles devem ser revogados. Posicionamo-nos pela possibilidade de cumprimento simultâneo de *duplo sursis*. Estamos convencidos de que tal hipótese não se encaixa na lei penal como causa de revogação obrigatória ou facultativa, sendo medida salutar de política criminal.

378. Consequências da revogação: se o benefício for cassado, o sentenciado vai cumprir integralmente a pena privativa de liberdade, em regime fechado, semiaberto ou aberto, conforme o caso. Deve-se ressaltar que a prorrogação do período de prova, quando o condenado está sendo processado por outro crime ou contravenção, é automática, mas não a revogação. Embora a lei estipule ser causa *obrigatória* de revogação, não se valeu do termo "considera-se", como o fez com a prorrogação, mas utilizou "é revogada", o que implica decisão judicial.

Extinção da pena

> **Art. 87.** Se o prazo expira sem que tenha sido revogada a suspensão, fica extinta a pena privativa de liberdade.[379]

379. Finalização da suspensão condicional da pena: de acordo com o disposto no art. 87, a decisão que considera extinta a pena privativa de liberdade, uma vez expirado o prazo do *sursis*, é *declaratória*. Entretanto, a finalização do benefício não escapa da polêmica, pois é possível descobrir uma causa de revogação após o término do prazo. Seria possível revogar o *sursis*? Existem *duas posições*: a) aceitando a possibilidade de revogação, mesmo depois de findo o prazo, mormente quando ocorrerem hipóteses de revogação *obrigatória*; b) negando essa possibilidade, pois a lei, e não o juiz, considera extinta a pena, de modo que, sem a revogação feita no prazo, não há mais fundamento para fazê-la a destempo. Cremos deva haver conciliação. O Código Penal Militar considera prorrogado o período de prova, automaticamente, quando o condenado está respondendo por outro crime ou contravenção (art. 86, § 2.º), de modo que, nessa hipótese, havendo condenação, é natural poder o juiz revogar o *sursis*, porque não está findo o período de prova – foi ele prorrogado. Entretanto, se outras hipóteses acontecerem (frustração do pagamento da reparação de dano; descumprimento das condições), sendo descobertas depois de expirado o prazo, não pode o juiz revogar a suspensão condicional da pena – o prazo não foi automaticamente prorrogado. O art. 87, nesse prisma, é cristalino: "fica extinta a pena", se não tiver havido revogação dentro do prazo. Na jurisprudência: STM: "I. Existência de instauração de processo criminal em desfavor do sursitário durante o período de prova. Vista ao representante do MPM que quedou silente. Em segundo momento, o *Parquet* Castrense, de forma extemporânea, postulou a prorrogação do benefício. II. A autonomia e a independência funcional dos representantes do Ministério Público Militar são garantias constitucionais e devem ser respeitadas. No entanto, a atuação de diferentes Órgãos Ministeriais dentro de um mesmo processo requer a observância aos prazos previstos em lei. III. A segunda manifestação do MPM foi atemporal. O período da suspensão condicional da pena já estava encerrado, indo de encontro ao previsto no art. 87 do CPM. IV. No momento oportunizado, não havendo qualquer pedido, opera-se a preclusão lógica e consumativa, justamente por ter havido a prática de um ato processual anterior, por outro representante, ainda no prazo do período de prova. Pensar em outro sentido, seria infringir o princípio constitucional da ampla defesa, deixando o sentenciado vulnerabilizado à mercê de vistas sucessivas ao *Parquet* Castrense. V. Decisão proferida pelo Juiz Federal da Justiça Militar, responsável pela Execução, de decretação da extinção da pena. O art. 87 do CPM traz uma redação clara e concisa no sentido de que, uma vez expirado o prazo sem que tenha sido revogada a suspensão, a pena privativa de liberdade fica extinta. VI. Manutenção da decisão proferida em reverência aos princípios constitucionais da ampla defesa e do contraditório. VII. Negado provimento ao recurso" (Recurso em Sentido Estrito n.º 7000338-95.2019.7.00.0000, rel. José Barroso Filho, 03.09.2019, maioria); "Uma vez cumprido o período de prova sem que o *sursis* tenha sido revogado, a situação do sentenciado se torna imutável, em face do direito público subjetivo que lhe assiste de ver declarada a extinção da punibilidade. Não é mera expectativa de direito, mas algo consumado que demanda pronto reconhecimento do Poder Judiciário. Eventuais requerimentos do MPM com o fito de esclarecer a situação do militar junto à Força, em momento posterior ao fim do período de prova, configuram medidas inócuas, ante os efeitos jurídicos inarredáveis do art. 87 do CPM. Recurso desprovido" (Recurso em Sentido Estrito n.º 7000099-91.2019.7.00.0000, rel. Francisco Joseli Parente Camelo, 28.05.2019, v.u.).

Não aplicação da suspensão condicional da pena

> **Art. 88.** A suspensão condicional da pena não se aplica:[380]
>
> I – ao condenado por crime cometido em tempo de guerra;
>
> II – em tempo de paz:
>
> *a)* por crime contra a segurança nacional, de aliciação e incitamento, de violência contra superior, oficial de dia, de serviço ou de quarto, sentinela, vigia ou plantão, de desrespeito a superior, de insubordinação, ou de deserção;
>
> *b)* pelos crimes previstos nos arts. 160, 161, 162, 235, 291 e seu parágrafo único, ns. I a IV.

380. Vedação ao *sursis*: o disposto pelo art. 88 é coerente com o rigor exigido da vida militar. De fato, seria ilógica a concessão da suspensão condicional da pena para condenações por crimes em tempo de guerra. Dispensa maiores comentários. Quanto ao tempo de paz, veda-se o *sursis* para delitos particularmente graves no contexto do serviço militar, algo compreensível. A única parte com a qual não se pode concordar diz respeito aos crimes contra a segurança nacional, previstos atualmente na Lei 7.170/83 e julgados pela Justiça comum (Federal). Logo, estão fora da alçada militar, de modo que não mais se aplica a proibição da suspensão condicional da pena. Na jurisprudência: STF: "A jurisprudência no Supremo Tribunal Federal é firme no sentido de que não existe conflito entre o art. 88, II, *a*, do Código Penal Militar e a Constituição Federal. Precedentes: ARE 758.084, Rel. Min. Gilmar Mendes; ARE 646.091, Rel. Min. Luiz Fux; AI 778.604, Rel. Min. Ricardo Lewandowski; HC 76.411, Rel. Min. Nelson Jobim; e HC 79.824, Rel. Min. Maurício Corrêa" (ARE 674.822-AgR-RJ, 1.ª T., rel. Roberto Barroso, 08.10.2013, v.u.). STM: "O Superior Tribunal Militar já pacificou posicionamento de que a vedação legal da suspensão condicional da pena nos casos previstos no art. 88, inciso II, 'a', do CPM, e no art. 617, II, 'a', do Código de Processo Penal Militar

Art. 88

(CPPM), não afronta o texto constitucional" (*Habeas Corpus* n.º 7000205-19.2020.7.00.0000, rel. Péricles Aurélio Lima de Queiroz, 14.05.2020, v.u.); "O artigo 88, inciso II, alínea 'a', do Código Penal Militar, que veda a concessão do benefício do *sursis* aos apenados no delito de deserção, foi recepcionado pela Constituição Federal de 1988, consoante entendimento do Supremo Tribunal Federal. A consumação do delito tipificado no art. 187 do Código Penal Militar, mesmo em tempo de paz, representa uma grave ameaça à ordem e ao dever militar e, por via de consequência, afeta os Princípios da hierarquia e da disciplina, não sendo possível a flexibilização desses Postulados, sob pena de tornar inviável o serviço militar obrigatório. Negado provimento ao Apelo defensivo. Unanimidade" (Ap. 7000078-52.2018.7.00.0000, rel. Cleonilson Nicácio Silva, j. 10.05.2018).

Capítulo IV
Do livramento condicional[381-383]

381. Conceito de livramento condicional e aspectos históricos: trata-se de um instituto de política criminal, destinado a permitir a redução do tempo de prisão com a concessão antecipada e provisória da liberdade do condenado, quando é cumprida pena privativa de liberdade, mediante o preenchimento de determinados requisitos e a aceitação de certas condições. Data da França a origem histórica do livramento condicional, instituído pelo juiz Benneville, com o nome de "liberação preparatória" (1846). Ensina Frederico Marques, citando Roberto Lyra, ser o livramento a última etapa do sistema penitenciário progressivo, tendo sido idealizado na França e praticado, sobretudo, na Inglaterra, propagando-se por toda a Europa, em especial na Alemanha e na Suíça. No direito brasileiro, iniciou sua trajetória no Código Penal de 1890 (arts. 50 a 52), regulamentado pelos Decretos 16.665, de 6 de novembro de 1924, e 4.577, de 5 de setembro de 1922 (*Tratado de direito penal*, v. 3). Convém citar parte da Exposição de Motivos do Código de 1940, ainda atual para a matéria: "O livramento condicional é restituído à sua verdadeira função. Faz ele parte de um sistema penitenciário (*sistema progressivo)* que é incompatível com as penas de curta duração. Não se trata de um benefício que se concede por simples espírito de generosidade, mas de uma medida *finalística*, entrosada, num plano de política criminal. O Decreto 24.351, de 6 de junho de 1934, tornando possível a concessão do livramento condicional aos 'condenados por uma ou mais penas de mais de um ano', cedeu a razões de *equidade,* mas, é força reconhecê-lo, desatendeu à verdadeira finalidade desse instituto. É esta a última etapa de um gradativo processo de reforma do criminoso. Pressupõe um indivíduo que se revelou *desajustado* à vida em sociedade, de modo que a pena imposta, além do seu caráter *aflitivo* (ou *retributivo*), deve ter o fim de *corrigir*, de *readaptar* o condenado. Como derradeiro período de execução da pena pelo *sistema progressivo,* o livramento condicional é a antecipação de liberdade ao sentenciado, a título precário, a fim de que se possa averiguar como ele se vai portar em contato, de novo, com o meio social. *Esse período de experiência* tem de ser relativamente longo sob pena de resultar ilusório".

382. Natureza jurídica: é medida penal restritiva da liberdade de locomoção, que se constitui num benefício ao condenado e, portanto, faz parte de seu direito subjetivo, integrando um estágio do cumprimento da pena. Não se trata de um incidente da execução, porque a própria Lei de Execução Penal não o considerou como tal (vide Título VII – Dos Incidentes de Execução: Das conversões, Do excesso ou desvio, Da anistia e do indulto). Opiniões não destoantes: Hungria também o vê como um direito do sentenciado – logo, é um benefício; Silva Franco diz não ser incidente da execução, apesar de, na forma, ser um benefício e, no conteúdo, medida penal com características e propriedades típicas, sendo providência de política criminal (antecipação da liberdade) e medida penal alternativa da privação da liberdade; Reale Júnior, Dotti, Andreucci e Pitombo esclarecem ser uma medida penal restritiva de liberdade, vale dizer, uma forma de expiar a pena de reclusão ou de detenção em meio livre – ainda assim, um benefício; Mirabete e Noronha ensinam que é concessão antecipada da liberdade mediante determinados pressupostos e condições – portanto, um benefício; e Frederico Marques sustenta tratar-se de um direito público subjetivo de liberdade penal que a lei concede ao condenado.

383. Duração do livramento: é o tempo restante da pena privativa de liberdade a ser cumprida. Exemplo: condenado a 12 anos de reclusão, o sentenciado obtém livramento condicional ao atingir 5 anos de cumprimento da pena. O tempo do benefício será de 7 anos.

Requisitos

> **Art. 89.** O condenado a pena de reclusão ou de detenção por tempo igual ou superior a 2 (dois) anos[384] pode ser liberado condicionalmente, desde que:
>
> I – tenha cumprido:[385-386]
>
> *a)* 1/2 (metade) da pena, se primário;
>
> *b)* 2/3 (dois terços), se reincidente;
>
> II – tenha reparado, salvo impossibilidade de fazê-lo, o dano causado pelo crime;[387]
>
> III – sua boa conduta durante a execução da pena,[388] sua adaptação ao trabalho[389] e às circunstâncias atinentes a sua personalidade, ao meio social e à sua vida pregressa[390] permitem supor que não voltará a delinquir.

Penas em concurso de infrações

> § 1.º No caso de condenação por infrações penais em concurso, deve ter-se em conta a pena unificada.[391]

Condenação de menor de 21 ou maior de 70 anos

> § 2.º Se o condenado é primário e menor de 21 (vinte e um) ou maior de 70 (setenta) anos, o tempo de cumprimento da pena pode ser reduzido a 1/3 (um terço).[392]

384. Requisito objetivo da quantidade de pena fixada na sentença: exige-se que seja igual ou superior a 2 anos. Afinal, penas inferiores a dois anos, que não tenham merecido o *sursis*, também não fazem jus ao livramento. Na jurisprudência: TJMMG: "Agravo em execução penal – livramento condicional – pena de detenção por período inferior a dois anos – requisito objetivo não cumprido – não concessão do benefício – art. 83 do código penal brasileiro e art. 89 do código penal militar – provimento negado" (AE 0002310-33.2015.9.13.0001, 1.ª C., rel. Osmar Duarte Marcelino, j. 10.05.2016).

385. Requisito objetivo do tempo de pena cumprida: o Código Penal Militar, cuidando-se de livramento condicional, é mais rigoroso que a legislação penal comum, prevendo o cumprimento de metade da pena (primário) e dois terços (reincidente) para que o benefício seja concedido. Entretanto, vale ressaltar ter o livramento condicional perdido a sua importância,

Art. 90

Código Penal Militar Comentado • Nucci

pois a progressão de regime é muito mais favorável. A cada um sexto, o condenado progride. Portanto, depois de um terço já pode atingir o regime aberto.

386. Falta grave e requisito objetivo do tempo: a ocorrência de falta grave, diversamente do que ocorre com a progressão de regime, não interrompe o prazo para a obtenção do livramento condicional. Inexiste previsão legal para tanto. Por óbvio, poderá o juiz analisar o contexto da falta grave no tocante ao requisito subjetivo, concernente ao comportamento satisfatório durante o cumprimento da pena.

387. Requisito objetivo da reparação do dano: é preciso que o sentenciado tenha reparado o prejuízo causado à vítima, salvo a efetiva demonstração de que não pôde fazê-lo, em face de sua precária situação econômica. Há muitos condenados que, pelo próprio exame realizado pela Comissão Técnica de Classificação e por serem defendidos pela Defensoria Pública, são evidentemente pessoas pobres, de modo que fica dispensada a prova de reparação do dano. Leva-se, também, em conta o desaparecimento da vítima ou seu desinteresse pelo ressarcimento.

388. Bom comportamento carcerário: o sentenciado deve apresentar um comportamento acima do razoável, sem registro de faltas graves, ao menos recentes. Não deve o magistrado levar em consideração a gravidade do crime cometido, nem as condições pessoais do réu, por ocasião do delito; afinal, elas já foram consideradas para a fixação da pena.

389. Adaptação ao trabalho: em primeiro plano, deve-se ressaltar que o trabalho do preso é obrigatório, durante o cumprimento da pena – em regime fechado, semiaberto ou aberto; se o condenado não trabalhar, comete falta grave. Na legislação penal comum, exige-se *bom desempenho no trabalho*, enquanto no Código Penal Militar a situação é mais amena: *adaptação ao trabalho*. Noutros termos, deve o sentenciado apenas exercer a atividade que lhe foi destinada, mesmo sem desempenho acima da média.

390. Condições e circunstâncias pessoais e prognose: os elementos *personalidade*, *meio social* e *vida pregressa* representam fatores de ordem individual já avaliados por ocasião da fixação da pena, de modo que não mais deveriam vir à tona durante a execução. Nesse ponto, o Código Penal Militar equivocou-se, demandando uma prognose – suposição de atuação do agente no futuro – lastreada em fatos do passado. Melhor atuou a legislação penal comum ao mencionar, de maneira ampla, deva o juiz analisar as condições pessoais do condenado, buscando vislumbrar se ele tornará a delinquir. Tais condições ligam-se ao cumprimento da pena e, atualmente, dependem da realização de exame criminológico.

391. Concurso de crimes: para verificar o requisito objetivo relativo à condenação à pena de dois ou mais anos, pode-se levar em conta a pena unificada.

392. Primário e menor de 21 ou maior de 70 anos: não há dispositivo similar na legislação penal comum, prevendo a diminuição do tempo de prisão para a concessão do livramento condicional, embora os prazos sejam menores como regra (1/3 para primários; ½ para reincidentes).

Especificação das condições

> **Art. 90.** A sentença deve especificar as condições a que fica subordinado o livramento.[393]

393. Condições obrigatórias: conforme previsão do art. 626 do CPPM: "a) tomar ocupação, dentro de prazo razoável, se for apto para o trabalho; b) não se ausentar do território da jurisdição do juiz, sem prévia autorização; c) não portar armas ofensivas ou instrumentos capazes de ofender; d) não frequentar casas de bebidas alcoólicas ou de tavolagem; e) não mudar de habitação, sem aviso prévio à autoridade competente". Dentre elas, consta a proibição de frequentar bares – condição existente também na legislação penal comum –, representando situação de mínima produtividade, até porque é praticamente impossível fiscalizar. Outro ponto a ser observado é que todas as condições deveriam estar previstas no Código Penal Militar e não no Processo Penal, pois se cuida de cenário integrante do instituto do livramento condicional, de direito material.

Preliminares da concessão

> **Art. 91.** O livramento somente se concede mediante parecer do Conselho Penitenciário,[394] ouvidos o diretor do estabelecimento em que está ou tenha estado o liberando e o representante do Ministério Público da Justiça Militar; e, se imposta medida de segurança detentiva, após perícia conclusiva da não periculosidade do liberando.

394. Parecer do Conselho Penitenciário: segundo o art. 131 da Lei de Execução Penal, é indispensável o parecer do Conselho Penitenciário. Entretanto, o juiz não fica vinculado ao referido parecer, nem à opinião do Ministério Público, podendo decidir de acordo com seu livre convencimento. O mais importante, nesse contexto, é a avaliação da Comissão Técnica de Classificação (ou a produção do exame criminológico), nos casos de crimes violentos, porque se trata da visualização real do comportamento do condenado durante a execução da pena. O magistrado não acompanha o preso no seu cotidiano, de modo que está impossibilitado de desmentir o parecer da mencionada Comissão, a não ser que possua elementos concretos, o que é bastante difícil.

Observação cautelar e proteção do liberado

> **Art. 92.** O liberado fica sob observação cautelar e proteção realizadas por patronato[395] oficial ou particular, dirigido aquele e inspecionado este pelo Conselho Penitenciário. Na falta de patronato, o liberado fica sob observação cautelar realizada por serviço social penitenciário ou órgão similar.

395. Patronato: é órgão público ou privado de assistência ao albergado (condenado em regime aberto) e ao egresso (aquele que deixa o presídio, pelo prazo de um ano, bem como o que se encontra em livramento condicional), composto por membros da comunidade. Tem uma função fiscalizadora e social. Não lida com presos, mas com condenados soltos. Pode orientar o sentenciado a bem desempenhar a pena restritiva de direitos que lhe foi imposta, em especial a prestação de serviços à comunidade e a limitação de fim de semana, sobre as quais possui, igualmente, a tarefa de fiscalização. Pode colaborar na fiscalização do cumprimento das condições impostas para o gozo de *sursis* (muitas vezes, é a prestação de serviços à comunidade e a limitação de fim de semana) e do livramento condicional. Não deixa de ser a participação ativa da sociedade no cumprimento da pena do condenado. Suas atribuições estão enumeradas no art. 79 da Lei de Execução Penal.

Art. 93

Código Penal Militar Comentado • NUCCI

Revogação obrigatória[396]

> **Art. 93.** Revoga-se o livramento,[397] se o liberado vem a ser condenado, em sentença irrecorrível, a pena privativa de liberdade:
>
> I – por infração penal cometida durante a vigência do benefício;[398-399]
>
> II – por infração penal anterior, salvo se, tendo de ser unificadas as penas, não fica prejudicado o requisito do art. 89, I, letra *a*.[400]

Revogação facultativa

> § 1.º O juiz pode, também, revogar o livramento se o liberado deixa de cumprir qualquer das obrigações[401] constantes da sentença ou é irrecorrivelmente condenado, por motivo de contravenção, a pena que não seja privativa de liberdade;[402] ou, se militar, sofre penalidade por transgressão disciplinar considerada grave.[403]

Infração sujeita à jurisdição penal comum

> § 2.º Para os efeitos da revogação obrigatória, são tomadas, também, em consideração, nos termos dos ns. I e II deste artigo, as infrações sujeitas à jurisdição penal comum; e, igualmente, a contravenção compreendida no § 1º, se assim, com prudente arbítrio, o entender o juiz.[404]

396. Revogabilidade do livramento condicional: é da sua própria essência poder ser revogado a qualquer tempo, tendo em vista cuidar-se de uma antecipação da liberdade, submetida a rigorosos requisitos para sua manutenção. Aníbal Bruno, nesse contexto, ensina que "o livramento condicional é um ensaio de libertação em que se põe à prova a capacidade do condenado para a reintegração na vida livre sem perigo para a ordem de Direito. Assim, é por sua própria natureza revogável" (*Das penas*, p. 200).

397. Prévia oportunidade de defesa: para a revogação, é sempre indispensável ouvir, antes, o liberado, permitindo-lhe o direito de defesa. O ideal é permitir a manifestação da defesa técnica (defensor do sentenciado) e da autodefesa.

398. Condenação por infração penal cometida durante o curso do livramento: o juiz pode ordenar a prisão cautelar imediata do liberado, suspendendo o livramento, ouvidos o Ministério Público e o Conselho Penitenciário, até final decisão da Justiça quanto à infração cometida. A revogação somente ocorrerá em caso de condenação irrecorrível (art. 145, LEP). Na jurisprudência: TJMMG: "Agravo em execução – revogação do livramento condicional – prisão em flagrante do reeducando pela prática de novo crime no curso do benefício – aplicação do princípio da presunção de inocência – dispositivos da LEP, do Código Penal comum e do Código Penal Militar com redação semelhante – previsão da revogação somente com sentença penal irrecorrível – reforma da decisão, com ressalva da aplicação do art. 95 do CPM – liminar ratificada, recurso provido" (AE 0002310-33.2015.9.13.0001, 2.ª C., rel. Jadir Silva, j. 11.12.2014). Registre-se o seguinte: a) o liberado comete uma infração penal durante o prazo do livramento; o juiz toma conhecimento e determina o seu recolhimento *cautelar*; nesse caso, não se decreta extinta a pena enquanto não passar em julgado a sentença que deu causa à suspensão (art. 89, CP); b) o liberado comete uma infração penal durante o período do livramento e o juiz da execução, tomando conhecimento, não determina o seu recolhimento *cautelar*; caso ultrapasse o período do livramento, sem revogação, porque se aguarda o trânsito em julgado de decisão condenatória, segue-se o *caput* do art. 95, considerando-se extinta a pena. Essas alternativas têm sido seguidas pelos Tribunais Superiores.

399. Decisão da revogação do livramento, em decorrência de condenação, prescinde de fundamentação: em razão de expressa previsão legal, não há necessidade de o magistrado motivar sua decisão. Conferir: STJ: "Sobrevindo condenação irrecorrível à pena privativa de liberdade por crime cometido anteriormente à concessão do livramento condicional, impõe-se a revogação do benefício, por imperativo legal, nos termos do disposto no inciso II do art. 86 do Código Penal. Logo, por se tratar de revogação obrigatória, não carece de fundamentação a decisão do Juízo das Execuções que, embora sucinta, revoga o benefício fazendo alusão ao dispositivo legal" (RHC 8.897-SP, 5.ª T., rel. José Arnaldo da Fonseca, 07.10.1999, v.u., *DJ* 08.11.1999, p. 80).

400. Condenação definitiva por infração penal anterior ao livramento: nesse caso, a revogação somente se dará se a pena recebida, somada àquela que permitiu o livramento, torne incompatível o gozo da antecipação da liberdade. Ex.: o réu, condenado a 10 anos, tendo cumprido 4 anos, obtém livramento condicional. Posteriormente, faltando ainda 6 anos, é condenado a 15, por outro crime, cometido antes do benefício. Sua pena total é de 25 anos, de modo que se torna incompatível receber livramento condicional tendo cumprido somente 4 anos, ou seja, menos de 1/5 da pena.

401. Falta de cumprimento das obrigações fixadas: o juiz pode revogar o benefício, devendo, sempre que for possível, além de ouvir antes o liberado, fazer nova advertência, reiterando-lhe as condições estabelecidas ou até mesmo agravando tais condições (art. 140, parágrafo único, LEP).

402. Condenação por contravenção a pena não privativa de liberdade: geralmente, trata-se de multa ou restrição a direitos. Nessa hipótese, no entanto, deve prevalecer o prudente critério do juiz, pois uma condenação por contravenção penal, cometida durante o prazo do livramento, pode ser grave, permitindo a revogação ou não. Lembre-se que, para haver coerência com o art. 93, I (causas de revogação obrigatória), é preciso que a contravenção, de onde se originou a pena restritiva de direitos ou multa, deve ser praticada durante a vigência do livramento.

403. Transgressão disciplinar: para o militar, caso sofra alguma penalidade de ordem administrativa, há fundamento para a revogação do livramento condicional. Afinal, a rigorosa disciplina militar assim determina. Parece-nos, no entanto, deva a falta ser cometida *durante* o gozo do livramento condicional.

404. Infrações penais comuns: deixa claro este parágrafo que, para fins de revogação do livramento, não somente os crimes militares são levados em consideração, mas também os comuns. Parece-nos lógica essa previsão, levando-se em conta o rigor da vida militar.

Efeitos da revogação

Art. 94. Revogado o livramento, não pode ser novamente concedido e, salvo quando a revogação resulta de condenação por infração penal anterior

Art. 95

Código Penal Militar Comentado • Nucci

> ao benefício, não se desconta na pena o tempo em que esteve solto o condenado.[405]

405. Efeitos da revogação: são os seguintes: a) réu condenado por crime ou contravenção cometido anteriormente à concessão do livramento condicional, cujo montante da pena não permita que continue em liberdade, pode obter novo livramento, e o período em que esteve no gozo do benefício é computado como cumprimento de pena; b) réu condenado por crime ou contravenção cometido durante a vigência do livramento não pode obter novo livramento, e o tempo em que ficou em liberdade é desprezado para fins de cumprimento de pena. Em tese, poderá obter livramento condicional na segunda condenação; c) réu perde o benefício do livramento porque descumpriu as condições impostas ou foi condenado por contravenção a pena de multa ou restritiva de direitos durante o prazo do livramento: não pode mais obter livramento quanto a esta pena e não se computa o tempo em que esteve solto como cumprimento da pena.

Extinção da pena

> **Art. 95.** Se, até o seu termo, o livramento não é revogado, considera-se extinta a pena privativa de liberdade.[406]
>
> **Parágrafo único.** Enquanto não passa em julgado a sentença em processo, a que responde o liberado por infração penal cometida na vigência do livramento, deve o juiz abster-se de declarar a extinção da pena.[407]

406. Natureza da decisão que considera extinta a pena: é declaratória, pois a própria lei estabelece que, findo o livramento, sem revogação, "considera-se extinta a pena". Lembre-se que, caso o condenado esteja respondendo por novo delito, cometido durante o prazo do livramento, está automaticamente prorrogado o seu término (parágrafo único deste artigo). Por outro lado, se as condições não forem cumpridas pelo condenado, é preciso revogar o benefício antes do seu término, ou não se poderá mais fazê-lo quando chegar ao término do período. Na jurisprudência: TJMSP: "Livramento condicional. Extinção da pena privativa de liberdade. Declara-se extinta a pena privativa de liberdade se antes de encerrado o período de prova não for noticiado pelos órgãos fiscalizadores o descumprimento das condições do livramento condicional" (AE 000414/2009, 1.ª C., rel. Paulo Adib Cassab, j. 08.09.2009). Conferir, ainda, a Súmula 617 do STJ que dispõe: "A ausência de suspensão ou revogação do livramento condicional antes do término do período de prova enseja a extinção da punibilidade pelo integral cumprimento da pena".

407. Prorrogação automática do prazo do livramento: quando o condenado estiver respondendo a processo por infração penal cometida durante a vigência do benefício, prorroga-se automaticamente o período a fim de se constatar se não era o caso de revogação obrigatória (art. 93, I, CPM). Sendo condenado definitivamente, o livramento será revogado com as consequências fixadas no art. 94.

Não aplicação do livramento condicional

> **Art. 96.** O livramento condicional não se aplica ao condenado por crime cometido em tempo de guerra.[408]

408. Vedação ao livramento: em tempo de guerra, havendo o cometimento de crime, de fato, não tem cabimento a aplicação desse benefício, diante da excepcionalidade da situação.

Casos especiais do livramento condicional

> **Art. 97.** Em tempo de paz, o livramento condicional por crime contra a segurança externa do país, ou de revolta, motim, aliciação e incitamento, violência contra superior ou militar de serviço, só será concedido após o cumprimento de 2/3 (dois terços) da pena, observado ainda o disposto no art. 89, preâmbulo, seus números II e III e §§ 1.º e 2.º.[409]

409. Prazo diferenciado: em virtude da particular gravidade dos delitos enumerados neste artigo, seguindo-se a mesma linha dos crimes hediondos e equiparados, eleva-se o tempo para a obtenção do benefício do livramento condicional.

Capítulo V
Das penas acessórias[410]

410. Conceito e natureza jurídica das penas acessórias: são os efeitos secundários ou acessórios da sentença. Como ensina Frederico Marques, "ao lado dos efeitos que a condenação produz como ato jurídico, consequências dela derivam como fato ou acontecimento jurídico. A sentença condenatória, de par com seus efeitos principais, tem o que alguns denominam efeitos 'reflexos e acessórios', ou efeitos indiretos, que são consequência dos efeitos principais, ou efeitos da sentença como fato jurídico". O efeito principal da sentença condenatória é fixar a pena. Outros efeitos podem daí advir: são os secundários, que podem ou não ser confundidos com as antigas *penas acessórias*, extintas por ocasião da Reforma Penal de 1984 no Código Penal comum. Entretanto, é indiscutível que alguns dos chamados "efeitos da condenação" – especialmente os do art. 92 do Código Penal comum – ganharam ares de penas acessórias *camufladas*. Dessa opinião comunga Jair Leonardo Lopes (*Curso de direito penal*, p. 249). As extintas penas acessórias – definidas pela doutrina como "sanção especial, de natureza complementar, expressiva de restrições impostas à capacidade jurídica do condenado" (cf. Bento de Faria, citado por Frederico Marques, *Tratado de direito penal*, v. 3) – eram as seguintes: "perda de função pública, eletiva ou de nomeação", "interdições de direitos" e "publicação da sentença" (art. 67 do Código Penal de 1940). Dentre as interdições de direitos estava a "incapacidade para o exercício do pátrio poder, tutela ou curatela". Ora, quem conferir a relação dos efeitos da condenação prevista no art. 92 do Código Penal atual pode notar, com clareza meridiana, que lá estão as antigas "penas acessórias", agora com o nome de "efeitos da condenação". Dir-se-ia que as penas acessórias diferem dos efeitos da condenação porque estes, ao menos no caso do art. 92, são facultativos. Ocorre que as penas acessórias, segundo vários julgados do STF da época, também não decorriam automaticamente da sentença condenatória, merecendo ser impostas e fundamentadas pelos magistrados. Outros poderiam dizer que a diferença concentra-se no fato de as penas acessórias dependerem das principais e sua aplicação estar jungida à graduação que a sentença tenha dado à pena privativa de liberdade. Assim também muitos dos efeitos da condenação (vide, no art. 92, o inciso I, *a* e *b*, que trata do *quantum* da pena, bem como o inciso II, que menciona o tipo de pena privativa de liberdade necessário). As antigas penas acessórias, da legislação penal comum, apenas ganharam mais adequada

Art. 98

denominação jurídica. De fato, os efeitos do art. 92 são, como dizem Reale Júnior, Dotti, Andreucci e Pitombo, "sanções jurídicas, visando a consequências outras que não de caráter penal. Não guardam cunho retributivo. Estão presididos pela finalidade de prevenção, na medida em que inviabilizam a manutenção de situações que propiciam a prática do fato delituoso, assim o desestimulando" (*Penas e medidas de segurança no novo Código*, p. 259). Nesse prisma, é mais apropriado falar em "efeitos da condenação" do que em "penas acessórias", além de se evitar sempre a impressão de estar o Estado conferindo ao condenado duas penalidades pelo mesmo fato – a principal e a acessória –, num abrigo ilógico para o malfadado *bis in idem*. Apesar da alteração da nomenclatura, embora mantidas no sistema penal, não faltam críticos para sua existência. Ensina Jair Leonardo Lopes que elas "não educam, nem corrigem, porque não têm mobilidade na execução; elas não estimulam, porque humilham o condenado no seio da sua família (incapacidade para o exercício do pátrio poder ou da autoridade marital), no seio da sociedade (suspensão dos direitos políticos), no meio do grupo profissional (incapacidade para a profissão ou atividade). Elas acompanham o condenado, silenciosamente, como uma sombra negra, que não o ajuda, que não lhe desperta outro sentimento senão o da própria inferioridade" (tese de concurso, *Da reabilitação no direito penal*, in *Curso de direito penal*, p. 250). No caso do Código Penal Militar, claramente, no art. 98, estabelecem-se *penas acessórias*, que são complementos da condenação principal, nem todas recepcionadas pela Constituição de 1988. Seus efeitos são extrapenais, atingindo o âmbito administrativo, civil e político.

Penas acessórias

> **Art. 98.** São penas acessórias:
>
> I – a perda de posto e patente;[411]
>
> II – a indignidade para o oficialato;[412]
>
> III – a incompatibilidade com o oficialato;[413]
>
> IV – a exclusão das forças armadas;[414]
>
> V – a perda da função pública, ainda que eletiva;[415]
>
> VI – a inabilitação para o exercício de função pública;[416]
>
> VII – a incapacidade para o exercício do poder familiar, da tutela ou da curatela, quando tal medida for determinante para salvaguardar os interesses do filho, do tutelado ou do curatelado;[417]
>
> VIII – a suspensão dos direitos políticos.[418]

Função pública equiparada

> **Parágrafo único.** Equipara-se à função pública a que é exercida em empresa pública, autarquia, sociedade de economia mista, ou sociedade de que participe a União, o Estado ou o Município como acionista majoritário.

411. Perda de posto e patente como pena acessória: não recepcionada pela Constituição Federal de 1988. Dispõe o art. 142, § 3.º, VI: "o oficial só perderá o posto e a patente se for julgado indigno do oficialato ou com ele incompatível, por decisão de tribunal militar de caráter permanente, em tempo de paz, ou de tribunal especial, em tempo de guerra". Na sequência, o inciso VII: "o oficial condenado na justiça comum ou militar a pena privativa de liberdade superior a dois anos, por sentença transitada em julgado, será submetido ao julgamento previsto no inciso anterior". Desse modo, cabe sempre ao tribunal militar a decisão acerca da perda de posto ou patente. No caso de oficial das Forças Armadas é o Superior Tribunal Militar. Os oficiais da Polícia Militar e Bombeiros devem ser julgados pelo Tribunal de Justiça Militar, quanto houver, ou pelo Tribunal de Justiça do Estado. Este último aspecto vem consolidado pelo art. 125, § 4.º, da Constituição Federal ("cabendo ao tribunal competente decidir sobre a perda do posto e da patente dos oficiais e da graduação das praças"). Quando houver julgamento pelo Tribunal do Júri (homicídio cometido contra civil), segundo nos parece, ainda assim, cabe ao Tribunal de Justiça Militar (ou Tribunal de Justiça), embora o STF tenha decisão no sentido de competir ao próprio Júri tal mister (conforme citação feita por Célio Lobão, Comentários ao Código Penal Militar, p. 272).

412. Indignidade para o oficialato como pena acessória: não recepcionada pela Constituição Federal de 1988. Vide a nota anterior.

413. Incompatibilidade com o oficialato como pena acessória: não recepcionada pela Constituição Federal de 1988. Vide a nota anterior.

414. Exclusão como pena acessória: ver o art. 102.

415. Perda da função como pena acessória: ver o art. 103.

416. Inabilitação para a função como pena acessória: ver o art. 104.

417. Incapacidade para o exercício do poder familiar, da tutela ou da curatela: ver o art. 105.

418. Suspensão dos direitos políticos: ver o art. 106.

Perda de posto e patente

> **Art. 99.** A perda de posto e patente resulta da condenação a pena privativa de liberdade por tempo superior a 2 (dois) anos, por crimes comuns e militares, e importa a perda das condecorações, desde que submetido o oficial ao julgamento previsto no inciso VI do § 3.º do art. 142 da Constituição Federal.[419]

419. Perda de posto ou patente: cabe ao STM essa avaliação no tocante aos oficiais das Forças Armadas. Compete ao Tribunal de Justiça Militar, onde houver, ou ao Tribunal de Justiça comum, quando concernente aos oficiais da Polícia Militar e Bombeiros. O mesmo se aplica aos militares estaduais para a perda da graduação das praças. Com a reforma introduzida pela Lei 14.688/2023, acrescentou-se o disposto pelo art. 142, § 3.º, VI, da Constituição Federal: "o oficial só perderá o posto e a patente se for julgado indigno do oficialato ou com ele incompatível, por decisão de tribunal militar de caráter permanente, em tempo de paz, ou de tribunal especial, em tempo de guerra".

Indignidade para o oficialato

> **Art. 100.** Fica sujeito à declaração de indignidade para o oficialato o militar condenado, qualquer que seja a pena, nos crimes de traição, espionagem ou covardia, ou em qualquer dos definidos nos arts. 161, 235, 240, 242, 243, 244, 245, 251, 252, 303, 304, 311 e 312.[420]

Art. 101

Código Penal Militar Comentado • Nucci

420. Indignidade para o oficialato: esta norma não foi recepcionada pela Constituição Federal de 1988. O texto constitucional leva em conta o *quantum* da pena (mais de dois anos) e não a *qualidade* dos delitos. De todo modo, não seria viável tal declaração como pena acessória. Vide notas acima. Na jurisprudência, admitindo a vigência da norma: TJMMG: "Representação para declaração de indignidade/incompatibilidade – peculato – artigo 303, *caput*, do CPM – condenação à pena privativa de liberdade correspondente a 03 (três) anos e 04 (quatro) meses de reclusão – fato isolado na vida do militar – bons antecedentes e bom conceito funcional – comprovação – cumprimento da reprimenda penal – suficiência para reprovação do dano causado – representação que se julga improcedente. A reprimenda de três anos e quatro meses de reclusão pode ser considerada suficiente para punir o cometimento do crime de peculato, previsto no art. 303, *caput*, do CPM, se o ilícito praticado foi um fato isolado na carreira do representado e se ele possuía bom conceito funcional. – Julgada improcedente a representação do Ministério Público, mantendo-se a graduação do representado, com sua permanência na Polícia Militar de Minas Gerais" (RPG 0002374-80.2014.9.13.0000, T. Pleno, rel. James Ferreira Santos, j. 04.03.2015).

Incompatibilidade com o oficialato

> **Art. 101.** Fica sujeito à declaração de incompatibilidade com o oficialato o militar condenado nos crimes dos arts. 141 e 142.[421]

421. Incompatibilidade com o oficialato: nos crimes contra a segurança externa do Brasil (arts. 141 e 142, CPM), tal declaração de incompatibilidade deve ser proferida pelo STM, no tocante aos oficiais das Forças Armadas; pelo Tribunal de Justiça Militar, onde houver, ou Tribunal de Justiça, aos oficiais da Polícia Militar e Bombeiros. Na jurisprudência, acolhendo esta possibilidade: STM: "I – O fato da pena privativa de liberdade imposta ter sido substituída por restritiva de direitos não afasta o requisito da condenação à reprimenda constritiva de liberdade para a submissão do Oficial à Ação de Representação para Declaração de Indignidade ou Incompatibilidade com o posto. Isso porque a sanção condenatória para todos os efeitos foi de natureza corporal e apenas teve abrandada sua forma de efetiva execução, no entanto, em caso de descumprimento injustificado, será restabelecida a medida anterior. II – A Representação pela Declaração da perda do posto e da patente subdivide-se em duas modalidades, a saber: i) por atos de indignidade e ii) por atos de incompatibilidade. Além de expressamente constarem as duas espécies de condutas na Constituição Federal e no Estatuto dos Militares, também o Código Penal Militar as positivou em artigos distintos ao tratar das *penas acessórias*. Deontologicamente, incompatível é o inconciliável com o oficialato. Indigno é o baixo, torpe, sórdido, não merecedor da condição de oficial. III – Fixando o entendimento sobre as espécies de Representação, verifica-se que no caso não se trata de conduta incompatível para com o oficialato, além de não estar prevista no rol do art. 101 do Código Penal Militar, o fato do Representado ter sido condenado por disparo de arma de fogo em local habitado ou via pública não desarmoniza com os requisitos de disciplina, liderança e cumprimento do dever militar, comprometendo irremediavelmente o seu desempenho profissional. O que, per si, exclui a incompatibilidade. IV – Ao praticar o delito em comento, indubitavelmente, o militar infringiu a lei penal comum, no entanto não atingiu os princípios como os da ética, da moralidade e da probidade castrense. Não reverberando a conduta como indigna. Manteve incólume, pois, seu dever funcional e seu compromisso moral para com a Pátria. Conservando-se intacta a independência das instâncias penal e ético-administrativa, a Representação deve ser julgada improcedente. V

– Decisão unânime" (RESE 0000133-59.2017.7.00.0000, T. Pleno, rel. Péricles Aurélio Lima de Queiroz, j. 18.12.2017).

Exclusão das forças armadas

> **Art. 102.** A condenação da praça a pena privativa de liberdade, por tempo superior a 2 (dois) anos, importa sua exclusão das forças armadas.[422]

422. Exclusão das Forças Armadas: esta pena acessória (ou efeito da condenação) continua válida para as praças das Forças Armadas. Não é automática, devendo ser expressamente imposta na decisão condenatória e devidamente fundamentada. No tocante aos militares estaduais, prevalece o disposto no art. 125, § 4.º, da CF, cabendo ao Tribunal de Justiça Militar, onde houver, ou ao Tribunal de Justiça impor a exclusão. Na jurisprudência: STM: "2. A exclusão do militar das fileiras das Forças Armadas, *ex vi* do art. 102 do CPM, prescinde de justificação específica quando a decisão condenatória estiver fundamentada, à luz do art. 93, inciso IX, da Constituição Federal" (Apelação n.º 7000505-15.2019.7.00.0000, rel. Marco Antônio de Farias, 15.10.2019, v.u.); "A autoria delitiva é inferida da própria situação de flagrância em que se deu a apreensão de maconha (*Cannabis sativa Lineu*) no interior do quartel. A materialidade foi comprovada pela constatação, por laudo oficial, da presença do princípio ativo tetrahidrocanabinol (THC), o que impossibilita a pretendida absolvição. A exclusão das Forças Armadas e a reprimenda penal não acarretam violação ao princípio do *no bis in idem*, haja vista a independência das esferas administrativa, penal e civil. Precedentes do STM. A constatação de pequena quantidade da maconha apreendida em poder do acusado não descaracteriza a tipicidade da ação delitiva. É inviável a absolvição com base na tese da insignificância ou da subsidiariedade do Direito Penal, porque a tipicidade da conduta se dessume do desvalor da conduta que atinge, gravemente, bens jurídicos de relevo para a vida militar, e não apenas a saúde do infrator. Precedente da Corte. Apelo defensivo desprovido. Decisão unânime" (Ap. 7000347-91.2018.7.00.0000, T. Pleno, rel. Francisco Joseli Parente Camelo, j. 24.10.2018).

Perda da função pública

> **Art. 103.** Incorre na perda da função pública o civil:[423]
>
> I – condenado a pena privativa de liberdade por crime cometido com abuso de poder ou violação de dever inerente à função pública;
>
> II – condenado, por outro crime, a pena privativa de liberdade por mais de 2 (dois) anos.
>
> **Parágrafo único.** O disposto no artigo aplica-se ao militar da reserva, ou reformado, se estiver no exercício de função pública de qualquer natureza.

423. Perda de função pública: esta pena acessória (ou efeito da condenação) equivale ao previsto no art. 92, I, do Código Penal comum. Aplica-se ao civil, que cometa crime militar, abusando de seus deveres, quando no exercício de função pública em órgão militar. Neste caso, qualquer que seja o montante da pena. Aplica-se, ainda, ao civil que cometa outro crime militar, não envolvendo violação de dever, mas cuja pena supere dois anos. O previsto no parágrafo único é inútil, pois o militar da reserva ou reformado é civil. A perda deve ser expressamente prevista na sentença condenatória e devidamente fundamentada, quando se tratar da primeira

Art. 104

hipótese (art. 103, I). Na jurisprudência: TJMSP: "O processo de representação para perda de graduação se destina a perquirir se o representado, diante da condenação judicial transitada em julgado, deve ou não ter cassada sua graduação. A condenação de policial militar pela prática do crime de concussão torna-o incompatível e indigno de pertencer às fileiras da Polícia Militar. O fato de o representado não possuir antecedentes que o desabonem não tem o condão de elidir a gravidade da prática do crime de concussão. A precedente exoneração a pedido do representado implica a suspensão da decisão que julga procedente a representação para perda da graduação, cabendo à Administração tão somente os respectivos registros" (RPG 001748/2017, T. Pleno, rel. Fernando Pereira, j. 07.11.2018).

Inabilitação para o exercício de função pública

> **Art. 104.** Incorre na inabilitação para o exercício de função pública, pelo prazo de 2 (dois) até 20 (vinte) anos, o condenado a reclusão por mais de 4 (quatro) anos, em virtude de crime praticado com abuso de poder ou violação do dever militar ou inerente à função pública.[424]

Termo inicial

> **Parágrafo único.** O prazo da inabilitação para o exercício de função pública começa ao termo da execução da pena privativa de liberdade ou da medida de segurança imposta em substituição, ou da data em que se extingue a referida pena.

424. Inabilitação para a função pública: constitui pena acessória (ou efeito da condenação), aplicável ao civil, que exerça atividade em repartição militar, desde que a infração cometida se relacione a abuso de poder ou violação de dever. Na realidade, conforme o caso, torna-se relevante aplicar a pena de perda da função, seguida da inabilitação. Justifica-se a gravidade do efeito da condenação imposto, tendo em vista a severidade da pena, que deve ser superior a quatro anos. Há quem sustente a desproporcionalidade do tempo de inabilitação – de dois a vinte anos, embora assim não nos pareça. Considerando que tal efeito é aplicável a penas superiores a quatro anos – somente atingível por delitos realmente graves – a inabilitação é proporcional. Ademais, imaginando-se a fixação da pena de cinco anos, pode-se estabelecer cerca de três anos de inabilitação; aplicando-se pena mais elevada, pode-se aumentar proporcionalmente a inabilitação. Essa pena deve ser expressamente fixada na sentença e devidamente fundamentada.

Incapacidade para o exercício do poder familiar, da tutela ou da curatela

> **Art. 105.** O condenado por cometimento de crime doloso sujeito a pena de reclusão praticado contra outrem igualmente titular do mesmo poder familiar ou contra filho, tutelado ou curatelado poderá, justificadamente e em atendimento ao melhor interesse do menor ou do curatelado, ter decretada a incapacidade para o exercício do poder familiar, da tutela ou da curatela, enquanto durar a execução da pena ou da medida de segurança imposta em substituição nos termos do art. 113 deste Código.[425]

Incapacidade provisória

> **Parágrafo único.** Durante o processo para apuração dos crimes descritos no *caput* deste artigo, poderá o juízo, justificadamente e em atendimento ao melhor interesse do menor ou do curatelado, decretar a incapacidade provisória para o exercício do poder familiar, da tutela ou da curatela

425. Incapacidade para o exercício do poder familiar, da tutela ou da curatela: esta pena acessória (ou efeito da condenação) guarda correspondência com a prevista no art. 92, II, do Código Penal comum. A Lei 14.688/2023 aperfeiçoou a redação deste artigo substituindo o termo *pátrio poder* pelo atual *poder familiar*, de acordo com o Código Civil. Além disso, especificou que a sua aplicação deve jungir-se a crimes *dolosos*, cuja pena é de *reclusão*, além de ter sido cometido contra cônjuge ou companheiro(a), titular do mesmo poder familiar, ou contra filho, tutelado ou curatelado. Antes, a previsão era aberta a qualquer delito e não especificava a vítima. Estabeleceu-se a necessidade de atendimento ao melhor interesse do menor, do curatelado ou do tutelado, enquanto durar a execução da pena ou da medida de segurança. Nota-se que na esfera do Código Penal Militar a incapacidade é de acompanhar a execução da sanção penal, enquanto no Código Penal comum é definitiva. No parágrafo único, prevê a viabilidade de ser decretada a incapacidade provisória do exercício do poder familiar, tutela ou curatela.

Suspensão dos direitos políticos

> **Art. 106.** Durante a execução da pena privativa de liberdade ou da medida de segurança imposta em substituição, ou enquanto perdura a inabilitação para função pública, o condenado não pode votar, nem ser votado.[426]

426. Suspensão dos direitos políticos: acima da lei, encontra-se a previsão constitucional do art. 15, III: "é vedada a cassação de direitos políticos, cuja perda ou suspensão só se dará nos casos de: (...) III – condenação criminal transitada em julgado, enquanto durarem seus efeitos". Portanto, o art. 106 deste Código encontra-se em harmonia com a Constituição Federal.

Imposição de pena acessória

> **Art. 107.** Salvo os casos dos arts. 99, 103, II, e 106, a imposição da pena acessória deve constar expressamente da sentença.[427]

427. Pena acessória automática: as três hipóteses de imposição de pena acessória automaticamente, sem necessidade do julgador explicitá-la na sentença condenatória são as seguintes: a) perda de posto e patente (art. 99), que não mais subsiste como pena acessória, devendo ser declarada por tribunal militar competente para tanto, nos termos da atual Constituição Federal; b) perda da função, por parte do civil, quando a pena atinge patamar superior a dois anos; c) suspensão dos direitos políticos, que, nos termos da CF de 1988, dá-se automaticamente, logo, esta norma está em harmonia com aquele texto.

Art. 108

Código Penal Militar Comentado • Nucci

Tempo computável

> **Art. 108.** Computa-se no prazo das inabilitações temporárias o tempo de liberdade resultante da suspensão condicional da pena ou do livramento condicional, se não sobrevém revogação.[428]

428. Inabilitação e benefícios penais: a norma não apresenta complexidade para a sua compreensão. Enquanto o condenado cumpre *sursis* ou livramento condicional, corre paralelamente o prazo fixado para a inabilitação para o exercício da função pública. Ilustrando, se o juiz fixa o prazo de dois anos para a inabilitação e também dois anos para o *sursis*, terminado este, sem revogação, aquele período já está cumprido.

Capítulo VI
Dos efeitos da condenação[429]

429. Efeitos da condenação: ver a nota explicativa inserida na abertura do Capítulo V – Das penas acessórias.

> **Art. 109.** São efeitos da condenação:

Obrigação de reparar o dano

> I – tornar certa a obrigação de reparar o dano resultante do crime;[430]

Perda em favor da Fazenda Pública

> II – a perda, em favor da Fazenda Pública, ressalvado o direito do lesado ou de terceiro de boa-fé:[431]
>
> *a)* dos instrumentos do crime, desde que consistam em coisas cujo fabrico, alienação, uso, porte ou detenção constitua fato ilícito;
>
> *b)* do produto do crime ou de qualquer bem ou valor que constitua proveito auferido pelo agente com a sua prática.

430. Efeito genérico de tornar certa a obrigação de reparar o dano: trata-se de efeito automático, que não necessita ser expressamente pronunciado pelo juiz na sentença condenatória e destina-se a formar título executivo judicial para a propositura da ação civil *ex delicto*. Vale mencionar o seguinte alerta de Frederico Marques: "Se a sentença penal reconhece que o fato típico não é ilícito em virtude da ocorrência de uma das justificativas do art. 23 do Código Penal, ilicitude também não existe no Direito Civil, e isto em face do próprio artigo do Código Civil, que exclui a antijuridicidade do ato danoso quando há legítima defesa, exercício regular de um direito e o estado de necessidade (art. 160, ns. I, II) [atual art. 188, I e II]. Todavia, apesar de no estado de necessidade o ato agressivo se considerar lícito, eximido não se encontra seu autor de indenizar os prejuízos causados. Vigora aí o princípio, segundo expõe Alceu Cordeiro Fernandes, de que, 'embora lícito o ato, isto é, praticado de conformidade com o direito, cria, não obstante, para o agente a obrigação de indenizar, por isso que causa dano, diminui o patrimônio de outrem'. (...) A aplicação dos arts. 1.519 e 1.520 [atuais arts. 929 e 930] do Código Civil, depois de absolvido criminalmente o acusado em virtude do estado de necessidade, não significa violação do art. 65 do Código de Processo Penal. O juiz civil aceitou, como não poderia deixar de acontecer, o que reconheceu o juiz penal; todavia, mesmo em estado de necessidade, mesmo praticando um ato lícito, o causador do prejuízo deve repará-lo, porque assim o determina o Código Civil" (*Tratado de direito penal*, v. III, p. 377). Nesse caso, a sentença penal faz nascer o título executório, sem mais discussão sobre a culpa (*an debeatur*), restando a análise do valor da indenização (*quantum debeatur*). Após a reforma introduzida pela Lei 11.719/2008, tornou-se possível, também, a fixação, na sentença condenatória, de valor mínimo para a indenização civil em decorrência da prática da infração penal (art. 387, IV, CPP). Sob outro prisma, a sentença absolutória não serve de título executivo, aplicando-se-lhe, entretanto, o disposto nos arts. 64 e 66 do Código de Processo Penal. Quando houver anistia, permanece o dever de indenização na esfera cível. No caso de prescrição da pretensão executória, mantém a sentença a sua força de título executório, o mesmo não ocorrendo com a prescrição da pretensão punitiva. Nesta situação, deve a vítima discutir, no cível, a culpa do réu.

431. Efeito genérico da perda em favor do Estado de bens e valores de origem ilícita: é a hipótese do confisco, também automática, sem necessidade de ser declarada pelo juiz na sentença, largamente utilizada na antiguidade como pena total ou parcial. Nessa época, no entanto, terminava atingindo inocentes, como a família do réu, que perdia bens licitamente adquiridos por força de uma condenação que não deveria passar da pessoa do criminoso. Era medida desumana e injusta, até que, hoje, não mais se admite o confisco atingindo terceiros não participantes do delito (art. 5.º, XLV, CF). Os efeitos da condenação não mais se relacionam com essa modalidade de pena odiosa, porque só afetam instrumentos usados para a prática do delito ou o produto conseguido pela atividade criminosa, nada possuindo de aberrante. Os instrumentos que podem ser confiscados pelo Estado são os ilícitos, vale dizer, aqueles cujo porte, uso, detenção, fabrico ou alienação é vedado. Ex.: armas de uso exclusivo do Exército ou utilizadas sem o devido porte; documentos falsos; máquinas de fabrico de dinheiro etc. Não cabe para instrumentos de uso e porte lícitos: cadeira, automóvel, faca de cozinha etc. Na jurisprudência: STM: "1. Impõe-se a restituição do bem apreendido, não ensejando a perda desse bem em favor da Fazenda Nacional, ainda que arma de fogo, quando o objeto a ser restituído não é produto de fato ilícito e se encontra devidamente registrado, nos termos do Estatuto do Desarmamento. 2. Extinta a punibilidade em razão da prescrição da pretensão punitiva, a condenação do réu não é apta a produzir sequer seus efeitos secundários, como, por exemplo, a perda dos instrumentos do crime em favor da Fazenda Nacional. Recurso conhecido e não provido. Decisão unânime" (RESE 0000234-78.2013.7.01.0301, T. Pleno, rel. Artur Vidigal de Oliveira, j. 18.03.2014). Como exceção, pode-se mencionar o confisco especial previsto na Lei de Drogas, que recai sobre veículos, embarcações, aeronaves e quaisquer outros meios de transporte, assim como os maquinismos, utensílios, instrumentos e objetos de qualquer natureza, utilizados para a prática dos crimes definidos nesta Lei, após a sua regular apreensão. Assim: TRF, 1.ª Região: "Tudo que for utilizado, mormente no cenário dos crimes relativos a substâncias entorpecentes, deve ser confiscado pelo Estado (Nucci)" (ACR 0005299-38.2006.4.01.3700-MA, 4.ª T., rel. Mário César Filho, 11.05.2010, v.u.). A Constituição Federal também menciona o confisco de glebas usadas para a cultura de plantas psicotrópicas, sem pagamento de qualquer tipo de indenização (art. 243). Quanto ao produto do crime, trata-se daquilo que foi diretamente conquistado com a prática delituosa, tais como o dinheiro subtraído do banco ou a coleção de armas retirada de um colecionador. Além do produto, é possível que o delinquente converta em outros bens ou valores o que auferiu por conta do crime, dando

Art. 109

margem ao confisco. Nesse caso, fala-se no proveito do crime. Ex.: o apartamento adquirido com o dinheiro roubado do estabelecimento bancário. O art. 109, II, *a* e *b*, CPM (ou 91, II, *a* e *b*, CP comum) não fala na possibilidade de confisco no caso de contravenção penal, pois utiliza a palavra *crime* (instrumentos do crime e produto do crime), mas a *jurisprudência majoritária* prevê a possibilidade de esse efeito da condenação ser usado no contexto das contravenções penais. Onde está escrito "crime" leia-se "infração penal". Trata-se, de fato, da interpretação mais sintonizada com a finalidade da norma penal.

Título VI
Das medidas de segurança[432]

432. Conceito de medida de segurança: trata-se de uma espécie de sanção penal, com caráter preventivo e curativo, visando evitar que o autor de um fato havido como infração penal, inimputável ou semi-imputável, mostrando periculosidade, torne a cometer outro injusto e receba tratamento adequado. Jair Leonardo Lopes conceitua: "É o meio empregado para a defesa social e o tratamento do indivíduo que comete crime e é considerado inimputável" (*Curso de direito penal*, p. 252). E Frederico Marques ensina: "É providência ditada pela defesa do bem comum e baseada no juízo de periculosidade, que, no tocante aos inimputáveis, substitui o juízo de reprovação consubstanciado na culpabilidade". Em posição análoga ao conceito que fornecemos acima estão os posicionamentos de Pierangeli e Zaffaroni, sustentando ser a medida de segurança uma forma de pena, pois, sempre que se tira a liberdade do homem, por uma conduta por ele praticada, na verdade o que existe é uma pena. Toda privação de liberdade, por mais terapêutica que seja, para quem a sofre não deixa de ter um conteúdo penoso. Assim, pouco importa o nome dado e sim o efeito gerado (*Da tentativa*, p. 29). É a postura majoritária. Para Luiz Vicente Cernicchiaro e Assis Toledo, no entanto, em visão minoritária, a medida de segurança é instituto de caráter "puramente assistencial ou curativo", não sendo nem mesmo necessário que se submeta ao princípio da legalidade e da anterioridade (*Princípios básicos de direito penal*, p. 41). Seria medida pedagógica e terapêutica, ainda que restrinja a liberdade. Essa é a visão moderna da medida de segurança, refratária ao sistema do duplo binário, que prevê a possibilidade de aplicação de pena e medida de segurança para o imputável, quando considerado perigoso. O Código Penal comum, na reforma de 1984, abandonou o duplo binário, adotando o sistema vicariante, que estabelece pena *ou* medida de segurança, sendo aquela para imputáveis e esta para inimputáveis ou semi-imputáveis. Porém, o Código Penal Militar mantém atrelado à medida de segurança como instrumento capaz de funcionar tanto para inimputáveis quanto para imputáveis, neste caso se valendo do duplo binário.

Espécies de medidas de segurança

> **Art. 110.** As medidas de segurança são pessoais ou patrimoniais.[433-433-A]
>
> § 1.º As medidas de segurança pessoais subdividem-se em:
>
> I – detentivas: compreendem a internação em estabelecimento de custódia e tratamento ou em seção especial de estabelecimento penal;[433-B]
>
> II – não detentivas: compreendem o tratamento ambulatorial, a interdição de licença para direção de veículos motorizados, o exílio local e a proibição de frequentar determinados lugares.[433-C]

Art. 111

> § 2.º As medidas de segurança patrimoniais compreendem a interdição de estabelecimento ou sede de sociedade ou associação e o confisco.

433. Espécies de medidas de segurança: no Código Penal Militar, elas são pessoais e patrimoniais. Na legislação penal comum, apenas pessoais. Mesmo assim, no tocante às medidas pessoais, inexistem, no Código Penal comum, as pessoais não detentivas.

433-A. Prescrição das medidas de segurança: a legislação penal não regulou a prescrição no contexto das medidas de segurança. Em tese, pois, nenhuma delas estaria sujeita à prescrição. Porém, os Tribunais Superiores têm determinado algum modo de operar a prescrição quanto à medida de segurança. Quando imposta por tempo indeterminado (embora com o prazo mínimo de um a três anos para o inimputável), considerando-se a prescritibilidade, utiliza-se como parâmetro a pena máxima em abstrato prevista para o delito. Quando imposta em substituição a uma pena (caso do semi-imputável), respeita a pena fixada na sentença. Na jurisprudência: STM: "A prescrição é questão preliminar ao mérito e obsta o exame do próprio litígio penal. As medidas de segurança, espécies de sanção penal, estão sujeitas à prescrição e devem obediência aos ditames do art. 5º, inciso XLVII, alínea 'b', da Constituição Federal, que não admite penas perpétuas. Precedentes do STF. Na condenação de Réu semi-imputável é fixada uma pena em definitivo, que pode ser substituída por medida de segurança caso estejam presentes os requisitos autorizadores. Nesse caso, a prescrição é regulada pelo tempo de pena imposta na sentença e não pelo tempo da medida de segurança. Fere a lógica do sistema penal substituir pena privativa de liberdade já alcançada pela prescrição por medida de segurança. Se ao Estado não mais compete impor uma sanção, não pode recair sobre o indivíduo qualquer outra consequência dela derivada. Inteligência do art. 96 do Código Penal. Precedentes. Agravo Regimental que se rejeita. Unânime" (AR 0000105-47.2013.7.06.0006, T. Pleno, rel. Marcus Vinicius Oliveira dos Santos, j. 24.10.2017).

433-B. Estabelecimento de custódia e tratamento: a Lei 14.688/2023 atualizou a terminologia, retirando o *manicômio judiciário* para incluir o hospital de custódia e tratamento. Em síntese, no entanto, cuida-se de um estabelecimento fechado, não se permitindo que o interno entre e saia quando quiser.

433-C. Tratamento ambulatorial: esta medida foi inserida pela Lei 14.688/2023, tornando-se compatível com o disciplinado pelo Código Penal comum. Essa medida equivale a uma pena restritiva de direitos, obrigando-se o sentenciado a comparecer periodicamente ao médico para acompanhamento.

Pessoas sujeitas às medidas de segurança

> **Art. 111.** As medidas de segurança somente podem ser impostas:[434]
>
> I – aos civis;
>
> II – aos militares condenados a pena privativa de liberdade por tempo superior a 2 (dois) anos, aos que de outro modo hajam perdido função, posto ou patente ou aos que tenham sido excluídos das Forças Armadas;
>
> III – aos militares, no caso do art. 48 deste Código;
>
> IV – aos militares, no caso do art. 115 deste Código, com aplicação dos seus §§ 1.º, 2.º e 3.º.

434. Aplicabilidade das medidas de segurança: o rol do art. 111 somente tem sentido para as medidas diversas da internação em estabelecimento de custódia e tratamento, pois esta é destinada a qualquer acusado – civil ou militar, em qualquer situação – desde que inimputável (ou semi-imputável).

Estabelecimento de custódia e tratamento

> **Art. 112.** Quando o agente é inimputável, nos termos do art. 48 deste Código, o juiz poderá determinar sua internação em estabelecimento de custódia e tratamento.[435]

Prazo de internação

> § 1.º A internação ou o tratamento ambulatorial será por tempo indeterminado,[436] perdurando enquanto não for averiguada, mediante perícia médica, a cessação da periculosidade, observado que o prazo mínimo deverá ser de 1 (um) a 3 (três) anos.[437-440]

Perícia médica

> § 2.º A perícia médica realizar-se-á ao término do prazo mínimo fixado e deverá ser repetida de ano em ano, ou a qualquer tempo, se o determinar o juiz da execução.[441-443]

Desinternação ou liberação condicional

> § 3.º A desinternação ou a liberação será sempre condicional, devendo ser restabelecida a situação anterior se o agente, antes do decurso de 1 (um) ano, praticar fato indicativo de persistência de sua periculosidade.[444]
>
> § 4.º Durante o período previsto no § 3º deste artigo, aplicar-se-á o disposto no art. 92 deste Código.[445]
>
> § 5.º Em qualquer fase do tratamento ambulatorial, poderá o juiz determinar a internação do agente, se essa providência for necessária para fins curativos.[445-A]

435. Estabelecimento de custódia e tratamento: destina-se aos inimputáveis que tenham cometido um injusto penal (fato típico e antijurídico), realizando-se um juízo de periculosidade. Na jurisprudência: STM: "É mister a observância do art. 160 do CPPM, que recomenda a aplicação da medida de segurança correspondente, nos casos em que a absolvição tem por fundamento o reconhecimento da inimputabilidade do agente com base no art. 48 do CPM. Entretanto, a periculosidade é pressuposto para a aplicação de medida de segurança, conforme consagrado no art. 112 do CPM, o qual dispõe que: 'Quando o agente é inimputável (art. 48), mas suas condições pessoais e o fato praticado revelam que ele oferece perigo à incolumidade alheia, o juiz determina sua internação em manicômio judiciário'. No caso, restou suficientemente demonstrado na sentença absolutória que o Acusado é portador de doença, como expresso na conclusão do Laudo de Exame Psiquiátrico e Psicológico, mas que, entretanto, não é perigoso, como exige a lei para aplicação de tal medida. Recurso ministerial a que se nega provimento. Unânime" (Ap. 0000046-94.2010.7.05.0005, T. Pleno, rel. Marcus Vinicius Oliveira dos Santos, 12.12.2012).

436. Internação por prazo indeterminado: há quem sustente ser inconstitucional o prazo *indeterminado* para a medida de segurança, pois é vedada a pena de caráter perpétuo – e a

Art. 112

Código Penal Militar Comentado • Nucci

medida de segurança, como se disse, é uma *forma* de sanção penal –, além do que o imputável é beneficiado pelo limite das suas penas em 30 anos, em caso de reclusão, ou 15 anos, tratando-se de detenção (art. 81, CPM). Dizem Zaffaroni e Pierangeli: "Pelo menos é mister reconhecer-se para as medidas de segurança o limite máximo da pena correspondente ao crime cometido, ou a que foi substituída, em razão da culpabilidade diminuída" (*Manual de direito penal brasileiro – Parte geral*, p. 862). Não nos parece assim, pois, além de a medida de segurança não ser pena, deve-se fazer uma interpretação restritiva do art. 81 do Código Penal Militar, muitas vezes fonte de injustiças. Muitos condenados a vários anos de cadeia estão sendo interditados civilmente, para que não deixem a prisão, por serem perigosos, padecendo de enfermidades mentais, justamente porque atingiram o teto fixado pela lei penal militar (30 anos). Lembre-se que a Lei 13.964/2019 modificou o art. 75, *caput*, do Código Penal, alterando o prazo máximo de cumprimento de penas para 40 anos. Isso não altera o prazo fixado neste CPM, que é lei especial. Ademais, apesar de seu caráter de sanção penal, a medida de segurança não deixa de ter o propósito curativo e terapêutico. Ora, enquanto não for devidamente curado, deve o sujeito submetido à internação permanecer em tratamento, sob custódia do Estado. Seria demasiado apego à forma transferi-lo de um hospital de custódia e tratamento criminal para outro, onde estão abrigados insanos interditados civilmente, somente porque foi atingido o teto máximo da pena correspondente ao fato criminoso praticado, como alguns sugerem, ou o teto máximo de cumprimento da pena, como sugerem outros. Entretanto, vale ressaltar que o Supremo Tribunal Federal já chegou a considerar a possibilidade de haver, também para a medida de segurança, o teto de 30 anos, por analogia ao disposto no art. 75 do Código Penal. Ao conceder parcialmente a ordem de *habeas corpus*, porém, com o objetivo de não permitir a soltura de mulher internada há mais de 30 anos no Hospital de Custódia e Tratamento de Franco da Rocha (SP), por ter matado, por afogamento, seus dois filhos, considerada perigosa, ressuscitou-se o art. 682, § 2.º, do Código de Processo Penal (revogado, tacitamente, pela Lei 7.210/1984 – Lei de Execução Penal), que assim prevê: "Se a internação se prolongar até o término do prazo restante da pena e não houver sido imposta medida de segurança detentiva, o indivíduo terá o destino aconselhado pela sua enfermidade, feita a devida comunicação ao juiz de incapazes" (HC 84.219-SP, 1.ª T., rel. Marco Aurélio, 16.08.2005, v.u.). Vale dizer, a pessoa presa, há mais de 30 anos, provavelmente terminará seus dias encarcerada, mas agora interditada pelo juízo cível. Entretanto, há, ainda, a posição de que a medida de segurança deve ter por limite o máximo em abstrato previsto para o delito. Conferir: STJ: "Trata a *quaestio juris* sobre a duração máxima da medida de segurança, a fim de fixar restrição à intervenção estatal em relação ao inimputável na esfera penal. A Turma entendeu que fere o princípio da isonomia o fato de a lei fixar o período máximo de cumprimento da pena para o inimputável (art. 97, § 1.º, do CP), pela prática de um crime, determinando que este cumpra medida de segurança por prazo indeterminado, condicionando seu término à cessação de periculosidade. Em razão da incerteza da duração máxima de medida de segurança, está-se tratando de forma mais gravosa o infrator inimputável quando comparado ao imputável, para o qual a lei limita o poder de atuação do Estado. Assim, o tempo de duração máximo da medida de segurança não deve ultrapassar o limite máximo de pena cominada abstratamente ao delito praticado, em respeito aos princípios da isonomia e da proporcionalidade" (HC 125.342-RS, 6.ª T., rel. Maria Thereza de Assis Moura, 19.11.2009). Igualmente: Súmula 527 do STJ que dispõe: "O tempo de duração da medida de segurança não deve ultrapassar o limite máximo da pena abstratamente cominada ao delito praticado".

437. Fixação do prazo de duração mínimo da medida de segurança: precisa ser fundamentado, tal como se deve fazer no tocante à pena privativa de liberdade, afinal, cuida-se de sanção penal, embora com caráter curativo. O ideal é acompanhar a sugestão da perícia médica em relação ao tempo mínimo de duração da internação ou do tratamento ambulatorial. Porém, nem sempre tal orientação é encontrada no laudo, motivo pelo qual cabe ao julgador ponderar, diante das provas colhidas e do fato criminoso praticado, qual é o mais adequado tempo mínimo. Se fixar acima de um ano, deve apresentar bons argumentos; a eleição do *quantum* não pode ser arbitrária.

438. Conversão da pena em medida de segurança no curso da execução: preceitua o art. 183 da Lei de Execução Penal: "quando, no curso da execução da pena privativa de liberdade, sobrevier doença mental ou perturbação da saúde mental, o juiz, de ofício, a requerimento do Ministério Público ou da autoridade administrativa, poderá determinar a substituição da pena por medida de segurança". É preciso distinguir duas hipóteses: *a)* se o condenado sofrer de doença mental, não se tratando de enfermidade duradoura, deve-se transferir o sentenciado para hospital de custódia e tratamento psiquiátrico pelo tempo suficiente à sua cura. Não se trata de conversão da pena em medida de segurança, mas tão somente de providência provisória para cuidar da doença do condenado. Estando melhor, voltará a cumprir sua pena no presídio de onde saiu, desde que haja saldo remanescente; *b)* caso a doença mental tenha caráter duradouro, a transferência do condenado não deve ser feita como providência transitória, mas sim definitiva. Por isso, cabe ao juiz converter a pena em medida de segurança. A discussão que se estabelece, no entanto, é no tocante à duração da medida de segurança. Há *quatro correntes* a respeito: *a)* tem duração indefinida; *b)* tem a mesma duração da pena privativa de liberdade aplicada. O sentenciado cumpre, internado, o restante da pena aplicada; *c)* tem a duração máxima de 30 anos, limite fixado para a pena privativa de liberdade, no CPM, mas 40 anos no CP; *d)* tem a duração do máximo em abstrato previsto como pena para o delito que deu origem à medida de segurança. Parece-nos que o legislador deveria ter disciplinado melhor o disposto no art. 183 da Lei de Execução Penal, deixando *bem claro* o limite para seu cumprimento, após a conversão. Afinal, cabe a verificação de imputabilidade no *momento do crime*, e não depois. Caso fosse considerado inimputável à época do crime, receberia por tal fato medida de segurança, podendo cumpri-la indefinidamente. A situação ora aventada, portanto, é diferente: num primeiro caso, já que cometeu um crime no estado de imputabilidade, recebeu pena. Este é o pagamento à sociedade pelo mal praticado. Ficando doente, merece tratamento, mas não por tempo indefinido. Num segundo caso, uma vez que praticou o delito no estado de inimputabilidade, recebeu medida de segurança. Pode ficar detido até que se cure. O injusto cometido tem ligação direta com a medida de segurança aplicada, justificando-se, pois, a indeterminação do término da sanção penal. Melhor seria exigir-se a clareza da lei. Não existindo tal nitidez, parece-nos mais lógico não interpretar a lei penal em desfavor do réu. Assim, tendo em vista que na época da infração penal o réu foi considerado imputável, recebeu do Estado, por consequência disso, uma pena, fixada em montante certo. Caso tenha havido conversão, é justo que a medida de segurança aplicada respeite o limite estabelecido pela condenação, ou seja, cumprirá a medida de segurança pelo prazo máximo da pena. Terminado esse prazo, continuando doente, torna-se um caso de saúde pública, merecendo ser interditado como aconteceria com qualquer pessoa que sofresse de enfermidade mental, mesmo sem praticar crime. Complementando: não há contradição com o que antes defendemos, ou seja, não ser inconstitucional a medida de segurança ter duração indefinida. O que se busca é analisar a situação do criminoso *no momento em que pratica o delito*, para evitar o malfadado duplo binário. Se era inimputável, pode receber medida de segurança por tempo indefinido, já que essa é a sanção merecida pelo que praticou. Sendo imputável, cabe-lhe a aplicação de uma pena, que não deve ser alterada no meio da execução por uma medida indeterminada. Afinal, de uma pena com limite pré-fixado, com trânsito em julgado, passaria o condenado a uma sanção sem limite, não nos parecendo isso correto.

Art. 112

Código Penal Militar Comentado • Nucci

439. Reconversão da medida de segurança em pena: o caminho natural, para evitar qualquer tipo de subterfúgio, é converter a pena em medida de segurança, mas, melhorando o condenado, tornar a cumprir sua pena, havendo, portanto, a reconversão. Outra solução implicaria abuso. Se a pena fosse convertida em medida de segurança indefinida, ultrapassando até mesmo o teto originalmente fixado como sanção penal pelo Estado, estaríamos diante de situação prejudicial ao sentenciado, uma vez que a imputabilidade deve ser analisada no momento do crime. Se a pena fosse convertida em medida de segurança, mas, pouco tempo depois, fosse constatada a melhora do condenado, caso pudesse conseguir a sua liberdade, muitas seriam as situações injustas. Afinal, se um condenado por latrocínio a 20 anos de reclusão adoecesse 5 anos após, convertida sua pena em medida de segurança e melhorando após 2 anos, é natural que volte a cumprir a pena faltante, ou seja, 13 anos. Liberdade imediata é o que não lhe cabe. O direito espanhol disciplinou tal situação expressamente, prevendo a possibilidade de haver a reconversão (art. 60, Código Penal).

440. Detração e medida de segurança: deve ser computado o período de prisão provisória no prazo mínimo estabelecido para a medida de segurança, como prevê o art. 67 do Código Penal Militar. Assim, se a pessoa submetida à medida de segurança ficou detida, em prisão cautelar, durante toda a instrução, resultando num total de um ano, aplicada a medida de segurança de internação pelo prazo mínimo de um ano, transitada esta em julgado, aplica-se a detração, verificando-se, pois, já ser o caso de realização do exame de cessação de periculosidade (o prazo mínimo foi abatido pela detração). Se o indivíduo estiver curado, pode ser imediatamente desinternado. Do contrário, continua em tratamento e novo exame ocorrerá dentro de um ano. Entretanto, a aplicação desse dispositivo precisa ser feita com equilíbrio para não frustrar o objetivo da lei, que é somente liberar o doente quando estiver curado. Isto significa que a detração não tem o condão de, uma vez aplicada, provocar a imediata soltura da pessoa submetida à internação, mas, sim, que o exame de cessação da periculosidade deve ser providenciado.

441. Exame de cessação da periculosidade: deve ser realizada a perícia médica, para comprovar a cura da pessoa submetida à medida de segurança (ou, pelo menos, o fim da sua periculosidade), propiciando a sua desinternação ou liberação do tratamento ambulatorial, como regra, após o prazo mínimo fixado pelo juiz (de um a três anos). Excepcionalmente, no entanto, surgindo algum fato superveniente, ainda no transcurso desse prazo, pode o juiz determinar a antecipação do exame de cessação da periculosidade (art. 176, LEP). Essa antecipação pode ser fruto de requerimento fundamentado do Ministério Público, do interessado, de seu procurador ou defensor, mas também pode ser realizada de ofício. Embora o referido art. 176 pareça indicar que a antecipação somente pode ser determinada se houver requerimento das partes interessadas, não há sentido para se privar o juiz da execução penal dessa possibilidade, desde que chegue ao seu conhecimento fato relevante, indicativo da necessidade do exame.

442. Procedimento para a realização do exame: preceitua o art. 175, I, da Lei de Execução Penal que a "autoridade administrativa, até um 1 (mês) antes de expirar o prazo de duração mínima da medida, remeterá ao juiz minucioso relatório que o habilite a resolver sobre a revogação ou permanência da medida". Esse relatório deverá estar instruído com o laudo psiquiátrico. Em seguida, "serão ouvidos, sucessivamente, o Ministério Público e o curador ou defensor" (art. 175, III, do aludido Diploma Legal) – normalmente, este último é também o curador nomeado. Novas diligências podem ser realizadas, ainda que expirado o prazo mínimo da medida de segurança. Decide, então, o magistrado.

443. Assistência de médico particular: o art. 43 da Lei de Execução Penal garante a possibilidade de o agente contratar médico de sua confiança pessoal para orientar e acompanhar o tratamento. Havendo divergência entre o profissional particular e o médico oficial, decidirá o juiz da execução (art. 43, parágrafo único, LEP).

444. Desinternação ou liberação: constatada a cessação de periculosidade, após o prazo mínimo fixado pelo juiz ou depois do tempo que for necessário para a eficácia do tratamento, ocorrerá a desinternação, quando for em hospital de custódia, ou liberação, quando houver tratamento ambulatorial. É preciso destacar que a desinternação é sempre condicional. Durante um ano ficará o agente sob prova; caso pratique algum ato indicativo de sua periculosidade – que não precisa ser um fato típico e antijurídico –, poderá voltar à situação anterior. Normalmente, faz-se o controle mediante análise da folha de antecedentes do liberado, pois não há outra forma de acompanhamento mais eficaz.

445. Supervisão do patronato, serviço social ou similar: aplica-se ao desinternado as mesmas regras de fiscalização estabelecidas para o liberado condicionalmente. Na legislação penal comum, o desinternado se sujeita às mesmas condições de quem recebe o livramento condicional (não se ausentar da Comarca, não frequentar lugares, justificar atividades etc.).

445-A. Internação durante tratamento ambulatorial: se o sentenciado é colocado em tratamento ambulatorial, medida equivalente à restrição de direito, mas apresentar periculosidade, por qualquer conduta, é viável impor a internação, que equivale ao regime fechado. Menciona-se o *fim curativo*, porque a medida de segurança tem sempre esse propósito.

Substituição da pena por internação

> **Art. 113.** Na hipótese do parágrafo único do art. 48 deste Código, e se o condenado necessitar de especial tratamento curativo destinado aos inimputáveis, a pena privativa de liberdade poderá ser substituída por internação ou por tratamento ambulatorial, pelo prazo mínimo de 1 (um) a 3 (três) anos, nos termos do art. 112 deste Código.[446]

Superveniência de cura

> § 1.º Sobrevindo a cura, pode o internado ser transferido para o estabelecimento penal, não ficando excluído o seu direito a livramento condicional.[447]

Persistência do estado mórbido

> § 2.º Se, ao término do prazo, persistir o mórbido estado psíquico do internado, condicionante de periculosidade atual, a internação passa a ser por tempo indeterminado, aplicando-se o disposto nos §§ 1.º a 4.º do artigo anterior.[448]

Ébrios habituais ou toxicômanos

> § 3.º À idêntica internação para fim curativo, sob as mesmas normas, ficam sujeitos os condenados reconhecidos como ébrios habituais ou toxicômanos.[449]

Art. 114

446. Medida de segurança ao semi-imputável: note-se que o semi-imputável comete crime (fato típico, antijurídico e culpável), mas tem direito à redução da pena, pois a sua culpabilidade é diminuída em face da sua parcial deficiência ou enfermidade mental. Portanto, a regra é a sua condenação. Se o juiz entender conveniente substituir a sua pena por medida de segurança, apoiado em laudo médico, deve fazê-lo. Ele será recolhido em estabelecimento diverso do internado comum. Na jurisprudência: STM: "1. O crime de incêndio é caracterizado pela intenção deliberada do agente, consistindo em atear fogo nas instalações de Organização Militar. 2. O comprometimento da autodeterminação do acusado, à vista da sensível diminuição de sua percepção acerca da prática delitiva, motivada por eventual transtorno psíquico e aferida em sede de Incidente de Insanidade Mental, não repercute na inimputabilidade do agente, porquanto preservada a sua capacidade de entender o caráter ilícito da conduta. Entretanto, nessa perspectiva, permite-se o reconhecimento da semi-imputabilidade, cujo consectário, além de influenciar no 'quantum' da sanção, possibilita a sua substituição por medida de segurança, na forma do art. 113 do CPM. 3. A ponderação de todas as circunstâncias que orbitam o cenário fático possibilita mensurar a reprimenda com temperança, sustentando-a em pareceres médicos indicativos da semi-imputabilidade. Nesse viés, serão sopesados os critérios válidos para a redução da reprimenda no patamar legal, à luz do art. 26 do CP comum, adotado na Justiça Castrense, por analogia. Precedentes. 4. A apresentação periódica de relatórios médicos ao Juízo Militar permite avaliar a eficiência e os resultados alcançados pela terapêutica empregada no bojo da medida de segurança imposta. Regularidade da providência. 5. Recurso defensivo parcialmente provido" (Apelação n.º 7000417-11.2018.7.00.0000, rel. Marco Antônio de Farias, 30.04.2019, maioria).

447. Reconversão da medida de segurança: ao semi-imputável, corretamente, prevê-se que, em caso de cura, reconverte-se a medida aplicada em pena novamente, para que o sentenciado termine o seu cumprimento.

448. Estado de periculosidade persistente: nos mesmos termos da situação do inimputável, a durabilidade da enfermidade, mantendo o seu estado de periculosidade.

449. Viciados: o disposto neste parágrafo precisa ser corretamente interpretado, sob pena de gerar situação ilógica e inadmissível. Quanto ao ébrio, sendo ele alcoólatra, é inimputável, por padecer de doença mental. Desse modo, aplica-se medida de segurança em lugar da pena. Entretanto, o denominado embriagado habitual – bebedor frequente – não é viciado e muito menos alcoólatra, razão pela qual jamais poderia receber medida de segurança, pois não padece de enfermidade mental. Não há cabimento em se aplicar essa espécie de sanção penal a quem é imputável. Portanto, deve-se captar a expressão *ébrio habitual* como alcoólatra. Quanto ao termo *toxicômano*, trata-se, realmente, de viciado em drogas diversas do álcool. É pessoa considerada inimputável, devendo receber medida de segurança.

Regime de internação

> **Art. 114.** A internação, em qualquer dos casos previstos nos artigos precedentes, deve visar não apenas ao tratamento curativo do internado, senão também ao seu aperfeiçoamento a um regime educativo ou de trabalho, lucrativo ou não, segundo o permitirem suas condições pessoais.[450]

450. Local de internação: deve estar aparelhado para promover a cura e também o aperfeiçoamento do interno no tocante ao estudo e ao trabalho. Na realidade, seria o lugar ideal, pois o doente mental, em processo de cura, sem dúvida, pode experimentar laborterapia e inserir-se em procedimentos de aprendizado.

Cassação de licença para dirigir veículos motorizados[451]

> **Art. 115.** Ao condenado por crime cometido na direção ou relacionadamente à direção de veículos motorizados, deve ser cassada a licença para tal fim, pelo prazo mínimo de um ano, se as circunstâncias do caso e os antecedentes do condenado revelam a sua inaptidão para essa atividade e consequente perigo para a incolumidade alheia.[452]
>
> § 1.º O prazo da interdição se conta do dia em que termina a execução da pena privativa de liberdade ou da medida de segurança detentiva, ou da data da suspensão condicional da pena ou da concessão do livramento ou desinternação condicionais.
>
> § 2.º Se, antes de expirado o prazo estabelecido, é averiguada a cessação do perigo condicionante da interdição, esta é revogada; mas, se o perigo persiste ao termo do prazo, prorroga-se este enquanto não cessa aquele.[453]
>
> § 3.º A cassação da licença deve ser determinada ainda no caso de absolvição do réu em razão de inimputabilidade.[454]

451. Vedação de licença para dirigir: a previsão da cassação da habilitação como medida de segurança foge, por completo, à natureza jurídica desta espécie de sanção penal. Na realidade, trata-se de um efeito da condenação, que pode ser imposto pelo juiz, tal como se faz na legislação penal comum. Por outro lado, no contexto da legislação de trânsito, a suspensão da licença para dirigir veículo se dá como pena restritiva de direitos. Portanto, é inadequada a previsão formulada neste Código, pretendendo ligar pontos distantes e inconciliáveis: imputabilidade e periculosidade. Se o condenado é imputável, recebendo pena, não teria sentido aplicar-lhe medida de segurança. Sabe-se, no entanto, ter o Código Penal Militar adotado o sistema do duplo binário, admitindo pena + medida de segurança. Mesmo assim, parece-nos ilógico conferir o caráter de *periculosidade* a um simples motorista. Embora incoerente, não visualizamos inconstitucionalidade, pois devidamente prevista em lei.

452. Condições para a imposição da medida de segurança: é preciso o cometimento do delito na direção de veículo motorizado (automóveis e motos) ou a ele relacionado (acompanhando quem esteja na direção) como primeiro ponto. A par disso, deve-se avaliar as circunstâncias do caso para checar se a medida de segurança é realmente cabível, associando-se, ainda, os antecedentes do sentenciado (se foi envolvido em algum acidente de trânsito ou algo similar).

453. Avaliação da periculosidade: o disposto neste parágrafo demonstra a nítida incoerência da proibição de dirigir como medida de segurança, pois determina a averiguação da *cessação do perigo* condicionante da interdição (ser motorista). Ora, como se realiza esse exame? Por meio de laudo médico? Haveria profissional habilitado a atestar que um motorista deixou de ser *perigoso* à segurança viária? Cremos ser inconciliável o exame de cessação de periculosidade com a situação de um imputável, que comete crime na direção de veículo automotor.

454. Absolvição e cassação da licença: o disposto neste parágrafo é compatível com a medida de segurança, pois se cuida do inimputável. Menciona-se a sua *absolvição*, denominada *imprópria*, porque gera uma sanção penal, que é a medida de segurança. Logo, a imposição da cassação é perfeitamente cabível neste caso.

Art. 116

Código Penal Militar Comentado • Nucci

Exílio local

> **Art. 116.** O exílio local, aplicável quando o juiz o considera necessário como medida preventiva, a bem da ordem pública ou do próprio condenado, consiste na proibição de que este resida ou permaneça, durante um ano, pelo menos, na localidade, município ou comarca em que o crime foi praticado.[455]
>
> **Parágrafo único.** O exílio deve ser cumprido logo que cessa ou é suspensa condicionalmente a execução da pena privativa de liberdade.

455. Exílio do local do crime: adotando o Código Penal Militar o sistema do duplo binário, estabelece-se, como medida de segurança, o afastamento do condenado do local onde o delito foi praticado, com vistas a evitar a reincidência. Cremos que tal medida somente deve ser aplicada em situações peculiares e extremadas, mormente em casos de crimes violentos ou quando já apurado o concurso de delitos. De toda forma, o ideal é a reserva do duplo binário para a criminosidade realmente perigosa, em especial quando gerada pelo crime organizado.

Proibição de frequentar determinados lugares

> **Art. 117.** A proibição de frequentar determinados lugares consiste em privar o condenado, durante um ano, pelo menos, da faculdade de acesso a lugares que favoreçam, por qualquer motivo, seu retorno à atividade criminosa.[456]
>
> **Parágrafo único.** Para o cumprimento da proibição, aplica-se o disposto no parágrafo único do artigo anterior.

456. Sanção de reduzida eficiência: no contexto do Código Penal Militar, insere-se a proibição de frequentar lugares como medida de segurança, aplicável em conjunto com outra sanção, de acordo com o sistema do duplo binário. Entretanto, na legislação penal comum, a proibição de frequentar determinados lugares é uma condição imposta no contexto de outras penas ou benefícios da execução penal ou de leis especiais, como o livramento condicional (art. 132, § 2.º, *c*, da Lei de Execução Penal), o regime aberto (art. 115 da Lei de Execução Penal, como condição geral), a suspensão condicional da pena (art. 78, § 2.º, *a*, do Código Penal comum) ou a suspensão condicional do processo (art. 89, § 1.º, II, da Lei 9.099/95). Ainda assim é quase impossível a sua devida fiscalização, pois o Estado não disponibiliza material humano para isso, nem tampouco um esquema eficiente de monitoração à distância. Eventualmente, de maneira puramente casual, agentes da autoridade conseguem descobrir que sentenciados descumprem tal proibição. Além disso, a *criatividade* dos operadores do Direito para estabelecer *quais* lugares não devem ser frequentados é mínima, terminando nos mesmos locais, para qualquer condenado: botequins, zona de prostituição, casas de jogo e similares. A criminalidade não se concentra, na atualidade, em tais pontos, que, na realidade, nem mesmo são definidos e específicos. Em suma, a sanção é de rara eficácia.

Interdição de estabelecimento, sociedade ou associação

> **Art. 118.** A interdição de estabelecimento comercial ou industrial, ou de sociedade ou associação, pode ser decretada por tempo não inferior a 15

> (quinze) dias, nem superior a 6 (seis) meses, se o estabelecimento, sociedade ou associação serve de meio ou pretexto para a prática de infração penal.[457]
>
> § 1.º A interdição consiste na proibição de exercer no local o mesmo comércio ou indústria, ou atividade social.
>
> § 2.º A sociedade ou associação, cuja sede é interditada, não pode exercer em outro local as suas atividades.

457. Estabelecimento civil ou comercial: esta medida de segurança não encontra paralelo na legislação penal comum e, no contexto militar, não apresenta logicidade. Deve-se supor que, na prática de crime militar, o agente se vale de empresa ou sociedade civil como meio ou cenário para o seu empreendimento delituoso. Ocorre que, segundo o texto constitucional, a pena – inclua-se, por óbvio, a medida de segurança – não passará da pessoa do delinquente (art. 5.º, XLV, CF). Desse modo, jamais poderia o Estado interditar um estabelecimento qualquer, atingindo terceiros, não autores do crime e devidamente condenados. Para eventual aplicação do disposto no art. 118 deste Código, seria imperiosa a existência de uma empresa individual, sem empregados, que pudesse servir unicamente aos propósitos do delinquente. Do contrário, qualquer medida de segurança, estendida, mesmo que indiretamente, a inocentes seria inconstitucional.

Confisco[458]

> **Art. 119.** O juiz, embora não apurada a autoria, ou ainda quando o agente é inimputável, ou não punível, deve ordenar o confisco dos instrumentos e produtos do crime, desde que consistam em coisas:[459]
>
> I – cujo fabrico, alienação, uso, porte ou detenção constitui fato ilícito;
>
> II – que, pertencendo às forças armadas ou sendo de uso exclusivo de militares, estejam em poder ou em uso do agente, ou de pessoa não devidamente autorizada;
>
> III – abandonadas, ocultas ou desaparecidas.
>
> **Parágrafo único.** É ressalvado o direito do lesado ou de terceiro de boa-fé, nos casos dos ns. I e III.

458. Conceito de confisco: é o ato estatal de se apoderar de propriedade privada, que, no contexto da infração penal, destina-se a instrumentos e produtos utilizados para a prática criminosa. Porém, está indevidamente inserido no cenário das medidas de segurança. Pode-se considerá-lo um efeito da condenação, como previsto no art. 109, II, deste Código, ou art. 91, II, do Código Penal comum. Pode-se, ainda, reputá-lo uma medida cautelar estatal para retirar de circulação, em proveito do Estado, instrumentos ilícitos (armas, explosivos, drogas etc.) e produtos do delito (medida contra o enriquecimento ilícito).

459. Aplicabilidade: a imposição do confisco para as situações de inimputabilidade é mais que óbvia, pois o sentenciado haverá de ser internado para tratamento e os instrumentos ou produtos de sua conduta ilícita, confiscados. Quanto à situação de não punibilidade (aplicável a qualquer causa de extinção da punibilidade), trata-se de equivalente à absolvição, devendo-se *confiscar* todos os instrumentos e produtos ilícitos como medida de cautela, mas jamais como *medida de segurança*. Esta, como sanção penal, somente pode ser destinada ao autor do injusto penal (fato típico e antijurídico), quando principal, ou do crime (fato típico,

Art. 120

Código Penal Militar Comentado • Nucci

antijurídico e culpável), quando em duplo binário, associada à pena, devidamente comprovado por meio do devido processo legal. Ora, se houver, por exemplo, o reconhecimento da prescrição da pretensão punitiva, afasta-se a viabilidade de julgar o caso, adentrando-se o cenário do injusto; diante disso, seria inadequado aplicar medida de segurança a um caso em que se comprova a perda da pretensão punitiva estatal. Assim sendo, o confisco advém de medida cautelar do Estado. Situação completamente despropositada é a aplicação de medida de segurança, quando *não apurada a autoria*. Se não se verificou *quem* é o autor do injusto penal, torna-se integralmente inviável cuidar-se de medida de segurança. Como espécie de sanção penal, precisa ser destinada a *alguém*; sem conhecimento da autoria, tratar-se-ia de *medida de segurança anômala*, pois *sem destino certo*. Ilustrando, seria o mesmo que aplicar uma pena a *uma situação* e não a uma pessoa. Portanto, mais uma vez, a natureza jurídica do confisco, prevista neste artigo, é de medida cautelar estatal de apreensão de instrumentos e produtos de cunho ou origem ilícita.

Imposição da medida de segurança

> **Art. 120.** A medida de segurança é imposta em sentença, que lhe estabelecerá as condições, nos termos da lei penal militar.[460]
>
> **Parágrafo único.** A imposição da medida de segurança não impede a expulsão do estrangeiro.[461]

460. Devido processo legal: a medida de segurança, como espécie de sanção penal, somente pode ser aplicada ao autor do injusto penal (fato típico e antijurídico), quando inimputável, como sanção principal, ou ao criminoso (fato típico, antijurídico e culpável), no sistema do duplo binário, juntamente com a pena. De qualquer modo, é fundamental a apuração do fato e da autoria, por meio do devido processo legal, assegurada a ampla defesa. Por isso, a imposição da medida de segurança deve dar-se em sentença. Eis outro fundamento para não se considerar o confisco, previsto no artigo anterior, como autêntica medida de segurança, pois pode ser imposto pelo juiz em arquivamento de inquérito ou decisão interlocutória. Na jurisprudência: STM: "Militar que, na presença de colegas de caserna, enfrenta e menospreza seu superior, viola o disposto no art. 160 do CPM. Sem embargo de, ao tempo do crime, apresentar síndrome psicótica, conforme se extrai do laudo psiquiátrico, a inimputabilidade do sujeito ativo, segundo a teoria tripartite, não tem o condão de afastar o elemento volitivo da conduta. A repercussão da inimputabilidade é, pois, circunscrita à culpabilidade, não havendo que falar em afastamento dos aspectos objetivos e subjetivos do tipo penal de desrespeito a superior. Logo, desmerece guarida a tese de ausência de dolo e de atipicidade da conduta. Destarte, deve prevalecer a solução levada a cabo pela decisão primeva que absolveu o réu por se tratar de inimputável (art. 439, alínea 'd', do CPPM, c/c o art. 48, *caput*, do CPM) e aplicou, com base no art. 120 do CPM, no art. 160 do CPPM e no art. 96, II, c/c o art. 12, ambos do CP, medida de segurança consubstanciada em Tratamento Ambulatorial Psiquiátrico, pelo prazo mínimo de 1 (um) ano. Recurso não provido" (Apelação n.º 7000382-51.2018.7.00.0000, Maria Elizabeth Guimarães Teixeira Rocha, 04.04.2019, maioria).

461. Expulsão do estrangeiro: aplicável em qualquer situação, inclusive a condenados cumprindo pena, bastando a vontade do Presidente da República. Logo, o disposto no parágrafo único é supérfluo.

Título VII
Da ação penal[462]

462. Conceito de ação penal: é o direito de pleitear ao Estado-juiz a aplicação da lei penal ao caso concreto, fazendo valer a pretensão punitiva estatal. O monopólio de distribuição de justiça e o direito de punir pertencem, exclusivamente, ao Estado, sendo vedada, em regra, a autodefesa e a autocomposição. Há exceções, como a legítima defesa, forma de autodefesa autorizada pelo Estado, que não pode estar em todos os lugares ao mesmo tempo, bem como a transação, prevista na Lei 9.099/95, forma de autocomposição nas infrações de menor potencial ofensivo. Na visão tradicional de Savigny, a ação e o direito subjetivo material constituem a mesma coisa (concepção imanentista). A ação é um momento do direito subjetivo ameaçado ou violado (menção de Frederico Marques, *Elementos de direito processual penal*, v. 1, p. 305). Após a polêmica de Windscheid e Müther sobre o direito de ação, surgiu o livro de Adolf Wach, sobre "ação declaratória" (1888), e o direito de ação passou a ser considerado autônomo, um direito público subjetivo. Surgiram outras concepções: *a)* teoria concreta da ação (Wach), estabelecendo que esta somente compete a quem tem razão; *b)* teoria do direito potestativo (Chiovenda, Weisman), dizendo que ação é o poder jurídico de realizar as condições para atuação da lei; *c)* teoria abstrata da ação (Degenkolb e Plóz), majoritária atualmente, ensinando ser um poder jurídico, independentemente de quem tem razão. Portanto, ação penal pode ser conceituada como o direito de agir exercido perante juízes e tribunais, invocando a prestação jurisdicional, que, na esfera criminal, é a existência da pretensão punitiva do Estado. A natureza jurídica é a mesma da ação civil, separando-se apenas em razão da matéria. O direito de ação é um direito individual, expressamente assegurado na Constituição: "A lei não excluirá da apreciação do Poder Judiciário lesão ou ameaça a direito" (art. 5.º, XXXV da CF/1988). O direito de punir, por seu turno, é um direito de coação indireta, pois ninguém pode ser condenado sem uma sentença judicial. Não se deve confundir o *direito de ação* com o *direito punitivo material* do Estado, pois a pretensão de punir decorre do crime e o direito de ação precede a este, não deixando de haver, entretanto, conexão entre ambos. O Estado ingressa em juízo para obter o julgamento da pretensão punitiva e não necessariamente a condenação.

Propositura da ação penal[463]

> **Art. 121.** A ação penal é promovida pelo Ministério Público, na forma da lei.[464]
>
> Parágrafo único. Será admitida ação privada, se a ação pública não for intentada no prazo legal.[464-A]

Art. 122

Código Penal Militar Comentado • NUCCI

463. Princípios que regem a ação penal pública incondicionada: dois são os princípios que podem reger a acusação: 1.º) *obrigatoriedade*, estipulando ser indispensável a propositura da ação, quando há provas suficientes a tanto e inexistindo obstáculos para a atuação do órgão acusatório. É o sistema italiano. Admitir o critério da oportunidade, sustentam os partidários desta posição, seria fazer a voz do Ministério Público substituir a do legislador. No Brasil, quando a lei não dispuser em sentido contrário, vigora o princípio da obrigatoriedade. Provas disso: a) a autoridade policial deve agir quando sabe de um crime; b) a omissão na comunicação de crimes, no exercício da função pública, é contravenção (art. 66, LCP); c) o arquivamento do inquérito é controlado pelo juiz; d) há indisponibilidade da ação penal e do recurso interposto; 2.º) *oportunidade*, significando ser facultativa a propositura da ação penal, quando cometido um fato delituoso. Com base nesse critério, há uma verificação discricionária da utilidade da ação, sob o ponto de vista do interesse público. É o sistema francês e alemão (em certos casos). Como já ressaltado, adota-se, no Brasil, o princípio da obrigatoriedade, significando ser o Ministério Público o *dominus litis*, mas não é o *dono* da ação penal, ou seja, é o titular da ação penal, embora deva sempre promovê-la no prazo legal. Não o fazendo, autoriza o particular a ajuizar a ação penal privada subsidiária da pública. Na jurisprudência: STM: "A ação penal para a apuração do crime de deserção é pública incondicionada e, nessa situação, a legislação penal militar tutela os pilares básicos das Forças Armadas, sendo vedado estabelecer outras condições de procedibilidade e de prosseguibilidade distanciadas da lei. Recurso conhecido e provido. Decisão por maioria" (Ap. 7000448-31.2018.7.00.0000, T. Pleno, rel. Artur Vidigal de Oliveira, j. 18.09.2018).

464. Fixação da iniciativa da ação penal: estabeleceu-se no Código Penal Militar, em lugar de fazê-lo apenas no Código de Processo Penal Militar, quando a ação penal é pública incondicionada ou condicionada. Em geral, é incondicionada, podendo o Ministério Público agir sem autorização prévia de qualquer pessoa ou órgão. Porém, é condicionada, nos termos do art. 122 deste Código.

464-A. Ação privada subsidiária da pública: inclui-se o mesmo dispositivo já existente no Código Penal comum e, igualmente, na Constituição Federal. Caso o Ministério Público deixe de oferecer denúncia, no prazo legal, a vítima pode ingressar com queixa-crime.

Dependência de requisição

> **Art. 122.** Nos crimes previstos nos arts. 136 a 141 deste Código, a ação penal, quando o agente for militar, depende da requisição do Comando da Força a que aquele estiver subordinado, observado que, no caso do art. 141, quando o agente for civil e não houver coautor militar, a requisição será do Ministério da Justiça.[465]

465. Ação pública condicionada: os delitos previstos nos arts. 136 a 141 deste Código envolvem matéria ligada à segurança nacional e relações exteriores do Brasil. Logo, para que o Ministério Público possa propor a demanda criminal há de existir requisição do Comando Militar a que estiver subordinado o agente do delito. Tratando-se da figura do art. 141 (entendimento para gerar conflito ou divergência com o Brasil), cuidando-se de autor civil, sem coautoria ou participação de militar, a requisição fica a cargo do Ministro da Justiça. Em qualquer caso, trata-se de decisão política, razão pela qual a ação é condicionada.

Título VIII
Da extinção da punibilidade[466-466-A]

466. Conceito de extinção da punibilidade: é o desaparecimento da pretensão punitiva ou executória do Estado, em razão de específicos obstáculos previstos em lei. A punibilidade é a possibilidade de tornar efetiva a sanção penal estatal decorrente da prática criminosa. O delito compõe-se do fato típico, antijurídico e culpável. Comprovados tais elementos, por meio do devido processo legal, surge, concretamente, a pretensão punitiva do Estado; tornando-se efetiva, consagra-se a punibilidade do agente.

466-A. Expressa previsão legal: as causas extintivas da punibilidade constituem parcelas da política criminal do Estado, no sentido de, mesmo configurado o delito (fato típico, ilícito e culpável), entender-se não ser viável a punição. Entretanto, devem constar expressamente em lei, não cabendo ao Judiciário criar situações de extinção da punibilidade advindas de outros meios, tais como a analogia. Afinal, como frisado, consistente em política estatal, há de se respeitar a vontade legislativa. Na jurisprudência: STF: "A analogia, ainda que *in bonan partem*, pressupõe lacuna, omissão na lei, o que não se verifica na hipótese, em que é evidente no Código Penal Militar a vontade do legislador de excluir o perdão judicial do rol de causas de extinção da punibilidade" (HC 116.254-SP, 1.ª T., rel. Rosa Weber, 25.06.2013, v.u.). STM: "1. O licenciamento do acusado não impede o prosseguimento da Ação Penal Militar. As causas de extinção da punibilidade encontram-se previstas no art. 123 do CPM. Entre elas, não há a hipótese da perda do *status* de militar, não sendo permitido a este Órgão Julgador criar nova causa extintiva. 2. Não há súmula ou qualquer outro dispositivo de Direito Castrense que permita interpretar o *status* de militar como condição de prosseguibilidade para aquele que venha a ser processado pelo crime previsto no art. 187 do CPM. 3. Apelo conhecido e provido" (Apelação n.º 7000989-30.2019.7.00.0000, rel. Carlos Augusto de Sousa, 24.10.2019, maioria).

Causas extintivas[467-468]

> **Art. 123.** Extingue-se a punibilidade:
>
> I – pela morte do agente;[469-471]
>
> II – pela anistia,[472] graça ou indulto;[473-474]
>
> III – pela retroatividade de lei que não mais considera o fato como criminoso;[475]
>
> IV – pela prescrição;[476]
>
> V – (*revogado pela Lei 14.688/2023*);[477]
>
> VI – pelo ressarcimento do dano, no peculato culposo (art. 303, § 4.º).[478]

> VII – pelo perdão judicial, nos casos previstos em lei.[478-A]
>
> **Parágrafo único.** A extinção da punibilidade de crime, que é pressuposto, elemento constitutivo ou circunstância agravante de outro, não se estende a este. Nos crimes conexos, a extinção da punibilidade de um deles não impede, quanto aos outros, a agravação da pena resultante da conexão.[479]

467. Causas extintivas da punibilidade: são os obstáculos interpostos por lei, que impedem a concretização da pretensão punitiva estatal, por razões de política criminal.

468. Momentos de ocorrência: havendo extinção da punibilidade antes do trânsito em julgado da sentença, atinge-se a pretensão punitiva do Estado, não persistindo qualquer efeito do processo ou da sentença condenatória. Ex.: prescrição da pretensão punitiva. Quando a extinção da punibilidade for decretada após o trânsito em julgado, extingue-se a pretensão executória do Estado – imposição da pena –, remanescendo, no entanto, os efeitos secundários da sentença condenatória, tais como lançamento do nome no rol dos culpados, reincidência, entre outros.

469. Morte do agente: aplica-se a esta causa extintiva da punibilidade o princípio geral de que a morte tudo resolve (*mors omnia solvit*). A Constituição Federal cuida, também, da matéria, mencionando no art. 5.º, XLV, 1.ª parte, que a pena não deve passar da pessoa do condenado, embora o perdimento de bens possa atingir os sucessores nos casos legalmente previstos. E, igualmente, é natural possam os efeitos civis subsistir a cargo dos sucessores, no limite da herança. Exige-se a certidão de óbito – que "tem por finalidade certificar a existência da morte e registrar a sua causa, quer do ponto de vista médico, quer de eventuais aplicações jurídicas, para permitir o diagnóstico da causa jurídica do óbito: seja o homicídio, o suicídio, o acidente ou a morte chamada natural" (Marco Segre) – para provar a morte, nos termos do art. 81, parágrafo único, do Código de Processo Penal Militar.

470. Morte presumida: quanto à morte presumida (art. 6.º do CC/2002), a doutrina divide-se: alguns sustentam que, declarada a morte no campo civil, pode-se aproveitar tal decreto no contexto criminal, extinguindo-se a punibilidade (Hungria, Noronha, Fragoso). Outros, no entanto, seguem à risca o disposto no art. 62 do CPP, ou art. 81, parágrafo único, do CPPM, aceitando somente a certidão de óbito para a extinção da punibilidade (Mirabete, Damásio). Parece-nos que a questão deve ficar restrita à expedição ou não da certidão de óbito: se esta for expedida em procedimento civil (art. 88, Lei 6.015/1973), deve o juiz criminal aceitá-la para todos os fins. Entretanto, se a certidão não for expedida, considerando-se a *morte presumida* somente para efeito de administração de herança ou qualquer outro fim, não há que se falar em extinção da punibilidade. Aguarda-se, neste caso, a ocorrência da prescrição. É certo que a Lei 10.406/2002 (atual Código Civil) acrescentou outras hipóteses de declaração de morte presumida, como ocorre no art. 7.º ("Pode ser declarada a morte presumida, sem decretação de ausência: I – se for extremamente provável a morte de quem estava em perigo de vida; II – se alguém, desaparecido em campanha ou feito prisioneiro, não for encontrado até 2 (dois) anos após o término da guerra. Parágrafo único. A declaração da morte presumida, nesses casos, somente poderá ser requerida depois de esgotadas as buscas e averiguações, devendo a sentença fixar a data provável do falecimento"). Nesses casos, diversamente da ausência, em que se presume a morte somente pelo fato de alguém desaparecer por certo tempo de seu domicílio, sem deixar notícia ou paradeiro, busca o juiz cível – como se faz, aliás, na Vara dos Registros Públicos em caso de morte trágica – o paradeiro de pessoas que estavam em perigo de vida, cuja morte é *extremamente* provável ou quando desapareceram em campanha ou foram feitas prisioneiras, sem que fossem encontradas até 2 anos após a guerra, fixando a sentença a provável data do falecimento. Parece-nos, pois, que, registrada a decisão, pode-se dar o mesmo efeito da certidão de óbito, declarando-se extinta a punibilidade.

471. Certidão de óbito falsa: outra polêmica é a relativa à certidão de óbito falsa. Caso o réu apresente uma certidão falsa e obtenha, com isso, a decretação da extinção da sua punibilidade, entendemos não possa o Estado reabrir a investigação ou o processo criminal, pois inexiste no direito brasileiro a hipótese de revisão *pro societate*. No máximo, pode-se puni-lo pela falsidade. Enquanto o legislador não alterar a lei, prevendo expressamente a possibilidade de revisão em favor da sociedade, nessa hipótese, cabe aos juízes cautela redobrada antes de declarar extinta a punibilidade do réu. Aliás, é o que a maioria faz na prática. Em lugar de aceitar a certidão (ou cópia) apresentada pela parte interessada, oficia-se ao cartório de registro civil, solicitando diretamente o traslado do óbito. Assim fazendo, inexiste viabilidade de *certidão falsa*. Por outro lado, há posição em contrário na jurisprudência, aceitando a reabertura do caso, com base nos seguintes argumentos: a) se não houve morte, estava ausente o pressuposto da declaração de extinção da punibilidade, não podendo haver coisa julgada; b) a decisão de extinção da punibilidade é apenas interlocutória, não gerando coisa julgada material. *Posição do STF, embora antiga:* "Revogação do despacho que julgou extinta a punibilidade do réu, à vista do atestado de óbito, baseado em registro comprovadamente falso: sua admissibilidade, vez que referido despacho, além de *não fazer coisa julgada* em sentido estrito, fundou-se exclusivamente em fato juridicamente inexistente, não produzindo quaisquer efeitos" (HC 55.901-SP, 1.ª T., rel. Cunha Peixoto, 16.05.1978, v.u.). Idem: "A extinção da punibilidade do paciente baseou-se exclusivamente em documento falso, forjado pelo próprio réu, qual seja o registro criminoso de seu óbito e a consequente juntada aos autos da certidão comprobatória de sua morte. Ora, uma decisão proferida em tais circunstâncias, fundada exclusivamente em fato insubsistente, é juridicamente inexistente, não produz efeitos, mesmo porque, como bem pondera o Dr. Álvaro Augusto Ribeiro Costa, pela douta Procuradoria Geral, estribado na autoridade de Manzini, a tese contrária violaria o 'princípio segundo o qual é inadmissível que o autor de um delito venha a ser beneficiado em razão da própria conduta delituosa'. A decisão que julga extinta a punibilidade, por outro lado, segundo a grande maioria de nossos processualistas em matéria penal – Magalhães Noronha, Eduardo Espínola Filho, Hélio Tornaghi –, não é sentença no seu sentido próprio, mas, sim, um despacho interlocutório misto, que decide incidentes da causa, sem examinar o mérito desta, pondo fim ao processo" (HC 60.095-RJ, 1.ª T., rel. Rafael Mayer, 30.11.1982, v.u., *RTJ* 104/1063). Mais recente: "As alegações foram afastadas com base em reiterada jurisprudência do STF. A primeira, em face do entendimento de ser possível a revogação da decisão extintiva de punibilidade, à vista de certidão de óbito falsa, por inexistência de coisa julgada em sentido estrito, pois, caso contrário, o paciente estaria se beneficiando de conduta ilícita. Nesse ponto, asseverou-se que a extinção da punibilidade pela morte do agente ocorre independente da declaração, sendo meramente declaratória a decisão que a reconhece, a qual não subsiste se o seu pressuposto é falso" (HC 84.525-MG, 2.ª T., rel. Carlos Velloso, 16.11.2004, v.u., *Informativo* 370). Com a devida vênia, conforme já expusemos, trata-se, em verdade, de uma revisão criminal em favor da sociedade *camuflada*, ainda que seja para reparar uma injustiça, não prevista pela lei processual penal. E mais: a decisão que julga extinta a punibilidade é, em nosso entender, terminativa, analisando o mérito, justamente ao declarar não mais haver pretensão punitiva do Estado (é uma sentença terminativa de mérito em sentido amplo).

472. Anistia: é a declaração pelo Poder Público de que determinados fatos se tornam impuníveis por motivo de utilidade social. O instituto da anistia volta-se a *fatos*, e não a pessoas. Como ilustração, mencionemos a Lei 6.683/1979, concessiva da mais ampla anistia que o Brasil experimentou nas últimas décadas: "É concedida anistia a todos quantos, no período compreendido entre 2 de setembro de 1961 e 15 de agosto de 1979, cometeram crimes políticos ou conexos com estes, crimes eleitorais, aos que tiveram seus direitos políticos suspensos e aos servidores da Administração Direta e Indireta, de Fundações vinculadas ao Poder Público, aos servidores dos Poderes Legislativo e Judiciário, aos militares e aos dirigentes e representantes sindicais, punidos com fundamento em Atos Institucionais e Complementares" (art. 1.º). Pode ocorrer antes da condenação definitiva – anistia própria – ou após o trânsito em julgado da condenação – anistia imprópria. Tem a força de extinguir a ação e a condenação. Primordialmente, destina-se a crimes políticos, embora nada impeça a sua concessão a crimes comuns. Aliás, o próprio constituinte deixou isso bem claro ao dispor, no art. 5.º, XLIII, não caber anistia para crimes hediondos, tortura, tráfico ilícito de entorpecentes e terrorismo, querendo dizer, portanto, que, se o Poder Público quisesse, poderia concedê-la a delitos comuns. Pode ser *condicionada* ou *incondicionada*, vale dizer, pode ter condições a serem aceitas pelo beneficiário ou não. Se for condicionada, pode ser recusada; do contrário, não cabe recusa. De um modo ou de outro, uma vez concedida, não pode mais ser revogada. É oportuno falar, ainda, em anistia *geral* ou *parcial*. A primeira favorece a todos os que praticaram determinado fato, indistintamente. A segunda beneficia somente alguns (ex.: os não reincidentes). Finalmente, ela pode ser *irrestrita* ou *limitada*, conforme abranja todos os delitos relacionados ao fato criminoso principal ou exclua alguns deles. A anistia só é concedida por meio de lei editada pelo Congresso Nacional. Possui efeito *ex tunc*, ou seja, apaga o crime e todos os efeitos da sentença, embora não atinja os efeitos civis. Serve, também, para extinguir a medida de segurança. Deve ser declarada a extinção da punibilidade, quando concedida a anistia, pelo juiz da execução penal. Tratada no art. 123, II, do CPM, como excludente de punibilidade, na verdade, a sua natureza jurídica é de excludente de tipicidade, pois, *apagado* o fato, a consequência lógica é o afastamento da tipicidade, que é adequação do fato ao tipo penal.

473. Indulto: também denominado de *indulto coletivo*, é a clemência destinada a um grupo de sentenciados, tendo em vista a duração das penas aplicadas, podendo-se exigir requisitos subjetivos (tais como primariedade, comportamento carcerário, antecedentes) e objetivos (*v.g.*, cumprimento de certo montante da pena, exclusão de certos tipos de crimes). O indulto pode ser *total*, quando extingue todas as condenações do beneficiário, ou *parcial*, quando apenas diminui ou substitui a pena por outra mais branda. Neste último caso, não se extingue a punibilidade, chamando-se *comutação*.

474. Indulto individual ou graça: é a clemência destinada a uma pessoa determinada, não dizendo respeito a fatos criminosos. A Lei de Execução Penal passou a chamá-la, corretamente, de indulto individual (arts. 188 a 193), embora a Constituição Federal tenha entrado em contradição a esse respeito. No art. 5.º, XLIII, utiliza o termo *graça* e no art. 84, XII, refere-se tão somente a *indulto*. Portanto, diante dessa flagrante indefinição, o melhor a fazer é aceitar as duas denominações: *graça* ou *indulto individual*. Tratando-se de um perdão concedido pelo Presidente da República, dentro da sua avaliação discricionária, não sujeita a qualquer recurso, deve ser usada com parcimônia. Pode ser total ou parcial, conforme alcance todas as sanções impostas ao condenado (total) ou apenas alguns aspectos da condenação, quer reduzindo, quer substituindo a sanção originalmente aplicada (parcial). Neste último caso, não extingue a punibilidade, chamando-se *comutação*. Pode ser provocada por petição do condenado, por iniciativa do Ministério Público, do Conselho Penitenciário ou da autoridade administrativa. Exige-se o parecer do Conselho Penitenciário, seguindo ao Ministério da Justiça e da Segurança Pública. Após, delibera sobre o pedido o Presidente da República, que pode, no entanto, delegar a apreciação aos Ministros de Estado, ao Procurador Geral da República ou ao Advogado Geral da União (art. 84, parágrafo único, da Constituição). Assim como o indulto coletivo, pressupõe sentença condenatória com trânsito em julgado, servindo para apagar somente os efeitos executórios da condenação, mas não os secundários (reincidência, nome no rol dos culpados, obrigação de indenizar a vítima etc.). Torna possível, uma vez concedida, extinguir a medida de segurança. Ver, ainda, a Súmula 6 do Conselho Penitenciário: "A graça, plena ou parcial, é medida de caráter excepcional, destinada a premiar atos meritórios extraordinários praticados pelo sentenciado no cumprimento de sua reprimenda ou ainda atender condições pessoais de natureza especial, bem como a corrigir equívocos na aplicação da pena ou eventuais erros judiciários. Assim, inexistindo na condenação imposta ao reeducando qualquer erro a ser reparado ou excesso na dosimetria da pena e não revelando a conduta do mesmo nada de excepcional a ser premiado, é inviável a concessão do benefício da graça". É preciso garantir que a aplicação da graça tenha uma finalidade útil de recompensa ao acusado ou condenado que, realmente, mereça. Não se pode transformar o instituto em uma *loteria*, ou seja, anualmente, sorteiam-se, ao acaso, situações de presos que são agraciados sem nada terem feito para receber a benesse. Essa não é a tradição da graça. Ilustrando, no direito medieval, "o agente que revidava uma agressão, agindo de acordo com a descriminante não era absolvido, mas a sua punibilidade era extinta pelo instituto da graça, impetrada ao soberano" (Célio de Melo Almada, *Legítima defesa*, p. 40). Em outros termos, a legítima defesa não era excludente de ilicitude, mas de punibilidade, dependendo, pois, da misericórdia e senso de justiça do soberano. Note-se, assim, o seu evidente caráter de realização de justiça no caso concreto.

475. *Abolitio criminis* **e retroatividade benéfica:** a abolição do crime significa que lei nova deixa de considerar determinada conduta como crime. Nesse caso, ocorre o fenômeno da *retroatividade da lei penal benéfica*. Assim acontecendo, nenhum efeito penal subsiste, mas apenas as consequências civis. O art. 123, III, deste Código, insere a *abolitio criminis* no contexto das excludentes de punibilidade, mas, na realidade, sua natureza jurídica é de excludente de tipicidade, pois, desaparecendo do mundo jurídico o tipo penal, o fato não pode mais ser considerado *típico*.

476. Prescrição: é a perda do direito de punir ou de executar a pena, por parte do Estado, pelo não exercício em determinado lapso de tempo. Não há mais interesse estatal na repressão do crime, tendo em vista o decurso do tempo e porque o infrator não reincide, readaptando-se à vida social. Há duas maneiras de se computar a prescrição: a) pela pena *in abstracto*; b) pela pena *in concreto*. No primeiro caso, não tendo ainda havido condenação, inexiste pena para servir de base ao juiz para o cálculo da prescrição. Portanto, utiliza-se a pena máxima em abstrato prevista para o delito. No segundo caso, já tendo havido condenação com trânsito em julgado, ao menos para a acusação, a pena tornou-se concreta e passa a servir de base de cálculo para a prescrição. Nesse sentido, conferir o disposto na Súmula 146 do STF: "A prescrição da ação penal regula-se pela pena concretizada na sentença, quando não há recurso da acusação". Há várias teses fundamentando a existência da prescrição em diversos ordenamentos jurídicos, inclusive no nosso. Podem-se enumerar as seguintes: a) *teoria do esquecimento*: baseia-se no fato de que, após o decurso de certo tempo, que varia conforme a gravidade do delito, a lembrança do crime apaga-se da mente da sociedade, não mais existindo o temor causado pela sua prática, deixando, pois, de haver motivo para a punição; b) *teoria da expiação moral*: funda-se na ideia de que, com o decurso do tempo, o criminoso sofre a expectativa de ser, a qualquer tempo, descoberto, processado e punido, o que já lhe serve de aflição, sendo desnecessária a aplicação da pena; c) *teoria da emenda do delinquente*: tem por base o fato de que o decurso do tempo traz, por si só, mudança de comportamento, presumindo-se a sua regeneração e demonstrando a desnecessidade da pena; d) *teoria da dispersão das provas*: lastreia-se na ideia de que o decurso do tempo provoca a perda das provas, tornando quase impossível realizar um julgamento justo muito tempo depois da consumação do delito. Haveria maior possibilidade de ocorrência de erro judiciário; e) *teoria psicológica*: funda-se na ideia de que, com o decurso do tempo, o criminoso altera o seu modo de ser e de pensar, tornando-se pessoa diversa daquela que cometeu a infração penal, motivando a não aplicação da pena. Em verdade, todas as teo-

Art. 124

Código Penal Militar Comentado • Nucci

rias, em conjunto, explicam a razão de existência da prescrição, que não deixa de ser medida benéfica e positiva, diante da inércia do Estado em sua tarefa de investigação e apuração do crime.

477. Eliminada a nota em decorrência da revogação do inciso V.

478. Reparação do dano no peculato culposo: esta causa de extinção da punibilidade possui figura correlata no Código Penal comum. Entretanto, na legislação comum, corretamente, encontra-se somente na Parte Especial, no tipo penal do peculato (art. 312, § 3.º). Ao contrário, no Código Penal Militar, insere-se no rol geral do art. 123, como se fosse aplicável a qualquer delito. De todo modo, a reparação do dano causado, que deve ser integral, gera a extinção da punibilidade se for realizada antes do trânsito em julgado de sentença condenatória. Pode ser reconhecida a qualquer tempo por juiz ou tribunal, declarando-se extinta a punibilidade do agente. Promovida a reparação em fase posterior, cabe ao juiz da execução penal reduzir a pena do sentenciado em metade.

478-A. Perdão judicial: o Poder Executivo se vale da graça e do indulto para o perdão; o Legislativo, da anistia; o Judiciário, do perdão judicial. Entretanto, neste caso é preciso encontrar hipóteses claramente previstas em lei. O juiz não pode perdoar quem a lei não tenha expressamente beneficiado.

479. Norma penal explicativa: quer o legislador ressaltar a possibilidade de ocorrer extinção da punibilidade para um determinado crime, considerado pressuposto (furto em relação à receptação, por exemplo), elemento constitutivo (furto no tocante ao roubo, ilustrando) ou circunstância agravante (lesão grave no crime de roubo) de outro, sem que este último seja afetado. Ex.: não é porque o furto prescreveu, extinguindo-se a punibilidade do agente, que a punibilidade da receptação sofrerá qualquer arranhão, ou porque a ameaça deixa de ser considerada delito que o roubo será afetado. O mesmo se dá no cenário dos delitos conexos. Associado ao homicídio, dá-se a resistência à prisão. Ambos serão julgados em conjunto. Eventual extinção da punibilidade da resistência, não afeta o homicídio.

Espécies de prescrição

> **Art. 124.** A prescrição refere-se à pretensão punitiva ou à executória.[480]

480. Pretensão punitiva e pretensão executória: a prescrição da *pretensão punitiva* do Estado ocorre *antes* do trânsito em julgado da sentença condenatória; elimina qualquer possibilidade de efeito negativo – principal ou secundário – de eventual condenação. Sob outra ótica, quando o lapso prescricional se consolida *após* o trânsito em julgado, afeta a *pretensão executória* do Estado. Nessa hipótese, havendo condenação, o efeito principal – cumprimento da pena – é eliminado, mas os secundários remanescem (antecedentes, reincidência, obrigação de indenizar o dano, dentre outros).

Prescrição da ação penal

> **Art. 125.** A prescrição da pretensão punitiva,[481] salvo o disposto no § 1.º deste artigo, regula-se pelo máximo da pena privativa de liberdade cominada ao crime, verificando-se:[482-485]

I – em 30 (trinta) anos, se a pena é de morte;

II – em 20 (vinte) anos, se o máximo da pena é superior a 12 (doze);

III – em 16 (dezesseis) anos, se o máximo da pena é superior a 8 (oito) e não excede a 12 (doze);

IV – em 12 (doze) anos, se o máximo da pena é superior a 4 (quatro) e não excede a 8 (oito);

V – em (oito) anos, se o máximo da pena é superior a dois e não excede a 4 (quatro);

VI – em 4 (quatro) anos, se o máximo da pena é igual a 1 (um) ano ou, sendo superior, não excede a 2 (dois);

VII – em 3 (três) anos, se o máximo da pena é inferior a 1 (um) ano.

Superveniência de sentença condenatória de que somente o réu recorre[486]

§ 1.º Sobrevindo sentença condenatória, de que somente o réu tenha recorrido, a prescrição passa a regular-se pela pena imposta, e deve ser logo declarada, sem prejuízo do andamento do recurso se, entre a última causa interruptiva do curso da prescrição (§ 5.º) e a sentença, já decorreu tempo suficiente.[487]

Termo inicial da prescrição da ação penal[488]

§ 2.º A prescrição da ação penal começa a correr:

a) do dia em que o crime se consumou;[489]

b) no caso de tentativa, do dia em que cessou a atividade criminosa;[490]

c) nos crimes permanentes, do dia em que cessou a permanência;[491]

d) nos crimes de falsidade, da data em que o fato se tornou conhecido.[492]

Caso de concurso de crimes ou de crime continuado

§ 3.º No caso de concurso de crimes ou de crime continuado, a prescrição é referida, não à pena unificada, mas à de cada crime considerado isoladamente.[493]

Suspensão da prescrição[494]

§ 4.º A prescrição da ação penal não corre:

I – enquanto não resolvida, em outro processo, questão de que dependa o reconhecimento da existência do crime;[495]

II – enquanto o agente cumpre pena no estrangeiro;[496]

III – enquanto pendentes embargos de declaração ou recursos ao Supremo Tribunal Federal, se estes forem considerados inadmissíveis.[496-A]

Art. 125

Código Penal Militar Comentado • Nucci

Interrupção da prescrição[497]

> § 5.º O curso da prescrição da ação penal interrompe-se:
>
> I – pela instauração do processo;[498-501]
>
> II – pela sentença condenatória ou acórdão condenatório recorríveis;[502-505]
>
> III – pelo início ou continuação da execução provisória ou definitiva da pena; e[505-A]
>
> IV – pela reincidência.[505-B]
>
> § 6.º A interrupção da prescrição produz efeito relativamente a todos os autores do crime; e nos crimes conexos, que sejam objeto do mesmo processo, a interrupção relativa a qualquer deles estende-se aos demais.[506]

481. Prescrição da pretensão punitiva pela pena em abstrato: a prescrição da pena em abstrato (ou prescrição abstrata) baseia-se no máximo previsto para o delito, no tipo penal, tendo em vista inexistir pena concreta aplicada. Diante disso, calcula-se o prazo prescricional segundo o máximo de pena possível, inserindo-se, para tanto, todas as causas de aumento destinadas à figura típica incriminadora. Essa inclusão é viável, pois as causas de aumento fazem parte da tipicidade derivada, permitindo o rompimento do limite máximo da pena. Não são inseridas, no cálculo da prescrição da pena em abstrato, as circunstâncias judiciais, que não possuem nenhum montante previsto em lei, nem as agravantes, pois não figuram na tipicidade. Por outro lado, quando incidir alguma causa de diminuição – como a tentativa – deve-se promover a menor possível.

482. Prescrição como matéria de ordem pública: tendo em vista que a prescrição é considerada matéria de ordem pública, deve ser decretada de ofício, em qualquer fase do processo, ou por provocação das partes, inclusive em ações de impugnação (*habeas corpus*, revisão criminal) ou, ainda, por meio de recursos (apelação, recurso em sentido estrito etc.). Aliás, quando detectada em recurso, trata-se de matéria preliminar, ou seja, impede a análise do mérito. Há quem sustente deva o Tribunal conhecer do recurso e, sendo o caso, avaliar o mérito, até mesmo absolvendo o acusado, pois lhe seria mais favorável. Entretanto, uma vez constatada a perda da *pretensão punitiva* do Estado, inexiste qualquer discussão plausível em torno de *culpa*. Seria utilizar o Poder Judiciário como órgão meramente consultivo. Na jurisprudência: STM: "O reconhecimento da extinção da punibilidade pelo advento da prescrição da pretensão punitiva impede o exame de mérito. Inteligência do art. 123, inciso IV, art. 125, inciso VI, todos do Código Penal Militar c/c o art. 110, § 1.º, do CP" (Emb. 0000052-72.2008.7.05.0005 – PR, Plenário, rel. Maria Elizabeth Guimarães Teixeira Rocha, 10.05.2012, v.u.). "Nos termos do art. 133 do CPM, a prescrição é matéria de ordem pública, devendo ser alegada de ofício quando não arguida pelas partes. Por esse motivo, a sua apreciação se mostra cabível em sede de preliminar, prejudicando a análise do mérito recursal. Precedentes do STF e desta Corte" (Ap. 0000056-62.2009.7.01.0401 – RJ, Plenário, rel. William de Oliveira Barros, 17.08.2012, m.v.).

483. Prescrição e detração: debate-se se a detração pode influenciar nos prazos prescricionais. Sustentam alguns a possibilidade de descontar o prazo da prisão provisória no cálculo da prescrição, tal como se faz na pena definitiva, valendo a analogia por razões de equidade. Seria o seguinte: se o réu foi condenado a 1 ano e 6 meses – cujo prazo prescricional é de 4 anos –, tendo sido preso provisoriamente por 8 meses, restam 10 meses de prisão – cujo prazo prescricional é de 3 anos. Portanto, se o réu fugir antes do trânsito em julgado da sentença condenatória, deve ser preso em, no máximo, 3 anos. Após, estará prescrita a pretensão executória do Estado. Uma *segunda posição* – a mais correta, em nosso entender – defende a impossibilidade de confundir institutos diversos. A detração serve apenas para descontar na pena definitiva o prazo de prisão provisória, enquanto a prescrição tem outra finalidade.

484. Imprescritibilidade: somente não se computa a prescrição em dois tipos de crimes: racismo e ação de grupos armados, civis ou militares, contra a ordem constitucional e o Estado Democrático, porque há expressa previsão constitucional (art. 5.º, XLII e XLIV da CF/1988).

485. Natureza dos prazos de prescrição da pretensão punitiva: são prazos penais, contando-se o dia do começo, não se suspendendo nas férias e sendo improrrogáveis. No cálculo da prescrição, influem as causas de aumento e de diminuição da pena, utilizando-se o limite máximo para o aumento e o percentual mínimo para a diminuição. Assim, exemplificando, tratando-se de uma tentativa, aplica-se a redução de um terço na pena máxima; cuidando-se de um roubo com emprego de arma de fogo, aplica-se o aumento de metade na pena máxima. E, para a análise da prescrição, é preciso levar em consideração o fato criminoso narrado na denúncia, e não a classificação feita pelo órgão acusatório.

486. Prescrição intercorrente, subsequente ou superveniente: é a prescrição da pretensão punitiva, com base na pena aplicada, com trânsito em julgado para a acusação, que ocorre entre a sentença condenatória e o trânsito em julgado desta. Eventualmente, pode se dar entre o acórdão condenatório (imaginemos, ilustrando, que o juiz de primeira instância absolveu o réu, o órgão acusatório recorreu e o tribunal, dando provimento ao apelo, proferiu condenação) e o trânsito em julgado deste julgado para a defesa. Alguns autores a chamam de prescrição "retroativa intercorrente". Ex.: pena aplicada de 2 anos, da qual recorre apenas a defesa. Se a sentença não transitar em julgado em menos de 4 anos, prescreve. Entretanto, se o Ministério Público recorrer, mas tiver insucesso no seu apelo, o prazo para a prescrição intercorrente corre da mesma forma, tal como se não tivesse havido o recurso. Se o recurso apresentado pelo Ministério Público não disser respeito à pena aplicada, não importa se tiver provimento, pois o prazo é computado normalmente. Ex.: o promotor recorre somente para alterar o regime aplicado e tem sucesso. Isso não é suficiente para interromper o curso da prescrição intercorrente. Na realidade, o simples fato do órgão acusatório recorrer não pode prejudicar o cômputo da prescrição da pretensão punitiva, se não houver sucesso nesse apelo. Não fosse assim e os recursos poderiam ser apresentados sistematicamente, com o único objetivo de impedir o trâmite prescricional. Na legislação penal comum, há expressa previsão de que o improvimento do recurso da acusação (art. 110, § 1.º, CP) não impede o curso da prescrição intercorrente. Acrescente-se, ainda, a possibilidade de haver recurso do Ministério Público, em relação à pena, conseguindo alteração do seu montante para mais, entretanto, sem provocar alteração do prazo prescricional. Nesse caso, considera-se presente do mesmo modo a ocorrência da prescrição intercorrente, pois equivale à não obtenção de sucesso no apelo. Ex.: imagine-se uma pena fixada em 1 ano e 6 meses de reclusão. Recorre o Ministério Público para elevá-la. O Tribunal, embora dê provimento ao apelo, aumenta a pena para 2 anos. Ora, nessa hipótese, o prazo prescricional continua exatamente o mesmo, ou seja, 4 anos, razão pela qual, se entre a sentença condenatória e o trânsito em julgado do acórdão, esse prazo já tiver sido atingido, não há dúvida de ter havido prescrição intercorrente.

487. Prescrição retroativa: é a prescrição da pretensão punitiva com base na pena aplicada, sem recurso da acusação, ou improvido este, levando-se em conta prazo anterior à própria sentença. Trata-se do cálculo prescricional que se faz da frente para trás, ou seja, proferida a sentença condenatória, com trânsito em julgado, a pena torna-se concreta. A partir daí, o juiz deve verificar se o prazo prescricional não ocorreu entre a data do recebimento da denúncia e a sentença condenatória. Ex.: se o delito possui pena máxima de quatro anos em abstrato, prescreve em oito; fixada a pena pelo juiz em um ano, transitada em julgado para a acusação,

Art. 125

Código Penal Militar Comentado • Nucci

passa-se a computar em concreto, ou seja, quatro anos; volta-se então da data da sentença até a data do recebimento da denúncia e verifica-se se transcorreu esse montante; comprovado, extingue-se a punibilidade. Tanto o juiz da condenação, quanto o da execução, podem reconhecer a ocorrência da prescrição retroativa. Na jurisprudência: STM: "Com efeito, comprovado o transcurso do lapso temporal superior a 2 (dois) anos entre o recebimento da Denúncia e a publicação da Sentença condenatória, tem-se a prescrição retroativa. Inteligência do art. 123, inciso IV, c/c os arts. 125, inciso VII e § 1.º, todos do Código Penal Militar. O reconhecimento da extinção da punibilidade pelo advento da prescrição penal impede o exame de mérito" (Ap. 0000007-81.2006.7.03.0203 – RS, Plenário, rel. Maria Elizabeth Guimarães Teixeira Rocha, 28.05.2012, m.v.).

488. Termo inicial da prescrição da pretensão punitiva: são os previstos neste artigo, conforme a hipótese. Enquanto o início da prescrição da pretensão executória se dá a partir da sentença condenatória com trânsito em julgado, nos casos da pretensão punitiva ela tem início a partir da data do fato delituoso.

489. Variação e dúvida quanto à data consumativa: de acordo com a classificação dos crimes, deve-se verificar qual a data da consumação: *materiais*, no dia em que houve o resultado; *formais e de mera conduta*, na data da atividade; *omissivos próprios*, na data do comportamento negativo; *omissivos impróprios*, no dia do resultado; *preterdolosos ou qualificados pelo resultado*, na data do resultado; *culposos*, na data do resultado naturalístico. Quanto aos crimes habituais, na data em que cessar o comportamento reiterado. Nos *crimes continuados*, vale a data da consumação de cada delito que os compõe. Pode ocorrer situação duvidosa quanto à consumação de um crime. Imagine-se um homicídio cometido há muito tempo e quando se descobre o cadáver já não há condições de apontar exatamente o dia em que houve o crime. A perícia pode indicar aproximadamente a época da morte. Se o fizer, por exemplo, mencionando ter sido entre janeiro e junho de determinado ano, deve-se computar a prescrição a partir do dia 1.º de janeiro e não do dia 30 de junho. E se qualquer outro delito tiver sido cometido, ilustrando, no ano de 1999, sem se poder precisar o dia ou o mês, computa-se a prescrição a partir de 1.º de janeiro de 1999 e não de 31 de dezembro desse ano. Por vezes, pode emergir a data da consumação por meio de depoimentos testemunhais, não se sabendo ao certo qual o dia exato, *v.g.*, de uma apropriação indébita. O juiz forma a sua convicção pelo depoimento mais convincente, em confronto com as demais provas. Se for inviável, pois cada testemunha aponta um dia diverso, utiliza-se a data mais favorável ao réu. É a prevalência do interesse do acusado atuando como princípio geral de direito penal e processo penal. Na jurisprudência: STM: "Comprovadas a materialidade e a autoria, mostra-se subsumida ao tipo penal, previsto no art. 240 do CPM, a conduta de militar que, no interior da OM, subtrai aparelho celular de colega de farda. O *modus operandi* do infrator revela seu intuito de haver para si coisa móvel alheia, sendo inequívoco o dolo ínsito ao tipo penal em comento. Em Manifestação Judicial, a Defensoria Pública da União, alega a ocorrência da prescrição pela pena em concreto, baseada no art. 125, § 2º, alínea 'a', do CPM, alegando que a prescrição da Ação Penal começa a correr do dia em que o crime se consumou. Contudo, não assiste razão, pois, por força da Lei nº 12.234, de 5 de maio de 2010, não mais se considera a data da consumação do crime como termo inicial para a prescrição retroativa com base na pena em concreto. A estimativa do valor da *res furtiva* revela a inaplicabilidade dos princípios da insignificância e da intervenção mínima como forma de abrandar o delito para infração disciplinar, considerando a condição de soldado do Ofendido e tomando como base o seu soldo, soma-se a isso a circunstância de que o agente foi excluído da Força e a conduta perpetrada reverte-se de gravidade perante a tropa. Quanto à aplicação do Princípio da Insignificância, ela deve ser analisada sob a ótica da preservação dos princípios da hierarquia e da disciplina militares. *In casu*, o furto de aparelho celular representa grave violação desses princípios, tornando absolutamente reprovável essa conduta. Além disso, a jurisprudência desta Corte Castrense é firme no sentido de repelir a aplicação do Princípio da Insignificância em delitos dessa natureza. Apelo defensivo desprovido por decisão unânime" (Ap. 7000241-32.2018.7.00.0000, T. Pleno, rel. Francisco Joseli Parente Camelo, j. 07.06.2018).

490. Início de prescrição na tentativa: é a partir do momento do último ato executório praticado pelo agente, antes de ser interrompido, contra a sua vontade, por terceiros.

491. Regra especial para os delitos permanentes: embora o delito permanente esteja consumado a partir de uma única ação (ex.: sequestrar pessoa, privando-a da sua liberdade), o fato é que a subsequente omissão do agente (ex.: não soltar a vítima, após a privação da liberdade) permite a continuidade da consumação. Assim, para não haver dúvida a respeito do início da prescrição, estipulou o legislador que, enquanto não cessada a permanência (leia-se, a consumação), não tem início a prescrição. Eventualmente, em caso de não haver cessação da permanência (ex.: a vítima do sequestro não mais é localizada), começa-se a contar a prescrição a partir do início do inquérito ou do processo pelo Estado. Na jurisprudência: STM: "Sendo classificado como permanente o delito de estelionato praticado mediante fraude contra a Administração Militar, por meio de sucessivos saques bancários indevidos em conta corrente de pensionista falecido, o curso do prazo prescricional inicia-se tão logo cessada a permanência, a teor do disposto no art. 125, § 2.º, alíneas, "c" e "d", do Código Penal Militar, ou seja, após o último desfalque patrimonial" (Ap. 0000041-39.2008.7.01.0301 – RJ, Plenário, rel. José Américo dos Santos, 25.05.2012, v.u.).

492. Regra específica para a falsificação: nesses delitos, a prescrição corre da data em que o fato se tornou conhecido da autoridade competente para apurar e punir o infrator. O conhecimento da autoridade pode dar-se de modo presumido, quando o fato adquire notoriedade (pelo uso aparente do documento falso, por exemplo), ou de modo formal (apresentando-se a *notitia criminis*). A primeira posição parece-nos correta.

493. Concurso de crimes e prescrição: apesar de se unificarem as penas para efeito de cumprimento, quando se tratar do cálculo da prescrição, deve-se tomar, isoladamente, cada delito. Assim, caso o réu seja condenado à pena total de 13 anos de reclusão (12 por um homicídio qualificado e 1 pela prática de furto simples), em concurso material, verificando o juiz que, entre a data do recebimento da denúncia e a da sentença, transcorreram 5 anos, deve reconhecer a ocorrência da prescrição da pretensão punitiva do furto, mantendo, somente, a pena relativa ao homicídio. No caso de crime continuado, se pena foi fixada em 4 anos, inicialmente, com um acréscimo da metade, resultando em 6 anos, a prescrição não se dará em 12 anos (art. 125, IV), mas em 8 (art. 125, V). Na jurisprudência: STM: "5. Nos termos do que dispõe o § 3.º do artigo 125 do Código Penal Militar, no caso de concurso de crimes, a prescrição recairá sobre cada uma das penas isoladamente. No caso, considerando as penas isoladamente estabelecidas, a prescrição da pretensão punitiva da pena aplicada ao agravante pelo crime previsto no art. 209, *caput*, do CPM (4 meses de detenção) ocorre em 2 anos, conforme o art. 125, VII, do Código Penal Militar. Desta feita, conforme demonstrado no acórdão impugnado, transcorridos mais de 2 anos entre a publicação da sentença condenatória e o julgamento do recurso de apelação, e não havendo outra causa interruptiva da prescrição, deve ser declarada extinta a punibilidade do agravante quanto ao crime previsto no art. 209 do Código Penal Militar. 6. Agravo parcialmente provido tão somente para declarar extinta a punibilidade do agravante quanto ao crime do art. 209 do CPM" (AgRg no HC 527.848/RR, 5ª T., rel. Ribeiro Dantas, 02.06.2020, v.u.).

Art. 125

Código Penal Militar Comentado • Nucci

494. Causas suspensivas ou impeditivas da prescrição da pretensão punitiva: *impedir* ou *suspender* a prescrição significa apenas "paralisar" o prazo prescricional, que recomeçará a correr do ponto onde parou, tão logo a causa que fundamentou a suspensão termine.

495. Questões prejudiciais: são as previstas nos arts. 123 e 124 do CPPM. O termo inicial é o despacho que suspende o processo e o final é o despacho que determina o prosseguimento.

496. Pena no exterior: o cumprimento de pena no estrangeiro prejudica a ampla defesa, motivo pelo qual se pode considerar uma questão prejudicial, apta a suspender o curso do processo e da prescrição.

496-A. Pendência de recursos: a prescrição fica suspensa, a partir do ingresso de embargos de declaração ou de recurso ao Supremo Tribunal Federal, quando inadmissíveis. Seja em qualquer instância, os embargos de declaração interpostos, quando inadmissíveis, permitem a suspensão da prescrição, desde o seu ajuizamento até a sua decisão. O mesmo ocorre com o recurso extraordinário, dirigido ao STF. Se não tiver provimento, a prescrição fica suspensa, desde o dia em que é ajuizado até a última decisão do derradeiro recurso. Porém, há de se dividir. Se o recurso extraordinário for admitido e provido, a prescrição corre. No entanto, se o recurso extraordinário não tiver provimento, enquanto isso, a prescrição fica suspensa. Este dispositivo já seria suficiente para evitar o que se denomina de *impunidade*, quando réus recorrem de maneira excessiva, visando, apenas, ganhar tempo para atingir a prescrição. A partir da suspensão da prescrição quando os embargos de declaração e recurso extraordinário não forem acolhidos, a prescrição permanece suspensa. Com isso, não mais se pode falar em impunidade. Lembrar o seguinte: ser admissível significa apreciar o mérito do recurso extraordinário. Mesmo improvido, se foi admissível o extraordinário, a prescrição corre normalmente.

497. Interrupção do prazo de prescrição da pretensão punitiva: *interromper* a prescrição significa recomeçar, por inteiro, o prazo prescricional. Ex.: se após o decurso de 2 anos do lapso prescricional, de um total de 4, houver a ocorrência de uma causa interruptiva, o prazo recomeça a correr integralmente. As causas de interrupção do art. 125, § 5.º, deste Código, são taxativas, não admitindo qualquer ampliação.

498. Instauração do processo: a expressão utilizada é inadequada, pois o que se *ajuíza* é a ação penal – e não o processo, meio de desenvolvimento dos atos processuais, com a finalidade de aplicação da lei ao caso concreto. Portanto, o oferecimento da denúncia é o início da ação penal, mas somente o seu recebimento pelo juiz equivale ao ajuizamento da demanda.

499. Recebimento da denúncia: pode dar-se em 1.ª ou 2.ª instância. Na hipótese de haver rejeição da denúncia ou da queixa, não se interrompe o prazo prescricional. O mesmo ocorre se o recebimento da peça acusatória for anulado posteriormente, pois atos nulos não podem produzir efeitos, especialmente negativos em relação ao réu. Assim também o ensinamento de Antonio Rodrigues Porto: "Entendemos que, sempre que seja declarada nulidade processual, deixará de ter eficácia interruptiva a decisão atingida pela anulação; o ato nulo é como se não tivesse existido" (*Da prescrição penal*, p. 72). Por outro lado, se o recebimento ocorrer em 2.ª instância, prescinde-se do trânsito em julgado e não se leva em conta a interposição de embargos infringentes para a interrupção ter efeito. Note-se que o recebimento da denúncia é causa interruptiva da prescrição da *pretensão punitiva*.

500. Necessidade de publicação da decisão de recebimento: não se deve considerar, para efeito de interrupção da prescrição, a data constante da decisão de recebimento da denúncia ou da queixa, mas, sim, a de publicação do ato em cartório. Esta última confere publicidade ao ato e evita qualquer tipo de equívoco ou dubiedade.

501. Decisão de recebimento proferida por juiz incompetente: anulada a decisão de recebimento da denúncia ou da queixa dada por juiz incompetente, somente se considera interrompida a prescrição caso se cuide de incompetência relativa. Entretanto, tratando-se de incompetência absoluta, a decisão não tem força para interromper o prazo prescricional. No mesmo sentido: Antonio Rodrigues Porto (*Da prescrição penal*, p. 68).

502. Sentença condenatória recorrível: a data da interrupção dá-se no dia em que for publicada, vale dizer, entregue em mãos do escrivão, no cartório. Quanto à sentença anulada, não gera o efeito interruptivo da prescrição. Na jurisprudência: STF: "A causa interruptiva da prescrição, inserta no art. 125, § 5.º, inciso II, do Código Penal Militar, refere-se à sentença ou acórdão condenatório recorríveis, posto não haver distinção ontológica entre ambos, não incidindo o entendimento em analogia *in malam partem*. Consectariamente, absolvido o paciente em primeiro grau, a causa interruptiva a ser considerada é a data da publicação do acórdão da apelação que o condenou, sobretudo porque é nele que será fixada a pena *in concreto* que balizará o cálculo da prescrição. Precedentes: RHC 109.973, Rel. Min. Joaquim Barbosa, *DJ* de 12/12/2011 e HC 109.390, Rel. Min. Gilmar Mendes, *DJ* de 9/10/2012" (HC 115.035-RJ, 1.ª T., rel. Luiz Fux, 18.06.2013, v.u.).

503. Acórdão que confirma a sentença ou aplica a condenação: trata-se de causa suficiente para interromper a prescrição, conforme a atual redação do artigo e posição do STF. Na jurisprudência (antes da Lei 14.688/2023): STM: "II – Embora o art. 125, § 5.º, II, do Código Penal Militar, determine que apenas a 'sentença condenatória recorrível' interrompa a prescrição, a prática jurídica assentou que os acórdãos reformadores da sentença absolutória também se inserem nesta hipótese. A doutrina nacional, outrossim, seguiu a compreensão de que a redação do CPM não deve ser lida de forma taxativa, a fim de que o vocábulo 'sentença' não abranja unicamente a condenação imposta por Magistrado Singular ou Órgão Judicial equivalente, mas igualmente o acórdão que se enquadre nas circunstâncias citadas. Vale dizer, o verbete 'sentença' não buscou diferenciar entre as decisões prolatadas em Órgãos de primeira instância e manifestações colegiadas dos Tribunais. III – Contudo, estabeleceu-se que a única decisão condenatória a ser considerada para interrupção seria a primeira a ser proferida. Dessa forma, não se estendia a eficácia interruptiva ao acórdão que somente mantivesse a condenação imposta pelo primeiro grau. IV – A partir da modificação implementada ao art. 117 do Código Penal comum pela Lei 11.596/2007, o Pretório Excelso firmou posição de que o acórdão confirmatório – mantivesse, diminuísse ou aumentasse a pena – não deixa de carregar eficácia condenatória, em virtude do efeito substitutivo inerente às decisões judiciais. O acórdão prolatado passa a ser o título executável, pois suplantou a sentença por ser decisão posterior emanada de instância superior. V – Compreendeu-se que a Lei 11.596/2007 tão somente 'explicitou' o que já estava implícito no dispositivo legal: o Legislador nunca quis limitar a aplicabilidade do dispositivo legal unicamente às sentenças emanadas de Órgão de 1.º Grau, senão a usou a título genérico, equivalente a 'decisão', abarcando tanto 'sentenças', quanto 'acórdãos'. VI – O real alcance do disposto no art. 125, § 5.º, inciso II, do CPM, respeitadas as devidas particularidades da seara castrense, não obstante sua defasagem perante o Código comum, merece ser interpretado à luz das visões ontológicas, sistêmicas e finalísticas referentes à causa de interrupção da prescrição em questionamento. VII – O texto do Diploma Penal Militar, ao usar tão somente o termo 'sentença', deve ser lido de maneira genérica para que nele sejam abarcados as sentenças *strictu sensu*, decisões originadas dos julgamentos por Juízes Federais de forma singular e dos Conselhos de Justiça, Especiais e Permanentes, e os acórdãos

Art. 125

deste Tribunal. VIII – Busca-se ir ao encontro da posição consolidada recentemente no STF, a qual, sem necessidade de maior adaptação, encontra plena aplicação ao disposto no Códex Castrense, visto que, no ver da linha argumentativa que a fundamenta, sua incidência era viável inclusive quando a redação do Código Penal comum era idêntica à do CPM. IX – Analogia *in malam partem* e interpretação *extra lege* não configuradas. A partir das lições doutrinárias e jurisprudenciais pátrias, bem como da *mens legislatoris*, investigou-se o conceito 'sentença' contido no art. 125, § 5.º, II, do CPM, a fim de que se extraísse a verdadeira abrangência/inteligência do vocábulo. Desempenhou-se uma interpretação sistemática do ordenamento jurídico e, em especial, uma leitura atualizada do artigo de lei, o que perfeitamente se adéqua à natural evolução dos fenômenos jurídicos. X – Não acolhimento da tese defensiva de prescrição intercorrente. Desprovimento. Decisão *a quo* mantida" (Recurso em Sentido Estrito n.º 7000670-28.2020.7.00.0000, rel. Péricles Aurélio Lima de Queiroz, 12.11.2020, v.u.).

504. Sentença e embargos de declaração: para a interrupção da prescrição leva-se em consideração a data da sentença condenatória recorrível, mas não se pode deixar de registrar que há possibilidade de a parte interpor embargos de declaração. Se o efeito dos embargos for simplesmente tornar mais claro o conteúdo da decisão, sem alterar a pena, é natural que não se possa falar em nova interrupção da prescrição. Porém, se os embargos apontarem para omissão do juiz que, quando reconhecida, provoque a modificação da decisão, elevando a pena, por exemplo, parece-nos perfeitamente admissível que ocorra novamente a interrupção da prescrição, pois surgiu nova sentença recorrível. Os embargos de declaração, nesse caso, geraram efeito infringente. O mesmo se diga, a partir de agora, em relação ao *acórdão condenatório* contra o qual sejam interpostos embargos de declaração.

505. Sentença impondo medida de segurança: é inadmissível para interromper a prescrição, não somente porque é, conforme regra processual penal, sentença absolutória (embora denominada *imprópria*), como também porque não consta expressamente no rol taxativo do art. 125, § 5.º. Idêntico raciocínio deve ser usado em caso de acórdão impondo medida de segurança.

505-A. Início ou continuação da execução provisória ou definitiva da pena: cuida-se da interrupção da pretensão executória da pena. A Lei 14.688/2023 modernizou o conteúdo da norma e já incluiu a execução *provisória* da pena. Portanto, quando o sentenciado começar o cumprimento da sua pena – seja a provisória, seja a definitiva – interrompe-se o curso da prescrição da pretensão executória. Lembre que a execução provisória é um benefício a quem está preso, em regime fechado, por prisão preventiva, mas, dada a sentença condenatória, o réu recorre; enquanto o recurso é processado, ele já pode pleitear a progressão para regime mais benefício (semiaberto).

505-B. Reincidência: trata-se de marco interruptivo da pretensão executória. A reincidência verifica-se pela *prática* do segundo delito, embora fique o seu reconhecimento pelo juiz condicionado à condenação. Há quem sustente que, pelo princípio da presunção de inocência, somente a data da condenação com trânsito em julgado pode fazer o juiz reconhecer a existência da reincidência. Esta última posição não é a correta, pois a lei é clara ao mencionar apenas reincidência, que é o cometimento de outro crime depois de já ter sido condenado. Ora, ainda que se dependa da condenação definitiva para se ter certeza do marco interruptivo, este se dá muito antes do trânsito em julgado da segunda condenação. E, na doutrina, confira-se o magistério de Antonio Rodrigues Porto: "O réu será considerado reincidente quando passar em julgado a condenação pelo segundo crime; mas o momento da interrupção da prescrição, relativamente à condenação anterior, é o dia da prática do novo crime, e não a data da respectiva sentença. A eficácia desta retroage, para esse efeito, à data em que se verificou o segundo delito" (*Da prescrição penal*, p. 89).

506. Comunicabilidade das causas interruptivas: quando houver o recebimento da denúncia ou da queixa ou a sentença condenatória recorrível com relação a um dos coautores de um delito, a interrupção se comunica, alcançando a todos. Significa que o Estado manifestou a tempo o seu interesse em punir, mantendo-o no tocante aos demais, bastando que os encontre a tempo. Afinal, adota-se, no campo do concurso de agentes, a teoria monista, havendo um só delito para todos os concorrentes (autores a partícipes). O mesmo se aplica aos crimes conexos, pois inseridos num único processo.

Prescrição da execução da pena ou da medida de segurança que a substitui

> **Art. 126.** A prescrição da execução da pena privativa de liberdade ou da medida de segurança que a substitui (art. 113) regula-se pelo tempo fixado na sentença[507] e verifica-se nos mesmos prazos estabelecidos no art. 125, os quais se aumentam de 1/3 (um terço), se o condenado é criminoso habitual ou por tendência.[508]
>
> § 1.º Começa a correr a prescrição:
>
> *a)* do dia em que passa em julgado a sentença condenatória[509] ou a que revoga a suspensão condicional da pena ou o livramento condicional;[510]
>
> *b)* do dia em que se interrompe a execução, salvo quando o tempo da interrupção deva computar-se na pena.[511]
>
> § 2.º No caso de evadir-se o condenado ou de revogar-se o livramento ou desinternação condicionais, a prescrição se regula pelo restante tempo da execução.[512]
>
> § 3.º O curso da prescrição da execução da pena suspende-se enquanto o condenado está preso por outro motivo,[513] e interrompe-se pelo início ou continuação do cumprimento da pena,[514] ou pela reincidência.[515]

507. Prescrição da pretensão executória: trata-se da perda da pretensão estatal de executar a pena aplicada na sentença, levando-se em conta os mesmos prazos utilizados para a pretensão punitiva, previstos no *caput* do art. 125. Na jurisprudência: STM: "Nos termos do art. 126 do CPM 'a prescrição da execução da pena privativa de liberdade ou da medida de segurança que a substitui (art. 113) regula-se pelo tempo fixado na sentença e verifica-se nos mesmos prazos estabelecidos no art. 125, do CPM'. O termo inicial para a contagem da prescrição executória começa a correr do dia em que passa em julgado a sentença condenatória. Recurso provido. Prescrição executória reconhecida de ofício. Decisão unânime" (RESE 0000100-12.2017.7.11.0211, T. Pleno, rel. Maria Elizabeth Guimarães Teixeira Rocha, j. 08.08.2017).

508. Elevação dos prazos em um terço: todos os prazos previstos no art. 125, *caput*, devem ser aumentados, quando se tratar de criminoso habitual ou de tendência – figuras previstas no art. 78 deste Código. Na legislação penal comum, dá-se idêntica elevação, no tocante aos sentenciados reincidentes.

509. Data do trânsito em julgado: a legislação penal militar, corretamente, estipula o início da prescrição da pretensão executória do Estado, quando a decisão condenatória tran-

Art. 126

Código Penal Militar Comentado • Nucci

210

sita em julgado, logo, torna-se definitiva para *ambas* as partes. Afinal, somente nessa hipótese torna-se viável compelir o acusado a cumprir a pena. No Código Penal comum, diversamente e de maneira errônea, estipula-se o início para o dia em que transitar em julgado a decisão condenatória para a acusação; nesse caso, corre a prescrição executória sem que o Estado possa fazer cumprir a pena, algo ilógico. Na jurisprudência: STM: "Consoante a jurisprudência do STF e desta Corte, a prescrição da pretensão executória, no âmbito da Justiça Castrense, tem como marco inicial o trânsito em julgado para ambas as partes, notadamente diante da especialidade do art. 126, § 1.º, do CPM, em relação ao direito penal comum. O Juízo *a quo* procedeu consoante a previsão da lei processual penal militar, apoiado base na consolidada jurisprudência desta Corte, a qual, em observância à especialidade da norma inserta no art. 126, § 1.º, do CPM, firmou-se no sentido de que a prescrição da pretensão executória restringe sua incidência aos casos de efetivo trânsito em julgado da sentença. No vertente caso, o lapso prescricional da pretensão executória de cada delito operar-se-ia em 2 (dois) anos, conforme art. 126, *caput*, c/c os arts. 125, inciso VI, e 129, tudo do CPM. Assim, ocorrido o trânsito em julgado do acórdão em 05.08.2016 e realizada a Audiência Admonitória em 03.08.2018, lapso inferior a 2 (dois) anos, não se operou a prescrição da pretensão executória estatal. Negado provimento ao Recurso" (Recurso em Sentido Estrito n.º 7000362-89.2020.7.00.0000, rel. Lúcio Mário de Barros Góes, 30.06.2020, v.u.).

510. Revogação do *sursis* ou do livramento condicional: esses benefícios permitem que o condenado esteja em liberdade, sob condições; se, por algum motivo legal, houver a revogação de qualquer deles, decreta-se a prisão e, por via de consequência, emerge a pretensão executória estatal.

511. Interrupção da execução: ocorre quando o condenado deixa de cumprir a pena que lhe foi imposta, porque foge do presídio, abandona o regime aberto ou deixa de seguir as restrições de direitos. Excepcionalmente, pode ser interrompida a execução, mas o período da interrupção pode ser computado como cumprimento de pena: é o que acontece quando o condenado adoece mentalmente, sendo transferido para hospital de custódia e tratamento.

512. Pena cumprida é pena extinta: conforme o condenado cumpre a pena, extingue-se a punibilidade, de modo que é logicamente viável computar-se a prescrição pelo tempo restante. Ex.: sentenciado a 12 anos, cujo prazo prescricional se dá em 16, cumpre 6 anos e foge; a prescrição da pretensão executória passa a ser computada pelos 6 anos restantes, ou seja, 12.

513. Prisão por outro motivo: é natural não possa correr a prescrição durante o período em que se encontra o sentenciado preso por motivo diverso da pena em questão; afinal, seja prisão cautelar, seja prisão-pena por outro processo, o Estado está atuando, sendo ilógico qualquer cômputo prescricional.

514. Início ou continuação da pena: trata-se de causa interruptiva da pretensão executória. Menciona o dispositivo as duas hipóteses possíveis: início – quando o condenado começa a cumprir a pena que lhe foi imposta; continuação – quando o sentenciado retoma o cumprimento da pena, que foi interrompido pela fuga, por exemplo.

515. Reincidência: trata-se de marco interruptivo da pretensão executória. A reincidência verifica-se pela *prática* do segundo delito, embora fique o seu reconhecimento pelo juiz condicionado à condenação. Há quem sustente que, pelo princípio da presunção de inocência, somente a data da condenação com trânsito em julgado pode fazer o juiz reconhecer a existência da reincidência. Esta última posição não é a correta, pois a lei é clara ao mencionar apenas *reincidência*, que é o cometimento de outro crime depois de já ter sido condenado. Ora, ainda que se dependa da condenação definitiva para se ter certeza do marco interruptivo, este se dá muito antes do trânsito em julgado da segunda condenação. Confira-se o magistério de Antonio Rodrigues Porto: "O réu será considerado reincidente quando passar em julgado a condenação pelo segundo crime; mas o momento da interrupção da prescrição, relativamente à condenação anterior, é o dia da prática do novo crime, e não a data da respectiva sentença. A eficácia desta retroage, para esse efeito, à data em que se verificou o segundo delito" (*Da prescrição penal*, p. 89).

Prescrição no caso de reforma ou suspensão de exercício

> **Art. 127.** (*Revogado pela Lei 14.688/2023.*)[516]

516. Eliminada a nota em decorrência da revogação do art. 127.

Disposições comuns a ambas as espécies de prescrição

> **Art. 128.** Interrompida a prescrição, salvo o caso do § 3.º, segunda parte, do art. 126, todo o prazo começa a correr, novamente, do dia da interrupção.[517]

517. Retomada do curso da prescrição: o disposto neste artigo deixa claro qual é o critério adotado para a *interrupção* da prescrição, significando *zerar* o prazo decorrido, retomando-se do início. Ex.: se, entre a data da consumação do crime e o recebimento da denúncia, decorreram três anos do prazo prescricional, havendo o ajuizamento da demanda, retoma-se o prazo prescricional do zero até chegar ao novo marco interruptivo, que é a sentença condenatória. A ressalva feita, remetendo-se ao § 3.º do art. 126 deste Código (dá-se o mesmo no Código Penal comum – art. 117, § 2.º), em verdade, é desnecessária por representar uma contradição na própria essência. Diz-se que, se não fosse feita a tal exceção, interrompida a prescrição pelo início do cumprimento da pena, o seu curso poderia continuar em plena execução. Ora, tal situação seria ilógica, visto que, se o condenado cumpre pena, concretiza-se a pretensão executória estatal, de modo que jamais se poderia computar prescrição ao mesmo tempo.

Redução

> **Art. 129.** São reduzidos de metade os prazos da prescrição, quando o criminoso era, ao tempo do crime, menor de 21 (vinte e um) anos ou maior de 70 (setenta).[518]

518. Menoridade relativa e senilidade: além de atenuante, a lei penal concede tratamento mais brando àqueles que são menores de 21 anos à época do crime ou maiores de 70 à época da sentença. Em qualquer caso – pretensão punitiva ou executória –, os lapsos prescricionais são reduzidos da metade. Ex.: se o condenado, com 20 anos, tendo a cumprir uma pena de 5 anos, foge, deverá ser recapturado em 6 anos: toma-se o prazo prescricional da pena de 5 anos, que é 12, reduzindo-o pela metade. Atualmente, de acordo com a Súmula 74 do STJ, a prova da idade deve ser feita por meio de qualquer documento hábil, não mais

Art. 130

sendo necessária a certidão de nascimento. A entrada em vigor do atual Código Civil (Lei 10.406/2002), que passou a considerar plenamente capaz para a vida civil o maior de 18 anos, nenhuma influência gerou para a contagem pela metade dos prazos prescricionais. A referência do Código Penal Militar ao menor de 21 anos é nítida e textual, não havendo ligação expressa com a menoridade civil. Pode-se até argumentar que, em face da redução da idade civil para o alcance da maioridade, mereceria ser rediscutida a especial proteção que se confere, atualmente, ao menor de 21 anos. Entretanto, em fiel respeito ao princípio da legalidade, deve-se continuar aplicando o critério fixado pela lei penal, que é diverso da civil. Outro ponto importante a destacar é o advento do Estatuto do Idoso, que passou a dar especial proteção a pessoas maiores de 60 anos. Essa lei, no entanto, em nada alterou a contagem da prescrição, que continua a ser feita pela metade *somente* quando a pessoa atingir 70 anos na data da sentença. Nesse prisma: STF: "A redução do prazo prescricional pela metade ocorre, nos termos do art. 115 do CP [art. 129, CPM], quando o agente contar com 70 anos na data da sentença condenatória. Com base nesse entendimento e afirmando que o mencionado dispositivo não foi derrogado pela Lei 10.741/2003, que define como idoso aquele que possui idade igual ou superior a 60 anos, a Turma indeferiu *habeas corpus* em que se pretendia o reconhecimento da prescrição da pretensão punitiva de condenado que completara 70 anos de idade após o julgamento da apelação e antes do trânsito em julgado da sentença condenatória. Considerou-se que a prolação de acórdão somente deve ser reputada como marco temporal para a redução da prescrição quando: a) tiver o agente sido julgado diretamente por um colegiado; b) houver reforma da sentença absolutória em julgamento de recurso para condenar o réu; e c) ocorrer a substituição do decreto condenatório em sede de recurso no qual reformada parcialmente a sentença. Assim, não seria possível a aplicação do referido art. 115 do CP às hipóteses em que se confirma a condenação em sede de recurso, como ocorrera no caso. Por fim, asseverou-se que a idade prevista no Estatuto do Idoso foi fixada como parâmetro para direitos e obrigações nele definidos" (HC 86320-SP, 1.ª T., rel. Ricardo Lewandowski, 17.10.2006, *Informativo* 445); HC 89969-RJ, 1.ª T., rel. Marco Aurélio, 26.06.2007, m.v., porém o voto divergente diz respeito a matéria diversa deste ponto, *Informativo* 473; STJ: "O art. 1.º do Estatuto do Idoso não alterou o art. 115 do Código Penal [art. 129, CPM], que prevê a redução do prazo prescricional para o réu com mais de 70 (setenta) anos na data da sentença. Precedente" (RHC 16.856-RJ, 5.ª T., rel. Gilson Dipp, 02.06.2005, v.u., *DJ* 20.06.2005, p. 295). STM: "Segundo a doutrina e a reiterada jurisprudência desta Corte Castrense, referendada por inúmeros julgados do Supremo Tribunal Federal, o crime de deserção é de natureza permanente, ensejando que o marco inicial da contagem do prazo prescricional é a data em que cessa a permanência, ou seja, da captura ou, como no caso dos autos, da apresentação voluntária do desertor. Em sendo crime permanente, a redução do prazo prescricional prevista no art. 129 do CPM não aproveita o réu. É que a dicção do art. 129 do CPM ao mencionar a expressão 'ao tempo do crime' como causa de redução pela metade do cálculo do prazo prescricional, impõe que seja considerada a data em que cessa a permanência, sendo certo que se o réu atinge a idade de vinte e um anos durante a sua constância, assim será considerado para todos os fins penais" (Emb. Decl. 0000111-29.2010.7.07.0007-DF, Plenário, rel. Cleonilson Nicácio Silva, 15.02.2012, v.u.).

Imprescritibilidade das penas acessórias

> **Art. 130.** É imprescritível a execução das penas acessórias.[519]

519. Regra de imprescritibilidade: este preceito não foi recepcionado pela Constituição Federal de 1988. Há quem argumente que o fundamento é a imprescritibilidade, fixada pelo texto constitucional, apenas aos crimes de racismo e terrorismo (cf. Enio Luiz Rosseto, *Código Penal comentado*, p. 448), logo, a outros delitos não poderia a lei ordinária referir-se. Com tal visão não concordamos. A prescrição é um benefício penal, estabelecido pela legislação ordinária. Cabe ao legislador comum fixar as regras para tanto, bem como vedar a prescrição, por medida de política criminal, quando lhe parecer conveniente. Ter o constituinte, pela primeira vez, estabelecido a imprescritibilidade de dois tipos de crimes significa, apenas, a determinação maior para que lei ordinária não permita a prescrição do racismo e do terrorismo. Entretanto, se houver norma ampliando os casos de imprescritibilidade, inexiste fundamento constitucional para se impedir. Ademais, sabe-se perfeitamente ter sido um gesto puramente demagógico do legislador em 88, pois as penas previstas para os tipos penais do racismo são pífias, não gerando – quase nunca – a possibilidade real de prisão. E, no tocante à ação de grupos armados contra o Estado de Direito, nem mesmo se preocupou o legislador ordinário de lhe fixar a extensão e os tipos penais específicos. Em suma, o motivo da não recepção, segundo nos parece, encontra-se na própria lógica da legalidade, sendo absolutamente incompatível com princípios penais vitais, dentre os quais o da intervenção mínima, a prescritibilidade da pena principal, sem que haja, concomitantemente, a da pena acessória. Se tal medida fosse legítima, enfrentar-se-ia uma contradição interna ao sistema penal, o que deve ser evitado. Outro ponto fulcral para a questão concentra-se no fato de que as tais *penas acessórias* equivalem a típicos efeitos da condenação. Desse modo, prescrita a pretensão executória estatal para o principal, por óbvio, não remanesce o seu efeito. Nessa ótica, Celio Lobão, *Comentários ao Código Penal Militar*, p. 323.

Prescrição no caso de insubmissão

> **Art. 131.** A prescrição começa a correr, no crime de insubmissão, do dia em que o insubmisso atinge a idade de 30 (trinta) anos.[520]

520. Regra específica para a insubmissão: a prestação do serviço militar pelos jovens brasileiros é obrigatória (art. 143, CF/1988). Há interesse estatal nessa instrução militar, formando uma linha reserva para as Forças Armadas; desse modo, o civil insubmisso, que se subtrai à convocação comete crime (art. 183, CPM). Porém, o interesse estatal na incorporação encontra limite aos trinta anos. Se até essa idade o indivíduo insurgente não for capturado, nem se apresentar, inicia-se o prazo prescricional especial. Como a pena máxima para o delito é de um ano, computa-se a prescrição em quatro, conforme o previsto pelo art. 125, VI, deste Código. Naturalmente, se preso antes ou encontrado por outra forma, o prazo prescricional computa-se dentro da regra geral, vale dizer, com base nos referidos quatro anos. Permanecendo ausente, inicia-se o cômputo prescricional quase o agente atinge a idade de trinta anos. Na jurisprudência: STM: "O crime de insubmissão previsto no art. 183 do Código Penal Militar é de mera conduta e permanente, autorizando, por este último motivo, a captura do insubmisso, nos termos do art. 463, § 1.º, do Código de Processo Penal Militar. Vale dizer que a consumação do delito de insubmissão se protrai no tempo, efetivando-se com a apresentação ou captura do agente, de sorte que, em relação ao prazo prescricional, consoante disposto na alínea 'c' do § 2.º do artigo 125 do Código Penal Militar, a prescrição da ação penal militar começa a correr no dia em que cessou a permanência. Nesse contexto, se o réu não se apresentou voluntariamente ou não foi capturado, deve incidir a dicção do art. 131 do referido Códex Castrense, segundo o qual 'A prescrição começa a correr, no crime de insubmissão, do dia em que o insubmisso atinge a idade de trinta anos'. Além disso, a redução do prazo prescricional prevista no art. 129 do referido Códex somente aproveita o agente que, ao tempo do crime, ou seja, da cessação da

Art. 132

Código Penal Militar Comentado • Nucci

permanência, não tivesse completado 21 (vinte e um) anos de idade. O Superior Tribunal Militar forjou entendimento no sentido de que não é admitida a chamada prescrição em perspectiva. Precedentes. Recurso em Sentido Estrito provido. Decisão por maioria" (Recurso em Sentido Estrito n.º 7000380-13.2020.7.00.0000, rel. Carlos Vuyk de Aquino, 06.08.2020, maioria).

Prescrição no caso de deserção

> **Art. 132.** No crime de deserção, embora decorrido o prazo da prescrição, esta só extingue a punibilidade quando o desertor atinge a idade de 45 (quarenta e cinco) anos, e, se oficial, a de 60 (sessenta).[521]

521. Regra específica para a deserção: a ausência do militar, sem licença, de sua unidade, por mais de oito dias caracteriza o crime do art. 187 deste Código. Permanecendo foragido, regula-se a prescrição pelo critério da idade (45 anos para não oficial; 60 anos para oficial), pouco importando o prazo prescricional regular, que se daria em quatro anos, pois o máximo em abstrato da pena é de dois anos. Entretanto, na mesma linha sustentada para o caso previsto no artigo anterior (insubmisso), se o desertor for preso ou encontrado de outra forma pelo Estado, regula-se a prescrição pelo tempo normal, com base no art. 125. Na jurisprudência: STF: "A jurisprudência consolidada nesta Corte firmou-se no sentido de que (a) a prática de novo crime de deserção não interfere na contagem do prazo prescricional do delito de deserção antecedente; e (b) a regra do art. 132 do Código Penal Militar aplica-se somente aos desertores foragidos. Precedentes" (HC 111.477-RJ, 2.ª T., rel. Teori Zavascki, 24.09.2013, v.u.); "É firme a jurisprudência da Corte no sentido de que ao militar desertor que se apresenta se aplica a norma geral do art. 125 do CPM, contando-se a partir desse momento o prazo prescricional" (HC 118.867-PR, 1.ª T., rel. Dias Toffoli, 19.11.2013, v.u.); "O cômputo do prazo prescricional do artigo 125 do Código Penal Militar permanece inalterado nos casos em que o acusado, reincorporado ao serviço militar após o cometimento do crime de deserção (artigo 187, *caput*, do Código Penal Militar), reincide na prática delitiva" (HC 116.249-RJ, 1.ª T., rel. Rosa Weber, 12.11.2013, v.u.). STM: "O próprio Supremo Tribunal Federal – guardião maior da Constituição da República – já deixou entrever que o artigo 132 do Código Penal Militar foi inteiramente recepcionado pela Carta Magna, inexistindo, ademais, qualquer legislação infraconstitucional que reduza a sua dicção, de modo que fique fora do seu alcance o oficial que se encontre na condição de trânsfuga. A circunstância de já ter sido recebida a denúncia contra o paciente/trânsfuga – repita- se: conforme preconiza o 'processo de deserção de oficial' – não constitui evento de qualquer significado para efeito de contagem de prazo prescricional, que – enfatize-se – não é o preconizado em qualquer dos incisos do artigo 125 do CPM, mas sim a idade de 60 anos prevista no art. 132 do CPM. Como é cediço, a hermenêutica, como uma das suas regras fundamentais, alinha a de que a interpretação da lei não pode conduzir ao absurdo, que, *in casu*, começaria a revelar-se com o empréstimo a uma regra adjetiva, procedimental – qual seja a prevista no § 4.º do art. 454 do CPPM – de um significado de preceito de natureza material – isto é, de causa interruptiva da prescrição, nos moldes do inciso I do § 5.º do artigo 125 do CPM –, resultando daí a aberrante conclusão de que o oficial pode, ao seu alvedrio, frustrar a Ação Penal Militar por Deserção com o mero artifício de se manter na condição de trânsfuga por mais de 4 anos. O paciente encontra-se na condição de trânsfuga, o que não se altera em face de já ter sido deflagrada a Ação Penal Militar em seu desfavor por deserção, com o recebimento da denúncia em 20.06.2014, sendo-lhe aplicável, portanto, no que diz respeito à prescrição, os ditames do art. 132 do CPM. Denegação da Ordem" (*Habeas Corpus* n.º 7001167-76.2019.7.00.0000, rel. Luis Carlos Gomes Mattos, 18.12.2019, v.u.).

Declaração de ofício

> **Art. 133.** A prescrição, embora não alegada, deve ser declarada de ofício.[522]

522. Matéria de ordem pública: como já exposto em nota anterior, a prescrição é matéria de ordem pública, devendo ser declarada extinta a punibilidade do agente, pelo seu reconhecimento, em qualquer fase da investigação criminal ou processo. Não depende de provocação da parte, cabendo ao juiz responsável pelo feito reconhecê-la. Na jurisprudência: STM: "Como cediço, a prescrição é matéria de ordem pública, devendo, portanto, ser reconhecida de ofício pelo Tribunal, independentemente de provocação das partes nesse sentido, conforme dicção, inclusive, do art. 133 do CPM. Preliminar suscitada, de ofício, em que se reconhece a prescrição da pretensão punitiva estatal e, em consequência, declara a extinção da punibilidade do acusado condenado como incurso no art. 240 do CPM e do acusado que restou absolvido da aludida imputação. No que se refere ao Acusado condenado incurso no art. 254 do CPM, as provas pericial e testemunhal não deixam dúvida de que este não só incentivava os militares a subtraírem as armas, como também as adquiria, certamente com o propósito de revendê-las no submundo do crime. No vértice, nem se diga que a circunstância de não terem sido encontradas quaisquer das armas furtadas em poder do referido acusado seria o bastante para colocar em dúvida a materialidade do delito. Ora, como é óbvio, não se trata, *in casu*, de um colecionador ou algo do gênero, mas sim de um receptador, de um mercador de armas provenientes de crime, sendo de se esperar, igualmente à evidência, que as tenha consigo apenas pelo tempo indispensável para negociá-las e vendê-las para outrem. Para o desvelamento da materialidade e da autoria são plenamente aceitáveis outros meios de prova, conforme bem ditou a sentença de origem. Apelo defensivo que perde toda a substância, a embasar a sua postulação para que seja o crime imputado ao acusado desclassificado para o delito de receptação culposa, recortado no art. 255 do CPM. Acolhimento da preliminar, por unanimidade. Desprovimento do apelo da defesa por unanimidade" (Apelação n.º 7000963-66.2018.7.00.0000, rel. Luis Carlos Gomes Mattos, 28.10.2020, v.u.).

Reabilitação

> **Art. 134.** A reabilitação alcança quaisquer penas impostas por sentença definitiva.[523]
>
> § 1.º A reabilitação poderá ser requerida decorridos 5 (cinco) anos[524] do dia em que for extinta, de qualquer modo, a pena principal ou terminar a execução desta ou da medida de segurança aplicada em substituição (art. 113), ou do dia em que terminar o prazo da suspensão condicional da pena ou do livramento condicional, desde que o condenado:[525]
>
> *a)* tenha tido domicílio no País, no prazo acima referido;
>
> *b)* tenha dado, durante esse tempo, demonstração efetiva e constante de bom comportamento público e privado;
>
> *c)* tenha ressarcido o dano causado pelo crime ou demonstre absoluta impossibilidade de o fazer até o dia do pedido, ou exiba documento que comprove a renúncia da vítima ou novação da dívida.
>
> § 2.º A reabilitação não pode ser concedida:
>
> *a)* em favor dos que foram reconhecidos perigosos, salvo prova cabal em contrário;

Art. 134

> *b)* em relação aos atingidos pelas penas acessórias do art. 98, inciso VII, se o crime for de natureza sexual em detrimento de filho, tutelado ou curatelado.

Prazo para renovação do pedido

> § 3.º Negada a reabilitação, não pode ser novamente requerida senão após o decurso de 2 (dois) anos.[526]
>
> § 4.º Os prazos para o pedido de reabilitação serão contados em dobro no caso de criminoso habitual ou por tendência.[527]

Revogação

> § 5.º A reabilitação será revogada de ofício, ou a requerimento do Ministério Público, se a pessoa reabilitada for condenada, por decisão definitiva, ao cumprimento de pena privativa de liberdade.

523. Alcance da reabilitação: a declaração judicial de reinserção social do condenado permite a extinção da sua punibilidade, abrangendo penas principais ou acessórias. Como já ressaltado em nota anterior, a ocultação dos antecedentes criminais do sentenciado, para fins civis, decorre do simples cumprimento da pena (art. 202, Lei de Execução Penal), não mais sendo necessária a reabilitação para atingir tal efeito. Na jurisprudência: STM: "Recurso de ofício interposto contra a decisão que concedeu reabilitação a ex-militar, cuja extinção da punibilidade foi declarada pelo Juízo *a quo*, em função da extinção da pena pelo indulto, em decisão que transitou em julgado em 26 de abril de 2010. Consoante a dicção do art. 651 e seguintes do CPPM, a reabilitação poderá ser requerida quando ultrapassados 5 (cinco) anos da extinção da pena ou de sua execução. Comprovado nos autos que o sentenciado cumpriu os requisitos elencados no art. 134 do CPM e nos arts. 651 e 652 do CPPM, não merece reparo a decisão recorrida. Negado provimento ao Recurso" (Recurso de Ofício n.º 7001143-48.2019.7.00.0000, rel. Carlos Vuyk de Aquino, 05.11.2019, v.u.); "2. No meio castrense é de suma importância a ressocialização do condenado, uma vez que a reprimenda impede sua progressão na carreira. O instituto em análise é um relevante instrumento a possibilitar a recuperação profissional do militar e estimular seu comportamento exemplar, após o cumprimento da reprimenda. 3. Presentes as condições legais previstas na legislação penal e processual penal castrense, não há óbices para a concessão do benefício. 4. Recurso conhecido e desprovido. Decisão unânime" (RESE 7000721-10.2018.7.00.0000, T. Pleno, rel. Péricles Aurélio Lima de Queiroz, j. 29.10.2018).

524. Prazo para a reabilitação: na legislação militar fixa-se o prazo de cinco anos, mais que o dobro da legislação penal comum (dois anos), após a extinção da pena principal, medida de segurança, *sursis* ou livramento condicional. Na jurisprudência: STM: "1. O instituto da reabilitação, na seara castrense, tem supedâneo legal nos arts. 134 e 135 do CPM e, ainda, nos arts. 651 a 658 do CPPM, regramento especial que incide sobre os delitos militares. 2. O art. 134 do *Codex* Militar reza que esse benefício somente poderá ser requerido após 5 (cinco) anos da data da extinção da pena ou do dia do término do prazo da sua suspensão condicional. 3. As regras da Lei de Execução Penal somente podem incidir no âmbito desta Justiça Especializada nos casos em que a execução da pena ocorrer em estabelecimento prisional sujeito à jurisdição ordinária, nos termos do parágrafo único do seu art. 2.º. 5. Recurso conhecido e desprovido" (Recurso em Sentido Estrito n.º 7000547-64.2019.7.00.0000, rel. Alvaro Luiz Pinto, 17.06.2019, v.u.).

525. Requisitos e vedações: por critérios de política criminal, fixam-se critérios para a concessão da reabilitação em igualdade de termos no tocante ao Código Penal comum (art. 94). Morar no Brasil, durante os cinco anos supra mencionados, para que se possa checar o comportamento do egresso é o primeiro requisito de ordem objetiva. Segue-se a sua demonstração efetiva e constante, no mesmo quinquênio, de bom comportamento perante a sociedade e sua própria família, a ser comprovado por todos os meios de prova legítimos. Esse requisito tem natureza subjetiva. O propósito de ressarcimento da vítima é uma busca constante da legislação penal, embora se reconheça a sua desvinculação quando o sentenciado é insolvente ou não há vítima definida; ou ainda quando esta renunciou à reparação do dano. Em verdade, parece-nos exagerado demandar do condenado uma *declaração de renúncia*; basta que demonstre inexistir qualquer demanda judicial civil por parte do ofendido. Trata-se de requisito objetivo. Veda-se, por razões de política criminal, neste caso específico da legislação militar, a reabilitação aos considerados perigosos – conceito não mais utilizado no Código Penal comum – passíveis de medida de segurança – delinquentes sexuais, quando a vítima for filho, tutelado ou curatelado, no que concerne ao pátrio poder, tutela ou curatela suspenso.

526. Novo requerimento: negada a reabilitação, o Código Penal Militar estabelece o mínimo de dois anos para ser novamente pleiteada. Parece-nos razoável o prazo, a fim de evitar pedidos seguidamente indeferidos, sem que o sentenciado consiga preencher os requisitos legais. Entretanto, conforme a natureza da situação fática, pode ser extenso demais. O Código Penal comum retirou o mínimo, estabelecendo que o interessado pode reiterar o pedido *a qualquer tempo*, desde que com novos elementos (art. 94, parágrafo único, CP). Em tese, esta opção seria a mais adequada a ser adotada também pelo Código Militar.

527. Criminoso habitual ou por tendência: são as hipóteses previstas pelo art. 78 deste Código, cuidando, como regra, da reincidência ou de autores de delitos violentos contra a pessoa.

Cancelamento do registro de condenações penais

> **Art. 135.** Declarada a reabilitação, serão cancelados, mediante averbação, os antecedentes criminais.[528]

Sigilo sobre antecedentes criminais

> **Parágrafo único.** Concedida a reabilitação, o registro oficial de condenações penais não pode ser comunicado senão à autoridade policial ou judiciária, ou ao representante do Ministério Público, para instrução de processo penal que venha a ser instaurado contra o reabilitado.[529]

528. Sigilo dos antecedentes: conforme expusemos em notas anteriores, não há mais necessidade da reabilitação para a ocultação dos antecedentes criminais, para fins civis. Basta o cumprimento ou extinção da pena, conforme prevê o art. 202 da Lei de Execução Penal ("Cumprida ou extinta a pena, não constarão da folha corrida, atestados ou certidões fornecidas por autoridade policial ou por auxiliares da Justiça, qualquer notícia ou referência à condenação, salvo para instruir processo pela prática de nova infração penal ou outros casos expressos em lei"). Não há necessidade de requerimento por parte do condenado; a comunicação é automaticamente feita ao cartório distribuidor. Entretanto, não se oculta antecedente criminal para fins penais ou para concursos públicos. Na jurisprudência: STM: "Uma vez atendidos, em plenitude,

Art. 135

os requisitos elencados nos artigos 134 do CPM e 652 do CPPM para a concessão da reabilitação criminal, é imperiosa a manutenção da sentença concessiva do mencionado benefício, ora submetida ao duplo grau de jurisdição. Em consequência, procede-se ao cancelamento do registro relativo à condenação anterior na folha de antecedentes criminais do reabilitado. Recurso *ex officio* desprovido. Decisão unânime" (RESE 0000266-38.2012.7.11.0011, T. Pleno, rel. José Américo dos Santos, 26.03.2013).

529. Ressalva quanto ao sigilo: mesmo reabilitado, não pode o condenado tornar a cometer crime, sob pena de revogação da benesse concedida, nos termos do art. 134, § 5.º, deste Código. Logo, o sigilo não pode atingir as autoridades vinculadas à investigação ou processo criminal. No mais, o segredo é abrangente, valendo, inclusive, para concursos públicos.

PARTE ESPECIAL

LIVRO I
DOS CRIMES MILITARES EM TEMPO DE PAZ[1]

Título I
Dos crimes contra a segurança externa do País

Hostilidade contra país estrangeiro

> **Art. 136.** Praticar o militar ato de hostilidade contra país estrangeiro, expondo o Brasil a perigo de guerra:[2-3]
>
> Pena – reclusão, de 8 (oito) a 15 (quinze) anos.

Resultado mais grave

> § 1.º Se resulta ruptura de relações diplomáticas, represália ou retorsão:[4]
>
> Pena – reclusão, de 10 (dez) a 24 (vinte e quatro) anos.
>
> § 2.º Se resulta guerra:[5]
>
> Pena – reclusão, de 12 (doze) a 30 (trinta) anos.

1. Inaplicabilidade da Lei 9.099/1995: os delitos militares tutelam bens jurídicos especiais, diversos do cenário da legislação penal comum, tais como disciplina e hierarquia. Não se harmonizam ao espírito da Lei 9.099/1995, cuja finalidade foi dar aplicabilidade ao art. 98, I, da Constituição Federal, visando à rápida solução dos casos envolvendo infrações de menor potencial ofensivo. Coube à lei ordinária estabelecer quais seriam tais infrações (contravenções penais e crimes a que a lei comine pena máxima não superior a dois anos, art. 61, Lei 9.099/1995). A partir daí, iniciou-se a polêmica referente à possibilidade de aplicação do disposto nessa lei aos delitos militares. Entretanto, posteriormente, inseriu-se o art. 90-A na mencionada Lei: "as disposições desta Lei não se aplicam no âmbito da Justiça Militar". Na jurisprudência: STM: "(...) III – É pacífico o entendimento deste Tribunal acerca da inaplicabilidade dos institutos previstos na Lei 9.099/1995, de acordo com a dicção do art. 90-A da mencionada lei, afastando-se qualquer possibilidade de reconhecimento da ilegalidade do recebimento da Denúncia oferecida contra o Paciente, tendo em vista serem incabíveis, nesta Justiça castrense, a proposta de transação penal ou da suspensão condicional do processo pelo Órgão Ministerial" (HC 0000006-97.2012.7.00.0000 – RJ, Plenário, relator José Coelho Ferreira, 07/03/2012, v.u.). "Inaplicabilidade da Lei 9.099/95 no âmbito da Justiça Militar da União, que não reconhece o direito subjetivo da transação penal e da suspensão condicional do processo, por serem incompatíveis com a natureza singular da legislação penal castrense (HC 9-23.2010.7.00.0000/SP, STM, j. 5.2.2010)" (HC 0000009-

Art. 137

Código Penal Militar Comentado • Nucci

52.2012.7.00.0000 – RJ, Plenário, rel. Raymundo Nonato de Cerqueira Filho, 21.03.2012, v.u.). "1. Conforme Jurisprudência pacificada desta Corte, consubstanciada na Súmula 9, os termos da Lei 9.099/95 não se aplicam à Justiça Militar da União. 2. A Lei 9.099/95 dá novo regramento às infrações penais de menor potencial ofensivo, o que não é o caso dos crimes militares, mormente aqueles em que, em tese, militares no exercício de uma missão de Garantia da Lei e da Ordem são desacatados, em indiscutível afronta à Administração Militar" (HC 0000196-94.2011.7.00.0000 – RJ, Plenário, rel. Artur Vidigal de Oliveira, 21/03/2012, v.u.). "A severidade da norma penal militar encontra amparo nos princípios da hierarquia e da disciplina, sendo, por essa razão, incompatível com os institutos despenalizadores da legislação penal comum. A Lei 9.839, de 27 de setembro de 1999, ao inserir o art. 90-A na Lei 9.099, de 26 de setembro de 1995, vedando a aplicação da Lei dos Juizados Especiais no âmbito da Justiça Militar, apenas deu cumprimento aos mencionados princípios constitucionais" (HC 0000195-12.2011.7.00.0000-RJ, Plenário, rel. William de Oliveira Barros, 12/03/2012, v.u.).

2. Aspectos objetivos: o sujeito ativo só pode ser militar. O passivo é o Estado. *Praticar* (executar algo) ato de *hostilidade* (agressivo, provocador) é a conduta do militar, que se volta contra pessoas ou instituições estrangeiras, causando distúrbio suficiente para provocar uma guerra. Por isso, o tipo penal refere-se a *expor o Brasil a perigo de guerra*. O delito é de perigo concreto, devendo ser provada a conduta hostil do agente e a clara reação negativa do país estrangeiro. Como regra, para se chegar a desfecho tão grave, a agressão ou provocação há de ser armada, pois não serão com meras palavras que se atingirá um conflito desse porte. A previsão formulada neste tipo penal é preventiva, constituindo hipótese rara de efetivação, afinal, atualmente, existem inúmeros canais diplomáticos para resolver assuntos ligados a eventuais *atos hostis* de quem quer que seja. Tutela-se a segurança externa.

3. Aspectos subjetivos: o crime é doloso (dolo de perigo). Não há elemento subjetivo específico, nem existe a forma culposa.

4. Crime qualificado pelo resultado: o ato agressivo praticado pelo agente pode acarretar resultado mais grave do que a mera exposição a perigo, como a ruptura de relações diplomáticas, represália (desforra, retaliação) ou retorsão (contraposição). Esse resultado advém somente da culpa do agente, pois o dolo de perigo na conduta antecedente é incompatível com a vontade de provocar um dano.

5. Crime qualificado pelo resultado: nos mesmos termos da nota anterior, havendo o resultado naturalístico danoso, consistente em conflito armado, pune-se mais severamente o autor. A hipótese é de aplicação extremamente rara.

Provocação a país estrangeiro

> **Art. 137.** Provocar o militar, diretamente, país estrangeiro a declarar guerra ou mover hostilidade contra o Brasil ou a intervir em questão que respeite à soberania nacional:[6-7]
>
> Pena – reclusão, de 12 (doze) a 30 (trinta) anos.

6. Aspectos objetivos: o sujeito ativo só pode ser o militar; o passivo é o Estado. O tipo é, basicamente, uma repetição da figura prevista no artigo 136. Neste artigo, prevê-se a prática de ato de hostilidade do militar contra país estrangeiro, podendo determinar uma guerra ou qualquer espécie de retorsão ou represália. No art. 137, o militar provoca o país estrangeiro a declarar guerra, mover ato hostil ou interferir na soberania brasileira. Os dois modelos tutelam a segurança externa. Pode-se argumentar, como faz Enio Luiz Rosseto, que a diferença se encontra no elemento subjetivo, visto que, no tocante ao art. 137, há finalidade especial de agir (*Código Penal comentado*, p. 456). Certamente, tal diversidade ocorre, pois a figura do art. 136 contenta-se com o dolo de perigo quanto à prática da hostilidade, podendo o resultado mais grave (guerra ou outra represália) ser causado apenas por culpa do agente. Quanto à figura do art. 137, há dolo direto do autor na conduta antecedente, com elemento subjetivo específico (causar retorsão ao Brasil), constituindo delito de dano. Entretanto, não vemos razão prática para a coexistência de dois tipos penais incriminadores de estrutura similar. Bastaria a figura do art. 136, porventura enriquecida com mais algum elemento. De toda forma, cuida-se de hipótese muito rara, considerando-se que as relações diplomáticas atuais constituem meio eficiente para sanar a maioria dos problemas entre nações, especialmente no tocante ao Brasil, cuja meta é assegurar a paz.

7. Aspectos subjetivos: o delito é doloso (dolo de dano). Há o elemento específico, consistente em causar guerra ou outra represália estrangeira ao Brasil. Inexiste a forma culposa.

Ato de jurisdição indevida

> **Art. 138.** Praticar o militar, indevidamente, no território nacional, ato de jurisdição de país estrangeiro, ou favorecer a prática de ato dessa natureza:[8-9]
>
> Pena – reclusão, de 5 (cinco) a 15 (quinze) anos.

8. Aspectos objetivos: *praticar* (executar) *ato de jurisdição* de país estrangeiro no território brasileiro é a conduta central. *Jurisdição* é a típica manifestação do Poder Judiciário, aplicando a lei ao caso concreto, compondo e disciplinando conflitos. Cuida-se de evidência da soberania nacional, concentrada, por força constitucional, em Poder de Estado, motivo pelo qual não se cumpre, internamente, decisão judicial emanada de órgão jurisdicional estrangeiro. Na realidade, em caráter excepcional, o art. 9.º do Código Penal comum permite a homologação de sentença estrangeira, com a finalidade de *nacionalizá-la* para o efeito de valer em território nacional, por duas razões: permitir a indenização civil dos danos e cumprimento de medida de segurança. Diante disso, veda-se que órgãos estrangeiros, de qualquer nível, executem tais atos no território nacional. A figura típica do art. 138 busca punir o militar que dê cumprimento a decisões judiciais estrangeiras *indevidamente*, significando não autorizadas. Por óbvio, quando a decisão estrangeira puder ser cumprida em solo nacional, como ocorre, por exemplo, no caso de homologação por Corte brasileira, o fato é atípico. O mesmo cenário pode ocorrer se o militar apenas *favorecer* (beneficiar, apoiar) a execução de tal ato. Tutela-se a segurança externa em combinação com a soberania nacional.

9. Aspectos subjetivos: o delito é doloso. Não há elemento subjetivo específico, nem existe a forma culposa.

Violação de território estrangeiro

> **Art. 139.** Violar o militar território estrangeiro, com o fim de praticar ato de jurisdição em nome do Brasil:[10-11]
>
> Pena – reclusão, de 2 (dois) a 6 (seis) anos.

10. Aspectos objetivos: o sujeito ativo só pode ser o militar. O passivo é o Estado. *Violar* significa transgredir. O objeto da conduta é o território estrangeiro (solo, mar territorial

Art. 140

ou espaço aéreo). Por certo, qualquer invasão territorial é grave, tornando-se particularmente importante quando se trata de militar, afinal, pode desencadear um conflito armado. A finalidade específica do agente é o cumprimento de ato jurisdicional (decisão emanada do Poder Judiciário). A menção à atuação *em nome do Brasil* significa somente a *desculpa* sem causa para a execução do delito, pois não há sentido algum pretender punir o militar que cumpra algo legal e devido. Tutela-se a segurança externa.

11. Aspectos subjetivos: o crime é doloso. Há elemento subjetivo específico, consistente em praticar ato jurisdicional em nome do Brasil. Não há a forma culposa.

Entendimento para empenhar o Brasil à neutralidade ou à guerra

> **Art. 140.** Entrar ou tentar entrar o militar em entendimento com país estrangeiro, para empenhar o Brasil à neutralidade ou à guerra:[12-13]
>
> Pena – reclusão, de 6 (seis) a 12 (doze) anos.

12. Aspectos objetivos: o sujeito ativo é somente o militar. O passivo é o Estado. Tutela-se a segurança externa do Brasil, embora o crime previsto neste artigo seja praticamente inviável na atualidade. Militares não negociam paz nem tampouco guerra, em particular, fazendo-o individualmente. Trata-se de atividade pertinente aos órgãos diplomáticos e políticos. De toda forma, busca-se punir quem entrar em contato com qualquer autoridade de país estrangeiro – capaz de decidir algo quanto à situação de beligerância, sob pena de se configurar crime impossível – com o fim de comprometer o Brasil para a neutralidade (situação de abstenção, sem tomar qualquer partido) ou para o oposto, que é a guerra de qualquer nível.

13. Aspectos subjetivos: é o dolo. A finalidade específica do agente é comprometer o Brasil à neutralidade ou guerra.

Entendimento para gerar conflito ou divergência com o Brasil

> **Art. 141.** Entrar em entendimento com país estrangeiro, ou organização nele existente, para gerar conflito ou divergência de caráter internacional entre o Brasil e qualquer outro país, ou para lhes perturbar as relações diplomáticas:[14-15]
>
> Pena – reclusão, de 4 (quatro) a 8 (oito) anos.

14. Aspectos objetivos: o sujeito ativo é o militar. O passivo é o Estado. Tutela-se a segurança externa e a soberania nacional. Envolve, nos moldes do artigo anterior, atitude indevida de quem não é autorizado a entrar em entendimento de qualquer espécie com autoridade estrangeira, cuidando de interesses nacionais. Pune-se, ainda, quem contata organização internacional, ainda que não se trate de meio oficial. A finalidade do agente é promover desentendimento em nível de países, podendo envolver o Brasil e outra nação. O delito é de configuração rara, pois as relações diplomáticas estão avançadas o suficiente para evitar qualquer tipo de desgaste praticado por uma pessoa ou um grupo delas. Além disso, nosso país tem tradição pacífica, não se enredando em conflitos exteriores, especialmente armados. O delito é formal, bastando o contato indevido para concretizá-lo.

15. Aspectos subjetivos: o crime é doloso. O elemento subjetivo específico é a geração de conflito internacional entre o Brasil e outro país. Não há a forma culposa.

Resultado mais grave

> § 1.º Se resulta ruptura de relações diplomáticas:[16]
> Pena – reclusão, de 6 (seis) a 18 (dezoito) anos.
> § 2.º Se resulta guerra:[17]
> Pena – reclusão, de 10 (dez) a 24 (vinte e quatro) anos.

16. Crime qualificado pelo resultado: se a prática do entendimento gerar o efetivo resultado pretendido pelo agente, consistente em rompimento de relação diplomática, a pena se torna mais severa.

17. Delito qualificado pelo resultado: o resultado *conflito armado* consistiria na pior hipótese de divergência entre o Brasil e país estrangeiro, motivo pelo qual implica pena mais grave.

Tentativa contra a soberania do Brasil

> **Art. 142.** Tentar:
> I – submeter o território nacional, ou parte dele, à soberania de país estrangeiro;[18-19]
> II – desmembrar, por meio de movimento armado ou tumultos planejados, o território nacional, desde que o fato atente contra a segurança externa do Brasil ou a sua soberania;[20-21]
> III – internacionalizar, por qualquer meio, região ou parte do território nacional:[22-23]
> Pena – reclusão, de 15 (quinze) a 30 (trinta) anos, para os cabeças; de 10 (dez) a 20 (vinte) anos, para os demais agentes.[24]

18. Aspectos objetivos: o sujeito ativo é o militar. O passivo é o Estado. Trata-se de crime de atentado, que não comporta tentativa, pois esta já é punida como delito consumado. Configura uma forma de *traição à pátria*, pois o agente busca *submeter* (reduzir à obediência, subjugar) o território brasileiro (solo, mar territorial ou espaço aéreo), integral ou parcialmente, à *soberania* (domínio ou poder supremo) de país estrangeiro.

19. Aspectos subjetivos: é o dolo. Não há elemento subjetivo específico, nem se pune a forma culposa.

20. Aspectos objetivos: o sujeito ativo por ser militar ou civil. O passivo é o Estado. Trata-se de crime de atentado, que não admite tentativa, pois esta já é punida como consumado. A figura típica do art. 142, II, do Código Penal Militar prevê a tentativa de desmembramento por meio de *movimento armado* (qualquer ação organizada, valendo-se seus integrantes de armas próprias ou impróprias) ou *tumultos planejados* (desordens preordenadas, de qualquer espécie). Exige-se, ainda, a produção de perigo concreto à segurança externa do Brasil ou à sua soberania. Observa-se a diferença entre o crime político e o delito militar, pois aquele independe do método de execução e de qualquer resultado naturalís-

Art. 143

Código Penal Militar Comentado • Nucci

tico. Sob outro prisma, na lei comum, há finalidade específica, consistente em formar país independente.

21. Aspectos subjetivos: é o dolo. Não há elemento subjetivo específico, nem se pune a forma culposa.

22. Aspectos objetivos: o sujeito ativo pode ser militar ou civil. O passivo é o Estado. A conduta de *internacionalizar* significa tornar de domínio de várias nações, sendo o objeto o território nacional. Na realidade, cuida-se de outra maneira de desmembrar o território, tendo em vista desfazer a soberania nacional da área. O meio para tanto não necessita ser violento ou tumultuado, podendo consistir em atividade pacífica, pela via política inclusive. De qualquer forma, tutela-se a soberania nacional e a segurança externa.

23. Aspectos subjetivos: é o dolo. Não há elemento subjetivo específico, nem se pune a forma culposa.

24. Punição diferenciada para líderes: como regra, os *cabeças* dos delitos, que comandam a ação dos demais, atuando como mentores ou líderes efetivos, devem receber pena mais elevada, mas sem expressa previsão no preceito sancionador do tipo penal. Cabe ao julgador, conforme a medida da culpabilidade, dosar a pena entre o mínimo e o máximo, aplicando até mesmo agravante. Entretanto, no caso do artigo 142, estabelece-se faixa cominatória abstrata diversa para os mentores do crime e os demais agentes. Deve-se o fato à gravidade da conduta, buscando delimitar a atuação do juiz, conforme a *individualização legislativa*.

Consecução de notícia, informação ou documento para fim de espionagem

> **Art. 143.** Conseguir, para o fim de espionagem militar, notícia, informação ou documento, cujo sigilo seja de interesse da segurança externa do Brasil:[25-26]
>
> Pena – reclusão, de 4 (quatro) a 12 (doze) anos.
>
> § 1.º A pena é de reclusão de 10 (dez) a 20 (vinte) anos:[27]
>
> I – se o fato compromete a preparação ou eficiência bélica do Brasil, ou o agente transmite ou fornece, por qualquer meio, mesmo sem remuneração, a notícia, informação ou documento, a autoridade ou pessoa estrangeira;
>
> II – se o agente, em detrimento da segurança externa do Brasil, promove ou mantém no território nacional atividade ou serviço destinado à espionagem;
>
> III – se o agente se utiliza, ou contribui para que outrem se utilize, de meio de comunicação, para dar indicação que ponha ou possa pôr em perigo a segurança externa do Brasil.

Modalidade culposa

> § 2.º Contribuir culposamente para a execução do crime:[28]
>
> Pena – detenção, de 6 (seis) meses a 2 (dois) anos, no caso do artigo; ou até 4 (quatro) anos, no caso do § 1.º, I.

25. Aspectos objetivos: o sujeito ativo pode ser qualquer pessoa; o passivo é o Estado. A conduta típica prevê a obtenção de qualquer informe, escrito ou verbal (notícia, informação ou documento) secreto (não sujeito à publicidade e conhecimento de várias pessoas, mas somente de algumas autoridades), de interesse da segurança externa brasileira. O delito possui finalidade específica, demonstrando ser típica ação de espionagem no campo militar (atuação de agente secreto designado especificamente para o fim de alcançar informes sigilosos de país estrangeiro). No art. 143 deste Código, vislumbra-se a finalidade específica, diversa da outra legislação, pois consiste em obter informes de caráter militar. O crime é formal, consumando-se com a obtenção do informe sigiloso, mesmo que não haja efetivo prejuízo militar ao Brasil.

26. Aspectos subjetivos: o crime é doloso e possui elemento subjetivo específico, consistente em *fim de espionagem militar*. A forma culposa encontra-se no § 2.º.

27. Formas qualificadas pelo resultado: a pena eleva-se consideravelmente, nos casos apresentados nos incisos deste artigo. A primeira figura evidencia que o informe obtido pelo agente compromete o preparo (fabricação) ou eficiência bélica (utilização de armas) do Brasil, constituindo perigo concreto; pode, ainda, levar ao conhecimento de autoridade ou pessoa estrangeira o material obtido, formando, igualmente, hipótese de perigo concreto para a segurança externa. A espionagem pode ser inspirada pelo lucro ou gratuita. Na realidade, o crime não possui resultado naturalístico, nem na figura básica (*caput*) nem na qualificada do inciso I. Não destoa o tipo derivado do inciso II, visto que, após a obtenção da informação, documento ou notícia sigilosa, o agente constitui ou sustenta atividade ou serviço de espionagem em território nacional. Cuida-se de resultado qualificador de perigo para a segurança externa. Finalmente, quanto ao inciso III, parece-nos figura estranha ao *caput* e aos incisos anteriores, pois não se conecta diretamente ao informe secreto alcançado pelo autor. Nesta figura, ele se vale, pessoalmente ou por interposta pessoa, de meio de comunicação (rádio, telefone, telégrafo, internet) para dar qualquer *indicação* (revelação) perigosa ao Brasil. Prevê-se as formas de perigo abstrato (possa por em perigo) ou concreto (ponha em perigo) para a configuração da forma qualificada do inciso III. Embora se possa deduzir que a comunicação, como regra, diga respeito ao informe sigiloso obtido, nos termos da conduta do *caput*, não é essa a exata previsão do tipo derivado.

28. Forma culposa: não se trata de crime culposo de constituição diretamente voltada ao bem tutelado; em verdade, estabelece-se o auxílio culposo a ação dolosa. Somente se caracteriza tal figura se e quando alguém obtém o informe sigiloso (dolosamente) e o agente deste tipo culposo lhe dá contribuição por pura negligência de sua parte.

Revelação de notícia, informação ou documento

> **Art. 144.** Revelar notícia, informação ou documento, cujo sigilo seja de interesse da segurança externa do Brasil:[29-30]
> Pena – reclusão, de 3 (três) a 8 (oito) anos.

Fim de espionagem militar

> § 1.º Se o fato é cometido com o fim de espionagem militar:[31]
> Pena – reclusão, de 6 (seis) a 12 (doze) anos.

Resultado mais grave

> § 2.º Se o fato compromete a preparação ou a eficiência bélica do país:[32]
> Pena – reclusão, de 10 (dez) a 20 (vinte) anos.

Art. 145

Código Penal Militar Comentado • Nucci

Modalidade culposa

> § 3.º Se a revelação é culposa:[33]
>
> Pena – detenção, de 6 (seis) meses a 2 (dois) anos, no caso do artigo; ou até 4 (quatro) anos, nos casos dos §§ 1.º e 2.º.

29. Aspectos objetivos: o sujeito ativo pode ser qualquer pessoa. O passivo é o Estado. A conduta típica refere-se a *revelar* (descortinar, descobrir) algo, demonstrando haver sigilo em jogo. O foco é a notícia, informação ou documento, formado em segredo, podendo comprometer a segurança externa do Brasil, bem jurídico tutelado. A diferença entre este tipo penal e o previsto no art. 143 concentra-se no fato de que o detentor do informe secreto pode ter conseguido por si mesmo e, quando o caso, o transmite a estrangeiro (art. 143, *caput* e inciso I) ou já detém o informe sigiloso em seu poder, por alguma razão, descortinando-o indevidamente. A forma como o segredo se encontra sob conhecimento do autor do delito do art. 144 é irrelevante, assim como se ele é funcionário público ou particular. Por isso, a pena é menor no tocante ao art. 144.

30. Aspectos subjetivos: o delito é doloso. Não há elemento específico na figura do *caput*. A forma culposa se encontra no § 3.º.

31. Finalidade específica qualificadora: não se trata de resultado qualificador, mas de simples *circunstância* qualificadora, consistente na finalidade específica de agir. Neste caso, a revelação tem por fim a *espionagem militar*. O tipo penal do art. 143 prevê a obtenção do informe sigiloso *para tal finalidade*. No caso do art. 144, narrar o segredo com esse fim específico constitui figura qualificada.

32. Figura qualificada pelo resultado: a revelação do segredo de Estado pode gerar algum tipo de prejuízo ao arsenal militar brasileiro, motivo pelo qual cria-se um perigo concreto à segurança externa.

33. Forma culposa: a conduta típica, prevista no *caput*, pode advir da desatenção ou leviandade do agente em guardar segredo. Como regra, o tipo se volta a quem *deve* manter tal fato em sigilo.

Turbação de objeto ou documento

> **Art. 145.** Suprimir, subtrair, deturpar, alterar, desviar, ainda que temporariamente, objeto ou documento concernente à segurança externa do Brasil:[34-35]
>
> Pena – reclusão, de 3 (três) a 8 (oito) anos.

Resultado mais grave

> § 1.º Se o fato compromete a segurança ou a eficiência bélica do país:[36]
>
> Pena – reclusão, de 10 (dez) a 20 (vinte) anos.

Modalidade culposa

> § 2.º Contribuir culposamente para o fato:[37]
>
> Pena – detenção, de 6 (seis) meses a 2 (dois) anos.

34. Aspectos objetivos: o sujeito ativo pode ser qualquer pessoa; o passivo é o Estado. Há variadas formas alternativas para a *turbação de objeto ou documento* (título deveras estranho para o tema): *suprimir* (fazer desaparecer), *subtrair* (apoderar-se de algo), *deturpar* (desfigurar a forma original), *alterar* (modificar), *desviar* (encaminhar para local inadequado). O agente pode praticar uma delas ou mais de uma e comete apenas um crime, desde que contra o mesmo objeto, nas mesmas circunstâncias de tempo e local. A retirada do documento do local onde deveria se encontrar pode ser definitivo ou temporária; neste último caso, quando o agente toma conhecimento, registra por foto ou meio similar, restituindo-o. O material circunscreve-se à segurança externa do país. Em face do cenário onde foi inserido e da figura qualificada do § 1.º, está-se cuidando de segurança militar.

35. Aspectos subjetivos: é o dolo. Não há elemento subjetivo específico. A forma culposa se encontra no § 2.º.

36. Figura qualificada pelo resultado: a revelação do segredo de Estado pode gerar algum tipo de prejuízo ao arsenal militar brasileiro, motivo pelo qual cria-se um perigo concreto à segurança externa.

37. Forma culposa: não se trata de crime culposo de constituição diretamente voltada ao bem tutelado; em verdade, estabelece-se o auxílio culposo a ação dolosa. Somente se caracteriza tal figura se e quando alguém realiza a conduta típica prevista no *caput* (dolosamente) e o agente deste tipo culposo lhe dá contribuição por pura negligência de sua parte.

Penetração com o fim de espionagem

> **Art. 146.** Penetrar, sem licença, ou introduzir-se clandestinamente ou sob falso pretexto, em lugar sujeito à administração militar, ou centro industrial a serviço de construção ou fabricação sob fiscalização militar, para colher informação destinada a país estrangeiro ou agente seu:[38-39]
>
> Pena – reclusão, de 3 (três) a 8 (oito) anos.
>
> **Parágrafo único.** Entrar, em local referido no artigo, sem licença de autoridade competente, munido de máquina fotográfica ou qualquer outro meio hábil para a prática de espionagem:[40-41]
>
> Pena – reclusão, até 3 (três) anos.

38. Aspectos objetivos: o sujeito ativo pode ser qualquer pessoa; o passivo é o Estado. *Penetrar* (invadir) e *introduzir-se* (entrar) *clandestinamente* (de modo oculto e ilegítimo) ou *sob falso pretexto* (motive não idôneo) são condutas alternativas e similares. Busca-se punir quem ingressa, de algum modo, sem autorização, em local administrados pelos militares ou em centro industrial (fábrica em geral), que produzam produtos concernentes ao interesse militar. O ingresso é fundado pelo objetivo de alcançar informação voltada a país ou espião estrangeiro. Tutela-se a segurança externa, mas também as instalações militares.

39. Aspectos subjetivos: é o dolo. Há elemento subjetivo específico, consistente em *colher informação destinada a país estrangeiro ou agente seu*. Não há forma culposa.

40. Aspectos objetivos: esta figura é desnecessária e termina por ser repetitiva. Prevê a entrada nos lugares referidos no *caput*, sem licença, portando máquina fotográfica ou outro aparelho apto a praticar espionagem. Enfim, é exatamente o mesmo que a figura do *caput*, que estabelece o ingresso desautorizado em recinto militar, pretendendo colher informes para

Art. 147

estrangeiro, o que significa, na prática, espionagem. Ora, entrar com máquina para espionar ou penetrar para captar informes voltados à espionagem significam o mesmo. Pode-se argumentar que a figura do parágrafo único não possui, expressamente, a finalidade específica (para espionar), mas é o que está implícito. Afinal, fala-se em meio hábil *para a prática de espionagem*.

41. Aspectos subjetivos: é o dolo. Há finalidade específica implícita, relativa à prática de espionagem. Não há a forma culposa.

Desenho ou levantamento de plano ou planta de local militar ou de engenho de guerra

> **Art. 147.** Fazer desenho ou levantar plano ou planta de fortificação, quartel, fábrica, arsenal, hangar ou aeródromo, ou de navio, aeronave ou engenho de guerra motomecanizado, utilizados ou em construção sob administração ou fiscalização militar, ou fotografá-los ou filmá-los:[42]
>
> Pena – reclusão, até 4 (quatro) anos, se o fato não constitui crime mais grave.[43]

Sobrevoo em local interdito

> **Art. 148.** Sobrevoar local declarado interdito:[44-45]
>
> Pena – reclusão, até 3 (três) anos.

42. Aspectos objetivos: há quatro condutas alternativas, envolvendo a tutela da segurança externa do país, desde que se proteja as unidades militares, seus meios de transporte ou armamentos. Incrimina-se quem *faz desenho* (constitui ilustração acerca de algo), consegue *plano ou planta* (desenho específico para construção de algo), *fotografa* (registra ilustração por meio de máquina apropriada) ou *filma* (registra ação em movimento por meio de máquina apropriada). O objeto de tais condutas é a fortificação, quartel, fábrica, arsenal, hangar, aeródromo, navio, aeronave ou engenho de guerra motorizado. Esses locais, veículos ou armamentos em construção ou sob guarda militar, representando meios úteis à segurança do país, devem ficar longe da vista do público, como regra. Excepcionalmente, quando exibidos pelo próprio organismo estatal – como ocorre em desfiles comemorativos – a conduta é lícita.

43. Tipo subsidiário: consagra-se a subsidiariedade explícita, demonstrada no preceito secundário: somente se deve utilizar este tipo, caso não exista outra figura mais grave.

44. Aspectos objetivos: o sujeito ativo pode ser qualquer pessoa; o passivo é o Estado. A conduta punível é *sobrevoar* (voar por cima de algo), tendo por objeto o lugar declarado (oficialmente reconhecido) interdito (proibido, vedado). O delito é formal, consumando-se com o simples sobrevoo, independentemente de qualquer prejuízo para a segurança do país, tutelada por este tipo. Liga-se às figuras criminosas anteriores, que dizem respeito à espionagem, pois o que se pune é o ingresso em zona aérea militar proibida. Porém, não se demanda a finalidade específica dessa prática.

45. Aspectos subjetivos: é o dolo. Não há elemento subjetivo específico. Inexiste a forma culposa.

Título II
Dos crimes contra a autoridade ou disciplina militar

Capítulo I
Do motim e da revolta

Motim

> **Art. 149.** Reunirem-se militares:[46-47]
>
> I – agindo contra a ordem recebida de superior, ou negando-se a cumpri-la;
>
> II – recusando obediência a superior, quando estejam agindo sem ordem ou praticando violência;
>
> III – assentindo em recusa conjunta de obediência, ou em resistência ou violência, em comum, contra superior;
>
> IV – ocupando quartel, fortaleza, arsenal, fábrica ou estabelecimento militar, ou dependência de qualquer deles, hangar, aeródromo ou aeronave, navio ou viatura militar, ou utilizando-se de qualquer daqueles locais ou meios de transporte, para ação militar, ou prática de violência, em desobediência a ordem superior ou em detrimento da ordem ou da disciplina militar:
>
> Pena – reclusão, de 4 (quatro) a 8 (oito) anos, com aumento de 1/3 (um terço) para os cabeças.[48]

Revolta

> **Parágrafo único.** Se os agentes estavam armados:[49]
>
> Pena – reclusão, de 8 (oito) a 20 (vinte) anos, com aumento de 1/3 (um terço) para os cabeças.

46. Aspectos objetivos: o sujeito só pode ser militar (não há mais a figura do assemelhado); o passivo é o Estado. O título do delito é *motim*, que representa, por si só, rebelião de militares contra seu superior ou revolta armada em algum lugar específico, como cela de presos. A conduta é *reunirem-se* (juntar-se, realizar uma reunião), envolvendo militares de qualquer escalão, mas voltados a quatro propósitos: *a)* agir contra ordem de superior (fazer algo contrário ao determinado) ou negar o cumprimento (omitir-se quanto ao comando); *b)* refutar obediência (seguimento ao comando dado) a superior (oficial de escalão acima de seu

Art. 150

Código Penal Militar Comentado • Nucci

grau hierárquico), agindo por conta própria (desvinculado de ordem superior, o que não é próprio da disciplina inerente ao militar) ou praticando qualquer forma de violência (física ou moral); *c)* concordar em não aceitar ordem superior (esta conduta é genérica, enquanto na anterior – refutar obediência a superior envolve ordem específica), formando um grupo de resistência, ativa ou passiva; *d)* ocupar (ingressar, tomando conta de algum lugar) unidades militares ou veículos em geral, com o objetivo de praticar ação militar, violenta ou não, desatendendo ordem superior ou a disciplina militar. O tipo é de forma vinculada, pois o motim somente deve ser praticado por meio das figuras retratadas nos incisos I a IV. O delito é formal, não necessitando efetivo prejuízo ao bem jurídico tutelado, que é a disciplina militar. Cremos viável a tentativa, quando ocorre a reunião dos militares, buscando a desobediência superior, sem, contudo, realizar por completo o intento. Na jurisprudência: STM: "3. Cometem o crime de motim, previsto no art. 149, inciso I, do CPM, os militares que, reunidos para satisfazer reivindicação de natureza estatutária, paralisam, sem justa causa, as suas atividades prescritas em regulamentos, portarias, ordens ou modelos operacionais. 4. A negativa geral de manter a regularidade do tráfego aéreo descumpre nítida e permanente ordem emanada do escalão superior e, consequentemente, configura o delito do crime de motim, previsto no art. 149, inciso I, do CPM. Assim, para a subsunção da conduta a esse delito, não se exige que a ordem seja repetida, cotidianamente, antes do início das atividades da OM. 5. O motim integra o grupo dos mais nefastos crimes militares, porque mira, sem escrúpulos, nas raízes castrenses mais valiosas: os pilares da Hierarquia e da Disciplina. O delito atinge o âmago das Forças Armadas, reduzindo a pó os juramentos estatutários que os agentes militares realizaram perante a Bandeira Nacional. 6. O crime de motim sempre compromete a ordem pública e a constitucional, podendo, quando praticado com o intuito de pressionar o deferimento de demandas coletivas, conduzir a sociedade para o mais completo caos, pois ataca, frontalmente, a eficiência da maior ferramenta de Defesa do Estado. (...)" (Apelação n.º 7000242-80.2019.7.00.0000, rel. Marco Antônio de Farias, 28.10.2020, v.u.); "6. Impedir o Comandante de exercer sua autoridade, por intermédio de recusa conjunta à obediência, mediante ajuste prévio entre os controladores do CINDACTA II, com o objetivo de fazer cessar as atividades de controle do tráfego aéreo, subsume-se ao crime de motim, nos termos definidos no art. 149 do CPM. 7. A pena acessória de exclusão das Forças Armadas, por expressa imposição legal, *ex vi* do art. 102 do CPM, prevista em Sentença e que se afigura em consonância com o grave delito praticado, é constitucional. Preliminares rejeitadas. Decisão unânime. Recurso conhecido e não provido. Decisão unânime" (Ap. 0000013-12.2007.7.05.0005, 1.ª C., rel. Artur Vidigal de Oliveira, j. 30.09.2014).

47. Aspectos subjetivos: o delito é doloso. Cremos presente o elemento subjetivo específico, consistente no propósito de desobedecer a superior. Não há a forma culposa.

48. Causa de aumento: estabelece-se a elevação da pena em um terço, tratando-se dos líderes do motim, sejam eles mentores intelectuais ou condutores materiais da revolta.

49. Figura qualificada: o parágrafo único ganha título específico – revolta – ao considerar a circunstância de estarem armados os militares amotinados. Embora seja comum cuidar-se de arma própria (revolver, pistola, fuzil etc.), também serve para caracterizar a qualificadora o emprego de arma imprópria (faca, machado, foice etc.). Eleva-se a faixa de aplicação da pena, em virtude do maior perigo acarretado ao bem jurídico.

Organização de grupo para a prática de violência

> **Art. 150.** Reunirem-se dois ou mais militares, com armamento ou material bélico, de propriedade militar, praticando violência à pessoa ou à coisa pública ou particular em lugar sujeito ou não à administração militar:[50-51]
>
> Pena – reclusão, de 4 (quatro) a 8 (oito) anos.

50. Aspectos objetivos: o sujeito ativo só pode ser o militar (não há mais a figura do assemelhado). O passivo é o Estado; secundariamente, a pessoa prejudicada pela violência. A conduta principal é *reunirem-se* (juntar-se, unir-se para reunião), tendo por agentes dois ou mais militares, desde que portem armamento ou material de guerra, pertencentes à corporação, executando atos violentos contra a pessoa ou coisa – pública ou particular, em qualquer lugar. Cuida-se de uma forma similar de associação criminosa, como a figura do art. 288 do Código Penal comum, embora, no caso do art. 150 do CPM, exija-se a *prática* da violência, enquanto naquele (art. 288) basta a finalidade de cometimento de crimes. Tutela-se a disciplina militar. Não se demanda, para a concretização do delito, a permanência ou estabilidade do grupo, bastando que seus integrantes, uma só vez reunidos, cometam atos de violência.

51. Aspectos subjetivos: é o dolo. Cremos existir o elemento subjetivo específico, consistente na vontade de desatender a disciplina militar. Não há a forma culposa.

Omissão de lealdade militar

> **Art. 151.** Deixar o militar de levar ao conhecimento do superior o motim ou revolta de cuja preparação teve notícia ou, se presenciar o ato criminoso, não usar de todos os meios ao seu alcance para impedi-lo:[52-53]
>
> Pena – reclusão, de 3 (três) a 5 (cinco) anos.

52. Aspectos objetivos: o sujeito ativo é o militar (não mais existe o assemelhado); o passivo é o Estado. Cuida-se de crime omissivo, concretizando-se no momento em que o militar, tendo ciência da preparação de motim ou revolta, não a comunica ao seu superior. Outra forma de consumação ocorre quando o militar não busca impedir, dentro das suas possibilidades, a realização da rebelião, desde que esteja presente ao ato. Estabelece-se, em lei, portanto, a posição de garante, voltada ao militar presente ao movimento rebelde ou ciente de seu engendramento. Não se trata de criar a hipótese de um *delator oficial*, mas se ressaltar o dever do militar, antes de tudo, com a corporação a quem pertence e, em última análise, com a pátria. De outra sorte, exigir-se a sua atuação para impedir o motim não significa torná-lo *mártir*, pretendendo que aja *de qualquer maneira*. O limite da sua ação se encontra no risco pessoal corrido. Ilustrando, se forem vários militares, podendo agir para impedir a rebelião, devem fazê-lo diretamente. Tratando-se de um ou alguns, em face de muitos outros, o meio cabível é buscar auxílio de terceiro. Em suma, o garantidor deve fazer o *possível* para evitar o motim; no mínimo, deve comunicar o seu planejamento ou execução ao superior. O crime é unissubjetivo (praticado em ato único) e não comporta tentativa.

53. Aspectos subjetivos: é o dolo. Não há elemento subjetivo específico. Inexiste a forma culposa.

Conspiração

> **Art. 152.** Concertarem-se militares ou assemelhados para a prática do crime previsto no art. 149 deste Código:[54-55]
>
> Pena – reclusão, de 3 (três) a 5 (cinco) anos.
>
> **Parágrafo único.** É isento de pena aquele que, antes da execução do crime e quando era ainda possível evitar-lhe as consequências, denuncia o ajuste de que participou.[56]

Art. 153

54. Aspectos objetivos: o sujeito ativo é o militar (inexiste a figura do assemelhado); o passivo é o Estado. *Concertar* significa ajustar, combinar. O objeto da conduta é a prática do crime de motim. Portanto, busca-se punir a *preparação* do delito, fase que, como regra, não é punida pelo direito brasileiro. Tratando-se de situação considerada particularmente grave, houve por bem o legislador criar figura típica incriminadora específica. Se houver a conspiração e, na sequência, o motim, este último absorve o primeiro. Por outro lado, não cabe tentativa para o delito previsto neste tipo penal (art. 152), pois já é excepcional a punição da preparação, razão pela qual não teria sentido punir a *tentativa de preparo*. Na jurisprudência: TJMSP: "Policial Militar – Recurso de Apelação – Condenação pela prática do delito de promover fuga de pessoa legalmente presa – Alegação de conspiração de seus companheiros de farda e do encarregado da equipe – Desarrazoada – Tese da impossibilidade de se aferir se efetivamente foi dada voz de prisão ao civil – De impossível acolhimento – Conjunto probatório coeso a embasar a conduta delitiva do miliciano – Ação procedente – Apelo que não comporta provimento" (Ap. 007553/2018, 2.ª C., rel. Silvio Hiroshi Oyma, j. 07.11.2018).

55. Aspectos subjetivos: é o dolo. O elemento subjetivo específico consiste na *prática de motim*. Não há a forma culposa.

56. Causa de extinção da punibilidade: prestigia-se, neste caso, a delação, que ocorre quando o integrante de um delito (como coautor ou partícipe), entrega-se e também a outro(s) membro(s) do ajuste. Estipula-se, como condição para extinguir a punibilidade do agente da conspiração, o seguinte: *a)* narrar o ajuste a quem possa impedi-lo, o que significa tratar-se de superior; *b)* ter tomado parte no planejamento do motim; *c)* delatar o preparo antes do início da execução; logo, pode dar-se depois de consumada a conspiração, embora antes do motim; *d)* não haver qualquer consequência do preparo do motim, o que nos parece óbvio, pois nem mesmo teve início da execução, preservando-se o bem jurídico tutelado.

Cumulação de penas

> **Art. 153.** As penas dos arts. 149 e 150 são aplicáveis sem prejuízo das correspondentes à violência.[57]

57. Sistema da acumulação material: apesar dos tipos penais do motim e da organização de grupo para a prática da violência já conterem a *violência* como elemento integrante do modelo incriminador, fixa a lei ser viável a punição cumulativa do resultado causado pelo emprego de força física, tal como a lesão corporal.

Capítulo II
Da aliciação e do incitamento

Aliciação para motim ou revolta

> **Art. 154.** Aliciar militar para a prática de qualquer dos crimes previstos no Capítulo I deste Título:[58-59]
>
> Pena – reclusão, de 2 (dois) a 4 (quatro) anos.

58. Aspectos objetivos: o sujeito ativo pode ser qualquer pessoa; o passivo é o Estado. *Aliciar* significa atrair alguém a alguma coisa. O objeto da conduta é o militar, buscando-se convencê-lo à prática dos crimes de motim e revolta. Noutros termos, tipifica-se a ação de quem procura convencer outrem a se insurgir no cenário militar. Embora se deva considerar rigorosa a disciplina militar, não nos parece criteriosa a tipificação de singelo aliciamento, sem que exista qualquer prática efetiva posterior. Ademais, até mesmo a prova disso é complexa e dificultosa. O delito é formal, bastando a conduta de *aliciar*, associada à prova da finalidade, para se atingir a consumação. A tentativa é de rara configuração.

59. Aspectos subjetivos: é o dolo. Há elemento subjetivo específico, consistente na *prática de qualquer dos crimes previstos no capítulo anterior* (arts. 149 a 152). Inexiste a forma culposa.

Incitamento

> **Art. 155.** Incitar à desobediência, à indisciplina ou à prática de crime militar:[60-61]
>
> Pena – reclusão, de (dois) a 4 (quatro) anos.
>
> **Parágrafo único.** Na mesma pena incorre quem introduz, afixa ou distribui, em lugar sujeito à administração militar, material impresso, manuscrito ou produzido por meio eletrônico, fotocopiado ou gravado que contenha incitamento à prática dos atos previstos no *caput* deste artigo.[62]

60. Aspectos objetivos: o sujeito ativo pode ser qualquer pessoa; o passivo é o Estado. *Incitar* significa incentivar, instigar, convencer. O objeto é o militar, buscando fazê-lo desobedecer superior, tornar-se indisciplinado ou cometer qualquer delito militar. Novamente, ressalta-se a crítica formulada ao artigo anterior, pois o mero incitamento, sem nenhuma repercussão prática, não deveria figurar como tipo autônomo. A prova do delito é complexa e dificultosa. Em suma, o crime é formal, bastando a prática do aliciamento para a consumação, mesmo que inexista qualquer insurgência ou crime por parte do aliciado.

61. Aspectos subjetivos: o delito é doloso. Há elemento subjetivo, consistente na prática de desobediência, indisciplina ou crime militar. Não há a forma culposa.

62. Figura de equiparação: considera-se, também, incitamento a introdução, afixação ou distribuição de qualquer material, contendo mensagem de instigação aos atos previstos no *caput*. O parágrafo único somente mencionava papéis (impressão, escrita, mimeografia), pois o Código Penal Militar data de 1969. Atualmente, pode-se acrescentar, em interpretação extensiva, qualquer base material disposta a conter a mensagem de incitamento, como e-mail, SMS, rede social etc. Essa visão foi adotada pela Lei 14.688/2023, incluindo *qualquer material produzido por meio eletrônico*.

Apologia de fato criminoso ou do seu autor

> **Art. 156.** Fazer apologia de fato que a lei militar considera crime, ou do autor do mesmo, em lugar sujeito à administração militar:[63-64]
>
> Pena – detenção, de 6 (seis) meses a 1 (um) ano.

63. Aspectos objetivos: o sujeito ativo pode ser qualquer pessoa; o passivo é o Estado. *Fazer* significa produzir, executar ou dar origem. O objeto da conduta é a apologia (louvor,

Art. 157

Código Penal Militar Comentado • Nucci

elogio, discurso de defesa) de fato criminoso ou autor de crime. O tipo refere-se a *fato que a lei militar considera crime*, levando-se em conta o fato típico, vale dizer, o fato amoldado ao modelo de conduta proibida. Não se encontra em jogo a avaliação da ilicitude ou da culpabilidade. Menciona-se, ainda, *autor do mesmo*, significando a pessoa condenada, com trânsito em julgado, pela prática de delito militar. Nesse caso, não se inclui a pessoa *acusada* do cometimento de crime. Demanda-se esteja o autor em local sujeito à administração militar, pois é exatamente o que coloca em risco o bem jurídico protegido. Na legislação penal comum, a apologia de crime ou criminoso coloca em risco a paz pública. No cenário militar, tutela-se a disciplina. Na jurisprudência: STM: "O tipo penal descrito no art. 156 do CPM tem como objeto da conduta exaltar, enaltecer, engrandecer fato delituoso que o Código Penal Militar considera crime, não sendo exigido, para a sua consumação, a efetiva condenação transitada em julgado do fato criminoso enaltecido, tampouco que o agente tenha sido julgado e condenado, ou mesmo denunciado por essa conduta, por não se caracterizarem elementares do art. 156 do CPM. O crime de apologia de fato criminoso é de perigo abstrato, que não exige resultado naturalístico, ou seja, não é preciso que número indeterminado de militares presencie a apologia. A liberdade de expressão ou de pensamento não possui caráter absoluto e encontra limites morais e jurídicos que não comportam a abrangência para abrigar manifestações de conteúdo que estimulem a prática de ilícito penal. Comprovadas a autoria, a materialidade e a culpabilidade do Réu, impõe-se a condenação do Acusado. (...)" (Ap. 0000231-55.2015.7.01.0301, 2.ª C., rel. Cleonilson Nicácio Silva, j. 02.02.2017).

64. Aspectos subjetivos: o crime é doloso. Não há elemento subjetivo específico e não se pune a forma culposa.

Capítulo III

**Da violência contra superior
ou militar de serviço**

Violência contra superior

> **Art. 157.** Praticar violência contra superior:[65-66]
> Pena – detenção, de 3 (três) meses a 2 (dois) anos.

Formas qualificadas[67]

> § 1.º Se o superior é comandante da unidade a que pertence o agente, ou oficial general:
> Pena – reclusão, de 3 (três) a 9 (nove) anos.
> § 2.º Se a violência é praticada com arma, a pena é aumentada de 1/3 (um terço).
> § 3.º Se da violência resulta lesão corporal, aplica-se, além da pena da violência, a do crime contra a pessoa.
> § 4.º Se da violência resulta morte:
> Pena – reclusão, de 12 (doze) a 30 (trinta) anos.
> § 5.º A pena é aumentada da sexta parte, se o crime ocorre em serviço.

65. Aspectos objetivos: o sujeito ativo é o militar; o passivo é o Estado; secundariamente, o superior atingido. *Praticar violência* significa executar qualquer ato de constrangimento físico, mediante emprego de força. O tipo penal, segundo nos parece, é demasiadamente aberto, lesando a taxatividade. Em primeiro lugar, deve-se ressaltar que *violência*, em sentido amplo, quer dizer tanto ato de força física quanto constrangimento moral. Entretanto, no contexto penal, costuma-se diferenciar o uso da força física, denominando-a *violência*, do emprego de coação moral, considerada *grave ameaça*. Por isso, o termo utilizado neste tipo penal refere-se à coação física, que podem ser variados: tapa, soco, pontapé, golpe com instrumento etc. Tutela-se a disciplina militar. Na jurisprudência: STM: "4. O delito de Violência contra Superior (art. 157 do CPM) prescinde da ocorrência de lesão corporal para a sua configuração, sendo suficiente o emprego de violência física, doutrinariamente denominada de 'vis corporalis', a qual pode ser constituída por mera agressão, decorrente de empurrão, de soco, de tapa, de arremesso de objeto, de ordem de ataque dada a um animal perigoso, entre outros meios" (Apelação n.º 7000217-33.2020.7.00.0000, rel. Marco Antônio de Farias, 22.10.2020, v.u.); "O crime de violência contra superior não exige a ocorrência de lesão corporal para sua configuração, bastando o emprego de violência física" (RSE 0000035-52.2010.7.01.0401/RJ, Plenário, rel. Cleonilson Nicácio Silva, 07.02.2012).

66. Aspectos subjetivos: o delito é doloso. Não há elemento subjetivo específico, nem a forma culposa. Na jurisprudência: STF: "O tipo do artigo 157 do Código Penal Militar – praticar violência contra superior – pressupõe o elemento subjetivo, que é o dolo. Descabe vislumbrá-lo quando a situação concreta revela treino em luta preparatória durante curso de ações de comandos" (HC 114.527-RJ, 1.ª T., rel. Marco Aurélio, 19.02.2013, v.u.).

67. Figuras qualificadas: existem apenas duas: *a)* a autêntica qualificadora, prevista no § 1.º, levando-se em consideração a qualidade especial da vítima – comandante da unidade a quem pertence o agente ou oficial general – em face da maior ousadia e desrespeito; *b)* o resultado qualificador, previsto no § 4.º, referente à morte da vítima. As demais circunstâncias constituem causas de aumento ou imposição de cumulação. A previsão do § 2.º provoca o aumento de um terço na pena, por conta do instrumento usado para a prática da violência, cuidando-se de *arma própria* (utensílio destinado apenas a servir de ofensiva, como revólver) ou *imprópria* (instrumento destinado a fins diversos e, excepcionalmente, usado como arma, tal como o martelo). O § 3.º limita-se a estipular a cumulação da pena do crime de lesão corporal em concurso com a prática da violência contra superior. O § 5.º também constitui causa de aumento de sexta parte em razão do momento em que é cometido, pois *estar em serviço* torna mais grave a indisciplina.

Violência contra militar de serviço

> **Art. 158.** Praticar violência contra oficial de dia, de serviço, ou de quarto, ou contra sentinela, vigia ou plantão:[68-69]
>
> Pena – reclusão, de 3 (três) a 8 (oito) anos.
>
> § 1.º Se a violência é praticada com arma, a pena é aumentada de 1/3 (um terço).[70]
>
> § 2.º Se da violência resulta lesão corporal, aplica-se, além da pena da violência, a do crime contra a pessoa.
>
> § 3.º Se da violência resulta morte:
>
> Pena – reclusão, de 12 (doze) a 30 (trinta) anos.

Art. 159

Código Penal Militar Comentado • Nucci

Ausência de dolo ou resultado

> **Art. 159.** Quando da violência resulta morte ou lesão corporal e as circunstâncias evidenciam que o agente não quis o resultado nem assumiu o risco de produzi-lo, a pena do crime contra a pessoa é diminuída de 1/2 (metade).[71]

68. Aspectos objetivos: o sujeito ativo pode ser qualquer pessoa, embora, como regra, seja o militar. O passivo é o Estado; secundariamente, a pessoa atingida pela violência. *Praticar violência* significa executar qualquer ato de constrangimento físico, mediante emprego de força. O tipo penal, segundo nos parece, é demasiadamente aberto, lesando a taxatividade. Em primeiro lugar, deve-se ressaltar que *violência*, em sentido amplo, quer dizer tanto ato de força física quanto constrangimento moral. Entretanto, no contexto penal, costuma-se diferenciar o uso da força física, denominando-a *violência*, do emprego de coação moral, considerada *grave ameaça*. Por isso, o termo utilizado neste tipo penal refere-se à coação física, que podem ser variados: tapa, soco, pontapé, golpe com instrumento etc. Tutela-se a disciplina militar, mas também a autoridade militar, visto ser possível o cometimento por civil. Oficial de dia, de serviço ou de quarto são figuras relativas à atividade do militar, conforme o regulamento da carreira. Na realidade, o importante é detectar o oficial *em pleno serviço*, como o próprio título demonstra. No mais, tutela-se a incolumidade de outros militares não oficiais, desde que atuem como sentinela, vigia ou plantão, vale dizer, os responsáveis pela vigilância e segurança da unidade militar onde servem. Na jurisprudência: STM: "Pratica o crime de violência contra militar de serviço o agente que, de forma deliberada, desfere soco na face da sentinela que cumpria serviço de reforço em Posto da Vila Militar. 6. O tipo penal previsto no artigo 158 do Código Penal Militar é um crime tipicamente militar, inserido no Capítulo III – Da violência contra superior ou militar de serviço –, que, por sua vez, encontra-se dentro do Título II do CPM – Dos crimes contra a autoridade ou disciplina militar. Sendo assim, trata-se de norma penal incriminadora que busca conceder rígido mecanismo para a manutenção da disciplina e autoridade militar. 7. Outrossim, a existência de lesões é dispensável para a ocorrência do tipo penal em comento, que tutela precipuamente a disciplina e autoridade militar, conforme já decidido por esta Corte. Apelo conhecido e não provido" (Apelação n.º 7000292-43.2018.7.00.0000, rel. Carlos Augusto de Sousa, 21.03.2019, v.u.); "Imputa-se a prática, em tese, de violência contra militar de serviço a ex-Soldado do Exército Brasileiro que, durante a madrugada, estaciona seu veículo automotivo próximo à guarda e desfere um soco no militar de serviço de Guarda da Vila Militar. Depreendem-se do conjunto probatório elementos que caracterizam a intenção de desafiar a autoridade do plantão da hora, o que caracteriza o delito previsto no art. 158 do CPM. Apelo defensivo desprovido" (Apelação n.º 7000046-81.2017.7.00.0000, rel. Francisco Joseli Parente Camelo, 17.10.2018, v.u.).

69. Aspectos subjetivos: o crime é doloso. Inexiste elemento subjetivo específico e não se pune a forma culposa.

70. Circunstâncias especiais: sobre esta e as demais previsões dos parágrafos deste tipo penal, ver os comentários feitos ao artigo anterior.

71. Figura preterdolosa: quando o resultado mais grave – lesão ou morte – advém em decorrência da culpa do agente, configura-se a hipótese preterdolosa (dolo na conduta antecedente e culpa na consequente), acarretando punição mais grave que a forma comum, mas menos severa do que a figura qualificada pelo resultado doloso. Na jurisprudência: STF: "Inconstitucionalidade do art. 159 do Código Penal Militar. Improcedência da alegação, dada a inexistência de afronta de qualquer natureza aos preceitos da Constituição Federal.

241 Título II – Dos crimes contra a autoridade ou disciplina militar

Art. 160

Tipo penal militar classificado como de perigo, cuja existência se consagra na necessidade de se resguardarem a segurança e a regularidade do funcionamento das instituições militares, pautadas pelo mandamento constitucional da hierarquia e da disciplina (CF, art. 142, *caput*)" (HC 130793, 2.ª T., rel. Dias Toffoli, j. 02.08.2016, v.u.).

Capítulo IV
Do desrespeito a superior e a símbolo nacional ou a farda

Desrespeito a superior

> **Art. 160.** Desrespeitar superior diante de outro militar:[72-73]
>
> Pena – detenção, de 3 (três) meses a 1 (um) ano, se o fato não constitui crime mais grave.[74]

Desrespeito a comandante, oficial-general ou oficial de serviço

> **Parágrafo único.** Se o fato é praticado contra o comandante da unidade a que pertence o agente, oficial-general, oficial de dia, de serviço ou de quarto, a pena é aumentada da 1/2 (metade).[75]

72. Aspectos objetivos: o sujeito ativo só pode ser militar. O passivo é o Estado; secundariamente, o militar desrespeitado. A conduta típica é *desrespeitar*, significando desacatar, faltar com o respeito. Este, por sua vez, representa a obediência, deferência ou submissão devida a alguém. O objeto é o superior, exigindo-se que a conduta se desenvolva na presença de outro militar. Nota-se a importância conferida à tutela da disciplina, pois o desrespeito somente ganha relevo quando visto por outro(s). Por outro lado, o tipo é excessivamente aberto, ferindo a taxatividade. Dever-se-ia indicar, com clareza, quais os meios considerados desrespeitosos. Da maneira como posta, excetuando a violência – já prevista em tipos anteriores – pode-se incluir qualquer ato, gesto, palavra ou manifestação irreverente, incompatível com a austeridade do serviço militar. Entretanto, o delito é doloso, não se podendo considerar infração penal gracejos ou brincadeiras superficiais ou tolas. Neste caso, eventual transgressão deve ficar circunscrita à órbita puramente disciplinar. Para a concretização do delito, demanda-se desrespeito grave, como insultos, injúrias ou gestos obscenos. Na jurisprudência: STM: "O militar que, na presença de companheiros de farda, de forma dolosa e desrespeitosa, arremessa uma mesa na direção do Superior hierárquico, incorre nas sanções do art. 160 do CPM. O conjunto probatório produzido nos autos revela, de forma clara, a ocorrência do crime, não havendo qualquer contradição nos depoimentos das testemunhas. O fato de as testemunhas serem Oficiais da Marinha, e o acusado praça, em nada influi para o valor desse meio de prova, eis que os militares prestaram o depoimento sob o juramento de dizer a verdade. Destarte, preenchidas as elementares do tipo penal em comento, a conduta do apelado se amolda perfeitamente ao delito previsto no art. 160 do CPM, e deve ser fortemente coibida no seio da caserna. Assim, não havendo qualquer causa excludente de ilicitude ou de culpabilidade, a condenação é medida que se impõe. Provimento do Apelo ministerial" (Apelação n.º 7000080-51.2020.7.00.0000, rel. Odilson Sampaio Benzi, 25.06.2020, maioria); "O crime previsto no art. 160 do Código Penal Militar exige que seja desrespeitado superior hierárquico diante de outro militar. Não há menção à necessidade da

Art. 161

conduta ser realizada no interior de quartel ou em operações de serviço. IV – Ainda que a conduta seja praticada durante atividade particular, há ofensa aos bens jurídicos protegidos, sobretudo porque a vítima principal do delito é a Força Terrestre e apenas em segundo plano o militar ofendido. V – Ademais, o Estatuto dos Militares exige que os preceitos éticos, bem como os deveres de disciplina e o respeito à hierarquia, sejam obedecidos em quaisquer circunstâncias. VI – Ofendidas a autoridade e a disciplina militares, não há que se falar em aplicação do princípio da insignificância, sobretudo porque o desrespeito a superior, muito embora tenha sido praticado em atividade particular, ocorreu na presença de diversos militares e civis. VII – Comprovada a autoria e a materialidade, bem como a intenção de ofender, como confessado pelo Apelante, e ausentes causas excludentes de ilicitude e de culpabilidade, a condenação deve ser mantida. Merece alteração apenas no que se refere às condições dos *sursis*, para que sejam excluídas as alíneas 'a' e 'c' do art. 626 do CPPM, tendo em vista que o Apelante ostenta a condição de militar da ativa. VIII – Preliminares rejeitadas. Apelação parcialmente procedente. Unanimidade" (Ap. 7000500-27.2018.7.00.0000, 1.ª C., rel. Péricles Aurélio Lima de Queiroz, j. 14.11.2018); "No mérito, os delitos tipificados nos arts. 157 e 160 do CPM, respectivamente sob o *nomen juris* Violência contra superior e Desrespeito a superior, têm como objetividade jurídica a tutela da disciplina castrense, vale dizer, de um dos pilares fundamentais para a estabilidade das Forças Armadas e, por extensão, para a garantia do cumprimento das suas missões constitucionais. O contingente probatório aponta no sentido de que o Réu (à época Capitão-Tenente), durante a realização de uma perícia médica nas dependências da Escola de Aprendizes-Marinheiros/ES, praticou violência contra um Capitão de Fragata ao tentar agredi-lo, sendo contido por outros militares que adentraram o local. No mesmo cenário, o Acusado desrespeitou o referido Capitão de Fragata ao arremessar no chão o *notebook* no qual o superior registrava a perícia, tudo na presença de outro militar. Nesses termos, o Acusado, com o seu agir, desenhou as figuras típicas recortadas nos artigos 157 e 160, todos do CPM, sem que haja, por outro lado, causas exculpantes de culpabilidade ou de exclusão de ilicitude. Rejeição da preliminar defensiva por unanimidade. No mérito, rejeição do Apelo da Defesa por unanimidade e do Apelo do MPM por maioria. De ofício, declaração da extinção da punibilidade do Acusado pela prescrição da pretensão punitiva estatal" (Ap. 0000128-62.2012.7.01.0201, 2.ª C., rel. Luis Carlos Gomes Mattos, j. 20.11.2018).

73. Aspectos subjetivos: é o dolo. Não há elemento subjetivo específico, pois o verbo *desrespeitar* já traz, em seu próprio conceito, a vontade de se subtrair à reverência em relação a outrem. Não existe a forma culposa.

74. Tipo subsidiário: consagra-se a subsidiariedade explícita, quando o preceito secundário do tipo incriminador afirma a sua situação de reserva, vale dizer, somente é aplicável quando outro mais grave inexistir.

75. Causa de aumento: justifica-se a elevação da pena, pois o grau de indisciplina é nitidamente maior, atingindo militares em serviço, o que conturba ainda mais a estabilidade da unidade.

Desrespeito a símbolo nacional

> **Art. 161.** Praticar o militar diante da tropa, ou em lugar sujeito à administração militar, ato que se traduza em ultraje a símbolo nacional:[76-77]
>
> Pena – detenção, de 1 (um) a 2 (dois) anos.

Despojamento desprezível

> **Art. 162.** Despojar-se de uniforme, condecoração militar, insígnia ou distintivo, por menosprezo ou vilipêndio:[78-79]
>
> Pena – detenção, de 6 (seis) meses a 1 (um) ano.
>
> **Parágrafo único.** A pena é aumentada da metade, se o fato é praticado diante da tropa, ou em público.

76. Aspectos objetivos: o sujeito ativo é apenas o militar. O passivo é o Estado. A conduta típica consiste em *ultrajar* (afrontar negativamente, insultar, ofender) *símbolos nacionais*, que são a bandeira nacional, o hino nacional, as armas nacionais e o selo nacional, nos termos do art. 1.º da Lei 5.700/1971. Aos não militares, a infringência ao disposto na referida lei, no tocante ao desrespeito aos símbolos, configura contravenção penal (art. 35 da Lei 5.700/1971). Quanto ao militar, exige-se que a conduta seja praticada *diante da tropa* (na presença física de militares agrupados) ou em local sujeito à administração militar, capaz de chegar ao conhecimento de terceiros. Tutela-se a disciplina militar e o respeito aos símbolos nacionais. Há variadas maneiras de executar o crime: rasgar a bandeira, cantar o hino com a letra modificada, de maneira jocosa etc. Na jurisprudência: STM: "1. A conduta desrespeitosa dos acusados foi imprópria e inadequada, constituindo verdadeiro ultraje ao Hino Nacional Brasileiro, amoldando-se, portanto, ao crime de desrespeito a símbolo nacional (art. 161 do CPM). 2. Presentes o dolo de ultrajar e a potencial consciência da ilicitude da conduta, uma vez que os Embargantes declararam que receberam instrução sobre como deveriam se comportar quando da execução do Hino Nacional. 3. A decisão embargada não ofende o princípio da proporcionalidade, uma vez que a pena imposta está bem ajustada à conduta delituosa praticada. 4. Embargos admitidos, porém rejeitados. Unânime" (EI 0000060-86.2011.7.03.0203, 2.ª C., rel. Marcos Martins Torres, j. 26.11.2013).

77. Aspectos subjetivos: o crime é doloso. Não há elemento subjetivo específico, nem se pune a forma culposa.

78. Aspectos objetivos: o sujeito ativo é o militar. O passivo é o Estado. *Despojar* significa despir ou jogar fora, conforme o caso concreto. O objeto é o uniforme (veste exclusiva do militar, farda), a condecoração militar (símbolo de honra, corporificado por qualquer meio, como ocorre com a medalha), insígnia (emblema que designa o posto) ou distintivo (sinais ostentados pelo militar). A disciplina militar supõe o respeito às instituições, bem como às pessoas; nesse cenário, as vestimentas e demais símbolos militares guardam, em si, a mesma reverência. Pune-se quem se desfizer delas por desdém ou menoscabo, envergonhando a honra militar. O título do crime é *despojamento desprezível*, ou seja, aviltante, repulsivo. Em tese, o delito somente deveria aperfeiçoar-se quando a conduta fosse pública ou diante de outro militares, mas o parágrafo único sinalizou para tal hipótese como causa de aumento de pena. Assim sendo, em qualquer lugar e hora, pode o militar cometer a infração penal, desde que o faça inspirado pelo nítido desprezo. Não é fácil a prova do fato, mas também não é impossível. Ilustrando, encontrar-se o uniforme militar novo jogado na lata do lixo pode dar margem à investigação deste delito, podendo significar a sua concretização.

79. Aspectos subjetivos: é o dolo. Há elemento específico consistente na vontade de desrespeitar os símbolos militares. Não existe a forma culposa.

Art. 163

Capítulo V
Da insubordinação

Recusa de obediência

> **Art. 163.** Recusar obedecer a ordem do superior sobre assunto ou matéria de serviço, ou relativamente a dever imposto em lei, regulamento ou instrução:[80-81]
>
> Pena – detenção, de 1 (um) a 2 (dois) anos, se o fato não constitui crime mais grave.[82]

80. Aspectos objetivos: o sujeito ativo é somente o militar. O passivo é o Estado; secundariamente, a autoridade desprestigiada. *Recusar obedecer* significa exatamente o mesmo que desobedecer ou não obedecer, motivo pelo qual o verbo correto, em nosso entendimento, deveria ter sido *desobedecer*. O objeto da não submissão do militar é a ordem de seu superior, em assuntos de serviço, mas também no tocante a dever legal, regulamentar ou de instrução. Tutela-se a disciplina e a hierarquia no campo militar. Difere do crime de desobediência (art. 301 do CPM), porque esta figura é voltada, basicamente, ao particular, quando se orienta contra a administração pública militar. Ademais, o tipo penal do art. 163 é mais amplo, prevendo o desrespeito a regulamentos ou instruções. De toda forma, somente se configura a infração penal se a ordem dada pelo superior tiver previsão legal; ordens ilegais não merecem cumprimento. Na jurisprudência: STM: "Configura-se a figura típica descrita no art. 163 do Código Penal Militar pela desobediência de ordem superior em assunto relacionado ao serviço, aí incluídas ordens relativas ao dever legal, regulamentar ou de instrução. Basta, portanto, a comprovação de que o militar efetivamente deixou de obedecer à ordem do seu superior, fato que restou devidamente comprovado nos presentes autos, pois todos os depoimentos testemunhais são harmônicos e convergentes em demonstrar o cometimento do crime, tornando inviável a aplicação do Postulado *in dubio pro reo*. O reconhecimento de situação de inexigibilidade de conduta diversa deve ser demonstrado pela Defesa com provas idôneas e contundentes, aptas a caracterizar que a situação é dramática o suficiente para não permitir que o agente tenha condições de discernir, com clareza, qual bem merece ser salvo, optando, então, pelo que lhe parece mais importante, o que não restou devidamente demonstrado nos autos. Estando tipificada a prática delituosa do art. 163 do Código Penal Militar e considerando que a conduta descrita nos presentes autos goza de relevância penal, porquanto viola diretamente os pilares da hierarquia e da disciplina castrenses, não é possível a desclassificação da conduta para infração disciplinar. Negado provimento ao Apelo defensivo" (Apelação n.º 7000201-79.2020.7.00.0000, rel. Carlos Vuyk de Aquino, 18.06.2020, v.u.); "1. O crime de desobediência, delito propriamente militar, tem como bem jurídico tutelado a autoridade ou a disciplina militar, e o seu núcleo é a recusa em obedecer à ordem do superior sobre assunto ou matéria de serviço, ou relativa a dever imposto em lei, regulamento ou instrução. 2. O Acusado teve a sua incorporação ao serviço militar obrigatório anulada pela Administração Militar, em razão de parecer médico que apenas indica a necessidade de acompanhamento por seis meses, nada opinando a respeito de sua (in)imputabilidade. 3. Segundo o art. 14 do CPM, o defeito de incorporação não impede a aplicação da lei penal militar, exceto se alegado ou conhecido antes da prática do crime. 4. No caso vertente, a Organização Militar não teve conhecimento de suposta enfermidade mental do Acusado (que sequer restou demonstrada nos autos), em momento anterior à prática do crime, a qual também não foi alegada pela Defesa. 5. Assim, no momento da prática do ato descrito no tipo legal, o Acusado possuía a 'condição de militar', elementar essencial do delito de desobediência, além de ter plena consciência a respeito dessa situação jurídica, conforme se depreende de seu interrogatório e das demais provas dos autos. Apelo conhecido e negado provimento. Maioria" (Ap. 0000030-66.2016.7.03.0303, rel. Carlos Augusto de Sousa, j. 01.08.2017); "Acusado se recusou a obedecer ordem de Superior para que almoçasse na Unidade, e posteriormente comparecesse ao Hospital juntamente com o médico a fim de agilizar os procedimentos de seu retorno ao serviço. Os delitos de desobediência e de recusa de obediência têm como norma proibitiva a conduta de desobedecer ordem de autoridade militar. No entanto, quando essa ordem versar sobre assunto ou matéria de serviço, ou relativamente a dever imposto em lei, regulamento ou instrução, a lei apena o autor do fato com maior rigor. Na recusa de obediência afronta-se a autoridade e a disciplina militares, diferentemente do que ocorre com a desobediência, onde o bem jurídico protegido é a Administração Militar. Comprovado nos autos que a ordem versava sobre assunto de serviço, haja vista que a confirmação da higidez do Embargante implicaria no seu retorno imediato às atividades na caserna, caracterizando, assim, o delito de recusa de obediência. Embargos rejeitados. Decisão por maioria" (EI 7000238-77.2018.7.00.0000, 2.ª C., rel. Marcus Vinicius Oliveira dos Santos, j. 30.08.2018).

81. Aspectos subjetivos: o crime é doloso. Não há elemento subjetivo específico, nem se pune a forma culposa.

82. Tipo subsidiário: consagra-se a subsidiariedade explícita, quando o preceito secundário do tipo incriminador afirma a sua situação de reserva, vale dizer, somente é aplicável quando outro mais grave inexistir.

Oposição à ordem de sentinela

> **Art. 164.** Opor-se às ordens da sentinela:[83-84]
>
> Pena – detenção, de 6 (seis) meses a 1 (um) ano, se o fato não constitui crime mais grave.[85]

83. Aspectos objetivos: o sujeito ativo pode ser qualquer pessoa; o passivo é o Estado. *Opor-se* significa refutar, resistir, objetar, enfim, não acatar. O objeto é a ordem emanada da *sentinela* (militar que ocupa função de vigia do quartel ou outra unidade militar). A autoridade da sentinela advém de comando superior, para que dê a guarda devida ao local onde atua. Por isso, militares e civis devem acatar suas ordens. Tutela-se a disciplina militar, bem como a segurança da unidade. Na jurisprudência: STM: "Segundo o entendimento da doutrina e da jurisprudência, o crime de oposição a ordem de sentinela, por não exigir qualidade especial do agente, pode ser cometido por qualquer pessoa. A despeito de o crime de desobediência ser menos grave do que o de oposição a ordem de sentinela, não é cabível a reversão da desclassificação operada pelo Juízo *a quo* porque ficou devidamente comprovado, na instrução criminal, que a ordem descumprida foi emanada pela sentinela de serviço. Conforme a reiterada Jurisprudência deste Tribunal, o art. 44 do CP comum, que prevê a substituição da pena privativa de liberdade em restritiva de direito, não tem aplicabilidade na Justiça Castrense. Por se tratar de crime de insubordinação, é vedada a concessão do *sursis* ao Réu condenado pela prática do delito de oposição a ordem de sentinela. Entretanto, como o recurso é exclusivo da Defesa, prestigia-se o instituto da *non reformatio in pejus* para manter o benefício da suspensão condicional da pena. A Jurisprudência desta Corte, por questões de política criminal, também

Art. 165

Código Penal Militar Comentado • Nucci

tem afastado a incidência da alínea 'a' do inciso II do art. 88 do CPM quando o sentenciado é civil. Apelo não provido. Decisão unânime" (Ap. 7000148-69.2018.7.00.0000, T. Pleno, rel. Alvaro Luiz Pinto, j. 29.11.2018).

84. Aspectos subjetivos: é o dolo. Não há elemento subjetivo específico, nem se pune a forma culposa.

85. Tipo subsidiário: consagra-se a subsidiariedade explícita, quando o preceito secundário do tipo incriminador a sua situação de reserva, vale dizer, somente é aplicável quando outro mais grave inexistir.

Reunião ilícita

> **Art. 165.** Promover a reunião de militares, ou nela tomar parte, para discussão de ato de superior ou assunto atinente à disciplina militar:[86-87]
>
> Pena – detenção, de 6 (seis) meses a 1 (um) ano a quem promove a reunião; de 2 (dois) a 6 (seis) meses a quem dela participa, se o fato não constitui crime mais grave.[88]

86. Aspectos objetivos: o sujeito ativo somente pode ser o militar. Na primeira figura, o subalterno; na segunda, de qualquer escalão. Há quem sustente a possibilidade de também ser o civil, porque o tipo penal não é claro nesse sentido. Entretanto, o modelo de conduta estipula ser a reunião voltada a discutir ato de superior – algo completamente inóspito a civil – bem como assunto relativo a disciplina militar – outro tema for a do cenário civil. O sujeito passivo é o Estado. Tutela-se a disciplina militar. *Promover a reunião* significa organizar o encontro de militares; admite-se, ainda, a simples participação na reunião. O objeto deve ser o debate – negativo ou crítico – referente a ato de superior, pois não cabe a subalterno questioná-lo de qualquer forma. Outra possibilidade é debater assunto relacionado a disciplina militar, no propósito de questionar ou criticar algum ponto. Por certo, não teria qualquer ofensividade a ideia de se reunirem militares para exaltar a disciplina ou o ato de superior, considerando-se tal conduta como delito.

87. Aspectos subjetivos: é o dolo. O elemento subjetivo específico, consiste na *discussão de ato de superior ou assunto atinente à disciplina militar*. Inexiste a forma culposa.

88. Culpabilidade diferenciada: o grau de censura merecido por quem organiza o encontro, sujeito a pena mais elevada, difere, por certo, do foco destinado a quem simplesmente participa da reunião.

Publicação ou crítica indevida

> **Art. 166.** Publicar o militar ou assemelhado, sem licença, ato ou documento oficial, ou criticar publicamente ato de seu superior ou assunto atinente à disciplina militar, ou a qualquer resolução do Governo:[89-90]
>
> Pena – detenção, de 2 (dois) meses a 1 (um) ano, se o fato não constitui crime mais grave.[91]

89. Aspectos objetivos: o sujeito ativo só pode ser o militar (não mais existe a figura do assemelhado). O passivo é o Estado. Tutela-se a disciplina militar. *Publicar* é tornar algo público, notório, conhecido de várias pessoas. Volta-se a conduta ao ato ou documento oficial, *sem licença*. Noutros termos, o agente produz, por exemplo, um documento de cunho oficial, que poderia ser válido, desde que houvesse autorização para tanto. No cenário da disciplina militar, a produção de algo, mesmo oficial, depende de licença prévia. A segunda parte do tipo abrange a conduta de *criticar* (censurar, tecer comentários negativos) no tocante a ato de superior ou assunto ligado à disciplina militar, bem como a resolução do Governo. Tal crítica, para constituir crime, deve ser pública, portanto de conhecimento abrangente, envolvendo várias pessoas.

90. Aspectos subjetivos: o crime é doloso. Não há elemento subjetivo específico, nem se pune a forma culposa.

91. Tipo subsidiário: consagra-se a subsidiariedade explícita, quando o preceito secundário do tipo incriminador afirma a sua situação de reserva, vale dizer, somente é aplicável quando outro mais grave inexistir.

Capítulo VI

Da usurpação e do excesso ou abuso de autoridade

Assunção de comando sem ordem ou autorização

> **Art. 167.** Assumir o militar, sem ordem ou autorização, salvo se em grave emergência, qualquer comando, ou direção de estabelecimento militar:[92-93]
>
> Pena – reclusão, de 2 (dois) a 4 (quatro) anos, se o fato não constitui crime mais grave.[94]

92. Aspectos objetivos: o sujeito ativo é somente o militar. O passivo é o Estado. *Assumir* (tomar a si, avocar, entrar no exercício de algo) comando ou direção de unidade militar, *sem ordem ou autorização*. O ponto fundamental é a ruptura da disciplina e da hierarquia, pois o comando militar depende de expressa previsão, formulada por oficiais superiores encarregados da organização e da estrutura dos estabelecimentos. Porém, o tipo inclui no modelo incriminador a exceção relativa à grave emergência, configurando autêntico estado de necessidade. Por haver previsão típica da situação excepcional, quando ocorrer, o fato se torna atípico. A emergência pode resultar de fatores variados, dentre os quais graves distúrbios no quartel, agressão inesperada, corte de comunicação etc.

93. Aspectos subjetivos: o delito é doloso. Não há elemento subjetivo específico, nem se pune a forma culposa.

94. Tipo subsidiário: consagra-se a subsidiariedade explícita, quando o preceito secundário do tipo incriminador afirma a sua situação de reserva, vale dizer, somente é aplicável quando outro mais grave inexistir.

Conservação ilegal de comando

> **Art. 168.** Conservar comando ou função legitimamente assumida, depois de receber ordem de seu superior para deixá-los ou transmiti-los a outrem:[95-96]
>
> Pena – detenção, de 1 (um) a 3 (três) anos.

Art. 169

95. Aspectos objetivos: o sujeito ativo só pode ser o militar. O passivo é o Estado. *Conservar* (manter, deter) é a conduta incriminada cujo objeto é o comando (direção) ou função *legitimamente assumida* (conquistada dentro das normas legais), mas da qual não se desatrela, após ordem superior para deixá-la ou transmiti-la a outro militar. Cuida-se de uma modalidade de usurpação de posto de mando. Tutela-se a disciplina e a hierarquia militar. A figura típica deste artigo difere do anterior, pois na hipótese do art. 167 o agente assume comando, sem ordem ou autorização; neste caso do art. 168, o agente foi investido legalmente na direção ou na atividade, mas dela não se afasta quando devia fazê-lo. A ordem dada pelo superior pode ser escrita ou verbal. Pode-se exigir do militar que simplesmente saia do comando ou função, independente da chegada de outro para substituí-lo, ou é viável que a ordem seja no sentido de somente deixar o posto quando outro militar o substituir. O delito é omissivo, pois *conservar* significa manter o estado vigente; a partir da manutenção do comando ou função, enquanto ali estiver, configure-se a permanência. Não se admite tentativa, pois o crime é unissubsistente.

96. Aspectos subjetivos: é o dolo. Não há elemento subjetivo específico, nem se pune a forma culposa.

Operação militar sem ordem superior

> **Art. 169.** Determinar o comandante, sem ordem superior e fora dos casos em que essa se dispensa, movimento de tropa ou ação militar:[97-98]
>
> Pena – reclusão, de 3 (três) a 5 (cinco) anos.

Forma qualificada

> **Parágrafo único.** Se o movimento da tropa ou ação militar é em território estrangeiro ou contra força, navio ou aeronave de país estrangeiro:[99]
>
> Pena – reclusão, de 4 (quatro) a 8 (oito) anos, se o fato não constitui crime mais grave.[100]

97. Aspectos objetivos: o sujeito ativo é apenas o militar comandante; o sujeito passivo é o Estado. *Determinar* significa dar uma ordem ou um comando. O objeto é a movimentação de tropa (grupo de militares) de um local a outro, bem como outra ação militar qualquer. O cerne do tipo é evitar o desafio à hierarquia e à disciplina militar, pois o comandante somente deve agir sob ordens superiores. A norma em questão deve ser considerada em branco, dependente de complemento, consistente no conhecimento de norma regulamentadora das atribuições do comandante de batalhão ou tropa, incluindo as hipóteses em que é viável a sua atuação independente de ordem superior.

98. Aspectos subjetivos: o crime é doloso. Não há elemento subjetivo específico, nem se pune a forma culposa.

99. Qualificadora: o delito se torna mais grave quando a movimentação ocorre em território estrangeiro ou contra força, navio ou aeronave estrangeira pelo fato de poder acarretar efeito extensivo, gerando um conflito armado de grandes proporções, envolvendo o Brasil.

100. Tipo subsidiário: consagra-se a subsidiariedade explícita, quando o preceito secundário do tipo incriminador afirma a sua situação de reserva, vale dizer, somente é aplicável

Título II – Dos crimes contra a autoridade ou disciplina militar

Art. 171

quando outro mais grave inexistir. Nesta hipótese, é possível a tipificação das figuras previstas nos arts. 136 e 137 deste Código.

Ordem arbitrária de invasão

> **Art. 170.** Ordenar, arbitrariamente, o comandante de força, navio, aeronave ou engenho de guerra motomecanizado a entrada de comandados seus em águas ou território estrangeiro, ou sobrevoá-los:[101-102]
>
> Pena – detenção, de 1 (um) a 2 (dois) anos.

101. Aspectos objetivos: o sujeito ativo é somente o militar comandante; o sujeito passivo é o Estado. Tutela-se a disciplina e a hierarquia militar, mas também a segurança externa. Cuida-se de figura apropriada ao comandante de terra, mar e ar, que, profere ordem *arbitrária* para o ingresso de seus comandados em área estrangeira (solo, mar e ar). O termo *arbitrário* liga-se ao que é despótico, discricionário, caprichoso. Entretanto, no contexto deste tipo penal, deve-se interpretá-lo como atitude *abusiva*, leia-se *ilegal*. A pena estabelecida é diminuta, ponderando-se o estrago que se pode causar em face da invasão indevida a território estrangeiro, passível até mesmo de provocar conflito armado ou prejuízo para as relações internacionais. O crime é formal, bastando, para a consumação, a emissão da ordem, mesmo que os comandados não invadam o território almejado. Admite tentativa se a ordem for dada por escrito. Após a Lei 14.688/2023, substituiu-se a sanção por pena de detenção, de 1 a 2 anos. Antes, tratava-se de *suspensão do exercício do posto, de 1 a 3 anos, ou reforma*.

102. Aspectos subjetivos: é o dolo. Não há elemento subjetivo específico, nem se pune a forma culposa.

Uso indevido por militar de uniforme, distintivo ou insígnia

> **Art. 171.** Usar o militar, indevidamente, uniforme, distintivo ou insígnia de posto ou graduação superior:[103-104]
>
> Pena – detenção, de 6 (seis) meses a 1 (um) ano, se o fato não constitui crime mais grave.[105]

103. Aspectos objetivos: o sujeito ativo é o militar (não mais existe a figura do assemelhado); o passivo é o Estado. Pune-se a utilização, de qualquer modo (vestir, ostentar, afixar no peito etc.), de uniforme (traje formal militar), distintivo (sinal característico) ou insígnia (emblema) referente a posto ou graduação superior, pois tal conduta infringe o respeito aos símbolos militares, subvertendo a disciplina e a hierarquia. Ilustrando, é o caso da praça que usa uniforme de oficial. O termo *indevidamente* constitui elemento normativo do tipo, sujeito a valoração jurídica, ou seja, deve ser avaliado sob o prisma legal, seguindo-se as normas regentes sobre o uso de tais símbolos. Na jurisprudência: STM: "Quanto ao Mérito não se aplica o pleito defensivo do descabimento da aplicação da sanção penal, pelo fato do réu ser civil, pois à época do delito o réu ostentava a condição de militar. Da mesma forma não se aplica a tese defensiva de atipicidade da conduta dos acusados por ausência de dolo, e inexigibilidade de conduta diversa; pois está claro o fato do réu ter consciência de que o uso indevido de uniforme serviu pra manchar, no seio da sociedade, o bom nome do Exército Brasileiro. Por outro lado, não há que se falar da suposta inexistência de materialidade em razão do laudo pericial.

Art. 172

Quanto à alegada atipicidade. Prática de contravenção disciplinar, formulada pela DPU, não se aplica, pois, o crime prescrito no art. 171 do CPM, é de mera conduta e de perigo abstrato, tornando-se irrelevante a intenção do agente bastando a vontade livre e consciente da prática do ilícito penal. Apelo não provido" (Apelação n.º 7000569-59.2018.7.00.0000, rel. Odilson Sampaio Benzi, 05.02.2019, v.u.); "1. Incorre no crime previsto no art. 171 do CPM o militar que usa uniforme com distintivo de graduação superior à qual faz jus. 2. As constantes punições durante o curso e o fato de responder a processo penal obstam a promoção, sendo norma de conhecimento dos militares. O elemento subjetivo sobressai na medida em que a graduação atual do militar consta na Caderneta-Registro. (...)" (Ap. 0000292-90.2013.7.01.0201, 1.ª C., rel. Marco Antônio de Farias, j. 01.12.2017).

104. Aspectos subjetivos: é o dolo. Não há elemento específico, nem subsiste a forma culposa.

105. Tipo subsidiário: consagra-se a subsidiariedade explícita, quando o preceito se-cundário do tipo incriminador afirma a sua situação de reserva, vale dizer, somente é aplicável quando outro mais grave inexistir.

Uso indevido de uniforme, distintivo ou insígnia militar por qualquer pessoa

> **Art. 172.** Usar, indevidamente, uniforme, distintivo ou insígnia militar a que não tenha direito:[106-107]
>
> Pena – detenção, até 6 (seis) meses.

106. Aspectos objetivos: o sujeito ativo pode ser qualquer pessoa; o passivo é o Estado. Pune-se a utilização, de qualquer modo (vestir, ostentar, afixar no peito etc.), de uniforme (traje formal militar), distintivo (sinal característico) ou insígnia (emblema) militar, pois tal conduta infringe o respeito aos símbolos militares, subvertendo a autoridade e a disciplina. O termo *indevidamente* constitui elemento normativo do tipo, sujeito a valoração jurídica, ou seja, deve ser avaliado sob o prisma legal, seguindo-se as normas regentes sobre o uso de tais símbolos. Por outro lado, o tipo apresenta redação tautológica, visto mencionar o termo *indevidamente* e, ao mesmo tempo, a expressão *a que não tenha direito*. Por óbvio, se não tem direito ao uso, cuida-se de situação indevida. Na jurisprudência: STM: "Tratando-se o delito do art. 172 do Código Penal Militar de crime de mera conduta, inexiste elemento subjetivo específico, de sorte que a conduta caracteriza-se pela vontade livre e consciente de utilizar uniforme, distintivo ou insígnia militar que sabe não ter direito a usar. Consoante a jurisprudência desta Corte Castrense, a aplicação do Princípio da Bagatela exige a pon-deração dos critérios da mínima ofensividade da conduta, da ausência de periculosidade social da ação, da inexpressividade da lesão jurídica provocada e do reduzido grau de re-provabilidade do comportamento. Apelo defensivo a que se nega provimento" (Apelação n.º 7001035-19.2019.7.00.0000, rel. Carlos Vuyk de Aquino, 14.05.2020, maioria); "No Mérito, a conduta do apelante adequa-se ao preceito primário do art. 172 do CPM, que trata de um crime de mera conduta, o qual pune a utilização indevida de uniforme, distintivo ou insíg-nia militar a que não tenha direito. Não há necessidade de uma finalidade particular em causar prejuízo à Administração Militar ou dolo específico para a consumação do crime. O elemento subjetivo é evidenciado pela oitiva das testemunhas, ao declararem que, de forma livre, consciente e voluntária, o apelante, por diversas vezes, transitava em locais públicos trajando indevidamente uniforme militar e se apresentava como Tenente Coronel Aviador da Aeronáutica e que servia na Base Aérea de Santa Cruz. Constata-se que o apelante praticou fato típico, ilícito e culpável, o que afasta a suposta licitude do fato, por ignorância ou erro de interpretação da lei. Logo, não há que se falar em retroatividade da lei mais benigna no caso em apreço. Ressalta-se a inaplicabilidade do princípio da insignificância para os delitos previstos no art. 172 do CPM, e, também, não há ofensas aos princípios e às garantias previstos na Constituição Federal de 1988. A autoria e a materialidade ficaram caracterizadas ante as provas testemunhais, a confissão do apelante, as fotografias do civil trajando uniforme de forma indevida e a apreensão do fardamento, sem qualquer circunstância excludente de culpabilidade ou de atipicidade em favor do agente. Apelo defensivo desprovido. Decisão unânime" (Ap. 7000419-78.2018.7.00.0000, rel. Francisco Joseli Parente Camelo, j. 13.11.2018); "Quanto ao mérito o crime previsto no art. 172 é de mera conduta e perigo abstrato, dessa forma, torna-se irrelevante a intenção do agente, bastando a vontade livre e consciente da prática do ilícito penal. Não se sustenta a tese defensiva da aplicação da Teoria da Culpabilidade, pela qual o Estado é culpado e negligente por não exercer fiscalização sobre venda de uniformes, haja vista, que não é razoável aproveitar-se de situação atípica para cometimento de ilícitos penais. Por fim, presente o dolo específico visto que o réu tinha consciência que o uso indevido de uniforme é crime. Assim, restou caracterizada a tipicidade, a ilicitude e a culpabilidade do acusado. Apelo não provido. Decisão unânime" (Ap. 0000165-63.2015.7.12.0012, T. Pleno, rel. Odilson Sampaio Benzi, j. 08.03.2018).

107. Aspectos subjetivos: é o dolo. Não há elemento subjetivo específico, nem se pune a forma culposa.

Abuso de requisição militar

> **Art. 173.** Abusar do direito de requisição militar, excedendo os poderes conferidos ou recusando cumprir dever imposto em lei:[108-109]
> Pena – detenção, de 1 (um) a 2 (dois) anos.

108. Aspectos objetivos: o sujeito ativo pode ser qualquer pessoa detentora do poder de requisição; o passivo é o Estado. *Abusar* significa exceder-se, configurando ato ilícito. Volta-se ao direito de requisição (exigência legal para auferir algum valor ou bem), no campo militar. Optou-se por redação tautológica, inserindo o verbo *abusar* em conjunto com a expressão *excedendo os poderes*, o que significa idêntica situação. Além disso, o abuso pode consistir em recusa no cumprimento de dever legal. Trata-se de norma penal em branco, dependente de complemento, consistente na regulamentação legal das requisições militares, como preceituado pelo art. 22, III, da CF/1988. O cerne normativo é punir o funcionário público, militar ou civil, que requisitar bens além do previsto em lei ou diversamente do que foi imposto. Tutela-se a moralidade administrativa militar, além da disciplina.

109. Aspectos subjetivos: é o dolo. Não há elemento subjetivo específico, nem se pune a forma culposa.

Rigor excessivo

> **Art. 174.** Exceder a faculdade de punir o subordinado, fazendo-o com rigor não permitido, ou ofendendo-o por palavra, ato ou escrito:[110-111]

Art. 175

> Pena – detenção, de 1 (um) a 2 (dois) anos, se o fato não constitui crime mais grave.[112]

110. Aspectos objetivos: : o sujeito ativo é o militar superior; o passivo é o Estado; secundariamente, o subordinado punido. *Exceder* significa abusar, ultrapassar o permitido, voltando-se à punição implementada ao militar subordinado. É certo haver disciplina e rigor no serviço militar, mas não se pode aceitar o abuso, que é sinônimo de ilicitude. Sob outro aspecto, parece-nos inadequado mencionar o termo *faculdade*, visto constituir *dever* do superior a imposição de punição, quando cabível pelas circunstâncias fáticas. Além disso, há duas formas de configuração do excesso: *a)* aplicar *rigor não permitido*, o que abrange toda e qualquer espécie de sanção ilegal, tal como castigo físico imoderado ou claustro solitário e insalubre; *b)* proferir ofensa verbal ou escrita, figurando injúria, atentatória à dignidade ou autoestima do militar. Tutela-se a administração militar, no campo da moralidade e da disciplina; secundariamente, a integridade física e moral do militar subordinado. A Lei 14.699/2023 substituiu a pena de suspensão do exercício do posto por detenção, de 1 a 2 anos. Na jurisprudência: STM: "1. O crime de rigor excessivo – art. 174 do CPM – é exclusivo da autoridade que exerce a faculdade de punir subordinado. 2. O Militar que, exercendo a função de Oficial de Dia no quartel, venha cometer qualquer tipo de agressão a um subordinado, a despeito da atitude altamente reprovável, não comete esse delito específico de rigor excessivo, haja vista que a função desempenhada não está elencada nos regulamentos disciplinares como competente para sancionar disciplinarmente qualquer subordinado. 3. O delito de rigor excessivo impõe a conexão entre a competência para punir e o ato praticado. Recurso conhecido e não provido, decisão unânime" (Ap. 0000035-35.2009.7.03.0303, 2.ª C. rel. Artur Vidigal de Oliveira, 18.11.2011).

111. Aspectos subjetivos: é o dolo. Não há elemento subjetivo específico, nem se pune a forma culposa.

112. Tipo subsidiário: consagra-se a subsidiariedade explícita, quando o preceito secundário do tipo incriminador afirma o seu caráter subsidiário, vale dizer, somente é aplicável quando outro mais grave inexistir.

Violência contra inferior hierárquico

> **Art. 175.** Praticar violência contra inferior hierárquico:[113-114]
> Pena – detenção, de 3 (três) meses a 1 (um) ano.

Resultado mais grave

> **Parágrafo único.** Se da violência resulta lesão corporal ou morte é também aplicada a pena do crime contra a pessoa, atendendo-se, quando for o caso, ao disposto no art. 159.[115]

113. Aspectos objetivos: o sujeito ativo é o militar superior; o passivo é o Estado; secundariamente, o inferior prejudicado. *Praticar violência* significa o emprego de qualquer espécie de constrangimento físico, podendo constituir simples vias de fato (empurrão, tapa)

Art. 175

como também lesão corporal (produção de ferimento visível). Não se justifica o uso dessa forma de coerção, sob qualquer pretexto. Tutela-se a administração militar, a autoridade e a integridade física e moral do subordinado. Na jurisprudência: STF: "3. No crime de violência contra inferior (art. 175 do CPM), a ofensa ao bem jurídico tutelado não deve ser medida apenas com base nas lesões provocadas na vítima, mas também na violação da autoridade e da disciplina militares, bens jurídicos tutelados pela norma penal. 4. Estando as condutas dos pacientes expressamente proibidas pela Diretriz do Comandante n.º 1 de 2013, há ofensa aos bens jurídicos tutelados pela norma penal em gradação incompatível com os vetores fixados pela jurisprudência para balizar a aplicação do princípio da insignificância. 5. É inviável o exame de teses que, além de não terem sido objeto de apreciação pela instância anterior, constituem inovação recursal, inadmissível em agravo regimental. 6. Nas hipóteses em que os bens jurídicos tutelados pelas normas penais incriminadoras são distintos e diversos são os sujeitos passivos das ações delitivas, bem como não havendo relação de meio necessário ou fase normal de preparação ou execução entre os delitos, torna-se inviável a aplicação do princípio da consunção, devendo o agente responder pela pluralidade de crimes praticados. 7. Os crimes de deserção e de insubmissão possuem regramento específico (art. 457, §§ 2.º e 3.º, e art. 464, do CPPM), que constitui exceção à regra geral de processamento penal dos crimes militares, exigindo a condição de militar do agente no curso do processamento da ação penal (condição de procedibilidade e de prosseguimento da ação). 8. No caso, os pacientes responderam, na origem, pela prática de crimes de violência contra inferior (art. 175 do CPM). Logo, o debate a respeito da condição de procedibilidade ou de prosseguibilidade da ação penal torna-se inócuo no caso concreto, porquanto em apuração a prática de crime militar próprio sujeito ao regime geral de processamento, que exige apenas a condição de militar na data do crime. 9. Agravos regimentais da DPU e da PGR conhecidos e provido este último para restabelecer, na íntegra, o acórdão emanado do Superior Tribunal Militar" (HC 137.741 AgR, 1.ª T., rel. Rosa Weber, 25.06.2019, maioria). STM: "II – Perfeitamente adequada à criminalização da conduta daquele que dolosamente excede no seu poder disciplinar e malfere os postulados constitucionais da hierarquia e da disciplina, maculando a regularidade das instituições militares e afrontando a dignidade do subordinado. III – A doutrina é uníssona quanto ao momento de consumação do delito: ocorre quando o autor atinge o subordinado fisicamente, ainda que não seja afetada a sua integridade física. IV – Do harmônico acervo probatório conclui-se que houve contato físico violento entre o Acusado e a Vítima, da mesma forma, clara é a autoria da conduta dolosa representada no ato de desferir golpe com o joelho no rosto do Ofendido. V – Em que pese a bem fundamentada dosimetria, a pena aplicada merece adequação. VI – Recurso parcialmente provido. Decisão unânime" (Ap. 7000152-09.2018.7.00.0000, T. Pleno, rel. Péricles Aurélio Lima de Queiroz, j. 11.12.2018); "Acusado que deu ordem para que o Ofendido se aproximasse, aspergindo álcool e ateando fogo com isqueiro. Ao contrário do que aduz a Defesa, o dolo não é afastado pelo fato de o Réu ter afirmado que a prática delituosa foi uma brincadeira e que não tinha intenção de lesionar o Ofendido. O ambiente da caserna não admite brincadeiras que desafiam a hierarquia e a disciplina, mormente com o intuito de chamar a atenção do inferior, por entender que este estaria negligenciando suas funções. Dito comportamento malfere os princípios da disciplina militar e da dignidade da pessoa humana. E ainda que se admita, por absurdo, que a intenção do Acusado não era a de causar lesão na vítima, fato é que assumiu um risco iminente de causá-la, o que caracteriza o dolo eventual. Apelo defensivo que buscava a absolvição do crime previsto no art. 209 do CPM desprovido. Para configuração do tipo ínsito ao art. 175 do CPM basta a existência de ofensa dolosa contra o inferior hierárquico, aperfeiçoada pelo contato físico, sendo desnecessário o resultado lesivo, que apenas qualifica o delito. O fato de ostentarem a condição de Soldado não impede o reconhecimento da superioridade hierárquica entre ambos. O Acusado era Soldado Engajado, pertencente ao chamado de efetivo

Art. 176

profissional (EP), e o Ofendido, Soldado Recruta, do chamado efetivo variável (EV), sendo o primeiro superior hierarquicamente sobre o segundo. Autoria e materialidade incontestes, tanto pela confissão do Acusado em Juízo como pelas demais provas dos autos. Condenação que se impõe. Apelo ministerial provido para condenar o Acusado também nas sanções do art. 175, parágrafo único, c/c o art. 210, ambos do CPM" (Ap. 7000008-35.2018.7.00.0000, T. Pleno, rel. Marcus Vinicius Oliveira dos Santos, j. 11.09.2018).

114. Aspectos subjetivos: é o dolo. Não há elemento subjetivo específico, nem se pune a forma culposa.

115. Acumulação material: a violência utilizada contra o militar pode gerar lesão corporal ou morte, motivo pelo qual deixa-se claro, em lei, a adoção do sistema cumulativo, vale dizer, pune-se o autor pelo delito do art. 175, associado às penas do crime contra a pessoa.

Ofensa aviltante a inferior hierárquico

> **Art. 176.** Ofender inferior hierárquico, mediante ato de violência que, por natureza ou pelo meio empregado, seja considerado aviltante:[116-117]
>
> Pena – detenção, de 1 (um) a 2 (dois) anos.
>
> **Parágrafo único.** Aplica-se o disposto no parágrafo único do artigo anterior.

116. Aspectos objetivos: o sujeito ativo é o militar superior; o passivo é o Estado e também o subordinado. A previsão formulada neste tipo penal simplesmente repete o modelo constante no art. 175, embora acresça a particular finalidade, que é ofender o subordinado. Portanto, a prática de qualquer ato de constrangimento físico é suficiente para caracterizar a conduta criminosa do referido art. 175; havendo o intuito de humilhar o inferior, emerge o art. 176, cuja pena é mais grave. A maneira de executar o delito é variada, abrangendo a natureza da violência, como tapa no rosto, bem como o meio empregado, tal como uso de palmatória. Na jurisprudência: STM: "O crime previsto o artigo 176 do CPM inscreve-se no rol daqueles que priorizam, como bens sob tutela penal, a autoridade e a disciplina militares. Desse modo, no delito em tela, na qualidade de sujeito passivo principal estão as próprias instituições militares e, na condição de sujeito passivo secundário, o militar que foi alvo da ofensa perpetrada pelo superior, por meio de ato ou atos de violência aviltante. No Brasil, como de resto nos países democráticos, o direito penal é, basicamente, o do fato, ou seja, é a conduta do agente que reclama apreciação e julgamento diante de um injusto típico que lhe é imputado, ficando, pois, o seu modo de ser, o que é em si mesmo, reservado para apreciação e definição no campo da pena. Em que pese tratar-se de militar até então de conduta imaculada, a prova é absolutamente robusta, a indicar que praticou a conduta que lhe foi imputada na Denúncia, nada existindo, por outro lado, que configure causa excludente de qualquer natureza. Provimento do Apelo do MPM para, com a reforma da Sentença *a quo*, condenar o Acusado como incurso no art. 176 do COM" (Apelação n.º 7001043-30.2018.7.00.0000, rel. Luis Carlos Gomes Mattos, 20.08.2019, maioria); "1. Se o instrutor age com o móvel de adestrar os seus subordinados, em sessão de lutas que prima pela resistência de seus comandados, a análise das elementares dos arts. 163, 176 e 213, todos do CPM, deve ser contextualizada. 2. Os Aspirantes a Oficial são praças especiais (art. 16, § 4º, da Lei nº 6.880/1980), os quais cumprem estágio probatório, o que deve atrair a permanente orientação de seus superiores, no sentido de ambientá-los aos parâmetros legais concernentes às atividades militares. 3. A formação militar, dedicada ao preparo operacional, simula o combate real e desenvolve a rusticidade da tropa, especialmente das OM de pronto emprego, as quais realizam missões constitucionalmente previstas para as Forças Armadas. 4. As instruções militares, que exigem o contato físico entre os participantes, caracterizam-se por tênues limites entre o rigor desejado para o efetivo aprendizado e o intolerável excesso. Nesse contexto, o fiel estudo das provas constantes dos autos esclarecerá se o Princípio da Proporcionalidade foi preservado. 5. Conforme margem de risco tolerável, havendo golpes recíprocos, durante a instrução vocacionada ao preparo para o combate, o Princípio da Proporcionalidade mostra-se preservado, o que afasta a imputação de crime. 6. Recurso Ministerial não provido. Decisão por maioria" (Ap. 0000059-04.2015.7.02.0102, 2.ª C., rel. Marco Antônio de Farias, j. 05.04.2018).

117. Aspectos subjetivos: o crime é doloso. Há elemento subjetivo específico, consistente no *ânimo de injuriar*, humilhando o militar. Inexiste a forma culposa. Na jurisprudência: STM: "O presente recurso busca fazer prevalecer a tese vencida de que o embargante não teve o dolo específico de aviltar, humilhar ou ofender moralmente o seu inferior hierárquico. Todavia, esse argumento não restou demonstrado nos autos, ao contrário, existem provas suficientes da autoria e da materialidade do delito, bem como da presença do dolo específico de aviltar, humilhar e ofender a vítima, destarte, a conduta do réu se subsumiu perfeitamente ao tipo penal insculpido no art. 176 do CPM. Embargos defensivos rejeitados" (Embargos Infringentes e de Nulidade n.º 7001339-18.2019.7.00.0000, rel. Odilson Sampaio Benzi, 10.06.2020, maioria).

Capítulo VII
Da resistência

Resistência mediante ameaça ou violência

> **Art. 177.** Opor-se à execução de ato legal, mediante ameaça ou violência ao executor, ou a quem esteja prestando auxílio:[118-123]
>
> Pena – detenção, de 6 (seis) meses a 2 (dois) anos.

Forma qualificada

> § 1.º Se o ato não se executa em razão da resistência:[124]
>
> Pena – reclusão de 2 (dois) a 4 (quatro) anos.
>
> § 1.º-A. Se da resistência resulta morte:[124-A]
>
> Pena – reclusão, de 6 (seis) a 20 (vinte) anos.

Cumulação de penas

> § 2.º As penas previstas no *caput* e no § 1.º deste artigo são aplicáveis sem prejuízo das correspondentes à violência.[125]

118. Aspectos objetivos: o sujeito ativo pode ser qualquer pessoa, inclusive o funcionário público, civil ou militar. "Se, porém, alguém comete a ação em que importa o fato,

Art. 177

Código Penal Militar Comentado • Nucci

sendo embora funcionário, entender-se-á que, no caso, se equipara ao particular, pois não será considerada, logicamente, a sua qualidade eventual de funcionário para eximi-lo da responsabilidade que lhe cabe por um crime que cometeu, não na sua qualidade de funcionário, mas como qualquer particular" (cf. Fernando Henrique Mendes de Almeida, *Dos crimes contra a Administração Pública*, p. 176). O sujeito passivo é o Estado e, secundariamente, o funcionário ou outra pessoa que sofreu a violência ou ameaça. Esta outra pessoa precisa estar acompanhada do funcionário encarregado de realizar a execução do ato legal (ou agir em seu nome). *Opor-se* significa colocar obstáculo ou dar combate. O objeto da conduta é a execução de ato legal. *Ato legal* é o que se encontra em harmonia com o ordenamento jurídico. Caso pretenda concretizar algo ilegítimo, é natural que o particular possa resistir, pois está no exercício regular de direito (ou em legítima defesa, se houver agressão), já que ninguém é obrigado a fazer ou deixar de fazer alguma coisa senão em virtude de lei (art. 5.º, II, da CF/1988). O conceito de legalidade do ato não se confunde com justiça, pois contra ato *injusto*, mas legal, não é admissível a oposição, sem que se configure o delito de resistência (cf. Antonio Pagliaro e Paulo José da Costa Júnior, *Dos crimes contra a Administração Pública*, p. 191). Os meios empregados para a resistência são a violência ou ameaça. A primeira é a coerção física, enquanto *ameaça* é a intimidação. Neste caso, não exige o tipo penal seja a ameaça *grave* (séria), embora deva ser a promessa de causar um mal injusto. Não se configura o delito se a pessoa ameaça o funcionário de representá-lo aos superiores, uma vez que é direito de qualquer um fazê-lo. Por outro lado, é preciso que tanto a violência quanto a ameaça sejam dirigidas contra a *pessoa* do funcionário, e não contra coisas (ex.: se alguém, ao ser preso, chutar a viatura policial, não há crime de resistência. Porém, se houver dano ao veículo, pode ser processado, conforme o caso, pelo delito de dano). Lembremos, ainda, que ofensas não são ameaças, de modo que podem dar azo à configuração do desacato. Na jurisprudência: STM: "O tipo penal incursionador encartado no art. 177 do CPM caracteriza-se quando o executor da ordem ou quem o auxilia é atingido pelo ato violento ou toma conhecimento da ameaça. O fato de as testemunhas presenciais se confundirem com os próprios ofendidos não tem o condão de desmerecer, tampouco reduzir o potencial comprobatório de suas declarações. Suas palavras são dotadas de presunção de legitimidade e de legalidade, sendo merecedoras de crédito, inclusive no tocante à incriminação de pessoa envolvida no episódio delitivo" (Apelação n.º 7000587-46.2019.7.00.0000, rel. Carlos Vuyk de Aquino, 12.02.2020, v.u.); "Para a configuração do delito descrito no art. 177 do CPM, faz-se necessária uma conduta atuante e positiva do Acusado, sendo atípica uma postura passiva. Resta ausente a justa causa para a deflagração da ação penal militar se a conduta do agente está acobertada pelo manto da atipicidade. Recurso em Sentido Estrito a que se nega provimento" (Recurso em Sentido Estrito n.º 7000348-42.2019.7.00.0000, rel. Carlos Vuyk de Aquino, 28.05.2019, v.u.); "De frisar que o delito de Resistência, mesmo que na sua forma violenta, não implica, necessariamente, a circunstância de que a Vítima reste lesionada; mas, quando essa violência gera lesão, responde o Acusado também pela prática do delito previsto no art. 209 do CPM. Desse modo, o delito de Lesão corporal praticado pelo Acusado não constituiu meio necessário para a ocorrência do crime de Resistência, também de sua autoria, descabendo, portanto, falar-se no fenômeno da consunção/absorção. Rejeição dos Embargos por maioria" (Embargos Infringentes e de Nulidade n.º 7000409-63.2020.7.00.0000, rel. Luis Carlos Gomes Mattos, 22.10.2020, maioria); "O Réu desafiou Oficial, perante outros militares, para que se confrontassem fisicamente fora da OM. Além disso, apontou-lhe uma tesoura, e foi em sua direção. Após dada voz de prisão e durante o percurso para o bailéu, recusou-se a continuar acompanhando os militares encarregados de prendê-lo e, ao ser contido, tentou agredi-los. Foi imobilizado após a utilização de *teaser* e algema descartável. No bailéu, o Réu entortou a barra da cela e quebrou a louça do vaso sanitário e pia existentes no recinto prisional. Condenação pelo crime de desacato a superior e absolvição dos crimes de resistência mediante ameaça ou violência e dano simples. Recursos defensivo e ministerial. Incabível a configuração do crime de dano quando não houver exame de corpo de delito, sobretudo ante a verificação pela própria Administração, devidamente atestada nos autos, de ausência de dano ao erário. A configuração do crime de resistência mediante ameaça ou violência, esculpida no art. 177 do CPM, exige a oposição à ordem legal e a violência ou ameaça no momento da resistência. No caso em que o Acusado apenas se debate e tenta empurrar o militar que tentava contê-lo, resta insuficiente à caracterização da efetiva conduta exigida pelo tipo penal, pois não extrapola a esfera da resistência passiva. O delito de desacato a superior, previsto no art. 298 do CPM, resta configurado quando há o desmerecimento, a ofensa, o desprestígio à autoridade do superior hierárquico. O bem jurídico tutelado é o respeito à dignidade da função de natureza militar. Dessa forma, uma vez desprestigiado o agente militar, a ofensa também recai sobre a Administração Militar. É certo que um servidor público representa o Estado para desempenhar as funções inerentes ao cargo que ocupa. E não restam dúvidas de que um militar, no exercício de suas funções e que esteja atuando em nome da Administração Militar, refletirá a figura do Órgão que representa. Não se desconhece que a 5ª Turma do Superior Tribunal de Justiça, no julgamento do Recurso Especial nº 1640084/ SP, decidiu a favor da descriminalização do crime de desacato. Entretanto, posteriormente, o fato foi levado à 3ª Seção daquele Tribunal que, nos autos do HC 379.269/MS decidiu de forma contrária. Recursos ministerial e defensivo desprovidos. Unânime" (Ap. 0000106-33.2014.7.01.0201, T. Pleno, rel. Marcus Vinicius Oliveira dos Santos, j. 11.10.2018).

119. Aspectos subjetivos: é o dolo. Não existe a forma culposa. Exige-se elemento subjetivo do tipo específico, consistente na vontade de não permitir a realização do ato legal. Por isso, havendo dúvida *fundada* (razoável e consistente) quanto à legalidade do ato ou competência do agente, pode o particular resistir, sem a configuração do delito.

120. Resistência ativa (*vis corporalis* ou *vis compulsiva*) e resistência passiva (*vis civilis*): a ativa consiste justamente no emprego de violência ou ameaça contra o funcionário público, servindo para configurar o crime; a passiva é a oposição sem ataque ou agressão por parte da pessoa, que se pode dar de variadas maneiras: fazendo *corpo mole* para não ser preso e obrigando os policiais a carregá-lo para a viatura; não se deixar algemar, escondendo as mãos; buscar retirar o carro da garagem antes de ser penhorado; sair correndo após a voz de prisão ou ordem de parada, entre outros. É o que Hungria chama de "atitude *ghândica*" (*Comentários ao Código Penal*, v. 9, p. 411), em referência à resistência passiva e política da não violência (*satyagraha*) recomendada pelo Mahatma Ghandi, na primeira metade do século XX, na Índia, contra os ingleses, através de conduta pela qual os indianos não atacavam os dominadores do seu território, mas também não desocupavam um determinado local, quando instados pelas forças policiais a fazê-lo. Acabavam agredidos pelos próprios agentes do Império Britânico, sem que agissem da mesma forma. Na jurisprudência: TRF-4.ª Região: "Indispensável à configuração do crime de resistência a oposição do agente à execução de ato legal, mediante violência ou ameaça a funcionário público competente para executá-lo ou a quem lhe esteja prestando auxílio. O simples fugir à perseguição policial não caracteriza o delito de resistência" (HC 2009.04.00.028041-3-RS, 8.ª T., rel. Paulo Afonso Brum Vaz, 02.09.2009, v. u.).

121. Embriaguez: de acordo com a lei penal brasileira, o sujeito voluntariamente embriagado deve responder pelo que faz. Se pode até cometer homicídio, sendo por isso punido, cremos que também a resistência não escapa da esfera de proteção penal. Não há motivo para afastar a aplicação do art. 177 ao agente embriagado, pois o elemento subjetivo específico é, assim como o dolo, presumido (para quem acolhe a tese da presunção de responsabilidade

Art. 178

nesse caso) ou projeta-se pela *actio libera in causa* (para quem aceita o dolo inicial, mesmo que eventual, na conduta). Basta, pois, que o bêbado agrida fisicamente o funcionário público para se configurar a resistência. Quanto à ameaça, dependendo do que falar, por estar embriagado, pode não se configurar o crime, visto que não será considerada intimidação razoável, nem irá impressionar o funcionário.

122. Executor competente: não basta que a vítima seja funcionário público, pois exige o tipo penal que tenha ele *competência* para executar o ato. Ressalte-se que o número de funcionários contra os quais se opõe o agente não faz nascer vários delitos de resistência em concurso formal, pois o objeto jurídico protegido é a Administração Pública, e não o interesse individual de cada um deles.

123. Prestador de auxílio: pode o executor valer-se de terceiros para a prática do ato legal. Se assim fizer, essa pessoa, que lhe dá assistência, também pode ser vítima do crime de resistência.

124. Figura qualificada pelo resultado: para a configuração da qualificadora, exige-se a não realização do ato legal praticado por funcionário competente. Assim ocorrendo, modifica-se a pena de detenção para reclusão e aumenta-se a faixa de fixação para 2 a 4 anos. Trata-se de mais uma forma de exaurimento do crime, que faz elevar a pena do agente. Anota a jurisprudência que o ato legal precisa deixar de ser praticado por força *exclusiva* da oposição violenta ou ameaçadora do agente, e não por inépcia do executor.

124-A. Figura qualificada pelo resultado *morte*: introduzida pela Lei 14.688/2023, incluiu-se, também, a possibilidade de, durante a resistência, haver o resultado *morte*. A pena se eleva consideravelmente. Não havendo indicação, qualquer pessoa envolvida no ato legal de execução que venha a falecer torna aplicável a figura do § 1.º-A.

125. Acumulação material: tendo em vista que a violência contra a pessoa deve ser sempre punida com rigor, o tipo penal prevê, como em várias outras oportunidades, o sistema da acumulação material, isto é, o agente responde pela resistência e pelo que causou à vítima, diante do emprego da coerção física. A ressalva feita para os crimes violentos não se aplica ao desacato e à desobediência. Pode o agente, durante a prisão, resistir ativamente contra os agentes estatais e ainda valer-se de ofensas verbais contra eles, deixando de cumprir suas ordens. Todo esse contexto faz parte, em último grau, da intenção nítida de não se deixar prender, de modo que deve absorver os demais delitos. Somente quando o agente já está preso, cessando a resistência, pode configurar-se o crime de desacato, na hipótese de ofender o delegado que lavra o auto de prisão em flagrante, por exemplo.

Capítulo VIII
Da fuga, evasão, arrebatamento
e amotinamento de presos

Fuga de preso ou internado

> **Art. 178.** Promover ou facilitar a fuga de pessoa legalmente presa ou submetida a medida de segurança detentiva:[126-127]
>
> Pena – detenção, de 6 (seis) meses a 2 (dois) anos.

Art. 179

Título II – Dos crimes contra a autoridade ou disciplina militar

Formas qualificadas

> § 1.º Se o crime é praticado a mão armada ou por mais de uma pessoa, ou mediante arrombamento:[128]
>
> Pena – reclusão, de 2 (dois) a 6 (seis) anos.
>
> § 2.º Se há emprego de violência contra pessoa, aplica-se também a pena correspondente à violência.[129]
>
> § 3.º Se o crime é praticado por pessoa sob cuja guarda, custódia ou condução está o preso ou internado:[130]
>
> Pena – reclusão, até 4 (quatro) anos.

126. Aspectos objetivos: o sujeito ativo pode ser qualquer pessoa. O sujeito passivo é o Estado. *Promover* significa dar causa, impulsionar ou originar; *facilitar* quer dizer tornar mais fácil, acessível sem grande esforço. O objeto dessas condutas é a fuga de pessoa presa ou internada. *Fuga* é a escapada ou o rápido afastamento do local onde se está detido. Concretiza-se a *fuga* ainda que não seja definitiva. Nessa ótica: TRF-1.ª Região, Ap 1998.30.00.002522-9/AC, 3.ª T., rel. Tourinho Neto, 28.02.2005, v.u. Quanto à pessoa presa ou internada, é indispensável a legalidade da privação da liberdade, pois, do contrário, fugir seria consequência justa.

127. Aspectos subjetivos: é o dolo. Não se exige elemento subjetivo do tipo específico. Pune-se a forma culposa nos termos do art. 179.

128. Figura qualificada: a pena abstrata altera-se substancialmente – passando de 6 meses a 2 anos para 2 a 6 anos – quando o crime for cometido *à mão armada* (com o emprego de qualquer tipo de arma, própria ou imprópria, como instrumento), por meio de *mais de uma pessoa* (concurso de duas ou mais pessoas) ou mediante *arrombamento* (abertura forçada, rompendo-se obstáculo material).

129. Concurso de crimes: havendo violência *contra a pessoa* (não valendo a violência realizada contra a coisa, que já pode ser suficiente para qualificar o delito, conforme § 1.º), deve-se punir o delito do art. 178 associado ao crime violento praticado.

130. Figura qualificada: altera-se, também, a pena abstrata – de 6 meses a 2 anos para 1 a 4 anos – caso o delito seja cometido por pessoa que deveria custodiar o preso, em vez de promover-lhe ou facilitar-lhe a fuga. Pode ser funcionário público ou não. Este tipo penal – § 3.º – é especial em relação à corrupção passiva. Portanto, se o funcionário receber vantagem indevida para soltar alguém, fica o delito de corrupção absorvido por este.

Modalidade culposa

> **Art. 179.** Deixar, por culpa, fugir pessoa legalmente presa, confiada à sua guarda ou condução:[131-132]
>
> Pena – detenção, de 3 (três) meses a 1 (um) ano.

131. Aspectos objetivos: o sujeito ativo deve ser funcionário encarregado da guarda e condução de preso; o passivo é o Estado. *Deixar fugir* significa permitir a escapada, voltando-se a pessoa legalmente detida. No artigo anterior, configura-se a forma dolosa de facilitação de fuga, enquanto nesta figura o delito se perfaz mediante a desatenção do encarregado da

Art. 180

Código Penal Militar Comentado • Nucci

guarda ou condução, nos termos do art. 33, II, deste Código. Na jurisprudência: STM: "II – É negligente o militar que durante a visita de preso se distrai ao telefone e afrouxa a vigilância, deixando culposamente que o encarcerado judicial obtenha fuga. Apelo Ministerial provido em parte. Decisão por maioria. Apelo Ministerial não provido. Decisão unânime" (Ap. 0000106-79.2014.7.03.0103, rel. Odilson Sampaio Benzi, j. 27.04.2016); TJMSP: "Policiais militares que, deixando de cumprir os Procedimentos Operacionais Padrão previstos na Polícia Militar, acabam propiciando a fuga de assaltante que, momentos antes, havia sido contido e imobilizado por civis, após praticar furto qualificado em residência. Condução do detido até o Distrito Policial ainda amarrado por corda, apesar de possuírem algemas. Infrator que, desvencilhando-se da corda e do único PM que o acompanhava, sai correndo e atravessa um rio de forte correnteza, evadindo-se. Culpa demonstrada. Condutas negligentes. Uso de algemas que se justificava. Manutenção da decisão de Primeira Instância. Decisão unânime" (Ap. Crim. 007478/2018, 2.ª Câm., rel. Avivaldi Nogueira Junior, j. 07.06.2018, v.u.); "2. Policiais desatentos que não verificaram quais eram os presos que estavam sob custódia da equipe. 3. Adolescente preso em flagrante aguardava atendimento médico no mesmo quarto em que outro custodiado. 4. Milicianos não perceberam o momento em que o menor teve alta e saiu do hospital na companhia de seu genitor. 5. Dever de atenção e cautela no momento em que renderam seus colegas. 6. Culpa caracterizada por falta de cautela e atenção. (...)" (Ap. Crim. 007455/2017, 1.ª Câm., rel. Orlando Eduardo Geraldi, j. 13.04.2018, v.u.).

132. Aspectos subjetivos: trata-se da culpa.

Evasão de preso ou internado

> **Art. 180.** Evadir-se, ou tentar evadir-se o preso ou internado, usando de violência contra a pessoa:[133-134]
>
> Pena – detenção, de 1 (um) a 2 (dois) anos, além da correspondente à violência.[135]
>
> § 1.º Se a evasão ou a tentativa ocorre mediante arrombamento da prisão militar:[136]
>
> Pena – detenção, de 6 (seis) meses a 1 (um) ano.

Cumulação de penas

> § 2.º Se ao fato sucede deserção, aplicam-se cumulativamente as penas correspondentes.[137]

133. Aspectos objetivos: o sujeito ativo somente pode ser o preso ou a pessoa submetida a medida de segurança detentiva (internação). O sujeito passivo é o Estado. Secundariamente, pode-se mencionar a pessoa agredida, embora, nesta hipótese, remanesça a figura típica referente à violência, ou seja, o fugitivo responde pelo art. 180 em concurso com o delito violento. *Evadir-se* significa fugir ou escapar da prisão. O tipo penal prevê, também, a forma tentada, equiparando-a à consumada, fazendo com que seja impossível haver tentativa. Assim, fugir ou tentar fugir, para as finalidades do art. 180, têm o mesmo alcance. Por outro lado, é preciso ressaltar, desde logo, que a fuga do preso somente é punida se houver violência contra a pessoa, visto ser direito natural do ser humano buscar a liberdade, do mesmo modo que se permite ao réu, exercitando a autodefesa, mentir. Ressalte-se, ainda, que a fuga violenta exercida no momento da decretação da prisão configura o delito de resistência. Mas se o indivíduo já estiver preso legalmente e tentar fugir ou conseguir fugir mediante o emprego de violência, configura-se o crime do art. 180. A legalidade da privação da liberdade deve ser elemento indispensável para a caracterização do delito, pois, do contrário, é direito do réu fugir e quem o impedir estará praticando uma agressão injusta, passível de ser contraposta pela legítima defesa. Quanto à violência, é a coação física exercida contra ser humano, não se incluindo, naturalmente, a violência contra coisas, como ocorre com o detento que serra as grades da prisão, por exemplo. Não se encaixa no tipo penal, também, o emprego de grave ameaça. Melhor seria se o Código Penal tivesse previsto também a forma de uso de violência contra coisas, impedindo que o preso, legalmente detido, destruísse a cadeia – patrimônio público – tendo por fim a fuga. Na jurisprudência: STF: "5. Como se observa, o art. 180, *caput*, do Código Penal Militar em nada colide com essa garantia constitucional, a ser exercida no processo. 6. Nem se alegue que haveria um suposto direito constitucional à fuga, decorrente do direito à liberdade. 7. O princípio constitucionalmente assegurado da liberdade (art. 5º, *caput*, CF) não outorga ao paciente o direito de se evadir mediante violência, diante do interesse público na manutenção de sua prisão, legalmente ordenada, e na preservação da integridade física e psíquica dos responsáveis por sua custódia. 8. O fato de a fuga constituir um impulso natural não a erige em um direito de quem já se encontre sob custódia, diante de seu dever de se submeter às consequências jurídicas do crime. 9. Embora a fuga sem violência não constitua crime por parte do preso, constitui, tanto quanto a fuga com violência contra a pessoa, falta grave (art. 50, III, da Lei nº 7.210/84), que o sujeita, além das penas disciplinares, à regressão de regime e à perda de até 1/3 (um terço) do tempo remido (arts. 53; 118, I, e 127, I, todos da Lei nº 7.210/84). 10. Nesse diapasão, a fuga do preso definitivo ou provisório (art. 2º, parágrafo único, da Lei nº 7.210/84), com ou sem violência contra a pessoa, constitui ato ilícito, com reflexos sancionatórios nos direitos do preso e na própria execução da pena. 11. Ordem denegada" (HC 129.936 – SP, 2.ª T., rel. Dias Toffoli, j. 31.05.2016, v.u.); STM: "Os autos noticiam que, usando de violência contra militares, o Acusado tentou evadir-se da unidade em que estava preso. O tipo penal em que o Réu foi condenado está inserido no Livro I, Título II, do CPM, que ampara a autoridade e a disciplina militares. O objeto da tutela penal é a ordem administrativa militar, alicerce básico da organização castrense. O conjunto probatório dos autos é conclusivo quanto à materialidade e à autoria. Depoimentos das testemunhas e Ofendidos demonstram que o Réu, ao tentar evadir-se do Centro de Instrução e Adaptação da Aeronáutica – CIAAR, em Belo Horizonte/MG, agiu com violência contra o militar que tentava contê-lo, torcendo-lhe o dedo, que somente não foi quebrado por intervenção de outro militar, o qual também sofreu violência, um chute na perna, por parte do Acusado enquanto conduzido de volta à cela. É prescindível a existência de efetiva lesão causada pela violência para a configuração do delito, pois o contato físico violento já configura a elementar 'usando de violência contra pessoa' presente no tipo em questão. Ademais, é dispensável o exame de corpo de delito para comprovar a violência contra os ofendidos, quando pode ser suprido pela prova testemunhal. Correta a Sentença que, ao verificar a hipótese de doença mental do Acusado fixa, o patamar da pena a ser reduzida com base na intensidade da perturbação mental aferida no Laudo Pericial, de acordo com o livre convencimento motivado do Juízo. Recurso a que se nega provimento" (Apelação n.º 7000060-65.2017.7.00.0000, rel. Marcus Vinicius Oliveira dos Santos, 02.08.2018, v.u.).

134. Aspectos subjetivos: é o dolo. Parece-nos cabível falar na existência de um elemento subjetivo específico implícito consistente na vontade de escapar da prisão *legal*, valendo-se de *violência*.

135. Acumulação material: a conduta do agente é única – usar de violência contra a pessoa para escapar da prisão – mas a punição prevista pode ser dúplice, envolvendo não

Art. 181

Código Penal Militar Comentado • NUCCI

somente a pena do art. 180, mas também a correspondente ao tipo penal específico do constrangimento físico, como, por exemplo, lesão corporal.

136. Figura privilegiada: esta figura estabelece pena menor à prática do delito mediante emprego de violência *contra coisa*, inexistindo tipo similar na legislação penal comum. Embora constitua fato atípico a fuga em si mesma, não se concebe, no cenário militar, a destruição de patrimônio público para tanto. Sob outro aspecto, a gravidade não é a mesma que o modelo previsto no *caput*, pois neste o constrangimento físico se volta à pessoa.

137. Vedação à absorção: a deserção é um delito que pode ocorrer como consequência da fuga ("art. 187: ausentar-se o militar, sem licença, da unidade em que serve, ou do lugar em que deve permanecer, por mais de oito dias"); a previsão deste parágrafo tem por finalidade evitar que possa ser aplicada a absorção da fuga pela deserção ou desta pela evasão. Impõe-se a regra do acúmulo material.

Arrebatamento de preso ou internado

> **Art. 181.** Arrebatar preso ou internado, a fim de maltratá-lo, do poder de quem o tenha sob guarda ou custódia militar:[138-139]
>
> Pena – reclusão, até 4 (quatro) anos, além da correspondente à violência.[140]

138. Aspectos objetivos: o sujeito ativo pode ser qualquer pessoa; o passivo é o Estado, mas secundariamente o preso que será maltratado. *Arrebatar* significa tirar com violência, tendo por objeto a pessoa presa. Pune-se, como em outros tipos semelhantes, também o tipo penal que configura a violência, em concurso material. *Preso* é somente a pessoa cuja prisão foi decretada, incluindo-se aqueles que, cautelarmente, foram detidos (prisão temporária, preventiva ou semelhante) e os que estão cumprindo pena. Não abrange o internado, cumprindo medida de segurança. Essa conclusão pode ser extraída por comparação aos tipos anteriores, que fizeram expressa referência ao indivíduo submetido a medida de segurança. A expressão *poder de quem o tem sob guarda ou custódia* representa que o preso esteja custodiado ou guardado de qualquer forma, tornando-se indiferente ser a prisão legal ou ilegal, pois o fim do agente é maltratar o preso, e não salvá-lo de uma ilegalidade qualquer.

139. Aspectos subjetivos: é o dolo. Exige-se elemento subjetivo do tipo específico, consistente na vontade de maltratar o preso arrebatado. Não existe a forma culposa.

140. Acumulação material: a conduta do agente é única – usar de violência contra a pessoa para arrebatar preso – mas a punição prevista pode ser dúplice, envolvendo não somente a pena do art. 181, mas também a correspondente ao tipo penal específico do constrangimento físico, como, por exemplo, lesão corporal.

Amotinamento

> **Art. 182.** Amotinarem-se presos, ou internados, perturbando a disciplina do recinto de prisão militar:[141-142]
>
> Pena – reclusão, até 3 (três) anos, aos cabeças; aos demais, detenção de 1 (um) a 2 (dois) anos.[143]

Responsabilidade de partícipe ou de oficial

> **Parágrafo único.** Na mesma pena incorre quem participa do amotinamento ou, sendo oficial e estando presente, não usa os meios ao seu alcance para debelar o amotinamento ou evitar-lhe as consequências.[144]

141. Aspectos objetivos: o sujeito ativo somente pode ser o preso (não vale o tipo para as pessoas sujeitas a medida de segurança detentiva). No caso presente, mais de um, pois o tipo fala em *presos*. O sujeito passivo é o Estado. *Amotinar-se* significa revoltar-se ou entrar em conflito com a ordem vigente. O delito é de concurso necessário, embora somente se possa falar em motim ou revolta, com perturbação da ordem, quando houver mais de três presos se sublevando. Não teria cabimento considerar uma rebelião se apenas dois presos desafiam a ordem interna do presídio. *Disciplina* quer dizer a observância de regras e preceitos. Quanto ao grau de perturbação, há quem sustente que os presos devam praticar efetivos atos comissivos, com violência contra pessoas e coisas, perturbando seriamente a ordem e a disciplina internas da cadeia. Não cremos desse modo. O tipo fala em sublevação de presos para perturbar a ordem e a tranquilidade do presídio, o que pode dar-se, perfeitamente, na chamada "desobediência ghândica", ou seja, todos se recusam a voltar às suas celas, permanecendo horas a fio no pátio interno, causando desordem e confusão generalizada. Exige-se a legalidade da prisão, pois os que estiverem presos ilicitamente têm o direito de se manifestar contrariamente ao abuso do Estado.

142. Aspectos subjetivos: é o dolo. Não se pune a forma culposa, nem se exige elemento subjetivo do tipo específico. O próprio verbo – "amotinarem-se" – indica a vontade de perturbar a ordem ou a tranquilidade do presídio.

143. Culpabilidade diversa: os coautores e partícipes devem ser punidos *na medida da sua culpabilidade*; como regra, o julgador estabelece tal medida nos limites estabelecidos, em abstrato, pelo legislador (mínimo e máximo), porém em faixa única. Em situação excepcional, como ocorre neste caso, o preceito sancionador fixa faixas diversas para os líderes da atuação criminosa e para os demais.

144. Participação e omissão penalmente relevante: a primeira parte desse dispositivo é desnecessária, pois o partícipe – material ou moral – sempre responde pelos atos criminosos praticados ("quem, de qualquer modo, concorre para o crime incide nas penas a este cominadas", art. 53). A segunda parte estabelece o dever de agir ao oficial – qualquer oficial e não somente quem esteja no comando da unidade prisional – presente ao local onde se realiza o motim, impondo-lhe a obrigação de debelar a revolta ou tomar providências para tanto, além de buscar contornar as suas consequências. Portanto, além do previsto no art. 29, § 2.º, deste Código, ratifica-se o dever de agir do oficial, não lhe sendo viável a simples omissão.

Título III
Dos crimes contra o serviço militar e o dever militar

Capítulo I
Da insubmissão

Insubmissão

> **Art. 183.** Deixar de apresentar-se o convocado à incorporação, dentro do prazo que lhe foi marcado, ou, apresentando-se, ausentar-se antes do ato oficial de incorporação:[145-146]
>
> Pena – impedimento, de 3 (três) meses a 1 (um) ano.

Caso assimilado

> § 1.º Na mesma pena incorre quem, dispensado temporariamente da incorporação, deixa de se apresentar, decorrido o prazo de licenciamento.

Diminuição de pena

> § 2º A pena é diminuída de 1/3 (um terço):
>
> *a)* pela ignorância ou a errada compreensão dos atos da convocação militar, quando escusáveis;[147]
>
> *b)* pela apresentação voluntária dentro do prazo de 1 (um) ano, contado do último dia marcado para a apresentação.[148]

145. Aspectos objetivos: o sujeito ativo é o civil; o passivo, o Estado. *Deixar de apresentar-se* é conduta omissiva, significando subtrair-se ao serviço militar para o qual foi convocado (chamado sob ordem). É dever do jovem, ao completar 18 anos, participar do processo de alistamento para, quando convocado, prestar o serviço no ano em que atingir 19 anos. Assim sendo, considerado apto para tanto, não dispensado portanto, deve apresentar-se. Não o fazendo, constitui crime. O mesmo ocorre caso se apresenta, mas se retire do serviço militar

Art. 183

Código Penal Militar Comentado • Nucci

antes de oficializada a incorporação. Esta postura equivale à não apresentação, pois de nada adianta comparecer ao mesmo tempo em que se esquiva da integração. A primeira conduta é omissiva, praticada num único ato, portanto, sem possibilidade de tentativa. A segunda é comissiva, admitindo tentativa. Nos termos do art. 25 da Lei do Serviço Militar (Lei 4.375/64): "O convocado selecionado e designado para incorporação ou matrícula, que não se apresentar à Organização Militar que lhe for designada, dentro do prazo marcado ou que, tendo-o feito, se ausentar antes do ato oficial de incorporação ou matrícula, será declarado insubmisso. Parágrafo único. A expressão 'convocado à incorporação', constante do Código Penal Militar (art. 159 [atual art. 183]), aplica-se ao selecionado para convocação e designado para a incorporação ou matrícula em Organização Militar, o qual deverá apresentar-se no prazo que lhe for fixado". Quem nem mesmo se apresenta para o serviço militar é denominado *refratário*, nos termos do art. 24 da referida Lei do Serviço Militar: "O brasileiro que não se apresentar para a seleção durante a época de seleção do contingente de sua classe ou quê, tendo-o feito, se ausentar sem a ter completado, será considerado refratário". É fundamental que a convocação seja nítida e clara, não gerando qualquer dúvida ao jovem chamado ao serviço militar. Nesse sentido, conferir a Súmula 7 do Superior Tribunal Militar: "O crime de insubmissão, capitulado no art. 183 do CPM, caracteriza-se quando provado de maneira inconteste o conhecimento pelo conscrito da data e local de sua apresentação para incorporação, através de documento hábil constante dos autos. A confissão do indigitado insubmisso deverá ser considerada no quadro do conjunto probatório". Quanto ao Tiro de Guerra, em que pese a polêmica existente, parece-nos cabível a capitulação neste tipo penal, pois é serviço militar e, sem dúvida, é também convocado. Cuida-se de um substituto legal à efetiva incorporação às Forças Armadas e cumpre sua missão constitucional, de modo que se subtrair a ele pode gerar insubmissão. Na jurisprudência: STM: "3. Não comete o crime de Insubmissão o Aspirante a Oficial Médico que, sob a égide da Lei nº 5.292/67, havendo recebido o Certificado de Dispensa de Incorporação (CDI), deixa de se apresentar para novo processo de recrutamento. Preliminares rejeitadas. Decisão unânime. Embargos conhecidos e rejeitados. Decisão por maioria" (Embargos Infringentes e de Nulidade 0000032-74.2015.7.07.0007, rel. Artur Vidigal de Oliveira, j. 25.05.2017).

146. Aspectos subjetivos: o crime é doloso. Não há elemento subjetivo específico, nem se pune a forma culposa.

147. Erro de proibição: o art. 35 ainda trata do tema sob o título de *erro de direito*, expressão substituída, na legislação penal comum, após a Reforma de 1984, por *erro de proibição*, mais correta e harmônica à real situação. A previsão formulada neste parágrafo é apenas uma específica hipótese de erro quanto à ilicitude do fato, impondo-se a redução de um terço na pena. Quando se configura a previsão genérica do art. 35 deste Código, a redução pode ser de um quinto a um terço. Diante disso, a ignorância (ausência de conhecimento) ou a errada compreensão (captação equivocada do conteúdo da norma) dos atos de convocação, desde escusáveis, vale dizer, impossíveis de serem entendidos em face da condição do agente, pois a informação não lhe chegou ao conhecimento, nem havia a viabilidade de chegar. Ex.: trabalhador rural de pouca cultura e instrução desconhece a obrigação referente ao serviço militar, razão pela qual interpreta mal o ato de chamamento.

148. Prazo complementar: estabelece a lei um período complementar, que não afasta a punição de quem não se apresenta, mas pode reduzir a pena, desde que o agente o faça *voluntariamente* – sem qualquer coação física ou moral.

Criação ou simulação de incapacidade física

> **Art. 184.** Criar ou simular incapacidade física, que inabilite o convocado para o serviço militar:[149-150]
>
> Pena – detenção, de 6 (seis) meses a 2 (dois) anos.

149. Aspectos objetivos: o sujeito ativo é o civil; o passivo, o Estado. As condutas alternativas são *criar* (dar origem a algo; fazer nascer) e *simular* (fingir; representar com semelhança), tendo por objeto a *incapacidade física* (inaptidão para agir com desenvoltura na movimentação corpórea). Essa inabilitação deve gerar o impedimento para o serviço militar obrigatório. Observe-se que a referida incapacitação pode ser real ou fictícia, o que é indiferente em face do bem jurídico tutelado, consistente no serviço militar obrigatório. De uma forma ou de outra, o agente consegue evitar o cumprimento de seu dever. O disposto pelo art. 184 deste Código constitui um exemplo claro de que a autolesão não é punida no direito brasileiro, embora quando o ato lesivo, provocado em si próprio, prejudica terceiro, pode-se incriminá-lo. Portanto, se o sujeito se machuca, por propósito variado, inclusive por masoquismo, trata-se de um indiferente penal; mas se o faz para auferir vantagem, como é o caso da não convocação ou mesmo para receber o valor de um seguro (art. 171, § 2.º, V, CP comum), torna-se conduta criminosa.

150. Aspectos subjetivos: o crime é doloso. Há finalidade específica, consistente em evitar o serviço militar. Não existe a forma culposa.

Substituição de convocação

> **Art. 185.** Substituir-se o convocado por outrem na apresentação ou na inspeção de saúde:[151-152]
>
> Pena – detenção, de 6 (seis) meses a 2 (dois) anos.
>
> **Parágrafo único.** Na mesma pena incorre quem substitui o convocado.[153]

151. Aspectos objetivos: o sujeito ativo é o civil; o passivo, o Estado. *Substituir-se* significa inserir outra pessoa em seu lugar, voltando-se a conduta para a apresentação indispensável quando convocado ao serviço militar, bem como à inspeção de saúde. Quem assim age, como regra, pretende esquivar-se do dever de prestação de serviço, mas o tipo penal não exige nenhum elemento subjetivo específico. Portanto, mesmo que alguém envie outra pessoa em seu lugar e esta seja aprovada no exame médico – o que aconteceria, do mesmo modo, caso o convocado fosse pessoalmente – não elide o delito. Cuida-se de tutelar o serviço militar obrigatório, mas também a administração militar, que não pode compactuar com esse tipo de fraude. A avaliação para a atividade militar há de ser realizada na pessoa do convocado, que, em hipótese alguma, está autorizado a permitir que outrem siga em seu lugar. O crime é de mera atividade (formal), possuindo *iter criminis* curto, o que significa ser rara a configuração da tentativa.

152. Aspectos subjetivos: é o dolo. Não se exige elemento subjetivo específico, nem se pune a forma culposa.

153. Participação: desnecessária tal previsão, pois quem concorre para o crime incide nas penas a ele cominadas (art. 53, CPM).

Art. 186

Favorecimento a convocado

> **Art. 186.** Dar asilo a convocado, ou tomá-lo a seu serviço, ou proporcionar-lhe ou facilitar-lhe transporte ou meio que obste ou dificulte a incorporação, sabendo ou tendo razão para saber que cometeu qualquer dos crimes previstos neste Capítulo:[154-155]
>
> Pena – detenção, de 3 (três) meses a 1 (um) ano.

Isenção de pena

> **Parágrafo único.** Se o favorecedor é ascendente, descendente, cônjuge ou irmão do criminoso, fica isento de pena.[156]

154. Aspectos objetivos: o sujeito ativo poder ser qualquer pessoa; o passivo é o Estado. *Dar asilo* significa conferir proteção ou abrigo, tendo por objeto o convocado pelas Forças Armadas ao serviço militar obrigatório. A expressão utilizada, na primeira parte do tipo, é exagerada, pois a concessão de asilo, como regra, pressupõe algum tipo de perseguição injusta, o que não é o caso. O Estado convoca o maior de 18 anos a cumprir seu dever constitucional (art. 143, *caput*, CF), de modo que, se alguém o auxilia a se subtrair de sua obrigação, não está dando *asilo*, no mais puro sentido do termo, mas participando de um delito. As outras formas típicas preveem a *tomada do serviço* do convocado (colocá-lo para trabalhar sob seu mando) ou oferecer condição favorável (proporcionar ou facilitar) para que obtenha transporte (imagina-se que para uma fuga) ou outro meio de obstar ou dificultar a incorporação. Não deixa de ser um autêntico crime de *favorecimento pessoal* no cenário da convocação para o serviço militar obrigatório. Aliás, não houvesse a figura típica do art. 186, quem assim agisse responderia do mesmo modo, porém como partícipe do crime de insubmissão. Tutela-se o serviço militar obrigatório, bem como a disciplina militar.

155. Aspectos subjetivos: é o dolo, nas formas direta e indireta. O tipo penal, embora fosse desnecessário mencionar expressamente, indica a forma direta ("sabendo") e a eventual ("tendo razão para saber"). Não há a forma culposa.

156. Escusa absolutória (imunidade absoluta): nos mesmos termos do favorecimento pessoal (art. 350, § 2.º, CPM), não é punido o agente quando for ascendente, descendente, cônjuge ou irmão do delinquente. Vale-se o Estado de política criminal, por motivos humanitários e sentimentais, não obrigando familiares a voltar as costas ao agente, mesmo em se tratando de autor de crime.

Capítulo II

Da deserção

Deserção

> **Art. 187.** Ausentar-se o militar, sem licença, da unidade em que serve, ou do lugar em que deve permanecer, por mais de 8 (oito) dias:[157-159-A]
>
> Pena – detenção, de 6 (seis) meses a dois anos; se oficial, a pena é agravada.[160-160-A]

157. Aspectos objetivos: o sujeito ativo é somente o militar. Conferir: STM: "I – Para o processamento do crime previsto no art. 187 do Código Penal Militar – Deserção –, a situação de militar da ativa somente é exigida por ocasião do recebimento da Denúncia, sendo possível o prosseguimento do feito e posterior condenação, ainda que ocorra o licenciamento do Réu após o citado marco processual" (HC 7000548-83.2018.7.00.0000, rel. Péricles Aurélio Lima de Queiroz, j. 11.09.2018); "1. Considerando que o Acusado ostentava a condição de militar no momento do oferecimento da Denúncia, posterior licenciamento não importa em extinção do processo sem resolução do mérito. Posição predominante nesta Corte" (Ap. 7000534-02.2018.7.00.0000, rel. Lúcio Mário de Barros Góes, j. 13.11.2018). O passivo, o Estado. *Ausentar-se* significar retirar-se de determinado local; o objeto da conduta é o local onde o militar deve permanecer por força da sua atividade e designação. O título do crime é mais significativo do que o verbo principal, pois *desertar* tem o nítido sentido de abandonar determinado cargo, função ou posto. O tipo estabelece um prazo para configurar a deserção, que é de oito dias, relativamente curto para quem pretende, de fato, deixar de vez a unidade militar. Entretanto, é mais adequado estabelecer um período certo do que entregar à interpretação judicial qual seria o prazo necessário para a concretização do delito. A deserção é não somente crime próprio, típico do militar, mas também de *mão própria*, que deve ser cometido pessoalmente pelo agente. Inexiste a possibilidade de se valer de interposta pessoa para tanto; pode haver, no entanto, participação, mas não coautoria. Sobre o tema da *deserção*, conferir as Súmulas do Superior Tribunal Militar: n. 3: "Não constituem excludentes de culpabilidade, nos crimes de deserção e insubmissão, alegações de ordem particular ou familiar desacompanhadas de provas"; n. 12: "A praça sem estabilidade não pode ser denunciada por deserção sem ter readquirido o status de militar, condição de procedibilidade para a *persecutio criminis*, através da reinclusão. Para a praça estável, a condição de procedibilidade é a reversão ao serviço ativo". O delito não admite tentativa, pois é condicionado: depende do advento do prazo de oito dias para se configurar. Logo, consuma-se, decorridos oito dias, ou se cuida de conduta penalmente irrelevante. Após a consumação, verifica-se o seu prolongamento no tempo, caracterizando a permanência, o que autoriza a prisão em flagrante a qualquer momento. O elemento normativo do tipo *sem licença* liga-se à ilicitude; porém, inserindo-se no tipo, quando presente a autorização para a saída do militar, o fato é atípico. Tutela-se a disciplina militar. Na jurisprudência: STM: "A questão controvertida está adstrita à classificação do crime de deserção, se permanente ou instantâneo de efeitos permanentes, o que influenciará no reconhecimento ou não da situação de reincidência do Réu. O momento de consumação do delito se dá 'quando nele se reúnem todos os elementos de sua definição legal' (art. 30, inciso I, do CPM e art. 14, inciso I, do CP comum). No que tange à classificação dos crimes, nesse ponto, refere-se ao momento em que o crime se consuma. No crime de deserção, a consumação se dá no exato momento cujo período de ausência do militar é superior a 8 (oito) dias. É o que se extrai da literalidade do art. 187 do CPM, não havendo que falar em crime permanente. Após a lavratura do Termo de Deserção, o trânsfuga é excluído das Forças Armadas. Caso o delito fosse permanente, consoante tal situação, seria bizarro sustentar a tese de que um civil (ex-militar) estaria desenvolvendo atos de consumação do crime de deserção cujo sujeito ativo é somente o militar. Destarte, à luz de interpretação sistêmica e literal dos dispositivos mencionados, impõe-se a classificação do crime de deserção como sendo instantâneo de efeitos permanentes" (Apelação n.º 7000515-59.2019.7.00.0000, rel. José Barroso Filho, 28.05.2020, maioria); "Militar condenado por deserção que é licenciado após o trânsito em julgado de Acórdão condenatório desta Corte, quando já iniciados os procedimentos para execução da pena. Decisão do Juízo *a quo* que, acolhendo pleito defensivo, manda recolher mandado de prisão e extingue a punibilidade por ausência de condição de prosseguibilidade em razão da exclusão do Apenado das fileiras das Forças Armadas. Esta Corte tem reiteradamente assentado que o licenciamento do militar que responde ao

Art. 187

Código Penal Militar Comentado • Nucci

delito de deserção, se ocorrido após o recebimento da Denúncia, não obsta o prosseguimento da ação penal, tampouco, constitui causa extintiva da execução da pena. A perda superveniente da condição de militar não é obstáculo para o prosseguimento da ação penal ou do processo executório, isto é, o *status* de militar é exigido somente na fase inicial do processo, como pressuposto para deflagração da ação penal, sendo irrelevante, para fins de prosseguimento da instrução criminal ou de cumprimento da pena, a posterior exclusão do agente do serviço ativo das Forças Armadas. Precedentes do STF. A deserção é um delito que afronta não só a hierarquia e a disciplina, mas também o próprio serviço militar, seja obrigatório ou voluntário, e assim, compete ao Estado, de forma geral, e ao Poder Judiciário, de maneira específica, a execução do poder punitivo estatal quando esses bens são ameaçados ou violados. E quando a norma penal, *ultima ratio*, elege o bem, é dever do Judiciário a proteção deste bem, sob pena de incorrer na violação ao princípio da proporcionalidade no viés da proibição da proteção deficiente. A mudança de entendimento iniciada nesta Corte, que hoje também é acompanhada pela maioria do Supremo Tribunal Federal, vem ao encontro da decisão do Estado Brasileiro de possuir Forças Armadas permanentes e regulares, insculpida nos preceitos da Constituição Federal, expressão maior do povo. Recurso ministerial a que se dá provimento para determinar o prosseguimento na execução da pena imposta por esta Corte. *Habeas Corpus* de ofício para conceder ao Apenado, agora civil, o benefício da suspensão condicional da pena, pelo prazo de 2 (dois) anos, designando-se o Juízo de Execução Comum para o estabelecimento das condições de cumprimento. Decisão por maioria" (RSE 7000669-14.2018.7.00.0000, rel. Marcus Vinicius Oliveira dos Santos, *DJ* 23.10.2018); "As provas reunidas ao longo da instrução processual permitem concluir que a conduta do Apelante é típica, antijurídica e culpável moldando-se perfeitamente à norma incriminadora contida no art. 187 do CPM. Os argumentos que sustentam a tese de estado de necessidade exculpante não prosperam, eis que os fatos alegados pelo Acusado não encontram o mínimo respaldo no conjunto probatório colacionado aos autos. As alegações de ordem particular ou familiar desacompanhadas de provas não justificam o cometimento de crimes dessa natureza, assim como são taxativamente vedadas para fins de excludentes de culpabilidade como vemos na Súmula nº 3 deste STM. Recurso não provido. Decisão unânime" (Ap. 7000707-26.2018.7.00.0000, rel. Odilson Sampaio Benzi, j. 04.12.2018); "II – A autoria e a materialidade do delito estão devidamente comprovadas nos autos, não só pela Instrução Provisória de Deserção, como pelo Interrogatório do Acusado, o qual afirma ter se ausentado por mais de 8 dias da Unidade Militar em que servia. Ademais, o delito previsto no art. 187 do CPM – Deserção – é crime formal, sendo evidenciada a sua consumação pelo transcorrer do prazo de graça sem a apresentação do Réu. III – No caso concreto restou comprovada a atuação do Apelante em estado de necessidade exculpante. Isso porque os laudos médicos acostados demonstram que o militar se encontrava incapaz temporariamente para o serviço do Exército no momento que consumou o delito, tendo em vista ter sido submetido a uma cirurgia para consolidação de fratura no braço. IV – Agiu amparado pela inexigibilidade de conduta diversa, já que não vislumbrou alternativa para a melhora de seu quadro clínico que não a deserção. V – Preliminar rejeitada. Recurso provido. Decisão unânime" (Ap. 7000227-48.2018.7.00.0000, rel. Péricles Aurélio Lima de Queiroz, j. 16.10.2018).

158. Aspectos subjetivos: o crime é doloso. Parece-nos presente o elemento subjetivo específico implícito, consistente na *vontade de abandonar* a unidade. Mesmo a ausência por mais de oito dias, inexistindo o intuito de abandono, não há configuração do delito. Não se pune a forma culposa. Na jurisprudência: STF: "O crime militar de deserção, em seu aspecto subjetivo, tão somente admite a figura dolosa, não se punindo a forma culposa. 4. Reconhecimento pela Justiça castrense, em sede de Instrução Provisória de Deserção, de que, diante do laudo médico acostado aos autos, falta ao paciente vontade livre e consciente de praticar a conduta criminosa. 5. Ordem de *habeas corpus* concedida, para determinar o imediato recolhimento do respectivo mandado de captura" (HC 134975, 1.ª T., rel. Rosa Weber, j. 27.09.2016, *DJe*-263, divulg. 09.12.2016, public. 12.12.2016, v.u.); STM: "O elemento subjetivo do tipo penal de deserção é o dolo consistente na vontade livre e consciente de ausentar-se, além do prazo previsto em lei, da unidade onde serve ou do local onde deve permanecer na prestação do serviço militar" (Ap. 0000030-38.2016.7.01.0201, rel. Cleonilson Nicácio Silva, j. 29.08.2017).

159. Inaplicabilidade da Lei 9.099/95: nos termos já expostos, o art. 90-A da Lei 9.099/95 expressamente afasta a sua aplicação ao contexto militar, o que é compreensível, diante dos bens jurídicos tutelados (disciplina e hierarquia). Na jurisprudência: STM: "Não há que se comparar o crime de Deserção com crimes de menor potencial ofensivo, bem como aplicar-lhe institutos de Direito Penal comum, considerando a gravidade desse crime no âmbito castrense." (Ap. 0000098-97.2010.7.08.0008 – PA, Plenário, rel. José Coêlho Ferreira, 17/05/2012, v.u.).

159-A. Inviabilidade do princípio da insignificância: em matéria de crimes militares, há pouco espaço para se tratar do *delito de bagatela*, tendo em vista a natural importância do bem jurídico tutelado, com foco para a hierarquia e a disciplina do quartel e da vida militar. Por isso, o desertor não tem como justificar a sua conduta lastreado na insignificância. O abandono do posto ou do serviço militar é ofensivo à instituição e ao interesse estatal, salvo se houver justificativa razoável, na forma de excludente de ilicitude (estado de necessidade, por exemplo) ou de culpabilidade (inexigibilidade de conduta diversa). Na jurisprudência: STF: "É relevante e reprovável a conduta de um militar que abandona o serviço militar, apesar do dever de cumpri-lo até seu desligamento na forma legalmente estabelecida, o que demonstra desrespeito às leis e às instituições castrenses de seu País. III – O crime de deserção ofende aos princípios da hierarquia e da disciplina, preceitos constitucionais sobre os quais se fundam as Forças Armadas, constituindo a ausência injustificada de militares ilícito penal, na medida em que a ofensa ao bem jurídico tem impacto direto sobre o efetivo militar e as bases de organiza-ção das Forças Armadas" (HC 118.255-PR, 2.ª T., rel. Ricardo Lewandowski, 19.11.2013, v.u.).

160. Agravante: a qualidade especial do agente – ser oficial – torna mais grave a deser-ção, não somente pelo exemplo esperado dos oficiais às praças, mas sobretudo pela rigorosa disciplina existente no cenário militar.

160-A. Prescrição em crime de deserção: ver os comentários ao art. 132.

Casos assimilados

Art. 188. Na mesma pena incorre o militar que:[161]

I – não se apresenta no lugar designado, dentro de 8 (oito) dias, findo o prazo de trânsito ou férias;

II – deixa de se apresentar à autoridade competente, dentro do prazo de 8 (oito) dias, contados daquele em que termina ou é cassada a licença ou agregação ou em que é declarado o estado de sítio ou de guerra;

III – tendo cumprido a pena, deixa de se apresentar, dentro do prazo de 8 (oito) dias;

IV – consegue exclusão do serviço ativo ou situação de inatividade, criando ou simulando incapacidade.

Art. 189. Nos crimes dos arts. 187 e 188, ns. I, II e III:[162]

Art. 189

Atenuante especial

> I – se o agente se apresenta voluntariamente dentro em 8 (oito) dias após a consumação do crime, a pena é diminuída de 1/2 (metade); e de 1/3 (um terço), se de mais de 8 (oito) dias e até 60 (sessenta);

Agravante especial

> II – se a deserção ocorre em unidade estacionada em fronteira ou país estrangeiro, a pena é agravada de 1/3 (um terço).

161. Figuras equiparadas: consideram-se modelos de conduta similares à deserção as condutas descritas o art. 188. Observa-se serem ações (criar ou simular incapacidade para ser excluído do serviço ativo, como faz o civil, para não ser convocado, nos termos do art. 184) ou omissões (deixar de se apresentar em determinado local) tendentes a se subtrair do serviço militar. O sujeito ativo é o militar. O passivo é o Estado. Todas as figuras contêm o prazo de oito dias, elemento condicionante para a concretização da *deserção*, razão pela qual não se admite tentativa. Ou o prazo é suplantado e o crime está consumado, ou não se atinge o período e o fato é atípico. Na jurisprudência: STM: "1. Comete o delito assimilado ao de deserção o militar que não se apresenta no lugar designado, dentro de oito dias, após o prazo de trânsito ou de férias. A lei pune o agente para que, em uma prevenção geral, não haja a proliferação do delito, o qual pode comprometer o desempenho das missões constitucionais atribuídas às Forças Armadas. 2. A configuração do estado de necessidade exculpante ocorre quando os requisitos do art. 39 do CPM são demonstrados nos autos, especialmente o perigo certo e atual e a inexigibilidade de conduta diversa. Sua mera alegação sem a correspondente comprovação não possui o condão de afastar a culpabilidade do réu. 3. A simples propositura de ação cível perante a Justiça Federal, mesmo que com a expectativa do deferimento de eventual pedido liminar, é insuficiente para justificar o descumprimento de dever ou de obrigação estatutária imposta ao seu autor, bem como afastar a execução de atos administrativos. A Administração Militar cumpre as decisões mediante intimação do Poder Judiciário. 4. Recurso provido" (Apelação n.º 7000682-76.2019.7.00.0000, rel. Marco Antônio de Farias, 04.03.2020, v.u.).

162. Atenuantes e agravantes específicas: nos casos de deserção, cujo prazo de oito dias é relevante para a configuração do crime, vale-se a norma atenuante do art. 189, I, para permitir a redução da pena, do cômputo de outros oito dias, que se seguem à consumação, quando o agente se apresenta à unidade militar, livre de qualquer coação (voluntariamente). Lembre-se que, apesar de o título ser *atenuante especial* ou *agravante especial*, na realidade, cuidam-se de causas de diminuição da pena e de aumento da pena. Portanto, aplicáveis na terceira fase de fixação da pena – e não na segunda, como usualmente ocorre com as atenuantes e agravantes. Não chega a ser suficiente para afastar a figura criminosa, mas serve como um abrandamento, em virtude do arrependimento manifestado pelo autor. Outro período concedido ao agente do delito, permitindo a atenuação de pena, embora em grau menor, emerge quando a apresentação voluntária se dá após oito dias da consumação e antes de completar sessenta. Por outro lado, a deserção se torna mais grave, quando ocorre em faixa de fronteira ou em país estrangeiro, pois a segurança externa do Brasil fica mais exposta a riscos. Na jurisprudência: STM: "5. Injustificável a aplicação da atenuante especial prevista no art. 189, inciso I, do CPM, quando não há arrependimento demonstrado pelo desertor e, como consequência, sua apresentação voluntária" (Ap. 7000126-11.2018.7.00.0000, rel. Artur Vidigal de Oliveira, j. 11.10.2018); "A atenuante especial, prevista no art. 189, inciso I, parte final, do CPM, não pode ser aplicada na segunda fase da dosimetria da pena, pois se trata de causa de diminuição, conforme a literalidade do texto legal" (Ap. 0000238-13.2016.7.11.0211, rel. Marco Antônio de Farias, j. 21.09.2017); "III – Não obstante figure como 'atenuante especial' o *nomen iuris* conferido ao instituto previsto no inciso I do art. 189 do Código Penal Militar, a circunstância legal em questão possui natureza jurídica de causa especial de diminuição de pena (ou minorante), cuja aplicação ocorre na terceira e última etapa do sistema trifásico de aplicação da reprimenda, autorizada, portanto, a fixação da pena definitiva em patamar inferior ao mínimo estabelecido para o tipo" (Ap. 0000124-82.2015.7.06.0006, rel. Péricles Aurélio Lima de Queiroz, j. 22.08.2017).

Deserção especial

> **Art. 190.** Deixar o militar de apresentar-se no momento da partida do navio ou aeronave, de que é tripulante, ou do deslocamento da unidade ou força em que serve:[163-164]
>
> Pena – detenção, até 3 (três) meses, se após a partida ou deslocamento, se apresentar, dentro em 24 (vinte e quatro) horas, à autoridade militar do lugar, ou, na falta desta, à autoridade policial, para ser comunicada a apresentação a comando militar competente.
>
> § 1.º Se a apresentação se der dentro de prazo superior a 24 (vinte e quatro) horas e não excedente a 5 (cinco) dias:
>
> Pena – detenção, de 2 (dois) a 8 (oito) meses.
>
> § 2.º Se superior a 5 (cinco) dias e não excedente a 8 (oito) dias:
>
> Pena – detenção, de 3 (três) meses a 1 (um) ano.
>
> § 2.º-A. Se superior a 8 (oito) dias:
>
> Pena: detenção, de 6 (seis) meses a 2 (dois) anos.
>
> § 3.º A pena é aumentada de 1/3 (um terço), se se tratar de sargento, subtenente ou suboficial, e de 1/2 (metade) se oficial.[165]

163. Aspectos objetivos: o sujeito ativo é o militar; o passivo é o Estado. *Deixar de apresentar-se* (não se mostrar diante de algo ou alguém) constitui conduta omissiva de quem é tripulante de navio ou aeronave, não comparecendo ao seu posto, quando da partida do transporte. Configura-se, igualmente, esta especial deserção no caso de ausência em unidade ou força que se desloca para outro lugar. Na realidade, o militar não abandona o serviço, mas o seu posto. Tutela-se a disciplina militar. O delito não admite tentativa porque se configura na forma omissiva, que é unissubsistente (praticada num único ato). Além disso, trata-se de crime permanente, ou seja, uma vez consumado, arrasta-se no tempo enquanto perdurar a violação ao bem jurídico. No caso, afeta-se a disciplina durante o período em que o militar está ausente de seu posto. A pena varia, conforme a duração do afastamento: 24 horas, 5 dias, 8 dias e superior a isso.

164. Aspectos subjetivos: o crime é doloso. Não há elemento subjetivo específico, nem se pune a forma culposa.

165. Causa de aumento de pena: a deserção se torna particularmente grave, quando cometida por patente superior a praça ou quando oficial. Afinal, em jogo se encontra a disciplina militar, esperando-se que os superiores deem o exemplo aos subordinados.

Art. 191

Código Penal Militar Comentado • Nucci

Concerto para deserção

> **Art. 191.** Concertarem-se militares para a prática da deserção:[166-167]
>
> I – se a deserção não chega a consumar-se:[168]
>
> Pena – detenção, de 3 (três) meses a 1 (um) ano;

Modalidade complexa

> II – se consumada a deserção:[169]
>
> Pena – reclusão, de 2 (dois) a 4 (quatro) anos.

166. Aspectos objetivos: o sujeito ativo é militar; o passivo, o Estado. Cuida-se esta figura da preparação do crime de deserção, pois envolve o ajuste ou a combinação de militares para a execução da ausência de unidade ou posto. Tratando-se da *preparação* de um delito, não comporta tentativa. Sob outro aspecto, o crime é plurissubjetivo, exigindo-se dois ou mais agentes para a sua configuração.

167. Aspectos subjetivos: o crime é doloso. O elemento subjetivo específico é a prática da deserção. Não se prevê a forma culposa.

168. Forma anômala do preceito secundário: cuidando-se de delito cuja finalidade é punir a preparação do crime de deserção, não há necessidade de se mencionar, para a cominação da pena, *se a deserção não chega a consumar-se*. Por óbvio, o mero ajuste dos militares é suficiente para a consumação do delito.

169. Exaurimento: intitulado de *modalidade complexa*, observa-se constituir esta previsão como resultado exaurido e qualificador. A preparação do delito de deserção constitui crime autônomo; porém, quando houver o efetivo resultado objeto da preparação, torna-se mais grave a pena. Nem sempre o exaurimento do delito formal é caracterizado como qualificador, estabelecendo uma faixa de pena independente. Como regra, depende de o julgador avaliar o montante cabível ao fixar a pena-base.

Deserção por evasão ou fuga

> **Art. 192.** Evadir-se o militar do poder da escolta, ou de recinto de detenção ou de prisão, ou fugir em seguida à prática de crime para evitar prisão, permanecendo ausente por mais de 8 (oito) dias:[170-171]
>
> Pena – detenção, de 6 (seis) meses a 2 (dois) anos.

170. Aspectos objetivos: o sujeito ativo é o militar; o passivo, o Estado. *Evadir-se* significa fugir, escapar, voltando-se a conduta ao poder da escolta (guardas destinados a acompanhar o preso, impedindo que fuja) ou do local onde se encontra preso. A segunda modalidade criminosa diz respeito à escapada após a execução de delito, com o fim de evitar a prisão em flagrante. Novamente, fixa-se o prazo de oito dias para consumar o crime. Embora se tutela a disciplina militar, segundo nos parece, este tipo penal não foi recepcionado pela Constituição Federal. Afinal, a garantia individual, consistente na *presunção de inocência*, associada ao *direito ao silêncio*, consubstanciam o princípio segundo o qual ninguém é obrigado a produzir prova contra si mesmo. Portanto, ocorrida a prática do delito, permanecer no local, entregando-se à autoridade para ser preso é exigir em demasia da disciplina de alguém. Sob outro aspecto, constituindo o direito à liberdade um preceito fundamental, torna-se natural que o intuito de qualquer pessoa presa seja *fugir*. Não se pretende sustentar que exista um *direito* de fuga, mas apenas não ser possível criminalizá-la. Tanto é verdade que, na legislação comum – e neste Código também – somente a fuga com violência contra a pessoa é punível (art. 352, CP; 180, CPM). No mais, caso se considere constitucional, tutela-se a disciplina militar. O crime é material e admite tentativa, afinal, qualquer preso pode buscar a fuga, frustrando-se no seu intento, pois impedido por terceiro. Na jurisprudência: STM: "Soldado que cumpre pena disciplinar evade-se da Unidade em que servia, sem o amparo de permissão superior, sob a pretensa justificativa de haver sofrido *bullying*, após ser alvo de chacotas e piadas de seus colegas de caserna, que o reputavam portador de doença venérea. Escusas com motivação estritamente particular, sem respaldo de provas, não habilitam o órgão julgador a isentar o militar de responsabilidade penal. Aplicação do enunciado Sumular 3 do Superior Tribunal Militar." (Ap. 0000004 – 20.2007.7.06.0006 – BA, Plenário, rel. José Américo dos Santos, 17/05/2012, v.u.).

171. Aspectos subjetivos: é o dolo. Somente há elemento subjetivo específico na segunda modalidade, consistente *evitar a prisão em flagrante*. Não há a forma culposa.

Favorecimento a desertor

> **Art. 193.** Dar asilo a desertor, ou tomá-lo a seu serviço, ou proporcionar-lhe ou facilitar-lhe transporte ou meio de ocultação, sabendo ou tendo razão para saber que cometeu qualquer dos crimes previstos neste Capítulo:[172-173]
>
> Pena – detenção, de 4 (quatro) meses a 1 (um) ano.

Isenção de pena

> **Parágrafo único.** Se o favorecedor é ascendente, descendente, cônjuge ou irmão do criminoso, fica isento de pena.[174]

172. Aspectos objetivos: o sujeito ativo pode ser qualquer pessoa; o passivo é o Estado. *Dar asilo* significa conferir proteção ou abrigo, tendo por objeto o desertor (militar que abandona as fileiras). A expressão utilizada, na primeira parte do tipo, é exagerada, pois a concessão de asilo, como regra, pressupõe algum tipo de perseguição injusta, o que não é o caso. A permanência do militar na sua unidade é seu dever, de modo que, se alguém o auxilia a se subtrair de sua obrigação, não está dando *asilo*, no mais puro sentido do termo, mas participando de um delito. As outras formas típicas preveem a *tomada do serviço* do desertor (colocá-lo para trabalhar sob seu mando) ou oferecer condição favorável (proporcionar ou facilitar) para que obtenha transporte (supõe-se que para uma fuga) ou outro meio de ocultação (esconderijo). Não deixa de ser um autêntico crime de *favorecimento pessoal* no cenário da deserção. Aliás, não houvesse a figura típica do art. 193, quem assim agisse responderia do mesmo modo, porém como partícipe do crime de deserção. Tutela-se a disciplina militar.

173. Aspectos subjetivos: é o dolo, nas formas direta e indireta. O tipo penal, embora fosse desnecessário mencionar expressamente, indica a forma direta ("sabendo") e a eventual ("tendo razão para saber"). Não há a forma culposa.

Art. 194

Código Penal Militar Comentado • Nucci

174. Escusa absolutória (imunidade absoluta): nos mesmos termos do favorecimento pessoal (art. 350, § 2.º, CPM), não é punido o agente quando for ascendente, descendente, cônjuge ou irmão do delinquente. Vale-se o Estado de política criminal, por motivos humanitários e sentimentais, não obrigando familiares a voltar as costas ao agente, mesmo em se tratando de autor de crime.

Omissão de oficial

> **Art. 194.** Deixar o oficial de proceder contra desertor, sabendo, ou devendo saber encontrar-se entre os seus comandados:[175-176]
>
> Pena – detenção, de 6 (seis) meses a 1 (um) ano.

175. Aspectos objetivos: o sujeito ativo é o militar oficial; o passivo, o Estado. Cuida-se de conduta omissiva, típica do oficial, que deve zelar pela disciplina dentre seus subordinados. *Deixar de proceder* significa não tomar providência, tendo por objeto o desertor – militar criminoso, que abandona as fileiras da corporação. Trata-se de uma modalidade específica de condescendência criminosa. O delito é unissubsistente (praticado num só ato), razão pela qual não admite tentativa.

176. Aspectos subjetivos: o crime é doloso. Embora não fosse indispensável para a caracterização do delito, o tipo penal indica, expressamente, os formatos do dolo direto ("sabendo") e o indireto ("devendo saber"). Não existe elemento subjetivo específico, nem se pune a forma culposa.

Capítulo III
Do abandono de posto e de outros crimes em serviço

Abandono de posto

> **Art. 195.** Abandonar, sem ordem superior, o posto ou lugar de serviço que lhe tenha sido designado, ou o serviço que lhe cumpria, antes de terminá-lo:[177-178]
>
> Pena – detenção, de 3 (três) meses a 1 (um) ano.

177. Aspectos objetivos: o sujeito ativo é o militar; o passivo é o Estado. *Abandonar* significa deixar ao desamparo, largar. Volta-se a conduta ao posto ou qualquer lugar de serviço na unidade em que esteja o militar servindo, por designação superior. A rígida disciplina da corporação exige respeito às ordens recebidas, motivo pelo qual não se concebe possa o militar sair de sua atividade por qualquer razão que não seja outra ordem superior. O tipo penal envolve tanto o abandono do local de serviço como também a própria tarefa, em si mesma, desde que não concluída. A expressão *sem ordem superior* é elemento normativo, situando-se no cenário da ilicitude. Entretanto, como foi inserida no modelo incriminador, quando o militar deixa o posto ou unidade de serviço, devidamente autorizado, constitui fato atípico. Tutela-se a disciplina militar, sendo o delito formal, vale dizer, consuma-se no momento do abandono, independentemente de qualquer resultado naturalístico. Não admite tentativa, pois a conduta é unissubsistente, não comportando fracionamento. Na jurisprudência: STF: "O fato de o paciente não mais integrar as fileiras das Forças Armadas não tem qualquer relevância sobre o prosseguimento da ação penal pelo delito tipicamente militar de abandono do posto, visto que ele, no tempo do crime, era soldado da ativa. Com efeito, essa pretensão, se levada a cabo, acarretaria uma nova modalidade, não prevista em lei, de extinção de punibilidade pela prática de crime tipicamente próprio pela perda superveniente da condição de militar, o que não é aceitável" (HC 130793, 2.ª T., rel. Dias Toffoli, j. 02.08.2016, v.u.). STM: "3. O crime de abandono de posto, previsto no art. 195 do CPM, abarca, como potenciais agentes, todos os militares escalados, verbalmente ou não, especialmente os Superiores de Dia, os Oficiais de Dia e os rondantes de qualquer posto ou graduação, em face do elevado nível de responsabilidade e de exemplo devido aos demais subordinados. 4. O serviço de rondante deve ser dedicado, integralmente, à segurança da OM, sendo essa obrigação indisponível ao agente, mesmo que por breve instante. 5. Se o rondante, ao invés de prosseguir na fiscalização dos postos, interromper as suas obrigações públicas para priorizar interesses privados, cometerá o crime previsto no art. 195 do CPM, ainda que permaneça no aquartelamento. 6. A interrupção criminosa da ronda, abstraindo-se a alta responsabilidade inerente às funções do Sargento, não difere muito do Soldado que, por exemplo, abandona o posto para dormir na viatura da garagem. 7. Os regulamentos consideram transgressão disciplinar as condutas menos gravosas, como as de abandonar as tarefas ou as missões cotidianas e de mero expediente, ou seja, sem qualquer correlação com a segurança diuturna dos quartéis, exercida pelo pessoal de serviço escalado e tutelada pelo art. 195 do CPM. 8. Sendo o art. 195 do CPM classificado como delito de perigo abstrato, a possibilidade de haver danos materiais e morais irreparáveis independe do tempo que perdurou o abandono da ronda. 9. Se a reprimenda relativa ao abandono de posto, ainda que ausente qualquer dano em concreto, estivesse restrita ao âmbito administrativo, a Justiça Militar da União, exatamente aquela criada para tutelar os serviços que as Forças Armadas prestam à sociedade, exporia à intolerável risco os patrimônios humano e material da *ultima ratio* do Estado. 10. A ordem dada à sentinela, militar subordinado, para deixar de praticar ato de ofício e, assim, satisfazer interesse estritamente pessoal, sob o risco de comprometer a segurança da Organização Militar (OM), preenche as elementares previstas no art. 319 do CPM. 11. O Estatuto dos Militares (Lei n.º 6.880/80) prevê em seu art. 31, como deveres militares, a disciplina, o respeito à hierarquia (inciso IV) e o rigoroso cumprimento das obrigações e das ordens (inciso V). Segundo o art. 37, incumbe aos sargentos impor-se pelo exemplo e assegurar a observância minuciosa e ininterrupta das ordens, das regras do serviço e das normas operativas pelas praças que lhes estiverem diretamente subordinadas. (...)" (Embargos de Declaração n.º 7000522-17.2020.7.00.0000, rel. Marco Antônio de Farias, 08.10.2020, v.u.); "Restou configurado o abandono do lugar de serviço, previsto no art. 195 do CPM, quando o Apelante, escalado para o serviço de motorista de serviço, de livre e espontânea vontade, se ausentou da Organização Militar, sem autorização, para comprar bebidas alcoólicas e refrigerantes no comércio local. Autoria e materialidade do delito comprovadas. Apelo desprovido. Decisão Unânime" (Ap. 7000181-59.2018.7.00.0000, rel. Lúcio Mário de Barros Góes, j. 06.09.2018); "Incabível a aplicação dos princípios da insignificância e da intervenção mínima, sobretudo porque o tipo inserido no art. 195 do CPM é crime de perigo abstrato. Ao deixar o serviço desguarnecido, o Apelante colocou em risco a segurança do aquartelamento e da própria sociedade, o que é suficiente para ofender os bens jurídicos protegidos pela norma, de forma que a lesão concreta configura mero exaurimento ou crime autônomo (Ap. 7000584-28.2018.7.00.0000, rel. Péricles Aurélio Lima de Queiroz, j. 06.12.2018); TJMSP: "1. O tipo em questão é de mera conduta, não importando a razão que motivou o abandono, o tempo de duração desse afastamento e tampouco se houve ou não algum dano para o serviço, pois a simples possibilidade desse dano vir a ocorrer diante da ausência de quem deveria executar determinado serviço é suficiente para caracterizá-lo. 2. Por ser policial experiente, não poderia o apelante se 'esquecer' de solicitar autorização de seu superior e abandonar o seu local de serviço. 3. A ausência de 'gravidade extrema' da conduta não autoriza a absolvição criminal,

Art. 196

Código Penal Militar Comentado • Nucci

mesmo porque a conduta delituosa foi admitida pelo apelante e está claramente comprovada nos autos. Recurso não provido" (Ap. Crim. 007417/2017, 1.ª Câm., rel. Orlando Eduardo Geraldi, j. 20.02.2018, v.u.).

178. Aspectos subjetivos: é o dolo. Não há elemento subjetivo específico. A forma culposa encontra-se no § 3.º.

Descumprimento da missão

> **Art. 196.** Deixar o militar de desempenhar a missão que lhe foi confia-da:[179-180]
>
> Pena – detenção, de 6 (seis) meses a 2 (dois) anos, se o fato não constitui crime mais grave.[181]
>
> § 1.º Se é oficial o agente, a pena é aumentada de 1/3 (um terço).[182]
>
> § 2.º Se o agente exercia função de comando, a pena é aumentada de 1/2 (metade).[183]

Modalidade culposa

> § 3.º Se a abstenção é culposa:[184]
> Pena – detenção, de 3 (três) meses a 1 (um) ano.

179. Aspectos objetivos: o sujeito ativo é o militar; o passivo, o Estado. *Deixar de desempenhar* significa omitir-se na execução de algo. O objeto da conduta é a *missão* (tarefa confiada a alguém) que lhe foi transmitida por ordem superior. Segundo nos parece, o tipo penal, tal como redigido, é demasiadamente amplo, ferindo o princípio da taxatividade. Há que se especificar exatamente *como*, *quando* e em *que termos* o militar se omite, a ponto de gerar a figura criminosa. Diante disso, soa-nos não recepcionado pela Constituição Federal (art. 5.º, XXXIX). Por se tratar de delito omissivo, ainda que se considere aplicável, não comporta tentativa.

180. Aspectos subjetivos: é o dolo. Não há elemento subjetivo específico, nem se pune a forma culposa.

181. Tipo subsidiário: consagra-se a subsidiariedade explícita, indicando o preceito secundário somente ser aplicável esta figura caso inexista outro delito mais grave.

182. Causa de aumento de pena: ser oficial representa maior responsabilidade no contexto militar, onde se confere particular valor à disciplina e à hierarquia, motivo pelo qual a pena deve ser elevada.

183. Causa de aumento de pena: nos termos já expostos na nota anterior, ser oficial representa maior responsabilidade no contexto militar, onde se confere particular valor à disciplina e à hierarquia, motivo pelo qual a pena deve ser elevada. Entretanto, quando se trata de comandante de tropa ou unidade, mais grave ainda se torna o descumprimento da tarefa.

184. Forma culposa: a omissão do agente pode dar-se em razão da sua falta de cautela, atenção ou diligência, nos termos do art. 33, II, deste Código.

Retenção indevida

> **Art. 197.** Deixar o oficial de restituir, por ocasião da passagem de função, ou quando lhe é exigido, objeto, plano, carta, cifra, código ou documento que lhe haja sido confiado:[185-186]
>
> Pena – detenção, até 6 (seis) meses, se o fato não constitui crime mais grave.[187]
>
> **Parágrafo único.** Se o objeto, plano, carta, cifra, código, ou documento envolve ou constitui segredo relativo à segurança nacional:[188]
>
> Pena – detenção, de 3 (três) meses a 1 (um) ano, se o fato não constitui crime mais grave.

185. Aspectos objetivos: o sujeito ativo é o militar oficial; o passivo, o Estado. Trata-se de uma forma específica e privilegiada de *apropriação indébita*. A transferência do militar para outra unidade pode gerar o dever de devolver ao Estado o material que detém em seu poder por conta da atividade e posto anteriormente existentes. A omissão em fazê-lo gera esta figura criminosa. Há duas maneiras de execução: a) não restituir quando sair da função; b) não restituir quando o órgão estatal encarregado lhe exige. O foco da conduta é objeto (qualquer coisa material), plano (traçado meticuloso sobre projeto; mapa), carta (papel contendo escrita ou desenho geográfico), cifra (senha para acessar linguagem codificada), código (conjunto de signos para acesso a um sistema) ou documento (base material apta a registrar fato ou ideia). Tutela-se a disciplina militar.

186. Aspectos subjetivos: é o dolo. Não há elemento subjetivo específico. Inexiste a forma culposa.

187. Tipo subsidiário: adota-se a subsidiariedade explícita, somente se punindo o agente com base nesta figura criminosa se não houver delito mais grave. Em confronto com a apropriação indébita (art. 248, CPM), dá-se preferência a esta, desde que o agente se apodere de coisa alheia móvel com valor patrimonial, visto ser crime mais grave. Porém, deixando de restituir um documento, sem valor econômico, configura-se o tipo do art. 197.

188. Figura qualificada: torna-se circunstância particularmente grave a vinculação do objeto não restituído à segurança nacional. Porém, o tipo é subsidiário, podendo-se punir o agente pela prática de *consecução de notícia, informação ou documento para fim de espionagem* (art. 143, CPM).

Omissão de eficiência da força

> **Art. 198.** Deixar o comandante de manter a força sob seu comando em estado de eficiência:[189-190]
>
> Pena – detenção, de 3 (três) meses a 1 (um) ano.

189. Aspectos objetivos: o sujeito ativo é o militar comandante; o passivo, o Estado. O tipo penal é aberto em demasia, sem especificação da conduta criminosa, ferindo a taxatividade. Portanto, não recepcionado pela Constituição de 1988. Se, porventura, for considerado constitucional, trata-se de conduta omissiva. *Deixar de manter* (não conservar ou não prover do necessário) se volta ao *estado de eficiência* (situação de eficácia) relativa à força (pelotão, batalhão, unidade) sob seu comando. Como já mencionamos, deveria ter sido detalhado qual o alcance,

Art. 199

grau e condições do referido *estado de eficiência*, sob pena de se poder inserir qualquer situação de duvidosa gravidade. De qualquer modo, deve o comandante cuidar de seus subordinados para que estejam aptos a atuar em caso de segurança interna ou externa, provendo todo o material indispensável para isso, como armamento, veículos, instrumentos etc.

190. Aspectos subjetivos: o crime é doloso. Não há elemento subjetivo específico, nem se pune a forma culposa.

Omissão de providências para evitar danos

> **Art. 199.** Deixar o comandante de empregar todos os meios ao seu alcance para evitar perda, destruição ou inutilização de instalações militares, navio, aeronave ou engenho de guerra motomecanizado em perigo:[191-192]
>
> Pena – reclusão, de 2 (dois) a 8 (oito) anos.

Modalidade culposa

> **Parágrafo único.** Se a abstenção é culposa:[193]
>
> Pena – detenção, de 3 (três) meses a 1 (um) ano.

191. Aspectos objetivos: o sujeito ativo é o militar comandante; o passivo, o Estado. *Deixar de empregar* significa não utilizar os meios possíveis para contornar a perda, destruição ou inutilização de instalações militares (quartel, alojamento, abrigo, arsenal etc.), navio, aeronave ou engenho de guerra motomecanizado (tanque, anfíbio etc.). É difícil supor que o chefe militar, de propósito, permita a destruição ou a ruína de material militar; a conduta omissiva parece ser mais condizente com a culpa apenas (forma prevista no parágrafo único).

192. Aspectos subjetivos: o delito é doloso. Não há finalidade específica. A forma culposa está no parágrafo único.

193. Forma culposa: a omissão do comandante pode inspirar-se em sua falta de cautela, atenção ou diligência, nos termos do art. 33, II, deste Código.

Omissão de providências para salvar comandados

> **Art. 200.** Deixar o comandante, em ocasião de incêndio, naufrágio, encalhe, colisão, ou outro perigo semelhante, de tomar todas as providências adequadas para salvar os seus comandados e minorar as consequências do sinistro, não sendo o último a sair de bordo ou a deixar a aeronave ou o quartel ou sede militar sob seu comando:[194-195]
>
> Pena – reclusão, de 2 (dois) a 6 (seis) anos.

Modalidade culposa

> **Parágrafo único.** Se a abstenção é culposa:[196]
>
> Pena – detenção, de 6 (seis) meses a 2 (dois) anos.

194. Aspectos objetivos: o sujeito ativo é o militar comandante; o passivo, o Estado. *Deixar de tomar providências* significa não executar medidas úteis para alcançar determinado fim. O objeto da omissão é o salvamento dos seus comandados e o abrandamento das consequências do desastre, envolvendo situação de incêndio, naufrágio, encalhe, colisão ou perigo semelhante. O crime é de perigo, motivo pelo qual o dolo do agente é de gerar um risco não permitido. Cremos tratar-se de perigo concreto, devendo-se evidenciar a possibilidade de dano. Normas relativas ao comando de aeronaves e navios estabelecem que o comandante deve ser o último a deixar o local do sinistro, pois é o que mais conhece o aparelho. Não destoa disso a previsão feita neste artigo. A única hipótese para a saída precoce do comando se dá em caso de risco à vida do dirigente.

195. Aspectos subjetivos: é o dolo. Não há elemento subjetivo específico. A forma culposa se encontra no parágrafo único.

196. Forma culposa: a omissão do comandante pode inspirar-se em sua falta de cautela, atenção ou diligência, nos termos do art. 33, II, deste Código.

Omissão de socorro

> **Art. 201.** Deixar o comandante de socorrer, sem justa causa, navio de guerra ou mercante, nacional ou estrangeiro, ou aeronave, em perigo, ou náufragos que hajam pedido socorro:[197-198]
>
> Pena – detenção, de 1 (um) a 2 (dois) anos.

197. Aspectos objetivos: o sujeito ativo é o militar comandante; o passivo, o Estado. Cuida-se de crime específico de omissão de socorro. *Deixar de socorrer* (não prestar o devido auxílio a quem necessita) é a conduta omissiva ilícita em relação a navio de guerra ou mercante (comercial), brasileiro ou estrangeiro, bem como aeronave, de qualquer bandeira, em risco de sofrer dano. O mesmo se dá no tocante a náufragos em perigo. Pela redação do tipo, deduz-se constituir o foco da omissão a atividade do comando naval, pois se menciona navio ou aeronave, finalizando-se com náufragos (sobreviventes do afundamento de embarcação). A expressão *sem justa causa* constitui elemento normativo, concernente à ilicitude; portanto, havendo motivo plausível para evitar o socorro (como risco pessoal de dano grave), o fato é atípico.

198. Aspectos subjetivos: é o dolo. Não há elemento subjetivo específico, nem se pune a forma culposa.

Embriaguez em serviço

> **Art. 202.** Embriagar-se o militar, quando em serviço, ou apresentar-se embriagado para prestá-lo:[199-200]
>
> Pena – detenção, de 6 (seis) meses a 2 (dois) anos.

199. Aspectos objetivos: o sujeito ativo é somente o militar; o passivo, o Estado. *Embriagar*-se significa intoxicar o próprio organismo com álcool ou substância de efeito análogo, provocando a perda da consciência, quando completa, bem como a alteração dos sentidos. A disciplina militar, objeto jurídico tutelado, não condiz com tal atitude de desleixo e liberalidade. Especifica-se a situação temporal para isso: *em serviço*. Não envolve a vida particular e privada do militar. A segunda conduta diz respeito à apresentação do militar, para prestar serviço, em estado de embriaguez. Somente se pune em caso de ebriedade voluntária ou culposa; tratando-se de em-

Art. 203

Código Penal Militar Comentado • Nucci

briaguez por caso fortuito ou força maior, exclui-se a culpabilidade. Na legislação penal comum, a embriaguez somente ganha relevo penal no cenário da contravenção penal, nos seguintes termos: "apresentar-se publicamente em estado de embriaguez, de modo que cause escândalo ou ponha em perigo a segurança própria ou alheia" (art. 62, Lei das Contravenções Penais). Prova-se a ebriedade por qualquer meio de prova lícito: perícia, exame clínico e testemunhas. O acusado não é obrigado a produzir prova contra si mesmo, fornecendo material, como o sangue, para exame pericial. Se o militar for considerado alcoólatra, cuida-se de doença mental, ficando sujeito à aplicação de medida de segurança. Na jurisprudência: TJMSP: "Policial Militar que, de serviço, embriaga-se, fica inconsciente no interior da viatura e deixa de cumprir a missão de patrulhamento de área que lhe foi confiada. Alegação de falta de materialidade da embriaguez pela falta de laudo de exame de dosagem alcoólica afastada – A inexistência do referido laudo ocasionada pela recusa do agente em fornecer material para o exame pode ser suprida pela prova testemunhal e por outros sinais físicos que atestem o estado etílico do agente – Embriaguez voluntária que não afasta o dolo da conduta de ingerir bebida alcoólica – Delito caracterizado. Descumprimento de missão não configurado. Considerando que o delito de descumprimento de missão é omissivo próprio e ainda que a embriaguez voluntária não afaste o dolo de descumprir a missão, deve estar demonstrado nos autos o estado anímico do agente de não cumprir a missão que lhe foi confiada – Conduta posterior absolvida pela antecedente embriaguez em serviço – Conduta que, embora não se tipifique como penalmente relevante, deve ser considerada como circunstância judicial desfavorável e produz reflexo na dosimetria da pena pelo crime de descumprimento de missão. Recurso parcialmente provido para absolver o policial militar do delito de descumprimento de missão com base na alínea 'b' do art. 439 do CPPM. Mantida a condenação pelo delito de embriaguez em serviço" (Ap. Crim. 007487/2018, 2.ª Câm., rel. Clovis Santinon, j. 21.06.2018, v.u.); TJMRS: "1 – Comete o crime de embriaguez em serviço o policial militar que, na execução do policiamento ostensivo, em estado de libação alcoólica e de arma em punho, aborda pessoas em via pública, sendo, após, flagrado em estabelecimento comercial, dormindo. (...)" (Ap. Crim. 1000043-81.2017.9.21.0000, rel. Maria Emília Moura da Silva, j. 05.04.2017, v.u.).

200. Aspectos subjetivos: o crime é doloso. Não há elemento subjetivo específico, nem se pune a forma culposa.

Dormir em serviço

> **Art. 203.** Dormir o militar, quando em serviço, como oficial de quarto ou de ronda, ou em situação equivalente, ou, não sendo oficial, em serviço de sentinela, vigia, plantão às máquinas, ao leme, de ronda ou em qualquer serviço de natureza semelhante:[201-202]
>
> Pena – detenção, de 3 (três) meses a 1 (um) ano.

201. Aspectos objetivos: o sujeito ativo é o militar; o passivo, o Estado. *Dormir em serviço* é o cerne da conduta criminosa, aparentando ser norma rigorosa demais, em tese incompatível com o princípio da intervenção mínima. Porém, trata-se de contexto militar, além de se colocar em foco o oficial responsável pela guarda da unidade, bem como outro militar, atuando como sentinela, vigia, plantão às máquinas, ao leme, de ronda e similares. Todas são funções relevantes para a segurança coletiva do local ou embarcação. Enfocando-se uma situação de paz, em unidade tranquila, sem qualquer ameaça de agressão externa, poder-se-ia até mesmo sustentar o seu extremado rigor. Entretanto, tutela-se a disciplina militar, devendo haver fiel cumprimento dos deveres dos encarregados da segurança. Ilustrando, não se pode conceber um timoneiro dormindo na condução de um navio, podendo gerar um acidente de imensas proporções. Ademais, o crime é doloso, de modo que o militar dorme propositalmente. Se houver negligência de sua parte, o fato é atípico; se for dominado pelo sono, sem condições de resistência, pois extremamente cansado, inexiste dolo, logo, fato atípico. Diante disso, cremos razoável o tipo penal do art. 203 deste Código. Na jurisprudência: STM: "I. Dormir em serviço. Crime de mera conduta, cuja consumação reside na própria execução da conduta, segundo a doutrina. II. Os autos atestam a vontade livre e consciente do militar em praticar a conduta típica de dormir, quando em serviço, consoante o ilícito descrito no art. 203 do CPM. III. Materialidade, autoria e culpabilidade comprovadas pelas provas testemunhais e pelo documento que atesta estar o militar designado para o serviço de sentinela, no dia dos fatos. IV. A conduta do Apelante importou em prejuízo significativo para o dever militar e colocou em risco a segurança do quartel, devido ao fato do posto ter ficado desguarnecido. Crime formal, que prescinde da prova de perigo concreto. V. O elemento subjetivo do tipo foi evidenciado pelo *animus* livre e consciente do Apelante ao assumir o risco de dormir em serviço, ao invés de buscar proporcionar meios de evitar a sonolência. VI. Apelo desprovido" (Apelação n.º 7000680-43.2018.7.00.0000, rel. José Barroso Filho, 20.11.2018, v.u.); "1. Evidenciada a prática da conduta típica, descrita na denúncia, mormente pelos depoimentos testemunhais, e constatado o dolo, a tese defensiva de absolvição por insuficiência de provas não merece acolhimento. 2. Em razão das especiais características da vida e atividades desenvolvidas no âmbito das Forças Armadas, não se pode admitir a aplicação do princípio da insignificância para o crime de dormir em serviço. 3. O tipo previsto no art. 203 do CPM trata-se de crime de mera conduta e de perigo abstrato, de modo que, para sua configuração denota ser indiferente a constatação da ocorrência ou não do efetivo prejuízo, devendo a conduta ser coibida a todo custo. Precedentes do STM. 4. Não bastasse a constatação da ciência do Acusado acerca da ilicitude de sua conduta, salienta-se que a tese de erro de direito, conforme expressamente ressalvado no art. 35 do CPM, não é aplicável aos crimes que atentem contra o dever militar. Apelo conhecido e negado provimento. Unânime" (Ap. 0000111-79.2016.7.05.0005, rel. Carlos Augusto de Sousa, j. 20.06.2017); "A norma penal incriminadora em exame não pune o sono, mas sim a displicência e o descaso do acusado para com o serviço e o dever militar, o qual se deixa tomar pelo sono, quando deveria estar atento ao serviço. O dolo restou plenamente configurado na conduta, pois, de forma livre e consciente, optou por dormir no quarto de hora, quando sabia que deveria permanecer alerta e vigilante. Desnecessário outro resultado para que se caracterize o crime de dormir em serviço, tendo em vista tratar-se de delito de mera conduta, não se podendo falar que o crime tipificado no art. 203 do CPM seja insignificante. Preliminares rejeitadas. Unânime. Apelo defensivo desprovido. Unânime" (Ap. 0000026-03.2016.7.08.0008, rel. Lúcio Mário de Barros Góes, j. 10.08.2017).

202. Aspectos subjetivos: o crime é doloso. Não há elemento subjetivo específico, nem se pune a forma culposa. Na jurisprudência: STM: "O elemento subjetivo do tipo foi evidenciado pelo *animus* livre e consciente do Apelante ao assumir o risco de dormir em serviço, ao invés de buscar proporcionar meios de evitar a sonolência" (Ap. 7000680-43.2018.7.00.0000, rel. José Barroso Filho, j. 20.11.2018).

Capítulo IV
Do exercício de comércio

Exercício de comércio por oficial

> **Art. 204.** Comerciar o oficial da ativa, ou tomar parte na administração ou gerência de sociedade comercial, ou dela ser sócio ou participar, exceto como acionista ou cotista em sociedade anônima, ou por cotas de responsabilidade limitada:[203-204]
>
> Pena – detenção, de 1 (um) a 2 (dois) anos.

Art. 204

Código Penal Militar Comentado • Nucci

203. Aspectos objetivos: o sujeito ativo é o militar oficial da ativa; o passivo, o Estado. *Comerciar* significa realizar atos de comércio, negociar, provocar transações; a outra modalidade é *tomar parte* (participar, integrar) na administração (direção) ou gerência (gestão) de empresa; a terceira modalidade é ser sócio de empresa, desde que dirigente, liberada a situação de acionista ou cotista. Tutela-se a administração pública militar, que prevê a obrigatoriedade de o servidor militar exercer com exclusividade a função. Além disso, a própria disciplina da corporação. O delito é formal, não exigindo resultado naturalístico. A tentativa é viável, embora de rara configuração. Na jurisprudência: STM: "Insofismável a atuação ilícita do acusado ao ser revelada a realização de mais de duzentas ligações telefônicas oriundas do ramal exclusivo utilizado pelo Oficial na Organização Militar (gerenciamento), além de relatos de testemunhas de que frequentemente o militar estava presente no local da empresa (habitualidade). Ademais, documento fornecido pela Junta Comercial Estadual informa que o nome do Oficial, ora acusado, figura como sócio da empresa, onde inclusive teve inúmeros bens apreendidos pela Polícia Federal por falta de nota fiscal. Apelo defensivo desprovido. Decisão unânime" (Ap. 0000108-53.2012.7.01.0401, rel. Francisco Joseli Parente Camelo, j. 02.05.2017); "Imputação de crime do art. 204 do CPM, envolvendo Oficial Médico do Exército que figurou por um curto período na condição de sócio administrador de empresa prestadora de serviço na área de saúde, sem qualquer prejuízo para a Administração Militar. A legislação militar permite aos oficiais do Serviço de Saúde exercerem atividades profissionais no meio civil, inclusive como sócios cotistas de empresa. Na hipótese dos autos, ficou evidenciado que se tratou de um mero equívoco na formalização do contrato a situação de sócio administrador, tanto que tão logo o Acusado tomou conhecimento da irregularidade, formalizou de imediato a alteração contratual, passou à condição de sócio cotista e manteve as mesmas atribuições que de fato exercia e o mesmo percentual de participação na empresa. Ademais, a realidade denota uma total ausência de habitualidade na prática de atos de administração. Os autos demonstram que a simples administração da mencionada empresa era levada a efeito pela Sócia do Acusado, em contato com o respectivo Contador, e assim continuou após a adequação contratual que passou o Acusado para a condição de sócio cotista, não se vislumbrou com a segurança jurídica necessária dolo em sua conduta, bem como ofensa aos bens jurídicos tutelados, *in casu*, o dever militar e a dedicação exclusiva ao serviço militar. Tudo fica mais claro quando se verifica que o Acusado exerceu sua função militar com dedicação e alta produtividade, sem qualquer alteração negativa em seus assentamentos, bem assim sem quaisquer registros de desídia, faltas não justificadas, atrasos ou punições em suas folhas de alterações. É um caso típico de aplicação do Princípio da Intervenção Mínima, segundo o qual o Direito Penal deve se ater a ofensas relevantes aos bens jurídicos protegidos, devendo ser tidas como atípicas as ofensas mínimas. Não há tipicidade material. Há, apenas, tipicidade formal. Desprovimento do apelo ministerial. Decisão unânime" (Ap. 0000045-05.2017.7.07.0007, rel. Lúcio Mário de Barros Góes, j. 17.05.2018).

204. Aspectos subjetivos: é o dolo. Não há elemento subjetivo específico, nem se pune a forma culposa.

Título IV
Dos crimes contra a pessoa

Capítulo I
Do homicídio

Homicídio simples

> **Art. 205.** Matar alguém:[205-207]
> Pena – reclusão, de 6 (seis) a 20 (vinte) anos.

Minoração facultativa da pena[208-209]

> § 1.º Se o agente comete o crime impelido por motivo de relevante valor social ou moral,[210] ou sob o domínio de violenta emoção, logo em seguida a injusta provocação da vítima,[211] o juiz pode reduzir a pena, de 1/6 (um sexto) a 1/3 (um terço).[212-213]

Homicídio qualificado[214-215]

> § 2.º Se o homicídio é cometido:[216]
>
> I – por motivo fútil;[217-218]
>
> II – mediante paga ou promessa de recompensa,[219] por cupidez,[220] para excitar ou saciar desejos sexuais,[221] ou por outro motivo torpe;[222]
>
> III – com emprego de veneno,[223] asfixia,[224] tortura,[225] fogo, explosivo, ou qualquer outro meio dissimulado ou cruel, ou de que possa resultar perigo comum;[226-227]
>
> IV – à traição,[228] de emboscada,[229] com surpresa[230] ou mediante outro recurso insidioso, que dificultou ou tornou impossível a defesa da vítima;[231]
>
> V – para assegurar a execução, a ocultação, a impunidade ou vantagem de outro crime;[232]
>
> VI – prevalecendo-se o agente da situação de serviço;[233]

Art. 205

> VII – contra autoridade ou agente descrito nos arts. 142 e 144 da Constituição Federal, integrantes do sistema prisional e da Força Nacional de Segurança Pública, no exercício da função ou em decorrência dela, ou contra seu cônjuge, companheiro ou parente consanguíneo até o terceiro grau, em razão dessa condição.[233-A]
>
> Pena – reclusão, de 12 (doze) a 30 (trinta) anos.

205. Aspectos objetivos: o sujeito ativo pode ser qualquer pessoa, assim como o passivo. Neste caso, qualquer pessoa, com qualquer condição de vida, saúde, posição social, raça, estado civil, idade, convicção política, filosófica ou religiosa e orientação sexual. O vocábulo *alguém* restringe-se a ser humano. Obviamente, trata-se de pessoa *com vida*, pois se morta estiver cuida-se de cadáver, não mais considerado pessoa. Finalmente, urge repensar o conceito de sujeito passivo, defendido pela doutrina tradicional, no sentido de ser o *ser vivo, nascido de mulher* (Noronha, *Direito Penal*, v. 2, p. 17; Euclides Custódio da Silveira, *Direito Penal – crimes contra a pessoa*, p. 26), pois a medicina está evoluindo dia após dia e, se já temos a fecundação fora do útero materno, nada impede que a gestação, no futuro, se desenvolva também fora do útero materno; nem por isso o ser humano dali advindo deve ficar sem a proteção do Direito Penal, no tocante à sua vida. O objeto jurídico é a vida. Na jurisprudência: STM: "I – O núcleo do tipo do art. 205 do CPM é o verbo 'matar', cometido de forma livre, pois admite qualquer meio de execução e pode ser praticado por ação ou por omissão, desde que presente o dever de agir. É crime *mala in se* e comum, uma vez que pode ser praticado por qualquer pessoa, isoladamente ou em concurso com outro indivíduo" (Apelação n.º 7000373-55.2019.7.00.0000, rel. Péricles Aurélio Lima de Queiroz, 22.10.2019, v.u.); "1. Age com dolo eventual aquele que, com intuito de realizar brincadeira, insere carregador, efetua golpe de segurança e aciona gatilho, apontando o armamento, a todo tempo, contra colega de farda, levando-o ao óbito. Tais elementos indicam o rompimento da linha tênue que separa o dolo eventual e a culpa consciente, porquanto o agir do agente demonstra a assunção do risco de cometer o crime, e, dessa forma, repousa além de qualquer zona cinzenta porventura existente quando da distinção entre os tipos de elementos volitivos. 2. O fato de serem autor e vítima amigos dentro e fora da caserna, entre os quais se desconhece qualquer desavença, aliado ao claro assombro em que se quedou o Acusado após consumar o crime, não leva automaticamente à constatação da ausência de seu dolo, que, por óbvio, deve ser aferido à luz das provas dos autos. Na espécie, a despeito do afeto existente entre os militares em questão, o conjunto probatório informou a presença do dolo eventual. 3. Homicídio simples cometido com um único disparo de arma de fogo não justifica a exasperação da pena em função da 'extensão do dano'. 4. A reprimenda deve ser minorada quando os elementos dos autos não corroboram a fundamentação apontada pela sentença condenatória para justificar a utilização da circunstância judicial 'modo de execução' em prejuízo do Acusado. 5. Sentença reformada em relação à dosimetria da pena. Apelo parcialmente provido. Maioria" (Ap. 0000124-82.2014.7.03.0303, rel. Carlos Augusto de Sousa, j. 16.05.2017).

206. Conceito de morte: para caracterizar o momento da morte, a fim de se detectar a consumação do delito de homicídio, que é crime material, sempre se considerou, conforme lição de Almeida Júnior e Costa Júnior, a cessação das funções vitais do ser humano (coração, pulmão e cérebro), de modo que não possa mais sobreviver, por suas próprias energias, terminados os recursos validados pela medicina contemporânea, experimentados por um tempo suficiente, o qual somente os médicos poderão estipular para cada caso isoladamente. Os mesmos autores dizem: "A nosso ver, dar-se-á não apenas quando houver silêncio cerebral, revelado pelo eletroencefalógrafo, mas, também, quando ocorrer concomitantemente a parada circulatória e respiratória em caráter definitivo. Isso, entretanto, não significa permitir que num corpo humano, descerebrado funcionalmente, continue a circular o sangue e o ar unicamente por processo artificial, depois de inúteis e prolongadas tentativas, sem que haja reanimação espontânea" (*Lições de medicina legal*, p. 232-233). A Lei 9.434/97 estabeleceu que a interrupção relevante para o Direito Penal, tanto que autoriza o transplante de órgãos, é a encefálica. O conceito de morte encefálica, de acordo com a *American Society of Neuroradiology* (Sociedade Americana de Neurorradiologia) é o seguinte: "Estado irreversível de cessação de todo o encéfalo e funções neurais, resultante de edema e maciça destruição dos tecidos encefálicos, apesar da atividade cardiopulmonar poder ser mantida por avançados sistemas de suporte vital e mecanismos de ventilação" (citação de Maria Celeste Cordeiro Leite Santos, *Morte encefálica e a lei dos transplantes de órgãos*, p. 39). Ora, de acordo com o tradicional conceito, não se vislumbra profunda modificação na constatação da morte, pois, como ensinam Almeida Júnior e Costa Júnior, em que pese exigir-se as paradas circulatória e respiratória em caráter permanente, não se deve manter "viva" uma pessoa descerebrada, por meio de métodos artificiais, sem que haja reanimação espontânea. Portanto, havendo morte encefálica, fatalmente ocorrerá a cessação da vida de relação e da vida vegetativa, desde que a medicina não interfira com métodos artificiais. Daí por que se autoriza o transplante a partir do instante em que se constata a morte encefálica, ainda que leve algum tempo para que os demais órgãos (coração e pulmão) cessem, também, a sua atividade, o que inexoravelmente ocorrerá, não havendo, como se mencionou, prolongamento artificial dos batimentos e da respiração. Em síntese: o conceito de morte, trazido pela Lei 9.434/97, não alterou substancialmente o que, tradicionalmente, a medicina legal apregoava, embora tenha enaltecido que o momento mais importante é a cessação da atividade encefálica, predominando sobre as funções circulatória e respiratória. Não se imagine que, com isso, autorizou a lei a "morte de pessoas vivas" somente para que seja possível a extração de órgãos; afinal, sem intervenção artificial da medicina, a finalização da vida seria mesmo inevitável.

207. Aspectos subjetivos: o delito é doloso e não há elemento subjetivo específico. A forma culposa constitui tipo autônomo (art. 206), diversamente do previsto pelo Código Penal comum, onde figura como tipo derivado (art. 121, § 3.º). Na jurisprudência: STM: "O elemento subjetivo do delito encontra-se indiscutivelmente comprovado; ou seja, o Militar atuou com livre consciência e plena vontade, mesmo sendo conhecedor da ilegalidade e da ameaça de suas ações, bem como ao não conter seus impulsos, a partir do momento em que apontou e apertou o gatilho de uma arma abastecida, vindo a efetivar o disparo mortal. Os atos praticados pelo Embargante configuram claramente o dolo eventual, já que mesmo sem querer efetivamente o resultado, por não serem desafetos, assumiu o risco de produzi-lo, atuando com total desprezo à vida de um companheiro de farda, aviltando um dos maiores bem juridicamente tutelados, qual seja, a vida de outro ser humano, uma vez que atirou no rumo do peito da vítima, impossibilitando qualquer tentativa de salvamento. Nos cursos ou nas instruções envolvendo manuseio de armas de fogo, a regra principal, que nunca deve ser descumprida, consiste em tratar todas as armas como se estivessem sempre municiadas, e, mesmo estando descarregadas, as armas devem ser apontadas para uma direção segura, jamais no sentido de outra pessoa, a qual não se queira atingir. A culpa consciente acontece quando o agente, apesar de prever o resultado, acredita francamente na sua não ocorrência, dando seguimento à sua conduta. No presente caso não existe espaço para a aplicação da culpa consciente, já que é impossível que o Embargante não pudesse acreditar, em função de seus conhecimentos, que suas ações poderiam culminar em ferimento ou a morte de um colega de farda, tendo, claramente, assumido o risco de produzir o resultado. A conduta perpetrada revelou-se dolosa, constituindo, assim, o dolo eventual. Embargos rejeitados" (Embargos Infringentes e de Nulidade n.º 7000952-03.2019.7.00.0000, rel. Alvaro Luiz Pinto, 04.12.2019, maioria); "Os elementos de provas colhidos durante a instrução processual evidenciam que

Art. 205

Código Penal Militar Comentado • Nucci

o Réu poderia e deveria antever o resultado morte quando apontou e disparou o fuzil calibre 7,62 mm contra o companheiro de farda, circunstância que afasta o requisito da ausência de previsão ou a previsibilidade subjetiva e, por via de consequência, o reconhecimento da conduta culposa. A linha tênue que distingue a culpa consciente do dolo eventual encerra um elemento comum aos dois, qual seja, a previsão objetiva do resultado proibido. Enquanto no dolo eventual o agente, mesmo não intencionando, admite a possibilidade de que ocorra o resultado, mas, ao invés de renunciar à ação, assume o risco de produzi-lo, na culpa consciente há a previsão do resultado, ou seja, a sua antevisão, mas o agente, confiando em si mesmo, nas suas habilidades pessoais, acredita sinceramente que esse não venha a ocorrer. Considerando o conhecimento técnico do Acusado acerca do armamento, bem como o procedimento por ele adotado quando do manuseio do fuzil calibre 7,62 mm, conclui-se que ele era capaz de prever o resultado e, assim sendo, interromper a ação de disparar a arma de fogo. Entretanto, prosseguindo com o acionamento do gatilho, assumiu o risco de produzir o resultado morte que, se por um lado não era esperado, era previsto, configurando-se, pois, o dolo eventual. Afastado o reconhecimento da modalidade culposa na conduta do Réu, resta prejudicada a análise da tese defensiva relativa ao reconhecimento da insuficiência de provas quanto à comprovação do requisito da inobservância do dever de cuidado objetivo. Reconhecido o dolo eventual na conduta do Réu, não incidem as qualificadoras dispostas nos incisos IV e VI, do § 2º do artigo 205 do CPM. Negado provimento aos Apelos defensivo e ministerial. Unanimidade" (Ap 0000214-26.2016.7.07.0007, rel. Cleonilson Nicácio Silva, j. 01.03.2018); "O sentenciado, de forma livre e consciente, mesmo previamente advertido por colega de farda acerca do perigo do manuseio de arma de fogo municiada, não refreou sua atitude, ao revés, prosseguiu e desferiu o disparo, sem se importar com o resultado. O elemento subjetivo do crime ficou indiscutivelmente comprovado; ou seja, o embargante atuou com consciência e vontade, sabedor da ilicitude do que estava fazendo, a partir do momento em que apontou a arma e realizou o disparo contra a vítima. A ação perpetrada no vertente processo configura o dolo eventual. O embargante agiu com desprezo ao maior bem juridicamente tutelado: a vida; e desconsiderou qualquer possibilidade de salvamento por estar a aproximadamente meio metro da vítima, assumindo a responsabilidade pelo risco do resultado. Afastada a tese de culpa consciente defendida pela corrente minoritária. Embargos acolhidos parcialmente. Decisão majoritária" (Embargos Infringentes e de Nulidade 0000124-82.2014.7.03.0303, rel. Maria Elizabeth Guimarães Teixeira Rocha, j. 05.04.2018).

208. Homicídio *privilegiado*: esta é a denominação tradicional na doutrina e na jurisprudência, embora, no significado *estrito* de *privilégio*, não se possa considerar a hipótese do § 1.º do art. 205 como tal. O verdadeiro crime privilegiado é aquele cujos limites mínimo e máximo de pena, abstratamente previstos, se alteram, para montantes menores, o que não ocorre neste caso. Utiliza-se a pena do homicídio simples, com uma redução de 1/6 a 1/3. Trata-se, pois, como a própria rubrica está demonstrando, de uma *causa de diminuição de pena*.

209. Faculdade do juiz ou direito subjetivo do réu: trata-se de direito subjetivo do acusado e não faculdade do julgador. Não há causa de diminuição de pena, integrando a tipicidade derivada, que possa ser considerada meramente facultativa. Na realidade, o lado subjetivo da aplicabilidade desta norma concentra-se na valoração do que vem a ser um *relevante valor* ou mesmo a amplitude da expressão *violenta emoção em seguida a injusta provocação*. No mais, constatada a circunstância no campo fático, cabe ao juiz escolher o *quantum* da diminuição, aplicando-a.

210. Relevante valor social ou moral: *relevante valor* é uma qualidade importante para a vida em sociedade, tal como o patriotismo, a lealdade, a fidelidade, a inviolabilidade de intimidade e de domicílio, entre outros. Quando se tratar de relevante valor *social*, leva-se em consideração interesse não exclusivamente individual, mas de ordem geral, coletiva. Exemplos tradicionais: quem aprisiona um bandido, na zona rural, por alguns dias, até que a polícia seja avisada; quem invade o domicílio do traidor da pátria para destruir objetos empregados na traição. No caso do relevante valor *moral*, o valor em questão leva em conta interesse de ordem pessoal. Ex.: agressão (ou morte) contra amante do cônjuge; apressar a morte de quem está desenganado. É curial observar que a existência dessa causa de diminuição da pena faz parte do contexto global de que o direito à vida não é absoluto e ilimitado. Quando um traficante distribui drogas num colégio, sem qualquer ação eficaz da polícia para contê-lo, levando um pai desesperado pelo vício que impregna seu filho a matar o criminoso, surge o aspecto relativo do direito à vida (fosse *absoluto* e nada justificaria uma pena menor). Embora haja punição, pois não se trata de ato lícito (como no caso de legítima defesa ou estado de necessidade), o Estado, por intermédio da lei, entende ser cabível uma punição menor, tendo em vista a *relevância* do motivo que desencadeou a ação delituosa. Protege-se, indiscutivelmente, a vida do traficante, embora os valores que estão em jogo devam ser considerados para a fixação da reprimenda ao autor do homicídio. De outra parte, não se deve banalizar a *motivação relevante* – no enfoque social ou moral – para a eliminação da vida alheia, tornando-a um fator emocional ou pessoal, pois não é essa a melhor exegese do texto legal. A relevância não tem ótica individual, significando que o homicídio somente foi cometido porque houve uma saliente valia, de reconhecimento geral, ainda que os efeitos se conectem a interesses coletivos (social) ou particulares (moral). Criticando a divisão do relevante valor em moral e social, está a posição de Euclides Custódio da Silveira: "São motivos de relevante valor moral ou social, (...) aqueles que a consciência ética de um povo, num dado momento, aprova. E bastaria falar-se de motivo 'moral', uma vez que a ética é individual e social ao mesmo tempo: a expressão 'social' é pleonástica e equívoca" (*Direito Penal – Crimes contra a pessoa*, p. 44).

211. Domínio de violenta emoção: a emoção, na lição de Hungria, "é um estado de ânimo ou de consciência caracterizado por uma viva excitação do sentimento", podendo levar alguém a cometer um crime. Configura a hipótese do homicídio privilegiado, quando o sujeito está *dominado* pela excitação dos seus sentimentos (ódio, desejo de vingança, amor exacerbado, ciúme intenso) e foi injustamente provocado pela vítima, momentos antes de tirar-lhe a vida. As duas grandes diferenças entre o privilégio e a atenuante (art. 72, III, *c*, CPM) são as seguintes: a) para o privilégio exige a lei que o agente esteja *dominado* pela violenta emoção e não meramente influenciado (tocado, inspirado), como mencionado no caso da atenuante; b) determina a causa de diminuição de pena que a reação à injusta provocação da vítima se dê *logo em seguida*, enquanto a atenuante nada menciona nesse sentido. Portanto, estar tomado pela emoção intensa, causada pela provocação indevida do ofendido, pode acarretar uma resposta *imediata* e violenta, terminando em homicídio. A causa especial de diminuição da pena é reconhecida, tendo em vista a inviabilidade de se equiparar o ser humano a uma fria máquina, que processa dados ou informações de modo retilíneo e programado. "Trata-se, pois, de um estado psicológico que não corresponde ao normal do agente, encontrando-se afetadas a sua vontade, a sua inteligência e diminuídas as suas resistências éticas, a sua capacidade para se conformar com a norma" (Amadeu Ferreira, *Homicídio privilegiado*, p. 63). A título de exemplo, pode-se mencionar a atitude agressiva, desajuizada e pretensiosa de um jovem que dá um tapa no rosto de um homem honrado, bem mais velho, na presença de seus familiares e amigos, sem qualquer razão plausível. Tal hostilidade pode desencadear no pacífico indivíduo uma emoção intensa, que o faz perder o controle, partindo para o contra-ataque, sem medir as consequências, nem atentar para os limites. Caso termine matando a vítima que o provocou injustamente, tendo agido logo em seguida, não pode ser absolvido pela vetusta *legítima defesa da honra*, embora se possa reconhecer em seu benefício a causa de diminuição da pena. Interessante denominação

Art. 205

da violenta emoção geradora do crime é dada por Amadeu Ferreira, dizendo tratar-se do "túnel da emoção" do qual somente se sai pela descarga emocional, ou seja, a saída é o cometimento do delito, do qual não se pode desviar (ob. cit., p. 105). O aspecto temporal – *logo em seguida* – deve ser analisado com critério e objetividade, constituindo algo *imediato, instantâneo*. Embora se admita o decurso de alguns minutos, não se pode estender o conceito para horas, quiçá dias. Um maior espaço de tempo entre a injusta provocação e a reação do agente deve ser encaixado na hipótese da atenuante, mas jamais do privilégio. Caso não se preencha a figura do privilégio por não haver *domínio* de violenta emoção ou por não ter havido resposta imediata – *logo em seguida* –, é possível ao juiz considerar a atenuante em caráter residual.

212. Concomitância de causas de diminuição: é possível que, em situações excepcionais, ocorra mais de uma causa de diminuição de pena prevista no § 1.º do art. 205. Imagine-se o traidor da pátria, agredindo fisicamente alguém que, com justiça, recriminou seus atos. O ofendido, tomado de violenta emoção, termina por matá-lo. Pode o juiz levar em conta as duas circunstâncias (relevante valor social: eliminação do traidor da pátria + domínio de violenta emoção logo em seguida a injusta provocação da vítima) em momentos diferentes. Uma delas como atenuante e outra como causa de diminuição de pena, sem que se possa falar em *bis in idem*. Aliás, assim também se faz quando um crime comporta mais de uma qualificadora. O juiz leva em conta uma delas para alterar o patamar de fixação da pena e a outra (ou as outras) será levada em conta para outras fases, como a prevista no art. 59 ou a relativa às agravantes.

213. Critério para a redução da pena: estabelece a lei o grau de redução, variando de um sexto a um terço, devendo o juiz ater-se, exclusivamente, à causa em si, não levando em consideração fatores estranhos, vinculados a outras fases da aplicação da pena, como as circunstâncias judiciais. Portanto, tratando-se de *relevante* valor social ou moral, deve focar o quão importante esse valor apresentou-se ao réu e à sociedade no momento dos fatos. Embora de cunho subjetivo, a avaliação judicial deve ser fundamentada e calcada nas provas dos autos. Maior diminuição (um terço) para a mais aguda relevância; menor diminuição (um sexto), para relevância ordinária. No tocante à violenta emoção, mensura-se a *intensidade* desse sentimento exacerbado, conforme o *grau* de provocação injusta da vítima. Maior redução para a violentíssima emoção fundada em provocação de cristalina injustiça; menor, para a violenta emoção calcada em provocação de injustiça ordinária, sem qualquer destaque. Nessa visão: STF: "1. Pena-base fixada no mínimo legal à consideração de circunstâncias judiciais favoráveis. 2. Diminuição de um sexto em virtude do reconhecimento da causa de diminuição referente ao homicídio privilegiado (art. 121, § 1.º, do CP). 3. Improcedência da alegação de constrangimento ilegal decorrente da diminuição da pena em apenas um sexto em face do reconhecimento do homicídio privilegiado. 4. A diminuição da pena em virtude do reconhecimento do homicídio privilegiado nada tem a ver com a redução operada tendo em vista circunstâncias judiciais favoráveis. 5. O Juiz, ao aplicar a causa de diminuição do § 1.º do art. 121 do Código Penal, valorou a relevância do motivo de valor social, a intensidade da emoção e o grau de provocação da vítima, concluindo, fundamentadamente, pela diminuição da pena em apenas um sexto. 6. Ordem denegada" (HC 102.459-MG, 1.ª T., rel. Dias Toffoli, 03.08.2010, v.u.). STJ: "A escolha do *quantum* de redução de pena pelo privilégio deve se basear na relevância do valor moral ou social, na intensidade do domínio do réu pela violenta emoção, ou no grau da injusta provocação da vítima" (HC 129726-MG, 5.ª T., rel. Jorge Mussi, 26.04.2011, v.u.).

214. Homicídio qualificado: é o homicídio praticado em particulares circunstâncias legais, integrantes do tipo derivado, alterando para mais a faixa de fixação da pena. Portanto, da pena de reclusão de 6 a 20 anos, prevista para o homicídio simples, passa-se ao mínimo de 12 e ao máximo de 30 para a figura qualificada.

215. Homicídio privilegiado-qualificado: tem sido posição predominante na doutrina e na jurisprudência a admissão da forma privilegiada-qualificada, desde que exista compatibilidade lógica entre as circunstâncias. Como regra, pode-se aceitar a existência concomitante de qualificadoras objetivas com as circunstâncias legais do privilégio, que são de ordem subjetiva (motivo de relevante valor e domínio de violenta emoção). O que não se pode acolher é a convivência pacífica das qualificadoras subjetivas com qualquer forma de privilégio, tal como seria o homicídio praticado, ao mesmo tempo, por motivo fútil e por relevante valor moral. Convivem, em grande parte, harmoniosamente as qualificadoras dos incs. III, IV e VI com as causas de diminuição da pena do § 1.º. Não se afinam as qualificadoras dos incs. I, II e V com as mesmas causas. Nessa linha: STF: "A jurisprudência do Supremo Tribunal Federal é firme no sentido da possibilidade de homicídio privilegiado-qualificado, desde que não haja incompatibilidade entre as circunstâncias do caso. Noutro dizer, tratando-se de qualificadora de caráter objetivo (meios e modos de execução do crime), é possível o reconhecimento do privilégio (sempre de natureza subjetiva)" (HC 97.034-MG, 1.ª T., rel. Ayres Britto, 06.04.2010, m.v.). "A atual jurisprudência do Supremo Tribunal Federal admite a possibilidade de ocorrência de homicídio *privilegiado-qualificado*, desde que não haja incompatibilidade entre as circunstâncias aplicáveis. Ocorrência da hipótese quando a paciente comete o crime *sob o domínio de violenta emoção, logo em seguida a injusta provocação da vítima*, mas o pratica disparando tiros de surpresa, nas costas da vítima (CP, art. 121, § 2.º, IV). A circunstância *subjetiva* contida no homicídio privilegiado (CP, art. 121, § 1.º) convive com a circunstância qualificadora *objetiva* 'mediante recurso que dificulte ou torne impossível a defesa da vítima' (CP, art. 121, § 2.º, IV). Precedentes" (HC 76.196-GO, 2.ª T., rel. Maurício Correa, 29.09.1998, m.v., *RTJ* 176/743). STJ: "A jurisprudência do Superior Tribunal de Justiça tem reiterado entendimento no sentido de que há compatibilidade entre as qualificadoras de ordem objetiva e as causas de diminuição de pena do § 1.º do art. 121 do Código Penal, que, por sua vez, têm natureza subjetiva." (HC 171.652/SP, 5.ª T., rel. Campos Marques, 18.10.2012, v.u.); "É firme o entendimento deste Superior Tribunal no sentido de que, sendo a qualificadora de caráter objetivo, não haveria, em princípio, nenhum impeditivo para a coexistência com a forma privilegiada do homicídio, vez que ambas as hipóteses previstas no § 1.º do art. 121 do CP são de natureza subjetiva" (HC 129.726-MG, 5.ª T., rel. Jorge Mussi, 26.04.2011, v.u.). Em sentido oposto, sustentando a inviabilidade, para qualquer hipótese, de haver homicídio qualificado-privilegiado, pois, uma vez comprovado o privilégio, tem ele força para repelir qualquer qualificadora, está o ensinamento de Euclides Custódio da Silveira: "foi propositadamente, e, a nosso ver, com acerto, que o Código fez preceder o dispositivo concernente ao privilégio ao das qualificadoras. Não admite ele o homicídio qualificado-privilegiado, por considerá-lo forma híbrida, enquanto reconhece a compossibilidade do mesmo privilégio nas lesões corporais graves, gravíssimas e seguidas de morte, onde não há realmente antagonismo algum" (*Direito Penal – Crimes contra a pessoa*, p. 55).

216. Dolo eventual e qualificadoras subjetivas: não há incompatibilidade. O elemento subjetivo do delito de homicídio é o dolo, em qualquer de suas espécies: direto ou eventual. Portanto, é viável que o agente assuma o risco de produzir o resultado morte (dolo eventual), motivado pela torpeza, futilidade ou ânsia de assegurar a execução, ocultação, impunidade ou vantagem de outro delito. Confira-se: STF: "O dolo eventual pode coexistir com a qualificadora do motivo torpe do crime de homicídio. Com base nesse entendimento, a Turma desproveu recurso ordinário em *habeas corpus* interposto em favor de médico pronunciado pela prática dos delitos de homicídio qualificado e de exercício ilegal da medicina (arts. 121, § 2.º, I e 282, parágrafo único, ambos c/c o art. 69, do CP, respectivamente), em decorrência do fato de, mesmo inabilitado temporariamente para o exercício da atividade, havê-la exercido e, nesta condição, ter realizado várias cirurgias plásticas – as quais cominaram na morte de algumas pacientes –, sendo motivado por intuito econômico. A impetração sustentava a incompatibilidade da qualificadora do motivo torpe com o dolo eventual, bem como a inadequação da linguagem utilizada na sentença de pronúncia pela magistrada de primeiro grau. Concluiu-se pela mencionada compossibilidade, porquanto nada impediria que o paciente – médico –, embora prevendo o resultado e assumindo o risco de levar os seus pacientes à morte, praticasse a conduta motivado por outras razões, tais como torpeza ou futilidade" (RHC 92.571-DF, rel. Celso de Mello, 30.06.2009, *Informativo STF 553*). STJ: "O fato de o Recorrente ter assumido o risco de produzir o resultado morte, aspecto caracterizador do dolo eventual, não exclui a possibilidade de o crime ter sido praticado por motivo fútil, uma vez que o dolo do agente, direto ou indireto, não se confunde com o motivo que ensejou a conduta, mostrando-se, em princípio, compatíveis entre si. Divergência jurisprudencial devidamente demonstrada" (REsp 912904-SP, 5.ª T., rel. Laurita Vaz, 06.03.2012, v.u.).

217. Fútil: é o motivo flagrantemente desproporcional ao resultado produzido, que merece ser verificado sempre no caso concreto. Mata-se futilmente quando a razão pela qual o agente elimina outro ser humano é insignificante, sem qualquer respaldo social ou moral, veementemente condenável. Ex.: o autor suprime a vida da vítima porque esta, dona de um bar, não lhe vendeu fiado. Ressalta, no entanto, Custódio da Silveira que a "futilidade do motivo deve prender-se *imediatamente* à conduta homicida em si mesma: quem mata no auge de uma altercação oriunda de motivo fútil, já não o faz somente por este motivo mediato de que se originou aquela" (*Direito Penal – Crimes contra a pessoa*, p. 61). Concordamos, plenamente, com o exposto, mencionando o seguinte exemplo: costuma-se defender que uma mera briga ocorrida no trânsito, de onde pode sair um homicídio, constitui futilidade, qualificando o crime. Nem sempre. Se um motorista sofreu uma "fechada", provocada por outro, sai em perseguição e, tão logo o alcance, dispare seu revólver, matando-o, naturalmente, estamos diante de um homicídio qualificado pela futilidade, pois esta é direta e imediata. Entretanto, se, após alcançar o outro motorista, ambos param na via pública e uma acirrada discussão tem início, com troca de ofensas e até agressões físicas. A morte do perseguido, nessas circunstâncias, não faz nascer a qualificadora, pois o motivo fútil foi indireto ou mediato e não fruto direto do disparo do revólver. Em suma: há futilidade *direta ou imediata*, que serve para qualificar o homicídio, bem como futilidade *indireta ou mediata*, que não faz nascer o aumento da pena. Na jurisprudência: STJ: "(...) E, com efeito, a circunstância de discussão anterior entre vítima e acusado não exclui, por si só, a qualificadora referente ao motivo fútil" (HC 162401-GO, 5.ª T., rel. Laurita Vaz, 27.03.2012, v.u.). "A discussão anterior entre autor e vítima, por si só, não implica, de imediato, o afastamento da qualificadora referente ao motivo fútil" (AgRg no AREsp 62470-MA, 6.ª T., rel. Vasco Della Giustina, 07.02.2012, v.u.).

218. Ciúme não configura futilidade: a reação humana, movida pelo ciúme, forte emoção que por vezes verga o equilíbrio do agente, não é suficiente para determinar a qualificadora do motivo fútil.

219. Paga ou promessa de recompensa: são formas específicas de torpeza. É o homicídio mercenário, cometido porque o agente foi recompensado previamente pela morte da vítima (paga) ou porque lhe foi prometido um prêmio após ter eliminado o ofendido (promessa de recompensa).

220. Cobiça: é a avidez por bens materiais, algo equivalente à paga ou promessa de recompense. Trata-se de circunstância específica do Código Penal Militar, não possuindo equivalente no Código Penal comum.

221. Excitação ou preenchimento de desejo sexual: cuida-se do estímulo ou da fartura da vontade de possuir alguém, em nível carnal. É interessante observar que esta circunstância qualificadora é exclusiva do Código Penal Militar, não encontrando similar na legislação penal comum. Aliás, encontra-se deslocada em meio a circunstâncias nitidamente patrimoniais, como paga, promessa de recompensa e cobiça. Por outro lado, a situação fática é incomum, preenchendo apenas o universo de pervertidos, causando estranheza ter sido inserida essa circunstância no Código Penal Militar. Afinal, saciar desejo sexual mediante violência (estupro) é bem diferente de matar alguém *para saciar tal desejo*. A finalidade específica é muito rara, tanto que não consta do Código Penal comum, onde seria, em tese, mais apropriado. Ademais, essa eventual motivação não é peculiar a crimes de índole militar e, se porventura acontecesse, constituiria torpeza, sendo desnecessária a expressa menção da excitação ou saciedade sexual.

222. Torpe: é o motivo repugnante, abjeto, vil, que causa repulsa excessiva à sociedade. Note-se que a lei penal vale-se, nesse caso, da interpretação analógica, admitida em Direito Penal (vedado é o emprego da analogia), pois estabelece exemplos iniciais de torpeza e, em seguida, generaliza, afirmando "ou outro motivo torpe", para deixar ao encargo do intérprete a inclusão de circunstâncias não expressamente previstas, mas consideradas igualmente ignóbeis. É evidente que todo delito causa repulsa social, mas o praticado por motivo torpe faz com que a sociedade fique particularmente indignada, tal como ocorre com o delito mercenário – mata-se por dinheiro ou outra recompensa.

223. Conceito de veneno: é a "substância que, introduzida no organismo, altera momentaneamente ou suprime definitivamente as manifestações vitais de toda matéria organizada" (Odon Ramos Maranhão, *Curso básico de medicina legal*, p. 282). Os venenos dividem-se em gasosos (como o óxido de carbono, os gases de guerra, entre outros), voláteis (álcool, clorofórmio, benzina, entre outros), minerais (mercúrio, chumbo, arsênico, cáusticos, entre outros) e orgânicos fixos (barbitúricos, alcaloides, entre outros). "O veneno alcançou popularidade e uso extraordinários na Grécia e em Roma. No século XII, aparecem os primeiros livros que falam da arte de envenenar. Adquire uma grande importância nos séculos XV e XVI, especialmente na Itália, quiçá, mais que nada, devido ao uso que dele se fez na Corte dos Borgia. (...) O veneno passa, depois, à França, possivelmente levado por Catarina de Médicis, e se populariza tanto ali, abusa-se tanto dele e são tantas as mortes que ocasionam, sobretudo nos séculos XVII e XVIII, que os reis de França tiveram que editar várias leis perseguindo implacavelmente seu uso e Luís XIV criou a chamada Corte dos venenos, ou Câmara ardente, descrita por Victorieu Sardou, tribunal especializado e destinado a perseguir o uso desse meio, que tantas vítimas provocou" (cf. Ricardo Levene, *El delito de homicidio*, p. 196).

224. Conceito de asfixia: trata-se da supressão da respiração, que se origina de um processo mecânico ou tóxico. São exemplos: *o estrangulamento* (compressão do pescoço por um laço conduzido por força que pode ser a do agente agressor ou de outra fonte, exceto o peso do corpo do ofendido), *o enforcamento* (compressão do pescoço por um laço, causada pelo peso do próprio corpo da vítima), *a esganadura* (é o aperto do pescoço provocado pelo agente agressor diretamente, valendo-se das mãos, pernas ou antebraço), *o afogamento* (trata-se da inspiração de líquido, estando ou não imerso) e o *uso de gases ou drogas asfixiantes*, entre outros.

225. Conceito de tortura: valemo-nos da definição fornecida pela Convenção da Organização das Nações Unidas, de Nova York, aprovada pelo Brasil por intermédio do Decreto 40/91, que cuidou do tema (art. 1.º): "Para os fins da presente Convenção, o termo 'tortura' designa qualquer ato pelo qual dores ou sofrimentos agudos, físicos ou mentais, são infligidos intencionalmente a uma pessoa a fim de obter, dela ou de uma terceira pessoa, informações ou confissões; de castigá-la por ato que ela ou uma terceira pessoa tenha cometido ou seja suspeita de ter cometido; de intimidar ou coagir esta pessoa ou outras pessoas; ou por qualquer motivo baseado em discriminação de qualquer natureza; quando tais dores ou sofrimentos são infligidos por um funcionário público ou outra pessoa no exercício de funções públicas, ou por sua instigação, ou com seu consentimento ou aquiescência. Não se considerará como tortura as dores ou sofrimentos que sejam consequência unicamente de sanções legítimas, ou que sejam inerentes a tais sanções ou delas decorram". Portanto, qualquer forma de cominar a uma pessoa humana um sofrimento físico ou mental atroz visando à obtenção de qualquer coisa contra sua vontade ou mesmo para puni-la por algo que tenha praticado pode ser considerado *tortura*. Lembremos que, quando se tratar de tortura como meio para atingir a morte de alguém, a despeito da Lei 9.455/97, que tipificou o delito de tortura no Brasil, continua ela a ser uma qualificadora. Na realidade, trata-se de uma questão ligada ao elemento subjetivo. Se o agente pretende matar a vítima, *por meio* da tortura, deve ser punido por homicídio qualificado. Entretanto, se o intuito é torturar o ofendido, para dele obter, por exemplo, a confissão (art. 1.º, I, *a*, Lei 9.455/97), responderá por delito autônomo. Há, ainda, a possibilidade de ocorrer a morte da vítima, em decorrência da tortura, sendo esta última a finalidade do autor, configurando-se, então, o denominado *crime qualificado pelo resultado*. Será punido por tortura seguida de morte, cuja pena varia de oito a dezesseis anos de reclusão (art. 1.º, § 3.º, Lei 9.455/97).

226. Exegese das qualificadoras objetivas: a lei penal valeu-se, mais uma vez, da interpretação analógica. Forneceu exemplos – veneno, fogo, explosivo, asfixia e tortura – para depois generalizar dizendo "ou outro meio insidioso ou cruel, ou de que possa resultar perigo comum". Temos, então, *três famílias*: o *meio insidioso* (pérfido, enganoso, que constitui uma cilada para a vítima), o *meio cruel* (que exagera, propositadamente, o sofrimento impingido à vítima) e o *meio que traz perigo comum* (aquele que provoca dano à vítima, mas também faz outras pessoas correrem risco). As *espécies* são: *veneno* (meio insidioso ou cruel, conforme o caso. O veneno, para ser ministrado, em regra, é meio insidioso, pois o agente precisa ludibriar o ofendido, a fim de garantir a ingestão da substância. Mas nem sempre. Pode ser o veneno ministrado à força e a vítima sofrer em demasia, como o caso das queimaduras provocadas pelos cáusticos); *fogo* (pode constituir-se em meio cruel ou que gera perigo comum. A queimadura, em regra, é um sofrimento atroz, concretizando, pois, o desiderato cruento do agente. Por outro lado, pode atingir terceiros, conforme sua volatilidade); *explosivo* (provocar a morte da vítima por meio da explosão de determinada substância, em regra, gera perigo comum, mas também pode constituir-se em meio cruel, caso a detonação, previamente calculada pelo autor, provoque no ofendido a perda de membros e, consequentemente, uma morte agônica e lenta); *asfixia* (pode constituir-se em meio insidioso ou cruel – ou ambos –, pois ela demanda superioridade de forças do agente ou o efeito surpresa, além de ser, muitas vezes, agônica, demandando mais de três minutos para causar a morte); *tortura* (que evidentemente é um processo cruel, prolongando maldosamente o sofrimento da vítima). Na jurisprudência: STM: "Meio cruel é todo aquele que produz um padecimento físico inútil ou mais grave do que o necessário e suficiente para consumação do homicídio. É o meio bárbaro, martirizante, denotando, da parte do agente, a ausência de elementar sentimento de piedade. *In casu*, o Réu não se satisfez em simplesmente matar o Ofendido, pois também desejou causar-lhe, com sadismo e requintes de perversidade, sofrimento desnecessário, quando, de forma brutal, desferiu os 11 (onze) golpes de faca, assistindo o seu suplico pedidos de socorro e agonia, infligindo, com esse *modus operandi*, maior padecimento na Vítima. Incide, pois, na espécie, o meio cruel, devendo ser reconhecido para majorar a pena-base, como requerido pelo MPM. Apelo da Defesa desprovido. Decisão unânime" (Ap. 7000190-21.2018.7.00.0000, rel. Lúcio Mário de Barros Góes, j. 29.06.2018).

227. Qualificadoras objetivas e elemento subjetivo: parece-nos importante detectar, no ânimo do agente, a vontade de concretizar as hipóteses qualificadoras denominadas objetivas. Outra posição equivaleria à sustentação da responsabilidade penal objetiva, que merece ser evitada em Direito Penal. Portanto, matar alguém, valendo-se de meio cruel, é situação a ser avaliada no contexto fático, sem dúvida, ou seja, se realmente causou sofrimento atroz à vítima, mas também no cenário do intuito do agente. Quis este, efetivamente, atingir o ofendido de maneira a lhe causar sofrimento além do necessário para conseguir o resultado morte? Por vezes, não. Agredir alguém, com vários socos e pontapés, pode ser consequência de uma briga furiosa e, embora constitua maneira dolorida de se causar a morte, não estava presente no ânimo do agente a referida dor exacerbada. Por outro lado, é possível que o autor do homicídio deseje sentir o padecimento da vítima, motivo pelo qual a agride com vários socos e pontapés, chegando a vibrar com seu sofrimento. Surge, então, a qualificação do delito. O dolo do agente, em suma, precisa, por certo, ser abrangente, isto é, envolver *todos* os elementos objetivos do tipo penal, o que inclui as qualificadoras de natureza objetiva (incs. III, IV e VI do § 2.º do art. 205).

228. Conceito de traição: *trair* significa enganar, ser infiel, mas, no contexto do homicídio, é a ação do agente que colhe a vítima por trás, desprevenida, sem ter esta qualquer visualização do ataque. O ataque de súbito, pela frente, pode constituir *surpresa*, mas não traição.

229. Conceito de emboscada: *emboscar* significa ocultar-se para poder atacar, o que, na prática, é a tocaia. O agente fica à espreita do ofendido para agredi-lo.

230. Conceito de surpresa: trata-se de acontecimento imprevisto, constituindo situação similar às anteriores (traição, emboscada etc.).

231. Interpretação analógica: novamente, a lei penal, utilizando vários exemplos, termina generalizando a partir do modelo: "recurso insidioso que dificulte ou torne impossível a defesa do ofendido". Portanto, é de se considerar que a traição, a emboscada e a surpresa são espécies de recursos que dificultam ou impedem a defesa da vítima.

232. Finalidade especial do agente: esta qualificadora caracteriza-se pela evidência do ânimo especial de agir – o elemento subjetivo específico ou *dolo específico*. Quer o agente, ao matar a vítima, assegurar a execução de outro crime (ex.: mata-se o chefe de segurança de uma empresa para que se possa invadi-la, com maior chance de êxito, no dia seguinte), assegurar a ocultação de um delito (ex.: o sujeito que viola uma sepultura, percebendo que foi visto, elimina a testemunha a fim de que seu crime não seja descoberto), assegurar a impunidade do delito (ex.: o ladrão, notando ter sido reconhecido por alguém, durante a prática do furto, elimina essa pessoa, para não ser identificado) ou assegurar a vantagem de outro crime (ex.: elimina-se o parceiro para ficar integralmente com o dinheiro conseguido à custa de algum delito). Na jurisprudência: STM: "I – A ação de um grupo de pessoas em disparar com armas de fogo de grosso calibre contra militares do Exército, que estavam em regular atividade, configura crime de tentativa de homicídio, e não simples resistência. A qualificadora do art. 205, § 2.º, inciso V, do Código Penal Militar (CPM), se impõe, uma vez que foi constatado que era carregada uma grande quantidade de armas irregulares dentro do veículo em que trafegavam os envolvidos" (Apelação n.º 7000982-72.2018.7.00.0000, rel. Péricles Aurélio Lima de Queiroz, 21.05.2020, maioria).

233. Situação de serviço: no cenário militar, diversamente do que ocorre no Código Penal comum, insere-se como circunstância qualificadora o cometimento do homicídio ti-

Art. 206

Código Penal Militar Comentado • Nucci

rando proveito da sua posição laborativa. Note-se que o militar, em muitas situações, trabalha armado, favorecendo a execução do crime contra a vida.

233-A. Crime contra agente estatal: cuida-se de uma tutela especial aos agentes estatais, que lidam com a segurança do País, em particular, por conta do crescimento do crime organizado e seus atentados contra agentes policiais, além de outros. Trata-se desigualmente os desiguais, consagrando-se o princípio da isonomia. Quem coloca a segurança pessoal em risco, porque exerce função específica para garantia da paz social, deve merecer maior respeito, visto representar a própria figura do Estado. Há situações similares – de aumentos de pena – em outros países, quando policiais são agredidos por criminosos. As vítimas em potencial estão destacadas: a) art. 142, CF: são os integrantes das Forças Armadas ("As Forças Armadas, constituídas pela Marinha, pelo Exército e pela Aeronáutica, são instituições nacionais permanentes e regulares, organizadas com base na hierarquia e na disciplina, sob a autoridade suprema do Presidente da República, e destinam-se à defesa da Pátria, à garantia dos poderes constitucionais e, por iniciativa de qualquer destes, da lei e da ordem"). Sabe-se que, no Brasil, integrantes das Forças Armadas são eventualmente convocados à atividade de segurança pública, como já ocorreu no Rio de Janeiro. Assim, podem seus soldados ser vítimas de marginais, que, ferindo-os, cometem crime qualificado; b) art. 144, CF: são os integrantes das polícias ("A segurança pública, dever do Estado, direito e responsabilidade de todos, é exercida para a preservação da ordem pública e da incolumidade das pessoas e do patrimônio, através dos seguintes órgãos: I – polícia federal; II – polícia rodoviária federal; III – polícia ferroviária federal; IV – polícias civis; V – polícias militares e corpos de bombeiros militares; VI – polícias penais federal, estaduais e distrital."); c) integrantes do sistema prisional (carcereiros, agentes de segurança etc.), componentes de uma categoria de servidores sempre exposta a agressões, pois lidam diretamente com os presos provisórios e condenados; d) integrantes da Força Nacional de Segurança Pública. Naturalmente, o crime há de estar ligado ao exercício da sua função ou por causa dela, pois não teria sentido conferir um conteúdo mais grave à infração penal cometida em situações particulares, desprovidas de utilidade pública. A agressão contra os parentes do agente estatal deve decorrer em virtude desta última condição, constituindo, igualmente, uma qualificadora objetiva. Os motivos para o homicídio do parente podem ser avaliados (fútil, torpe, para assegurar a impunidade do crime anterior etc.) independentemente disso.

Homicídio culposo

> **Art. 206.** Se o homicídio é culposo:[234-235]
> Pena – detenção, de 1 (um) a 4 (quatro) anos.

Aumento de pena

> § 1.º A pena é aumentada de 1/3 (um terço):
> I – se o crime resulta da inobservância de regra técnica de profissão, arte ou ofício;[236]
> II – se o agente deixa de prestar imediato socorro à vítima,[237] não procura diminuir as consequências do seu ato ou foge para evitar prisão em flagrante.[237-A]

Art. 206

Multiplicidade de vítimas

> § 2.º Se, em consequência de uma só ação ou omissão culposa, ocorre morte de mais de uma pessoa ou também lesões corporais em outras pessoas, a pena é aumentada de 1/6 (um sexto) até 1/2 (metade).[238]
>
> § 3.º O juízo poderá deixar de aplicar a pena se as consequências da infração atingirem o próprio agente de forma tão grave que a sanção penal se torne desnecessária.[238-A]

234. Aspectos objetivos: os sujeitos ativo e passivo podem ser qualquer pessoa. Tutela-se a vida humana. O tipo é aberto, significando possuir elemento normativo, consistente no termo *culposo*, de interpretação valorativa. Ainda assim, o art. 33, II, deste Código, fornece uma descrição acurada do que vem a ser *culpa*: deixar de empregar a cautela, atenção ou diligência ordinária ou especial a que estava obrigado pelo dever de cuidado objetivo. Não admite tentativa, como todo crime culposo. Na jurisprudência: "I – Consoante definição doutrinária, o crime culposo, dentre vários elementos necessários para sua configuração, demanda uma ação voluntária do agente, por meio da qual esse transgrida um dever objetivo de cautela na situação em que esteja inserido. Além disso, tal ação há de produzir um resultado involuntário, porém previsível, ligado por um nexo de causalidade com a conduta imprudente, imperita ou negligente do agente. II – No caso concreto, sustentou-se o descumprimento com o dever objetivo de cautela ao trafegar imprudentemente, de forma que concorreu para ocorrência do homicídio culposo. Entretanto, o arcabouço probatório não permitiu deduzir que tenha o Réu agido com infringência a um dever objetivo de cuidado, nem mesmo que sua ação na direção tenha sido voluntária e, portanto, que tenha nexo causal com a morte ocorrida. III – Nesse sentido, demonstrou-se que trafegava dentro das normas de trânsito para a via, bem como que o movimento que efetuou para desviar de um animal na pista, logo antes do sinistro, fora um ato de reflexo, de modo que não se pode atribuir uma conduta voluntária para a ocorrência do acidente, mas sim uma reação decorrente de caso fortuito. IV – Confrontado com essa ausência de provas capazes de sustentar um édito condenatório, forçosa a aplicação do princípio *in dubio pro reo*, razão pela qual se mantém a Sentença recorrida na sua integralidade. V – Recurso conhecido e não provido" (Apelação n.º 7000104-79.2020.7.00.0000, rel. Péricles Aurélio Lima de Queiroz, 25.06.2020, v.u.).

234-A. Perdão judicial: essa causa de extinção de punibilidade encontra-se prevista somente no Código Penal, mas não na legislação militar. Entretanto, pode-se aproveitar o instituto no cenário do homicídio culposo, desde que se verifique o preenchimento das condições: quando a pena se torna desnecessária em face da conduta desenvolvida pelo agente, vale dizer, este sofre as consequências do crime de maneira intensa. Na jurisprudência: STM: "O perdão judicial não encontra previsão legal na legislação penal militar para o delito descrito no art. 206 do Código Penal Militar, sendo contemplada essa hipótese somente nos termos do artigo 121, § 5.º, do Código Penal comum, caso em que o Julgador poderá deixar de aplicar a pena se as consequências da infração atingirem o próprio agente de forma tão grave que a sanção penal se torne desnecessária, não sendo possível a sua aplicação no âmbito desta Justiça Especializada por não se tratar de omissão legislativa. Negado provimento ao Apelo defensivo" (Apelação n.º 7000279-73.2020.7.00.0000, rel. Carlos Vuyk de Aquino, 17.09.2020, v.u.); "II – O perdão judicial é medida de política criminal, com previsão apenas na Lei Penal comum, permitindo ao juiz deixar de aplicar a pena em situações excepcionais. No âmbito da Justiça Militar da União, também pode ser aplicado, mas somente se as consequências, advindas pelo cometimento do crime, atingirem o agente de forma tão grave, que tornem

Art. 206

Código Penal Militar Comentado • Nucci

a sanção penal cruel e desnecessária" (Ap. 0000046-62.2014.7.08.0008, rel. Marco Antônio de Farias, j. 17.08.2017).

235. Aspectos subjetivos: o delito é culposo. O agente busca determinado resultado, diverso da morte de alguém; durante o desenrolar da conduta, desenvolvida com desatenção, termina por atingir dano involuntário (morte da vítima), previsível dentro dos critérios normais.

236. Inobservância de regra técnica de profissão, arte ou ofício: trata-se de uma desacertada causa de agravação de pena prevista para o homicídio culposo, pois confunde-se, nitidamente, com a imperícia (e até com algumas formas de imprudência e negligência). Considerando-se que a imperícia é a imprudência ou negligência no campo técnico, a doutrina tem buscado fórmulas para tornar compatível o aumento com o homicídio culposo cometido na modalidade de *imperícia*. Esclarece Nélson Hungria que as causas de aumento do art. 121, § 4.º [mesmas do art. 206, § 1.º, CPM], voltam-se primordialmente, na visão do legislador, para os delitos de trânsito – na época, não previstos em lei especial –, de modo que o motorista, causando um acidente fatal por excesso de velocidade, estaria, ao mesmo tempo, demonstrando a sua imprudência por correr demais, sem conseguir controlar o veículo (falta do dever de cuidado objetivo), e incidindo na causa de aumento, pois existe a regra técnica, quanto à velocidade, determinando que haja respeito ao limite estabelecido em normas de trânsito (*Comentários ao código penal*, v. 5, p. 190). O mesmo autor, buscando estabelecer uma diferença entre imperícia e inobservância de regra técnica de profissão, arte ou ofício, menciona que na imperícia o agente não tem conhecimentos técnicos, enquanto na agravante ele os possui, mas deixa de empregá-los, por indiferença ou leviandade (ob. cit., p. 192). A quase totalidade da doutrina reproduz fielmente essa distinção. Entretanto, os exemplos convincentes são escassos, para não dizer inexistentes. Flávio Augusto Monteiro de Barros narra o seguinte: "Se o médico especialista em cirurgia cardíaca, por descuido, corta um nervo do paciente, causando-lhe a morte, está configurada a agravante, pois ele tinha o conhecimento técnico, mas não o observou. Entretanto, se a cirurgia fosse feita por um médico não especialista, sem a necessária habilidade, que cortasse o mesmo nervo, teríamos uma simples imperícia" (*Crimes contra a pessoa*, p. 40). Ora, não se pode aceitar tal postura, pois o desvalor da conduta do primeiro médico é muito menor do que o do segundo, mas a penalidade do primeiro torna-se maior, além do que o fato de ter "cortado o nervo por descuido", antes de se constituir em causa de aumento, serve para configurar a culpa (não fosse assim, qual teria sido a imprudência, negligência ou imperícia do médico?). O médico especialista que cortou um nervo, *por descuido*, mas tinha condições técnicas de realizar a cirurgia recebe uma pena aumentada em um terço, enquanto o outro médico aventureiro e inexperiente, porque não habilitado para proceder à intervenção cirúrgica no coração, recebe a pena do homicídio culposo sem qualquer aumento. A situação não se coaduna com o fundamento da lei, pois o primeiro médico, ao se descuidar de modo a configurar *erro grosseiro* (e não um simples erro médico, que não é punido penalmente), demonstrou sua imperícia, justamente por não observar o que a regra de sua profissão demandava. O outro profissional, por sua vez, também foi imperito, porque lançou-se a uma cirurgia para a qual não estava preparado, o que também configura o *erro grosseiro* e tipifica a culpa, na modalidade imperícia. Buscando exemplo para a causa de aumento, Mirabete menciona o médico que não esteriliza os instrumentos que vai utilizar na cirurgia ou o motorista que dirige com apenas uma das mãos (*Manual de Direito Penal*, v. 2, p. 62). Mas tais situações, em nosso entender, são o fulcro da caracterização da culpa, vale dizer, constituem infrações ao dever de cuidado objetivo, não podendo, novamente, ser consideradas para agravar a pena. Seria o inconveniente *bis in idem*. Se o médico não esterilizou os instrumentos e isso causou a morte do paciente, trata-se do núcleo da culpa. Se o motorista dirigia com uma das mãos e, por conta disso, atropelou e matou o pedestre, também é esse o centro da culpa. Assim, não há aplicabilidade para a causa de aumento. Somos levados a crer, como explica Hungria no início de sua exposição acerca das circunstâncias do § 4.º do art. 121, que o legislador pretendia impingir o aumento para o motorista amador que, agindo com imprudência, atropelasse e matasse alguém. Além do que fez, poderia ter deixado de observar alguma regra prevista no Código de Trânsito, o que lhe provocaria o aumento da pena. Essa agravação, no entanto, decorreria de uma responsabilidade objetiva inaceitável, pois inconsistente. O simples fato de não se cumprir regra técnica de profissão, arte ou ofício não deve levar a uma presunção de culpa – como, aliás, é a posição majoritária atualmente –, de modo que também não deve servir para aumentar a pena. Tanto é realidade ser essa agravação um estorvo que há muitas decisões que não a aplicam (nesse prisma, ver as decisões coletadas por Alberto Silva Franco e outros, *Código Penal e sua interpretação jurisprudencial*, p. 1.613), além de não ter sido novamente prevista no atual Código de Trânsito Brasileiro, bem como ter sido extirpada do anteprojeto de Código Penal, que está em estudos atualmente (Portaria 232/98 do Ministério da Justiça, publicada no *Diário Oficial do Estado*, Seção 1, p. 1, 25.03.1998). Cremos, pois, ser inaplicável esta agravante.

237. Omissão de socorro: na esteira do já aventado na nota anterior, convém mencionar que o intuito das causas de aumento previstas neste parágrafo era cuidar, com maior rigor, dos crimes de trânsito. Note-se o disposto na Exposição de Motivos do Código Penal comum: "Com estes dispositivos, o projeto visa, principalmente, a *condução de automóveis*, que constitui, na atualidade, devido a um generalizado descaso pelas cautelas técnicas (notadamente quanto à velocidade), uma causa frequente de eventos lesivos contra a pessoa, agravando-se o mal com o procedimento *post factum* dos motoristas, que, tão somente com o fim egoístico de escapar à prisão em flagrante ou à ação da justiça penal, sistematicamente imprimem maior velocidade ao veículo, desinteressando-se por completo da vítima, ainda quando um socorro imediato talvez pudesse evitar-lhe a morte". Embora a meta tenha sido uma maior punição ao autor de crimes de trânsito – e de fato essa tenha sido a mais ampla aplicação do dispositivo –, atualmente está em vigor o Código de Trânsito Brasileiro, que regula por completo os delitos cometidos no contexto da via pública, de modo que não mais tem aplicação o homicídio culposo e suas causas de aumento para essa modalidade de crime. Quanto à omissão de socorro no homicídio culposo, trata-se, na Lei 9.503/97, de causa de aumento que varia de 1/3 até a metade, mencionando-se: "deixar de prestar socorro, quando possível fazê-lo sem risco pessoal, à vítima do acidente" (art. 302, parágrafo único, III). Portanto, ainda que continue em vigor o disposto no § 4.º do art. 121 [ou § 1.º do art. 206 deste Código] para outras hipóteses de homicídio culposo, o fato é que a prestação de socorro não deve ser exigida caso o agente corra risco pessoal, o que, em regra, ocorre quando é ameaçado por populares de linchamento. Assim, exemplificando, se um pedreiro derruba, imprudentemente, de uma obra um saco de cimento que atinge – e mata – um passante, revoltando as pessoas que estão por perto, pode não socorrer o ofendido, caso se sinta ameaçado pela multidão. Por outro lado, esta causa de aumento não se confunde com a omissão de socorro, pois nesta o agente não causou o ferimento que atingiu a vítima. O elemento subjetivo da causa de aumento é o dolo de perigo. Sobre o tema, conferir: STF: "Não se presta à exclusão da circunstância especial de aumento de pena, no homicídio culposo, a alegação de que as lesões causaram a morte imediata da vítima. Com base nesse entendimento, a Turma indeferiu *habeas corpus* em que se pretendia afastar da condenação do paciente a aplicação do § 4.º do art. 121 do CP (...), tendo em vista a morte instantânea da vítima. Considerou-se que o acusado tinha condições de promover ou auxiliar no socorro da vítima, o que não fizera. Salientou-se, ainda, que não cabia a ele proceder à avaliação quanto a eventual ausência de utilidade do socorro, e que tal interpretação acabaria por esvaziar o sentido da referida regra, no que toca à reprovação da omissão do agente. Vencido o Ministro Celso de Mello, que deferia o *writ* por entender inaplicável a causa de aumento de pena no caso concreto, e, consequentemente, declarava a extinção de punibilidade do paciente" (HC 84.380-MG, 2.ª T., rel. Gilmar Mendes, 05.04.2005, m. v., *Informativo* 382).

Art. 206

Código Penal Militar Comentado • Nucci

300

237-A. Não diminuir as consequências do seu ato ou fugir para evitar prisão em flagrante: além da possibilidade de prestar socorro à vítima, inclui-se a exigência de que se possa diminuir as consequências do seu ato. Por vezes, o causador da lesão não consegue promover o socorro de maneira direta, pois teme linchamento ou outra situação perigosa, de modo que lhe cabe, ao menos, providenciar auxílio, pois é o seu dever; se não o fizer incide a causa de aumento. Por outro lado, quanto à fuga para evitar o flagrante, parece-nos uma causa de aumento de duvidosa constitucionalidade, pois se obriga que a pessoa, autora de um crime, apresente-se voluntariamente à polícia para ser presa. Ora, se não se exige tal postura do agente de crime doloso, por que haveria de ser exigida do autor de delito culposo, nitidamente mais brando? Ninguém é obrigado a se autoincriminar, conforme garante a Convenção Americana sobre Direitos Humanos, além de ser posição predominante na jurisprudência brasileira. Se assim é, não tem sentido exigir-se que o autor de homicídio culposo seja o único criminoso a colaborar, de forma voluntária, com sua própria prisão. A causa de aumento foi idealizada, no entanto, para os crimes de trânsito, que agora têm Código próprio (Lei 9.503/1997). Entretanto, o STF validou a constitucionalidade do art. 305 da referida Lei ("Afastar-se o condutor do veículo do local do acidente, para fugir à responsabilidade penal ou civil que lhe possa ser atribuída") (RE 971.959-RS). O Código de Trânsito Brasileiro, no entanto, menciona apenas "fuga à *responsabilidade* penal ou civil", e não mais a prisão em flagrante, porque esta, finalmente, foi proibida, caso o agente preste socorro à vítima (art. 301). Aliás, não tinha mesmo sentido exigir que o autor do fato prestasse assistência ao ferido e, ao mesmo tempo, sucumbisse à prisão. Seria exigir-se uma postura sobre-humana, não compatível com o homem comum. Entendemos, pois, que deve ser aplicada, neste caso, uma analogia *in bonam partem*. Assim, caso o autor do homicídio culposo tenha prestado socorro imediato à vítima, não cabe prisão em flagrante, nos moldes apregoados pelo art. 301 do Código de Trânsito Brasileiro, não mais subsistindo esta causa de aumento do Código Penal

238. Regra especial de aumento: o Código Penal Militar estabelece regra específica quanto ao concurso de crimes, diversa da legislação penal comum. No art. 79, vislumbra-se que o cometimento de crimes por várias condutas ou uma só gera a unificação das penas, que, na prática, significa a somatória de todas. Na sequência, fixa o art. 81, § 1.º, caber redução da pena, de um sexto a um quarto, no caso de unidade de ação ou omissão (concurso formal). Neste § 2.º, há causa especial de aumento, quando o concurso formal envolver morte ou lesão corporal. Portanto, vislumbra-se um concurso de diminuição e aumento. Ilustrando: concurso material de três homicídios culposos: a) unifica-se a pena em três anos (mínimo de um ano para cada um); b) reduz-se um sexto (mínimo) por conta do concurso formal, chegando a dois anos e seis meses; c) após, aumenta-se um sexto (mínimo) por causa da previsão do § 2.º do art. 206, atingindo dois anos e onze meses. Em suma, a pena final é mais elevada do que cabível ao concurso formal comum, embora mais branda do que aplicável ao concurso material.

238-A. Perdão judicial: é a clemência do Estado, que deixa de aplicar a pena prevista para determinados delitos, em hipóteses expressamente previstas em lei. Esta é uma das situações que autoriza a concessão do perdão. Somente ao autor de homicídio culposo – anotando-se que a introdução do perdão nesse contexto deveu-se aos crimes de trânsito –, com inspiração no Código Penal alemão, pode-se aplicar a clemência, desde que ele tenha sofrido com o crime praticado uma consequência tão séria e grave que a sanção penal se torne desnecessária. Baseia-se no fato de que a pena tem o caráter aflitivo, preventivo e reeducativo, não sendo cabível a sua aplicação para quem já foi punido pela própria natureza, recebendo, com isso, uma reeducação pela vivência própria do mal que causou. Ex.: o pai que provoca a morte do próprio filho, num acidente fruto de sua imprudência, já teve punição mais do que severa. A dor por ele experimentada é mais forte do que qualquer pena que se lhe pudesse aplicar. Por isso, surge a hipótese do perdão. O crime existiu, mas a punibilidade é afastada. Isso ainda pode ocorrer, havendo o falecimento de parente querido do agente, mesmo quando também morre o motorista (estranho) do outro veículo.

Provocação direta ou auxílio a suicídio[239]

> **Art. 207.** Instigar ou induzir alguém a suicidar-se, ou prestar-lhe auxílio para que o faça, vindo o suicídio a consumar-se:[240-243]
> Pena – reclusão, de 2 (dois) a 6 (seis) anos.

Aumento de pena

> § 1.º Se o crime é praticado por motivo egoístico,[244] ou a vítima é menor ou tem diminuída, por qualquer motivo, a resistência moral,[245] a pena é duplicada

Provocação indireta ao suicídio

> § 2.º Infligir, desumana e reiteradamente, maus-tratos a alguém, sob sua autoridade ou dependência, levando-o, em razão disso, à prática de suicídio:[245-A]
> Pena – detenção, de 1 (um) a 4 (quatro) anos.

Redução de pena

> § 3.º Se o suicídio é apenas tentado, e da tentativa resulta lesão grave, a pena é reduzida de 1 (um) a 2/3 (dois terços).[245-B]

239. Conceito de suicídio: é a morte voluntária, que, segundo Durkheim, "resulta, direta ou indiretamente, de um ato positivo ou negativo, realizado pela própria vítima, a qual sabia dever produzir este resultado", chamando-se, ainda, autocídio e autoquiria (Odon Ramos Maranhão, *Curso básico de medicina legal*, p. 222). No Brasil, não se pune o autor da tentativa de suicídio, por motivos humanitários: afinal, quem atentou contra a própria vida, por conta de comoção social, religiosa ou política, estado de miserabilidade, desagregação familiar, doenças graves, causas tóxicas, efeitos neurológicos, infecciosos ou psíquicos e até por conta de senilidade ou imaturidade, não merece punição, mas compaixão, amparo e atendimento médico. Pune-se, entretanto, aquele que levou outra pessoa ao suicídio, ainda que nada tenha feito para que o resultado se desse, tendo em vista ser a vida um bem indisponível, que o Estado precisa garantir, ainda que contra a vontade do seu titular. De outra parte, fica nítido que o suicídio é ato ilícito, pois qualquer pessoa que o impeça, mesmo com violência, não comete crime.

240. Aspectos objetivos: o sujeito ativo pode ser qualquer pessoa. No caso do sujeito passivo, é preciso ter um mínimo de discernimento ou resistência, pois, do contrário, trata-se de homicídio. O agente que, valendo-se da insanidade da vítima, convence-a a se matar, incide no art. 207 e não nesta figura. Há três modos de cometimento do delito: instigando (incentivando ideia já existente por parte da vítima), induzindo (fornecendo a ideia) e auxiliando

Art. 207

Código Penal Militar Comentado • Nucci

302

(proporcionando material para tanto). O crime é condicionado, possuindo, no tipo, condição objetiva de punibilidade, consistente na consumação do suicídio, significando que o mero incentivo – moral ou material – é insuficiente. Aliás, por tal razão, não admite tentativa: ou o crime se consuma ou é irrelevante penal.

241. Aspectos subjetivos: o crime exige dolo, não se admitindo a forma culposa. Não há elemento subjetivo específico. Por outro lado, o agente que, brincando, sugere à vítima que se mate não pode ser punido. Trata-se, neste caso, de verdadeira aberração, como ensina Paulo José da Costa Júnior (*Comentários ao Código Penal*, p. 377).

242. Auxílio por omissão: trata-se de questão controversa na doutrina e na jurisprudência, havendo duas correntes: a) *não se admite*: pois a expressão contida no tipo penal menciona "prestar auxílio", implicando ação. Assim posicionam-se Frederico Marques, Bento de Faria, Roberto Lyra, Euclides Custódio da Silveira, Paulo José da Costa, Damásio de Jesus, entre outros; b) *admite-se*: desde que o agente tenha o dever jurídico de impedir o resultado. É o que pregam Magalhães Noronha, Nélson Hungria, Ari de Azevedo Franco, Mirabete, entre outros. Preferimos esta última posição, pois o fato de o verbo do tipo ser comissivo não significa, necessariamente, estar afastada a hipótese do crime comissivo por omissão. Ora, todas as hipóteses da omissão penalmente relevante (art. 29, § 2.º, do CPM) demonstram que há delitos comissivos (matar, subtrair, constranger etc.) que possibilitam a punição por omissão, desde que haja o dever de impedir o resultado típico. Ex.: o pai que, sabendo da intenção suicida do filho menor, sob poder familiar, nada faz para impedir o resultado e a enfermeira que, tomando conhecimento da intenção suicida do paciente, ignora-a por completo, podem responder pela figura do auxílio, por omissão, ao suicídio.

243. Pacto de morte: é possível que duas ou mais pessoas promovam um pacto de morte, deliberando morrer ao mesmo tempo. Várias hipóteses podem se dar: a) se cada uma delas ingerir veneno, de per si, por exemplo, aquela que sobreviver responderá por participação em suicídio, tendo por sujeito passivo a outra (ou as outras, que morreram); b) caso uma ministre o veneno para as demais, se sobreviver, responderá por homicídio consumado de todos os que morreram (e tentativa de homicídio, com relação aos que sobreviverem), tendo em vista que o delito previsto no art. 207 não admite qualquer tipo de ato executório, com relação a terceiros; c) na hipótese de cada pessoa administrar veneno à outra ("A" dá veneno a "B", que fornece a "C", que o ministra a "D" etc.), todas sobrevivendo. Responderá cada uma por tentativa de homicídio, tendo como sujeito passivo a pessoa a quem deu o tóxico; d) se cada pessoa ingerir, sozinha, o veneno, todas sobrevivendo, com lesões leves ou sem qualquer lesão, o fato é atípico, pois o crime do art. 207 é condicionado à ocorrência de lesões graves ou morte; e) na hipótese de uma pessoa administrar veneno à outra, ao mesmo tempo em que recebe a peçonha desta, aquele que sobreviver responderá por homicídio consumado; se ambos sobreviverem, configurará tentativa de homicídio para as duas, como na alternativa "c"; f) caso quatro pessoas contratem um médico para lhes ministrar o veneno, tendo por resultado a morte de duas pessoas e a sobrevivência de outras duas. Estas, que ficaram vivas, sem lesões graves, responderão por participação em suicídio, tendo por sujeitos passivos as que morreram. O médico, por sua vez, responderá por dois homicídios consumados e duas tentativas de homicídio. Adaptando-se o pacto de morte à roleta russa (passar um revólver entre vários presentes, contendo uma só bala no tambor, que é girado aleatoriamente, para que a arma seja apontada por cada um na direção de seu corpo), dá-se o mesmo. Quem sobreviver, responde por participação em suicídio, tendo por vítima aquele que morreu. Finalmente, acrescente-se a hipótese, no contexto da roleta russa, do participante que der um tiro em si mesmo, sofrendo lesões graves, no entanto sobrevivendo. Ele não deve ser penalmente responsabilizado, pois o direito brasileiro não pune a autolesão. Os outros, sem dúvida, responderão por participação em suicídio.

244. Motivo egoístico: trata-se do excessivo apego a si mesmo, evidenciando o desprezo pela vida alheia, desde que algum benefício concreto advenha ao agente. Logicamente, merece maior punição. Exemplos típicos: induzir alguém a se matar para ficar com a herança ou para receber valor de seguro.

245. Vítima menor ou com resistência diminuída: a resistência diminuída configura-se por fases críticas de doenças graves (físicas ou mentais), abalos psicológicos, senilidade, infantilidade ou ainda pela ingestão de álcool ou substância de efeitos análogos. Tem essa pessoa menor condição de resistir à ideia do suicídio que lhe foi passada, diante da particular condição que experimenta ou da situação que está vivenciando. No tocante ao menor, deve-se entender a pessoa entre 14 e 18 anos, porque o menor de 14 anos, se não tem capacidade nem mesmo para consentir num ato sexual, certamente não a terá para a eliminação da própria vida. Por fim, é de se ressaltar que o suicida com resistência nula – pelos abalos ou situações supramencionadas, incluindo-se a idade inferior a 14 anos – é vítima de homicídio, e não de induzimento, instigação ou auxílio a suicídio.

245-A. Maus-tratos reiterados: esta hipótese prevista no Código Penal Militar, não constante do Código Penal comum, é muito relevante, pois se sabe que há casos em que se impõem contínuos maus-tratos a alguém, equivalente à tortura (modo desumano e reiterado), podendo realmente levar alguém ao suicídio, inclusive porque essa vítima se encontra sob autoridade ou dependência – patrimonial ou emocional – em relação ao agente. A coação ou pressão excessiva contra uma pessoa, causando dor física e psíquica, equivale a um processo de induzimento ou instigação ao suicídio, afinal, se dar a ideia ou incentivar alguém a se matar é crime, com muito mais razão, exercer um constrangimento físico pode ser mais eficaz.

245-B. Tentativa de suicídio com lesão grave: não ocorrendo o suicídio, após as condutas do agente, a vítima pode tentar se matar, resultando lesão grave, diminui-se a pena de um a dois terços. A quantidade de redução deve cingir-se ao grau de lesão grave concretizada. Quanto mais severo o dano provocado, mais próximo ao suicídio, menor a diminuição; embora se trate de lesão grave, pode-se verificar maior distância da morte e, com isso, maior a redução.

Capítulo II
Do genocídio

Genocídio[246]

> **Art. 208.** Matar membros de um grupo nacional, étnico, religioso ou pertencente a determinada raça, com o fim de destruição total ou parcial desse grupo:[247-248]
> Pena – reclusão, de 15 (quinze) a 30 (trinta) anos.[249]

Casos assimilados

> **Parágrafo único.** Será punido com reclusão, de 4 (quatro) a 15 (quinze) anos, quem, com o mesmo fim:
> I – inflige lesões graves a membros do grupo;

Art. 208

Código Penal Militar Comentado • Nucci

> II – submete o grupo a condições de existência, físicas ou morais, capazes de ocasionar a eliminação de todos os seus membros ou parte deles;
>
> III – força o grupo à sua dispersão;
>
> IV – impõe medidas destinadas a impedir os nascimentos no seio do grupo;
>
> V – efetua coativamente a transferência de crianças do grupo para outro grupo.

246. Conceito de genocídio: trata-se de crime contra a humanidade e, na legislação comum, hediondo (art. 1.º, parágrafo único, I, Lei 8.072/90, nas formas consumada e tentada). O delito comporta várias condutas possíveis (desde matar pessoas até buscar impedir o nascimento de alguém), porém o maior fundamento da infração penal concentra-se na intenção do agente, que é eliminar, ainda que parcialmente, um grupo nacional, étnico, racial ou religioso. Na verdade, outros agrupamentos, nos tempos atuais, precisariam contar com idêntica punição, como os relativos à orientação sexual ou à posição filosófica. Observe-se que, no Estatuto de Roma, aprovado pelo Decreto 4.388/2002, a definição é a mesma da nossa lei: "Artigo 6.º Crime de Genocídio: Para os efeitos do presente Estatuto, entende-se por 'genocídio', qualquer um dos atos que a seguir se enumeram, praticado com intenção de destruir, no todo ou em parte, um grupo nacional, étnico, racial ou religioso, enquanto tal: a) Homicídio de membros do grupo; b) Ofensas graves à integridade física ou mental de membros do grupo; c) Sujeição intencional do grupo a condições de vida com vista a provocar a sua destruição física, total ou parcial; d) Imposição de medidas destinadas a impedir nascimentos no seio do grupo; e) Transferência, à força, de crianças do grupo para outro grupo".

247. Aspectos objetivos: o sujeito ativo é qualquer pessoa. O sujeito passivo é pessoa vinculada a determinado grupo nacional, étnico, racial ou religioso, que sofre a conduta delituosa. Secundariamente, é a humanidade. A redação do tipo penal dá a impressão de somente se configurar o crime de genocídio se houver a morte de membros do grupo (mais de um) – e não somente de um integrante do agrupamento nacional, étnico, racial ou religioso. Não nos parece a melhor interpretação. Constitui genocídio matar *uma pessoa* com intenção de destruir um grupo qualquer ou matar *várias pessoas* do mesmo grupo. Por vezes, por uma questão estratégica, pode o agente (ou os agentes) entender conveniente matar um por um dos componentes do agrupamento escolhido ou todos ao mesmo tempo. Assim sendo, o fato de haver uma morte por vez pode dar a entender tratar-se de um crime comum (homicídio), quando, na verdade, cuida-se de autêntico delito especial (genocídio), pois a meta é o extermínio de um agrupamento. Logo, o tipo penal não pode abranger apenas a morte de várias pessoas. Ao mencionar as formas *membros* (parágrafo único, incisos I e II), *grupo* (incisos III, IV e V), *nascimentos no seio do grupo* (inciso IV) e *crianças do grupo* (inciso V) do parágrafo único do art. 208, prevê-se a possibilidade de agredir um ou mais integrantes de determinada nacionalidade, etnia, raça ou religião. Na legislação comum, a Lei 2.889/56, que disciplina o crime de genocídio, formula um tipo remissivo – as penas são extraídas das figuras previstas no Código Penal. De modo correto, o art. 208 do CPM estabelece penas próprias. No caso de morte, reclusão de 15 a 30 anos; nas demais situações, reclusão, de 4 a 15 anos. Na realidade, considera-se *genocídio*, em nítida interpretação extensiva (falar em genocídio, em sentido estrito, seria apenas exterminar pessoas pertencentes a determinado grupo), feita pelo próprio legislador, respeitado, pois, o princípio da legalidade, a lesão corporal grave, cuja possibilidade de provocar ofensa fatal a alguém é elevada. Por outro lado, há uma falha legislativa, consistente em não incluir a *lesão corporal seguida de morte*. Outras medidas, como forçar o grupo à sua dispersão, também constituem *genocídio por assimilação*.

248. Aspectos subjetivos: o delito é doloso. Há elemento subjetivo específico do tipo, consistente em destruir, total ou parcialmente, grupo nacional, étnico, racial ou religioso. Não se pune a forma culposa.

249. Aplicação das penalidades: o sentido do crime de genocídio é punir o agente desejoso da eliminação de pessoas porque elas pertencem a certa nacionalidade, etnia, raça ou religião, dando nítida mostra de discriminação. Por outro lado, é natural supor que, ilustrando com o homicídio, a morte de uma pessoa, com a finalidade especial supracitada, é suficiente para a aplicação da pena de *um* genocídio, fundada em reclusão, de 15 a 30 anos. Entretanto, caso este venha a matar cinquenta pessoas, com o mesmo intuito, não deve receber a mesma pena (reclusão, de 15 a 30 anos), como se tivesse cometido um único genocídio, mas, ao contrário, torna-se indispensável a aplicação do concurso de crimes (material, formal ou continuado, conforme o caso).

Capítulo III

Da lesão corporal e da rixa

Lesão leve[250]

> **Art. 209.** Ofender a integridade corporal ou a saúde de outrem:[251-253-A]
>
> Pena – detenção, de 3 (três) meses a 1 (um) ano.

Lesão grave[254]

> § 1.º Se se produz, dolosamente, aceleração de parto,[254-A] perigo de vida,[255] debilidade permanente[256] de membro, sentido ou função,[257] ou incapacidade para as ocupações habituais, por mais de 30 (trinta) dias:[258]
>
> Pena – reclusão, até 5 (cinco) anos.
>
> § 2.º Se se produz, dolosamente, enfermidade incurável,[259] perda ou inutilização de membro, sentido ou função,[260] incapacidade permanente para o trabalho,[261] deformidade duradoura[262] ou aborto:[262-A]
>
> Pena – reclusão, de 2 (dois) a 8 (oito) anos.

Lesões qualificadas pelo resultado

> § 3.º Se os resultados previstos nos §§ 1.º e 2.º deste artigo forem causados culposamente:[263]
>
> Pena – detenção, de 1 (um) a 4 (quatro) anos.
>
> § 3.º-A. Se da lesão resultar morte e as circunstâncias evidenciarem que o agente não quis o resultado nem assumiu o risco de produzi-lo:[264]
>
> Pena – reclusão, de 4 (quatro) a 12 (doze) anos.

Minoração facultativa da pena

> § 4.º Se o agente comete o crime impelido por motivo de relevante valor moral ou social ou sob o domínio de violenta emoção, logo em seguida a

Art. 209

Código Penal Militar Comentado • Nucci

injusta provocação da vítima, o juiz pode reduzir a pena, de 1/6 (um sexto) a 1/3 (um terço).[265]

§ 5.º No caso de lesões leves,[266] se estas são recíprocas,[267] não se sabendo qual dos contendores atacou primeiro, ou quando ocorre qualquer das hipóteses do parágrafo anterior, o juiz pode diminuir a pena de 1 (um) a 2/3 (dois terços).

Lesão levíssima

§ 6.º No caso de lesões levíssimas, o juiz pode considerar a infração como disciplinar.[268]

250. Conceito de lesão corporal: trata-se de uma ofensa física voltada à integridade ou à saúde do corpo humano. Não se enquadra neste tipo penal qualquer ofensa moral. Para a configuração do tipo é preciso que a vítima sofra algum dano ao seu corpo, alterando-se interna ou externamente, podendo, ainda, abranger qualquer modificação prejudicial à sua saúde, transfigurando-se qualquer função orgânica ou causando-lhe abalos psíquicos comprometedores. Não é indispensável a emanação de sangue ou a existência de qualquer tipo de dor. Tratando-se de saúde, não se deve levar em consideração somente a pessoa saudável, vale dizer, tornar enfermo quem não estava, mas ainda o fato de o agente ter agravado o estado de saúde de quem já se encontrava doente. É de se ressaltar, ainda, na lição de Antolisei, que a lesão pode ser cometida por mecanismos não violentos, como o caso do agente que ameaça gravemente a vítima, provocando-lhe uma séria perturbação mental, ou transmite-lhe, deliberadamente, uma doença através de um contato sexual consentido (*Manuale di diritto penale. Parte speciale 1*, p. 76). O mesmo dizem Almeida Júnior e Costa Júnior, mencionando a denominada *morte por emoção*, quando a autópsia não consegue revelar qualquer lesão violenta, tendo em vista ter havido um trauma psíquico, levando a vítima à morte. Cita o seguinte exemplo: "um indivíduo sabia que certa velha tinha uma lesão cardíaca. Saltou, um dia, inesperadamente, sobre ela, gritando. A velha morreu" (*Lições de medicina legal*, p. 217-218). Note-se, no entanto, que, neste caso, deve responder o agente por homicídio e não por lesão corporal, na medida em que tinha conhecimento do estado de saúde da mulher, quando saltou em sua frente dando-lhe o susto fatal. O exemplo esclarece apenas que pode haver lesão por mecanismo não violento.

251. Aspectos objetivos: os sujeitos ativo e passivo podem ser qualquer pessoa. A conduta se perfaz quando o agente lesiona alguém, podendo-se comprovar por meio de perícia. Tutela-se a integridade corporal e a saúde do ser humano. A autolesão não é punida no direito brasileiro, embora seja considerada ilícita, salvo se estiver vinculada à violação de outro bem ou interesse juridicamente protegido, como ocorre quando o agente, pretendendo evitar o serviço militar, cria incapacidade física, ferindo-se. Nessa hipótese, aplica-se o disposto no art. 184 do Código Penal Militar, tendo em vista a tutela do interesse do Estado no serviço militar obrigatório. Na jurisprudência: STM: "Os regulamentos militares preconizam o tratamento humano e respeitoso que o superior deve dispensar ao subordinado. Se respeitar a dignidade da pessoa humana é preceito de ética militar (art. 28, inciso III, do Estatuto dos Militares), a ofensa aviltante a inferior é de todo inaceitável. O ato de 'ferir' um subordinado com 'estilete', no intuito de marcar o seu braço, porque este se atrasou para o evento, não pode ser relevado, já que é incompatível com a disciplina militar e atentatório à dignidade da pessoa humana, sendo absolutamente inaceitável na caserna. A alegação de que tudo não passou de uma brincadeira não pode prosperar, pois a conduta de marcar o braço de alguém com 'estilete' ultrapassa os níveis de razoabilidade, considerando, ainda, que, com tal atitude, o Apelante assumiu o risco de produzir lesão corporal no Ofendido, o que de fato aconteceu. A aplicação do Princípio da Insignificância depende da existência de quatro requisitos delineados pelo Pretório Excelso, quais sejam: (a) mínima ofensividade da conduta do agente; (b) nenhuma periculosidade social da ação; (c) reduzidíssimo grau de reprovabilidade do comportamento; e (d) inexpressividade da lesão jurídica provocada, o que não se vê no caso em comento. Apelo desprovido" (Apelação n.º 7000988-45.2019.7.00.0000, rel. Lúcio Mário de Barros Góes, 08.05.2020, v.u.); "1. O Código Penal não exige que a agressão causadora da legítima defesa seja inevitável, de modo que o agente não está obrigado a retirar-se ileso, evitando o ataque. Assim, estará albergado pela excludente, caso opte por permanecer no cenário de confronto e reprimir a injusta agressão, atual ou iminente, desde que o faça moderadamente com os meios necessários. 2. Afigura-se desarrazoada a conduta do militar que inflige agressões verbais e físicas em colega de farda sob o pretexto de repreendê-lo, ignorando a solução de conflito por intermédio da cadeia de comando. 3. *In casu*, a insistência do Ofendido em afrontar o Indiciado, de forma agressiva, por mais de uma vez, revelou-se suficiente para justificar a conduta moderada do Indiciado que objetivou, unicamente, fazer cessar a injusta agressão sofrida. 4. Age em legítima defesa aquele que, a fim de repelir injusta agressão, utiliza-se dos meios proporcionais e moderados unicamente para extirpar o injusto, sendo descabida, por falta de justa causa, a submissão do indiciado a um processo penal quando cristalina a sua atuação pautada na excludente. 5. Decisão *a quo* que reconheceu a inexistência do crime pela excludente da legítima defesa mantida *in totum*. 6. Recurso Ministerial conhecido e não provido. Decisão unânime" (RSE 7000079-37.2018.7.00.0000, rel. Carlos Augusto de Sousa, public. 12.04.2018); "O alegado 'trote' aplicado pelos Réus não pode ser considerado simples brincadeira, principalmente levando-se em consideração que as agressões causaram lesões corporais nos Ofendidos. Condutas que ofendem os principais vetores de convivência das Forças Armadas, quais sejam: Hierarquia e Disciplina. Autoria e materialidade incontestes. Inexistem dúvidas de que os Réus agiram com *animus laedendi*, levando-se em consideração o *modus operandi*, tendo assumido, no mínimo, o risco de produzir o resultado, estando presente o nexo de causalidade, conforme provas acostadas aos autos. O fato *sub examine* é típico, ilícito e culpável, sem quaisquer causas legais ou supralegais de exclusão do crime. Desprovimento do Apelo. Decisão unânime" (Ap. 0000009-66.2015.7.02.0202, rel. José Barroso Filho, j. 14.02.2017).

252. Aspectos subjetivos: o delito é doloso, não se exigindo elemento subjetivo específico. A forma culposa é prevista em tipo penal autônomo (art. 210). Na jurisprudência: STM: "Acusado que deu ordem para que o Ofendido se aproximasse, aspergindo álcool e ateando fogo com isqueiro. Ao contrário do que aduz a Defesa, o dolo não é afastado pelo fato de o Réu ter afirmado que a prática delituosa foi uma brincadeira e que não tinha intenção de lesionar o Ofendido. O ambiente da caserna não admite brincadeiras que desafiam a hierarquia e a disciplina, mormente com o intuito de chamar a atenção do inferior, por entender que este estaria negligenciando suas funções. Dito comportamento malfere os princípios da disciplina militar e da dignidade da pessoa humana. E ainda que se admita, por absurdo, que a intenção do Acusado não era a de causar lesão na vítima, fato é que assumiu um risco iminente de causá-la, o que caracteriza o dolo eventual" (Ap. 7000008-35.2018.7.00.0000, rel. Marcus Vinicius Oliveira dos Santos, j. 11.09.2018).

253. Consentimento do ofendido: cremos perfeitamente aplicável, no contexto das lesões corporais, o consentimento da vítima como causa supralegal de exclusão da ilicitude. Não se pode mais conceber o corpo humano como bem absolutamente indisponível, pois a realidade desmente a teoria. É verdade que o Estado deve zelar pela vida humana, indisponível que é, além da integridade física, embora sem jamais desconhecer que a evolução dos costumes e da própria ciência traz modificações importantes nesse cenário. Atualmente, as práticas estão a demonstrar que o ser humano dispõe, no dia-a-dia, de sua integridade física, colocando-se em situações de risco de propósito ou submetendo-se a lesões desejadas. Do mesmo modo, não deve o Estado imiscuir-se na vida íntima das pessoas, resolvendo punir, por exemplo, lesões corporais consentidas cometidas durante a prática de ato sexual desejado entre adultos. Assim, conforme a sociedade for assimilando determinados tipos de lesão corporal, deve o Estado considerar válido o consentimento do ofendido para eliminar a ilicitude do fato. Tudo está a depender, naturalmente, da evolução dos costumes, pois não devem ser aceitas condutas que ofendam a moral e a ética social.

253-A. Princípio da insignificância: é admissível, mesmo no cenário dos crimes militares. Afinal, embora se possa cuidar, com maior zelo, dos bens jurídicos tutelados nesse cenário, pois envolve hierarquia e disciplina, algumas condutas podem ser insignificantes em qualquer contexto. Na jurisprudência: STM: "Inconformismo do MPM diante da Decisão do Juízo de origem que rejeitou a Denúncia oferecida em desfavor de Civil, denunciado como incurso no art. 209, *caput*, do CPM. O Juiz tem a faculdade de, mesmo em sede de juízo de delibação da Exordial, declarar a ausência de tipicidade material da conduta atribuída ao Denunciado, a partir do reconhecimento da sua insignificância na órbita penal. Existem condutas perpetradas no ambiente Castrense que sequer são passíveis de análise sob o prisma da insignificância, pois, apesar da aparente irrelevância para o direito penal comum, consistem em grave ofensa aos pilares fundamentais da vida militar, quais sejam os princípios da hierarquia e da disciplina. Hipótese em que as lesões suportadas pela pretensa Vítima são de natureza levíssima. *In casu*, não há que se falar em ofensa aos postulados fundamentais que regem a atuação das Forças Armadas, visto que o Denunciado, civil, teria golpeado a Vítima militar com um cabo de vassoura, ao final de uma confraternização realizada em lugar sujeito à Administração Militar. Sem desconsiderar a relevância dos fatos para outras esferas da atuação estatal, resta evidente que o ocorrido não enseja a incidência do direito penal, porquanto este, como é notório, tutela os bens jurídicos mais relevantes da sociedade. Desprovimento do Recurso" (Recurso em Sentido Estrito n.º 7000043-24.2020.7.00.0000, rel. Luis Carlos Gomes Mattos, 27.02.2020, v.u.).

254. Conceito de lesão corporal grave: sob a mesma rubrica, o legislador tipificou dois modelos distintos de lesão corporal: a grave e a gravíssima. Enquanto no § 1.º encontram-se os casos de lesão corporal grave, no § 2.º estão os casos de lesão corporal gravíssima. A diferença entre ambas as denominações emerge cristalina a partir da análise da pena cominada: reclusão de 1 a 5 anos para a hipótese grave e reclusão de 2 a 8 anos para a gravíssima. Assim, a lesão corporal grave (ou mesmo a gravíssima) é uma ofensa à integridade física ou à saúde da pessoa humana, considerada muito mais séria e importante do que a lesão simples ou leve. Ontologicamente, inexiste diferença entre quaisquer dos tipos de lesão corporal dolosa, embora, para efeito de punição, leve-se em consideração a espécie de dano causado à vítima. O tipo penal contém o termo *dolosamente*, demonstrando, com clareza, a possibilidade de tais resultados qualificadores serem atingidos por meio da intenção do agente, com o que concordamos plenamente. A inclusão expressa do *dolo* evita a discussão, que existe no Código Penal comum, sobre serem tais delitos preterdolosos (cometidos com dolo na conduta antecedente e culpa na consequente) ou simplesmente qualificados pelo resultado (praticados com dolo na conduta antecedente e dolo ou culpa na consequente).

254-A. Aceleração de parto: este resultado foi incluído pela Lei 14.688/2023, nos mesmos termos já existentes no Código Penal comum, quando a lesão causada levar a vítima gestante a dar à luz antecipadamente.

255. Perigo de vida: é a concreta possibilidade de a vítima morrer em face das lesões sofridas. Não bastam conjecturas ou hipóteses vagas e imprecisas, mas um fator real de risco inerente ao ferimento causado. Trata-se de um diagnóstico e não de um prognóstico, na palavra de Almeida Júnior, como oportunamente lembra Euclides Custódio da Silveira (*Direito Penal – Crimes contra a pessoa*, p. 142). Daí por que torna-se praticamente indispensável o laudo pericial, sendo muito rara a sua substituição por prova testemunhal, salvo quando esta for qualificada, vale dizer, produzida pelo depoimento de especialistas, como o médico que cuidou da vítima durante a sua convalescença.

256. Debilidade permanente: trata-se de uma frouxidão duradoura no corpo ou na saúde, que se instala na vítima após a lesão corporal provocada pelo agente. Não se exige que seja uma debilidade perpétua, bastando ter longa duração.

257. Membro, sentido e função: os membros do corpo humano são os braços, as mãos, as pernas e os pés. Os dedos são apenas partes dos membros, de modo que a perda de um dos dedos constitui-se em debilidade permanente da mão ou do pé. Possui o ser humano cinco sentidos: visão, olfato, audição, paladar e tato. Assim, exemplificando, perder a visão num dos olhos é debilidade permanente. *Função é a* ação própria de um órgão do corpo humano. Exemplos: função respiratória, função excretória, função circulatória. A perda de um dos rins é debilidade permanente e não perda de função, pois se trata de órgão duplo.

258. Ocupação habitual: deve-se compreender qualquer atividade regularmente desempenhada pela vítima, e não apenas a sua ocupação laborativa. Assim, uma pessoa que não trabalhe, vivendo de renda ou sustentada por outra, deixando de exercitar suas habituais ocupações, sejam elas quais forem – até mesmo de simples lazer –, pode ser enquadrada nesse inciso, desde que fique incapacitada por mais de trinta dias. A única e lógica exigência é que a atividade exercida pela vítima seja lícita, pois não teria cabimento considerar presente a qualificadora no caso de um delinquente que deixasse de cometer crimes por período superior ao trintídio porque foi ferido por um comparsa. Por derradeiro, deve-se destacar que o termo *habitual* tem a conotação de atividade frequente, não se podendo reconhecer a lesão corporal grave quando a vítima ficar incapacitada para ocupações que exercia raramente (ex.: o ofendido, por conta da lesão sofrida, foi obrigado a adiar por mais de 30 dias uma viagem de lazer, algo que costumava fazer esporadicamente).

259. Enfermidade incurável: é a doença irremediável, de acordo com os recursos da medicina na época do resultado, causada na vítima. Não configura a qualificadora a simples debilidade enfrentada pelo organismo da pessoa ofendida, necessitando existir uma séria alteração na saúde. Embora a vítima não seja obrigada a submeter-se a qualquer tipo de tratamento ou cirurgia de risco para curar-se, também não se deve admitir a recusa imotivada do ofendido para tratar-se. Se há recursos suficientes para controlar a enfermidade gerada pela agressão, impedindo-a de se tornar *incurável*, é preciso que o ofendido os utilize. Não o fazendo por razões injustificáveis, não deve o agente arcar com o crime na forma agravada. Por outro lado, uma vez condenado o autor da agressão por lesão gravíssima, consistente em ter gerado ao ofendido uma enfermidade incurável, não cabe revisão criminal caso a medicina evolua, permitindo a reversão da doença. Caberia a revisão criminal apenas se tivesse havido erro quanto à impossibilidade de cura no momento da condenação, ou seja, a enfermidade era passível de controle e tratamento, mas tal situação não foi percebida a tempo. Atualmente, tem-se entendido que a transmissão do vírus da AIDS encaixa-se nessa hipótese.

260. Perda ou inutilização: perda implica destruição ou privação de algum membro (ex.: corte de um braço), sentido (ex.: aniquilamento dos olhos) ou função (ex.: ablação da bolsa

Art. 209

Código Penal Militar Comentado • Nucci

310

escrotal, impedindo a função reprodutora); inutilização quer dizer falta de utilidade, ainda que fisicamente esteja presente o membro ou o órgão humano. Assim, inutilizar um membro seria a perda de movimento da mão ou a impotência para o coito, embora sem remoção do órgão sexual.

261. Incapacidade permanente para o trabalho: trata-se da inaptidão duradoura para exercer qualquer atividade laborativa lícita. Nesse contexto, diferentemente da incapacidade para as ocupações habituais, exige-se atividade remunerada, que implique sustento, portanto, acarrete prejuízo financeiro para o ofendido. Convém ressaltar o alerta feito por Álvaro Mayrink da Costa, com o qual concordamos: "A doutrina advoga que significa *qualquer modalidade de trabalho* e não especificamente o trabalho a que a vítima se dedicava. Contudo, há necessidade de serem estabelecidas certas *restrições*, visto que não se pode exigir de um intelectual ou de um artista que se inicie na atividade de pedreiro. Fixa-se no campo do factualmente possível e não no teoricamente imaginável. Portanto, incapacidade permanente é uma diminuição efetiva da capacidade física comparada à que possuía a vítima antes do fato punível" (*Direito Penal*, v. 2, t. 1, p. 231).

262. Deformidade duradoura: *deformar* significa alterar a forma original. Configura-se a lesão gravíssima quando ocorre a modificação duradoura de uma parte do corpo humano da vítima. Salienta a doutrina, no entanto, estar essa qualificadora ligada à estética. Por isso, é posição majoritária a exigência de ser a lesão visível, causadora de constrangimento ou vexame à vítima, e irreparável. Citam-se como exemplos as cicatrizes de larga extensão em regiões visíveis do corpo humano, que possam provocar reações de desagrado ou piedade (tais como as causadas pela vitriolagem, isto é, o lançamento de ácido no ofendido), ou a perda de orelhas, mutilação grave do nariz, entre outros. Somos levados a discordar dessa postura. O tipo penal não exige, em hipótese alguma, que a deformidade seja ligada à beleza física, nem tampouco seja visível. A restrição construída por parcela da doutrina e da jurisprudência é incompatível com a finalidade do artigo. Desde que o agente provoque na vítima uma alteração duradoura nas formas originais do seu corpo humano, é de se reputar configurada a qualificadora. Adotar-se posição contrária significaria exigir do juiz, ao analisar a lesão causada, um juízo de valor, a fim de saber se a vítima ficou ou não *deformada* conforme os critérios de estética que o magistrado possui, não se levando em conta o desagrado íntimo causado a quem efetivamente sofreu o ferimento e a alteração do seu corpo. Chega-se a levantar, como critério de verificação desta qualificadora, o sexo da vítima, sua condição social, sua profissão, seu modo de vida, entre outros fatores extremamente subjetivos, por vezes nitidamente discriminatórios e sem adequação típica. Uma cicatriz no rosto de uma atriz famosa seria mais relevante do que a mesma lesão produzida numa trabalhadora rural? Poderia ser, para o terceiro que não sofreu a deformidade – já que a análise desbancaria para o campo estético –, embora, para a vítima, possa ser algo muito desconfortável. Cremos, pois, pouco importar seja a deformidade visível ou não, ligada à estética ou não, passível de causar impressão vexatória ou não, exigindo-se somente seja ela duradoura, vale dizer, irreparável pelos recursos apresentados pela medicina à época do resultado. E acrescente-se possuir essa qualificadora caráter residual, isto é, quando houver lesão passível de alterar a forma original do corpo humano, não se configurando as outras hipóteses de deformidade – debilidade ou perda de membro, sentido ou função – deve ela ser aplicada.

262-A. Aborto: este resultado foi incluído pela Lei 14.688/2023, já existente no Código Penal comum, levando a vítima gestante ao aborto.

263. Figura preterdolosa: de forma correta, tecnicamente superior à disposição similar do Código Penal comum, estabelece-se que, nas figuras qualificadas pelo resultado dos §§ 1.º e 2.º deste artigo, se o resultado qualificador for causado por culpa, a pena é atenuada. Portanto, se houver dolo na lesão e dolo no resultado mais grave, aplica-se a pena dos §§ 1.º e 2.º. Havendo dolo na lesão e culpa no resultado mais grave, a pena do § 3.º, primeira parte.

264. Lesão corporal seguida de morte: trata-se de forma autenticamente preterdolosa prevista no Código Penal Militar (e também no Código Penal comum), pois o legislador deixou nítida a exigência de dolo no antecedente (lesão corporal) e somente a forma culposa no evento subsequente (morte da vítima). Ao mencionar que a morte não pode ter sido desejada pelo agente, nem tampouco pode ele ter assumido o risco de produzi-la, está-se fixando a culpa como único elemento subjetivo possível para o resultado qualificador. Justamente por isso, neste caso, havendo dolo eventual quanto à morte da vítima, deve o agente ser punido por homicídio doloso. Sobre o nexo causal: STJ: "Não há a configuração do crime de lesão corporal seguida de morte se a conduta do agente não foi a causa imediata do resultado morte, estando ausente o necessário nexo de causalidade" (AgRg no REsp 1.094.758/RS, 6.ª T., rel. Vasco Della Giustina, 01.03.2012, m.v.). Nesta hipótese, não cabe tentativa, pois a culpa, produzindo resultado danoso involuntário, é incompatível com essa figura. De todo modo, merece crítica a pena estabelecida, pois o mínimo para essa figura grave é de um ano de reclusão. Logo, pode ser equivalente a uma mera lesão grave.

265. Lesão corporal *privilegiada*: ver os comentários feitos ao homicídio privilegiado (art. 205, § 1.º, CPM), inteiramente cabíveis a este parágrafo do art. 209. Esta hipótese é aplicável às lesões grave, gravíssima ou seguida de morte. Para a lesão leve, reservou-se o próximo parágrafo.

266. Lesões leves e causa de diminuição da pena: a hipótese do § 5.º representa outra causa de diminuição de pena, de maior amplitude, porque envolve apenas lesões leves, em situação de reciprocidade (ver a nota abaixo) ou nas condições do § 4.º. Em suma, no âmbito das lesões leves, situações especiais podem levar a reduções maiores.

267. Lesões recíprocas: considerou o legislador a possibilidade de aplicar uma causa de diminuição de pena quando o agressor for também agredido pela vítima. É preciso ressaltar, no entanto, que não se trata de uma situação de legítima defesa, ou seja, se o ofendido agredir o agente apenas para se defender deve ser absolvido. Ao referir-se a *lesões recíprocas*, dá a norma a entender que as duas partes entraram em luta injustamente.

268. Lesão levíssima: andou mal o legislador ao estabelecer que as *lesões levíssimas* dão ensejo à punição disciplinar, pelos seguintes motivos: a) se a lesão é detectada por laudo pericial, há materialidade; b) se a lei penal não considera relevante, sob o ponto de vista do bem jurídico tutelado, a lesão denominada *levíssima* deveria simplesmente eliminar qualquer punição; c) argumentar que a lesão levíssima é fato atípico, mesmo materialmente, levaria à conclusão que o agente nenhum ilícito cometeu, motivo pelo qual não teria cabimento puni-lo; d) poder-se-ia falar em desclassificação, o que, em verdade, seria tecnicamente irregular, pois não há alteração de tipo penal, passando-se de crime para infração disciplinar. Em suma, segundo nos parece, indica-se nesta norma uma *desclassificação anômala*, migrando-se a infração penal para disciplinar. Por outro lado, convém destacar que esse dispositivo não se aplica à lesão culposa (art. 210, CPM). Na jurisprudência: STM: "Não se aplica a regra prevista no § 6.º do art. 209 para o crime previsto no art. 210, ambos do CPM, em face da distinção jurídica entre lesão corporal dolosa, na qual se observa a extensão do dano; e lesão corporal culposa, na qual prevalece o desvalor da conduta. Na lesão corporal culposa, não existe gradação, uma vez que não se avalia a intensidade do dano, tampouco a intenção do agente, mas o desvalor da conduta e o grau de reprovabilidade do agente que,

Art. 210

voluntariamente, deixou de empregar a cautela, a atenção ou a diligência necessárias, bem como não agiu com o dever de cuidado exigido. Comete o crime de lesão corporal culposa o militar que, de forma negligente e imprudente, realiza procedimento com arma em local impróprio, descumpre normas de segurança e provoca lesões em colega de farda. Condenação mantida" (Apelação n.º 7001205-88.2019.7.00.0000, rel. William de Oliveira Barros, 25.06.2020, v.u.).

Lesão culposa

> **Art. 210.** Se a lesão é culposa:[269]
> Pena – detenção, de 2 (dois) meses a 1 (um) ano.

Aumento de pena

> § 1.º A pena é aumentada de 1/3 (um terço) se o crime resulta da inobservância de regra técnica de profissão, arte ou ofício, ou se o agente deixa de prestar imediato socorro à vítima, não procura diminuir as consequências do seu ato ou foge para evitar prisão em flagrante.[270]
>
> § 2.º Se, em consequência de uma só ação ou omissão culposa, ocorrem lesões em várias pessoas, a pena é aumentada de 1/6 (um sexto) até 1/2 (metade).[271]
>
> § 3.º O juiz poderá deixar de aplicar a pena se as consequências da infração atingirem o próprio agente de forma tão grave que a sanção penal se torne desnecessária.[271-A]

269. Lesão culposa: trata-se da figura típica do *caput* ("ofender a integridade corporal ou a saúde de outrem"), embora com outro elemento subjetivo: a culpa. É um tipo aberto, que depende, pois, da interpretação do juiz para poder ser aplicado. A culpa, conforme o art. 33, II, do Código Penal Militar, é constituída de "conduta desatenciosa". Portanto, lesionar alguém por infração ao dever de cuidado objetivo concretiza este tipo penal incriminador. Não admite tentativa. Na jurisprudência: STM: "1. Para que ocorra o crime de que trata o art. 210 do CPM, é necessário que o agente ofenda a integridade física de outrem, mediante conduta voluntária (ação ou omissão), e agindo de forma imperita, imprudente ou negligente, com a inobservância do dever de cuidado e de atenção e a previsibilidade. 2. Para a configuração do delito culposo, imprescindível que o agente seja o causador da conduta e que esta lhe seja previsível. Recurso conhecido e não provido" (Apelação n.º 7000472-88.2020.7.00.0000, rel. Artur Vidigal de Oliveira, 22.10.2020, v.u.); "I – O crime militar culposo ocorre quando o agente, ao deixar de empregar a cautela, atenção ou diligência ordinária ou especial a que estava obrigado, não prevê o resultado que podia prever ou, ao prever, supõe que não se realizará ou que poderia evitá-lo. II – Não foi dada ciência ao Apelado da tentativa anterior frustrada de atear fogo à churrasqueira e, diante da inexistência de qualquer sinal indicativo de que o carvão tivesse entrado em combustão, ao colocar álcool no referido equipamento, agiu com a atenção e a cautela esperadas diante das circunstâncias que ora se apresentavam. III – As provas constantes dos autos indicam a impossibilidade de o Acusado prever o resultado lesivo. Diante da ausência de qualquer dos elementos aptos à configuração do elemento subjetivo do tipo – culpa, a conduta será atípica. IV – Recurso Ministerial conhecido e não provido" (Apelação n.º 7000246-83.2020.7.00.0000, rel. Péricles Aurélio Lima de Queiroz, 25.06.2020, v.u.).

270. Agravação da pena: consultar as notas 236, 237 e 237-A ao art. 206, inteiramente pertinentes a esta hipótese. Na jurisprudência: STM: "*In casu*, presentes os requisitos do crime culposo, todos verificados na conduta do Réu. Nos termos do § 1.º do art. 210 do CPM, a pena pode ser agravada se o crime resulta de inobservância de regra técnica de profissão, arte ou ofício. As regras de manuseio do fuzil são inerentes à carreira do Sentenciado, não somente no que atine à profissão militar, de maneira geral, mas especificamente no que atine à especialidade do cargo Soldado Fuzileiro Naval, de maneira que nada há a reparar na dosimetria da pena aplicada. Negado provimento ao Apelo defensivo para manter íntegra a Sentença recorrida por seus próprios e jurídicos fundamentos" (Apelação n.º 7001019-65.2019.7.00.0000, rel. Lúcio Mário de Barros Góes, 25.06.2020, v.u.).

271. Concurso formal: ver os comentários ao art. 206, § 2.º.

271-A. Perdão judicial: consultar a nota 238-A cujas bases são exatamente as mesmas.

Participação em rixa

> **Art. 211.** Participar de rixa, salvo para separar os contendores:[272-273]
> Pena – detenção, até 2 (dois) meses.
> **Parágrafo único.** Se ocorre morte ou lesão grave, aplica-se, pelo fato de participação na rixa, a pena de detenção, de 6 (seis) meses a 2 (dois) anos.[274]

272. Aspectos objetivos: os sujeitos ativo e passivo podem ser qualquer pessoa, embora, no caso peculiar da rixa, sejam todos agentes e vítimas ao mesmo tempo. Admite-se que haja, entre os contendores, para a tipificação deste delito, inimputáveis. O fato de o contendor ser ou não culpável não afasta a possibilidade real de estar havendo uma desordem generalizada com troca de agressões, dependente, pois, da interpretação do juiz. *Participar* significa associar-se ou tomar parte, enquanto *rixa* é uma briga, uma desordem ou um motim, caracterizada, neste contexto, pela existência de, pelo menos, três pessoas valendo-se de agressões mútuas de ordem material (e não meramente verbais), adrede preparadas ou surgidas de improviso. "As violências, empurrões, punhaladas, disparo de armas, pedradas e golpes podem ser recíprocos, ou seja, deve haver luta na qual ninguém atua passivamente, pois, do contrário, haveria agressão de um ou vários contra um ou vários e poderia ser o caso de legítima defesa" (cf. Ricardo Levene, *El delito de homicidio*, p. 293). Por outro lado, não seria crível que uma briga somente entre duas pessoas caracterizasse a rixa, pois iríamos tratá-la como uma luta comum, situada no contexto da lesão corporal – que pode até ser recíproca; ou das vias de fato, além do que o tipo do art. 211 menciona, ao final, "salvo para separar os contendores" (no plural), demonstrando que há, ao menos, duas pessoas lutando e um terceiro que pode ingressar, instaurando-se uma "rixa", ou que pode ingressar para separar os rivais, constituindo fato atípico. Acrescente-se a isso que não pode existir vítima certa, ou seja, três pessoas contra uma, pois não se está diante de confusão generalizada, vale dizer, de rixa. Portanto, havendo individualização nítida de condutas, não há mais a figura do crime do art. 211. Admite tentativa se a rixa for preordenada.

273. Aspectos subjetivos: exige-se dolo de perigo, consistente na vontade de tomar parte da rixa, conhecendo os perigos que essa conduta pode trazer para a incolumidade física de todos os envolvidos. Requer o elemento subjetivo específico implícito, consistente no *animus rixandi*. Não se pune a forma culposa. Como bem esclarece Paulo José da Costa Júnior: "Não haverá o crime se se tratar de rixa simulada (*animus jocandi*), ou culposa, resultante da imprudência dos copartícipes" (*Comentários ao Código Penal*, p. 416).

Art. 212

274. Figura preterdolosa: havendo dolo de perigo na conduta original, somente se configura este resultado qualificador (existência de morte ou lesão corporal grave) quando houver culpa, visto que o dolo de dano é incompatível com o anterior. Aliás, é mais um demonstrativo de que a rixa é somente um delito de perigo. Neste caso, se uma pessoa morreu, mas não se apurou a autoria do homicídio, ocorre a punição pela simples participação na briga geral, levando os contendores a responder por rixa qualificada. Entretanto, se foi identificado o autor da morte, este deve responder pelo crime de dano (homicídio) em concurso material com rixa qualificada. O ponto que impede a absorção do crime de perigo (rixa) pelo de dano (homicídio) é que existem outras vítimas do primeiro – afinal, trata-se de um delito plurissubjetivo. Há sempre alguém que sofreu agressão, não se identificando o seu autor. Caso todos os autores sejam individualizados, não há mais rixa, e sim um mero concurso de crimes e, eventualmente, de pessoas (como ocorre em brigas de gangues rivais).

Capítulo IV
Da periclitação da vida ou da saúde

Abandono de pessoa

> **Art. 212.** Abandonar o militar pessoa que está sob seu cuidado, guarda, vigilância ou autoridade e, por qualquer motivo, incapaz de defender-se dos riscos resultantes do abandono:[275-276]
>
> Pena – detenção, de 6 (seis) meses a 3 (três) anos.

Formas qualificadas pelo resultado[277]

> § 1.º Se do abandono resulta lesão grave:
>
> Pena – reclusão, até 5 (cinco) anos.
>
> § 2.º Se resulta morte:
>
> Pena – reclusão, de 4 (quatro) a 12 (doze) anos.

Aumento de pena

> § 3.º As penas cominadas neste artigo são aumentadas de 1/3 (um terço):
>
> I – se o abandono ocorre em lugar ermo;[277-A]
>
> II – se o agente é ascendente ou descendente, cônjuge, irmão, tutor ou curador da vítima;[277-B]
>
> III – se a vítima é maior de 60 (sessenta) anos, menor de 14 (quatorze) anos ou pessoa com deficiência.[277-C]

275. Aspectos objetivos: são próprios ou qualificados, pois exigem uma qualidade especial. O autor deve ser um militar guarda, protetor ou autoridade designada por lei para garantir a segurança da vítima, pessoa de qualquer idade, desde que incapaz, colocada sob seu resguardo. *Abandonar* quer dizer deixar só, sem a devida assistência. O abandono, nesse caso, não é imaterial, mas físico. Portanto, não é o caso de se enquadrar, nesta figura, o pai que deixa de dar alimentos ao filho menor, e sim aquele que larga a criança ao léu, sem condições de se proteger sozinha. Tutela-se a vida e a saúde do ser humano. Na jurisprudência: TJMRS: "1. O conjunto probatório, de forma uníssona, revela que a vítima é portadora de deficiência mental, claramente perceptível através de sua verbalização confusa e feição facial. 2. Mesmo diante destas evidências, e, ainda mais, ainda que cientes de que se tratava de pessoa dada como desaparecida e que alegava ter sido estuprada, os apelantes simplesmente a abandonaram na via pública, à própria sorte, sem a menor chance de defender-se dos riscos deste ato, inobservando, assim, seus deveres de cuidado, guarda e vigilância. 3. Preenchidos, então, todos os elementos estruturais do artigo 212, do CPM, a manutenção da condenação imposta aos recorrentes é de rigor. 4. Recurso de Apelação a que se nega provimento. Decisão unânime" (Ap. Crim. 1000153-17.2016.9.21.0000, rel. Maria Emília Moura da Silva, j. 27.07.2016).

276. Aspectos subjetivos: exige-se dolo de perigo. Não cremos haver, no tipo, nenhuma menção ao elemento subjetivo específico ou dolo específico, vale dizer, a *especial intenção* de colocar em perigo – como defendem alguns –, pois o pai que abandona o filho para dar-lhe um corretivo, mesmo que não tenha a intenção de colocá-lo em perigo, efetivamente o faz, merecendo responder pelo crime.

277. Figuras preterdolosas: esta e a do próximo parágrafo constituem resultados que vão além do inicialmente desejado pelo agente. Tendo em vista que, no princípio, o autor age com "dolo de perigo", que é, por natureza, incompatível com o dolo de dano, não se pode falar em dolo no resultado mais grave. Assim, a lesão corporal de natureza grave e a morte, se houver, somente podem constituir frutos da culpa.

277-A. Causa de aumento de pena relativa ao "lugar ermo": entende-se por ermo o local normalmente abandonado, desértico, sem habitantes. Narra a doutrina, no entanto, e com razão, ser essa situação descampada apenas relativa, pois, se se tratar de um lugar *absolutamente* ermo, sem qualquer possibilidade de contato ou busca de socorro, é meio de execução do crime de homicídio.

277-B. Causa de aumento relativa aos especiais laços entre agente e vítima: é natural que seja considerado mais grave o crime de abandono praticado pelos ascendentes, descendentes, cônjuges, irmãos, tutores ou curadores da vítima, pois há especial dever de assistência entre tais pessoas. Em lugar de proteção, o agente termina determinando um perigo para o ofendido, o que é particularmente inadmissível, aumentando a reprovação social do fato.

277-C. Causa de aumento relativa à vítima idosa, menor de 14 (quatorze) anos ou pessoa com deficiência: busca-se dar a mais ampla proteção possível à pessoa idosa, ao menor de 14 anos e à pessoa com deficiência punindo mais severamente aqueles que pratiquem delitos contra os mais vulneráveis.

Maus-tratos

> **Art. 213.** Expor a perigo a vida ou saúde, em lugar sujeito à administração militar ou no exercício de função militar, de pessoa sob sua autoridade, guarda ou vigilância, para o fim de educação, instrução, tratamento ou custódia, quer privando-a de alimentação ou cuidados indispensáveis, quer sujeitando-a a trabalhos excessivos ou inadequados, quer abusando de meios de correção ou disciplina:[278-279]
>
> Pena – detenção, de 2 (dois) meses a 1 (um) ano.

Art. 213

Código Penal Militar Comentado • Nucci

Formas qualificadas pelo resultado[280]

> § 1.º Se do fato resulta lesão grave:
>
> Pena – reclusão, até 4 (quatro) anos.
>
> § 2.º Se resulta morte:
>
> Pena – reclusão, de 2 (dois) a 10 (dez) anos.
>
> § 3.º A pena é aumentada de 1/3 (um terço) se o crime é praticado contra pessoa menor de 14 (quatorze) anos, maior de 60 (sessenta) anos ou com deficiência.[280-A]

278. Aspectos objetivos: os sujeitos ativo e passivo são qualificados. O agente necessita ser pessoa responsável por outra, que é mantida sob sua autoridade, guarda ou vigilância, de acordo com a lei. Não pode ser a esposa, pois o marido não é pessoa que a tenha sob sua autoridade, guarda ou vigilância. Entretanto, se ela for submetida a maus-tratos, pode configurar-se o crime do art. 213. Não se trata de crime militar próprio e pode ser cometido tanto por civil quanto por militar; possui figura similar no Código Penal comum (art. 133). Exige-se apenas que a conduta se dê em lugar sujeito à administração militar *ou* no exercício de função militar. *Expor*, neste contexto, significa colocar em risco, sujeitar alguém a uma situação que inspira cuidado, sob pena de sofrer um mal. A despeito de existir um único verbo no preceito descritivo, o tipo é misto alternativo, ou seja, o agente pode praticar uma única conduta (expor a perigo a vida ou a saúde da vítima privando-a de alimentação) ou várias (privar da alimentação, privar dos cuidados indispensáveis, sujeitá-la a trabalho excessivo, sujeitá-la a trabalho inadequado, abusar dos meios de correção, abusar dos meios de disciplina), porque o delito será único. É evidente que, havendo mais de uma conduta, o juiz pode levar tal situação em conta para a fixação da pena. Por outro lado, é preciso destacar que tudo gira em torno da finalidade especial do agente, tratando do elemento subjetivo do tipo específico, de ter alguém sob sua autoridade, guarda ou vigilância, maltratando-a. Por isso, o tipo faz referência ao que pode ser usado para esses objetivos, mencionando a privação da alimentação ou dos cuidados indispensáveis e a sujeição a trabalho excessivo ou inadequado. Depois, segundo cremos, generaliza, citando o "abuso dos meios de correção ou disciplina". Na jurisprudência: STF: "É necessária a atuação direta no que o preceito versa ficarem a vida ou a saúde expostas a perigo. Não se pode presumi-lo ante o fato de se haver presenciado certo episódio" (HC 114.527-RJ, 1.ª T., rel. Marco Aurélio, 19.02.2013, v.u.). STM: "A narrativa construída pelo Réu, para negar ter sido ele quem aplicou os choques nos instruendos, mostra-se frágil, contraditória e ilógica. Os harmônicos depoimentos dos Ofendidos e das Testemunhas, que reconheceram o Apelante como o autor dos choques elétricos, comprovam a autoria do delito. Diante da pujante prova contida nos autos, torna-se inadmissível a aplicação do Princípio *in dubio pro reo*, conforme requerido pela Defesa. A prática delituosa descrita no art. 213 do CPM exige, tão somente, a demonstração de potencial perigo à vida ou à saúde da vítima, não se exigindo a efetiva ocorrência de lesão. A prova pericial, conclusiva quanto à aptidão do objeto para produzir descarga elétrica, aliada aos demais elementos probatórios coligidos aos autos, não deixa margem à dúvida quanto à potencialidade lesiva da lanterna 'taser', utilizada pelo Acusado. Está presente, no caso, o elemento típico formal objetivo de 'expor a perigo a vida ou a saúde'. O conjunto probatório demonstra estar caracterizado o *animus* específico exigido no tipo penal do art. 213 do CPM, revelando a vontade consciente de maltratar os instruendos sob sua autoridade, de modo a os expor a perigo a vida ou a saúde. Restaram comprovadas a materialidade e a autoria delitivas. O fato é típico e antijurídico, o Apelante agiu dolosamente, e não há causas que excluam a culpabilidade, impondo-se a manutenção do Decreto Condenatório. Apelo defensivo a que se nega provimento, para manter íntegra a Sentença recorrida por seus próprios e jurídicos fundamentos" (Apelação n.º 7000058-95.2017.7.00.0000, rel. Lúcio Mário de Barros Góes, 13.06.2019, v.u.); "No delito de maus-tratos, o elemento subjetivo do tipo é o dolo, o qual se expressa na vontade livre e consciente de sujeitar a vítima a trabalhos excessivos e inadequados, pondo-a, propositalmente, em situação de risco físico ou psíquico. Diferente é a previsão contida no inciso II do art. 1º da Lei de Tortura, no qual consta que o resultado se dá com o efetivo dano, que é o 'intenso sofrimento' físico ou mental da vítima, agindo, assim, o sujeito ativo com o dolo de dano. Na hipótese, a conduta perpetrada pelo Apelante amolda-se ao delito tipificado no art. 213 do CPM, pois é possível depreender que o Acusado não tinha o dolo específico de torturar o militar, mas tão somente o de corrigi-lo, ainda que de forma abusiva, chegando, inclusive, a submetê-lo irresponsavelmente a perigo de vida em lugar sujeito à Administração Militar. Preliminar rejeitada por unanimidade. No mérito, firme é o contingente probatório a autorizar a formação de um diagnóstico de certeza quanto a ter o Acusado efetivamente cometido os delitos que lhe foram imputados, em razão do que a sua condenação deve ser mantida por incursão nos artigos 213, *caput*, e 319, c/c o artigo 79, todos do Código Penal Militar, nos exatos termos da Sentença hostilizada. Unânime" (Ap. 0000026-35.2015.7.11.0111, rel. Luis Carlos Gomes Mattos, j. 19.12.2016).

279. Aspectos subjetivos: o crime somente é punido se houver dolo, direto ou eventual, embora o tipo penal exija, especificamente, uma finalidade implícita, que é a "vontade consciente de maltratar o sujeito passivo, de modo a expor-lhe a perigo a vida ou a saúde" (Hungria, *Comentários ao Código Penal*, v. V, p. 453). A previsão de estar o sujeito passivo sob autoridade, guarda ou vigilância "para fim de educação, ensino, tratamento ou custódia" é apenas o motivo pelo qual a vítima se encontra à mercê do sujeito ativo, mas não é sua finalidade especial. Exige o delito o elemento subjetivo do tipo específico ou dolo específico.

280. Figuras preterdolosas: tendo em vista que a conduta original – maus-tratos – é constituída pelo dolo de perigo, não se concebe, por absoluta incompatibilidade lógica, que no resultado qualificador (lesão grave ou morte) haja dolo de dano. Assim, para compor os §§ 1.º e 2.º demanda-se a existência unicamente de culpa.

280-A. Causa de aumento relativa à vítima idosa, menor de 14 (quatorze) anos ou pessoa com deficiência: busca-se dar a mais ampla proteção possível à pessoa idosa, ao menor de 14 anos e à pessoa com deficiência punindo mais severamente aqueles que pratiquem delitos contra os mais vulneráveis.

Capítulo V

Dos crimes contra a honra[281]

Calúnia

> **Art. 214.** Caluniar alguém, imputando-lhe falsamente fato definido como crime:[282-285]
>
> Pena – detenção, de 6 (seis) meses a 2 (dois) anos.
>
> § 1.º Na mesma pena incorre quem, sabendo falsa a imputação, a propala ou divulga.[286]

Art. 214

Código Penal Militar Comentado • Nucci

Exceção da verdade[287]

> § 2.º A prova da verdade do fato imputado exclui o crime, mas não é admitida:
>
> I – se, constituindo o fato imputado crime de ação privada, o ofendido não foi condenado por sentença irrecorrível;[288]
>
> II – se o fato é imputado a qualquer das pessoas indicadas no n. I do art. 218;[289]
>
> III – se do crime imputado, embora de ação pública, o ofendido foi absolvido por sentença irrecorrível.[290]

281. Honra objetiva e honra subjetiva: diferenciam-se, com propriedade, as noções de honra objetiva e honra subjetiva, pois dizem respeito a diversos aspectos da integridade, reputação e bom conceito da pessoa. Honra objetiva é o julgamento que a sociedade faz do indivíduo, vale dizer, é a imagem que a pessoa possui no seio social. Tendo em vista, como exposto no item anterior, que honra é sempre uma apreciação positiva, a honra objetiva é a boa imagem que o sujeito possui diante de terceiros. Honra subjetiva é o julgamento que o indivíduo faz de si mesmo, ou seja, é um sentimento de autoestima, de autoimagem. É inequívoco que cada ser humano tem uma opinião afirmativa e construtiva de si mesmo, considerando-se honesto, trabalhador, responsável, inteligente, bonito, leal, entre outros atributos. Trata-se de um senso ligado à dignidade (respeitabilidade ou amor-próprio) ou ao decoro (correção moral).

282. Aspectos objetivos: os sujeitos ativo e passivo podem ser qualquer pessoa. *Caluniar* é fazer uma acusação falsa, tirando a credibilidade de uma pessoa no seio social. Possui, pois, um significado particularmente ligado à difamação. Cremos que o conceito tornou-se eminentemente jurídico, porque o Código Penal Militar exige que a acusação falsa realizada diga respeito a um fato definido como crime. Portanto, a redação feita no art. 214 foi propositadamente repetitiva (fala duas vezes em "atribuir": caluniar significa atribuir e imputar também significa atribuir). Melhor seria ter nomeado o crime como sendo "calúnia", descrevendo o modelo legal de conduta da seguinte forma: "Atribuir a alguém, falsamente, fato definido como crime". Isto é caluniar. Vislumbra-se, pois, que a calúnia nada mais é do que uma difamação qualificada, ou seja, uma espécie de difamação. Atinge a honra objetiva da pessoa, atribuindo-lhe o agente um fato desairoso, no caso particular, um fato falso definido como crime. Tutela-se a honra objetiva. Na jurisprudência: STM: "1. Comete o crime de calúnia, disposto no artigo 214 do CPM, e não o de difamação, inserto no artigo 215 do CPM, aquele que qualifica satisfatoriamente, ainda que de maneira sucinta, suas acusações levianas, atribuindo a outrem fato criminoso inverídico. Embargos conhecidos e rejeitados" (Embargos Infringentes e de Nulidade n.º 7000157-31.2018.7.00.0000, rel. Carlos Augusto de Sousa, 01.02.2019, maioria).

283. Elemento normativo do tipo: é fundamental, para a existência de calúnia, que a imputação de fato definido como crime seja *falsa*. Caso seja verdadeira ou o autor da atribuição esteja em razoável dúvida, não se pode considerar preenchido o tipo penal do art. 214.

284. Aspectos subjetivos: pune-se o crime quando o agente agir dolosamente. Não há a forma culposa. Entretanto, exige-se o elemento subjetivo do tipo específico, que é a especial intenção de ofender, magoar, macular a honra alheia. Este elemento intencional está implícito no tipo. É possível que uma pessoa fale a outra de um fato falsamente atribuído a terceiro como crime, embora assim esteja agindo com *animus jocandi*, ou seja, fazendo uma brincadeira.

Embora atitude de mau gosto, não se pode dizer tenha havido calúnia. O preenchimento do tipo aparentemente houve (o dolo existiu), mas não a específica vontade de macular a honra alheia (o que tradicionalmente chama-se "dolo específico"). Em contrário, afastando o elemento subjetivo específico: "Por si só, ou seja, por não ser mais que uma expressão de gracejo, esse *animus* não pode nem deve prevalecer como elemento descaracterizador da ofensa. É evidente. Se a pilhéria alcança o indivíduo, digamos, com o qualificativo de velhaco, isto não quer significar simplesmente que ele esteja livre de sofrer um dano, ainda que não haja intenção afrontosa. Em poucas palavras, a ninguém é dado o direito de atingir a honra alheia, a pretexto de fazer pilhéria, narrar fato, corrigir ou aconselhar, e depois pretender que na sua conduta não havia o menor intuito de ofensa. No caso, o que deve ser considerado é o dano que a pessoa visada venha a sofrer" (Walter Vieira do Nascimento, *A embriaguez e outras questões penais (doutrina – legislação – jurisprudência)*, p. 41). Na jurisprudência: STJ: "Para a caracterização dos crimes de calúnia e difamação é imprescindível que se verifique, além do dolo genérico de realizar os elementos do tipo, um fim específico, isto é, o propósito de ofender ou macular a honra da vítima, consistente no *animus caluniandi* ou *animus diffamandi*" (AgRg no REsp 1.286.531/DF, 5.ª T., rel. Marco Aurélio Bellizze, 02.08.2012, m.v.).

285. Atribuição de fato: costuma-se confundir um mero xingamento com uma calúnia. Dizer que uma pessoa é "estelionatária", ainda que falso, não significa estar havendo uma calúnia, mas sim uma injúria. O tipo penal do art. 214 exige a imputação de *fato* criminoso, o que significa dizer que "no dia tal, às tantas horas, na loja Z, o indivíduo emitiu um cheque sem provisão de fundos". Sendo falso esse *fato*, configura-se a calúnia. Conferir: TJDF: "Se na matéria tida por ofensiva o querelado faz apenas acusações genéricas, insinuando a prática de corrupção passiva e prevaricação por parte de funcionário público, sem apontar qualquer fato específico ou situação concreta em que estes teriam ocorrido, o crime em tese é o de injúria, não de calúnia, vez que para caracterização deste último, é necessário que o agente 'narre um fato, ou seja, uma situação específica, contendo autor, situação e objeto' (Nucci, *Código Penal Comentado*)" (Conflito de Competência 2010.00.2 011490-0-DF, Câm. Crim., rel. Jesuíno Rissato, 01.12.2010, v.u.).

286. Divulgação da calúnia: há uma segunda figura, ainda considerada igualmente calúnia, que é propalar (espalhar, dar publicidade) ou divulgar (tornar conhecido de mais alguém). Entende-se que propalar é mais amplo do que divulgar, embora ambos deem conhecimento do fato falsamente atribuído a terceiros que dele não tinham ciência.

287. Exceção da verdade: trata-se de um incidente processual, que é uma questão secundária refletida sobre o processo principal, merecendo solução antes da decisão da causa ser proferida. É uma forma de defesa indireta, através da qual o acusado de ter praticado calúnia pretende provar a veracidade do que alegou, demonstrando ser realmente autor de fato definido como crime o pretenso ofendido. Em regra, pode o réu ou querelado assim agir porque se trata de interesse público apurar quem é o verdadeiro autor do crime. Imagine-se que Fulano diga ter Beltrano matado alguém em determinada ocasião, mas que o fato não foi devidamente apurado pela polícia. Caso Beltrano o processe, alegando ter sido vítima de calúnia, pode Fulano ingressar com a "exceção da verdade", dizendo que pretende demonstrar a veracidade do alegado, pois o Estado tem interesse em conhecer a autoria do homicídio, crime de ação pública incondicionada. Além disso, se falou a verdade, não está preenchido o tipo penal ("imputar *falsamente* fato definido como crime").

288. Vedação à exceção da verdade referente à ação privada: não pode o querelado ou réu ingressar com a exceção da verdade, pretendendo demonstrar a veracidade do que falou,

Art. 215

Código Penal Militar Comentado • Nucci

quando o fato imputado à vítima constitua crime de ação privada e não houve condenação definitiva sobre o assunto. Note-se a situação: "A" atribui a "B" ter injuriado "C". Este último nada faz a respeito, ou seja, não processa "B", ocorrendo a decadência. Não pode "A", sendo processado por "B", pretender provar a verdade do alegado, pois estaria substituindo-se a "C", único legitimado a processar "B". A única hipótese de "A" levantar a exceção da verdade seria no caso de "C" ter acionado "B", conseguindo a sua condenação definitiva.

289. Vedação à exceção da verdade em razão da pessoa envolvida: não se admite a exceção da verdade quando a calúnia envolver o Presidente da República ou chefe de governo estrangeiro. Seria demais admitir que alguém, num singelo processo, pudesse envolver a figura do chefe do Executivo da nação, imputando-lhe e provando a prática de um delito. Sabe-se da complexidade constitucional para o processo criminal contra o Presidente da República – dependente de autorização da Câmara Federal e sujeito à competência originária do Supremo Tribunal Federal (crimes comuns) ou do Senado Federal (crimes de responsabilidade), conforme disposto no art. 86, *caput*, da Constituição –, de forma que não é concebível resolver-se a esse respeito numa ação penal comum. No tocante ao chefe de governo estrangeiro, a exceção da verdade contra ele oferecida seria totalmente inócua, pois estaria imune à nossa jurisdição, podendo causar um sério incidente diplomático. Em contrário, manifesta-se Vicente Greco Filho, afirmando que essas restrições foram revogadas pela Constituição Federal de 1988, "tendo em vista a plenitude do regime democrático, no qual a verdade não admite restrição à sua emergência, qualquer que seja a autoridade envolvida" (*Manual de processo penal*, p. 387).

290. Vedação à exceção da verdade por ter havido absolvição: é natural que não possa haver exceção da verdade quando o assunto já foi debatido e julgado, em definitivo, pelo Poder Judiciário. No exemplo supramencionado, imagine-se que Fulano imputa a Beltrano a prática de um homicídio, mas Beltrano já foi julgado e absolvido por sentença com trânsito em julgado. Não se pode admitir que Fulano, acusado de calúnia, prove a verdade do que alegou, uma vez que estaria afrontando a coisa julgada.

Difamação

> **Art. 215.** Difamar alguém, imputando-lhe fato ofensivo à sua reputação:[291-293]
>
> Pena – detenção, de 3 (três) meses a 1 (um) ano.
>
> **Parágrafo único.** A exceção da verdade somente se admite se a ofensa é relativa ao exercício da função pública, militar ou civil, do ofendido.[294]

291. Aspectos objetivos: o sujeito ativo pode ser qualquer pessoa humana. No polo passivo, pode-se considerar a possibilidade de ser sujeito passivo, além da pessoa humana, a jurídica, que goza de reputação no seio social. Não olvidemos que o Superior Tribunal de Justiça editou a Súmula 227, mencionando que "a pessoa jurídica pode sofrer dano moral", o que simboliza, em nosso entender, possuir ela renome a preservar, motivo pelo qual pode ser vítima de difamação. Na doutrina, admitem a pessoa jurídica como sujeito passivo do crime de difamação: Paulo José da Costa Júnior (*Comentários ao Código Penal*, 7. ed., p. 426); Cezar Roberto Bitencourt (*Tratado de Direito Penal*, v. 2, p. 354-355). Na doutrina, não admitem a inclusão da pessoa jurídica como sujeito passivo do crime de difamação, salientando que tal postura se deve apenas porque o delito está situado no título referente aos crimes contra a *pessoa* (traduzindo, pois, a física): Magalhães Noronha (*Direito Penal*, v. 2, p. 127); Mirabete

(*Código Penal interpretado*, p. 783). *Difamar* significa desacreditar publicamente uma pessoa, maculando-lhe a reputação. Nesse caso, mais uma vez, o tipo penal foi propositadamente repetitivo. O verbo nuclear já significa imputar algo desairoso a outrem, embora a descrição abstrata feita pelo legislador tenha deixado claro que, no contexto do crime do art. 215, não se trata de qualquer fato inconveniente ou negativo, mas sim de *fato ofensivo à sua reputação*. Com isso, excluiu os fatos definidos como crime – que ficaram para o tipo penal da calúnia – bem como afastou qualquer vinculação à falsidade ou veracidade dos mesmos. Assim, difamar uma pessoa implica em divulgar fatos infamantes à sua honra objetiva, sejam eles verdadeiros ou falsos. Na jurisprudência: TJMSP: "É possível a individualização do sujeito passivo em crime de difamação por meio da referência à função desempenhada. Incorre em crime de difamação o policial militar que de maneira inconsequente, sem qualquer argumento dotado de mínima razoabilidade, solicita investigação de outros policiais militares alegando a existência de venda de policiamento" (Ap. Crim. 007427/2017, 1.ª Câm., rel. Fernando Pereira, j. 06.02.2018); TJMRS: "1 – A imputação de fato de natureza sexual e com conotação ofensiva às vítimas e a observação estética desairosa a uma delas, encetadas em conversas via aplicativo *WhatsApp* de grupo fechado, configura crime de difamação e injúria, que se consuma quando as ofendidas tomam conhecimento dos comentários desonrosos. 2 – Palavras das vítimas dotadas de segurança jurídica necessária, afastando a alegada ilicitude da prova, obtida através de um *print* dos diálogos ofensivos estabelecidos no aplicativo. 3 – Em julgamentos proferidos por Órgão Colegiado, a ausência de assinatura de um dos membros não consubstancia nulidade. Precedentes do STJ. Voto proferido por membro que não assinou a decisão judicial devidamente declarado, nos termos do artigo 438, § 1º, do CPPM. 4 – Os elementos anímicos que compõem os tipos penais em apreço estão evidenciados no conteúdo e nos próprios termos que conformam os comentários aviltantes, sendo indesmentível que, ao contrário de constituírem mera brincadeira travada entre homens em grupo fechado de *WhatsApp*, são palavras que macularam a reputação e a honra das vítimas. Recurso defensivo improvido. Decisão por maioria" (Ap. Crim. 1000051/2017, rel. Maria Emília Moura da Silva, j. 24.05.2017).

292. Imputação de fato: é preciso que o agente faça referência a um acontecimento, que possua dados descritivos como ocasião, pessoas envolvidas, lugar, horário, entre outros, mas não um simples insulto. Dizer que uma pessoa é caloteira configura uma injúria, ao passo que espalhar o fato de que ela não pagou aos credores "A", "B" e "C", quando as dívidas X, Y e Z venceram no dia tal, do mês tal, configura a difamação.

293. Aspectos subjetivos: pune-se o crime quando o agente agir dolosamente. Não há a forma culposa. Entretanto, exige-se o elemento subjetivo do tipo específico, que é a especial intenção de ofender, magoar, macular a honra alheia. Este elemento intencional está implícito no tipo. É possível que uma pessoa fale a outra de um fato desairoso atribuído a terceiro; embora, assim, esteja agindo com *animus narrandi*, ou seja, a vontade de contar algo que ouviu, buscando, por exemplo, confirmação. Embora atitude antiética, não se pode dizer tenha havido difamação. O preenchimento do tipo aparentemente houve (o dolo existiu), mas não a específica vontade de macular a honra alheia (o que tradicionalmente chama-se "dolo específico"). Nesse prisma: STJ: "Para a caracterização dos crimes de calúnia e difamação é imprescindível que se verifique, além do dolo genérico de realizar os elementos do tipo, um fim específico, isto é, o propósito de ofender ou macular a honra da vítima, consistente no *animus caluniandi* ou *animus diffamandi*" (AgRg no REsp 1.286.531/DF, 5.ª T., rel. Marco Aurélio Bellizze, 02.08.2012, m.v.).

294. Exceção da verdade: a definição já foi dada nos comentários ao art. 214, § 2.º. Neste caso, no entanto, há uma particularidade: não se aceita a prova da verdade como regra geral,

Art. 216

Código Penal Militar Comentado • Nucci

pois é indiferente que o fato infamante seja verdadeiro ou falso. Ao tratar do funcionário público, dizendo respeito às suas funções, ao contrário, é interesse do Estado apurar a veracidade do que está sendo alegado. Trata-se de finalidade maior da Administração punir funcionários de má conduta. Assim, caso alguém diga que determinado funcionário retardou seu serviço, em certa repartição, porque foi cuidar de interesses particulares, admite-se prova da verdade, embora não seja crime. É um fato de interesse do Estado apurar e, se for o caso, punir.

Injúria

> **Art. 216.** Injuriar alguém, ofendendo-lhe a dignidade ou o decoro:[295-297]
>
> Pena – detenção, até 6 (seis) meses.
>
> § 1.º O juízo pode deixar de aplicar a pena:[297-A-297-B]
>
> I – quando o ofendido, de forma reprovável, provocou diretamente a injúria;
>
> II – no caso de retorsão imediata, que consista em outra injúria.

Injúria qualificada

> § 2.º Se a injúria consiste na utilização de elementos referentes a raça, a cor, a etnia, a religião, a origem, a orientação sexual ou a condição de pessoa idosa ou com deficiência:[297-C]
>
> Pena – reclusão, de 1 (um) a 3 (três) anos.

295. Aspectos objetivos: o sujeito ativo pode ser qualquer pessoa humana. No polo passivo, pode-se considerar a possibilidade de ser sujeito passivo apenas a pessoa humana. A jurídica, em que pese gozar de reputação no seio social, não tem "amor-próprio" a ser atingido. *Injuriar* significa ofender ou insultar (vulgarmente, xingar). No caso presente, isso não basta. É preciso que a ofensa atinja a dignidade (respeitabilidade ou amor-próprio) ou o decoro (correção moral ou compostura) de alguém. Portanto, é um insulto que macula a honra subjetiva, arranhando o conceito que a vítima faz de si mesma. Na jurisprudência: STM: "1. É de amplo conhecimento que, no âmbito militar, é utilizado um linguajar específico, dotado de significado próprio, de forma que as expressões 'padrão lixo' e 'fardamento lixo', quando utilizadas num contexto de crítica a um comportamento não desejado, despidas da intenção de aviltar a dignidade ou o decoro, não ensejam a tutela do Direito Penal Militar. 2. Sentença mantida. Apelo não provido. Unanimidade" (Ap. 0000098-54.2015.7.07.0007, rel. Carlos Augusto de Sousa, j. 20.04.2017); TJMRS: "1 – A imputação de fato de natureza sexual e com conotação ofensiva às vítimas e a observação estética desairosa a uma delas, encetadas em conversas via aplicativo *WhatsApp* de grupo fechado, configura crime de difamação e injúria, que se consuma quando as ofendidas tomam conhecimento dos comentários desonrosos. 2 – Palavras das vítimas dotadas de segurança jurídica necessária, afastando a alegada ilicitude da prova, obtida através de um *print* dos diálogos ofensivos estabelecidos no aplicativo. 3 – Em julgamentos proferidos por Órgão Colegiado, a ausência de assinatura de um dos membros não consubstancia nulidade. Precedentes do STJ. Voto proferido por membro que não assinou a decisão judicial devidamente declarado, nos termos do artigo 438, § 1º, do CPPM. 4 – Os elementos anímicos que compõem os tipos penais em apreço estão evidenciados no conteúdo e nos próprios termos que conformam os comentários aviltantes, sendo indesmentível que, ao contrário de constituírem mera brincadeira travada entre homens em grupo fechado de *WhatsApp*, são palavras que macularam a reputação e a honra das vítimas. Recurso defensivo improvido. Decisão por maioria" (Ap. Crim. 1000051/2017, rel. Maria Emília Moura da Silva, j. 24.05.2017).

296. Aspectos subjetivos: pune-se o crime quando o agente agir dolosamente. Não há a forma culposa. Entretanto, exige-se o elemento subjetivo do tipo específico, que é a especial intenção de ofender, magoar, macular a honra alheia. Este elemento intencional está implícito no tipo. É possível que uma pessoa ofenda outra, embora assim esteja agindo com *animus criticandi* ou até *animus corrigendi*, ou seja, existe a especial vontade de criticar uma conduta errônea para que o agente não torne a fazê-la. Embora muitas vezes quem corrige ou critica não tenha tato para não magoar outra pessoa, não se pode dizer tenha havido injúria. O preenchimento do tipo aparentemente pode haver (o dolo existiu), mas não a específica vontade de macular a honra alheia (o que tradicionalmente chama-se "dolo específico"). Na jurisprudência: STM: "I – A inexistência do elemento subjetivo pertinente ao delito de injúria – *animus injuriandi* – afasta a caracterização formal do crime, que exige a presença do dolo específico, o propósito de ofender, sem o qual não se aperfeiçoa a figura típica em questão. II – As denominadas excludentes anímicas desempenham papel de grande relevo, pelo fato da sua ocorrência implicar em descaracterização do elemento subjetivo inerente ao crime, pois o dolo jamais resulta da própria expressão considerada ofensiva e não pode ser presumido. A determinação finalística do agir deve necessariamente ser analisada para a realização do juízo de tipicidade penal. III – Da análise das provas acostadas aos autos e ao considerar contexto em que se deram os diálogos, verifica-se que a conduta do Apelado possuía a clara intenção de disciplinar, o denominado *animus corrigendi vel disciplinandi*. IV – Não restou comprovada a vontade livre e consciente do Acusado de ofender, de modo a atingir a honra do Ofendido, o que afasta a configuração do crime do art. 216 do CPM, por absoluta falta de dolo específico do tipo – *animus injuriandi*. Diante da inexistência de elemento subjetivo essencial à caracterização da infração penal em causa, a conduta será atípica. V – Recurso conhecido e desprovido" (Apelação n.º 7000176-03.2019.7.00.0000, rel. Péricles Aurélio Lima de Queiroz, 01.08.2019, v.u.).

297. Exceção da verdade: é inadmissível, pois não se pode pretender provar um insulto ou uma afronta. A mágoa gerada subjetivamente é impossível de ser, judicialmente, desmentida. Seria esdrúxula a possibilidade de alguém que chamou outra pessoa de "imbecil" ter condições legais de provar tal afirmativa. Transformar-se-ia o Judiciário num palco inesgotável de provas ilógicas e impossíveis, pois a ninguém é dado o direito de emitir opiniões negativas acerca de outras pessoas.

297-A. Perdão judicial: trata-se de uma causa de extinção da punibilidade, quando o Estado, diante de circunstâncias especiais, crê não ser cabível punir o agente. É indispensável que o perdão judicial esteja previsto expressamente em lei, como é o caso presente, pois, uma vez configurado o crime, a pena seria indeclinável. Segundo atual orientação dominante, a decisão que concede o perdão é declaratória de extinção da punibilidade, não representando qualquer ônus primário ou secundário para o réu.

297-B. Provocação e retorsão: a hipótese da provocação reprovável equivale à violenta emoção, seguida de injusta provocação da vítima. Aquele que provoca outra pessoa, indevidamente, até tirar-lhe o seu natural equilíbrio, pode ser vítima de uma injúria. Embora não seja correto, nem lícito, admitir que o provocado ofenda o agente provocador, é causa de extinção da punibilidade. Não haveria razão moral para o Estado punir quem injuriou a pessoa que o provocou. Quanto à retorsão imediata, cuida-se de modalidade anômala de "legítima defesa". Quem foi ofendido, devolve a ofensa. Mais uma vez: embora não seja lícita a conduta, pois a

Art. 217

legítima defesa destina-se, exclusivamente, a fazer cessar a agressão injusta que, no caso da injúria, já ocorreu, é preciso ressaltar que o ofendido tem em mente devolver a ofensa para livrar-se da pecha a ele dirigida. Trata-se de uma maneira comum dos seres humanos sentirem-se recompensados por insultos recebidos. A devolução do ultraje acaba, internamente, compensando quem a produz. Por isso, o Estado acaba perdoando o agressor.

297-C. Injúria qualificada: a inclusão desta figura qualificada ostenta aspectos atuais e, ao mesmo tempo, defasados. A inovação diz respeito à inclusão de elementos relativos à orientação sexual, o que não foi acolhido, ainda, pelo Código Penal comum. Por outro lado, o aspecto desatualizado diz respeito a raça, cor, etnia e origem, que já migraram para a Lei 7.716/1989, considerada a injúria com tais elementos como prática de racismo. Restou no Código Penal os fatores concernentes à religião, condição de pessoa idosa ou com deficiência. Vale ressaltar, ainda, a desatualização quanto à injúria em relação à orientação sexual, porque o STF proclamou ser, igualmente, prática de racismo.

Injúria real

> **Art. 217.** Se a injúria consiste em violência, ou outro ato que atinja a pessoa, e, por sua natureza ou pelo meio empregado, se considera aviltante:[298-299]
>
> Pena – detenção, de 3 (três) meses a 1 (um) ano, além da pena correspondente à violência.[300]

298. Aspectos objetivos: a violência implica ofensa à integridade corporal de outrem, enquanto outro ato que atinja a pessoa representa a via de fato, ou seja, uma forma de violência que não chega a lesionar a integridade física ou a saúde de uma pessoa. Um tapa pode produzir um corte no lábio da vítima, configurando violência, mas pode também não deixar ferimento, representando a via de fato. É possível que o agente prefira produzir um insulto dessa forma, o que, aliás, é igualmente infamante. Neste caso, se tiver havido violência, há concurso da injúria com o delito de lesões corporais. Circunscrevendo-se, unicamente, às vias de fato, fica a contravenção absorvida pela injúria chamada *real*. Não é qualquer lesão corporal ou agressão física que se configura em injúria real, ainda que possa haver a intenção especial do agente em humilhar o adversário. É indispensável que tal agressão seja considerada *aviltante* – humilhante, desprezível – através do meio utilizado ou pela sua própria natureza.

299. Aspectos subjetivos: pune-se o crime quando o agente agir dolosamente. Não há a forma culposa. Entretanto, exige-se o elemento subjetivo do tipo específico, que é a especial intenção de ofender, magoar, macular a honra alheia. Este elemento intencional está implícito no tipo. Na jurisprudência: STM: "Para a caracterização do crime de injúria real, previsto no art. 217 do CPM, é necessária a presença do dolo específico no tipo penal em comento, qual seja, o *animus injuriandi*, com natureza aviltante" (Ap. 0000252-83.2014.7.01.0101, rel. José Barroso Filho, j. 12.12.2017).

300. Sistema da acumulação material: significa que, embora a conduta seja única – a injúria é praticada por meio de violência – além da pena prevista para a figura básica da injúria real, acrescenta-se também a punição pela violência.

Disposições comuns

> **Art. 218.** As penas cominadas nos antecedentes artigos deste capítulo aumentam-se de 1/3 (um terço), se qualquer dos crimes é cometido:[301]

> I – contra o Presidente da República ou chefe de governo estrangeiro;[302]
>
> II – contra superior;[303]
>
> III – contra militar ou servidor público, em razão das suas funções;[304]
>
> IV – na presença de 2 (duas) ou mais pessoas ou de inferior hierárquico do ofendido, ou por meio que facilite a divulgação da calúnia, da difamação ou da injúria.[305]
>
> **Parágrafo único.** Se o crime é cometido mediante paga ou promessa de recompensa, aplica-se a pena em dobro, se o fato não constitui crime mais grave.[306]

301. Causas de aumento da pena: há razões especiais para tornar mais grave o delito contra a honra. Vêm tais motivos expostos no art. 218, obrigando o magistrado a aumentar em uma cota fixa de um terço, preestabelecida pelo legislador, a pena do réu.

302. Honra do Presidente da República ou de chefe de governo estrangeiro: entendeu o legislador ser especialmente grave o ataque à honra, objetiva ou subjetiva, do representante maior de uma nação, seja ela brasileira (Presidente da República), seja estrangeira. A mácula à reputação dessas pessoas, em razão do alto cargo por elas ocupado, pode ter repercussão muito maior do que se se tratar de qualquer outro indivíduo, mesmo porque tende a ofender, em muitos casos, a própria coletividade por elas representada. Note-se que nem mesmo é permitida a exceção da verdade, nesse contexto, quando há calúnia. É possível configurar delito contra a segurança nacional, quando o crime contra a honra tem motivação política ou atentatória aos ditames democráticos e interesses do Estado (vide Lei 7.170/83).

303. Honra de superior: em função da rígida disciplina e da hierarquia militar, quando o superior é vítima do subordinado, é lógica a agravação da pena.

304. Honra de militar ou funcionário público civil: trata-se de uma causa de aumento que leva em consideração o interesse maior da Administração. Do mesmo modo que se permite a exceção da verdade tanto no contexto da calúnia quanto no da difamação, a fim de se saber se o funcionário público praticou crime ou qualquer outro fato desabonador, pune-se, com maior rigor, quem o ofenda, no *exercício das suas funções*, levianamente.

305. Facilitação da divulgação da agressão à honra: tendo em vista que os delitos contra a honra afetam substancialmente a reputação e o amor-próprio da vítima, é natural punir com maior rigor o agente que se valha de meio de fácil propagação da calúnia, da difamação ou da injúria. Ao ofender alguém na presença de duas ou mais pessoas como, por exemplo, no meio de uma solenidade ou de uma festa, faz-se com que o dano à imagem seja potencialmente maior. Por outro lado, é possível que o instrumento utilizado, ainda que não se esteja diante de muitos destinatários, facilite, igualmente, a propagação do agravo (ex.: mandar pintar frases ofensivas no muro externo da casa da vítima).

306. Causa de aumento de motivação torpe: o parágrafo único prevê a hipótese de o agente atuar fundamentado em motivo torpe (particularmente vil, repugnante), consistente em paga (recebimento de qualquer soma em dinheiro ou outra vantagem) ou promessa de recompensa (expectativa de auferir vantagem ou dinheiro). Poderia estar figurando dentre as causas expostas nos incisos, mas, tendo em vista a maior punição (dobra a pena), viu-se o legislador levado a destacar a causa de aumento em tópico à parte. Mesmo assim, a situação é subsidiária; somente se aplica o aumento quando inexistir delito mais grave a punir.

Art. 219

Código Penal Militar Comentado • Nucci

Ofensa às forças armadas

> **Art. 219.** Propalar fatos, que sabe inverídicos, capazes de ofender a dignidade ou abalar o crédito das forças armadas ou a confiança que estas merecem do público:[307-308]
>
> Pena – detenção, de 6 (seis) meses a 1 (um) ano.
>
> **Parágrafo único.** A pena será aumentada de 1/3 (um terço), se o crime é cometido pela imprensa, rádio ou televisão.[309]

307. Aspectos objetivos: o sujeito ativo pode ser qualquer pessoa (militar ou civil); o passivo são as Forças Armadas. Na realidade, qualquer crime contra a honra exige a determinação do sujeito passivo, seja como pessoa física, seja como jurídica. É fundamental a precisão de quem se trata, pois se lida com a imagem de alguém, não sendo admissível "ofender" um ente sem personalidade jurídica, como o Estado, o Brasil, a Polícia etc. No caso do tipo do art. 219, embora as Forças Armadas não possuam personalidade jurídica, abre-se exceção legal para estabelecer crime contra a honra. Não nos parece seja compatível com o princípio da intervenção mínima tal previsão, além de excessiva para o cenário do Estado Democrático de Direito, até porque outras instituições não gozam da mesma proteção. *Propalar* significa divulgar ou espalhar algo. O tipo especifica sejam *fatos* inverídicos, aptos a prejudicar a imagem das forças armadas ou a confiança que elas merecem da sociedade. Lembre-se que *fatos* são acontecimentos, que demandam *conduta + resultado*, não bastando proferir simples insultos ou xingamentos. Nesse campo, inexiste *injúria* contra pessoa jurídica ou instituição, visto não possuírem *autoestima* a preservar. Tutela-se a honra objetiva das Forças Armadas. Somente se admite tentativa se a ofensa se der na forma escrita.

308. Aspectos subjetivos: exige-se o dolo direto, advindo da expressão *que sabe inverídicos*. Por outro lado, demanda-se o elemento subjetivo específico, consistente no *animus diffamandi* – a especial intenção de conspurcar a imagem do sujeito passivo. Não há a forma culposa.

309. Causa de aumento de pena: o meio facilitado de divulgação da ofensa, relativo à imprensa escrita, radio ou televisão, hoje se podendo incluir a internet, impulsiona o agravamento da sanção penal. Afinal, a imagem do sujeito passivo pode ser lesada com maior amplitude.

Exclusão de pena[310]

> **Art. 220.** Não constitui ofensa punível, salvo quando inequívoca a intenção de injuriar, difamar ou caluniar:
>
> I – a irrogada em juízo, na discussão da causa, por uma das partes ou seu procurador contra a outra parte ou seu procurador;[311-312]
>
> II – a opinião desfavorável da crítica literária, artística ou científica;[313]
>
> III – a apreciação crítica às instituições militares, salvo quando inequívoca a intenção de ofender;[314]
>
> IV – o conceito desfavorável em apreciação ou informação prestada no cumprimento do dever de ofício.[315]
>
> **Parágrafo único.** Nos casos dos ns. I e IV, responde pela ofensa quem lhe dá publicidade.[316]

Art. 220

327   Título IV – Dos crimes contra a pessoa

310. Exclusão do crime: embora a terminologia deste Código refira-se à exclusão da pena, o correto é a previsão formulada no Código Penal comum, no sentido de se tratar de excludente de *delito*, pela ausência de ilicitude. As circunstâncias elencadas no art. 220 são imunidades, vale dizer, condutas lícitas por parte de quem as pratica. Por outro lado, quando se cuida de extinção da punibilidade, lida-se com medida de política criminal, embora se possa dizer que houve crime. Não nos parece, exemplificando, que o crítico literário, emitindo opinião desfavorável, cometa um delito contra a honra. Cuida-se o exercício regular da sua liberdade de manifestação do pensamento, sem que se configure o *animus injuriandi vel diffamandi*. Aplica-se a todos os delitos contra a honra, sem qualquer exceção, pois o cerne de todos eles foi abrangido pelas imunidades do art. 220. Ilustrando, o crime de ofensa às Forças Armadas (art. 219) não passa de uma difamação específica.

311. Imunidade judiciária: a primeira excludente de ilicitude diz respeito à imunidade auferida por quem litiga em juízo, terminando por se descontrolar, proferindo ofensas contra a parte contrária. É sabido que o calor dos debates, trazidos por uma contenda judicial, pode estimular os indivíduos envolvidos a perder o equilíbrio, exagerando nas qualificações e comentários desairosos. Exige-se, no entanto, que haja uma relação processual instaurada, pois é esse o significado da expressão "irrogada em juízo", além do que o autor da ofensa precisa situar-se em local próprio para o debate processual. Não teria cabimento a utilização desta excludente, por exemplo, quando o agente encontrasse a vítima, com quem mantém uma lide, em outra cidade, distante do fórum, ofendendo-a. Cremos, ainda, que a palavra "juízo" possui um significado específico, ligando-se ao exercício da jurisdição, típico do Poder Judiciário, e não a qualquer tipo de processo ou procedimento (estariam excluídos, pois, os processos administrativos, os inquéritos policiais, entre outros). Neste mesmo sentido, a despeito de doutas opiniões em contrário, está o magistério de Marcelo Fortes Barbosa (*Crimes contra a honra*, p. 68).

312. Ofensa ao magistrado: não se beneficia da excludente, visto que o juiz não pode ser considerado, no sentido abraçado pelo tipo penal permissivo, parte no processo e não tem interesse algum na discussão da causa; ao contrário, deve julgá-la com imparcialidade. Por isso, qualquer ultraje dirigido ao magistrado pode ser punido, sem que a parte se valha da imunidade. Conferir: STJ: "Trata-se de *habeas corpus* substitutivo de recurso ordinário impetrado pela OAB em favor de advogada, ora paciente, inscrita em seus quadros que fora denunciada pela prática, em tese, das condutas tipificadas nos arts. 138 (duas vezes) e 140, ambos c/c 141, II, e 331, todos do CP, em virtude de ter adentrado a sala de audiência, presidida por magistrado, com trabalhos ainda em curso referentes a outro processo do qual a paciente não era advogada regularmente constituída. Interrompeu a referida audiência, jogou petição sobre a mesa do juiz e lhe exigiu despacho imediato. Diante da recusa do magistrado, atribuiu a ele a prática do crime de prevaricação e abuso de autoridade. Alega a impetrante, em síntese, carência de justa causa para a ação penal, aduzindo, para tanto, que as condutas imputadas à paciente são atípicas, pois se deram no exercício legal da advocacia e, ainda, por estarem *acobertadas pela imunidade constitucional assegurada aos advogados no propósito de defesa de seus constituintes*. Nesse contexto, a Turma concedeu, parcialmente, a ordem para trancar a ação penal tão somente quanto ao crime de calúnia (por suposta imputação falsa do delito de prevaricação), sob argumento de não ter havido, *in casu*, imputação concreta da prática de prevaricação pelo magistrado, visto que a paciente, ao descrever os fatos, não declinou, como determina o tipo do art. 319 do CP, quais seriam os interesses ou sentimentos pessoais que o magistrado buscaria satisfazer com sua ação. (...) Ressaltou-se que, quanto ao crime de calúnia com substrato em abuso de autoridade, o fato imputado ao magistrado não consiste tão somente em ter recusado despacho à petição, mas sim tê-lo feito abusando de sua autoridade, constituindo, assim, a elementar da falsidade, imputação descrita na denúncia, não merecendo

Art. 220

Código Penal Militar Comentado • Nucci

acolhimento a alegação de atipicidade objetiva e subjetiva da conduta. Precedentes citados do STF: HC 81.517-SP, *DJ* 14.06.2002; HC 69.085-RJ, *DJ* 26.03.1993; do STJ: HC 20.648-AM, *DJ* 24.03.2003; RHC 9.847-BA, *DJ* 27.08.2001; RHC 9.778-RJ, *DJ* 05.02.2001, e RHC 9.277-PB, *DJ* 04.09.2000" (HC 71.407-SP, 5.ª T., rel. Felix Fischer, 02.10.2008, *Informativo* STJ 370, grifamos).

313. Imunidade literária, artística e científica: esta causa de exclusão diz respeito à liberdade de expressão nos campos literário, artístico ou científico, permitindo que haja crítica acerca de livros, obras de arte ou produções científicas de toda ordem, ainda que sejam pareceres ou conceitos negativos. Ocorre que da redação eleita pelo legislador denota-se a fragilidade do seu conteúdo. Emitir uma opinião desfavorável em relação a um livro publicado, por exemplo, com a intenção de injuriar o seu autor é situação não protegida pela excludente, conforme se vê da ressalva final: "(...) salvo quando inequívoca a intenção de injuriar, difamar ou caluniar". Entretanto, se o conceito negativo emitido não contiver a intenção de ofender, seria considerado um fato lícito. Ocorre que, como visto linhas acima, para a concretização de um crime contra a honra é indispensável haver, além do dolo, o elemento subjetivo do tipo específico, que é justamente a especial vontade de ofender a vítima. Inexistindo tal intenção, o fato é atípico. Portanto, a excludente em questão é despicienda. Havendo intenção de ofender na crítica literária, artística ou científica, preenchido está o tipo penal e a excludente de ilicitude (imunidade) não se aplica. Não estando presente a vontade de injuriar ou difamar, antes mesmo de se falar na excludente de antijuridicidade, é preciso considerar que o tipo penal não está configurado.

314. Imunidade crítica: esta previsão é exclusive do Código Penal Militar, não encontrando similar na legislação penal comum. Deve-se ao fato de ser rigorosa a disciplina militar, não se admitindo que os integrantes das Forças Armadas, especialmente os subalternos, façam críticas à instituição. Ao menos no contexto dos crimes, confere-se imunidade a tais críticas, mesmo que possa haver alguma punição disciplinar.

315. Imunidade funcional: o funcionário público, cumprindo dever inerente ao seu ofício, pode emitir um parecer desfavorável, expondo opinião negativa a respeito de alguém, passível de macular a reputação da vítima ou ferir a sua dignidade ou o seu decoro, embora não se possa falar em ato ilícito, pois o interesse da Administração Pública deve ficar acima dos interesses individuais. Não teria sentido o funcionário deter-se nos seus comentários somente porque, em tese, alguém se sentiria ofendido, dando margem a uma ação penal por injúria ou difamação. No caso presente, mesmo que haja interesse do funcionário em injuriar ou difamar terceiro – configurando fato típico –, não será considerado ilícito caso esteja o agente no exercício do seu mister, bem como no interesse particular do Estado. Na jurisprudência: TJRS: "Consoante dispõe o art. 142, inc. III, do Código Penal, não constituem injúria ou difamação punível o conceito desfavorável emitido por funcionário público, em apreciação ou informação que preste no cumprimento de dever do ofício. A imunidade é irrestrita, com exceção daquele que dá publicidade à difamação ou à injúria, nos termos do parágrafo único do precitado dispositivo legal. Neste sentido, doutrina de Nelson Hungria, Guilherme de Souza Nucci e José Henrique Pierangeli" (Ap. 70030669469-RS, 2.ª Câm. Crim., rel. Marlene Landvoigt, 23.09.2010, v.u.).

316. Ressalva da divulgação: a ofensa produzida em juízo, no debate da causa, pela parte ou seu procurador, bem como aquela que estiver contida num parecer funcional, no interesse da Administração, precisam ficar restritas ao cenário onde foram produzidas. Não é aceitável que um terceiro, que não é parte, nem tampouco funcionário público, possa propagar o conceito negativo acerca de alguém impunemente. Afinal, muitas vezes, a injúria, a difamação ou a calúnia, quando circunscritas num processo judicial (caso do inc. I) ou administrativo (caso do inc. IV), ganha divulgação estreita e limitada, o que causa menor dano à parte ofendida. O terceiro, agindo com especial intenção de manchar a reputação ou magoar a vítima, merece punição. Não tratou a ressalva deste parágrafo das figuras dos incs. II e III porque, como regra, o parecer desfavorável no contexto literário, artístico ou científico é feito publicamente, portanto, passível de divulgação sem controle, o mesmo se dando em relação às críticas às Forças Armadas.

Equivocidade da ofensa

> **Art. 221.** Se a ofensa é irrogada de forma imprecisa ou equívoca,[317] quem se julga atingido pode pedir explicações em juízo.[318] Se o interpelado se recusa a dá-las ou, a critério do juiz, não as dá satisfatórias, responde pela ofensa.[319]

317. Ofensa duvidosa: *q*uando alguém profere uma frase dúbia, pela qual, por dedução, consegue-se chegar à conclusão de que se trata de uma ofensa, tem-se o mecanismo da "inferência". Não há certeza da intenção ofensiva – como no caso de o agente dizer expressamente que "Fulano é ladrão" –, pois os meios utilizados são mascarados. Ex.: numa roda de pessoas, alguém diz: "não sou eu o autor das subtrações que têm ocorrido nesta repartição". Pode ser difícil interpretar a frase. Por vezes, o seu autor quer referir-se a alguém que ali está, ofendendo-o indiretamente. Noutras ocasiões, é apenas uma coincidência, ou seja, quem falou não está com a intenção de macular a imagem de ninguém, embora tenha deixado impressão contrária. Para sanar a dúvida, faz-se o pedido de explicações.

318. Pedido de explicações em juízo: a despeito de ser uma previsão formulada no Código Penal Militar, cremos tratar-se de instituto pertinente ao processo penal. O crime contra a honra existe ou não existe – o que não se pode admitir é o meio-termo. Por isso, se alguém profere expressões ou conceitos dúbios a respeito de outrem, não se trata de problema a ser disciplinado no contexto de direito material. Melhor situado estaria o art. 221 do Código Penal Militar no Código de Processo Penal Militar, conferindo à parte pretensamente ofendida um instrumento procedimental para esclarecer a dúvida gerada: se o agente confirmar o agravo, nitidamente concretizado estará o tipo penal do crime contra a honra; caso negue, estar-se-ia tratando de fato atípico, erroneamente interpretado pela vítima. Assim, não nos parece uma disciplina de Direito Penal material. Ainda assim, o artigo em questão vincula-se à dubiedade de referências que uma pessoa faz à outra, sem evidenciar, com clareza, o seu intuito. Estaríamos diante de um crime camuflado ou de um flagrante equívoco. Se a frase ou menção foi emitida sem qualquer maldade ou intenção de ofender, inexiste fato típico; caso tenha sido proferida com vontade de caluniar, difamar ou injuriar, há crime. O sujeito que se sente ultrajado, mas não tem certeza da intenção do autor, pode pedir explicações em juízo. Nesse procedimento, não haverá um julgamento de mérito do juiz, mas a simples condução do esclarecimento da dúvida. Havendo recusa a dar as explicações ou deixando de fornecê-las satisfatoriamente, fica o agente sujeito a ser processado pela prática de crime contra a honra. Esclarecendo, no entanto, o mal-entendido, livra-se de um processo criminal.

319. Consequência das explicações: tratando-se de um procedimento processual equivalente ao da notificação judicial, não se tem qualquer tipo de análise de mérito quanto à existência de crime contra a honra. Por isso, como sustentamos, viria mais bem disciplinado, inclusive com o procedimento cabível, no Código de Processo Penal Militar, o *pedido de explicações*. Na sua falta, deve-se destacar somente que a frase "responde pela ofensa" significa, unicamente, que o agente do delito contra a honra pode ser criminalmente processado. Não se condena ninguém no singelo "pedido de explicações".

Art. 222

Código Penal Militar Comentado • Nucci   330

Capítulo VI
Dos crimes contra a liberdade

Seção I
Dos crimes contra a liberdade individual

Constrangimento ilegal

> **Art. 222.** Constranger alguém, mediante violência ou grave ameaça, ou depois de lhe haver reduzido, por qualquer outro meio, a capacidade de resistência, a não fazer o que a lei permite, ou a fazer ou a tolerar que se faça, o que ela não manda:[320-321]
>
> Pena – detenção, de 3 (três) meses a 1 (um) ano.[322]

Aumento de pena

> § 1.º A pena aplica-se em dobro, quando, para a execução do crime, se reúnem mais de três pessoas, ou há emprego de arma, ou quando o constrangimento é exercido com abuso de autoridade, para obter de alguém confissão de autoria de crime ou declaração como testemunha.[323]
>
> § 2.º Além da pena cominada, aplica-se a correspondente à violência.[324]

Exclusão de crime[325]

> § 3.º Não constitui crime:
>
> I – salvo o caso de transplante de órgãos, a intervenção médica ou cirúrgica, sem o consentimento do paciente ou de seu representante legal, se justificada para conjurar iminente perigo de vida ou de grave dano ao corpo ou à saúde;[326]
>
> II – a coação exercida para impedir suicídio.[327]

320. Aspectos objetivos: o sujeito ativo pode ser qualquer pessoa, o mesmo acontecendo com o passivo, desde que possua autodeterminação (um doente mental, por exemplo, não a possui). Excepcionalmente, tratando-se de funcionário público, que, no exercício da sua função, provoca o constrangimento indevido, pode constituir-se abuso de autoridade – crime previsto em lei especial. *Constranger* significa forçar alguém a fazer alguma coisa ou tolher seus movimentos para que deixe de fazer. A violência e grave ameaça são os meios primários de se cometer o delito de constrangimento ilegal. A violência há de ser física contra a pessoa, enquanto a grave ameaça representa uma intimidação, contendo a promessa de promover contra a pessoa um mal futuro e sério. É da tradição do Direito Penal brasileiro, ao se valer do termo *violência*, referir-se à física, embora a grave ameaça não deixe de representar uma violência moral. Inicialmente, o tipo penal fornece as duas maneiras comuns de se cometer o constrangimento ilegal (violência ou grave ameaça), para, em seguida, generalizar, aceitando qualquer outro meio hábil a reduzir a capacidade de resistência da vítima. É natural supor que a violência e a grave ameaça são exemplos de meios pelos quais a capacidade de resistir ao constrangimento é diminuída ou até anulada. Outras atitudes que sejam análogas podem favorecer a configuração do tipo penal. Exemplo:

o sujeito fornece algum tipo de entorpecente para a vítima, a fim de impedi-la de agir no sentido que pretendia. Tutela-se a liberdade individual.

321. Aspectos subjetivos: exige-se dolo. Não existe a forma culposa. A despeito de opiniões em contrário, cremos que não há elemento subjetivo do tipo específico (dolo específico). As expressões "a não fazer o que lei permite" e "a fazer o que ela não manda" constituem elementos objetivos do tipo, e não subjetivos. Não se trata do propósito especial do agente, pois o constrangimento somente é ilegal, caracterizando-se como figura típica incriminadora, caso haja a realização de algo que a lei não manda ou a não realização do que ela permite. Quando o agente deste delito pratica a conduta, não tem (e não precisa ter) a visão *especial* de estar descumprindo a lei, mas única e tão somente necessita tolher a liberdade alheia em desacordo com o determinado pelo ordenamento jurídico. Assim, basta o dolo (na visão tradicional, o dolo genérico). Defender o contrário, ou seja, exigir a necessidade de "finalidade específica" significa sustentar que o crime de constrangimento ilegal seria inteligível sem o complemento ("a não fazer o que a lei permite" ou a "fazer o que ela não manda"), o que não é verdade. Retirando-se a última parte, que seria somente um fim especial de agir, o que resta do crime? "Constranger alguém, mediante violência ou grave ameaça, ou depois de lhe haver reduzido, por qualquer outro meio, a capacidade de resistência", por si só, não quer dizer nada sem que se saiba no que consiste o constrangimento, ou seja, a situação de compressão. O dolo estaria presente numa figura genérica que, no entanto, não quer dizer nada sem o seu devido complemento? Quem iria querer constranger alguém a nada? Daí por que entendemos ser crime sujeito apenas ao dolo genérico, pois a parte final do tipo penal é apenas um elemento objetivo (normativo) do tipo.

322. Inovação quanto à pena: a Lei 14.688/2023 alterou a pena para detenção, de 3 meses a 1 ano, não havendo mais a figura subsidiária.

323. Causa de aumento da pena: havendo a participação de pelo menos quatro pessoas, deve o juiz dobrar a pena aplicada em face da maior gravidade objetiva. O mesmo se dá quando o agente se vale de emprego de arma – própria (instrumentos destinados especificamente para ataque e defesa) ou imprópria (instrumentos destinados a fins diversos, mas usados como arma em caráter excepcional). Outras circunstâncias, exclusivas do Código Penal Militar, voltam-se ao abuso de poder, típico de quem é autoridade, valendo-se disso para constranger alguém a confessar a autoria de um delito ou fornecer declaração como testemunha. Na legislação comum, essa espécie de constrangimento – para obrigar à confissão ou declaração – configura o crime de tortura (art. 1.º, I, *a*, Lei 9.455/97).

324. Sistema da acumulação material: há situações em que o legislador estabelece uma punição mais severa, sem implicar em *bis in idem*. É o que ocorre com o constrangimento ilegal. Para que se configure, torna-se necessária a atuação do agente com violência ou grave ameaça – ou outro meio capaz de reduzir a resistência da vítima – motivo pelo qual o resultado proveniente da referida violência (lesões corporais, por exemplo), não deveria ser objeto de punição. Como regra, assim ocorre (veja-se o exemplo do roubo – art. 157 – onde pode haver o emprego de violência e esta não é punida à parte). Mas, por entender que a utilização da violência torna a infração particularmente grave, impõe-se, legalmente, que, além das penas cominadas ao delito de constrangimento ilegal, deve o magistrado aplicar, ainda, a resultante do crime originário da violência utilizada.

325. Excludente de ilicitude: neste Código, as circunstâncias do art. 222, § 3.º, constituem causas de exclusão do crime, pelo afastamento da ilicitude; diversamente, na legislação penal comum, caracterizam-se as mesmas circunstâncias pela atipicidade (art. 146, § 3.º).

Art. 223

Código Penal Militar Comentado • Nucci

326. Intervenção médico-cirúrgica: é possível que um paciente, correndo risco de vida, não queira submeter-se à intervenção cirúrgica, determinada por seu médico, seja porque tem medo, seja porque deseja morrer ou por qualquer outra razão. Entretanto, já que a vida é bem indisponível, a lei fornece autorização para que o médico promova a operação ainda que a contragosto. Não se trata de *constrangimento ilegal*, tendo em vista a exclusão da ilicitude. Como se disse, não houvesse tal dispositivo, ainda assim o médico poderia agir, embora acobertado pelo estado de necessidade, que exclui, também, a antijuridicidade. No Código Penal Militar, acrescentou-se a ressalva de não ser viável a intervenção cirúrgica no caso de transplante de órgãos, visto que, à época de sua edição (1969), tal medida era ilícita. Hoje, há lei específica tutelando o assunto e autorizando o transplante em determinadas circunstâncias.

327. Impedimento de suicídio: o suicídio é conduta ilícita, pois a vida, como se salientou, é protegida constitucionalmente e considerada bem indisponível. Portanto, quem tenta se matar pode ser impedido, à força, se preciso for, por outra pessoa. Essa coação será considerada *lícita*. Ainda que não houvesse tal dispositivo, qualquer um poderia impedir a tentativa de suicídio de outrem, abrigado pela legítima defesa de terceiro (lembremos que a autolesão é conduta ilícita, ainda que não punida pelo Direito Penal).

Ameaça

> **Art. 223.** Ameaçar alguém, por palavra, escrito ou gesto, ou qualquer outro meio simbólico, de lhe causar mal injusto e grave:[328-329]
>
> Pena – detenção, até 6 (seis) meses, se o fato não constitui crime mais grave.
>
> **Parágrafo único.** Se a ameaça é motivada por fato referente a serviço de natureza militar, a pena é aumentada de 1/3 (um terço).[330]

328. Aspectos objetivos: qualquer pessoa pode cometer e sofrer o delito de ameaça. Exige-se, por óbvio, do sujeito passivo a capacidade de compreensão e entendimento da ameaça realizada. Não se pode ameaçar, por exemplo, um louco ou uma criança de pouquíssima idade, pessoas que não se deixam afetar por aquilo que lhes é incompreensível. Aliás, quanto à criança, é preciso cautela ao excluí-la da proteção do tipo penal de ameaça. Toda criança possuidora da capacidade de entendimento do mal injusto e grave que se lhe está anunciando pode ser sujeito passivo do delito. Afastar toda e qualquer criança seria negar uma proteção indispensável ao ser humano de tenra idade, que é a paz de espírito. Ressalte-se, ainda, inexistir o delito de ameaça contra sujeito indeterminado. *Ameaçar* significa procurar intimidar alguém, anunciando-lhe um mal futuro, ainda que próximo. Por si só, o verbo já fornece uma clara noção do que vem a ser o crime, embora haja o complemento, que se torna particularmente importante, visto não ser qualquer tipo de ameaça relevante para o Direito Penal, mas apenas a que lida com um "mal injusto e grave". Há quem sustente ser irrelevante que o mal a ser praticado seja atual ou futuro, vale dizer, quem ameaça outrem de causar-lhe um mal imediato cometeria o mesmo crime de alguém que ameace causar o mal no futuro. Preferimos a posição daqueles que defendem somente a possibilidade de o mal ser futuro. O próprio núcleo do tipo assim exige. Ameaçar, como se viu, é anunciar um mal futuro, ainda que próximo, não tendo cabimento uma pessoa ser processada pelo delito de ameaça quando diz que vai agredir a vítima de imediato, sendo detida por terceiros que separam a contenda. Ou o agente busca intimidar o seu oponente, prometendo-lhe a ocorrência de um mal injusto e grave a *acontecer*, ou está prestes a cometer um delito e avizinha-se dos atos executórios, portanto, de uma tentativa, caso não chegue à consumação. A preparação de um crime não necessariamente constitui-se em crime autônomo, ou seja, ameaça.

Ex.: o sujeito diz que vai pegar a arma para matar o seu rival, o que, de fato, está fazendo. Deve ser considerado um ato preparatório ou até mesmo executório do delito de homicídio. Se o objeto do crime é justamente a tranquilidade de espírito da pessoa – que, de fato, não há durante uma contenda –, como se pode chamar de ameaça o anúncio de um mal imediato? Durante uma discussão, alguém toma às mãos uma faca e diz que vai furar o oponente... Seria ameaça ou tentativa de lesão corporal? Cremos ser um ato preparatório ou executório, conforme o caso, do delito de lesão corporal (não havendo, naturalmente, a intenção homicida, que configuraria outro crime). É preciso ser algo nocivo à vítima, além de se constituir em prejuízo grave, sério, verossímil e injusto (ilícito ou meramente iníquo, imoral). Inexiste ameaça quando o mal anunciado é improvável, isto é, liga-se a crendices, sortilégios e fatos impossíveis. Por outro lado, é indispensável que o ofendido efetivamente se sinta ameaçado, acreditando que algo de mal lhe pode acontecer; por pior que seja a intimidação, se ela não for levada a sério pelo destinatário, de modo a abalar-lhe a tranquilidade de espírito e a sensação de segurança e liberdade, não se pode ter por configurada a infração penal. Afinal, o bem jurídico protegido não foi abalado. O fato de o crime ser formal, necessitando somente de a ameaça ser proferida, chegando ao conhecimento da vítima para se concretizar, não afasta a imprescindibilidade do destinatário sentir-se, realmente, temeroso. O resultado naturalístico que *pode* ocorrer é a ocorrência do mal injusto e grave, que seria somente o exaurimento do delito. Na jurisprudência: STM: "I – Para se constituir o crime de ameaça, há necessidade de que haja uma promessa de ofensa ou de um malefício injusto, a ser produzido no presente ou no futuro, ou seja, condicionar essa ofensa ou malefício injusto a uma hipótese caracteriza o dolo específico, necessário ao aperfeiçoamento do crime imputado. II – As circunstâncias que emolduram a ameaça revelam nitidamente o dolo específico, considerando que a demonstração ostensiva da arma de fogo é suficiente para gerar temor ou intimidação. Apelo desprovido" (Apelação n.º 7001040-41.2019.7.00.0000, rel. José Coêlho Ferreira, 21.05.2020, v.u.); "No delito descrito no art. 223 do Código Penal Militar, a ameaça pode ser executada por palavra, escrito, gesto ou qualquer outro meio simbólico e, consoante a doutrina e a jurisprudência dos Pretórios, constitui meio de realização da ameaça, por gesto, o agente que aponta arma de fogo para a vítima. Para a configuração do delito de ameaça, é indispensável que o ofendido efetivamente se sinta ameaçado, explícita ou implicitamente, de tal sorte que a intimidação seja capaz de abalar a sua tranquilidade e sensação de segurança. Embora o exame pericial tenha demonstrado que a arma calibre .38 portada pelo Réu era de todo ineficiente, ainda assim o delito encartado no art. 223 do Código Penal Militar resta plenamente configurado, na medida em que, não só os Ofendidos sentiram-se ameaçados pelo gesto do Acusado em apontar-lhes um armamento, como também, e principalmente, que o Acusado agiu com a vontade livre e consciente de constranger as vítimas mediante violência em sentido amplo, o que abrange o conhecimento da ilegitimidade da pretensão e o nexo de causalidade entre o constrangimento e a conduta do sujeito passivo. Comprovadas a autoria, a materialidade e a culpabilidade, impõe-se a condenação do agente. Negado provimento ao Apelo defensivo" (Apelação n.º 7000811-81.2019.7.00.0000, rel. Carlos Vuyk de Aquino, 10.06.2020, maioria); "I. Autoria e materialidade configuradas nos autos, inclusive, pelo próprio Acusado durante seu Interrogatório. II. O delito tipificado no art. 223, *caput*, do CPM consuma-se no momento em que a vítima toma conhecimento da ameaça idônea para intimidar. III. O elemento subjetivo – dolo – está presente para configuração do delito. No caso, o Réu quis, livre e conscientemente, praticar a conduta, ameaçando e intimidando a vítima, configurando, assim, o dolo direto. IV. A jurisprudência é firme no sentido de que basta o caráter intimidatório para a configuração do delito. V. Mesclar o regime penal comum e o castrense, de modo a selecionar o que cada um tem de mais favorável ao Réu é incompatível com o princípio da especialidade das leis. VI. A manutenção da condenação se impõe, porquanto o fato é típico, antijurídico e culpável, inexistindo quaisquer causas legais ou supralegais de exclusão do crime. VII. Tendo sido a pena justa e proporcional, assim como tendo atendido aos critérios

Art. 224

Código Penal Militar Comentado • Nucci

preventivo e repressivo, não deve ser reformada. VIII. Apelo desprovido" (Apelação n.º 7001034-68.2018.7.00.0000, rel. José Barroso Filho, 08.08.2019, v.u.).

329. Aspectos subjetivos: somente se pune a ameaça quando praticada dolosamente. Não existe a forma culposa e não se exige qualquer elemento subjetivo específico, embora seja necessário que o sujeito, ao proferir a ameaça, esteja consciente do que está fazendo. Em uma discussão, quando os ânimos estão alterados, é possível que as pessoas troquem ameaças sem qualquer concretude, isto é, são palavras lançadas a esmo, como forma de desabafo ou bravata, que não correspondem à vontade de preencher o tipo penal. Por isso, ainda que não se exija do agente estar calmo e tranquilo, para que o crime possa se configurar, também não se pode considerar uma intimidação penalmente relevante qualquer afronta comumente utilizada em contendas. Não se pode invocar uma regra teórica absoluta nesses casos, dependendo da sensibilidade do juiz ou do promotor no caso concreto. Do mesmo modo deve-se analisar a questão da ameaça produzida por quem está embriagado. Pode ou não excluir o delito, dependendo da seriedade empregada pelo agente e captada pela vítima.

330. Causa de aumento de pena: eleva-se a pena em um terço, quando a ameaça referir-se ao serviço militar, pois certamente mais grave, afetando a liberdade individual e a instituição militar.

Desafio para duelo

> **Art. 224.** Desafiar outro militar para duelo ou aceitar-lhe o desafio, embora o duelo não se realize:[331-332]
>
> Pena – detenção, até 3 (três) meses, se o fato não constitui crime mais grave.

331. Aspectos objetivos: esta figura delitiva é exclusiva do Código Penal Militar e nem mesmo nele deveria estar prevista, em particular pelo princípio da intervenção mínima. Foi inserida no contexto dos delitos contra a liberdade individual, mas não tem qualquer vínculo efetivo com esse bem jurídico. Na realidade, busca-se evitar o duelo como forma de proteção à vida e à saúde; logo, cuida-se de um crime de perigo. E, por assim constituir-se, tem natureza subsidiária expressa: "se o fato não constitui crime mais grave". Diante disso, caso o duelo se realize, havendo lesão ou morte, migra-se para a figura do crime de dano (lesão corporal ou homicídio). O sujeito ativo é somente o militar, assim como o passivo. O crime é de mera atividade, bastando o desafio (incitação, provocação) ao duelo (combate armado entre duas pessoas), independente de aceitação ou realização efetiva. A sua colocação no Código Penal Militar deve-se, basicamente, ao fato de que, entre militares, há disciplina, rigor no trato à imagem e fácil manipulação de armas. Diante disso, qualquer desafio de força pode levar a algo mais sério, visando a medir habilidades; embora possa ser rara a sua concretização no plano fático, entende-se o motivo de sua inserção na legislação penal militar. Embora de rara configuração, nada impede a figura da tentativa, mormente se realizada na forma escrita.

332. Aspectos subjetivos: pune-se a título de dolo; não se exige elemento subjetivo específico. Não há a forma culposa.

Sequestro ou cárcere privado

> **Art. 225.** Privar alguém de sua liberdade, mediante sequestro ou cárcere privado:[333-334]
>
> Pena – reclusão, até 3 (três) anos.

Aumento de pena

> § 1.º A pena é de reclusão, de 2 (dois) a 5 (cinco) anos:[334-A]
>
> I – se a vítima é ascendente, descendente, cônjuge, companheira do agente, maior de 60 (sessenta) anos, menor de 18 (dezoito) anos ou pessoa com deficiência;[335]
>
> II – se o crime é praticado mediante internação da vítima em casa de saúde ou hospital;[336]
>
> III – se a privação de liberdade dura mais de 15 (quinze) dias.[337]
>
> IV – se o crime é praticado com fins libidinosos.[337-A]

Formas qualificadas pelo resultado

> § 2.º Se resulta à vítima, em razão de maus tratos ou da natureza da detenção, grave sofrimento físico ou moral:[338]
>
> Pena – reclusão, de 2 (dois) a 8 (oito) anos.
>
> § 3.º Se, pela razão do parágrafo anterior, resulta morte:[339]
>
> Pena – reclusão, de 12 (doze) a 30 (trinta) anos.

333. Aspectos objetivos: os sujeitos ativo e passivo podem ser qualquer pessoa. *Privar* significa tolher, impedir, tirar o gozo, desapossar. Portanto, o núcleo do tipo refere-se à conduta de alguém que restringe a liberdade de outrem, entendida esta como o direito de ir e vir – portanto físico, e não intelectual. Aliás, tal sentido fica nítido quando o tipo penal utiliza, parecendo uma repetição gratuita, a expressão "mediante sequestro ou cárcere privado". No caso do art. 225, pretendendo demonstrar que a privação da liberdade é na esfera do direito de ir e vir, e não se relaciona à privação de ideias ou da liberdade de expressão de pensamentos e opiniões, valeu-se o legislador do *bis in idem*, ao mencionar "privar a liberdade", mediante "sequestro" ou "cárcere privado". O sequestro não tem o significado de tolhimento de liberdade de expressão, o que tornou bem clara a primeira parte do dispositivo "privar alguém de sua liberdade". A privação da liberdade de alguém, mediante sequestro ou cárcere privado, exige permanência, isto é, deve perdurar no tempo por lapso razoável. Tanto assim que o crime é permanente, aquele cuja consumação se prolonga no tempo. Uma conduta instantânea de impedir que alguém faça alguma coisa autorizada por lei, segurando-a por alguns minutos, configura o delito de constrangimento ilegal. O fato de se exigir uma situação de permanência não significa que, para a consumação do crime do art. 148, haja necessidade de muito tempo. O importante é detectar a intenção do agente para a tipificação do delito correto: se o autor age com a intenção de reter a vítima por pouco tempo para que não pratique determinado ato, é constrangimento ilegal; se atua com a vontade de reter a vítima para cercear-lhe a liberdade de locomoção, é sequestro; se atua com a intenção de privar-lhe a liberdade para exigir alguma vantagem, trata-se de extorsão mediante sequestro. Tutela-se a liberdade individual de ir e vir.

334. Aspectos subjetivos: o crime é doloso. Não se exige elemento subjetivo específico e inexiste a forma culposa.

334-A. Figura qualificada: a Lei 14.688/2023 modificou a causa de aumento (metade) para se transformar em qualificadora, como pena de reclusão, de 2 a 5 anos.

335. Relações familiares e vulneráveis: em várias oportunidades e conforme o tipo penal, quis o legislador aplicar pena mais grave ao agente que pratica crime contra seus fa-

Art. 226

Código Penal Militar Comentado • NUCCI

miliares, uma vez que entre estes deve haver o dever de mútua assistência e amparo, jamais o cometimento de delitos. O parentesco pode ser natural ou civil, pois a lei não faz distinção. Incluiu-se a(o) companheira(o), o maior de 60 anos, o menor de 18 anos ou pessoa com deficiência, pessoas idosas, crianças e adolescentes e deficientes são mais frágeis e sofrem muito mais com um sequestro (ou cárcere privado).

336. Internação fraudulenta: a maior reprovação que decorre dessa conduta situa-se na fraude com que atua o agente. Valendo-se de pretensa doença mental, por vezes até simulada através do emprego de substâncias entorpecentes, consegue o autor que, oficialmente, a vítima seja internada para se tratar, quando na realidade não é enferma. Naturalmente, se o agente interna a própria mãe, por exemplo, há de ser considerada a presença de duas qualificadoras, produzindo efeito na aplicação da pena (incs. I e II). Quando há mais de uma qualificadora configurada para o mesmo delito, a segunda passa a valer como circunstância legal (agravante), se houver, ou como circunstância judicial.

337. Privação da liberdade de longa duração: a liberdade, bem precioso e fundamental do ser humano, não deve ser cerceada um minuto sequer, caso a lei não autorize. Por isso, uma privação de liberdade que dure mais de 15 dias, na consideração do legislador, merece maior reprovação e, consequentemente, elevação da pena. Aliás, quanto mais longa for a duração do tolhimento à liberdade de alguém, maiores são as chances de danos físicos e psíquicos para a vítima.

337-A. Fins sexuais: esta figura foi introduzida pela Lei 14.688/2023 e já havia sido integrada ao sequestro ou cárcere privado previsto no Código Penal comum, quando se eliminou a figura do rapto violento ou mediante fraude.

338. Maus-tratos e natureza da detenção: poder-se-ia dizer, num primeiro momento, tratar-se de resultado qualificador (crime qualificado pelo resultado), mas não é o caso. O tipo penal se alterou para serem incluídos os maus tratos e a natureza da detenção. Portanto, não é o grave sofrimento – físico ou moral – uma simples resultante do sequestro ou cárcere privado, mas sim um particular modo de praticar o crime. Assim, o agente que priva a liberdade de outrem e, além disso, submete a vítima a maus tratos (ex.: espancando-a ou ameaçando-a constantemente, enquanto sua liberdade está tolhida) ou coloca-a em lugar imundo e infecto, causando-lhe, além da conta, particularizado sofrimento físico ou moral, deve responder mais gravemente. Havendo lesão corporal, não fica esta absorvida pelo crime de sequestro ou cárcere privado qualificado. Há concurso material, pois a ofensa à integridade física não é necessariamente o modo pelo qual se pratica a forma qualificada (§ 2.º) do delito do art. 225. Daí por que se deve levar em consideração o outro ânimo com que agiu o autor, que é o de ofender a integridade corporal ou a saúde da vítima.

339. Resultado qualificador: a morte, decorrente do sequestro, por qualquer razão, desde que haja nexo causal entre a conduta do agente (impor maus tratos, por exemplo) e a lesão fatal à vítima, configura resultado mais grave, qualificando o delito. Inexiste esta figura na legislação penal comum. Esse resultado mais severo pode dar-se a título de dolo ou culpa, indiferentemente.

Seção II

Do crime contra a inviolabilidade do domicílio

Violação de domicílio

> **Art. 226.** Entrar ou permanecer, clandestina ou astuciosamente, ou contra a vontade expressa ou tácita de quem de direito, em casa alheia ou em suas dependências:[340-341]
>
> Pena – detenção, até 3 (três) meses.

Forma qualificada

§ 1.º Se o crime é cometido durante o repouso noturno,[342] ou com emprego de violência ou de arma,[343] ou mediante arrombamento,[344] ou por duas ou mais pessoas:[345]

Pena – detenção, de 6 (seis) meses a 2 (dois) anos, além da pena correspondente à violência.[346]

Aumento de pena

§ 2.º A pena é aumentada de 1/3 (um terço) se o fato é cometido por militar em serviço ou por servidor público, fora dos casos legais, ou com inobservância das formalidades prescritas em lei ou com abuso de poder.[347]

Exclusão de crime[348]

§ 3.º Não constitui crime a entrada ou permanência em casa alheia ou em suas dependências:

I – durante o dia, com observância das formalidades legais, para efetuar prisão ou outra diligência em cumprimento de lei ou regulamento militar;[349]

II – a qualquer hora do dia ou da noite para acudir vítima de desastre ou quando alguma infração penal está sendo ali praticada ou na iminência de o ser.[350]

Compreensão do termo "casa"

§ 4.º O termo "casa" compreende:

I – qualquer compartimento habitado;[351]

II – aposento ocupado de habitação coletiva;[352]

III – compartimento não aberto ao público, onde alguém exerce profissão ou atividade.[353]

§ 5.º Não se compreende no termo "casa":

I – hotel, hospedaria, ou qualquer outra habitação coletiva, enquanto aberta, salvo a restrição do inciso II do parágrafo anterior;[354]

II – taverna, boate, casa de jogo e outras do mesmo gênero.[355]

340. Aspectos objetivos: o sujeito ativo pode ser qualquer pessoa, embora o passivo fique restrito à pessoa que tem direito sobre o lugar invadido. É preciso cautela para interpretar a expressão utilizada no tipo – "quem de direito" –, que envolve a pessoa que tem o poder legal de controlar a entrada e a saída do domicílio. Ficou nítida a intenção do legislador de conferir a apenas determinadas pessoas a possibilidade de manter ou expulsar alguém do domicílio. Assim, quando se está diante de uma família, não são todos os que podem autorizar ou determinar a permanência ou entrada de terceiros no lar, mas somente o casal (pai e mãe) que, em igualdade de condições, administra os interesses familiares. Entretanto, quando se tratar de um aposento coletivo, qualquer um que tenha direito a ali permanecer pode autorizar a entrada de

Art. 226

Código Penal Militar Comentado • Nucci

terceiro, desde que respeitada a individualidade dos demais. Se neste local, no entanto, houver um administrador, cabe a este controlar a entrada e a saída de visitantes (é o que pode ocorrer num condomínio, onde vige um regulamento, a ser controlado e fiscalizado pelo síndico, ao menos no que diz respeito às áreas comuns). Em última análise, é natural supor, por exemplo, que um filho possa permitir o ingresso de alguém do seu interesse no lar comum da família, embora, se a pessoa for inconveniente, possa ser expulsa pelo pai ou pela mãe, ainda que a contragosto do filho. Há de prevalecer, no contexto do domicílio, certa relação de mando legal, vale dizer, abrigado pela lei. Do ponto de vista do sujeito ativo do delito, essa relação de mando e subordinação pode ser difícil de ser captada e compreendida, podendo, nesse caso, haver erro de tipo ou de proibição, conforme o caso. *Entrar* significa a ação de ir de fora para dentro, de penetração, enquanto *permanecer* implica em inação, ou seja, deixar de sair, fixando-se no lugar. Para a configuração do delito de invasão de domicílio admite-se tanto a ação de ingresso no lar alheio, quanto a omissão de deixar de sair da casa estranha. São *modalidades de invasão*: ao fazer referência à *clandestinidade, astúcia* ou *ausência de vontade da vítima*, o tipo penal quer demonstrar o seguinte: a) invadir o domicílio de maneira clandestina significa fazê-lo às ocultas, sem se deixar notar; justamente por isso está-se pressupondo ser contra a vontade de quem de direito; b) invadir o domicílio de modo astucioso significa agir fraudulentamente, criando um subterfúgio para ingressar no lar alheio de má-fé, o que também pressupõe ausência de consentimento; c) contra a vontade de quem de direito: essa é a forma geral, que pode dar-se às claras ou de qualquer outro modo, logicamente abrangendo as maneiras clandestina e astuciosa. A vontade, no entanto, pode ser expressa (manifestada claramente) ou tácita (exposta de maneira implícita, mas compreensível). Exemplo deste último é o consentimento tácito que o hóspede dá à camareira para ingressar no quarto por ele ocupado a fim de proceder à limpeza, pelo simples fato de estar num hotel e conhecer as regras que o regem. Tutela-se a inviolabilidade de domicílio e a intimidade. Na jurisprudência: TJMRS: "2. Atua no estrito cumprimento do dever legal o policial militar que, sem autorização e sem mandado judicial, ingressa em residência particular motivado por fundadas razões, devidamente justificadas *a posteriori*, que apontem ocorrer, no interior do imóvel, situação de flagrante delito. 3. No caso, havia a fundada suspeita de que a vítima estivesse em cometimento de infração penal, porquanto os militares foram acionados pelo Conselho Tutelar para atender a ocorrência de abuso de menor. No local, o ofendido vislumbrou a abordagem e ordem de parada dos policiais, mas, em desforra, tentou fugir para o interior de sua residência. E, ainda, a vítima era conhecida da guarnição, porquanto já haviam efetuado uma busca em sua residência, na qual lograram localizar uma arma de fogo. 4. Apelo defensivo provido. Decisão unânime" (Ap. Crim. 1000223-97.2017.9.21.0000, rel. Paulo Roberto Mendes Rodrigues, j. 19.09.2017).

341. Aspectos subjetivos: é o dolo. Não há a forma culposa, nem tampouco elemento subjetivo específico.

342. Repouso noturno: a noite é o período que vai do anoitecer ao alvorecer, pouco importando o horário, bastando que o sol se ponha e depois se levante no horizonte. Há maior preocupação do legislador em punir com rigor a violação de domicílio durante a noite, quando se dá o repouso natural das pessoas, pois é o período no qual se está menos vigilante e em fase de descanso. Além disso, a própria Constituição preleciona que, à noite, o domicílio se torna asilo inviolável até mesmo às ordens judiciais, somente cedendo quando há flagrante delito, desastre ou dever de prestar socorro, hipóteses nitidamente excepcionais.

343. Emprego de violência ou arma: a violência deve ser física e exercida contra a pessoa, não contra a coisa (como arrombamento de portas, janelas etc.). A figura qualificada menciona, em dupla, o emprego de violência ou arma, demonstrando uma referência à pessoa, e não à coisa, pois a arma, no contexto da coisa, não teria sentido. É natural supor que a violência física contra a pessoa e o uso de qualquer tipo de arma (próprias – armas de fogo, punhais, entre outras – ou impróprias – facas de cozinha, canivetes, pedaços de pau, entre outros) cause maior intimidação e perigo para a vítima, merecendo maior rigor punitivo. De fato, tem razão Delmanto quando diz que interpretação contrária a essa seria um contrassenso: "A entrada em domicílio forçando a fechadura (violência contra a coisa) qualificaria o comportamento, mas a mesma entrada mediante a ameaça de jogar o proprietário pela janela do sexto andar para baixo (grave ameaça) não tornaria qualificada a conduta" (*Código Penal comentado*, 5. ed., p. 299). Reconhece-se, entretanto, que há posição acolhendo a possibilidade de violência também contra a coisa.

344. Arrombamento: trata-se do rompimento de obstáculo protetor da casa, nas mais variadas formas, como cercas, vidros, portas, grades etc. É circunstância exclusiva do Código Penal Militar, sem similar na legislação penal comum.

345. Concurso de duas ou mais pessoas: a atuação conjunta de duas ou mais pessoas torna mais dificultosa a defesa da vítima para impedir a entrada ou a permanência em seu domicílio, de forma que há maior rigor punitivo.

346. Punição dupla quando houver violência: determina a lei que, havendo violência, deve o agente responder não somente pelo delito de invasão de domicílio qualificada, mas também pelo crime que resultou da sua conduta violenta. Não se trata de subsidiariedade, pois, se assim fosse, havendo violência, punir-se-ia somente esta, absorvendo-se o crime do art. 226. Mais uma vez, ousamos insistir que a violência é física e contra a pessoa, o que mostra bom senso do legislador em punir a invasão, acrescida do delito contra a pessoa.

347. Causa de aumento da pena: não se trata de uma qualificadora, mas de uma causa de aumento da pena, pois o legislador prevê um aumento fixo de um terço, que deve ser acrescentado às penas previstas no *caput* ou no § 1.º do artigo. A expressão *"fora dos casos legais" significa que o funcionário foge à proteção prevista em lei para condutas violentas necessárias, como ocorre* quando está cumprindo seu dever – ex.: o oficial de justiça invade um domicílio, possuindo um mandado judicial, para realizar uma penhora –, não cabendo falar nem mesmo em crime (estrito cumprimento do dever legal). Não estando sob o amparo legal, deve responder pelo crime, com a pena agravada, justamente por se tratar de militar em serviço ou funcionário agindo em nome do Estado, que deve primar pelo respeito à lei. A *"inobservância das formalidades legais" significa que,* embora o ato possa ser legal, é possível que o funcionário deixe de respeitar as formalidades previstas em lei. Ex.: o mandado de prisão autoriza que, durante o dia, o policial invada o domicílio para prender o procurado. Entretanto, é formalidade legal e constitucional que a ordem judicial seja cumprida *durante o dia*. Desrespeitar a formalidade provoca o aumento da pena, visto que o funcionário deve saber cumprir corretamente o seu mister. Quanto ao abuso de poder, trata-se do desvio de finalidade do funcionário público que, valendo-se do seu cargo, emprego ou função, exagera no desempenho do seu objetivo. A despeito dos comentários formulados, entendemos que o § 2.º do art. 226 não tem mais aplicação ao funcionário civil, pois toda invasão de domicílio cometida, fora dos casos legais, dispensando as formalidades previstas em lei ou abusando de seu poder, deve ser punida de acordo com o previsto na Lei 13.869/2019 (Lei de Abuso de Autoridade).

348. Causa excludente de ilicitude: trata-se de uma excludente de antijuridicidade específica, embora desnecessária. O que está mencionado neste parágrafo já está abrangido pelo art. 42, III, do CPM (estrito cumprimento do dever legal) e pela própria Constituição Federal (art. 5.º, XI), autorizando o ingresso, sem o consentimento do morador, para efetuar

Art. 226

prisão em flagrante (dever das autoridades) ou para acudir desastre ou prestar socorro (dever das autoridades, também).

349. Formalidades legais para efetuar uma prisão: durante o dia, somente se ingressa em casa alheia para efetuar prisão em flagrante, sem mandado judicial, ou para efetuar outra espécie de prisão ou diligência, com mandado do juiz.

350. Ingresso autorizado por flagrante delito ou prestação de socorro: são hipóteses previstas no art. 5.º, XI, da CF. Porém, é preciso cautela na aplicação desta excludente de ilicitude, porque, aparentemente, estaria *derrogada* pela Constituição Federal. O referido art. 5.º, XI, é expresso ao autorizar o ingresso na casa de alguém, durante a noite, somente quando houver *flagrante delito*, o que não estaria abrangendo a hipótese de *iminência de cometimento de crime*. Não se pode invadir o domicílio de alguém, à noite, para impedir um crime que está *prestes a ocorrer*. Entretanto, se houver vítima individualizada – o que pode não ocorrer em todos os tipos de delito (vide o caso dos crimes vagos) –, necessitando ela de socorro, pode valer-se o agente do dispositivo, quando invadir o domicílio a fim de *prestar socorro*, inserindo-se, portanto, na norma constitucional (art. 5.º, XI, que menciona a situação de "prestar socorro"). Fora dessa hipótese, é de se entender revogada a parte final do inc. II do § 3.º.

351. Compartimento habitado: qualquer lugar sujeito à ocupação do ser humano é, como regra, passível de divisão. O resultado dessa divisão é o compartimento. Portanto, compartimento habitado é o local específico de um contexto maior, devidamente ocupado por alguém para morar, viver ou usar. Assim, o quarto de um hotel é um compartimento habitado, como também o é o pequeno barraco construído na favela. Pode ser, ainda, o trailer ligado a um carro, onde se encontra morada, bem como a cabine de um barco.

352. Aposento ocupado de habitação coletiva: em que pese alguns acreditarem ser redundante este dispositivo, a lei penal tem por meta, em várias oportunidades, ser o mais clara possível. A fim de evitar qualquer tipo de malícia na interpretação do inciso anterior (qualquer compartimento habitado), dando a entender tratar-se de compartimento particular, quis o legislador demonstrar que também gozam de proteção os compartimentos de habitação coletiva (hotéis, motéis, flats, pensões, "repúblicas" etc.) que estejam ocupados por alguém. Assim, um quarto vazio de hotel pode ser invadido, pois é parte de habitação coletiva *não ocupado*, mas o crime existe quando o aposento estiver destinado a um hóspede. Conferir: STF: "O conceito de 'casa', para os fins da proteção constitucional a que se refere o art. 5.º, XI, da CF ('*XI – a casa é asilo inviolável do indivíduo, ninguém nela podendo penetrar sem consentimento do morador, salvo em caso de flagrante delito ou desastre, ou para prestar socorro, ou, durante o dia, por determinação judicial*'), reveste-se de caráter amplo e, por estender-se a qualquer aposento ocupado de habitação coletiva, compreende o quarto de hotel ocupado por hóspede. Com base nesse entendimento, a Turma deu provimento a recurso ordinário em *habeas corpus* para restabelecer a sentença penal absolutória proferida nos autos de processo-crime instaurado contra acusado pela suposta prática dos delitos de estelionato e de falsificação de documento particular. No caso, o tribunal de justiça local reformara a sentença que, por reconhecer a ilicitude da prova, absolvera o recorrente da ação penal originada de documentos obtidos em diligência realizada por agentes policiais que, sem autorização judicial, ingressaram no quarto de hotel por ele ocupado. Inicialmente, salientou-se que os órgãos e agentes da polícia judiciária têm o dever de observar, para efeito do correto desempenho de suas prerrogativas, os limites impostos pela Constituição e pelo ordenamento jurídico. Assim, entendeu-se que, tais sujeitos, ao ingressarem no compartimento sem a devida autorização judicial, transgrediram a garantia individual pertinente à inviolabilidade domiciliar (CF, art. 5.º, XI), que representa limitação ao poder do Estado e é oponível aos próprios órgãos da Administração Pública. Asseverou-se que, em consequência dessa violação, ter-se-ia a ilicitude material das provas obtidas com a questionada diligência (CF, art. 5.º, LVI). Aduziu-se, ainda, que a cláusula constitucional do devido processo legal possui, no dogma da inadmissibilidade das provas ilícitas, uma de suas projeções concretizadoras mais expressivas, na medida em que o réu tem o direito de não ser denunciado, julgado e condenado com apoio em elementos instrutórios obtidos ou produzidos de forma incompatível com os limites impostos pelo ordenamento ao poder persecutório e ao poder investigatório do Estado" (RHC 90.376-RJ, 2.ª T., rel. Celso de Mello, 03.04.2007, v.u., *Informativo* 462).

353. Compartimento fechado ao público, onde alguém exerce profissão ou atividade: supõe-se, de início, que o compartimento faz parte de um lugar público ou possua uma parte conjugada que seja aberta ao público, já que existe expressa menção a ser o local específico "não aberto ao público". Nesse caso, se alguém ali exerce profissão ou atividade, é natural considerar-se seu domicílio. Ex.: pode ser o camarim do artista no teatro, o escritório do advogado, o consultório do médico e até o quarto da prostituta num prostíbulo. Observe-se, ainda, que o quintal de uma casa ou a garagem externa da habitação, quando devidamente cercados, fazem parte do conceito de domicílio, penalmente protegido.

354. Hospedaria, estalagem ou outra habitação coletiva: as habitações coletivas, abertas ao público, não gozam da proteção do art. 226, pois admitem a entrada e a permanência de variadas pessoas, sem necessidade de prévia autorização. Os termos são antiquados, embora possuam correspondentes na atualidade. Hospedaria é o local destinado a receber hóspedes que, pagando uma remuneração, têm o direito de ali permanecer por um tempo predeterminado – é o que hoje se conhece por hotel, motel ou flat. Assim, o ingresso no saguão de um hotel não depende de autorização, pois local aberto ao público, não se constituindo objeto da proteção penal. Estalagem é também lugar para o recebimento de hóspedes, mediante remuneração, embora em menor proporção do que a hospedaria, além de permitir a junção ao fornecimento de refeições. É o que, atualmente, se conhece por pensão, onde há quartos e refeições. A generalização que vem a seguir – "qualquer outra habitação coletiva" – significa qualquer outro lugar coletivo, aberto ao público, incluindo-se as áreas de lazer dos hotéis e motéis, *campings* (não incluídas as barracas), parques etc. Note-se que existe especial ressalva, para não parecer contraditório, do disposto no inciso II do parágrafo anterior, que menciona ser protegido o "aposento ocupado de habitação coletiva".

355. Taverna, casa de jogo e outras: da mesma forma que já comentamos no item anterior, esses lugares são tipicamente abertos ao público. Taverna é um termo antiquado que significa o lugar onde são servidas e vendidas bebidas e refeições. São os bares e restaurantes da atualidade. As casas de jogo são, normalmente, proibidas, pois não se aceitam cassinos no Brasil. Eventualmente, pode-se falar em fliperamas, que são jogos permitidos, mas não gozam da proteção penal de domicílio, pois são locais abertos ao público. A generalização se dá em torno dos demais lugares de diversão pública, tais como teatros, cinemas etc.

Seção III
Dos crimes contra a inviolabilidade de correspondência ou comunicação

Violação de correspondência[356]

> **Art. 227.** Devassar indevidamente o conteúdo de correspondência privada dirigida a outrem:[357-358]

Art. 227

Código Penal Militar Comentado • Nucci

> Pena – detenção, até 6 (seis) meses.
>
> § 1.º Nas mesmas penas incorre:
>
> I – quem se apossa de correspondência alheia, fechada ou aberta, e, no todo ou em parte, a sonega ou destrói;[359-360]
>
> II – quem indevidamente divulga, transmite a outrem ou utiliza, abusivamente, comunicação telegráfica ou radioelétrica dirigida a terceiro, ou conversação telefônica entre outras pessoas;[361-362]
>
> III – quem impede a comunicação ou a conversação referida no número anterior.[363]

Aumento de pena

> § 2.º A pena aumenta-se de 1/2 (metade), se há dano para outrem.
>
> § 3.º Se o agente comete o crime com abuso de função, em serviço postal, telegráfico, radioelétrico ou telefônico:
>
> Pena – detenção, de 1 (um) a 3 (três) anos.

Natureza militar do crime

> § 4.º Salvo o disposto no parágrafo anterior, qualquer dos crimes previstos neste artigo só é considerado militar no caso do art. 9.º, inciso II, letra *a*.

356. Derrogação do art. 151: as figuras típicas previstas no *caput* e no § 1.º do art. 151 do CP foram substituídas pela lei que rege os serviços postais – especial e mais nova –, o que se pode constatar pela leitura do art. 40 da Lei 6.538/78, que passou a cuidar do delito de violação de correspondência. Entretanto, não afetou o disposto neste Código Penal Militar, que é lei especial em relação à Lei do Serviço Postal.

357. Aspectos objetivos: o sujeito ativo pode ser qualquer pessoa (inclusive o cego, desde que *tome conhecimento* do conteúdo da correspondência de algum modo); o passivo, no entanto, é de dupla subjetividade, necessitando ser o remetente e o destinatário da correspondência. Se um dos dois autorizar a violação, não há crime. Não teria cabimento punir o agente que tomou conhecimento do conteúdo de uma carta devidamente autorizado pelo destinatário, por exemplo. *Devassar* significa penetrar e descobrir o conteúdo de algo, é ter vista do que está vedado. Portanto, a conduta proibida pelo tipo penal é descortinar, sem autorização legal, o conteúdo de uma correspondência, que é declarada inviolável por norma constitucional. Não significa necessariamente, embora seja o usual, abri-la, podendo-se violar o seu conteúdo por outros métodos, até singelos, como colocar a missiva contra a luz.

358. Aspectos subjetivos: o crime é doloso; não há elemento subjetivo específico. Não se pune a forma culposa.

359. Aspectos objetivos: o sujeito ativo pode ser qualquer pessoa, enquanto no polo passivo há dupla subjetividade: remetente e destinatário. Entendemos, no entanto, que, estando a correspondência em poder exclusivo do destinatário, que já a recebeu e leu, é apenas ele o sujeito passivo. Somente em trânsito é que há dois sujeitos passivos. *Apossar* significa apoderar-se, tomar posse. Portanto, caso o agente tome da vítima a sua correspondência, ainda que aberta, para o fim de ocultá-la ou destruí-la, está cometendo o crime.

360. Aspectos subjetivos: é o dolo, acrescido, no entanto, da finalidade específica de "sonegar" ou "destruir" a correspondência (elemento subjetivo do tipo específico). Não há a forma culposa.

361. Aspectos objetivos: o sujeito ativo pode ser qualquer pessoa; o sujeito passivo é de dupla subjetividade, pois envolve o remetente e o destinatário da mensagem telegráfica ou radioelétrica. *Divulgar* significa tornar público, dar conhecimento a terceiro; *transmitir* quer dizer enviar de um lugar a outro e *utilizar* significa aproveitar-se, fazer uso. A lei veda que qualquer pessoa torne conhecido o conteúdo de uma mensagem telegráfica ou radioelétrica dirigida de "A" para "B". Assegura-se, também nesse contexto, o sigilo das comunicações. Por outro lado, é vedado, ainda, o envio da mensagem a um terceiro que não o destinatário original. A divulgação é tornar conhecido o teor da mensagem, ou seja, pode representar a conduta de quem toma a mensagem que chegou para "B" e, ao invés de entregá-la ao destinatário, torna-a conhecida de outras pessoas; a transmissão, por seu turno, representa o ato de enviar a mensagem a destinatário diverso do desejado por "A". Finalmente, na forma genérica, o tipo penal prevê a utilização abusiva da comunicação telegráfica ou radioelétrica, demonstrando que fazer uso da mensagem entre "A" e "B", para qualquer fim indevido, ainda que não haja divulgação ou transmissão, também é crime. A despeito de o termo *abusivamente* circunscrever-se à utilização da mensagem, cremos que foi um cuidado exagerado do legislador inseri-lo no tipo penal, tendo em vista que a utilização indevida é também abusiva. O elemento normativo do tipo – *indevidamente* – já seria suficiente. A utilização da mensagem pode ser feita sem abuso pelo funcionário encarregado de transmiti-la, que toma conhecimento do seu conteúdo, mas não o divulga, nem o transmite a terceiro. Entretanto, caso esse sujeito tome nota da mensagem para utilização posterior, ainda que para fins particulares, estará *abusando* do uso permitido e cometerá o delito.

362. Aspectos subjetivos: é o dolo, não havendo a forma culposa. Não se exige elemento subjetivo específico. Não se pune a forma culposa.

363. Aspectos objetivos e subjetivos: *impedir* significa colocar obstáculo ou tornar impraticável. Assim, é punido igualmente o sujeito que obstrui a comunicação ou conversação alheia, sem autorização legal. As demais observações feitas no inciso anterior ficam válidas para este.

Seção IV

Dos crimes contra a inviolabilidade
dos segredos de caráter particular

Divulgação de segredo

> **Art. 228.** Divulgar, sem justa causa, conteúdo de documento particular sigiloso ou de correspondência confidencial, de que é detentor ou destinatário, desde que da divulgação possa resultar dano a outrem:[364-365]
>
> Pena – detenção, até 6 (seis) meses.

364. Aspectos objetivos: o sujeito ativo há de ser o destinatário ou o possuidor legítimo da correspondência, cujo conteúdo é sigiloso; o sujeito passivo é a pessoa que pode

Art. 229

ser prejudicada pela divulgação do segredo, seja ele o remetente ou não. Ambos devem ser militares, a teor do disposto pelo art. 231. *Divulgar* é dar conhecimento a alguém ou tornar público. A finalidade do tipo penal é impedir que uma pessoa, legítima destinatária de uma correspondência ou de um documento, que contenha um conteúdo confidencial (segredo é o que não merece ser revelado a ninguém), possa transmiti-lo a terceiros, causando dano a alguém. É indispensável que o segredo esteja concretizado na forma escrita, e não oral.

365. Aspectos subjetivos: é o dolo. Não existe a forma culposa, nem se exige qualquer elemento subjetivo específico.

Violação de recato

> **Art. 229.** Violar, mediante processo técnico o direito ao recato pessoal ou o direito ao resguardo das palavras que não forem pronunciadas publicamente:[366-367]
>
> Pena – detenção, até 1 (um) ano.
>
> § 1.º Na mesma pena incorre quem divulga os fatos captados.[368]
>
> § 2.º Considera-se processo técnico, para os fins deste artigo, qualquer meio que registre informações, dados, imagens ou outros similares, não consentidos pela vítima.[368-A]

366. Aspectos objetivos: os sujeitos ativo e passivo devem ser militares da ativa, a teor do art. 231 deste Código. *Violar* significa infringir, devassar, revelar. O objeto da conduta é o direito ao recato pessoal (intimidade, vida privada) ou ao resguardo das palavras que não forem ditas em público (sigilo da comunicação privada). É a consagração da tutela penal da intimidade, que já deveria existir no âmbito da legislação penal comum. O mecanismo para a violação é variado, cuidando-se de *processo técnico*, na terminologia utilizada pelo tipo penal, embora seja equivalente a instrumentos tecnológicos. Noutros termos, a transgressão se faz por algum mecanismo apropriado a tanto, como gravador, máquina fotográfica, microfone de escuta etc. Na jurisprudência: STM: "Hipótese em que os agentes tentaram violar a intimidade da ofendida, mediante o uso de câmeras de aparelhos celulares, em local sujeito à Administração Militar, e, após a descoberta dos fatos, apagaram as respectivas filmagens. Por se tratar de crime plurissubsistente, o tipo penal capitulado no art. 229 do CPM admite a forma tentada, de sorte que a interrupção dos atos de execução, por circunstâncias alheias à vontade dos réus, caracteriza tentativa do crime de violação de recato. A conduta apresenta elevado grau de reprovação, eis que, além de ter gerado inegável constrangimento à vítima, representa ofensa à hierarquia e à disciplina militares, por gerar desordem no aquartelamento e quebra da confiança entre os colegas de serviço. Na espécie, a prova foi destruída pelos réus e, por tal razão, na forma do art. 328, parágrafo único, do CPPM, é razoável e cabível o seu suprimento pela prova testemunhal que, confirmando a confissão dos réus, descreve os fatos minuciosamente e confere amplo grau de certeza quanto à autoria e à materialidade delituosas" (Apelação n.º 7001003-48.2018.7.00.0000, rel. William de Oliveira Barros, 06.08.2019, v.u.); "Pratica o crime de Violação ao Recato, descrito no art. 229 do CPM, o militar que, usando a câmera do seu aparelho celular, viola a intimidade de outro militar, em local sujeito à Administração Militar. Recurso conhecido e não provido. Decisão unânime" (Ap. 7000441-39.2018.7.00.0000, rel. Marcus Vinicius Oliveira dos Santos, j. 21.11.2018); "No caso, a Exordial narra que o Agravante exibiu a imagem íntima de uma das Ofendidas a um colega de caserna e também utilizou indevidamente o aparelho celular de outra Ofendida para enviar fotos íntimas dela para o celular dele próprio e, após, mostrou as imagens para diversos militares, fazendo a afirmação falsa de que teria sido a Ofendida quem havia lhe enviado as fotos e que os dois possuíam uma relação íntima, de modo que praticou o crime de violação de recato, previsto no art. 229 do CPM" (Agravo Interno 0000250-84.2016.7.00.0000, rel. Marcus Vinicius Oliveira dos Santos, j. 19.12.2017).

367. Aspectos subjetivos: pune-se a título de dolo. Não há elemento subjetivo específico, nem se pune a forma culposa.

368. Divulgador: quem espalha os dados íntimos captados responde pelo mesmo delito. Se quem violou a privacidade alheia também divulga os fatos responde por um só crime.

368-A. Norma explicativa: com o avanço da tecnologia, andou bem o legislador para deixar claro o que significa *processo técnico*: qualquer meio que registre informações, dados, imagens ou outros similares, não consentidos pela vítima.

Violação de segredo profissional

> **Art. 230.** Revelar, sem justa causa, segredo de que tem ciência, em razão de função ou profissão, exercida em local sob administração militar, desde que da revelação possa resultar dano a outrem:[369-370]
>
> Pena – detenção, de 3 (três) meses a 1 (um) ano.

Natureza militar do crime

> **Art. 231.** Os crimes previstos nos arts. 228 e 229 somente são considerados militares no caso do art. 9.º, II, letra *a*.

369. Aspectos objetivos: o sujeito ativo é somente aquele que exerce uma função ou profissão, exercida em local sob administração militar, sendo detentor de um segredo; o sujeito passivo pode ser qualquer pessoa sujeita a sofrer um dano com a divulgação do segredo. Não concordamos com a terminologia utilizada por alguns doutrinadores de que os agentes deste delito são *sempre* chamados de "confidentes necessários", ou seja, pessoas que *recebem* o segredo em razão da sua atividade (função, ministério, ofício ou profissão). *Confidente* é a pessoa a quem se confia um segredo e *necessário* é o que não se pode dispensar. É razoável supor que um médico, especialmente o psicanalista, seja um confidente necessário de seus pacientes, o que não ocorre, no entanto, com a empregada doméstica, que não é destinatária necessária dos segredos dos patrões. Caso seja enxerida e indiscreta, *poderá* tomar conhecimento de segredo alheio, mas não foi destinatária dele, razão pela qual não é "confidente". Para tornar-se sujeito ativo deste delito basta o *nexo causal* entre o conhecimento do segredo e a atividade exercida pelo agente, sendo totalmente dispensável a intenção de alguém de *confidenciar-lhe* alguma coisa. A conduta típica é *revelar*, significando desvendar, contar a terceiro ou delatar. O objetivo do tipo penal é punir quem, em razão da atividade exercida, obtém um segredo e, ao invés de guardá-lo, descortina-o a terceiros, possibilitando a ocorrência de dano a outrem. Neste tipo penal, diferentemente do que ocorre com o anterior, o segredo pode concretizar-se oralmente.

370. Aspectos subjetivos: é o dolo, inexistindo a forma culposa. Não há, também, elemento subjetivo específico.

Art. 232

Capítulo VII
Dos crimes sexuais

Estupro

> **Art. 232.** Constranger alguém, mediante violência ou grave ameaça, a ter conjunção carnal ou a praticar ou permitir que com ele se pratique outro ato libidinoso:[371-375]
>
> Pena – reclusão, de 6 (seis) a 10 (dez) anos.
>
> § 1.º Se da conduta resulta lesão de natureza grave, ou se a vítima é menor de 18 (dezoito) e maior de 14 (quatorze) anos:[376]
>
> Pena – reclusão, de 8 (oito) a 12 (doze) anos.
>
> § 2.º Se da conduta resulta morte:[377]
>
> Pena – reclusão, de 12 (doze) a 30 (trinta) anos.
>
> § 3.º Se a vítima é menor de 14 (quatorze) anos[378] ou, por enfermidade ou deficiência mental, não tem o necessário discernimento para a prática do ato ou, por qualquer outra causa, não pode oferecer resistência:[379]
>
> Pena – reclusão, de 8 (oito) a 15 (quinze) anos.

371. Aspectos objetivos: a Lei 14.688/2023 unificou o estupro e o atentado violento ao pudor, o que foi realizado no Código Penal comum em 2009. *Constranger* significa tolher a liberdade, forçar ou coagir. Nesse caso, o cerceamento destina-se a obter a conjunção carnal ou outro ato libidinoso. "*Stuprum*, no sentido próprio, significa *desonra, vergonha*". Envolve, na realidade, atos impudicos praticados com homens ou mulheres, com violência, cujo resultado é a desonra (JOÃO MESTIERI, *Do delito de estupro*, p. 3). Na definição de CHRYSOLITO DE GUSMÃO, "é o ato pelo qual o indivíduo abusa de seus recursos físicos ou mentais para, por meio de violência, conseguir ter conjunção carnal com a sua vítima, qualquer que seja o seu sexo" (*apud* JOÃO MESTIERI, ob. cit., p. 17). Unificou-se numa só figura típica o estupro e o atentado violento ao pudor, fazendo desaparecer este último, como rubrica autônoma, inserindo-o no contexto do estupro, que passa a comportar condutas alternativas. O objeto do constrangimento é qualquer pessoa, pois o termo usado é *alguém*. No mais, o referido constrangimento a alguém, mediante violência ou grave ameaça, pode ter as seguintes finalidades complementares: a) ter conjunção carnal (cópula pênis-vagina); b) praticar outro ato libidinoso (qualquer ato que gere prazer sexual); c) permitir que com ele se pratique outro ato libidinoso. A consumação não exige penetração completa, nem mesmo que o agente ejacule ou atinja o orgasmo. Por isso é difícil haver a figura da tentativa. Diz Hungria: "O agente pode ter a faculdade ou mesmo o dever de ocasionar o mal, mas não pode prevalecer-se de uma ou outro para obter a posse sexual da vítima contra a vontade desta. Não se eximiria à acusação de estupro, por exemplo, o agente de polícia que anulasse a resistência da vítima sob ameaça de denunciar crime que saiba tenha ela praticado (art. 66, I, da Lei das Contravenções Penais), hipótese que muito difere daquela em que a mulher, para evitar a denúncia, transige amigavelmente, de sua própria iniciativa, com o ameaçante, dispondo-se à prestação de um favor em troca de outro" (*Comentários ao Código Penal*, v. 8, p. 122). Embora, em tese, seja possível concordar com tal postura, é preciso destacar que a prova desse congresso sexual forçado é das mais difíceis, não se podendo, em hipótese alguma, utilizar presunções para a condenação. Não é incomum, de fato, poder haver transigência à ameaça que teve início com a proposta de relação sexual para evitar uma denúncia. Pode ser conveniente à vítima, no caso supramencionado, manter a cópula, de modo a garantir a impunidade do seu crime. O simples fato de a proposta ter partido do agente policial não afasta a incidência da pronta concordância da vítima. Portanto, não se deve exigir, nesses casos, como diz Hungria, que a mulher deva ter a iniciativa da troca de um favor por outro, sendo suficiente que ela aquiesça à referida troca. Justamente por isso, torna-se muito difícil provar tal constrangimento à conjunção carnal efetuado por ameaça consistente na prática de um mal *justo*. O mesmo se diga no contexto do ato libidinoso obtido de idêntica maneira. Tutela-se a liberdade sexual.

372. Aspectos subjetivos: é punível a título de dolo. Não existe a forma culposa. Há, também, a presença do elemento subjetivo do tipo específico, consistente na finalidade de obter a conjunção carnal ou outro ato libidinoso, satisfazendo a lascívia. Aliás, tal objetivo é que diferencia o estupro do constrangimento ilegal. Na análise do elemento subjetivo, vale relembrar o destaque formulado por Mestieri: "A crença, sincera, de que a vítima apresenta oposição ao congresso carnal apenas por recato ou para tornar o jogo do amor mais difícil ou interessante (*vis haud ingrata*) deve sempre de ser entendida em favor do agente" (*Do delito de estupro*, p. 92). Embora exista a possibilidade de o estupro dar-se com a finalidade de vingança – ou mesmo para humilhar e constranger moralmente a vítima –, tal situação, em nosso entender, não elimina o elemento subjetivo específico de satisfação da lascívia, até porque, nessas situações, encontra-se a satisfação *mórbida* do prazer sexual, incorporada pelo desejo de vingança ou outros sentimentos correlatos. Estímulos sexuais pervertidos podem levar alguém se valer dessa forma de crime para ferir a vítima, inexistindo incompatibilidade entre tal desiderato e a finalidade lasciva do delito do art. 232. Acrescente-se, ainda, que somente os sexualmente pervertidos utilizam esse meio para a vingança. Portanto, ilustrando, introduzir um objeto no ânus ou na vagina de alguém, a pretexto de se vingar, não passa de uma perversão, apta a gerar prazer sexual ao agente, mesmo que intimamente, sem exteriorização.

373. Duração do dissenso da vítima: segundo nos parece, deve acompanhar todo o desenvolvimento do ato sexual. Se houver concordância, em alguma fase posterior ao início, mas *antes* do final, permitindo concluir que a relação terminou de maneira consentida, desfaz-se a figura criminosa do estupro. Por outro lado, em consequência lógica ao que acabamos de expor, se a mulher, durante o ato sexual, inicialmente consentido, manifestar a sua discordância quanto à continuidade, é de se exigir que o homem cesse a sua atuação. Se persistir, forçando a vítima, física ou moralmente, permite o surgimento do crime de estupro. Em contrário está a posição de Mestieri, tratando, à época, somente da mulher como vítima: "O consentimento da mulher *durante* o ato sexual é irrelevante para o tipo; o momento consumativo do delito é o da efetiva penetração. Na mesma linha, o caso de a mulher consentir na cópula e durante ela, por sentir dores muito agudas, solicitar sua imediata interrupção. Se o agente prossegue no ato sexual, não se pode falar em dolo de estupro e nem mesmo na tipicidade objetiva desse crime" (*Do delito de estupro*, p. 93). A visão adotada pelo referido autor é oposta à nossa. A anuência da mulher, no exemplo apresentado, é extremamente relevante, mormente no contexto do estupro, em que há natural dificuldade de se produzir prova acerca da existência ou não de verdadeira resistência (em especial, quando não há violência física, mas somente grave ameaça). Por isso, se a relação sexual tem início de maneira *forçada*, portanto, contra a vontade da mulher, é evidente que ela deva manter-se em dissenso até o final (lembre-se, dissenso é diverso de resistência, conforme exposto na nota anterior). Uma vez que, durante o ato sexual, termine concordando com a sua prática, torna írrita eventual punição do agente. Seria evidentemente paradoxal ouvir o depoimento da vítima, afirmando ao magistrado, por exemplo, que a relação sexual foi uma das melhores que já experimentou, embora se tenha iniciado a contragosto. Ainda assim, somente para argumentar, haveria condenação do autor por estupro. Por outro lado, respeitada a vontade da mulher, iniciado o ato sexual, desejando que este cesse, sua manifestação há de ser acatada.

A partir do momento em que surge o dissenso, ocorrendo insistência por parte do agente, emerge o constrangimento ilegal, configurador do estupro. Em suma, a conjunção carnal, ou outro ato libidinoso, não pode ser equiparada à assinatura de um contrato, que se dá de maneira instantânea. Há um desenvolvimento em vários atos, que se arrastam por algum tempo, situação suficiente para avaliar, autenticamente, a vontade da pessoa, potencialmente vítima do crime.

374. Exame de corpo de delito: é prescindível. Pode-se demonstrar a ocorrência do estupro por outras provas, inclusive pela palavra da vítima, quando convincente e segura.

375. Condenação por estupro baseada na palavra da vítima: existe a possibilidade de condenação, mas devem ser considerados todos os aspectos que constituem a personalidade da pessoa ofendida, seus hábitos, seu relacionamento anterior com o agente, entre outros fatores. Cremos ser fundamental, ainda, confrontar as declarações prestadas pela parte ofendida com as demais provas existentes nos autos.

376. Figura qualificada pelo resultado e qualificadora: mesclou-se um crime qualificado pelo resultado com uma qualificadora do estupro. Se da conduta resultar lesão grave à vítima, a pena se torna mais grave (reclusão, de 8 a 12 anos). Igualmente, se o crime de estupro for cometido contra pessoa menor de 18 anos e maior de 14. Aliás, se a vítima tiver menos de 14 anos, cuida-se de estupro de vulnerável, previsto no § 3.º deste artigo.

377. Resultado morte: trata-se de crime qualificado pelo resultado, com morte da vítima em decorrência da conduta agressiva do agente durante o estupro, elevando-se a pena para reclusão de 12 a 30 anos.

378. Vítima menor de 14 anos: cuida-se de vulnerabilidade absoluta, que não aceita prova em contrário, como assinalado pelos Tribunais Superiores (STF e STJ). É o conteúdo da Súmula 593 do STJ: "O crime de estupro de vulnerável se configura com a conjunção carnal ou prática de ato libidinoso com menor de 14 anos, sendo irrelevante eventual consentimento da vítima para a prática do ato, sua experiência sexual anterior ou existência de relacionamento amoroso com o agente".

379. Enfermidade ou deficiência mental e redução da capacidade de resistência: quando a pessoa possuir alguma enfermidade ou deficiência mental, só pode ter relação sexual caso possua discernimento suficiente para entender a prática do ato. Isso significa não ser totalmente vedado o relacionamento sexual entre pessoas com deficiência mental, desde que compreendam o que estão fazendo. Do contrário, caracteriza-se o estupro de vulnerável. Por outro lado, há uma figura aberta, indicando que *qualquer causa* apta a diminuir a capacidade da pessoa de oferecer resistência ao ato sexual pode configurar o estupro de vulnerável. Exemplo disso é a vítima completamente embriagada, que perde a consciência.

Atentado violento ao pudor

Art. 233. (*Revogado pela Lei 14.688/2023.*)

Corrupção de menores

Art . 234. Induzir alguém menor de 14 (quatorze) anos a satisfazer a lascívia de outrem:[380-381]

Pena – reclusão, de 2 (dois) a 5 (cinco) anos.

380. Aspectos objetivos: *induzir* significa dar a ideia ou sugerir algo a alguém. O objeto da indução é o menor de 14 anos, tendo por finalidade a satisfação da lascívia de outra pessoa. Na realidade, seria uma *mediação de vulnerável para satisfazer a lascívia de outrem*. O tipo penal criado pela Lei 12.015/2009, constante do Código Penal comum, é desnecessário e poderá causar problemas. Terminou-se por dar origem a uma exceção pluralística à teoria monística, ou seja, a participação moral no estupro de vulnerável passa a ter pena mais branda. Afinal, se utilizássemos apenas o disposto no âmbito do concurso de pessoas, no tocante ao induzimento de menor de 14 anos a ter relação sexual com outra pessoa, poder-se-ia tipificar na figura do art. 232, § 3.º (consumado ou tentado). No entanto, passa a existir figura autônoma, beneficiando o partícipe. Sustentávamos que o verbo *nuclear*, apesar de dizer respeito apenas à conduta *induzir*, deveria ser interpretado de maneira mais ampla, abrangendo a instigação e o auxílio. Revemos essa posição, em face do delicado e importante bem jurídico protegido – a formação moral e sexual do menor de 14 anos. É mais sensato dar uma interpretação literal à exceção criada, inadvertidamente, pelo legislador. Quem induzir o menor de 14 anos a satisfazer a lascívia alheia responde pelo art. 218. Quem for além disso e, além de dar a ideia, instigar o menor, por aliciamento ou persuasão, bem como prestar auxílio direto à satisfação da lascívia de outra pessoa, pode responder por participação de estupro de vulnerável.

381. Aspectos subjetivos: é o dolo. Não há a forma culposa. Exige-se o elemento subjetivo do tipo específico, consistente na vontade de levar o menor à satisfação da lascívia alheia.

Ato de libidinagem

> **Art. 235.** Praticar, ou permitir o militar que com ele se pratique, ato libidinoso em lugar sujeito à administração militar ou no exercício de função militar:[382-383]
>
> Pena – detenção, de 6 (seis) meses a 1 (um).

382. Aspectos objetivos: o sujeito ativo é o militar; o passivo, a instituição militar. Tutela-se a moral sexual no cenário da caserna. O crime desrespeita, nitidamente, o princípio da intervenção mínima, pois o bem jurídico focado não possui nenhuma relevância penal. Em época de liberdade sexual, cada vez mais avançada, não se pode acolher a ideia de um tipo penal incriminador tutelando as relações íntimas de terceiros. Por certo, é inquestionável que, em lugar sujeito à administração militar, onde deve prosperar a disciplina rigorosa, não há cabimento para qualquer tipo de relacionamento sexual. Porém, tal infração deveria ser punida, quando fosse o caso, na órbita administrativa; jamais na esfera penal, que deve ser considerada sempre a *ultima ratio* (a última opção para compor conflitos). De todo modo, a conduta típica prevê a prática de qualquer *ato libidinoso* (ato capaz de gerar prazer sexual), nas mais variadas formas (conjunção carnal, coito anal, felação, beijo lascivo etc.).

383. Aspectos subjetivos: o crime é doloso, não se punido a forma culposa. Exige-se o elemento subjetivo específico consistente em satisfazer a lascívia.

Presunção de violência

> **Art. 236.** Presume-se a violência, se a vítima:[384]
>
> I – não é maior de 14 (quatorze) anos, salvo fundada suposição contrária do agente;

Art. 237

Código Penal Militar Comentado • Nucci

II – é doente ou deficiente mental, e o agente conhecia esta circunstância;

III – não pode, por qualquer outra causa, oferecer resistência.

384. Presunção de violência e capacidade de consentimento: este artigo deveria ter sido revogado pela reforma introduzida pela Lei 14.688/2023, após a modificação inserida no art. 232 deste Código. Todas as hipóteses de "presunção de violência", devidamente atualizadas, foram incorporadas no referido art. 232.

Aumento de pena

Art. 237. Nos crimes previstos neste Capítulo, a pena é agravada, se o fato é praticado:[385]

I – com o concurso de duas ou mais pessoas;

II – por oficial, ou por militar em serviço.

385. Causa de aumento de pena: as circunstâncias descritas no art. 237, fixando uma agravante para os crimes sexuais, evidenciam maior gravidade do ocorrido. O cometimento do delito mediante o concurso de duas ou mais pessoas torna mais difícil a defesa da vítima. Quando o sujeito ativo é oficial ou militar em pleno serviço, entende-se mais culpável o agente, sujeito a maior censura, que determina a elevação da pena.

Capítulo VIII
Do ultraje público ao pudor

Ato obsceno

Art. 238. Praticar ato obsceno em lugar sujeito à administração militar:[386-387]

Pena – detenção, de 3 (três) meses a 1 (um) ano.

Parágrafo único. A pena é agravada, se o fato é praticado por militar em serviço ou por oficial.

386. Aspectos objetivos: o sujeito ativo pode ser qualquer pessoa; o passivo é a instituição militar. É preciso que alguma pessoa determinada observe o ato do agente, sob pena de se tornar crime impossível. *Praticar* é executar, levar a efeito ou realizar, implicando movimentação do corpo humano, e não simplesmente em palavras. A conceituação de *ato obsceno* envolve, nitidamente, uma valoração cultural, demonstrando tratar-se de elemento normativo do tipo penal. *Obsceno* é o que fere o pudor ou a vergonha (sentimento de humilhação gerado pela conduta indecorosa), tendo sentido sexual. Trata-se de conceito mutável com o passar do tempo e deveras variável, conforme a localidade. Cremos ser, diante do que a mídia divulga todos os dias em todos os lugares, conduta de difícil configuração, atualmente. Ainda assim, o movimento corpóreo voluntário (ato) que tenha por fim ofender o sentimento de recato, resguardo ou honestidade sexual de outrem pode ser classificado como *obsceno*. Ex.: a pessoa que mostra o seu órgão sexual em público para chocar e ferir o decoro de quem presencia a cena. Tutela-se a moral sexual em relação às unidades militares. Cuida-se de outro tipo penal em desarmonia com o princípio constitucional da intervenção mínima. Não há mais relevo penal para a punição dessa espécie de conduta; a órbita administrativa é mais que suficiente para tratar de eventual disciplina da questão envolvendo ato obsceno. Na jurisprudência: STM: "O legislador fez previsões legais específicas tanto para o cumprimento da transgressão disciplinar como para o crime militar e assim deve ser observado para a consecução do objetivo basilar dos respectivos institutos legais. Inocorrência do 'ne bis in idem'. Impossibilidade de aplicação do Princípio da Insignificância em razão da gravidade dos atos praticados. A filmagem do ato obsceno foi encaminhada para grupo de 'WhatsApp' tomando proporção de total descontrole de sua propagação nas mídias sociais. Apelo não provido. Decisão por unanimidade" (Ap. 7000298-50.2018.7.00.0000, rel. Alvaro Luiz Pinto, j. 28.08.2018); "Tratando a conduta de mera brincadeira de mau gosto que não buscou afrontar a moral ou o recato da Administração Militar, há de se reconhecer a sua atipicidade por ausência de dolo. No ato obsceno o bem jurídico tutelado é o pudor público e este não é atingido quando o ato perpetrado é incapaz de suscitar sentimento de vergonha, excitação da lascívia alheia ou erotismo" (Ap. 0000028-60.2010.7.01.0401 – RJ, Plenário, rel. Maria Elizabeth Guimarães Teixeira Rocha, 05.03.2012, m.v.).

387. Aspectos subjetivos: é o dolo, exigindo-se, ainda, o elemento subjetivo específico, consistente na vontade particular de ofender o pudor alheio. Não há a forma culposa.

Escrito ou objeto obsceno

> **Art. 239.** Produzir, distribuir, vender, expor à venda, exibir, adquirir ou ter em depósito para o fim de venda, distribuição ou exibição, livros, jornais, revistas, escritos, pinturas, gravuras, estampas, imagens, desenhos ou qualquer outro objeto de caráter obsceno, em lugar sujeito à administração militar, ou durante o período de exercício ou manobras:[388-389]
>
> Pena – detenção, de 6 (seis) meses a 2 (dois) anos.
>
> **Parágrafo único.** Na mesma pena incorre quem distribui, vende, oferece à venda ou exibe a militares em serviço objeto de caráter obsceno.[390]

388. Aspectos objetivos: o sujeito ativo pode ser qualquer pessoa; o passivo é a instituição militar. Deve haver pessoa determinada para ter contato com o material obsceno, sob pena de se configurar crime impossível. As condutas típicas são alternativas, significando que a prática de uma delas, ou mais de uma, representa um só delito. O objeto, de caráter obsceno (ofensivo ao pudor sexual), pode ser livro, jornal, revista, escrito (qualquer material representado por linguagem reconhecível), pintura, gravura, estampa, imagem, desenho ou outro objeto (como a escultura). Na realidade, trata-se de outro tipo incriminador ofensivo ao princípio da intervenção mínima, significando matéria estranha, por essência, à tutela penal. Eventual produção de material obsceno ou pornográfico deveria ser punida apenas na esfera administrativa. Exige-se local apropriado para o desenvolvimento da conduta delituosa: local administrado por militares ou durante o período de exercício ou manobras. Na jurisprudência: STM: "1. Militares que produziram, exibiram e divulgaram, em meios eletrônicos, imagem com conotação sexual. O tipo penal do art. 239 do CPM é classificado como de ação múltipla ou de conteúdo variado, de modo que, em tese, os Denunciados teriam incorrido em, pelo menos, três núcleos verbais. 2. Presentes os requisitos do artigo 77 do CPPM, a Denúncia deve ser recebida. A cadeia probante não deixa dúvidas quanto aos indícios de autoria e de prova de fato que, em tese, constitua crime. 3. A jocosidade não ilide o dolo constante do tipo em

Art. 239

Código Penal Militar Comentado • Nucci

comento, o qual não exige finalidade específica. Ademais, os Denunciados encontravam-se fardados e dentro da Organização Militar no momento das condutas inquinadas como criminosas. Recurso conhecido e provido. Decisão unânime" (RSE 0000070-02.2016.7.01.0401, rel. Carlos Augusto de Sousa, j. 23.03.2017).

389. Aspectos subjetivos: o crime é doloso. Exige-se elemento subjetivo do tipo específico, consistente na finalidade de vender, distribuir ou exibir o material obsceno. Não se pune a forma culposa.

390. Figura de extensão: pretende-se abranger, com as mesmas penas do *caput*, o agente que distribui, vende, oferece à venda ou exibe a militares em serviço qualquer objeto obsceno. Nesse parágrafo, importa *quem* tem acesso ao material e não *onde*, como simboliza a anterior previsão. Portanto, onde quer que esteja o militar, desde que em serviço, pode-se configurar o crime.

Título V
Dos crimes contra o patrimônio

Capítulo I
Do furto

Furto simples

> **Art. 240.** Subtrair, para si ou para outrem, coisa alheia móvel:[391-394]
> Pena – reclusão, até 6 (seis) anos.

Furto atenuado

> § 1.º Se o agente é primário e é de pequeno valor a coisa furtada, o juiz pode substituir a pena de reclusão pela de detenção, diminuí-la de 1 (um) a 2/3 (dois terços), ou considerar a infração como disciplinar. Entende-se pequeno o valor que não exceda a 1/10 (um décimo) da quantia mensal do mais alto salário mínimo do país.[395]
>
> § 2.º A atenuação do parágrafo anterior é igualmente aplicável no caso em que o criminoso, sendo primário, restitui a coisa ao seu dono ou repara o dano causado, antes de instaurada a ação penal.[396]

Energia de valor econômico

> § 3.º Equipara-se à coisa móvel a energia elétrica ou qualquer outra que tenha valor econômico.[397]

Furto qualificado

> § 4.º Se o furto é praticado durante a noite:[398]
> Pena – reclusão, de 2 (dois) a 8 (oito) anos.
> § 5.º Se a coisa furtada pertence à Fazenda Pública:[399]
> Pena – reclusão, de 2 (dois) a 6 (seis) anos.
> § 6.º Se o furto é praticado:

Art. 240

Código Penal Militar Comentado • Nucci

> I – com destruição[400] ou rompimento de obstáculo à subtração da coisa;[401-402]
>
> II – com abuso de confiança[403] ou mediante fraude,[404-405] escalada[406] ou destreza;[407]
>
> III – com emprego de chave falsa;[408]
>
> IV – mediante concurso de duas ou mais pessoas:[409]
>
> Pena – reclusão, de 3 (três) a 10 (dez) anos.
>
> § 6.º-A. Na mesma pena do § 6.º deste artigo incorre quem subtrai arma, munição, explosivo ou outro material de uso restrito militar ou que contenha sinal indicativo de pertencer a instituição militar.[409-A]
>
> § 7.º Aos casos previstos nos §§ 4.º e 5.º são aplicáveis as atenuações a que se referem os §§ 1.º e 2.º, e aos casos previstos nos §§ 6.º e 6.º-A é aplicável a atenuação referida no § 2.º deste artigo.[410]

391. Aspectos objetivos: os sujeitos ativo e passivo podem ser qualquer pessoa. No caso de *ladrão que subtrai coisa já furtada de outro ladrão*, há crime de furto, embora a vítima seja o legítimo dono ou possuidor do objeto. Protege-se a propriedade e a posse; em suma, o patrimônio. *Subtrair* significa tirar, fazer desaparecer ou retirar e, somente em última análise, furtar (apoderar-se). É verdade que o verbo "furtar" tem um alcance mais amplo do que "subtrair", e justamente por isso o tipo penal preferiu identificar o crime como sendo *furto* e a conduta que o concretiza como *subtrair*, seguida, é lógico, de outros importantes elementos descritivos e normativos. Assim, o simples fato de alguém tirar coisa pertencente a outra pessoa não quer dizer, automaticamente, ter havido um furto, já que se exige, ainda, o ânimo fundamental, componente da conduta de *furtar*, que é assenhorear-se do que não lhe pertence. A consumação do furto é tema polêmico e de difícil visualização na prática. Em tese, no entanto, o furto está consumado tão logo a coisa subtraída saia da esfera de proteção e disponibilidade da vítima, ingressando na do agente. É imprescindível, por tratar-se de crime material (aquele que se consuma com o resultado naturalístico), que o bem seja tomado do ofendido, estando, ainda que por breve tempo, em posse mansa e tranquila do agente. Se houver perseguição e em momento algum conseguir o autor a livre disposição da coisa, trata-se de tentativa. Não se deve desprezar essa fase (posse tranquila da coisa em mãos do ladrão), sob pena de se transformar o furto em um crime formal, punindo-se unicamente a conduta, não se demandando o resultado naturalístico. Há vários julgados considerando consumado o furto desde que haja o mero apossamento da coisa, independentemente de sair da esfera de vigilância do ofendido. Nesse sentido: STF: "A jurisprudência do STF dispensa, para a consumação do furto ou do roubo, o critério da saída da coisa da chamada 'esfera de vigilância da vítima' e se contenta com a verificação de que, cessada a clandestinidade ou a violência, o agente tenha tido a posse da *res furtiva*, ainda que retomada, em seguida, pela perseguição imediata" (HC 108.678/RS, 1.ª T, rel. Rosa Weber, 17.04.2012, m.v.). STM: "Para a configuração do delito de furto é imprescindível a presença dos seguintes elementos: i) a qualidade de ser alheia a coisa; ii) a conduta subtrair, que significa retirar, surrupiar, tirar às escondidas; e iii) o dolo específico, ou seja o *animus furandi*. Embora a análise das imagens do circuito de CFTV da agência bancária, até mesmo pela baixa qualidade, não permita a qualquer pessoa alheia aos fatos narrados na Exordial uma identificação consistente, não se pode olvidar que o reconhecimento do Acusado foi efetuado por militares que conviviam com ele na Unidade, sendo certo que, mesmo desfocadas, as testemunhas puderam confirmar a autoria delitiva. O reconhecimento pessoal do Acusado nas imagens do Circuito Interno de TV da agência bancária, tanto pelas testemunhas quanto pelo próprio Ofendido, tem sido reconhecido como meio válido e eficaz por esta Corte Castrense, restando afastada a aplicação do Princípio *in dubio pro reo*. O reconhecimento do furto atenuado previsto no § 1.º do artigo 240 do Código Penal Militar pressupõe a primariedade e o pequeno valor da coisa furtada. *In casu*, o montante sacado e transferido pelo Acusado da conta bancária do Ofendido em muito excede o valor estabelecido pela norma de regência, objetivamente falando. Recurso não provido" (Apelação n.º 7000508-33.2020.7.00.0000, rel. Carlos Vuyk de Aquino, 29.10.2020, v.u.); "O núcleo do tipo é o verbo 'subtrair', que significa retirar algo de alguém, ou seja, inverter a posse sobre o bem. Basta que o agente, sem a permissão do legítimo proprietário, remova o objeto material da esfera de vigilância da vítima com o *animus* de tê-la em definitivo para si ou para outrem. O *animus rem sibi habendi* restou demonstrado. A não configuração do elemento volitivo dependeria da imediata devolução da coisa, necessariamente, após o uso, o que não foi feito. Apelo defensivo não provido" (Apelação n.º 7001047-33.2019.7.00.0000, rel. Maria Elizabeth Guimarães Teixeira Rocha, 14.05.2020, v.u.); "2. Vigora em nosso ordenamento jurídico a Teoria da inversão da posse, que considera que o crime de furto se consuma quando o bem jurídico é retirado da esfera de posse e disponibilidade da vítima, ingressando na livre disponibilidade do agente, sendo prescindível a posse mansa e pacífica. A tentativa de retirada da *res furtiva* da OM afasta as teses de crime impossível e de furto tentado" (Ap. 7000317-56.2018.7.00.0000, rel. Artur Vidigal de Oliveira, j. 04.12.2018); "A autoria e a materialidade se encontram configuradas nos autos diante da prova testemunhal, documental e técnica. A culpabilidade, de igual forma, resta indene de dúvidas. O Réu era imputável no momento do crime, tinha plena consciência do caráter ilícito do fato e, portanto, lhe era exigível conduta diversa. O fato é típico, antijurídico e culpável. Livre e conscientemente, o Réu praticou a conduta descrita no art. 240, *caput*, do CPM. Teoria da *amotio* ou da *apprehensio*. O crime se consuma apenas com a inversão da posse, ainda que a *res* subtraída venha a ser retomada em momento imediatamente posterior. Segundo a jurisprudência da Suprema Corte, para que a conduta seja considerada de natureza bagatelar, deve atender a 4 (quatro) requisitos: mínima ofensividade da conduta; nenhuma periculosidade social da ação; reduzido grau de reprovabilidade do comportamento; e inexpressividade da lesão jurídica provocada, diferentemente da realidade dos presentes autos. Inaplicabilidade do princípio da insignificância. O Réu se utilizou de meio eficaz para consumar a sua conduta, o que descaracteriza o crime impossível. Os sistemas de revista e de vigilância existentes na Unidade Militar não tornam impossível a configuração do delito (Súmula nº 567 STJ). Negado provimento. Decisão unânime" (Ap. 0000058-34.2016.7.03.0303, rel. José Barroso Filho, j. 15.08.2017).

392. Aspectos subjetivos: exige-se o dolo, bem como o elemento subjetivo do tipo específico, que é a vontade de apossamento do que não lhe pertence, consubstanciada na expressão "para si ou para outrem". Essa intenção deve espelhar um desejo do agente de apoderar-se, definitivamente, da coisa alheia. É o que se chama tradicionalmente de dolo específico. Não existe a forma culposa.

393. Furto de coisas de ínfimo valor e princípio da insignificância: em tese, as coisas de pequeno valor podem ser objetos do crime de furto, embora se deva agir com cautela nesse contexto, em face do princípio da insignificância (*crimes de bagatela*). O Direito Penal não se ocupa de insignificâncias (aquilo que a própria sociedade concebe ser de somenos importância), deixando de se considerar fato típico a subtração de pequeninas coisas de valor nitidamente irrelevante. Ex.: o sujeito que leva, sem autorização, do banco, onde vai sacar uma determinada quantia em dinheiro, o clipe que está sobre o guichê do caixa, embora não lhe pertença. Não se deve exagerar, no entanto, na aplicação do princípio da bagatela, pois o que é irrelevante para uns pode ser extremamente importante para outros. Ex.: subtrair uma galinha, de quem só possui um galinheiro com quatro, representa um valor significativo, que necessitará ser

Art. 240

Código Penal Militar Comentado • Nucci

356

recomposto. Por outro lado, subtrair um pintinho de uma granja imensa, com milhares de aves, pode ser insignificante, sem qualquer afetação ao patrimônio. Por outro lado, deve-se analisar, cuidadosamente, a conduta do agente do furto, pois, assim fazendo, a insignificância pode ser afastada em face do caso concreto. Além disso, há vários outros fatores a considerar, como as condições pessoais do réu (primário ou reincidente, bons ou maus antecedentes), bem como a situação fática concreta, não se admitindo a insignificância, quando se trata de delito qualificado. Além disso, no cenário militar, entendemos deva ser mais rigorosa a avaliação, pois em jogo estão a hierarquia e a disciplina da instituição. Não vemos como impossível (exemplo: a subtração de um lápis), mas rara. Na jurisprudência: STF: "Conforme já assentou o Supremo Tribunal, 'é relevante e reprovável a conduta de um militar que, no interior do aquartelamento, furta bens de dois colegas de farda, demonstrando total desrespeito às leis e às instituições castrenses de seu País' (ARE n.º 728.826/RS-AgR, Segunda Turma, Relator o Ministro Ricardo Lewandowski, *DJe* de 21/5/13)" (HC 117.215-BA, 1.ª T., rel. Dias Toffoli, 03.09.2013, v.u.); "A pertinência do princípio da insignificância deve ser avaliada, em casos de pequenos furtos, considerando não só o valor do bem subtraído, mas igualmente outros aspectos relevantes da conduta imputada. Não tem pertinência o princípio da insignificância se o crime de furto é praticado mediante ingresso subreptício no estabelecimento comercial da vítima, com violação da privacidade e da tranquilidade pessoal desta" (HC 112.748/DF, 1.ª T., rel. Rosa Weber, 18.09.2012, v.u.). STM: "A conduta do recorrente adequou-se de forma abstrata e material ao tipo penal previsto no art. 240 do CPM, não havendo que se falar em miudeza frente ao tamanho grau de desrespeito verificado no ato perpetrado. Não obstante a *res furtiva* ter sido avaliada em R$ 198,00 (cento e noventa e oito reais), *in casu*, não deve incidir a bagatela, devido não só ao contexto social dos militares envolvidos – um 3.º Sargento e um Soldado, ambos do Exército Brasileiro – mas, também, à reprovabilidade da conduta atentatória à disciplina e depreciatória do sentimento de lealdade e confiança entre os companheiros de farda, mormente por ter o apelante abusado da confiança de superior hierárquico" (Ap 0000041-27.2008.7.02.0102/SP, Plenário, rel. Maria Elizabeth Guimarães Teixeira Rocha, 10.05.2012, v.u.). "Será cabível a aplicação do Princípio da Insignificância quando presentes, simultaneamente, a mínima ofensividade da conduta do agente; nenhuma periculosidade social da ação; reduzido grau de reprovabilidade do comportamento; e a inexpressividade da lesão jurídica provocada (Jurisprudência do STF)" (Ap. 0000038-96.2009.7.03.0203/RS, Plenário, rel. Raymundo Nonato de Cerqueira Filho 11.06.2012, v.u.). "O fato da devolução da *res furtiva* ao seu verdadeiro dono não legitima o reconhecimento da insignificância – tampouco tem o condão de impedir a ação penal –, mormente quando esta restituição não se faz de forma integral" (RSE 0000090-93.2011.7.11.0011/DF, Plenário, rel. Artur Vidigal de Oliveira, 13.01.2012, v.u.). STJ: "Trata-se de furto qualificado com destruição de obstáculo para subtração de *res furtiva*, pois o paciente quebrou o vidro do carro para furtar um guarda-chuva e uma chave de roda. O *habeas corpus* objetiva absolver o paciente, sustentando que a conduta atribuída é materialmente atípica pela aplicação do princípio da insignificância. Nessa circunstância, explica o Min. Relator, a questão suscita polêmica no que se refere aos limites e às características do princípio da insignificância, que se caracteriza como causa supra legal de atipia penal. Então, a questão está em saber se o objeto pretendido no furto, ao ser este consumado, estaria caracterizando um ilícito penal, um ilícito extrapenal ou algo até juridicamente indiferente. Aponta, citando a doutrina, que, se, por um lado, na moderna dogmática jurídico-penal, não se pode negar a relevância desse princípio; por outro, ele não pode ser manejado de forma a incentivar condutas atentatórias que, toleradas pelo Estado, afetariam seriamente a vida coletiva. Dessa forma, observa que no furto, para efeito de aplicação do princípio da insignificância, é imprescindível a distinção entre o ínfimo (ninharia desprezível) e o pequeno valor. Este último implica eventualmente o furto privilegiado (art. 155, § 2.º, CP), e aquele primeiro, na atipia conglobante (dada a mínima gravidade). A interpretação de insignificância deve necessariamente considerar o bem jurídico tutelado e o tipo de injusto para sua aplicação. Daí, ainda que se considere o delito como de pouca gravidade e esse delito não se identifica com o indiferente penal se, como um todo, observado o binômio o tipo de injusto e o bem jurídico, ele deixa de caracterizar a sua insignificância. Assevera que esse é o caso dos autos, o valor da *res furtiva* é insignificante, um delito de bagatela (guarda-chuva e chave de roda), entretanto a vítima teve de desembolsar a quantia de R$ 333,00 para recolocar o vidro quebrado, logo o valor total do prejuízo causado pelo paciente não é insignificante. Diante do exposto, como não é o caso de reconhecer a irrelevância penal da conduta, a Turma denegou a ordem de *habeas corpus*" (HC 136.297/MG, 5.ª T., rel. Felix Fischer, 06.10.2009, v.u. – *Informativo* 410 do STJ).

394. Furto sob vigilância: é possível ocorrer a hipótese descrita no art. 32 do CPM, ou seja, o sujeito eleger um meio absolutamente ineficaz ou voltar-se contra um objeto absolutamente impróprio no cometimento do furto. Haveria, nesse caso, tentativa inidônea ou quase crime, que não é punida. O importante é analisar se o meio eleito é, de fato, *absolutamente* ineficaz para a prática do crime, no caso concreto e não simplesmente em tese. O mesmo se diga de ser o objeto *absolutamente* impróprio, no caso concreto. Se um indivíduo é vigiado num supermercado o tempo todo por seguranças e câmeras internas, de modo a tornar, *naquela situação concreta*, impossível a consumação do delito de furto, trata-se da hipótese do art. 32. Mas se a vigilância for falha ou incompleta, cremos ser cabível falar em tentativa. O mesmo se diga de uma tentativa de furto de quem não possui bens economicamente viáveis. Se, de fato, nada puder ser levado, pois a vítima está completamente depauperada, pode ser crime impossível, embora, quando exista algo passível de se constituir objeto do furto – com algum valor, portanto –, cremos tratar-se de tentativa de furto. No entanto, dispositivo antifurto instalado em veículo ou outro bem qualquer não torna impossível o delito. Na jurisprudência: STF: "Havendo possibilidade, ainda que remota, de burlar a vigilância exercida sobre a coisa e, por conseguinte, de ofender o bem jurídico tutelado pela norma penal, não se configura o crime impossível. Precedentes" (HC 107.577/MG, 1.ª T., rel. Cármen Lúcia, 10.05.2012, m.v.); STJ: "A vigilância exercida no interior de estabelecimento comercial, seja por seguranças seja pela existência de circuito interno de monitoramento não afasta, de forma peremptória, a potencialidade lesiva de condutas que visem à subtração ou dano do patrimônio de estabelecimentos com esta característica. Precedentes" (REsp 1.306.229/RS, 5.ª T., rel. Gilson Dipp, 17.05.2012, v.u.); "A presença de sistema eletrônico de vigilância no estabelecimento comercial não torna o agente completamente incapaz de consumar o furto. Logo, não se pode afastar a punição, pela configuração do crime impossível, pela absoluta ineficácia dos meios empregados. Precedentes" (HC 223.710/SP, 5.ª T., rel. Laurita Vaz, 28.02.2012, v.u.); "O STJ afastou a tese de crime impossível pela só existência de sistema de vigilância instalado em estabelecimento comercial. Precedentes" (HC 209.512/RS, 5.ª T., rel. Marco Aurélio Bellizze, 06.10.2011, v.u.).

395. Furto privilegiado: difundiu-se o entendimento de ser a figura prevista no § 1.º um *furto privilegiado*, em que pese ser, na essência, uma causa de diminuição da pena. Poder-se-ia falar em *privilégio em sentido amplo*. A autêntica figura do privilégio haveria de representar uma nova faixa para a fixação da pena, diminuindo-se o mínimo e o máximo em abstrato, estabelecidos pelo legislador no preceito sancionador do tipo penal. Entretanto, analisando-se a especial circunstância prevista, conclui-se significar uma causa obrigatória de diminuição da pena em limites variáveis entre um a dois terços e até mesmo a substituição da pena de reclusão pela de detenção e da pena privativa de liberdade por infração disciplinar (aliás, nessa última hipótese, está-se diante de um autêntico privilégio, pois a pena em abstrato se altera completamente para menor). Difere esta figura da insignificância, que gera a atipicidade da conduta, visto possuir o bem subtraído ínfimo valor, incapaz de afetar o patrimônio da víti-

Art. 240

Código Penal Militar Comentado • Nucci

ma. A figura do furto privilegiado permite a concretização do delito, embora com atenuação da pena. O valor do bem afetado foge da esfera da bagatela, permitindo, entretanto, a sua consideração como de pequena monta. Nesse sentido: STF: "Convém distinguir, ainda, a figura do furto insignificante daquele de pequeno valor. O primeiro, como é cediço, autoriza o reconhecimento da atipicidade da conduta, ante a aplicação do princípio da insignificância. Já no que tange à coisa de pequeno valor, criou o legislador a causa de diminuição referente ao furto privilegiado, prevista no art. 155, § 2.º, do CP" (HC 111.331/RS, 2.ª T., rel. Ricardo Lewandowski, 20.03.2012, v.u.). "A teor do disposto no art. 155, § 2.º, do CP, se o criminoso é primário e a coisa furtada possui pequeno valor, o juiz pode substituir a pena de reclusão pela de detenção, diminuí-la de um a dois terços ou aplicar somente a pena de multa'. Mostra-se inadmissível assentar a atipicidade, mormente quando o furto ou a tentativa se fez mediante destruição ou rompimento de obstáculo" (HC 107.119/RS, 1.ª T., rel. Marco Aurélio, 06.11.2012, m.v.). STJ: "Consoante a jurisprudência do STJ, 'no caso do furto, não se pode confundir bem de pequeno valor com o de valor insignificante. Apenas o segundo, necessariamente, exclui o crime em face da ausência de ofensa ao bem jurídico tutelado, aplicando-se-lhe o princípio da insignificância' (STJ, HC 212.518/MS, 5.ª T., j. 17.04.2012, rel. Min. Laurita Vaz, *DJe* 27.04.2012)" (HC 250.512/MG, 6.ª T., rel. Assusete Magalhães, 23.10.2012, v.u.). Exige-se a *primariedade* do agente, significando não seja ele reincidente. A reincidência ocorre quando o réu comete novo crime, após já ter sido condenado definitivamente, no Brasil ou no exterior. Lembremos, no entanto, que a condenação anterior somente surte efeito para provocar a reincidência desde que não tenha ocorrido o lapso temporal de cinco anos entre a data do cumprimento ou da extinção da pena e o cometimento da nova infração penal. É preciso anotar que a lei foi bem clara ao exigir somente a primariedade para a aplicação do benefício, de modo que descabe, em nosso entendimento, clamar também pela existência de bons antecedentes. Quanto ao *pequeno valor*, diversamente da legislação penal comum – que nada estabelece – o Código Penal Militar fixa o valor de até 1/10 do salário mínimo. Na jurisprudência: STF: "A teoria da insignificância não se coaduna com a previsão do § 1º do artigo 240 do Código Penal Militar, a revelar que, sendo primário o réu e de pequeno valor a coisa furtada, o juiz poderá substituir a pena de reclusão pela de detenção, diminuí-la de um a dois terços ou considerar a infração como disciplinar" (RHC 126362, 1.ª T., rel. Marco Aurélio, j. 18.10.2016).

396. Furto atenuado pela restituição da coisa ou reparação do dano: na legislação penal comum, a restituição da coisa ou a reparação do dano gera a causa de diminuição da pena de um a dois terços, denominada *arrependimento posterior* (art. 16 do CP). Neste Código, se o agente é primário e agir do mesmo modo, antes do recebimento da denúncia, terá direito aos benefícios expostos no parágrafo anterior. Não se demanda seja a coisa subtraída de pequeno valor. Sob outro aspecto, é fundamental que a restituição seja completa e a reparação, integral. Na jurisprudência: STM: "O ressarcimento do valor subtraído não possui condão de elidir a responsabilidade penal, em consonância com o disposto no art. 240, §§ 1.º e 2.º, do CPM" (Ap 0000016-09.2011.7.02.0102 – SP, Plenário, rel. Artur Vidigal de Oliveira, 25.04.2012, v.u.). "O fato da devolução da *res furtiva* ao seu verdadeiro dono não legitima o reconhecimento da insignificância – tampouco tem o condão de impedir a ação penal –, mormente quando esta restituição não se faz de forma integral" (RSE 0000090-93.2011.7.11.0011/DF, Plenário, rel. Artur Vidigal de Oliveira, 13.01.2012, v.u.).

397. Equiparação a coisa móvel: para não haver qualquer dúvida, deixou o legislador expressa a intenção de equiparar a energia elétrica ou qualquer outra que possua valor econômico à coisa móvel, de modo que constitui furto a conduta de desvio de energia de sua fonte natural. Energia é a qualidade de um sistema que realiza trabalhos de variadas ordens, como elétrica, química, radiativa, genética, mecânica, entre outras. Assim, quem faz uma ligação clandestina, evitando o medidor de energia elétrica, por exemplo, está praticando furto. Nessa hipótese, realiza-se o crime na forma permanente, vale dizer, a consumação se prolonga no tempo. Enquanto o desvio estiver sendo feito, está-se consumando a subtração de energia elétrica.

398. Furto noturno qualificado: trata-se do furto cometido durante o repouso noturno – ou simplesmente *furto noturno* –, especial circunstância que torna mais grave o delito, tendo em vista a menor vigilância que, durante a noite, as pessoas efetivamente exercem sobre os seus bens, seja porque estão repousando, seja porque há menor movimentação na comunidade, facilitando a perpetração do crime. O legislador, reconhecendo o maior gravame, impõe a elevação da faixa da pena, em quantidade fixa e predeterminada. A expressão *durante a noite* deve ser entendida como o período que medeia entre o início da noite, com o pôr do sol, e o surgimento do dia, com o alvorecer. A vigilância tende a ser naturalmente dificultada quando a luz do dia é substituída pelas luzes artificiais da urbe, de modo que o objetivo do legislador foi justamente agravar a pena daquele que se utiliza desse período para praticar o delito contra o patrimônio. Ensina Jorge Alberto Romeiro que ocorreu na Índia a primeira anotação encontrada na lei penal acerca da circunstância agravante de furto praticado durante a noite: "Se os ladrões, depois de haverem feito uma brecha num muro, cometem um roubo *durante a noite*, que o rei ordene a sua empalação em pontudo dardo, após a amputação das duas mãos" (parágrafo 276 do Código de Manu). Continua o mestre dizendo que Moisés já definia o período noturno "como o espaço de tempo que medeia entre o pôr e o nascer do sol" (*A noite no direito e no processo penal*, p. 181). Assim, no contexto desta causa, se a vítima dorme durante o dia – por ser vigilante noturno, por exemplo –, não incide a agravação da pena. Na legislação penal comum, cuida-se de causa de aumento.

399. Furto contra a Fazenda Nacional: a qualificadora se volta à qualidade do sujeito passivo, que é o Estado, na figura da União. Não há circunstância similar na legislação penal comum.

400. Destruição: é a conduta que provoca o aniquilamento ou faz desaparecer alguma coisa.

401. Rompimento: é a conduta que estraga ou faz em pedaços alguma coisa. O rompimento parcial da coisa é suficiente para configurar a qualificadora: STJ: "A subtração de objetos situados no interior do veículo mediante rompimento de obstáculo, como na hipótese, com rompimento do vidro traseiro direito de automóvel e destruição da máquina elétrica, qualifica o delito. (Precedentes)" (REsp 982.895/RS, 5.ª T., rel. Felix Fischer, 27.03.2008, v.u.).

402. Obstáculo: é o embaraço, a barreira ou a armadilha montada para dificultar ou impedir o acesso a alguma coisa. Nessa ótica: STF: "A jurisprudência da Corte está consolidada no sentido de que 'configura o furto qualificado a violência contra coisa, considerado veículo, visando adentrar no recinto para retirada de bens que nele se encontravam' (HC 98.606/RS, 1.ª T., rel. Min. Marco Aurélio, *DJe* 28.05.2010)" (HC 110.119/MG, 1.ª T., j. 13.12.2011, v.u., rel. Dias Toffoli). STJ: "Segundo o entendimento da 5.ª T. do STJ, configura circunstância qualificadora do rompimento de obstáculo, prevista no art. 155, § 4.º, I, do CP o furto cometido com o rompimento dos vidros de veículo para a subtração de objetos do seu interior" (HC 185.817/SP, 5.ª T., rel. Marco Aurélio Bellizze, 03.05.2012, v.u.).

403. Abuso de confiança: confiança é um sentimento interior de segurança em algo ou alguém; portanto, implica credibilidade. O abuso é sempre um excesso, um exagero em regra condenável. Portanto, aquele que viola a confiança, traindo-a, está abusando. A qualifi-

Art. 240

Código Penal Militar Comentado • Nucci

360

cadora que diz respeito ao *abuso de confiança* pressupõe a existência prévia de credibilidade, rompida por aquele que violou o sentimento de segurança anteriormente estabelecido. Ex.: uma empregada doméstica que há anos goza da mais absoluta confiança dos patrões, que lhe entregam a chave da casa e várias outras atividades pessoais (como o pagamento de contas), caso pratique um furto, incidirá na figura qualificada. Por outro lado, a empregada doméstica recém-contratada, sem gozar da confiança plena dos patrões, cometendo furto incide na figura simples. Note-se que a simples relação de emprego entre funcionário e empregador não faz nascer a *confiança* entre as partes, que é um sentimento cultivado com o passar do tempo. Pode aplicar-se, no entanto, a agravante de crime cometido valendo-se da relação doméstica ou de coabitação. Cabe, ainda, uma última análise, especialmente voltada à relação empregatícia. Não se deve excluir, automaticamente, a incidência da qualificadora quando um empregado qualquer, recém-contratado, praticar furto contra o patrão. Deve-se verificar a forma de contratação. É possível que o empregador tome todas as cautelas possíveis para contratar alguém, tomando referências e buscando uma relação de confiança acima de tudo. Encontrada a pessoa – algo que é atualmente típico no contexto da empregada doméstica –, instala o empregado no seu posto, já acreditando estar diante de uma pessoa de *confiança*. Se for cometida a subtração, cremos estar configurada a qualificadora. De outra parte, há empregadores que não se preocupam, primordialmente, com a relação de confiança a ser estabelecida com o empregado. Contratam pessoas sem grande cautela. Nesse caso, sofrendo um furto, não há de incidir a figura qualificada. Entendemos que afastar a qualificadora do *abuso de confiança* unicamente porque o empregado é novel seria desconectar o Direito Penal da realidade, uma vez que se sabe a enorme diferença existente entre patrões que buscam estabelecer, logo de início e como pressuposto para a contratação, uma relação de confiança e segurança com a pessoa empregada e outros que não agem da mesma forma. Por isso, conforme o caso concreto, o abuso de confiança pode figurar como qualificadora no contexto do empregado que, recém-contratado, pratica furto contra o patrão. Na jurisprudência: STJ: "Estando comprovada a relação de confiança entre a empregada doméstica e a vítima que a contrata – seja pela entrega das chaves do imóvel ou pelas boas referências de que detinha a Acusada – cabível a incidência da qualificadora 'abuso de confiança' para o crime de furto ora sob exame. Precedente" (HC 192.922/SP, 5.ª T., rel. Laurita Vaz, 28.02.2012, v.u.).

404. Fraude: é uma manobra enganosa destinada a iludir alguém, configurando, também, uma forma de ludibriar a confiança que se estabelece naturalmente nas relações humanas. Assim, o agente que criar uma situação especial, voltada a gerar na vítima um engano, tendo por objetivo praticar uma subtração de coisa alheia móvel, incide da figura qualificada. Ex.: o funcionário de uma companhia aérea que, no aeroporto, a pretexto de prestar auxílio a um turista desorientado, prometendo tomar conta da bagagem da vítima, enquanto esta é enviada a outro balcão de informações, subtrai bens contidos nas malas incide na figura qualificada. A fraude está caracterizada pelo desapego que o proprietário teve diante de seus bens, uma vez que acreditou na *estratégia* criada pelo referido funcionário. Crendo ter os seus pertences guardados por pessoa credenciada por companhia aérea, deixou-os sem proteção e viu-se vítima de um furto. Foi enganado, logrado, ludibriado. Nota-se, pois, como a fraude implica num modo particularizado de *abuso de confiança*. Este, por si só, exige uma relação específica de segurança concretizada entre autor e vítima, enquanto a fraude requer, apenas, um plano ardiloso que supere a vigilância da vítima, fazendo com que deixe seus bens desprotegidos, facilitando a ação criminosa. A fraude é uma "relação de confiança instantânea", formada a partir de um ardil.

405. Furto com fraude *versus* estelionato: eis polêmica estabelecida no caso concreto, provocando variadas posições na jurisprudência. O cerne da questão diz respeito ao modo de atuação da vítima, diante do engodo programado pelo agente. Se este consegue convencer o ofendido, fazendo-o incidir em erro, a *entregar*, voluntariamente, o que lhe pertence, trata-se de estelionato; porém, se o autor, em razão do quadro enganoso, ludibria a vigilância da vítima, retirando-lhe o bem, trata-se de furto com fraude. No estelionato, a vítima entrega o bem ao agente, acreditando fazer o melhor para si; no furto com fraude, o ofendido não dispõe de seu bem, podendo até entregá-lo, momentaneamente, ao autor do delito, mas pensando em tê-lo de volta. Ilustrando: Fulano apresenta-se como comprador do carro anunciado no jornal por Beltrano; pede para dar uma volta; Beltrano entrega a chave do veículo para o "teste"; Fulano foge com o carro. Houve furto com fraude. Por outro lado, Fulano, apresentando-se como comprador, entrega cheque falsificado a Beltrano, que lhe passa a chave, o manual do carro, um recibo e pensa ter efetivamente vendido o veículo. O cheque, por óbvio, não é compensado. Houve estelionato. Na jurisprudência: STJ: "No furto qualificado com fraude, o agente subtrai a coisa com discordância expressa ou presumida da vítima, sendo a fraude meio para retirar a *res* da esfera de vigilância da vítima, enquanto no estelionato o autor obtém o bem através de transferência empreendida pelo próprio ofendido por ter sido induzido em erro" (AgRg no REsp 1.279.802/SP, 5.ª T., rel. Jorge Mussi, 08.05.2012, v.u.). TJDF: "1. Pratica crime de estelionato e não de furto mediante fraude o agente que obtém para si vantagem ilícita, em prejuízo alheio, induzindo alguém em erro, mediante artifício, consistente em fazer-se ali estar a mando do representante legal de uma igreja evangélica, apresentando-se como 'irmão', levando equipamento de som para conserto, induzindo outrem acreditar que o pastor houvesse mesmo autorizado o réu e seus comparsas a assim agirem. 2. Doutrina. Guilherme de Souza Nucci. 2.1 No furto, a fraude 'requer, apenas, um plano ardiloso que supere a vigilância da vítima, fazendo com que deixe seus bens desprotegidos, facilitando a ação criminosa'. 2.2 No estelionato, 'o agente coloca – ou mantém – a vítima numa situação enganosa, fazendo parecer realidade o que efetivamente não é'. (*Código Penal comentado*, 8. ed., Ed. RT, 2008)" (Emb. Inf. 0007872-13.2008.807.0003/DF, C.C., rel. João Egmont, 19.10.2009, m.v.).

406. Escalada: é a subida de alguém a algum lugar, valendo-se de escada, no sentido estrito. *Escalar* implica subir ou galgar, como regra. Portanto, como regra, torna-se fundamental que o sujeito suba a algum ponto mais alto do que o seu caminho natural, ou seja, é o ingresso anormal de alguém em algum lugar, implicando em acesso por aclive. Ex.: subir no telhado para, removendo telhas, invadir uma casa. Por outro lado, quando o agente ingressar no imóvel por uma janela próxima ao solo não se configura a qualificadora, por não ter obrado ele com esforço incomum. Se houver arrombamento, pode-se falar na figura do inc. I; se a janela estiver aberta, há furto simples. Acrescentamos, no entanto, a posição de Nélson Hungria, para incluir no contexto desta qualificadora outras possibilidades anormais de ingresso em algum lugar, mediante a utilização de meios artificiais não violentos ou contando com a própria agilidade. Dessa forma, pode-se falar em escalada, quando o agente invade uma casa, por exemplo, através de uma via subterrânea, normalmente não transitável, como o túnel de um esgoto. Se a passagem for previamente construída, fala-se em fraude. Há de existir dificuldade contínua para a entrada no local, a ser vencida pelo agente, através do seu esforço. Finde-se, ressaltando que atos preparatórios de escalada não são puníveis, como encostar uma escada em um muro, sem, no entanto, saltá-lo (*Comentários ao Código Penal*, v. VII, p. 44).

407. Destreza: é a agilidade ímpar dos movimentos de alguém, configurando uma especial habilidade. O batedor de carteira (figura praticamente extinta diante da ousadia dos criminosos atuais) era o melhor exemplo. Por conta da agilidade de suas mãos, conseguia retirar a carteira de alguém, sem que a vítima percebesse. Não se trata do "trombadinha", que investe contra a vítima, arrancando-lhe, com violência, os pertences. Como vimos, nessa hipótese trata-se de roubo.

Art. 241

408. Chave falsa: é o instrumento destinado a abrir fechaduras ou fazer funcionar aparelhos. A chave original, subtraída sub-repticiamente, não provoca a configuração da qualificadora. Pode haver, nessa hipótese, conforme o caso concreto, abuso de confiança ou fraude. A mixa – ferro curvo destinado a abrir fechaduras –, segundo nos parece, pode configurar a qualificadora. Afinal, deve-se notar que se a chave é *falsa* não há de possuir o mesmo aspecto ou a mesma forma da chave original.

409. Concurso de duas ou mais pessoas: quando agentes se reúnem para a prática do crime de furto é natural que se torne mais acessível a concretização do delito. Por isso, configura-se a qualificadora. O apoio prestado, seja como coautor, seja como partícipe, segundo entendemos, pode servir para configurar a figura do inc. IV. O agente que furta uma casa, enquanto o comparsa, na rua, vigia o local, está praticando um furto qualificado. Inexiste, na lei, qualquer obrigatoriedade para que o concurso se dê exclusivamente na forma de coautoria (quem pratica o núcleo do tipo, *executando* o crime), podendo configurar-se na forma de participação (auxílio a quem pratica a ação de subtrair).

409-A. Subtração de material de uso militar: acrescentou-se, pela Lei 14.688/2023, o furto de arma, munição, explosivo ou qualquer outro material de uso restrito militar ou que contenha sinal de instituição militar, como figura qualificada. Aliás, a situação de subtração de armas militares ocorreu no Brasil em 2023 (https://g1.globo.com/sp/sao-paulo/noticia/2023/10/25/furto-de-armas-do-exercito-investigacao-indica-que-militares-desligaram-cameras-e-usaram-carro-oficial-de-diretor-do-quartel.ghtml, acesso em 21.12.2023).

410. Regra especial para aplicação dos privilégios: na legislação penal comum, inexiste norma similar, embora devesse. Discute-se, então, se é cabível aplicar o privilégio às figuras qualificadas. Temos defendido que sim, pois nada impede a sobreposição de uma causa de diminuição à forma qualificada do delito. Inexiste impedimento técnico. Entretanto, o Código Penal Militar fez expressa previsão para que a aplicação das figuras privilegiadas possa ocorrer no tocante às qualificadoras. Por opção legislativa, permite-se ambos os privilégios (§§ 1.º e 2.º) às figuras qualificadas dos §§ 4.º e 5.º. Entretanto, à forma qualificada dos §§ 6.º e 6.º-A somente o privilégio do § 2.º.

Furto de uso

> **Art. 241.** Se a coisa é subtraída para o fim de uso momentâneo e, a seguir, vem a ser imediatamente restituída ou reposta no lugar onde se achava:[411]
>
> Pena – detenção, até 6 (seis) meses.

Aumento de pena

> **Parágrafo único.** A pena é aumentada de metade se a coisa usada é veículo motorizado, embarcação, aeronave ou arma, e de 1/3 (um terço) se é animal de sela ou de tiro.[412]

411. Furto de uso: esta figura não encontra similar na legislação penal comum. Justamente por isso, a doutrina apontou ser causa de atipicidade quando o furto é, realmente, de uso. Para tanto, observam-se os seguintes requisitos: a) não há ânimo de apossamento definitivo por parte do agente, mas somente de usar a coisa por um tempo curto; b) antes da vítima saber, a coisa volta à sua esfera de vigilância e disponibilidade; c) a coisa retorna inteira e sem lesão. No caso da legislação penal militar, havendo figura expressa a respeito, segue-se o disposto no art. 241, muito embora devesse constituir tipo derivado do furto, inserido no art. 240. Os requisitos do furto de uso, no CPM, são: a) finalidade de uso momentâneo; b) imediata restituição da coisa à vítima e, segundo nos parece, antes que ela perceba e necessite utilizá-la; c) devolvê-la no lugar onde se achava, em perfeito estado. Assim ocorrendo, tem-se outro furto privilegiado, com pena nitidamente menor. Na jurisprudência: STM: "II – A subtração da viatura para uso temporário, com fim específico, com devolução voluntária, poucas horas depois, ao mesmo local e no mesmo estado, confirma a prática do crime de furto de uso, previsto no art. 241 do CPM. III – Não é possível proceder à desclassificação do crime para infração disciplinar porque, embora preenchido o requisito do § 2.º do art. 240 do CPM, qual seja a devolução da *res furtiva* ao dono ocorrer antes da instauração da ação penal, a exigência do § 1.º do mesmo dispositivo, isto é, ser a coisa de pequeno valor, não restou atendida. IV – Apelo defensivo conhecido e desprovido" (Apelação n.º 7000942-56.2019.7.00.0000, rel. José Coêlho Ferreira, 17.12.2019, v.u.); "II – No delito de furto de uso a doutrina afirma que o consentimento do ofendido exclui a antijuridicidade da conduta. Dessa forma, ausente o dolo, consistente na vontade livre e consciente de obter a coisa para uso temporário, com a intenção de devolver após a utilização, o delito do art. 241 do Código Penal Militar não restou configurado, pelo que a absolvição merece ser mantida" (Ap. 7000584-28.2018.7.00.0000, rel. Péricles Aurélio Lima de Queiroz, j. 06.12.2018); "Para se caracterizar o furto de uso (art. 241 do CPM), é imprescindível o fim exclusivo de uso da *res*. Destarte, convém ressaltar que a sua consumação ocorre apenas com a efetiva devolução ou restituição da coisa subtraída. O *conatus* não é admissível, encontrando guarida doutrinária nesse sentido. Apelo desprovido. Decisão unânime" (Ap. 7000026-56.2018.7.00.0000, rel. Carlos Augusto de Sousa, j. 05.12.2018); "A mera subtração da coisa para uso momentâneo com a sua posterior devolução configura o delito do art. 241 do CPM. Não há a necessidade da existência de danos à *res furtiva*, por ser elementar estranha ao referido tipo. 7. A ausência de dano, portanto, não atrai a aplicação do Princípio da Insignificância, o qual encontra restrições, no âmbito da Justiça Militar da União no tocante aos delitos patrimoniais, sobretudo quando envolve bens sob a Administração Militar" (Ap. 0000044-28.2015.7.09.0009, rel. Marco Antônio de Farias, j. 23.08.2018).

412. Causas de aumento: conferindo particular importância à qualidade do bem subtraído, pune-se mais severamente o furto de veículo motorizado (automóvel, moto etc.) e o de animal de sela ou tiro (cavalo, burro, jegue etc.). A Lei 14.688/2023 acrescentou, evitando-se dúvida, embarcação e aeronave, bem como arma, que, à ausência da expressa menção a ser "de fogo", pode tratar-se de qualquer espécie.

Capítulo II
Do roubo e da extorsão

Roubo simples

> **Art. 242.** Subtrair coisa alheia móvel, para si ou para outrem, mediante emprego ou ameaça de emprego de violência contra pessoa, ou depois de havê-la, por qualquer modo, reduzido à impossibilidade de resistência:[413-415]
>
> Pena – reclusão, de 4 (quatro) a 15 (quinze) anos.

Art. 242

> § 1.º Na mesma pena incorre quem, em seguida à subtração da coisa, emprega ou ameaça empregar violência contra pessoa, a fim de assegurar a impunidade do crime ou detenção da coisa para si ou para outrem.[416-417]

Roubo qualificado

> § 2.º A pena aumenta-se de 1/3 (um terço) até 1/2 (metade):[418]
>
> I – se a violência ou ameaça é exercida com emprego de arma;[419-423]
>
> II – se há concurso de duas ou mais pessoas;[424]
>
> III – se a vítima está em serviço de transporte de valores, e o agente conhece tal circunstância;[425]
>
> IV – se a vítima está em serviço de natureza militar;[426]
>
> V – se é dolosamente causada lesão grave;[427]
>
> VI – se resulta morte e as circunstâncias evidenciam que o agente não quis esse resultado, nem assumiu o risco de produzi-lo;[428]
>
> VII – se a subtração é de veículo automotor que venha a ser transportado para outra unidade da Federação ou para o exterior;[428-A]
>
> VIII – se o agente mantém a vítima em seu poder, restringindo sua liberdade;[428-B]
>
> IX – se a coisa subtraída é arma, munição, explosivo ou outro material de uso restrito militar ou que contenha sinal indicativo de pertencer a instituição militar.[428-C]

Latrocínio

> § 3.º Se, para praticar o roubo, ou assegurar a impunidade do crime, ou a detenção da coisa, o agente ocasiona dolosamente a morte de alguém, a pena será de reclusão, de 15 (quinze) a 30 (trinta) anos, sendo irrelevante se a lesão patrimonial deixa de consumar-se.[429] Se há mais de uma vítima dessa violência à pessoa, aplica-se o disposto no art. 79.[430]

413. Aspectos objetivos: os sujeitos ativo e passivo podem ser qualquer pessoa. É preciso ressaltar que a vítima *somente* da violência, mas não da subtração, também pode ser sujeito passivo. Isto se deve aos objetos jurídicos protegidos pelo roubo, que incluem, além do patrimônio, a integridade física e a liberdade do indivíduo. *Subtrair* significa retirar algo de um lugar com destino a outro. O objeto é a coisa de valor econômico, pertencente a terceiro. O meio de execução é o emprego de violência física ou grave ameaça, admitindo-se, ainda, qualquer outro método capaz de reduzir a capacidade de resistência da vítima (como minis-trar-lhe drogas). A grave ameaça é o prenúncio de um acontecimento desagradável, com força intimidativa, desde que importante e sério. O termo *violência*, quando mencionado nos tipos penais, como regra, é traduzido como toda forma de constrangimento físico voltado à pessoa humana. Lembremos, no entanto, que *violência*, na essência, é qualquer modo de constran-gimento ou força, que pode ser física ou moral. Logo, bastaria mencionar nos tipos, quando fosse o caso, a palavra *violência*, para se considerar a física e a moral, que é a grave ameaça. Mas, por tradição, preferiu o legislador separá-las, citando a grave ameaça (violência moral) e a violência, esta considerada, então, a física ou real. Tutela-se, basicamente, o patrimônio, mas também a integridade física e a liberdade individual. O roubo está consumado quando o agente retira o bem da esfera de disponibilidade e vigilância da vítima. Não há necessidade de manter posse mansa e pacífica, que seria o equivalente a desfrutar da coisa como se sua fosse. Entretanto, o mínimo que exige um delito, classificado como material, quanto à consumação, é atingir o bem jurídico por completo, no caso, misto (patrimônio + incolumidade física). Simplesmente tocar no bem não nos parece suficiente; retirá-lo das mãos da vítima, mas ser preso na frente desta, sem que o bem fuja ao controle de seu proprietário ou possuidor, também não. Em nossa visão, torna-se indispensável a *inversão da posse*, retirando a coisa da esfera de vigilância da vítima. Entretanto, o STF tem adotado posição mais restritiva, seguida por outras Cortes, tornando-se, hoje, majoritária. Ainda na jurisprudência: STM: "IV – Consuma o crime de roubo qualificado o Denunciado que subtrai, mediante o emprego de violência ou de grave ameaça, pistola da União acautelada por militar de serviço, ainda que não haja posse mansa e pacífica. Comprovada a intenção de assenhoramento, é impossível aplicar a tese de ausência de dolo específico pela atuação com o intuito de defesa, sobretudo porque o Acusado empreendia fuga no momento dos fatos. V – Recurso conhecido e desprovido" (Apelação n.º 7000995-37.2019.7.00.0000, rel. Péricles Aurélio Lima de Queiroz, 18.06.2020, v.u.); "Configura-se o delito capitulado no art. 242, § 2º, I e II, c/c. art. 79 do CPM, o fato de os Réus, consciente e voluntariamente, em unidade de desígnios e em comunhão de esforços, adentrarem as vilas militares, rendendo militares que estavam de serviço de vigilância, subtraindo, para si, coisas alheias móveis, mediante ameaça de emprego de violência contra a pessoa, utilizando arma de fogo. Recurso conhecido e não provido. Decisão unânime" (Ap. 7000019-64.2018.7.00.0000, rel. Artur Vidigal de Oliveira, j. 25.10.2018); TJMSP: "1. Conjunto probatório revela, de forma clara e inequívoca, que o apelante roubou dinheiro da carteira de um civil durante abordagem e tentou corromper seu companheiro de guarnição oferecendo-lhe metade da quantia subtraída e, diante da recusa, o ameaçou. 2. Todo o robusto conjunto probatório dos autos é que torna indubitável a prática do crime tal como descrito na denúncia. A condenação se encontra devidamente justificada e baseada em elementos de prova que não aqueles unicamente extraídos da fase inquisitorial. Tais elementos, confrontados com os elementos colhidos em juízo, formam um conjunto probatório hábil e suficiente para embasar a correta condenação do apelante, não sendo o caso da pretendida absolvição. 3. Adequação da dosimetria. Aplicação da pena fundamentada e proporcional à gravidade dos delitos. 4. Manutenção da sentença" (Ap. Crim. 007443/2017, 1.ª Câm., rel. Orlando Eduardo Geraldi, j. 27.03.2018. v.u.).

414. Roubo de uso: não existe tal forma, pois o agente, para roubar – diferentemente do que ocorre com o furto –, é levado a usar violência ou grave ameaça contra a pessoa, de modo que a vítima tem imediata ciência da conduta e de que seu bem foi levado embora. Logo, ainda que possa não existir, por parte do agente, a intenção de ficar com a coisa definitivamente (quer um carro somente para praticar um assalto, pretendendo depois devolvê-lo, por exemplo), consumou-se a infração penal. Ademais, o delito de roubo é complexo, tutelando não somente o patrimônio, mas a liberdade individual e a integridade física. Quem sofre a ameaça ou a violência já é vítima.

415. Aspectos subjetivos: o delito é punido a título de dolo. Exige-se o elemento subjetivo específico, consistente em subtrair a coisa *para si ou para outrem*. No § 1.º, observa-se a seguinte finalidade específica: *assegurar a impunidade do crime ou a detenção da coisa para si ou para terceiro*. Não se pune a forma culposa.

416. Roubo próprio e roubo impróprio: o modelo abstrato de conduta do *caput* configura o *roubo próprio*, isto é, a autêntica forma de realização do roubo. O agente usa a violên-

Art. 242

cia ou a grave ameaça para retirar os bens da vítima. Entretanto, existe uma segunda forma, prevista no § 1.º, denominada de *roubo impróprio*, que se realiza quando o autor da subtração conseguiu a coisa sem valer-se dos típicos instrumentos para dobrar a resistência da vítima, mas é levado a empregar violência ou grave ameaça após ter o bem em suas mãos, tendo por finalidade assegurar a impunidade do crime ou a detenção da coisa definitivamente. Há duas possibilidades para o emprego da violência ou da grave ameaça após a subtração ter-se efetivado: assegurar a impunidade, significando garantir que o agente não será preso (ex.: dar o ladrão um soco na vítima, que tenta prendê-lo, após descobrir a subtração), ou assegurar a detenção da coisa para si ou para terceiro, querendo dizer que o objeto retirado do ofendido não deve voltar à sua esfera de disponibilidade (ex.: proferir o ladrão uma ameaça de morte, apontando o revólver, para que a vítima não se aproxime, tentando recuperar o bem que percebe estar sendo levado embora).

417. Tentativa no roubo impróprio: há duas posições a respeito: *a)* pode haver tentativa de roubo impróprio, quando o agente, apesar de ter conseguido a subtração, é detido por terceiros no instante em que pretendia usar violência ou grave ameaça; *b)* não é cabível. Se a subtração concretizou-se, não há que se falar em tentativa de roubo impróprio: ou o agente usa violência ou grave ameaça e está consumado o roubo impróprio ou não a utiliza e mantém-se somente a figura do furto (simples ou qualificado). A polêmica é de difícil solução, embora esteja concentrada no significado a ser dado à expressão "logo depois de *subtraída a coisa*". Se entendermos que tal expressão quer dizer o mesmo que *furto consumado*, naturalmente não se pode aceitar a ocorrência da tentativa de roubo impróprio, uma vez que a coisa já saiu da esfera de disponibilidade e vigilância da vítima. Não teria cabimento supor que, encontrado o autor bem longe do lugar da retirada do bem e ingressando em luta com o ofendido, a quem está agredindo quando é detido, está-se falando de tentativa de roubo impróprio. O que temos é um furto consumado em concurso com um crime violento contra a pessoa. Entretanto, se dermos à expressão a simples conotação de "retirada da coisa" da vítima, sem necessidade de se exigir a consumação do furto, então podemos cuidar da tentativa de roubo impróprio. O ofendido, por exemplo, vendo que sua bicicleta está sendo levada por um ladrão, vai atrás deste que, para assegurar sua impunidade ou garantir a detenção da coisa, busca agredir a pessoa que o persegue, momento em que é detido por terceiros. Existe aí uma tentativa de roubo impróprio. Esta nos parece ser a melhor posição. No § 1.º do art. 242 não se utilizou a expressão "subtraída a coisa" com o mesmo sentido amplo e firme da "consumação do crime de furto", vale dizer, exigindo-se a posse mansa e tranquila da coisa subtraída. O método de praticar o roubo é que varia. Enquanto no *caput* o agente usa a violência ou a grave ameaça para vencer a resistência da vítima, levando-lhe os bens, no § 1.º ele faz o mesmo, embora logo após ter conseguido, sozinho, tomar a coisa almejada. Na primeira hipótese, que é a mais usual, aponta um revólver para a vítima, ameaçando-a de morte e com isso vencendo-lhe a resistência, para tomar-lhe a bicicleta. No segundo caso, toma-lhe a bicicleta e, quando pretende escapar, notando a aproximação da vítima, aponta-lhe a arma, ameaçando-a de morte. Se neste momento for preso, tentou praticar um roubo impróprio. Naturalmente, se o furto está consumado (o bem foi retirado da esfera de vigilância e disponibilidade da vítima) e o agente é encontrado, logo depois, em situação que faça presumir ser ele o autor da infração penal, ainda que possa haver flagrante pela prática do furto, caso haja o emprego de violência contra a pessoa ou grave ameaça, estamos diante de crime autônomo. E, finalmente, se o agente está subtraindo a coisa (não conseguiu fazê-lo ainda), quando a vítima se aproxima entrando em luta com o ladrão, que é preso em seguida, deve-se falar em tentativa de furto seguida de eventual crime contra a pessoa.

418. Incidência de mais de uma causa de aumento: há quatro posições principais nesse contexto: *a)* deve haver um único aumento, baseado numa das causas constatadas. Se houver mais de uma circunstância, as demais podem ser consideradas como circunstâncias judiciais para estabelecer a pena-base; *b)* o aumento, que é variável (um terço até a metade), deve ser proporcional ao número de causas presentes. Assim, havendo uma única, cabe aumentar a pena em um terço. Se todas estiverem presentes, o juiz deve aumentar a pena da metade; *c)* a existência de mais de uma causa de aumento por si só não significa a elevação necessária da pena. O juiz, se assim entender, ainda que presentes várias causas de aumento, poderia aplicar o acréscimo de apenas um terço, pois o que está em jogo é a gravidade do meio empregado, e não o número de incisos do § 2.º que estejam configurados; *d)* deve haver a elevação necessária (entre um terço e metade) e suficiente para, no entendimento do julgador, punir de modo justo o crime, com as circunstâncias presentes, sem qualquer critério matemático fixo. A última posição é a correta e vem ganhando adeptos, inclusive nos Tribunais Superiores. A presença de uma só causa de aumento pode ser tão relevante e grave que justifique o aumento de metade da pena. Por outro lado, duas causas de aumento podem ser de mínima ofensividade, no caso concreto, determinando o aumento de apenas um terço. Em suma, não se deve aceitar um critério matemático para a fixação da pena. Nessa ótica: STJ: "Em se tratando de roubo com a presença de mais de uma causa de aumento, a majoração da pena acima do mínimo legal (um terço) deve estar fundamentada em circunstâncias concretas que justifiquem um acréscimo mais expressivo, não sendo suficiente a simples menção ao número de causas de aumento presentes no caso em análise. Incidência da Súmula 443 do STJ" (HC 206.274/SP, 5.ª T., rel. Gilson Dipp, 17.04.2012, v.u.). Quanto às demais posições, registremos os equívocos: a) a primeira pretende usar causas de aumento como circunstâncias judiciais, o que está errado. Se elas são circunstâncias para elevar a pena na terceira fase, não podem ser transferidas pelo operador do Direito para a primeira fase; b) a segunda espelha critério puramente matemático, como se pode ver na nota 419 abaixo, algo extremamente danoso à individualização da pena, pois não faz o julgador *pensar* e *refletir*, ocupando-se ele somente de aplicações automáticas de frações, abstratamente consideradas; c) não considerar todas as circunstâncias, mas apenas uma é outra ofensa à individualização da pena, visto inexistir razão plausível para ignorá-las. Tudo o que o agente faz deve ser rigorosamente ponderado pelo juiz.

419. Conceito de arma: é o instrumento utilizado para defesa ou ataque. Denomina-se *arma própria*, a que é destinada, primordialmente, para ataque ou defesa (ex.: armas de fogo, punhal, espada, lança etc.). Logicamente, muitas outras coisas podem ser usadas como meios de defesa ou de ataque. Nesse caso, são as chamadas *armas impróprias* (ex.: uma cadeira atirada contra o agressor; um martelo utilizado para matar; uma ferramenta pontiaguda servindo para intimidar). Refletindo melhor a respeito, pensamos que o tipo penal se vale da acepção ampla do termo, ou seja, refere-se tanto às armas próprias, quanto às impróprias, pois ambas apresentam maior perigo à incolumidade física da vítima. Para a análise dessa causa de aumento, no entanto, há intensa polêmica, fruto de duas visões a respeito do tema: a) *critério objetivo*: avalia o "emprego de arma", segundo o efetivo perigo que ela possa trazer à vítima. Logo, para essa teoria, uma arma de brinquedo, embora seja útil para constituir a grave ameaça, não presta à finalidade do aumento, que é a sua potencialidade lesiva concreta à pessoa do ofendido; b) *critério subjetivo*: analisa o "emprego de arma", conforme a força intimidativa gerada na vítima. Sob esse prisma, uma arma de brinquedo é instrumento hábil à configuração da causa de aumento, uma vez que o temor provocado no ofendido é muito maior – diminuindo a sua capacidade de resistência consideravelmente – quando é utilizada. Como explicamos, meditando sobre o assunto, preferimos a teoria objetiva, ou seja, respeitando-se o princípio da legalidade, deve-se considerar *arma* exatamente aquilo que pode ser usado como instrumento de ataque ou defesa – ainda que seja imprópria (v.g., a utilização de um machado para intimidar o ofendido). É, sem dúvida, mais perigosa a exposição da vítima do roubo a quem possua objeto desse cabedal. Ao contrário, o sujeito que exerce a grave ameaça valendo-se de

Art. 242

Código Penal Militar Comentado • Nucci

outros meios, como o emprego de sua própria força física, gera menor potencialidade lesiva ao ofendido, que, inclusive, pode sentir-se mais preparado a reagir. Por isso, não podemos aquiescer na consideração de *arma de brinquedo* como se arma fosse. Ela não é instrumento de ataque ou defesa, nem próprio, nem impróprio. Logo, nesse caso, não nos parece esteja configurada a causa de aumento do roubo. A despeito disso, o STJ havia adotado o critério subjetivo e entendeu configurar o aumento quando o agente atuasse valendo-se de arma de brinquedo. Era o conteúdo da Súmula 174: "No crime de roubo, a intimidação feita com arma de brinquedo autoriza o aumento da pena". Entretanto, na sessão de 24.10.2001, a Terceira Seção da Corte cancelou a referida Súmula, por maioria de votos (REsp 213.054/SP, rel. José Arnaldo da Fonseca, com voto vencedor. O único voto vencido foi proferido pelo Min. Edson Vidigal). Conferir: STJ: "A Terceira Seção desta Corte firmou entendimento de que o uso de arma de brinquedo na prática do delito de roubo não acarreta a incidência da causa especial de aumento prevista no art. 157, § 2.º, I, do CP, cancelando, assim, o Enunciado 174 da Súmula do STJ. Ordem concedida para decotar a causa de aumento pelo emprego de arma" (HC 214.944/SP, 6.ª T., rel. Maria Thereza de Assis Moura, 17.05.2012, v.u.).

420. Utilização de arma própria e imprópria e sua influência na pena: por certo, valer-se o agente de arma própria, gera à vítima maior perigo, de modo que a pena deve ser exacerbada; o uso de arma imprópria, embora possa gerar temor e permitir a configuração do roubo, admite a aplicação de pena mais branda. Um dos critérios a adotar diz respeito ao *quantum* da causa de aumento prevista no § 2.º do art. 242. A arma própria, como revólver, pistola, espingarda, pode levar a um acréscimo superior a um terço; a arma imprópria, como um pedaço de pau, sugere a fixação do mínimo aumento possível, ou seja, um terço (salvo se houver outras circunstâncias). Na jurisprudência: STJ: "Ademais, em respeito aos ditames de individualização da pena e aos critérios de proporcionalidade e razoabilidade, não deve ser tratado de modo idêntico agente que se utiliza de arma branca ou imprópria para a prática do delito de roubo e aquele que faz uso, por exemplo, de revólver, pistola ou fuzil com a mesma finalidade. Não há dúvidas de que o crime praticado com emprego de arma de fogo expressa maior periculosidade social do agente e, embora tal fato não possa ser sopesado no exame das circunstâncias judiciais do art. 59 do CP [art. 69 do CPM], por constituir causa de aumento a ser analisada na 3.ª fase de aplicação da pena, nada obsta o reconhecimento de que o roubo foi cometido em circunstância especial apta a exigir a imposição do regime fechado para o início de cumprimento da sanção corporal. (...) Tem-se, ainda, que a aplicação da mesma quantidade e qualidade de pena aos que praticam crime de roubo com arma branca ou imprópria, e aos que cometem com arma de fogo, sinalizaria verdadeiro estímulo à conduta mais grave e perigosa, ou seja, ao emprego de instrumento com maior capacidade de intimidação e de destruição, sem nenhuma consequência adicional" (HC 210.461/SP, 5.ª T., rel. Marco Aurélio Bellizze, 06.10.2011, v.u.).

421. Arma de brinquedo: expusemos em nota anterior ter a jurisprudência majoritária de nossos tribunais se inclinado pela teoria subjetiva a respeito do "emprego de arma", considerando a maior capacidade de intimidação que pode gerar na vítima. Um desdobramento desse debate surge no contexto específico da arma de brinquedo: *a)* serve para provocar a incidência da causa de aumento, tendo em vista justamente que o ofendido, intimidado, crendo tratar-se de uma arma de fogo verdadeira, entrega mais facilmente os seus bens. A posição estava em sintonia com a revogada Súmula 174 do STJ (teoria subjetiva); *b)* não serve para provocar o aumento da pena, tendo em vista que "arma de brinquedo" não é arma. Pode até ser utilizada como tal, embora seja sempre exclusivamente um simulacro. Ora, levando-se em conta a teoria objetiva, somos levados a não considerar que a arma de brinquedo seja capaz de gerar a causa de aumento de pena, uma vez que não causa à vítima maior potencialidade lesiva. É

369 Título V – Dos crimes contra o patrimônio **Art. 242**

indiscutível que a arma de brinquedo pode gerar grave ameaça e, justamente por isso, ela serve para configurar o tipo penal do roubo, na figura simples (jamais a causa de aumento). E mais: depende da arma de brinquedo. Se ela se constituir num aparente brinquedo (feita em plástico vermelho, por exemplo), nem para constituir o tipo penal servirá, uma vez que não é apta a gerar no ofendido qualquer poder intimidativo. Assim: STJ: "Consoante pacífico entendimento desta Corte, a utilização de arma de brinquedo para intimidar a vítima do delito de roubo não autoriza o reconhecimento da causa de especial aumento de pena do inc. I do § 2.º do art. 157 do CP, cuja caracterização está vinculada ao potencial lesivo do instrumento" (HC 175.027/SP, 6.ª T., rel. Og Fernandes, 13.03.2012, v.u.); "A Terceira Seção desta Corte firmou entendimento de que o uso de arma de brinquedo na prática do delito de roubo não acarreta a incidência da causa especial de aumento prevista no art. 157, § 2.º, I, do CP, cancelando, assim, o Enunciado 174 da Súmula do STJ" (STJ, HC 228.827/SP, rel. Min. Maria Thereza de Assis Moura, 6.ª T., *DJe* 18.06.2012)" (HC 242.996/SP, 6.ª T., rel. Assusete Magalhães 02.10.2012, v.u.).

422. Arma defeituosa ou sem munição e a simulação: na hipótese de arma defeituosa, entendemos ser indispensável a análise do caso concreto. Caso a arma seja considerada pela perícia *absolutamente* ineficaz por causa do seu defeito, não se pode considerar ter havido maior potencialidade lesiva para a vítima (teoria objetiva do emprego de arma); logo, não se configura a causa de aumento. Nesse sentido: STJ: "Diante da comprovada ausência de potencialidade lesiva da arma empregada no roubo, atestada em laudo pericial, mostra-se indevida a imposição da causa de aumento de pena prevista no inc. I do § 2.º, do art. 157 do CP" (HC 190.313/SP, 5.ª T., rel. Gilson Dipp, 17.03.2012, v.u.). Se a arma for considerada relativamente capaz de dar disparos, cremos presente o aumento previsto. No que se refere à arma sem munição, é apenas um meio relativamente ineficaz, pois a qualquer momento pode o agente colocar projéteis e disparar contra a vítima. Assim, entendemos deva estar configurada a causa de aumento. A terceira hipótese cuida da simulação de arma, quando o agente se vale do próprio dedo ou de um instrumento pontiagudo embaixo de suas vestes, dando a impressão de carregar um revólver. Entendemos ser meio suficiente para gerar a grave ameaça, pois a vítima normalmente não costuma blefar nesses casos, entregando os seus bens. Nessa ótica: STJ: "Com o cancelamento da Súmula 174 do STJ, ficou assentado o entendimento segundo o qual a simples atemorização da vítima pelo emprego de simulacro de arma de fogo, tal como a arma de brinquedo, não mais se mostra suficiente para configurar a causa especial de aumento de pena, dada a ausência de incremento no risco ao bem jurídico, servindo, apenas, para caracterizar a grave ameaça já inerente ao crime de roubo. Precedentes" (HC 228.259/SP, 5.ª T., j. 24.04.2012, v.u., rel. Laurita Vaz). Não cabe, no entanto, falar na causa de aumento, pois objetivamente inexistiu arma.

423. Apreensão da arma e prova da causa de aumento: a materialidade do roubo independe da apreensão de qualquer instrumento, assim como a prova da autoria pode ser concretizada pela simples, mas verossímil, palavra da vítima. Por isso, igualmente, para a configuração da causa de aumento (utilização de arma), bastam elementos convincentes extraídos dos autos, ainda que a arma não seja apreendida. Conferir: STF: "A qualificadora do art. 157, § 2.º, I, do CP, pode ser evidenciada por qualquer meio de prova, em especial pela palavra da vítima – reduzida à impossibilidade de resistência pelo agente – ou pelo depoimento de testemunha presencial" (HC 111.839/MT, 1.ª T., rel. Luiz Fux, 22.05.2012, v.u.). "Não se mostra necessária a perícia da arma empregada no roubo para comprovar o seu potencial lesivo, visto que essa qualidade integra a própria natureza do artefato, no caso, um garfo de cozinha, reduzindo a possibilidade de resistência da vítima" (HC 107.347/MG, 1.ª T., rel. Ricardo Lewandowski, 24.05.2011, v.u.). "É assente na Corte que: 'Penal e processo penal. *Habeas corpus*. Roubo com emprego de arma de fogo (art. 157, § 2.º, I, do CP). Desnecessidade da apreensão e perícia da arma para caracterizar a

Art. 242

Código Penal Militar Comentado • Nucci

370

causa de aumento de pena. Circunstância que pode ser comprovada por outros meios de prova. Precedente do plenário. Ordem denegada.'" (HC 111.839/MT, 1.ª T., rel. Luiz Fux, 22.05.2012, v.u.). STJ: "Segundo a orientação prevalente na Terceira Seção desta Corte, originada a partir do julgamento dos Embargos de Divergência no REsp 961.863/RS (j. 13.12.2010), para a incidência da majorante prevista no art. 157, § 2.º, I, do CP, não há a necessidade de apreensão da arma e submissão a perícia, quando a sua utilização restar comprovada por outros meios de prova" (AgRg no HC 171.925/MG, 6.ª T., rel. Og Fernandes, 29.05.2012, v.u.).

424. Concurso de duas ou mais pessoas: sempre mais perigosa a conduta daquele que age sob a proteção ou com o auxílio de outra pessoa. Assim, o autor de roubo, atuando com um ou mais comparsas, deve responder mais gravemente pelo que fez. Entendemos, na esteira do ocorrido com o crime de furto, que basta haver o concurso de duas ou mais pessoas, sem necessidade de estarem todas presentes no local do crime. Afinal, não se pode esquecer da participação, moral ou material, também componente do quadro do concurso de agentes. Por derradeiro, vale lembrar que o concurso pode somar imputáveis com inimputáveis, configurando do mesmo modo a causa de aumento.

425. Vítima a serviço de transporte de valores: o roubo é mais grave quando o agente subtrai bens de quem está transportando valores pertencentes a terceiro. Essa atividade envolve, fundamentalmente, as empresas que se dedicam justamente a esse transporte, constituindo alvo identificável e atrativo aos assaltantes. Além disso, o prejuízo, nessas situações, costuma ser consideravelmente alto. Por tais causas, ocorre a maior reprovação da conduta.

426. Vítima em serviço militar: a qualidade do ofendido já foi levada em consideração no inciso anterior, quando está em serviço de transporte de valores; nesta hipótese, a vítima encontra-se em serviço de natureza militar, ou seja, cuidando de particular interesse da instituição militar. Na jurisprudência: STM: "II – O Apelante, ao vestir uniforme camuflado do Exército Brasileiro, ingressar em Organização Militar, possivelmente pulando uma cerca, e empreender luta corporal com sentinela após abordagem, desferindo-lhe golpes e tentando roubar-lhe o armamento, não consumando sua empreitada criminosa por circunstâncias alheias à sua vontade, pratica o crime descrito no art. 242, § 2.º, inciso IV, na modalidade tentada, nos termos do art. 30, inciso II, ambos do Código Penal Militar. (...)" (Apelação n.º 7001440-55.2019.7.00.0000, rel. José Coêlho Ferreira, 13.08.2020, v.u.).

427. Resultado *lesão grave*: trata-se de resultado qualificador, quando, em razão da violência empregada, o agente provoca lesão grave na vítima. Não há determinação específica para o elemento subjetivo nessa hipótese, podendo-se supor tratar-se de dolo ou culpa. Entendemos que a pena cominada – apenas uma causa de aumento – é muito branda, se vista em comparação com o previsto, no Código Penal comum, para a mesma situação: reclusão, de 7 a 18 anos (art. 157, § 3.º, I).

428. Resultado *morte*: cuida-se de resultado qualificador, provocado pelo agente do roubo, em virtude da violência ou grave ameaça; estipula a norma que o elemento subjetivo do autor, quanto a esse resultado, deve ser apenas culpa. Criou-se uma forma preterdolosa (roubo doloso na conduta antecedente e morte culposa na consequente). Essa hipótese difere do crime qualificado pelo resultado constante do Código Penal comum, que, no art. 157, § 3.º, II, prevê o latrocínio com pena de reclusão, de 20 a 30 anos, mesmo com atuação culposa do agente no tocante à morte.

428-A. Veículo transportado a outra unidade da federação: *veículo automotor* é todo veículo dotado de instrumentos de automovimentação. Há de ter um motor de propulsão, circulando por seus próprios meios. Pode ser um automóvel, um barco, uma moto, entre outros. A expressão "venha a ser transportado" acabou configurando um delito material, ou seja, exige-se o resultado naturalístico previsto no tipo penal, sendo preciso que o veículo automotor efetivamente seja levado para outra unidade da Federação ou ainda a outro país. Se ficar na mesma unidade federativa, não há a incidência da qualificadora. Portanto, cremos não haver tentativa de roubo qualificado se o agente está conduzindo o veículo para outro Estado ou país e é surpreendido pela polícia. Segundo a redação do tipo penal, trata-se de uma situação *mista*, abrangendo um crime qualificado pelo resultado (transpor as fronteiras do Estado ou do País) e uma finalidade específica de agir (ter o fim de transpor as fronteiras do Estado ou do País). O autor, ao subtrair o veículo automotor, pode ou não ter o fim de conduzi-lo a outro Estado brasileiro ou a outro país, embora a qualificadora só se configure quando, realmente, essa finalidade se delinear na mente do agente, além de ser, de fato, atingida. O veículo que *efetivamente vai* para outro Estado ou país torna o delito mais grave, pois dificulta sobremaneira a recuperação do bem pela vítima. É preciso que o agente ou seus comparsas tenham perfeita noção de que o veículo foi subtraído com a finalidade de ser levado a outro Estado da Federação ou ao exterior, aceitando tal situação. Caso algum dos concorrentes para a prática do delito desconheça totalmente a remessa do automóvel para esses lugares, não pode incidir a qualificadora, por inexistência de dolo. Não se pune a forma culposa de furto em caso algum.

428-B. Restrição à liberdade da vítima: a finalidade é punir mais gravemente o autor do roubo que, além do mínimo indispensável para assegurar o produto da subtração, detém a vítima em seu poder. Entretanto, quando essa causa de aumento foi introduzida no Código Penal comum não houve interpretação pacífica desse dispositivo, tendo em vista que algumas situações podem surgir: *a)* o agente segura a vítima por brevíssimo tempo, o suficiente para tomar-lhe o bem almejado (ex.: disposto a tomar o veículo da vítima, o agente ingressa no automóvel unicamente para, alguns quarteirões depois, colocá-la para fora). Trata-se de roubo, mas não se aplica a causa de aumento; *b)* o agente segura a vítima por tempo superior ao necessário ou valendo-se de forma anormal para garantir a subtração planejada (ex.: subjugando a vítima, o agente, pretendendo levar-lhe o veículo, manda que entre no porta-malas, rodando algum tempo pela cidade, até permitir que seja libertada ou o carro seja abandonado). Aplica-se a causa de aumento. Na jurisprudência: STJ: "3. Não se verifica ilegalidade, na aplicação da majorante da restrição à liberdade da vítima, se a ação delitiva perdurou por tempo superior à necessária à consumação do delito, sendo imprópria a estreita via do especial à revisão do entendimento" (AgRg no AREsp n. 2.008.396/RJ, 6.ª T., rel. Jesuíno Rissato [Desembargador Convocado do TJDFT], 08/08/2023, v.u.).

428-C. Coisa subtraída de interesse militar: o roubo de arma, munição, explosivo ou qualquer outro material de uso restrito militar ou que contenha sinal de instituição militar torna-se mais grave, com a edição da Lei 14.688/2023. Aliás, a situação de subtração de armas militares ocorreu no Brasil em 2023 (https://g1.globo.com/sp/sao-paulo/noticia/2023/10/25/furto-de-armas-do-exercito-investigacao-indica-que-militares-desligaram-cameras-e-usaram-carro-oficial-de-diretor-do-quartel.ghtml, acesso em 21.12.2023).

429. Latrocínio: o crime qualificado pelo resultado, consistente na prática de roubo doloso, seguido de morte igualmente dolosa, acarreta uma qualificação bem superior à média, atingindo o patamar de reclusão, de 15 a 30 anos. Andou bem o legislador, no Código Penal Militar, ao diferençar as duas modalidades de roubo seguido de morte. Quando o resultado morte for causado culposamente, o roubo possui causa de aumento (um terço até metade), o que nos parece reduzido. Quando o resultado morte for provocado dolosamente, o roubo é qualificado (pena de reclusão, de 15 a 30 anos), com faixa de pena justa.

Art. 243

430. Concurso de crimes: o disposto na parte final deste parágrafo é desnecessário, pois em qualquer situação, onde se constata a existência de mais de uma vítima, aplica-se a regra do art. 79 deste Código.

Extorsão simples

> **Art. 243.** Obter para si ou para outrem indevida vantagem econômica, constrangendo alguém, mediante violência ou grave ameaça:[431]
>
> *a)* a praticar ou tolerar que se pratique ato lesivo do seu patrimônio, ou de terceiro;[432]
>
> *b)* a omitir ato de interesse do seu patrimônio, ou de terceiro:
>
> Pena – reclusão, de 4 (quatro) a 15 (quinze) anos.

Formas qualificadas

> § 1.º Aplica-se à extorsão o disposto no § 2.º do art. 242.[433]
>
> § 2.º Aplica-se à extorsão, praticada mediante violência, o disposto no § 3.º do art. 242.[434]

431. Aspectos objetivos: os sujeitos ativo e passivo podem ser qualquer pessoa. O crime de extorsão, previsto neste Código, é material – diversamente do previsto no Código Penal comum, que é formal. Nesta legislação, prevê-se a *obtenção* (conseguir algo) efetiva de indevida vantagem econômica (o termo "indevida" demonstra a presença de um elemento normativo do tipo, de forma que, caso a vantagem exigida seja legítima, pode o agente responder por outro delito, como o exercício arbitrário das próprias razões). A vantagem *econômica* demonstra, nitidamente, ser um crime patrimonial. Quando o agente exerce o constrangimento contra a vítima, mediante violência ou grave ameaça, encontra-se em plena execução; enquanto não obtiver a vantagem, caso seja interrompido, concretiza-se a figura da tentativa. Tutela-se o patrimônio.

432. Finalidades específicas: a previsão feita nas alíneas *a* e *b*, na essência, é desnecessária; bastaria ter sido feita a descrição do art. 158 do CP comum: "fazer, tolerar que se faça ou deixar de fazer alguma coisa".

433. Causas de aumento de pena: são as mesmas do roubo, já analisadas.

434. Resultado qualificador: o mesmo previsto para o latrocínio.

Extorsão mediante sequestro

> **Art. 244.** Extorquir ou tentar extorquir para si ou para outrem, mediante sequestro de pessoa, indevida vantagem econômica:[435-436]
>
> Pena – reclusão, de 6 (seis) a 15 (quinze) anos.

Formas qualificadas

> § 1.º Se o sequestro dura mais de 24 (vinte e quatro) horas,[437] ou se o sequestrado é menor de 16 (dezesseis) ou maior de 60 (sessenta) anos,[438] ou

se o crime é cometido por mais de duas pessoas,[439] a pena é de reclusão de 8 (oito) a 20 (vinte) anos.

§ 2.º Se à pessoa sequestrada, em razão de maus-tratos ou da natureza do sequestro, resulta grave sofrimento físico ou moral, a pena de reclusão é aumentada de 1/3 (um terço).[440]

§ 3.º Se o agente vem a empregar violência contra a pessoa sequestrada, aplicam-se correspondentemente, as disposições do art. 242, § 2.º, ns. V e VI, e § 3.º.[441]

§ 4.º Se o crime é cometido em concurso, o concorrente que o denunciar à autoridade, facilitando a libertação do sequestrado, terá sua pena reduzida de 1/3 (um terço) a 2/3 (dois terços).[441-A]

435. Aspectos objetivos: o crime de extorsão mediante sequestro deste Código possui redação diferenciada da figura prevista no art. 159 do CP comum. Neste, o tipo se baseia no *sequestro de pessoa*, *com o fim* de obter vantagem como condição ou preço do resgate. Na previsão feita pelo art. 244 do CPM, omite-se o verbo *sequestrar*, optando-se pelo núcleo *extorquir* (obter algo mediante emprego de violência ou ameaça). O *sequestro* é incluído como meio da extorsão. Além disso, cria-se o crime de atentado, pois se equipara a figura consumada (extorquir) à tentada (tentar extorquir). Em suma, ambas as figuras possibilitam a punição do agente, pela pena do crime consumado, bastando haver o sequestro, mesmo não se atingindo a obtenção efetiva do resgate (vantagem indevida), desde que nítida a *intenção* do agente. Pressupõe-se, antes de haver a extorsão, a ocorrência do sequestro, o que evidencia o caráter permanente do delito, enquanto dura a privação da liberdade. Tutela-se o patrimônio e a liberdade individual. Não se admite tentativa, pois essa forma é equiparada à consumada.

436. Aspectos subjetivos: o delito é doloso. Há o elemento subjetivo específico, consistente no ânimo de apossamento (para si ou para outrem). Inexiste a forma culposa.

437. Duração superior a 24 horas: quando a privação da liberdade da vítima tiver prazo superior a 24 horas, o delito torna-se qualificado, tendo em vista o maior perigo gerado para o ofendido, inclusive à sua saúde, diante do estresse enfrentado.

438. Sequestro de menor de 16 anos e idoso: a proteção é maior às vítimas menores de 16 anos (na legislação especial a idade é 18 anos), mais frágeis e ainda em formação da personalidade, que podem sofrer abalos psicológicos gravíssimos pela privação arbitrária da sua liberdade. O mesmo se diga para a proteção do idoso (pessoa maior de 60 anos), cuja fragilidade natural física e mental é natural, propiciando maior trauma.

439. Concurso de mais de duas pessoas: quando o mínimo de três pessoas cometem o delito, qualifica-se a infração penal, pela maior facilidade de subjugar a vítima e planejar as ações. Porém, o legislador não se decide a respeito do número de pessoas necessário para aumentar a penalidade: ora duas, ora três, ora quatro, dentre outras previsões. Deveria haver uniformidade nessas situações.

440. Causa de aumento: trata-se de um resultado mais grave que o inicialmente pretendido, consistente em causar na vítima sofrimento físico ou moral grave; na realidade, um autêntico trauma decorrente dos maus-tratos ou na própria natureza do sequestro (local onde foi colocada a vítima, como é tratada, grau de incomunicabilidade etc.). Eleva-se um terço a pena na terceira fase de sua aplicação.

Art. 245

441. Resultados qualificadores: são os mesmos do roubo, já descritos.

441-A. Delação premiada: para a delação produzir a redução da pena do réu é necessário que o delito tenha sido cometido por, pelo menos, duas pessoas, já que se fala em "concurso" e "concorrente". Logo, seja o denunciante coautor ou partícipe, poderá usufruir do benefício. Pode ser qualquer autoridade capaz de levar o caso à solução almejada, causando a libertação da vítima (delegado, juiz, promotor, entre outros). Registre-se que o requisito fundamental liga-se a ocorrer a libertação da pessoa sequestrada. Sem esta, não há aplicação do prêmio para a delação, que, no caso presente, não se vincula unicamente à identificação e à prisão dos responsáveis pelo crime. Por outro lado, é indispensável que a informação prestada pelo agente delator seja útil para a referida libertação (*vide* o emprego do verbo "facilitando"). Se a libertação for conseguida por outros meios, sem o uso da informação prestada pelo denunciante, não se aplica a redução da pena. O grau de redução depende da celeridade para a libertação da vítima; quanto mais rápida, maior a diminuição; quanto mais demorar, menor a redução.

Chantagem

> **Art. 245.** Obter ou tentar obter de alguém, para si ou para outrem, indevida vantagem econômica, mediante ameaça de revelar fato, cuja divulgação pode lesar a sua reputação ou de pessoa que lhe seja particularmente cara:[442-443]
>
> Pena – reclusão, de 3 (três) a 10 (dez) anos.
>
> **Parágrafo único.** Se a ameaça é de divulgação pela imprensa, radiodifusão ou televisão, a pena é agravada.[444]

442. Aspectos objetivos: o crime de *chantagem* inexiste na legislação penal comum, embora a situação descrita neste tipo penal do art. 245 possa ser encaixada no tipo do art. 158, como hipótese de extorsão. De qualquer modo, mais adequado foi o Código Penal Militar, ao adotar formato específico para esta espécie de extorsão. Os sujeitos ativo e passivo podem ser qualquer pessoa. O crime é de atentado, pois faz equivaler a forma consumada à tentada (extorquir ou tentar extorquir), não admitindo, pois, tentativa. Pune-se a obtenção de vantagem econômica indevida, por meio de ameaça, promovida contra a vítima, revelando fato lesivo à sua reputação (imagem de que goza o ofendido diante de terceiros) ou mesmo à sua particular imagem junto a pessoa querida. Bem construído o tipo penal para abranger a conduta pérfida de chantagista, que lida com a suscetibilidade alheia.

443. Aspectos subjetivos: pune-se a forma dolosa. Há o elemento subjetivo específico, consistente na finalidade de obter algo *para si ou para outrem*. Inexiste a forma culposa.

444. Agravante: eleva-se a pena quando o meio de divulgação, objeto da ameaça, é a imprensa, radio ou televisão – incluindo-se a internet – pois o dano à imagem é muito maior.

Extorsão indireta

> **Art. 246.** Obter de alguém, como garantia de dívida, abusando de sua premente necessidade, documento que pode dar causa a procedimento penal contra o devedor ou contra terceiro:[445-446]
>
> Pena – reclusão, até 3 (três) anos.

445. Aspectos objetivos: o sujeito ativo é o credor de uma dívida, enquanto o sujeito passivo é o devedor, que entrega o documento ao agente, ou terceira pessoa potencialmente prejudicada pela apresentação do documento às autoridades. O crime é material, pois o verbo nuclear do tipo é *obter* (conseguir algo), tendo por objeto o documento apto a desencadear investigação ou processo criminal. Imagine-se a situação daquele que, necessitando muito de um empréstimo e pretendendo convencer quem vai lhe emprestar a quantia de ser bom pagador, entrega, voluntariamente, nas mãos do credor um cheque sem suficiente provisão de fundos. O simples fato de o credor aceitar tal oferta (obter) já configura o delito, pois sabe que, no futuro, poderá apresentar o cheque e enquadrar o devedor na figura do estelionato. Para configurar este delito, é fundamental não seja o cheque pré-datado, apto a configurar somente um ilícito civil. A garantia de dívida existente entre autor e vítima pode ser resultante de contrato, título extrajudicial ou qualquer outra forma de obrigação. É possível que a dívida, conforme a sua constituição, seja ilícita, como a que decorre de um empréstimo a juros exorbitantes. *Abusar* significa exagerar, usando de modo inconveniente alguma coisa. No caso presente, indica-se, claramente, que o credor, aproveitando-se da situação do devedor – sempre de inferioridade pelo simples fato de dever –, exige ou recebe algo indevido. Os documentos aptos ao preenchimento deste tipo são aqueles que podem proporcionar a instauração de uma ação penal ou inquérito policial contra alguém, como o cheque sem fundos, a duplicata fria, a confissão da prática de um delito etc. Exige-se apenas a potencialidade lesiva do documento e não a sua efetiva utilização.

446. Aspectos subjetivos: o delito é doloso, envolvendo, nitidamente, uma situação de abuso da vítima. Não existe a forma culposa. Admite-se, ainda, o elemento subjetivo do tipo específico, consistente na finalidade de garantir uma dívida. No mesmo sentido: Noronha, *Direito penal*, v. 2, p. 287.

Aumento de pena

> **Art. 247.** Nos crimes previstos neste Capítulo, a pena é agravada, se a violência é contra superior, ou militar de serviço.[447]

447. Particular enfoque: a legislação penal militar busca cuidar, com maior destaque, para as situações envolvendo agressões a superiores, em função da rígida hierarquia existente na caserna, bem como quando se trata de militar em serviço, pois atinge interesse direto da instituição militar.

Capítulo III
Da apropriação indébita

Apropriação indébita simples

> **Art. 248.** Apropriar-se de coisa alheia móvel, de que tem a posse ou detenção:[448-449]
>
> Pena – reclusão, até 6 (seis) anos.

Agravação de pena

> **Parágrafo único.** A pena é agravada, se o valor da coisa excede vinte vezes o maior salário mínimo,[450] ou se o agente recebeu a coisa:

> I – em depósito necessário;[451]
>
> II – em razão de ofício, emprego ou profissão.[452]

448. Aspectos objetivos: o sujeito ativo é a pessoa que tem a posse ou a detenção de coisa alheia; o sujeito passivo é o senhor da coisa dada ao sujeito ativo. *Apropriar-se* significa apossar-se ou tomar como sua coisa que pertence a outra pessoa. Cremos que a intenção é proteger tanto a propriedade, quanto a posse, conforme o caso. Num primeiro momento, há a confiança do proprietário ou possuidor, entregando algo para a guarda ou uso do agente; no exato momento em que este é chamado a devolver o bem confiado, negando-se, provoca a inversão da posse e a consumação do delito. Conferir: STM: "3. *In casu*, a retenção definitiva por parte do Acusado, das peças em sua posse, antes pacífica, demonstra o elemento subjetivo exigido para a ocorrência do crime previsto no art. 248 do CPM, mormente o *animus rem sibi habendi*, conduta típica, antijurídica e culpável merecedora da devida reprimenda penal. 4. Por todo o contexto probante, o Apelante, exercendo atividade vinculada ao contrato que possuía com o 8º BEC, apropriou-se indevidamente dos bens que lhe foram emprestados por aquele Batalhão, de modo que os empréstimos somente ocorreram em razão da condição específica de o Acusado ser o sócio-gerente da empresa que executava as obras no âmbito da OM, razão pela qual merece guarida, parcial, o Apelo Ministerial, para agravar a pena, nos termos do inciso II do parágrafo único do art. 248 do CPM" (Ap. 0000170-48.2011.7.01.0201, rel. Carlos Augusto de Sousa, j. 27.06.2017).

449. Aspectos subjetivos: é punido o delito a título doloso. Não existe a forma culposa. Entendemos não haver, também, elemento subjetivo do tipo específico. A vontade específica de pretender apossar-se de coisa pertencente a outra pessoa está ínsita no verbo "apropriar-se". Portanto, incidindo o dolo sobre o núcleo do tipo, é isso suficiente para configurar o crime de apropriação indébita. Além disso, é preciso destacar que o dolo é sempre atual, ou seja, ocorre no momento da conduta "apropriar-se", inexistindo a figura por alguns apregoada do "dolo subsequente". Imagine-se que alguém receba uma joia para guardar e usar, enquanto o proprietário dela não se utiliza. Somente ocorrerá o delito de apropriação indébita no momento em que o dono pedir de volta a joia e o possuidor resolver dela apropriar-se, não mais devolvendo o que recebeu em confiança. Quando a não devolução decorrer de outro elemento subjetivo, tal como a negligência ou o esquecimento, não está caracterizada a infração penal. Nesse sentido: STJ: "No caso, pode-se afirmar que o paciente foi displicente, negligente mesmo com a coisa que lhe foi emprestada, pois em vez de embriagar-se a ponto de esquecer onde deixara a bicicleta que não era dele, deveria ter feito suas compras e prontamente devolvido o veículo ao proprietário. Sua conduta poderia se encaixar numa modalidade culposa, mas fica a anos luz do dolo exigido para configurar a apropriação indébita descrita no Código Penal" (HC 92.828-MS, 6.ª T., rel. Nilson Naves, 05.11.2009, v.u.).

450. Agravamento da pena pelo valor da coisa: cuida-se de circunstância específica da legislação penal militar, sem figura similar no Código Penal comum. Dá-se particular importância ao valor da perda patrimonial, que, em 2019, atinge o montante de R$ 19.960,00.

451. Depósito necessário: está a demonstrar que o sujeito passivo não tinha outra opção a não ser confiar a coisa ao agente. Por isso, se sua confiança é atraiçoada, deve o sujeito ativo responder mais gravemente pelo que fez. Entende, majoritariamente, a doutrina ser "depósito necessário", para configurar esta causa de aumento, o depósito miserável, previsto no art. 647, II, do Código Civil, ou seja, o depósito que se efetua por ocasião de calamidade (incêndio, inundação, naufrágio ou saque). Nas outras hipóteses de depósito necessário (arts. 647, I, e 649 do Código Civil), que tratam dos casos de desempenho de obrigação legal ou depósito de bagagens dos viajantes, hóspedes ou fregueses em casas de hospedagem, resolve-se com outras figuras típicas: peculato (quando for funcionário público o sujeito ativo), apropriação qualificada pela qualidade de depositário judicial ou apropriação qualificada em razão de ofício, emprego ou profissão. Na jurisprudência: STF: "Imputação do crime de apropriação indébita. Art. 168, § 1.º, I, do CP. Não devolução de veículo objeto de contrato de compra e venda, depois da desconstituição amigável deste. Fato absolutamente atípico. Caso de mero inadimplemento de obrigação de restituir, oriunda do desfazimento do negócio jurídico. Simples ilícito civil. Inexistência de obrigação original de devolver coisa alheia móvel e, sobretudo, de depósito necessário, inconcebível na hipótese. Caso de posse contratual. Inépcia caracterizada. Absolvição do réu" (Ap 480-PR, T. P., rel. Min. Cezar Peluso, 11.03.2010, m.v.).

452. Ofício, emprego ou profissão: a apropriação, quando cometida por pessoas que, por conta das suas atividades profissionais de um modo geral, terminam recebendo coisas, através de posse ou detenção, para devolução futura, é mais grave. Por isso, merece o autor pena mais severa. Não vemos necessidade, nesta hipótese, de haver relação de confiança entre o autor e a vítima, pois o tipo penal não a exige – diferentemente do que ocorre no caso do furto qualificado (art. 155, § 4.º, II).

Apropriação de coisa havida acidentalmente

> **Art. 249.** Apropriar-se alguém de coisa alheia vinda ao seu poder por erro, caso fortuito ou força da natureza:[453-454]
>
> Pena – detenção, até 1 (um) ano.

Apropriação de coisa achada

> **Parágrafo único.** Na mesma pena incorre quem acha coisa alheia perdida e dela se apropria, total ou parcialmente, deixando de restituí-la ao dono ou legítimo possuidor, ou de entregá-la à autoridade competente, dentro do prazo de 15 (quinze) dias.[455-456]

453. Aspectos objetivos: o sujeito ativo pode ser qualquer pessoa. O passivo é o proprietário da coisa desviada ou perdida por erro ou acidente. *Apropriar-se* significa tomar como sua coisa de outrem. Na situação prevista neste tipo, a coisa alheia vem ao poder do agente não por confiança de seu proprietário ou possuidor, mas por evento estranho à sua vontade. O erro é a falsa percepção da realidade, levando alguém a entregar ao agente coisa pertencente a outrem. Ex.: um entregador, confundindo o destinatário, passa às mãos do apropriador algo que não lhe cabe, havendo, então, o apossamento. O caso fortuito é o evento acidental, que faz com que um objeto termine em mãos erradas. Abrange, naturalmente, a força maior ou forças da natureza. Estamos, nesse prisma, com a lição de Nélson Hungria: "O dispositivo legal menciona o *caso fortuito* e a *força da natureza*, fazendo, a exemplo, aliás, do Código suíço, uma distinção que se pode dizer desnecessária, pois o caso fortuito abrange todo e qualquer acontecimento estranho, na espécie, à vontade do agente e do *dominus*. Tanto é caso fortuito se a coisa alheia vem ao meu poder em consequência da queda de um avião em meu terreno, quanto se foi trazida pela correnteza de uma enchente. Se bois alheios, por mero instinto de

Art. 249

Código Penal Militar Comentado • Nucci

vagueação ou acossados pelo fogo de uma queimada, entram nas minhas terras, ou se peças de roupa no coradouro do meu vizinho são impelidas por um tufão até o meu quintal, tudo é caso fortuito" (*Comentários ao Código Penal*, v. 7, p. 151). A força da natureza é a energia física e ativa que provoca o ordenamento natural das coisas (ex.: uma tempestade, que tem energia para destruir casas e veículos, provocando a diminuição do patrimônio alheio). Conforme mencionamos no item anterior, está incluída no caso fortuito. Assim, se, durante uma enchente, um automóvel vai cair na propriedade de outrem, fica este obrigado a devolvê-lo. Não o fazendo, configura-se o delito de apropriação. Este tipo penal fulmina a ideia de que o "achado não é roubado"; não se pode tomar de outrem qualquer coisa vinda à sua esfera de disposição por simples infortúnio. Tutela-se o patrimônio. Na jurisprudência: STF: "1. A conduta do paciente de apropriar pecúnia havida por erro (CPM, art. 249) amolda-se, em tese, à regra prevista no art. 9º, III, 'a', do CPM, na medida em que a proteção penal destina-se aos interesses moral e organizacional da administração militar, valores esses compreendidos no conceito amplo de hierarquia e disciplina militares, que, à luz do art. 142 da Constituição da República, constituem a base institucional das Forças Armadas. Precedentes. 2. Agravo interno a que se nega provimento" (ARE 857952 AgR, 1.ª T., rel. Alexandre de Moraes, j. 22.06.2018). STM: "2. Comete o crime tipificado no art. 249 do CPM (apropriação de coisa havida por erro) o agente que se apropria de quantias indevidas, vindas ao seu poder por erro da Administração Militar" (Embargos Infringentes e de Nulidade n.º 7000286-65.2020.7.00.0000, rel. Artur Vidigal de Oliveira, 24.09.2020, m.v.).

454. Aspectos subjetivos: pune-se a título de dolo. Não há elemento subjetivo específico, nem se pune a forma culposa.

455. Aspectos objetivos: qualquer pessoa pode cometer o delito; o sujeito passivo é o proprietário ou legítimo possuidor da coisa perdida. Note-se que *coisa perdida* e *coisa esquecida* não se confundem. A perdida sumiu por causa estranha à vontade do proprietário ou possuidor, que não mais a encontra; a esquecida saiu da sua esfera de vigilância e disponibilidade por simples lapso de memória, embora o dono saiba onde encontrá-la. Ex.: saindo à rua, o indivíduo deixa cair sua carteira e continua caminhando sem perceber: trata-se de coisa perdida; saindo de um restaurante, esquece o casaco sobre a cadeira: trata-se de coisa esquecida, pois terá chance de voltar para pegá-lo. Assim, quem se apropria de coisa esquecida, disso tendo conhecimento, comete furto, e não apropriação. O apossamento, neste caso, volta-se contra coisa pertencente a outrem, que está perdida. A obrigação imposta pela lei, portanto, é a pronta restituição do bem sumido a quem o está procurando. Essa devolução pode efetivar-se diretamente a quem de direito ou à autoridade competente. Evidencia-se, neste tipo penal, a proteção estendida, nos crimes patrimoniais, não somente ao dono da coisa, mas também a quem a possui legitimamente. Quanto ao elemento temporal de 15 dias, raramente o tipo penal prevê um prazo para o crime se consumar. No caso presente, houve por bem o legislador conferir ao agente o período de quinze dias para encontrar a vítima, devolvendo-lhe a coisa achada. Cremos não haver razão para isso. Se o indivíduo quer apropriar-se do que não lhe pertence, ou seja, de coisa alheia perdida, pode evidenciar seu ânimo no exato momento em que se apossa do bem. Permitir que exista um prazo para a configuração do crime é o mesmo que estabelecer, dentro do próprio tipo, uma excludente. Assim, a apropriação estaria configurada, subjetivamente, no momento em que o autor demonstra a inequívoca vontade de se apropriar da coisa encontrada. Mas se, no decurso dos quinze dias, arrepender-se, pode devolvê-la à vítima e não há mais fato típico. *Seria* uma excludente de tipicidade se estivesse fora do tipo penal. Entretanto, como foi prevista dentro da figura típica, entendemos tratar-se de um delito condicionado. A apropriação somente ganha relevo jurídico-penal se houver o transcurso do período fixado no próprio tipo. Assim, não cabe tentativa: ou o agente fica com a coisa após o 15.º dia e o crime está consumado ou a devolve e não há ilícito penal. Há quem sustente que, no caso de cheque encontrado, se o agente deposita o título em sua conta o crime está consumado. Ora, qual a diferença entre o sujeito encontrar um objeto de arte, como um quadro, dependurando-o na parede de sua casa no primeiro dia, com a intenção de se apropriar do bem, e o caso do cheque? Em ambas as hipóteses o autor está se apropriando de coisa alheia perdida *antes dos 15 dias*. Seria crime consumado em ambos os casos? Se a resposta for positiva, perde o sentido o prazo de 15 dias colocado no tipo penal, circunstância objetiva, que precisa ser respeitada. Se a resposta fosse negativa com relação ao quadro, mas positiva com relação ao cheque, estar-se-ia transformando o período de quinze dias em um "elemento subjetivo específico", o que é ilógico. Dessa maneira, caso o agente fique com a coisa alheia durante quinze dias sem *dar demonstração ostensiva* de que vai dela se apossar, o crime inexiste. Porém, se der tal demonstração, o crime se consuma de imediato. Não nos parece seja assim. O tipo penal prevê um prazo que integra a descrição abstrata da conduta, *condicionando* a concretização do delito à sua ocorrência, pouco interessando o que o agente faz com o bem nesse período. É evidente que não é direito do sujeito que encontrou o bem dele usufruir por 15 dias, já que não lhe pertence. Cabe a apreensão se for encontrado em seu poder, embora não se possa falar em crime de apropriação, pois o legislador foi claro: *apropriar-se* de coisa alheia perdida exige o expresso prazo de 15 dias, período no qual pode haver a devolução, não se configurando ilícito penal. Tutela-se o patrimônio. Na jurisprudência: STM: "4. Na situação prevista no art. 249, parágrafo único, do CPM, a coisa alheia vem ao poder do agente, não por confiança de seu proprietário ou possuidor, mas por evento estranho a sua vontade. A obrigação imposta por lei, portanto, é a pronta restituição do bem sumido a quem o está procurando. A apropriação estaria configurada, subjetivamente, no momento em que o autor demonstra a inequívoca vontade de se apropriar da coisa encontrada. 5. Os autos comprovam a autoria, a materialidade e a culpabilidade na conduta perpetrada pelo Acusado. 6. Recurso conhecido e desprovido. Decisão unânime" (Apelação n.º 7000579-06.2018.7.00.0000, rel. Lúcio Mário de Barros Góes, 05.06.2019).

456. Aspectos subjetivos: é punido a título de dolo, inexistindo elemento subjetivo específico, nem a forma culposa.

> **Art. 250.** Nos crimes previstos neste Capítulo, aplica-se o disposto nos §§ 1.º e 2.º do art. 240.[457]

457. Figuras privilegiadas: faz-se remissão às formas previstas para o furto. Ver os comentários pertinentes ao art. 240.

Capítulo IV

Do estelionato e outras fraudes

Estelionato

> **Art. 251.** Obter, para si ou para outrem, vantagem ilícita, em prejuízo alheio, induzindo ou mantendo alguém em erro, mediante artifício, ardil ou qualquer outro meio fraudulento:[458-462]
>
> Pena – reclusão, de 2 (dois) a 7 (sete) anos.
>
> § 1.º Nas mesmas penas incorre quem:

Art. 251

Código Penal Militar Comentado • NUCCI

Disposição de coisa alheia como própria

I – vende, permuta, dá em pagamento, em locação ou em garantia, coisa alheia como própria;[463-464]

Alienação ou oneração fraudulenta de coisa própria

II – vende, permuta, dá em pagamento ou em garantia coisa própria inalienável, gravada de ônus ou litigiosa, ou imóvel que prometeu vender a terceiro, mediante pagamento em prestações, silenciando sobre qualquer dessas circunstâncias;[465-466]

Defraudação de penhor

III – defrauda, mediante alienação não consentida pelo credor ou por outro modo, a garantia pignoratícia, quando tem a posse do objeto empenhado;[467-468]

Fraude na entrega de coisa

IV – defrauda substância, qualidade ou quantidade de coisa que entrega a adquirente;[469-470]

Fraude no pagamento de cheque

V – defrauda de qualquer modo o pagamento de cheque que emitiu a favor de alguém.[471-473]

§ 2.º Os crimes previstos nos incisos I a V do parágrafo anterior são considerados militares somente nos casos do art. 9.º, II, letras *a* e *e*.[474]

Agravação de pena

§ 3.º A pena é agravada, se o crime é cometido em detrimento da administração militar.[475-475-A]

458. Aspectos objetivos: os sujeitos ativo e passivo podem ser qualquer pessoa. Trata-se de conduta composta: *obter* vantagem indevida *induzindo* ou *mantendo* alguém em erro. Significa conseguir um benefício ou um lucro ilícito em razão do engano provocado na vítima. Esta colabora com o agente sem perceber que está se despojando de seus pertencentes. *Induzir* quer dizer incutir ou persuadir e *manter* significa fazer permanecer ou conservar. Portanto, a obtenção da vantagem indevida deve-se ao fato de o agente conduzir o ofendido ao engano ou quando deixa que a vítima permaneça na situação de erro na qual se envolveu sozinha. É possível, pois, que o autor do estelionato provoque a situação de engano ou apenas dela se aproveite. De qualquer modo, comete a conduta proibida. A vantagem ilícita, diversamente do objeto material do crime de furto – que menciona *coisa alheia* –, é qualquer benefício,

Art. 251

ganho ou lucro, de modo *indevido*, ou seja, ilícito. Logicamente, trata-se de vantagem de natureza econômica, uma vez que se cuida de crime patrimonial. Quanto aos elementos normativos, *prejuízo* quer dizer perda ou dano; *alheio* significa pertencente a outrem. Portanto, a vantagem auferida pelo agente deve implicar uma perda, de caráter econômico, ainda que indireto, para outra pessoa. O erro é a falsa percepção da realidade. O agente coloca – ou mantém – a vítima numa situação enganosa, fazendo parecer realidade o que efetivamente não é. Ex.: o autor finge manter uma agência de venda de carros, recolhe o dinheiro da vítima, prometendo-lhe entregar o bem almejado, e desaparece. O artifício significa astúcia, esperteza, manobra que implica engenhosidade. Ex.: o sujeito, dizendo-se representante de uma instituição de caridade conhecida, fazendo referência ao nome de pessoas conhecidas que, de fato, dirigem a mencionada instituição, consegue coletar contribuição da vítima, embolsando-a. Ardil é também artifício, esperteza, embora na forma de *armadilha*, cilada ou estratagema. No exemplo dado anteriormente, o agente prepara um local com a aparência de ser uma agência de venda de veículos, recebe o cliente (vítima), oferece-lhe o carro, recebe o dinheiro e, depois, desaparece. A expressão *qualquer outro meio fraudulento* representa interpretação analógica, ou seja, após ter mencionado duas modalidades de meios enganosos, o tipo penal faz referência a qualquer outro semelhante ao artifício e ao ardil, que possa, igualmente, ludibriar a vítima. Tutela-se o patrimônio. Na jurisprudência: STM: "1. O falseamento intencional da verdade, sobretudo no tocante às exigências para a percepção de Pensão Especial (Lei n.º 3.373/1958), no intuito de burlar os controles oficiais e locupletar-se de vantagem pecuniária indevida, perfaz o crime de Estelionato (art. 251 do CPM). Nesse sentido, torna-se marcante a estratégia de omitir/falsear a condição pessoal da interessada, em declaração apresentada ao Órgão Pagador, a qual, a rigor, se refletisse a esperada verossimilhança, caracterizaria óbice à percepção do benefício. Em essência, essa manobra é reveladora do dolo da agente. 2. O crime de Estelionato, perpetrado contra as instituições públicas, em suas variadas matizes, afeta a ordem administrativa. Nessa espécie típica, é impossível dissociar, do rol das consequências, os infortúnios causados à gestão dos recursos orçamentários. 3. O pagamento de pensão, partilhada em cotas por diversos beneficiários, é fundada numa relação jurídica individualizada entre cada pensionista e o Órgão Pagador, ao qual, a esse respeito, também sopesam as atribuições fiscalizatórias e de controle. Assim, na contingência de qualquer espécie de astúcia relacionada à percepção do benefício, mediante lesão criminosa aos cofres públicos, a adoção das providências, tendentes à apuração e ao saneamento do entrave, incumbe à Administração Pública, a qual ocupa o polo de vítima imediata. 4. A alegação de que a conduta seria atípica, porque prejudicaria somente o interesse das demais pensionistas, não resiste por qualquer vértice. Os desfalques, relativos aos benefícios de pensão, acometem os meios militares de investigação e de recuperação das verbas. O acionamento logístico para combater o delito, às vezes, supera o próprio valor da vantagem patrimonial experimentada pelo agente. Por isso, o estelionato previdenciário, no âmbito da Justiça Militar da União, denota especial gravidade se comparado aos cometidos na seara da Justiça comum. Ataca os cofres da *ultima ratio* do Estado. Ademais, as pensionistas prejudicadas pelo autor do crime, em regra, têm direito ao imediato recebimento de todos os atrasados que alimentaram o engodo. Entretanto, em ação de regresso contra a autora do delito, raramente há o completo ressarcimento do desvio, recaindo, nas Forças Armadas, o quanto perdido. 5. Provimento do Recurso ministerial. Condenação da agente. Decisão majoritária" (Apelação n.º 7000132-47.2020.7.00.0000, rel. Marco Antônio de Farias, 22.10.2020); "Acusados que mantinham relacionamento conjugal e, em comum acordo, forjaram um casamento entre a 1.ª Acusada e um Coronel Reformado do Exército, genitor do 2.º Acusado, com a finalidade de percepção da pensão que o militar deixaria após seu falecimento. Autoria e materialidade delitivas comprovadas. O Acusado negou, em seu interrogatório, todos os fatos narrados na Denúncia e as alegações escritas de sua

Art. 251

Defesa rechaçam a tese Ministerial. O fato de o crime ter sido desvendado a partir de uma ação de dissolução de união estável entre os Réus não caracteriza confissão, uma vez que a fraude constatada pelo casamento indevido por si só não traz a certeza do cometimento do delito de estelionato em todas as suas elementares" (Apelação n. 7000589-50.2018.7.00.0000, rel. Marcus Vinicius Oliveira dos Santos, 14.02.2019, maioria); "O delito descrito no art. 251 do Código Penal Militar tutela a inviolabilidade do patrimônio, reprimindo a fraude causadora desse dano. A ação nuclear consiste em induzir ou manter alguém em erro, por uso de artifício, ardil ou qualquer outro meio fraudulento para obter, para si ou para outrem, vantagem ilícita em prejuízo alheio. Consoante a melhor doutrina e a jurisprudência dos Pretórios, o silêncio malicioso configura o meio fraudulento de que trata o tipo penal incriminador do estelionato previdenciário. O Princípio da Insignificância incide quando presentes, cumulativamente, as seguintes condições objetivas: '(i) mínima ofensividade da conduta do agente, (ii) nenhuma periculosidade social da ação, (iii) grau reduzido de reprovabilidade do comportamento, e (iv) inexpressividade da lesão jurídica provocada'. Embora o prejuízo suportado pela Administração Militar seja inferior ao limite de R$ 20.000,00 (vinte mil reais) estabelecido pela Portaria n.º 75, de 22 de março de 2012, do Ministério da Fazenda, essa norma administrativa circunscreve-se ao âmbito do Direito Tributário. Além disso, o prejuízo causado à Administração Militar, da ordem de R$ 12.768,09 (doze mil setecentos e sessenta e oito reais e nove centavos), evidencia o alto grau de reprovabilidade da conduta, além de revelar a expressividade da lesão jurídica, circunstâncias que afastam a incidência do Postulado da Bagatela. Em consequência, é inaplicável a figura privilegiada descrita no § 1.º do artigo 240, c/c o art. 253, ambos do Código Penal Militar. A omissão do óbito da pensionista, mantendo em erro a Administração Militar para auferir vantagem indevida, afasta o reconhecimento do tipo penal descrito no art. 249 do Código Penal Militar, o qual não prescinde da demonstração de que o erro seja espontâneo, porque se induzido, haverá estelionato. Não é cabível a desclassificação da conduta descrita nos autos para a figura típica do art. 248 do Código Penal Militar, haja vista que, para a configuração desse delito, exige-se que a *res* esteja na posse ou detenção prévia e lícita do sujeito ativo, sem qualquer anterior clandestinidade ou ardil. Recurso não provido" (Apelação n.º 7000077-33.2019.7.00.0000, rel. Carlos Vuyk de Aquino, 08.08.2019, v.u.); "Incorre nas penas cominadas ao delito militar de estelionato (art. 251 do CPM) o Soldado do efetivo variável que, por duas vezes, em continuidade delitiva, falsifica guias de encaminhamento médico, a fim de se favorecer, na medida em que deixou de recolher dinheiro ao Fundo de Saúde do Exército (FUSEX). Ademais, falsificou a assinatura de um Subtenente e não juntou documentação comprobatória dos exames. A aplicação do princípio da insignificância não tem vez no caso em tela, uma vez que há violação a valores que transcendem ao critério monetário consubstanciado no prejuízo de pouca monta. No caso, o ex--militar traiu a confiança que o Exército lhe deferiu, sendo acentuada a reprovabilidade de sua conduta, na medida em que engendrou fraudes, mediante a manipulação inescrupulosa de dados em sistema de guias no Hospital da Guarnição de João Pessoa-PB, com dano aos cofres públicos. Tal qual implementado na sentença *a quo*, mantém-se a causa especial de diminuição de pena prevista no art. 240, § 2º, do CPM, haja vista que houve efetiva reparação do dano antes do recebimento da peça acusatória. Não cabe falar em conversão da pena em sanção administrativa, tendo em vista que o réu atualmente ostenta a condição de civil e, portanto, mostra-se inócua qualquer medida disciplinar. Recurso defensivo desprovido para manter o *decisum* de piso. Decisão unânime" (Ap. 7000101-32.2017.7.00.0000, rel. Francisco Joseli Parente Camelo, j. 23.08.2018); "Age de má-fé o acusado que deixa de comunicar o óbito de parente, pensionista militar, e passa a se locupletar dos valores sacados indevidamente, valendo-se do cartão e da senha bancária. Avulta, nessa situação, a nítida vontade em obter a vantagem indevida resultante de uma combinação de fatores (omissivos e comissivos) que caracterizaram o comportamento fraudulento e doloso do autor do fato. A autoria se confirma pela confissão espontânea do agente e por imagens de circuito de vídeo em que ele aparece sacando dinheiro em terminal de autoatendimento bancário mediante uso de cartão da pensionista falecida. Impossibilidade de desclassificação da conduta para o delito de apropriação de coisa havida acidentalmente (art. 249 do CPM), tendo em vista a demonstração das elementares do crime de estelionato. O ressarcimento dos valores auferidos ilicitamente deverá ser objeto de ação cível no juízo competente, já que não é da alçada desta justiça especializada a reversão do prejuízo causado aos cofres públicos, mas somente a persecução criminal para apuração de culpa *stricto sensu*. Provido parcialmente o apelo defensivo apenas para retirar do dispositivo da sentença o dever de ressarcimento ao erário como condição para se conceder o *sursis*. Decisão unânime" (Ap. 0000003-21.2014.7.05.0005, rel. Francisco Joseli Parente Camelo, j. 21.06.2018).

459. Aspectos subjetivos: o crime é punido a título doloso. Não há a forma culposa. Existe elemento subjetivo específico, consistente no ânimo de fraude, obtendo lucro *para si ou para outrem*.

460. Questões controversas: a) *trabalho espiritual* (cartomancia, passes espirituais, bruxaria, macumba, entre outros): quando se tratar de atividade gratuita, bem como quando se referir a algum tipo de credo ou religião, não se pode punir, pois a Constituição Federal assegura liberdade de crença e culto; quando se referir a atividade paga, cremos estar configurado o delito de estelionato. Não se pode mais falar na contravenção penal da exploração da credulidade pública, pois o art. 27 da Lei das Contravenções Penais foi revogado pela Lei 9.521/97; b) *mecanismos grosseiros de engodo*: não há crime, pois é exigível que o artifício, ardil ou outro meio fraudulento seja apto a ludibriar alguém. Utiliza-se, para tanto e como regra geral, o critério do *homem médio*, ou seja, a pessoa comum. Excepcionalmente, cremos ser cabível analisar, ainda, as condições pessoais da vítima, isto é, se for pessoa muito simples, colhida de surpresa, sem condições de se informar devidamente, portanto vítima que está abaixo da média da sociedade, é possível se configurar o estelionato através de meio fraudulento facilmente detectável pelo *homem médio*. De outra parte, quando o ofendido for pessoa extremamente esclarecida e especialista em determinada matéria, de onde proveio o seu logro, o critério do *homem médio* também pode falhar. Assim, o agente que conseguiria enganar a pessoa comum, valendo-se de determinado artifício, não o faria com a vítima preparada. Se esta se deixar envolver, por mera desatenção de sua parte, entendemos não configurado o delito; c) *esperteza nas atividades comerciais*: não configura o delito de estelionato, resolvendo-se, se for o caso, na esfera civil; d) *torpeza bilateral*: em tese, não afasta o delito, pois o tipo penal não exige que a vítima tenha boas intenções. Assim, no conhecido golpe do *bilhete premiado*, o agente cerca a vítima, contando-lhe uma mirabolante história de necessidade (como ter de socorrer, urgentemente, sua mãe à beira da morte no interior), propõe a troca de um bilhete *premiado* que possui por uma determinada quantia em dinheiro. Acompanhando o ofendido até uma casa lotérica, de posse de um bilhete falsificado, demonstra que, realmente, o referido bilhete foi premiado naquela semana. A vítima, por sua vez, pretendendo valer-se de boa oportunidade para auferir um lucro, aceita o negócio. Fica com o bilhete falsamente premiado e entrega uma soma ao agente. Existiu, nessa avença, torpeza bilateral: o agente enganou o ofendido, mostrando-lhe um bilhete falso; a vítima, por sua vez, em vez de auxiliar quem estaria precisando de apoio em momento tão crucial, resolve levar vantagem e adquire o *bilhete premiado* a baixo custo. Outro exemplo que merece ser mencionado, até porque configurou caso concreto, recentemente noticiado pela imprensa, é o dos alunos que, efetuando o pagamento de determinada quantia exigida, se disseram lesados por determinado estabelecimento de ensino superior, tendo em vista que lhes foi prometido um curso rápido e compacto de uma

Art. 251

Código Penal Militar Comentado • Nucci

semana para que obtivessem diploma universitário. Ora, o intuito de levar vantagem, com nítida torpeza, pois é do senso comum que tal situação está fora da realidade nacional, ficou patenteado em cada uma das "vítimas" desse golpe. Situações não faltam para exemplificar a participação do ofendido no contexto do estelionato, quase que "pedindo" para ser enganado. Outro golpe comum é o do "carro barato". Anúncios são publicados em classificados de jornais de grande circulação, oferecendo veículos a preços bem abaixo do mercado. Os telefones de contato normalmente são celulares ou linhas de telefone fixo comunitário. A pessoa que atende se identifica como funcionário ou representante de uma montadora e passa a solicitar dados pessoais do interessado (nome, endereço, número dos documentos), enviando-lhe, por fax, uma ficha cadastral. Em algumas situações exige-se um valor simbólico para a ficha cadastral, a ser depositado na conta da própria montadora (os números dessas contas são obtidos ilegalmente). Em seguida, o estelionatário pede um depósito com o valor total ou parcial do veículo em nome de um terceiro (diz que é carro de frota, por exemplo). Quando a vítima faz o pagamento, recebe em casa, por fax, uma nota fiscal falsa, com logotipo do fabricante e dados do veículo. Posteriormente, agendada a data para pegar o carro, o comprador vai direto à fábrica para, então, descobrir-se vítima da fraude; e) *estelionato e falsidade*: aplica-se a Súmula 17 do Superior Tribunal de Justiça: "Quando o falso se exaure no estelionato, sem mais potencialidade lesiva, é por este absorvido". Trata-se da aplicação da regra de que o crime-fim absorve o crime-meio. Conferir: TJSP: "Apelação – Confissão – Inviável a minoração, ante a fixação da pena em seu mínimo legal – Improvido. Apelação – Uso de documento falso – Apelante tentou obter empréstimo – Estelionato tentado absorve o uso de documento falso – Desclassificação e concessão de *sursis* processual – Parcialmente Provido" (Ap. 990.09.164446-3, 16.ª C., rel. Guilherme de Souza Nucci, 25.10.2011, v.u.).

461. Estelionato judiciário: denomina-se como tal a manobra, o ardil ou o engodo, utilizado no processo, de forma a ludibriar o juízo ou a parte contrária, podendo alcançar provimento favorável à sua pretensão. Entretanto, não nos parece possa subsistir tal figura em plena demanda, quando provas podem ser produzidas e há contraditório, justamente para evitar esse tipo de fraude. Ademais, se houver uso de documento falso, há crime específico para isso; o mesmo se pode dizer de eventual falso testemunho ou patrocínio infiel. No mais, quando a parte não litigar com ética, configura-se infração profissional, a ser apurada pelo seu órgão de classe. Nesse sentido: STJ: "*In casu*, o paciente, juntamente com outras pessoas, teria levado o juízo cível a erro e, assim, obtido vantagem supostamente indevida, em ação judicial que culminou na condenação da União ao pagamento de valores, o que, no entendimento da acusação, caracterizaria estelionato. Em *habeas corpus* (HC) perante o Tribunal *a quo*, buscou-se o trancamento da ação penal por ausência de justa causa, mas a ordem foi denegada. Discutiu-se a possibilidade de se praticar o tipo do crime previsto no art. 171 do CP na seara judicial, denominado pela jurisprudência e doutrina de 'estelionato judiciário'. Nesta instância, entendeu-se que as supostas manobras e inverdades no processo podem configurar deslealdade processual e infração disciplinar, mas não crime de falso e estelionato. O caso carece de tipicidade penal; estranho, portanto, à figura do estelionato, mais ainda à do denominado estelionato judiciário. Com esses fundamentos, entre outros, a Turma, ao prosseguir o julgamento, por maioria, concedeu a ordem. Precedentes citados: RHC 2.889-MG, *DJ* 07.03.1994, e REsp 878.469-RJ, *DJ* 29.06.2007" (HC 136.038-RS, 6.a T., rel. Nilson Naves, 01.10.2009, m.v.).

462. Diferença entre estelionato e furto com fraude: ver a nota inserida no art. 240.

463. Aspectos objetivos: o sujeito ativo há de ser militar; o passivo, militar ou instituição militar. *Vender* (alienar mediante determinado preço), *permutar* (trocar) ou dar em pagamento, locação ou garantia (esta última: hipoteca, penhor, anticrese) coisa que não lhe pertence. Diversamente do furto, nesse caso podem incluir-se móveis e imóveis, não sendo necessária a tradição ou a realização completa e formal do negócio, como a transcrição no registro de imóveis, por exemplo. Inclui-se, nesse caso, a venda de coisa adquirida com reserva de domínio, bem como a realização do negócio por meio de compromisso de venda e compra. Nesta última hipótese, conferir: STJ: "O paciente, mediante procuração que não lhe conferia poderes para alienar imóvel, firmou promessa de compra e venda com a vítima, que lhe pagou a importância avençada no contrato sem, contudo, ser investida na posse. Mesmo diante da discussão a respeito de o contrato de promessa de compra e venda poder configurar o tipo do art. 171, § 2.º, I, do CP, o acórdão impugnado mostrou-se claro em afirmar que o paciente efetivamente alienou o imóvel que não era de sua propriedade mediante essa venda mascarada, da qual obteve lucro sem efetuar sua contraprestação por absoluta impossibilidade de fazê-la, visto que não era o proprietário do lote que, de fato, vendeu. Daí ser, no caso, inequívoca a tipicidade da conduta, mesmo que perpetrado o crime mediante a feitura de promessa, não se podendo falar, assim, em trancamento da ação penal. Precedente citado: HC 68.685-SP, *DJ* 10.09.2007" (HC 54.353-MG, 6.ª T., rel. Og Fernandes, 25.08.2009, v.u.).

464. Aspectos subjetivos: é o dolo. Inexiste a forma culposa. Embora não esteja expresso, a figura típica é um complemento do *caput*, de forma que se exige o elemento subjetivo do tipo específico ("obter lucro indevido para si ou para outrem") – ou dolo específico.

465. Aspectos objetivos: o sujeito ativo é o militar dono da coisa inalienável, gravada de ônus ou litigiosa; o sujeito passivo é o militar ou instituição militar, que tenha adquirido, feito a permuta ou recebido o bem em pagamento ou garantia. Quanto às condutas, consultar os aspectos objetivos da figura típica anterior. O objeto material, neste caso, é que muda: em vez de ser coisa alheia, é coisa própria não passível de alienação. A coisa própria inalienável, gravada de ônus ou litigiosa é a pertencente ao próprio agente que, no entanto, está impedido – por lei, por contrato ou por testamento – de aliená-la. Pode, também, ser coisa impedida de alienação porque gravada de ônus (ver Código Civil: "Art. 1.225. São direitos reais: I – a propriedade; II – a superfície; III – as servidões; IV – o usufruto; V – o uso; VI – a habitação; VII – o direito do promitente comprador do imóvel; VIII – o penhor; IX – a hipoteca; X – a anticrese; XI – a concessão de uso especial para fins de moradia; XII – a concessão de direito real de uso; e XIII – a laje."). Além disso, podem ser consideradas as coisas que estão em litígio, impossíveis de serem vendidas, licitamente, até que haja uma decisão judicial a respeito da propriedade. Não se configura o crime, caso a promessa de venda e compra seja feita, embora sujeita à cláusula resolutiva de o inquilino exercer o seu direito de preferência. O imóvel prometido à venda, mediante pagamento de prestações pode incluir-se neste tipo; é o caso do agente que, tendo compromissado seu imóvel, prometendo vendê-lo a terceiro, em vez de honrar o pacto, vende-o a outra pessoa, silenciando sobre a existência do compromisso anterior. Ressalte-se que o compromisso precisa contar com pagamento *em prestações*, conforme exige o tipo penal, não valendo, pois, o pagamento à vista.

466. Aspectos subjetivos: é o dolo. Não há a forma culposa. Exige-se o elemento subjetivo do tipo específico, previsto no *caput*: *obter lucro indevido para si ou para outrem* (ou dolo específico).

467. Aspectos objetivos: o sujeito ativo é o militar devedor, que está com a coisa empenhada; o passivo é o militar ou instituição militar, atuando como credor pignoratício. *Defraudar* significa lesar, privar ou tomar um bem de outrem. O tipo penal indica que a defraudação pode se dar através de alienação do bem ou de *qualquer outro modo*, desde que seja suficiente para privar o credor do seu direito sobre a garantia pignoratícia. A falta de consentimento do credor refere-se à ilicitude da conduta do agente e, tendo sido colocada no tipo penal, torna-se

Art. 251

Código Penal Militar Comentado • Nucci

386

elemento normativo. O objeto empenhado é constituído apenas de coisas móveis, dadas em garantia ao credor.

468. Aspectos subjetivos: é o dolo. Não há a forma culposa. Exige-se, como no *caput*, o elemento subjetivo do tipo específico – "para si ou para outrem" – em relação à vantagem indevida auferida (ou dolo específico).

469. Aspectos objetivos: o sujeito ativo é o militar que esteja na posse da coisa a ser entregue e com a obrigação de fazê-lo; o passivo é o militar ou instituição militar, quando destinatário da coisa. Quanto à conduta, ver os comentários ao tipo anterior. *Substância* é a matéria que compõe alguma coisa (ex.: substituir uma joia de diamante por uma de zircônio); *qualidade* significa a propriedade ou atributo que algo possui (ex.: substituir uma pedra preciosa pura por outra, contendo impurezas); *quantidade* é a medida em unidades de alguma coisa (ex.: entregar um colar de pérolas, faltando alguns glóbulos). O *dever de entrega* é sujeito à valoração jurídica, configurando hipótese de uma obrigação decorrente de lei, contrato ou acordo.

470. Aspectos subjetivos: o delito é doloso. Não se admite a forma culposa. Como decorrência do *caput*, exige-se o elemento subjetivo do tipo específico, que é a obtenção de lucro para si ou para outrem (ou dolo específico). Conferir a importância do elemento subjetivo na análise do tipo incriminador, de modo a diferenciá-lo da malícia ou intenção de lucro das avenças civis: STJ: "O paciente, proprietário de uma empresa dedicada ao comércio de ferro-velho, foi denunciado pela suposta prática do delito descrito no art. 171, § 2.º, IV, do CP, por fornecer a uma companhia siderúrgica sucatas com diversas impurezas, tais como pedras, areia, madeiras e outros objetos, alterando a qualidade e quantidade do produto, com o propósito, em tese, de obter vantagem ilícita. O acusado fornecia, há muito, esse tipo de mercadoria para a vítima. Porém, pela simples leitura dos autos, sem qualquer incursão pela seara fático-probatória, não se vislumbrou suficientemente demonstrado o dolo na conduta do paciente em induzir ou manter a siderúrgica em erro, bem como qualquer obtenção de vantagem ilícita para si ou sequer o prejuízo alheio. Inexistindo previsão legal no ordenamento pátrio para enquadramento do paciente como sujeito ativo do crime tipificado no art. 171, § 2.º, IV, do CP, por mero inadimplemento de obrigação contratual e, não narrando a denúncia, conforme exigência do art. 41 do CPP, indicativo de eventual conduta ilícita perpetrada pelo acusado, a Turma entendeu que a continuidade da ação penal configura constrangimento ilegal. Precedentes citados do STF: HC 87.441-PE, *DJe* 13.03.2009; do STJ: HC 63.655-SP, *DJe* 05.05.2008; HC 46.296-PB, *DJ* 14.11.2005; HC 84.715-CE, *DJ* 05.11.2007; HC 26.656-SC, *DJe* 07.04.2008, e RHC 21.359-SP, *DJe* 19.05.2008" (HC 55.889-ES, 5.a T., rel. Og Fernandes, 25.08.2009, v.u.).

471. Aspectos objetivos: o sujeito ativo é o militar emitente de cheque a favor de alguém; o passivo é o militar ou a instituição militar destinatária do título de crédito. *Defraudar* significa espoliar, privar com fraude, lesar, tendo por objeto o pagamento do cheque emitido. Logo, diversamente da legislação penal comum – que exige cheque sem suficiente provisão de fundos – este tipo penal demanda qualquer espécie de fraude, para contornar o pagamento. Portanto, o agente pode não ter suficiente provisão de fundos em sua conta bancária, mas também pode cancelar a conta antes do pagamento ser efetuado ou mesmo sustar, maliciosamente, o título de crédito, alegando motivo falso. O cheque pré-datado descaracteriza-se como título de crédito de pagamento imediato (ordem de pagamento), transformando-se em simples promessa de pagamento. Diante disso, eventual inadimplemento deve ser resolvido na esfera civil, não se constituindo crime.

472. Aspectos subjetivos: exige-se o dolo. Não há a forma culposa. Pede-se, ainda, a existência do elemento subjetivo específico, não explícito no tipo, mas ínsito ao verbo, que é a vontade de *fraudar* (ou dolo específico). Como ensina Hungria, é o *animus lucri faciendi* ou a intenção de defraudar (*Comentários ao Código Penal*, v. 7, p. 246).

473. Análise das Súmulas 246 e 554 do Supremo Tribunal Federal: dizem as súmulas que, "comprovado não ter havido fraude, não se configura o crime de emissão de cheques sem fundos" (246) e "o pagamento de cheque emitido sem provisão de fundos, após o recebimento da denúncia, não obsta ao prosseguimento da ação penal" (554). Não são aplicáveis na esfera militar, pois o tipo penal do Código Penal militar é diverso. Envolve a defraudação no pagamento e não a singela emissão de cheque sem fundos.

474. Especificação de agente e vítima: as figuras delitivas dos incisos I a V do § 1.º do art. 251 não abrangem civis, mas unicamente militares, nos polos ativo e passivo.

475. Agravamento da pena: buscando a maior tutela em relação ao patrimônio público, da mesma forma que se faz no Código Penal comum, a pena deve ser elevada quando a vítima é a administração militar.

475-A. Estelionato previdenciário: ocorre quando o agente, de modo fraudulento, obtém benefícios da previdência, mesmo quanto a valores sujeitos à Administração Militar. Debate-se o caráter consumativo do delito: se instantâneo ou permanente. O primeiro indica que o sujeito consuma o delito cada vez que recebe qualquer valor da instituição previdenciária, adotando uma forma fraudulenta (uso de certidão ou documento falso para se passar pelo real beneficiário); o segundo aponta para a consumação prolongada no tempo, vale dizer, enquanto o agente se beneficiar dos montantes, o delito estará em pleno desenvolvimento. Considerá-lo instantâneo ou permanente influencia, diretamente, no modo de calcular a prescrição, dentre outros fatores. Em nossa visão, o crime de estelionato é sempre instantâneo, podendo, por vezes, configurar o chamado delito instantâneo de efeitos permanentes. Entretanto, há controvérsia a esse respeito. Ocorreria o estelionato instantâneo de efeitos permanentes quando alguém falsificasse certidão de nascimento para que outrem conseguisse receber do INSS, por vários meses, um valor indevido. Sobre o núcleo do tipo: STM: "O delito descrito no art. 251 do Código Penal Militar tutela a inviolabilidade do patrimônio, reprimindo a fraude causadora desse dano. A ação nuclear consiste em induzir ou manter alguém em erro, por uso de artifício, ardil ou qualquer outro meio fraudulento para obter, para si ou para outrem, vantagem ilícita em prejuízo alheio. Consoante a melhor doutrina e a jurisprudência dos Pretórios, o silêncio malicioso configura o meio fraudulento de que trata o tipo penal incriminador do estelionato previdenciário. A confissão do Acusado bem como o fato de ter omitido a morte da pensionista configuram o elemento subjetivo do tipo penal em comento, ou seja, o dolo consistente no ânimo de fraudar a Administração Militar para a obtenção da vantagem indevida. Os erros de fato e de direito previstos nos arts. 35 e 36 do Código Penal Militar somente são aplicáveis quando o agente comete o crime por erro plenamente escusável, sendo que, no primeiro caso, quando ausente a consciência da ilicitude, o Códex Castrense considera a ocorrência de mera causa de atenuação da pena. No segundo, pode afastar o dolo na conduta. Comprovadas a autoria, a materialidade e a culpabilidade, não merece reparo a Sentença prolatada em desfavor do Acusado. Recurso não provido" (Apelação n.º 7000703-52.2019.7.00.0000, rel. Carlos Vuyk de Aquino, 26.09.2019, v.u.); "Pratica o crime de estelionato previdenciário o civil que silencia sobre o falecimento de pensionista militar e efetua saques com cartão bancário, obtendo para si vantagem ilícita e mantendo em erro a Administração Militar, causando-lhe prejuízo" (Ap. 0000097-32.2015.7.05.0005, rel. Artur Vidigal de Oliveira, j. 22.03.2018). Em posição intermediária, adotando o crime instantâneo para o terceiro e permanente para o próprio beneficiário: STF: "Este Supremo Tribunal Federal assentou que o crime de estelionato previdenciário praticado por terceiro não beneficiário tem natureza de crime instantâneo de

Art. 252

Código Penal Militar Comentado • Nucci

efeitos permanentes, e, por isso, o prazo prescricional começa a fluir da percepção da primeira parcela. Precedentes" (HC 112.095/MA, 2.ª T., rel. Cármen Lúcia, 16.10.2012, v.u.); STJ: "O Supremo Tribunal Federal, por sua Primeira Turma, faz distinção da natureza do estelionato previdenciário a partir de quem o pratica: se o próprio beneficiário for o autor do fato, a infração penal terá natureza permanente; se a fraude for implementada por terceiro para que outrem obtenha o benefício, tratar-se-á de crime instantâneo de efeitos permanentes" (AgRg no REsp 1.264.903/SE, 5.ª T., rel. Jorge Mussi, 26.06.2012, v.u.).

Abuso de pessoa

> **Art. 252.** Abusar, em proveito próprio ou alheio, no exercício de função, em unidade, repartição ou estabelecimento militar, da necessidade, paixão ou inexperiência, ou da doença ou deficiência mental de outrem, induzindo-o à prática de ato que produza efeito jurídico, em prejuízo próprio ou de terceiro, ou em detrimento da administração militar:[476-477]
>
> Pena – reclusão, de 2 (dois) a 6 (seis) anos.
>
> **Art. 253.** Nos crimes previstos neste capítulo, aplica-se o disposto nos §§ 1.º e 2.º do art. 240.[478]

476. Aspectos objetivos: o sujeito ativo pode ser qualquer pessoa, militar ou civil, desde que no exercício de função em unidade, repartição ou estabelecimento militar. O sujeito passivo é a pessoa necessitada, apaixonada ou inexperiente, ou enferma mental (ou deficiente), bem como terceira pessoa ou a administração militar. Na legislação penal comum, mais adequada nesta hipótese, o crime se volta ao menor de 18 anos ou alienado mental. No Código Militar, estranhamente, pretende-se tutelar qualquer adulto envolto em situação de necessidade, paixão ou inexperiência, o que se nos afigura arriscado e de intervenção excessiva na vida privada alheia. Há duas condutas, que devem estar unidas: *abusar* (exorbitar, exagerar ou utilizar de modo inconveniente) e *induzir* (dar a ideia, inspirar), com o fim de levar a vítima à prática de ato prejudicial a si ou a terceiro. A situação de *necessidade* é aquilo que não se pode dispensar, que é essencial para a pessoa; *paixão* significa uma emoção exacerbada, que termina por suplantar a própria razão; *inexperiência* é a falta de prática de vida ou de habilidade em determinada função. A doença ou deficiência mental de outrem é de origem variada, dependendo de avaliação médico-psiquiátrica. *Ato suscetível de produzir efeito jurídico* significa a prática de qualquer conduta suficiente para gerar efeitos danosos ao patrimônio da vítima (necessitado, apaixonado ou inexperiente, alienado ou débil mental). Ex.: convencer o débil a adquirir um bem inexistente. Diante da sua nítida inexperiência de vida, além de estar ciente de que os desejos de uma pessoa imatura são muito mais fortes do que a razão recomenda, o agente consegue auferir vantagem indevida (é o *efeito jurídico*), causando *prejuízo próprio* ou *a terceiro*. Na jurisprudência: STM: "O delito de abuso de pessoa exige para a sua caracterização a presença das seguintes elementares: i) abusar; ii) em proveito próprio ou alheio; iii) no exercício da função militar; iv) da necessidade ou inexperiência; e v) induzindo a prática de ato que produza prejuízo, os quais, se não comprovados satisfatoriamente, impõem a absolvição do Réu. Negado provimento ao Apelo ministerial. Unanimidade" (Apelação n.º 7000795-64.2018.7.00.0000, rel. Carlos Vuyk de Aquino, 23.05.2019, v.u.).

477. Aspectos subjetivos: é o dolo. Não existe a forma culposa. Exige-se o elemento subjetivo do tipo específico, consistente em agir para *proveito próprio ou alheio*.

478. Figura privilegiada: indica-se a possibilidade de aplicar os mesmos benefícios previstos para o furto privilegiado. Ver os comentários formulados ao art. 240.

Capítulo V
Da receptação

Receptação

> **Art. 254.** Adquirir, receber ou ocultar em proveito próprio ou alheio, coisa proveniente de crime, ou influir para que terceiro, de boa-fé, a adquira, receba ou oculte:[479-480]
>
> Pena – reclusão, até 5 (cinco) anos.
>
> § 1.º São aplicáveis os §§ 1.º e 2.º do art. 240.[481]

Receptação qualificada

> § 2.º Se a coisa é arma, munição, explosivo ou outro material militar de uso restrito ou que contenha sinal indicativo de pertencer a instituição militar:[481-A]
>
> Pena – reclusão de 3 (três) a 10 (dez) anos.

479. Aspectos objetivos: os sujeitos ativo e passivo podem ser qualquer pessoa. O crime de receptação simples é constituído de dois blocos, com duas condutas autonomamente puníveis. A primeira – denominada *receptação própria* – é formada pela aplicação alternativa dos verbos *adquirir* (obter, comprar), *receber* (aceitar em pagamento ou simplesmente aceitar) e *ocultar* (encobrir ou disfarçar), tendo por objeto material coisa produto de crime. Nesse caso, tanto faz o autor praticar uma ou mais condutas, pois responde por crime único (ex.: aquele que adquire e oculta coisa produto de delito comete uma receptação). A segunda – denominada *receptação imprópria* – é formada pela associação da conduta de *influir* (inspirar ou insuflar) alguém de boa-fé a *adquirir* (obter ou comprar), *receber* (aceitar em pagamento ou aceitar) ou *ocultar* (encobrir ou disfarçar) coisa produto de crime. Nessa hipótese, se o sujeito influir para que a vítima adquira e oculte a coisa produto de delito, estará cometendo uma única receptação. Ocorre que a receptação, tal como descrita no art. 254, é um tipo misto alternativo e, ao mesmo tempo, cumulativo. Assim, adquirir, receber ou ocultar coisa originária de crime são condutas alternativas, o mesmo ocorrendo com a influência sobre terceiro para que adquira, receba ou oculte produto de crime. Mas se o agente praticar condutas dos dois blocos fundamentais do tipo, estará cometendo dois delitos (ex.: o agente adquire coisa produto de crime e depois ainda influencia para que terceiro de boa-fé também o faça). Quanto ao conceito de coisa, entendemos não diferir da definição extraída no crime de furto, acrescendo-se ser *produto de crime*. A coisa há de ser *alheia* e *móvel*, pela própria singularidade do tipo penal. Não haveria sentido em se punir a receptação de coisa própria, nem tampouco em se considerar presente a receptação de bem imóvel. No primeiro caso, deve-se destacar que o tipo penal protege o patrimônio, e não a boa-fé ou a integridade moral das pessoas. Portanto, adquirir, receber, transportar, conduzir ou ocultar um bem móvel de sua propriedade, que foi anteriormente furtado, não pode ser considerado crime, sob pena de se invadir a seara da ilogicidade (ex.: o agente identifica numa feira de antiguidades uma peça sua que foi anteriormente subtraída de sua residência, adquirindo-a. Ainda que compre diretamente do ladrão uma coisa que lhe pertence, não cometerá crime). E mais, admitamos que o proprietário da coisa anteriormente subtraída vislumbre o objeto que lhe pertence sendo vendido na mesma feira de antiguidades e influa para que terceiro de boa-fé a adquira. Nesse caso, estará dispondo do que é seu (consentimento da vítima), não se configurando

Art. 254

Código Penal Militar Comentado • Nucci

figura criminosa. É a posição majoritária na doutrina. Em sentido contrário, admitindo ser sujeito ativo de receptação o proprietário da coisa produto de crime, está a linha de Damásio (*Código Penal anotado*, p. 631). No tocante aos bens imóveis, bem esclarece Hungria que "um imóvel não pode ser receptado, pois a receptação pressupõe um *deslocamento da 'res'*, do poder de quem ilegitimamente a detém para o do receptador, de modo a tornar mais difícil a sua recuperação por quem de direito" (*Comentários ao Código Penal*, v. 7, p. 304). Quanto ao produto de crime, é preciso ter havido, anteriormente, um delito, não se admitindo a *contravenção penal*. Independe, no entanto, de prévia condenação pelo crime anteriormente praticado, bastando comprovar a sua existência, o que pode ser feito no processo que apura a receptação. Aliás, se por alguma razão o primeiro delito não for punido, permanece a possibilidade de se condenar o receptador. É admissível a receptação de receptação, pois a lei exige, unicamente, ser a coisa produto de *crime*, pouco importando qual seja. Na jurisprudência: STM: "O crime previsto no art. 254 do Código Penal Militar é de ação múltipla, de conteúdo variado, sendo necessária apenas uma das condutas nucleares para a caracterização da conduta delituosa. Embora a conduta delituosa não tenha sido confessada pelo Réu, os depoimentos testemunhais, principalmente dos policiais militares que efetuaram o flagrante, conduzem à chamada confissão indireta que, aliada aos demais elementos de convicção, são provas mais do que suficientes para amparar o édito condenatório, haja vista que o Acusado não só recebeu como pretendia vender as munições pertencentes ao Exército Brasileiro. Recurso não provido. Unanimidade" (Apelação n. 7000553-71.2019.7.00.0000, rel. Carlos Vuyk de Aquino, 03.10.2019); "Os autos noticiam que o Réu ocultou, em sua residência, pistola de propriedade da Marinha, proveniente de furto ocorrido no Paiol de Armas da Marinha. Autoria e materialidade incontestes, ante os depoimentos testemunhais e os Laudos Periciais acostados aos autos. O crime de receptação dolosa, ínsito no artigo 254 do Código Penal Militar, é crime acessório, eis que exige para a sua configuração a ocorrência de crime anterior, e ainda, que acarrete consequências patrimoniais. No entanto, é desnecessário que se conheça o autor do citado crime. A alegação do Réu de que residia em local perigoso, por si só, não é suficiente para a configuração do estado de necessidade justificante, mormente porque não foi trazida aos autos nenhuma prova de que o Apelante sofreu coação, seja moral ou física, capaz de justificar a conduta ilícita. Laudo pericial que apenas atesta a presença de digitais sobrepostas e borradas e não afasta a possibilidade de o Réu ter portado o armamento, sobretudo quando há notícia nos autos de que foi avistado portando o armamento fora das dependências de sua casa, o que, por óbvio, comprova seu manuseio. Apelo a que se dá parcial provimento, apenas para excluir do *sursis* a condição prevista na alínea 'a' do art. 626 do CPPM. Maioria" (Ap. 7000611-11.2018.7.00.0000, rel. Marcus Vinicius Oliveira dos Santos, j. 21.11.2018).

480. Aspectos subjetivos: é o dolo. A forma culposa possui previsão específica no art. 255. Exige-se elemento subjetivo do tipo específico, que é a nítida intenção de tomar, para si ou para outrem, coisa alheia originária da prática de um delito. Além disso, diversamente do que ocorre na legislação penal comum, onde somente se admite o dolo direto, neste tipo penal militar pode-se acolher qualquer forma de dolo – direto ou eventual. Por outro lado, é de se frisar ser indispensável que o dolo, como urge sempre ocorrer, seja detectado concomitantemente à conduta, não se admitindo o chamado "dolo subsequente". É a posição majoritária da doutrina: Noronha (*Direito penal*, v. 2, p. 505), Mirabete (*Código Penal interpretado*, p. 1.179), Damásio (*Código Penal anotado*, p. 633), Mayrink da Costa (*Direito penal*, v. 2, t. II, p. 573), Delmanto (*Código Penal comentado*, p. 386), dentre outros. Em voz destoante, admitindo a existência do dolo subsequente está a posição de Hungria (*Comentários ao Código Penal*, v. 7, p. 307). Há, ainda, uma dissidência no tocante à avaliação do dolo. Noronha defende – seguido por alguns – a possibilidade de existir o "dolo antecedente" e fornece a seguinte hipótese: "Alguém pode, por exemplo, receber para guardar uma coisa, desconhecendo ser produto de crime;

entretanto, vem a saber que foi furtada e agora combina com o ladrão vendê-la a outrem, ou somente agir junto a este para que a compre. Nesta hipótese, há receptação. Mas não se constitui pelo recebimento em *boa-fé* e sim pela *intervenção dolosa* para que terceiro a adquira etc. O dolo é ainda anterior à ação criminosa" (ob. cit., p. 505). Com isso não podemos concordar. Nesse caso, o dolo também é concomitante à conduta. Se vem a saber que a coisa é produto de crime e influi para que terceiro a adquira, o dolo configura-se exatamente no momento em que existe a conduta de insuflar outrem a comprar a coisa produto de delito. No prisma que sustentamos, está a posição de Mayrink da Costa (ob. cit., p. 573). Na jurisprudência: STM: "O delito de Receptação, conforme tipificado no art. 254 do CPM, tem por objetividade jurídica a tutela do patrimônio, cuja prática estimula, inclusive, a de outros delitos congêneres. *O dolo que permeia a conduta é evidente*, tendo em vista o fato de que o telefone celular, objeto do furto, foi apreendido com a companheira do Apelante. Nesses termos, patente, na espécie, é o ânimo de ocultar que permeia o proceder objetivo do Acusado, descartando-se completamente a sua versão de que apenas teria encontrado em uma estação de trem os objetos produtos do crime. Não há como desclassificar o crime de Receptação para o delito de Apropriação de Coisa Achada, pois não há qualquer demonstração mínima conferindo alguma credibilidade para a versão dos fatos quanto à ocorrência desse crime. Desprovimento do Apelo. Unânime" (Apelação n.º 7000215-97.2019.7.00.0000, rel. Luis Carlos Gomes Mattos, 22.08.2019, grifamos).

481. Figura privilegiada: acolhe-se o disposto para a redução da pena no contexto do furto privilegiado. Ver, então, os comentários formulados ao art. 240.

481-A. Coisa subtraída de interesse militar: a receptação de arma, munição, explosivo ou qualquer outro material de uso restrito militar ou que contenha sinal de instituição militar torna-se mais grave, com a edição da Lei 14.688/2023. Aliás, a situação de subtração de armas militares ocorreu no Brasil em 2023 (https://g1.globo.com/sp/sao-paulo/noticia/2023/10/25/furto-de-armas-do-exercito-investigacao-indica-que-militares-desligaram-cameras-e-usaram-carro-oficial-de-diretor-do-quartel.ghtml, acesso em 21.12.2023).

Receptação culposa

> **Art. 255.** Adquirir ou receber coisa que, por sua natureza ou pela manifesta desproporção entre o valor e o preço, ou pela condição de quem a oferece, deve presumir-se obtida por meio criminoso:[482]
>
> Pena – detenção, até 1 (um) ano.
>
> **Parágrafo único.** Se o agente é primário e o valor da coisa não é superior a 1/10 (um décimo) do salário mínimo, o juiz pode deixar de aplicar a pena.[483]

482. Aspectos objetivos: os sujeitos ativo e passivo podem ser qualquer pessoa. Os verbos *adquirir* e *receber* já foram analisados no crime de receptação dolosa. Frise-se que essas condutas desencadeiam seis hipóteses alternativas: *a)* adquirir coisa que, pela sua natureza, deve presumir-se obtida por meio criminoso; *b)* receber coisa que, pela sua natureza, deve presumir-se obtida por meio criminoso; *c)* adquirir coisa que, pela desproporção entre o seu valor e o preço pago, deve presumir-se obtida por meio criminoso; *d)* receber coisa que, pela desproporção entre o seu valor e o preço pago, deve presumir-se obtida por meio criminoso; *e)* adquirir coisa que, pela condição de quem a oferece, deve presumir-se obtida por meio criminoso; *f)* receber coisa que, pela condição de quem a oferece, deve presumir-se obtida por meio criminoso. A presença de mais de uma dessas situações, num mesmo contexto fático, faz incidir apenas um crime de

Art. 256

Código Penal Militar Comentado • Nucci

receptação culposa. Normalmente, o legislador menciona apenas que o crime pode ser punido na modalidade culposa, mas, no caso da receptação, optou por descrever o tipo, transformando-o de aberto em fechado. A *natureza* do objeto é a sua qualidade intrínseca (ex.: algumas pedras são chamadas de preciosas conforme sua própria natureza. Uma esmeralda é preciosa, mas a pedra--sabão não o é). Por isso, quem adquire esmeraldas de alto valor – objeto que, por sua natureza, é sempre vendido cercado de cautelas, em joalherias ou estabelecimento similar – no meio da rua, de uma pessoa qualquer, deve presumir tratar-se de coisa produto de crime. É a imprudência que se afigura incontestável, por nítida infração ao dever de cuidado objetivo. Por outro lado, a *desproporção* (falta de correspondência ou relação entre coisas) entre o valor do objeto e o preço pago é outro indicativo de que deveria o agente ter agido com cautela. Ele pode adquirir coisa produto de crime quando o faz por menos da metade do seu preço, embora esteja em perfeitas condições de uso. Mais uma vez, está presente a imprudência. A despeito disso, admite-se prova em contrário por parte do agente receptador, demonstrando não ter agido com culpa. A condição de quem a oferece é outro indicativo da imprudência do agente receptador. Utilizando, ainda, o exemplo das pedras preciosas, imagine-se a empregada doméstica buscando vender à sua patroa uma joia de muito valor. Ainda que peça o preço de mercado, pela sua condição de pessoa humilde, não afeita ao comércio, muito menos de joias, é natural provocar a suspeita de ser coisa produto de crime. Admite-se, no entanto, prova em sentido contrário, por parte do agente receptador, demonstrando não ter agido com culpa no caso concreto. A expressão *deve presumir-se* é o indicativo da culpa, na modalidade imprudência. Não se valeu o legislador da expressão "deve saber", que é, para nós, indicativa do dolo eventual, mas sim da *presunção*. Presumir é suspeitar, desconfiar, conjeturar ou imaginar, tornando a figura compatível com a falta do dever de cuidado objetivo, caracterizador da imprudência. O agente que, sem cautela ou atenção, adquire coisa produto de crime é punido por receptação culposa, pois *deveria ter imaginado* – o que não fez por ter sido imprudente – a origem ilícita do bem. Enquanto "deve saber" indica a posição daquele que está assumindo o risco (dolo eventual), "deve presumir" liga-se àquele que age desatentamente. Ressalte-se, mais uma vez, que não se trata de *presunção absoluta*, admitindo prova em contrário visando à demonstração de não ter havido culpa. Na jurisprudência: STM: "Os requisitos de desproporção entre o valor do bem e a condição de quem oferece a coisa estão demonstrados nos autos, para a configuração da receptação culposa. Inviável a possibilidade de perdão judicial, previsto no parágrafo único do art. 255 do Código Penal Militar, diante do valor da *res*. Ademais, não se aplica o princípio da insignificância, na medida em que somente é cabível tal regramento jurisprudencial quando da atipicidade material. Provimento Parcial do Apelo defensivo. Decisão unânime" (Ap. 0000095-02.2015.7.07.0007, rel. Péricles Aurélio Lima de Queiroz, j. 30.11.2016).

483. Perdão judicial: trata-se de hipótese de perdão judicial, que acarreta a extinção da punibilidade. A viabilidade do perdão se dá em face do diminuto prejuízo causado pelo agente, além de ser ele primário.

Punibilidade da receptação

> **Art. 256.** A receptação é punível ainda que desconhecido ou isento de pena o autor do crime de que proveio a coisa.[484]

484. Autonomia da punição: o crime de receptação é autônomo, não dependendo, para sua concretização, de anterior condenação do autor do crime que deu origem à coisa adquirida. Portanto, não há necessidade de que o delito antecedente, seja de que espécie for, tenha

Título V – Dos crimes contra o patrimônio   Art. 256

sido objeto de apuração em processo próprio, havendo o trânsito em julgado de sentença condenatória. Entretanto, como faz parte do tipo penal da receptação ser a coisa *proveniente de crime*, é necessário evidenciar-se, no processo em que se apura o delito do art. 254, a *existência* do crime anterior. A menção feita pelo art. 256 – *desconhecido ou isento de pena* – significa que o autor do delito anterior, que fez surgir a coisa de origem ilícita, pode ser desconhecido, provando-se, tão somente, a *existência* do fato criminoso. Além disso, é possível que o autor do crime antecedente seja conhecido, mas não ocorra sua punição, por razões variadas: houve prescrição, ele era menor de 18 anos ou doente mental, entre outras causas. A expressão *autor de crime*, utilizada no art. 256, dá margem a intenso debate doutrinário, especialmente por parte daqueles que sustentam ser o crime apenas um fato típico e antijurídico. Dizem que culpabilidade é pressuposto de aplicação da pena, invocando, como prova disso, a redação do art. 180, § 4.º, do Código Penal comum [igual a do art. 256 deste Código] ao mencionar que o *autor de crime* pode ficar isento de pena. Assim, o menor de 18 anos, não culpável, poderia subtrair alguma coisa e depois passá-la adiante, o que tornaria a pessoa que adquire o objeto passível de punição pelo delito de receptação. Estaria evidenciado, então, que o não culpável pode cometer *crime*, sendo a culpabilidade pressuposto somente da pena. Pensamos haver um equívoco nessa interpretação. Em primeiro lugar, deve-se destacar que a redação desse parágrafo sempre foi feita dessa forma, desde 1940 (antes da Reforma Penal de 1984), quando a doutrina tradicional colocava o dolo e a culpa na culpabilidade. Basta ver, nesse sentido, a posição doutrinária à época, bem como a Exposição de Motivos do Código Penal de 1940. Dessa forma, seria impossível considerar que há *crime* única e tão somente com a ocorrência de tipicidade e antijuridicidade, pois os elementos subjetivos do delito – dolo e culpa –, incluídos na culpabilidade, jamais poderiam ser considerados "pressupostos de aplicação da pena", o que seria um enorme contrassenso. Se assim é, a expressão "isento de pena o autor de crime" não prova nada, ao menos não evidencia que culpabilidade é pressuposto de aplicação da pena. Há explicação mais do que plausível para tanto. Frederico Marques, que considera o crime um fato típico, antijurídico *e culpável*, deixando isso bem claro em várias passagens da sua obra (ver *Tratado de direito penal*, v. 2, p. 28, item 2, 32, entre outras), afirma: "Na legislação brasileira encontra-se bem clara essa noção tripartida do delito, no contexto legal do Código vigente, e também cânones de outros diplomas legislativos" (ob. cit., p. 29). Mais adiante, para justificar a razão pela qual o legislador valeu-se das expressões "não há crime" (excludentes de antijuridicidade) e "é isento de pena" (excludentes de culpabilidade), ensina: "Entende assim o Código pátrio que, havendo fato típico e antijurídico, configurado se encontra o ilícito penal. A punibilidade deste resultará, a seguir, do juízo de culpabilidade com que se liga o fato antijurídico ao agente. O legislador penal separou, assim, de forma bem patente, a ilicitude, a *parte objecti*, da culpabilidade, a antijuridicidade objetiva da relação subjetiva com o fato, isto é, do juízo de valor sobre a culpa em sentido lato. Se um louco comete um furto, a ilicitude criminal do fato não o torna passível de pena porque a inimputabilidade impede a aplicação de *sanctio juris* dessa natureza. Mas se o louco vender a coisa furtada a um terceiro, esta será considerada produto de crime para caracterizar-se o delito de receptação descrito no art. 180, do Código Penal" (ob. cit., p. 138-139). Ora, para a doutrina da época – e que conta com inúmeros adeptos até hoje –, quando dolo e culpa (elementos subjetivos do crime) estavam, incontestavelmente, incluídos na culpabilidade, podiam-se ver no crime duas partes: a objetiva (fato típico e antijurídico) e a subjetiva (culpabilidade). O *todo*, portanto, era composto das duas faces. Pode-se afirmar, para quem é adepto da teoria clássica do crime, que, objetivamente, delito é um fato típico e antijurídico, mas, subjetivamente, é um ilícito *culpável*. Assim, concretamente, para os clássicos do Direito Penal, crime, numa visão completa (objetiva e subjetiva), exige três elementos: tipicidade, antijuridicidade e culpabilidade. No caso da receptação e de outros crimes, o legislador, ao lançar no tipo a

Art. 256

Código Penal Militar Comentado • Nucci

palavra "crime", usou-a com o significado objetivo, vale dizer, um fato típico e antijurídico, ou seja, um ilícito penal a *parte objecti*. O menor de 18 anos, portanto, pode perfeitamente praticar um ilícito penal, embora não seja punível, por lhe faltar culpabilidade. O art. 180, § 4.º [art. 256, CPM] utiliza a palavra "crime" apenas para *destacar* que a infração penal anteriormente cometida e exigida para configurar a receptação não pode ser uma contravenção penal. Anote-se a lição de Noronha nesse contexto: "Confirma o legislador que, nesta, a coisa obtida por *meio delituoso* é a conseguida por meio de *crime*, não se compreendendo a originada de contravenção ou outro ato ilícito" (*Direito penal*, v. 2, p. 510). Vale-se do termo "crime" com o sentido puramente objetivo. Outros argumentos interessantes são enumerados por Cezar Roberto Bitencourt: "Ao contrário do que imaginam, essa *política criminal* adotada pelo Código de 1940 tem outros fundamentos: 1.º) de um lado, representa a adoção dos postulados da 'teoria da acessoriedade limitada', que também foi adotada pelo Direito Penal alemão em 1943, segundo a qual, para punir o partícipe, é suficiente que a ação praticada pelo autor principal seja típica e antijurídica, sendo indiferente a sua culpabilidade; 2.º) de outro lado, representa a consagração da prevenção, na medida em que pior que o ladrão é o receptador, posto que a ausência deste enfraquece o estímulo daquele; 3.º) finalmente, o fato de o nosso Código prever a possibilidade de punição do receptador, mesmo que o autor do crime anterior seja *isento de pena*, não quer dizer que esteja referindo-se, *ipso facto*, ao inimputável. O agente imputável, por inúmeras razões, como, por exemplo, coação moral irresistível, erro de proibição, erro provocado por terceiro, pode ser isento de pena" (*Erro de tipo e de proibição*, p. 54). Conferir, nessa esteira, o argumento de Nilo Batista: "Sem embargo do aprimoramento técnico da reforma de 1984, neste particular a conclusão é a mesma que se poderia extrair do texto de 1940: a *vox crime*, no Código Penal brasileiro, significa conduta típica e antijurídica. Está excluída, portanto, a acessoriedade mínima; como a regra do art. 30, que será oportunamente examinada, exclui a hiperacessoriedade, resta-nos decidir entre a limitada e a máxima. O reiterado emprego da expressão *crime* na disciplina do concurso de pessoas (arts. 29, seu § 2.º, 30, 31, 62 e seus incisos) não permite a menor dúvida: prevalece, no direito brasileiro, uma *acessoriedade limitada*" (*Concurso de agentes*, p. 165). Alegam alguns que a doutrina clássica estaria superada após a Reforma Penal de 1984, sendo cabível considerar que, tendo sido adotada a teoria finalista, o dolo e a culpa passaram a integrar a conduta típica, razão pela qual a culpabilidade transformou-se em mero pressuposto de aplicação da pena. Continua, segundo pensamos, inconsistente tal postura. Em primeiro lugar, apesar de a reforma mencionada possuir contornos nitidamente finalistas, não foram eles suficientes para transformar a Parte Geral do Código Penal em finalista. Além disso, nenhuma modificação foi feita na estrutura do crime, como se pode observar na Exposição de Motivos de 1984. Em segundo lugar, há muitos finalistas que continuam vendo o crime como fato típico, antijurídico e culpável (a respeito, por todos, ver Francisco de Assis Toledo, *Princípios básicos de direito penal*, p. 82). Na ótica finalista, portanto, a interpretação que se faz da palavra "crime", colocada no art. 180, § 4.º, é apenas de um injusto, ou seja, algo que não nos é permitido praticar. O injusto abrange o fato típico e antijurídico, embora não culpável. O injusto é uma conduta ilícita; para aperfeiçoar-se como *crime* genuíno necessita da culpabilidade (Assis Toledo, ob. cit., p. 119). No mesmo prisma está a lição do idealizador maior do finalismo, Hans Welzel, afirmando ser crime a ação típica, antijurídica e culpável ("A tipicidade, a antijuridicidade e a culpabilidade são os três elementos que convertem uma ação em um delito": *Derecho penal alemán – Parte general*, 11. ed., p. 57; *El nuevo sistema del derecho penal – Una introducción a la doctrina de la acción finalista*, p. 43). Em síntese: onde se lê *crime*, no texto do art. 180, § 4.º (e em outros tipos penais), leia-se apenas "*crime* objetivamente considerado" (doutrina clássica) ou "*injusto penal*" (doutrina finalista). Logo, culpabilidade continua sendo, contenha ou não dolo e culpa, elemento indissociável da visão *completa* de *crime*.

Capítulo VI
Da usurpação

Alteração de limites

Art. 257. Suprimir ou deslocar tapume, marco ou qualquer outro sinal indicativo de linha divisória, para apropriar-se, no todo ou em parte, de coisa imóvel sob administração militar:[485-486]

Pena – detenção, até 6 (seis) meses.

§ 1.º Na mesma pena incorre quem:

Usurpação de águas

I – desvia ou represa, em proveito próprio ou de outrem, águas sob administração militar;[487-488]

Invasão de propriedade

II – invade, com violência à pessoa ou à coisa, ou com grave ameaça, ou mediante concurso de duas ou mais pessoas, terreno ou edifício sob administração militar.[489-490]

Pena correspondente à violência

§ 2.º Quando há emprego de violência, fica ressalvada a pena a esta correspondente.[491]

485. Aspectos objetivos: o sujeito ativo é o dono do imóvel ao lado daquele que terá a linha divisória alterada; o sujeito passivo é o proprietário do imóvel cuja linha divisória foi modificada e a administração militar. *Suprimir* significa eliminar ou fazer desaparecer e *deslocar* quer dizer mudar do local onde se encontrava originalmente. O delito tem em vista punir a conduta daquele que se apropria de bem imóvel alheio eliminando ou mudando o local de marcas divisórias. *Tapume* é uma cerca ou uma vedação feita com tábuas ou outro material, utilizada, sobretudo, para separar propriedades imóveis. *Marco* é qualquer tipo de sinal demarcatório, natural ou artificial. Nas palavras de Hungria, é "toda coisa corpórea (pedras, piquetes, postes, árvores, tocos de madeira, padrões etc.) que, artificialmente colocada ou naturalmente existente em *pontos* da linha divisória de imóveis, serve, também, ao fim de atestá-la *permanentemente* (ainda que não *perpetuamente*)" (*Comentários ao Código Penal*, v. 7, p. 86). *Sinal indicativo de linha divisória* é qualquer símbolo ou expediente destinado a servir de advertência ou reconhecimento objetivando demonstrar a fronteira existente entre bens imóveis. Tutela-se o patrimônio.

486. Aspectos subjetivos: o delito é doloso. Não existe a forma culposa. Há, no entanto, o elemento subjetivo do tipo específico, consistente em suprimir ou deslocar o sinal da linha divisória *com a finalidade de apropriar-se da coisa alheia imóvel.*

Art. 258

Código Penal Militar Comentado • Nucci

487. Aspectos objetivos: o sujeito ativo pode ser qualquer pessoa; o passivo é o proprietário de algum leito ou curso de água, desde que sob administração militar. Logo, esta administração também figura como sujeito passivo. *Desviar* significa mudar a direção ou o destino de algo e *represar* quer dizer deter o curso das águas. A pena deste delito é muito menor do que a prevista para o furto, o que não deixa de ser incongruente. Se o agente subtrai uma caixa contendo uma dúzia de garrafas de água mineral comete furto, mas se desvia o curso de um rio, prejudicando a vítima, tem uma punição bem mais leve. A explicação plausível para tal situação é a possibilidade de recuperação do patrimônio pelo ofendido, situação mais fácil de ocorrer neste caso do que no furto. Tendo em vista que, no delito de usurpação de águas, trata-se de coisa imóvel, a sua localização e recuperação são facilitadas, ao passo que, no furto, há menor possibilidade de encontrar a *res furtiva*. Tutela-se o patrimônio.

488. Aspectos subjetivos: o delito é punido a título de dolo. Acresce-se o elemento subjetivo do tipo específico (tradicionalmente conhecido por dolo específico), consistente em agir "em proveito próprio ou de outrem". Não há forma culposa.

489. Aspectos objetivos: o sujeito ativo pode ser qualquer pessoa; o passivo é o proprietário ou possuidor do imóvel, sob administração militar. Logo, esta administração também ingressa como sujeito passivo. *Invadir*, neste contexto, significa entrar à força, visando à dominação. O esbulho configura-se quando a invasão a um imóvel ocorre com violência física desferida contra uma pessoa ou quando houver grave ameaça, assim como – diversamente da legislação penal comum – violência contra a coisa. O Código Penal Militar exige o concurso de duas ou mais pessoas, enquanto o Código Penal comum demanda *mais de duas*, pelo menos três. *Terreno* é a porção de terra sem construção, enquanto *edifício* é a construção feita de alvenaria, madeira ou outro material, que se destina normalmente à ocupação do ser humano, podendo ser um prédio, uma casa ou algo semelhante. Tutela-se o patrimônio.

490. Aspectos subjetivos: o crime é doloso. Não há elemento subjetivo específico. No Código Penal comum, existe a finalidade específica de agir ("para o fim de esbulho possessório"), que é o elemento subjetivo do tipo específico (dolo específico para a doutrina tradicional). Não existe a forma culposa.

491. Acumulação material: destaca-se a viabilidade de se punir o resultado da violência, como lesão corporal, por exemplo, à parte do crime de invasão de propriedade.

Aposição, supressão ou alteração da marca

> **Art. 258.** Apor, suprimir ou alterar, indevidamente, em gado ou rebanho alheio, sob guarda ou administração militar, marca ou sinal indicativo de propriedade:[492-493]
>
> Pena – detenção, de 6 (seis) meses a 3 (três) anos.

492. Aspectos objetivos: o sujeito ativo pode ser qualquer pessoa; o passivo é o proprietário das reses, sob guarda ou administração militar. Por isso, também a administração militar insere-se como sujeito passivo. *Apor quer dizer sobrepor, colocar em cima; suprimir* significa fazer desaparecer ou eliminar; *alterar* quer dizer transformar ou modificar. Implica a indispensável existência de sinal ou marca previamente colocados nos animais. Se o rebanho não está marcado, aquele que o fizer não responde por esta figura típica. A conduta do agente necessita ser *indevida*, ou seja, ilícita. Se houver modificação da marca de um rebanho porque existe autorização judicial ou alteração de propriedade, é natural que o tipo penal não se configure. *Gado* e *rebanho* são sinônimos, embora, no tipo, estejam significando coletivos diferenciados. Enquanto gado serve para animais de grande porte, rebanho fica reservado para os de pequeno ou médio porte. *Marca* é um desenho, um emblema ou um escrito qualquer que serve para identificar alguma coisa ou algum trabalho; *sinal* é o expediente usado, através de meios visíveis ou auditivos, para dar alerta sobre alguma coisa. No caso deste tipo penal, existe ainda um complemento *indicativo de propriedade,* significando, pois, que a marca ou o sinal tem por finalidade avisar aos que tomarem contato com o gado ou com o rebanho de que se trata de propriedade de alguém determinado. Tutela-se o patrimônio.

493. Aspectos subjetivos: é o dolo. Não se pune a forma culposa. Inexiste elemento subjetivo do tipo específico. O elemento normativo "indevidamente" deve ser abrangido pelo dolo, não significando um elemento subjetivo específico.

Capítulo VII

Do dano

Dano simples

> **Art. 259.** Destruir, inutilizar, deteriorar ou fazer desaparecer coisa alheia:[494-495]
>
> Pena – detenção, até 6 (seis) meses.
>
> **Parágrafo único.** Se se trata de bem público:[496]
>
> Pena – detenção, de 6 (seis) meses a 3 (três) anos.

494. Aspectos objetivos: os sujeitos ativo e passivo podem ser qualquer pessoa. *Destruir* quer dizer arruinar, extinguir ou eliminar; *inutilizar* significa tornar inútil ou imprestável alguma coisa aos fins para os quais se destina; *deteriorar* é a conduta de quem estraga ou corrompe alguma coisa parcialmente. Quem desaparece com coisa alheia, lamentavelmente, não pratica crime algum. Aliamo-nos à doutrina majoritária no sentido de que *desaparecer* não significa destruir, inutilizar ou deteriorar a coisa alheia, tendo havido uma falha na lei penal. Por furto também não há razão para punir o agente, tendo em vista que não houve o ânimo de apropriação. Assim, aquele que faz sumir coisa de seu desafeto, somente para que este fique desesperado a sua procura, responderá civilmente pelo seu ato. *Coisa* é tudo aquilo que existe, podendo tratar-se de objetos inanimados ou de semoventes. No contexto dos delitos contra o patrimônio (conjunto de bens suscetíveis de apreciação econômica), cremos ser imprescindível que a coisa tenha, para seu dono ou possuidor, algum valor econômico. Por isso, é razoável o entendimento daqueles que sustentam ser possível a configuração do crime de dano quando houver pichação de propriedade alheia, uma vez que isso significa a "deterioração" do bem, que fatalmente necessitará ser recuperado, causando prejuízo ao seu dono. Há de ser coisa *alheia*, ou seja, pertencente a outra pessoa (posse ou propriedade) que não o agente. Tutela-se o patrimônio do Estado. Na jurisprudência: STM: "Configura o delito tipificado no art. 259 do CPM (dano simples) a conduta do militar que, inconformado com a sanção imposta, danifica bens pertencentes à Unidade Militar. A autoria e a materialidade estão demonstradas pela prova oral colhida, Laudos de Exame Pericial e pelos registros fotográficos dos bens destruídos. O valor do bem danificado é superior a um décimo da quantia mensal do salário mínimo, impossibilidade de incidência do Princípio da Insignificância, *ex vi* do art. 240, § 1.º, do CPM.

Art. 260

Código Penal Militar Comentado • Nucci

(...). Recurso não provido. Decisão unânime" (Apelação n.º 7000899-56.2018.7.00.0000, rel. Maria Elizabeth Guimarães Teixeira Rocha, 13.06.2019, v.u.); "1. O crime previsto no art. 259 do CPM não tem previsão na modalidade culposa e, portanto, deve ser analisado tão somente quanto a sua acepção dolosa, na conformidade do parágrafo único do art. 33 do mesmo diploma legal. 2. Age com dolo eventual o agente que, embora não querendo diretamente praticar a infração penal, não se abstém de agir e, com isso, assume o risco de produzir o resultado que por ele já havia sido previsto e aceito. 3. De acordo com o acervo probatório produzido nos autos, os réus não conduziram suas ações com a vontade livre e consciente de praticar o tipo penal incriminador, nem assumiram o risco (dolo eventual) de produzir o evento danoso, não se verificando, dessa forma, a conduta dolosa exigida para a condenação pelo delito tipificado no art. 259, parágrafo único, do CPM. Recurso desprovido. Decisão unânime" (Ap. 0000234-87.2013.7.01.0201, rel. Lúcio Mário de Barros Góes, j. 14.09.2017).

495. Aspectos subjetivos: pune-se a título de dolo. Não há forma culposa, nem se exige qualquer elemento subjetivo do tipo específico (dolo específico). O simples fato de destruir, inutilizar ou deteriorar coisa alheia implica em vontade de causar prejuízo, logo, abrangido pelo dolo.

496. Qualificação do crime: quando a coisa alheia pertencer ao poder público, de qualquer nível, a pena é aumentada. Trata-se de maior proteção, pois se atinge, mais intensamente, o interesse coletivo. Na jurisprudência: STM: "Configura o delito tipificado no art. 259, parágrafo único, do CPM (dano a bem público) a conduta do militar que, inconformado com a sanção disciplinar imposta, danifica o forro do teto da cela onde se encontra cumprindo pena" (Ap. 0000028-20.2010.7.10.0010 – CE, Plenário, rel. William de Oliveira Barros, 28.03.2012, v.u.).

Dano atenuado

> **Art. 260.** Nos casos do artigo anterior, se o criminoso é primário e a coisa é de valor não excedente a 1/10 (um décimo) do salário mínimo, o juiz pode atenuar a pena, ou considerar a infração como disciplinar.[497]
>
> **Parágrafo único.** O benefício previsto no artigo é igualmente aplicável, se, dentro das condições nele estabelecidas, o criminoso repara o dano causado antes de instaurada a ação penal.[498]

497. Figura privilegiada: respeitados os requisitos estabelecidos – primariedade do agente e pequeno valor da coisa danificada – pode-se reduzir a pena ou desclassificar para infração disciplinar. Essa *desclassificação* é anômala, pois migra o ato ilícito da esfera penal para a administrativa; nota-se ser viável no cenário militar, pois os contextos são muitos próximos. Não há previsão similar na legislação penal comum.

498. Extensão do benefício: a redação do parágrafo único é duvidosa e necessita de interpretação lógico-sistemática. Diz-se ser aplicável o benefício da redução da pena ou desclassificação se o criminoso repara o dano causado antes do recebimento da denúncia ou queixa. Porém, faz a seguinte observação: *dentro das condições nele estabelecidas*. Tais condições, previstas no *caput*, seriam: *primariedade do agente* e *coisa de valor não excedente a 1/10 do salário mínimo*. Ora, preencher essas condições, por si, já propicia a redução da pena ou a desclassificação; diante disso, não tem cabimento exigi-las novamente para quem repara o dano. Então, a única exegese plausível é permitir o benefício para duas hipóteses distintas: a) quando o agente é primário e o valor da coisa não ultrapassa 1/10 do salário mínimo;

b) quando o agente repara o dano antes do ajuizamento da demanda. A reparação há de ser integral para viabilizar a aplicação do benefício. Na jurisprudência: TJMRS: "1. O benefício do arrependimento posterior, previsto no parágrafo único do art. 260 do CPM, exige, entre outros requisitos, que o valor do bem avariado não exceda a 1/10 do salário mínimo. 2. Não atendimento dos critérios legais. 3. Em razão da natureza e finalidade do patrimônio extraviado, não se sustenta a alegada violação ao princípio da razoabilidade, uma vez que o aparelho portátil de comunicação policial-militar é bem de uso exclusivo e imprescindível para as atividades da força policial, e quando acessível a delinquentes, pode ser utilizado contra a própria sociedade, na medida em que coloca em risco a eficiência das citadas atividades de Estado, motivo por que se torna imperiosa a apuração da responsabilidade penal pelo ilícito cometido. 4. Inexiste ilegalidade ou abuso de poder por parte da apontada autoridade coatora, haja vista que a sua decisão foi, na atual fase de processamento, acertada, desautorizando a concessão da ordem. 5. Denegada ordem de *Habeas Corpus*. Decisão unânime" (HC 580-19.2013.9.21.0000, rel. Paulo Roberto Mendes Rodrigues, 27.02.2013).

Dano qualificado

> **Art. 261.** Se o dano é cometido:
>
> I – com violência à pessoa ou grave ameaça;[499]
>
> II – com emprego de substância inflamável ou explosiva, se o fato não constitui crime mais grave;[500]
>
> III – por motivo egoístico[501] ou com prejuízo considerável:[502]
>
> Pena – reclusão, até 4 (quatro) anos, além da pena correspondente à violência.

499. Violência ou grave ameaça à pessoa: a forma correta de redação deveria ser esta (violência ou grave ameaça à pessoa), e não como consta no tipo (violência à pessoa e grave ameaça), já que ambas as circunstâncias são dirigidas à pessoa humana. Trata-se da violência física ou da ameaça séria voltada contra a pessoa, e não contra a coisa, pois a destruição, inutilização ou deterioração, previstas no *caput*, já abrangem violência contra a coisa.

500. Emprego de substância inflamável ou explosiva: a utilização de material que se converte em chamas com facilidade ou de material provocador de explosão pode qualificar o dano, *se não se constituir em crime mais grave*. Esta é a natureza nitidamente subsidiária da qualificadora. Assim, se alguém explodir o veículo da vítima em um descampado, longe de outras pessoas, comete dano qualificado. Entretanto, se o fizer em zona urbana, colocando em risco a segurança alheia, comete outro delito mais grave (explosão – art. 269, CPM).

501. Motivo egoístico: é um particular motivo torpe o egoísmo. Quem danifica patrimônio alheio somente para satisfazer um capricho ou incentivar um desejo de vingança ou ódio pela vítima deve responder mais gravemente pelo que faz. Ex.: o agente destrói a motocicleta do colega de classe somente para ser o único da sua turma a ter aquele tipo de veículo. Há quem sustente que um mero "sentimento pessoal de vingança" não serve para qualificar o delito, havendo necessidade de existir um objetivo posterior de ordem econômica, com o que não concordamos. A motivação *egoística* liga-se exclusivamente ao excessivo amor-próprio do agente, ainda que ele não possua interesse econômico envolvido.

502. Prejuízo considerável para a vítima: quando o crime de dano provoca na vítima um prejuízo de elevado custo, sendo esta a intenção do agente, é preciso puni-lo mais grave-

Art. 262

Código Penal Militar Comentado • NUCCI

400

mente. Assim, por exemplo, é a conduta daquele que destrói a casa do inimigo, causando-lhe imenso transtorno e vultosa diminuição patrimonial.

Dano em material ou aparelhamento de guerra

> **Art. 262.** Praticar dano em material ou aparelhamento de guerra ou de utilidade militar, ainda que em construção ou fabricação, ou em efeitos recolhidos a depósito, pertencentes ou não às forças armadas:[503-504]
>
> Pena – reclusão, até 6 (seis) anos.

503. Aspectos objetivos: o sujeito ativo pode ser qualquer pessoa; o passivo é a instituição militar; secundariamente, a pessoa proprietária do depósito. A redação do tipo não obedece a mais adequada técnica, pois menciona *praticar dano*, em lugar de descrever, exatamente, o que significa *dano*. Por isso, construiu-se um tipo remissivo, ligando-o ao art. 259, que detalha a conduta criminosa: destruir, inutilizar, deteriorar ou fazer desaparecer coisa alheia. Ver os comentários ao art. 259. O objeto do dano, neste caso, é o material ou aparelhamento de guerra, incluindo-se armas, ou de utilidade militar, como binóculos, fardamento, ainda que em processo de construção ou fabricação, ou os efeitos – coisas em geral que servem às atividades das Forças Armadas, incluindo a viatura militar. Na legislação penal comum, constitui dano qualificado voltar-se contra o patrimônio da União, Estado, Distrito Federal, Município, autarquia, fundação pública, empresa pública, sociedade de economia mista ou empresa concessionária de serviços públicos (art. 163, parágrafo único, III, CP). Tutela-se o patrimônio do Estado.

504. Aspectos subjetivos: o crime é doloso. Não há elemento subjetivo específico. Há a forma culposa (art. 266, CPM).

Dano em navio de guerra ou mercante em serviço militar

> **Art. 263.** Causar a perda, destruição, inutilização, encalhe, colisão ou alagamento de navio de guerra ou de navio mercante em serviço militar, ou nele causar avaria:[505-506]
>
> Pena – reclusão, de 3 (três) a 10 (dez) anos.
>
> § 1.º Se resulta lesão grave, a pena correspondente é aumentada da metade; se resulta a morte, é aplicada em dobro.[507]
>
> § 2.º Se, para a prática do dano previsto no artigo, usou o agente de violência contra a pessoa, ser-lhe-á aplicada igualmente a pena a ela correspondente.[508]

505. Aspectos objetivos: o sujeito ativo pode ser qualquer coisa; o passivo é a instituição militar; secundariamente, o proprietário do navio mercante usado em serviço militar. A conduta central é *causar* (dar origem a alguma coisa), associando-se à *perda* (inutilização, extravio); *destruição* (aniquilamento); *inutilização* (tornar imprestável); *encalhe* (colocar embarcação a seco); *colisão* (batida, choque) ou *alagamento* (encher algo com água). O objeto da tutela penal é o navio de guerra ou mercante (comercial), este último em serviço militar. Há também a conduta residual, que é *causar avaria*, ou seja, provocar qualquer estrago em embarcação. Adapta-se o conteúdo deste tipo penal à Polícia Militar e ao Corpo de Bombeiros, no que for aplicável (ilustrando, as corporações não possuem navio de guerra, mas pode ser viável uma lancha de patrulhamento ou salvamento. Tutela-se o patrimônio do Estado.

506. Aspectos subjetivos: o delito é doloso. Não há elemento subjetivo específico. A forma culposa está prevista no art. 266.

507. Crime qualificado pelo resultado: a conduta prevista no tipo penal, como regra, volta-se a bens materiais – e não à pessoa, motivo pelo qual o resultado qualificador, consistente em lesão grave ou morte é excepcional. Mas, não é impossível, pois dano provocado em navio, onde há pessoas (tripulantes e passageiros) pode gerar lesão e morte. O elemento subjetivo do agente, quanto ao resultado mais grave, pode ser dolo ou culpa.

508. Sistema da acumulação material: prevê-se a possibilidade de apenar o agente não somente pelo dano qualificado pelo resultado lesão grave ou morte, mas igualmente pela violência. Noutros termos, o criminoso pode ser punido por dano e lesão corporal ou por dano e homicídio.

Dano em aparelhos e instalações de aviação e navais e em estabelecimentos militares

> **Art. 264.** Praticar dano:[509-510]
>
> I – em aeronave, hangar, depósito, pista ou instalações de campo de aviação, engenho de guerra motomecanizado, viatura em comboio militar, arsenal, dique, doca, armazém, quartel, alojamento ou em qualquer outra instalação militar;
>
> II – em estabelecimento militar sob regime industrial, ou centro industrial a serviço de construção ou fabricação militar:
>
> Pena – reclusão, de 2 (dois) a 10 (dez) anos.
>
> **Parágrafo único.** Aplica-se o disposto nos parágrafos do artigo anterior.

509. Aspectos objetivos: o sujeito ativo pode ser qualquer pessoa; o passivo é a instituição militar; secundariamente, o proprietário de local administrado pela instituição militar. A redação do tipo não respeitou a mais adequada técnica, pois o correto seria descrever, convenientemente, o que significa *praticar dano*. Portanto, a descrição de *dano* encontra-se no art. 259. O objeto é a aeronave (qualquer aparelho de navegação no ar), hangar (abrigo destinado a aeronaves), depósito (local próprio para armazenamento de material), pista (faixa de aeroporto preparada para pouso ou decolagem de aeronaves) ou instalações de campo de aviação (conjunto de aparelhos componentes de lugar destinado a pousos, decolagens e guarda de aeronaves), engenho de guerra motomecanizado (aparelhos de uso bélico), viatura em comboio militar (veículo das Forças Armadas, Polícia Militar ou Bombeiros em seguimento a vários outros que seguem ao mesmo destino), arsenal (local de guarda de armas), dique (construção apta a represar águas), doca (lugar do porto onde atracam barcos), armazém (lugar de guarda e depósito de material), quartel (edifício onde se situam tropas militares), alojamento (local de habitação de tropas) ou em qualquer outra instalação militar. Pode, ainda, ser danificado o estabelecimento militar sob regime industrial, ou centro industrial a serviço de construção ou fabricação militar. Tutela-se o patrimônio do Estado, mas também a administração militar.

510. Aspectos subjetivos: o delito é doloso. Não há elemento subjetivo específico. A forma culposa está prevista no art. 266.

Desaparecimento, consunção ou extravio

> **Art. 265.** Fazer desaparecer, consumir ou extraviar combustível, armamento, munição ou peças de equipamento de navio, de aeronave ou de outros equipamentos militares.[511]
>
> Pena – reclusão, até 3 (três) anos, se o fato não constitui crime mais grave.[512]

Art. 266

Código Penal Militar Comentado • Nucci

511. Aspectos objetivos: o sujeito ativo pode ser qualquer pessoa; o passivo é a instituição militar. *Fazer desaparecer* (provocar o sumiço); *consumir* (gastar, queimar); *extraviar* (desviar do destino) são as condutas alternativas, cujo objeto é o combustível (substância que gera combustão, como gasolina, álcool, querosene), armamento (conjunto de armas, petrechos bélicos), munição (material específico para armas, como projétil, pólvora etc.); peças de equipamento de navio ou de aeronave ou de outros equipamentos militares. A prática de um extravio e consumo de combustível, por exemplo, no mesmo contexto, gera um só delito; caso haja períodos temporais diferenciados pode haver mais de um crime.

512. Figura subsidiária: o delito somente é punido se outra figura típica, mais grave, não for passível de aplicação. Trata-se de subsidiariedade explícita, a reger o conflito aparente de normas.

Modalidades culposas

> **Art. 266.** Se o crime dos arts. 262, 263, 264 e 265 deste Código é culposo, a pena é de detenção de 6 (seis) meses a 2 (dois) anos e, se dele resulta lesão corporal ou morte, aplica-se também a pena cominada ao crime culposo contra a pessoa.[513]

513. Figura culposa: o tipo culposo é aberto, exigindo interpretação lastreada no conceito exposto no art. 33, II, deste Código, consistente na conduta do agente de deixar de empregar a cautela, atenção ou diligência ordinária, ou especial. No caso de lesão ou morte, as penas podem ser cumuladas. Na jurisprudência: STM: "O crime de consunção de munição, pelo qual o Acusado restou condenado, é tipificado no art. 265 do CPM, com previsão da modalidade culposa no seu art. 266. Hipótese em que o Acusado, sem autorização, retirou granada do Paiol do SIOPE e a levou, acondicionada dentro de sua camisa, ao Paiol do Estacionamento. A explosão do artefato se deu em razão das condutas levadas a efeito exclusivamente pelo próprio Acusado e que, por derradeiro, culminaram no fatídico evento. Na espécie, encontram-se presentes todos os elementos que compõem o delito culposo, quais sejam, conduta humana voluntária, violação de um dever de cuidado objetivo, resultado naturalístico não desejado, porém previsível, nexo de causalidade, além da sua previsão legal. Inserido na seara do direito penal comum, o perdão judicial não pode ser utilizado indiscriminadamente pelo julgador na órbita do Direito Penal Militar, ainda que sob o pretexto de se realizar analogia *in bonam partem*. Na exata dicção do art. 59, *caput*, do CPM, a conversão da pena de reclusão ou de detenção em prisão somente é viável quando não for cabível a sua suspensão condicional, o que não é o caso. Provimento parcial do Apelo, apenas para converter a pena de prisão em detenção. Maioria" (Apelação n.º 7001288-07.2019.7.00.0000, rel. Luis Carlos Gomes Mattos, 05.11.2020); "Perda de pistola no rio, fato ocorrido durante fiscalização do tráfego aquaviário, após acidente com a embarcação. Apelante condenado pela prática da conduta delituosa, prevista no art. 266, c/c o art. 265, do CPM, por ter, como chefe da equipe de inspeção, portado o armamento, acomodando-o em coldre particular, enquanto conduzia moto aquática. Não há se falar em rompimento, desatenção ou descuido do Apelante pelo fato de ter, sucessivamente, acautelado a pistola para realizar a fiscalização de tráfego aquaviário, acomodando-a em coldre particular e pilotado moto aquática, ante a constatação de que essas ações não apenas eram aceitáveis na Capitania dos Portos de Sergipe, mas autorizadas, por motivo de adequação e conveniência ao serviço. Perda do armamento ocorrido em decorrência do acidente com a embarcação, circunstância essa que, além da sua excepcionalidade, não concorreu o apelante. Apelo provido. Decisão unânime" (Apelação n.º 7000105-64.2020.7.00.0000, rel. William de Oliveira Barros, 17.09.2020).

Capítulo VIII
Da usura

Usura pecuniária

Art. 267. Obter ou estipular, para si ou para outrem, no contrato de mútuo de dinheiro, abusando da premente necessidade, inexperiência ou leviandade do mutuário, juro que excede a taxa fixada em lei, regulamento ou ato oficial:[514-515]

Pena – detenção, de 6 (seis) meses a 2 (dois) anos.

Casos assimilados

§ 1.º Na mesma pena incorre quem, em repartição ou local sob administração militar, recebe vencimento ou provento de outrem, ou permite que estes sejam recebidos, auferindo ou permitindo que outrem aufira proveito cujo valor excede a taxa de 3% (três por cento).[516]

Aumento de pena

§ 2.º A pena é aumentada de 1/3 (um terço) se o crime é cometido por superior, por militar ou por servidor público, em razão da função.

514. Aspectos objetivos: os sujeitos ativo e passivo podem ser qualquer pessoa. *Obter* (conseguir algo) e *estipular* (ajustar, estabelecer) são as condutas alternativas, cujo objeto é o juro (importância cobrada pelo empréstimo de dinheiro) excedente à taxa legal, regulamentar ou oficial. Essa cobrança se dá no contexto do contrato de mútuo de dinheiro (empréstimo), quando houver *abuso* da situação de necessidade da vítima, bem como de sua inexperiência (falta de prática) ou leviandade (imprudência). O delito tutela a economia popular, existindo figura similar na Lei 1.521/51. Na realidade, o tipo penal é inadequado para figurar na legislação militar. Entretanto, o aparente conflito de normas deve ser resolvido em favor da aplicação do disposto pelo Código Penal Militar, especial em relação à Lei da Economia Popular.

515. Aspectos subjetivos: o delito é doloso e demanda elemento subjetivo específico, consistente na consecução de lucro excessivo em detrimento da vítima. Essa particular finalidade decorre do verbo *abusar*, constante expressamente da figura típica.

516. Casos assimilados de rara configuração: a percepção de vencimento ou provento faz-se, atualmente, via bancária, diretamente em conta do beneficiário. Portanto, não há hipótese plausível para que alguém lucre em relação a isso, retendo esse valor para posterior repasse.

Título VI
Dos crimes contra a incolumidade pública

Capítulo I
Dos crimes de perigo comum

Incêndio

> **Art. 268.** Causar incêndio em lugar sujeito à administração militar, expondo a perigo a vida, a integridade física ou o patrimônio de outrem:[517-518]
>
> Pena – reclusão, de 3 (três) a 8 (oito) anos.

Agravação de pena

> § 1.º A pena é agravada:
>
> I – se o crime é cometido com intuito de obter vantagem pecuniária para si ou para outrem;[519]
>
> II – se o incêndio é:[520]
>
> *a)* em casa habitada ou destinada a habitação;[521]
>
> *b)* em edifício público ou a qualquer construção destinada a uso público ou a obra de assistência social ou de cultura;[522]
>
> *c)* em navio, aeronave, comboio ou veículo de transporte coletivo;[523]
>
> *d)* em estação ferroviária, rodoviária, aeródromo ou construção portuária;[524]
>
> *e)* em estaleiro, fábrica ou oficina;[525]
>
> *f)* em depósito de explosivo, combustível ou inflamável;[526]
>
> *g)* em poço petrolífero ou galeria de mineração;[527]
>
> *h)* em lavoura, pastagem, mata ou floresta.[528]

Incêndio culposo

> § 2.º Se culposo o incêndio:[529]
>
> Pena – detenção, de 6 (seis) meses a 2 (dois) anos.

Art. 268

Código Penal Militar Comentado • Nucci

517. Aspectos objetivos: o sujeito ativo pode ser qualquer pessoa; o passivo é a sociedade, em particular as pessoas que estejam em lugar sob administração militar. Trata-se, pois, de crime vago. É certo que pessoas determinadas podem sofrer diretamente o perigo, embora não seja indispensável identificá-las para que o agente possa ser punido. *Causar* significa provocar, dar origem ou produzir. O objeto da conduta é incêndio (fogo alastrado com forte poder de destruição). Compõe-se com *expor* (arriscar), que, em verdade, já contém o fator perigo, podendo-se dizer que "expor alguém" é colocar a pessoa em perigo. O perigo, segundo nos parece, é constituído de uma hipótese e de um trecho da realidade. No caso presente, o tipo penal está exigindo a prova de uma situação de perigo, não se contentando com mera presunção, nem simplesmente com a conduta ("causar incêndio"), razão pela qual cuida-se de *perigo concreto*. Complementa-se o tipo exigindo o perigo à vida, à integridade física ou ao patrimônio de outrem. O exame pericial é necessário, pois é delito que deixa vestígio.

518. Aspectos subjetivos: é o dolo de perigo. Não há elemento subjetivo específico. A forma culposa é prevista no § 2.º.

519. Finalidade específica de lucro: configura-se quando há intuito especial do agente na obtenção de vantagem (ganho, lucro) pecuniária (realizável em dinheiro ou conversível em dinheiro) para seu proveito ou de terceiro. É o elemento subjetivo do tipo específico. Há posição sustentando não ser admissível a configuração da causa de aumento quando o agente atuar mediante paga, isto é, tendo recebido dinheiro *antes* de causar o incêndio (Delmanto, *Código Penal comentado*, p. 468). Não vemos razão, no entanto, para tal posição, uma vez que a interpretação extensiva, para buscar o real conteúdo da norma, merece ter lugar. A obtenção de vantagem pecuniária é a origem da causa de aumento, pouco importando se ela foi auferida antes ou depois da prática do delito. O objetivo da elevação da pena é o ânimo de lucro, algo que pode ocorrer tanto no caso de paga quanto no de promessa de recompensa, pois há, por parte do agente, "intuito de obter vantagem pecuniária". Aliás, se ele receber a vantagem ou não, o crime comporta o agravamento da pena do mesmo modo, razão pela qual não se há de negar que o recebimento anterior não afasta o "intuito de lucro" que move o incendiário.

520. Razão do aumento: em todas as hipóteses do inciso II há possibilidade de se encontrar grande quantidade de pessoas, o que aumenta consideravelmente o risco de dano. Além disso, em determinados locais, o risco de propagação do incêndio é bem maior, como ocorre em depósitos de explosivo, combustível ou inflamável, poços de petróleo, galerias de mineração, lavouras, pastagens, matas ou florestas.

521. Casa habitada ou destinada a habitação: *casa* é o edifício destinado a servir de moradia a alguém. Estar *habitada* significa que se encontra ocupada, servindo, efetivamente, de residência a uma ou mais pessoas. Ser *destinada a habitação* quer dizer um prédio reservado para servir de morada a alguém, embora possa estar desocupado. A cautela do tipo penal, ao mencionar as duas formas ("habitada" e "destinada a habitação"), deve-se ao fato de a casa poder estar ocupada por alguém ou não. Assim, configura-se a causa de aumento ainda que seja uma residência de veraneio, desocupada, pois é destinada a habitação.

522. Edifício público ou destinado ao público: quando o prédio for de propriedade do Estado ou tiver destinação pública, isto é, finalidade de atender a um grande número de pessoas (ex.: teatros, prédios comerciais em horário de expediente, estádios de futebol). Inclui-se nesta última hipótese a utilização por obra de assistência social ou cultural, porque não deixa de ser uma utilidade pública.

523. Embarcação, aeronave, comboio ou veículo de transporte coletivo: *embarcação* é toda construção destinada a navegar sobre a água; *aeronave* é "todo aparelho manobrável em voo, que possa sustentar-se e circular no espaço aéreo, mediante reações aerodinâmicas, apto a transportar pessoas ou coisas" (art. 106 do Código Brasileiro de Aeronáutica); *comboio* significa trem ou trânsito de vários veículos seguindo ao mesmo destino; *veículo de transporte coletivo* é qualquer meio utilizado para conduzir várias pessoas de um lugar para outro (ônibus, por exemplo).

524. Estação ferroviária, rodoviária ou aeródromo: *estação ferroviária* é o local onde se processam o embarque e desembarque de passageiros ou cargas de trens; *rodoviária* é o lugar onde há o embarque e desembarque de passageiros de ônibus de transporte; *aeródromo* é o aeroporto, isto é, área destinada a pouso e decolagem de aviões. Não abrange os portos.

525. Estaleiro, fábrica ou oficina: *estaleiro* é o local onde se constroem ou consertam navios; *fábrica* é o estabelecimento industrial destinado à produção de bens de consumo e de produção; *oficina* é o local onde se executam consertos de um modo geral.

526. Depósito de explosivo, combustível ou inflamável: *depósito* é o lugar onde se guarda ou armazena alguma coisa. *Explosivo* é a substância capaz de estourar; *combustível* é a substância que tem a propriedade de se consumir em chamas; *inflamável* é a substância que tem a propriedade de se converter em chamas.

527. Poço petrolífero ou galeria de mineração: *poço petrolífero* é a cavidade funda, aberta na terra, que atinge lençol de combustível líquido natural; *galeria de mineração* é a passagem subterrânea, extensa e larga, destinada à extração de minérios.

528. Lavoura, pastagem, mata ou floresta: *lavoura* é plantação ou terreno cultivado; *pastagem* é o terreno onde há erva para o gado comer; *mata* é o terreno onde se desenvolvem árvores silvestres; *floresta* é o terreno onde há grande quantidade de árvores unidas pelas copas.

529. Figura culposa: demanda-se, neste caso, a comprovação de ter agido o incendiário com imprudência, negligência ou imperícia, infringindo o dever de cuidado objetivo, bem como tendo previsibilidade do resultado. A pena é sensivelmente menor.

Explosão

> **Art. 269.** Causar ou tentar causar explosão, em lugar sujeito à administração militar, expondo a perigo a vida, a integridade ou o patrimônio de outrem:[530-531]
>
> Pena – reclusão, até quatro anos.

Forma qualificada

> § 1.º Se a substância utilizada é dinamite ou outra de efeitos análogos:[532]
> Pena – reclusão, de 3 (três) a 8 (oito) anos.

Agravação de pena

> § 2.º A pena é agravada se ocorre qualquer das hipóteses previstas no § 1.º, inciso I, do artigo anterior, ou é visada ou atingida qualquer das coisas enumeradas no inciso II do mesmo parágrafo.
> § 3.º Se a explosão é causada pelo desencadeamento de energia nuclear:[533]
> Pena – reclusão, de 5 (cinco) a 20 (vinte) anos.

Art. 270

Modalidade culposa

> § 4.º No caso de culpa, se a explosão é causada por dinamite ou substância de efeitos análogos, a pena é detenção, de 6 (seis) meses a 2 (dois) anos; se é causada pelo desencadeamento de energia nuclear, detenção de 3 (três) a 10 (dez) anos; nos demais casos, detenção de 3 (três) meses a 1 (um) ano.[534]

530. Aspectos objetivos: o sujeito ativo pode ser qualquer pessoa; o passivo é a sociedade, em particular as pessoas que estejam em lugar sob administração militar. Trata-se, pois, de crime vago. É certo que pessoas determinadas podem sofrer diretamente o perigo, embora não seja indispensável identificá-las para que o agente possa ser punido. *Causar* (provocar algo, dar origem a alguma coisa) é a figura principal, associada à tentativa, cujo objeto é a *explosão* (o abalo seguido de forte ruído causado pelo surgimento repentino de uma energia física ou expansão de gás), num lugar sob administração militar, *expondo* (arriscando) a perigo a vida, a integridade ou o patrimônio de alguém. Em verdade, o verbo *expor* já contém o fator *perigo*, ínsito no seu significado, podendo-se dizer que "expor alguém" é colocar a pessoa em perigo. Ainda assim, o tipo penal explicita que a exposição é a perigo voltado à vida, à integridade física ou ao patrimônio de alguém. Este crime não admite tentativa, pois a forma consumada é equiparada à tentada. Na jurisprudência: STM: "Pratica o crime de lesão corporal culposa o agente que introduz granada em treinamento militar, que não estava previsto em regulamento, e, durante o manuseio do artefato, vem a explodi-lo, causando ofensa à integridade física de colega de caserna. Recurso conhecido e não provido. Decisão unânime" (Ap. 7000255-16.2018.7.00.0000, rel. Artur Vidigal de Oliveira, 09.10.2018, v.u.).

531. Aspectos subjetivos: é o dolo de perigo, ou seja, a vontade de gerar um risco não tolerado a terceiros. Não se exige elemento subjetivo do tipo específico. A modalidade culposa está prevista no § 4.º.

532. Qualificadora: o uso de dinamite (explosivo à base de nitroglicerina) ou substância similar, pela potência ampliada da explosão, torna mais grave o delito, gerando faixa de pena superior à explosão simples.

533. Segunda qualificadora: diversamente do previsto no Código Penal comum, estipula-se como segunda qualificadora, elevando ainda mais a faixa abstrata de cominação da pena, a utilização de *energia nuclear*. Sem dúvida, enfoca-se a maior danosidade social e o intenso perigo coletivo. Por certo, o uso dessa forma de explosão, mesmo que outros explosivos sejam igualmente utilizados, absorve das outras figuras típicas.

534. Figura culposa: o elemento subjetivo é a culpa, retratada no art. 33, II, do Código Penal Militar: o agente não emprega a cautela, atenção ou diligência ordinária, ou especial, para o caso.

Emprego de gás tóxico ou asfixiante

> **Art. 270.** Expor a perigo a vida, a integridade física ou o patrimônio de outrem, em lugar sujeito à administração militar, usando de gás tóxico ou asfixiante ou prejudicial de qualquer modo à incolumidade da pessoa ou da coisa:[535-536]
>
> Pena – reclusão, até 5 (cinco) anos.

Modalidade culposa

> **Parágrafo único.** Se o crime é culposo:[537]
> Pena – detenção, de 6 (seis) meses a 2 (dois) anos.

535. Aspectos objetivos: o sujeito ativo pode ser qualquer pessoa; o passivo é a sociedade, em particular as pessoas que estejam em lugar sob administração militar. Trata-se, pois, de crime vago. É certo que pessoas determinadas podem sofrer diretamente o perigo, embora não seja indispensável identificá-las para que o agente possa ser punido. *Expor* (arriscar) já contém o fator perigo, ínsito no seu significado, podendo-se dizer que "expor alguém" é colocar a pessoa em perigo. Ainda assim, o tipo penal explicita que a exposição deve colocar em perigo a vida, a integridade física ou o patrimônio de alguém. A forma de concretizá-lo é a utilização de gás tóxico (fluido compressível que envenena; *gás asfixiante* é o produto químico que provoca sufocação no organismo) ou asfixiante ou similar. Difere este tipo penal da legislação penal comum pelo fato de se dar o delito em lugar sujeito à administração militar.

536. Aspectos subjetivos: é o dolo de perigo, ou seja, a vontade de gerar um risco não tolerado a terceiros. Não se exige elemento subjetivo do tipo específico. A modalidade culposa encontra-se no parágrafo único.

537. Figura culposa: o elemento subjetivo é a culpa, retratada no art. 33, II, do Código Penal Militar: o agente não emprega a cautela, atenção ou diligência ordinária, ou especial, para o caso.

Abuso de radiação

> **Art. 271.** Expor a perigo a vida ou integridade física de outrem, em lugar sujeito à administração militar, pelo abuso de radiação ionizante ou de substância radioativa:[538-539]
> Pena – reclusão, até 4 (quatro) anos.

Modalidade culposa

> **Parágrafo único.** Se o crime é culposo:[540]
> Pena – detenção, de 6 (seis) meses a 2 (dois) anos.

538. Aspectos objetivos: o sujeito ativo pode ser qualquer pessoa; o passivo é a sociedade, em particular as pessoas que estejam em lugar sob administração militar. Trata-se, pois, de crime vago. É certo que pessoas determinadas podem sofrer diretamente o perigo, embora não seja indispensável identificá-las para que o agente possa ser punido. *Expor* (arriscar) já contém o fator perigo, ínsito no seu significado, podendo-se dizer que "expor alguém" é colocar a pessoa em perigo. Ainda assim, o tipo penal explicita que a exposição deve colocar em perigo a vida ou a integridade física. A forma de concretizá-lo é a utilização excessiva de radiação ionizante (emissão de íons, tal como ocorre no uso do raio x) ou substância radioativa (qualquer modalidade de emissão de partículas eletromagnéticas). Não há figura similar no Código Penal comum.

Art. 272

Código Penal Militar Comentado • Nucci

539. Aspectos subjetivos: é o dolo de perigo, ou seja, a vontade de gerar um risco não tolerado a terceiros. Não se exige elemento subjetivo do tipo específico. A modalidade culposa encontra-se no parágrafo único.

540. Figura culposa: o elemento subjetivo é a culpa, retratada no art. 33, II, do Código Penal Militar: o agente não emprega a cautela, atenção ou diligência ordinária, ou especial, para o caso.

Inundação

> **Art. 272.** Causar inundação, em lugar sujeito à administração militar, expondo a perigo a vida, a integridade física ou o patrimônio de outrem:[541-542]
>
> Pena – reclusão, de 3 (três) a 8 (oito) anos.

Modalidade culposa

> **Parágrafo único.** Se o crime é culposo:[543]
>
> Pena – detenção, de 6 (seis) meses a 2 (dois) anos.

541. Aspectos objetivos: o sujeito ativo pode ser qualquer pessoa; o passivo é a sociedade, em particular as pessoas que estejam em lugar sob administração militar. Trata-se, pois, de crime vago. É certo que pessoas determinadas podem sofrer diretamente o perigo, embora não seja indispensável identificá-las para que o agente possa ser punido. *Causar* significa provocar, dar origem ou produzir. O objeto da conduta é inundação [trata-se de um alagamento ou uma enchente. Interessante anotar a observação de Hungria: "Entende-se por alagamento de um local de notável extensão, não destinado a receber águas (...), sendo necessário que não esteja mais no poder do agente dominar a força natural das águas, cujo desencadeamento provocou, criando uma situação de perigo comum" (*Comentários ao Código Penal*, v. 9, p. 48-49)]. Compõe-se com *expor* (arriscar), que, em verdade, já contém o fator perigo, podendo-se dizer que "expor alguém" é colocar a pessoa em perigo. Ainda assim, complementa-se o tipo exigindo o perigo à vida, à integridade física ou ao patrimônio de outrem.

542. Aspectos subjetivos: é o dolo de perigo, ou seja, a vontade de gerar um risco não tolerado a terceiros. Não se exige elemento subjetivo do tipo específico. Pune-se a culpa, com pena substancialmente menor, prevista no parágrafo único.

543. Figura culposa: o elemento subjetivo é a culpa, retratada no art. 33, II, do Código Penal Militar: o agente não emprega a cautela, atenção ou diligência ordinária, ou especial, para o caso.

Perigo de inundação

> **Art. 273.** Remover, destruir ou inutilizar obstáculo natural ou obra destinada a impedir inundação, expondo a perigo a vida, a integridade física ou o patrimônio de outrem, em lugar sujeito à administração militar:[544-545]
>
> Pena – reclusão, de 2 (dois) a 4 (quatro) anos.

544. Aspectos objetivos: o sujeito ativo pode ser qualquer pessoa; o passivo é a sociedade, em particular as pessoas que estejam em lugar sob administração militar. Trata-se, pois, de crime vago. É certo que pessoas determinadas podem sofrer diretamente o perigo, embora não seja indispensável identificá-las para que o agente possa ser punido. *Remover* (mudar de um lugar para outro ou afastar), *destruir* (arruinar ou fazer desaparecer) ou *inutilizar* (tornar inútil ou invalidar) são condutas que se compõem com o verbo *expor*, que, como já se disse, significa arriscar. Em verdade, já contém o fator perigo, podendo-se dizer que "expor alguém" é colocar a pessoa em perigo. Ainda assim, complementa-se o tipo exigindo o perigo à vida, à integridade física ou ao patrimônio de outrem. Trata-se de tipo misto alternativo, ou seja, o cometimento de uma ou mais condutas provoca a punição por um único crime, desde que no mesmo contexto fático. O objeto das condutas é o obstáculo natural (barreira ou impedimento produzido pela natureza, como morros ou rochedos) ou obra destinada a impedir inundação (construção sólida realizada pelo ser humano com a finalidade de servir de barragem à força das águas, como os diques).

545. Aspectos subjetivos: é o dolo de perigo, ou seja, a vontade de gerar um risco não tolerado a terceiros. Não existe a forma culposa, nem se exige elemento subjetivo do tipo específico.

Desabamento ou desmoronamento

> **Art. 274.** Causar desabamento ou desmoronamento, em lugar sujeito à administração militar, expondo a perigo a vida, a integridade física ou o patrimônio de outrem:[546-547]
>
> Pena – reclusão, até 5 (cinco) anos.

Modalidade culposa

> **Parágrafo único.** Se o crime é culposo:[548]
>
> Pena – detenção, de 6 (seis) meses a 2 (dois) anos.

546. Aspectos objetivos: o sujeito ativo pode ser qualquer pessoa; o passivo é a sociedade, em particular as pessoas que estejam em lugar sob administração militar. Trata-se, pois, de crime vago. É certo que pessoas determinadas podem sofrer diretamente o perigo, embora não seja indispensável identificá-las para que o agente possa ser punido. *Causar* significa provocar, dar origem ou produzir. O objeto da conduta é desabamento (significa ruir ou cair e refere-se a construções de um modo geral) ou desmoronamento (significa vir abaixo ou soltar-se e refere-se a morros, pedreiras ou semelhantes). Compõe-se com *expor* (arriscar), que, em verdade, já contém o fator perigo, podendo-se dizer que "expor alguém" é colocar a pessoa em perigo. Ainda assim, complementa-se o tipo exigindo o perigo à vida, à integridade física ou ao patrimônio de outrem.

547. Aspectos subjetivos: é o dolo de perigo, ou seja, a vontade de gerar um risco não tolerado a terceiros. Não se exige elemento subjetivo específico. A forma culposa está prevista no parágrafo único.

548. Figura culposa: o elemento subjetivo é a culpa, retratada no art. 33, II, do Código Penal Militar: o agente não emprega a cautela, atenção ou diligência ordinária, ou especial, para o caso.

Art. 275

Código Penal Militar Comentado • Nucci

Subtração, ocultação ou inutilização de material de socorro

> **Art. 275.** Subtrair, ocultar ou inutilizar, por ocasião de incêndio, inundação, naufrágio, ou outro desastre ou calamidade, aparelho, material ou qualquer meio destinado a serviço de combate ao perigo, de socorro ou salvamento; ou impedir ou dificultar serviço de tal natureza:[549-550]
>
> Pena – reclusão, de 3 (três) a 6 (seis) anos.

549. Aspectos objetivos: o sujeito ativo pode ser qualquer pessoa; o passivo é a socie-dade, em particular as pessoas que estejam em lugar sob administração militar. Trata-se, pois, de crime vago. É certo que pessoas determinadas podem sofrer diretamente o perigo, embora não seja indispensável identificá-las para que o agente possa ser punido. *Subtrair* (tirar ou apoderar-se), *ocultar* (esconder ou encobrir) e *inutilizar* (tornar inútil ou danificar) são as condutas que têm por objeto aparelho, material ou outro meio destinado ao serviço de combate ao perigo, de socorro ou salvamento. É indispensável que o instrumento seja *especificamente* voltado ao combate a perigo, à prestação de socorro ou ao salvamento ou *manifestamente* adequado ao serviço de debelação do perigo ou de salvamento, como bombas de incêndio, alarmes, extintores, salva-vidas, escadas de emergência, medicamentos etc. Acompanhamos, nesse prisma, a posição de Hungria (*Comentários ao Código Penal*, v. 9, p. 54). As condutas *impedir* (colocar obstáculo ou embaraçar) e *dificultar* (tornar mais custoso) conjugam-se com serviço de tal natureza. É tipo misto alternativo, querendo significar que a prática de uma ou mais condutas consome-se num único crime, desde que no mesmo contexto fático.

550. Aspectos subjetivos: é o dolo de perigo, ou seja, a vontade de gerar um risco não tolerado a terceiros. Não existe a forma culposa, nem se exige elemento subjetivo do tipo específico.

Fatos que expõem a perigo aparelhamento militar

> **Art. 276.** Praticar qualquer dos fatos previstos nos artigos anteriores deste Capítulo, expondo a perigo, embora em lugar não sujeito à administração militar, navio, aeronave, material ou engenho de guerra motomecanizado ou não, ainda que em construção ou fabricação, destinados às forças armadas, ou instalações especialmente a serviço delas:[551]
>
> Pena – reclusão de 2 (dois) a 6 (seis) anos.

Modalidade culposa

> **Parágrafo único.** Se o crime é culposo:[552]
>
> Pena – detenção, de 6 (seis) meses a 2 (dois) anos.

551. Figura de extensão: as condutas típicas estão descritas nos artigos anteriores. O objeto da exposição a perigo, fora de lugar sob administração militar, é o navio, aeronave, material ou engenho de guerra que sejam destinados às forças armadas – prontos ou em construção/fabricação, bem como instalações a elas destinados. Busca-se punir a colocação em risco de objetos de interesse das forças armadas, onde quer que se encontrem.

552. Figura culposa: o elemento subjetivo é a culpa, retratada no art. 33, II, do Código Penal Militar: o agente não emprega a cautela, atenção ou diligência ordinária, ou especial, para o caso.

Formas qualificadas pelo resultado

> **Art. 277.** Se do crime doloso de perigo comum resulta, além da vontade do agente, lesão grave, a pena é aumentada de 1/2 (metade); se resulta morte, é aplicada em dobro. No caso de culpa, se do fato resulta lesão corporal, a pena aumenta-se de 1/2 (metade); se resulta morte, aplica-se a pena cominada ao homicídio culposo, aumentada de 1/3 (um terço).[553]

553. Crimes qualificados pelo resultado: quando houver dolo de perigo na conduta antecedente, havendo resultado danoso posterior (lesão ou morte), somente se admite a forma culposa. São delitos preterdolosos. Tratando-se de culpa na conduta antecedente, quando houver o resultado danoso, a culpa é admissível, constituindo delito qualificado pelo resultado.

Difusão de epizootia ou praga vegetal

> **Art. 278.** Difundir doença ou praga que possa causar dano a floresta, plantação, pastagem ou animais de utilidade econômica ou militar, em lugar sob administração militar:[554-555]
>
> Pena – reclusão, até 3 (três) anos.

Modalidade culposa

> **Parágrafo único.** No caso de culpa, a pena é de detenção, até 6 (seis) meses.[556]

554. Aspectos objetivos: o sujeito ativo pode ser qualquer pessoa; o passivo é a sociedade, em particular as pessoas que estejam em lugar sob administração militar. Trata-se, pois, de crime vago. É certo que pessoas determinadas podem sofrer diretamente o perigo, embora não seja indispensável identificá-las para que o agente possa ser punido. *Difundir* (espalhar, propagar) é a conduta, que tem por objeto a doença (esse termo é mais apropriado ao ser humano) ou praga (moléstia que ataca animais e plantas), apta a gerar dano (lesão) a floresta (grande quantidade de árvores, cujas copas se tocam), plantação (inserção de vegetais em grande número para germinar) ou animais, havendo utilidade econômica ou militar, desde que em lugar sob administração militar.

555. Aspectos subjetivos: pune-se a título de dolo de perigo. Não há elemento subjetivo específico. Pune-se a forma culposa, nos moldes do parágrafo único.

556. Figura culposa: o elemento subjetivo é a culpa, retratada no art. 33, II, do Código Penal Militar: o agente não emprega a cautela, atenção ou diligência ordinária, ou especial, para o caso.

Art. 279

Código Penal Militar Comentado • Nucci

Embriaguez ao volante

> **Art. 279.** Dirigir veículo motorizado, sob administração militar, na via pública, encontrando-se em estado de embriaguez, por bebida alcoólica, ou qualquer outro inebriante:[557-558]
>
> Pena – detenção, de 3 (três) meses a 1 (um) ano.

557. Aspectos objetivos: o sujeito ativo pode ser qualquer pessoa, embora, como regra, seja o militar, pois o tipo exige veículo *sob administração militar*. O sujeito passivo é a sociedade, pois se tutela a segurança viária. *Dirigir* (conduzir) veículo motorizado (automóveis e motos, que dependem de habilitação), desde que esteja sob administração militar, na via pública (local de circulação livre de veículos, não abrangendo lugares privados ou fechados ao publico), em *estado de embriaguez*, advindo da ingestão de álcool ou substância similar. A embriaguez é a intoxicação aguda do organismo pelo álcool ou outro inebriante. Há vários graus de concentração alcoólica aptos a evidenciar a embriaguez, que passa pelas seguintes fases: incompleta, completa e letárgica ou comatosa. O tipo penal não distingue esse grau, de modo que a mera influência do álcool sobre o motorista é suficiente para caracterizar a embriaguez. O delito é de perigo abstrato, não se exigindo prova concreta de potencial dano à segurança viária. O Código de Trânsito possui figura similar (art. 306), mas este tipo é especial em relação àquele. A prova da embriaguez se faz por qualquer meio lícito: exame pericial, testemunhas, exame clínico, testes motores. Na jurisprudência: TJMRS: "Policial militar que, conduzindo viatura PM, em serviço de patrulhamento motorizado, provoca colisão com ônibus, causando danos materiais nos veículos, tendo antes ingerido bebida alcoólica, apresentando, logo após o acidente, tontura e hálito de álcool, necessitando apoiar-se na viatura para poder permanecer em pé, negando a submeter-se a exame de teor alcoólico, suprido pelo exame clínico, comete o delito previsto no art. 279 do CP Militar. Apelo da defesa negado. Decisão unânime" (Ap. Crim. 2.690/94, rel. Antonio Carlos Maciel Rodrigues, v.u.).

558. Aspectos subjetivos: é o dolo de perigo. Não há elemento subjetivo específico. Não se pune a forma culposa.

Perigo resultante de violação de regra de trânsito

> **Art. 280.** Violar regra de regulamento de trânsito, dirigindo veículo sob administração militar, expondo a efetivo e grave perigo a incolumidade de outrem:[559-560]
>
> Pena – detenção, até 6 (seis) meses.

559. Aspectos objetivos: o sujeito ativo pode ser qualquer pessoa; o passivo é a coletividade; secundariamente, a pessoa que sofreu diretamente o potencial dano. Trata-se de *direção perigosa*, mediante a violação de regra de trânsito. O veículo deve se encontrar sob administração militar, expondo a *efetivo e grave* perigo a incolumidade de alguém. A simples transgressão às normas de trânsito (ultrapassar sinal vermelho, parar em fila dupla, dirigir em velocidade incompatível etc.) não leva à configuração do delito, pois se exige perigo concreto, vale dizer, a clara demonstração de que alguém correu o risco de sofrer dano. Não é preciso uma vítima definida, mas a evidência de que uma pessoa poderia ser lesionada. Tutela-se a segurança viária.

560. Aspectos subjetivos: o crime é punido a título de dolo de perigo. Não há elemento subjetivo específico. Inexiste a forma culposa.

Fuga após acidente de trânsito[561]

> **Art. 281.** Causar, na direção de veículo motorizado, sob administração militar, ainda que sem culpa, acidente de trânsito, de que resulte dano pessoal, e, em seguida, afastar-se do local, sem prestar socorro à vítima que dele necessite:[562-563]
>
> Pena – detenção, de 6 (seis) meses a um ano, sem prejuízo das cominadas nos arts. 206 e 210.[564]

Isenção de prisão em flagrante

> **Parágrafo único.** Se o agente se abstém de fugir e, na medida em que as circunstâncias o permitam, presta ou providencia para que seja prestado socorro à vítima, fica isento de prisão em flagrante.[565]

561. Inadequação do título: o cerne deste tipo penal é a omissão de socorro e não a simples fuga do local; portanto, não tem sentido intitulá-lo *fuga após acidente de trânsito*.

562. Aspectos objetivos: o sujeito pode ser qualquer pessoa, desde que na posição de condutor de veículo, sob administração militar; o passivo é a pessoa não socorrida; secundariamente, a coletividade, pois a segurança viária correu risco. *Causar* (provocar, gerar) acidente de trânsito, resultando efetiva lesão à vítima, que deixa de ser socorrida pelo motorista. O tipo evidencia claramente a indiferença quanto à culpa, vale dizer, mesmo que a pessoa lesionada seja a culpada pelo evento, deve o motorista garantir-lhe o socorro. Tutela-se a incolumidade física e a vida do ser humano. Na jurisprudência: STM: "Militar que, dirigindo veículo pertencente ao Exército, atropela ciclista e evade-se do local sem prestar socorro à vítima, comete o crime previsto no art. 281 do CPM. Alegado estado de necessidade não demonstrado pela Defesa. O Réu, tão logo atropelou a vítima, omitiu-se em prestar-lhe socorro, fugindo do local. Autoria e materialidade restaram amplamente comprovadas, máxime pela declaração do Acusado, pelas provas testemunhais e laudos de Exame de Corpo de Delito acostados aos autos. Preliminares de nulidade processual arguidas pela Defensoria Pública da União rejeitadas. Apelo defensivo a que se nega provimento. Maioria" (Ap. 0000112-40.2011.7.05.0005, rel. Marcus Vinicius Oliveira dos Santos, 23.04.2013, m.v.).

563. Aspectos subjetivos: é o dolo de perigo. Não há elemento subjetivo específico, nem se pune a forma culposa.

564. Acumulação material: há expressa previsão acerca da viabilidade de se punir o agente, que omitiu socorro, também pela lesão ou homicídio culposo.

565. Imunidade à prisão em flagrante: a norma prevista neste parágrafo, de absoluta correção, foi incorporada no Código de Trânsito Brasileiro, em 1997, evitando-se o constrangimento de ser efetuada a prisão em flagrante de quem prestou socorro à vítima do acidente. Não podendo prestar diretamente assistência ao ofendido, ao menos intercede para que terceiros o façam.

Art. 282

Capítulo II
Dos crimes contra os meios de transporte e de comunicação

Perigo de desastre ferroviário

Art. 282. Impedir ou perturbar serviço de estrada de ferro, sob administração ou requisição militar emanada de ordem legal:[566-567]

I – danificando ou desarranjando, total ou parcialmente, linha férrea, material rodante ou de tração, obra de arte ou instalação;[568]

II – colocando obstáculo na linha;[569]

III – transmitindo falso aviso acerca do movimento dos veículos, ou interrompendo ou embaraçando o funcionamento dos meios de comunicação;[570]

IV – praticando qualquer outro ato de que possa resultar desastre:[571]

Pena – reclusão, de 2 (dois) a 5 (cinco) anos.

Desastre efetivo

§ 1.º Se do fato resulta desastre:[572]

Pena – reclusão, de 4 (quatro) a 12 (doze) anos.

§ 2.º Se o agente quis causar o desastre ou assumiu o risco de produzi-lo:[573]

Pena – reclusão, de 4 (quatro) a 15 (quinze) anos.

Modalidade culposa

§ 3.º No caso de culpa, ocorrendo desastre:[574]

Pena – detenção, de 6 (seis) meses a 2 (dois) anos.

Conceito de "estrada de ferro"

§ 4.º Para os efeitos deste artigo, entende-se por "estrada de ferro" qualquer via de comunicação em que circulem veículos de tração mecânica, em trilhos ou por meio de cabo aéreo.

566. Aspectos objetivos: o sujeito ativo pode ser qualquer pessoa; o passivo é a coletividade. *Impedir* significa impossibilitar a execução ou obstar; *perturbar* quer dizer causar embaraço ou dificuldade. O objeto das condutas é o serviço de estrada de ferro, compondo-se com as ações descritas nos incisos. É tipo misto alternativo, isto é, a prática de uma ou mais condutas implica o cometimento de um único delito, desde que no mesmo contexto fático.

567. Aspectos subjetivos: é o dolo de perigo. Não há elemento subjetivo específico. A forma culposa se encontra no § 3.º.

568. Dano ou desarranjo: *danificar* (causar dano ou deteriorar) ou *desarranjar* (alterar a boa ordem ou embaraçar), no todo ou em parte, tendo por objeto linha férrea (é a via permanente fixa consubstanciada em trilhos, destinada à passagem de material rodante; é bem verdade que *linha férrea* pode ser considerada genericamente, também, o serviço de estrada de ferro, mas, na hipótese deste inciso, é mais adequado o conceito restrito, porque o tipo menciona, separadamente, os demais componentes da linha, que são o material rodante ou de tração, as obras e as instalações), material rodante (são os veículos ferroviários, que compreendem os de tração, como as locomotivas, e os rebocados, como os carros de passageiros e vagões de carga) ou de tração (é o veículo ferroviário que serve de tração para os demais; na composição ferroviária, trata-se da locomotiva ou automotriz); obra de arte (são as estruturas que se repetem ao longo de uma estrada ou linha férrea, tais como pontes, viadutos, túneis, muros de arrimo e outros) ou instalação (conjunto de aparelhos ou de peças que possui certa utilidade).

569. Obstáculo na linha: *colocar* significa situar ou pôr em algum lugar. O objeto é obstáculo na linha do trem (barreira ou impedimento, que pode ser de qualquer espécie).

570. Transmissão de falso aviso e interrupção de meio de comunicação: *transmitir* quer dizer enviar ou mandar de um lugar ao outro; *interromper* significa provocar a suspensão da continuidade de alguma coisa; *embaraçar* quer dizer causar impedimento ou perturbar. Os objetos podem ser, respectivamente, falso aviso (notícia que não correspondente à realidade) sobre movimentação de veículos ou telégrafo (sistema de transmissão de mensagens entre pontos diversos, através do envio de sinais), telefone (aparelho que serve para transmitir a palavra falada a certa distância) ou radiotelegrafia (telegrafia sem fio, por ondas eletromagnéticas).

571. Outro meio que resulte desastre: trata-se de interpretação analógica, isto é, o tipo penal fornece exemplos de condutas que causam perigo ao serviço de transportes, capazes de gerar desastre, para, depois, generalizar, através do emprego de um processo de semelhança, para "outro ato" que possa causar acidente ou grande prejuízo. Imagine-se, pois, a conduta de quem embaraça a transmissão de um *fac-símile*.

572. Crime qualificado pelo resultado: sendo as primeiras condutas determinadas pelo dolo de perigo, somente se admite, na sequência, a modalidade culposa. Portanto, o desastre (acidente, com grave prejuízo e de larga extensão) há de ser causado por imprudência, negligência ou imperícia, havendo previsibilidade do resultado. Se a conduta principal (ex.: perturbar serviço de estrada de ferro) causar a morte de uma pessoa apenas – que não pode ser considerada um *desastre* –, a melhor hipótese de tipificação é de homicídio culposo.

573. Provocação dolosa do resultado: ingressa-se num delito de perigo para a vida e a integridade física, porem de aspecto contundente. Nas figuras anteriores, o agente atua de forma perigosa, que *possa gerar desastre*. Quando ele, por meio daquelas condutas, produz culposamente o desastre, pune-se com base no parágrafo anterior. Porém, quando se vale das condutas anteriores *para causar desastre*, insere-se neste parágrafo, que não encontra similar na legislação penal comum. Note-se que a produção do desastre, em si, não causa ofensa necessária e direta à pessoa, motivo pelo qual continua a ser crime de perigo.

574. Crime qualificado pelo resultado: neste caso, as primeiras condutas são causadas por culpa, sendo natural exigir-se que a sequência também seja determinada pelo mesmo elemento subjetivo, ou seja, culpa. Observe-se, no entanto, que a modalidade culposa está restrita ao advento do efeito "desastre", isto é, as figuras descritas no art. 282, *caput* e incisos, somente são puníveis por culpa se houver o evento qualificador.

Art. 283

Código Penal Militar Comentado • Nucci

Atentado contra transporte

> **Art. 283.** Expor a perigo aeronave, ou navio próprio ou alheio, sob guarda, proteção ou requisição militar emanada de ordem legal, ou em lugar sujeito à administração militar, bem como praticar qualquer ato tendente a impedir ou dificultar navegação aérea, marítima, fluvial ou lacustre sob administração, guarda ou proteção militar:[575-576]
>
> Pena – reclusão, de 2 (dois) a 5 (cinco) anos.

Superveniência de sinistro

> § 1.º Se do fato resulta naufrágio, submersão ou encalhe do navio, ou a queda ou destruição da aeronave:[577]
>
> Pena – reclusão, de 4 (quatro) a 12 (doze) anos.

Modalidade culposa

> § 2.º No caso de culpa, se ocorre o sinistro:[578]
>
> Pena – detenção, de 6 (seis) meses a 2 (dois) anos.

575. Aspectos objetivos: o sujeito ativo pode ser qualquer pessoa; o passivo é a sociedade, em particular as pessoas que estejam em lugar sob administração militar. Trata-se, pois, de crime vago. É certo que pessoas determinadas podem sofrer diretamente o perigo, embora não seja indispensável identificá-las para que o agente possa ser punido. *Expor* (arriscar) é conduta que já contém o fator perigo (causação de risco iminente de dano), podendo-se dizer que "expor alguém" é colocar a pessoa em perigo. O objeto é aeronave ou navio, sob guarda, proteção ou requisição militar. Não se trata, necessariamente, de navio ou aeronave tipicamente militar, voltado à guerra, bastando servir a interesse militar. A segunda conduta é *praticar*, que significa realizar ou concretizar, tendo por objeto ato tendente a impedir (obstar) ou dificultar (tornar mais custosa) navegação marítima, fluvial, lacustre ou aérea. Tal navegação deve estar sob administração, guarda ou proteção militar. Trata-se de tipo misto alternativo, ou seja, a realização de uma ou mais condutas implica a concretização de um único crime, desde que no mesmo contexto fático. Cuida-se de norma penal em branco, sendo indispensável buscar-se o complemento em regulamentos específicos para a navegação de embarcações e aeronaves. São itens prejudiciais à navegação aérea, *apenas a título de ilustração*: o Regulamento Brasileiro de Homologação Aeronáutica (RBHA) n. 121, aprovado pela Portaria 483/DGAC, de 20 de março de 2003, publicado no *DOU* 76, de 22 de abril de 2003, constitui complemento a este tipo penal, estipulando os critérios e os aparelhos permitidos e proibidos na navegação aérea. São liberados em todas as fases do voo: máquinas fotográficas, *flashes*, câmaras filmadoras, gravadores de som, aparelhos de marca-passo, relógios eletrônicos, aparelhos auditivos, equipamentos médico-eletrônicos indispensáveis. São aparelhos proibidos durante o voo de cruzeiro: telefones celulares, controles remotos, toca-discos CD, *scanners* de computador, radiotransmissores, jogos eletrônicos, microfones sem fio, aparelhos GPS, SABNAV, GNPS e similares. São liberados: computadores (*notebook*, *laptop* etc.), agendas eletrônicas, toca-fita cassete, radiorreceptor, calculadoras, barbeadores elétricos e eletrônicos, equipamentos eletrônicos de até 3 volts. São proibidos todos os aparelhos durante o pouso e a decolagem. O objetivo é proteger a aeronave e seus instrumentos de navegação das interferências eletromagnéticas.

576. Aspectos subjetivos: é o dolo de perigo, ou seja, a vontade de gerar um risco não tolerado a terceiros. Não se exige elemento subjetivo específico, nem se pune a forma culposa, salvo se houver sinistro (§ 2.º).

577. Forma qualificada pelo resultado: havendo dolo de perigo em relação às condutas previstas no *caput*, o evento qualificador (naufrágio, submersão ou encalhe do navio, bem como a queda ou destruição da aeronave) somente pode dar-se a título de culpa, configurando a modalidade de crime preterdoloso (dolo na conduta antecedente e culpa na consequente).

578. Crime qualificado pelo resultado: neste caso, as primeiras condutas são causadas por culpa, sendo natural exigir-se que a sequência também seja determinada pelo mesmo elemento subjetivo, ou seja, culpa. Observe-se, no entanto, que a modalidade culposa está restrita ao advento do efeito "sinistro", isto é, as figuras descritas no art. 283 somente são puníveis por culpa se houver o evento qualificador.

Atentado contra viatura ou outro meio de transporte

> **Art. 284.** Expor a perigo viatura ou outro meio de transporte militar, ou sob guarda, proteção ou requisição militar emanada de ordem legal, impedir-lhe ou dificultar-lhe o funcionamento:[579-580]
>
> Pena – reclusão, até 3 (três) anos.

Desastre efetivo

> § 1.º Se do fato resulta desastre, a pena é reclusão de 2 (dois) a 5 (cinco) anos.[581]

Modalidade culposa

> § 2.º No caso de culpa, se ocorre desastre:[582]
>
> Pena – detenção, até 1 (um) ano.

579. Aspectos objetivos: o sujeito ativo pode ser qualquer pessoa; o passivo é a sociedade; secundariamente, as pessoas prejudicadas. Trata-se, pois, de crime vago. É certo que pessoas determinadas podem sofrer diretamente o perigo, embora não seja indispensável identificá-las para que o agente possa ser punido. *Expor* (arriscar) é conduta que já contém o fator perigo (causação de risco iminente de dano), podendo-se dizer que "expor alguém" é colocar a pessoa em perigo. O objeto é a viatura (veículo motorizado) ou qualquer outro meio de transporte militar não previsto nas hipóteses anteriormente descritas. Há, ainda, as seguintes condutas: *impedir* (obstar ou interromper) e *dificultar* (tornar mais custoso). Trata-se de tipo misto alternativo, vale dizer, a realização de uma ou mais condutas implica no cometimento de um único crime, desde que no mesmo contexto fático.

580. Aspectos subjetivos: é o dolo de perigo, ou seja, a vontade de gerar um risco não tolerado a terceiros. Não se exige elemento subjetivo específico, nem se pune a forma culposa, salvo se houver desastre (§ 2.º).

Art. 285

Código Penal Militar Comentado • Nucci

581. Forma qualificada pelo resultado: havendo dolo de perigo em relação às condutas previstas no *caput*, o evento qualificador (naufrágio, submersão ou encalhe do navio, bem como a queda ou destruição da aeronave) somente pode dar-se a título de culpa, configurando a modalidade de crime preterdoloso (dolo na conduta antecedente e culpa na consequente).

582. Crime qualificado pelo resultado: neste caso, as primeiras condutas são causadas por culpa, sendo natural exigir-se que a sequência também seja determinada pelo mesmo elemento subjetivo, ou seja, culpa. Observe-se, no entanto, que a modalidade culposa está restrita ao advento do efeito "desastre", isto é, as figuras descritas no art. 284 somente são puníveis por culpa se houver o evento qualificador.

Formas qualificadas pelo resultado

> **Art. 285.** Se de qualquer dos crimes previstos nos arts. 282 a 284, no caso de desastre ou sinistro, resulta morte de alguém, aplica-se o disposto no art. 277.

Arremesso de projétil

> **Art. 286.** Arremessar projétil contra veículo militar, em movimento, destinado a transporte por terra, por água ou pelo ar:[583-584]
>
> Pena – detenção, até 6 (seis) meses.

Forma qualificada pelo resultado

> **Parágrafo único.** Se do fato resulta lesão corporal, a pena é de detenção, de 6 (seis) meses a 2 (dois) anos; se resulta morte, a pena é a do homicídio culposo, aumentada de 1/3 (um terço).[585]

583. Aspectos objetivos: o sujeito ativo pode ser qualquer pessoa; o passivo é a sociedade; secundariamente, as pessoas prejudicadas. *Arremessar* significa atirar com força para longe. O objeto é projétil (qualquer objeto sólido que serve para ser arremessado, inclusive por arma de fogo) a ser lançado contra *veículo militar* (qualquer meio dotado de mecanismo, habitualmente utilizado para conduzir pessoas ou cargas de um lugar para outro, de uso comum), em movimento. O tipo penal refere-se, expressamente, à necessidade de estar o veículo em deslocamento. Parece-nos, no entanto, que tal expressão não pode ter seu significado restringido, pois o veículo parado num congestionamento está em movimentação, levando pessoas de um local a outro, embora, momentaneamente, não esteja em marcha. Assim, somente não se configura o tipo penal do art. 286 quando o veículo estiver estacionado. O crime pode ser unissubsistente (praticado num único ato) ou plurissubsistente (delito cuja ação é composta por vários atos, permitindo-se o seu fracionamento), conforme o caso concreto; admite tentativa na forma plurissubsistente. Há posições em sentido contrário, sustentando ser inadmissível o fracionamento da conduta nuclear, consistente em arremessar (Delmanto, *Código Penal comentado*, p. 483). Cremos poder haver, entretanto, em certos casos, possibilidade para a ocorrência da tentativa. Imagine-se o sujeito, seguro pelo braço pela ação de terceiro, no exato momento em que lança uma pedra contra um ônibus. O projétil pode desviar-se, pelo tranco, caindo ao solo, sem ter sido efetivamente *lançado*. Trata-se de um início de execução, pois ato idôneo e unívoco para atingir o resultado. Admitindo-a também: Paulo José da Costa Júnior (*Direito penal – Curso completo*, p. 582).

584. Aspectos subjetivos: é o dolo de perigo, ou seja, a vontade de gerar um risco não tolerado a terceiros. Não há elemento subjetivo específico, nem se pune a forma culposa.

585. Crime qualificado pelo resultado: havendo lesão corporal ou morte, em virtude do lançamento de projétil contra o veículo militar em movimento, aplica-se pena mais grave por conta do resultado qualificador. Tendo em vista que o dolo de perigo, exigível na conduta antecedente ("arremessar"), é incompatível com o dolo de dano, somente é cabível culpa na conduta subsequente.

Atentado contra serviço de utilidade militar

> **Art. 287.** Atentar contra a segurança ou o funcionamento de serviço de água, luz, força ou acesso, ou qualquer outro de utilidade, em edifício ou outro lugar sujeito à administração militar.[586-587]
>
> Pena – reclusão, até 5 (cinco) anos.
>
> **Parágrafo único.** Aumentar-se-á a pena de 1/3 (um terço) até 1/2 (metade), se o dano ocorrer em virtude de subtração de material essencial ao funcionamento do serviço.[588]

586. Aspectos objetivos: o sujeito ativo pode ser qualquer pessoa; o passivo é a instituição militar afetada, bem como a coletividade e as pessoas eventualmente prejudicadas. *Atentar* significa perpetrar atentado ou colocar em risco, através de atos executórios, alguma coisa ou alguém. O objeto é a segurança (condição daquilo em que se pode confiar) ou o funcionamento (movimentação de algo com regularidade) de serviço de água, luz, força ou calor ou outro de utilidade pública. Presta o poder público à sociedade os serviços de fornecimento de água, luz, força, calor e outros, mantendo-os em rigoroso controle, para evitar qualquer dano ("segurança") e cortes indesejáveis no abastecimento ("funcionamento"). Dessa forma, qualquer tentativa de colocar em risco a segurança ou o funcionamento encaixa-se neste tipo penal. Nota-se, por fim, que, uma vez mais, valeu-se o legislador da interpretação analógica, ou seja, forneceu exemplos de serviços de utilidade pública (luz, água, força, calor) para generalizar através da expressão "outro de utilidade pública", como ocorre com o gás. Neste tipo não se encaixa a telefonia, que encontra amparo no próximo artigo.

587. Aspectos subjetivos: é o dolo de perigo, ou seja, a vontade de gerar um risco não tolerado a terceiros. Inexiste elemento subjetivo específico, não se punindo a forma culposa.

588. Crime qualificado pelo resultado: havendo dano, decorrente da subtração de material essencial ao funcionamento dos serviços descritos no *caput*, deve dar-se em função da culpa do agente. Afinal, na conduta antecedente há dolo de perigo; logo, na consequente, somente se admite culpa.

Interrupção ou perturbação de serviço ou meio de comunicação

> **Art. 288.** Interromper, perturbar ou dificultar serviço telegráfico, telefônico, telemétrico, de televisão, telepercepção, sinalização, ou outro meio de

Art. 289

Código Penal Militar Comentado • Nucci

comunicação militar; ou impedir ou dificultar a sua instalação em lugar sujeito à administração militar, ou desde que para esta seja de interesse qualquer daqueles serviços ou meios:[589-590]

Pena – detenção, de 1 (um) a 3 (três) anos.

589. Aspectos objetivos: o sujeito ativo pode ser qualquer pessoa; o passivo é a instituição militar; secundariamente, as pessoas prejudicadas pela conduta do agente. *Interromper* significa fazer cessar ou romper a continuidade; *perturbar* quer dizer causar embaraço ou atrapalhar; *dificultar* significa tornar mais custoso ou colocar obstáculo; *impedir* significa obstar de algum modo. O objeto é o serviço telegráfico, telefônico, telemétrico, de televisão, telepercepção, sinalização ou outro meio de comunicação militar. É o desempenho de atividades ligadas aos sistemas de transmissão de mensagens entre pontos diversos, através do envio de sinais (telegrafia), de transmissão da palavra falada a certa distância (telefonia), de transmissão de dados à distância (telemetria), de transmissão instantânea de imagem e som, por ondas eletromagnéticas ou via cabo (televisão), de transmissão de dados ponto a ponto (telepercepção), de transmissão de sinais de advertência entre veículos (sinalização) ou outro meio de comunicação militar. Trata-se de tipo misto alternativo, quanto às condutas "interromper", "perturbar" ou "dificultar", podendo o agente realizar uma ou mais, implicando um único crime. É, também, cumulativo, pois a segunda forma de agir é diversa – "impedir ou dificultar a instalação" –, embora, caso o agente cometa as duas (interrompe e impede a instalação), a última delas deva ser considerada "fato posterior não punível", pois mero desdobramento da primeira.

590. Aspectos subjetivos: é o dolo de perigo, ou seja, a vontade de gerar um risco não tolerado a terceiros. Não há elemento subjetivo específico, nem se pune a forma culposa.

Aumento de pena

Art. 289. Nos crimes previstos neste capítulo, a pena será agravada, se forem cometidos em ocasião de calamidade pública.[591]

591. Circunstância agravante: o cometimento dos delitos em situação de *calamidade pública* (situação de tragédia, envolvendo várias pessoas, tais como incêndio, naufrágio, inundação etc.) torna mais grave a conduta perigosa praticada pelo agente.

Capítulo III
Dos crimes contra a saúde

Tráfico, posse ou uso de entorpecente ou substância de efeito similar[592]

Art. 290. Receber, preparar, produzir, vender, fornecer, ainda que gratuitamente, ter em depósito, transportar, trazer consigo, ainda que para uso próprio, guardar, ministrar ou entregar de qualquer forma a consumo substância entorpecente, ou que determine dependência física ou psíquica, em lugar sujeito à administração militar, sem autorização ou em desacordo com determinação legal ou regulamentar:[593-597]

Pena – reclusão, até 5 (cinco) anos.[598]

Casos assimilados

> § 1.º Na mesma pena incorre, ainda que o fato incriminado ocorra em lugar não sujeito à administração militar:[598-A]
>
> I – o militar que fornece, de qualquer forma, substância entorpecente ou que determine dependência física ou psíquica a outro militar;
>
> II – o militar que, em serviço ou em missão de natureza militar, no país ou no estrangeiro, pratica qualquer dos fatos especificados no artigo;
>
> III – quem fornece, ministra ou entrega, de qualquer forma, substância entorpecente ou que determine dependência física ou psíquica a militar em serviço, ou em manobras ou exercício.

Forma qualificada

> § 2.º Se o agente é farmacêutico, médico, dentista ou veterinário:[599]
>
> Pena – reclusão, de 2 (dois) a 8 (oito) anos.
>
> § 3.º Na mesma pena incorre o militar que se apresentar para o serviço sob o efeito de substância entorpecente.[599-A]
>
> § 4.º A pena é aumentada de metade se as condutas descritas no *caput* deste artigo são cometidas por militar em serviço.[599-B]
>
> § 5.º Tratando-se de tráfico de drogas, a pena será de reclusão de 5 (cinco) a 15 (quinze) anos.[599-C]

592. Crime de perigo abstrato: o tráfico ilícito de entorpecentes, assim como o porte ilegal de arma de fogo (somente para mencionar um exemplo ilustrativo e comparativo) é um crime de perigo (há uma probabilidade de dano ao bem jurídico tutelado) abstrato (independe de prova dessa probabilidade de dano, pois presumida pelo legislador na construção do tipo). Não vemos nenhum obstáculo de natureza técnica ou mesmo atentatória a princípios constitucionais garantistas, como parcela da doutrina insiste em sustentar. Alguns mencionam que a presunção absoluta (*juris et de jure*) não permite ao acusado fazer prova em sentido contrário, vale dizer, que seu comportamento seria inofensivo ao bem jurídico protegido. Assim ocorrendo, haveria ofensa a vários princípios penais, dentre os quais o da responsabilidade pessoal, o da culpabilidade e o da presunção de inocência. Nada disso ocorrerá se o legislador agir dentro dos parâmetros democráticos que dele se espera para a construção de tipos penais de perigo abstrato, baseado em regras de experiência sólidas e estruturadas, apontando para a necessidade de se proibir determinada conduta, pois a sua prática envolve o perecimento de bens considerados indispensáveis à vida em sociedade. Não se deve idealizar e criar, por lei, um tipo penal de perigo abstrato por mero arbítrio ou capricho do legislador. Se assim for feito, é natural que se torna inconstitucional por ferir o princípio penal da intervenção mínima, que contém o princípio da ofensividade, constituindo faceta do direito penal máximo, de conteúdo antidemocrático para o Estado de Direito apregoado pela Constituição Federal, privilegiando a dignidade da pessoa humana como meta a ser atingida por todos os ramos do ordenamento jurídico. Portanto, construído um tipo penal de perigo abstrato com razoabilidade, nada há de atentatório ao princípio da responsabilidade pessoal (a pena não passará da pessoa do delinquente), pois será apenado somente o traficante e nenhuma outra pessoa que não seja diretamente responsável como coautor ou partícipe. Nada existe de violação ao princípio da culpabilidade (não há crime sem dolo ou culpa), pois o traficante age, evidentemente, com dolo de perigo (vontade de colocar em risco o bem jurídico tutelado – a saúde pública – ainda

Art. 290

que não o lese efetivamente). Inexiste ofensa ao princípio da presunção de inocência, pois o traficante, para receber a pena merecida, submeter-se-á ao devido processo legal, com ampla defesa e contraditório. É lógico e evidente não poder ele fazer prova de que seu comportamento é inofensivo ao importar, por exemplo, uma grande quantidade de cocaína, colocando-a em depósito para, depois, vender. Essa defesa não lhe cabe, como também não é da alçada do Poder Judiciário avaliar a conveniência ou inconveniência da *liberação* do comércio de drogas. Para isso, existe o Poder Legislativo, que, captando os anseios da sociedade, proíbe e autoriza condutas, conforme edita leis. Não se permite que determinados entorpecentes circulem em sociedade porque seus danos, ao longo do tempo, já foram comprovados, não somente por médicos, cientistas, especialistas da área de saúde pública em geral, como também por fatos concretos passados. A saúde pública, bem jurídico imaterial, mas que significa a possibilidade de várias pessoas, em número indefinido, adoecerem e, por fim, morrerem, é atingida quando há tráfico ilícito de drogas. Não se trata, no entanto, de delito material, aquele que produz, necessariamente, para sua consumação, resultado naturalístico. É crime de atividade, na modalidade *formal*, isto é, pune-se apenas a conduta de vender substância entorpecente, por exemplo. Mas, a partir disso, *pode* ocorrer dano efetivo à saúde pública (exaurimento do delito), com a perda efetiva da saúde de inúmeras pessoas ou até com a morte de viciados. Há quem sustente ser o delito de tráfico ilícito de drogas um crime de dano, porque o interesse jurídico tutelado pela norma – a saúde pública – é ferido pela conduta do agente. Ora, se assim for, está-se, na verdade, defendendo a teoria do resultado jurídico (não há crime sem resultado) e não a do resultado naturalístico (há crimes com resultado modificativo do mundo naturalístico e outros em que se pune somente a atividade do agente, podendo ou não haver modificação do mundo exterior). Optando-se pela teoria do resultado jurídico, não há sentido em se dividir os crimes em delitos materiais, formais e de mera conduta. E todos os crimes produziriam resultado, pois *todas* as infrações penais ofendem um bem jurídico tutelado, seja ele material ou imaterial. Em nosso entendimento, cuida-se de contradição sustentar, ao mesmo tempo, a teoria do resultado naturalístico (dividindo os crimes em materiais, formais e de mera conduta) e a tese de ser o crime de tráfico ilícito de entorpecente um crime de resultado jurídico, vale dizer, lesivo ao *interesse*, que é imaterial, tutelado pela norma (a saúde pública). Para que o tráfico constitua crime de mera atividade significa a adoção da teoria do resultado naturalístico. Nesse prisma, *não há* resultado modificativo do mundo exterior necessário quando alguém importa maconha ou quando alguém traz consigo pedras de *crack*. Em conclusão, o crime de tráfico ilícito de entorpecentes é infração penal de perigo, representando a *probabilidade* de dano à saúde das pessoas, mas não se exige a produção de tal resultado para a sua consumação. É de perigo abstrato, pois não se permite ao infrator a prova de que seu comportamento *pode* ser inofensivo, pois regras de experiência já demonstraram não ser conveniente à sociedade a circulação de determinados tipos de drogas, pois geradoras de maiores problemas do que vantagens a quem delas faz uso. Deve-se envidar esforços para a extinção das infrações penais irrelevantes, aquelas que o tempo demonstra não serem do gosto da sociedade e que caem no esquecimento. Deve-se combater tipos penais ofensivos à intervenção mínima do Direito Penal nos conflitos sociais, pois são representativos de um Estado totalitário. Deve-se, enfim, sustentar a inconstitucionalidade de tipos penais de perigo abstrato arbitrários e frutos da intolerância do legislador em relação à liberdade de expressão e da intimidade dos cidadãos. No mais, deve-se concordar com o legislador, quando acerta na construção de tipos penais de perigo abstrato, cujas condutas são realmente arriscadas à integridade das pessoas que vivem em sociedade. É o caso do tráfico ilícito de entorpecentes.

593. Aspectos objetivos: o sujeito ativo pode ser qualquer pessoa; o passivo é a coletividade. *Receber* (aceitar, entrar na posse de algo), *preparar* (obter algo por meio da composição de elementos), *produzir* (dar origem a algo antes inexistente), *vender* (alienar por determinado preço), *fornecer* (abastecer), mesmo gratuitamente (sem qualquer ônus), *ter em depósito* (manter em reservatório ou armazém), *transportar* (levar de um lugar a outro), *trazer consigo* (transportar junto ao corpo), *mesmo para uso próprio* (para tráfico ou consumo é indiferente), *guardar* (tomar conta de algo, proteger), *ministrar* (aplicar, administrar), *entregar a consumo* (confiar a alguém para gastar) são as onze condutas, cujo objeto é a *substância* (matéria, que possui propriedades específicas) *entorpecente* (algo tóxico que provoca alterações psíquicas e analgésicas) ou que *determine* (provoque necessariamente) *dependência* (sujeição) *física* (estado mórbido provocador de alteração do organismo) *ou psíquica* (estado mórbido provocador de alteração mental, gerando sensação de bem-estar). Todas as condutas devem desenvolver-se em local sujeito à administração militar. O tipo é misto alternativo, ou seja, o agente pode praticar uma ou mais condutas, respondendo por um só delito (ex.: se receber, tiver em depósito e depois vender determinada droga = um crime de tráfico ilícito de entorpecentes). Eventualmente, pode-se acolher o concurso de crimes, se entre uma determinada conduta e outra transcorrer período excessivamente extenso. A Lei 14.688/2023 introduziu o § 5.º no art. 290, sem maiores explicações ou detalhamento. Portanto, para buscar coerência, a figura prevista no *caput* deste artigo volta-se ao consumidor de drogas, enquanto a situação sinteticamente descrita no § 5.º se volta ao traficante. O Parlamento se supera a cada reforma introduzida em leis existentes; no entanto, suplanta a sua própria ilogicidade, produzindo normas que representarão, automaticamente, debates e controvérsias no Judiciário.

594. Norma penal em branco: significa ser o tipo penal dependente de um complemento a lhe dar sentido e condições para aplicação. O termo *substância entorpecente* não constitui elemento normativo do tipo, sujeito a uma interpretação valorativa do juiz. Na realidade, representa um *branco* a ser complementado por norma específica, originária de órgão governamental próprio, vinculado ao Ministério da Saúde, encarregado do controle das drogas, em geral, no Brasil, que, por ora, é a Agência Nacional de Vigilância Sanitária (ANVISA).

595. Aspectos subjetivos: o crime é punido a título de dolo. Não há elemento subjetivo específico do tipo, nem se pune a forma culposa. Em nosso entendimento, deveria haver uma finalidade específica para o tráfico, consistente na intenção de comercializar drogas ilícitas.

596. Princípio da insignificância: defendíamos não fosse aplicável o princípio da insignificância, no contexto militar, em face da especial legislação que rege a corporação. O Código Penal Militar, igualmente lei especial, não teria sido afetado pela Lei de Drogas. Entretanto, melhor refletindo, tendo por base a Constituição Federal, cujo baluarte do Estado Democrático de Direito é o princípio da dignidade da pessoa humana, não se deve estabelecer esse nível de desigualdade no contexto penal. Se ao civil torna-se aplicável, embora por exceção, o princípio da insignificância, parece-nos viável, também em sede militar, considerar a intervenção mínima. Não se descura da disciplina necessária no âmbito militar, mas seja ela aplicada, juntamente com a sanção indispensável, no contexto administrativo, porém, não no cenário penal. Mas, nesta situação, há de se cuidar de quantidades realmente ínfimas. Algo que possa ser incluído no cenário de uso absolutamente pessoal e individual, sem qualquer indício de tráfico. E que possa ser atestado como de mínima potencialidade lesiva para efeito de retirar a capacidade de discernimento do militar. Reconhecemos, entretanto, que a maioria da jurisprudência não acolhe esse princípio no cenário militar. Nos julgados: STF: "Em se tratando de crime militar, cuja regência é especial – artigo 290 do Código Penal Militar –, descabe, ante os princípios da hierarquia e disciplina, agasalhar a óptica da ocorrência de crime de bagatela" (HC 115.914, 1.ª T., rel. Marco Aurélio, 24.10.2017, v.u.); "A jurisprudência da Corte é igualmente firme no sentido de que 'a posse, por militar, de substância entorpecente, independentemente da quantidade e do tipo, em lugar sujeito à administração castrense (art. 290, *caput*, do Código

Art. 290

Código Penal Militar Comentado • Nucci

426

Penal Militar), não autoriza a aplicação do princípio da insignificância. O art. 290, 'caput', do Código Penal Militar não contraria o princípio da proporcionalidade e, em razão do critério da especialidade, não se aplica a Lei n. 11.343/2006' (HC 104.564-AgR/RS, Primeira Turma, Relatora a Ministra Cármen Lúcia, *DJe* 27.05.2011)" (HC 116.312-RS, 1.ª T., rel. Dias Toffoli, 10.09.2013, v.u.); "A jurisprudência do Supremo Tribunal Federal – ressalvada a posição pessoal do relator – não admite a aplicabilidade, aos crimes militares, do princípio da insignificância, mesmo que se trate do crime de posse de substância entorpecente, em quantidade ínfima, para uso próprio, cometido no interior de Organização Militar" (HC 114.194-AgR-SP, 2.ª T., rel. Celso de Mello, 06.08.2013, v.u.). STM: "Consoante a jurisprudência do STM, a alegação de esquecimento da substância entorpecente não tem o condão de afastar a aplicação do art. 290 do CPM. As alegações de a quantidade de substância apreendida ser mínima e possuir potencial lesivo baixo não afastam a tipicidade da conduta. O uso e o porte de substância entorpecente revelam perigo à Unidade Militar, aos seus integrantes e ao bom andamento dos trabalhos na caserna. A gravidade do fato exacerba-se quando se sabe que os militares têm acesso às armas de fogo e que suas atividades demandam nível de responsabilidade incompatível com o uso de entorpecentes que lhes alterem os sentidos. O desvalor da conduta, com graves reflexos no ambiente castrense, impede o reconhecimento da atipicidade material, não havendo que se falar em aplicação dos princípios da insignificância, da fragmentariedade, da intervenção mínima ou da proporcionalidade. Apelo parcialmente provido, tão somente para reduzir a pena imposta ao Apelante para 1 (um) ano de reclusão. Decisão Majoritária" (Apelação n.º 7000052-83.2020.7.00.0000, rel. Lúcio Mário de Barros Góes, 10.06.2020, maioria).

597. Princípio da especialidade: em confronto com a Lei 11.343/2006 (Lei de Drogas), prevalece o disposto no art. 290 do Código Penal Militar, em face do critério da especialidade. A distinção entre tráfico de drogas (art. 33, Lei 11.343/2006) e posse para uso (art. 28, Lei 11.343/2006), após a reforma introduzida pela Lei 14.688/2023, em nossa visão, passa a existir, conforme exposto na nota 599-C.

598. Diferença de sanção: a pena prevista para o tráfico de drogas – reclusão, de um a cinco anos (antes da Lei 14.688/2023) – é muito inferior à prevista na legislação penal comum – reclusão, de 5 a 15 anos e multa. Por outro lado, equiparava-se, no *caput* do tipo, o tráfico para comércio e a posse para uso, outra medida ilógica de política criminal. Na Lei de Drogas, o traficante é severamente punido, mas o usuário recebe penas brandas, sem jamais ser preso. Diante desse registro, há de se rever a interpretação do art. 290, à luz da alteração introduzida pela Lei 14.688/2023. Consultar a nota 599-C.

598-A. Casos assimilados: são igualados, para fins de punição, nos termos do art. 290, *caput*, deste Código, as condutas descritas no § 1.º (incisos I a III), desde que envolva militar no cenário do tráfico ou consumo de drogas ilícitas. Na jurisprudência: STM: "I – A conduta pela qual o Acusado responde a esta Ação Penal encontra perfeita tipificação no art. 290, § 1.º, I, do CPM, além de conter os seus elementos circunstanciais subsumidos ao art. 9.º, da Lei Penal Militar. Trata-se de crime propriamente militar a atrair a competência desta Justiça Especializada. Outrossim, é irrelevante para o deslinde da controvérsia o posterior licenciamento do Réu, uma vez que esta Corte Castrense tem posicionamento firmado no sentido de que a competência desta Alçada Especializada se firma a partir do princípio do *tempus regit actum*. Delito praticado ao tempo em que o agente ostentava o *status* de militar da ativa. Preliminar rejeitada. II – A constatação de pequena quantidade de substância entorpecente não tem o condão de descaracterizar a tipicidade da ação delitiva, pois a conduta atinge bens jurídicos de relevo para a vida militar – a forma assemelhada insculpida no art. 290, § 1.º, I, do CPM, visa tutelar a saúde da caserna ao coibir que militares fiquem a se drogar uns com os outros, ainda que em ambiente externo ao aquartelamento. III – O Princípio da Proporcionalidade não incide ao caso, pois o tipo penal do art. 290 e os casos assimilados do CPM tutelam a saúde pública em primeiro lugar e, em segundo, a saúde, a integridade física e a vida do próprio agente, assim individualmente considerada. Além disso, resguardam a disciplina e o dever militar, pois de todo inconteste o efeito danoso das substâncias ilícitas no cumprimento das tarefas e posturas exigidas na caserna. Além disso, não há caracterização da crueldade da pena, a levar em consideração que as sanções vigentes no ordenamento jurídico são definidas pelos Representantes do povo e cabe ao Poder Judiciário a sua aplicação. Ademais, o postulado foi observado na aplicação da reprimenda pelo Colegiado *a quo*. IV – A inaplicabilidade do Princípio da Insignificância deriva do teor da lesão aos objetos jurídicos salvaguardados pelo tipo penal e pela perfeita adequação típica à norma incriminadora. Portanto, a punição do autor do fato é uma necessidade concebida pela legislação e respaldada pelo ordenamento jurídico. V – O fornecimento de droga por militar a outro colega, ainda que fora da caserna, é crime previsto no art. 290, § 1.º, I, do CPM, o que afasta a incidência da Lei 11.343/2006, em face do Princípio da Especialidade e da exclusiva proteção aos bens jurídicos tutelados pela norma penal militar. Aplicação da Súmula 14 desta Corte Marcial. VI – Não provimento do Recurso defensivo. Sentença condenatória mantida" (Apelação n.º 7000627-91.2020.7.00.0000, rel. Péricles Aurélio Lima de Queiroz, 12.11.2020).

599. Qualificadora pela qualidade do sujeito ativo: reputa-se mais grave a infração penal, caso o autor tenha maior facilidade de acesso às drogas, podendo inclusive prescrevê-las.

599-A. Apresentação para o serviço sob influência de droga: a pena prevista para o *caput* (reclusão de 1 a 5 anos) é compatível com o consumidor que, após ter usado o entorpecente e sob o seu efeito, apresenta-se para o serviço militar. Entretanto, a prova não será simples, porque não se trata de encontrar drogas com alguém, mas perceber que um militar está *sob efeito de entorpecente* já usado ou injetado. Se o militar, nesse estado, recusar-se a fazer exame de sangue ou outra espécie de exame, visto que ninguém é obrigado a se autoacusar, a dificuldade probatória será notória. Não se trata de uso de álcool, levando a pessoa à embriaguez, cujas características são mais visíveis e podem ser constadas por testemunhas e exame clínico. O consumo de outras drogas pode não gerar um quadro nítido de que esse uso foi realmente realizado.

599-B. Aumento de pena: a elevação da pena do consumidor de drogas decorre apenas da situação do militar, que se encontra no exercício da sua função, logo, mais grave a situação. Note-se, entretanto, que é voltado esse § 4.º ao *caput* e não envolve, portanto, o traficante do § 5.º.

599-C. Tráfico de drogas: a introdução deste parágrafo gera, automaticamente, um questionamento e evidencia uma falta de lógica por parte do legislador. Se a pena do *tráfico de drogas* (só se pode deduzir como sendo o *comércio ilegal* de entorpecentes) passa a ser de reclusão de 5 a 15 anos (sem pena de multa), a avaliação do *caput* deste artigo se torna problemática. Pode-se questionar: à luz da Lei 11.343/2006 (Lei de Drogas comum) há dois crimes distintos (usuário e traficante), logo, criou-se neste Código, igualmente, dois delitos? A resposta, assumindo a falta de lógica e apontando-se as reformas legislativas confusas e lamentáveis, precisa ser positiva. Se, antes da Lei 14.688/2023, todas as condutas do *caput* do art. 290 eram igualmente punidas, seja para comércio de drogas, seja para consumo, a partir da introdução do § 5.º, adotando a mesma punição do traficante da lei comum (reclusão de 5 a 15 anos), embora mais branda, pois sem a multa, a única solução viável é acolher-se a tese de que o *caput* passa a se destinar ao usuário de drogas. O traficante (negociador ou comerciante de drogas) transfere-se para o § 5.º. Não há mais sentido em se dizer que a venda de droga de uma pessoa para outra é *sempre* tráfico de drogas, como se faz na Lei 11.343/2006.

Art. 291

Código Penal Militar Comentado • NUCCI

Afinal, a redação limitada do § 5.º indica que o traficante precisa ser punido com o mínimo de 5 anos de reclusão; no *caput*, a punição mínima é de um ano de reclusão. Diante disso, há de se visualizar que *todas as figuras do caput* envolvem o usuário, que até pode vender droga para sustentar o seu consumo pessoal. Entretanto, quando essa venda for caracterizada como *comércio*, com nítido intuito de lucro, passa ao âmbito do § 5.º. Parece-nos que essa diferença deveria mesmo existir, vale dizer, traficante é quem comercializa entorpecente proibido, visando ao lucro, enquanto todos os consumidores podem até transferir drogas um ao outro, mas o fazem sem o objetivo de *comercializar*, tornando-se um *empresário da droga*, vulgo traficante. No entanto, o legislador deveria ter a cautela de *não economizar* texto na alteração legislativa. Em vez de simplesmente dizer que o *tráfico de drogas* recebe pena de reclusão de 5 a 15 anos, abandonando o disposto no *caput* do art. 290, deveria expressamente reformar o conteúdo do mencionado *caput*. Em suma, somos da opinião de que todas as condutas do *caput* constituem o cenário do consumidor de drogas. Todos os verbos do *caput*, quando destinados ao negócio da droga, voltam-se ao tráfico previsto no § 5.º. Com a sintética criação do conteúdo do § 5.º, sem maior detalhamento, pressupor que podem existir *dois tipos de traficantes* – um do *caput* e outro do § 5.º – é mero exercício de *adivinhação*.

Receita legal

> **Art. 291.** Prescrever o médico ou dentista, ou aviar o farmacêutico receita, ou fornecer substância entorpecente ou que determine dependência física ou psíquica fora dos casos indicados pela terapêutica, ou em dose evidentemente maior que a necessária, ou com infração de preceito legal ou regulamentar, para uso de militar ou para entrega a este, ou para qualquer fim, a qualquer pessoa, em consultório, gabinete, farmácia, laboratório ou lugar sujeitos à administração militar:[600-601]
>
> Pena – detenção, de 6 (seis) meses a 2 (dois) anos

Casos assimilados

> **Parágrafo único.** Na mesma pena incorre:[602]
>
> I – o militar ou o servidor público que, tendo sob sua guarda ou cuidado substância entorpecente ou que determine dependência física ou psíquica, em farmácia, em laboratório, em consultório, em gabinete ou em depósito militar, dela lança mão para uso próprio ou de outrem, ou para destino que não seja lícito ou regular;[603]
>
> II – quem subtrai substância entorpecente ou que determine dependência física ou psíquica, ou dela se apropria, em lugar sujeito à administração militar, sem prejuízo da pena decorrente da subtração ou apropriação indébita;[604]
>
> III – quem induz ou instiga militar em serviço ou em manobras ou exercício a usar substância entorpecente ou que determine dependência física ou psíquica;[605]
>
> IV – quem contribui de qualquer forma, para incentivar ou difundir o uso de substância entorpecente ou que determine dependência física ou psíquica, em quartéis, navios, arsenais, estabelecimentos industriais, alojamentos, escolas, colégios ou outros quaisquer estabelecimentos ou lugares sujeitos à administração militar, bem como entre militares que estejam em serviço, ou

> o desempenhem em missão para a qual tenham recebido ordem superior ou tenham sido legalmente requisitados.[606]

600. Aspectos objetivos: o sujeito ativo somente pode ser o médico, o dentista militar e o farmacêutico. O passivo é a sociedade; secundariamente, a instituição militar. *Prescrever* (receitar) é a conduta do médico e do dentista; *aviar* (preparar um medicamento), a conduta do farmacêutico. *Fornecer* (entregar a alguém) é válida para qualquer dos sujeitos. A prescrição, aviamento ou fornecimento deve ser realizada em dose (quantidade fixa de determinada substância) excessiva (exagerada, fora da medida necessária) ou em desacordo com determinação legal ou regulamentar. Aliás, é justamente a dose desmedida que permitirá caracterizar a imprudência ou negligência do agente.

601. Aspectos subjetivos: o crime é doloso, diversamente do que ocorre na legislação penal comum, onde se pune a título de culpa.

602. Aspectos subjetivos: todas as figuras previstas nestes incisos são dolosas. Não há elemento subjetivo específico, nem se pune a forma culposa.

603. Aspectos objetivos: nesta figura de assimilação, o sujeito ativo é o militar ou funcionário de unidade militar; o sujeito passivo, a sociedade; secundariamente, a instituição militar à qual pertence o sujeito ativo. A conduta é *usar* (utilizar, fazer uso de algo) para si mesmo ou para terceiro a substância entorpecente, que mantém em sua guarda ou cuidado, em farmácia, laboratório, consultório, gabinete ou depósito militar. Pode também o agente destinar a droga a qualquer outra finalidade ilícita ou irregular.

604. Aspectos objetivos: o sujeito ativo pode ser qualquer pessoa; o passivo é a sociedade; secundariamente, a instituição militar. Trata-se do *furto* ou da *apropriação* da substância entorpecente. O agente subtrai droga, quando não a tem em seu poder, ou dela se apropria, quando já a possui, em local sujeito a administração militar, independentemente do destino a ser dado.

605. Aspectos objetivos: o sujeito ativo pode ser qualquer pessoa; o passivo é a sociedade. A conduta alternativa envolve *induzir* (dar a ideia) ou *instigar* (fomentar ideia já existente) e tem por objeto o uso de droga pelo militar em serviço ou em manobras ou exercício. Trata-se do agente que insere a substância entorpecente no ambiente militar, podendo ser civil ou mesmo um militar também em serviço.

606. Aspectos objetivos: o sujeito ativo pode ser qualquer pessoa; o passivo é a sociedade; secundariamente, a instituição militar. A conduta principal é *contribuir* (dar auxílio, ajudar), associando-se a *incentivar* (incitar, estimular) ou *difundir* (espalhar, propagar) o uso de droga em variados locais: quartéis, navios, arsenais, indústrias, alojamentos, escolas, colégios ou outros estabelecimentos militares. Busca-se blindar tais lugares do acesso das substâncias entorpecentes.

Epidemia

> **Art. 292.** Causar epidemia, em lugar sujeito à administração militar, mediante propagação de germes patogênicos:[607-608]
>
> Pena – reclusão, de 5 (cinco) a 15 (quinze) anos.

Art. 293

Código Penal Militar Comentado • Nucci

Forma qualificada

§ 1.º Se do fato resulta morte, a pena é aplicada em dobro.[609]

Modalidade culposa

§ 2.º No caso de culpa, a pena é de detenção, de 1 (um) a 2 (dois) anos, ou, se resulta morte, de 2 (dois) a 4 (quatro) anos.[610]

607. Aspectos objetivos: o sujeito ativo pode ser qualquer pessoa; o passivo é a sociedade. *Causar* significa dar origem ou produzir. O objeto é epidemia, significando uma doença que acomete, em curto espaço de tempo e em determinado lugar, várias pessoas. Diferencia, corretamente, a doutrina a epidemia da endemia (enfermidade que existe, com frequência, em determinado lugar, atingindo número indeterminado de pessoas) e da pandemia (doença de caráter epidêmico que abrange várias regiões ao mesmo tempo). Conjuga-se com a conduta de *propagar*, isto é, espalhar ou disseminar germes patogênicos (microrganismos capazes de gerar doenças, como os vírus e as bactérias, dentre outros). O crime é de perigo comum concreto (aquele que coloca um número indeterminado de pessoas em perigo, que necessita ser provado). Há voz em sentido oposto, acolhendo a possibilidade de ser crime de perigo abstrato (Delmanto, *Código Penal comentado*, p. 486). Assim não nos parece, uma vez que o tipo *exige* que o sujeito *provoque* o surgimento de uma epidemia. Ora, havendo a disseminação de uma doença rapidamente, numa localidade, é certo que o perigo surgido é concreto. Cremos inexistir possibilidade de muitas pessoas ficarem doentes ao mesmo tempo e isso não ser considerado um perigo efetivo para a saúde pública. Existe, ainda, posição intermediária (Paulo José da Costa Júnior, *Direito penal – Curso completo*, p. 585), sustentando ser crime, concomitantemente, de dano (para as pessoas lesadas pela doença) e de perigo (para os que não foram atingidos). Mantemos nossa posição, classificando-o como de perigo concreto, pois o objeto jurídico protegido não é a incolumidade individual, e sim coletiva, além de ser crime contra a saúde pública, e não individual. Logo, a ocorrência da doença em alguns faz parte do perigo concreto determinado pelo tipo penal. Fosse a conduta do agente voltada somente a alguns indivíduos, estaríamos diante de um crime de lesão corporal, cuja pena é muito menor. Quem espalha doença, no entanto, pode terminar condenado a uma pena elevada de 10 anos de reclusão. Portanto, trata-se de um delito de perigo concreto, punido com especial rigor, justamente porque efetivamente atinge pessoas.

608. Aspectos subjetivos: é o dolo de perigo, ou seja, a vontade de gerar um risco não tolerado a terceiros. Não se exige elemento subjetivo específico. A forma culposa é prevista no § 2.º.

609. Crime qualificado pelo resultado: se da epidemia resultar morte de alguém, tendo havido dolo de perigo na conduta antecedente, o resultado qualificador se dá por conta de culpa do agente.

610. Figura culposa: preenche-se a epidemia culposa quando o agente atua com infringência ao dever de cuidado objetivo, nos termos do art. 33, II, deste Código. O resultado mais grave, consistente na morte, também é culposo.

Envenenamento com perigo extensivo

Art. 293. Envenenar água potável ou substância alimentícia ou medicinal, expondo a perigo a saúde de militares em manobras ou exercício, ou de indefinido número de pessoas, em lugar sujeito à administração militar:[611-612]

Pena – reclusão, de 5 (cinco) a 15 (quinze) anos.

Caso assimilado

> § 1.º Está sujeito à mesma pena quem em lugar sujeito à administração militar, entrega a consumo, ou tem em depósito, para o fim de ser distribuída, água ou substância envenenada.[613]

Forma qualificada

> § 2.º Se resulta a morte de alguém:[614]
>
> Pena – reclusão, de 15 (quinze) a 30 (trinta) anos.

Modalidade culposa

> § 3.º Se o crime é culposo, a pena é de detenção, de 6 (seis) meses a 2 (dois) anos; ou, se resulta morte, de 2 (dois) a 4 (quatro) anos.[615]

611. Aspectos objetivos: o sujeito ativo pode ser qualquer pessoa; o passivo é a sociedade; secundariamente, os militares em manobras ou exercício. *Envenenar* significa misturar substância que altera ou destrói as funções vitais do organismo em alguma coisa ou intoxicar. O objeto é água potável (água boa para beber, sem risco à saúde), substância alimentícia (matéria que se destina a nutrir e sustentar o organismo) ou substância medicinal (substância voltada ao alívio ou à cura de doenças, bem como ao combate de males e enfermidades). Conjuga-se com a *exposição a perigo* a saúde de militares em manobras ou exercícios, ou número indefinido de pessoas, em lugar sujeito à administração militar.

612. Aspectos subjetivos: é o dolo de perigo, ou seja, a vontade de gerar um risco não tolerado a terceiros. Não existe elemento subjetivo específico. A forma culposa está prevista no § 3.º.

613. Figura assimilada: em lugar sujeito à administração militar, *entrega* (passa à posse de outra pessoa), gratuita ou onerosamente, para o fim de ser ingerida ou degustada; ou ainda *ter em depósito* (conserva em local seguro) água ou substância envenenada, para ser distribuída. Na forma *ter em depósito* o delito é permanente, cuja consumação se prolonga no tempo.

614. Crime qualificado pelo resultado: havendo dolo de perigo na conduta antecedente (*caput* ou § 1.º), somente pode dar-se o resultado *morte* a título de culpa.

615. Forma culposa: o agente atua em flagrante desatenção, infringindo o dever de cuidado objetivo, na forma prevista pelo art. 33, II, deste Código.

Corrupção ou poluição de água potável

> **Art. 294.** Corromper ou poluir água potável de uso de quartel, fortaleza, unidade, navio, aeronave ou estabelecimento militar, ou de tropa em manobras ou exercício, tornando-a imprópria para consumo ou nociva à saúde:[616-617]
>
> Pena – reclusão, de 2 (dois) a 5 (cinco) anos.

Modalidade culposa

> **Parágrafo único.** Se o crime é culposo:[618]
>
> Pena – detenção, de 2 (dois) meses a 1 (um) ano.

Art. 295

616. Aspectos objetivos: o sujeito ativo pode ser qualquer pessoa; o passivo é a sociedade; secundariamente, todos os militares prejudicados pela conduta do agente. *Corromper* significa adulterar ou estragar; *poluir* quer dizer sujar ou tornar prejudicial à saúde. O objeto é água potável (água que se pode beber de maneira saudável), tornando-a imprópria para consumo. Trata-se de tipo misto alternativo, de modo que a prática de uma ou das duas condutas implica num único delito, quando no mesmo contexto. Diversamente da legislação penal comum, especifica-se, neste tipo, o uso básico da água: quartel, fortaleza, unidade, navio, aeronave, estabelecimento militar ou ainda em tropas em manobra ou exercício.

617. Aspectos subjetivos: é o dolo de perigo, ou seja, a vontade de gerar um risco não tolerado a terceiros. Não se exige elemento subjetivo específico. Pune-se a forma culposa nos termos do parágrafo único.

618. Forma culposa: o agente atua em flagrante desatenção, infringindo o dever de cuidado objetivo, na forma prevista pelo art. 33, II, deste Código.

Fornecimento de substância nociva

> **Art. 295.** Fornecer às forças armadas substância alimentícia ou medicinal corrompida, adulterada ou falsificada, tornada, assim, nociva à saúde:[619-620]
>
> Pena – reclusão, de 2 (dois) a 6 (seis) anos.

Modalidade culposa

> **Parágrafo único.** Se o crime é culposo:[621]
>
> Pena – detenção, de 6 (seis) meses a 2 (dois) anos.

619. Aspectos objetivos: o sujeito ativo pode ser qualquer pessoa; o sujeito passivo são os integrantes das Forças Armadas; secundariamente a sociedade. *Fornecer* (entregar algo) é a conduta principal, cujo objeto é a *substância alimentícia* (material destinado a nutrir pessoas) ou *medicinal* (material destinado à terapêutica), desde que estejam corrompidas (estragadas), adulteradas (modificadas) ou falsificadas (imitações do verdadeiro), que, por isso, são prejudicais à saúde. Tutela-se a saúde pública. O crime se torna particularmente grave, pois a alimentação de tropas e os cuidados com a saúde são fundamentais para a própria segurança dos trabalhos e exercícios.

620. Aspectos subjetivos: exige-se dolo de perigo. Não há finalidade específica. A forma culposa se encontra no parágrafo único.

621. Forma culposa: o agente atua em flagrante desatenção, infringindo o dever de cuidado objetivo, na forma prevista pelo art. 33, II, deste Código.

Fornecimento de substância alterada

> **Art. 296.** Fornecer às forças armadas substância alimentícia ou medicinal alterada, reduzindo, assim, o seu valor nutritivo ou terapêutico:[622-623]
>
> Pena – detenção, de 6 (seis) meses a 2 (dois) anos.

Modalidade culposa

> **Parágrafo único.** Se o crime é culposo:[624]
>
> Pena – detenção, até 6 (seis) meses.

622. Aspectos objetivos: o sujeito ativo pode ser qualquer pessoa; o sujeito passivo são os integrantes das Forças Armadas; secundariamente, a sociedade. O tipo segue o mesmo padrão do anterior. A diferença se encontra no fornecimento de substâncias (alimentícias ou medicinais) alteradas, de modo a experimentar redução de seu valor nutritivo ou terapêutico. A pena é mais branda, mas ainda assim o delito é grave, pois as tropas necessitam de montantes alimentares corretos para o seu desempenho e remédios para a sua perfeita atuação.

623. Aspectos subjetivos: exige-se dolo de perigo. Não há finalidade específica. A forma culposa se encontra no parágrafo único.

624. Forma culposa: o agente atua em flagrante desatenção, infringindo o dever de cuidado objetivo, na forma prevista pelo art. 33, II, deste Código.

Omissão de notificação de doença

> **Art. 297.** Deixar o médico militar, no exercício da função, de denunciar à autoridade pública doença cuja notificação é compulsória:[625-626]
>
> Pena – detenção, de 6 (seis) meses a 2 (dois) anos.

625. Aspectos objetivos: o sujeito ativo somente pode ser o médico militar; o passivo é a sociedade. Tutela-se a saúde pública. *Deixar de denunciar* significa não delatar ou negar conhecimento sobre alguma coisa. O objeto é doença de notificação obrigatória, que é a enfermidade cuja ciência, pelo poder público, é indispensável. Trata-se de norma penal em branco, necessitando de complemento para ser compreendida, isto é, torna-se indispensável conhecer o rol das doenças de que o Estado deseja tomar conhecimento. O delito é omissivo e não admite tentativa, pois praticado num único ato (unissubsistente).

626. Aspectos subjetivos: é o dolo de perigo, ou seja, a vontade de gerar um risco não tolerado a terceiros. Não se demanda elemento subjetivo específico, nem se pune a forma culposa.

Título VII
Dos crimes contra a administração militar

Capítulo I
Do desacato e da desobediência

Desacato a superior

> **Art. 298.** Desacatar superior, ofendendo-lhe a dignidade ou o decoro, ou procurando deprimir-lhe a autoridade:[627-632]
>
> Pena – reclusão, até 4 (quatro) anos, se o fato não constitui crime mais grave.[633]

Agravação de pena

> **Parágrafo único.** A pena é agravada, se o superior é oficial general ou comandante da unidade a que pertence o agente.[634]

627. Aspectos objetivos: o sujeito ativo, conforme descrição feita no tipo, somente pode ser o militar, mesmo assim de hierarquia inferior. O sujeito passivo é o Estado; secundariamente, o oficial desacatado. Aliás, *desacatar* quer dizer desprezar, faltar o respeito ou humilhar. O objeto da conduta é o superior. A *dignidade* e o *decoro* simbolizam a honradez, o brio, a decência, em suma, a autoestima da pessoa. *Deprimir* significa causar angústia, mas também humilhar ou rebaixar, conectando-se ao termo *autoridade*. Essa disposição final é desnecessária, pois já abrangida pela conduta principal (desacatar). Tal conduta pode implicar qualquer tipo de palavra grosseira ou ato ofensivo contra a pessoa que exerce função pública, incluindo ameaças e agressões físicas. Não se concretiza o crime se houver reclamação ou crítica contra a atuação funcional de alguém. "Simples censura, ou desabafo, em termos queixosos, mas sem tom insólito, não pode constituir desacato. Nem importa que o fato não tenha tido a publicidade que o agravasse, especialmente. Importa, unicamente, que ele tenha dado, de modo a não deixar dúvida, com o objetivo de acinte e de reação indevida ao livre exercício da função pública. (...) No que toca às palavras oralmente pronunciadas, importam o tom acre e a inflexão dada à voz, quando

Art. 298

Código Penal Militar Comentado • Nucci

as testemunhas possam, ao depor sobre o fato, auxiliar na prova de que a configuração do desacato é ou pode ser concluída como inegável" (cf. Fernando Henrique Mendes de Almeida, *Dos crimes contra a Administração Pública*, p. 186). Deve constar na denúncia e na sentença quais foram exatamente as expressões utilizadas pelo agente, mesmo que de baixo calão. Quanto ao advogado como sujeito ativo, apesar de o Estatuto da Advocacia (art. 7.º, § 2.º) preceituar que há imunidade profissional e, no exercício da sua atividade, não poder constituir desacato qualquer manifestação de sua parte, esse trecho está com a eficácia suspensa por julgamento proferido pelo Supremo Tribunal Federal (ADI 1127-DF). No tocante ao entrelaçamento entre as Forças Armadas e a Polícia Militar, depende da situação concreta, exigindo-se, para a configuração deste delito, a presença de hierarquia entre o agente e a vítima. A figura da tentativa somente se concretiza se a conduta se desenvolver na forma escrita; quando oral, é crime unissubsistente, produzindo num único ato, sem possibilidade de tentativa. Na jurisprudência: STM: "6. A tese da atipicidade do delito previsto no art. 298 do CPM, quando for praticado mediante ligação telefônica, não encontra apoio nos ditames constitucionais que tutelam a *ultima ratio* de proteção da sociedade. A adoção desse entendimento tem o potencial de gerar graves conflitos no ambiente armado do Estado. 7. A ira ou a cólera do agente, no momento da prática do crime, não afasta a subsunção da conduta ao tipo previsto no art. 298 do CPM. 8. A Jurisprudência do STM, assim como dos demais tribunais pátrios, consolidou-se no sentido de que a previsão dos tipos penais de desacato é constitucional e não atenta contra os tratados de Direitos Humanos dos quais o Brasil é signatário. Nessa senda, importa destacar que a elasticidade da liberdade de expressão não alcança a possibilidade de atacar, livremente, os Princípios da Hierarquia e da Disciplina, a ponto de pôr em risco o dever constitucional das Forças Armadas. 9. Apelo provido. Decisão por maioria" (Apelação n.º 7001454-39.2019.7.00.0000, rel. Marco Antônio de Farias, 27.10.2020, maioria); "2. Configura o delito de desacato a superior, previsto no art. 298 do CPM, quando um militar, diante de outros militares, de forma desrespeitosa e com a clara intenção de menosprezar a função do superior hierárquico, opõe-se à execução de ordem legal. O dolo, elemento subjetivo do tipo, resta devidamente caracterizado. Recurso conhecido e não provido. Decisão unânime" (Ap. 7000691-72.2018.7.00.0000, rel. Odilson Sampaio Benzi, j. 29.11.2018, v.u.); "Militar que, livre e conscientemente, desafia a autoridade de seu superior hierárquico, durante solenidade, na presença de seus pares, em razão de ordinária cobrança inerente à vida castrense, comete, dolosamente, o crime de desacato a superior e não o de desrespeito a superior. 6. O emprego de palavras aviltantes de baixo calão no trato com militar mais antigo, no intento de impedir o cumprimento regular de ordem emanada pelo Comandante da Organização Militar a que serve, constitui, igualmente, desacato a superior. 7. Conforme a jurisprudência desta Corte Castrense, o artigo 88 do Código Penal Militar não ofende nenhum dos preceitos insculpidos na Constituição da República Federativa do Brasil de 1988. 8. Preliminar rejeitada. Unanimidade. Apelos conhecidos e parcialmente providos. Unanimidade" (Ap. 0000003-94.2016.7.10.0010, rel. Carlos Augusto de Sousa, j. 10.05.2018, v.u.)

628. Aspectos subjetivos: o crime é doloso. O verbo *desacatar* tem conteúdo normativo, de modo que prescinde de elemento subjetivo específico, representando a vontade de menosprezar alguém. Não há a forma culposa. Momentos de ira, cólera ou explosão emocional, justificada pelas circunstâncias fáticas concretas, podem afastar o ânimo de desacato do agente. No sentido de se demandar *dolo específico*: STM: "I – Para que se configure o crime presente no art. 298 do CPM é necessária a presença de dolo específico na conduta, ou seja, é imprescindível que se comprove a presença de seus elementos objetivos, que consistem em desacatar, menosprezar, insultar ou ofender superior, atingindo sua dignidade, decoro, honra ou visando enfraquecer sua autoridade. II – O art. 298 do CPM tutela a autoridade e a hierarquia, com a finalidade de assegurar a disciplina militar. No presente caso, verifica-se que sua conduta não causou perigo ou ameaça à autoridade do ofendido. Apelo ministerial conhecido e desprovido. Decisão unânime" (Apelação n.º 7001072-46.2019.7.00.0000, rel. José Coêlho Ferreira, 22.10.2020, v.u.). Noutra ótica: STM: "O núcleo da conduta no crime de desacato a militar é 'desacatar', ou seja, faltar com o devido respeito ou com o acatamento, desmerecer, menoscabar, afrontar a autoridade do militar em função de natureza militar. Para configuração do delito previsto no art. 299 do Código Penal Militar, não se exige que o agente atue com ânimo calmo e refletido, pois, geralmente, a conduta é praticada em situações de alteração psicológica, agindo o agente impulsionado por sentimentos de raiva, ódio ou rancor, caracterizando-se o elemento subjetivo pelo dolo consistente na vontade livre e consciente de ofender ou desprestigiar a função exercida pelo sujeito passivo. (...)" (Apelação n.º 7000587-46.2019.7.00.0000, rel. Carlos Vuyk de Aquino, 12.02.2020, v.u.).

629. Presença do ofendido: é indispensável, pois o menoscabo necessita ter alvo certo, de forma que a vítima deve ouvir a palavra injuriosa ou sofrer diretamente o ato. Ainda que esteja à distância, precisa captar por seus próprios sentidos a ofensa, inclusive se for assistindo um programa de televisão (cf. Antonio Pagliaro e Paulo José da Costa Júnior, *Dos crimes contra a Administração Pública*, p. 209). Se a ofensa for por escrito, caracteriza-se injúria, mas não desacato.

630. Ofendido que provoca a agressão: não configura desacato se o particular devolve provocação do militar, tendo em vista que não busca desprestigiar a função pública, mas dar resposta ao que julgou indevido. Entretanto, no cenário militar, o subalterno deve ter cautela redobrada nesse sentido, tendo em vista a hierarquia rigorosa existente.

631. Embriaguez do agressor: cremos configurar o crime ainda que o ofensor esteja sob efeito do álcool ou substância de efeito análogo. Afinal, a ebriedade não afasta a concretização de nenhum delito, de forma que não ocorreria o mesmo no contexto do desacato.

632. Indiferença do ofendido: se a vítima demonstra completo desinteresse pelo ato ofensivo proferido pelo agressor, não há que se falar em crime, pois a função pública não chegou a ser desprestigiada. É o que pode acontecer quando um superior, percebendo que alguém está completamente histérico, em virtude de algum acidente ou porque se encontra em situação de extrema tensão, releva eventuais palavras ofensivas que essa pessoa lhe dirige. Não se pode considerar fato típico, desde que o prestígio da Administração tenha permanecido inabalável. Mas caso o militar seja efetivamente humilhado, no exercício da sua função, a sua concordância é irrelevante, pois o crime é de ação pública incondicionada.

633. Tipo subsidiário: somente se pune o desacato se outro delito mais grave não se configurar, como, por exemplo, a lesão corporal. O mesmo não ocorre com a tentativa de lesão ou ameaça: STM: "Não deve prevalecer a sentença *a quo* que condenou o réu de forma autônoma pelos crimes de desacato, ameaça, tentativa de lesão corporal, violência contra militar, haja vista que, pelo princípio da consunção, tais condutas são absorvidas por um único crime de desacato, conforme pacífica e remansosa doutrina e jurisprudência." (Ap. 0000014-34.2007.7.07.0007 – PE, Plenário, rel. Marcos Martins Torres, 06.02.2012, v.u.).

634. Agravante específica: sem dúvida, a humilhação causada pelo desacato torna-se mais grave quando atinge o oficial general (posto máximo na hierarquia militar) ou o superior diretamente ligado ao agente.

Desacato a militar

> **Art. 299.** Desacatar militar no exercício de função de natureza militar ou em razão dela:[635-636]
>
> Pena – detenção, de 6 (seis) meses a 2 (dois) anos, se o fato não constitui outro crime.[637]

Art. 299

635. Aspectos objetivos: o crime de desacato foi tripartido pela legislação penal militar, embora de maneira desnecessária. Seria perfeitamente cabível uma só figura de desacato, contendo alguns componentes agravantes ou qualificadores. Neste tipo penal, o sujeito ativo pode ser qualquer pessoa, desde que o passivo secundário (o principal é o Estado) seja militar no exercício da função ou atuando em função dela. Quanto ao conteúdo do verbo *desacatar*, ver os comentários ao art. 298. Na jurisprudência: STM: "O núcleo da conduta no crime de desacato a militar é 'desacatar', ou seja, faltar com o devido respeito ou com o acatamento, desmerecer, menoscabar, afrontar a autoridade do militar em função de natureza militar. Para configuração do delito previsto no art. 299 do Código Penal Militar, não se exige que o agente atue com ânimo calmo e refletido, pois, geralmente, a conduta é praticada em situações de alteração psicológica, agindo o agente impulsionado por sentimentos de raiva, ódio ou rancor, caracterizando-se o elemento subjetivo pelo dolo consistente na vontade livre e consciente de ofender ou desprestigiar a função exercida pelo sujeito passivo" (Apelação n.º 7000587-46.2019.7.00.0000, rel. Carlos Vuyk de Aquino, 12.02.2020, v.u.); "1. No Estado Democrático de Direito, a liberdade de expressão não pode amparar comportamentos delituosos, e deve ser exercida, conforme idêntica magnitude, com absoluto respeito à honra e à dignidade dos demais. A Convenção Americana de Direitos Humanos não proíbe que os Estados-Partes prevejam o tipo penal do crime de desacato. Por isso, os preceitos do art. 299 do CPM em nada se contrapõem ao Pacto de São José da Costa Rica ou à Constituição Federal/1988. 2. A previsão legal do delito de desacato contra militar em serviço tutela o bem jurídico 'Administração Castrense', representada pelo exercício da função do ofendido em segundo grau. Para além da honra do próprio militar insultado, o Direito Penal Militar protege o prestígio e a respeitabilidade das Forças Armadas, assegurando o seu regular e permanente funcionamento. Trata-se de vetores imprescindíveis à sociedade, os quais atraem, quando atacados, a pronta tutela do Estado-Juiz. (...)" (Apelação n.º 7001238-78.2019.7.00.0000, rel. Marco Antônio de Farias, 04.06.2020, v.u.); "O conjunto probatório produzido na fase processual é firme em confirmar a autoria e a materialidade delitivas, não restando dúvida que o Acusado desacatou militares que estavam no exercício da função militar, em operação de prevenção e repressão de delitos na faixa de fronteira. O dolo também está evidenciado nos autos, diante da inegável intenção do Acusado em menosprezar os militares que atuavam em função de natureza militar. Consoante já decidiu esta Corte Castrense, o tipo penal de desacato contra militar encontra respaldo na própria Convenção Americana sobre Direitos Humanos. A natureza supralegal do Pacto de São José da Costa Rica, conforme entende o STF, por si só, não acarreta a invalidade do art. 299 do CPM, tipo penal recepcionado pela Constituição Federal, máxime considerando-se o bem jurídico tutelado e a missão constitucional das Forças Armadas. (...)" (Apelação n.º 7000964-51.2018.7.00.0000, rel. Lúcio Mário de Barros Góes, 07.05.2019, v.u.). TJMSP: "4. O crime de desacato, previsto no art. 331 do CP comum, que corresponde ao tipo penal do art. 299 do CPM, continua válido no ordenamento jurídico pátrio. 5. Expressões de baixo calão proferidas ao léu por subordinado, em razão de situação vivenciada, não se subsomem ao crime previsto no art. 298 do CPM, o qual reprime as ofensas desferidas contra a dignidade, o decoro ou a autoridade do superior. Não obstante, quando aliadas a comportamento impróprio, perpetrado diante de outros militares, retratam a conduta típica de desrespeito ao superior, prevista no art. 160 do CPM" (Ap. 0000292-90.2013.7.01.0201, rel. Marco Antônio de Farias, j. 01.12.2017, v.u.); "3. No que se refere ao delito de desacato a militar (art. 299 do CPM), as circunstâncias e provas dos autos permitem concluir que o apelante, no momento dos fatos, tinha perfeito entendimento do caráter criminoso do fato ou de determinar-se de acordo com esse entendimento. 4. Ação que não só menosprezou o miliciano que estava no exercício da função, atendendo a ocorrência por ele solicitada, como também ofendeu a própria Corporação, nele representada. 5. Condenação majoritária à pena mínima de seis meses de detenção, em regime aberto, pelo crime previsto no artigo 299 do CPM. 6. Recurso parcialmente provido, por maioria de votos. 7. Revisor designado para redigir o acórdão" (Ap. Crim. 007295/2016, 1.ª Câm., rel. Paulo Adib Casseb, j. 02.05.2017, m.v.).

636. Aspectos subjetivos: ver comentários ao art. 298.

637. Tipo subsidiário: somente se pune o desacato se outro delito mais grave não se configurar, como, por exemplo, a lesão corporal. O mesmo não ocorre com a tentativa de lesão ou ameaça: STM: "Não deve prevalecer a sentença *a quo* que condenou o réu de forma autônoma pelos crimes de desacato, ameaça, tentativa de lesão corporal, violência contra militar, haja vista que, pelo princípio da consunção, tais condutas são absorvidas por um único crime de desacato, conforme pacífica e remansosa doutrina e jurisprudência" (Ap. 0000014-34.2007.7.07.0007 – PE, Plenário, rel. Marcos Martins Torres, 06.02.2012, v.u.).

Desacato a servidor público

> **Art. 300.** Desacatar servidor público no exercício de função ou em razão dela, em lugar sujeito à administração militar:[638-639]
>
> Pena – detenção, de 6 (seis) meses a 2 (dois) anos, se o fato não constitui outro crime.[640]

638. Aspectos objetivos: a figura do *desacato* compreende qualquer servidor público, quando no exercício da função pública (ou em razão dela) em local sujeito à administração militar. Quanto à conduta principal, ver os comentários ao art. 298..

639. Aspectos subjetivos: ver os comentários ao art. 298.

640. Tipo subsidiário: somente se pune o desacato se outro delito mais grave não se configurar, como, por exemplo, a lesão corporal. O mesmo não ocorre com a tentativa de lesão ou ameaça: STM: "Não deve prevalecer a sentença *a quo* que condenou o réu de forma autônoma pelos crimes de desacato, ameaça, tentativa de lesão corporal, violência contra militar, haja vista que, pelo princípio da consunção, tais condutas são absorvidas por um único crime de desacato, conforme pacífica e remansosa doutrina e jurisprudência." (Ap. 0000014-34.2007.7.07.0007 – PE, Plenário, rel. Marcos Martins Torres, 06.02.2012, v.u.).

Desobediência

> **Art. 301.** Desobedecer a ordem legal de autoridade militar:[641-646]
> Pena – detenção, até 6 (seis) meses.

641. Aspectos objetivos: o sujeito ativo pode ser qualquer pessoa, inclusive o militar. Nesta hipótese, torna-se indispensável verificar se a ordem dada tem ou não relação com a função exercida, uma vez que, se tiver e não for cumprida, pode configurar-se o delito de prevaricação. Se o militar, que recebe ordem legal de outro, não pertinente ao exercício das suas funções, deixa de obedecer, é possível se configurar a desobediência, pois, nessa hipótese, age como particular. Entretanto, se receber a ordem e for da sua competência realizar o ato, pode concretizar-se outro tipo penal, como o supramencionado delito de prevaricação. O sujeito passivo é o Estado. Não há, nesta hipótese, sujeito secundário, pois o militar desatendido não

Art. 301

Código Penal Militar Comentado • Nucci

defende nenhum interesse próprio. *Desobedecer* significa não ceder à autoridade ou força de alguém, resistir ou infringir. É preciso que a ordem dada seja do conhecimento *direto* de quem necessita cumpri-la. Na jurisprudência: STJ: "O policial militar que é cientificado pelo seu superior hierárquico da convocação para audiência e a ela deixa de comparecer, comete, em tese, crime de desobediência a 'ordem legal de funcionário público' (CP, art. 330). Não havendo crime militar (CPM, art. 301), a competência para processar e julgar a ação penal correspondente é da Justiça estadual. 2. Conflito conhecido para declarar a competência do Juízo de Direito do Juizado Especial Criminal da Comarca de Além Paraíba/MG, ora suscitado" (CC 122.364 – MG, 3.ª S., rel. Newton Trisotto, j. 13.05.2015, v.u.). STM: "O delito de Desobediência, conforme tipificado no art. 301 do CPM, tem por objetividade jurídica a tutela da autoridade, do prestígio e da dignidade da Administração Militar; e, nessa esteira, da respeitabilidade dos seus agentes, quando no exercício das suas atividades e funções legalmente instituídas. Trata-se, destarte, de delito cuja prática ofende não só o militar em atividade ou de serviço, como também – e principalmente – a própria Administração Militar. Presença do dolo a permear o agir objetivo do Acusado. Improcedência da tese defensiva de que, *in casu*, se trataria de mera infração de trânsito. Delito delineado e provado em todas as suas elementares. Não provimento do Apelo. Unânime" (Ap. 7000580-88.2018.7.00.0000, rel. Luis Carlos Gomes Mattos, j. 09.10.2018, v.u.).

642. Aspectos subjetivos: é o dolo. Não se exige elemento subjetivo específico, nem se pune a forma culposa. Note-se que o verbo *desobedecer* é do tipo que contém, em si mesmo, a vontade específica de contrariar ordem alheia, infringindo, violando. O engano quanto à ordem a ser cumprida (modo, lugar, forma, entre outros) exclui o dolo.

643. Ordem legal: é indispensável que o comando (determinação para fazer algo, e não simples pedido ou solicitação) seja legal, isto é, previsto em lei, formal (ex.: emitido por autoridade competente) e substancialmente (ex.: estar de acordo com a lei). Não se trata de ordem dada para satisfazer uma vontade qualquer do superior, fruto de capricho ou prepotência. Por outro lado, como já mencionado na análise do núcleo do tipo, exige-se conhecimento direto (na presença de quem emite o comando, por notificação ou outra forma inequívoca, não valendo o simples envio de ofício ou carta) por parte do funcionário ao qual se destina a ordem, sem ser por interposta pessoa, a fim de não existir punição por mero "erro de comunicação", que seria uma indevida responsabilidade penal objetiva. Ver: STJ: "Em faltando justa causa para a ação penal, como ocorre quando se imputa desobediência *a quem não foi destinatário* da ordem legal, faz-se imperativa a concessão de *habeas corpus* para o seu trancamento" (RHC 8.637-SP, 6.ª T., rel. Hamilton Carvalhido, 13.09.1999, v.u., *DJ* 17.12.1999, p. 400, grifamos). Sob outro aspecto, a legalidade da ordem não se confunde com sua justiça ou injustiça. Ordens legais, ainda que injustas, devem ser cumpridas.

644. Inexistência de outra punição: ressalta, com pertinência, Nélson Hungria que "se, pela desobediência de tal ou qual ordem oficial, alguma lei comina determinada penalidade administrativa ou civil, não se deverá reconhecer o crime em exame, salvo se a dita lei ressalvar expressamente a cumulativa aplicação do art. 330 (ex.: a testemunha faltosa, segundo o art. 219 do Código de Processo Penal, está sujeita não só à prisão administrativa e pagamento das custas da diligência da intimação, como a 'processo penal por crime de desobediência')" (*Comentários ao Código Penal*, v. 9, p. 420). O mesmo não ocorre com a testemunha arrolada em processo civil, que, intimada, deixa de comparecer à audiência. Pode ser conduzida coercitivamente, mas não será processada por desobediência, em face da inexistência de preceito autorizador, como se dá em relação à testemunha arrolada em processo criminal. Aliás, nesse contexto, inclua-se o caso da ausência do réu, que tem o *direito* de estar presente às audiências do seu processo, mas não o dever. Logo, a sua falta já provoca consequência, que é o seu desinteresse em acompanhar a instrução com prejuízo para a autodefesa. Além do mais, conforme o caso, havendo indispensável necessidade da sua presença, pode o juiz conduzi-lo coercitivamente ao fórum ou, conforme a situação, decretar a sua prisão processual. Não pode, no entanto, determinar que seja processado por desobediência. A negativa do acusado, por outro lado, ao fornecimento de seus dados pessoais para a qualificação, algo que não está abrangido pelo direito ao silêncio, pode configurar o delito de desobediência. Portanto, havendo sanção administrativa ou processual, sem qualquer ressalva à possibilidade de punir pelo crime de desobediência, não se configura este. Na jurisprudência: STF: "Não há crime de desobediência (CP, art. 330), no plano da tipicidade penal, se a inexecução da ordem, emanada de servidor público, revelar-se passível de sanção administrativa prevista em lei, que não ressalva a dupla penalidade. Com base nesse entendimento, a Turma deferiu *habeas corpus* para anular condenação imposta ao paciente, que se recusara a exibir, a policial militar encarregado de vistoria de trânsito, seus documentos e os do veículo automotor que dirigia. Considerou-se que a conduta do paciente já está sujeita à sanção prevista no art. 238 do Código de Trânsito Brasileiro. Precedente citado: HC 86254/RS (*DJU* 10.03.2006)" (HC 88452/RS, 2.ª T., rel. Eros Grau, 02.05.2006, *Informativo* 425).

645. Autoacusação: baseado no princípio da presunção de inocência (art. 5.º, LVII, CF), no sentido de quem ninguém será considerado culpado até o advento de decisão condenatória com trânsito em julgado, decorrem os princípios de que todo réu tem direito ao silêncio e de que ninguém é obrigado a produzir prova contra si mesmo. Diante disso, qualquer ordem proferida ao acusado para participar da constituição de prova em seu desfavor deve ser reputada como ilegal, pois certamente é inconstitucional.

646. Sigilo do advogado e do médico: compreende-se como razoável e não passível de punição por desobediência o sigilo do advogado, a respeito de seu cliente, pois é inerente à sua própria função ouvir e conhecer detalhes que não podem comprometer, depois, o sujeito que os narrou. Se ninguém é obrigado a se autoacusar, ao procurar o advogado, é justamente esse direito que se está exercitando. Logo, não há hipótese que obrigue o profissional da advocacia a quebrar o sigilo. A característica da sua profissão é inerente ao direito de não se autoincriminar que todos possuem. Quanto ao médico, o sigilo profissional é previsto em lei, embora nenhum direito seja absoluto. O médico deve guardar sigilo sobre o prontuário do paciente, a fim de assegurar o seu direito à intimidade, como preceitua o Código de Ética Médica (ainda assim, pode revelar fato de que tenha conhecimento em razão da profissão se houver *justa causa, dever legal* ou *autorização do paciente*). E, do mesmo modo, o gerente de um banco deve assegurar o sigilo pertinente à movimentação da conta bancária do seu cliente, com o mesmo fito de garantir a intimidade. Ocorre que, para colaborar com o Poder Judiciário, na sua tarefa de apurar lesões ou ameaças a direito, pode o sigilo ser rompido, visto não haver direito absoluto. Se pode o sigilo bancário ser quebrado por ordem do magistrado, por que não poderia o sigilo médico? Por isso, quando for indispensável para apurar um crime – como a configuração da materialidade em crimes que deixam vestígios –, é lógico que deve o médico enviar ao juiz a ficha de atendimento do paciente (por vezes, vítima do crime que está sendo apurado), a fim de se formar um juízo acerca da prova. Não fosse assim e estar-se-ia negando aplicação ao art. 5.º, XXXV, da Constituição Federal ("a lei não excluirá da apreciação do Poder Judiciário lesão ou ameaça a direito"). É evidente que o caso concreto irá determinar o melhor caminho a seguir. Se o juiz deseja informações sobre o prontuário de um paciente que faz terapia, a fim de melhor conhecer sua personalidade, pode o médico recusar-se a fornecer, embora *deva* responder ao ofício, e não simplesmente ignorá-lo. Entretanto, no caso da ficha de atendimento, onde constam lesões corporais aptas a demonstrar até mesmo a ocorrência de uma tentativa de homicídio ou de outro crime grave qualquer, não se pode assimilar o sigilo

Art. 302

Código Penal Militar Comentado • Nucci

médico como razoável. A lesão causada à vítima precisa ser apurada e depende, diretamente, da colaboração do médico, de forma que o Código de Ética não será, jamais, superior à própria Constituição Federal.

Ingresso clandestino

> **Art. 302.** Penetrar em fortaleza, quartel, estabelecimento militar, navio, aeronave, hangar ou em outro lugar sujeito à administração militar, por onde seja defeso ou não haja passagem regular, ou iludindo a vigilância da sentinela ou de vigia:[647-648]
>
> Pena – detenção, de 6 (seis) meses a 2 (dois) anos, se o fato não constitui crime mais grave.[649]

647. Aspectos objetivos: o sujeito ativo pode ser qualquer pessoa. O passivo é o Estado, simbolizado pela administração militar. Trata-se de uma modalidade específica de desobediência, embora não se configure a conduta típica contra uma autoridade ou funcionário em particular; volta-se a unidades militares. Noutros termos, inexiste pessoalidade na transgressão. *Penetrar* significa ingressar em algum lugar, porém com o caráter de invasão. Volta-se a conduta típica a unidades particularmente tuteladas pelo Estado, tais como fortalezas, quartéis, estabelecimento militares de toda ordem, navios, aeronaves, hangares e outros lugares sujeito à administração militar. Há que se buscar, em tais lugares, a vedação de ingresso. As expressões configuradoras de tal proibição foram muito extensas e repetidas: *por onde seja defeso ou não haja passagem regular, ou iludindo a vigilância da sentinela ou de vigia*. Bastaria mencionar *ser vedado*. O restante é óbvio, como, por exemplo, burlar a vigilância da sentinela, algo comum onde há proibição de ingresso. Na jurisprudência: STM: "O crime de ingresso clandestino consuma-se com a entrada do agente em área militar, de forma dolosa, ou seja, ele deve ter o conhecimento de que aquele local se trata de área militar, e mesmo assim, adentra sem autorização. Não se observou o elemento subjetivo necessário à prática do delito de ingresso clandestino, eis que a exordial não logrou êxito em demonstrar a intenção do denunciado iludir a vigilância da sentinela, ou que a entrada ocorreu por local defeso ou onde não haja passagem regular. Recurso não provido" (Recurso em Sentido Estrito n.º 7000244-16.2020.7.00.0000, rel. Odilson Sampaio Benzi, 23.09.2020, v.u.); "II. O crime militar de *nomen iuris* Ingresso clandestino, tipificado no art. 302 do CPM, é crime formal e de perigo abstrato, o qual, para sua consumação, independe da produção de resultado naturalístico, bastando que a conduta seja influenciada por *animus* deliberado em penetrar na área sob a Administração Militar, de modo oculto, sem a necessidade de produzir dano. III. Para que se verifique o erro essencial de fato, o agente deve supor, no momento da conduta, inexistir alguma situação de fato que constitua crime; ou supor existir uma situação fática que tornaria sua conduta legal. IV. Imperou-se a vontade livre e consciente do réu em invadir Vila Militar, por onde não havia passagem regular devidamente sinalizada, e, rompendo ofendículo (arame de concertina), ingressar clandestinamente em área privativa militar. V. As provas testemunhais, bem como a confissão do Acusado demonstraram a ciência inequívoca do Réu quanto à restrição e à proibição de adentrar em área militar devidamente sinalizada. VI. Não provimento do apelo. Decisão unânime" (Ap. 7000195-43.2018.7.00.0000, rel. José Barroso Filho, j. 12.11.2018); "1. O crime de ingresso clandestino é de mera conduta e de perigo abstrato, não se exigindo qualquer motivo determinante para o comportamento do agente. Inexiste, assim, dolo ou elemento subjetivo específicos, porquanto o tipo é subsidiário, não se caracterizando caso se compreenda outro elemento volitivo. Tutela-se a ordem administrativa das Forças Armadas por razões de segurança e de defesa nacional. 2.

Mesmo que o Réu tenha penetrado em estabelecimento militar simplesmente para colher frutos, a sua atitude de passar agachado por lugar defeso, devidamente identificado e cercado, iludindo a vigilância, é capaz de violar a norma penal e fragilizar o bem jurídico protegido. 3. A conduta do Acusado foi dolosa em sua forma genérica, isto é, com vontade consciente violou preceito penal de penetrar em estabelecimento militar, uma vez que adentrou agachado para burlar monitoramento e, na sua prisão em flagrante, afirmou conhecer o risco de irromper unidade militar sem autorização. 4. Apelo desprovido. Decisão unânime" (Ap. 7000025-71.2018.7.00.0000, rel. Péricles Aurélio Lima de Queiroz, j. 01.08.2018, v.u.).

648. Aspectos subjetivos: o delito é doloso. Não há elemento subjetivo específico, nem se pune a forma culposa.

649. Tipo subsidiário: somente se pune o desacato se outro delito mais grave não se configurar, como, por exemplo, a lesão corporal; dano; furto.

Capítulo II

Do peculato

> **Art. 303.** Apropriar-se de dinheiro, valor ou qualquer outro bem móvel, público ou particular, de que tem a posse ou detenção, em razão do cargo ou comissão, ou desviá-lo em proveito próprio ou alheio:[650-652]
>
> Pena – reclusão, de 3 (três) a 15 (quinze) anos.
>
> § 1.º A pena aumenta-se de 1/3 (um terço), se o objeto da apropriação ou desvio é de valor superior a vinte vezes o salário mínimo.

Peculato-furto

> § 2.º Aplica-se a mesma pena a quem, embora não tendo a posse ou detenção do dinheiro, valor ou bem, o subtrai, ou contribui para que seja subtraído, em proveito próprio ou alheio, valendo-se da facilidade que lhe proporciona a qualidade de militar ou de servidor público.[653-654]

Peculato culposo

> § 3.º Se o servidor público ou o militar contribui culposamente para que outrem subtraia ou desvie o dinheiro, valor ou bem, ou dele se aproprie:[655]
>
> Pena – detenção, de 3 (três) meses a 1 (um) ano.

Extinção ou minoração da pena

> § 4.º No caso do parágrafo anterior, a reparação do dano, se precede a sentença irrecorrível, extingue a punibilidade, se lhe é posterior, reduz de 1/2 (metade) a pena imposta.[656]

650. Aspectos objetivos: o sujeito ativo somente pode ser o funcionário público, militar ou civil. O sujeito passivo é o Estado; secundariamente, a entidade de direito público ou o particular prejudicado. São duas as condutas típicas previstas no *caput* do artigo: a) *apropriar-se*, que significa tomar como propriedade sua ou apossar-se. É o que se chama de *peculato-apropriação*; b) *desviar*, que significa alterar o destino ou desencaminhar. É o que se classifica como *peculato-desvio*. Conferir: STF: "O Tribunal, por maioria, recebeu denúncia oferecida pelo Ministério Público Federal contra Deputado Federal, em que se lhe imputa a prática do crime previsto no art. 312 do CP, na modalidade de peculato-desvio, em razão de ter supostamente desviado valores do erário, ao indicar e admitir determinada pessoa como secretária parlamentar, quando de fato essa pessoa continuava a trabalhar para a sociedade empresária de titularidade do denunciado. Inicialmente, rejeitou-se a arguição de atipicidade da conduta, por se entender equivocado o raciocínio segundo o qual seria a prestação de serviço o objeto material da conduta do denunciado. Asseverou-se que o objeto material da conduta narrada foram os valores pecuniários (dinheiro referente à remuneração de pessoa como assessora parlamentar). (...) Vencidos os Ministros Marco Aurélio e Celso de Mello, que rejeitavam a denúncia por reputar atípica a conduta imputada ao denunciado" (Inq. 1.926-DF, Pleno, rel. Ellen Gracie, 09.10.2008, m.v., *Informativo* 523). STM: "Cometem peculato os agentes que, enquanto analistas de pagamento, têm acesso ao Sistema de Pagamento de Pessoal, bem como a outros sistemas correlatos no âmbito da Força, e, consciente e voluntariamente, deram destinação diversa ao dinheiro do Erário, por meio de lançamentos indevidos nos sistemas que operavam, em proveito alheio, mas que não deixa de ser recíproco entre os agentes. Caso em que os valores indevidos foram efetivamente inscritos em seus contracheques e creditados em suas contas correntes, sem o esboço de qualquer comunicação à Administração Castrense do pagamento irregular. O tipo penal é claro ao estatuir que a posse deva se dar em razão do cargo, mas não exige a lei que a posse seja apenas a direta, asseverando a doutrina que a expressão deve ser interpretada em sentido amplo, abrangendo, além da posse direta, a posse indireta e até mesmo a detenção. Recurso não provido. Decisão unânime" (Apelação n.º 7001430-11.2019.7.00.0000, rel. Maria Elizabeth Guimarães Teixeira Rocha, 12.11.2020); "O crime de peculato é praticado contra a Administração Pública e não contra o patrimônio, sendo certo que o dano necessário e suficiente para a sua consumação é aquele inerente à violação do dever de fidelidade para com ela. O peculato-desvio caracteriza-se quando o funcionário, muito embora sem ânimo de apossamento definitivo, emprega o objeto material em fim diverso de sua destinação, em proveito próprio ou alheio. A expressão posse descrita no tipo penal deve ser tomada em sentido amplo, não importando se direta ou indireta, incluindo-se, pois, a detenção" (EDcl. 0000002-50.2006.7.03.0303 – RS, Plenário, rel. Cleonilson Nicácio Silva, 09.08.2012, m.v.). O termo *peculato*, desde o início, teve o significado de furto de coisa do Estado. Conforme esclarece Fernando Henrique Mendes de Almeida, "o étimo da palavra está em *pecus*, tal como em suas convizinhas pela raiz (*pecus* = gado) pecúnia, pecúlio, especular, e se reporta à época em que o gado foi havido como moeda. A palavra, como se sabe, designou, em sua evolução, a subtração da moeda, ou metal do Fisco, até que, finalmente, passou a significar furtos e apropriações indevidas, realizadas por prestadores de contas, bem como quaisquer fraudes em prejuízo da coisa pública" (*Dos crimes contra a Administração Pública*, p. 11-12). Pode-se acrescentar, ainda, a menção de Basileu Garcia de que "o peculato foi outrora considerado gravíssimo delito, sujeito à pena capital, como quase todos os fatos delituosos que ofendiam diretamente o Estado e as prerrogativas do soberano" (*Dos crimes contra a Administração Pública*, p. 222). *Dinheiro* é a moeda em vigor, destinada a proporcionar a aquisição de bens e serviços; *valor* é tudo aquilo que pode ser convertido em dinheiro, possuindo poder de compra e trazendo para alguém, mesmo que indiretamente, benefícios materiais; *outro bem móvel* é fruto da interpretação analógica, isto é, dados os exemplos – dinheiro e valor –, o tipo penal amplia a possibilidade de qualquer outro bem, semelhante aos primeiros, poder constituir a figura do peculato. Assim, se o funcionário receber uma joia, configura-se a hipótese de "outro bem móvel". Nas palavras de Fernando Henrique Mendes de Almeida, "quanto ao valor econômico do bem, cumpre observar um pouco. Não se deve levar em conta unicamente o que possa ser estimado pecuniariamente. Antes, cumpre ter em atenção, também, o interesse moral. Se, por exemplo, um empregado de uma ferrovia estatizada vende a um passageiro um bilhete de viagem já utilizado, está claro que o bilhete já não tem valor. No entanto, houve peculato precisamente porque, não tendo valor o bilhete, o funcionário, ciente disto, ousou vendê-lo ao particular, considerando que tal passagem tem o mecanismo do título ao portador. Pouco importa que a ferrovia, provado o delito, não reembolse o passageiro, no exemplo aqui dado. Há o crime, apesar de o objeto não ter valor e a Administração Pública não reparar o dano econômico. Há o crime porque foi violada a confiança da Administração Pública" (*Dos crimes contra a Administração Pública*, p. 14). A origem do bem recebido pode ser de natureza pública – pertencente à Administração Pública – ou particular – pertencente a pessoa não integrante da Administração –, embora em ambas as hipóteses necessite estar em poder do funcionário público em razão de seu cargo. Exemplo de apropriação de bem particular é o do carcereiro que, em razão do cargo, fica com bens ou valores pertencentes ao preso. Porém, se o carcereiro toma dinheiro dos detentos, para lhes fazer um favor pessoal (comprar alguma coisa, por exemplo), cuida-se de mera apropriação indébita, se não devolver a quantia. Neste Código, corretamente, prevê-se tanto a posse quanto a detenção; no Código Penal comum, somente se estabelece a posse, embora se deva ampliar para a detenção, por interpretação extensiva. O funcionário necessita fazer uso de seu cargo para obter a posse de dinheiro, valor ou outro bem móvel. Se não estiver na esfera de suas atribuições o recebimento de determinado bem, impossível se falar em peculato, configurando-se outro crime. O policial, por exemplo, não tem atribuição para receber valor correspondente a fiança. Se o fizer, pode se configurar corrupção passiva ou apropriação indébita, conforme o caso.

651. Aspectos subjetivos: é o dolo. Exige-se o elemento subjetivo específico, consistente na vontade de se apossar, definitivamente, do bem, em benefício próprio ou de terceiro. Entendemos que o elemento específico deve ser aplicado apenas à segunda figura, uma vez que a primeira já o possui ínsito ao verbo-núcleo do tipo – apropriar-se. E, quanto à sua vontade de se apossar do que não lhe pertence, não basta o funcionário alegar que sua intenção era restituir o retirado da esfera de disponibilidade da Administração, devendo a prova ser clara nesse prisma, a fim de se afastar o ânimo específico de aproveitamento, tornando atípico o fato. A forma culposa vem prevista no § 3.º.

652. Peculato de uso: assim como o furto, não se configura crime quando o funcionário público utiliza um bem qualquer infungível, em seu benefício ou de outrem, mas com a nítida intenção de devolver, isto é, sem que exista a vontade de se apossar do que não lhe pertence, mas está sob sua guarda. A vontade de se apropriar demonstra que a intenção precisa estar voltada à conquista definitiva do bem móvel. Portanto, inexiste crime quando o agente utiliza um veículo que lhe foi confiado para o serviço público em seu próprio benefício, isto é, para assuntos particulares. Configura-se, nessa hipótese, mero ilícito administrativo, mesmo de caráter disciplinar. Não se pode, ainda, falar em peculato de uso quando versar sobre dinheiro, ou seja, coisa fungível. Se o funcionário usar dinheiro que tem sob sua guarda para seu próprio benefício, pratica o delito de peculato. Sobre o tema, convém mencionar a lição de Antonio Pagliaro e Paulo José da Costa Júnior: "Nesta hipótese, para que se possa falar de apropriação indébita ou de desvio, é necessário que o uso, por sua natureza e por sua duração, seja tal que comprometa a utilidade da coisa para a Administração Pública ou para outro sujeito ao qual pertença. Naturalmente, para que se aperfeiçoe o crime, é preciso que haja um compromisso sério na utilização da coisa. Por isso, não haverá ilícito penal, mas somente um ato moralmente reprovável e suscetível de sanções disciplinares, se um funcionário público, por ocasião de uma

Art. 303

Código Penal Militar Comentado • Nucci

festa, enfeitar sua casa com quadros de sua repartição, ou, então, usar vez ou outra máquinas de escrever, automóveis, que pertençam a terceiros e estejam em sua posse em razão do cargo. Se se verificar consumo de gasolina ou de outro material, poder-se-á configurar o peculato em relação a tais materiais" (*Dos crimes contra a Administração Pública*, p. 46).

653. Aspectos objetivos: a conduta, nesta hipótese, é *subtrair* (tirar de quem tem a posse ou a propriedade), não se exigindo, portanto, que o servidor tenha o bem sob sua guarda, o que é necessário para a figura do *caput*. Por isso, o § 1.º é denominado como *peculato-furto*. Note-se, ainda, que o tipo penal prevê outra hipótese, que é *contribuir para que seja subtraído*, dando mostra que considera conduta principal o fato de o funcionário colaborar para que outrem subtraia bem da Administração Pública. Se porventura não houvesse tal previsão, poder-se-ia indicar que o funcionário, concorrendo para a subtração alheia, respondesse por furto, em concurso de pessoas, já que o executor material seria pessoa não ligada à Administração. Mas, havendo expressamente essa disposição – "contribui para que seja subtraído" –, é natural supor que o particular, mesmo agindo como executor, ingressa no tipo do art. 303, que é especial em relação ao do art. 240 (furto), como coautor. Como elemento normativo do tipo, a expressão *valer-se de facilidade proporcionada pela qualidade de militar ou funcionário* é fundamental para a configuração do *peculato-furto*. Assim, não basta que haja a subtração, sendo indispensável que ela se concretize em razão da facilidade encontrada pelo funcionário para tanto. Se o agente, ainda que funcionário, não se vale do cargo, nem de qualquer facilidade por ele proporcionada, para subtrair bem da Administração Pública, comete furto, e não peculato. Na jurisprudência: STM: "I – O crime de peculato-furto possui o elemento funcional que vincula o agente à Administração Pública e visa tutelar, além do patrimônio público, a moralidade e a probidade dos agentes públicos. II – O tipo penal descrito no § 2.º do art. 303 do CPM não exige condição especial de facilidade proporcionada pela função exercida, mas sim a facilidade a que lhe proporciona sua qualidade de militar. III – A condenação à pena superior a dois anos veda o benefício da Suspensão Condicional da Pena e impõe ao militar graduado a exclusão das Forças Armadas" (Apelação n.º 7000130-14.2019.7.00.0000, rel. Francisco Joseli Parente Camelo, 06.08.2020, maioria); "O delito de peculato-furto, também chamado 'peculato impróprio', previsto no art. 303, § 2º do CPM, configura-se quando o agente, mesmo não tendo a posse ou a detenção do bem móvel, público ou particular, o subtrai em proveito próprio ou alheio, valendo-se da facilidade que lhe proporciona a qualidade de militar ou funcionário da Administração Pública. Trata-se de crime contra a Administração Militar, cujo bem tutelado é o próprio dever de fidelidade do agente com a instituição que integra, e não apenas o patrimônio sob a sua responsabilidade funcional. Incabível acolher a tese de inexigibilidade de conduta diversa como excludente de culpabilidade sob o fundamento de que o Apelante passava dificuldades financeiras e agiu dessa forma para preservar a dignidade de sua família. As provas produzidas no decorrer do processo não demonstram a situação alegada. O Acusado usou da facilidade proporcionada pelo serviço que lhe foi designado para praticar o delito e com isso transgrediu a confiança dos seus superiores e ofendeu, principalmente, a confiança que lhe conferiu a Aeronáutica ao incumbir-lhe da especial função de cassineiro. Os preceitos constitucionais atinentes aos arts. 227 e 229 da Constituição Federal foram preservados na Sentença combatida, tendo em vista que não houve atentado à dignidade da família do Acusado ou de impedimento a suposto dever de ajuda e amparo a genitores na velhice. Ademais, não constam nos autos provas de desrespeito a esses dispositivos, tendo o Réu invocado as obrigações constitucionais apenas no sentido de sua conveniência. Apelo defensivo a que se nega provimento. Unânime" (Ap. 0000070-54.2015.7.01.0201, rel. Marcus Vinicius Oliveira dos Santos, j. 06.06.2017, v.u.).

654. Aspectos subjetivos: o delito é doloso. Há elemento subjetivo específico, consistente em *proveito próprio ou alheio*. A forma culposa se encontra no § 3.º.

655. Peculato culposo: é figura a ser preenchida por meio do elemento subjetivo *culpa* (art. 33, II, CPM). Na realidade, criou-se neste dispositivo autêntica participação culposa em *ação* dolosa alheia (note-se que não se fala em participação culposa em *crime* doloso, o que é inviável pela teoria monística adotada no concurso de pessoas). O servidor, para ser punido, insere-se na figura do garante. Assim, tem ele o dever de agir, impedindo o resultado de ação delituosa de outrem. Não o fazendo, responde por peculato culposo. Exemplificando: se um vigia de prédio público desvia-se de sua função de guarda, por negligência, permitindo, pois, que terceiros invadam o lugar e de lá subtraiam bens, responde por peculato culposo. O funcionário, neste caso, infringe o dever de cuidado objetivo, inerente aos crimes culposos, deixando de vigiar, como deveria, os bens da Administração que estão sob sua tutela. Vale ressaltar, ainda, que esta modalidade de peculato é sempre plurissubjetiva, isto é, necessita da concorrência de pelo menos duas pessoas: o funcionário (garante) e terceiro que comete o crime para o qual o primeiro concorre culposamente. É impossível que um só indivíduo seja autor de peculato culposo. Na jurisprudência: STM: "A conduta do Denunciado restringiu-se ao uso indevido da viatura oficial para fins particulares, subsistindo apenas a violação de um dever de agir. Não se encontram presentes os elementos objetivos e subjetivos para a caracterização do crime culposo, bem como a previsibilidade do resultado. A conduta resulta atípica por falta de justa causa para a propositura da ação penal. Precedentes do STM. Recurso desprovido. Decisão unânime" (RSE 0000124-45.2014.7.01.0301, rel. Lúcio Mário de Barros Góes, j. 30.03.2015).

656. Causa de extinção da punibilidade ou de redução da pena: aplicável somente ao peculato culposo. É possível que o funcionário reconheça a sua responsabilidade pelo crime alheio e decida reparar o dano, restituindo à Administração o que lhe foi retirado. Nessa hipótese, extingue-se a punibilidade, se tal reparação se der antes do trânsito em julgado de sentença condenatória. Caso a restituição seja feita posteriormente, é apenas uma causa de diminuição da pena. Nesta última hipótese, cabe ao juiz da execução penal aplicar o redutor da pena, por ter cessado a atividade jurisdicional do juiz da condenação.

Peculato mediante aproveitamento do erro de outrem

> **Art. 304.** Apropriar-se de dinheiro ou qualquer utilidade que, no exercício do cargo ou comissão, recebeu por erro de outrem:[657-658]
>
> Pena – reclusão, de 2 (dois) a 7 (sete) anos.

657. Aspectos objetivos: o sujeito ativo é somente o funcionário público. É correta a lembrança de Fernando Henrique Mendes de Almeida: "Se particular entrasse no fato, evidentemente, estaríamos defronte de uma usurpação de funções públicas em forma agravada (art. 328). De qualquer forma, o que importa é verificar que o peculato por erro de outrem é praticado na base inicial de uma usurpação de atribuições" (*Dos crimes contra a Administração Pública*, p. 27). O sujeito passivo é o Estado; secundariamente, a entidade de direito público ou a pessoa prejudicada. *Apropriar-se*, como mencionado, significa tomar algo como propriedade sua ou apossar-se. É o chamado *peculato-estelionato* ou peculato impróprio. *Dinheiro* é a moeda corrente oficial destinada a proporcionar a sua troca por bens e serviços. *Utilidade* é qualquer vantagem ou lucro. O tipo penal, valendo-se da interpretação analógica, generaliza, proporcionando que, por meio do exemplo dado ("dinheiro"), se consiga visualizar outras hipóteses,

Art. 305

semelhantes a esta, que sejam úteis ao agente (por isso a menção a "utilidade"), sendo móveis e com valor econômico. Quanto à expressão *no exercício do cargo,* seria puro preciosismo distingui-la da anterior, utilizada no art. 303, "em razão do cargo". Em ambas as hipóteses, o que se tem em conta é que o funcionário ou militar, prevalecendo-se das suas funções, consegue obter valor que não lhe chegaria às mãos não fosse o cargo exercido. A menção à comissão refere-se ao *cargo em comissão.* O erro é a falsa percepção da realidade. Torna-se necessário que a vítima, por equivocar-se quanto à pessoa do funcionário público encarregado de receber o dinheiro ou a utilidade, termine entregando o valor a quem não está autorizado a receber. Este, por sua vez, interessado em se apropriar do bem, nada comunica à pessoa prejudicada, nem tampouco à Administração. Aliás, é possível ainda que o ofendido entregue dinheiro ou outra utilidade *desnecessariamente* ao funcionário competente e este, aproveitando-se do erro, aproprie-se do montante. A modalidade prevista no art. 304 é um estelionato cometido por funcionário público em detrimento, primordialmente, do Estado, bem como, em segundo plano, da pessoa prejudicada. O importante é que exista apropriação de dinheiro ou outra utilidade decorrente de *erro* de terceiro, pouco importando se esse equívoco nasceu espontaneamente ou foi induzido pelo agente receptor.

658. Aspectos subjetivos: é o dolo. Entendemos não haver elemento subjetivo do tipo específico. A vontade específica de pretender apossar-se de coisa pertencente a outra pessoa está ínsita no verbo "apropriar-se". Portanto, incidindo sobre o núcleo do tipo, o dolo é suficiente para configurar o crime de peculato-apropriação. Além disso, é preciso destacar que o dolo é atual, ou seja, ocorre no momento da conduta "apropriar-se", inexistindo a figura por alguns apregoada do "dolo subsequente". Não existe a figura culposa.

Capítulo III
Da concussão, excesso
de exação e desvio

Concussão

> **Art. 305.** Exigir, para si ou para outrem, direta ou indiretamente, ainda que fora da função ou antes de assumi-la, mas em razão dela, vantagem indevida:[659-660]
>
> Pena – reclusão, de 2 (dois) a 8 (oito) anos.

659. Aspectos objetivos: o sujeito ativo é somente o funcionário público, militar ou civil. O sujeito passivo é o Estado; secundariamente, a entidade de direito público ou a pessoa diretamente prejudicada. *Exigir* significa ordenar ou demandar, havendo aspectos nitidamente impositivos e intimidativos na conduta, que não precisa ser, necessariamente, violenta. Não deixa de ser uma forma de extorsão, embora colocada em prática por funcionário público. Explica Basileu Garcia que a palavra *concussão* "liga-se ao verbo latino *concutere*, sacudir fortemente. Empregava-se o termo especialmente para alusão ao ato de sacudir com força uma árvore para que dela caíssem os frutos. Semelhantemente, procede o agente desse crime: sacode o infeliz particular sobre quem recai a ação delituosa, para que caiam frutos, não no chão, mas no seu bolso" (*Dos crimes contra a Administração Pública*, p. 225). É possível a configuração do delito caso o agente atue diretamente (sem rodeios e pessoalmente) ou fazendo sua exigência de modo indireto (disfarçado ou camuflado ou por interposta pessoa). Na jurisprudência: STM: "O tipo penal incriminador descrito no art. 305 do CPM consiste em exigir para si ou para outrem, direta ou indiretamente, ainda que fora de função, ou antes de assumi-la, mas em razão dela, vantagem indevida. O delito de concussão é formal, de consumação antecipada, que dispensa a existência de resultado naturalístico e que se consuma quando feita a exigência, mesmo que não se obtenha a vantagem indevida, constituindo esta, mero exaurimento do delito. A exigência pode ser explícita ou velada (implícita). Na primeira, é realizada diretamente pelo militar ou funcionário que, valendo-se da função, intima o indivíduo a lhe conceder a vantagem indevida. No segundo caso, a exigência é levada a efeito de forma sutil, maliciosa e capciosa. O elemento subjetivo do crime de concussão é o dolo consistente na vontade livre e consciente de exigir para si ou para outrem a vantagem, valendo-se da função investida. A prática delituosa descrita na Denúncia atenta gravemente contra a Administração Pública Militar, *in casu*, a probidade, a moral, o dever de lealdade administrativa, e não somente contra o patrimônio público, razão pela qual, não há que se falar na aplicação do Princípio da Insignificância. A circunstância de estar o Militar em serviço não é inerente ao crime de concussão tipificado no art. 305 do Código Penal Militar, mesmo porque a vantagem indevida pode ser exigida fora da função ou antes de assumi-la. Excepcionalmente, consideradas as circunstâncias do caso concreto, por razões de política criminal e em homenagem aos Princípios Constitucionais da Proporcionalidade, da Razoabilidade e da Individualização da Pena, na consideração das circunstâncias legais da atenuante genérica da reparação do dano prevista no artigo 72, inciso III, alínea 'b', do Código Penal Militar, pode-se estabelecer, na segunda fase da dosimetria da pena, a fixação da reprimenda em patamar inferior ao mínimo legal, a despeito da dicção do art. 73 do Código Penal Militar e do Enunciado n.º 231 da Súmula de Jurisprudência do Superior Tribunal de Justiça" (Apelação n.º 7000751-11.2019.7.00.0000, rel. Carlos Vuyk de Aquino, 10.12.2019, v.u.); "Comete o crime de concussão, previsto no art. 305 do CPM, militar que, na qualidade de Coordenador da Horta, age de maneira consciente e voluntária e exige para si vantagem indevida de colegas de caserna sob a promessa de conseguir o engajamento na Força, bem como a permanência na Horta do Batalhão da Guarda Presidencial, alegando grande influência que exercia junto ao Subcomandante da OM. A prática delituosa só foi descoberta porque um dos Ofendidos se recusou a pagar a quantia exigida pelo Apelado e, após ser licenciado, comunicou o fato a seu superior hierárquico. Tese defensiva de ausência de provas dos fatos imputados ao Apelado que não se sustenta, diante da análise das circunstâncias colacionadas aos autos. Depoimentos coesos e harmônicos dos Ofendidos, ao afirmarem que o Apelado efetivamente exigiu para si vantagem indevida. Apesar de o Acusado não ter confessado em Juízo, o contexto e as provas dos autos comprovaram, na verdade, a exigência e, para além, o efetivo recebimento da propina. Conduta devidamente comprovada que, seguramente, ampara sua condenação. Unânime. Pena aumentada em 1/3 (um terço), em razão da continuidade delitiva e de acordo com a regra estampada no artigo 71 do Código Penal Brasileiro. Maioria" (Ap. 7000482-06.2018.7.00.0000, rel. Marcus Vinicius Oliveira dos Santos, j. 04.12.2018). O tipo é explícito ao exigir que o agente valha-se de sua função para demandar a vantagem indevida. Pode ele se encontrar fora da função (suspenso ou de licença), não ter, ainda, assumido suas atividades (nomeado, mas não empossado) ou já estar em pleno desenvolvimento de sua função. Entretanto, em qualquer caso, é indispensável que reclame a vantagem invocando sua atividade profissional. O conceito de *vantagem indevida* pode ser qualquer lucro, ganho, privilégio ou benefício ilícito, ou seja, contrário ao direito, ainda que ofensivo apenas aos bons costumes. Há casos concretos em que o funcionário deseja obter somente um elogio, uma vingança ou mesmo um favor sexual, enfim, algo imponderável no campo econômico e, ainda assim, corrompe-se para prejudicar ato de ofício. Por vezes, já que a natureza humana é complexa para abarcar essas situações, uma vantagem não econômica

Art. 306

Código Penal Militar Comentado • Nucci

pode surtir mais efeito do que se tivesse algum conteúdo patrimonial. Não se tratando de delitos patrimoniais, pode-se acolher essa amplitude.

660. Aspectos subjetivos: é o dolo. Exige-se elemento subjetivo específico, consistente em destinar a vantagem para si ou para outra pessoa. Não existe a forma culposa.

Excesso de exação

> **Art. 306.** Exigir imposto, taxa ou emolumento que sabe indevido, ou, quando devido, empregar na cobrança meio vexatório ou gravoso, que a lei não autoriza:[661-662]
>
> Pena – detenção, de 6 (seis) meses a 2 (dois) anos.

661. Aspectos objetivos: quanto aos sujeitos ativo e passivo, ver os comentários ao artigo anterior. *Exação* é a cobrança pontual de tributos. Portanto, o que este tipo penal tem por fim punir não é a exação em si mesma, mas o seu excesso, sabido que o abuso de direito é considerado ilícito. Assim, quando o funcionário cobra tributo além da quantia efetivamente devida, comete o *excesso de exação*. Há duas formas para compor o excesso de exação: a) *exigir* (demandar, ordenar) o pagamento de imposto, taxa ou emolumento indevido; b) *empregar* (dar emprego ou usar) meio vexatório na cobrança. O tipo penal refere-se a imposto e taxa, que são espécies de tributo ("toda prestação pecuniária compulsória, em moeda ou cujo valor nela se possa exprimir, que não constitua sanção de ato ilícito, instituída em lei e cobrada mediante atividade administrativa plenamente vinculada", art. 3.º do Código Tributário Nacional). Não há possibilidade de ampliação do rol, em razão do princípio constitucional da reserva legal. *Emolumentos* são verbas devidas aos escrivães e oficiais de justiça pelos atos do processo e estes representam contraprestação pela prática de atos extrajudiciais dos notários e registradores. Em consequência, a exigibilidade pelo oficial registrador de emolumento superior ao previsto no Regimento de Custas e Emolumentos tipifica o delito de excesso de exação. O elemento normativo do tipo, constituído pelo termo *indevido* evidencia que o tributo ou emolumento há de ser impróprio, vale dizer, de exigência ilícita, seja porque a lei não autoriza que o Estado os cobre, seja porque o contribuinte já os pagou, seja, ainda, porque estão sendo demandados em valor acima do correto. O meio vexatório é o que causa vergonha ou ultraje; *gravoso* é o meio oneroso ou opressor. É natural que o Estado não possa aceitar – nem fazer – uma cobrança vexatória ou gravosa, parecendo supérfluo mencionar, na parte final do tipo, a expressão "que a lei não autoriza". Seria inconstitucional se o fizesse, isto é, se lei autorizasse vexar ou oprimir o contribuinte. Entretanto, foi melhor constar, a fim de não autorizar o entendimento de que o *vexame* ou o *gravame* seriam analisados do ponto de vista de quem contribui. Em verdade, verifica-se se o tributo ou a contribuição estão sendo corretamente cobrados de acordo com a lei, ainda que possa parecer a quem paga gravoso demais, por exemplo. Além disso, cuida-se de norma penal em branco, pois é preciso consultar os meios de cobrança de tributos e contribuições, instituídos em lei específica, para apurar se está havendo excesso de exação.

662. Aspectos subjetivos: é o dolo. Menciona-se no tipo a forma direta ("que sabe"), excluindo-se o dolo eventual. Não há elemento subjetivo específico, nem se pune a forma culposa.

Desvio

> **Art. 307.** Desviar, em proveito próprio ou de outrem, o que recebeu indevidamente, em razão do cargo ou função, para recolher aos cofres públicos:[663-664]
>
> Pena – reclusão, de 2 (dois) a 12 (doze) anos.

663. Aspectos objetivos: quanto aos sujeitos ativo e passivo, ver os comentários ao art. 306. Trata-se do *excesso de exação qualificado*. Quando o funcionário *desviar* (alterar o destino original) para si ou para outrem o que *recebeu indevidamente* (aceitar em pagamento sem previsão legal), pratica a figura qualificada do delito previsto neste artigo. O recolhimento, apesar de indevido, destina-se, sempre, aos cofres públicos, uma vez que se trata de exação (cobrança de impostos).

664. Aspectos subjetivos: é o dolo. Exige-se elemento subjetivo específico, consistente em destinar a vantagem para proveito próprio ou de terceiro. Não existe a forma culposa.

Capítulo IV

Da corrupção

Corrupção passiva

> **Art. 308.** Solicitar ou receber, para si ou para outrem, direta ou indiretamente, ainda que fora da função ou antes de assumi-la, mas em razão dela, vantagem indevida, ou aceitar promessa de tal vantagem:[665-667]
>
> Pena – reclusão, de 2 (dois) a 12 (doze) anos

Aumento de pena

> § 1.º A pena é aumentada de 1/3 (um terço), se, em consequência da vantagem ou promessa, o agente retarda ou deixa de praticar qualquer ato de ofício ou o pratica infringindo dever funcional.[668]

Diminuição de pena

> § 2.º Se o agente pratica, deixa de praticar ou retarda o ato de ofício com infração de dever funcional, cedendo a pedido ou influência de outrem:[669]
>
> Pena – detenção, de 3 (três) meses a 1 (um) ano.

665. Aspectos objetivos: o sujeito ativo é somente o funcionário público, militar ou civil. O sujeito passivo é o Estado; secundariamente, a entidade de direito público ou a pessoa prejudicada. Vale destacar as exceções expostas por Basileu Garcia: "um funcionário pode ser autor do crime de corrupção ativa e o particular pode sê-lo do crime de corrupção passiva. Quanto à corrupção passiva, a lei adverte que o crime se poderá dar através de pedido ou rece-

Art. 308

Código Penal Militar Comentado • Nucci

452

bimento indiretamente efetuado. Suponha-se que o funcionário relapso se utilize dos préstimos de um intermediário, que poderá ser outro funcionário, como também um particular. O nexo de coautoria o vinculará à responsabilidade do principal protagonista. Pode dar-se, também, que determinado servidor do Estado assedie outro, para obter dele a prática de algum ato funcional mediante remuneração: aí teremos como réu de corrupção ativa um funcionário" (*Dos crimes contra a Administração Pública*, p. 228-229). *Solicitar* significa pedir e *receber* quer dizer aceitar em pagamento ou simplesmente aceitar algo. A segunda parte do tipo penal prevê a conduta de *aceitar promessa*, isto é, consentir em receber dádiva futura. Classifica a doutrina como *corrupção própria* a solicitação, recebimento ou aceitação de promessa de vantagem indevida para a prática de ato ilícito, contrário aos deveres funcionais, bem como de *corrupção imprópria*, quando a prática se refere a ato lícito, inerente aos deveres impostos pelo cargo ou função. Em tese, a modalidade "receber" implicaria um delito necessariamente bilateral, isto é, demandaria a presença de um corruptor (autor de corrupção ativa) para que o corrupto também fosse punido. E, se assim fosse, logicamente, a não identificação do corruptor não impediria a punição do corrupto, embora a absolvição do primeiro, conforme o caso (fato inexistente, por exemplo), devesse implicar a absolvição do segundo. Porém, contrastando este tipo penal do art. 308 com a descrição típica feita no art. 309, nota-se que existe possibilidade de se configurar a corrupção passiva, sem que haja a corrupção ativa. Afinal, esta demanda o *oferecimento* ou a *promessa* de vantagem indevida *para* que o funcionário faça ou deixe de fazer algo. Logo, a corrupção ativa é prévia à realização do ato. Ora, se um funcionário público receber, para si, vantagem indevida, em razão de seu cargo, configura-se, com perfeição, o tipo penal do art. 308, *caput*. A pessoa que fornece a vantagem indevida pode estar *preparando* o funcionário para que, um dia, dele necessitando, solicite algo, mas nada pretenda no momento da entrega do mimo. Ou, ainda, pode presentear o funcionário, após ter este realizado um ato de ofício. Cuida-se de corrupção passiva do mesmo modo, pois fere a moralidade administrativa, sem que se possa sustentar (por ausência de elementos típicos) a ocorrência da corrupção ativa. Em igual prisma, conferir Basileu Garcia (*Dos crimes contra a Administração Pública*, p. 228). Classifica-se, ainda, a corrupção em antecedente, quando a retribuição é pedida ou aceita antes da realização do ato, e subsequente, quando o funcionário a solicita ou aceita somente após o cumprimento do ato (cf. Antonio Pagliaro e Paulo José da Costa Júnior, *Dos crimes contra a Administração Pública*, p. 102). Esclarece Basileu Garcia que "o crime de corrupção existia na Consolidação das Leis Penais sob nome diverso. Intitulava-se 'peita ou suborno'. Embora as palavras fossem empregadas como sinônimas, enunciavam, realmente, duas modalidades. Já era assim no Código Criminal do Império. No velho estatuto de 1830, havia a peita quando recebesse o funcionário dinheiro ou (acrescentava alternativamente o texto na colorida linguagem da época) 'ou algum donativo'. Suborno ocorria, quando se deixasse corromper o funcionário por influência ou (é textual) 'outro peditório de alguém'." (*Dos crimes contra a Administração Pública*, p. 226). A *vantagem indevida* pode ser qualquer lucro, ganho, privilégio ou benefício ilícito, ou seja, contrário ao direito, ainda que ofensivo apenas aos bons costumes. O conteúdo da vantagem indevida não precisa possuir algum conteúdo econômico, mesmo que indireto. Há casos concretos em que o funcionário deseja obter somente um elogio, uma vingança ou mesmo um favor sexual, enfim, algo imponderável no campo econômico e, ainda assim, corrompe-se para prejudicar ato de ofício. Por vezes, já que a natureza humana é complexa para abarcar essas situações, uma vantagem não econômica pode surtir mais efeito do que se tivesse algum conteúdo patrimonial. Não se tratando de delitos patrimoniais, pode-se acolher essa amplitude. Na jurisprudência: STJ: "3. Tratando-se o delito previsto no art. 308 do CPM, de crime de natureza formal, consuma-se com a prática de um dos núcleos do tipo, sendo desnecessária a posse mansa e pacífica da vantagem indevida" (AgRg no REsp 1623899 – SP, 6.ª T., rel. Nefi Cordeiro, j. 07.08.2018, v.u.); STM: "A lei penal militar visa proteger a moralidade do serviço público, em conformidade com os vetores éticos da sociedade brasileira. Exige-se do servidor, e particularmente do militar, o cumprimento do seu dever legal e um desvio da função de tamanha extensão deve ser punido. A gravidade concreta do delito restou evidenciada, principalmente em virtude de o crime ter sido praticado em desfavor da União que atuava em situação de emergência pública. O Exército, representando o Estado Brasileiro, foi incumbido de guarnecer de água potável as populações carentes do agreste do Ceará. O réu, aproveitando-se dessa conjuntura social de penúria e locupletando-se da miséria humana, não titubeou em auferir vantagem indevida à custa da infelicidade do seu semelhante. A majoração da pena-base revela-se necessária em face da gravidade do delito, da maior extensão do dano, bem como das circunstâncias de tempo e lugar do seu cometimento" (EDcl. 0000005-11.2009.7.10.0010 – CE, Plenário, rel. Maria Elizabeth Guimarães Teixeira Rocha, 14.02.2012, v.u.).

666. Aspectos subjetivos: é o dolo. Exige-se elemento subjetivo específico, consistente na vontade de praticar a conduta "para si ou para outrem". Não há a forma culposa.

667. Princípio da insignificância: tem aplicação, neste caso, o princípio da bagatela, ou seja, pequenos mimos ou lembranças, destinados a funcionários públicos, por exemplo, em datas comemorativas – como Natal, Páscoa etc. – é conduta penalmente irrelevante, não configurando o tipo penal da corrupção passiva. "É certo que, para chegar à compreensão de que a cortesia é desinteressada, é preciso que não nos inspiremos no exemplo exagerado daquilo que, por costume (mas, evidentemente, mau costume apenas) se justifique entre altos funcionários. A regra limitativa deve ser esta: a) que o presente seja ocasional e não habitual ou contínuo; b) que não ocorra correspondência alguma entre o seu valor econômico e o ato de ofício, isto é, que não se possa formular, em face do fato, a relação que induza o caráter retributivo" (cf. Fernando Henrique Mendes de Almeida, *Dos crimes contra a Administração Pública,* p. 84-85).

668. Causa de aumento da pena: eleva-se em um terço a pena do agente que, em razão da vantagem recebida ou prometida, efetivamente retarda (atrasa ou procrastina) ou deixa de praticar (não leva a efeito) ato de ofício que lhe competia desempenhar ou termina praticando o ato, mas desrespeitando o dever funcional. É o que a doutrina classifica de *corrupção exaurida.* De fato, tendo em vista que o tipo penal é formal, isto é, consuma-se com a simples solicitação, aceitação da promessa ou recebimento de vantagem, mesmo que inexista prejuízo material para o Estado ou para o particular, quando o funcionário atinge o resultado naturalístico exaure-se (esgota-se) o crime. Na jurisprudência: "O delito *sub examine* visa resguardar a Administração Federal castrense, na medida em que exige de seus funcionários a probidade no desempenho de suas funções. Na espécie, o réu militar, em conluio com o agente civil, infringiu seu dever funcional, mercadejando com a função pública. Restou, por conseguinte, violada a ordem administrativa castrense. Há a quebra do dever de ofício (corrupção própria), uma vez que o recebimento do valor indevido decorreu da prática de ato ilegal. Para tanto, o acusado militar falsificava os Certificados de Conclusão de Curso e fraudava o sistema informatizado, tudo para que os marítimos obtivessem as carteiras imerecidas. As provas colhidas em sede de Inquérito Policial Militar e as confissões dos corréus possuem valor probante porque não infirmadas pela prova judicial. Consabido é que o art. 53, § 1.º, do CPM, como norma de extensão e a título de exceção, estabelece que se comunicam as circunstâncias de caráter pessoal quando elementares do crime. É justamente por não possuir a elementar de posse e/ou ocupação de função pública, que ao civil se aplica o referido dispositivo. Mister salientar que o delito insculpido no art. 308, § 1.º, da Lei substantiva castrense não contempla como elementar a bilateralidade, a eximir a culpabilidade do réu. Valoração, para efeito da

Art. 309

Código Penal Militar Comentado • Nucci

454

cadeia delitiva, do número de vezes em que se demonstrou que os sujeitos ativos efetivamente receberam valores indevidos, nos exatos termos das orientações jurisprudenciais. Autorias e materialidades delitivas sobejamente comprovadas. Desprovimento dos Apelos defensivos. Decisão por unanimidade. Provimento do Apelo ministerial. Decisão por maioria" (Apelação n.º 7000985-90.2019.7.00.0000, rel. Maria Elizabeth Guimarães Teixeira Rocha, 05.11.2020).

669. Figura privilegiada: a corrupção tem forma privilegiada, alterando-se a pena de reclusão para detenção e os limites para 3 meses a 1 ano ou multa, quando o funcionário pratica ou retarda o ato, bem como deixa de praticá-lo, levando em conta *pedido* (solicitação) ou *influência* (prestígio ou inspiração), mas sem qualquer vantagem indevida em questão.

Corrupção ativa

> **Art. 309.** Dar, oferecer ou prometer dinheiro ou vantagem indevida para a prática, omissão ou retardamento de ato funcional:[670-671]
>
> Pena – reclusão, até 8 (oito) anos.

Aumento de pena

> **Parágrafo único.** A pena é aumentada de 1/3 (um terço), se, em razão da vantagem, dádiva ou promessa, é retardado ou omitido o ato, ou praticado com infração de dever funcional.[672]

670. Aspectos objetivos: o sujeito ativo pode ser qualquer pessoa. O sujeito passivo é o Estado. *Dar* (entregar algo a alguém), *oferecer* (propor ou apresentar para que seja aceito) ou *prometer* (obrigar-se a dar algo a alguém) são condutas alternativas, cujo objeto é o dinheiro (padrão monetário nacional ou estrangeiro) ou outra vantagem; conjuga-se com *praticar* (executar ou levar a efeito), *omitir* (não fazer) ou *retardar* (atrasar), cujo objeto é ato de ofício. Portanto, se alguém, exemplificando, propõe vantagem a um funcionário público, levando-o a executar um ato que é sua obrigação, comete o delito previsto neste artigo. A consumação se dá por ocasião do oferecimento ou da promessa, independendo da efetiva entrega. A vantagem indevida pode ser qualquer lucro, ganho, privilégio ou benefício ilícito, ou seja, contrário ao direito, ainda que ofensivo apenas aos bons costumes. O suborno para fugir é uma *vantagem indevida*, configurando-se o crime de corrupção ativa, quando o preso oferece algum valor ao guarda, para deixá-lo escapar. Dizer que a fuga sem violência é ato lícito não afasta a corrupção do agente penitenciário, pois a conduta do agente ofende, de qualquer modo, a Administração Pública. Escapar, sem usar violência, pode ser conduta atípica, o que não significa corromper funcionário. Exige-se o oferecimento ou promessa anterior ao ato. Quando qualquer vantagem for dada depois da prática do ato, sem ter havido qualquer tipo de promessa ou oferta anterior, não se trata de corrupção ativa, podendo, conforme o caso, constituir outro tipo de ilícito não penal (por exemplo: improbidade administrativa – art. 9.º, Lei 8.429/92) ou delito por parte do funcionário (ilustrando: corrupção passiva para o funcionário, com participação daquele que fornece o presente). *Ato funcional* é o ato inerente às atividades do funcionário. Portanto, o ato visado deve estar na esfera de atribuição do funcionário, não necessitando ser ilícito. Na jurisprudência: STF: "I – O paciente foi denunciado e condenado pela prática dos crimes previstos nos arts. 309 (corrupção ativa) e 315 (uso de documento falso), ambos do Código Penal Militar. II – A Corte castrense extinguiu a punibilidade do paciente em relação ao crime de uso de documento falso pela ocorrência de prescrição da pretensão punitiva. II – É competente, portanto, a Justiça castrense para processar e julgar o paciente, pela prática do delito de corrupção ativa, por força do art. 9º, III, *a*, do Código Penal Militar e do art. 124 da Constituição Federal. Precedentes. III – O ato praticado pelo paciente ofendeu diretamente a ordem administrativa militar e sua fé pública, com reflexos na credibilidade da Instituição Militar e na lisura dos cadastros por ela mantidos, restando configurada a prática de crime militar de modo a justificar a competência da justiça castrense. IV – Ordem denegada" (HC 113950, 2.ª T., rel. Ricardo Lewandowski, j. 27.11.2012, m.v.); STM: "O crime de corrupção ativa é formal, de resultado cortado ou de consumação antecipada. Tão logo o autor oferece a vantagem ilícita, resta consumado. A eventual entrega da vantagem indevida ofertada é mero exaurimento da conduta típica. As atitudes do agente, em regra, são silentes, tendentes a permanecerem camufladas. As provas da conduta não são facilmente obtidas, portanto a testemunhal tem importante peso. Os princípios da hierarquia e da disciplina norteiam todas as atividades castrenses e, tratando-se do serviço de guarda, são essenciais para a administração da segurança do patrimônio humano e material das OM, não havendo margem para brincadeiras. Alegar que o oferecimento da vantagem ilícita foi de brincadeira não serve como subterfúgio para afastar a conduta criminosa. Recurso não provido por unanimidade" (Ap. 0000122-54.2014.7.02.0202, rel. Marco Antônio de Farias, j. 11.05.2017, v.u.).

671. Aspectos subjetivos: é o dolo. Exige-se elemento subjetivo específico, consistente na vontade de fazer o funcionário praticar, omitir ou retardar ato de ofício. Não há forma culposa.

672. Causa de aumento da pena: eleva-se a pena em um terço quando, em razão da promessa ou da vantagem, efetivamente o agente atrasa ou não faz o que deveria, ou mesmo pratica o ato, infringindo dever funcional. É o exaurimento do delito.

Participação ilícita

> **Art. 310.** Participar, de modo ostensivo ou simulado, diretamente ou por interposta pessoa, em contrato, fornecimento, ou concessão de qualquer serviço concernente à administração militar, sobre que deva informar ou exercer fiscalização em razão do ofício:[673-674]
>
> Pena – reclusão, de 2 (dois) a 4 (quatro) anos.
>
> **Parágrafo único.** Na mesma pena incorre quem adquire para si, direta ou indiretamente, ou por ato simulado, no todo ou em parte, bens ou efeitos em cuja administração, depósito, guarda, fiscalização ou exame, deve intervir em razão de seu emprego ou função, ou entra em especulação de lucro ou interesse, relativamente a esses bens ou efeitos.

673. Aspectos objetivos: o sujeito ativo deve ser funcionário público, militar ou civil, conforme o caso concreto. *Participar* (tomar parte de algo, associar-se) é a conduta nuclear, cujo objeto é o contrato, o fornecimento de serviço ou a concessão de serviço no tocante à administração militar. Busca-se assegurar a lisura dos atos administrativos, pois quem fiscaliza ou informa sobre o evento torna-se parcial nesse mister quando se insere no processo. O tipo penal especifica as várias possibilidades de execução, procurando abranger todas as situações viáveis: a) de modo ostensivo (aparente, visível, às claras) ou simulado (camuflado, fingido); de maneira direta (pessoal) ou indireta (por interposta pessoa). Igualmente, quem *adquire* (obtém algo, com ou sem custo monetário) bens ou efeitos gerados em razão da administração,

Art. 311

Código Penal Militar Comentado • Nucci

depósito, guarda, fiscalização ou exame sobre o qual deve exercer alguma atividade em virtude de seu emprego ou função. O mesmo se dá caso especule (informar-se em detalhes, negociar, tratar) lucro ou interesse no tocante a tais bens ou efeitos. As formas de execução são as mesmas já definidas, vale dizer, de maneira ampla e abrangente. Em suma, o funcionário – militar ou civil – encarregado de informar ou fiscalizar atos administrativos tem o dever de se abster da participação em qualquer negócio. O tipo é alternativo, evidenciando condutas geradoras de resultado naturalístico (adquirir bens, por exemplo) e outras, meramente formais, implicando simples atividade (participar ou especular). A tentativa é possível em qualquer situação, embora o momento consumativo seja variável, dependendo da forma material ou formal do delito. Na jurisprudência: STM: "1. Quando o militar assume habitualmente a função de motorista da guarnição no interior da caserna e não apresenta características comuns àqueles que não sabem dirigir, restam dúvidas acerca do elemento subjetivo do tipo legal. A natureza dolosa do crime do art. 310 do CTB impede a condenação por culpa. 2. A ausência de relevância causal direta para o dano em viatura militar, pela falta de dever de cuidado, da previsibilidade do resultado e do nexo causal entre a conduta do agente e o dano advindo impõe a absolvição. Recurso conhecido. Decisão por unanimidade. Recurso não provido" (Apelação n.º 7000797-97.2019.7.00.0000, rel. Artur Vidigal de Oliveira, 06.08.2020, maioria); "5. O crime de participação ilícita, descrito pelo art. 310 do CPM, apresenta conduta nuclear como 'participar, tomar parte de algo, associar-se', cujo objeto é o contrato, o fornecimento de serviço ou a concessão de serviço junto à Administração Militar. Aqui, há o envolvimento indevido de agente responsável por fiscalizar ou informar sobre determinados procedimentos nesses próprios, ferindo a lisura e parcialidade dos atos administrativos e utilizando de maneira abusiva os poderes e deveres a ele confiados" (Apelação n.º 7000321-59.2019.7.00.0000, rel. Carlos Augusto de Sousa, 13.02.2020, v.u.); "Pratica o delito de participação ilícita, art. 310 do CPM, o militar que labora dentro da Organização Militar em busca de satisfazer interesse próprio, ou de pessoas que lhe são próximas, de lucro em negócios jurídicos celebrados entre a Força e entes privados, quando deveria apenas fiscalizar e zelar pelos interesses da Administração. Para a configuração do delito de peculato faz-se necessário que o agente inverta a propriedade do bem público. A simples utilização do patrimônio público de forma indevida seguida da restituição do bem nos termos em que fora retirado da Administração descaracteriza o tipo penal de peculato (art. 303 do CPM). O pedido do *custos legis* que extrapola os limites ou a extensão do escopo do recurso de Apelação, feito após as contrarrazões, viola os princípios do contraditório e da ampla defesa, uma vez que surpreende as partes. Recurso ministerial provido parcialmente. Decisão unânime" (Ap. 0000214-24.2012.7.01.0301, rel. Odilson Sampaio Benzi, j. 08.06.2017, v.u.).

674. Aspectos subjetivos: o crime é doloso. Somente há elemento subjetivo específico na primeira modalidade do parágrafo único: *para si*. Inexiste a forma culposa.

Capítulo V
Da falsidade

Falsificação de documento

> **Art. 311.** Falsificar, no todo ou em parte, documento público ou particular, ou alterar documento verdadeiro, desde que o fato atente contra a administração ou o serviço militar:[675-676]
>
> Pena – sendo documento público, reclusão, de 2 (dois) a 6 (seis) anos; sendo documento particular, reclusão, até 5 (cinco) anos.

Agravação de pena

> § 1.º A pena é agravada se o agente é oficial ou exerce função em repartição militar.[677]

Documento por equiparação

> § 2.º Equipara-se a documento, para os efeitos penais, o disco fonográfico ou a fita ou fio de aparelho eletromagnético a que se incorpore declaração destinada à prova de fato juridicamente relevante.[678]

675. Aspectos objetivos: o sujeito ativo pode ser qualquer pessoa. O sujeito passivo é o Estado, em primeiro plano. Secundariamente, pode ser a pessoa prejudicada pela falsificação. *Falsificar* quer dizer reproduzir, imitando, ou contrafazer; *alterar* significa modificar ou adulterar. A diferença fundamental entre *falsificar* e *alterar* é que no primeiro caso o documento inexiste, sendo criado pelo agente, enquanto na segunda hipótese há um documento verdadeiro, atuando o agente para modificar-lhe o aspecto original. E salienta Sylvio do Amaral: "O que caracteriza a falsificação parcial e permite discerni-la da alteração é o fato de recair aquela, necessariamente, em documento composto de duas ou mais partes perfeitamente individualizáveis". O delinquente fabrica parte do documento, que é autônoma em relação às demais frações. O exemplo que fornece: a falsificação parcial pode dar-se ao pé de um requerimento genuíno de certidão negativa de impostos, lançando o interessado certidão apócrifa do teor desejado (*Falsidade documental*, p. 50-51). O objeto é documento público ou particular. Este tipo penal preocupa-se com a *forma* do documento, por isso cuida da *falsidade material*. Não há necessidade de resultado naturalístico, nem de posterior uso do documento falsificado. A falsidade grosseira não é suficiente para a concretizar o delito, pois se exige a potencialidade lesiva do documento falsificado ou alterado; a contrafação ou modificação grosseira, não apta a ludibriar a atenção de terceiros, é inócua para esse fim. Eventualmente, pode se tratar de estelionato, quando, a despeito de grosseiramente falso, tiver trazido vantagem indevida, em prejuízo de outra pessoa, para o agente. Conferir: STM: "A prática delitiva ínsita no art. 311 do Código Repressivo Castrense tutela a fé pública, sendo o elemento subjetivo do tipo o dolo, fundamentado na vontade livre e consciente de praticar a conduta delituosa. A mencionada fé pública consiste na credibilidade depositada na instituição pela sociedade como um todo, bem como pelos órgãos estatais e privados. Consabido que a não realização de exame pericial não obsta a certeza do falso. Impende apontar a necessária flexibilização da regra esculpida no art. 328 do CPPM, sendo aceitável, no ordenamento jurídico pátrio, a materialização do crime de falsificação documental por outros meios idôneos, para além da prova pericial. A contrafação perpetrada pelo sujeito ativo não foi percebida de imediato pela Administração Militar, sendo certo que, somente após detida análise em sede de Inquérito Policial Militar, descortinou-se a prática delitiva. Mera suspeita a respeito do *falsum* não caracteriza o crime impossível. Desprovimento do Apelo" (Apelação n.º 7000155-90.2020.7.00.0000, rel. Maria Elizabeth Guimarães Teixeira Rocha, 10.09.2020, maioria); "1. Comete o delito previsto no art. 311 do Código Penal Militar (CPM) o agente que, visando ao afastamento do serviço por tempo superior ao que teria direito, adultera período de dispensa consignado em Atestado expedido por médico de Organização Militar (OM). 2. O atestado médico, emitido em unidade hospitalar castrense, é documento formal e substancialmente público, na medida em que foi expedido por militar, no exercício de suas funções, cujo conteúdo é de relevante interesse coletivo, pelo que a sua

Art. 311

Código Penal Militar Comentado • Nucci

adulteração caracteriza o crime de falsificação de documento. 3. A contrafação apta a enganar qualquer homem médio e, inclusive, agentes da Administração Militar, a ponto de demandar diligências para averiguar a sua autenticidade, não caracteriza a falsificação grosseira, tampouco a ocorrência de crime impossível. 4. Nos delitos previstos nos arts. 311 e 315, ambos do CPM, tem-se relevante a prova pericial que afasta a hipótese de o documento contrafeito não perfazer falsificação grosseira. 5. Este Tribunal sedimentou o entendimento de que tanto a conduta de falsificar quanto a de usar a contrafação afastam a possibilidade da incidência do princípio da Insignificância" (Apelação n.º 7000065-19.2019.7.00.0000, rel. Marco Antônio de Farias, 10.09.2019, v.u.); "Demonstrada a grosseira falsificação, torna-se impossível a consumação do *falsum*, por absoluta ineficácia do meio. A evidente imprestabilidade do meio empregado leva ao afastamento de um dos elementos necessários para caracterização do crime, qual seja, a tipicidade. Ausente um dos elementos necessários para a configuração do crime, cabe a rejeição da Denúncia com espeque no art. 78, inciso II, do CPPM." (RSE 0000241-41.2011.7.01.0301 – RJ, Plenário, rel. Raymundo Nonato de Cerqueira Filho, 24.05.2012, v.u.). Prevê-se a falsidade total (documento inteiramente novo) ou parcial (altera-se um documento verdadeiro, introduzindo-lhe partes não autênticas). *Documento público* é o escrito, revestido de certa forma, destinado a comprovar um fato, desde que emanado de funcionário público, com competência para tanto. Pode provir de autoridade nacional ou estrangeira (neste caso, desde que respeitada a forma legal prevista no Brasil), abrangendo certidões, atestados, traslados, cópias autenticadas e telegramas emitidos por funcionários públicos, atendendo ao interesse público. Caso o agente construa um documento novo, pratica a primeira conduta. Caso modifique, de qualquer modo, um documento verdadeiro, comete a segunda conduta. Ressalte-se que somente pode ser objeto do crime o documento válido, pois o que for considerado nulo está fora da proteção do tipo penal. *Documento particular* é todo escrito, produzido por alguém determinado, revestido de certa forma, destinado a comprovar um fato, ainda que seja a manifestação de uma vontade. O documento particular, por exclusão, é aquele que não se enquadra na definição de público, isto é, não emanado de funcionário público ou, ainda que o seja, sem preencher as formalidades legais. Assim, o documento público, emitido por funcionário sem competência a tanto, por exemplo, pode equiparar-se ao particular. As fotocópias sem autenticação não podem ser consideradas documentos públicos para os efeitos deste artigo. Na jurisprudência: STM: "Para que se configure o crime de falsidade, previsto no artigo 311 do CPM, é imprescindível que o falso traga prejuízo à administração militar. Na espécie, como o *falsum* perpetrado não foi dirigido contra a administração militar, nem os documentos foram assinados por suposta autoridade militar, ou seja, ficou só no âmbito civil, apresenta-se ausente qualquer dano efetivo às Forças Armadas, quer na sua fé pública, quer no campo patrimonial. Ademais, ao utilizar o documento falso, proporcionou-se a obtenção da vantagem indevida com a aquisição de remédios, após ludibriar estabelecimento comercial, o que mostra configurado o crime de estelionato. Nesse caso, a falsificação e seu uso passaram a ser crimes-meios do crime-fim de estelionato. Assim, aqueles são absorvidos por este, pelo princípio da consunção. De sorte que, além de não repercutir de forma efetiva na dignidade, no funcionamento e na responsabilidade da Força Aérea, também o *falsum* e seu uso se exauriram no crime de estelionato, não trazendo reflexos contra a administração militar, eis que sobressaiu como vítima do delito a farmácia, pessoa jurídica de direito privado. Assim, o fato não se amoldou às hipóteses do artigo 9º, inciso III, alínea 'a', do CPM, o que afasta a competência desta Justiça Especializada para julgar o feito, devendo ser os autos do IPM remetidos à Justiça Estadual comum. Provido o recurso por maioria" (RSE 0000162-23.2015.7.01.0301, rel. Francisco Joseli Parente Camelo, j. 10.03.2016, m.v.).

676. Aspectos subjetivos: é o dolo. Não existe a forma culposa, nem se exige elemento subjetivo do tipo específico. Na jurisprudência: STM: "O tipo do art. 311 do CPM apenas exige o dolo genérico ou o dolo eventual. Inexigível qualquer elemento subjetivo do tipo" (Ap. 0000126-57.2015.7.02.0202, rel. Péricles Aurélio Lima de Queiroz, j. 25.04.2017, v.u.).

677. Agravante em função da posição do agente: torna-se particularmente grave a falsificação cometida por oficial ou outra pessoa exercendo função na repartição militar. Logo, sendo civil, a pena é simples; quando militar ou funcionário de unidade militar, a pena é mais severa.

678. Documento por equiparação: em posição avançada para a sua época de edição, este parágrafo demonstra constituir documento não apenas o escrito em papel, mas também outras bases materiais dispostas a receber registros de fatos e pensamentos. Insere-se, então, o disco (à ocasião da lei, ainda de vinil) e a fita cassete, podendo-se ampliar para CD, DVD e outras mídias presentes na atualidade.

Falsidade ideológica

> **Art. 312.** Omitir, em documento público ou particular, declaração que dele devia constar, ou nele inserir ou fazer inserir declaração falsa ou diversa da que devia ser escrita, com o fim de prejudicar direito, criar obrigação ou alterar a verdade sobre fato juridicamente relevante, desde que o fato atente contra a administração ou o serviço militar:[679-687]
>
> Pena – reclusão, até 5 (cinco) anos, se o documento é público; reclusão, até 3 (três) anos, se o documento é particular.

679. Aspectos objetivos: o sujeito ativo pode ser qualquer pessoa. O passivo é o Estado; secundariamente, a pessoa prejudicada pela falsificação. *Omitir* (deixar de inserir ou não mencionar); *inserir* (colocar ou introduzir); *fazer inserir* (proporcionar que se introduza). Os objetos das condutas devem ser declarações relevantes a constar em documentos públicos e particulares. A diferença fundamental entre *inserir* e *fazer inserir* é o modo pelo qual o agente consegue a introdução de declaração indevida no documento: no primeiro caso, age diretamente; no segundo, proporciona meios para que terceiro o faça. Na falsidade ideológica, como ensina Sylvio do Amaral, "não há rasura, emenda, acréscimo ou subtração de letra ou algarismo. Há, apenas, uma mentira reduzida a escrito, através de documento que, sob o aspecto material, é de todo verdadeiro, isto é, realmente escrito por quem seu teor indica" (*Falsidade documental*, p. 53). Quanto aos conceitos de documento público e documento particular, ver os comentários feitos ao art. 311. A diferença entre este delito e a figura prevista no Código Penal comum concentra-se apenas no objeto jurídico tutelado. No caso do art. 312 do CPM, a falsidade coloca em risco a fé pública no âmbito da administração ou do serviço militar. Na jurisprudência: STM: "No delito de falsidade ideológica previsto no art. 312 do Código Penal Militar, o documento se apresenta perfeito em sua forma, porém seu conteúdo intelectual não é verdadeiro. O elemento subjetivo do tipo penal em comento é o dolo consistente na vontade livre e consciente de alterar a verdade sobre fato juridicamente relevante. Comprovadas a autoria, a materialidade e a culpabilidade na conduta do Acusado, não merece acolhida a tese de reconhecimento do Princípio *in dubio pro reo*. Apelo defensivo não provido. Decisão por unanimidade" (Apelação n.º 7001106-21.2019.7.00.0000, rel. Carlos Vuyk de Aquino, 20.02.2020, v.u.); "Comete o crime de falsidade ideológica (art. 312 do CPM) o candidato que, inserindo declaração falsa, apresenta documento particular com a finalidade de alterar a verdade sobre fato juridicamente relevante, no intuito de ingressar como sargento temporário em processo seletivo. Recurso conhecido e não provido. Decisão unânime" (Ap. 0000276-14.2014.7.01.0101, rel. Artur Vidigal de Oliveira, j. 22.02.2017, v.u.); "O crime de falsidade ideológica é crime formal e o simples fato de inserir em documento público ou particular declaração falsa já configura o delito" (Ap. 0000136-03.2014.7.07.0007, rel. Marcus Vinicius

Art. 312

Código Penal Militar Comentado • Nucci

Oliveira dos Santos, j. 12.09.2017, m.v.); "Comete o crime de falsidade ideológica o Militar, responsável pelo recebimento de gênero em sua Organização Militar, que atesta a entrega total de bens adquiridos por meio de licitação, cuja entrega foi feita de forma parcelada e posteriormente ao atesto 2. A não ocorrência de prejuízo ao Erário não descaracteriza a conduta típica da falsidade ideológica" (EDcl. 0000007-95.2003.7.03.0103-RS, Plenário, rel. Artur Vidigal de Oliveira, 29.06.2012, m.v.).

680. Aspectos subjetivos: é o dolo, mas se exige o elemento subjetivo específico, consistente na vontade de "prejudicar direito, criar obrigação ou alterar a verdade sobre fato juridicamente relevante". Dessa forma, a falsificação que não conduza a qualquer desses três resultados deve ser considerada penalmente indiferente. Não se pune a forma culposa. Nessa ótica: STM: "1. Não vislumbrada a presença do dolo específico, consistente na vontade livre e consciente de praticar a falsidade, com o fim de prejudicar direito, criar obrigação ou alterar a verdade sobre fato juridicamente relevante, considerando que o tipo penal previsto no art. 312 do CPM não comporta a figura culposa, deve ser considerada atípica a conduta. 2. É requisito imprescindível para a tipicidade do delito, previsto no art. 312 do CPM, a comprovação do efetivo prejuízo à Administração Militar, de modo que a constatação, de plano, da irregularidade dos documentos apresentados, mormente pela total incompetência do Acusado para a prorrogação de Certificado de Segurança da Navegação, tornou a conduta desprovida de potencialidade lesiva. 3. Agiu corretamente o Conselho de Justiça que prolatou sentença absolutória, com fulcro nas alíneas 'b' e 'e' do art. 439 do CPPM, em obediência ao que prevê o § 1º do referido dispositivo legal, primeiramente porque a Acusação não conseguiu comprovar o dolo na conduta do Acusado e o efetivo prejuízo suportado pela Administração Militar. Do mesmo modo, imperando o *in dubio pro reo*, não restou indene de dúvida ter sido o Acusado o autor da assinatura no Certificado de Segurança da Navegação, requisito imprescindível à conclusão do ato que confere validade à alteração" (Ap. 0000076-34.2013.7.08.0008, rel. Carlos Augusto de Sousa, j. 02.05.2017).

681. Documento sem assinatura: é imprestável para caracterizar o delito de falsidade ideológica, pois inexiste bem jurídico a tutelar, vale dizer, não há ofensa à fé pública. Conferir: STJ: "Trata-se de *habeas corpus* (HC) em que se pretende o trancamento de ação penal contra o paciente que foi denunciado como incurso nas penas do art. 299 do CP, tendo sido a denúncia recebida e designado interrogatório. Consta dos autos que, em fevereiro de 2005, foi distribuído, por ordem atribuída ao paciente, um comunicado consistente em folhas de papel sem assinatura, onde se noticiava que, de acordo com o Decreto Municipal 5.415/2005, as antigas tarifas do transporte coletivo do município voltariam a vigorar. Para o Min. Relator, a denúncia carece de aptidão para dar início à ação penal. Com efeito, a fé pública, objeto jurídico tutelado pelo art. 299 do CP, não sofre perigo quando falta ao documento requisito necessário à configuração do próprio falso. Ressaltou que, no caso, as conclusões do acórdão decorrem de um único depoimento tomado durante o inquérito policial, o que é insuficiente para servir como identificação do autor e justa causa ao prosseguimento da ação penal. Ressaltou, ainda, que, sendo uma das características do documento a identificação de quem o escreveu, o escrito anônimo não é documento, constitui a mais clara manifestação da vontade de não documentar. Nesse contexto, a Turma concedeu a ordem a fim de extinguir a ação penal, visto que o fato, evidentemente, não constitui crime (art. 386, III, do CPP). Precedente citado: RHC 1.499-RJ, *DJ* 04.05.1992" (HC 67.519-MG, 6.ª T., rel. Nilson Naves, 01.10.2009, v.u.).

682. Declaração: tem variado significado: a) *afirmação*; b) *relato*; c) *depoimento*; d) *manifestação*. Ressalte-se que, havendo necessidade de comprovação – objetiva e concomitante –, pela autoridade, da autenticidade da declaração, não se configura o crime, caso ela seja falsa ou, de algum modo, dissociada da realidade. Ex.: declaração falsa de endereço, quando se exige o acompanhamento de documento comprobatório, como conta de luz ou água. Nessa hipótese, de maneira objetiva e imediata, pode o funcionário conferir o endereço antes de providenciar a expedição do documento que interessa ao agente. Na jurisprudência: STJ: "O documento para fins de falsidade ideológica deve ser uma peça que tenha possibilidade de produzir prova de um determinado fato, sem necessidade de outras verificações, valendo como tal por si mesma. Simples correspondência enviada a um órgão, visando obtenção de endereço da parte adversária, ainda que sem autorização do juízo, mesmo de modo a parecer ter sido expedida judicialmente, não configura o delito de falsidade ideológica, se nenhum dos especiais fins de agir foi objetivado. Recurso provido para trancar a ação penal" (RHC 19.710-SP, 6.ª T., rel. Jane Silva, 28.08.2008, v.u.).

683. Petição de advogado: não é considerada documento, para fins penais. Na realidade, o documento é uma peça que tem possibilidade intrínseca (e extrínseca) de produzir prova, sem necessidade de outras verificações. Aliás, essa é a segurança da prova documental. Portanto, se alguém apresenta a sua cédula de identidade, quem a consulta tem a certeza de se tratar da pessoa ali retratada, com seus dados pessoais. Não se faz verificação do conteúdo desse documento. No entanto, a petição do advogado é constituída de alegações (do início ao fim), que merecem ser verificadas e comprovadas. Por tal motivo, não pode ser considerada documento. Em suma, ela não vale por si mesma. Fazemos uma ressalva: pode haver crime se alguém assina a petição como se advogado fosse, mas não tendo essa condição.

684. Procuração *ad judicia*: depende do texto alterado, para o fim de configurar o delito previsto neste artigo. Se o agente insere, falsamente, as cláusulas referentes ao mandato propriamente dito, criando relação jurídica inexistente, concretiza-se o tipo penal, pois se trata de fato juridicamente relevante. No entanto, a inclusão de dados secundários ou periféricos, tais como endereço, estado civil e correlatos, não é suficiente para gerar a falsidade ideológica.

685. Elementos normativos do tipo: *falsa ou diversa da que devia ser escrita* são elementos de valoração jurídica, pois cada documento possui informes esperados. A introdução de algo não correspondente à realidade compõe a falsidade (ex.: incluir na carteira de habilitação que o motorista pode dirigir qualquer tipo de veículo, quando sua permissão limita-se aos automóveis de passeio) e a inserção de declaração não compatível com a que se esperava fosse colocada compõem a outra situação (ex.: se a idade do portador da carteira de identidade é alterada).

686. Diferenças entre falsidade material e ideológica: são, basicamente, as seguintes: a) a *falsidade material* altera a forma do documento, construindo um novo ou alterando o que era verdadeiro. A *falsidade ideológica*, por sua vez, provoca uma alteração de conteúdo, que pode ser total ou parcial. O documento, na falsidade material, é perceptivelmente falso, isto é, nota-se que não foi emitido pela autoridade competente ou pelo verdadeiro subscritor. Ex.: o falsificador obtém, numa gráfica, impressos semelhantes aos das carteiras de habilitação, preenchendo-os com os dados do interessado e fazendo nascer uma carteira não emitida pelo órgão competente. Na falsidade ideológica, o documento não possui uma falsidade sensivelmente perceptível, pois é, na forma, autêntico. Assim, o sujeito, fornecendo dados falsos, consegue fazer com que o órgão de trânsito emita uma carteira de habilitação cujo conteúdo não corresponde à realidade. Imagine-se a pessoa que só tem permissão para dirigir determinado tipo de veículo e consegue, através de algum tipo de fraude, que tal categoria seja alterada na sua carteira, ampliando-a para outros veículos, o que a torna ideologicamente falsa; b) quando a *falsidade for material*, há dois tipos diferentes: um para os documentos públicos; outro para

Art. 313

Código Penal Militar Comentado • Nucci

os documentos particulares; quando a *falsidade for ideológica*, tanto os públicos, quanto os particulares, ingressam no mesmo tipo.

687. Falsificação em folha de papel em branco: há as seguintes posições: a) *falsidade ideológica*: se a folha foi abusivamente preenchida pelo agente, que tinha sua posse legítima; b) *falsidade material*: se o papel estava sob a guarda do agente, ou foi obtido por meio criminoso, havendo o preenchimento de forma abusiva. Parece-nos que, havendo a entrega de folha de papel em branco, assinada por alguém, para o fim de preenchimento em outra oportunidade com termos específicos, ocorrendo a deturpação do conteúdo, é a concretização de falsidade ideológica. Logo, não se trata de falsidade material, que pressupõe a desfiguração do documento, transformando-o em algo diverso. A folha em branco é construída pelo agente do crime e quem a forneceu já sabia que o conteúdo seria formado posteriormente.

Cheque sem fundos

> **Art. 313.** Emitir cheque sem suficiente provisão de fundos em poder do sacado, se a emissão é feita de militar em favor de militar, ou se o fato atenta contra a administração militar:[688-689]
>
> Pena – reclusão, até 5 (cinco) anos.

Circunstância irrelevante

> § 1.º Salvo o caso do art. 245, é irrelevante ter sido o cheque emitido para servir como título ou garantia de dívida.[690]

Atenuação de pena

> § 2.º Ao crime previsto no artigo aplica-se o disposto nos §§ 1.º e 2.º do art. 240.[691]

688. Aspectos objetivos: o sujeito ativo deve ser militar, na primeira forma; pode, ainda, ser o civil, quando emitido em favor da administração militar. O passivo é o Estado; secundariamente, quem recebe o cheque. *Emitir* (colocar em circulação) é a conduta nuclear do tipo, cujo objeto é o cheque (título de crédito consistente em ordem de pagamento à vista), sem provisão de fundos em poder do sacado. A forma similar, prevista no art. 171, § 2.º, VI, do Código Penal comum, constitui uma modalidade de estelionato, crime contra o patrimônio. Neste tipo penal, menciona-se, no seu título, a *fraude*, razão pela qual o delito é material, consumando-se quando o cheque não for pago pelo estabelecimento bancário. Na legislação penal militar, diversamente, o foco é diverso, voltando-se à credibilidade do título, bem como à moralidade administrativa. Pretende-se punir o militar, que coloca em circulação o cheque sem fundos, independentemente de prejuízo efetivo à vítima (outro militar). Aliás, o tipo menciona, ainda, a possibilidade de o cheque ser colocado em circulação em favor da administração militar. De todo modo, o crime é formal, consumando-se com a simples emissão. Na jurisprudência: STM: "I – O réu, na qualidade de responsável pela gestão de suprimento de fundos, emitiu oito cheques sem lastro; II – As provas dos autos comprovam que não houve irregular utilização de recursos públicos e todos os cheques foram honrados mediante depósitos particulares do acusado; III – O crime previsto no art. 313 do CPM é doloso e exige que o fato atente contra a ordem administrativa militar; IV – Não havendo prejuízo financeiro ou à imagem da Administração Militar, nem tampouco intenção direta ou indireta de afetá-la, a manutenção da absolvição é medida que se impõe. V – Apelo conhecido e improvido. Decisão por maioria" (Ap. 2008.01.050926-7, rel. José Coêlho Ferreira, j. 10.09.2008, m.v.).

689. Aspectos subjetivos: o delito é doloso. Não há elemento subjetivo específico, nem se pune a forma culposa.

690. Cheque em garantia: nos negócios em geral, costuma-se utilizar o cheque para garantir determinada dívida, o que se dá quando é pré-datado. Na legislação penal comum, a emissão de cheque dado em garantia, mesmo quando sem fundos, descaracteriza o delito de estelionato; afinal, quem o recebe *sabe* que o título não possui lastro bancário, não podendo ser considerado uma ordem de pagamento à vista. A descaracterização do título permite a atipicidade do fato. No cenário do art. 313 do CPM tal situação não ocorre, pois a emissão do cheque, sem provisão de fundos em poder do banco, é punida em função da *atividade* e não do *resultado naturalístico*. O objeto jurídico é a moralidade administrativa e não o patrimônio. Diante disso, menciona-se, com clareza, ser irrelevante, para a concretização do crime, a dação do título como garantia de dívida. Excepciona-se, entretanto, se o título for usado para caracterizar a extorsão indireta (art. 246, CPM). Parece-nos ter havido erro na redação deste artigo, referindo-se ao art. 245 (chantagem), quando, na realidade, o uso do título é instrumento da prática de extorsão indireta.

691. Figura privilegiada: aplica-se a este crime (cheque sem fundos) a possibilidade variada de atenuação da pena prevista para o furto simples (art. 240 do CPM). Deve-se ressaltar, no entanto, que a minoração do art. 240, § 2.º, somente é cabível quando há efetivo prejuízo para a vítima, com a devolução do cheque.

Certidão ou atestado ideologicamente falso

> **Art. 314.** Atestar ou certificar falsamente, em razão de função, ou profissão, fato ou circunstância que habilite alguém a obter cargo, posto ou função, ou isenção de ônus ou de serviço, ou qualquer outra vantagem, desde que o fato atente contra a administração ou serviço militar:[692-694]
>
> Pena – detenção, até 2 (dois) anos.

Agravação de pena

> **Parágrafo único.** A pena é agravada se o crime é praticado com o fim de lucro ou em prejuízo de terceiro.[695]

692. Aspectos objetivos: o sujeito ativo só pode ser o funcionário público, com atribuição para expedir o atestado ou a certidão. O sujeito passivo é o Estado. *Atestar* (afirmar ou demonstrar algo por escrito); *certificar* (afirmar a certeza de algo). Certificar é mais forte que atestar, pois representa a afirmação de algo que encontra respaldo em documento arquivado em alguma repartição do Estado e é, efetivamente, verdadeiro, estando na esfera de atribuição do funcionário público, enquanto o atestar representa uma afirmação passível de questionamento. Assim, atesta-se a idoneidade de alguém e certifica-se que a pessoa foi demitida do serviço público. *Atestar* provém do latim *testis*, ou seja, testemunhar, por isso é documento

Art. 315

Código Penal Militar Comentado • Nucci

que contém o testemunho do signatário a respeito de um fato (Sylvio do Amaral, *Falsidade documental*, p. 126-127). Sustentando a mesma diferença: Hungria, *Comentários ao Código Penal*, v. 9, p. 292-293. O objeto das condutas é o fato ou circunstância que habilite alguém a obter cargo, isenção, serviço ou outra vantagem. Trata-se da falsidade ideológica de atestado ou certidão. O tipo penal do art. 314 do CPM, diversamente do preceituado pelo art. 301 do CP comum, insere o termo *profissão*, dando a entender que o particular também poderia cometer tal delito, o que não corresponde à realidade, pois somente funcionários públicos podem atestar ou certificar algo com valor jurídico. No tocante à expressão *em razão de função ou profissão*, não se exige, como no tipo anterior, que o funcionário esteja *exercendo* a sua função, mas apenas que execute as condutas típicas *em razão* dela, isto é, valendo-se das facilidades proporcionadas pela atividade funcional. O objeto das condutas é o fato ou circunstância. *Fato* é um acontecimento ou uma ocorrência; *circunstância* é a situação, condição ou estado que envolve alguém ou algo. Conforme demonstra o tipo penal, torna-se indispensável que o fato ou a circunstância seja apto para levar alguém a obter cargo público, isenção de ônus, serviço de caráter público ou outra vantagem. Busca-se atingir, com o atestado ou certificado, cargo, posto ou função, bem como isenção de ônus (dispensa do cumprimento de alguma obrigação de interesse público), serviço público (exercício de função obrigatória imposta por lei) ou qualquer outra vantagem (cuida-se de interpretação analógica, oferecendo o tipo alguns exemplos para depois generalizar).

693. Aspectos subjetivos: é o dolo. Exige-se elemento subjetivo específico, consistente na finalidade de proporcionar a alguém a obtenção de "cargo público, isenção de ônus ou de serviço de caráter público, ou qualquer outra vantagem". Não se pune a forma culposa.

694. Elemento normativo do tipo: *falsamente* é elemento de valoração jurídica, pois corresponde ao que não é real, segundo as regras estabelecidas pelo ordenamento jurídico.

695. Figura agravada: a intenção de obter lucro (qualquer vantagem econômica) do agente que falsifica ou altera atestado ou certidão acarreta a elevação da pena, embora o bem jurídico tutelado se concentre na fé pública.

Uso de documento falso

> **Art. 315.** Fazer uso de qualquer dos documentos falsificados ou alterados por outrem, a que se referem os artigos anteriores:[696-700]
>
> Pena – a cominada à falsificação ou à alteração.

696. Aspectos objetivos: o sujeito ativo pode ser qualquer pessoa. O passivo é o Estado; secundariamente, a pessoa prejudicada. *Fazer uso* significa empregar, utilizar ou aplicar. Os objetos são os papéis falsificados ou alterados constantes nos arts. 311, 312 e 314. Exige-se que a utilização seja feita como se o documento fosse autêntico, além do que a situação envolvida há de ser juridicamente relevante. Trata-se de *tipo remetido*, aquele que indica outros tipos para ser integralmente compreendido. Neste caso, a amplitude do conceito de "papel falsificado ou alterado" depende da verificação do conteúdo dos mencionados artigos. É indispensável a realização de exame de corpo de delito para comprovar a falsidade, pois é delito que deixa vestígio material. Na jurisprudência: STM: "1. Comete o crime de uso de documento falso (art. 315 do CPM) o militar que apresenta Certificado de Conclusão do Ensino Médio e Histórico Escolar falsos, com a finalidade de alterar a verdade sobre fato juridicamente relevante, no intuito de aumentar sua pontuação e, assim, ingressar em curso de formação. 2. Comete o crime de uso de documento falso (art. 315 do CPM), em coautoria, o militar que auxilia, oferece ou intermedia a obtenção e o uso, por outros militares, de Certificado de Conclusão do Ensino Médio e Histórico Escolar que sabe tratar-se de documento particular falso. 3. Civil que, em coautoria, confecciona ou intermedeia a obtenção de Certificado de Conclusão do Ensino Médio e Histórico Escolar falsos, que não poderiam ser elaborados em face do encerramento das atividades da escola particular, comete o crime de falsificação de documento (art. 311 do CPM)" (Apelação n.º 7000679-24.2019.7.00.0000, rel. Artur Vidigal de Oliveira, 25.06.2020, v.u.); "1. A conduta do militar, consistente em apresentar certificado de qualificação sabidamente falso, para a sua habilitação em processo seletivo das Forças Armadas, caracteriza o crime do art. 315 do CPM. 2. Se o exame de corpo de delito direto é impossível, a materialidade do crime de uso de documento falso pode ser suprida por outros elementos de convicção, como a prova documental e a testemunhal, nos termos do parágrafo único do art. 328 do CPPM. Precedentes do STM e do STF. 3. A condenação do réu pelo crime de uso de documento falso independe, absolutamente, da elucidação de quem foi o autor da contrafação. Nesse contexto, se a imputação estiver restrita ao delito de uso de documento falso, inexiste qualquer nexo em sopesar as provas atinentes às elementares da falsificação material do documento. 4. O art. 315 do CPM caracteriza o denominado 'tipo penal remetido', porque a sua definição conduz ao art. 311 do mesmo Diploma Castrense, quando se tratar de falsificação material. 5. A cópia autenticada de documento materialmente falso, que se mostra capaz de ludibriar a autoridade militar, a ponto de ser obtido o efeito desejado pelo agente, afasta *in totum* a tese de ausência de potencialidade lesiva. 6. Embargos Rejeitados. Decisão majoritária" (Embargos Infringentes e de Nulidade n.º 7001270-83.2019.7.00.0000, rel. Marco Antônio de Farias, 10.06.2020, maioria); "Incorre nas penas cominadas para o delito de uso de documento falso (art. 315 do CPM) a ex-militar que, imbuída do propósito de ludibriar a Administração Militar, usa diplomas de cursos profissionalizantes inidôneos, a fim de participar do processo de Seleção ao Serviço Militar Temporário de Sargento Técnico Temporário, no ano de 2011, com êxito em sua empreitada criminosa. Considerando-se que todos os cinco certificados foram entregues pela acusada na mesma ocasião, afasta-se a tese ministerial de continuidade delitiva (art. 80 do CPM). Apelo ministerial provido parcialmente. Decisão por maioria" (Ap. 7000288-06.2018.7.00.0000, rel. Francisco Joseli Parente Camelo, j. 25.10.2018, m.v.).

697. Aspectos subjetivos: é o dolo. Não existe a forma culposa, nem se exige elemento subjetivo do tipo específico. A dúvida quanto à falsidade pode elidir o crime, pois, em tese, afasta o dolo, que deve ser abrangente, isto é, envolver todos os elementos objetivos do tipo. Entretanto, sendo o delito passível de punição por dolo direto ou eventual, caso o agente faça uso de documento por mera imprudência, a conduta é atípica. Mas se o agente assume o risco de estar se valendo de documento falso, o crime está configurado. Na jurisprudência: STM: "No crime de uso de documento falso, o dolo está consubstanciado na vontade de usar o documento, reconhecendo a falsidade independentemente da obtenção de qualquer proveito ou de causar prejuízo. Necessário, entretanto, que o agente tenha conhecimento de que o documento que irá usar é falso." (Ap. 0000009-55.2009.7.03.0103 – RS, Plenário, rel. Olympio Pereira da Silva Junior, 22.03.2012, v.u.).

698. Apresentação espontânea ou exigência da autoridade: cremos ser totalmente irrelevante se o agente utiliza o documento falso em ato unilateral ou se o faz porque qualquer autoridade assim exige. Há perfeita possibilidade de configuração do tipo penal quando a exibição de uma carteira de habilitação falsa, por exemplo, é feita a um policial rodoviário que exige a sua apresentação, por estar no exercício da sua função fiscalizadora. Assim tem sido a posição majoritária. Em sentido contrário, sustentando que o documento deve sair da esfera do agente por iniciativa dele mesmo: Delmanto, *Código Penal comentado*, p. 541. Ressalte-se, no entanto, que o

Art. 316

Código Penal Militar Comentado • Nucci

encontro casual do documento falso em poder de alguém (como ocorre por ocasião de uma revista policial) não é suficiente para configurar o tipo penal, pois o núcleo é claro: "fazer uso".

699. Exigência de apresentação por autoridade incompetente: não configura o delito de uso de documento falso, porque somente pode demandar a apresentação quem tem atribuição legal para tanto. A contrário senso, quem ofertou o documento não o teria feito se soubesse que inexistia autoridade para pleiteá-lo. Nesse contexto, não se pode conceber ter havido *uso criminoso* do documento.

699-A. Competência para julgamento: conferir a Súmula Vinculante 36 do STF: "Compete à Justiça Federal comum processar e julgar civil denunciado pelos crimes de falsificação e de uso de documento falso quando se tratar de falsificação da Caderneta de Inscrição e Registro (CIR) ou de Carteira de Habilitação de Arrais-Amador (CHA), ainda que expedidas pela Marinha do Brasil" e a Súmula 546 do STJ: "A competência para processar e julgar o crime de uso de documento falso é firmada em razão da entidade ou órgão ao qual foi apresentado o documento público, não importando a qualificação do órgão expedidor".

700. Concurso com o crime de falsidade: se o agente falsificador usa o documento, o delito do art. 315 deve absorver o falso, por ser considerado o crime-fim. Entretanto, há posição contrária, afirmando a possibilidade do concurso de crimes, embora minoritária. Existem, ainda, aqueles que sustentam dever o falso absorver o uso de documento falso. A controvérsia não encontra consenso nos tribunais.

Supressão de documento

> **Art. 316.** Destruir, suprimir ou ocultar, em benefício próprio ou de outrem, ou em prejuízo alheio, documento verdadeiro, de que não podia dispor, desde que o fato atente contra a administração ou o serviço militar:[701-705]
>
> Pena – reclusão, de 2 (dois) a 6 (seis) anos, se o documento é público; reclusão, até 5 (cinco) anos, se o documento é particular.

701. Aspectos objetivos: o sujeito ativo pode ser qualquer pessoa. O passivo é o Estado; secundariamente, a pessoa prejudicada pela conduta criminosa. *Destruir* (fazer desaparecer ou extinguir o documento por completo); *suprimir* (eliminar o documento como tal, ou seja, permanece o papel, mas desaparece o documento, como ocorre se for coberto de tinta); *ocultar* (esconder ou camuflar). O objeto das condutas alternativas é o documento autêntico, público ou particular, do qual não se tinha a disposição. O delito está indevidamente inserido neste capítulo, referente à falsidade documental, pois não cuida disso. Suprimir um documento não significa fabricá-lo ou alterá-lo de qualquer modo. Acrescenta-se a lesão a interesse da administração militar ou do serviço militar, caso contrário, configura-se o tipo penal do art. 305 do CP comum. Na jurisprudência: STJ: "1. Hipótese em que o recorrido foi condenado por suprimir, do interior do Batalhão de Polícia Militar, processo administrativo disciplinar contra ele instaurado, sendo abordado, saindo do prédio do Batalhão, com sua mochila entreaberta, porque notada a falta do documento público por soldado em serviço, oportunidade em que, revistada sua mochila, foi efetuada a prisão em flagrante. 2. Constitui crime do art. 316 do CPM suprimir, em benefício próprio, documento público, consistente no procedimento administrativo disciplinar, do qual não poderia dispor, atentando contra a administração e o serviço militar. 3. O ato de suprimir consiste em fazer desaparecer o documento, ainda que sem destruir ou ocultar, o que não se confunde com o ato de tomar para si. 4. Tendo havido a pronta atuação de agente da administração militar que, ao notar o desaparecimento do procedimento administrativo disciplinar, o encontrou na mochila do réu, não há falar em consumação do delito do art. 316 do CPM. 5. Recurso especial improvido" (REsp 1.771.820/RS, 6.ª T., rel. Nefi Cordeiro, 05.02.2019, v.u.). STM: "4. O crime de supressão de documento, tipificado pelo art. 316 do CPM, apresenta como elementos objetivos os núcleos: destruir, eliminar, extinguir total ou parcialmente, suprimir ou ocultar, e como elemento subjetivo a finalidade de alcançar benefício para si ou para terceiro, ou prejuízo a outrem. Tal conduta fere patentemente os interesses da administração militar, não existindo a necessidade de comprovação de prejuízo, bastando a possibilidade de dano ao bem jurídico tutelado. (Apelação n.º 7000321-59.2019.7.00.0000, rel. Carlos Augusto de Sousa, 13/02/2020, v.u.).

702. Aspectos subjetivos: é o dolo. Exige-se elemento subjetivo específico, consistente na vontade do agente de beneficiar a si mesmo ou a outrem, bem como poder agir em prejuízo alheio. Não se pune a forma culposa.

703. Autenticidade do documento: é exigida pelo tipo penal. Protege-se a fé pública e, consequentemente, o documento público ou particular *verdadeiro*. Caso o agente destrua, suprima ou oculte documento *falso*, estará consumindo prova de um crime, podendo, em tese, haver a configuração de outro tipo penal. Não se incluem nesse âmbito as cópias não autenticadas extraídas de documentos, nem os traslados e certidões de assentamentos. Há entendimento particular exigindo que o documento seja insubstituível em seu valor probatório, isto é, se for cópia autenticada, ainda que seja considerado documento, não o é para servir de objeto material deste delito, pois o original pode ocupar-lhe o lugar. Esta posição, segundo nos parece, é correta, desde que o original realmente exista e esteja disponível, pois, do contrário, a cópia autenticada pode ser o único meio de servir de prova de algo.

704. Elemento normativo do tipo: incluiu-se no tipo penal elemento pertinente à ilicitude da conduta, que é "não poder dispor" do objeto material. Assim, havendo autorização legal para que o possuidor do documento dele disponha – ou não havendo proibição para que não o faça –, é natural que a conduta de quem destruir, suprimir ou ocultar referido documento é atípica.

705. Diferença entre supressão do documento, dano e furto: tudo está a depender do intuito do agente. Se for para fazer o documento desaparecer para não servir da prova de algum fato relevante juridicamente, trata-se de delito contra a fé pública; caso seja somente para causar um prejuízo para a vítima, é delito contra o patrimônio na forma de *dano*; se for subtraído para ocultação, por ser valioso em si mesmo (como um documento histórico), trata-se de delito contra o patrimônio na modalidade *furto*.

Uso de documento pessoal alheio

> **Art. 317.** Usar, como próprio, documento de identidade alheia, ou de qualquer licença ou privilégio em favor de outrem, ou ceder a outrem documento próprio da mesma natureza, para que dele se utilize, desde que o fato atente contra a administração ou o serviço militar:[706-708]
>
> Pena – detenção, até 6 (seis) meses, se o fato não constitui elemento de crime mais grave.[709]

706. Aspectos objetivos: o sujeito ativo pode ser qualquer pessoa. O sujeito passivo é o Estado. Eventualmente, pode ser a pessoa prejudicada pelo mau uso do documento identificador

Art. 318

alheio. *Usar* quer dizer empregar ou utilizar; *ceder* significa pôr à disposição ou emprestar. O objeto é o documento de identidade (passaporte, título de eleitor, caderneta de reservista, RG, CPF), que serve para individualizar uma pessoa. A expressão "como próprio" indica estar o agente passando-se por outra pessoa, embora sem se atribuir a falsa identidade, mas única e tão somente valendo-se de documento alheio. Não deixa de ser uma modalidade específica do crime de falsa identidade. O tipo ainda acrescenta a utilização de licença ou privilégio, situações específicas do cenário militar, próprio de certa patente, posto ou graduação.

707. Aspectos subjetivos: é o dolo. Não se exige elemento subjetivo específico no tocante ao uso. Entretanto, quanto à cessão do documento, cremos estar presente a finalidade de que seja o objeto "utilizado por outrem". Não se pune a forma culposa.

708. Alteração de fotografia do documento: pode constituir o crime de falsidade documental – caso o intuito seja diverso da atribuição de falsa identidade – ou o delito do art. 318 – se a intenção for imputar-se falsa identidade. Nota-se, pois, que o uso de identidade alheia há de ser feito com a singela apresentação do documento, sem que contenha alteração e sem que o agente se atribua a identidade que não lhe pertence.

709. Tipo subsidiário: configura-se modalidade de subsidiariedade explícita, somente se punindo o agente por esta figura delituosa caso outra mais grave não se concretize.

Falsa identidade

> **Art. 318.** Atribuir-se, ou a terceiro, perante a administração militar, falsa identidade, para obter vantagem em proveito próprio ou alheio, ou para causar dano a outrem:[710-712]
>
> Pena – detenção, de 3 (três) meses a 1 (um) ano, se o fato não constitui crime mais grave.[713]

710. Aspectos objetivos: o sujeito ativo pode ser qualquer pessoa. O sujeito passivo é o Estado. Pode haver um segundo sujeito passivo, que é a pessoa prejudicada pela atribuição indevida. *Atribuir* significa considerar como autor ou imputar. As condutas são: a) imputar a si mesmo identidade falsa; b) imputar a outrem identidade falsa. Não se inclui na figura típica o ato da pessoa que se omite diante da falsa identidade que outrem lhe atribui. O objeto da conduta é a *falsa identidade*. *Identidade* é o conjunto de características peculiares de uma pessoa determinada, que permite reconhecê-la e individualizá-la, envolvendo o nome, a idade, o estado civil, a filiação, o sexo, entre outros dados. Não se inclui no conceito de identidade o endereço ou telefone de alguém. Considerá-la *falsa* significa que não corresponde à realidade, isto é, não permite identificar ou reconhecer determinada pessoa tal como ela é. Há polêmica no sentido de se estreitar ou alargar o conceito de *identidade*, inserindo-se ou não dados que vão além do nome, como idade, profissão, naturalidade etc. Cremos que a solução deve impor-se de acordo com a necessidade do dado identificador. Se a pessoa já está *identificada*, reconhecida individualmente, pelo nome e filiação, por exemplo, a menção falsa a outro dado, nesse caso secundário, como a profissão, não serve para configurar o delito. Entretanto, caso seja essencial obter determinado informe para individualizar a pessoa, como acontece com a idade ou a filiação, em casos de homonímia, é certo que a apresentação de dado falso constitui o crime do art. 318. Na jurisprudência: STM: "5. O Aspirante a Oficial da Reserva não Remunerada, que se atribui o posto de oficial e apresenta falsa identidade perante a Administração Militar, comete o crime previsto no art. 318 do CPM. 6. O arcabouço probatório testemunhal e documental robusto, à luz da prevenção geral e especial, afasta a aplicação do Princípio do *in dubio pro reo*. 7. Não provimento do Recurso defensivo. Sentença condenatória mantida" (Apelação n.º 7000512-07.2019.7.00.0000, rel. Marco Antônio de Farias, 04.12.2019, v.u.); "1. Constatado o dolo, na conduta do militar que, abusando da confiança peculiar à Caserna, atribui falsa qualificação a terceiro, ludibriando seus superiores hierárquicos e, em decorrência de sua conduta, usufrui direito ao qual não fazia jus, comete o crime previsto no art. 318 do CPM. 2. A relevância da ofensa, *in casu*, impede a aplicação do princípio da insignificância ou a desclassificação do crime para transgressão disciplinar, uma vez que a ofensividade da conduta, a periculosidade social do ato, o grau de reprovabilidade do comportamento e a expressividade da lesão provocada devem ser valorados sob a ótica da preservação da Hierarquia e Disciplina, conforme reitera jurisprudência do STM. 3. A alegação de inexigibilidade de conduta diversa como excludente de culpabilidade por estado de necessidade não merece guarida quando não demonstrada situação de perigo certo e atual que justifique a conduta perpetrada. 4. Não merece acolhimento a tese de erro de direito por engano incidente sobre o comportamento, quando constatado que o agente era perfeitamente conhecedor da infração e, deliberadamente, agiu em contrariedade à lei, ferindo a lealdade e a honestidade, preceitos fundamentais na conduta do militar no trato com seus superiores. 5. A emoção e a paixão não excluem a imputabilidade penal, nos moldes do art. 28, inciso I, do Código Penal Comum. Sem embargo, essa circunstância pode influir na dosimetria da pena como atenuante. Contudo, quando não se mostrarem perfeitamente delineadas as hipóteses de sua incidência, sendo exigível atitude diversa do agente, não se mostra cabível a atenuação de sua pena. 6. Não vislumbradas quaisquer causas de diminuição a serem consideradas na terceira fase da dosimetria e tendo a pena sido fixada em seu patamar mínimo legal, não se mostra cabível a redução da mesma, pois somente nesta fase poderia eventualmente a pena ser reduzida aquém do mínimo legalmente previsto. Precedente do STM. Apelo desprovido. Decisão unânime" (Ap. 0000109-23.2015.7.09.0009, rel. Carlos Augusto de Sousa, j. 15.12.2016); "Comete o crime previsto no artigo 318 do CPM o ex-militar que apresenta falsa identidade para entrar em Organização Militar e para utilização de serviços médicos do Hospital Militar de Área de Campo Grande/MS. O crime previsto no artigo 318 do CPM é delito formal, de perigo presumido e que prescinde de qualquer resultado naturalístico, sendo suficiente o uso de identidade falsa. Apelo parcialmente provido. Mantida a pena imposta na Sentença *a quo*. Manutenção do *Sursis*, excluindo tão somente a condição especial da prestação pecuniária de caráter pedagógico contida no art. 608, § 4º, do CPPM por não ser cabível. Decisão Unânime" (Ap. 0000122-22.2015.7.09.0009, rel. Odilson Sampaio Benzi, j. 18.05.2017, v.u.).

711. Aspectos subjetivos: é o dolo. Exige-se, ainda, elemento subjetivo específico, consistente em *obter vantagem para si ou para outrem* ou *provocar dano a terceiro*. Não se pune a forma culposa.

712. Autodefesa: em nosso entendimento, não é infração penal a conduta do agente que se atribui falsa identidade para escapar da ação policial, evitando sua prisão. Está, em verdade, buscando fugir ao cerceamento da sua liberdade. Ora, se a lei permite que a pessoa já presa possa fugir, sem emprego de violência, considerando isso fato atípico, é natural que a atribuição de falsa identidade para atingir o mesmo fim também não possa ser assim considerada. Não abrange, no entanto, o momento de qualificação, seja na polícia, seja em juízo, pois o direito de silenciar ou mentir que possui o acusado não envolve essa fase do interrogatório. Não há qualquer direito absoluto, de modo que o interesse na escorreita administração da justiça, impedindo-se que um inocente seja julgado em lugar do culpado, prevalece nesse ato. Daí por que, falseando quanto à sua identidade, pode responder pelo crime do art. 318. No entanto, confira-se a Súmula 522 do STJ: "A conduta de atribuir-se falsa identidade perante

Art. 319

Código Penal Militar Comentado • Nucci

autoridade policial é típica, ainda que em situação de alegada autodefesa". Conferir: TJSP: "(...) Falsa identidade. Configuração. Materialidade e autoria demonstradas. Agente que se identifica com nome diverso quando flagrado na prática de roubo. Não constitui extensão da garantia à ampla defesa atribuir-se falsa identidade como medida de autodefesa. Conduta típica, prejudicial, inclusive, a eventual terceiro cujo nome é utilizado no falso. Condenação mantida" (AP. 0005286-61.2009.8.26.0642, 16.ª C., rel. Almeida Toledo, 10.01.2012, v.u.).

713. Tipo subsidiário: configura-se modalidade de subsidiariedade explícita, somente se punindo o agente por esta figura delituosa caso outra mais grave não se concretize.

Capítulo VI
Dos crimes contra o dever funcional

Prevaricação

> **Art. 319.** Retardar ou deixar de praticar, indevidamente, ato de ofício, ou praticá-lo contra expressa disposição de lei, para satisfazer interesse ou sentimento pessoal:[714-716]
>
> Pena – detenção, de 6 (seis) meses a 2 (dois) anos.

714. Aspectos objetivos: o sujeito ativo é somente o funcionário público. O sujeito passivo é o Estado; secundariamente, a entidade de direito público ou a pessoa prejudicada. *Retardar* significa atrasar ou procrastinar; *deixar de praticar* é desistir da execução; *praticar* é executar ou realizar. Há, pois, três condutas puníveis no crime de prevaricação. É o que se chama de *autocorrupção própria*, já que o funcionário se deixa levar por vantagem indevida, violando deveres funcionais (cf. Antonio Pagliaro e Paulo José da Costa Júnior, *Dos crimes contra a Administração Pública*, p. 134). O elemento normativo do tipo *indevidamente* significa algo não permitido por lei, infringindo dever funcional. Assim, as duas primeiras condutas (retardar ou deixar de praticar) devem ser abrangidas por tal elemento. Exemplo da primeira conduta seria o funcionário que, por não se dar bem com o requerente de uma certidão, cuja expedição ficou ao seu encargo, deixa de expedi-la no prazo regular. Exemplo da segunda seria a conduta do delegado que, devendo instaurar inquérito policial, ao tomar conhecimento da prática de um crime de ação pública incondicionada, não o faz porque não quer trabalhar demais. O objeto das condutas alternativas é o *ato de ofício* (ato que o funcionário público *deve* praticar, segundo seus deveres funcionais; exige, pois, estar o agente no exercício da função). O elemento normativo do tipo *contra disposição expressa de lei* significa também algo ilícito e contrário aos deveres funcionais. É o caso do delegado que, ao término de um inquérito policial, promove o seu arquivamento, sem enviá-lo, como determina a lei, ao Ministério Público e ao Juiz de Direito, tendo por fim beneficiar o indiciado. Na jurisprudência: STM: "Hipótese em que o Acusado e outro militar, ambos integrantes de equipe de inspeção naval, restaram condenados no Juízo de origem, como incursos no delito de Prevaricação, tipificado no art. 319, do CPM. O referido tipo pode ser classificado como multinuclear, ou seja, aquele no qual vários comportamentos (núcleos) são descritos no seu preceito primário. Os verbos descritos nesse preceito são 'retardar ou deixar de praticar' ou 'praticá-lo'. Por conseguinte, verifica-se que o tipo em análise descreve condutas omissivas e comissivas. *In casu*, o Acusado e seu comparsa deixaram de praticar, 'indevidamente, ato de ofício', consistente em realizar notificação de embarcação que navegava sem a competente CTS. Restou caracterizado que a conduta omissa foi praticada para satisfazer interesse ou sentimento pessoal. O Juízo de origem, sem modificar a descrição do fato contida na Denúncia, atribuiu-lhe nova definição jurídica, incursionando o Acusado em dispositivo legal, cuja pena em abstrato é menor do que a dos crimes capitulados pelo MPM em suas peças acusatórias. Como é cediço, o Acusado defende-se dos fatos que lhe são atribuídos na Denúncia, sendo, pois, secundária a classificação que lhe foi dada pelo *Dominus Litis*. Desse modo, a capitulação indicada pelo *Parquet* não vincula o juiz da causa, seja em Primeiro Grau, seja na Segunda Instância, como bem expressado no brocardo jurídico 'narra-me o fato e te darei o direito'. Nesse passo, embora limitada ao julgamento do fato conforme originalmente imputado ao Acusado, o Juízo de origem de nenhum modo estava vinculado ao pedido do *Parquet* de condenar o Acusado, seja por Corrupção passiva, seja por Concussão. Desprovimento do Apelo" (Apelação n.º 7000581-39.2019.7.00.0000, rel. Luis Carlos Gomes Mattos, 04.06.2020, maioria).

715. Aspectos subjetivos: é o dolo. Exige-se elemento subjetivo específico consistente na vontade de "satisfazer interesse" ou "sentimento pessoal". Não existe a forma culposa.

716. Interesse ou sentimento pessoal: *interesse pessoal* é qualquer proveito, ganho ou vantagem auferido pelo agente, não necessariamente de natureza econômica. Aliás, sobre o assunto, dizem Antonio Pagliaro e Paulo José da Costa Júnior que o interesse não deve ser de ordem econômica, pois isso iria configurar a corrupção passiva (*Dos crimes contra a Administração Pública*, p. 138). *Sentimento pessoal* é a disposição afetiva do agente em relação a algum bem ou valor. O funcionário que, pretendendo fazer um favor a alguém, retarda ato de ofício, age com "interesse pessoal"; se fizer o mesmo para se vingar de um inimigo, age com "sentimento pessoal". A atuação do agente para satisfazer "interesse pessoal" consistente em livrar-se de processo administrativo ou judicial é considerada parte de seu direito à autodefesa, não se configurando o delito.

Violação do dever funcional com o fim de lucro

> **Art. 320.** Violar, em qualquer negócio de que tenha sido incumbido pela administração militar, seu dever funcional para obter especulativamente vantagem pessoal, para si ou para outrem:[717-718]
>
> Pena – reclusão, de 2 (dois) a 8 (oito) anos.

717. Aspectos objetivos: a *violação do dever funcional com o fim de lucro* é apenas uma modalidade de corrupção passiva; em nosso entendimento, cuida-se de tipo tautológico e desnecessário. *Violar* significa transgredir; o objeto da transgressão é o dever funcional (obrigação inerente ao cargo ou função pública). O objetivo do agente é a obtenção de qualquer espécie de vantagem, para si ou para outrem. O cenário da execução do delito é o negócio da administração militar. Ocorre que, comparando-se com o tipo da corrupção, não visualizamos significativa diferença. No delito do art. 308, o agente recebe (ou aceita promessa de receber) qualquer vantagem indevida para violar seu dever funcional. E se o fizer, a pena é aumentada. Em suma, na ânsia de manter a dignidade da função pública, o legislador estabeleceu tipo incriminador desnecessário. O sujeito ativo é o funcionário público, civil ou militar. O passivo é o Estado. Na jurisprudência: STM: "O preceito primário do artigo 320 do CPM requer a inobservância de norma funcional com o escopo de auferir vantagem pessoal para si ou para outrem. Na espécie, visível é que o ordenamento jurídico vigente à época dos fatos autorizava o proceder dos acusados de enviar as armas doadas ao Exército Brasileiro à Polícia Federal, para fins de registro, em face do doador não

Art. 321

Código Penal Militar Comentado • NUCCI

472

mais ostentar a condição de colecionador, e, por conseguinte, passíveis de indenização. Ademais, as armas classificadas como de colecionadores e entregues ao Programa de Desarmamento deveriam ser indenizadas, inclusive as doadas ao Exército, conforme orientação de ofício-circular, vigente à época dos fatos, do Departamento de Polícia Federal, a demonstrar a não violação do dever funcional com o fito de se alcançar lucro. Não restando dúvidas quanto à legitimidade do destino das indenizações à família do doador inválido, percebe-se que a Acusação não se desincumbiu de apontar fatos ou testemunhos mínimos que levassem à crença da quebra do dever funcional para obtenção de vantagem para si ou para outrem, elemento subjetivo do tipo, o que torna inviável aferir um *fumus comissi delicti* que autorize a deflagração da persecução penal. Decisão de primeiro grau confirmada, à unanimidade" (RSE 0000025-89.2015.7.10.0010, rel. Francisco Joseli Parente Camelo, j. 29.09.2016, v.u.).

718. Aspectos subjetivos: o crime é doloso. Há o elemento subjetivo específico, consistente na finalidade de obter vantagem pessoal indevida, para si ou para outrem. Inexiste a forma culposa.

Extravio, sonegação ou inutilização de livro ou documento

> **Art. 321.** Extraviar livro oficial, ou qualquer documento, de que tem a guarda em razão do cargo, sonegá-lo ou inutilizá-lo, total ou parcialmente.[719-720]
>
> Pena – reclusão, de 2 (dois) a 6 (seis) anos, se o fato não constitui crime mais grave.[721]

719. Aspectos objetivos: o sujeito ativo é somente o funcionário público. O sujeito passivo é o Estado; secundariamente, a entidade de direito público ou outra pessoa prejudicada. *Extraviar* é fazer com que algo não chegue ao seu destino; *sonegar* significa ocultar ou tirar às escondidas; *inutilizar* é destruir ou tornar inútil. Qualquer das condutas pode ser realizada *total* ou *parcialmente*, o que torna mais difícil a configuração da tentativa, já que a inutilização parcial de um documento constitui delito consumado, em face da descrição típica. *Livro oficial* é o livro criado por força de lei para registrar anotações de interesse para a Administração Pública. "Os livros oficiais de que fala a lei são: a) todos aqueles que, pelas leis e regulamentos, são guardados em arquivos da Administração Pública com a nota de que assim se devem considerar; b) todos os que, embora aparentemente possam conter fatos que, a juízo do funcionário que os guarda, não apresentam a característica de oficialidade, lhe são confiados como se a tivessem" (Fernando Henrique Mendes de Almeida, *Dos crimes contra a Administração Pública*, p. 35). *Documento* é qualquer escrito, instrumento ou papel, de natureza pública ou privada. Na jurisprudência: STM: "Consoante a reiterada doutrina e jurisprudência, considera-se documento, para fins penais, a fotocópia, desde que devidamente autenticada. O extrato recebido por fax pode ser equiparado a uma fotocópia; porém, sem a autenticação devida, não se assemelha a documento para fins da imputação descrita no art. 321 do CPM, razão pela qual resta afastada a tipicidade do delito" (Ap. 0000208-94.2010.7.01.0201, rel. Cleonilson Nicácio Silva, j. 18.06.2013, v.u.).

720. Aspectos subjetivos: é o dolo. Não se exige elemento subjetivo específico, nem se pune a forma culposa.

721. Delito subsidiário: somente se aplica o art. 321 quando não houver figura típica mais grave. Se o sujeito, por exemplo, resolve destruir documento com a finalidade de obter

Art. 322

Título VII – Dos crimes contra a administração militar · 473

algum benefício, incide na figura do art. 316, mais grave, sujeita à pena de reclusão de 2 a 6 anos (documento público), ou reclusão de 1 a 5 anos e multa (documento particular).

Condescendência criminosa

> **Art. 322.** Deixar de responsabilizar subordinado que comete infração no exercício do cargo, ou, quando lhe falte competência, não levar o fato ao conhecimento da autoridade competente:[722-724]
>
> Pena – se o fato foi praticado por indulgência, detenção até 6 (seis) meses; se por negligência, detenção até 3 (três) meses.[725]

722. Aspectos objetivos: o sujeito ativo somente pode ser o funcionário público, em função superior. O sujeito passivo é o Estado. *Deixar de responsabilizar* significa não imputar responsabilidade a quem cometeu uma infração, para que possa sofrer as sanções cabíveis; *não levar ao conhecimento* é ocultar ou esconder algo de alguém. A condescendência criminosa, na lição de Fernando Henrique Mendes de Almeida, tem alguns pontos a destacar: a) refere-se a uma forma de conivência, que se traduz em omissão e supõe infração a ela conectada; b) emerge de considerações relativas ao direito disciplinar administrativo; c) o conivente pode ser coautor do delito ocultado (*Dos crimes contra a Administração Pública*, p. 101). O subordinado é a pessoa que, numa estrutura hierárquica, deve cumprir ordens de outra pessoa, considerada o superior. Para a configuração deste crime, não se exige que o subordinado seja sancionado pela infração cometida, nem tampouco que o superior seja obrigado a puni-lo. Quer-se levar em conta o dever funcional do superior de *apurar* a responsabilidade do subordinado pela infração, em tese, que praticou, no exercício do seu cargo. Na jurisprudência: STM: "1. O crime de condescendência criminosa, previsto no art. 322 do Código Penal Militar, pressupõe a existência de subordinação entre o suposto autor do crime e o subordinado, o que não se verificou na hipótese dos autos. 2. Diante da flagrante atipicidade da conduta imputada ao Paciente, verifica-se a ausência de justa causa para o prosseguimento do feito, o que impõe o trancamento da ação penal. 3. Ordem conhecida e concedida. Decisão Unânime" (HC 0000163-31.2016.7.00.0000, rel. Carlos Augusto de Sousa, j. 01.09.2016, v.u.); "I – Para a configuração do delito do art. 322 do CPM, é necessária a existência de competência do agente para responsabilizar o infrator. Se o superior hierárquico não possui essa competência, deve levar o fato ao conhecimento da autoridade competente. II – Na espécie, o Denunciado participou os fatos, narrados na Exordial, a seu Comandante, autoridade competente para a adoção de providências, o que fulmina a materialidade e a autoria da infração penal prevista no art. 322 do CPM. III – Recurso conhecido, porém desprovido, mantendo, integralmente, a Decisão atacada, na parte em que rejeitou a vestibular acusatória oferecida contra o Denunciado. IV – Decisão unânime" (RSE 0000092-82.2012.7.06.0006, rel. Fernando Sérgio Galvão, j. 19.09.2013, v.u.).

723. Aspectos subjetivos: é o dolo. Exige-se elemento subjetivo específico consistente na vontade de ser indulgente (tolerante ou benevolente). Não existe a forma culposa.

724. Falta de competência para apurar a infração: em que pese o tipo fazer referência à "falta de competência" do funcionário para punir outro que cometeu infração, é preciso destacar que o objetivo não é instituir a delação obrigatória no seio da Administração Pública. Em verdade, quando o funcionário tiver por atribuição a punição de subalternos pela prática de infrações funcionais, cabe-lhe, não sendo o competente para punir, acionar outro, que tenha

Art. 323

Código Penal Militar Comentado • Nucci

tal atribuição. No mínimo, exige-se que seja superior hierárquico da pessoa que cometeu a infração. Em suma, somente é agente deste crime aquele funcionário que tem competência para punir outro ou, pelo menos, que seja superior hierárquico, com o dever de comunicar a falta a quem de direito. Nesse prisma: Antonio Pagliaro e Paulo José da Costa Júnior, *Dos crimes contra a Administração Pública*, p. 147.

725. Formas dolosa e culposa: de forma anômala, estabelece-se, no preceito sancionador, as duas figuras possíveis – dolo e culpa. A *indulgência* caracteriza-se pela tolerância ou benevolência, que, na realidade, não deve existir no serviço público. Ao mencionar a *negligência*, representativa de desatenção, desleixo, indica-se o formato culposo do delito.

Não inclusão de nome em lista

> **Art. 323.** Deixar, no exercício de função, de incluir, por negligência, qualquer nome em relação ou lista para o efeito de alistamento ou de convocação militar:[726-727]
>
> Pena – detenção, até 6 (seis) meses.

726. Aspectos objetivos: o sujeito ativo é o funcionário público, responsável pela elaboração da lista de alistamento ou convocação. O passivo é o Estado. *Deixar de incluir* (omitir-se na inserção de algo) é conduta omissiva, inspirada pela *negligência* (desleixo, desatenção), tendo por objeto a listagem de pessoas designadas para o serviço militar. Há que se ressaltar a anomalia desta figura típica, por dois motivos: a) trata-se, na verdade, de uma forma de prevaricação culposa, não necessitando de tipo autônomo; b) considerando-se o princípio da intervenção mínima, a negligência do funcionário, ao formar a relação de alistados ou convocados, deveria situar-se apenas no âmbito da infração administrativa. Não há sentido algum em se transformar a conduta em delito. Por isso, cremos ser inconstitucional. O crime é omissivo, não comportando tentativa; afinal, é praticado num único ato.

727. Aspectos subjetivos: é a culpa, nos termos do art. 33, II, deste Código.

> **Art. 324.** Deixar, no exercício de função, de observar lei, regulamento ou instrução, dando causa direta à prática de ato prejudicial à administração militar:[728-729]
>
> Pena – se o fato foi praticado por tolerância, detenção de 1 (um) a 3 (três) anos, e, se por negligência, detenção de 1 (um) a 2 (dois) anos.

728. Aspectos objetivos: o sujeito ativo é o servidor público, ligado à administração militar; o passivo é o Estado. Cuida-se de modalidade omissiva, constituída pela inobservância de normas postas de qualquer grau, desde que emanadas de órgão competente (lei, regulamento, instrução). Embora omissivo, em relação ao descumprimento de dever funcional, o tipo penal demanda a existência de resultado naturalístico, tornando-o material: causação de ato prejudicial à administração militar. Esse resultado, no entanto, pode ser estabelecido no campo moral, gerando, por exemplo, o desprestígio ao órgão público ao qual pertence o agente do delito. Na jurisprudência: STM: "Pratica a conduta tipificada no art. 324 do CPM, por tolerância, o Diretor de Organização Militar de Saúde (OMS) que, contrariando determinação de superior hierárquico contida em Portaria de Comando de Região Militar, autoriza atendimento de pessoas não beneficiárias do Fundo de Saúde do Exército (FuSEx). II – Conduta típica, *in*

| 475 | Título VII – Dos crimes contra a administração militar | **Art. 325** |

casu, porque os atendimentos autorizados pelo acusado não têm amparo nas hipóteses legais de emergência, nas quais deve haver perigo certo, atual ou iminente para os não beneficiários do FuSEx. Tampouco detectaram-se circunstâncias excepcionais, como, por exemplo, durante a realização de operações de paz, de garantia da lei e da ordem, em faixa de fronteira e em ações cívico-sociais, nas quais os atendimentos se revestiriam, respectivamente, de finalidade humanitária, operacional e psicossocial. III – O elemento objetivo normativo 'ato prejudicial', contido no art. 324, *in fine*, do CPM, não se restringe à esfera patrimonial, porque tutela a Administração Castrense – Título VII da Parte Especial do CPM – e também – Capítulo VI – o dever funcional. IV – Ao deixar de cumprir leis, regulamentos ou instruções, o Comandante/Chefe/Diretor causa prejuízos que podem ultrapassar o dano patrimonial, pois se propagam, na OM, atitudes contrárias à hierarquia e à disciplina militares. Consubstanciam-se no desacatamento à norma emanada pela autoridade competente, ensejando condutas inadequadas, as quais transparecem, enquanto praticadas pelos subordinados, terem sido autorizadas. V – Eventual sanção disciplinar, ou mesmo a propositura de Ação de Improbidade Administrativa perante a Justiça Federal Comum, não afasta a possibilidade de reprimenda criminal, haja vista a independência das esferas administrativa, civil e penal. Apelo provido. Decisão majoritária" (Ap. 0000088-15.2012.7.07.0007, rel. Fernando Sérgio Galvão, j. 12.05.2015, m.v.).

729. Aspectos subjetivos: são previstas as formas dolosa e culposa. Estabelece o preceito secundário que a finalidade de agir com tolerância (indulgencia) configura o dolo; quando o móvel propulsor da infração penal é a negligência (desleixo), indica-se a culpa. As penas são, por óbvio, diversas.

Violação ou divulgação indevida de correspondência ou comunicação

> **Art. 325.** Devassar indevidamente o conteúdo de correspondência dirigida à administração militar, ou por esta expedida:[730-732]
>
> Pena – detenção, de 2 (dois) a 6 (seis) meses, se o fato não constitui crime mais grave.[733]
>
> **Parágrafo único.** Na mesma pena incorre quem, ainda que não seja servidor público, mas desde que o fato atente contra a administração militar:
>
> I – indevidamente se apossa de correspondência, embora não fechada, e no todo ou em parte a sonega ou destrói;[734-735]
>
> II – indevidamente divulga, transmite a outrem, ou abusivamente utiliza comunicação de interesse militar;[736-737]
>
> III – impede a comunicação referida no número anterior.[738-739]

730. Aspectos objetivos: o sujeito ativo pode ser qualquer pessoa (inclusive o cego, desde que *tome conhecimento* do conteúdo da correspondência de algum modo); o passivo, no entanto, é de dupla subjetividade, necessitando ser o remetente e o destinatário da correspondência. Faltando um deles, ou seja, se um dos dois autorizar a violação, não pode haver crime. Não teria cabimento punir o agente que tomou conhecimento do conteúdo de uma carta devidamente autorizado pelo destinatário, por exemplo. Diversamente do tipo prevista na legislação penal comum (art. 151, CP), neste caso demanda-se a interferência, no cenário, da administração militar – como remetente ou destinatário. *Devassar* significa penetrar e descobrir o conteúdo de algo, é ter vista do que está vedado. Portanto, a conduta proibida pelo tipo penal é descortinar, sem autorização legal, o conteúdo de uma correspondência, que é

Art. 325

Código Penal Militar Comentado • Nucci

declarada inviolável por norma constitucional. Não significa necessariamente, embora seja o usual, abri-la, podendo-se violar o seu conteúdo por outros métodos, até singelos, como colocar a missiva contra a luz.

731. Elemento normativo do tipo: é o termo *indevidamente*, que alguns denominam como o elemento subjetivo do ilícito, pois se trata de uma antecipação do juízo de antijuridicidade para dentro do tipo penal. Logicamente, se o conhecimento do conteúdo de uma correspondência for precedido de autorização do destinatário, por exemplo, deixa de ser *indevido*, razão pela qual não está preenchida a figura típica. O que a lei protege é o *sigilo* da correspondência, e não a mera devassa da correspondência. Se não há sigilo aplicável, a violação pode ser considerada devida ou lícita.

732. Aspectos subjetivos: é o dolo. Não há a forma culposa, nem se exige elemento subjetivo específico.

733. Tipo subsidiário: a previsão, neste caso, consagra a subsidiariedade explícita, indicando que somente se pune a violação da correspondência caso não se configure delito mais grave.

734. Aspectos objetivos: o ativo pode ser qualquer pessoa, enquanto no polo passivo há dupla subjetividade: remetente e destinatário. Entendemos, no entanto, que, estando a correspondência em poder exclusivo do destinatário, que já a recebeu e leu, é apenas ele o sujeito passivo. Somente em trânsito é que há dois sujeitos passivos. De toda forma, há de se incluir no cenário a administração militar. *Apossar* significa apoderar-se, tomar posse. Portanto, caso o agente tome da vítima a sua correspondência, ainda que aberta, para o fim de ocultá-la ou destruí-la, está cometendo o crime. O mesmo se dá quando o agente a *sonega* (evita que chegue ao destinatário) ou a *destrua* (elimine ou faça desaparecer). Mais uma vez, surge o termo *indevidamente*, que demonstra ser possível haver modos de apossamento lícitos. Ex.: o pai que destrói a correspondência dirigida ao filho menor, contendo o planejamento de um crime.

735. Aspectos subjetivos: o delito é doloso. Não há elemento subjetivo específico, nem se pune a forma culposa.

736. Aspectos objetivos: o sujeito ativo pode ser qualquer pessoa; o sujeito passivo é de dupla subjetividade, pois envolve o remetente e o destinatário de qualquer mensagem de interesse militar. Envolve a administração militar de algum modo. A palavra *indevidamente* está demonstrando, como uma antecipação do juízo do ilícito trazida para o tipo penal, que divulgações ou transmissões podem ser feitas, desde que *devidamente* autorizadas em lei. *Divulgar* significa tornar público, dar conhecimento a terceiro; *transmitir* quer dizer enviar de um lugar a outro e *utilizar* significa aproveitar-se, fazer uso. A lei veda que qualquer pessoa torne conhecido o conteúdo de uma mensagem, transmitida por qualquer meio, cujo interesse seja militar. Assegura-se, também nesse contexto, o sigilo das comunicações. Por outro lado, é vedado, ainda, o envio da mensagem a um terceiro que não o destinatário original. A divulgação é tornar conhecido o teor da mensagem, ou seja, pode representar a conduta de quem toma a mensagem que chegou para "B" e, ao invés de entregá-la ao destinatário, torna-a conhecida de outras pessoas; a transmissão, por seu turno, representa o ato de enviar a mensagem a destinatário diverso do desejado por "A". Finalmente, na forma genérica, o tipo penal prevê a utilização abusiva da comunicação, demonstrando que fazer uso da mensagem entre "A" e "B", para qualquer fim indevido, ainda que não haja divulgação ou transmissão, também é crime. A despeito de o termo *abusivamente* circunscrever-se à utilização da mensagem, cremos que foi um cuidado exagerado do legislador inseri-lo no tipo penal, tendo em vista que a utilização indevida é também abusiva. O elemento normativo do tipo – *indevidamente* – já seria suficiente. A utilização da mensagem pode ser feita sem abuso pelo funcionário encarregado de transmiti-la, que toma conhecimento do seu conteúdo, mas não o divulga, nem o transmite a terceiro. Entretanto, caso esse sujeito tome nota da mensagem para utilização posterior, ainda que para fins particulares, estará *abusando* do uso permitido e cometerá o delito.

737. Aspectos subjetivos: a figura é dolosa. Não se exige elemento subjetivo específico, nem se pune a forma culposa.

738. Aspectos objetivos: o sujeito ativo pode ser qualquer pessoa; o sujeito passivo é de dupla subjetividade, pois envolve o remetente e o destinatário de qualquer mensagem de interesse militar. Envolve a administração militar de algum modo. *Impedir* significa colocar obstáculo ou tornar impraticável. Assim, é punido igualmente o sujeito que obstrui a comunicação ou conversação alheia, sem autorização legal.

739. Aspectos subjetivos: a figura é dolosa. Não se exige elemento subjetivo específico, nem se pune a forma culposa.

Violação de sigilo funcional

> **Art. 326.** Revelar fato de que tem ciência em razão do cargo ou função e que deva permanecer em segredo, ou facilitar-lhe a revelação, em prejuízo da administração militar:[740-741]
>
> Pena – detenção, de seis meses a 2 (dois) anos, se o fato não constitui crime mais grave.[742]
>
> § 1.º Nas mesmas penas incorre quem:
>
> I – permite ou facilita, mediante atribuição, fornecimento ou empréstimo de senha, ou de qualquer outra forma, o acesso de pessoas não autorizadas a sistemas de informações ou banco de dados da administração militar;[742-A]
>
> II – se utiliza indevidamente do acesso restrito.[742-B]
>
> § 2.º Se da ação ou omissão resulta dano à administração militar ou a outrem:[742-C]
>
> Pena – reclusão, de 2 (dois) a 6 (seis) anos.

740. Aspectos objetivos: o sujeito ativo é o servidor público, abrangendo o aposentado ou em disponibilidade. O sujeito passivo é o Estado, no contexto da administração militar; secundariamente, a pessoa prejudicada com a revelação. *Revelar* significa fazer conhecer ou divulgar; *facilitar* a revelação quer dizer tornar sem custo ou esforço a descoberta. O objeto é o fato que deva permanecer em segredo. O tipo se refere a *fato de que tem ciência*, ou seja, o *fato* (qualquer acontecimento) que chega ao conhecimento do funcionário justamente por conta do cargo que exerce. A expressão *em razão do cargo* significa que a informação somente chegou ao seu conhecimento porque exerce uma função pública. Não fosse funcionário público e desconheceria o ocorrido. Entretanto, se tomou ciência do fato por intermédio de outra fonte que não o seu cargo, não comete o delito previsto neste tipo penal. *Segredo* é o que deve ser mantido em sigilo, sem qualquer divulgação. Se o funcionário conta o fato sigiloso a quem dele já possui conhecimento, não se consuma a infração penal. Por outro lado, quando, em nome

Art. 326

Código Penal Militar Comentado • Nucci

do interesse público, houve necessidade da revelação do fato – para apuração de um crime mais grave que está sendo encoberto, por exemplo –, cremos não se configurar o crime. Ensina Noronha: "No tocante ao delito em tela, se é o interesse público que impede guarde silêncio o funcionário, tal obrigatoriedade cessa quando outro *interesse público* maior se levanta" (*Direito penal*, v. 4, p. 287). Na jurisprudência: STM: "Para que se caracterize o delito previsto no art. 326 do CPM basta que o agente revele ou venha a facilitar a revelação de um fato cujo sigilo se dê em razão do cargo ou função que exerce, em prejuízo à instituição militar. É justamente o que a tipificação do crime em análise pretende coibir, que o agente quebre a confiança que lhe fora depositada pela Administração Militar. Portanto, a divulgação de uma única prova já seria suficiente para o preenchimento das elementares do tipo penal ínsito no referido art. 326 do CPM" (Ap. 0000058-38.2016.7.07.0007, rel. Marcus Vinicius Oliveira dos Santos, j. 10.10.2017, v.u.); "O crime de violação de sigilo funcional, descrito no art. 326 do CPM, protege do conhecimento de terceiro fato que, por sua natureza, não deva ser de conhecimento geral, exigindo, para sua consumação, que o autor, na condição de agente da Administração, revele o segredo a ele confiado, sob pena de causar dano ou perigo de dano à Administração Militar. Embora não tenha ocorrido prejuízo concreto para a Administração Militar, haja vista que a questão divulgada pelo agente da Administração a terceiro não foi incluída no caderno de provas do concurso público, a conduta perpetrada pelo agente evidenciou a potencialidade lesiva. Além disso, o teor da questão divulgada, por constar do Edital do certame, encontrava-se albergado por cláusula de sigilo. O Princípio da Individualização da Pena permite que o Julgador, dentro dos limites abstratamente cominados pelo legislador, fixe a reprimenda objetivando a prevenção e a repressão do crime perpetrado, conferindo-lhe, pois, certo grau de discricionariedade em todas as fases da dosimetria da pena. Sendo majoritariamente favoráveis ao Réu as circunstâncias judiciais descritas no art. 69 do CPM, a exasperação da pena-base operada pelo Conselho Julgador de primeiro grau revelou-se desproporcional, na medida em que os autos demonstram que não houve vantagem para a candidata, em detrimento dos outros concorrentes. Apelo defensivo provido parcialmente. Unanimidade" (Ap. 0000059-08.2014.7.03.0103, rel. Cleonilson Nicácio Silva, j. 25.10.2016, v.u.); "1. Incorre em crime de violação de sigilo funcional, previsto no art. 326 do CPM, o militar que, de posse de informações sigilosas a respeito de concurso de carreira militar, em razão do cargo que ocupa, as copia em dispositivo externo de informática (*pen drive*), levando para sua residência – em total afronta às normas da Administração Militar –, ocasião em que seu irmão, candidato inscrito no referido concurso, acessa e toma ciência das informações sigilosas, visando obter indevida aprovação. 2. Coautoria perfeitamente demonstrada por meio do liame subjetivo envolvendo os acusados, verificada a partir da forma com que ocorreu o vazamento das informações sigilosas. Predomina na doutrina o entendimento sobre a admissão da coautoria, desde que o terceiro não tenha se limitado a receber a revelação, mas ao contrário, conluia-se com o funcionário, ou determina-lhe, instiga-lhe, auxilia-o etc. Decisão por maioria" (Embargos Infringentes e de Nulidade 0000221-50.2011.7.01.0301, rel. Lúcio Mário de Barros Góes, j. 25.02.2014, m.v.).

741. Aspectos subjetivos: é o dolo. Não existe a forma culposa, nem se exige elemento subjetivo do tipo específico.

742. Tipo subsidiário: a previsão, neste caso, consagra a subsidiariedade explícita, indicando que somente se pune a violação da correspondência caso não se configure delito mais grave.

742-A. Facilitação de acesso: *permitir* significa consentir ou dar liberdade para fazer alguma coisa; *facilitar* quer dizer tornar mais fácil ou eliminar obstáculos. O objeto é o acesso a sistemas de informações ou banco de dados da administração militar, que não deixa de ser administração pública. O sujeito ativo é servidor público, ainda que esteja aposentado ou em disponibilidade. O sujeito passivo é o Estado. Secundariamente, pode ser considerada a pessoa prejudicada pelo acesso à informação. O crime é punido se houver dolo e não há a forma culposa, nem se exige elemento subjetivo do tipo específico. Pode o agente praticar a conduta típica por meio dos seguintes mecanismos: a) *atribuir (conceder ou conferir) senha (fórmula convencionada por alguém, para impedir que terceiros tenham acesso a segredos guardados)*: trata-se de conduta comum na Administração, quando se quer permitir que alguns funcionários, especialmente autorizados, ingressem em arquivos ou conheçam dados ou documentos confidenciais. Assim, por convenção, a determinado funcionário confere-se um código, que o identifica, permitindo-lhe entrar em salas ou sistemas informatizados. Tal conduta pode ocorrer, ainda, atribuindo-se *outra forma* de acesso, como falso crachá de identificação; b) *fornecer (entregar, confiar a alguém) senha*: a conduta difere da anterior, pois neste caso o funcionário não confere um código a terceiro, para que este tome conhecimento de dados sigilosos, mas confia senha sua ou de outra pessoa para que o ingresso seja feito. A conduta também pode ser cometida por meio da entrega de *outra forma* de passagem, como uma chave; c) *emprestar (confiar a alguém determinada coisa para ser devolvida) instrumento de acesso*: tal conduta não se adapta, perfeitamente, à senha, pois, quanto a esta, fornecendo-se o seu código, nada mais resta a fazer. Não se empresta senha, mas fornecem-se os seus caracteres. Portanto, a senha não é devolvida. Se o funcionário que a forneceu desejar tê-la de volta com a característica original de bloqueio de acesso a pessoas *não* autorizadas, necessita alterá-la. Trata-se de forma vinculada. O sistema de informações é o conjunto de elementos materiais agrupados e estruturados visando ao fornecimento de dados ou instruções sobre algo. Embora se possa ter a impressão de se tratar de meio informatizado, cremos que pode ter maior abrangência, isto é, pode ser organizado por computadores ou não. O banco de dados é a compilação organizada e inter-relacionada de informes, guardados em um meio físico, com o objetivo de servir de fonte de consulta para finalidades variadas, evitando-se a perda de informações. Pode ser organizado também de maneira informatizada.

742-B. Utilização indevida de acesso: *utilizar-se* significa valer-se de algo ou usar. O objeto é o acesso restrito a sistema de informações ou banco de dados. Observe-se que *utilizar* não é simplesmente tomar conhecimento, de forma que o funcionário público, não autorizado, necessita valer-se dos dados para qualquer finalidade não permitida. O tipo previsto no inciso anterior destina-se ao servidor público que libera a entrada no sistema restrito a qualquer pessoa não autorizada, enquanto este se volta ao funcionário público, sem autorização, que faz uso do sistema. O particular que ingressa no sistema de acesso restrito somente pratica crime se divulgar os dados conhecidos. O interesse maior é punir o funcionário que permite o acesso, e não aquele que toma conhecimento do seu conteúdo. O sujeito ativo deve ser funcionário público. O sujeito passivo é o Estado; secundariamente, a pessoa prejudicada pelo conhecimento da informação sigilosa. Pune-se se houver dolo. Não existe a forma culposa, nem se exige elemento subjetivo do tipo específico. O acesso restrito é o ingresso limitado a determinadas pessoas no sistema de informações ou banco de dados da Administração Pública.

742-C. Crime qualificado pelo resultado: havendo dano à administração militar ou a qualquer pessoa, qualifica-se o crime, aumentando-se a faixa abstrata de fixação da pena (mínima e máxima).

Violação de sigilo de proposta de concorrência

> **Art. 327.** Devassar o sigilo de proposta de concorrência de interesse de administração militar ou proporcionar a terceiro o ensejo de devassá-lo:[743-744]
> Pena – detenção, de 3 (três) meses a 1 (um) ano.

Art. 328

Código Penal Militar Comentado • Nucci

743. Aspectos objetivos: o sujeito ativo pode ser qualquer pessoa. Em contrário, Paulo José da Costa Júnior sustenta que na primeira modalidade (*devassar*) o crime é próprio e somente o comete o funcionário público encarregado de guardar as propostas oferecidas até a sua abertura (*Direito penal das licitações*, p. 49). Assim não pensamos. Qualquer pessoa pode acessar os envelopes – embora mais comum, nesses casos, seja da alçada do servidor público fazê-lo –, tomando conhecimento do seu conteúdo sigiloso. E, também, qualquer pessoa pode tornar oportuno a terceiro que tenha conhecimento da proposta. O sujeito passivo é o Estado (União, Estado-membro, Distrito Federal e Município), bem como as autarquias, empresas públicas, sociedades de economia mista, fundações públicas e outras entidades sob controle estatal direto ou indireto. *Devassar* (descobrir, mostrar o que estava encoberto) é a conduta, cujo objeto é o sigilo (segredo) de proposta oferecida durante a licitação. A segunda conduta é *proporcionar* (dar, tornar oportuno), cujo objeto é o ensejo (oportunidade, ocasião) de devassar o referido sigilo. Logo, o agente pode, diretamente, tomar conhecimento de proposta que deveria permanecer em segredo, como tem a possibilidade de, indiretamente, levar terceiro a devassar o sigilo esperado. Integra a natureza do procedimento licitatório a concorrência feita em sigilo, apresentando cada interessado a sua proposta em envelope lacrado, que somente será aberto em momento público e solene, para que sejam conhecidas as ofertas. Vencerá a que melhor atender aos interesses da Administração. Se as propostas fossem conhecidas, aquele que apresentasse a última oferta poderia sagrar-se vencedor, pois iria adaptá-la às demais, de maneira a superá-las. Por isso, quem descobrir a proposta sigilosa, antes do instante adequado, encaixa-se na figura prevista neste tipo penal. A concorrência realizada na órbita da administração militar encaixa-se no tipo penal deste artigo 327; quando em outros pontos da administração pública, aplica-se a Lei 8.666/93.

744. Aspectos subjetivos: é o dolo. Não há elemento subjetivo específico, nem se pune a forma culposa.

Obstáculo à hasta pública, concorrência ou tomada de preços

> **Art. 328.** Impedir, perturbar ou fraudar a realização de hasta pública, concorrência ou tomada de preços, de interesse da administração militar:[745-746]
> Pena – detenção, de 6 (seis) meses a 2 (dois) anos.

745. Aspectos objetivos: o sujeito ativo pode ser qualquer pessoa. O sujeito passivo é o Estado, no âmbito da administração militar. *Impedir* (obstruir, não deixar acontecer), *perturbar* (atrapalhar, causar embaraço) e *fraudar* (iludir, enganar) são as condutas mistas alternativas, que têm por objeto qualquer ato do procedimento licitatório. Quando a Administração realiza a licitação, visando à escolha de quem irá fornecer algum bem ou serviço, deve respeitar uma sucessão de atos formais e previstos em lei, desenrolando-se por várias etapas e, como regra, durante diversas semanas. Por isso, aquele que não permitir o desenvolvimento da licitação, conturbar o seu andamento ou promover alguma ação para frustrar os propósitos do certame deve responder criminalmente, com base neste tipo penal.

746. Aspectos subjetivos: o delito é doloso. Inexiste elemento subjetivo específico, nem se pune a forma culposa.

Exercício funcional ilegal

> **Art. 329.** Entrar no exercício de posto ou função militar, ou de cargo ou função em repartição militar, antes de satisfeitas as exigências legais, ou

> continuar o exercício, sem autorização, depois de saber que foi exonerado, ou afastado, legal e definitivamente, qualquer que seja o ato determinante do afastamento:[747-748]
>
> Pena – detenção, até 4 (quatro) meses, se o fato não constitui crime mais grave.[749]

747. Aspectos objetivos: o sujeito ativo só pode ser o funcionário público nomeado, porém sem ter tomado posse. Na segunda hipótese, há de estar afastado ou exonerado. O sujeito passivo é o Estado. *Entrar no exercício* significa iniciar o desempenho de determinada atividade; *continuar o exercício* quer dizer prosseguir no desempenho de determinada atividade. O objeto é a função pública, militar ou civil. A conduta de *exercer*, quando isolada, é considerada habitual, embora, no caso presente, não se possa dizer tratar-se de delito habitual. Começar o *exercício* tem o significado de dar início a uma prática que será, pela própria natureza da função pública, habitual. Como se fala em *entrar*, e não em *exercer*, há instantaneidade na conduta. O mesmo se diga da forma *continuar* a exercê-la, quando se pressupõe já existir a habitualidade, representativa do *exercício*, que apenas é reiniciada. "Na verdade, algumas das figuras referidas no art. 324 [equivalente ao art. 329 do CPM] são variantes das referidas no art. 328. Com efeito, se alguém não é funcionário, porque não adquiriu tal qualidade pela investidura, ou, porque prolongou por sua conta e risco um exercício de que foi demitido, exonerado, substituído etc., evidentemente é usurpador. (...) Há, porém, um grave inconveniente nisto: é que se, em razão dessa prorrogação ou dessa antecipação, o delinquente houver cometido outro delito, será qualificado este como de usurpador, o que prova a inadequação do art. 324, entre os delitos cometidos por funcionário público" (cf. Fernando Henrique Mendes de Almeida, *Dos crimes contra a Administração Pública*, p. 132-133). A função pública é o conjunto de atribuições inerentes ao serviço público, que não correspondem a um cargo ou emprego (cf. Maria Sylvia Zanella Di Pietro, *Direito administrativo*, p. 421). Portanto, pode exercer função pública mesmo aquele que não tem cargo (posto criado por lei, cujo ingresso se dá por concurso) ou emprego (vínculo contratual, sob regência da CLT). Logicamente, para o efeito deste tipo penal, a função é genérica e abrange o cargo e o emprego. O tipo, ao mencionar *exigências legais* indica a constituição de uma norma penal em branco, pois as exigências legais para o funcionário público entrar no exercício do seu cargo são previstas em legislação específica, que merece ser consultada para poder complementar o tipo em questão. Como exemplo, pode-se citar o funcionário público que, antes da posse – ato formal que o investe no cargo –, começa a desempenhar suas atribuições. A expressão *sem autorização* constitui elemento normativo do tipo, apontando para a ilicitude da conduta, ao passo que a continuidade do exercício, devidamente permitida pela Administração Pública, não configura o tipo penal. A exoneração é o ato que desveste o funcionário do cargo. Pode acontecer a pedido ou de ofício. Neste último caso, quando se tratar de cargo em comissão ou, em caso do término do estágio probatório, não houver confirmação na carreira. Ocorre, ainda, quando o funcionário nomeado não toma posse no prazo legal. Quando for a pedido chama-se ato negocial, porque os efeitos são desejados por ambas as partes – funcionário e Administração (cf. Maria Sylvia Zanella Di Pietro, *Direito administrativo*, p. 207). Apesar de não constar expressamente, deve-se fazer uma interpretação extensiva do termo *exonerar*, para que abranja também a demissão, ou seja, quando a Administração, impondo uma sanção, desveste o funcionário público de seu cargo ou função. Não teria sentido o funcionário demitido continuar a exercer o cargo, sem incidir em qualquer figura penal. Ademais, a exoneração, por ser desejada pelo servidor, não o fará continuar no exercício da função, enquanto a demissão pode levá-lo a perpetuar-se na sua atividade. Inclua-se, ainda, a destituição, que é a pena aplicada ao funcionário em cargo em comissão ou em função comissionada (art. 127, V, Lei 8.112/90). Para a configuração do delito, nesta parte, exige-se a comunicação oficial da exoneração. "O funcionário deverá ser oficialmente comuni-

Art. 330

cado da sua exoneração, remoção, substituição ou suspensão. Não basta a publicação no *DO*, a menos que reste comprovado que o funcionário teve conhecimento dela" (Antonio Pagliaro e Paulo José da Costa Júnior, *Dos crimes contra a Administração Pública*, p. 170). Tratando-se de aposentadoria compulsória, o funcionário deve imediatamente afastar-se do cargo ao completar 70 anos, ainda que não tenha sido formalizada a sua aposentadoria. Não o fazendo, pode incidir nas penas deste artigo. Equipara-se, para os fins penais, ao exonerado que foi destituído do cargo. Vemos, nesse caso, uma interpretação extensiva, uma vez que os termos utilizados no tipo penal não precisam guardar exata sintonia com o Direito Administrativo. É justamente o que ocorre com a inclusão da demissão – que é pena – dentro do contexto da exoneração. Não há analogia *in malam partem*. Outras formas de afastamento são a *remoção* (mudança do funcionário de um posto para outro, embora mantendo o mesmo cargo. Não pode, naturalmente, continuar a exercer a sua função no posto anterior) e a *substituição* (colocação de um funcionário em lugar de outro. Altera-se a atividade, embora se mantenham o cargo e o local de trabalho). O funcionário em férias ou licença equipara-se ao substituído, pois é justamente o que acontece quando um funcionário entra em gozo de férias ou de licença. Um juiz, por exemplo, que está em férias é substituído por outro, a fim de que o serviço público não padeça de solução de continuidade. Finalmente, outra modalidade de afastamento é a *suspensão* (sanção disciplinar que retira o funcionário, temporariamente, do seu cargo ou de sua função).

748. Aspectos subjetivos: é o dolo. Não se exige elemento subjetivo específico, nem se pune a forma culposa. Na segunda figura, em face da expressão "depois de saber", entendemos haver apenas dolo direto. Não teria sentido o funcionário *saber* que está fora da função e continuar a exercê-la atuando com dolo eventual. Inexiste a forma culposa.

749. Tipo subsidiário: a previsão, neste caso, consagra a subsidiariedade explícita, indicando que somente se pune a violação da correspondência caso não se configure delito mais grave.

Abandono de cargo

> **Art. 330.** Abandonar cargo público, em repartição ou estabelecimento militar:[750-751]
>
> Pena – detenção, até 2 (dois) meses.

Formas qualificadas

> § 1.º Se do fato resulta prejuízo à administração militar:[752]
>
> Pena – detenção, de 3 (três) meses a 1 (um) ano.
>
> § 2.º Se o fato ocorre em lugar compreendido na faixa de fronteira:[753]
>
> Pena – detenção, de 1 (um) a 3 (três) anos.

750. Aspectos objetivos: o sujeito ativo só pode ser o funcionário público. O sujeito passivo é o Estado. Exige-se a prática da infração penal no âmbito de repartição militar. *Abandonar* significa largar ou deixar ao desamparo. Objetiva-se proteger o regular funcionamento dos serviços públicos. Não se deve confundir o abandono previsto neste tipo penal, que pode configurar-se em curto espaço de tempo, com o *abandono de cargo*, estabelecido em lei específica que rege a carreira do funcionário público, normalmente demandando um prazo fixo e relativamente extenso. Torna-se evidente que um funcionário público, fiscalizando um posto de fronteira, não precisa largar o cargo por 30 dias consecutivos para concretizar o delito. Basta que fique fora por tempo suficiente para determinar o seu descaso e o seu ânimo de se afastar da função. *Cargo público* é o posto criado por lei na estrutura hierárquica da Administração Pública, com denominação e padrão de vencimentos próprios (cf. Maria Sylvia Zanella Di Pietro, *Direito administrativo*, p. 420). O cargo possui função, mas esta nem sempre possui o cargo correspondente. Por isso, está correta a rubrica do crime – abandono de *cargo* –, conforme previsão deste artigo; por outro lado, na legislação penal comum, o título está equivocado, mencionando-se *abandono de função*. O funcionário público, ao ocupar determinado cargo, deve prestar serviços essenciais à população, de forma que, largando-o sem orientador, sem alertar o superior hierárquico, enfim, sem dar satisfação do seu ato para que uma substituição seja providenciada, comete o delito previsto neste tipo penal.

751. Aspectos subjetivos: é o dolo. Não se exige elemento subjetivo específico, nem se pune a forma culposa.

752. Figura qualificada pelo resultado: a pena é aumentada no mínimo e no máximo, configurando-se uma qualificadora, quando do abandono advier prejuízo público, ou seja, qualquer transtorno ou dano aos serviços públicos. Trata-se, naturalmente, de uma perturbação efetiva, pois o mero abandono já é uma presunção de dano para a Administração Pública.

753. Figura qualificada pelo local: mais uma vez aumenta-se a pena, nos seus valores mínimo e máximo, expressando a existência de uma qualificadora, quando o cargo público for objeto de abandono em área de fronteira. O dano para o Estado é significativamente maior se um posto de fiscalização, por exemplo, em zona limítrofe com outro país, for deixado acéfalo pelo funcionário público, especialmente o militar. Cremos ser aplicável esta qualificadora diretamente sobre a figura do *caput*, e não sobre o § 1.º. Assim, caso o abandono ocorra em zona fronteiriça e, ao mesmo tempo, resultar prejuízo para o serviço público, deve o juiz aplicar a pena prevista no § 2.º, levando em conta a existência da outra qualificadora (prejuízo) como circunstância judicial para elevar a pena-base. Segundo preceitua o art. 20, § 2.º, da Constituição Federal, constitui a faixa de fronteira: "A faixa de até cento e cinquenta quilômetros de largura, ao longo das fronteiras terrestres, designada como faixa de fronteira, é considerada fundamental para defesa do território nacional, e sua ocupação e utilização serão reguladas em lei". Dispõe o art. 1.º da Lei 6.634/79: "É considerada área indispensável à segurança nacional a faixa interna de 150 km (cento e cinquenta quilômetros) de largura, paralela à linha divisória terrestre do território nacional, que será designada como faixa de fronteira".

Aplicação ilegal de verba ou dinheiro

> **Art. 331.** Dar às verbas ou ao dinheiro público aplicação diversa da estabelecida em lei:[754-755]
>
> Pena – detenção, até 6 (seis) meses.

754. Aspectos objetivos: o sujeito ativo é o funcionário público. O sujeito passivo é o Estado; secundariamente, a entidade de direito público prejudicada. *Dar aplicação* significa empregar ou utilizar. O objeto da conduta são as verbas ou dinheiro público. A *verba pública* é a dotação de quantia em dinheiro para o pagamento das despesas do Estado; *dinheiro público* é qualquer quantia em pecúnia legalmente arrecadada pelo Estado. Pouco importa a finalidade do agente. O funcionário tem o dever legal de ser fiel às regras estabelecidas pela Administração para aplicar o dinheiro público – logo, não havendo exigência, para este delito, de elemento subjetivo

Art. 332

específico, isto é, o objetivo de prejudicar o Estado, qualquer desvio serve para a configuração do crime. "Outrossim, não importa demonstrar que o emprego irregular de verba ou renda pública obedeceu a propósitos honestos e teve também fins honestos. A lei positiva por que se deve reger a ordem jurídica somente coincide com o princípio de moral, quando o legislador o encampa. Finalmente, não aproveita, ainda, demonstrar que a aplicação irregular foi mais racional do que seria, se obedecida a lei. O argumento lógico, ainda quando realmente insuscetível de contestação, não é o que, em todos os casos se contém na lei. Esta, apesar de dura, de absurda, de injusta, de imoral, deve ser cumprida por aqueles a que se dirige, salvo se houver impossibilidade insuperável decorrente da natureza das coisas" (Fernando Henrique Mendes de Almeida, *Dos crimes contra a Administração Pública*, p. 43-44). Quanto ao conceito de *lei*, previsto no tipo, tendo em vista tratar-se de dinheiro público, é preciso que se compreenda restritivamente o seu significado. Portanto, é a norma emanada do Poder Legislativo, e não estão incluídos aí meros decretos, portarias, provimentos ou outras normas em sentido amplo.

755. Aspectos subjetivos: é o dolo. Não se exige elemento subjetivo específico, nem se pune a forma culposa.

Abuso de confiança ou boa-fé

> **Art. 332.** Abusar da confiança ou da boa-fé de militar ou de servidor público, em serviço ou em razão deste, apresentando-lhe ou remetendo-lhe, para aprovação, recebimento, anuência ou aposição de visto, relação, nota, empenho de despesa, ordem ou folha de pagamento, comunicação, ofício ou qualquer outro documento que sabe, ou deve saber, serem inexatos ou irregulares, desde que o fato atente contra a administração ou o serviço militar:[756-757]
>
> Pena – detenção, de 6 (seis) meses a 2 (dois) anos, se o fato não constitui crime mais grave.[758]

Forma qualificada

> § 1.º A pena é agravada, se do fato decorre prejuízo material ou processo penal militar para a pessoa de cuja confiança ou boa-fé se abusou.[759]

Modalidade culposa

> § 2.º Se a apresentação ou remessa decorre de culpa:[760]
>
> Pena – detenção, até 6 (seis) meses.

756. Aspectos objetivos: o sujeito ativo é o servidor público, civil ou militar; o passivo é o Estado; secundariamente, a pessoa diretamente prejudicada. *Abusar* significa tirar proveito de algo ou alguém de maneira excessiva ou danosa. Complementa-se o verbo com os termos *confiança e boa-fé*, representativas da credibilidade ou crédito que alguém dedica a outrem ou a alguma coisa. Portanto, o foco se concentra no fato do agente se aproveitar da segurança que outrem lhe dedica para lhe enviar documentos sujeitos à sua aprovação ou atitude similar. O tipo penal não deixa de ser estranho e anômalo. Em primeiro lugar, está-se diante de conduta passível de punição no campo administrativo, sem necessidade de adentrar o cenário penal. Em segundo, a conduta típica é paradoxal, pois menciona *abuso de confiança ou boa-fé* sem exigir qualquer resultado naturalístico. Como se pode *abusar* de alguém sem que esta pessoa atue em algum sentido? Em terceiro, observa-se a constituição de crime de atentado, tendo em vista a parte final: *desde que o fato atente contra a administração ou o serviço militar*. De toda forma, soa-nos inconstitucional o tipo, em virtude de lesão ao princípio da intervenção mínima (e consequente ofensividade). Porém, assim não se entendendo, basta que o agente do crime envie papelada oficial para outro funcionário público, encarregado de aprovar algo, vistar, fiscalizar ou tomar ciência. Tais documentos precisam ser inexatos ou irregulares, disso tendo *ciência* o remetente (que sabe) ou assumindo o risco de serem indevidos (deve saber). Aliás, na figura do dolo eventual (deve saber), torna-se ainda mais excessiva a figura incriminadora. Registre-se, ainda, que a documentação enviada abrange desde uma relevante folha de pagamento até uma singela comunicação de qualquer assunto. Enfim, um tipo penal de estrutura inteiramente *abusiva*. Na jurisprudência: STJ: "3. A figura típica do art. 332 do CPM (abuso de confiança e boa-fé no âmbito militar) não exige o efetivo dano, tratando-se de crime formal que criminaliza o ato de apresentar o falso, não exigindo produção do resultado enganoso. 4. Exige-se que o fato atente contra a administração militar e, no presente caso, a pretensão de aposentadoria por quem responde a feito criminal é, em tese, atentatória do controle militar sobre as aposentações de seus servidores. 5. Tem-se a indicação de fatos justificadores da persecução criminal, pois presente a necessária indicação dos fatos delituosos, restando devidamente demonstrado haver indícios mínimos de materialidade e autoria da imputação de abuso de confiança ou boa-fé (art. 332 do CPM), permitindo o pleno exercício da ampla defesa, em conformidade com o art. 41 do CPP. 6. Agravo regimental improvido" (AgRg no AgRg nos EDcl no RHC 88.455/CE, 6ª T., rel. Nefi Cordeiro, 03.09.2019, v.u.).

757. Aspectos subjetivos: o crime é doloso, não existindo elemento subjetivo específico. A forma culposa encontra-se prevista no § 2.º.

758. Tipo subsidiário: acolhe-se, neste caso, hipótese de subsidiariedade explícita, indicando o tipo que somente há possibilidade de adequação nesta figura se não houver outra, evidenciado crime mais grave.

759. Agravante específica: impõe-se o aumento da pena, quando ocorre resultado naturalístico, consistente em dano efetivo à administração militar ou processo criminal contra o funcionário de cuja confiança se abusou. Não deixa de soar estranho, pois instaurar *processo-crime* contra a *vítima* do abuso não tem sentido algum. Afinal, a responsabilidade penal é pessoal e somente se ajuíza demanda contra alguém se provado ter esta agido com dolo ou culpa, desde que haja a figura típica adequada. Se o funcionário foi *ludibriado* por outro, não se vislumbra qualquer culpabilidade.

760. Forma culposa: não bastasse ferir o princípio da intervenção mínima a figura dolosa, quando se menciona a culpa, torna-se ainda pior a previsão punitiva. Ademais, não vemos como se pode compatibilizar o *abuso de confiança ou boa-fé* por mera negligência. A conduta de *abusar* somente é compatível com o dolo.

Violência arbitrária

Art. 333. Praticar violência, em repartição ou estabelecimento militar, no exercício de função ou a pretexto de exercê-la:[761-762]

Pena – detenção, de 6 (seis) meses a 2 (dois) anos, além da correspondente à violência.[763]

Art. 334

761. Aspectos objetivos: o sujeito ativo somente pode ser o funcionário público. O sujeito passivo é o Estado; secundariamente, a pessoa prejudicada. *Praticar* é executar ou realizar algo. *Violência* é a coerção física cometida contra pessoa. Não se inclui no tipo, expressamente, se a violência contra coisa poderia configurar o delito do art. 333, sendo mais razoável supor, conferindo-se interpretação restritiva à figura típica, somente ser plausível a coerção contra ser humano. Tal postura fica confirmada pela previsão do preceito secundário do tipo, que demonstra ser punível, também, a prática da violência. Pode o agente atuar de forma violenta quando estiver *efetivamente* no desempenho da sua função ou pode simplesmente *argumentar* que se encontra desempenhando seu mister, quando na realidade não está. No título do crime, inseriu-se, com razão, o termo *arbitrário*, tendo em vista que os funcionários do Estado podem ser levados à utilização da violência em várias oportunidades – é o que ocorre, como regra, quando se efetua uma prisão –, estando, no entanto, no estrito cumprimento de um dever. Assim, somente o que for excessivo ou abusivo pode ser considerado ilícito ou arbitrário.

762. Aspectos subjetivos: é o dolo. Cremos presente, como nos crimes de abuso de autoridade, o elemento subjetivo específico, que é a vontade de abusar da sua autoridade. Não existe a forma culposa.

763. Sistema da acumulação material: o crime de violência arbitrária configura-se justamente mediante a prática de violência; ainda assim, por política criminal, estabelece-se a cumulatividade da pena relativa ao resultado da ação violenta, como, por exemplo, lesão corporal.

Patrocínio indébito

> **Art. 334.** Patrocinar, direta ou indiretamente, interesse privado perante a administração militar, valendo-se da qualidade de servidor público ou de militar:[764-765]
>
> Pena – detenção, até 3 (três) meses.
>
> **Parágrafo único.** Se o interesse é ilegítimo:[766]
>
> Pena – detenção, de 3 (três) meses a 1 (um) ano.

764. Aspectos objetivos: o sujeito ativo é somente o servidor público, civil ou militar. O sujeito passivo é o Estado; eventualmente, em caráter secundário, a entidade de direito público ou a pessoa prejudicada. *Patrocinar* significa proteger, beneficiar ou defender. O objeto da benesse é o interesse privado em confronto com o interesse da Administração Pública. O título deste delito – patrocínio indébito – é tecnicamente superior ao previsto para o tipo similar (art. 321) do Código Penal comum, que é *advocacia administrativa*. O termo utilizado na rubrica ("advocacia") pode dar a entender tratar-se de um tipo penal voltado somente a advogados, o que não corresponde à realidade, pois está no sentido de "promoção de defesa" ou "patrocínio". Acrescente-se, ainda, que o patrocínio não exige, em contrapartida, a obtenção de qualquer ganho ou vantagem econômica. Pode significar para o agente um simples favor, o que, por si só, é fato típico. "Esta expressão [advocacia administrativa], ao que tudo indica, se formou na língua portuguesa falada no Brasil, sendo provável que se trata de um brasileirismo. É certo que, desde 1905, pelo menos, julgados já a utilizam para significar o patrocínio indébito de interesse privado realizado por funcionário público perante repartições públicas (cf. 'Revista de Direito', vol. 17, pág. 348). A expressão 'advocacia administrativa', contudo, pode ser usada com o seu sentido honesto, isto é, o de exercício normal de patrocínio de causas em assuntos administrativos na pressuposição do estabelecido nas disposições que regulam a profissão de advogado. (...) Pelo direito romano, a advocacia administrativa já era contemplada. Como não havia, ainda, uma noção tão ampla do delito, figurava ela, a par da concussão e da corrupção, por igual confundidas, sob a generalidade dos chamados *crimina repetundarum*. Naquela legislação, pois, já se proibia terminantemente que funcionários por si ou interpostas pessoas emprestassem dinheiro ou outros bens adquiridos em heranças confiadas ao Fisco" (cf. Fernando Henrique Mendes de Almeida, *Dos crimes contra a Administração Pública*, p. 109-112). O *interesse privado* é qualquer vantagem, ganho ou meta a ser atingida pelo particular. Esse interesse deve confrontar-se com o interesse público, isto é, aquele que é inerente à Administração Pública. Não significa, porém, que o interesse privado – para a caracterização do crime – há de ser ilícito ou injusto. O interesse da Administração é justamente poder decidir sem a interferência exterior de qualquer pessoa, mormente o particular. Quando alguém, pertencendo aos seus quadros, promove a defesa de interesse privado, está se imiscuindo, automaticamente, nos assuntos de interesse público, o que é vedado. Se o interesse for ilícito, a advocacia administrativa é própria; caso seja lícito, considera-se cometida na forma imprópria (cf. Fernando Henrique Mendes de Almeida, *Dos crimes contra a Administração Pública*, p. 113). Por outro lado, *valer-se da qualidade de funcionário* significa que a conduta tipificada volta-se justamente para a pessoa que, sendo funcionária pública, com seu prestígio junto aos colegas ou sua facilidade de acesso às informações ou à troca de favores, termina investindo contra o interesse maior da Administração de ser imparcial e isenta nas suas decisões e na sua atuação.

765. Aspectos subjetivos: é o dolo. Não se exige elemento subjetivo específico, nem se pune a forma culposa.

766. Figura qualificada: a pena em abstrato é aumentada (mínimo e máximo), configurando uma qualificadora, quando o interesse privado patrocinado pelo funcionário público é ilegítimo (ilícito). Não existe necessidade, para configurar a advocacia administrativa, que o interesse seja, primariamente, ilícito. Somente na figura qualificada é que se exige tal qualificação. No mais, para aperfeiçoar o *caput*, basta a defesa de *qualquer* interesse privado.

Capítulo VII
Dos crimes praticados por particular contra a administração militar

Usurpação de função

> **Art. 335.** Usurpar o exercício de função em repartição ou estabelecimento militar:[767-768]
>
> Pena – detenção, de 3 (três) meses a 2 (dois) anos.
>
> **Parágrafo único.** Se do fato o agente aufere vantagem:[768-A]
>
> Pena – reclusão, de 2 (dois) a 5 (cinco) anos.

767. Aspectos objetivos: o sujeito ativo pode ser qualquer pessoa, inclusive o funcionário público, quando atue completamente fora da sua área de atribuições. O sujeito passivo é o Estado. Ressalte-se que a "inofensividade do fato exclui o crime. Assim, por exemplo, se um funcionário da polícia, em tal qualidade, concede diploma ou condecoração, não pratica nem usurpação, nem prevaricação, porque o fato é inofensivo com relação à Administração Pública" (Antonio Pagliaro e Paulo José da Costa Júnior, *Dos crimes contra a Administração Pública*, p. 185). *Usurpar* significa alcançar sem direito ou com fraude. O objeto de proteção é a função pública. A *função pública* é o conjunto de atribuições inerentes ao serviço público, que não correspondem a um cargo ou emprego (cf. Maria Sylvia Zanella Di Pietro, *Direito administrativo*, p. 421). Portanto, pode exercer função pública mesmo aquele que não tem cargo (posto criado por lei, cujo ingresso se dá por concurso) ou emprego (vínculo contratual, sob regência da CLT). Pode ser exercida de modo gratuito ou remunerado, pressupondo-se, ao menos, que ela exista na estrutura da Administração Pública. Na jurisprudência: STM: "Para configuração do delito insculpido no cânon do art. 335, do CPM – Usurpação de Função –, é indispensável que o Agente atue com a intenção de exercitar determinada função em repartição ou estabelecimento militar, praticando ato ou atos de ofício a ela inerente ou inerentes. Hipótese não ocorrente na conduta do Embargante. III – Embargos acolhidos, por unanimidade de votos, para, reformando o Acórdão recorrido, absolver-se o Embargante do crime previsto no art. 335, do CPM, com fundamento no art. 439, *a*, do CPPM" (Embargos Infringentes e de Nulidade 2003.01.049124-8, rel. Expedito Hermes Rego Miranda, 28.10.2003, v.u.).

768. Aspectos subjetivos: é o dolo. Não existe a forma culposa, nem se exige elemento subjetivo do tipo específico. Ínsito ao verbo – "usurpar" – já está o desejo de tomar conta do que não é seu de direito, de modo que não há necessidade de se falar em elemento subjetivo específico.

768-A. Crime qualificado pelo resultado: a mera usurpação já constitui crime, porém a Lei 14.688/2023 houve por bem inserir a figura qualificada pelo resultado, vale dizer, o exaurimento do crime passa a ter pena mais severa. Se o agente obtiver vantagem, a sanção penal eleva-se substancialmente. Essa previsão já constava do Código Penal comum.

Tráfico de influência

> **Art. 336.** Solicitar, exigir, cobrar ou obter, para si ou para outrem, vantagem ou promessa de vantagem, a pretexto de influir em ato praticado por militar ou por servidor público de local sujeito à administração militar no exercício da função:[769-770]
>
> Pena – reclusão, de 2 (dois) a 5 (cinco) anos.

Aumento de pena

> **Parágrafo único.** A pena é aumentada de metade se o agente alega ou insinua que a vantagem é também destinada ao militar ou ao servidor público.[771]

769. Aspectos objetivos: o sujeito ativo pode ser qualquer pessoa, inclusive servidor público. O sujeito passivo é o Estado. *Solicitar* (pedir ou rogar); *exigir* (ordenar ou reclamar); *cobrar* (exigir o cumprimento de algo); *obter* (alcançar ou conseguir) são os verbos do tipo que se conjugam com outra conduta: *influir* (inspirar ou incutir). O objeto das ações é a vantagem com relação a ato praticado por militar ou servidor público de um local sujeito à administração militar, estando no exercício da função. É o que se chama de *jactância enganosa, gabolice mendaz* ou *bazófia ilusória* (Antonio Pagliaro e Paulo José da Costa Júnior, *Dos crimes contra a Administração Pública*, p. 218). *Vantagem* é qualquer ganho ou lucro para o agente, lícito ou ilícito, que pode servir para configurar o tipo. *Promessa de vantagem* é obrigar-se á, no futuro, entregar algum ganho a alguém. O ato almejado do funcionário pode ser lícito ou ilícito, pois o tipo penal não discrimina. O ato, no entanto, deve ser futuro, e não passado. Se o agente *vai influir* é natural que o ato não pode ter sido praticado. Como regra, há três pessoas envolvidas, mesmo que virtualmente: há de se exigir, para a configuração do tipo penal, que um *sujeito* qualquer – funcionário público ou não – obtenha de *outra pessoa* – funcionário ou não – qualquer vantagem, sob o pretexto de exercer influência em militar ou servidor público no exercício da função. Na jurisprudência: STM: "O conjunto probatório é harmônico e vigoroso no sentido de demonstrar que o Apelante, de maneira livre e consciente, valendo-se de sua condição de militar da Capitania dos Portos da Bahia, obteve vantagem, a pretexto de influir em militar responsável pela emissão de parecer relativo à atividade de 'banana boat', bem como relativo a obras voltadas para a utilização de flutuantes, praticando, assim, o delito de tráfico de influência, capitulado no art. 336 do CPM" (Apelação n.º 7000905-29.2019.7.00.0000, rel. Lúcio Mário de Barros Góes, 04.03.2020, v.u.); "Pratica a conduta delituosa prevista no art. 336 do Código Penal Militar tanto o civil como o militar que obtém vantagem a pretexto de influir em militar no exercício de sua função. Entendimento doutrinário e precedentes desta Corte. Soldado do Exército aufere vantagem financeira em troca de suposta influência sobre superior para manutenção de caçambeiros na lista de prestadores de serviços da OM. Autoria e materialidade amplamente comprovadas nos autos, tanto pela confissão do réu, quanto pelas declarações dos ofendidos. Ministério Público Militar requereu desclassificação para o crime de extorsão simples. Defesa alegou atipicidade da conduta e inexistência de dolo por parte do réu, tendo pedido por sua absolvição. Recursos aos quais se nega seguimento. Mantida a Sentença condenatória proferida no Juízo *a quo*. Unânime" (Ap. 0000122-87.2012.7.07.0007, rel. Marcus Vinicius Oliveira dos Santos, j. 22.10.2013, v.u.).

770. Aspectos subjetivos: é o dolo. Exige-se, ainda, elemento subjetivo específico, consistente no ânimo de ter para si ou destinar para outra pessoa a vantagem. Não existe a forma culposa.

771. Causa de aumento da pena: eleva-se a pena em metade, caso o agente afirme ou dê a entender de modo sutil que o ganho destina-se, também, ao militar ou servidor que vai praticar o ato. Caso realmente se destine, trata-se de corrupção (ativa para quem oferta e passiva para quem recebe).

Subtração ou inutilização de livro, processo ou documento

> **Art. 337.** Subtrair ou inutilizar, total ou parcialmente, livro oficial, processo ou qualquer documento, desde que o fato atente contra a administração ou o serviço militar:[772-773]
>
> Pena – reclusão, de 2 (dois) a 5 (cinco) anos, se o fato não constitui crime mais grave.

772. Aspectos objetivos: o sujeito ativo pode ser qualquer pessoa. O sujeito passivo é o Estado. Secundariamente, pode-se falar também na pessoa prejudicada. *Subtrair* (retirar ou tirar às escondidas) ou *inutilizar* (invalidar ou destruir), tendo por objeto livro oficial, processo ou documento. Esse tipo penal busca punir aquele que, em vez de cuidar, com zelo, de coisas que lhe são confiadas, termina por subtraí-las ou inutilizá-las. Menciona o tipo penal que a destruição pode ser *total* (completa, abrangendo o todo) ou *parcial* (não completa, abrangendo partes), o que torna mais difícil a tentativa, já que inutilizar parcialmente é considerado crime consumado. *Livro oficial* é o livro criado por força de lei para registrar anotações de interesse para a Administração Pública. O termo *processo*, como bem anotado por Maria Sylvia Zanella Di Pietro, significa "uma série de atos coordenados para a realização dos fins estatais", podendo-se falar em "processo legislativo, pelo qual o Estado elabora a lei", "processo judicial e

Art. 338

Código Penal Militar Comentado • Nucci

administrativo, pelos quais o Estado aplica a lei" (*Direito administrativo*, p. 481). Logo, a sua utilização no tipo penal refere-se aos *autos*, que é o conjunto das peças componentes do processo, incluindo-se, nesse contexto, também os autos de processo findo. *Documento* é qualquer escrito, instrumento ou papel, de natureza pública ou privada. Na legislação penal comum, o tipo estabelece deva ser o livro, processo ou documento *confiado à custódia* de funcionário, *em razão de seu ofício*. Muito embora o art. 337 do CPM assim não preveja, por óbvio, dá-se o mesmo. Não haveria lógica em focar um objeto que não estivesse sob a tutela de servidor público. Excepcionalmente, o particular pode atuar em função pública, como, por exemplo, o perito judicial nomeado que recebe documentos para realizar um exame. Assim, configura-se este tipo penal quando alguém subtrai ou inutiliza tais papéis.

773. Aspectos subjetivos: é o dolo. Não existe a forma culposa, nem se exige elemento subjetivo do tipo específico.

Inutilização de edital ou de sinal oficial

> **Art. 338.** Rasgar ou de qualquer forma inutilizar ou conspurcar edital afixado por ordem da autoridade militar; violar ou inutilizar selo ou sinal empregado, por determinação legal ou ordem de autoridade militar, para identificar ou cerrar qualquer objeto:[774-775]
>
> Pena – detenção, até 1 (um) ano.

774. Aspectos objetivos: o sujeito ativo pode ser qualquer pessoa. O sujeito passivo é o Estado. *Rasgar* (dividir em pedaços, romper ou desfazer); *inutilizar* (tornar inútil ou destruir); *conspurcar* (macular ou sujar); *violar* (devassar ou profanar); *identificar* (determinar a identidade); *cerrar* (fechar ou encobrir). O objeto das condutas de rasgar, inutilizar e conspurcar é o edital, enquanto o objeto das condutas de violar ou inutilizar é o selo ou sinal. A expressão *de qualquer forma* estabelece a possibilidade de o agente destruir ou macular, total ou parcialmente, o edital, que significa o ato escrito emanado de autoridade administrativa ou judicial para dar avisos ou intimações, devendo ser afixado em locais públicos ou de acesso ao público, bem como pela imprensa, a fim de ser conhecido por alguma pessoa determinada ou por vários interessados. Note-se que, transcorrido o prazo de validade do edital, não pode mais ser objeto material deste delito. *Selo ou sinal* é qualquer marca destinada a identificar algo. Ensina Hungria ser "uma tira de papel ou de pano, ou pequena chapa de chumbo, que, contendo (pelo menos) a assinatura, carimbo ou sinete da autoridade competente, se fixa, por meio de cola, tachas, cosedura, lacre, arame etc., em fechaduras, gavetas, portas, janelas, bocas de vasos, frascos, sacos ou caixas, em suma, na abertura de algum *continente*, para garantia oficial de integridade do respectivo *conteúdo*" (*Comentários ao Código Penal*, v. 9, p. 445). Exemplo de configuração do delito seria o caso do agente que rompe cosedura do testamento cerrado, sem ordem judicial (art. 1.869, CC).

775. Aspectos subjetivos: é o dolo. Não existe a forma culposa, nem se exige elemento subjetivo do tipo específico.

Impedimento, perturbação ou fraude de concorrência

> **Art. 339.** Impedir, perturbar ou fraudar em prejuízo da Fazenda Nacional concorrência, hasta pública ou tomada de preços ou outro qualquer processo

> administrativo para aquisição ou venda de coisas ou mercadorias de uso das forças armadas, seja elevando arbitrariamente os preços, auferindo lucro excedente a 1/5 (um quinto) do valor da transação, seja alterando substância, qualidade ou quantidade da coisa ou mercadoria fornecida, seja impedindo a livre concorrência de outros fornecedores, ou por qualquer modo tornando mais onerosa a transação:[776-779]
>
> Pena – detenção, de 1 (um) a 3 (três) anos.
>
> § 1.º Na mesma pena incorre o intermediário na transação.
>
> § 2.º É aumentada a pena de 1/3 (um terço), se o crime ocorre em período de grave crise econômica.[780]

776. Aspectos objetivos: o sujeito ativo é o licitante ou o contratado. O sujeito passivo é o Estado, neste contexto representado pela administração militar. *Impedir* (obstar, impossibilitar); *perturbar* (causar distúrbio, embaraço) e *fraudar* (enganar, ludibriar, lesar por meio de engodo) são as condutas, cujo objeto é a licitação (concorrência, hasta pública, tomada de preços). Exige-se prejuízo para a Fazenda Pública e cuida-se de tipo vinculado, pois são descritas as maneiras pelas quais a licitação ou o contrato pode ser frustrado. Naturalmente, as condutas previstas são mistas alternativas, vale dizer, a prática de uma ou de mais de uma delas implica a realização de um só delito. A redação do tipo é imperfeita, pois mescla, indevidamente, uma conduta pertinente à licitação com outras, relativas ao contrato. Note-se que a *elevação arbitrária de preços* somente é pertinente à fase licitatória. Se o contrato já foi assinado, é natural que tal não pode ocorrer. E se assim se der, cuida-se de uma questão para ser discutida na esfera civil. No entanto, a aplicação pura e simples dessa previsão (elevação de preços) pode gerar inconstitucionalidade, conforme veremos na nota abaixo a ele relativa. O mesmo se dá no tocante ao lucro superior a um quinto. Por outro lado, a conduta relativa a alterar substância, qualidade ou quantidade da coisa ou mercadoria fornecida diz respeito à execução do contrato celebrado. O impedimento à livre concorrência de outros fornecedores constitui previsão anômala, pois, havendo violência, outro crime se configura; inexistindo violência ou grave ameaça, não vislumbramos forma executória plausível. A parte final do tipo – norma de arremate – é igualmente paradoxal, visto que a *livre concorrência* estabelece, justamente, a liberdade para a escolha do fornecedor, não sendo obrigação de empresário algum tornar os custos reduzidos para o Estado. Na jurisprudência: STM: "O crime previsto no art. 339 do CPM pode ter como sujeito ativo tanto o civil como o militar (Doutrina). Fixação da competência da Justiça Militar para apreciar e julgar o feito. Recurso ministerial a que se nega provimento, mantendo-se íntegra a Decisão hostilizada. Unânime" (RSE 0000120-20.2015.7.03.0203, rel. Marcus Vinicius Oliveira dos Santos, j. 03.11.2016, v.u.).

777. Aspectos subjetivos: é o dolo. Parece-nos existente o subjetivo do tipo específico implícito, consistente no intuito de obter lucro abusivo. Extrai-se essa conclusão do disposto no tipo penal, analisando-se a expressão *em prejuízo da Fazenda Pública*. Logo, a *contrario sensu*, sofrendo o erário público lesão, é natural que o fito do agente é a obtenção de vantagem excessiva. Não se pune a forma culposa.

778. Inconstitucionalidade ou inutilidade do dispositivo: os participantes de uma licitação podem estipular o preço que quiserem para seus bens. Não pode o Estado pretender regular esse cenário, sob pena de intervenção indevida na atividade comercial privada. Nesse prisma, diz Marçal Justen Filho que "a elevação de preços não pode ser tipificada como crime. Nesse ponto, o dispositivo é inconstitucional, por ofender os arts. 5.º, XXII (garantia ao direito de propriedade), e 170, IV (livre concorrência). Todo particular tem assegurada a mais

Art. 339

Código Penal Militar Comentado • Nucci

ampla liberdade de formular propostas de contratação à Administração Pública. Para tanto, examinará seus custos, estimará seus lucros e fixará os riscos que pretende correr. Não pode ser constrangido a formular proposta para a Administração Pública idêntica à que formularia para terceiros. Portanto, se o particular decidir elevar seus preços, ainda que de modo arbitrário, não praticará ato reprovável pela lei penal. Se a Administração reputar que os preços são excessivos, deverá rejeitar a proposta e valer-se dos instrumentos jurídicos de que dispõe (inclusive e se for o caso, promovendo a desapropriação mediante prévia e justa indenização" (*Comentários à lei de licitações e contratos administrativos*, p. 634-635). A isso, acrescentamos poder o Estado utilizar outros meios coercitivos legítimos, pois se houver aumento excessivo de preços, evidencia-se configurar delito contra a ordem econômica.

779. Fórmula de arremate aberta, passível de inconstitucionalidade: deve-se analisar com extrema cautela o disposto na parte final do tipo. Tornar, *de qualquer modo,* mais onerosa a transação é atitude pertinente ao processo licitatório e não vemos nenhum sentido em se punir o agente por conta disso. Cada licitante faz a proposta que quiser. Se for injusta ou onerosa não será selecionada pela Administração. Além disso, se é mera proposta, não se pode falar em prejuízo para o Poder Público. Por isso, nessa parte, sustentamos a inconstitucionalidade do tipo incriminador. Quanto à onerosidade excessiva e injusta durante a execução do contrato, pode-se acolher a possibilidade de o contratado, por meio de fraude, provocar prejuízo para a Fazenda Pública (ex.: simulando motivo de força-maior, demora a entregar o bem adquirido para atender a outro cliente em primeiro lugar). Mesmo assim, é fundamental interpretar-se restritivamente essa previsão; do contrário, abre-se em demasia o tipo penal, ferindo-se a taxatividade, logo, a legalidade. Considerando todo o inciso inconstitucional, por ferir a taxatividade e a legalidade, está a posição de Marçal Justen Filho (*Comentários à lei de licitações e contratos administrativos*, p. 635).

780. Causa de aumento de pena: conforme já exposto em nota anterior, os licitantes podem estipular o preço que bem entendam, pois é assegurada a livre concorrência e a economia de mercado. Nenhum empresário tem o dever de colaborar com o Estado, mesmo em época de grave crise econômica. Logo, esta causa nos parece inconstitucional. Situação diversa é o *abuso do poder econômico*, tutelada em lei específica para tanto.

Título VIII
Dos crimes contra a administração da Justiça Militar

Recusa de função na Justiça Militar

> **Art. 340.** Recusar-se o militar a exercer, sem motivo legal, função que lhe seja atribuída na administração da Justiça Militar:[781-782]
>
> Pena – detenção, de 1 (um) a 2 (dois) anos.

781. Aspectos objetivos: *recusar* (refutar, não aceitar) compõe-se com o exercício de função na administração da Justiça Militar (como os Conselhos de Justiça). O sujeito ativo só pode ser o militar. O passivo é o Estado, particularmente a Justiça Militar. Poderia este tipo penal constituir simples infração disciplinar, não se justificando a figura criminosa. De todo modo, cuida-se de delito omissivo, por quem tem o dever legal de atuar. Convocado o militar a assumir qualquer função na administração da Justiça Militar, refutando o comando, dolosamente, comete o delito. Não cabe tentativa.

782. Aspectos subjetivos: o crime é doloso. Inexiste elemento subjetivo específico, nem se pune a forma culposa.

Desacato

> **Art. 341.** Desacatar autoridade judiciária militar no exercício da função ou em razão dela:[783-785]
>
> Pena – reclusão, até 4 (quatro) anos.

783. Aspectos objetivos: o sujeito ativo pode ser qualquer pessoa. O sujeito passivo é o Estado e, em segundo plano, a autoridade judiciária militar. Na legislação penal comum, o objeto material da conduta é o funcionário público – e não apenas o magistrado. Quanto ao funcionário como sujeito ativo, entendemos, na esteira de Fragoso e Noronha (*Direito penal*, v. 4, p. 307), poder haver desacato, pouco importando se de idêntica hierarquia, superior ou inferior. Um policial, prestando depoimento, pode desacatar o juiz, enquanto este pode desacatar o colega, em igual situação. Pode, ainda, o delegado desacatar o investigador de polícia (ou detetive). Cremos, no entanto, ser preciso cautela na tipificação do delito, pois a intenção do agente pode não ser

Art. 341

Código Penal Militar Comentado • Nucci

o desprestígio da função pública, mas o abuso do poder que detém. Quanto ao advogado como sujeito ativo, apesar de o Estatuto da Advocacia (art. 7.º, § 2.º) preceituar que há imunidade profissional e, no exercício da sua atividade, não poder constituir desacato qualquer manifestação de sua parte, esse trecho está com a eficácia suspensa por julgamento proferido pelo Supremo Tribunal Federal. *Desacatar* quer dizer desprezar, faltar com o respeito ou humilhar. O objeto da conduta é o magistrado da Justiça Militar. Pode implicar qualquer tipo de palavra grosseira ou ato ofensivo contra a pessoa que exerce função pública, incluindo ameaças e agressões físicas. Não se concretiza o crime se houver reclamação ou crítica contra a atuação funcional de alguém. "Simples censura, ou desabafo, em termos queixosos, mas sem tom insólito, não pode constituir desacato. Nem importa que o fato não tenha tido a publicidade que o agravasse, especialmente. Importa, unicamente, que ele tenha dado, de modo a não deixar dúvida, com o objetivo de acinte e de reação indevida ao livre exercício da função pública. (...) No que toca às palavras oralmente pronunciadas, importam o tom acre e a inflexão dada à voz, quando as testemunhas possam, ao depor sobre o fato, auxiliar na prova de que a configuração do desacato é ou pode ser concluída como inegável" (cf. Fernando Henrique Mendes de Almeida, *Dos crimes contra a Administração Pública,* p. 186). Deve constar na denúncia e na sentença quais foram exatamente as expressões utilizadas pelo agente, mesmo que de baixo calão. Exige-se que a palavra ofensiva ou o ato injurioso seja dirigido ao funcionário que esteja exercendo suas atividades ou, ainda que ausente delas, tenha o autor levado em consideração a função pública. Além disso, a presença da autoridade judiciária é indispensável, pois o menoscabo necessita ter alvo certo, de forma que o funcionário público deve ouvir a palavra injuriosa ou sofrer diretamente o ato. Ainda que esteja à distância, precisa captar por seus próprios sentidos a ofensa, inclusive se for assistindo um programa de televisão (cf. Antonio Pagliaro e Paulo José da Costa Júnior, *Dos crimes contra a Administração Pública,* p. 209). Se a ofensa for por escrito, caracteriza-se injúria, mas não desacato. A embriaguez do agressor não afasta o crime, desde que voluntária, culposa ou preordenada. Na jurisprudência: STM: "1. O art. 341 do CPM não faz qualquer distinção quanto ao ofendido, apenas se referindo, genericamente, ao desacato à autoridade judiciária militar, ou seja, abrange os juízes militares e os togados. 2. Eventuais desacatos perpetrados contra juízes militares, por exercerem a função e não por estarem no serviço ativo da respectiva Força Armada, seriam processados e julgados perante a JMU, devendo ser adotada a mesma solução quando desferidos contra o juiz togado. 3. Os desacatos propagados contra os juízes togados têm direta e pujante repercussão no tocante à preservação dos princípios e dos valores alicerces das Forças Armadas, sendo por isso que o Estado ocupa a posição de sujeito passivo em primeiro grau. 4. A autoridade judiciária militar exara as decisões que tutelarão os serviços prestados pelas Forças Armadas à sociedade. O agente que a desacata atinge, por via reflexa, além da Administração da Justiça Militar, as Instituições Castrenses. 5. A JMU está especialmente aparelhada para oferecer maior celeridade e acurada análise do contexto castrense envolvido nesses fatos. Num viés de prevenção geral e especial, informa a todos os integrantes das Forças Armadas sobre os duros efeitos advindos dessa espécie de desacato. 6. A Lei n.º 13.491/17 ampliou, no contexto normativo, significativamente a competência da JMU. Em tal rumo, inexiste motivo para reduzi-la no quanto já estava fixado, antes mesmo da sua publicação, na Parte Especial do CPM – art. 341. 7. Recurso provido" (Recurso em Sentido Estrito n.º 7000956-74.2018.7.00.0000, rel. Marco Antônio de Farias, 13.03.2019, v.u.).

784. Aspectos subjetivos: é o dolo. Não existe a forma culposa, nem se exige elemento subjetivo do tipo específico. Há posição em contrário, sustentando haver a vontade específica de desprestigiar a função pública, proferindo ou tomando postura injuriosa. Assim não cremos, pois o verbo é suficiente para essa conclusão. *Desacatar* significa, por si só, humilhar ou menosprezar, implicando algo injurioso, que tem por fim desacreditar a função pública. Entretanto, cremos correta a posição de quem, para a análise do dolo, leva em consideração

495   Título VIII – Dos crimes contra a administração da Justiça Militar

Art. 342

as condições pessoais do agressor, como sua classe social, grau de cultura, entre outros fatores (cf. Damásio, *Código Penal anotado*, p. 933). Nesse prisma: STJ: "O crime de desacato significa menosprezo ao funcionário público. Reclama, por isso, elemento subjetivo, voltado para a desconsideração. Não se confunde apenas com o vocábulo grosseiro. Este, em si mesmo, é restrito à falta de educação ou de nível cultural" (HC 7.515-RS, 6.ª T., rel. Cernicchiaro, 25.05.1999, v.u., *DJ* 02.08.1999, p. 223). Deve-se ter a mesma cautela quando o agente estiver descontrolado ou profundamente emocionado ou irado, pois, nessa hipótese, *pode* (embora não deva ser regra geral) não se configurar a vontade de depreciar a função pública – o que está ínsito ao conceito de *desacato*, como já mencionado. No sentido de que a expressão ofensiva, usada em meio a uma discussão acalorada, não configura o crime de desacato: TJSP: Ap. 253.067-3, Paulo de Faria, 5.ª C., rel. Celso Limongi, 09.09.1999, v.u.

785. Critério da consunção: o crime de desacato absorve delitos menos graves, como a tentativa de lesão, a ameaça, a injúria, dentre outros. Na jurisprudência: STM: "Não deve prevalecer a sentença *a quo* que condenou o réu de forma autônoma pelos crimes de desacato, ameaça, tentativa de lesão corporal, violência contra militar, haja vista que, pelo princípio da consunção, tais condutas são absorvidas por um único crime de desacato, conforme pacífica e remansosa doutrina e jurisprudência." (Ap. 0000014 – 34.2007.7.07.0007 – PE, Plenário, rel. Marcos Martins Torres, 06.02.2012, v.u.).

Coação

> **Art. 342.** Usar de violência ou grave ameaça, com o fim de favorecer interesse próprio ou alheio, contra autoridade, parte, ou qualquer outra pessoa que funciona, ou é chamada a intervir em inquérito policial, processo administrativo ou judicial militar:[786-787]
>
> Pena – reclusão, até 4 (quatro) anos, além da pena correspondente à violência.[788]

786. Aspectos objetivos: o sujeito ativo pode ser qualquer pessoa. O sujeito passivo há de ser o Estado, em primeiro plano, mas, secundariamente, a pessoa que sofreu a violência ou a grave ameaça. *Usar* (empregar ou servir-se) de violência (coação física) ou grave ameaça (séria intimidação) para coagir pessoa envolvida em inquérito policial, processo administrativo ou militar. Quanto ao caráter da ameaça, não se exige causar à vítima algo injusto, mas há de ser intimidação envolvendo uma conduta *ilícita* do agente, isto é, configura-se o delito quando alguém usa, contra pessoa que funcione em um processo judicial, por exemplo, de grave ameaça *justa*, para obter vantagem (imagine-se o agente que, conhecendo algum crime do magistrado, ameace denunciá-lo à autoridade, o que é lícito fazer, caso não obtenha ganho de causa). Nota-se que, no caso apresentado, a conduta não é lícita, pois ninguém está autorizado a agir desse modo, buscando levar vantagem para encobrir crime alheio. Por outro lado, se a conduta disser respeito ao advogado que intimide a testemunha relembrando-a das penas do falso testemunho caso não declare a verdade, trata-se de conduta lícita, pois é interesse da administração da justiça que tal ocorra, vale dizer, que diga a verdade do que sabe. É preciso, como o próprio tipo penal exige, ser realmente intensa, de modo a causar potencial aflição à vítima. Como consequência, necessita cercar-se de credibilidade, verossimilhança e eficiência. Na jurisprudência: TRF, 4.ª Região: "A grave ameaça é entendida como a promessa de causar um mal futuro, possível, verossímil e considerável, ou seja, a ação capaz de intimidar a vítima, sendo irrelevante que a vítima efetivamente sinta-se intimidada" (ACR 2008.71.13.000001-5-RS,

Art. 343

8.ª T., rel. Luiz Fernando Woek Penteado, 07.02.2010, v.u.). O objeto da conduta é a autoridade, parte *ou qualquer outra pessoa* que funcione no feito, tratando-se de interpretação analógica. O tipo penal oferece o molde, demonstrando por intermédio de menção a autoridade e a parte que é preciso ser pessoa de algum modo ligada a um processo judicial, policial ou administrativo. Portanto, não somente a autoridade que conduz o processo, nem tampouco só a parte nele envolvida podem ficar expostas à coação, mas também outros sujeitos que tomem parte no feito, tais como os funcionários que promovem o andamento processual, a testemunha que vai depor, o perito que fará um laudo, dentre outros.

787. Aspectos subjetivos: é o dolo, havendo, expressamente, elemento subjetivo do tipo específico, consistente na finalidade de favorecer interesse próprio ou alheio em processo ou em juízo arbitral. Conferir: TRF-3.ª Região: "O delito do artigo 344, do CP [similar ao tipo do art. 342 do CPM], exige, para sua configuração, o dolo específico, consistente na vontade conscientemente dirigida ao emprego de violência ou grave ameaça, para o fim de favorecer interesse próprio ou alheio" (Ap. 2001.03.99.040866-0 11558 ApCrim.-SP, 2.ª T., rel. Cecília Mello, 17.12.2004, v.u.). Não há a forma culposa.

788. Tipo cumulativo: havendo o emprego de violência, no lugar da grave ameaça, fica o agente responsável também pelo que causar à integridade física da pessoa, devendo responder em concurso material.

Denunciação caluniosa

> **Art. 343.** Dar causa à instauração de inquérito policial ou processo judicial militar contra alguém, imputando-lhe crime sujeito à jurisdição militar, de que o sabe inocente:[789-795]
>
> Pena – reclusão, de 2 (dois) a 8 (oito) anos.

Agravação de pena

> **Parágrafo único.** A pena é agravada, se o agente se serve do anonimato ou de nome suposto.[796]

789. Aspectos objetivos: o sujeito ativo pode ser qualquer pessoa. O sujeito passivo é, principalmente, o Estado e, em segundo lugar, a pessoa prejudicada pela falsa denunciação. *Dar causa* significa dar motivo ou fazer nascer algo. No caso deste tipo penal, o objeto é inquérito policial ou processo judicial militar. Ressalte-se que o agente pode agir diretamente ou por interposta pessoa, além de poder fazê-lo por qualquer meio escolhido, independentemente da formalização do ato. Assim, aquele que informa à autoridade policial, verbalmente, a existência de um crime e de seu autor, sabendo que o faz falsamente, está fornecendo instrumentos para a investigação. Acrescente-se, ainda, que o aumento da gravidade do crime originariamente praticado por alguém pode constituir denunciação caluniosa. Exemplificando, se o agente sabe que Fulano praticou um furto, mas narra à autoridade policial, sabendo-o inocente, ter havido um roubo, preenche-se o tipo do art. 339. É o pensamento exposto por Hungria (*Comentários ao Código Penal*, v. IX, p. 462). Quando a autoridade age de ofício, pode ser sujeito ativo do crime de denunciação caluniosa. Não se exige que somente um particular provoque a ação da autoridade para a instauração de investigação policial ou ação penal, uma vez que, para assegurar o escorreito funcionamento da máquina administrativa, pode haver procedimento de ofício. Assim, a autoridade policial que, sabendo inocente alguém, instaura contra ele inquérito policial; o promotor que, com igual ideia, requisita a instauração de inquérito, bem como o juiz que, tendo notícia de que determinada pessoa é inocente, ainda assim requisita a instauração de inquérito, podem responder por denunciação caluniosa. O tipo menciona inquérito policial, procedimento administrativo de persecução penal do Estado, destinado à formação da convicção do órgão acusatório, instruindo a peça inaugural da ação penal –, não se podendo considerar os meros atos investigatórios isolados, conduzidos pela autoridade policial ou seus agentes, proporcionados pelo simples registro de uma ocorrência. Seria demais atribuir o delito de denunciação caluniosa a quem não conseguiu efetivamente o seu intento, vale dizer, a sua narrativa foi tão infundada que a autoridade policial, nos primeiros passos da investigação, prescindindo do inquérito, chegou à conclusão de se tratar de algo inadequado ou impossível. A administração da justiça não chegou a ser afetada, configurando, no mínimo, hipótese de aplicação do princípio da insignificância. Aliás, acrescente-se também a expressa menção feita no tipo penal de que é preciso "dar causa a instauração de investigação policial (...) contra alguém". Ora, a autoridade policial somente volta a investigação *contra* alguém quando não somente instaura o inquérito, mas sobretudo indicia o suspeito. Esse é o motivo pelo qual defendemos que a simples instauração de investigação, sem o inquérito, é irrelevante penal. Instaurando-se o inquérito, mas sem indiciamento, estar-se-á na esfera da tentativa. Enfim, havendo o indiciamento, consuma-se a infração penal. Em contrário, crendo suficiente a existência de qualquer ato investigatório, mesmo sem a formal instauração de inquérito policial, para a configuração do delito: Hungria (*Comentários ao Código Penal*, v. IX, p. 461), Rui Stoco (*Código Penal e sua interpretação jurisprudencial*, p. 4.112), Jorge Assaf Maluly (*Denunciação caluniosa*, p. 93). Em posição intermediária, defendendo que é preciso instaurar o inquérito, mas sem necessidade do indiciamento para a consumação: Fortes Barbosa (*Denunciação caluniosa*, p. 108-109). Na jurisprudência: STM: "Para a perfeita subsunção do fato à norma, se faz necessária a clara comprovação do dolo direto, traduzido no conhecimento, pelo agente, o qual se imputa a denunciação caluniosa, de que o ofendido era inocente e, que, de forma voluntária e consciente, ainda assim, dá início à movimentação do Estado com vistas a apurar conduta criminosa. Ex-2º Sargento que, se sentindo verdadeiramente vítima, representou ao Ministério Público contra superior Oficial narrando os delitos de abuso de autoridade, difamação e injúria. Não se verifica nos autos a existência de um conjunto probatório apto a demonstrar que a instauração do Inquérito Policial Militar foi provocada com o escopo de atribuir crime a uma pessoa que se sabe ser inocente. Inexistindo, na hipótese, o dolo específico, elementar do tipo, não é imputável a conduta criminosa. Precedentes. Negado provimento ao recurso ministerial, para manter na íntegra a Sentença absolutória. Unânime" (Ap. 0000020-58.2012.7.04.0004, rel. Marcus Vinicius Oliveira dos Santos, j. 18.05.2016, v.u.).

790. Aspectos subjetivos: é o dolo; entretanto, somente na sua forma direta, tendo em vista que o tipo penal exige o nítido conhecimento do agente acerca da inocência do imputado. Logo, torna-se impossível que ele assuma o risco de dar causa a uma investigação ou processo contra alguém inocente (dolo eventual). Não existe, obviamente, a forma culposa. Cremos presente o elemento subjetivo do tipo específico, consistente na vontade de induzir o julgador em erro, prejudicando a administração da justiça. Na jurisprudência: STM: "Para a perfeita subsunção do fato à norma, se faz necessária a clara comprovação do dolo direto, traduzido no conhecimento, pelo agente, o qual se imputa a denunciação caluniosa, de que o ofendido era inocente e, que, de forma voluntária e consciente, ainda assim, dá início à movimentação do Estado com vistas a apurar conduta criminosa. Ex-2º Sargento que, se sentindo verdadeiramente vítima, representou ao Ministério Público contra superior Oficial narrando os delitos de abuso de autoridade, difamação e injúria. Não se verifica nos autos a existência de um conjunto

Art. 343

Código Penal Militar Comentado • Nucci

probatório apto a demonstrar que a instauração do Inquérito Policial Militar foi provocada com o escopo de atribuir crime a uma pessoa que se sabe ser inocente. Inexistindo, na hipótese, o dolo específico, elementar do tipo, não é imputável a conduta criminosa. Precedentes. Negado provimento ao recurso ministerial, para manter na íntegra a Sentença absolutória. Unânime" (Ap. 0000020-58.2012.7.04.0004, rel. Marcus Vinicius Oliveira dos Santos, j. 18.05.2016); "1 – A ausência do elemento subjetivo pertinente ao crime de denunciação caluniosa afasta a própria caracterização típica dessa espécie delituosa, pois a existência do dolo específico constitui um dos elementos essenciais do delito, sem o qual não se aperfeiçoa, no plano da tipicidade penal, esse crime contra a administração da Justiça Militar" (RSE 0000306-20.2012.7.11.0011, rel. Fernando Sérgio Galvão, 01.07.2013, v.u.).

791. Término da investigação ou ação: torna-se imprescindível, para que se julgue corretamente o crime de denunciação caluniosa, o aguardo da finalização da investigação instaurada para apurar a infração penal imputada, bem como a ação penal, cuja finalidade é a mesma, sob pena de injustiças flagrantes. Recomenda Hungria que, "conforme pacífica doutrina e jurisprudência, a decisão final no processo contra o denunciante deve aguardar o prévio reconhecimento judicial da inocência do denunciado, quando instaurado processo contra este. Trata-se de uma medida de ordem prática, e não propriamente de uma condição de existência do crime" (*Comentários ao Código Penal*, v. IX, p. 465-466). Em igual sentido: Paulo José da Costa Júnior, *Direito penal – Curso completo*, p. 734.

792. Pessoa determinada: o elemento do tipo *alguém* indica, nitidamente, tratar-se de pessoa certa, não se podendo cometer o delito ao indicar para a autoridade policial apenas a materialidade do crime e as várias possibilidades de suspeitos. E vamos além: somente se torna oficial a investigação policial *contra alguém* havendo inquérito e formal indiciamento. Antes disso, pode existir investigação, mas não se dirige contra uma pessoa determinada. Por outro lado, não há crime quando o agente noticia a ocorrência de um fato criminoso, solicitando providências da autoridade, mas sem indicar nomes. Caso se verifique não ter ocorrido a infração penal, poderá se configurar o crime do art. 344, mas não a denunciação caluniosa, que demanda imputado certo.

793. Inocência do imputado: além do agente ter esse conhecimento, exigem a doutrina e a jurisprudência majoritárias, com razão, que o imputado seja realmente prejudicado pela ação do autor, isto é, seja injustamente investigado ou processado, para, ao final, ocorrer o arquivamento ou a absolvição por falta de qualquer fundamento para vinculá-lo à autoria. Porém, se a punibilidade estiver extinta (pela prescrição, anistia, abolição da figura delitiva, dentre outros fatores) ou se ele tiver agido sob o manto de alguma excludente de ilicitude ou de culpabilidade, enfim, se o inquérito for arquivado ou houver absolvição, por tais motivos, não há crime de denunciação caluniosa. Tal se dá porque havia possibilidade concreta de ação da autoridade policial ou judiciária, justamente pela existência de fato típico (havendo autor sujeito à investigação ou processo), embora não seja ilícito, culpável ou punível. Nesse rumo está a lição de Hungria (*Comentários ao Código Penal*, v. IX, p. 462).

794. Crime impossível: é admissível a hipótese da tentativa inidônea (art. 32, CPM) quando o agente, ainda que aja com vontade de denunciar alguém, sabendo-o inocente, à autoridade, termina por fazer com que esta encontre subsídios concretos de cometimento de um outro crime. Seria indevido punir o agente por delito contra a *administração da justiça*, já que esta só teve a ganhar com a comunicação efetuada. Aliás, também se configura crime impossível quando não há mais possibilidade de ação da autoridade (anistia, abolição do crime, prescrição, entre outros).

795. Autodefesa de réu em processo ou indiciado em inquérito: é comum – embora possa ser imoral ou antiético – que uma pessoa acusada da prática de um delito queira livrar-se da imputação, passando a terceiro esse ônus. Ao indicar alguém para assumir o seu lugar, pretende desviar a atenção da autoridade, livrando-se da acusação. Ainda que indique terceira pessoa para tomar parte na ação penal ou na investigação por achar que ela teve alguma participação nos fatos, não se configura o crime. Não há, nessas hipóteses, elemento subjetivo do tipo específico, consistente no desejo de ver pessoa inocente ser injustamente processada, sem qualquer motivo, prejudicando a administração da justiça. A vontade específica do agente é livrar-se da sua própria imputação. Nesse sentido, já tivemos oportunidade de defender: "No exercício da sua autodefesa e para não incidir na autoacusação, pode o acusado dizer o que bem entende, inclusive mentir. Se pode e deve defender-se com amplidão, é natural que o direito de faltar com a verdade esteja presente. Tanto assim que ele pode até incriminar outra pessoa para salvar-se, sem que seja punido" (cf. nossa obra *O valor da confissão como meio de prova no processo penal*, p. 86). Igualmente: Hungria (*Comentários ao Código Penal*, v. IX, p. 463). Entretanto, não descartamos, completamente, a possibilidade de o indiciado ou réu, pretendendo vingar-se de terceiro, utilizar o inquérito, em que já está indiciado, ou o processo que lhe foi instaurado, para delatar, maldosamente, alguém. A delação, segundo cremos, é a admissão por alguém da prática do fato criminoso do qual está sendo acusado, envolvendo outra pessoa e atribuindo-lhe algum tipo de conduta delituosa, referente à mesma imputação. Não se trata, simplesmente, de acusar outrem pela prática de um delito, buscando livrar-se da imputação, pois isso é um puro testemunho. A delação, que vem sendo admitida como meio de prova pelos tribunais pátrios, implica na assunção da autoria por parte do delator. Por isso, para ser assim considerada, é indispensável que o autor de um crime admita a autoria e indique terceiro. Essa prova pode ser suficiente para uma condenação, razão pela qual atenta diretamente contra a administração da justiça. Ademais, o indiciado ou réu não necessita assumir o crime, indicando outra pessoa para *também* responder pelo fato, como estratégia defensiva. Sua intenção, nesse caso, não é defender-se, mas prejudicar outrem, incluindo-o onde não merece, motivo pelo qual cremos poder responder por denunciação caluniosa. Afinal, configurado está o dolo direto e o elemento subjetivo específico. Defendendo que o réu não comete, jamais, denunciação caluniosa em seu interrogatório, pois tem o ânimo de se defender, acima de tudo, está a posição de Maluly (*Denunciação caluniosa*, p. 62).

796. Causa de aumento de pena: determina o tipo penal o aumento obrigatório da pena quando o agente se servir de anonimato ou de nome suposto, o que dificulta, sobremaneira, a identificação do autor da denúncia falsa. Anonimato é a posição assumida por alguém que escreve ou transmite uma mensagem sem se identificar. Nome suposto é a posição de quem escreve algo ou transmite uma mensagem adotando um nome fictício, isto é, sem se identificar.

Comunicação falsa de crime

> **Art. 344.** Provocar a ação da autoridade, comunicando-lhe a ocorrência de crime sujeito à jurisdição militar, que sabe não se ter verificado:[797-798]
>
> Pena – detenção, até 6 (seis) meses.

797. Aspectos objetivos: o sujeito ativo pode ser qualquer pessoa. O sujeito passivo é o Estado, particularmente a administração da Justiça Militar. *Provocar* significa dar causa, gerar ou proporcionar, que deve ser interpretado em conjunto com *comunicar* (fazer saber ou transmitir), resultando na conduta mista de dar origem à ação da autoridade por conta da transmissão de uma

Art. 345

Código Penal Militar Comentado • Nucci

informação inverídica. Sendo composta, é possível a tentativa, como, por exemplo, se o sujeito comunica a ocorrência de crime inexistente e, antes de a autoridade agir, é desmascarado por terceiro. Diferentemente do disposto no artigo antecedente, neste tipo penal menciona-se *ação* de autoridade, e não em *investigação* policial ou *processo* judicial. Podem o delegado (registrando um boletim de ocorrência), o promotor e o juiz (requisitando a instauração de inquérito policial) tomar atitudes em busca da descoberta ou investigação de uma infração penal, ainda que não oficializem seus atos, por meio da instauração do inquérito ou do oferecimento ou recebimento da denúncia. É suficiente para a concretização do delito de *comunicação falsa de crime* fazer com que a autoridade aja sem qualquer motivo, perdendo tempo e comprometendo a administração da justiça, uma vez que deixa de atuar em casos verdadeiramente importantes. Há um prejuízo presumido a toda a sociedade. A comunicação pode ser por escrita ou oral. A ocorrência de crime diverso do comunicado à autoridade provoca a não configuração do delito, pois a ação da autoridade não foi inútil, inexistindo qualquer prejuízo à administração da justiça. Por outro lado, se o delito aconteceu, mas terminou afetado por qualquer causa de extinção da punibilidade (como anistia, *abolitio criminis*, prescrição da pretensão punitiva, dentre outras), também há de ser afastada a configuração do crime do art. 344. É viável a hipótese de crime impossível (art. 32, CPM) quando o agente, ainda que aja com vontade de provocar inutilmente a ação da autoridade, comunicando-lhe infração penal que sabe não se ter verificado, termina por fazer com que a autoridade policial ou judiciária encontre subsídios concretos de cometimento de um outro crime. Seria indevido punir o agente por delito contra a *administração da justiça*, já que esta só teve a ganhar com a comunicação efetuada. Aliás, também se configura crime impossível quando não há mais possibilidade de ação da autoridade, como já mencionado na nota anterior (anistia, abolição do crime, prescrição, entre outros).

798. Aspectos subjetivos: é o dolo, apenas na modalidade direta, pois o agente precisa *saber* não se ter verificado a infração penal. Além disso, demanda-se o elemento subjetivo do tipo específico, consistente na vontade de fazer a autoridade atuar sem causa. Não se pune a forma culposa.

Autoacusação falsa

> **Art. 345.** Acusar-se, perante a autoridade, de crime sujeito à jurisdição militar, inexistente ou praticado por outrem:[799-801]
>
> Pena – detenção, de 3 (três) meses a 1 (um) ano.

799. Aspectos objetivos: o sujeito ativo pode ser qualquer pessoa. O sujeito passivo é o Estado, no cenário da administração militar. Embora pareça irreal o fato de uma pessoa autoacusar-se, correndo o risco de ser condenada, há muitas possibilidades para tal ocorrer. Pode o sujeito pretender assumir a prática de um delito mais leve para evitar a imputação de um crime mais grave. Pode, ainda, ter sido subornado pelo verdadeiro autor da infração penal para chamar a si a responsabilidade. Enfim, motivos existem para que a autoacusação falsa aconteça, merecendo ser evitada a qualquer custo, para preservar o interesse maior da correta administração da justiça. *Acusar* significa imputar falta, incriminar ou culpar. Portanto, *acusar-se* é a conduta do sujeito que se autoincrimina, chamando a si um crime que não praticou, seja porque inexistente, seja porque o autor foi outra pessoa. A *autoridade*, mencionada no tipo, em se tratando de crime contra a administração da *justiça*, é preciso entender como o agente do poder público que tenha atribuição para apurar a existência de crimes e sua autoria ou determinar que tal procedimento tenha início. Portanto, é a autoridade judiciária ou policial, bem como o membro do Ministério Público. Na jurisprudência: STM: "Para a configuração do delito de autoacusação falsa, deve o

Art. 346

Título VIII – Dos crimes contra a administração da Justiça Militar

agente se apontar como autor da conduta definida como crime militar perante a autoridade, que pode ser judicial ou administrativa (superior hierárquico, representante do Ministério Público). Ainda que o Réu tenha sido condenado por participação no delito de ingresso clandestino, mesmo assim, tratando-se de procedimentos investigatórios distintos, um não vincula o outro, até mesmo porque, em relação ao delito analisado nos autos vertentes, é inegável a conduta perpetrada pelo Acusado" (Apelação n.º 7000187-95.2020.7.00.0000, rel. Carlos Vuyk de Aquino, 10.09.2020, v.u.).

800. Aspectos subjetivos: é o dolo. Entendemos que há, ainda, o elemento subjetivo do tipo específico, consistente na vontade de prejudicar a administração da justiça. Não se pune a forma culposa.

801. Direito de mentir do réu: embora, no exercício do seu direito de defesa, que é constitucionalmente assegurado – ampla defesa – e não deve ser limitado por qualquer norma ordinária, tenha o acusado o direito de mentir, negando a existência do crime, sua autoria, imputando-a a outra pessoa, invocando uma excludente qualquer, enfim, narrando inverdades, não lhe é conferido pelo ordenamento jurídico o direito de se autoacusar falsamente. Nem em nome do princípio da ampla defesa é-lhe assegurado o direito de se autoacusar, pois também é princípio constitucional evitar, a qualquer custo, o erro judiciário (art. 5.º, LXXV). Não havendo hierarquia entre normas constitucionais, deve o sistema harmonizar-se sem necessidade de que uma norma sobrepuje outra. Assim, sob qualquer prisma, evitar a autoacusação é tipo penal perfeitamente sintonizado com a segurança almejada pelo sistema jurídico-penal. Note-se que uma confissão, mormente quando feita em juízo, tem valor probatório dos mais fortes em nosso processo penal. Aliás, possui valor maior do que o devido, pois costuma-se desprezar a chance de a admissão de culpa ser falsa. Ainda assim, há contundência no depoimento de uma pessoa que, sem qualquer pressão aparente, admite, perante a autoridade, a prática de um delito. Essa conduta, se fosse penalmente admissível, iria causar a provável condenação de um inocente, com a inconsequente impunidade do autêntico autor do crime. E, não havendo delito, remanesce, ainda, o inaceitável erro judiciário do Estado, algo que a Constituição ressaltou expressamente não ser suportável, tanto que assegura indenização. Diante disso, qualquer pessoa pode defender-se, quando for acusada da prática de um delito, embora não possa ficar impune caso o faça com o ânimo de chamar a si uma responsabilidade inexistente.

Falso testemunho ou falsa perícia

> **Art. 346.** Fazer afirmação falsa, ou negar ou calar a verdade, como testemunha, perito, tradutor ou intérprete, em inquérito policial, processo administrativo ou judicial militar:[802-808]
>
> Pena – reclusão, de 2 (dois) a 6 (seis) anos.

Aumento de pena

> § 1.º A pena aumenta-se de 1/3 (um terço), se o crime é praticado mediante suborno.[809]

Retratação

> § 2.º O fato deixa de ser punível, se, antes da sentença, o agente se retrata ou declara a verdade.[810-813]

Art. 346

Código Penal Militar Comentado • Nucci

802. Aspectos objetivos: o sujeito ativo é especial, podendo ser somente a testemunha, o perito, o tradutor ou o intérprete. Trata-se, em verdade, de crime de mão própria, só podendo ser cometido por tais sujeitos diretamente, sem interposta pessoa. O sujeito passivo é o Estado; eventualmente, pode ser também a pessoa prejudicada pelo ato falso. As condutas possíveis são as seguintes: *fazer afirmação falsa* (mentir ou narrar fato não correspondente à verdade); *negar a verdade* (não reconhecer a existência de algo verdadeiro ou recusar-se a admitir a realidade); *calar a verdade* (silenciar ou não contar a realidade dos fatos). A diferença fundamental entre *negar a verdade* e *calar a verdade* é que a primeira conduta leva a pessoa a contrariar a verdade, embora sem fazer afirmação (ex.: indagado pelo juiz se presenciou o acidente, como outras testemunhas afirmaram ter ocorrido, o sujeito nega), enquanto a segunda conduta faz com que a pessoa se recuse a responder (ex.: o magistrado faz perguntas à testemunha, que fica em silêncio ou fala que não responderá). É essencial que o fato falso (afirmado, negado ou silenciado) seja juridicamente relevante, isto é, de alguma forma seja levado em consideração pelo delegado ou juiz para qualquer finalidade útil ao inquérito ou ao processo, pois, do contrário, tratar-se-ia de autêntica hipótese de crime impossível. Se o sujeito afirma fato falso, mas absolutamente irrelevante para o deslinde da causa, por ter-se valido de meio absolutamente ineficaz, não tem qualquer possibilidade de lesar o bem jurídico protegido, que é a escorreita administração da justiça. Na jurisprudência: STF: "*Habeas Corpus*. 2. Falso testemunho (CPM, art. 346). 3. Negativa em responder às perguntas formuladas. Paciente que, embora rotulado de testemunha, em verdade encontrava-se na condição de investigado. 4. Direito constitucional ao silêncio. Atipicidade da conduta. 5. Ordem concedida para trancar a ação penal ante patente falta de justa causa para prosseguimento" (HC 106876, 2.ª T., rel. Gilmar Mendes, j. 14.06.2011, v.u.). STM: "I – Imputada a prática de perjúrio, essa só se consuma se constatado que a falsidade influenciou no resultado do processo em que formulada. O fato será impunível, por absoluta incapacidade em ferir o bem jurídico tutelado, caso não percebida essa relevância. No caso concreto, as falas do Apelado foram fundamentais para a absolvição inicialmente prolatada nos autos da Ação Penal Militar em que foi ouvido como testemunha compromissada. Precedentes deste Superior Tribunal Militar. II – A determinação da ocorrência da dissimulação criminosa depende da presença de arcabouço probatório capaz, porém as conclusões por ele alcançáveis podem ser reforçadas por meio de inferências fático-lógicas retiráveis de outras circunstâncias existentes nos autos, como os notórios conhecimentos do indivíduo. No caso, a prova testemunhal, em conjunto com as condições pessoais do Acusado, demonstrou a irrazoabilidade de parte do depoimento prestado e, consequentemente, a falsidade praticada. III – O Réu era e é Oficial Superior de carreira do Exército e exercia, fazia dois anos, função técnica no Departamento de Fiscalização de Produtos Controlados, especificamente na Seção de Aquisições. Em face disso, o relato de desconhecimento de normas administrativas, algumas vigentes por mais de uma década ao tempo do fato, referentes à legalidade da importação de armas por civil, demonstrou-se impossível no caso concreto, o que acarretou no necessário reconhecimento da quebra do compromisso assumido com a verdade e, consequentemente, a incidência no delito. IV – Apelação provida. Condenação imposta" (Apelação n.º 7000825-65.2019.7.00.0000, rel. Péricles Aurélio Lima de Queiroz, 25.06.2020, maioria); "O crime de falso testemunho descrito no art. 346 do Código Penal Militar exige que o depoimento, em tese falso, resulte em fatos juridicamente relevantes para o deslinde da controvérsia e, além disso, que tenha influência na decisão da causa. Se o agente afirma fato falso, porém, este se mostra irrelevante para a solução da causa, inexiste violação do bem jurídico tutelado pela norma penal incriminadora descrita no art. 346 do CPM, haja vista que se valeu de meio absolutamente ineficaz para macular a administração da justiça. Negado provimento ao Recurso. Unanimidade" (RSE 0000131-12.2015.7.11.0111, rel. Cleonilson Nicácio Silva, j. 28.06.2016, v.u.). Quanto à natureza da falsidade, há duas posições a respeito: *a)* falso é o que, objetivamente,

Art. 346

503 Título VIII – Dos crimes contra a administração da Justiça Militar

não corresponde à realidade; *b)* falso é o que, subjetivamente, não corresponde à realidade, ou seja, aquilo que não guarda sintonia com o que o agente efetivamente captou e compreendeu. Parece-nos melhor a segunda posição. Afinal, a verdade, para o sujeito que presta um depoimento ou elabora um parecer, é apenas uma representação ideológica que se desenha na mente de alguém, que passa a acreditar na existência de algo. Portanto, ainda que algo seja "verdade" absoluta para alguém, pode ser, na realidade, uma falsidade, isto é, algo contrário à realidade. *Testemunha* é a pessoa que viu ou ouviu alguma coisa relevante e é chamada a depor sobre o assunto em investigação ou processo. Cremos ser indispensável que se lhe dê tal condição quando for inquirida, isto é, é indispensável que seja reconhecida como testemunha, e não como simples declarante ou informante, pessoas estas que narram seu entendimento sobre algo sem o compromisso de dizer a verdade. *Perito* é a pessoa especializada em determinado assunto, preparada para dar seu parecer técnico. *Tradutor* é aquele que traslada algo de uma língua para outra, fazendo-o por escrito, enquanto o intérprete, conhecedor de uma língua, serve de ponte para que duas ou mais pessoas possam estabelecer conversação entre si.

803. Aspectos subjetivos: é o dolo. Cremos presente, ainda, o elemento subjetivo do tipo específico, consistente na vontade de prejudicar a correta distribuição da justiça. Por isso, não há viabilidade para a punição daquele que afirmou uma inverdade, embora sem a intenção de prejudicar alguém no processo. Ex.: sem ter certeza da ocorrência de determinado fato, a testemunha termina afirmando a sua existência, confiando na sua memória, em verdade lacunosa. Não tendo havido vontade específica de prejudicar a administração da justiça, o crime não se configura. Não se pune a forma culposa.

804. Recusa da testemunha em depor: pode-se considerar a reticência fato diverso do silêncio. A primeira se desenvolve, a nosso ver, na forma "negar a verdade", omitindo-se intencionalmente um fato relevante e de vital importância para o processo, podendo tal conduta desenvolver-se na forma ativa, isto é, narrando ao juiz fato diverso do ocorrido, somente para esconder o autenticamente relevante. Está a testemunha negando a verdade, sendo reticente. Porém, quando se cala, recusando-se a responder uma pergunta do magistrado, alegando que já disse tudo o que desejava ou mesmo não querendo depor, está silenciando, algo que somente o réu está autorizado a fazer. O silêncio equivale, sim, a "calar a verdade". *Calar* significa ficar em silêncio ou não querer falar. É justamente uma das relevantes partes do tipo. Não se trata, em absoluto, da vontade de desobedecer a ordem de autoridade competente, pois o comando provém diretamente da lei. Não é o juiz que "manda" a testemunha falar – podendo-se, em tese, falar em desobediência –, mas sim o próprio ordenamento jurídico, através de vários preceitos, sendo o principal deles o art. 346 do Código Penal Militar. Note-se que o elemento subjetivo também é importante. Quando a testemunha cala, recusando-se a depor a respeito do que efetivamente sabe, está afrontando o seu dever de colaborar com a administração da justiça, e jamais buscando afrontar funcionário público, que lhe deu uma ordem. O magistrado, ao compromissar a testemunha, cumpre a lei, e não dá ordens a quem vai depor. Cada qual cumpre sua função: o juiz ouve a testemunha e esta fala, ambos seguindo a norma legal. Por outro lado, seria privilegiar a atitude daqueles que, inconformados com o dever de depor a verdade do que sabem, mas não desejam receber uma pena de reclusão de um ano (com aumento de 1/6 a 1/3 quando se tratar de feito criminal), podem socorrer-se da recusa em depor, calando, razão pela qual poderiam responder por desobediência, cuja pena mínima é de singelos 15 dias de detenção e a máxima não ultrapassa seis meses. É, pois, evidente que deve a pessoa que se recusa a depor responder por falso testemunho. Acrescente-se, ainda, que se fosse processada por desobediência – a testemunha que se recusasse a depor – não poderia se valer da faculdade prevista no art. 346, § 2.º, que é a retratação, ou seja, quando o agente resolve voltar atrás e contar a verdade do que sabe. Afinal, essa causa de extinção

Art. 346

Código Penal Militar Comentado • NUCCI

da punibilidade tem aplicação restrita à hipótese do falso testemunho e não a outro delito. No mesmo sentido, encontra-se a posição de Fernando José da Costa (*O falso testemunho*, p. 88), acrescentando o autor, com o que concordamos, que "não ir prestar depoimento após a devida intimação, importante esclarecer que não se trata de falso testemunho por omissão, já que tal omissão não diz respeito ao depoimento; trata-se de uma desobediência à ordem de autoridade, podendo, quando muito, se tratar de crime de desobediência, art. 330 do Código Penal, jamais de crime de falso testemunho por omissão".

805. Qualificação da testemunha: se, no momento de ser qualificada (fornecimento de seus dados pessoais, tais como nome, filiação, endereço, profissão etc.), a testemunha faltar com a verdade, introduzindo dados inverídicos, pensamos tratar-se do delito de falsa identidade (art. 318, CPM).

806. Opinião e direito de mentir da testemunha: não configura o crime de falso a opinião, pois a testemunha deve depor sobre fatos, e não sobre seu modo particular de pensar. Quando se indaga da testemunha sua opinião acerca de algo (como, por exemplo, a respeito da personalidade do réu), deve-se suportar uma resposta verdadeira ou falsa, valorando o magistrado da forma como achar melhor. É curial destacar, no entanto, que a falsa opinião, no contexto da perícia, é bem diferente, pois, em grande parte, o perito termina fornecendo a sua particular visão sobre alguma matéria ou sobre algum fato. Essa opinião é técnica, possuindo intrínseco valor probatório. Quanto ao direito de mentir, somente existe quando a testemunha falta com a verdade ou se cala evitando comprometer-se, vale dizer, utiliza o princípio constitucional do direito ao silêncio e de não ser obrigado a se autoacusar. Por isso, é indispensável que o interrogante tenha cautela na avaliação do depoimento, para não se precipitar, crendo estar diante de testemunha mentirosa, quando, na realidade, está ouvindo um "futuro acusado", que busca esquivar-se, validamente, da imputação.

807. Compromisso da testemunha de dizer a verdade: há duas posições: *a)* não é necessário o compromisso para a configuração do crime de falso, tendo em vista que toda pessoa tem o dever de dizer a verdade em juízo, não podendo prejudicar a administração da justiça. Além do mais, a formalidade do compromisso não integra o crime de falso, como já ocorreu no Código Penal de 1890. Alinham-se nessa posição: Bento de Faria, Hungria, Noronha, Tornaghi, Tourinho Filho, Antolisei, Manzini, Maggiore, Ranieri, Marsich, Castillo, Levene, Grieco e Cantarano e Luiz Regis Prado (que fez menção aos primeiros, *Falso testemunho e falsa perícia*, p. 94); *b)* há necessidade do compromisso, pois sem ele a testemunha é mero informante, permitindo ao juiz livre valoração de seu depoimento. Como ensina Fragoso: "Em relação à testemunha é indispensável que tenha prestado o compromisso legal, pois somente neste caso surge o dever de dizer a verdade". Nessa posição, ainda, Espínola Filho, Menegale, Magalhães Drumond (menções de Luiz Regis Prado, ob. cit., p. 92-93). Ilustrando: TJSP: "Falso testemunho – Não caracterização – Irmã e esposa do réu – Depoimentos prestados em processo-crime – Dispensa do compromisso da verdade – Artigo 206 do Código de Processo Penal – Falta de justa causa para o inquérito policial – Constrangimento ilegal configurado – Decisão judicial de instauração do inquérito anulada – Trancamento determinado" (HC 422.401-3/9-Ibitinga, 5.ª Câmara de Férias Julho/2003, rel. Barbosa Pereira, 16.07.2003, v.u., *JUBI* 87/03); "Falso testemunho – Não caracterização – Depoimento prestado como testemunha, em relação a outro acusado – Arrolamento indevido – Inobrigatoriedade de dizer a verdade – Fato atípico – Trancamento, por falta de justa causa, do inquérito policial ou da ação penal, caso tenha sido proposta – Ordem concedida. Em razão da exigência de imparcialidade para ser testemunha é preciso que a pessoa arrolada não esteja envolvida nos fatos que estão sendo apurados" (HC 400.254-3/6-Diadema, 2.ª C., rel. Silva Pinto, 09.12.2002, v.u., *JUBI* 80/03).

Cremos mais acertada a segunda posição, mesmo porque é a única que está em sintonia com as regras processuais penais. O art. 203 do CPP é expresso ao mencionar que "a testemunha fará, sob palavra de honra, a promessa de dizer a verdade do que souber e lhe for perguntado (...)". Em seguida, lê-se no art. 208: "Não se deferirá o compromisso a que alude o art. 203 aos doentes e deficientes mentais e aos menores de 14 anos, nem às pessoas a que se refere o art. 206" (neste dispositivo legal menciona-se que podem eximir-se de depor o ascendente, o descendente, o afim em linha reta, o cônjuge, ainda que separado, o irmão, o pai, a mãe e o filho adotivo do acusado). No Código de Processo Penal Militar, o art. 352, § 2.º, também prevê o não deferimento do compromisso às pessoas consideradas suspeitas. Ora, analisando-se em conjunto tais normas, tem-se o seguinte: o compromisso é o ato solene que concretiza, tornando expresso, o dever da pessoa que testemunha de dizer a verdade, sob pena de ser processada por falso testemunho. E nem se diga que é mera formalidade, cuja falta nem mesmo implica em nulidade, pois se está analisando a situação sob o prisma do sujeito ativo, e não do processo. Se a falta do compromisso vai ou não causar nulidade é irrelevante, diante da ausência propositada do alerta à pessoa que vai depor de que está *obrigada* a dizer a verdade. Aliás, somente poderia estar obrigada ou deso-brigada de acordo com a lei. Por isso, quando o juiz olvidar o compromisso de pessoa que está *legalmente obrigada* a dizer a verdade, não se afasta o crime de falso. Entretanto, se, ao contrário, a ela expressamente não deferir o compromisso, deixando claro tratar-se de meras declarações, não há como punir o sujeito que mentiu. Sem o compromisso, não se pode exigir que o depoente fale a verdade, mesmo porque as pessoas que estão imunes à promessa de dizer a verdade são justamente as que não têm condições emocionais de fazê-lo ou, por conta de deficiência mental ou falta de maturidade, terminam não narrando a verdade. O declarante não possui o dever de narrar a verdade e está sendo ouvido por pura *necessidade* do juízo na busca da verdade real, embora não preste compromisso, como a lei assegura. O magistrado levará em consideração o seu depoimento com reserva, fazendo o possível para confrontá-lo com as demais provas dos autos. Não fosse assim e todos deveriam ser compromissados, sem exceção, respondendo pelo crime de falso. Entendemos, outrossim, que a obrigação de depor pode existir, mesmo para os que não forem compromissados – porque está expresso em lei –, mas não com a incidência do art. 346 do Código Penal Militar. A despeito da figura típica criada para punir o falso tes-temunho, como crime contra a administração da justiça, é preciso considerar que o sistema de produção de provas – alicerce da distribuição de justiça – é disciplinado pelo Código de Processo Penal, comum ou militar, não podendo a lei penal interferir em seara alheia. Se há compromisso para alguns e não há para outros, é indispensável respeitar tal sistemática, sob pena de haver o predomínio indisfarçável do Código Penal sobre o de Processo.

808. Concurso de pessoas no crime de falso: entendemos perfeitamente admissível, na modalidade de participação, o concurso de agentes. Nada impede, tecnicamente, que uma pessoa induza, instigue ou auxilie outra a mentir em juízo ou na polícia. O crime é de mão própria: embora isso queira significar ter o autor de cometê-lo pessoalmente, nada impede tenha ele o auxílio de outrem.

809. Causa de aumento de pena: existem quatro hipóteses para o falso testemunho, aplicando-se o mesmo raciocínio para os demais sujeitos ativos deste crime: *a)* a pessoa mente sem ser subornada, tenha sido convencida por outro sujeito ou não – tipifica-se o art. 346; *b)* a pessoa induz, instiga ou auxilia outrem a mentir, sem lhe prometer vantagem – tipifica-se a figura do art. 346, combinado com o art. 53 (participação); *c)* a pessoa mente, porque foi subornada – responde pelo art. 346, § 1.º, ou seja, com a pena aumentada de um terço; *d)* a pessoa induz, instiga ou auxilia outrem a mentir, dando, oferecendo ou prometendo dinheiro ou qualquer vantagem – em vez de responder pelo delito do art. 346, § 1.º, preferiu o legislador criar uma figura autônoma, prevista no art. 347.

Art. 346

810. Condição negativa de punibilidade: por política criminal, em busca da verdade real e no interesse da administração da justiça, o legislador criou uma escusa para evitar a punibilidade de um crime já aperfeiçoado. Portanto, apesar de consumado o falso no momento em que o depoimento da testemunha é concluído ou o laudo é entregue, pode o agente, retratando-se (desdizendo-se), apresentar a verdade. Em face disso, não mais se pune o crime cometido. A sua natureza jurídica é, na realidade, excludente de tipicidade, uma vez que a lei utiliza a expressão "o fato deixa de ser punível". Se o *fato* não é punível, logo, nem mesmo deve ser considerado *típico*. A retratação há de ser voluntária, fruto da livre vontade do agente, independentemente de qualquer valoração quanto aos motivos que o levaram a tanto. Correta, pois, a lição de Fernando José da Costa: "esta retratação deve ser voluntária, porém, não se exige espontaneidade. Assim, não necessidade o retratante a explicar ou fundamentar o porquê de estar desdizendo algo. Exige-se apenas que seja uma retratação total, isto é, que o agente retrate tudo que foi falsamente declarado ou omitido, não bastando uma retratação parcial" (*O falso testemunho*, p. 130). Logo, pode a testemunha pretender a retratação porque, sinceramente (espontaneidade), se arrependeu da mentira narrada, ou pelo fato de ter sido aconselhada por terceiros, evitando, com isso, responder criminalmente pelo ocorrido (mera voluntariedade). É possível estender a extinção da punibilidade aos partícipes, pois diz a lei que o *fato deixa de ser punível*, não havendo cabimento – dentro da teoria monista adotada para o concurso de pessoas – que alguns sejam punidos e outros não. Nessa ótica: STJ: HC 36.287-SP, 5.ª T., rel. Felix Fischer, 17.05.2005, v.u., *DJ* 20.06.2005, p. 305. O termo *sentença* deve ser entendido como a decisão de 1.º grau do processo onde o depoimento, a tradução ou a perícia falsa foi produzida. A administração da justiça foi lesada a partir do instante em que o juiz do feito, crendo no depoimento, na tradução ou no laudo, julga o caso ao arrepio da realidade, justamente por desconhecê-la ou por estar iludido.

811. Condição para instauração do inquérito ou da ação pelo crime de falso: cometido o delito de falso testemunho ou falsa perícia, é natural que o inquérito possa ser requisitado ou instaurado de ofício. É preciso haver a investigação, antes que as provas se percam, em especial quando se tratar da memória de testemunhas acerca do fato, além de poder haver o indiciamento – que poderá ser cancelado, caso haja a futura retratação. Por outro lado, o ajuizamento da ação penal é fundamental para interromper a prescrição. Aguarda-se, apenas, o término definitivo do processo onde o falso se deu para, então, julgar o processo-crime onde se apura o falso testemunho. Assim, suspende-se o curso do feito onde se apura o falso, aguardando o julgamento do outro processo, o que levará à suspensão da prescrição.

812. Atipicidade do falso dependente do caso concreto: impossibilitada a retratação do agente, bem como se tornando impossível detectar se, realmente, houve falso testemunho, uma vez que não houve julgamento concernente ao valor do depoimento prestado, no feito em que o referido falso se deu, considera-se atípico o crime, que não se aperfeiçoou. Noutros termos, o delito de falso testemunho tem como bem tutelado a administração da justiça e, para tanto, torna-se essencial que o depoimento acoimado de falso seja avaliado, quanto ao mérito, pelo julgador. Qualquer razão impeditiva, a colocar fim ao processo em que se deu o falso testemunho, é também fator de obstáculo à formação efetiva da infração penal do art. 346. Afinal, trata-se de delito condicionado. Nessa ótica: TRF, 3.ª Região: "Embora o falso testemunho se trate de crime formal, que independe do efetivo resultado naturalístico para sua consumação, não se aperfeiçoa ao tipo do art. 342 [art. 346, CPM] do Código Penal depoimento imputado de falso prestado em reclamação trabalhista extinta sem resolução de mérito" (RSE 2004.61.81.005320-8-SP, 2.ª T., rel. Roberto Lemos, 20.07.2010, v.u.).

813. Extinção da punibilidade por meio de *habeas corpus* de ofício: hipótese interessante surgiu para a nossa apreciação, consistente no seguinte caso: duas testemunhas afirmaram, na fase policial, terem visto o crime, apontando o acusado como autor; em juízo, mudaram as suas versões e disseram nada ter presenciado; o juiz mandou processá-las por falso testemunho; elas se retrataram, antes mesmo da pronúncia, no inquérito instaurado para apurar o delito de falso testemunho; o juiz valeu-se dos depoimentos produzidos na fase policial (verdadeiros, em face da retratação operada), para pronunciar o réu, que recorreu. Apreciando o recurso em sentido estrito, verificamos a necessidade de manter a pronúncia, pois as testemunhas presenciais confirmaram ter mentido em juízo e não na fase policial, havendo provas seguras da autoria; porém, observamos que a ação penal, pelo crime de falso testemunho, já havia sido movida contra ambas, sem que se tivesse declarado extinta a punibilidade pelo desdito consumado. Em face disso, concedemos *habeas corpus* de ofício para trancar a ação penal, sem justa causa, pois calcada em fato atípico, diante da retratação havida. Conferir: TJSP: "Recurso em Sentido Estrito – Decisão de pronúncia por homicídio qualificado – Alegada insuficiência do conjunto probatório quanto à autoria – Inadmissibilidade – Indícios suficientes ante a retratação das testemunhas L.A.S. e R.P.S. – Improvimento do recurso interposto – Concessão de *Habeas Corpus* de ofício, em razão da configuração de excludente de tipicidade, para trancar a ação penal instaurada contra ambos por falso testemunho (Processo 526/09, da 1.ª Vara de Francisco Morato)" (RES 990.10.292550-1, 16.ª C., rel. Guilherme de Souza Nucci, 10.01.2012, v.u.).

Corrupção ativa de testemunha, perito ou intérprete

> **Art. 347.** Dar, oferecer ou prometer dinheiro ou qualquer outra vantagem a testemunha, perito, tradutor ou intérprete, para fazer afirmação falsa, negar ou calar a verdade em depoimento, perícia, tradução ou interpretação, em inquérito policial, processo administrativo ou judicial, militar, ainda que a oferta não seja aceita:[814-815]
>
> Pena – reclusão, de 2 (dois) a 8 (oito) anos.

814. Aspectos objetivos: o sujeito ativo pode ser qualquer pessoa. Logo, não há necessidade de ser sujeito qualificado. O sujeito passivo é o Estado, primordialmente. Em segundo plano, pode ser a pessoa prejudicada pelo depoimento ou pela falsa perícia. *Dar* (presentear ou conceder), *oferecer* (propor para que seja aceito, apresentar) e *prometer* (comprometer-se a fazer alguma coisa) referem-se a dinheiro ou qualquer vantagem destinada a testemunha, perito, tradutor ou intérprete para o cometimento de falso testemunho ou falsa perícia. É o suborno (oferta de vantagem para obter algo ilícito). Oferta-se dinheiro ou qualquer outra vantagem, valendo-se a lei da interpretação analógica, vale dizer, fornece-se o exemplo da vantagem (pecúnia) que pode ser destinada a testemunhas, peritos, tradutores e intérpretes, e termina generalizando para qualquer outra semelhante. Portanto, é indispensável que a *vantagem* oferecida tenha algum valor econômico, mesmo que indireto, para o agente. Não fosse assim, seria completamente desnecessário ter a descrição típica mencionado o elemento *dinheiro* (moeda em vigor, que serve para, havendo troca, a obtenção de mercadorias e serviços), bastando dizer *qualquer vantagem*. Sobre o conceito de testemunha, perito, tradutor e intérprete, ver o artigo anterior. A expressão ainda que a oferta não seja aceita é uma ressalva inútil feita pelo tipo penal para destacar que o crime comporta, na realidade, três fases: dar, oferecer ou prometer, sem que o destinatário aceite (mera conduta); dar, oferecer ou prometer, com a aceitação do destinatário, mas sem que haja o falso (formal); e dar, oferecer ou prometer, com a aceitação do destinatário e havendo o falso (exaurido). Atualmente, basta considerar o crime como sendo de mera atividade, pouco importando que o resultado ínsito ao tipo – prejuízo para a administração da justiça – seja alcançado. Na jurisprudência: STM: "No mérito, amolda-se à figura típica prevista no art. 347 do CPM (corrupção de testemunha) a conduta de

Art. 348

Código Penal Militar Comentado • Nucci

ex-militar do Exército que oferece vantagem indevida à testemunha para fazer afirmação falsa em juízo. Em se tratando do delito de corrupção não há como se esperar um farto conjunto probatório, haja vista que geralmente os corruptos evitam a publicidade de seus atos ilícitos, cabendo ao julgador apreciar as provas e indícios de acordo com sua convicção, a teor do art. 297 do CPPM. Precedente do STF. Condenação mantida. A pluralidade de ações justifica a incidência da continuidade delitiva, devendo ser aplicada a regra esculpida no art. 71 do Código Penal comum, visto que tal medida permite a fixação de uma reprimenda mais justa e proporcional, não sendo aplicável ao caso o art. 80 do CPM. No caso de crime continuado, a prescrição é referida, não à pena unificada, mas à de cada crime considerado isoladamente, não se computando o acréscimo decorrente da continuidade. Inteligência do art. 125, § 3º, do CPM e Súmula do STF nº 497. Declaração *ex officio* de extinção da punibilidade do crime de corrupção de testemunhas, pelo advento da prescrição na forma retroativa. Decisão unânime. Negado provimento ao recurso defensivo. Unânime. Não conhecido o recurso do Ministério Público. Unânime" (Ap. 0000106-43.2012.7.10.0010, rel. Francisco Joseli Parente Camelo, j. 11.02.2016, v.u.).

815. Aspectos subjetivos: é o dolo. Exige-se elemento subjetivo específico, consistente na vontade de conspurcar a administração da justiça. Não existe a forma culposa.

Publicidade opressiva

> **Art. 348.** Fazer pela imprensa, rádio ou televisão, antes da intercorrência de decisão definitiva em processo penal militar, comentário tendente a exercer pressão sobre declaração de testemunha ou laudo de perito:[816-817]
>
> Pena – detenção, até 6 (seis) meses.

816. Aspectos objetivos: o sujeito ativo pode ser qualquer pessoa. O passivo é o Estado, no cenário da administração militar; secundariamente, a testemunha ou perito pressionado. *Fazer comentário* (emitir consideração ou opinião sobre algo) voltado a pressionar (constranger moralmente) a testemunha ou o perito. A redação do tipo penal é defeituosa, pois a influência é exercida sobre a pessoa e não em cima de *declaração* ou *laudo*. Trata-se de uma forma de *coação no curso do processo*, embora realizada pela imprensa. À época da edição do Código Penal Militar, mencionou-se apenas rádio e televisão, podendo-se incluir, atualmente, outros meios, como as redes sociais da internet. O comentário deve ser *ameaçador*, tendente a constranger a testemunha ou perito; do contrário, a conduta é inofensiva ao bem jurídico tutelado. O momento de ocorrência da referida pressão, segundo o tipo, deve dar-se até o trânsito em julgado da decisão proferida no processo criminal da Justiça Militar. Entretanto, na realidade, somente tem sentido a referida previsão enquanto a instrução criminal transcorre; finda a colheita dos depoimentos testemunhais e a produção da perícia não há mais razão para se considerar qualquer comentário.

817. Aspectos subjetivos: o crime é doloso. Há elemento subjetivo específico, consistente em *exercer pressão* sobre testemunha e perito. Não há a forma culposa.

Desobediência a decisão judicial

> **Art. 349.** Deixar, sem justa causa, de cumprir decisão da Justiça Militar, ou retardar ou fraudar o seu cumprimento:[818-819]

Título VIII – Dos crimes contra a administração da Justiça Militar

Art. 350

> Pena – detenção, de 3 (três) meses a 1 (um) ano.
>
> § 1.º No caso de transgressão dos arts. 116, 117 e 118, a pena será cumprida sem prejuízo da execução da medida de segurança.
>
> § 2.º Nos casos do art. 118 e seus §§ 1.º e 2.º, a pena pela desobediência é aplicada ao representante, ou representantes legais, do estabelecimento, sociedade ou associação.

818. Aspectos objetivos: o sujeito ativo é somente a pessoa sujeita a decisão judicial da Justiça Militar. O passivo é o Estado, particularmente a administração da Justiça Militar. Este tipo penal é figura equivalente à *desobediência a decisão judicial sobre perda ou suspensão de direito* (art. 359, CP). *Deixar de cumprir* (desatender, desobedecer) a decisão judicial militar, em qualquer prisma, particularmente as que impõem medidas restritivas, como citado no próprio § 1.º deste artigo. São elas o exílio (art. 116), a proibição de frequentar lugares (art. 117) e a interdição de estabelecimento comercial ou industrial (art. 118). É preciso ter cautela para aplicar o disposto neste artigo, de modo a evitar o *bis in idem* (dupla punição pelo mesmo fato), vale dizer, se o descumprimento de determinada medida implicar a geração de sanção específica, como a revogação da liberdade e a regressão de regime, não se deve acolher a cumulação com a incriminação prevista no art. 349. Na jurisprudência: STM: "Somente se caracterizaria o crime de desobediência se a testemunha, devidamente notificada para comparecer à determinada audiência em dia e hora previamente ajustados, deixasse de se apresentar, não justificando o motivo pelo qual não compareceu e, ato contínuo, fosse expedida nova ordem judicial para que fosse conduzida de maneira coercitiva pelo Oficial de Justiça ou, em caso de resistência, pela polícia judiciária militar ou polícia civil. Ao revés, não houve qualquer manifestação do Juízo nesse sentido e, por consequência, inexistiu recusa por parte da testemunha de descumprimento de ordem judicial, bem como para com o dever de prestar compromisso com a Justiça Miliar. Denúncia rejeitada para manter na sua totalidade a Decisão do Juízo *a quo*. Unânime" (RSE 0000107-28.2012.7.10.0010, rel. Marcus Vinicius Oliveira dos Santos, j. 15.08.2013, v.u.).

819. Aspectos subjetivos: o delito é doloso. Cremos existir o elemento subjetivo específico implícito, consistente na vontade de transgredir a autoridade estatal. Não há a forma culposa.

Favorecimento pessoal

> **Art. 350.** Auxiliar a subtrair-se à ação da autoridade autor de crime militar, a que é cominada pena de morte ou reclusão:[820-824]
>
> Pena – detenção, até 6 (seis) meses.

Diminuição de pena

> § 1.º Se ao crime é cominada pena de detenção ou de impedimento:[825]
>
> Pena – detenção, até 3 (três) meses.

Isenção de pena

> § 2.º Se quem presta o auxílio é ascendente, descendente, cônjuge ou irmão do criminoso, fica isento da pena.[826]

Art. 350

Código Penal Militar Comentado • Nucci

820. Aspectos objetivos: o sujeito ativo pode ser qualquer pessoa. O sujeito passivo é o Estado. *Auxiliar a subtrair-se* significa fornecer ajuda a alguém para fugir, esconder-se ou evitar a ação da autoridade que o busca. Não são punidas as condutas de induzir ou instigar alguém a se subtrair da ação da autoridade, podendo, no entanto, haver participação – por induzimento ou instigação – ao auxílio prestado por outrem. A autoridade pode ser o juiz, o promotor, o delegado ou qualquer outra que tenha legitimidade para buscar o autor de crime. Quanto à expressão *autor de crime*, na situação do art. 350 há um adendo muito relevante – "a que é cominada pena de morte ou reclusão" –, afastando-se, com isso, a possibilidade de levar em conta apenas o injusto, pois se deve acrescer ao tipo a possibilidade concreta do sujeito favorecido pela conduta de quem lhe deu auxílio ser, efetivamente, condenado a uma pena de reclusão (ou morte). Tal linha de raciocínio afasta, naturalmente, a possibilidade de se considerar típica a conduta da pessoa que auxilia um menor infrator a ocultar-se da polícia ou um doente mental, a quem se impôs medida de segurança, a fazer o mesmo. São sujeitos para os quais não se comina pena de reclusão (ou morte). O menor de 18 anos comete ato infracional e é sancionado de acordo com legislação especial, enquanto o louco não comete crime sujeito a pena de reclusão. E mais: não existindo o crime anterior, impossível falar em favorecimento pessoal, tendo em vista não estar ferida a administração da justiça. Assim, qualquer causa que sirva para elidir a configuração do crime anterior (extinção da punibilidade, reconhecimento de excludentes de tipicidade, antijuridicidade ou culpabilidade, imunidades, dentre outros) arreda, também, o delito do art. 350.

821. Aspectos subjetivos: é o dolo. Cremos existir, ínsito no tipo, o elemento subjetivo específico, consistente na vontade de ludibriar a autoridade, deixando de fazer prevalecer a correta administração da justiça. Não existe a forma culposa.

822. Diferença entre o favorecimento e a participação: para configurar-se o crime de favorecimento é indispensável que o auxílio seja prestado após o primeiro delito ter-se consumado, isto é, depois que alguém praticou o injusto, buscando esconder-se, fornece-se a ele o abrigo necessário. Se o sujeito oferecer abrigo ou qualquer tipo de ajuda antes do cometimento do crime, trata-se de participação. Além disso, é também curial destacar não ser o autor do crime de favorecimento o coautor do primeiro, pois, do contrário, estaria havendo indevida punição. Se o comparsa esconde o outro em sua casa, é natural que não responda por favorecimento, uma vez que está, identicamente, protegendo-se. É o que Hungria chama de *autofavorecimento* (*Comentários ao Código Penal*, v. 9, p. 507).

823. Viabilidade do crime anterior: o delito anterior cometido necessita ser juridicamente viável, ou seja, é preciso ter potencialidade de provocar a condenação de alguém. Se houver absolvição, por qualquer causa, não se está diante do favorecimento, uma vez que a pessoa não pode ser considerada *autora de crime*. Para tanto, torna-se necessário aguardar o deslinde do processo anterior para o reconhecimento da prática do delito de favorecimento pessoal, pois, se houver absolvição, como mencionado, este crime deixa de existir. Entendemos que o favorecimento está configurado na hipótese de alguém prestar auxílio a criminoso ainda não condenado, não socorrendo o argumento de que o tipo penal fala em *autor de crime,* e não em *acusado*. Ora, justamente porque se fala em autor de crime é que não se fala em *culpado*. Assim, se o agente dá abrigo em sua casa a um procurado pela polícia, ainda não condenado, pode ficar sujeito às penas do favorecimento, desde que se aguarde a condenação do favorecido. Parece-nos cauteloso instaurar-se o inquérito, aguardando-se o deslinde do processo anterior.

824. Exercício regular de direito: não configura favorecimento pessoal a hipótese de o morador impedir a entrada da polícia, durante à noite, em seu domicílio, ainda que seja para capturar fugitivo. Trata-se de exercício regular de direito, garantido pela Constituição Federal, no art. 5.º, XI ("a casa é asilo inviolável do indivíduo, ninguém nela podendo penetrar sem consentimento do morador, salvo em caso de flagrante delito ou desastre, ou para prestar socorro, ou, durante o dia, por determinação judicial"). Logo, caso o autor de crime esteja refugiado em casa alheia, a autoridade policial somente pode ingressar no domicílio durante o dia. Nem se diga que, nessa situação, estaria configurado o flagrante delito de favorecimento pessoal, pois, repita-se, sendo direito do morador resguardar sua casa como asilo inviolável, durante a noite, é impossível dizer que tal atitude, por si só, configura o delito previsto neste artigo. Se, quando alvorecer, permanecer o impedimento, nesse caso, pode-se falar em favorecimento pessoal. Ademais, é preciso analisar quais outras condutas o morador tomou, além de impedir a entrada da polícia durante a noite. Se houve auxílio prestado, sob diferente formato, em tese, pode-se cuidar deste delito, mas se a atitude restringiu-se a resguardar o seu lar da invasão policial após o anoitecer, nada há a ser punido.

825. Figura privilegiada: fala-se em favorecimento pessoal privilegiado, cujos mínimo e máximo da pena diminuem quando o crime do indivíduo que foi protegido é sujeito a pena de detenção ou impedimento.

826. Escusa absolutória (imunidade absoluta): não é punido o agente do favorecimento pessoal quando, por razões de política criminal e motivos de ordem sentimental e humanitária, for ascendente, descendente, cônjuge ou irmão do agente.

Favorecimento real

> **Art. 351.** Prestar a criminoso, fora dos casos de coautoria ou de receptação, auxílio destinado a tornar seguro o proveito do crime:[827-829]
>
> Pena – detenção, de 3 (três) meses a 1 (um) ano.

827. Aspectos objetivos: o sujeito ativo pode ser qualquer pessoa. O sujeito passivo é o Estado. *Prestar auxílio* significa ajudar ou dar assistência. O destinatário do apoio é o criminoso, entendido este como a pessoa que comete o crime, vale dizer, o sujeito ativo do delito. Portanto, nos mesmos moldes do favorecimento pessoal, não se admite o inimputável (menor ou doente mental), posto não ser *criminoso*. Não se incluem no tipo penal do favorecimento real a pessoa que é coautora (inclua-se, também, o partícipe), tendo em vista o seu natural interesse de se favorecer ocultando o produto do delito, bem como o receptador, que possui tipo específico para sua punição. Aliás, para detectar se se trata de receptação ou favorecimento real, deve-se analisar o destino do proveito do crime: se for em benefício do agente do crime anterior, trata-se da figura do art. 351; caso seja para proveito próprio ou de terceiro, configura-se a receptação. Quando a promessa de auxílio é feita *antes* do cometimento do delito, configura-se participação. O *proveito do crime* é o ganho, o lucro ou a vantagem auferida pela prática do delito. Pode ser bem móvel ou imóvel, material ou moral. Na jurisprudência: STM: "O delito de favorecimento real, descrito no art. 351 do CPM, caracteriza-se pela assistência dada ao delinquente após a prática do crime, com vistas a tornar seguro o crime. A conduta típica é de prestar auxílio ao criminoso, que significa ajudar, colaborar ou dar assistência ao criminoso, fora dos casos de coautoria ou de receptação. O elemento subjetivo do tipo penal em comento é o dolo consistente no intuito de tornar seguro o proveito do crime. (...)" (Apelação n.º 7000911-36.2019.7.00.0000, rel. Carlos Vuyk de Aquino, 13.02.2020, maioria); "1. Para o cometimento do delito de favorecimento real (art. 351 do CPM), deve estar presente o elemento subjetivo específico, consistente na vontade de tornar seguro o proveito do crime, a fim de beneficiar o autor do delito anterior. 2. Se não há provas de que o agente tinha conhecimento de que o bem subtraído era produto

Art. 352

de crime anterior, tampouco de que sua intenção era favorecer o autor desse crime antecedente, torna-se prejudicada a comprovação do elemento subjetivo do tipo previsto no art. 351 do CPM. 3. Uma vez que o crime anterior já havia sido desarticulado, estando, inclusive, na fase de apuração, posterior subtração do bem não pode ser entendida como delito de favorecimento real. Recurso conhecido e não provido. Decisão por maioria" (Ap. 0000049-46.2016.7.08.0008, rel. Artur Vidigal de Oliveira, public. 18.04.2018).

828. Aspectos subjetivos: é o dolo, exigindo-se, ainda, o elemento subjetivo do tipo específico, consistente na vontade de tornar seguro o proveito do crime. Não se pune a forma culposa.

829. Conceito de crime: é o fato típico, antijurídico e culpável, necessitando-se do julgamento definitivo do delito anterior para a consideração de mérito do tipo penal do art. 351. Pode-se processar o pretenso autor do favorecimento, devendo-se aguardar a solução no outro feito, a fim de saber se houve proveito de crime. Se houver absolvição do autor do crime anterior, por julgar o juiz inexistente o fato, por exemplo, não é cabível falar em favorecimento real. Entretanto, causas pessoais de exclusão da pena não provocam a exclusão do tipo do art. 351, visto que o fato criminoso permaneceu íntegro. Assim, a pessoa que esconde em sua casa o veículo subtraído do pai pelo filho comete favorecimento real, tendo em vista que a imunidade absoluta atinge somente o agente, e não a situação fática.

Inutilização, sonegação ou descaminho de material probante

> **Art. 352.** Inutilizar, total ou parcialmente, sonegar ou dar descaminho a autos, documento ou objeto de valor probante, que tem sob guarda ou recebe para exame:[830-831]
>
> Pena – detenção, de 6 (seis) meses a 3 (três) anos, se o fato não constitui crime mais grave.

Modalidade culposa

> **Parágrafo único.** Se a inutilização ou o descaminho resulta de ação ou omissão culposa:
>
> Pena – detenção, até 6 (seis) meses.

830. Aspectos objetivos: o sujeito ativo pode ser qualquer pessoa, desde que tenha a responsabilidade de manter os autos, documento ou outro objeto. O passivo é o Estado, particularmente a administração da justiça; secundariamente, quem for prejudicado pelo desvio. *Inutilizar* significa invalidar ou destruir; *sonegar* quer dizer ocultar; *dar descaminho* significa desviar, fazendo desaparecer. São condutas alternativas, cujo objeto pode ser *autos* (termo que designa o conjunto das peças que constituem um processo), *documento* (qualquer base material apta a consignar fato destinado a produzir prova) ou *objeto de valor probatório* (qualquer coisa material destinada a convencer o juízo acerca da verdade de um fato). Na legislação penal comum, o delito somente pode ser cometido por advogado ou procurador. Neste caso, estende-se a qualquer um, embora, como regra, volte-se a incriminação a funcionário da justiça ou operador do Direito. Na jurisprudência: STJ: "3. O delito previsto no art. 352, parágrafo único, do Código Penal Militar, de descaminho culposo de autos da justiça militar, é permanente, e se protrai no tempo enquanto os autos permanecem extraviados, razão pela qual não se constata a ocorrência da prescrição na hipótese" (HC 285.286/MG, 6.ª T., rel. Maria

Thereza de Assis Moura, j. 11.11.2014, v.u.). A *inutilização total ou parcial*, inserida no tipo, torna difícil a concretização da tentativa. Tratando-se de *autos de processo* é imprescindível a intimação para a sua devolução para a configuração do tipo penal, pois, do contrário, pode-se punir alguém por mera negligência, e o crime é doloso, não culposo. Eventual *procedimento sancionador da OAB* é inteiramente dispensável, pois os deveres inerentes à função do advogado não podem sobrepor-se ao tipo penal. Além disso, exigir a interferência da Ordem dos Advogados do Brasil significaria criar uma condição de procedibilidade não estabelecida em lei. A restituição dos autos, documento ou objeto antes da denúncia ser oferecida é irrelevante para a configuração do tipo penal, que tem por objeto jurídico, já lesionado, a administração da justiça. Pode o juiz levá-la em consideração como atenuante. Não cremos possível afirmar, sem a devida prova, que a mera devolução, antes do oferecimento da denúncia, elimina o dolo. Portanto, fixado – e ultrapassado – o prazo para a restituição, somente a prova de um motivo de força maior poderia demonstrar a ausência de dolo.

831. Aspectos subjetivos: é o dolo. Não se pune a forma culposa, nem se exige elemento subjetivo do tipo específico.

Exploração de prestígio

> **Art. 353.** Solicitar ou receber dinheiro ou qualquer outra utilidade, a pretexto de influir em juiz, órgão do Ministério Público, servidor público da Justiça, perito, tradutor, intérprete ou testemunha, na Justiça Militar:[832-833]
>
> Pena – reclusão, até 5 (cinco) anos.

Aumento de pena

> **Parágrafo único.** A pena é aumentada de 1/3 (um terço), se o agente alega ou insinua que o dinheiro ou utilidade também se destina a qualquer das pessoas referidas no artigo.[834]

832. Aspectos objetivos: o sujeito ativo pode ser qualquer pessoa. O sujeito passivo é o Estado. Na modalidade *receber* exige o concurso de outra pessoa, que faz o pagamento. *Solicitar* (pedir ou buscar) e *receber* (aceitar em pagamento) vinculam-se ao *pretexto de influir* (tendo por finalidade inspirar ou insuflar) em juiz, membro do Ministério Público, serventuários da justiça, perito, tradutor, intérprete ou testemunha. Para tanto, vale-se o agente de *dinheiro* (moeda em curso oficial no País) ou *outra utilidade* (entendida como algo significativo, como o é o dinheiro). Não se trata de algo necessariamente material, mas que possa converter-se, de algum modo, em benefício material para o agente. Trata-se, afinal, de uma interpretação analógica, isto é, a generalização feita pelo tipo penal (qualquer outra utilidade) necessita guardar sintonia com o exemplo dado (dinheiro). As pessoas visadas pela exploração de prestígio são o *juiz* (autoridade judiciária, componente do Poder Judiciário, encarregada de aplicar o direito ao caso concreto); *órgão do Ministério Público* é o Promotor de Justiça Militar; *funcionário da justiça* (funcionário público que exerce suas atividades no Poder Judiciário). Quanto aos conceitos de perito, tradutor, intérprete e testemunha, ver nota específica ao art. 346. O crime é formal (que não exige, para sua consumação, resultado naturalístico). Há quem sustente ser material o crime na modalidade *receber*, com o que não concordamos, pois o objeto jurídico é a administração da justiça, que pode não ser lesionada efetivamente pelo agente. O tipo penal menciona o recebimento para o fim de influenciar, não significando tenha realmente ocorrido.

Art. 354

Código Penal Militar Comentado • Nucci

833. Aspectos subjetivos: é o dolo. Exige-se, ainda, o elemento subjetivo específico, consistente na finalidade de influir nas pessoas descritas no tipo penal. Não se pune a forma culposa.

834. Causa de aumento da pena: se o agente *alegar* (apresentar como explicação) ou *insinuar* (dar a entender de modo indireto) que o dinheiro ou a utilidade destina-se, também, ao juiz, membro do Ministério Público, funcionário da justiça, perito, tradutor, intérprete ou testemunha, sua pena deve ser aumentada em um terço. Ao valer-se dos verbos *alegar* e *insinuar*, o tipo penal deixa claro que tais pessoas não estão envolvidas no fato, mas são usadas pelo agente para a obtenção da vantagem.

Desobediência a decisão sobre perda ou suspensão de atividade ou direito

> **Art. 354.** Exercer função, atividade, direito, autoridade ou múnus, de que foi suspenso ou privado por decisão da Justiça Militar:[835-836]
>
> Pena – detenção, de 3 (três) meses a 2 (dois) anos.

835. Aspectos objetivos: o sujeito ativo há de ser somente a pessoa suspensa ou privada de direito por decisão judicial. O sujeito passivo é o Estado, particularmente a administração militar. *Exercer* significa desempenhar com habitualidade. Objetiva-se punir a pessoa que teve função, atividade, direito, autoridade ou múnus suspenso por decisão judicial. *Função* é a prática de um serviço relativo a um cargo ou emprego; *atividade* significa qualquer ocupação ou diligência; *direito* é a faculdade de praticar um ato, autorizada por lei; *autoridade* significa o poder de dar ordens e fazer respeitar decisões, no âmbito público; *múnus* é um encargo público. A *suspensão* significa fazer cessar por um determinado período; a *privação* é o tolhimento definitivo. Refere-se o tipo penal a *decisão judicial*, que deve ser proferida por autoridade judiciária competente, voltando-se a medidas cautelares ou definitivas. Na hipótese de se cuidar de efeito da condenação, torna-se exigível o trânsito em julgado da sentença. Por outro lado, tratando-se de outras decisões judiciais, ainda que provisórias ou no exercício do poder geral de cautela, por evidente, não há necessidade de *trânsito em julgado*.

836. Aspectos subjetivos: é o dolo. Não se pune a forma culposa, nem se exige elemento subjetivo do tipo específico.

LIVRO II
DOS CRIMES MILITARES EM TEMPO DE GUERRA[837]

837. Ausência de comentários aos crimes em tempo de guerra: o Brasil é um país da natureza pacífica, sem a menor vocação para fomentar ou ingressar em conflito armado. Para a felicidade dos brasileiros, diversamente de outras nações belicosas, não se tem perspectiva de tal situação. Por isso, a aplicação das leis penais militares concentra-se, basicamente, nos crimes em tempo de paz. Optamos por não comentar os tipos penais incriminadores, em tempo de guerra, pelas razões acima apontadas e esperamos jamais ter a necessidade de fazê-lo.

Título I
Do favorecimento ao inimigo

Capítulo I
Da traição

Traição

> **Art. 355.** Tomar o nacional armas contra o Brasil ou Estado aliado, ou prestar serviço nas forças armadas de nação em guerra contra o Brasil:
>
> Pena – morte, grau máximo; reclusão, de 20 (vinte) anos, grau mínimo.

Favor ao inimigo

> **Art. 356.** Favorecer ou tentar o nacional favorecer o inimigo, prejudicar ou tentar prejudicar o bom êxito das operações militares, comprometer ou tentar comprometer a eficiência militar:
>
> I – empreendendo ou deixando de empreender ação militar;
>
> II – entregando ao inimigo ou expondo a perigo dessa consequência navio, aeronave, força ou posição, engenho de guerra motomecanizado, provisões ou qualquer outro elemento de ação militar;
>
> III – perdendo, destruindo, inutilizando, deteriorando ou expondo a perigo de perda, destruição, inutilização ou deterioração, navio, aeronave, engenho de guerra motomecanizado, provisões ou qualquer outro elemento de ação militar;
>
> IV – sacrificando ou expondo a perigo de sacrifício força militar;
>
> V – abandonando posição ou deixando de cumprir missão ou ordem:
>
> Pena – morte, grau máximo; reclusão, de 20 (vinte) anos, grau mínimo.

Tentativa contra a soberania do Brasil

> **Art. 357.** Praticar o nacional o crime definido no art. 142:
>
> Pena – morte, grau máximo; reclusão, de 20 (vinte) anos, grau mínimo.

Art. 358

Coação a comandante

> **Art. 358.** Entrar o nacional em conluio, usar de violência ou ameaça, provocar tumulto ou desordem com o fim de obrigar o comandante a não empreender ou a cessar ação militar, a recuar ou render-se:
>
> Pena – morte, grau máximo; reclusão, de 20 (vinte) anos, grau mínimo.

Informação ou auxílio ao inimigo

> **Art. 359.** Prestar o nacional ao inimigo informação ou auxílio que lhe possa facilitar a ação militar:
>
> Pena – morte, grau máximo; reclusão, de 20 (vinte) anos, grau mínimo.

Aliciação de militar

> **Art. 360.** Aliciar o nacional algum militar a passar-se para o inimigo ou prestar-lhe auxílio para esse fim:
>
> Pena – morte, grau máximo; reclusão, de 20 (vinte) anos, grau mínimo.

Ato prejudicial à eficiência da tropa

> **Art. 361.** Provocar o nacional, em presença do inimigo, a debandada de tropa, ou guarnição, impedir a reunião de uma ou outra ou causar alarme, com o fim de nelas produzir confusão, desalento ou desordem:
>
> Pena – morte, grau máximo; reclusão, de 20 (vinte) anos, grau mínimo.

Capítulo II
Da traição imprópria

Traição imprópria

> **Art. 362.** Praticar o estrangeiro os crimes previstos nos arts. 356, ns. I, primeira parte, II, III e IV, 357 a 361:
>
> Pena – morte, grau máximo; reclusão, de 10 (dez) anos, grau mínimo.

Capítulo III
Da covardia

Covardia

> **Art. 363.** Subtrair-se ou tentar subtrair-se o militar, por temor, em presença do inimigo, ao cumprimento do dever militar:
>
> Pena – reclusão, de 2 (dois) a 8 (oito) anos.

Covardia qualificada

> **Art. 364.** Provocar o militar, por temor, em presença do inimigo, a debandada de tropa ou guarnição; impedir a reunião de uma ou outra, ou causar alarme com o fim de nelas produzir confusão, desalento ou desordem:
>
> Pena – morte, grau máximo; reclusão, de 20 (vinte) anos, grau mínimo.

Fuga ou presença do inimigo

> **Art. 365.** Fugir o militar, ou incitar à fuga, em presença do inimigo:
>
> Pena – morte, grau máximo; reclusão, de 20 (vinte) anos, grau mínimo.

Capítulo IV

Da espionagem

Espionagem

> **Art. 366.** Praticar qualquer dos crimes previstos nos arts. 143 e seu § 1.º, 144 e seus §§ 1.º e 2.º, e 146, em favor do inimigo ou comprometendo a preparação, a eficiência ou as operações militares:
>
> Pena – morte, grau máximo; reclusão, de 20 (vinte) anos, grau mínimo.

Caso de concurso

> **Parágrafo único.** No caso de concurso por culpa, para execução do crime previsto no art. 143, § 2.º, ou de revelação culposa (art. 144, § 3.º):
>
> Pena – reclusão, de 3 (três) a 6 (seis) anos.

Penetração de estrangeiro

> **Art. 367.** Entrar o estrangeiro em território nacional, ou insinuar-se em força ou unidade em operações de guerra, ainda que fora do território nacional, a fim de colher documento, notícia ou informação de caráter militar, em benefício do inimigo, ou em prejuízo daquelas operações:
>
> Pena – reclusão, de 10 (dez) a 20 (vinte) anos, se o fato não constitui crime mais grave.

Capítulo V

Do motim e da revolta

Motim, revolta ou conspiração

> **Art. 368.** Praticar qualquer dos crimes definidos nos arts. 149 e seu parágrafo único e 152:

Art. 369

Código Penal Militar Comentado • Nucci

Pena – aos cabeças, morte, grau máximo; reclusão, de 15 (quinze) anos, grau mínimo. Aos coautores, reclusão, de 10 (dez) a 30 (trinta) anos.

Forma qualificada

Parágrafo único. Se o fato é praticado em presença do inimigo:

Pena – aos cabeças, morte, grau máximo; reclusão, de 20 (vinte) anos, grau mínimo. Aos coautores, morte, grau máximo; reclusão, de 15 (quinze) anos, grau mínimo.

Omissão de lealdade militar

Art. 369. Praticar o crime previsto no art. 151:

Pena – reclusão, de 4 (quatro) a 12 (doze) anos.

Capítulo VI
Do incitamento

Incitamento

Art. 370. Incitar militar à desobediência, à indisciplina ou à prática de crime militar:

Pena – reclusão, de 3 (três) a 10 (dez) anos.

Parágrafo único. Na mesma pena incorre quem introduz, afixa ou distribui, em lugar sujeito à administração militar, impressos, manuscritos ou material mimeografado, fotocopiado ou gravado, em que se contenha incitamento à prática dos atos previstos no artigo.

Incitamento em presença do inimigo

Art. 371. Praticar qualquer dos crimes previstos no art. 370 e seu parágrafo, em presença do inimigo:

Pena – morte, grau máximo; reclusão, de 10 (dez) anos, grau mínimo.

Capítulo VII
Da inobservância do dever militar

Rendição ou capitulação

Art. 372. Render-se o comandante, sem ter esgotado os recursos extremos de ação militar; ou, em caso de capitulação, não se conduzir de acordo com o dever militar:

Pena – morte, grau máximo; reclusão, de 20 (vinte) anos, grau mínimo.

Omissão de vigilância

Art. 373. Deixar-se o comandante surpreender pelo inimigo:

Pena – detenção, de 1 (um) a 3 (três) anos, se o fato não constitui crime mais grave.

Resultado mais grave

Parágrafo único. Se o fato compromete as operações militares:

Pena – reclusão, de 5 (cinco) a 20 (vinte) anos, se o fato não constitui crime mais grave.

Descumprimento do dever militar

Art. 374. Deixar, em presença do inimigo, de conduzir-se de acordo com o dever militar:

Pena – reclusão, até 5 (cinco) anos, se o fato não constitui crime mais grave.

Falta de cumprimento de ordem

Art. 375. Dar causa, por falta de cumprimento de ordem, à ação militar do inimigo.

Pena – reclusão, de 2 (dois) a 8 (oito) anos.

Resultado mais grave

Parágrafo único. Se o fato expõe a perigo força, posição ou outros elementos de ação militar:

Pena – morte, grau máximo; reclusão, de 20 (vinte) anos, grau mínimo.

Entrega ou abandono culposo

Art. 376. Dar causa, por culpa, ao abandono ou à entrega ao inimigo de posição, navio, aeronave, engenho de guerra, provisões, ou qualquer outro elemento de ação militar:

Pena – reclusão, de 10 (dez) a 30 (trinta) anos.

Captura ou sacrifício culposo

Art. 377. Dar causa, por culpa, ao sacrifício ou captura de força sob o seu comando:

Pena – reclusão, de 10 (dez) a 30 (trinta) anos.

Separação reprovável

Art. 378. Separar o comandante, em caso de capitulação, a sorte própria da dos oficiais e praças:

Pena – morte, grau máximo; reclusão, de 20 (vinte) anos, grau mínimo.

Abandono de comboio

Art. 379. Abandonar comboio, cuja escolta lhe tenha sido confiada:

Pena – reclusão, de 2 (dois) a 8 (oito) anos.

Resultado mais grave

§ 1.º Se do fato resulta avaria grave, ou perda total ou parcial do comboio:

Pena – morte, grau máximo; reclusão, de 20 (vinte) anos, grau mínimo.

Modalidade culposa

§ 2.º Separar-se, por culpa, do comboio ou da escolta:

Pena – reclusão, até 4 (quatro) anos, se o fato não constitui crime mais grave.

Caso assimilado

§ 3.º Nas mesmas penas incorre quem, de igual forma, abandona material de guerra, cuja guarda lhe tenha sido confiada.

Separação culposa de comando

Art. 380. Permanecer o oficial, por culpa, separado do comando superior:

Pena – reclusão, até 4 (quatro) anos, se o fato não constitui crime mais grave.

Tolerância culposa

Art. 381. Deixar, por culpa, evadir-se prisioneiro:

Pena – reclusão, até 4 (quatro) anos.

Entendimento com o inimigo

Art. 382. Entrar o militar, sem autorização, em entendimento com outro militar ou emissário de país inimigo, ou servir, para esse fim, de intermediário:

Pena – reclusão, até 3 (três) anos, se o fato não constitui crime mais grave.

Capítulo VIII
Do dano

Dano especial

Art. 383. Praticar ou tentar praticar qualquer dos crimes definidos nos arts. 262, 263, §§ 1.º e 2.º, e 264, em benefício do inimigo, ou comprometendo ou podendo comprometer a preparação, a eficiência ou as operações militares:

Pena – morte, grau máximo; reclusão, de 20 (vinte) anos, grau mínimo.

Modalidade culposa

Parágrafo único. Se o crime é culposo:

Pena – detenção, de 4 (quatro) a 10 (dez) anos.

Dano em bens de interesse militar

Art. 384. Danificar serviço de abastecimento de água, luz ou força, estrada, meio de transporte, instalação telegráfica ou outro meio de comunicação, depósito de combustível, inflamáveis, matérias-primas necessárias à produção, depósito de víveres ou forragens, mina, fábrica, usina ou qualquer estabelecimento de produção de artigo necessário à defesa nacional ou ao bem-estar da população e, bem assim, rebanho, lavoura ou plantação, se o fato compromete ou pode comprometer a preparação, a eficiência ou as operações militares, ou de qualquer forma atenta contra a segurança externa do país:

Pena – morte, grau máximo; reclusão, de 20 (vinte) anos, grau mínimo.

Envenenamento, corrupção ou epidemia

Art. 385. Envenenar ou corromper água potável, víveres ou forragens, ou causar epidemia mediante a propagação de germes patogênicos, se o fato compromete ou pode comprometer a preparação, a eficiência ou as operações militares, ou de qualquer forma tenta contra a segurança externa do país:

Pena – morte, grau máximo; reclusão, de 20 (vinte) anos, grau mínimo.

Modalidade culposa

Parágrafo único. Se o crime é culposo:

Pena – detenção, de 2 (dois) a 8 (oito) anos.

Capítulo IX
Dos crimes contra a incolumidade pública

Crimes de perigo comum

Art. 386. Praticar crime de perigo comum definido nos arts. 268 a 276 e 278 na modalidade dolosa:

I – se o fato compromete ou pode comprometer a preparação, a eficiência ou as operações militares;

II – se o fato é praticado em zona de efetivas operações militares e dele resulta morte:

Pena – morte, grau máximo; reclusão, de 20 (vinte) anos, grau mínimo.

Capítulo X
Da insubordinação e da violência

Recusa de obediência ou oposição

Art. 387. Praticar, em presença do inimigo, qualquer dos crimes definidos nos arts. 163 e 164:

Pena – morte, grau máximo; reclusão, de 10 (dez) anos, grau mínimo.

Coação contra oficial-general

Art. 388. Exercer coação contra oficial general ou comandante da unidade, mesmo que não seja superior, com o fim de impedir-lhe o cumprimento do dever militar:

Pena – reclusão, de 5 (cinco) a 15 (quinze) anos, se o fato não constitui crime mais grave.

Violência contra superior ou militar de serviço

Art. 389. Praticar qualquer dos crimes definidos nos arts. 157 e 158, a que esteja cominada, no máximo, reclusão, de 30 (trinta) anos:

Pena – morte, grau máximo; reclusão, de 20 (vinte) anos, grau mínimo.

Parágrafo único. Se ao crime não é cominada, no máximo, reclusão de 30 (trinta anos), mas é praticado com arma e em presença do inimigo:

Pena – morte, grau máximo; reclusão, de 15 (quinze) anos, grau mínimo.

Capítulo XI
Do abandono de posto

Abandono de posto

Art. 390. Praticar, em presença do inimigo, crime de abandono de posto, definido no art. 195:

Pena – morte, grau máximo; reclusão, de 20 (vinte) anos, grau mínimo.

Capítulo XII
Da deserção e da falta de apresentação

Deserção

Art. 391. Praticar crime de deserção definido no Capítulo II, do Título III, do Livro I, da Parte Especial:

Pena – a cominada ao mesmo crime, com aumento da metade, se o fato não constitui crime mais grave.

Parágrafo único. Os prazos para a consumação do crime são reduzidos de metade.

Deserção em presença do inimigo

Art. 392. Desertar em presença do inimigo:

Pena – morte, grau máximo; reclusão, de 20 (vinte) anos, grau mínimo.

Falta de apresentação

Art. 393. Deixar o convocado, no caso de mobilização total ou parcial, de apresentar-se, dentro do prazo marcado, no centro de mobilização ou ponto de concentração:

Pena – detenção, de 1 (um) a 6 (seis) anos.

Parágrafo único. Se o agente é oficial da reserva, aplica-se a pena com aumento de 1/3 (um terço).

Capítulo XIII
Da libertação, da evasão e do amotinamento de prisioneiros

Libertação de prisioneiro

Art. 394. Promover ou facilitar a libertação de prisioneiro de guerra sob guarda ou custódia de força nacional ou aliada:

Pena – morte, grau máximo; reclusão, de 15 (quinze) anos, grau mínimo.

Evasão de prisioneiro

Art. 395. Evadir-se prisioneiro de guerra e voltar a tomar armas contra o Brasil ou Estado aliado:

Pena – morte, grau máximo; reclusão, de 20 (vinte) anos, grau mínimo.

> **Parágrafo único.** Na aplicação deste artigo, serão considerados os tratados e as convenções internacionais, aceitos pelo Brasil relativamente ao tratamento dos prisioneiros de guerra.

Amotinamento

> **Art. 396.** Amotinarem-se prisioneiros em presença do inimigo:
> Pena – morte, grau máximo; reclusão, de 20 (vinte) anos, grau mínimo.

Capítulo XIV
Do favorecimento culposo ao inimigo

Favorecimento culposo

> **Art. 397.** Contribuir culposamente para que alguém pratique crime que favoreça o inimigo:
> Pena – reclusão, de 2 (dois) a 4 (quatro) anos, se o fato não constitui crime mais grave.

Título II
Da hostilidade e da ordem arbitrária

Prolongamento de hostilidades

Art. 398. Prolongar o comandante as hostilidades, depois de oficialmente saber celebrada a paz ou ajustado o armistício:

Pena – reclusão, de 2 (dois) a 10 (dez) anos.

Ordem arbitrária

Art. 399. Ordenar o comandante contribuição de guerra, sem autorização, ou excedendo os limites desta:

Pena – reclusão, até 3 (três) anos.

Título III
Dos crimes contra a pessoa

Capítulo I
Do homicídio

Homicídio simples

> **Art. 400.** Praticar homicídio, em presença do inimigo:
>
> I – no caso do art. 205:
>
> Pena – reclusão, de 12 (doze) a 30 (trinta) anos;
>
> II – no caso do § 1.º do art. 205, o juiz pode reduzir a pena de 1/6 (um sexto) a 1/3 (um terço);

Homicídio qualificado

> III – no caso do § 2.º do art. 205:
>
> Pena – morte, grau máximo; reclusão, de 20 (vinte) anos, grau mínimo.

Capítulo II
Do genocídio

Genocídio

> **Art. 401.** Praticar, em zona militarmente ocupada, o crime previsto no art. 208:
>
> Pena – morte, grau máximo; reclusão, de 20 (vinte) anos, grau mínimo.

Casos assimilados

> **Art. 402.** Praticar, com o mesmo fim e na zona referida no artigo anterior, qualquer dos atos previstos nos ns. I, II, III, IV ou V, do parágrafo único, do art. 208:
>
> Pena – reclusão, de 6 (seis) a 24 (vinte e quatro) anos.

Art. 403

Código Penal Militar Comentado • Nucci

Capítulo III
Da lesão corporal

Lesão leve

Art. 403. Praticar, em presença do inimigo, o crime definido no art. 209:

Pena – detenção de 6 (seis) meses a 2 (dois) anos.

Lesão grave

§ 1.º No caso do § 1.º do art. 209:

Pena – reclusão, de 4 (quatro) a 10 (dez) anos.

§ 2.º No caso do § 2.º do art. 209:

Pena – reclusão, de 6 (seis) a 15 (quinze) anos.

Lesões qualificadas pelo resultado

§ 3.º No caso do § 3.º do art. 209:

Pena – reclusão, de 8 (oito) a 20 (vinte) anos no caso de lesão grave; reclusão, de 10 (dez) a 24 (vinte e quatro) anos, no caso de morte.

Minoração facultativa da pena

§ 4.º No caso do § 4.º do art. 209, o juiz pode reduzir a pena de 1/6 (um sexto) a 1/3 (um terço).

§ 5º No caso do § 5.º do art. 209, o juiz pode diminuir a pena de 1/3 (um terço).

Título IV
Dos crimes contra o patrimônio

Furto

Art. 404. Praticar crime de furto definido nos arts. 240 e 241 e seus parágrafos, em zona de operações militares ou em território militarmente ocupado:

Pena – reclusão, no dobro da pena cominada para o tempo de paz.

Roubo ou extorsão

Art. 405. Praticar crime de roubo, ou de extorsão definidos nos arts. 242, 243 e 244, em zona de operações militares ou em território militarmente ocupado:

Pena – morte, grau máximo, se cominada pena de reclusão de 30 (trinta) anos; reclusão pelo dobro da pena para o tempo de paz, nos outros casos.

Saque

Art. 406. Praticar o saque em zona de operações militares ou em território militarmente ocupado:

Pena – morte, grau máximo; reclusão, de 20 (vinte) anos, grau mínimo.

Título V
Do rapto e da violência carnal

Rapto

Art. 407. Raptar mulher honesta, mediante violência ou grave ameaça para fim libidinoso, em lugar de efetivas operações militares:

Pena – reclusão, de 2 (dois) a 4 (quatro) anos.

Resultado mais grave

§ 1.º Se da violência resulta lesão grave:

Pena – reclusão, de 6 (seis) a 10 (dez) anos.

§ 2.º Se resulta morte:

Pena – reclusão, de 12 (doze) a 30 (trinta) anos.

Cumulação de pena

§ 3.º Se o autor, ao efetuar o rapto, ou em seguida a este, pratica outro crime contra a raptada, aplicam-se, cumulativamente, a pena correspondente ao rapto e a cominada ao outro crime.

Violência carnal

Art. 408. Praticar qualquer dos crimes de violência carnal definidos nos arts. 232 e 233, em lugar de efetivas operações militares:

Pena – reclusão, de 4 (quatro) a 12 (doze) anos.

Resultado mais grave

Parágrafo único. Se da violência resulta:

a) lesão grave:

Art. 408

Código Penal Militar Comentado • Nucci

Pena – reclusão, de 8 (oito) a 20 (vinte) anos;

b) morte:

Pena – morte, grau máximo; reclusão, de 15 (quinze) anos, grau mínimo.

Disposições finais

Art. 409. São revogados o Decreto-lei 6.227, de 24 de janeiro de 1944, e demais disposições contrárias a este Código, salvo as leis especiais que definem os crimes contra a segurança nacional e a ordem política e social.

Art. 410. Este Código entrará em vigor no dia 1.º de janeiro de 1970.

Brasília, 21 de outubro de 1969; 148.º da Independência e 81.º da República.

Augusto Hamann Rademaker Grünewald

Aurélio de Lyra Tavares

Márcio de Souza e Mello

Luís Antônio da Gama e Silva

(*DOU* 21.10.1969)

Referências Bibliográficas

ABRÃO, Eliane Y. *Direitos de autor e direitos conexos*. São Paulo: Editora do Brasil, 2002.

ACCIOLY, Hildebrando. *Manual de direito internacional público*. 11. ed., 11. tir. Revisão Geraldo Eulálio do Nascimento e Silva. São Paulo: Saraiva, 1995.

ALMADA, Célio de Melo. *Legítima defesa. Legislação. Doutrina. Jurisprudência. Processo*. São Paulo: José Bushatsky, 1958.

ALMEIDA, Carlota Pizarro de. *Modelos de inimputabilidade – Da teoria à prática*. Coimbra: Almedina, 2000.

ALMEIDA, Carlota Pizarro de; D'ALMEIDA, Luís Duarte; PATRÍCIO, Rui, e VILALONGA, José Manuel. *Código Penal anotado*. Coimbra: Almedina, 2003.

ALMEIDA, Dario Martins de. *O livro do jurado*. Coimbra: Almedina, 1977.

ALMEIDA, Fernando Henrique Mendes de. *Dos crimes contra a Administração Pública*. São Paulo: RT, 1955.

ALMEIDA JR., A., e COSTA JR., J. B. de O. *Lições de medicina legal*. 9. ed. São Paulo: Companhia Editora Nacional, 1971.

ALTAVILLA, Enrico. *Psicologia judiciária*. Trad. Fernando de Miranda. 3. ed. Coimbra: Arménio Amado, 1981.

ALVES, Roque de Brito. *Ciúme e crime*. Recife: Fasa, 1984.

ALVES, Roque de Brito. *Crime e loucura*. Recife: Fasa, 1998.

ALVES, Roque de Brito. *Direito penal – Parte geral*. 2. ed. Recife: Nossa Livraria, 2005.

AMARAL, Sylvio do. *Falsidade documental*. 2. ed. São Paulo: RT, 1978.

AMERICANO, Odin. Da culpabilidade normativa. *Estudos de direito e processo penal em homenagem a Nélson Hungria*. Rio de Janeiro-São Paulo: Forense, 1962.

ANDREUCCI, Ricardo Antunes; DOTTI, René Ariel; REALE JR., Miguel, e PITOMBO, Sérgio M. de Moraes. *Penas e medidas de segurança no novo Código*. 2. ed. Rio de Janeiro: Forense, 1987.

ANTOLISEI, Francesco. *Manuale di diritto penale* – Parte generale. Atual. Luigi Conti. 14. ed. Milano: Giuffrè, 1997.

ANTOLISEI, Francesco. *Manuale di diritto penale* – Parte speciale. Atual. Luigi Conti. 12. ed. Milano: Giuffrè, 1997.

ANTOLISEI, Francesco. *Manuale di diritto penale* – Parte speciale. Atual. Luigi Conti. 13. ed. Milano: Giuffrè, 1999.

ARAGÃO, Antonio Moniz Sodré de. *As três escolas penais*. Rio de Janeiro: Freitas Bastos, 1977.

ARAÚJO, Cláudio Th. Leotta de; MENEZES, Marco Antônio. Em defesa do exame criminológico. *Boletim do IBCCRIM*, n. 129, ago. 2003, p. 3.

ARAUJO, Luiz Alberto David. *A proteção constitucional das pessoas portadoras de deficiência*. Brasília: Coordenadoria Nacional para Integração da Pessoa Portadora de Deficiência-Corde, 1994.

ARAUJO, Luiz Alberto David. *A proteção constitucional do transexual*. São Paulo: Saraiva, 2000.

ARAUJO, Luiz Alberto David; NUNES JÚNIOR, Vidal Serrano. *Curso de direito constitucional*. 3. ed. São Paulo: Saraiva, 1999.

ARAÚJO JÚNIOR, João Marcello de. *Delitos de trânsito*. Rio de Janeiro: Forense, 1981.

ARAÚJO JÚNIOR, João Marcello de. *Dos crimes contra a ordem econômica*. São Paulo: RT, 1995.

ARBENZ, Guilherme Oswaldo. *Compêndio de medicina legal*. Rio de Janeiro-São Paulo: Livraria Atheneu, 1983.

ARNAU, Frank. *Por que os homens matam*. Trad. Vera Coutinho. Rio de Janeiro: Civilização Brasileira, 1966.

ARROYO DE LAS HERAS, Alfonso. *Manual de derecho penal* – El delito. Pamplona: Editorial Aranzadi, 1985.

ARROYO ZAPATERO, Luis; FERRÉ OLIVÉ, Juan Carlos; GARCÍA RIVAS, Nicólas; SERRANO PIEDECASAS, José Ramón, e GÓMEZ DE LA TORRE, Ignacio Berdugo. *Lecciones de derecho penal* – Parte general. 2. ed. Madrid: La Ley, 1999.

ASSIS, José César de. *Direito militar* – Aspectos penais, processuais penais e administrativos. 3. ed. Curitiba: Juruá, 2012.

AZEVEDO, David Teixeira de. *Atualidades no direito e processo penal*. São Paulo: Método, 2001.

AZEVEDO, David Teixeira de. *Dosimetria da pena* – Causas de aumento e diminuição. 1. ed., 2. tir. São Paulo: Malheiros, 2002.

BACIGALUPO, Enrique. *Principios de derecho penal* – Parte general. 5. ed. Madrid: Akal, 1998.

BALERA, Wagner (org.). *Curso de direito previdenciário*. 3. ed. São Paulo: LTr, 1996.

BALTAZAR JR., José Paulo. Aspectos penais. In: FREITAS, Vladimir Passos de (org.). *Direito previdenciário* – Aspectos materiais, processuais e penais. 2. ed. Porto Alegre: Livraria de Advogado, 1999.

BARBOSA, Marcelo Fortes. Do crime continuado. *Justitia* 83/149.

BARBOSA, Marcelo Fortes. *Crimes contra a honra*. São Paulo: Malheiros, 1995.

BARBOSA, Marcelo Fortes. Denunciação caluniosa. *Direito Penal Atual (estudos)*. São Paulo: Malheiros, 1996.

BARBOSA, Marcelo Fortes. *Latrocínio*. 1. ed. 2. t. São Paulo: Malheiros, 1997.

BARRETO, Tobias. *Menores e loucos em direito criminal*. Campinas: Romana, 2003.

BARROS, Carmen Silvia de Moraes. *A individualização da pena na execução penal*. São Paulo: RT, 2001.

BARROS, Flávio Augusto Monteiro de. *Crimes contra a pessoa*. São Paulo: Saraiva, 1997.

BARROS, Flávio Augusto Monteiro de. *Direito penal* – Parte geral. São Paulo: Saraiva, 1999. v. 1.

BARROS, Luiz Celso de. *Responsabilidade fiscal e criminal*. São Paulo: Edipro, 2001.

BARROSO, Luís Roberto. *Interpretação e aplicação da Constituição*. São Paulo: Saraiva, 1996.

BASTOS, Celso Ribeiro. *Curso de direito constitucional*. 18. ed. São Paulo: Saraiva, 1997.

BASTOS, Celso Ribeiro; MARTINS, Ives Gandra da Silva. *Comentários à Constituição do Brasil*. São Paulo: Saraiva, 1988. v. 1.

BATISTA, Nilo. Alternativas à prisão no Brasil. *Revista da Escola do Serviço Penitenciário*, n. 4, jul.-set. 1990.

BATISTA, Nilo. *Concurso de agentes* – Uma investigação sobre os problemas da autoria e da participação no direito penal brasileiro. 2. ed. Rio de Janeiro: Lumen Juris, 2004.

BATISTA, Nilo. *Decisões criminais comentadas*. Rio de Janeiro: Liber Juris, 1976.

BATTAGLINI, Giulio. *Direito penal* – Parte geral. Trad. Paulo José da Costa Jr. e Ada Pellegrini Grinover. São Paulo: Saraiva, 1964.

BAUMANN, Jürgen. *Derecho penal* – Conceptos fundamentales y sistema (introducción a la sistemática sobre la base de casos). Trad. Conrado A. Finzi. 4. ed. Buenos Aires: Depalma, 1981.

BENETI, Sidnei Agostinho. Responsabilidade penal da pessoa jurídica: notas diante da primeira condenação na justiça francesa. *RT* 731/471, set. 1996.

BENETI, Sidnei Agostinho. *Execução penal*. São Paulo: Saraiva, 1996.

BERISTAIN, Antonio. *Victimología* – Nueve palabras clave. Valencia: Tirant Lo Blanch, 2000.

BERNALDO DE QUIRÓS, Constancio. *Derecho penal (parte general)*. Puebla: José M. Cajica Jr, 1949. v. I e II.

BETTIOL, Giuseppe. *Diritto penale* – Parte generale. 4. ed. Palermo: G. Priulla, 1958.

BETTIOL, Giuseppe. Os princípios fundamentais do direito penal vigente. *Revista do Instituto de Pesquisas e Estudos Jurídico-Econômico-Sociais*, n. 4. Instituição Toledo de Ensino, abr.-jun. 1967.

BETTIOL, Giuseppe; BETTIOL, Rodolfo. *Istituzioni di diritto e procedura penale*. 5. ed. Padova: CEDAM, 1993.

BETTIOL, Rodolfo, e BETTIOL, Giuseppe. *Istituzioni di diritto e procedura penale*. 5. ed. Padova: CEDAM, 1993.

BEVILÁQUA, Clóvis. *Código Civil dos Estados Unidos do Brasil comentado*. 7. tir. Rio de Janeiro: Editora Rio.

BIANCHINI, Alice, e GOMES, Luiz Flávio. *Crimes de responsabilidade fiscal* – Lei 10.028/2000: crimes contra as finanças públicas, crimes de responsabilidade fiscal de prefeitos, legislação na íntegra (Lei 10.028 e LC 101/2000). São Paulo: RT, 2001 (Série *As Ciências Criminais no Século XXI*, v. 2.).

BITENCOURT, Cezar Roberto. Alguns aspectos da culpabilidade na atualidade. *RT* 756/425, out. 1998.

BITENCOURT, Cezar Roberto. Alguns aspectos penais controvertidos do Código de Trânsito. *RT* 754/480, ago. 1998.

BITENCOURT, Cezar Roberto. *Erro de tipo e erro de proibição* – Uma análise comparativa. 3. ed. São Paulo: Saraiva, 2003.

BITENCOURT, Cezar Roberto. A exasperação penal nos crimes de furto, roubo e receptação. Reflexões sobre as inovações da Lei 9.426/96. *Ajuris* 72/195.

BITENCOURT, Cezar Roberto. *Teoria geral do delito*. São Paulo: RT, 1997.

BITENCOURT, Cezar Roberto. *Tratado de direito penal* – Parte geral. 8. ed. São Paulo: Saraiva, 2003.

BITENCOURT, Cezar Roberto. *Tratado de direito penal* – Parte especial. São Paulo: Saraiva, 2003. v. 2, 3.

BITENCOURT, Cezar Roberto; PRADO, Luiz Regis. *Código Penal anotado e legislação complementar*. 2. ed. São Paulo: RT, 1999.

BITENCOURT, Monique von Hertwig, e FERREIRA, Victor José Sebem. A proibição do comércio e consumo de bebidas alcoólicas em locais públicos no dia do pleito. Disponível em: <http://www.tre-sc.gov.br/sj/cjd/doutrinas/monique.htm>.

BITTAR, Carlos Alberto. *Contornos atuais do direito do autor*. 2. ed. Atualização de Eduardo Carlos Bianca Bittar. São Paulo: RT, 1999.

BITTAR, Carlos Alberto. *Direito de autor*. 4. ed. Atual. Eduardo Carlos Bianca Bittar. Rio de Janeiro: Forense Universitária, 2003.

BLASI NETTO, Frederico. *Prescrição penal – Manual prático para entendê-la e calculá-la*. São Paulo: Juarez de Oliveira, 2000.

BLEGER, José. *Psicologia da conduta*. 2. ed. Trad. Emilia de Oliveira Diehl. Porto Alegre: Artes Médicas, 1989.

BOSCARELLI, Marco. *Compendio di diritto penale – Parte generale*. Milano: Giuffrè, 1968.

BOSCHI, José Antonio Paganella; SILVA, Odir Odilon Pinto da. *Comentários à Lei de Execução Penal*. Rio de Janeiro: Aide, 1987.

BOSCHI, José Antonio Paganella. *Das penas e seus critérios de aplicação*. 2. ed. Porto Alegre: Livraria do Advogado, 2002.

BRAGA, Henrique; RAPOSO, Fernando; FIGUEIREDO, Carlos Maurício; FERREIRA, Cláudio, e NÓBREGA, Marcos. *Comentários à Lei de Responsabilidade Fiscal*. 2. ed. São Paulo: RT, 2001.

BRANCO, Vitorino Prata Castelo. *Da defesa nos crimes contra o patrimônio*. São Paulo: Sugestões Literárias, 1965.

BRUNO, Aníbal. *Direito penal* – Parte especial. 2. ed. Rio de Janeiro: Forense, 1972. t. IV.

BRUNO, Aníbal. *Direito penal* – Parte geral. Rio de Janeiro: Forense, 1978. t. I e II.

BRUNO, Aníbal. *Das penas*. Rio de Janeiro: Editora Rio, 1976.

BRUNO, Aníbal. Sobre o tipo no direito penal. *Estudos de direito e processo penal em homenagem a Nélson Hungria*. Rio de Janeiro-São Paulo: Forense, 1962.

BUENO, Paulo Amador Thomas Alves da Cunha. *Crimes na Lei do Parcelamento do Solo Urbano*. São Paulo: Lex Editora, 2006.

BULGARELLI, Waldirio. *Títulos de crédito*. 2. ed. São Paulo: Atlas, 1982.

BUSTOS RAMÍREZ, Juan (org.). *Prevención y teoria de la pena*. Santiago: Editorial Jurídica ConoSur, 1995.

BUSTOS RAMÍREZ, Juan; VALENZUELA BEJAS, Manuel. *Derecho penal latinoamericano comparado. Parte generale*. Buenos Aires: Depalma, 1981. t. I.

CABRAL NETTO, J. Recurso *ex officio*. RT 692/242, jun. 1993.

CAHALI, Yussef Said. *Divórcio e separação*. 4. ed. São Paulo: RT, 1984.

CALLEGARI, André Luís. A imputação objetiva no direito penal. *RT* 764/434, jun. 1999.

CAMARGO, Antonio Luis Chaves. *Culpabilidade e reprovação penal*. Tese para concurso de professor titular da cadeira de Direito Penal da USP, 1993.

CAMARGO, Antonio Luis Chaves. *Imputação objetiva e direito penal brasileiro*. São Paulo: Cultural Paulista, 2001.

CANOTILHO, José Joaquim Gomes. *Direito constitucional*. 6. ed. Coimbra: Almedina, 1995.

CANT, Paul de. O trabalho em benefício da comunidade: uma pena em substituição? *Prestação de serviços à comunidade*. Porto Alegre: Ajuris – Associação dos Juízes do Rio Grande do Sul, 1985.

CARNELUTTI, Francesco. *El problema de la pena*. Trad. Santiago Sentís Melendo. Buenos Aires: Rodamillans, 1999.

CARRARA, Francesco. *Derecho penal*. México: Editorial Pedagógica Iberoamericana, 1995.

CARRARA, Francesco. *Programa do curso de direito criminal* – Parte geral. Trad. José Luiz V. de A. Franceschini e J. R. Prestes Barra. São Paulo: Saraiva, 1956. v. I.

CARRARA, Francesco. *Programa do curso de direito criminal* – Parte geral. Trad. José Luiz V. de A. Franceschini e J. R. Prestes Barra. São Paulo: Saraiva, 1957. v. II.

CARRAZZA, Roque Antonio. *Curso de direito constitucional tributário*. 14. ed. São Paulo: Malheiros, 2000.

CARVALHO, Américo A. Taipa de. *A legítima defesa* – Da fundamentação teorético-normativa e preventivo-geral e especial à redefinição dogmática. Coimbra: Coimbra Editora, 1995.

CARVALHO FILHO, Aloysio. *Comentários ao Código Penal*. 4. ed. Rio de Janeiro: Forense, 1958. v. 4.

CARVALHO FILHO, Luís Francisco. *A prisão*. São Paulo: Publifolha, 2002.

CASOLATO, Roberto Wagner Battochio. *Os crimes contra a administração pública* – Parte 1. São Paulo: CPC, 1998.

CASOLATO, Roberto Wagner Battochio. *Os crimes contra a pessoa no Código Penal* – Parte 1. São Paulo: CPC, 1996.

CASOLATO, Roberto Wagner Battochio. *Os crimes contra a pessoa no Código Penal* – Parte 2. 2. ed. São Paulo: CPC, 1999.

CASTIÑEIRA, Maria T. *El delito continuado*. Barcelona: Bosch, 1977.

CASTRO, Francisco José Viveiros de. *Attentados ao pudor (Estudos sobre as aberrações do instincto sexual)*. 2. ed. Rio de Janeiro: Freitas Bastos, 1932.

CASTRO, Francisco José Viveiros de. *Os delictos contra a honra da mulher*. 3. ed. Rio de Janeiro: Freitas Bastos, 1936.

CASTRO, Francisco José Viveiros de. *Questões de direito penal*. Rio de Janeiro: Jacintho Ribeiro dos Santos, 1900.

CEREZO MIR, José. *Curso de derecho español* – Parte general. 5. ed. Madrid: Tecnos, 1998. v. 1.

CEREZO MIR, José. *Curso de derecho penal español*. 6. ed. Madrid: Tecnos, 1999. v. 2.

CERNICCHIARO, Luiz Vicente, e COSTA JR., Paulo José. *Direito penal na Constituição*. 3. ed. São Paulo: RT, 1995.

CHAVES, Antonio. *Adoção*. Belo Horizonte: Del Rey, 1995.

CHAVES, Antonio. *Direito à vida e ao próprio corpo (intersexualidade, transexualidade, transplantes)*. 2. ed. São Paulo: RT, 1994.

CHIMENTI, Ricardo Cunha. *Direito tributário*. São Paulo: Saraiva, 2000.

CLEMENTE, Miguel, e ESPINOSA, Pablo. *La mente criminal* – Teorías explicativas del delito desde la psicología jurídica. Madrid: Dykinson, 2001.

CLÈVE, Clèmerson Merlin. Contribuições previdenciárias. Não recolhimento. Art. 95, *d*, da Lei 8.212/91. Inconstitucionalidade. *RT* 736/503, fev. 1997.

CLONINGER, Susan C. *Teorias da personalidade*. São Paulo: Martins Fontes, 1999.

CORDOBA RODA, Juan. *Culpabilidad y pena*. Barcelona: Bosch, 1977.

CORRÊA JUNIOR, Alceu, e SHECAIRA, Sérgio Salomão. *Teoria da pena*. São Paulo: RT, 2002.

CORREA, Pedro Ernesto. *El delito continuado*. Buenos Aires: Abeledo-Perrot, 1959.

CORREIA, Eduardo. *Direito criminal*. Coimbra: Almedina, 1997. v. 1.

COSTA, Álvaro Mayrink da. *Direito penal* – Parte especial. 4. ed. Rio de Janeiro: Forense, 1994. v. 2, t. I e II.

COSTA, Álvaro Mayrink da. *Exame criminológico. Doutrina e jurisprudência*. 2. ed. Rio de Janeiro: Forense, 1989.

COSTA, Carlos Adalmyr Condeixa da. *Dolo no tipo* – Teoria da ação finalista no direito penal. Rio de Janeiro: Liber Juris, 1989.

COSTA, Fernando José da. *O falso testemunho*. Rio de Janeiro-São Paulo: Forense Universitária, 2003.

COSTA, José de Faria. *Tentativa e dolo eventual (ou da relevância da negação em direito penal)*. Reimp. Coimbra: Coimbra Editora, 1996.

COSTA, Mário Ottobrini, e SUCENA, Lílian Ottobrini Costa. A eutanásia não é o direito de matar. *RT* 263/25, set. 1957.

COSTA, Tailson Pires. *Penas alternativas* – Reeducação adequada ou estímulo à impunidade? São Paulo: Max Limonad, 1999.

COSTA E SILVA, A. J. da. *Código Penal (Decreto-lei 2.848, de 7 de dezembro de 1940)*. São Paulo: Companhia Editora Nacional, 1943. v. 1.

COSTA E SILVA, A. J. da. *Comentários ao Código Penal brasileiro*. 2. ed. atual. Luiz Fernando da Costa e Silva. São Paulo: Contasa, 1967. v. I.

COSTA JR., J. B. de O., e ALMEIDA JÚNIOR, A. *Lições de medicina legal*. 9. ed. São Paulo: Companhia Editora Nacional, 1971.

COSTA JR., Paulo José da. *Comentários ao Código Penal*. 4. ed. São Paulo: Saraiva, 1996; 7. ed. São Paulo: Saraiva, 2002.

COSTA JR., Paulo José da. *O crime aberrante*. Belo Horizonte: Del Rey, 1996.

COSTA JR., Paulo José da. *Direito penal* – Curso completo. São Paulo: Saraiva, 1999.

COSTA JR., Paulo José da. *Direito penal das licitações*. 2. ed. São Paulo: Saraiva, 2004.

COSTA JR., Paulo José da. *Nexo causal*. 2. ed. São Paulo: Malheiros, 1996.

COSTA JR., Paulo José da; CERNICCHIARO, Luiz Vicente. *Direito penal na Constituição*. 3. ed. São Paulo: RT, 1995.

COSTA JR., Paulo José da; PAGLIARO, Antonio. *Dos crimes contra a Administração Pública*. São Paulo: Malheiros, 1997.

COSTA JR., Paulo José da; QUEIJO, Maria Elizabeth. *Comentários aos crimes do novo Código Nacional de Trânsito*. São Paulo: Saraiva, 1998.

COSTA NETTO, José Carlos. *Direito autoral no Brasil*. São Paulo: FTD, 1998.

CREUS, Carlos. *Introducción a la nueva doctrina penal*. Santa Fé: Rubinzal-Culzoni, 1992.

CROCE, Delton, e CROCE JR., Delton. *Manual de medicina legal*. São Paulo: Saraiva, 1995.

CROCE JR., Delton, e CROCE, Delton. *Manual de medicina legal*. São Paulo: Saraiva, 1995.

CRUZ, Flávio da (coord.); GLOCK, José Osvaldo; HERZMANN; Nélio, TREMEL, Rosângela, e VICCARI JUNIOR, Adauto. *Lei de Responsabilidade Fiscal comentada*. 2. ed. São Paulo: Atlas, 2001.

CUELLO CONTRERAS, Joaquín. *El nuevo derecho penal de menores*. Madrid: Civitas, 2000.

D'ALMEIDA, Luís Duarte; PATRÍCIO, Rui; VILALONGA, José Manuel, e ALMEIDA, Carlota Pizarro de. *Código Penal anotado*. Coimbra: Almedina, 2003.

D'ANDREA, Flavio Fortes. *Desenvolvimento da personalidade*. 15. ed. Rio de Janeiro: Bertrand Brasil, 2001.

DELITALA, Giacomo. *Scritti di diritto penale*. Milano: Giuffrè, 1976. v. 1.

DELMANTO, Celso *et al*. *Código Penal comentado*. 5 ed. Rio de Janeito: Renovar, 2000.

DEL RIO, J. Raimundo. *Derecho penal* – Parte general. Santiago: Editorial Nascimento, 1935. t. II.

DIAS, Jorge de Figueiredo. *Liberdade, culpa, direito penal*. 3. ed. Coimbra: Coimbra Editora, 1995.

DIAS, Jorge de Figueiredo. *O problema da consciência da ilicitude em direito penal*. 5. ed. Coimbra: Coimbra Editora, 2000.

DIAS, Jorge de Figueiredo. *Questões fundamentais do direito penal revisitadas*. São Paulo: RT, 1999.

DIAS, Jorge de Figueiredo. *Temas básicos da doutrina penal* – Sobre os fundamentos da doutrina penal, sobre a doutrina geral do crime. Coimbra: Coimbra Editora, 2001.

DINAMARCO, Cândido Rangel. *Execução civil*. 2. ed. São Paulo: RT, 1987. v. 1.

DINIZ, Maria Helena. *Conflito de normas*. 3. ed. São Paulo: Saraiva, 1998.

DINIZ, Maria Helena. *Dicionário jurídico*. São Paulo: Saraiva, 1998. v. 1 a 4.

DOLCINI, Emilio, e MARINUCCI, Giorgio. *Corso di diritto penale*. 2. ed. Milano: Giuffrè, 1999. v. 1.

DOMINGUEZ, Humberto Barrera. *Delitos contra el patrimonio economico*. Bogotá: Temis, 1963.

DONNA, Edgardo A. *La imputación objetiva*. Buenos Aires: Belgrano, 1997.

DOTTI, René Ariel. Os atentados ao meio ambiente: responsabilidade e sanções penais. *Revista Brasileira de Ciências Criminais* 7/117.

DOTTI, René Ariel. *Bases e alternativas para o sistema de penas*. 2. ed. São Paulo: RT, 1998.

DOTTI, René Ariel. *O incesto*. Curitiba: Guignone, 1976.

DOTTI, René Ariel. Processo penal executório. *RT* 576/309, out. 1993.

DOTTI, René Ariel. Visão geral da medida de segurança. In: SHECAIRA, Sérgio Salomão (org.). *Estudos criminais em homenagem a Evandro Lins e Silva (criminalista do século)*. São Paulo: Método, 2001.

DOTTI, René Ariel; REALE JR., Miguel; ANDREUCCI, Ricardo Antunes, e PITOMBO, Sérgio M. de Moraes. *Penas e medidas de segurança no novo Código*. 2. ed. Rio de Janeiro: Forense, 1987.

DUTRA, Mário Hoeppner Dutra. *O furto e o roubo em face do Código Penal brasileiro*. São Paulo: Max Limonad, 1955.

ENRIQUE EDWARDS, Carlos. *Garantías constitucionales en materia penal*. Buenos Aires: Astrea, 1996.

ESBEC RODRÍGUEZ, Enrique, e GÓMEZ-JARABO, Gregorio. *Psicología forense y tratamiento jurídico-legal de la discapacidad*. Madrid: Edisofer, 2000.

ESTEFAM, André. *Direito penal*, v. 1. São Paulo: Saraiva, 2010.

FARHAT, Alfredo. *Do infanticídio*. São Paulo: RT, 1956.

FÁVERO, Flamínio. *Medicina legal*. 7. ed. São Paulo: Martins Fontes, 1962. v. 3.

FEDELI, Mario. *Temperamento. Caráter. Personalidade. Ponto de vista médico e psicológico*. Trad. José Maria de Almeida. São Paulo: Paulus, 1997.

FERNANDES, Antônio Scarance; MARQUES, Oswaldo Henrique Duek. Estupro – Enfoque vitimológico. *RT* 653/265.

FERNANDES, Antônio Scarance. *La víctima en el proceso penal* – Su régimen legal em Argentina, Bolivia, Brasil, Chile, Paraguay, Uruguay. Buenos Aires: Depalma, 1997.

FERRAJOLI, Luigi. *Direito e razão* – Teoria do garantismo penal. Trad. Ana Paula Zommer Sica, Fauzi Hassan Choukr, Juarez Tavares e Luiz Flávio Gomes. São Paulo: RT, 2002.

FERRAZ, Esther de Figueiredo. *A codelinquência no direito penal brasileiro*. São Paulo: José Bushatsky, 1976.

FERRAZ, Esther de Figueiredo. *Os delitos qualificados pelo resultado no regime do Código Penal de 1940*. Dissertação de livre docência. São Paulo: Universidade de São Paulo, 1948. 139 p.

FERRÉ OLIVÉ, Juan Carlos; GARCÍA RIVAS, Nicólas; SERRANO PIEDECASAS, José Ramón; GÓMEZ DE LA TORRE, Ignacio Berdugo, e ARROYO ZAPATERO, Luis. *Lecciones de derecho penal* – Parte general. 2. ed. Madrid: La Ley, 1999.

FERREIRA, Amadeu. *Homicídio privilegiado*. 3. reimp. Coimbra: Almedina, 2000.

FERREIRA, Cláudio; FIGUEIREDO, Carlos Maurício; RAPOSO, Fernando; BRAGA, Henrique, e NÓBREGA, Marcos. *Comentários à Lei de Responsabilidade Fiscal*. 2. ed. São Paulo: RT, 2001.

FERREIRA, Ivette Senise. *O aborto legal*. Tese de doutoramento. São Paulo: Universidade de São Paulo, 1982.

FERREIRA, Manuel Cavaleiro de. *Direito penal português* – Parte geral. 2. ed. Lisboa: Editorial Verbo, 1982. v. 1.

FERREIRA, Victor José Sebem, e BITENCOURT, Monique von Hertwig. *A proibição do comércio e consumo de bebidas alcoólicas em locais públicos no dia do pleito*. Disponível em: <http://www.tre-sc.gov.br/sj/cjd/doutrinas/monique.htm>.

FERREIRA FILHO, Manoel Gonçalves. *Comentários à Constituição brasileira de 1988*. 2. ed. São Paulo: Saraiva, 1997. v. 1.

FIGUEIREDO, Carlos Maurício; FERREIRA, Cláudio; RAPOSO, Fernando; BRAGA, Henrique, e NÓBREGA, Marcos. *Comentários à Lei de Responsabilidade Fiscal*. 2. ed. São Paulo: RT, 2001.

FIORE, C. *Diritto penale* – Parte generale. Torino: Utet, 1999. v. 1.

FONTÁN BALESTRA, Carlos. *Tratado de derecho penal*. 2. ed. Buenos Aires: Abeledo-Perrot, 1992. t. III.

FOUCAULT, Michel. *Vigiar e punir* – Nascimento da prisão. 25. ed. Trad. Raquel Ramalhete. Petrópolis: Vozes, 2002.

FRADIMAN, James e FRAGER Robert. *Teorias da personalidade*. São Paulo: Harbra, 2002.

FRAGOSO, Heleno Cláudio. Alternativas da pena privativa da liberdade. *Revista de Direito Penal*, n. 29, Rio de Janeiro: Forense, jan.-jul. 1980.

FRAGOSO, Heleno Cláudio. *Conduta punível*. São Paulo: Bushatsky, 1963.

FRAGOSO, Heleno Cláudio. *Lições de direito penal* – Parte especial. Rio de Janeiro: Forense, 1958. v. 1 e 2; 1959. v. 3 e 4.

FRAGOSO, Heleno Cláudio. *Lições de direito penal* – Parte geral. 15. ed. Rio de Janeiro: Forense, 1994.

FRAGOSO, Heleno Cláudio. Pressupostos do crime e condições objetivas de punibilidade. *Estudos de direito e processo penal em homenagem a Nélson Hungria*. Rio de Janeiro-São Paulo: Forense, 1962.

FRANÇA, Rubens Limongi. O conceito de morte, diante do direito ao transplante e do direito hereditário. *RT* 717/ 65.

FRANCO, Alberto Silva. Aborto por indicação eugênica. *RJTJSP* 132/9.

FRANCO, Alberto Silva. *Crimes hediondos*. 3. ed. São Paulo: RT, 1994.

FRANCO, Alberto Silva *et al. Código Penal e sua interpretação jurisprudencial*. 5. ed. São Paulo: RT, 1995.

FRANCO, Alberto Silva; STOCO, Rui, e MARREY, Adriano. *Teoria e prática do júri*. 6. ed. São Paulo: RT, 1997.

FREITAS, Gilberto Passos de, e FREITAS, Vladimir Passos de. *Abuso de autoridade*. 5. ed. São Paulo: RT, 1993.

FREITAS, Vladimir Passos de. O crime ambiental e a pessoa jurídica. *Revista da Associação dos Magistrados Brasileiros*, n. 6, 1.º semestre 1999.

FREITAS, Vladimir Passos de; FREITAS, Gilberto Passos de. *Abuso de autoridade*. 5. ed. São Paulo: RT, 1993.

FREITAS, Vladimir Passos de (org.). *Direito previdenciário – Aspectos materiais, processuais e penais*. 2. ed. Porto Alegre: Livraria do Advogado, 1999.

FREUD, Sigmund. *Artigos sobre hipnotismo e sugestão* – A psicoterapia da histeria. Trad. José Luís Meurer e Christiano Monteiro Oiticica. Rio de Janeiro: Imago, 1998.

FRISCH, Wolfgang; ROXIN, Claus; JAKOBS, Günther; SCHÜNEMANN, Bernd, e KÖHLER, Michael. *Sobre el estado de la teoria del delito (Seminario en la Universitat Pompeu Fabra)*. Madrid: Civitas, 2000.

GALLO, Marcello. *Il concetto unitário di colpevolezza*. Milano: Giuffrè, 1951.

GAMA, Guilherme Calmon Nogueira. *A família no direito penal*. Rio de Janeiro-São Paulo: Renovar, 2000.

GARCÍA ARÁN, Mercedes; MUÑOZ CONDE, Francisco. Dos crimes contra a administração pública. *Revista Forense*, nov. 1944.

GARCÍA ARÁN, Mercedes. Crimes patrimoniais entre cônjuges e parentes. *Revista Forense*, v. 143, 1952.

GARCÍA ARÁN, Mercedes. *Derecho penal* – Parte general. 3. ed. Valencia: Tirant Lo Blanch, 1998.

GARCÍA ARÁN, Mercedes. *Fundamentos y aplicación de penas y medidas de seguridad en el Código Penal de 1995*. Pamplona: Aranzadi, 1997.

GARCIA, Basileu. *Instituições de direito penal*. 5. ed. São Paulo: Max Limonad, 1980. v. 1, t. I, e 2.

GARCIA, Basileu. Dos crimes contra a administração pública. *Revista Forense*, nov. 1944.

GARCÍA RIVAS, Nicólas; SERRANO PIEDECASAS, José Ramón; GÓMEZ DE LA TORRE, Ignacio Berdugo; ARROYO ZAPATERO, Luis, e FERRÉ OLIVÉ, Juan Carlos. *Lecciones de derecho penal – Parte general*. 2. ed. Madrid: La Ley, 1999.

GARCIA, Waléria Garcelan Loma. *Arrependimento posterior*. Belo Horizonte: Del Rey, 1997.

GATTAZ, Wagner F. Violência e doença mental: fato ou ficção? *Folha de S.Paulo*, 7 nov. 1999, 3.º Caderno, p. 2.

GIACOMOLLI, Nereu José. Função garantista do princípio da legalidade. *RT* 778/476.

GLOCK, José Osvaldo; CRUZ, Flávio da (coord.); HERZMANN, Nélio; TREMEL, Rosângela, e VICCARI JUNIOR, Adauto. *Lei de Responsabilidade Fiscal comentada*. 2. ed. São Paulo: Atlas, 2001.

GOGLIANO, Daisy. Morte encefálica. *Revista de Direito Civil*, v. 63-64, ano 17, jan.-mar. 1993.

GOGLIANO, Daisy. Pacientes terminais – Morte encefálica. *Revista do Curso de Direito da Universidade Federal de Uberlândia*, v. 23, n. 1-2, dez. 1994.

GOMES, Geraldo. *Engenharia genética – Deontologia – Clonagem*. São Paulo: Oliveira Mendes, 1998.

GOMES, Luiz Flávio. *Direito penal – Parte geral – Introdução*. 2. ed. São Paulo: RT, 2004.

GOMES, Luiz Flávio. *Erro de tipo e erro de proibição*. 3. ed. São Paulo: RT, 1996.

GOMES, Luiz Flávio. A lei formal como fonte única do direito penal (incriminador). *RT* 656/257, jun. 1990.

GOMES, Luiz Flávio; BIANCHINI, Alice. *Crimes de responsabilidade fiscal – Lei 10.028/2000*: crimes contra as finanças públicas, crimes de responsabilidade fiscal de prefeitos, legislação na íntegra (Lei 10.028 e LC 101/2000). São Paulo: RT, 2001 (Série *As Ciências Criminais no Século XXI*, v. 2.).

GOMES, Luiz Flávio. *Princípio da insignificância e outras excludentes de tipicidade*. São Paulo: RT, 2009.

GOMES, Luiz Flávio; MAZZUOLI, Valerio de Oliveira. *Comentários à Convenção Americana sobre Direitos Humanos – Pacto de San José da Costa Rica*, 2. ed. São Paulo: RT, 2009.

GOMES, Mariângela Gama de Magalhães. *O princípio da proporcionalidade no direito penal*. São Paulo: RT, 2003.

GOMEZ, Eusebio. *Tratado de derecho penal*. Buenos Aires: Compañia Argentina de Editores, 1939. t. I.

GÓMEZ DE LA TORRE, Ignacio Berdugo; ARROYO ZAPATERO, Luis; FERRÉ OLIVÉ, Juan Carlos; GARCÍA RIVAS, Nicólas, e SERRANO PIEDECASAS, José Ramón. *Lecciones de derecho penal – Parte general*. 2. ed. Madrid: La Ley, 1999.

GÓMEZ-JARABO, Gregorio, e ESBEC RODRÍGUEZ, Enrique. *Psicología forense y tratamiento jurídico-legal de la discapacidad*. Madrid: Edisofer, 2000.

GONÇALVES, Luiz Carlos dos Santos, e GUILHERME, Walter de Almeida. *Controle de constitucionalidade*. São Paulo: CPC, 2004.

GONÇALVES, M. Maia. *Código Penal português anotado e comentado e legislação complementar*. 11. ed. Coimbra: Almedina, 1997.

GONÇALVES, Odonel Urbano. *Seguridade social comentada*. São Paulo: LTr, 1997.

GONZAGA, João Bernardino. Crimes comissivos por omissão. *Estudos de direito e processo penal em homenagem a Nélson Hungria*. Rio de Janeiro-São Paulo: Forense, 1962.

GONZAGA, João Bernardino. *O direito penal indígena. À época do descobrimento do Brasil*. São Paulo: Max Limonad: 1972.

GOTI, Jaime E. Malamud. *Legitima defensa y estado de necesidad*. Buenos Aires: Cooperadora de derecho y ciências sociales, 1977.

GRECO, Alessandra Orcesi Pedro. *A autocolocação da vítima em risco*. São Paulo: RT, 2004.

GRECO, Rogério. *Curso de direito penal* – Parte geral. Rio de Janeiro: Impetus, 2002.

GRECO FILHO, Vicente. *Manual de processo penal*. São Paulo: Saraiva, 1991.

GRECO FILHO, Vicente. *Tóxicos – Prevenção – Repressão*. 9. ed. São Paulo: Saraiva, 1993.

GRECO FILHO, Vicente. *Tutela constitucional das liberdades*. São Paulo: Saraiva, 1989.

GRISOLIA, Giovanni. *Il reato permanente*. Padova: CEDAM, 1996.

GUADAGNO, Gennaro. *Manuale di diritto penale* – Parte generale. 2. ed. Roma: Casa Editrice Stamperia Nazionale, 1967.

GUILHERME, Walter de Almeida, e GONÇALVES, Luiz Carlos dos Santos. *Controle de constitucionalidade*. São Paulo: CPC, 2004.

GUSMÃO, Chrysolito de. *Dos crimes sexuais. Estupro, atentado violento ao pudor, sedução e corrupção de menores*. 4. ed. Rio de Janeiro-São Paulo: Freitas Bastos, 1954.

HASSEMER, Winfried, e MUÑOZ CONDE, Francisco. *Introducción a la criminología y al derecho penal*. Valencia: Tirant Lo Blanch, 1989.

HERNANDEZ, César Camargo. *El delito continuado*. Barcelona: Bosch, 1951.

HERZMANN, Nélio; CRUZ, Flávio da (coord.); GLOCK, José Osvaldo; TREMEL, Rosângela, e VICCARI JUNIOR, Adauto. *Lei de Responsabilidade Fiscal comentada*. 2. ed. São Paulo: Atlas, 2001.

HIGUERA GUIMERA, Juan Felipe. *Las excusas absolutorias*. Madrid: Marcial Pons, 1993.

HORVATH, Estevão, e OLIVEIRA, Régis Fernandes de. *Manual de direito financeiro*. 3. ed. São Paulo: RT, 2000.

HUÉLAMO BUENDÍA, Antonio Jesús, e POLO RODRÍGUEZ, José Javier. *La nueva ley penal del menor*. Madrid: Colex, 2000.

HUNGRIA, Nélson. *Comentários ao Código Penal*. Rio de Janeiro: Forense, 1958. v. 1, t. I e II, 2, 5, 6, 7.

HUNGRIA, Nélson. *Comentários ao Código Penal*. Rio de Janeiro: Forense, 1959. v. 3, 8, 9.

HUNGRIA, Nélson. *Comentários ao Código Penal*. 5. ed. Rio de Janeiro: Forense, 1979. v. 5.

HUNGRIA, Nélson. Concurso de infrações penais. *Revista Forense* 193/16, jan.-fev. 1961.

HUNGRIA, Nélson. *A legitima defesa putativa*. Rio de Janeiro: Livraria Jacintho, 1936.

HUNGRIA, Nélson. Ortotanásia ou eutanásia por omissão. *RT* 221/14, mar. 1954.

HUNGRIA, Nélson; LYRA, Roberto. *Direito penal* – Parte geral. Rio de Janeiro: Livraria Jacintho, 1938.

ISOLDI FILHO, Carlos Alberto da Silveira. Exame criminológico, parecer da CTC e a nova Lei 10.792/2003. *Informe – Boletim do Sindicato dos Promotores e Procuradores de Justiça do Estado de Minas Gerais*, n. 21, fev. 2004.

ITAGIBA, Ivair Nogueira. *Do homicídio*. Rio: Forense, 1945.

JAKOBS, Günther. *Derecho penal del enemigo*. Trad. Manuel Cancio Meliá. Madrid: Thompson-Civitas, 2003.

JAKOBS, Günther. *Derecho penal – Parte general – Fundamentos y teoría de la imputación*. 2. ed. Trad. Cuello Contreras e Gonzalez de Murillo. Madrid: Marcial Pons, 1997.

JAKOBS, Günther. *Fundamentos do direito penal*. Trad. André Luís Callegari. São Paulo: RT, 2003.

JAKOBS, Günther. *La imputación objetiva en derecho penal*. Trad. Manuel Cancio Meliá. Madrid: Civitas, 1999.

JAKOBS, Günther; FRISCH, Wolfgang; ROXIN, Claus; SCHÜNEMANN, Bernd, e KÖHLER, Michael. *Sobre el estado de la teoria del delito (Seminario en la Universitat Pompeu Fabra)*. Madrid: Civitas, 2000.

JESCHECK, Hans-Heinrich. *Tratado de derecho penal* – Parte general. Trad. Mir Puig e Muñoz Conde. Barcelona: Bosch, 1981.

JESUS, Damásio Evangelista de. *Adendo especial aos comentários à Lei de Responsabilidade Fiscal*. In: MARTINS, Ives Gandra da Silva e NASCIMENTO, Carlos Valder do (org.). São Paulo: Saraiva, 2001.

JESUS, Damásio Evangelista de. *Código Penal anotado*. 9. ed. São Paulo: Saraiva, 1999.

JESUS, Damásio Evangelista de. *Imputação objetiva*. São Paulo: Saraiva, 2000.

JESUS, Damásio Evangelista de. *Questões criminais*. 3. ed. São Paulo: Saraiva, 1986.

JIMÉNEZ DE ASÚA, Luis. *Lecciones de derecho penal*. Mexico: Editorial Pedagógica Iberoamericana, 1995.

JIMÉNEZ DE ASÚA, Luis. *Principios de derecho penal* – La ley y el delito. Buenos Aires: Abeledo-Perrot, 1997.

JIMÉNEZ DE ASÚA, Luis. *Tratado de derecho penal*. 2. ed. Buenos Aires: Losada, 1950. t. II.

JUSTEN FILHO, Marçal. *Comentários à Lei de Licitações e Contratos Administrativos*. 11. ed. São Paulo: Dialética, 2005.

KÖHLER, Michael; FRISCH, Wolfgang; ROXIN, Claus; JAKOBS, Günther, e SCHÜNEMANN, Bernd. *Sobre el estado de la teoria del delito (Seminario en la Universitat Pompeu Fabra)*. Madrid: Civitas, 2000.

LA MEDICA, Vincenzo. *O direito de defesa*. Trad. Fernando de Miranda. São Paulo: Saraiva, 1942.

LAFER, Celso. Racismo – o STF e o caso Ellwanger. *O Estado de S.Paulo*, 20.07.2003, Espaço Aberto, p. A2.

LAFER, Celso. O STF e o racismo: o caso Ellwanger. *Folha de S.Paulo*, 30.03.2004, Tendências e Debates, p. A3.

LEITE SANTOS, Maria Celeste Cordeiro. *Morte encefálica e a lei dos transplantes de órgãos. São Paulo: Juarez de Oliveira, 1999.*

LEONE, Giovanni. *Del reato abituale, continuato e permanente*. Napoli: Jovene, 1933.

LEVENE, Ricardo. *El delito de homicídio.*

LIMA, Carolina Alves de Souza. *Aborto e anencefalia. Direitos fundamentais em colisão*. Curitiba: Juruá, 2009.

LINHARES, Marcello Jardim. *Coautoria (o concurso de pessoas do art. 29 da nova Parte Geral do Código Penal).*

LINHARES, Marcello Jardim. *Direito penal aplicado*. São Paulo: Sugestões Literárias, 1977.

LINHARES, Marcello Jardim. *Direito penal aplicado*. 3. ed. Rio de Janeiro: Aide, 1987.

LINHARES, Marcello Jardim. *Estrito cumprimento de dever legal. Exercício regular de direito*. Rio de Janeiro: Forense, 1983.

LINHARES, Marcello Jardim. *Legítima defesa*. 4. ed. São Paulo-Rio de Janeiro: Saraiva-Forense, 1994.

LONGFORD, Lord. *Punishment and the punished*. London: Chapmans, 1991.

LOBÃO, Célio. *Comentários ao Código Penal Militar* – Parte Geral. Rio de Janeiro: Forense, 2011. v. 1,

LOPES, Jair Leonardo. *Curso de direito penal* – Parte geral. 2. ed. São Paulo: RT, 1996.

LOUREIRO NETO, José da Silva. *Embriaguez delituosa*. São Paulo: Saraiva, 1990.

LOUREIRO NETO, José da Silva. *Direito Penal Militar*. 5. ed. São Paulo: Atlas, 2010.

LOZANO, Carlos Blanco. *Derecho penal* – Parte general. Madrid: La Ley, 2003.

LUISI, Luiz. Um novo conceito de legalidade penal. *Ajuris* Especial, jul. 1999, p. 110-117.

LUISI, Luiz. *Os princípios constitucionais penais*. Porto Alegre: Sérgio Antonio Fabris Editor, 1991.

LYRA, Roberto. *Comentários ao Código Penal*. 2. ed. Rio de Janeiro: Forense, 1955. v. 2.

LYRA, Roberto. *Criminologia*. Rio de Janeiro: Forense, 1964.

LYRA, Roberto; HUNGRIA, Nelson. *Direito penal* – Parte geral. Rio de Janeiro: Livraria Jacintho, 1938.

MACHADO, Raul. *A culpa no direito penal*. 2. ed. São Paulo: Universal, 1943.

MAGGIORE, Giuseppe. *Derecho penal*. Bogotá: Temis, 1954. v. 1.

MALULY, Jorge Assaf. *Denunciação caluniosa* – A acusação falsa de crimes ou atos de improbidade (comentários atualizados conforme a Lei 10.028, de 19.10.2000). Rio de Janeiro: Aide, 2001.

MANTOVANI, Ferrando. *Diritto penale* – Parte speciale. Padova: Cedam, 1989.

MANZINI, Vincenzo. *Trattato di diritto penale italiano*. 5. ed. Atual. P. Nuvolone e G. D. Pisapia. Torino: Torinese, 1981.

MARANHÃO, Odon Ramos. *Curso básico de medicina legal*. 3. ed. São Paulo: RT, 1984.

MARINUCCI, Giorgio, e DOLCINI, Emilio. *Corso di diritto penale*. 2. ed. Milano: Giuffrè, 1999. v. 1.

MARQUES, José Frederico. *Elementos de direito processual penal*. Atual. Victor Hugo Machado da Silveira. Campinas: Bookseller, 1997. v. 1 e 4.

MARQUES, José Frederico. Os princípios constitucionais da justiça penal. *Revista Forense* 182/20, mar.-abr. 1959.

MARQUES, José Frederico. *Tratado de direito penal*. Atual. Antonio Cláudio Mariz de Oliveira, Guilherme de Souza Nucci e Sérgio Eduardo Mendonça Alvarenga. Campinas: Bookseller, 1997. v. 1 e 2.

MARQUES, José Frederico. *Tratado de direito penal*. Atual. Antonio Cláudio Mariz de Oliveira, Guilherme de Souza Nucci e Sérgio Eduardo Mendonça Alvarenga. Campinas: Millenium, 1999. v. 3 e 4.

MARQUES, Oswaldo Henrique Duek. Crimes culposos no novo Código de Trânsito. *Revista da Associação Paulista do Ministério Público* 14/23, jan. 1998.

MARQUES, Oswaldo Henrique Duek. *Fundamentos da pena*. São Paulo: Juarez de Oliveira, 2000.

MARQUES, Oswaldo Henrique Duek. *A pena capital e o direito à vida*. São Paulo: Juarez de Oliveira, 2000.

MARQUES, Oswaldo Henrique Duek; FERNANDES, Antônio Scarance. Estupro – Enfoque vitimológico. *RT* 653/265.

MARREY, Adriano; FRANCO, Alberto Silva, e STOCO, Rui. *Teoria e prática do júri*. 6. ed. São Paulo: RT, 1997.

MARREY NETO, José Adriano. *Transplante de órgãos* – Disposições penais. São Paulo: Saraiva, 1995.

MARRONE, José Marcos. *Delitos de trânsito* – Aspectos penais e processuais do Código de Trânsito brasileiro. São Paulo: Atlas, 1998.

MARSICH, Piero. *Il delitto di falsa testimonianza*. Padova: Cedam, 1929.

MARSICO, Alfredo de. *Delitti contro il patrimonio*. Napoli: Jovene, 1951.

MARSICO, Alfredo de. *Diritto penale* – Parte generale. Napoli: Jovene, 1937.

MARTINEZ ESCAMILLA, Margarita. *La suspensión e intervención de las comunicaciones del preso*. Madrid: Tecnos, 2000.

MARTINS, Ives Gandra da Silva; NASCIMENTO, Carlos Valder do (org.). *Comentários à Lei de Responsabilidade Fiscal*. São Paulo: Saraiva, 2001.

MARTINS, Ives Gandra da Silva; BASTOS, Celso. *Comentários à Constituição do Brasil*. São Paulo: Saraiva, 1988. v. 1

MARTINS, José Salgado. *Direito penal* – Introdução e parte geral. São Paulo: Saraiva, 1974.

MARUOTTI, Luigi, e SANTANIELLO, Giuseppe. *Manuale di diritto penale* – Parte generale. Milano: Giuffrè, 1990.

MARZAGÃO JR., Laerte I. *Assédio sexual e seu tratamento no direito penal*. São Paulo: Quartier Latin, 2006.

MASSUD, Leonardo. *Da pena e sua fixação. Finalidades, circunstâncias judiciais e apontamentos para o fim do mínimo legal*. São Paulo: DPJ Editora, 2009.

MAURACH, Reinhart, e ZIPF, Heinz. *Derecho penal* – Parte general. Buenos Aires: Astrea, 1994. v. 1.

MEDICA, Vincenzo La. *O direito de defesa*. Trad. Fernando de Miranda. São Paulo: Saraiva, 1942.

MÉDICI, Sérgio de Oliveira. Penalistas podem socorro ao direito civil. *Boletim do IBCCRIM*, n. 73, dez. 1998, p. 6.

MÉDICI, Sérgio de Oliveira. *Teoria dos tipos penais* – Parte especial do direito penal. São Paulo: RT, 2004.

MEDINA, Avelino. *Distúrbios da consciência: coma*. Rio de Janeiro: Cultura Médica, 1984.

MEHMERI, Adilson. *Noções básicas de direito penal* – Curso completo. São Paulo: Saraiva, 2000.

MEIRELLES, Hely Lopes. *Direito municipal brasileiro*. 7. ed. Atual. Izabel Camargo Lopes Monteiro e Yara Darcy Police Monteiro. São Paulo: Malheiros, 1994.

MELLO, Dirceu de. *Aspectos penais do cheque*. São Paulo: RT, 1976.

MENEZES, Marco Antônio, e ARAÚJO, Cláudio Th. Leotta de. Em defesa do exame criminológico. *Boletim do IBCCRIM*, n. 129, ago. 2003, p. 3.

MESTIERI, João. *Do delito de estupro*. São Paulo: RT, 1982.

MEZGER, Edmundo. *Tratado de derecho penal*. Madri: Revista de Derecho Privado, 1955. t. I.

MIRABETE, Julio Fabbrini. *Código Penal interpretado*. São Paulo: Atlas, 1999.

MIRABETE, Julio Fabbrini. Crimes de trânsito têm normas gerais específicas. *A Força Policial*, n. 17, jan.-fev.-mar. 1998.

MIRABETE, Julio Fabbrini. *Execução penal*. São Paulo: Atlas, 1996.

MIRABETE, Julio Fabbrini. *Manual de direito penal*. 8. ed. São Paulo: Atlas, 1994. v. 2.

MIRABETE, Julio Fabbrini. *Manual de direito penal*. 7. ed. São Paulo: Atlas, 1994. v. 3.

MIRABETE, Julio Fabbrini. *Manual de direito penal* – Parte geral. 11. ed. São Paulo: Atlas, 1996. v. 1.

MONTEIRO, Antonio Lopes. *Crimes contra a Previdência Social*. São Paulo: Saraiva, 2000.

MORAES, Alexandre de. *Constituição do Brasil interpretada e legislação constitucional*. São Paulo: Atlas, 2002.

MORAES, Alexandre de. *Direito constitucional*. 7. ed. São Paulo: Atlas, 2000.

MORAES, Alexandre de. Imunidades parlamentares. *RT* 742/81, ago. 1997.

MORAES, Alexandre Rocha Almeida de. *Direito penal do inimigo – a terceira velocidade do direito penal*. Curitiba: Juruá, 2008.

MORAES, Flavio Queiroz de. *Delito de rixa*. São Paulo: Saraiva.

MORAES, Flavio Queiroz de. *Denunciação caluniosa (problemas que suscita no Código Penal vigente)*. São Paulo: Saraiva, 1944.

MORAES, Flavio Queiroz de. *Derecho penal* – Parte general. 3. ed. Valencia: Tirant Lo Blanch, 1998.

MORAES, Flavio Queiroz de; HASSEMER, Winfried. *Introducción a la criminología y al derecho penal*. Valencia: Tirant Lo Blanch, 1989.

MUNHOZ NETO, Alcides. Causas de exclusão da culpabilidade. *Anais do Ciclo de Conferências sobre o Novo Código Penal*. São Paulo: Associação dos Advogados de São Paulo, 1972.

MUÑOZ CONDE, Francisco, e GARCÍA ARÁN, Mercedes. *Derecho penal* – Parte especial. 12. ed. Valencia: Tirant Lo Blanch, 1999.

NAHUM, Marco Antonio R. *Inexigibilidade de conduta diversa. Causa supralegal. Excludente de culpabilidade*. São Paulo: RT, 2001.

NASCIMENTO, Carlos Valder do, e MARTINS, Ives Gandra da Silva (org.). *Comentários à Lei de Responsabilidade Fiscal*. São Paulo: Saraiva, 2001.

NASCIMENTO, Walter Vieira do. *A embriaguez e outras questões penais. Doutrina, legislação, jurisprudência*. 2. ed. Rio de Janeiro: Forense, 1990.

NICÁS, Nuria Castelló. *El concurso de normas penales*. Granada: Editorial Comares, 2000.

NÓBREGA, Marcos; BRAGA, Henrique; RAPOSO, Fernando; FIGUEIREDO, Carlos Maurício, e FERREIRA, Cláudio. *Comentários à Lei de Responsabilidade Fiscal*. 2. ed. São Paulo: RT, 2001.

NOGUEIRA, Carlos Frederico Coelho. Efeitos da condenação, reabilitação e medidas de segurança. *Curso sobre a reforma penal* (coord. Damásio E. de Jesus). São Paulo: Saraiva, 1985.

NOGUEIRA, J. C. Ataliba. *Medidas de segurança*. São Paulo: Saraiva, 1937.

NORONHA, E. Magalhães. *Do crime culposo*. São Paulo: Saraiva, 1957.

NORONHA, E. Magalhães. *Direito penal.* 32. ed. Atual. Adalberto José Q. T. de Camargo Aranha. São Paulo: Saraiva, 1997. v. 1.

NORONHA, E. Magalhães. *Direito penal.* 28. ed. Atual. Adalberto José Q. T. de Camargo Aranha. São Paulo: Saraiva, 1996. v. 2.

NORONHA, E. Magalhães. *Direito penal.* 22. ed. Atual. Adalberto José Q. T. de Camargo Aranha. São Paulo: Saraiva, 1995. v. 3.

NORONHA, E. Magalhães. *Direito penal.* 20. ed. Atual. Adalberto José Q. T. de Camargo Aranha. São Paulo: Saraiva, 1995. v. 4.

NORONHA, E. Magalhães. Questões acerca da tentativa. *Estudos de direito e processo penal em homenagem a Nélson Hungria.* Rio de Janeiro-São Paulo: Forense, 1962.

NOVOA MONREAL, Eduardo. *Causalismo y finalismo en derecho penal.* 2. ed. Bogotá: Temis, 1982.

NUCCI, Guilherme de Souza. *Curso de Direito Penal. Parte Geral.* 7 ed. Rio de Janeiro: Forense, 2023. v. 1.

NUCCI, Guilherme de Souza. *Curso de Direito Penal. Parte Especial.* 7 ed. Rio de Janeiro: Forense, 2023. v. 2.

NUCCI, Guilherme de Souza. *Curso de Direito Penal. Parte Especial.* 7 ed. Rio de Janeiro: Forense, 2023. v. 3.

NUCCI, Guilherme de Souza. *Código Penal comentado.* 23. ed. Rio de Janeiro: Forense, 2023.

NUCCI, Guilherme de Souza. *Manual de direito penal.* 19. ed. Rio de Janeiro: Forense, 2023.

NUCCI, Guilherme de Souza. *Crimes contra a Dignidade Sexual – comentários à Lei 12.015, de 7 agosto de 2009.* São Paulo: RT, 2009.

NUCCI, Guilherme de Souza. *Leis penais e processuais penais comentadas.* 15. ed. Rio de Janeiro: Forense, 2023. v. 1 e 2.

NUCCI, Guilherme de Souza. *Individualização da pena.* 8. ed. São Paulo: RT, 2022.

NUCCI, Guilherme de Souza. *Código de Processo Penal Militar comentado.* 4. ed. Rio de Janeiro: Forense, 2021.

NUCCI, Guilherme de Souza. *O valor da confissão como meio de prova no processo penal. Com comentários à Lei de Tortura. 2. ed.* São Paulo: RT, 1999.

NUNES, Clayton Alfredo. *Execução penal: o cálculo para benefícios (crime comum x crime hediondo). Boletim do IBCCRIM,* n 83, p. 4.

NUNES JÚNIOR, Vidal Serrano, e ARAUJO, Luiz Alberto David. *Curso de direito constitucional.* 3. ed. São Paulo: Saraiva, 1999.

OLIVEIRA, Ana Sofia Schmidt de. *A vítima e o direito penal.* São Paulo: RT, 1999.

OLIVEIRA, Guilherme Percival. *Estados afetivos e imputabilidade penal.* São Paulo: RT, 1958.

OLIVEIRA, Regis Fernandes de. *Responsabilidade fiscal.* São Paulo: RT, 2001.

OLIVEIRA NETO, Olavo de. *Comentários à Lei das Contravenções Penais.* São Paulo: RT, 1994.

OLIVEIRA NETO, Olavo de; HORVATH, Estevão. *Manual de direito financeiro.* 3. ed. São Paulo: RT, 2000.

PADOVANI, Tullio. *Diritto penale.* 5. ed. Milano: Giuffrè, 1999.

PAGLIARO, Antonio, e COSTA JR., Paulo José da. *Dos crimes contra a administração pública.* São Paulo: Malheiros, 1997.

PALMA, João Augusto da. *Código Penal aplicado ao trabalho.* São Paulo: LTr, 2000.

PALOTTI JUNIOR, Osvaldo. *Aspectos principais do princípio da legalidade em direito penal.* Dissertação de mestrado, Pontifícia Universidade Católica de São Paulo, 1998.

PALOTTI JUNIOR, Osvaldo. *Direito penal* – Parte geral. São Paulo: Atlas, 2000.

PASSETI, Edson, e SILVA, Roberto Baptista Dias da (org). *Conversações Abolicionistas* – Uma crítica do sistema penal e da sociedade punitiva. São Paulo: IBCCrim – PEPG Ciências Sociais PUC/SP, 1997.

PATRÍCIO, Rui; VILALONGA, José Manuel; ALMEIDA, Carlota Pizarro de, e D'ALMEIDA, Luís Duarte. *Código Penal anotado.* Coimbra: Almedina, 2003.

PAVON VASCONCELOS, Francisco. *Manual de derecho penal mexicano* – Parte generale. 2. ed. Mexico: Porrua, 1967.

PEDROSO, Fernando de Almeida. *Direito penal.* São Paulo: Leud, 1993.

PENNA, Antonio Gomes. *Introdução à motivação e emoção.* Rio de Janeiro: Imago, 2001.

PEREIRA, Marcelo Matias. *Sursis profiláctico. Boletim IBCCRIM*, n. 79, jun. 1999.

PESSAGNO, Hernán A. *El delito de desacato.* Buenos Aires: Depalma, 1952.

PETRONE, Marino. *Reato abituale.* Padova: CEDAM, 1999.

PICELI, Eros. *Direito previdenciário e infortunística.* São Paulo: CPC, 1999.

PIERANGELI, José Henrique. *Códigos Penais do Brasil* – Evolução histórica. Bauru: Jalovi, 1980.

PIERANGELI, José Henrique. *O consentimento do ofendido na teoria do delito.* 2. ed. São Paulo: RT, 1995.

PIERANGELI, José Henrique. Desafios dogmáticos da culpabilidade. *RT* 761/445, mar. 1999.

PIERANGELI, José Henrique. *Escritos jurídico-penais.* 2. ed. São Paulo: RT, 1999.

PIERANGELI, José Henrique; ZAFFARONI, Eugenio Raúl. *Manual de direito penal brasileiro* – Parte geral. São Paulo: RT, 1997.

PIERANGELI, José Henrique; ZAFFARONI, Eugenio Raúl. *Da tentativa.* 4. ed. São Paulo: RT, 1995.

PIETRO, Maria Sylvia Zanella Di. *Direito administrativo.* 11. ed. São Paulo: Atlas, 1999.

PIMENTEL, Manoel Pedro. *Crimes de mera conduta.* Tese apresentada à Congregação da Faculdade de Direito da Universidade de São Paulo para o Concurso de Livre-Docência de Direito Penal. São Paulo: 1959.

PIMENTEL, Manoel Pedro. A crise da administração da justiça criminal. *Justitia*, n. 78, 1972.

PIMENTEL, Manoel Pedro. A culpabilidade na dogmática penal moderna. *RJTJSP* 124/19.

PINHEIRO, Geraldo de Faria Lemos. Breves notas sobre a embriaguez ao volante de veículos automotores. *Revista do Advogado* 53/18, out. 1998.

PINHEIRO, Geraldo de Faria Lemos; RIBEIRO, Dorival. *Código Nacional de Trânsito anotado.* São Paulo: Saraiva, 1996.

PINOTTI, José Aristodemo. Anencefalia. *Revista de cultura IMAE*, ano 5, n. 12, jul.-dez. 2004, p. 63.

PINTO FERREIRA. *Comentários à Constituição brasileira.* São Paulo: Saraiva, 1990. v. 2.

PINTO FERREIRA. *Princípios gerais do direito constitucional moderno.* 6. ed. ampl. e atual. São Paulo: Saraiva, 1983. v. 1 e 2.

PINTO FERREIRA. *Teoria geral do Estado.* 3. ed. rev. e ampl. São Paulo: Saraiva, 1975. v. 1 e 2.

PISAPIA, Domenico. *Reato continuato.* Napoli: Jovene, 1938.

PITOMBO, Sérgio Marcos de Moraes. Breves notas sobre a novíssima execução penal das penas e das medidas de segurança. *Reforma penal*. São Paulo: Saraiva, 1985.

PITOMBO, Sérgio Marcos de Moraes. Conceito de mérito, no andamento dos regimes prisionais. *Revista Brasileira de Ciências Criminais*, n. 27, São Paulo, RT, jul.-set. 1999, p. 149.

PITOMBO, Sérgio Marcos de Moraes.Execução penal. *RT* 623/257, set. 1987.

PITOMBO, Sérgio Marcos de Moraes. Os regimes de cumprimento de pena e o exame criminológico. *RT* 583/312, maio 1984.

PITOMBO, Sérgio Marcos de Moraes; ANDREUCCI, Ricardo Antunes; DOTTI, René Ariel, e REALE JR., Miguel. *Penas e medidas de segurança no novo Código*. 2. ed. Rio de Janeiro: Forense, 1987.

POLO RODRÍGUEZ, José Javier, e HUÉLAMO BUENDÍA, Antonio Jesús. *La nueva ley penal del menor*. Madrid: Colex, 2000.

PONTE, Antonio Carlos da. *Falso testemunho no processo*. São Paulo: Atlas, 2000.

PORTO, Antonio Rodrigues. *Da prescrição penal*. 5. ed. São Paulo: RT, 1998.

PRADO, Luiz Regis. *Bem jurídico-penal e Constituição*. 2. ed. São Paulo: RT, 1997.

PRADO, Luiz Regis. *Curso de direito penal brasileiro*. 2. ed. São Paulo: RT, 2002. v. 2, 3, 4.

PRADO, Luiz Regis. *Curso de direito penal brasileiro* – Parte geral. 3. ed. São Paulo: RT, 2002. v. 1.

PRADO, Luiz Regis. *Falso testemunho e falsa perícia*. 2. ed. São Paulo: RT, 1994.

PRADO, Luiz Regis; BITENCOURT, Cezar Roberto. *Código Penal anotado e legislação complementar*. 2. ed. São Paulo: RT, 1999.

PUNZO, Massimo. *Il problema della causalità materiale*. Padova: Cedam, 1951.

QUEIJO, Maria Elizabeth, e COSTA JR., Paulo José da. *Comentários aos crimes do novo Código Nacional de Trânsito*. São Paulo: Saraiva, 1998.

QUEIROZ, Narcelio de. *Teoria da actio libera in causa*. Rio de Janeiro: Livraria Jacintho, 1936.

QUEIROZ, Paulo de Souza. *Do caráter subsidiário do direito penal*. Belo Horizonte: Del Rey, 1998.

QUEIROZ, Paulo de Souza. *Direito penal – parte geral*. São Paulo: Saraiva.

QUEIROZ, Paulo de Souza. A teoria da imputação objetiva. *Boletim do IBCCRIM*, n. 103, jun. 2001, p. 6.

QUINTANO RIPOLLES, Antonio. *Tratado de la parte especial del derecho penal*. 2. ed. Atual. Carlos García Valdés. Madrid: Revista de Derecho Privado, 1977. t. II.

RAMPIONI, Roberto. *Contributo alla teoria del reato permanente*. Padova: CEDAM, 1988.

RANIERI, Silvio. *Manuale di diritto penale* – Parte generale. Padova: CEDAM, 1952. v. 1.

RAPOSO, Fernando; FIGUEIREDO, Carlos Maurício; FERREIRA, Cláudio; BRAGA, Henrique, e NÓBREGA, Marcos. *Comentários à Lei de Responsabilidade Fiscal*. 2. ed. São Paulo: RT, 2001.

REALE JR., Miguel. *Antijuridicidade concreta*. São Paulo: José Bushatsky, 1973.

REALE JR., Miguel. A lei penal do mínimo esforço. *Folha de S.Paulo*, 30 nov. 1998.

REALE JR., Miguel. *Parte geral do Código Penal* – Nova interpretação. São Paulo: RT, 1988.

REALE JR., Miguel. *Problemas penais concretos*. São Paulo: Malheiros, 1997.

REALE JR., Miguel. *Teoria do delito*. São Paulo: RT, 1998.

REALE JR., Miguel; DOTTI, René Ariel; ANDREUCCI, Ricardo Antunes, e PITOMBO, Sérgio M. de Moraes. *Penas e medidas de segurança no novo Código*. 2. ed. Rio de Janeiro: Forense, 1987.

REQUIÃO, Rubens. *Curso de direito comercial*. 13. ed. São Paulo: Saraiva, 1984. v. 2.

REYNOSO DÁVILA, Roberto. *Teoría general del delito*. 2. ed. México: Porrúa, 1995.

REZEK, J. F. *Direito internacional público* – Curso elementar. 6. ed. São Paulo: Saraiva, 1996.

RIBEIRO, Dorival, e PINHEIRO, Geraldo de Faria Lemos. *Código Nacional de Trânsito anotado*. São Paulo: Saraiva, 1996.

RISTORI, Roberta. *Il reato continuato*. Padova: CEDAM, 1988.

ROCHA, Fernando A. N. Galvão. *Direito penal, parte geral*. Rio: Impetus, 2004.

ROCHA, Maria Isabel de Matos. Transplantes de órgãos entre vivos: as mazelas da nova lei. *RT* 742/67, ago. 1997.

RODRIGUES, Anabela Miranda. *A determinação da medida da pena privativa de liberdade*. Coimbra: Coimbra Editora, 1995.

ROMEIRO, Jorge Alberto. *Curso de direito penal militar* – Parte geral. São Paulo: Saraiva, 1994.

ROMEIRO, Jorge Alberto. *Elementos de direito penal e processo penal*. São Paulo: Saraiva, 1978.

ROMEIRO, Jorge Alberto. A noite no direito e no processo penal. *Estudos de direito e processo penal em homenagem a Nélson Hungria*. Rio de Janeiro-São Paulo: Forense, 1962.

ROSA, Antonio José Miguel Feu. Do crime continuado. *RTJE* 33/3, jul.-ago. 1985.

ROSA, Antonio José Miguel Feu. *Direito penal* – Parte geral. 1. ed., 2. tir. São Paulo: RT, 1995.

ROSA, Fábio Bittencourt da. Crimes e seguridade social. *Revista de Informação Legislativa*, n. 130, Brasília, abr.-jun. 1996.

ROSSETTO, Enio Luiz. *Código Penal Militar comentado*. São Paulo: RT, 2012.

ROXIN, Claus. A culpabilidade como critério limitativo da pena. *Revista de Direito Penal,* n. 11-12, jul.-dez. 1973.

ROXIN, Claus. *Derecho penal* – Parte general (Fundamentos. La estructura de la teoria del delito). Trad. Diego-Manuel Luzón Peña, Miguel Díaz y García Conlledo, Javier de Vicente Remesal. Madrid: Civitas, 1999. t. I.

ROXIN, Claus. *La evolución de la política criminal, el derecho penal y el proceso penal*. Valencia: Tirant lo Blanch, 2000.

ROXIN, Claus. *La imputación objetiva en el derecho penal*. Trad. Manuel A. Abanto Vasquez. Lima: Idemsa, 1997.

ROXIN, Claus. *Funcionalismo e imputação objetiva no direito penal*. Trad. Luís Greco. Rio de Janeiro: Renovar, 2002.

ROXIN, Claus. *Problemas fundamentais de direito penal*. 3. ed. Lisboa: Vega, 1998.

ROXIN, Claus. *Teoria del tipo penal* – Tipos abertos y elementos del deber jurídico. Buenos Aires: Depalama, 1979.

ROXIN, Claus; FRISCH, Wolfgang; JAKOBS, Günther; SCHÜNEMANN, Bernd, e KÖHLER, Michael. *Sobre el estado de la teoria del delito (Seminario en la Universitat Pompeu Fabra)*. Madrid: Civitas, 2000.

SABINO JÚNIOR, Vicente. *Direito penal* – Parte geral. São Paulo: Sugestões Literárias, 1967. v. 1 e 2.

SABINO JÚNIOR, Vicente. *Direito penal* – Parte especial. São Paulo: Sugestões Literárias, 1967. v. 3 e 4.

SALLES JUNIOR, Romeu de Almeida. *Homicídio e lesão corporal culposos no Código Penal e no Código de Trânsito Brasileiro*. São Paulo: Oliveira Mendes, 1998.

SAMPAIO, Rogério Marrone de Castro. *Direito civil* – Contratos. São Paulo: Atlas, 1998.

SANTANIELLO, Giuseppe, e MARUOTTI, Luigi. *Manuale di diritto penale* – Parte generale. Milano: Giuffrè, 1990.

SANTORO, Arturo. *Manuale di diritto penale*. Torino: Torinese, 1958.

SANTOS, Antonio Furtado dos. *Direito internacional penal e direito penal internacional – Aplicação da lei penal estrangeira pelo juiz nacional*. Lisboa: Petrony, 1960.

SANTOS, José Carlos Daumas. *Princípio da legalidade na execução penal*. São Paulo: Manole & Escola Paulista da Magistratura, 2005.

SANTOS, Lycurgo de Castro. O princípio de legalidade no moderno direito penal. *Revista Brasileira de Ciências Criminais* n. 15/182.

SANTOS, Maria Celeste Cordeiro Leite. *Morte encefálica e a lei de transplante de órgãos*. São Paulo: Oliveira Mendes, 1998.

SCHULTZ, Duane, e P. SCHULTZ, Sydney Ellen. *Teorias da personalidade*. São Paulo: Thomson, 2002.

SCHÜNEMANN, Bernd; FRISCH, Wolfgang; ROXIN, Claus; JAKOBS, Günther, e KÖHLER, Michael. *Sobre el estado de la teoria del delito (Seminario en la Universitat Pompeu Fabra)*. Madrid: Civitas, 2000.

SEELIG, Ernst. *Manual de criminologia*. Trad. Guilherme de Oliveira. Coimbra: Armênio Amado, 1959. v. I e II.

SEGRE, Marco. Eutanásia: aspectos éticos e legais. *Revista da Associação Médica Brasileira* 32/141, 1986.

SEMER, Marcelo. *Crime impossível e a proteção dos bens jurídicos*. São Paulo: Malheiros, 2002.

SERRANO PIEDECASAS, José Ramón; GÓMEZ DE LA TORRE, Ignacio Berdugo; ARROYO ZAPATERO, Luis; FERRÉ OLIVÉ, Juan Carlos, e GARCÍA RIVAS, Nicólas. *Lecciones de derecho penal* – Parte general. 2. ed. Madrid: La Ley, 1999.

SHECAIRA, Sérgio Salomão. *Criminologia*. São Paulo: RT, 2004.

SHECAIRA, Sérgio Salomão. *Prestação de serviços à comunidade*. São Paulo: Saraiva, 1993.

SHECAIRA, Sérgio Salomão. *Responsabilidade penal da pessoa jurídica*. 1. ed., 2. tir. São Paulo: RT, 1999.

SHECAIRA, Sérgio Salomão; CORRÊA JUNIOR, Alceu. *Teoria da pena*. São Paulo: RT, 2002.

SILVA, César Dario Mariano da. *Manual de direito penal* – Parte geral. São Paulo: Edipro, 2000. v. I.

SILVA, Germano Marques da. *Direito penal português – Parte geral* – Teoria das penas e das medidas de segurança. Lisboa: Editorial Verbo, 1999.

SILVA, José Afonso da. *Manual do vereador*. 3. ed. São Paulo: Malheiros, 1997.

SILVA, M. Nelson da. *A embriaguez e o crime*. Rio de Janeiro-São Paulo: Forense, 1968.

SILVA, Roberto Baptista Dias da; PASSETI, Edson (org.). *Conversações abolicionistas* – Uma crítica do sistema penal e da sociedade punitiva. São Paulo: IBCCrim – PEPG Ciências Sociais PUC/SP, 1997.

SILVA FILHO, Artur Marques da. *O regime jurídico da adoção estatutária*. São Paulo: RT, 1997.

SILVA SÁNCHEZ, Jesús Maria. *Aproximación al derecho penal contemporáneo*. Barcelona: Bosch, 1992.

SILVA SÁNCHEZ, Jesús Maria. *Política criminal y nuevo derecho penal* – Libro homenaje a Claus Roxin. Barcelona: Bosch, 1997.

SILVEIRA, Alípio. A sentença indeterminada nos Estados Unidos. *Estudos de direito e processo penal em homenagem a Nélson Hungria*. Rio de Janeiro-São Paulo: Forense, 1962.

SILVEIRA, Euclides Custódio. *Direito penal* – Crimes contra a pessoa. 2. ed. Atual. Everardo da Cunha Luna. São Paulo: RT, 1973.

SILVEIRA, Renato de Mello Jorge. *Direito penal supra-individual* – Interesses difusos. São Paulo: RT, 2003.

SISCO, Luis P. *La defensa justa (Estudio doctrinario, legal y jurisprudencial sobre la legitima defensa)*. Buenos Aires: El Ateneo, 1949.

SOARES, Ana Raquel Colares dos Santos. Eutanásia: direito de morrer ou direito de viver? In: GUERRA FILHO, Willis Santiago (coord.). *Dos Direitos Humanos aos Direitos Fundamentais*. Porto Alegre: Livraria do Advogado, 1997.

SOLER, Sebastián. *Derecho penal argentino*. Buenos Aires: El Ateneo, 1940. t. I.

SOUZA, Motauri Ciocchetti de. *Ação civil pública e inquérito civil*. São Paulo: Saraiva, 2001.

SOUZA, Nélson Bernardes de. Ilícitos previdenciários: crimes sem pena? *RT* 730/393, ago. 1996.

SOUZA, Percival de. *A prisão* – Histórias dos homens que vivem no maior presídio do mundo. 2. ed. São Paulo: Editora Alfa-Omega, 1976.

SOUZA NETO, João Baptista de Mello. *Direito civil* – Parte geral. 2. ed. São Paulo: Atlas, 1999.

STEVENSON, Oscar. Concurso aparente de normas penais. *Estudos de direito e processo penal em Homenagem a Nélson Hungria*. Rio de Janeiro-São Paulo: Forense, 1962.

STOCO, Rui; MARREY, Adriano, e FRANCO, Alberto Silva. *Teoria e prática do júri*. 6. ed. rev. atual. amp. São Paulo: RT, 1997.

STRECK, Lenio Luiz. *Tribunal do júri* – Símbolos e rituais. 2. ed. Porto Alegre: Livraria do Advogado, 1994.

SUCENA, Lílian Ottobrini Costa e COSTA, Mário Ottobrini. A Eutanásia não é o Direito de Matar. *RT* 263/25, set. 1957.

SUXBERGER, Antonio Henrique Graciano. *Responsabilidade penal sucessiva nos crimes de imprensa*. Porto Alegre: Sergio Antonio Fabris Editor, 2001.

SWENSSON, Walter. A competência do juízo da execução. In: NETO, Caetano Lagrasta; NALINI, José Renato e DIP, Ricardo Henry Marques (coord.). *Execução penal* – Visão do TACRIM-SP. São Paulo: Oliveira Mendes, 1998.

TAVARES, Juarez. *Teorias do delito* – Variações e tendências. São Paulo: RT, 1980.

TAVARES, Juarez. *Teoria do injusto penal*. Belo Horizonte: Del Rey, 2000.

TELLES JÚNIOR, Goffredo. Preleção sobre o justo. *Justitia*, v. 50.

TERRAGNI, Marco Antonio. *El delito culposo*. Santa Fé: Rubinzal-Culzoni, 1998.

TOLEDO, Francisco de Assis. *Princípios básicos de direito penal*. 5. ed. São Paulo: Saraiva, 1994.

TOLEDO, Francisco de Assis. Teorias do dolo e teorias da culpabilidade. *RT* 566/271, dez. 1992.

TOLEDO, Francisco de Assis *et al. Reforma penal*. São Paulo: Saraiva, 1985, dez. 1992.

TORON, Alberto Zacharias. *Inviolabilidade penal dos vereadores*. São Paulo: Saraiva, 2004.

TOURINHO FILHO, Fernando da Costa. *Código de Processo Penal comentado*. 4. ed. São Paulo: Saraiva, 1999. v. 1 e 2.

TOURINHO FILHO, Fernando da Costa. *Processo penal*. 18. ed. São Paulo: Saraiva, 1997. v. 3.

TREMEL, Rosângela; CRUZ, Flávio da (coord.); GLOCK, José Osvaldo; HERZMANN, Nélio, e VICCARI JUNIOR, Adauto. *Lei de Responsabilidade Fiscal comentada*. 2. ed. São Paulo: Atlas, 2001.

VALENZUELA BEJAS, Manuel, e BUSTOS RAMÍREZ, Juan (org.). *Derecho penal latinoamericano comparado* – Parte generale. Buenos Aires: Depalma, 1981. t. I.

VALLADÃO, Haroldo. Imunidades dos agentes diplomáticos. *RT* 434/307, dez. 1971.

VENEZIANI, Paolo. *Motivi e colpevolezza*. Torino: G. Giappichelli, 2000.

VERGARA, Pedro. *Da legítima defesa subjetiva*. 2. ed. Rio de Janeiro: Imprensa Nacional, 1949.

VIANA, Lourival Vilela. *Embriaguez no direito penal*. Belo Horizonte: Imprensa Oficial, 1949.

VICCARI JUNIOR, Adauto; CRUZ, Flávio da (coord.); GLOCK, José Osvaldo; HERZMANN, Nélio, e TREMEL Rosângela. *Lei de Responsabilidade Fiscal comentada*. 2. ed. São Paulo: Atlas, 2001.

VIDAL, Hélvio Simões. *Causalidade científica no direito penal*. Belo Horizonte: Mandamentos, 2004.

VIGLIAR, José Marcelo Menezes. *Ação civil pública*. 4. ed. São Paulo: Atlas, 1999.

VILALONGA, José Manuel; ALMEIDA, Carlota Pizarro de; D'ALMEIDA, Luís Duarte, e PATRÍCIO, Rui. *Código Penal anotado*. Coimbra: Almedina, 2003.

VON HIRSCH, Andrew. *Censurar y castigar*. Trad. Elena Larrauri. Madrid: Trotta, 1998.

VON LISTZ, Franz. *Tratado de derecho penal*. 18. ed. Trad. Luis Jiménez de Asúa. 4. ed. Madrid: Editorial Reus, 1999. t. I a III.

WELZEL, Hans. *Derecho penal alemán – Parte general*. Santiago: Editorial Juridica de Chile, 1997.

WELZEL, Hans. *El nuevo sistema del derecho penal* – Una introducción a la doctrina de la acción finalista. Barcelona: Ariel, 1964.

WESSELS, Johannes. *Direito penal – Parte geral – Aspectos fundamentais*. Trad. Juarez Tavares. Porto Alegre: Fabris, 1976.

ZAFFARONI, Eugenio Raúl. *Tratado de derecho penal* – Parte general. Buenos Aires: Ediar, 1988.

ZAFFARONI, Eugenio Raúl; PIERANGELI, José Henrique. *Manual de direito penal brasileiro* – Parte geral. São Paulo: RT, 1997.

ZAFFARONI, Eugenio Raúl; PIERANGELI, José Henrique. *Da tentativa*. 4. ed. São Paulo: RT, 1995.

ZIPF, Heinz e MAURACH, Reinhart. *Derecho penal* – Parte general. Buenos Aires: Astrea, 1994. v. 1.

Códigos Penais

Alabama Criminal Code annotated. Virginia: The Michie Company, 1993.

Code Pénal. Paris: Prat, 1999.

Codice Penale e leggi complementari. 9. ed. (Giustino Gatti, Raffaele Marino e Rossana Petrucci). Napoli: Esselibri-Simone, 1994.

Codigo Penal – Republica de Chile. 15. ed. Santiago: Editorial Jurídica de Chile, 1998.

Código Penal (Angel Calderon Cerezo, org.). Barcelona: Gaceta Fiscal, 1996.

Código Penal alemán (Emilio Eiranova Encinas, org.). Madrid-Barcelona: Marcial Pons, 2000.

Codigo Penal de la Nación Argentina. 31. ed. (Mario I. Chichizola, org.). Buenos Aires: Abeledo Perrot, 1998.

Codigo Penal de Venezuela. Caracas: Eduven, 1964.

Codigo Penal del Paraguay. Assunción: Bibliográfica Jurídica Paraguay, 1997.

Código Penal português. 11. ed. (Maia Gonçalves). Coimbra: Almedina, 1997.

Índice Alfabético-Remissivo

A

***ABOLITIO CRIMINIS*: art. 2.º**

***ABOLITIO ICTUS*: art. 37**

ABUSO
- de autoridade: Lei 4.898/1965
- pessoa: art. 252
- requisição militar: art. 173

AÇÃO PENAL
- propositura: art. 121
- privada: art. 121, parágrafo único
- requisição do Comando da Força: art. 122

***ACTIO LIBERA IN CAUSA*: art. 49**

AERONAVE
- território nacional por extensão: art. 7.º, § 2.º

AGENTES: arts. 53 e 54

ÁGUA POTÁVEL
- corrupção ou poluição: art. 294

ALICIAÇÃO
- incitamento: art. 155 e parágrafo único
- motim ou revolta: art. 154

AMOTINAMENTO
- presos e internados: art. 182
- prisioneiros: art. 396

ANISTIA
- extinção da punibilidade: art. 123, II

APARELHAMENTO MILITAR: arts. 276 e 277

APLICAÇÃO DA LEI MILITAR: art. 1.º

APLICAÇÃO DA PENA
- cálculo da pena aplicável à tentativa: art. 81, § 3.º
- circunstâncias agravantes: art. 70
- circunstâncias atenuantes: art. 72
- concurso de agravantes e atenuantes: art. 75
- concurso formal: art. 79-A
- concurso material: art. 79
- concurso material; cumulação de penas de reclusão e detenção: art. 79, parágrafo único
- crime continuado: art. 80
- determinação da pena: art. 69, § 1.º
- fixação da pena privativa de liberdade: art. 69
- graduação no caso de pena de morte: art. 81, § 2.º
- limite da pena unificada: art. 81
- limites legais da pena: art. 69, § 2.º
- mais de uma agravante ou atenuante: art. 74
- pena-base: art. 77
- penas não privativas de liberdade: art. 83
- *quantum* da agravação ou atenuação: art. 73
- redução facultativa da pena: art. 48, parágrafo único
- reincidência: art. 71

APOLOGIA
- de fato criminoso ou do seu autor: art. 156

APRESENTAÇÃO
- falta: art. 393

APROPRIAÇÃO INDÉBITA: arts. 248 a 250
- apropriação de coisa achada ou havida acidentalmente: art. 249
- simples: art. 248

APURAÇÃO DA MAIOR BENIGNIDADE: art. 2.º, § 2.º

ARREMESSO DE PROJÉTIL: art. 286

ARREPENDIMENTO EFICAZ: art. 31
- após o crime; fixação pena: art. 69

ASSOCIAÇÃO
- interdição: art. 118

ATESTADO FALSO: art. 314

ATO
- obsceno: arts. 238 e 239

AUTOACUSAÇÃO FALSA: art. 345

BANDEIRA
- princípio do pavilhão ou bandeira: art. 7.º

CALÚNIA: art. 214

CÁRCERE PRIVADO: art. 225

CARGO
- abandono: art. 330

CARTEIRA NACIONAL DE HABILITAÇÃO
- cassação: art. 115

CASA: art. 226, § 4.º

CERTIDÃO OU ATESTADO IDEOLOGICAMENTE FALSO: art. 314

CHANTAGEM
- econômica indevida: art. 245

CHEQUE
- fraude no pagamento: art. 251, § 1.º, V
- sem fundo: art. 313

COAÇÃO IRRESISTÍVEL: arts. 38, *a*, e 41

COAUTORIA: art. 53

COISA ACHADA
- apropriação: art. 249, parágrafo único

COMANDADOS
- omissão de providências para salvar: art. 200

COMANDANTE
- equiparados: art. 23

COMÉRCIO
- exercício: art. 204

COMUNICAÇÃO
- interrupção: art. 288
- violação: art. 227
- violação ou divulgação: art. 325

CONCORRÊNCIA
- obstáculo: art. 328
- perturbação ou fraude; impedimento: art. 339
- violação de sigilo ou proposta: art. 327

CONCURSO DE AGENTES: arts. 53 e 54

CONCURSO FORMAL: art. 79-A

CONCURSO MATERIAL: art. 79

CONCUSSÃO: arts. 305 a 307

CONDECORAÇÃO MILITAR
- despojamento desprezível: art. 162

CONDENAÇÃO
- cancelamento do registro: art. 135

CONDESCENDÊNCIA CRIMINOSA
- infração no exercício do cargo: art. 322

CONFISCO: art. 119

CONSPIRAÇÃO
- acerto entre militares: arts. 152 e 368

CONSTRANGIMENTO ILEGAL: art. 222

CONTAGEM DE PRAZO: art. 16

CORRESPONDÊNCIA
- violação: art. 227
- violação ou divulgação: art. 325

CORRUPÇÃO: arts. 308 a 310
- ativa: art. 309
- ativa, de testemunha, perito ou intérprete: art. 347
- participação ilícita: art. 310
- passiva: art. 308

CORRUPÇÃO DE MENORES: art. 234

COVARDIA
- fuga em presença do inimigo: art. 365
- qualificada: art. 364
- simples: art. 363

CRIME(S): arts. 29 a 47
- comunicação falsa: art. 344
- consumado: art. 30, I
- contra civil: art. 9.º, §§ 1.º e 2.º
- culposo: art. 33, II
- doloso: art. 33, I
- elementos não constitutivos: art. 47
- exclusão: art. 42
- impossível: art. 32
- militares; em guerra: art. 10
- militares; em tempo de paz: art. 9.º
- militares, em tempo de paz; competência: art. 9.º, § 2.º
- praticado em presença do inimigo: art. 25
- praticados em prejuízo de país aliado: art. 18
- praticados em tempo de guerra: art. 20
- tempo: art. 5.º
- tentado: art. 30, II

CRIMES CONTRA A ADMINISTRAÇÃO DA JUSTIÇA MILITAR: arts. 298 a 339
- autoacusação falsa: art. 345
- coação: art. 342
- comunicação falsa de crime: art. 344
- concussão, excesso de exação e desvio: arts. 305 a 307
- corrupção: arts. 308 a 310
- corrupção ativa de testemunha, perito ou intérprete: art. 347
- denunciação caluniosa: art. 343
- desacato: art. 341
- desacato e desobediência: arts. 298 a 302
- desobediência a decisão judicial: art. 349
- desobediência a decisão sobre perda ou suspensão de atividade ou direito: art. 354
- dever funcional: arts. 319 a 334
- exploração de prestígio: art. 353
- falsidade: arts. 311 a 318
- falso testemunho ou falsa perícia: art. 346
- favorecimento pessoal: art. 350
- favorecimento real: art. 351
- inutilização, sonegação ou descaminho de material probante: art. 352
- peculato: arts. 303 e 304
- praticados por militar: arts. 335 a 339
- publicidade opressiva: art. 348
- recusa de função na Justiça Militar: art. 340
- retratação: art. 346, § 2.º

CRIMES CONTRA A AUTORIDADE OU DISCIPLINA MILITAR: arts. 149 a 182
- aliciação e incitamento: arts. 154 a 156
- desrespeito a superior e a símbolo nacional ou a farda: arts. 160 a 162
- fuga, evasão, arrebatamento e amotinamento de presos: arts. 178 a 182
- insubordinação: arts. 163 a 166
- motim e revolta: arts. 149 a 153
- resistência mediante ameaça ou violência: art. 177
- resistência mediante ameaça ou violência; resultado morte: art. 177, § 1.º-A
- usurpação e excesso ou abuso de autoridade: arts. 167 a 176
- violência contra superior ou militar em serviço: arts. 157 a 159

CRIMES CONTRA A HONRA: arts. 214 a 221
- calúnia: art. 214
- difamação: art. 215
- exceção da verdade: art. 214, § 2.º
- exclusão de pena: art. 220
- injúria: art. 216
- injúria real: art. 217
- ofensa às forças armadas: art. 219

CRIMES CONTRA A INCOLUMIDADE PÚBLICA: arts. 268 a 289 e 386

- contra os meios de transporte e de comunicação: arts. 282 a 289
- de perigo comum: arts. 268 a 281 e 386
- em tempo de guerra: art. 386
- em tempo de paz: arts. 268 a 297
- saúde: arts. 290 a 297

CRIMES CONTRA A INVIOLABILIDADE DE CORRESPONDÊNCIA OU COMUNICAÇÃO

- natureza militar do crime: art. 227, § 4.º
- violação de correspondência: art. 227
- ultraje público ao pudor: art. 238

CRIMES CONTRA A INVIOLABILIDADE DE DOMICÍLIO: art. 226

CRIMES CONTRA A INVIOLABILIDADE DOS SEGREDOS DE CARÁTER PARTICULAR

- divulgação de segredo: art. 228
- natureza militar do crime: art. 231
- violação de recato: art. 229
- violação de segredo profissional: art. 230

CRIMES CONTRA A LIBERDADE

- crimes contra a inviolabilidade de correspondência ou comunicação: art. 227
- crimes contra a inviolabilidade de domicílio: art. 226
- crimes contra a inviolabilidade dos segredos de caráter particular: arts. 228 a 231
- crimes contra a liberdade individual: arts. 222 a 225

CRIMES CONTRA A LIBERDADE INDIVIDUAL

- ameaça: art. 223
- aumento de pena: art. 222, § 1.º
- constrangimento ilegal: art. 222
- desafio a duelo: art. 224
- exclusão de crime: art. 222, § 3.º
- sequestro ou cárcere privado: art. 225

CRIMES CONTRA A PESSOA

- crimes contra a honra: arts. 214 e 221
- crimes contra a liberdade: arts. 222 a 231
- crimes sexuais: arts. 232 a 237
- desacato e desobediência: arts. 298 a 302

- falsidade: arts. 311 a 318
- genocídio: arts. 208, 401 e 402
- homicídio: arts. 205 a 207 e 400
- lesão corporal: art. 403
- lesão corporal e rixa: arts. 209 a 211
- peculato: arts. 303 e 304
- periclitação da vida e da saúde: arts. 212 e 213

CRIMES CONTRA A SAÚDE

- corrupção ou poluição de água potável: art. 294
- envenenamento com perigo extensivo: art. 332
- epidemia: art. 292
- fornecimento de substância alterada: art. 296
- fornecimento de substância nociva: art. 295
- omissão de notificação de doença: art. 297
- receita ilegal: art. 291
- tráfico, posse ou uso de entorpecente: art. 290

CRIMES CONTRA A SEGURANÇA DO PAÍS

- ato de jurisdição indevida: art. 138
- consecução de notícia, informação ou documento para fim de espionagem: art. 143
- desenho ou levantamento de plano ou planta de local militar ou de engenho de guerra: art. 147
- entendimento para empenhar o Brasil à neutralidade ou à guerra: art. 326
- entendimento para gerar conflito ou divergência com o Brasil: art. 141
- fim de espionagem militar: art. 144
- hostilidade contra país estrangeiro: art. 136
- penetração com o fim de espionagem: art. 146
- provocação a país estrangeiro: art. 136, § 2.º
- revelação de notícia, informação ou documento: art. 144
- sobrevoo em local interdito: art. 148
- tentativa contra a soberania do Brasil: art. 142
- turbação de objeto ou documento: art. 145
- violação de território estrangeiro: art. 139

CRIMES CONTRA O DEVER FUNCIONAL

- abandono de cargo: art. 330, § 1.º
- abuso de confiança ou boa-fé: art. 332
- aplicação ilegal de verba ou dinheiro: art. 331
- certidão ou atestado; falsidade ideológica: art. 314
- cheque sem provisão de fundos: art. 313
- condescendência criminosa: art. 322
- documento por equiparação: art. 319, § 2.º

- exercício funcional ilegal: art. 329
- extravio, sonegação ou inutilização de livro ou documento: art. 321
- falsidade ideológica: art. 312
- inobservância de lei, regulamento ou instrução: art. 324
- não inclusão de nome em lista: art. 326
- obstáculo à hasta pública, concorrência ou tomada de preços: art. 328
- patrocínio indébito: art. 334
- prevaricação: art. 319
- violação arbitrária: art. 333
- violação de sigilo ou proposta de concorrência: art. 327
- violação de sigilo profissional: art. 326
- violação do dever funcional com o fim de lucro: art. 320
- violação ou divulgação indevida de correspondência ou comunicação: art. 325

CRIMES CONTRA O PATRIMÔNIO EM TEMPO DE GUERRA: arts. 404 a 406

CRIMES CONTRA O PATRIMÔNIO EM TEMPO DE PAZ: arts. 259 a 266
- apropriação indébita: arts. 248 a 250
- estelionato e outras fraudes: arts. 251 a 253
- furto: arts. 240, 241 e 404
- receptação: arts. 254 a 256
- roubo e extorsão: arts. 242 a 247 e 405
- saque: art. 406
- usura: art. 267
- usurpação: arts. 257 e 258

CRIMES CONTRA O SERVIÇO MILITAR: arts. 183 a 204
- abandono de posto: arts. 195 a 203
- deserção: arts. 187 a 194
- exercício de comércio: art. 204
- insubmissão: arts. 183 a 186

CRIMES CONTRA OS MEIOS DE TRANSPORTE E COMUNICAÇÃO
- arremesso de projétil: art. 286
- atentado contra serviço de utilidade militar: art. 287
- atentado contra transporte: art. 283
- atentado contra viatura ou outro meio de transporte: arts. 284 e 285
- desastre efetivo: art. 282

- interrupção ou perturbação de serviço ou meio de comunicação: arts. 288 e 289
- perigo de desastre ferroviário: art. 282
- superveniência de sinistro: art. 283

CRIMES DE PERIGO COMUM
- abuso de radiação: art. 271
- aparelhamento militar: arts. 276 e 277
- desabamento ou desmoronamento: art. 274
- difusão de epizootia ou praga vegetal: art. 278
- embriaguez ao volante: art. 279
- emprego de gás tóxico ou asfixiante: art. 270
- explosão: art. 269
- fuga; acidente de trânsito: art. 281
- incêndio: art. 268
- incêndio culposo: art. 268
- inundação: arts. 272 e 273
- subtração, ocultação ou inutilização de material de socorro: art. 275
- violação de regra de trânsito: art. 280

CRIMES EM SERVIÇO: arts. 195 a 203
- descumprimento de missão: art. 196, § 3.º
- embriaguez em serviço: art. 202
- omissão de eficiência da força: art. 198
- omissão de providências para evitar danos: art. 199
- omissão de providências para salvar comandados: art. 200
- omissão de socorro: art. 201
- retenção indevida: art. 97

CRIMES PRATICADOS POR PARTICULAR CONTRA A ADMINISTRAÇÃO MILITAR
- impedimento, perturbação ou fraude de concorrência: art. 339
- inutilização de edital ou de sinal oficial: art. 338
- subtração ou inutilização de livro, processo ou documento: art. 337
- tráfico de influência: art. 336
- usurpação de função: art. 335

CRIMES SEXUAIS
- corrupção de menores: art. 234
- estupro: art. 232
- presunção de violência: arts. 236 e 237

CRÍTICA INDEVIDA
- publicação: art. 166

CULPABILIDADE
- crime culposo: art. 33
- estado de necessidade: art. 39

CURATELA: art. 105

D

DANO EM TEMPO DE GUERRA: arts. 383 a 385
- bens de interesse militar: art. 384
- envenenamento, corrupção ou epidemia: art. 385
- especial: art. 383
- modalidade culposa: art. 383, parágrafo único

DANO EM TEMPO DE PAZ
- aparelhos e instalações de aviação e navais; estabelecimentos militares: art. 264
- atenuado: art. 260
- desaparecimento, consunção ou extravio: arts. 265 e 266
- em material ou aparelhamento de guerra: art. 262
- em navio de guerra ou mercante em serviço militar: art. 263
- qualificado: art. 261
- simples: art. 259

DEFESA
- aprovação da Estrutura Militar de: Dec. 7.276/2010

DEFRAUDAÇÃO DE PENHOR: art. 251, § 1.º, III

DEPÓSITO
- dano: art. 264, I

DESABAMENTO: art. 274

DESACATO
- a assemelhado ou funcionário: art. 300
- a militar: art. 299
- a superior: art. 298

DESAFIO A DUELO: art. 224

DESASTRE FERROVIÁRIO
- perigo: art. 282

DESCAMINHO
- de material probante: art. 352

DESERÇÃO: arts. 187 a 194
- deserção em presença do inimigo: art. 392

DESERTOR
- concerto para deserção: art. 191
- deserção: arts. 187 a 189
- deserção especial: art. 190
- deserção por evasão ou fuga: art. 192
- favorecimento: art. 193
- omissão de oficial: art. 194

DESISTÊNCIA VOLUNTÁRIA: art. 31

DESMORONAMENTO: art. 274

DESOBEDIÊNCIA
- decisão judicial: art. 349
- decisão sobre perda ou suspensão da atividade ou direito: art. 354
- ordem legal de autoridade: art. 301

DESVIO E EXCESSO DE EXAÇÃO: arts. 305 a 307

DIFAMAÇÃO: art. 215

DIREITOS POLÍTICOS
- suspensão: arts. 98, VIII, e 106

DISTINTIVO
- despojamento: art. 162
- uso indevido: art. 171

DIVULGAÇÃO
- correspondência ou comunicação: art. 325

DOCUMENTO
- equiparação: art. 319, § 2.º
- extravio, sonegação ou inutilização de: art. 321
- subtração ou inutilização: art. 337
- supressão: art. 316
- turbação: art. 145

DOCUMENTO FALSO
- uso: art. 315

DOENÇA
- omissão de notificação: art. 297

DOMICÍLIO
- violação: art. 226

EDITAL
- inutilização: art. 338

EFEITOS DA CONDENAÇÃO: art. 109, I e II

EMBRIAGUEZ
- caso fortuito ou força maior: art. 49
- direção perigosa: art. 279
- serviço: art. 202

ENRIQUECIMENTO ILÍCITO
- sanções aplicáveis aos agentes públicos nos casos de: Lei 8.429/1992

ENTORPECENTES
- tráfico: art. 290

ENVENENAMENTO: art. 385
- perigo extensivo: art. 293

EPIDEMIA: arts. 292 e 385

EPIZOOTIA: art. 278

ERRO
- culposo: art. 36, § 1.º
- de direito: art. 35
- de fato: art. 36
- provocado: art. 36, § 2.º
- sobre a pessoa: art. 37
- sobre o bem jurídico: art. 37, § 1.º

ESCRITO OBSCENO: art. 239

ESPIONAGEM
- militar: art. 144, § 1.º
- penetração de estrangeiro: art. 367

ESTABELECIMENTO DE CUSTÓDIA E TRATATAMENTO
- internação: art. 112

ESTADO DE NECESSIDADE: arts. 39 e 43

ESTATUTO DOS MILITARES: Leis 6.880/1980 e 11.447/2007

ESTELIONATO: art. 251
- agravação de pena: art. 251, § 3.º
- alienação ou oneração fraudulenta de coisa própria: art. 251, § 1.º, II
- crimes considerados militares: art. 251, § 2.º
- disposição de coisa alheia como própria: art. 251, § 1.º, I
- previdenciário: arts. 9.º, III, e 251, § 3.º

ESTRADA DE FERRO: art. 282, § 4.º

ESTRANGEIROS: art. 26

ESTUPRO: art. 232
- lugar de operações militares: art. 408

EVASÃO
- deserção: art. 192
- prisioneiro: art. 395

EXCESSO
- culposo: art. 45
- de exação: art. 306
- doloso: art. 46
- escusável: art. 45, parágrafo único

EXERCÍCIO FUNCIONAL ILEGAL: art. 329

EXÍLIO LOCAL
- medida de segurança: art. 110
- medida preventiva: art. 116

EXPLORAÇÃO DE PRESTÍGIO: art. 353

EXPLOSÃO: art. 269

EXTINÇÃO DE PUNIBILIDADE
- cancelamento: art. 135
- causas extintivas: art. 123
- concurso de crimes ou de crime continuado: art. 125, § 3.º
- declaração de ofício: art. 133
- espécies de prescrição: art. 124
- imprescritibilidade; penas acessórias: art. 130
- interrupção; prescrição: art. 125, § 5.º
- prazo; renovação do pedido: art. 134, § 3.º
- prescrição; deserção: art. 132
- prescrição; execução da pena ou da medida de segurança: art. 126
- prescrição; insubmissão: art. 131
- prescrição; pretensão punitiva: art. 125
- reabilitação: art. 134
- redução dos prazos de prescrição: art. 129

- revogação da reabilitação: art. 134
- sigilo sobre antecedentes criminais: art. 135, parágrafo único
- superveniência de sentença condenatória de que somente o réu recorre: art. 125, § 1.º
- suspensão da prescrição: art. 125, § 4.º
- termo inicial da prescrição da ação penal: art. 125, § 2.º

EXTORSÃO
- aumento de pena: art. 247
- chantagem: art. 245
- indireta: arts. 246 e 247
- mediante sequestro: art. 244
- simples: art. 243
- zonas de operações militares: art. 405

EXTRATERRITORIALIDADE: art. 7.º

EXTRAVIO
- livro ou documento: art. 321

FALSA IDENTIDADE: art. 318

FALSA PERÍCIA: art. 346

FALSIDADE: arts. 311 a 318
- certidão ou atestado: art. 314
- cheque sem fundos: art. 313
- falsificação de documento: art. 311
- falsificação de documento expedido por agente da marinha: art. 311
- ideológica: art. 312
- supressão de documento: art. 316
- uso de documento falso: art. 315
- uso de documento pessoal alheio: art. 317

FALSO TESTEMUNHO: art. 346

FATO CRIMINOSO
- apologia: art. 156

FAVORECIMENTO
- pessoal: art. 350
- real: art. 351

FAVORECIMENTO AO INIMIGO
- abandono de posto: art. 390
- covardia: arts. 363 a 365
- deserção e falta de apresentação: arts. 391 a 393
- espionagem: arts. 366 e 367
- favorecimento culposo ao inimigo: art. 397
- incitamento: arts. 370 e 371
- inobservância do dever militar: arts. 372 a 382
- insubordinação e violência: arts. 387 a 389
- libertação, evasão e amotinamento de prisioneiros: arts. 394 a 396
- motim e revolta: arts. 368 e 369
- traição: arts. 355 a 362

FORÇAS ARMADAS: arts. 219 a 221
- criação do Estado-Maior Conjunto das Forças Armadas; alteração da LC 97/1999: LC 136/2010
- normas gerais para a organização, preparo e o emprego das: LC 97/1999

FORÇAS ESTRANGEIRAS
- transitem ou permaneçam no território nacional; autorização presidencial: LC 90/1997

FRAUDE
- entrega de coisa: art. 251, § 1.º, IV
- pagamento de cheque: art. 251, § 1.º, V

FUGA, EVASÃO, ARREBATAMENTO E AMOTINAMENTO DE PRESOS
- amotinamento: art. 182
- arrebatamento: art. 181
- evasão: art. 180
- fuga: arts. 178 e 179
- responsabilidade; partícipe ou oficial: art. 182, parágrafo único

FURTO: arts. 240 e 241
- de uso: art. 241
- energia de valor econômico: art. 240, § 3.º
- qualificado: art. 240, § 4.º
- simples: art. 240
- zonas de operações militares: art. 404

GENOCÍDIO
- em tempo de guerra: arts. 401 e 402
- em tempo de paz: art. 208

GRAÇA
- extinção da punibilidade: art. 123, II

HASTA PÚBLICA: art. 328

HOMICÍDIO
- culposo: art. 206
- provocação direta ou auxílio a suicídio: art. 207
- provocação indireta ao suicídio: art. 207, §§ 2.º e 3.º
- qualificado: arts. 205, § 2.º, e 400, III
- redução de pena: art. 207, § 3.º
- simples: arts. 205, § 1.º, e 400

HOSTILIDADE
- ordem arbitrária: art. 399
- prolongamento: art. 398

IDENTIDADE
- falsa: art. 318

IMPROBIDADE ADMINISTRATIVA: Lei 8.429/1992

IMPUTABILIDADE PENAL: arts. 48 a 52

INCÊNDIO: art. 268

INCITAMENTO: arts. 370 e 371

INCOLUMIDADE PÚBLICA
- crimes em tempo de guerra: art. 386
- crimes em tempo de paz: arts. 268 a 297

INCORPORAÇÃO: art. 14

INDULTO
- extinção da punibilidade: art. 123, II

INFRAÇÕES DISCIPLINARES: art. 19

INGRESSO CLANDESTINO: art. 302

INIMIGO
- favorecimento: arts. 335 a 397

INIMPUTÁVEIS: art. 48

INJÚRIA: arts. 216 e 217

INJÚRIA QUALIFICADA: art. 216, § 2.º

INOBSERVÂNCIA DO DEVER MILITAR: arts. 372 a 382
- abandono de comboio: art. 379
- captura ou sacrifício culposo: art. 377
- descumprimento do dever militar: art. 374
- entendimento com o inimigo: art. 382
- entrega ou abandono culposo: art. 376
- falta de cumprimento de ordem: art. 375
- omissão de vigilância: art. 373
- rendição ou capitulação: art. 372
- separação culposa de comando: art. 380
- separação reprovável: art. 378
- tolerância culposa: art. 381

INSÍGNIA
- despojamento desprezível: art. 162
- uso indevido: art. 172

INSTRUÇÃO
- inobservância: art. 324

INSTRUMENTOS DO CRIME
- perda: art. 109, II, *a*

INSUBMISSÃO: arts. 183 a 186
- criação ou simulação de incapacidade física: art. 184
- favorecimento a convocado: art. 186
- substituição de convocação: art. 185

INSUBORDINAÇÃO
- coação contra oficial general ou comandante: art. 388
- oposição a ordem de sentinela: art. 164
- publicação ou crítica indevida: art. 166
- recusa de obediência: art. 163
- recusa de obediência ou oposição: art. 387
- reunião ilícita: art. 165
- violência contra superior ou militar em serviço: art. 389

INTERNAÇÃO
- prazo: art. 112, § 1.º
- regime: art. 114

INTERNADO
- arrebatamento: art. 181
- evasão: art. 180
- fuga: art. 178

INTÉRPRETE
- corrupção: art. 347

INUNDAÇÃO: art. 272

INUTILIZAÇÃO
- livro ou documento: art. 321
- material probante: art. 352

INVASÃO
- ordem arbitrária: art. 170

INVIOLABILIDADE DE CORRESPONDÊNCIA OU COMUNICAÇÃO
- crimes: art. 227

INVIOLABILIDADE DE DOMICÍLIO: art. 226

J

JUSTIÇA MILITAR
- servidores: art. 27

L

LATROCÍNIO: art. 242, § 3.º

LEALDADE MILITAR
- omissão: arts. 151 e 369

LEGALIDADE
- princípio: art. 11

LEGISLAÇÃO ESPECIAL: art. 17

LEGÍTIMA DEFESA: art. 44

LEI DE ABUSO DE AUTORIDADE: Lei 4.898/1965

LEI DE INTRODUÇÃO ÀS NORMAS DO DIREITO BRASILEIRO: Dec.-lei 4.657/1942 e Lei 12.376/2010

LEI DE SEGURANÇA NACIONAL: Lei 7.170/1983

LEI DO SERVIÇO MILITAR: Lei 4.375/1964 e Dec. 57.654/1966

LEI EXCEPCIONAL OU TEMPORÁRIA: art. 41

LEI MAIS FAVORÁVEL
- retroatividade: art. 2.º, § 1.º

LEI DE INTRODUÇÃO ÀS NORMAS DO DIREITO BRASILEIRO

LEI PENAL MILITAR
- aplicação: arts. 1.º a 28

LEI SUPRESSIVA DE INCRIMINAÇÃO: art. 2.º

LESÃO CORPORAL E RIXA: arts. 209 a 211

LESÃO CORPORAL EM TEMPO DE GUERRA: art. 403

LIBERDADE
- crimes: arts. 222 a 231

LIBERDADE INDIVIDUAL
- crimes: arts. 222 a 225

LIBERTAÇÃO, EVASÃO E AMOTINAMENTO DE PRISIONEIROS: arts. 394 a 396
- amotinamento de prisioneiros: art. 396
- evasão de prisioneiro: art. 395
- libertação de prisioneiro: art. 394

LIBIDINAGEM: art. 235

LICENÇA
- veículos; cassação: art. 115

LIVRAMENTO CONDICIONAL
- casos especiais: art. 97
- condenação; menor de 21 ou maior de 70 anos: art. 89, § 2.º
- especificação das condições: art. 90
- extinção da pena: art. 95
- não aplicação: art. 96
- observação cautelar e proteção do liberado: art. 92
- preliminares da concessão: art. 91
- requisitos: art. 89
- revogação; efeitos: art. 94

- revogação facultativa: art. 93, § 1.º
- revogação obrigatória: art. 93

LIVRO
- extravio, sonegação ou inutilização: art. 321
- subtração ou inutilização: art. 337

M

MAGISTRATURA
- Nacional (LOMAN); Lei Orgânica da: LC 35/1970

MANICÔMIO JUDICIÁRIO
- superveniência de doença mental: art. 66

MATERIAL DE SOCORRO
- subtração, ocultação ou inutilização: art. 275

MEDIDAS DE SEGURANÇA: arts. 30, 110 a 120
- cassação de licença para dirigir veículos motorizados: art. 115
- confisco: art. 119
- desinternação ou liberação condicional: art. 112, §§ 3.º e 4.º
- ébrios habituais: art. 113, § 3.º
- estabelecimento de custódia e tratamento: art. 112
- estado mórbido: art. 113, § 2.º
- exílio local: art. 116
- imposição da medida de segurança: art. 120
- interdição de estabelecimento, sociedade ou associação: art. 118
- patrimoniais: art. 110, § 2.º
- perícia médica: art. 112, § 2.º
- pessoas sujeitas: art. 111
- pessoais detentivas: art. 110, § 1.º, I
- pessoais não detentivas: art. 110, § 1.º, II
- prazo de internação ou tratamento ambulatorial: art. 112, § 1.º
- proibição de frequentar determinados lugares: art. 117
- regime de internação: art. 114
- substituição da pena por internação: art. 113
- superveniência de cura: art. 113, § 1.º

MEIOS DE COMUNICAÇÃO
- interrupção ou perturbação: art. 288

MENORES
- corrupção: art. 234
- inimputabilidade; sujeição à legislação especial: art. 50

MILITAR(ES)
- ativa; equiparados: art. 12
- cargos e funções: Dec. 9.088/2017
- equiparação; reserva e da ativa: art. 12
- estrangeiro: art. 11
- pessoa considerada: art. 22
- reserva ou reformado; equiparação ao da ativa: arts. 12 e 13
- responsabilidade e prerrogativa do militar da reserva: art. 13

MISSÃO
- descumprimento: art. 196

MOBILIZAÇÃO NACIONAL
- SINAMOB: Lei 11.631/2007 e Dec. 6.592/2008

MOTIM E REVOLTA: arts. 149 a 153, 368 e 369
- aliciação para motim ou revolta: art. 154
- conspiração: arts. 152 e 153
- motim: art. 149
- motim, revolta ou conspiração: art. 368
- omissão de lealdade militar: arts. 151 e 369
- organização de grupo para a prática de violência: art. 150
- revolta: art. 149, parágrafo único

N

NAVIOS: art. 7.º, § 3.º
- estrangeiro; território nacional: art. 7.º, § 2.º

O

OBEDIÊNCIA
- hierarquia: arts. 38, *b*, e 41
- hierarquia; autor da ordem: art. 38, § 1.º
- hierarquia; ordem que tem por objeto prática de ato manifestamente criminoso: art. 38, § 2.º
- recusa: art. 163

OFICIAL
- omissão; deserção: art. 194
- responsabilidade; amotinamento: art. 182, parágrafo único

OMISSÃO DE SOCORRO: art. 201

ORDEM ARBITRÁRIA: art. 399

PATROCÍNIO INDÉBITO: art. 334

PECULATO: arts. 303 e 304
- culposo: art. 303, §§ 3.º e 4.º
- mediante aproveitamento do erro de outrem: art. 304
- peculato furto: art. 303, § 2.º
- simples: art. 303

PENAS: arts. 55 a 109
- acessórias: arts. 98 a 108
- aplicação: arts. 69 a 83
- cálculo da pena aplicável à tentativa: art. 81, § 3.º
- caso de conversão: art. 59
- circunstâncias agravantes: art. 70
- concurso de agravantes e atenuantes: art. 75
- concurso formal: art. 79-A
- concurso material: art. 79
- concurso de infrações: art. 89, § 1.º
- condições de suspensão: art. 85
- crime continuado: art. 80
- crimes não considerados para efeito da reincidência: art. 71, § 2.º
- criminoso habitual ou por tendência: art. 78
- criminoso por tendência: art. 79, § 3.º
- cumprida no estrangeiro: art. 8.º
- cumprimento em penitenciária militar: art. 62, parágrafo único
- determinação da pena: art. 69, § 1.º
- efeitos da condenação: art. 109
- extinção: arts. 87 e 95
- fixação da pena privativa de liberdade: art. 69
- graduação; pena de morte: art. 81, § 2.º
- impedimento: art. 63
- limite da pena unificada: art. 81
- limites legais: art. 69, § 2.º
- livramento condicional: arts. 89 a 97
- majorantes e minorantes: art. 75
- menor de 21 ou maior de 70 anos: art. 89, § 2.º
- morte: art. 56
- morte; comunicação: art. 57
- não aplicação; suspensão condicional da pena: art. 88
- pena-base: art. 77
- pena-base; fixação: art. 77, parágrafo único
- praças especiais e graduados; separação: art. 69, parágrafo único
- principais: arts. 55 a 68
- privativa de liberdade; aplicação civil: art. 62
- privativa de liberdade; prisão provisória: art. 67
- *quantum* da agravação ou atenuação: art. 73
- reclusão; mínimo e máximo: art. 58
- redução facultativa da pena: art. 81, § 1.º
- reincidência: art. 71
- revogação da suspensão: art. 86
- substituição por internação: art. 113
- superveniência de doença mental: art. 66
- suspensão condicional: arts. 84 a 88

PENAS ACESSÓRIAS
- exclusão das forças armadas: art. 102
- função pública equiparada: art. 98, parágrafo único
- imposição de pena acessória: art. 107
- inabilitação para o exercício de função pública: art. 104
- incapacidade para o exercício do poder familiar, tutela ou curatela: art. 105
- incapacidade provisória: art. 105, parágrafo único
- incompatibilidade com o oficialato: art. 101
- indignidade para o oficialato: art. 100
- perda da função pública: art. 103
- perda do posto e da patente: art. 99
- suspensão dos direitos políticos: art. 106
- tempo computável: art. 108
- termo inicial: art. 104, parágrafo único

PENAS PRINCIPAIS
- comunicação da pena de morte: art. 57

- cumprimento em penitenciária militar: art. 62, parágrafo único
- mínimos e máximos genéricos: art. 58
- pena até dois anos; aplicação ao militar: art. 59
- pena de impedimento: art. 63
- pena de morte: art. 56
- separação de praças especiais e graduadas: art. 59, parágrafo único
- superveniência de doença mental: art. 66

PENHOR
- defraudação: art. 251, § 1.º, III

PERDÃO JUDICIAL
- extinção da punibilidade: art. 123, VII

PERÍCIA
- falsa: art. 346

PERICLITAÇÃO DA VIDA OU DA SAÚDE
- abandono de pessoa: art. 212
- maus-tratos: art. 213

PERITO
- corrupção: art. 347

PODER FAMILIAR
- incapacidade para o exercício: art. 105

POSIÇÃO
- abandono: art. 356, V

PRAGA VEGETAL
- difusão: art. 278

PRAZO
- contagem: art. 16
- internação ou tratamento ambulatorial: art. 112, § 1.º

PRESO
- arrebatamento: art. 181
- evasão: art. 180
- fuga: art. 178

PREVARICAÇÃO: art. 319

PRINCÍPIO DA LEGALIDADE: art. 1.º

PRISÃO EM FLAGRANTE: art. 281, parágrafo único

PROCESSO
- subtração ou inutilização: art. 337

PRODUTOS DO CRIME
- perda: art. 109, II, *b*

PROIBIÇÃO
- de frequência de determinados lugares: art. 117

PROVAS
- inutilização: art. 352

PUBLICAÇÃO
- de crítica indevida: art. 166

PUBLICIDADE OPRESSIVA: art. 348

PUDOR
- *v.* ULTRAJE PÚBLICO AO PUDOR

QUARTEL
- dano: art. 264, I
- fazer desenho, fotografá-lo; filmá-lo ou levantar planta: art. 147
- motim: art. 149, IV
- sinistro, omissão de comandante: art. 200, parágrafo único

QUARTO
- oficial de; dormir em serviço: art. 203
- violência contra oficial de: arts. 158 e 159

R

RAPTO E VIOLÊNCIA CARNAL: arts. 407 e 408

RECEPTAÇÃO: arts. 254 a 256

REGISTRO DE CONDENAÇÕES PENAIS
- cancelamento: art. 135

REGULAMENTO
- das Polícias Militares e Corpos de Bombeiros (R-200): Dec. 88.777/1983
- disciplinar da Aeronáutica (RDAER): Dec. 76.322/1975

- disciplinar da Marinha: Dec. 88.545/1983
- disciplinar do Exército (R-4): Dec. 4.346/2002
- inobservância: art. 324
- recusa ordem superior: art. 163

RESISTÊNCIA: art. 177
- crimes sexuais: art. 236, III
- impossível: art. 242

RESULTADO
- duplicidade: art. 37, § 2.º

RETRATAÇÃO: art. 346, § 2.º

RETROATIVIDADE
- de lei mais favorável: art. 2.º, § 1.º

REUNIÃO
- ilícita: art. 165

REVOLTA: arts. 149, parágrafo único, 154 e 368, parágrafo único

RIXA
- participação: art. 211

ROUBO
- extorsão: arts. 242 a 247
- latrocínio: art. 242, § 3.º
- qualificado: art. 242, § 2.º
- simples: art. 242
- zona de operações militares: art. 405

S

SAQUE
- inexistência de crime: art. 42, parágrafo único
- zona de operações militares: art. 406

SAÚDE
- crimes: arts. 290 a 297

SEGURANÇA EXTERNA DO PAÍS
- crimes: arts. 136 a 148

SEQUESTRO E CÁRCERE PRIVADO: art. 225

SERVIÇO
- interrupção ou perturbação: art. 288

SERVIDOR PÚBLICO
- da União; Regime jurídico do: Lei 8.112/1990

SIGILO PROFISSIONAL
- violação: art. 326

SÍMBOLO NACIONAL
- desrespeito: art. 161

SINAL OFICIAL
- inutilização: art. 338

SOCIEDADES
- interdição: art. 118

SONEGAÇÃO
- livro e documento: art. 321
- material probante: art. 352

SUBSTÂNCIA ALTERADA: art. 296

SUICÍDIO
- provocação direta ou auxílio: art. 207
- provocação indireta: art. 207, § 2.º

SUPERIOR
- função que exerça autoridade sobre outro de igual posto ou graduação: art. 24, II
- ocupação de nível hierárquico, posto ou graduação superiores: art. 24, I

SUPRESSÃO DE DOCUMENTO: art. 316

SUSPENSÃO CONDICIONAL DA PENA: arts. 84 a 88
- condições: art. 85
- extinção da pena: art. 87
- não aplicação: art. 88
- prorrogação de prazo: art. 86, § 2.º
- requisitos para a suspensão: art. 84
- restrições: art. 84, §§ 1.º e 2.º
- revogação facultativa: art. 86, § 1.º
- revogação obrigatória da suspensão: art. 86

T

TEMPO DE GUERRA
- esclarecimento: art. 15

TENTATIVA: art. 30
- ação penal: art. 125, § 2.º, *b*
- suicídio: art. 207, § 3.º

TENTATIVA CONTRA A SOBERANIA DO PAÍS
- soberania do Brasil: arts. 42, I a III, e 357

TERRITORIALIDADE: art. 7.º

TERRITÓRIO NACIONAL
- extensão: art. 7.º, § 1.º

TESTEMUNHA
- corrupção: art. 347

TOMADA DE PREÇOS
- obstáculo: art. 328

TOXICÔMANOS
- habituais: art. 113, § 3.º

TÓXICOS
- tráfico: art. 290

TRÁFICO DE ENTORPECENTES: art. 290

TRÁFICO DE INFLUÊNCIA: art. 336

TRAIÇÃO
- aliciação de militar: art. 360
- ato prejudicial à eficiência da tropa: art. 361
- coação a comandante: art. 358
- favor ao inimigo: arts. 355 e 356
- imprópria: art. 362
- informação ou auxílio ao inimigo: art. 359

TRÂNSITO
- embriaguez ao volante: art. 279
- fuga após acidente de trânsito: art. 281
- perigo resultante de violação de regras: art. 280

TRANSPORTE
- atentado: art. 283
- coletivo: arts. 268, § 1.º, II, c, e 269, § 2.º
- de desertor: art. 193
- de valores: art. 242, § 2.º, III

TRATAMENTO AMBULATORIAL
- conversão em internação: art. 112, § 5.º
- inimputabilidade: art. 112
- prazo: art. 112, § 1.º

TUTELA
- incapacidade para o exercício: arts. 98, VII, e 105

U

ULTRAJE PÚBLICO AO PUDOR
- ato obsceno: art. 238
- escrito ou objeto obsceno: art. 239

UNIFORME
- despojamento desprezível: art. 162
- qualquer pessoa: art. 172
- uso indevido: art. 171

USINA, FÁBRICA, MINA
- danificar: art. 384

USURA: art. 267

USURPAÇÃO
- alteração de limites: art. 257
- aposição, supressão ou alteração de marca: art. 258
- de águas: art. 257, § 1.º, I
- invasão de propriedade: art. 257, § 1.º, II
- pena correspondente à violência: art. 257, § 2.º

USURPAÇÃO DE ÁGUAS
- proveito próprio: art. 257, § 1.º, I

USURPAÇÃO DE FUNÇÃO: art. 335

USURPAÇÃO E EXCESSO OU ABUSO DE AUTORIDADE
- abuso de requisição militar: art. 173
- assunção de comando sem ordem ou autorização: art. 167
- conservação ilegal de comando: art. 168
- ofensa aviltante a inferior hierárquico: art. 176
- operação militar sem ordem superior: art. 169
- ordem arbitrária de invasão: art. 170
- rigor excessivo: art. 174
- uso indevido de uniforme, distintivo ou insígnia militar por qualquer pessoa: art. 172
- uso indevido por militar de uniforme, distintivo ou insígnia: art. 171
- violência contra inferior hierárquico: art. 175

V

VIATURA
- atentado: art. 284
- de comboio; dano: art. 264, I

VIGILÂNCIA
- militar: art. 9.º, III, *e*
- omissão: art. 373

VIOLAÇÃO
- de correspondência: art. 325
- de domicílio: art. 226
- dever funcional: art. 320

- sigilo ou proposta de concorrência: art. 327
- sigilo profissional: art. 326

VIOLÊNCIA
- arbitrária: art. 333
- carnal: art. 408
- militar de serviço: arts. 158 e 159

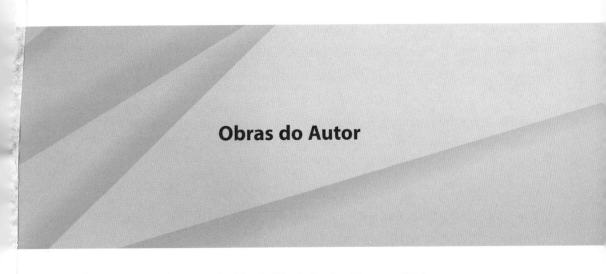

Obras do Autor

Código de Processo Penal comentado. 23. ed. Rio de Janeiro: Forense, 2024.

Código Penal comentado. 24. ed. Rio de Janeiro: Forense, 2024.

Código Penal Militar Comentado. 5. ed. Rio de Janeiro: Forense, 2024.

Curso de Direito Penal. Parte geral. 8. ed. Rio de Janeiro: Forense, 2024. v. 1.

Curso de Direito Penal. Parte especial. 8. ed. Rio de Janeiro: Forense, 2024. v. 2.

Curso de Direito Penal. Parte especial. 8. ed. Rio de Janeiro: Forense, 2024. v. 3.

Curso de Direito Processual Penal. 21. ed. Rio de Janeiro: Forense, 2024.

Curso de Execução Penal. 7. ed. Rio de Janeiro: Forense, 2024.

Direito Penal. Partes geral e especial. 9. ed. São Paulo: Método, 2024. Esquemas & Sistemas.

Manual de Direito Penal. 20. ed. Rio de Janeiro: Forense, 2024.

Manual de Processo Penal. 5. ed. Rio de Janeiro: Forense, 2024.

Prática Forense Penal. 15. ed. Rio de Janeiro: Forense, 2024.

Processo Penal e Execução Penal. 8. ed. São Paulo: Método, 2024. Esquemas & Sistemas.

Tribunal do Júri. 10. ed. Rio de Janeiro: Forense, 2024.

Leis Penais e Processuais Penais Comentadas. 15. ed. Rio de Janeiro: Forense, 2023. v. 1 e 2.

Habeas Corpus. 4. ed. Rio de Janeiro: Forense, 2022.

Individualização da pena. 8. ed. Rio de Janeiro: Forense, 2022.

Provas no Processo Penal. 5. ed. Rio de Janeiro: Forense, 2022.

Prisão, medidas cautelares e liberdade. 7. ed. Rio de Janeiro: Forense, 2022.

Tratado de Crimes Sexuais. Rio de Janeiro: Forense, 2022.

Código de Processo Penal Militar comentado. 4. ed. Rio de Janeiro: Forense, 2021.

Criminologia. Rio de Janeiro: Forense, 2021.

Estatuto da Criança e do Adolescente Comentado. 5. ed. Rio de Janeiro: Forense, 2021.

Organização Criminosa. 5. ed. Rio de Janeiro: Forense, 2021.

Pacote Anticrime Comentado. 2. ed. Rio de Janeiro: Forense, 2021.

Execução Penal no Brasil – Estudos e Reflexões. Rio de Janeiro: Forense, 2019 (coordenação e autoria).

Instituições de Direito Público e Privado. Rio de Janeiro: Forense, 2019.

Manual de Processo Penal e Execução Penal. 14. ed. Rio de Janeiro: Forense, 2017.

Direitos Humanos versus *Segurança Pública.* Rio de Janeiro: Forense, 2016.

Corrupção e Anticorrupção. Rio de Janeiro: Forense, 2015.

Crimes contra a Dignidade Sexual. 5. ed. Rio de Janeiro: Forense, 2015.

Princípios Constitucionais Penais e Processuais Penais. 4. ed. Rio de Janeiro: Forense, 2015.

Prostituição, Lenocínio e Tráfico de Pessoas. 2. ed. Rio de Janeiro: Forense, 2015.

Código Penal Comentado – versão compacta. 2. ed. São Paulo: Ed. RT, 2013.

Dicionário Jurídico. São Paulo: Ed. RT, 2013.

Tratado Jurisprudencial e Doutrinário. Direito Penal. 2. ed. São Paulo: Ed. RT, 2012. v. I e II.

Tratado Jurisprudencial e Doutrinário. Direito Processual Penal. São Paulo: Ed. RT, 2012. v. I e II.

Doutrinas Essenciais. Direito Processual Penal. Organizador, em conjunto com Maria Thereza Rocha de Assis Moura. São Paulo: Ed. RT, 2012. v. I a VI.

Doutrinas Essenciais. Direito Penal. Organizador, em conjunto com Alberto Silva Franco. São Paulo: Ed. RT, 2011. v. I a IX.

Crimes de Trânsito. São Paulo: Juarez de Oliveira, 1999.

Júri – Princípios Constitucionais. São Paulo: Juarez de Oliveira, 1999.

O Valor da Confissão como Meio de Prova no Processo Penal. Com comentários à Lei da Tortura. 2. ed. São Paulo: Ed. RT, 1999.

Tratado de Direito Penal. Frederico Marques. Atualizador, em conjunto com outros autores. Campinas: Millenium, 1999. v 3.

Tratado de Direito Penal. Frederico Marques. Atualizador, em conjunto com outros autores. Campinas: Millenium, 1999. v. 4.

Tratado de Direito Penal. Frederico Marques. Atualizador, em conjunto com outros autores. Campinas: Bookseller, 1997. v. 1.

Tratado de Direito Penal. Frederico Marques. Atualizador, em conjunto com outros autores. Campinas: Bookseller, 1997. v. 2.

Roteiro Prático do Júri. São Paulo: Oliveira Mendes e Del Rey, 1997.